COLLECTION DE DOCUMENTS RELATIFS A L'HISTOIRE DE PARIS
PENDANT LA RÉVOLUTION FRANÇAISE
Publiée sous le patronage du Conseil municipal.

ACTES

DE LA

COMMUNE DE PARIS

PENDANT LA RÉVOLUTION

PUBLIÉS ET ANNOTÉS

PAR

SIGISMOND LACROIX

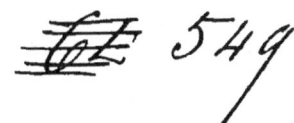

TOME VI

Deuxième Assemblée des Représentants de la Commune
Conseil de Ville — Bureau de Ville

(Suite)

9 Juin - 20 Août 1790

Médaille commémorative de la Fédération
instituée par l'*Assemblée des députés des sections pour le pacte fédératif*

PARIS

| L. CERF | CHARLES NOBLET |
| 12, RUE SAINTE-ANNE | 13, RUE CUJAS |

MAISON QUANTIN
7, RUE SAINT-BENOIT

1897

ACTES

DE LA

COMMUNE DE PARIS

PENDANT LA RÉVOLUTION

TOME VI

INTRODUCTION

SOMMAIRE : Matière de ce volume. — Commencement des élections municipales. — L'organisation de la Fédération nationale est l'œuvre des délégués des districts. Négociations entre le Conseil de Ville et l'*Assemblée des députés des sections pour le pacte fédératif*. Décret du 4 juillet, consacrant l'existence d'un Comité de confédération, et reconnaissant les pouvoirs de l'Assemblée des députés des sections. L'Assemblée des Représentants de la Commune est tenue à l'écart. — Ce sont aussi les commissaires des districts qui interviennent dans l'acquisition des biens nationaux, à l'exclusion du Conseil de Ville. Rapport du *Comité d'administration des biens nationaux du district de Paris*, sur l'organisation de ses bureaux. — *Assemblée des députés des sections de la Commune pour le canal de Paris*. L'ingénieur Brullée. Décrets de l'Assemblée nationale. — *Adresse de l'Assemblée des Représentants de la Commune à l'Assemblée nationale*, du 10 août, sur la diminution des impôts indirects et des octrois. Protestations des sections et du Conseil de Ville ; l'Assemblée des Représentants désavouée. Nouvelle adresse explicative : l'Assemblée nationale refuse de la recevoir. — Action du *Comité municipal des recherches*. Conspiration poursuivie ; un ministre du roi dénoncé. — Suite de l'affaire des billets de confession. — L'établissement des sourds-muets : adresse au roi sur la nomination du nouveau directeur. — Grandeur et décadence des *Vainqueurs de la Bastille* : décrets du 19 et du 25 juin. — Le *Musée de Paris*, fondé par Court de Gebelin ; le *Musée français*, fondé par Pilâtre de Rozier, devenu le *Lycée*. La *Société polymathique*. — Rapport au Conseil de Ville sur le tarif des voitures de place. — Projet d'un district pour l'organisation de l'assistance à domicile pour les pauvres malades. — Correspondance avec les municipalités de province. Les affiliations civiles et militaires continuent, à l'occasion de la Fédération.

On trouvera dans le présent volume : 1° le compte rendu complet des séances de l'Assemblée des Représentants provisoires de la Commune, depuis le 9 juin jusqu'au 19 août 1790 ; 2° en partie seulement, le compte rendu des séances du Conseil de Ville pour la même période ; 3° le compte rendu des séances du Bureau de Ville du 9 juin au 6 juillet.

Pour le Conseil de Ville, voici d'où provient la lacune signalée : à partir du 26 juin, ce sont les opérations ayant en vue l'élection de la Municipalité définitive qui occupent principalement l'activité du Conseil, et précisément toute la partie des procès-verbaux relative à ces élections a dû être réservée pour un autre ouvrage, où sera exposée dans un ordre logique la série complète des formalités électorales prescrites par le décret des 21 mai-22 juin (1). On n'a donc pu donner place ici, à dater de la séance du 26 juin, qu'au surplus des procès-verbaux du Conseil de Ville, c'est-à-dire à tout ce qui ne concerne pas les élections de la Municipalité (2).

Quant au Bureau de Ville, le registre contenant ses procès-verbaux manuscrits s'arrête brusquement au 6 juillet. Le Bureau a-t-il réellement cessé de se réunir après cette date? C'est probable, mais non certain : le procès-verbal du 6 juillet ne contient aucune mention de la clôture des séances, et le registre lui-même (lequel n'est d'ailleurs qu'une copie) n'annonce pas qu'il doive se terminer là. Quoi qu'il en soit, à partir du 6 juillet, il n'y a plus à s'occuper du Bureau de Ville (3).

Au moment où s'arrête ce volume, 19 août 1790, les élections municipales, pour lesquelles les assemblées de sections se sont réunies le 25 juillet, ne sont pas achevées : le Maire définitif est élu; le procureur de la Commune et ses deux substituts sont également élus; mais les élections des notables qui doivent composer le Conseil général de la Commune et parmi lesquels doivent être choisis les membres du Corps municipal n'ont pu commencer que le 11 août dans les sections, et l'opération est tellement laborieuse que la liste définitive de ces notables ne pourra être arrêtée que le 4 septembre, et que le Corps municipal ne pourra pas se constituer avant le 8 octobre.

L'administration de la Commune est donc toujours placée sous le régime provisoire; elle restera ainsi jusqu'au 8 octobre inclusivement.

Avant les élections de la Municipalité, le grand fait de la vie communale durant la période qui nous occupe avait été l'organisation de la Fédération, célébrée le 14 juillet.

Nous avons montré précédemment comment le projet d'un serment national, qui serait solennellement prêté dans la capitale

---

(1) Cet ouvrage, dont le Conseil municipal a décidé la publication sous ce titre : *Organisation municipale de Paris au début de la Révolution*, paraîtra peu de temps après le VII° volume des *Actes de la Commune de Paris*.

(2) Observation en tête du procès-verbal du 26 juin. (Voir ci-dessous, p. 276.)

(3) Note sur le procès-verbal du 6 juillet. (Voir ci-dessous, p. 422, note 1.)

par les délégués de la nation entière, était sorti de l'initiative des districts parisiens, comment il avait été préparé, formulé par une réunion de délégués spéciaux, l'*Assemblée des députés des sections pour le pacte fédératif*, comment enfin cette Assemblée spéciale, après avoir fait ratifier par la Commune, directement consultée dans les assemblées générales des districts, le texte de la convocation adressée à tous les départements sous le titre d'*Adresse des citoyens de Paris à tous les Français*, avait sollicité et obtenu l'approbation de l'Assemblée nationale et du roi (1).

Il s'agit maintenant de passer à l'exécution : le Conseil de Ville, qui est le pouvoir exécutif de la Municipalité provisoire, semble tout indiqué pour y présider. Mais les mandataires spéciaux des sections n'entendent pas abdiquer, même entre les mains du Conseil de Ville qui a leur confiance : autorisée par les pouvoirs qu'elle tient des assemblées des sections, l'*Assemblée des députés pour le pacte fédératif* se constitue en un petit Conseil de Ville, siégeant, délibérant, décidant à côté de l'autre, et c'est elle qui garde seule, jusqu'à la fin, avec l'assentiment du Conseil de Ville bientôt résigné, et même avec l'autorisation explicite de l'Assemblée nationale, la direction de la solennité. Les procès-verbaux du Conseil de Ville permettent de suivre dans le détail les curieuses négociations qui amenèrent, sans conflit, sans heurt, cette substitution d'autorité, en apparence si audacieuse.

Les décrets par lesquels l'Assemblée nationale avait réglé le mode de participation des gardes nationales à la Fédération nationale de Paris sont des 8 et 9 juin : dès le 10, une députation de dix délégués de l'*Assemblée des députés pour le pacte fédératif* se présentait au Conseil de Ville, où ils étaient introduits par quatre commissaires, et Charon, président, à qui était due l'initiative de la Fédération, sollicitait en ces termes le concours du Conseil : « Nous avons posé les bases de la confédération nationale; les législateurs ont adopté notre plan. Son exécution, Messieurs, est maintenant dans vos mains et dans les nôtres... Venez nous aider dans nos travaux, répandre vos lumières sur ce grand ouvrage, à la confection duquel nous ne vous appelons que quand il est digne de la Commune de Paris et de la Municipalité... Disposés à vous communiquer tous les détails de ce grand ouvrage, nous partagerons avec

(1) Voir Tome V, p. II-XI.

vous et les fatigues et les travaux qui nous attendent... Nous nous empresserons de vous communiquer les détails de nos travaux; et, dans cet empressement à recevoir vos avis, vous reconnaîtrez notre confiance en vos lumières et les sentiments de fraternité que vous ont voués les députés des soixante sections de Paris. »

Assez embarrassé, ce semble, devant cette demande qui avait un peu l'air d'une sommation, le Conseil de Ville pria d'abord les délégués de se retirer, afin qu'il pût délibérer librement : la délibération terminée et les délégués introduits de nouveau, le Maire leur fit savoir que le Conseil tenait, avant de traiter avec eux, à avoir communication des pouvoirs que les sections leur avaient conférés, de la délibération qui autorisait leur démarche auprès de la Municipalité, enfin d'une copie du discours lu en leur nom par Charon. Sur ce, nouvelle retraite des délégués qui vont consulter leur Assemblée, et qui reviennent bientôt après, apportant une délibération conforme aux prétentions du Conseil de Ville : l'Assemblée du pacte fédératif consent à communiquer, par l'intermédiaire de son président et des dix membres de la délégation, les pouvoirs qui la constituent. En conséquence, quatre commissaires sont aussitôt désignés par le Conseil pour procéder en commun à la vérification des pouvoirs, et rendez-vous est pris à cet effet pour le lendemain (1).

Aucune difficulté n'étant venue compliquer la vérification des pouvoirs, le rapport put être présenté dès le lendemain 11 juin : de très bonne grâce, les commissaires du Conseil de Ville constataient que le mandat confié aux députés pour le pacte fédératif était général, qu'il comprenait « tous les moyens convenables pour l'entière exécution du pacte fédératif ».

Voilà donc l'*Assemblée des députés pour le pacte fédératif* officiellement reconnue. Restait à déterminer dans quelle mesure et par quel procédé elle obtiendrait le concours indispensable du pouvoir exécutif de la Municipalité. Le Conseil, délibérant sur cette question, s'arrêta à la proposition suivante : la Municipalité s'unirait avec les députés spéciaux des sections dans le but de contribuer de tout son pouvoir et de tout son zèle à l'exécution de la fête fédérative; cette union se réaliserait au moyen d'une commission mixte, formée de représentants en nombre égal des deux Assemblées (Conseil de Ville et Assemblée des

---

(1) Séance du 10 juin. (Voir ci-dessous, p. 13-15 et *18-19*.)

députés pour le pacte fédératif), laquelle se concerterait sur les dispositions à prendre et présenterait ses conclusions aux deux Assemblées, « réunies de même en nombre égal ». C'est-à-dire qu'au-dessus de la commission mixte, il y aurait eu une assemblée également mixte, composée des soixante membres du Conseil de Ville et de soixante autres membres pris parmi les cent vingt ou les cent quatorze députés pour le pacte fédératif. Des commissaires au nombre de huit sont envoyés séance tenante près de l'Assemblée du pacte fédératif pour lui rendre compte de cette décision; mais la délibération avait été longue; l'Assemblée fédérative, malgré son impatience de connaître les résolutions du Conseil de Ville, s'était séparée, et la députation dut être ajournée au lendemain (1).

Saisie le lendemain 12 juin de l'arrêté du Conseil de Ville, l'*Assemblée des députés pour le pacte fédératif* délibère à son tour et fait connaître ses intentions par une délégation au Conseil de Ville : elle accepte la commission mixte, en fixant le nombre de ses membres à douze, six de chaque côté; quant à l'assemblée mixte, elle l'accepte également, mais à la condition que, les députés pour le pacte fédératif ne pouvant se diviser ni agir les uns sans les autres à raison des pouvoirs égaux qu'ils ont reçus des sections, ils se réuniraient en masse aux administrateurs formant le Conseil de Ville, lorsqu'il s'agirait d'entendre le rapport de la commission mixte et de prendre les décisions définitives pour l'exécution de la Fédération. A une assemblée composée « en nombre égal » d'administrateurs municipaux et de députés des sections, telle que l'avait proposée le Conseil de Ville, l'Assemblée du pacte fédératif substituait une sorte de réunion plénière où les soixante membres du Conseil de Ville trouveraient en face d'eux, délibérant et votant à titre égal, les cent vingt ou les cent quatorze députés des districts. Ce fut le marquis de Pastoret, maître des requêtes, de l'Académie des inscriptions et belles-lettres, qui donna communication au Conseil de Ville de l'arrêté pris par ses collègues, les députés du pacte fédératif.

Il ne fallait pourtant pas qu'un conflit d'attributions risquât de compromettre le projet même de la Fédération ; il fallait chercher un terrain de conciliation. Le Conseil de Ville sentit très bien la situation : puisqu'on ne s'entendait pas sur la compo-

(1) Séance du 11 juin. (Voir ci-dessous, p. 24-25 et 25-26.)

sition de l'assemblée mixte, puisque l'Assemblée du pacte fédératif n'acceptait pas pour cette assemblée mixte la condition de l'égalité, à laquelle de son côté le Conseil de Ville ne pouvait renoncer à raison de sa responsabilité administrative, il n'y avait qu'à supprimer l'assemblée mixte; les douze membres du comité mixte, après s'être concertés sur les mesures à prendre, en référeraient, chacun de leur côté, à l'assemblée qui les aurait délégués, les commissaires du Conseil de Ville au Conseil de Ville, les commissaires de l'Assemblée du pacte fédératif à l'Assemblée du pacte fédératif; sur le rapport de ses commissaires, le Conseil de Ville ordonnerait l'exécution et les dépenses nécessaires. La nomination de six commissaires pour faire partie du comité mixte fut arrêtée dans ces termes (1).

Mais, si la combinaison était ingénieuse pour sauvegarder la dignité du Conseil de Ville, elle avait l'inconvénient d'être malaisément praticable : si chaque décision un peu importante nécessitait une convocation de deux assemblées différentes et un accord entre elles, ce ne serait pas le moyen d'agir vite, et les circonstances pressaient. C'est ce que vinrent exposer au Conseil de Ville, le 21 juin, ses propres commissaires, ceux de la commission mixte; déjà, un certain nombre de projets avaient été étudiés, préparés, mais l'exécution en était entravée par un formalisme inutile; il était urgent de supprimer autant que possible les difficultés et les lenteurs. Conformément à ces conclusions, et sans se faire prier, le Conseil de Ville consentit à modifier son arrêté du 12 juin : il décida, à l'unanimité, de s'en rapporter entièrement aux lumières, à la sagesse et à la prudence de ses six commissaires, et de leur abandonner, conséquemment, toute sa part d'autorité; en outre, il supprima, pour tous les travaux à exécuter, les devis estimatifs et les adjudications préalables; il refusa même, malgré la réquisition du procureur-syndic, de fixer un maximum de dépenses dans lequel ils seraient obligés de se renfermer. La question des frais étant ainsi soulevée, on s'avisa, pour la première fois, qu'ils pourraient être considérables, et on s'occupa de faire demander, par l'intermédiaire du Maire et du Commandant-général, que l'Assemblée nationale voulût bien les mettre à la charge du trésor public.

Cette fois, MM. les députés des districts devaient se déclarer

---

(1) Séance du 12 juin. (Voir ci-dessous, p. 34-35, 38 et 39-40.)

satisfaits; sous couleur de donner un blanc-seing à ses commissaires, c'est en réalité à l'Assemblée des députés des districts que le Conseil de Ville abandonnait la direction de la Fédération. Renonçant, le 21 juin, aux délibérations séparées, comme il avait renoncé, le 12 juin, aux délibérations communes des deux assemblées, il en était arrivé à conférer à la seule Assemblée du pacte fédératif, augmentée seulement des six commissaires munis des pleins pouvoirs de la Municipalité, le droit de disposer à sa guise l'arrangement de la solennité nationale du 14 juillet. Il est vrai que ces six commissaires, auxquels l'Assemblée des députés des districts voulut bien reconnaître voix délibérative, apportaient avec eux l'autorité de leur expérience, de leur situation d'administrateurs et de la délégation qu'ils tenaient du Conseil de Ville. Mais tout cela ne compensait que médiocrement l'influence prépondérante du nombre : dans une assemblée délibérant à la majorité, six administrateurs ne pouvaient lutter contre cent quatorze simples députés de districts. En fait, l'*Assemblée des députés pour le pacte fédératif* devenait à peu près omnipotente.(1).

Cette Assemblée avait si bien conscience de la prépondérance que lui attribuaient les circonstances et le respect du Conseil de Ville pour l'autorité de la Commune, directement exercée par les délégués des districts, que, dès le 16 juin, à propos de la question du logement des fédérés départementaux, elle faisait afficher une proclamation où il était dit que, seuls, ses membres étaient « revêtus exclusivement des pouvoirs de la Commune » pour l'objet de la Confédération; et, pour « s'opposer à toute atteinte portée aux droits de la Commune résidant dans ses sections », elle déclarait solennellement que « la Confédération nationale était confiée, jusqu'à son entière exécution, à cent vingt députés des sections de Paris, unis aux administrateurs municipaux et délibérant à l'Hôtel-de-Ville », et que c'était à eux qu' « il fallait référer de tout ce qui avait rapport au pacte fédératif ». L'Assemblée ne parlait incidemment de son union avec les administrateurs municipaux que pour constater que, dans cette union, c'étaient les députés des districts qui avaient la haute main (2).

Cependant, il ne pouvait se faire que l'Assemblée nationale

---

(1) Séance du 21 juin. (Voir ci-dessous, p. 192-193 et 203-205.)
(2) Proclamation du 16 juin. (Voir ci-dessous, p. 108-109.)

n'intervînt pas pour dire à qui devait appartenir l'organisation de la fête qu'elle avait autorisée ; les délégués des gardes nationales de tous les districts ou arrondissements de France étaient sur le point d'arriver pour prêter le serment national, en exécution du décret des 8 et 9 juin : qui allait les recevoir?

La question se posa seulement le 3 juillet, à la suite d'une communication du Comité de constitution; elle fut résolue, le 4, après quelques objections, par un décret qui, invoquant l'absence de toute administration supérieure, Directoire de département ou Municipalité légale, pour donner autorité aux délibérations prises tant par les cent vingt commissaires des sections que par les sections elles-mêmes, décidait que le comité mixte de douze membres, déjà institué, continuerait à fonctionner, sous la présidence du Maire, pour donner les ordres de détail relatifs aux dépenses de la Fédération, et que les 114 autres députés des districts (c'est-à-dire les 120, diminués des 6 faisant partie du comité mixte) auraient compétence pour vérifier et enregistrer les procès-verbaux de nomination des fédérés départementaux et pour se partager tous autres objets relatifs à la Fédération, le Maire et le Commandant-général restant d'ailleurs chargés spécialement de veiller à la tranquillité publique. En somme, le décret du 4 juillet consacrait l'état de chose préexistant, avec cette différence pourtant que le comité mixte, élevé au titre de Comité de confédération, recevait un pouvoir propre d'administration, et que, pour tout ce qui ne regardait pas la dépense, notamment pour la réception des fédérés départementaux, c'était l'Assemblée des députés des districts seule, abstraction faite des commissaires du Conseil de Ville, qui en était chargée; d'où augmentation, plutôt que diminution, d'attributions pour cette assemblée (1).

Aussi, voit-on, à partir du décret du 4, l'Assemblée du pacte fédératif, distincte du Comité de confédération, prendre le titre suivant, un peu long, mais exact : « Assemblée des 114 représentants des sections de Paris, chargés, par leurs commettants et le décret de l'Assemblée nationale du 4 juillet, de s'occuper des dispositions relatives à l'exécution du pacte fédératif, autres que celles qui tiennent à la dépense » (2).

Quant aux six commissaires du Conseil de Ville, ils n'appa-

---

(1) Décret des 3 et 4 juillet. (Voir ci-dessous, p. *383-385.*)
(2) Procès-verbal du 7 juillet. (Voir ci-dessous, p. *495.*)

raissent plus un moment que pour renseigner leurs collègues de la Municipalité sur le cérémonial convenu (1).

Mais que devenait, en tout ceci, l'Assemblée des Représentants de la Commune? Elle avait eu, dans l'affaire, une petite part d'initiative, puisqu'elle avait invité les districts à délibérer sur le pacte fédératif de la Bretagne et de l'Anjou ; quel rôle lui fut dévolu dans la cérémonie?

Elle y assista simplement, comme invitée, tout en tête du cortège, entre les Électeurs de 1789 et le Comité militaire, alors que venaient à la suite, par ordre d'importance, les présidents des districts, l'Assemblée des députés pour le pacte fédératif, et le Conseil de Ville (2).

Elle avait essayé cependant de se mettre davantage en évidence et d'occuper un rang plus en rapport avec son titre et ses prétentions. Dès le 8 juin, elle avait désigné quatre commissaires chargés de se mettre en relations avec le Comité de constitution et de négocier au mieux des intérêts de l'Assemblée (3). Mais cette décision n'avait abouti qu'à l'envoi d'une lettre restée sans réponse, où était réclamé pour les soi-disant Représentants le droit d'inviter les délégués spéciaux des districts, mandataires infiniment plus autorisés qu'eux-mêmes de l'ensemble de la Commune (4). Plus tard, une nouvelle tentative est signalée : le 3 juillet, un membre proposa à l'Assemblée des Représentants de réclamer auprès du Comité de constitution la surveillance de la dépense ainsi que la police de sûreté publique, « à l'exclusion de toute commission », c'est-à-dire à l'exclusion de l'Assemblée des députés du pacte fédératif; cette fois, ce fut l'Assemblée des Représentants qui, après discussion, renonça à la lutte en prononçant l'ordre du jour (5).

L'Assemblée des Représentants ainsi tenue à l'écart et le Conseil de Ville réduit à fournir la moitié des membres du Comité de fédération, l'Assemblée des députés des districts reste seule maîtresse, jusqu'à la fin, de l'organisation de la fête : c'est elle encore qui publie, après la cérémonie, un recueil officiel sur la *Confédération nationale* (6); c'est elle enfin qui,

---

(1) Séances des 8, 10 et 12 juillet. (Voir ci-dessous, p. 441, 453-454 et 482-483.)
(2) Ordre de marche pour la Confédération, du 11 juillet. (Voir ci-dessous, p. 511-512.)
(3) Séance du 8 juin. (Voir Tome V, p. 716-717.)
(4) Rapport et lettre du 9 juin. (Voir ci-dessous, p. 3-4.)
(5) Séance du 3 juillet. (Voir ci-dessous, p. 374 et 375.)
(6) Imp. sous ce titre. (Voir ci-dessous, p. 519.)

le 12 octobre 1790, s'occupe de rechercher, près des municipalités de tous les chefs-lieux de districts, les éléments d'un dossier complet de la Fédération française du 14 juillet (1).

La Fédération est bien, sans conteste, l'œuvre directe des districts parisiens.

Il en faut dire autant de la grande opération de l'acquisition par la Commune de 200 millions de biens domaniaux. Ici encore, la Municipalité, quoique désignée d'abord comme acquéreur par le décret du 17 mars, avait dû, dès le 1er avril, laisser agir à sa place une assemblée délibérante composée de soixante délégués des districts, et un petit conseil exécutif de douze membres choisis par les soixante premiers. Cette fois, cependant, le Conseil de Ville n'avait point cédé sans résistance, et, un moment, il y eut comme un commencement de conflit entre la Municipalité officielle et l'*Assemblée des députés des soixante sections relativement à l'acquisition à faire, au nom de la Commune, de domaines nationaux*. Deux adresses furent simultanément présentées à l'Assemblée nationale : l'une, le 17 juin, par le Conseil de Ville (2), l'autre, le 24 juin, par l'Assemblée des députés des soixante sections (3). L'Assemblée nationale n'hésita pas, et, sur le rapport du Comité d'aliénation, autorisa son Comité à « continuer de traiter avec les commissaires nommés par les soixante sections et munis de leurs pouvoirs ».

Mais cette affaire a été déjà exposée par anticipation, avec un développement suffisant (4), et il suffit en ce moment de la signaler pour mémoire.

Il importe d'ailleurs de remarquer que, si l'acquisition par la Commune des domaines nationaux passait aux mains des commissaires des districts ou sections, l'administration des biens demeurés domaniaux restait confiée à la Municipalité proprement dite, en vertu de la combinaison du décret du 20 avril 1790 et de celui du 8 juin de la même année : par le premier, les Directoires de départements et de districts étaient chargés de l'administration des biens mis à la disposition de la nation; le

---

(1) Circulaire du 12 octobre. (Voir ci-dessous, p. *478*.)
(2) Séances des 10, 11, 12, 15 et 16 juin. (Voir ci-dessous, p. *15, 24, 25, 37, 89, 97 et 98-100*.)
(3) Adresse transmise par Bailly au président de l'Assemblée nationale. (Voir ci-dessous, p. *138-141*.)
(4) Voir Tome IV, p. xxviii-xxxi.

second, considérant que l'administration du département de Paris n'était pas en activité, attribuait à la Municipalité de Paris, relativement aux mêmes biens, les fonctions assignées par le décret précédent aux Directoires de départements et de districts (1).

En exécution de ces dispositions, le Bureau de Ville, dans sa dernière séance, chargea le Département du domaine de faire à ce sujet un rapport au Conseil de Ville (2). Ajourné deux fois, le 8 et le 10 juillet (3), le rapport fut présenté le 12; quatre commissaires furent nommés par le Conseil de Ville pour examiner le travail du Département du domaine (4). A la suite du compte rendu par les commissaires, le 19 juillet, il fut arrêté que le Département du domaine, assisté de cinq autres commissaires du Conseil de Ville, formerait un *Comité d'administration des biens nationaux ecclésiastiques du district de Paris* (5). Ce Comité apporta, le 22 juillet, ses vues sur l'organisation des bureaux; la discussion fut ajournée au lendemain (6). Enfin, le 23 juillet, fut arrêtée l'organisation des quatre bureaux institués, sous la direction du Comité, pour l'administration des biens nationaux (7). Ce n'est toutefois que dans le procès-verbal du 29 juillet que fut inséré le texte du rapport sur lequel l'arrêté du 23 avait été pris (8)..

En outre des deux assemblées de députés des districts dont on vient de parler, Assemblée pour le pacte fédératif, Assemblée pour l'acquisition des biens nationaux, une troisième est mentionnée dans ce volume : l'*Assemblée des députés des sections de la Commune pour le canal de Paris*, qui paraît avoir été formée vers la fin de mars 1790, et qui dura au moins jusqu'au 12 juin.

Auteur d'un projet de canal pour abréger la navigation de la Marne, de la Seine et de l'Oise, l'ingénieur Brullée, au lieu de solliciter le concours de l'Assemblée des Représentants de la Commune ou du Conseil de Ville, s'était adressé directement aux districts, et, sur l'initiative du district de Saint-Gervais.

(1) Décrets du 20 avril et du 8 juin 1790. (Voir Tome V, p. 636-638.)
(2) Arrêté du 6 juillet. (Voir ci-dessous, p. 423.)
(3) Séances du 8 et du 10 juillet. (Voir ci-dessous, p. 440-441 et 456.)
(4) Séance du 12 juillet. (Voir ci-dessous, p. 483.)
(5) Séance du 19 juillet. (Voir ci-dessous, p. 526-527.)
(6) Séance du 22 juillet. (Voir ci-dessous, p. 546.)
(7) Séance du 23 juillet. (Voir ci-dessous, p. 558-559.)
(8) Séance du 29 juillet. (Voir ci-dessous, p. 607-609 et 620-622.)

ceux-ci nommèrent des délégués qui, après étude, allèrent en députation, le 5 juin, sous la conduite de Bailly, porter à l'Assemblée nationale une *Adresse de la Commune de Paris* pour demander l'exécution de ce canal. On connaît mal les travaux de cette Assemblée; il n'en est pas moins vrai que c'est sur son initiative et à la suite de ses démarches que l'Assemblée nationale, sur le rapport de son Comité d'agriculture et de commerce, par un décret voté les 19 octobre et 9 novembre 1790, autorisa le sieur Brullée à ouvrir un canal de navigation de la Marne à Paris et de Paris à l'Oise, qui, après des péripéties diverses, devint plus tard le canal de l'Ourcq à la Villette, avec ses embranchements sur la Bastille et sur Saint-Denis (1).

Il est donc certain que l'adresse en faveur du canal Brullée est encore un exemple du gouvernement direct, pratiqué par les districts; exemple d'autant plus curieux qu'il s'applique à un projet d'ordre essentiellement technique et économique, qui, par sa nature, semblait être du ressort purement administratif. Le Conseil de Ville n'eut à s'occuper de ce projet que tout à fait accessoirement, et ne prit aucune part à son élaboration (2).

Humiliée sans doute du rôle subalterne où la réduisaient la défiance des districts et leur procédé, devenu usuel, de recourir pour les affaires importantes à des assemblées de délégués spéciaux, l'Assemblée des Représentants provisoires de la Commune crut faire merveille un jour en prenant l'initiative d'une proposition qu'elle avait tout lieu de croire populaire : l'abolition ou tout au moins une sensible diminution des impôts indirects et particulièrement des octrois; cela, à la veille même du jour où les sections allaient procéder au choix des membres du nouveau Conseil général. Mal lui en prit; les sections lui infligèrent une série de désaveux publics; de sorte que cette entreprise tourna encore à sa confusion, et, chose étrange, c'est parce qu'elle s'était trop énergiquement associée à la pétition d'un district que cette mésaventure lui arriva.

Le 2 juillet, l'Assemblée des Représentants avait reçu communication d'une délibération du district de Saint-Étienne du Mont, en date du 25 juin, par laquelle l'assemblée générale du district demandait que l'impôt indirect de Paris fût réduit

---

(1) Adresse du 5 juin. (Voir ci-dessous, p. 64-78, et p. 779, addition à la p. 67, note 1.)

(2) Séances du 14 juin et du 22 juillet. (Voir ci-dessous, p. 55 et 543.)

à la proportion des autres villes, et que, Paris ayant le droit, comme les autres municipalités, de s'imposer lui-même pour ses charges locales et personnelles, il ne fût point établi de confusion entre ce que Paris devait à l'État, en tant que département, avec ce qu'il se devait à lui-même, en tant que municipalité. Cette motion avait paru importante, et l'Assemblée des Représentants avait nommé une commission pour rédiger une adresse à l'Assemblée nationale, conforme à la demande de Saint-Étienne du Mont (1).

Le 3 août, une autre motion ayant été présentée, qui tendait à réduire les droits d'entrée perçus aux barrières, elle avait été renvoyée à la commission déjà formée, avec invitation de présenter son rapport le 7 août (2).

Le projet d'adresse fut en effet présenté le 7 août et adopté à la suite d'une courte discussion : après quelques considérations sur les pertes matérielles que Paris subissait du fait de la Révolution et sur les inconvénients des impôts indirects, qui poussent à la contrebande, l'adresse réclamait particulièrement la suppression des droits perçus sur les denrées de première nécessité, comme pesant sur la classe la plus indigente, et la réduction de moitié des impôts frappant les autres denrées. L'Assemblée promettait d'ailleurs son entière résignation, quel que fût le décret. Dix membres furent aussitôt désignés pour présenter ladite adresse à l'Assemblée nationale (3).

Le président, Vincendon, s'étant adressé, comme d'habitude, au président de l'Assemblée nationale pour savoir quel jour la députation pourrait se présenter à la barre, celui-ci commença par demander communication du texte de l'adresse. Il fut arrêté qu'il lui serait donné satisfaction (4).

Le lendemain, 10 août, le président de l'Assemblée nationale, en renvoyant la copie de l'adresse, informait les députés qu'ils seraient reçus le soir même (5).

Les élections municipales ayant empêché les Représentants de siéger les 11, 12 et 13 août, c'est seulement à la séance du 14 qu'ils entendirent le compte rendu de leurs délégués. Ce rapport n'était rien moins que satisfaisant : la députation n'avait

---

(1) Séance du 2 juillet. (Voir ci-dessous, p. 361 et 369-373.)
(2) Séance du 3 août. (Voir ci-dessous, p. 653-654.)
(3) Séance du 7 août. (Voir ci-dessous, p. 669-674.)
(4) Séance du 9 août. (Voir ci-dessous, p. 682.)
(5) Séance du 10 août. (Voir ci-dessous, p. 691.)

obtenu pour réponse de l'Assemblée nationale qu'une remontrance sévère et n'avait pas même été admise aux honneurs de la séance! Camus, un député de Paris, ne leur avait-il pas reproché de s'être mis à la remorque de l'abbé Maury, qui, jadis, avait proposé l'abolition immédiate de tous les droits d'entrée!

Douloureusement surprise, l'Assemblée des Représentants décida de faire tête à l'orage ; pour expliquer ses intentions méconnues, elle arrêta qu'une nouvelle adresse, explicative de la précédente, serait rédigée par huit commissaires nouveaux (1).

Mais déjà, le Conseil de Ville s'était dégagé de toute solidarité compromettante : par arrêté du 12 août, il avait déclaré que l'adresse du 10 août avait été présentée sans mission légale, qu'elle n'était point appuyée sur le vœu des sections en qui résidait effectivement la volonté de la Commune, que, par conséquent, elle ne devait pas être considérée comme l'œuvre de la Commune de Paris (2).

A l'exemple du Conseil de Ville, le précédant même, plus de vingt sections, du 11 au 19 août, condamnèrent par des arrêtés formels la démarche inconsidérée des malheureux Représentants, de plus en plus qualifiés de « soi-disant Représentants ». La section des Tuileries émit même l'idée de réclamer une convocation générale des 48 sections, à l'effet de décider qu'il serait présenté à l'Assemblée nationale, au nom de la véritable Commune, une nouvelle adresse, exprimant l'entière soumission de la capitale à tous les impôts qu'il plairait à l'Assemblée nationale de continuer ou d'établir. Mais les sections, à peine constituées, occupées de leurs élections municipales, ne se montrèrent point disposées à mettre en mouvement le nouveau mécanisme réglé, pour la réunion générale de la Commune, par le décret des 21 mai-22 juin : quatre ou cinq au plus se rangèrent à l'avis de la section des Tuileries; les autres se contentèrent de se prononcer par arrêtés séparés (3).

Déconcertée par une manifestation aussi générale, l'Assemblée des Représentants se débattait péniblement : il ne lui fallut pas moins de quatre séances pour arrêter le texte de

---

(1) Séance du 14 août. (Voir ci-dessous, p. 705-708 et 712-719.)
(2) Séance du 12 août. (Voir ci-dessous, p. 698-699.)
(3) Délibérations des sections. (Voir ci-dessous, p. 719-734.)

l'adresse explicative, décidée en principe depuis le 14 août; deux ou trois projets de rédaction furent successivement repoussés, et on finit par se rallier, le 19 août, à une rédaction improvisée de Bertolio, qui défendait surtout la légalité même de l'Assemblée des Représentants, en s'appuyant sur les décrets qui avaient prorogé son existence jusqu'à l'organisation de la Municipalité définitive (1).

Mais l'Assemblée nationale, excitée par les délibérations hostiles des sections que Bailly s'empressait de lui transmettre, ne voulut point recevoir la nouvelle adresse. En vain, trois commissaires avaient-ils été désignés le 19 août pour obtenir, non pas l'admission d'une nouvelle députation, mais seulement la lecture de l'adresse par un secrétaire; en vain, le 6 septembre, trois nouveaux commissaires furent-ils adjoints aux premiers pour tenter de nouvelles sollicitations près du président de l'Assemblée nationale. Les Représentants de la Commune durent rester sous le coup du désaveu collectif qui leur avait été infligé par les sections (2).

Ainsi, on voit les districts exercer, sur l'Assemblée des Représentants qui s'obstinait à les représenter malgré eux, une double action déprimante : d'une part, la formation d'assemblées de délégués spéciaux l'oblige à assister, passive, aux manifestations les plus importantes de la vie communale; d'autre part, se risque-t-elle à prendre quand même une initiative quelconque, elle est aussitôt désavouée et rappelée durement au sentiment de son impuissance.

Cependant, une petite portion de cette Assemblée moribonde, un simple Comité de six de ses membres, survit, actif, énergique, mettant en mouvement la justice nationale, s'attaquant aux ministres mêmes du roi : c'est le *Comité municipal des recherches*, institué, après les journées d'octobre 1789, sur le modèle du Comité des recherches de l'Assemblée nationale, et qui, depuis cette époque, n'a cessé d'être l'agent redouté de la haute police révolutionnaire (3).

(1) Séances des 16, 17, 18 et 19 août. (Voir ci-dessous, p. 734-737, 741, 743-744 et 745-753.)
(2) Séances du 19 août et du 6 septembre. (Voir ci-dessous, p. 756-758, et Tome VII, p. 123-124.)
(3) Les opérations les plus importantes du *Comité des recherches*, son compte

En juillet 1790, la conspiration de Maillebois et Bonne-Savardin lui donne l'occasion d'impliquer dans ses poursuites le ministre de l'intérieur, Guignard de Saint-Priest, comme complice d'une entreprise tendant à attirer en France les armées étrangères pour renverser l'ordre public établi par la constitution. Un rapport de Garran de Coulon, du 9 juillet, les arrêtés du Comité, du 15 et du 28 juillet, une réponse de Garran de Coulon à un mémoire du ministre inculpé sont les principaux éléments d'information sur cette curieuse affaire, qui ne fut suivie d'ailleurs, en ce qui concerne Guignard de Saint-Priest, d'aucun résultat immédiat. Mais la dénonciation du Comité des recherches en amena une autre formulée, au commencement de novembre 1790, par les sections de la Commune de Paris contre Guignard et deux de ses collègues, et, bien que l'Assemblée nationale eût prononcé l'ordre du jour, les ministres attaqués durent alors résigner leurs fonctions et chercher un refuge à l'étranger (1).

Parmi les incidents particulièrement dignes d'attention qui se rencontrent dans les procès-verbaux de l'Assemblée des Représentants de la Commune, il y a lieu de signaler les réclamations d'un prêtre attaché à la Salpêtrière, persécuté par ses supérieurs pour avoir dénoncé les billets de confession, l'intervention de l'Assemblée dans la nomination du nouveau directeur de l'établissement des sourds-muets, une démarche singulière des Vainqueurs de la Bastille, enfin une motion relative au *Lycée* et une députation de la *Société polymathique*.

Une plainte contre les billets de confession exigés des pauvres reçus à la Salpêtrière avait été suivie, en mai 1790, d'un arrêté de principe garantissant le respect des opinions religieuses (2).
Mais les grands-vicaires de l'archevêché, administrateurs en l'absence de l'archevêque déjà émigré, peu satisfaits de cette injonction, s'en prirent à l'ecclésiastique qui avait révélé les

---

rendu du 30 novembre 1789, son rapport sur la conspiration du mois de juillet, sa dénonciation contre les auteurs des attentats du 6 octobre, sa déclaration du 26 avril 1790, son discours du 10 août à l'Assemblée nationale, ont été signalés dans les volumes précédents. (Voir Tome II, p. x, Tome III, p. ix-xi, et Tome V, p. 134-135 et *139-164*.)

(1) Séances du 28 et du 29 juillet. (Voir ci-dessous, p. 590-591, *593-601*, 603-604 et *609-620*.) Au nom du même Comité, Brissot fit aussi, le 29 juillet, un rapport sur un prétendu complot de « somnambulistes ». (Voir ci-dessous, p. 749, note 10.)

(2) Voir Tome V, p. xix-xx.

abus et le suspendirent de ses pouvoirs spirituels. D'où, réclamations de celui-ci; débats à l'Assemblée des Représentants; désaccord entre l'abbé Fauchet, qui soutient son collègue, et de Jussieu, organe du Département des hôpitaux; troubles à la Salpêtrière; finalement, renvoi de l'affaire au Département des hôpitaux, chargé de rétablir la paix parmi les hospitalisés (1).

En ce qui concerne les sourds-muets, il avait été décidé, dès le 15 avril, qu'une adresse serait présentée au roi en faveur de l'abbé Masse, évincé par l'abbé Sicard de la succession de l'abbé de L'Épée (2).

Ce n'est toutefois que le 1er juillet que l'abbé Mulot vint donner lecture de l'adresse qu'il avait rédigée; le 5 juillet, l'Assemblée, ayant eu connaissance des difficultés que soulevait à ce propos le ministre de la maison du roi, décida que l'adresse serait remise directement par le maire au roi. Du texte de cette adresse, qui a pu être retrouvé, bien que ne figurant pas dans les procès-verbaux, ressort une impression fâcheuse sur les intrigues qui amenèrent l'abbé Sicard à la direction de l'établissement des sourds-muets. La réclamation de l'Assemblée communale en faveur de l'abbé Masse resta d'ailleurs sans effet (3).

Après avoir obtenu de l'Assemblée nationale des distinctions exceptionnelles, entre autres le droit d'occuper une place d'honneur à la cérémonie de la Fédération, les *Vainqueurs de la Bastille* durent céder aux réclamations et aux récriminations qui se produisaient de toute part contre leur prétention, affirmée par leur titre même, d'accaparer pour eux seuls la gloire de la grande journée du 14 juillet 1789 : on leur signifia durement que tous les Parisiens avaient plus ou moins coopéré à la chute de la Bastille et qu'il n'appartenait à aucun groupe de s'attribuer le mérite exclusif d'un mouvement qui n'avait réussi que parce qu'il avait été général. Ils vinrent donc, le 25 juin, annoncer à l'Assemblée des Représentants qu'ils renonçaient au bénéfice du décret du 19, et leur sacrifice fut encore qualifié d'héroïque. Fauchet, en particulier, trouva leur démarche si noble qu'il demanda incontinent qu'une couronne civique fût posée sur la

---

(1) Séances des 18, 21 et 26 juin, et 1er, 2 et 3 juillet. (Voir ci-dessous, p. 148 186-189, *200-202*, 273, 339, 365-367, 376-377 et *389-394*.)

(2) Voir Tome IV, p. xxxv, et Tome V, p. xx-xxi.

(3) Séances du 1er et du 5 juillet. (Voir ci-dessous, p. 337, 403-404 et *408-411*.),

tête de Bailly, dont l'éloquence, en persuadant les Vainqueurs, avait, disait-il, assuré la paix publique et sauvé la patrie. L'Assemblée se contenta de les féliciter (1).

Une motion, faite le 1er juillet, concernant le *Lycée*, a permis de donner quelques détails sur les établissements d'enseignement supérieur libre qui portèrent successivement les noms de *Musée de Paris*, de *Musée français* et de *Lycée français*, devenu plus tard *Lycée républicain*, puis *Athénée* (2). De même, pour la *Société polymathique*, dont une députation se présenta le 3 juillet (3).

Au Conseil de Ville, comme épisode curieux, on remarquera un rapport de Duport-Dutertre, lieutenant de maire au Département de police, bientôt ministre de la justice (en novembre 1790), sur le régime des voitures de place à Paris. Ce rapport, présenté et ajourné le 17 mai, avait donné lieu, le 26 mai, à un arrêté, dont Duport-Dutertre développa les motifs dans un exposé qui fut approuvé le 19 juin : il combat le système du monopole, qu'il qualifie d'odieux, et réclame la liberté absolue de l'industrie des voitures de place, sous la simple inspection de la police municipale (4).

En dehors de l'Assemblée des Représentants et du Conseil de Ville, il y a à mentionner l'important arrêté des districts réunis du Val de Grâce et de Saint-Jacques du Haut Pas, du 19 juin, pour l'organisation d'un service d'assistance à domicile en faveur des pauvres malades : adoptant un plan proposé par Peuchet, administrateur du Département de police, l'assemblée de ces districts propose de désigner, dans chaque section, un ou plusieurs médecins et chirurgiens pour visiter et soigner gratuitement les malades, et prescrire les remèdes, linges ou aliments, qui seraient délivrés, aussi gratuitement, par des fournisseurs attitrés à cet effet.

Quelques districts avaient déjà institué à leur usage des comités de bienfaisance. Mais ce n'est qu'en 1793 que furent légalement créés les comités de bienfaisance des sections, pré-

---

(1) Séance du 25 juin. (Voir ci-dessous, p. 231-234 et *238-261*.)
(2) Séance du 1er juillet. (Voir ci-dessous, p. 338 et *340-349*.)
(3) Séance du 3 juillet. (Voir ci-dessous, p. 375 et *388*.)
(4) Séance du 19 juin. (Voir ci-dessous, p. 166-170 et *172-180*.)

décesseurs immédiats des bureaux de bienfaisance des arrondissements actuels (1).

La correspondance avec les communes de province continue, quoique avec un ralentissement sensible : au fur à mesure que l'ordre s'établit, l'intervention de la Commune de Paris est moins sollicitée (2).

Cependant, Clermont-Ferrand, Moulins, Nevers, Conflans-Sainte-Honorine s'adressent encore à Paris pour avoir des armes ou de la poudre. Estivey demande des secours à la suite d'un incendie. Alassat communique des documents relatifs aux troubles du Bas-Limousin.

Les autres (Arnac-la-Poste, Aubervilliers, Bagnolet, Blois, Conflans-l'Archevêque, Ivry-sur-Seine, Sartrouville, Sens, Sézanne, Terrasson, Tours) profitent de la Fédération générale pour contracter avec la Municipalité ou la Garde nationale de Paris des affiliations particulières, civiles ou militaires (3).

Ainsi, se manifeste de plus en plus le caractère spontané de la Fédération, qui consacre l'union des municipalités françaises sous le patronage de l'Assemblée nationale et du roi.

SIGISMOND LACROIX.

---

(1) Séance du 26 juin. (Voir ci-dessous, p. 264 et 280-282.)
(2) Voici l'énumération, par départements, des villes dont les adresses et députations sont mentionnées dans ce volume :

ALLIER.	Moulins.	PUY-DE-DÔME.	Clermont-Ferrand.
CORRÈZE.	Alassat.	SEINE.	Aubervilliers, Bagnolet, Conflans-l'Archevêque, Ivry-s.-Seine.
DORDOGNE.	Terrasson.		
INDRE-ET-LOIRE.	Tours.		
LOIR-ET-CHER.	Blois.	SEINE-ET-OISE.	Conflans-Ste-Honorine, Sartrouville.
LOIRET.	Orléans.		
MARNE.	Sézanne-en-Brie.	VIENNE (HAUTE-).	Arnac-la-Poste.
NIÈVRE.	Nevers.	YONNE.	Estivey, Sens.

(3) Voir Tome II, p. XIX, Tome III, p. IX, Tome IV, p. XXXVII, et Tome V, p. XXII, la liste des villes affiliées antérieurement.

AVIS AU LECTEUR

— Comme dans les volumes précédents, les *Éclaircissements*, signalés dans le texte par des chiffres romains, sont ajoutés à la suite des séances de chaque jour : pour faciliter les recherches, on a indiqué, à la suite du chiffre romain, le numéro de la page où commence chaque *Éclaircissement*. Les chiffres arabes renvoient aux notes placées au bas des pages.

— Dans les indications de pages du présent volume, faites soit en notes, soit au cours des *Éclaircissements*, les renvois au texte des procès-verbaux se distinguent des renvois aux *Éclaircissements* par le caractère typographique des chiffres, les nombres en caractères ordinaires se rapportant aux procès-verbaux, les nombres en caractères italiques aux *Éclaircissements*.

Description de la Médaille commémorative de la Fédération.

La *Médaille commémorative de la Fédération du 14 juillet 1790*, œuvre du graveur Gatteaux, reproduite au titre de ce volume, est décrite ci-dessous, p. *16-18*.

Les décisions de l'*Assemblée des députés des sections pour le pacte fédératif*, concernant la confection et la distribution de cette médaille, sont signalées à leur date (1).

---

(1) Séances de l'*Assemblée des députés des sections* du 12 juin et du 3 juillet. (Voir ci-dessous, p. 205 et 473-474.)

Il a été arrêté que le discours de M. le président au roi, ensemble la réponse de Sa Majesté, seraient insérés dans le procès-verbal, imprimés séparément et envoyés aux 60 sections (1).

— M. le curé de Saint-Jean en Grève a été annoncé et introduit. Après avoir fait sentir toute l'influence qu'avait sur le peuple l'exemple de ses représentants, il a invité l'Assemblée à assister à la procession du Saint-Sacrement, demain jeudi, jour de l'octave de la Fête-Dieu.

L'Assemblée a arrêté unanimement qu'elle se rendrait en corps à cette auguste cérémonie (2).

— Ce pasteur ayant ensuite exprimé le désir que l'Assemblée voulût bien accueillir l'invitation, qu'il lui faisait, d'offrir le pain à bénir le jour de la fête patronale de Saint-Jean, qui aurait lieu le 24 de ce mois;

L'Assemblée a unanimement agréé cette proposition, et a arrêté que son président en ferait part à M. le Maire et au Bureau de Ville (3).

— Les commissaires, nommés dans la séance précédente pour demander au Comité de constitution de l'Assemblée nationale tous les éclaircissements relatifs au pacte fédératif qui doit avoir lieu, le 14 juillet prochain, entre toutes les gardes nationales du royaume (4), ont annoncé à l'Assemblée que, conformément à ses ordres, ils s'étaient rendus à ce Comité, qu'ils ne l'avaient point trouvé assemblé, mais qu'ils avaient conféré avec M. Le Chapelier, l'un de ses membres, qui leur avait dit que, cette confédération ne regardant que les gardes nationales (5), il ne serait point convoqué de députés des communes du royaume; mais qu'il pensait néanmoins que, cette fête ayant lieu dans la capitale, la Commune de Paris devait y assister et présenter, à cet effet, une demande précise au Comité, qui en rendrait compte à l'Assemblée nationale.

---

(1) Imp. à part, 3 p. in-8° (Bib. Nat., Lb 40/1152). — Le *Moniteur* (n° du 16 juin) publie le texte des deux discours, en donnant à la réception la date du *8 mai*, au lieu du 9 juin. — Le *Journal de la Municipalité et des districts* (n° du 12 juin) ajoute à son compte rendu que « M. de Saint-Priest a annoncé, conduit et reconduit la députation ».

(2) Le compte rendu a été joint à celui des processions de la Fête-Dieu. (Voir Tome V, p. *663*.)

(3) Réponse du Maire communiquée le 16 juin. (Voir ci-dessous, p. 92.)

(4) Quatre commissaires nommés le 8 juin. (Voir Tome V, p. 717.)

(5) Contrairement à la demande de l'*Assemblée des députés des sections pour le pacte fédératif*, l'Assemblée nationale avait voulu donner à la Fédération un caractère exclusivement militaire. (Voir Tome V, p. *733-735*.)

M. l'abbé Fauchet, l'un des commissaires, chargé par ses collègues de la rédaction d'une lettre destinée à remplir cet objet, en a fait lecture à l'Assemblée, qui y a applaudi.

Suit la teneur de la lettre :

Messieurs,

L'Assemblée des Représentants de la Commune, qui remplit les fonctions de Conseil général de la Commune, et qui, aux termes des décrets de l'Assemblée nationale, doit remplir ces fonctions jusqu'à l'organisation définitive, demande, avec instance, de n'être pas privée d'un avantage qui, après celui d'avoir concouru, de tout son zèle, au bien public, sera la seule récompense de ses travaux. Le temps qu'exige la circonscription des sections de la capitale ne permettra probablement pas que les nouvelles élections soient faites à l'époque du 14 juillet, fixée pour la solennité du pacte fédératif. Cette grande confédération doit être consommée dans la capitale : les Représentants de la Commune de Paris sollicitent de la justice de l'Assemblée nationale, ou pour eux ou pour le nouveau Conseil, si les élections étaient faites, l'assurance de tenir leur rang dans cette fête civique et de mêler leurs voix à celles des députés de toutes les parties de la France, qui viennent jurer une alliance éternelle sur l'autel de la constitution et de la liberté.

L'Assemblée des Représentants, qu'aucune prétention jalouse n'anime, qu'aucun esprit exclusif ne dirige, loin de chercher à écarter un plus grand nombre de citoyens de l'avantage qu'elle réclame, désire que l'Assemblée nationale permette que les Représentants ou le Conseil de la Commune invitent tous les présidents de sections, tous les commissaires nommés par elles pour rédiger le projet de la confédération (1), et tous messieurs les Électeurs qui s'étaient réunis à l'Hôtel-de-Ville à l'époque du mois de juillet, à occuper une place dans cette solennité patriotique.

Voilà, Messieurs, les justes demandes que l'Assemblée des Représentants de la Commune vous prie de présenter à l'Assemblée nationale, afin qu'elle daigne, d'après votre avis, les décréter dans sa sagesse.

~~~ Au moment où l'on allait passer à l'ordre du jour, une députation des écoliers de l'Université de cette ville a demandé à être entendue.

L'un d'eux a prononcé une adresse, par laquelle ils annoncent le désir qu'ils ont que l'époque du 14 juillet prochain, fixée pour célébrer l'anniversaire de la Révolution, soit en même temps celle de leurs vacances, afin de pouvoir, dans ce jour à jamais mémorable, se voir réunis à leurs parents et leur peindre les sentiments qui animent toute la capitale (2).

Après ce discours, qui a reçu les plus justes applaudissements qu'il méritait, une députation de la section de Saint-Étienne du

---

(1) L'*Assemblée des députés des sections pour le pacte fédératif*, qui avait fait voter la Fédération du 14 juillet et restait chargée de l'organiser, aurait été invitée par l'Assemblée des Représentants de la Commune, tout à fait étrangère à l'élaboration du projet! Fauchet ne doutait de rien.

(2) Une nouvelle démarche des mêmes écoliers est mentionnée à la séance du 11 juin. (Voir ci-dessous, p. 20-21.)

Mont s'est présentée pour appuyer la demande des écoliers de l'Université, dont la majeure partie des collèges est située dans son arrondissement.

Cette demande ayant été mise aux voix;

Il a été unanimement arrêté que M. le président écrirait au recteur de l'Université, pour lui témoigner le désir que l'Assemblée avait qu'il voulût bien déférer au vœu des écoliers (1).

~~~ Un membre (2), ayant obtenu la parole, a dit que, l'Assemblée nationale ayant décrété le pacte fédératif de toutes les gardes nationales de cet empire et des troupes de ligne pour le 14 juillet prochain, jour anniversaire de l'heureuse Révolution qui avait procuré à tous les Français le bienfait inestimable de la liberté (3), des députés de tous ces corps devaient se rendre dans la capitale, pour y prêter le serment solennel de maintenir la constitution et d'être à jamais fidèles à la nation, à la loi et au roi; que, non seulement la Commune de Paris, qui s'était couverte de gloire à l'époque mémorable qu'il s'agissait de célébrer, ne pouvait voir qu'avec la plus vive satisfaction, dans l'enceinte de ses murs, un spectacle aussi touchant et aussi glorieux pour elle, mais qu'il était digne du patriotisme de ses habitants de donner, en cette circonstance, un témoignage authentique de son amour fraternel pour les citoyens qui se rendraient, de toutes les parties du royaume, à cette solennité. Et il a proposé le projet d'arrêté suivant :

« L'Assemblée générale des Représentants de la Commune de Paris, voulant donner des témoignages de son attachement fraternel à tous les députés, tant des gardes nationales du royaume que des troupes de ligne et des autres corps militaires, qui doivent se rendre dans cette capitale à l'effet de former le pacte fédératif que l'Assemblée nationale a décrété pour le 14 juillet prochain;

« A arrêté que, désirant, avec le plus vif empressement, que lesdits députés n'aient point d'autre habitation que celle de leurs frères de la capitale, pendant le séjour qu'exigera leur présence à la solennité du pacte fédératif, M. le Maire sera invité à convoquer les soixante sections de la capitale, pour leur faire part du vœu des Représentants de la Commune, et les engager, dans le cas où elles l'adopteraient, à envoyer, le plus tôt possible, leur adhésion à l'Assemblée;

« Et que, dans le cas où les sections, partageant ses sentiments,

---

(1) Réponse du recteur, communiquée le 15 juin. (Voir ci-dessous, p. 79-80.)
(2) Cézerac. (Voir ci-dessous, p. 6, note 2.)
(3) Décrets du 8 et du 9 juin. (Voir Tome V, p. 733-735.)

adopteraient son vœu, elles seront invitées à tenir un registre, où tous les citoyens, qui, par leurs facultés et leur position particulière, seront assez heureux pour pouvoir donner cette nouvelle preuve de leur patriotisme et recevoir chez eux un ou plusieurs députés, se feront inscrire; et que chacune desdites sections voudra bien faire remettre à l'Assemblée un double desdits registres pour servir à la distribution des logements, à mesure que les députés arriveront dans cette capitale. »

Sur la demande d'un grand nombre de membres;

M. le président ayant mis aux voix ce projet d'arrêté;

Il a été unanimement adopté (1).

Il a été arrêté en même temps qu'il en serait donné communication à M. le Maire et qu'il serait envoyé aux soixante sections (2).

~~~~ Il a été présenté une adresse par les commissaires de la section de Saint-Philippe du Roule, nommés par les arrêtés de l'assemblée de cette section des 16 août 1789 et 30 mai 1790, à l'effet de vérifier et apurer les comptes de M. de Trémoilles, trésorier (3). Ces commissaires ont représenté qu'ayant voulu rendre compte de leur travail à l'assemblée générale du 8 de ce mois (4), un membre du comité civil s'était opposé à ce que leur rapport fût entendu; qu'ils étaient néanmoins parvenus à en donner connaissance à l'assemblée, mais qu'au lieu de faire statuer sur les décisions que lesdits commissaires demandaient, le comité avait exigé qu'ils déposassent leur travail sur le bureau, ce qu'ils avaient refusé de faire. Ils demandaient que M. le Maire et les Représentants de la Commune nommassent des commissaires choisis dans le sein de l'Assemblée, pour entendre ce rapport et vérifier les pièces du compte de M. de Trémoilles.

Après la lecture de cette adresse, un membre de l'Assemblée, Représentant du district de Saint-Philippe du Roule, a observé que le compte dont il s'agit avait déjà été apuré tant par le district que

---

(1) Par lettre communiquée le 16 juin, le Maire fit savoir, en réponse à l'arrêté ci-dessus, qu'il avait convoqué les sections pour le 19. (Voir ci-dessous, p. 92.)

(2) Imp. à part, sous ce titre : *Motion faite à l'Assemblée générale des Représentants de la Commune de Paris, par M. Cézerac, député du district du Val de Grâce, et imprimé par ordre de l'Assemblée,* sans date, contenant la *Motion* rédigée comme au procès-verbal et l'arrêté à la suite, 4 p. in-8° (Bib. Nat., Lb 40/1230, et Bib. Carnavalet, dossier 12272).

(3) de Trémouilles (Jacques Ézéchiel), ancien président de la Cour des monnaies, trésorier du *district de Saint-Philippe du Roule* en 1790, assesseur du juge de paix de la section du Roule en 1791 et 1792.

(4) Procès-verbaux relatifs à la vérification des comptes du trésorier, des 2 et 4 juin, pièces manusc. (Arch. de la Seine, D 614).

par le Département de l'administration des domaines; que, néanmoins, l'assemblée n'avait point refusé de prendre connaissance du travail des commissaires; mais que, pour le faire avec l'attention convenable, elle avait demandé qu'ils déposassent leur rapport sur le bureau, ce à quoi ils s'étaient constamment refusés.

L'Assemblée a renvoyé l'adresse des commissaires à son Comité de rapports, et l'a chargé de s'entendre tant avec lesdits commissaires qu'avec le comité civil de la section de Saint-Philippe du Roule, pour en rendre compte incessamment à l'Assemblée.

—— M. Cahier de Gerville, l'un des procureurs-syndics adjoints de la Commune, a dénoncé à l'Assemblée un libelle qui était tombé entre ses mains, et qui porte pour titre : *Vie privée, impartiale, politique, militaire et domestique du marquis de La Fayette* (1). Il a exposé que ce libelle, dont il est presque impossible de supporter la lecture, contient les calomnies les plus atroces tant contre la Garde nationale que contre son digne chef, et qu'il se croirait coupable de garder le silence sur une aussi infâme production.

Un honorable membre a dit qu'il connaissait ce libelle et qu'il était bien convaincu qu'il méritait toutes les qualifications dont M. Cahier de Gerville l'avait flétri; mais qu'il pensait cependant qu'avant de prononcer, il serait à propos que l'Assemblée en eût connaissance.

M. Cahier de Gerville a répondu qu'il ne croyait pas devoir souiller les oreilles de l'Assemblée par une lecture dont elle serait révoltée et que très certainement elle ne supporterait pas.

M. le président a observé que, l'honorable membre ayant déclaré qu'il connaissait l'ouvrage et M. Cahier de Gerville en ayant également connaissance, cette déclaration paraîtrait probablement à l'Assemblée équivalente à un rapport qui lui serait fait par des commissaires qu'elle nommerait.

(1) Voici le titre complet de ce pamphlet : *Vie privée, impartiale, politique, militaire et domestique du marquis* DE LA FAYETTE, *général des Bleuets, pour servir de supplément à la nécrologie des hommes célèbres du 18e siècle et de clef aux révolutions française et américaine.* Dédiée aux soixante districts de Paris. Ornée de son portrait. A Paris, de l'imprimerie particulière de M. de Bastide, président du district de Saint-Roch, 1790, vi-88 p. in-8° (Bib. Nat., Lb 39/2893).
Le *Journal de la Municipalité et des districts* (n° du 12 juin) traite cet écrit de « horrible libelle ».
Le *Journal général de la cour et de la ville* (n° du 12 juin) raconte que, le 10 juin, les clients du café de Foy (au Palais-Royal) ayant entendu la lecture de quelques fragments de « cette brochure infâme », en furent tellement indignés qu'ils décidèrent de pendre de leurs mains, sans rémission, tout homme qui se présenterait pour lire publiquement « ce coupable et scandaleux pamphlet ».

La sagesse de cette observation ayant déterminé l'honorable membre à retirer sa motion pour la lecture de l'ouvrage;

« L'Assemblée a arrêté de donner acte à M. le procureur-syndic adjoint de sa dénonciation, de l'autoriser à dénoncer à M. le procureur du roi du Châtelet tant ledit libelle que les auteurs, imprimeurs, distributeurs et colporteurs;

« Lui enjoignant de suivre l'effet de sa dénonciation avec toute l'activité qu'elle exige, d'en rendre compte à l'Assemblée dans le plus bref délai, et de donner la plus grande publicité au présent arrêté. » (I, p. 9.)

— M. Cahier de Gerville a encore annoncé que, dans l'Assemblée des cent quatre-vingts, il avait été nommé l'un des commissaires pour l'examen des papiers trouvés à la Bastille (1); qu'ayant été informé, il y a quelques jours, que cette commission était en activité, il croyait de son devoir de déclarer à l'Assemblée qu'il n'avait jusqu'ici pris ni pu prendre aucune part à ce travail, et que les occupations de sa place de procureur-syndic adjoint le forçaient de donner sa démission et de prier l'Assemblée de lui donner un successeur, si elle le juge convenable.

A l'instant, plusieurs membres se sont levés et ont également déclaré qu'ils avaient été nommés de la même commission, sans s'en être occupés; qu'elle était composée de trente commissaires qui n'avaient jamais été réunis, en sorte qu'il paraissait convenable de former une nouvelle commission, dont les membres pussent se livrer, conjointement et avec l'assiduité nécessaire, au travail qui en faisait l'objet.

D'autres ont observé qu'au lieu de former une nouvelle commission, il était plus simple de remplacer par une nomination, soit les membres qui, depuis sa formation, s'étaient retirés de l'Assemblée, soit ceux qui, ayant été élus pour administrateurs ou répartis dans d'autres Comités, ne pouvaient plus se livrer au travail de l'arrangement des papiers de la Bastille.

La question est restée indécise, et déjà plusieurs membres observaient que cette commission était encore assez nombreuse pour que ceux qui y restaient pussent la remplir à la satisfaction de l'Assem-

---

(1) Arrêté de la première Assemblée des Représentants de la Commune, du 16 septembre, soir, nommant une commission de trente membres. (Voir Tome I, p. 600.) — De ces trente membres, une dizaine ne faisaient plus partie de l'Assemblée actuelle, soit qu'ils n'eussent point été réélus, soit qu'ils eussent donné leur démission.

blée, et demandaient, en conséquence, qu'on passât à l'ordre du jour, qui était la suite de la discussion de l'affaire de M. Étienne de La Rivière (1) ;

Mais, neuf heures étant sonnées, cette discussion a été ajournée.

— M. le président a consulté le vœu de l'Assemblée, pour savoir s'il y aurait une séance le lendemain, jeudi, octave de la petite Fête-Dieu.

Il a été arrêté qu'il n'y en aurait point (2), et que l'affaire de M. de La Rivière serait mise à l'ordre du jour pour vendredi prochain (3).

— Après quoi, la séance a été levée et indiquée à vendredi 11.

Signé : BRIÈRE DE SURGY, *président*.

Secrétaires : QUATREMÈRE, fils, MENNESSIER, PELLETIER, CASTILLON, DE MARS.

*   *

*

ÉCLAIRCISSEMENTS

(I, p. 8) La poursuite intentée, à la suite de l'arrêté du 9 juin, contre les auteurs et imprimeurs de la *Vie privée... de La Fayette*, ne paraît pas avoir été menée très vigoureusement. De l'inventaire des pièces dressé par le greffier du Châtelet et qui seul subsiste dans le dossier (4), il résulte que, le procureur du roi au Châtelet ayant porté plainte le 18 juin, l'imprimeur LE NORMAND fut décrété de prise de corps le 30 du même mois, à la suite d'une information confiée au conseiller JUDDE DE NEUVILLE. Mais, dès le 20 juillet, il était remis en liberté, à la charge de se représenter en état d'ajournement personnel, et ce, avec le consentement de LA FAYETTE, attesté par la signature de son aide de camp MASSON DE NEUVILLE, sur un placet de l'inculpé. La procédure s'arrête là (5).

Quelques mois plus tard, le 1er mai 1791, un colporteur était arrêté par la section des Enfants-Rouges, pour vente de brochures incendiaires, parmi lesquelles la *Vie privée... de La Fayette* (6).

(1) L'affaire des comptes de la Halle, sans cesse à l'ordre du jour depuis le 3 mai, avait été interrompue le 5 juin, DE LA RIVIÈRE ayant été déclaré comptable. (Voir Tome V, p. 672-675.)

(2) L'Assemblée avait décidé, au commencement de la séance, d'assister en corps à la procession du Saint-Sacrement, le jeudi 10 juin. (Voir ci-dessus, p. 3.)

(3) L'affaire COQUELIN-DE LA RIVIÈRE ne revint en discussion que le samedi 12 juin. (Voir ci-dessous, p. 32.)

(4) Pièce manusc. (Arch. Nat., Y 10569).

(5) Voir TUETEY. *Répertoire général des sources manuscrites de la Révolution française* (t. I, p. 155).

(6) *Ibid.* (t. II, n° 1369).

Un certain nombre de districts paraissent s'être associés à l'indignation manifestée par l'Assemblée des Représentants de la Commune contre le pamphlet en question.

Le *district des Récollets* prit même, à cet égard, le 17 juin, une délibération spéciale (1), déclarant que, loin de regarder cette nouvelle production comme attentatoire à l'honneur de M. DE LA FAYETTE, il la considérait au contraire comme un nouveau trophée de ses victoires : « Quoi de plus glorieux pour un patriote que les clameurs de l'aristocratie? » En conséquence, le district adoptait l'arrêté suivant :

1° Le procureur-syndic de la Commune sera requis de dénoncer le libelle dont il s'agit au procureur du roi au Châtelet et de veiller à ce qu'il suive de près le jugement de cette affaire.

2° Le Comité des recherches de l'Assemblée nationale sera prié d'employer ses soins pour découvrir les auteurs du libelle.

3° Le présent arrêté sera imprimé et envoyé au Comité des recherches, à M. le Commandant-général, à M. le Maire, à M. le procureur-syndic, à l'administration provisoire et à la Commune dans ses sections.

Signé : LOCRÉ, président.

LIBERT, secrétaire-greffier.

D'autre part, le *district de Saint-Louis en l'Ile* fit savoir, le 12 juin, qu'il adhérait à la dénonciation ordonnée par l'arrêté du 9 juin (2).

(1) Imp. 3 p. in-4° (Bib. Nat., Lb 40/1543).
(2) Voir ci-dessous, p. 29.

Du Jeudi 10 Juin 1790

CONSEIL DE VILLE[1]

—--- Le jeudi 10 juin 1790, à six heures du soir, le Conseil de Ville convoqué en la forme ordinaire en exécution de l'ajournement prononcé à la dernière séance, présidé d'abord par M. d'Augy, et ensuite par M. le Maire;

—--- Il a été fait lecture du procès-verbal de la séance du 7 juin. Le Conseil en a approuvé la rédaction.

—--- M. le Maire est arrivé et a pris la présidence.

—--- Il a été fait lecture d'une lettre de M. Gatteaux, graveur des médailles du roi, par laquelle il propose au Conseil un projet de médaille relatif au pacte fédératif, et se soumet à la faire frapper à des conditions que M. Gatteaux a lui-même déduites au Conseil.

Le Conseil, considérant qu'il s'agit dans cette circonstance d'un événement, d'une fête qui intéresse tout le royaume, a arrêté que M. Gatteaux serait invité à se retirer devers l'Assemblée nationale. (I, p. 16.)

—--- Un des membres du Conseil, qui est en même temps membre du Bureau de Ville, a exposé que, dans les séances du Bureau du 7 de ce mois (2), MM. les administrateurs au Département du domaine et M. de Villeneuve, trésorier de la Ville, s'étaient présentés, munis d'un arrêté du même jour de l'Assemblée des Représentants de la Commune, par lequel l'Assemblée, persistant dans son arrêté du 14 mai, qui accorde une gratification aux commis du Bureau de rédaction, ordonne que cet arrêté sera exécuté sans délai; que le Département et M. le trésorier avaient observé que cet arrêté se

---

(1) L'Assemblée des Représentants de la Commune ne siégeait point ce jour-là; elle assistait à la procession du Saint-Sacrement, à la paroisse de Saint-Jean en Grève. (Voir ci-dessus, p. 3 et 9.) Le Conseil de Ville avait décidé, le 31 mai, de ne point prendre part aux processions. (Voir Tome V, p. 615.)

(2) En réalité, c'est à la séance du *Bureau de Ville* du 8 juin que s'était passé cet incident. (Voir Tome V, p. 719.)

trouvait en opposition avec celui du Conseil du 31 mai dernier, qui renvoie toutes les gratifications à accorder à la Municipalité définitive, et qu'ils priaient le Bureau de vouloir bien tracer la conduite qu'ils devaient tenir; que le Bureau, ayant considéré que le Conseil de Ville était saisi de la connaissance de cette affaire, avait cru devoir lui renvoyer cet incident, et néanmoins avait ordonné qu'il serait sursis à tout payement jusqu'à ce que le Conseil eût prononcé; que, depuis cette époque, M. le président et MM. les secrétaires avaient, par un arrêté ou plutôt un ordre particulier de ce jour, dit que M. le trésorier voudrait bien payer la somme de 1,580 livres, portée en l'état de gratification, et sur la représentation qui lui serait faite desdits arrêtés; que, dans cette position, M. le trésorier se trouvant entre les arrêtés de la Commune, l'arrêté du Conseil et celui du Bureau de Ville, dont l'un renvoyait à la Municipalité définitive et l'autre ordonnait un sursis à tout payement jusqu'à ce que le Conseil eût prononcé, il paraissait indispensable de statuer sur cet objet.

Plusieurs membres ayant demandé et obtenu la parole;

La discussion a été fermée.

Et le Conseil a décidé qu'il n'y avait lieu à délibérer.

Le Conseil a en même temps arrêté que le secrétaire adresserait dans le jour une expédition de cet arrêté à M. de Villeneuve (1).

— Sur la proposition faite par M. Étienne de La Rivière, administrateur au Département des travaux publics;

Le Conseil a ordonné que, dès demain, il serait, par un des MM. les administrateurs au Département des travaux publics, en présence d'un des MM. les procureurs-syndics, procédé à la vérification du terrain de la place de Birague, sur lequel est élevée une croix de ce nom et où la Commune doit faire construire un corps-de-garde (2), comme aussi qu'il serait dressé procès-verbal tant de l'état de cette place que sur l'origine de la croix, pour, le procès-verbal fait et rapporté, être par le Conseil ordonné ce qu'il appartiendra.

Le Conseil autorise le secrétaire à donner dans le jour expédition de cet arrêté au Département des travaux publics (3).

---

(1) L'*Assemblée des Représentants* prit, le lendemain 11 juin, un nouvel arrêté pour le paiement de l'allocation en question. (Voir ci-dessous, p. 23.)

(2) La construction de ce corps-de-garde, sollicitée le 23 avril, avait été arrêtée le 24. Le 5 mai, le bataillon *de Saint-Louis de la Culture* se plaignait de l'inexécution des travaux, dont l'adjudication avait enfin eu lieu le 1er juin. (Voir Tome V, p. 120, 124-125 et 251-252.)

(3) Le Conseil s'occupa encore de ce corps-de-garde les 22, 26 et 31 juillet.

[10 Juin 1790]   DE LA COMMUNE DE PARIS   13

— Sur la réquisition du procureur-syndic de la Commune;
Le Conseil a nommé MM. Canuel et Sabathier pour prendre connaissance des faits qui se sont passés dans la maison des r. r. pères Augustins, relativement à deux religieux contre lesquels la maison a dirigé une plainte et décerné une obédience, entendre les religieux plaignants ainsi que ceux qui sont inculpés, pour, sur le compte qu'ils en rendront, être par le Conseil statué ainsi qu'il appartiendra (1).

— Le procureur-syndic adjoint a rendu compte des démarches qu'il avait faites auprès de MM. les commissaires nommés à la vérification des papiers de la Bastille, pour constater, aux termes de l'arrêté du Conseil du   mai dernier (2), si, parmi les ouvrages déposés par le gouvernement dans ce château, se trouvaient ceux réclamés par le sieur Poinçot (3). Il a dit que le travail ordonné par MM. les commissaires constate qu'il y a effectivement une partie des ouvrages réclamés dans le nombre de ceux qui sont sous leur garde, mais que, la plus grande quantité des papiers de la Bastille ayant été déposés au comité de Saint-Germain des Prés, il est présumable que les objets saisis chez (4) le sieur Poinçot en font partie; qu'il pourrait être utile à ce citoyen de le faire vérifier.

Le Conseil, prenant en considération l'observation de MM. les commissaires et celle de M. le procureur-syndic adjoint, et trouvant juste d'assurer à chacun sa propriété, violée par l'ancien régime;

A arrêté que M. le procureur-syndic était autorisé à se retirer auprès du comité de Saint-Germain des Prés et à lui donner connaissance de la réclamation du sieur Poinçot, de la sentence rendue au Tribunal de police, en conséquence du premier arrêté du Conseil, et à prier ledit comité de vouloir bien prendre en considération la position du sieur Poinçot, la justice de sa demande, et de lui faciliter les moyens de se rétablir dans une propriété dont la privation a porté dans ses affaires la plus grande gêne.

— Une députation de l'Assemblée des commissaires nommés par les soixante sections pour travailler au projet et au plan du pacte fédératif général a été annoncée et introduite : elle était

---

(1) Compte rendu par les commissaires le 16 juin. (Voir ci-dessous, p. 96.)
(2) La date est en blanc dans le registre-copie. Il s'agit de l'arrêté du 19 avril. (Voir Tome V, p. 60.)
(3) Ici, le registre-copie commence une énumération brusquement interrompue après la première ligne, ainsi conçue : « *Savoir :* l'abbé RAYNAL.. »
(4) Le registre-copie porte ici : *saisis par le sieur Poinçot*, ce qui n'a évidemment aucun sens.

composée de MM. de Bourge, Pons (de Verdun), Deneux, Gérard, Renard, Fauconnier, Gattrez, de La Villette, Renaud (1) et Lafisse, et présidée par M. Charon, président de cette Assemblée.

M. Charon a exposé, dans un discours qu'il a prononcé, que, la Commune de Paris dans ses 60 sections ayant conféré à MM. les commissaires tous les pouvoirs nécessaires pour l'exécution du grand projet de confédération générale, ils venaient, au milieu de leurs frères, exposer à la Municipalité ce qu'ils avaient fait et ce qu'il leur restait à faire. M. Charon a ajouté que l'exécution du plan se trouvait maintenant dans les mains de la Municipalité et dans celles de MM. les commissaires. Il a déclaré, au nom de l'Assemblée du pacte fédératif, qu'elle était disposée à communiquer à la Municipalité tous les détails de ce grand ouvrage et qu'elle demandait à partager avec MM. les administrateurs les fatigues et les travaux qui en étaient inséparables. (II, p. 18.)

M. le Maire a répondu que la Municipalité ne pouvait qu'applaudir au zèle et aux travaux patriotiques de MM. les commissaires, qu'elle se ferait un devoir de leur donner dans cette circonstance des preuves particulières de son estime et de son dévouement, qu'il allait consulter le Conseil et qu'il s'empresserait d'instruire MM. les députés du résultat de la délibération.

MM. les commissaires s'étant retirés;

Et la matière mise en délibération;

Le Conseil de Ville, considérant qu'encore que la Municipalité soit unie de corps et d'esprit au pacte fédératif, elle ne peut néanmoins agir ni traiter directement avec MM. les commissaires sans avoir une connaissance légale des pouvoirs qui leur ont été conférés;

A arrêté : 1° que trois commissaires se transporteraient auprès de MM. les députés, pour les prier de rentrer dans l'Assemblée; 2° que M. le Maire leur exposerait les motifs de la délibération et qu'il les prierait, au nom du Conseil, de vouloir bien lui donner communication des pouvoirs que les sections leur ont conférés, de la délibération de leur Assemblée qui avait autorisé leur démarche auprès de la Municipalité, et enfin une copie du discours que M. Charon avait prononcé et qu'il avait lu sur sa minute.

MM. les députés étant rentrés;

M. le Maire leur a fait part de la délibération du Conseil.

---

(1) On ne trouve pas le nom de RENAUD dans la liste des députés des sections pour la confédération nationale. Il s'agit sans doute de RAGNAULT, député du *district de Saint-Eustache.* (Voir Tome V, p. 724-726.)

Et, comme ils n'avaient pas des pouvoirs suffisants pour satisfaire à ces différentes demandes, ils ont répondu qu'ils allaient se retirer pour consulter leur Assemblée, promettant de revenir avant la fin de la séance pour rapporter ce qui aura été décidé.

MM. les députés, s'étant effectivement retirés et ayant été de nouveau introduits (1), ont annoncé et remis sur le bureau l'extrait d'une délibération de leur Assemblée, par laquelle, « en avouant la démarche que MM. les députés ci-dessus nommés avaient déjà faite pour opérer une réunion qu'elle regarde comme importante au bien public et à la dignité de la capitale, l'Assemblée du pacte fédératif déclare qu'elle consent volontiers à communiquer les pouvoirs qui la constituent à ceux de MM. du Conseil de Ville qu'il lui plaira de nommer, donnant en conséquence tout pouvoir à M. le président assisté des dix députés. »

Le Conseil de Ville, délibérant sur cet arrêté, a nommé sur-le-champ MM. d'Aûgy, Canuel, Davous et de Joly, qu'elle a chargés spécialement de se réunir sans aucun délai avec MM. les députés, pour faire en commun la vérification des pouvoirs constituants de l'Assemblée du pacte fédératif, et en rendre compte à la première assemblée du Conseil de Ville, qui, pour cet effet, sera convoqué pour demain vendredi, cinq heures précises (2).

Et, à l'instant, les commissaires et MM. les députés se sont ajournés pour demain, neuf heures précises du matin, dans la salle d'audience de l'Hôtel-de-Ville.

MM. les députés se sont retirés après avoir remis une copie certifiée du discours de M. Charon et ont été reconduits, comme ils avaient été reçus, par quatre commissaires du Conseil.

Le Conseil, se livrant ensuite et sans interruption à l'ordre du travail pour lequel il avait été convoqué, a entendu la lecture de plusieurs projets de *Lettre*, rédigés en exécution de l'arrêté du 7 de ce mois (3).

Après plusieurs observations, qui se sont prolongées jusqu'à onze heures du soir, et pendant lesquelles M. le Maire s'était retiré;

---

(1) L'Assemblée des députés pour le pacte fédératif siégeant dans l'Hôtel-de-Ville même, il avait été facile à ses commissaires de se mettre en communication avec elle.

(2) Compte rendu de la députation, 11 juin. (Voir ci-dessous, p. 24.)

(3) Il s'agit, sans aucun doute, de l'*Adresse à l'Assemblée nationale* et de la *Lettre aux 60 sections*; *Adresse* et *Lettre* relatives aux attributions du Conseil de Ville pour l'acquisition des biens nationaux, et dont la rédaction avait été décidée par arrêté du 7 juin. (Voir Tome V, p. 687-689.)

Le Conseil a continué la délibération à demain (1).

— Et M. le président a levé la séance.

Signé : Bailly; d'Augy; de Joly, *membre et secrétaire* du Conseil.

[Un arrêté, relatif au feu de la Saint-Jean, inséré au procès-verbal de la séance du 12 juin, est annoncé comme ayant été adopté dans la séance du 10 juin (2). Pour mémoire, il y a lieu de le signaler ici.]

* * *

ÉCLAIRCISSEMENTS

(I, p. 11) On voit ici, dans le procès-verbal du Conseil de Ville, le graveur Gatteaux (Nicolas Marie) offrir ses services pour la médaille commémorative de la Fédération, et le Conseil de Ville le renvoyer à l'Assemblée nationale. Mais ce n'est ni par l'Assemblée nationale ni par un de ses Comités, que Gatteaux fut chargé du travail qu'il sollicitait; il reçut cette mission de l'*Assemblée des députés des sections pour le pacte fédératif*, seule chargée de tout ce qui concernait l'organisation de la cérémonie.

En effet, les comptes rendus de cette Assemblée nous apprennent que, le 12 juin, un autre graveur également connu, Duvivier (Pierre Simon Benjamin), avait été agréé pour composer et faire frapper la médaille que devaient emporter comme souvenir tous les députés à la Fédération; mais que, plus tard, le 3 juillet, la composition de Duvivier n'ayant pas paru remplir les intentions de l'Assemblée, celle-ci accepta le dessin que lui présentait M. Gatteaux, auteur d'une colonne trajane, dont on voyait le modèle dans la salle de l'Hôtel-de-Ville (3); un côté de ce jeton représentera la France debout devant l'autel de la patrie, ayant la main droite sur le livre de la constitution, et tenant de la main gauche un faisceau d'armes; de l'autre côté, on lira pour exergue : *Confédération des Français, 14 juillet 1790* (4).

Il est, en effet, certain que la vraie médaille commémorative, celle qui fut distribuée à tous les fédérés et à tous les personnages ayant joué un rôle dans la Fédération, celle enfin qui porte incontestablement un cachet officiel, est de Gatteaux. Bien mieux : on ne connaît rien, dans l'œuvre de Duvivier, qui se rapporte à la Fédération.

Voici, d'après Hennin (5), Lenormant (6), et Millin (7), la description de cette

(1) La discussion sur l'*Adresse* et la *Lettre* reprit, en effet, le lendemain, 11 juin. (Voir ci-dessous, p. 24 et 25.)

(2) Voir ci-dessous, p. 35.

(3) *Éclaircissements* du 13 juillet. (Voir ci-dessous.)

(4) *Éclaircissements* du 21 juin. (Voir ci-dessous.)

(5) *Histoire numismatique de la Révolution française*, p. 106-107, et planche XVII, n° 140.

(6) *Trésor de numismatique (Révolution française)*, p. 27, et planche XXIII, n° 1.

(7) *Histoire métallique de la Révolution française*, p. 21, et planche XIII, n° 39.

médaille, dont le type officiel, signé de GATTEAUX, a 35 mm. de diamètre. La Liberté tient de la main gauche un drapeau déployé, surmonté d'un bonnet, et sur lequel on voit deux mains jointes en signe d'union. De la main droite, elle soutient le livre de la constitution, placé sur un autel, où on lit ces mots : *Autel de la patrie*. A la gauche de l'autel, la France, couronnée et revêtue du manteau royal, s'appuie d'une main sur un faisceau, symbole de la force réunie, et, étendant l'autre sur le livre, prête serment à la constitution. Plus loin, on voit l'École militaire et le peuple exprimant son allégresse. La Félicité publique, caractérisée par une corne pleine de fruits et un caducée, attributs de l'abondance et de la paix, assise aux pieds de l'autel, se réjouit de ce serment. Le génie de la France plane au-dessus de l'autel au milieu des nuages, à moins que ce ne soit la Vérité chassant les nuages. En haut, on voit, dans une portion du zodiaque, le signe du Lion, dans lequel est le soleil pendant le mois de juillet. Dans l'exergue, on lit : *A Paris, le 14 juillet* 1790. Au revers, dans une couronne de chêne, cette inscription : CONFÉDÉRATION DES FRANÇAIS.

En outre de ce type, signé, il en existe plusieurs autres, les uns exactement semblables, les autres presque entièrement semblables, quoique de dimensions différentes (41, 34 et 32 mm.), et non signés.

Les documents contemporains sont d'accord pour désigner GATTEAUX comme l'auteur de la médaille distribuée aux fédérés. Ainsi, la *Fédération des Français dans la capitale de l'empire, le 14 juillet 1790, description exacte et détaillée des différentes fêtes qui ont précédé, accompagné et suivi l'auguste cérémonie du pacte fédératif* (1), décrivant la médaille donnée à chacun de MM. les confédérés, dit que l'un des côtés représentait la France debout devant l'hôtel (sic) de la patrie, ayant la main droite sur le livre de la constitution, et tenant de la main gauche un faisceau d'armes, etc... Or, dans la *Confédération nationale ou Récit exact et circonstancié de tout ce qui s'est passé à Paris, le 14 juillet* 1790, *à la Fédération* (2), à la suite d'une des planches qui contient la reproduction, d'ailleurs imparfaite, de la médaille que nous connaissons, le texte dit : « Il a été donné à chacun des députés et des membres de la fête une médaille *dont le dessin a été imaginé et exécuté par M.* GATTEAUX : un côté représente la France debout devant l'autel de la patrie, ayant la main droite sur le livre de la constitution, etc... »

De plus, le *Journal de Paris* (n° du 30 juillet, supplément) publie l'annonce suivante :

« Le sujet du jeton *gravé par* M. GATTEAUX, et donné par la Ville de Paris à MM. les députés à la confédération nationale, ayant été gravé de nouveau, de la grandeur de 18 lignes de diamètre (c'est le type de 41 mm.), d'après le désir d'une infinité de personnes que ce sujet fût exécuté en médaille, on prévient le public qu'il s'en trouvera, à la Monnaie, des médailles en or, du prix de 200 livres, en argent, de 10 livres, et en bronze, de 40 sols. On en trouvera aussi, en bronze doré, chez M. Gatteaux, graveur des médailles du roi, au prix de 7 liv. 4 sols. »

---

(1) Imp. 8 p. in-8° (Bib. Nat., Lb 39/9120).
(2) Imp. 238 p. in-8° (Bib. Nat., Lb 39/3767).

Suit la description, rédigée probablement par l'auteur lui-même, et qui montre qu'il s'agit bien de la médaille que nous avons en vue :

« La Vérité dissipe les ténèbres de l'erreur et dirige la lumière vers le livre de la constitution que la Liberté, reconnaissable à son étendard, soutient sur l'autel de la patrie. La France, s'appuyant sur un faisceau, vient jurer d'être fidèle à ses nouvelles lois. La Félicité publique, couronnée de fleurs et tenant des attributs d'abondance et de paix, témoigne sa joie. Dans le fond, l'on aperçoit le peuple qui exprime son allégresse. A travers des nuages, le zodiaque marque le signe du Lion, symbole de l'époque du pacte fédératif. »

Or, cette description s'applique au type de 41 mm., c'est-à-dire à un type non signé. Donc, pour celui-là, pas plus que pour celui qui porte le nom de l'auteur, la paternité n'en saurait être contestée à GATTEAUX.

Un décret de la Convention nationale, du 20 août 1793, rendu sur la proposition de DAVID, rapporteur du Comité d'instruction publique, décida que les coins de la médaille frappée pour la Fédération de 1790 seraient brisés, et que le port en serait interdit, sous peine d'être regardé comme traitre à la République. Le même décret abolissait la distinction de la couronne murale accordée aux Vainqueurs de la Bastille (1).

(II, p. 14) Le *Journal de la Municipalité et des districts de Paris* (n° du 15 juin) donne du discours de CHARON le texte ci-après :

Nous venons vers nos frères chargés, comme nous, d'une mission avouée (2), conséquemment dignes de notre confiance. Nous venons pour leur dire ce que nous avons fait et ce qui nous reste à faire.

Nous avons posé les bases de la confédération nationale; les législateurs ont adopté notre plan (3). Son exécution, Messieurs, est maintenant dans vos mains et dans les nôtres.

Dépositaires des pouvoirs de la Commune, vos commettants vous reconnaissent dignes de leur confiance et vous en donnent une preuve honorable, par notre démarche fraternelle auprès de vous. Venez nous aider dans nos travaux, répandre vos lumières sur ce grand ouvrage, auquel votre patriotisme applaudit et à la confection duquel nous ne vous appelons que quand il est digne de la Commune de Paris et de la Municipalité. A la confiance dont nous nous plaisons à vous donner des témoignages, vous reconnaissez, sans doute, qu'il est des citoyens véritablement attachés à la chose publique, qui, connaissant bien et leurs droits et leurs devoirs, n'élèvent aucune de ces prétentions personnelles indignes de lutter contre l'intérêt général et toujours contraires au bien public.

Disposés à vous communiquer tous les détails de ce grand ouvrage, nous partagerons avec vous et les fatigues et les travaux qui nous attendent. Cette réunion

---

(1) Un décret du 19 juin 1790 accordait à chacun des Vainqueurs de la Bastille un uniforme portant, soit sur le bras gauche, soit à côté du revers gauche, une couronne murale. (Voir *Archives parlementaires*, t. XVI, p. 371.)

(2) « Mission avouée » par les commettants, c'est-à-dire par les districts, qui avaient maintenu en fonctions les membres du Conseil de Ville, par opposition à l'Assemblée des Représentants de la Commune, désavouée par un certain nombre de districts. (Voir Tome IV, p. 719-720, et Tome V, p. 617-636.)

(3) Décrets des 5, 8 et 9 juin. (Voir Tome V, p. 721-735.)

est d'autant plus nécessaire que nous n'avons pas une minute à perdre et que nous trouverons tous, au moins pendant ces premiers moments, à exercer et notre zèle et notre patriotisme. Nous nous empresserons de vous communiquer les détails de nos travaux ; et, dans cet empressement à recevoir vos avis, vous reconnaîtrez notre amour pour la patrie, notre confiance en vos lumières et les sentiments de fraternité que vous ont voués les députés des soixante sections de Paris.

Les commissaires des sections avaient fait triompher seuls l'idée de la fédération parisienne ; c'est uniquement pour l'exécution matérielle qu'ils éprouvèrent le besoin de s'adresser aux administrateurs de la Municipalité.

Du Vendredi 11 Juin 1790

~~~ A l'ouverture de l'Assemblée, il a été fait, par un de MM. les secrétaires, lecture des procès-verbaux des 2 et 8 de ce mois.

Et la rédaction en a été approuvée.

~~~ Un membre a demandé que l'Assemblée fixât un jour pour l'ouverture du Comité récemment établi pour prendre connaissance des comptes des divers Départements de l'administration (1), et qu'il fût envoyé, à chaque bureau de l'administration, copie des arrêtés de l'Assemblée, relatifs à cet objet.

Cette motion, ayant été mise aux voix, a été adoptée telle qu'elle avait été proposée, en indiquant le jour à mardi (2).

~~~ M. le président a fait part à l'Assemblée d'une lettre de M. le Maire, par laquelle il le prie de la prévenir qu'il ne pourra pas se rendre à la procession de Saint-Jean, à laquelle il avait été invité (3).

M. le président a ajouté à son rapport que M. le Commandant-général lui avait envoyé hier un de ses aides-de-camp pour témoigner le regret dont il était pénétré de ne pouvoir accompagner l'Assemblée à la procession de Saint-Jean, et l'assurer qu'il se serait fait un devoir et un plaisir d'y assister, si l'heure de celle de Saint-Germain l'Auxerrois n'avait pas été changée.

~~~ Une députation des écoliers de l'Université a été introduite.

Et un de MM. les députés a prononcé le discours suivant :

Messieurs,

Témoins de la manière vraiment paternelle avec laquelle vous avez reçu leurs supplications (4), les enfants de la patrie pourraient-ils tarder plus longtemps à vous rendre, à votre tour, témoins de toute l'effusion de leur reconnaissance?

Oui, Messieurs, quand bien même nous n'aurions pas la certitude de voir l'époque de la liberté française devenir notre liberté scolastique, toute la

---

(1) Comité institué par arrêté du 7 juin. (Voir Tome V, p. 682-683.)

(2) Le Comité général des comptes fit savoir, le 19 juin, qu'il s'était constitué le mardi 15. (Voir ci-dessous.)

(3) La lettre d'excuse arrivait un peu tard, la procession de la paroisse municipale de Saint-Jean en Grève ayant eu lieu la veille. (Voir ci-dessus, p. 3 et 9.)

(4) Députation du 9 juin. (Voir ci-dessus, p. 4-5.)

grandeur des obligations que nous avons contractées envers vous n'en viendrait pas moins se présenter à nos cœurs, et nous n'en différerions pas d'un seul instant l'hommage que nous devons à votre bonté et à votre indulgence. L'expression peut nous manquer ; le sentiment ne nous manquera jamais. Ah ! s'il est vrai, comme l'a dit un membre distingué parmi vous, que le patriotisme n'attend point le nombre des années, la reconnaissance n'est-elle pas aussi de tous les âges, et spécialement de celui auquel nous sommes arrivés ? Eh ! croyez-vous donc que nous nous occupions assez peu des grands intérêts de cette patrie pour laquelle nous avons le bonheur de croître, croyez-vous que nous vivions assez ignorants des vertus qui lui sont chères, pour que nous ne sachions pas devant qui nous parlons aujourd'hui ? Oh ! combien il nous est doux de rappeler en ce moment tous les grands services que vous avez rendus à la patrie, à cette époque même que nous réclamons pour l'avancement de nos vacances ; et, sans doute, ce sera un des plus beaux jours de notre vie que celui où nous pouvons parler de reconnaissance à ceux que la voix publique nous avait dès longtemps appris à admirer.

Signé : Henry, Belin, députés de Louis-le-Grand ; Sadinis, Machado, députés de Harcourt ; Lafite, de Pelleport, députés des Grassins ; Bassin de Montaigu, Gérard, députés de Mazarin ; Quatresols, du Plessis, Parvis, députés de Navarre ; Leclerc du Puiseux, député du Cardinal Lemoine ; Rohin, député de Lisieux ; Grandmangin, député de la Marche.

M. le président a répondu :

Messieurs,
Vous avez entendu les témoignages flatteurs que l'Assemblée a déjà rendus à votre patriotisme ; vous avez été témoins de l'empressement avec lequel elle a résolu d'appuyer votre demande. Enfants de la patrie, vous êtes aujourd'hui l'objet de ses plus chères espérances ; bientôt vous deviendrez son plus bel ornement et son plus ferme appui. Marchez sur les traces de vos pères, instruisez-vous à leur exemple ; c'est pour vous qu'ils ont renversé la barrière du despotisme : c'est à vous qu'il est réservé de recueillir et de goûter les doux fruits d'une liberté acquise au milieu des plus grands écueils.

L'Assemblée vous invite à assister à sa séance.

Sur la demande de plusieurs membres ;

L'Assemblée a arrêté que le discours de la députation de MM. les écoliers et la réponse de M. le président seraient insérés dans le procès-verbal.

— Un membre du Comité des rapports a rendu compte du mémoire de M. Blonde, propriétaire de la manufacture de Saint-Diés (1), par lequel cet estimable citoyen propose un établissement de charité propre à occuper au travail six mille enfants, auxquels il offre de donner gratuitement ses soins.

L'Assemblée, conformément à l'avis du Comité, a renvoyé ce mémoire au Département des travaux publics, pour juger si l'exécution en est praticable et, dans ce cas, s'en occuper très incessamment.

(1) *Saint-Dié*, chef-lieu d'arrondissement (Vosges).

∼∼ Il a été fait lecture, par un de MM. les secrétaires, d'une adresse de madame Mouret, auteur des *Annales de l'éducation du sexe* (1), par laquelle elle propose une confédération entre toutes les dames de la capitale et des provinces, confédération qui se formerait au Champ-de-Mars pour prêter le serment solennel d'élever leurs enfants dans les bonnes mœurs, dans des sentiments de patriotisme et dans l'attachement respectueux dû à la nation, à la loi et au roi. (I, p. 26.)

L'Assemblée a arrêté qu'il serait fait mention de cette proposition dans son procès-verbal, et que ladite dame Mouret serait renvoyée à se pourvoir auprès de l'Assemblée nationale (2).

∼∼ Un membre ayant fait part du discours prononcé par M. le comte de Mirabeau dans l'Assemblée nationale, à l'occasion de la mort de M. Franklin, ainsi que du décret pour porter, pendant trois jours, le deuil de ce grand homme (3);

Ce rapport, que l'Assemblée a entendu avec satisfaction, a été suivi d'une motion pour que l'Assemblée consacrât sa mémoire par un éloge historique.

L'ajournement a été proposé et rejeté.

Et, la motion ayant été mise aux voix et adoptée;

M. l'abbé Fauchet a été nommé pour prononcer cet éloge, MM. Mulot et Michel, commissaires, pour désigner un local convenable pour le prononcer (4).

∼∼ Un de MM. les commissaires nommés pour concilier les deux sections du district des Théatins (5) a rendu compte de leurs démarches, et a annoncé que l'assemblée du district, ayant été convoquée, avait arrêté d'envoyer une députation au comité de police de la section des Théatins pour l'inviter à se rendre à l'assemblée et prier un de MM. les commissaires de se joindre à la députation, mais que tous ses efforts avaient été rendus inutiles par la résistance du président du comité de la rue Plumet, lequel s'était refusé de venir à l'assemblée générale; et que, sur le compte rendu à cette assemblée, elle avait, attendu que la section du Gros Caillou n'avait point été convoquée lors de la nomination d'un commissaire chargé de veiller

---

(1) Madame Bochet-Mouret. (Voir Tome V, p. 222-224.)
(2) Il n'est pas fait mention de la pétition de madame Bochet-Mouret dans les procès-verbaux de l'Assemblée constituante.
(3) Séance de l'Assemblée nationale du 11 juin. (Voir *Archives parlementaires*, t. XVI, p. 170-171.)
(4) Rapport présenté le 15 juillet. (Voir ci-dessous.)
(5) Trois commissaires nommés le 8 juin. (Voir Tome V, p. 716.)

à la circonscription des sections, annulé d'une voix unanime cette nomination irrégulière, et, en conséquence, procédé au choix d'un autre commissaire.

~~~ Sur le compte, rendu à l'Assemblée par M. le président, qu'il s'élevait, relativement à la forme de comptabilité, des difficultés sur l'exécution des précédents arrêtés des 14 mai dernier et 7 de ce mois, par lesquels il a été ordonné un paiement de 1,580 livres en faveur des commis du bureau de rédaction (1);

L'Assemblée a chargé MM. les président et secrétaires, qu'elle a nommés commissaires à cet effet, de se concerter avec MM. les administrateurs au Département du domaine, et d'aviser, conjointement avec eux, aux moyens justes et convenables d'opérer au plus tôt le paiement de ladite somme de 1,580 livres, qui n'est autre chose que le paiement de travaux extraordinaires faits par les ordres de l'Assemblée (2).

~~~ La séance a été levée et continuée à demain, cinq heures précises.

Signé : BRIERRE DE SURGY, *président*.

Secrétaires : QUATREMÈRE, fils, MÉNESSIER, PELLETIER, CASTILLON, DEMARS.

CONSEIL DE VILLE

~~~ Le vendredi 11 juin 1790, à cinq heures du soir, le Conseil de Ville convoqué en la forme ordinaire, en exécution de l'arrêté pris hier, réuni d'abord sous la présidence de M. d'Augy, et ensuite sous celle de M. le Maire;

~~~ Il a été fait lecture du procès-verbal de la dernière séance. La rédaction en a été unanimement approuvée.

~~~ Le Conseil a déclaré qu'il n'y avait lieu à délibérer sur la proposition, faite par un de ses membres, tendante à introduire l'uniformité dans le costume des officiers municipaux qui rendent la justice dans le Tribunal de police, et à prier MM. du Tribunal muni-

---

(1) Arrêtés de l'*Assemblée des Représentants* des 12 mai, 14 mai et 7 juin; arrêtés du *Conseil de Ville* du 31 mai et du 10 juin; arrêté du *Bureau de Ville* du 8 juin. (Voir Tome V, p. 333-334, 357, 682, 608-609 et 719, et ci-dessus, p. 12.)

(2) Nouvel arrêté, le lendemain, opérant la répartition. (Voir ci-dessous, p. 30.)

cipal à renoncer à la robe pour se revêtir désormais du manteau court.

~~~ Lecture faite d'une lettre de M. de Molimont, contrôleur de la marine au département de Brest, par laquelle il prie la Municipalité d'agréer l'hommage (1) qu'il lui fait d'un exemplaire d'une brochure ayant pour titre : *État actuel de l'administration économique de la marine;*

Le Conseil a voté des remerciements pour M. de Molimont et a ordonné que la brochure serait envoyée à M. Ameilhon, bibliothécaire de la Ville, et déposée dans la bibliothèque de la Commune.

~~~ M. le Maire est arrivé et a pris la présidence.

~~~ Le Conseil s'est occupé au même instant de l'ordre du jour (2).

~~~ Il a entendu la lecture, qui lui a été faite par M. Minier, de l'*Adresse* de M. Bureau du Colombier, à laquelle le Conseil avait donné la préférence (3).

Après différentes observations ;

Le Conseil a arrêté que M. Minier et M. Desmousseaux se retireraient à l'instant, pour faire les corrections projetées, et qu'ils remettraient leur travail sous les yeux du Conseil avant la fin de la séance (4).

~~~ MM. d'Augy, Canuel, Davous et de Joly, que le Conseil avait chargés hier de faire la vérification des pouvoirs de MM. les députés composant l'Assemblée du pacte fédératif pour en rendre compte aujourd'hui (5), ont fait le rapport de leur travail ; ils ont remis sur le bureau la minute du procès-verbal qu'ils ont dressé conjointement avec MM. les députés du pacte fédératif.

Il en résulte : 1° que la presque unanimité des sections a nommé des députés (6) pour rédiger une *Adresse* à l'Assemblée nationale et faire tout ce qui serait convenable pour le projet, la confection et l'entière exécution du pacte fédératif ; 2° que les pouvoirs de MM. les députés sont tous généraux et à l'effet d'employer tous les moyens convenables pour la consommation du projet.

Après une mûre délibération ;

(1) Le texte du registre manuscrit porte : *d'agréer l'honneur qu'il lui fait.*
(2) Discussion ajournée la veille. (Voir ci-dessus, p. 15-16.)
(3) Minier et Bureau du Colombier faisaient tous les deux partie de la commission nommée le 7 juin, pour rédiger une *Adresse à l'Assemblée nationale* et une *Lettre aux 60 sections.* (Voir Tome V, p. 689.)
(4) Voir ci-dessous, p. 25.
(5) Arrêté du 10 juin. (Voir ci-dessus, p. 15.)
(6) D'après le tableau des signataires de l'*Adresse* du 5 juin, tous les districts étaient représentés à l'Assemblée du pacte fédératif. (Voir Tome V, p. 724-726.)

L'Assemblée a pris l'arrêté suivant :

Le Conseil de Ville, partageant les sentiments patriotiques de l'Assemblée nationale et de la Commune de Paris, a arrêté :

Que la Municipalité contribuera de tout son pouvoir et de tout son zèle à l'exécution de la fête nationale, ordonnée pour le 14 juillet prochain ;

Qu'à cet effet, la Municipalité s'unira avec MM. les députés des sections pour le pacte fédératif ;

Qu'il sera nommé de part et d'autre des commissaires en nombre égal, lesquels se concerteront sur tout ce que les dispositions à faire pourront exiger, et proposeront ensuite aux deux Assemblées, réunies de même en nombre égal, ce qui leur aura paru convenable.

Le Conseil a, en même temps, ordonné que, par une députation composée de huit de ses membres, le présent arrêté serait porté à l'instant à l'Assemblée de MM. les députés du pacte fédératif.

MM. Davous, Cahier de Gerville, de Joly, Sabatier, Desfaucherets, Étienne de La Rivière, Champion et Buob ont été nommés commissaires (1).

~~~ M. de La Noraye a annoncé que le Comité ecclésiastique de l'Assemblée nationale avait décidé que la Municipalité continuerait les inventaires dans les maisons des congrégations religieuses (2).

Le Conseil a autorisé M. de La Noraye à présenter à l'Assemblée, à sa première séance, un travail pour la distribution de ces différentes maisons à MM. les administrateurs (3).

~~~ Avant la clôture de la séance, il a été fait une première lecture de l'*Adresse*, rédigée par MM. Minier et Desmousseaux (4).

Le Conseil s'est ajourné à demain pour l'adoption de cette *Adresse* (5).

~~~ MM. les députés auprès de l'Assemblée du pacte fédératif (6), s'étant présentés pour remplir leur mission et ayant trouvé l'Assemblée dissoute, sont venus en rendre compte au Conseil.

---

(1) Compte rendu par les commissaires au cours de la séance. (Voir ci-dessous.)

(2) Il s'agit des congrégations séculières ne vivant pas sous le régime monastique, telles que celles des *Prêtres de la Mission*, des *Pères de l'Oratoire* et des *Prêtres de la Doctrine chrétienne*, au sujet desquelles le Conseil de Ville avait décidé, le 12 avril, qu'il serait demandé des instructions au Comité ecclésiastique. Le Maire avait écrit au Comité le 23 avril. (Voir Tome IV, p. 681-682 et *692*.)

(3) Ce travail ne figure pas dans les procès-verbaux subséquents.

(4) Un premier projet avait été lu au commencement de la séance. (Voir ci-dessus, p. 24.)

(5) Séance du 12 juin. (Voir ci-dessous, p. 37.)

(6) Désignés au cours de la séance. (Voir ci-dessus, même page.)

Et, sur ce qu'il a été observé, par un de MM. les administrateurs, que, dans la juste impatience de connaître la résolution de la Municipalité, deux députés s'étaient déjà présentés et attendaient avec plusieurs de leurs collègues dans l'appartement de M. le Maire ;

Il a été arrêté que ces messieurs seraient priés d'entrer dans le Conseil, pour qu'on leur donnât communication de l'arrêté (1), sans préjudice de la députation, qui a été remise à demain (2).

MM. les députés du pacte fédératif ayant été introduits à l'instant ;

M. le Maire leur a communiqué les motifs qui avaient retardé jusqu'à ce dernier moment la délibération du Conseil.

Et le secrétaire a fait lecture de l'arrêté ;

Auquel MM. les députés ont unanimement applaudi.

Signé : BAILLY ; D'AUGY ; DEJOLY, *secrétaire*.

* * *

ÉCLAIRCISSEMENTS

(I, p. 22) Le projet de madame BOCHET-MOURET, sur la *Confédération des dames*, a été conservé en manuscrit.

M. TUETEY (3) le signale deux fois : la première, sous le titre de : *Projet communiqué à la Commune de Paris et présenté à l'Assemblée nationale, par madame Mouret*, à l'effet de réunir au Champ de la Fédération les dames de Paris qui prêteront le serment civique d'élever leurs enfants dans la fidélité à la nation, à la loi et au roi, 11 juin 1790 (4) ; la deuxième, sous le titre de : *Adresse aux Représentants de la Commune siégeant à l'Hôtel-de-Ville, par une citoyenne de Paris*, demandant la réunion au Champ-de-Mars, le lendemain, de la Fédération des dames confédérées qui jureront d'élever leurs enfants dans les bonnes mœurs et les sentiments de patriotisme et d'attachement à la nation, à la loi et au roi, 25 juin 1790 (5).

En réalité, les deux pièces sont identiques, ou plutôt n'en font qu'une, la première étant simplement la copie, la seconde la minute, et la date du 25 juin, attribuée par M. TUETEY à la pétition n° 2, résultant d'une annotation sous cette forme : *R. le 25 juin. Comité de constitution*, ce qui veut dire : *Reçu le 25 juin au Comité de constitution*.

La pièce elle-même paraît être, non pas la pétition de madame BOCHET-MOURET, mais un résumé de cette pétition, fait par un secrétaire pour être

---

(1) Arrêté d'adhésion à la fête de la Fédération. (Voir ci-dessus, p. 25.)
(2) Compte rendu de la députation, 12 juin. (Voir ci-dessous, p. 34-35.)
(3) *Répertoire général des sources manuscrites de la Révolution française* (t. I, n°° 1752 et 3490).
(4) Pièce manusc. (Arch. Nat., C 82, n° 817).
(5) Pièce manusc. (Arch. Nat., D IV 4, n° 25 *bis*).

lu à l'Assemblée des Représentants le 11 juin. Voici d'ailleurs le texte de ce résumé, qui ne porte point de signature :

CONFÉDÉRATION DES DAMES

Projet communiqué à MM. de la Commune de Paris.

Messieurs,

Une citoyenne de Paris soumet à vos lumières et à votre patriotisme un plan qui doit sa naissance au sublime projet de confédération que la nation française doit bientôt célébrer. Ce plan est intitulé :

Moyens de rétablir promptement et constamment les mœurs pour seconder les sublimes travaux de l'Assemblée nationale :

Proposé par madame Mouret, auteur des *Annales de l'éducation du sexe*, directrice du *Musée des dames et des demoiselles*, auteur du *Catéchisme du citoyen pour l'éducation de la jeunesse conformément à la nouvelle constitution*, tous ouvrages que cette descendante de La Fontaine a eu l'honneur de voir approuver par cette auguste Assemblée.

Pénétrée de cette maxime, que, si les hommes font les lois, ce sont les femmes qui font les mœurs, surtout dans un État où le sexe a beaucoup d'influence, madame Mouret propose de transmettre promptement à la jeunesse son goût, son amour pour les bonnes mœurs et son respect pour les décrets de l'Assemblée nationale.

Comme la première éducation des enfants appartient aux dames et que le succès de l'institution dépend de leurs soins, elle désirerait que toutes les dames de Paris, au moins un certain nombre, par députation, voulussent s'assembler avec elle dans le Champ de-Mars, le lendemain de la célébration de la confédération projetée pour les hommes, pour y jurer solennellement qu'elles élèveront toutes leurs enfants de l'un et l'autre sexes dans les bonnes mœurs, dans les sentiments de patriotisme et dans l'attachement respectueux dû à la nation, à la loi et au roi.

Quoique l'auteur de ce projet ait en vue l'économie, cependant elle prévoit qu'il y aura quelques dépenses à faire, une taxe qu'il conviendrait que les dames confédérées déposassent chez un notaire choisi par la Commune.

La souscription ne sera que de 24 livres. Cette modique somme sera employée aux frais de cette fête consacrée à la gloire de la patrie et des dames françaises :

1° A faire célébrer à la cathédrale une grande messe, après laquelle on bénira leur drapeau aux trois couleurs de la nation, avec cette inscription :

DAMES CONFÉDÉRÉES

Qui ont fait le serment civique et la promesse solennelle d'élever leurs enfants dans la fidélité à la nation, à la loi et au roi.

Toutes les dames des provinces pourront participer à cette confédération par députation, et même par procuration donnée à une citoyenne de Paris.

2° Les souscriptions serviront à payer les musiciens qui accompagneront et la fabrique du drapeau qui restera déposé dans l'église de Notre-Dame.

3° On fera une somme de ce qui restera pour délivrer des prisonniers pour mois de nourrice.

Nota. Il serait à désirer que le costume des dames fût uniforme, l'habillement blanc, et le plus modeste qu'il fût possible. Cependant, on ne prétend gêner la liberté de personne, ni constituer les dames en frais.

Quant aux trois couleurs nationales, elles sont indispensables pour le ruban des bonnets et la ceinture.

On paiera aussi, du prix de la souscription, les frais des registres, des quatre commissaires nommés pour les tenir, et les honoraires du notaire qui se chargera de recevoir le prix des souscriptions.

Toute la cérémonie de la fête terminée, les registres seront déposés aux archives de l'Assemblée nationale, par les mains de l'auteur et au nom de toutes les dames confédérées, dont quelques-unes seront chargées par députation de districts pour être témoins de cette déposition.

D'après le *Journal de la Municipalité et des districts* (n° du 8 juillet), le mémoire proposant une « Confédération des dames françaises » aurait été présenté, par madame Mouret, « à l'Assemblée de MM. les cent vingt députés des sections », c'est-à-dire à l'Assemblée des commissaires spéciaux pour le pacte fédératif, laquelle l'aurait renvoyé avec une note favorable au Comité de constitution de l'Assemblée nationale.

Malgré le bon accueil fait à madame Bochet-Mouret par l'Assemblée des Représentants de la Commune ou par l'Assemblée des commissaires pour le pacte fédératif, ou par les deux, le Comité de constitution paraît avoir été, sinon hostile, au moins indifférent à son projet de fédération féminine, car la minute provenant de ses archives porte ce mot plutôt désobligeant : *Rebut*.

En tous cas, la *Confédération des dames* ne parut certainement point au Champ-de Mars.

A peine peut-on apercevoir un vestige des idées de madame Mouret dans un épisode que rapporte le *Journal de la Municipalité et des sections* (n° du 29 juillet), en ces termes :

« Mardi 20, cinq à six cents jeunes filles ont offert à Sainte-Geneviève, patronne de Paris, un tableau représentant la cérémonie de la Confédération, puis elles allèrent danser sur les ruines de la Bastille. »

A propos de madame Bochet-Mouret, nous trouvons ici l'occasion de dire que c'est sûrement à elle que doit être attribué le *Projet d'éducation de jeunes demoiselles*, que M. Tuetey a catalogué sous le nom de madame Moutte (1), et qui est exactement intitulé : *Exposition des abus les plus nuisibles au bonheur d'une nation ou Réflexions sur la mauvaise éducation du sexe, avec des moyens efficaces pour l'améliorer*, signé : B. M....., citoyenne du district de Saint-Nicolas du Chardonnet, à Paris, le 10 février 1790 (2). Les nombreuses citations de La Fontaine qui ornent cet écrit, en même temps que les initiales de la signature, trahissent la main de la descendante de La Fontaine.

---

(1) *Répertoire général* (t. III, n° 583).
(2) Pièce manusc. (Arch. Nat, C 99, n° 142).

Du Samedi 12 Juin 1790

~~~ A l'ouverture de la séance, un de MM. les secrétaires a fait lecture du procès verbal du 9;

Sur lequel il n'y a pas eu de réclamation.

~~~ Un des Représentants du district de Saint-Louis-en l'Ile a dit qu'il était chargé par son district de déclarer à l'Assemblée qu'il adhérait à la dénonciation, faite par M. le procureur-syndic à M. le procureur du roi du Châtelet, du libelle abominable répandu dans le public contre M. de La Fayette et la Garde nationale (1).

~~~ Il a ensuite été fait lecture d'une lettre de MM. les députés de la ville de Saumur à l'Assemblée nationale (2); ils y demandaient qu'attendu les services de M. Aubin Bonnemer, natif de Saumur, lequel s'est montré si avantageusement lors de la Révolution et de la prise de la Bastille, notamment en sauvant la vie à M. Thuriot de La Rosière et à mademoiselle de Monsigny (3), il lui fût accordé une pierre des cachots de la Bastille, avec permission d'y faire graver les principaux événements auxquels il a eu le plus de part.

L'Assemblée, en accueillant avec empressement cette demande, a arrêté que le Département des travaux publics serait chargé de faire remettre au sieur Aubin Bonnemer une pierre des cachots de la Bastille, qui puisse remplir son objet (4).

~~~ M. le président a ensuite fait lecture d'une lettre qui lui avait été remise par un ecclésiastique présent à la séance (5). Cet ecclésiastique y annonçait qu'il avait fait imprimer un mémoire dans lequel il rendait un compte exact des événements malheureux qui ont

---

(1) Dénoncé à la séance du 9 juin. (Voir ci-dessus, p. 7, texte et note 1.)

(2) Les députés du tiers état de la sénéchaussée de Saumur étaient BIZARD, avocat, ancien maire, et CICONGNE, négociant.

(3) BONNEMÈRE (Aubin) était entré un des premiers à la Bastille, le 14 juillet. (Voir CHASSIN, *Les élections et les cahiers de Paris en 1789*, t. III, p. 534.) Un sabre d'honneur lui avait été décerné par l'Assemblée des Représentants de la Commune, les 3 et 4 février 1790. (Voir Tome III, p. 672-675 et 695-697.)

(4) Il fut encore question de cette pierre le 16 juin. (Voir ci-dessous, p. 92.)

(5) L'abbé DE SOLIGNAC. (Voir la note 1 de la page suivante.)

eu lieu à Paris dans les fêtes de la Pentecôte, et notamment sur le quai de la Ferraille (1) ; de plus, il exposait que le malheureux, sauvé de la fatale lanterne par la prudence et le courage de M. le Commandant-général et les soins actifs d'un chirurgien heureusement présent à cet événement, était, dans le moment, hors de danger, mais dans la plus grande misère, et il finissait par inviter chacun des membres de l'Assemblée à accepter un exemplaire du mémoire imprimé, et à donner, pour assister ce malheureux, ce que sa charité lui dicterait.

D'après différentes observations faites par d'honorables membres;

Il a été arrêté qu'il serait passé à l'ordre du jour.

— Et, conformément à un arrêté de la veille, par lequel MM. les secrétaires avaient été chargés de se concerter avec MM. du Département du domaine, à l'effet de faire payer aux commis du bureau de rédaction le supplément d'appointements qui leur a été accordé par l'arrêté du 14 mai dernier (2), ils ont proposé à l'Assemblée le projet d'un nouvel arrêté, ainsi qu'il suit :

« L'Assemblée, après avoir entendu le rapport de MM. les secrétaires chargés de se concerter avec MM. les administrateurs du domaine ;

« A arrêté que, conformément à l'état qui sera annexé au présent, il sera payé aux commis de son bureau de rédaction une somme de 1,580 livres, savoir 600 livres aux sieurs Gosse et Coronello, à titre d'appointements, et le surplus aux six commis, sur la quittance du sieur Joiron, qui sera chargé d'en faire la distribution suivant ledit état, pour le paiement des travaux extraordinaires faits par les ordres de l'Assemblée ;

« Invite en conséquence MM. les administrateurs du Département du domaine à délivrer à cet effet tout mandat nécessaire sur la caisse. »

Cet arrêté a été adopté (3).

— Cette affaire terminée, un honorable membre a fait lecture d'un mémoire de la municipalité et de la garde nationale de Conflans Sainte-Honorine (4), par lequel ces corps demandent qu'attendu

---

(1) Il s'agit évidemment de la brochure intitulée : *Relation intéressante, exacte, politique et morale des événements désastreux du faubourg Saint-Antoine, quai de la Ferraille et autres quartiers de Paris, les 24 et 25 mai 1789*, par l'abbé DE SOLIGNAC, chanoine, 12 p. in-8°. (Voir Tome V, p. 548, note 1.)

(2) Arrêté du 11 juin. (Voir ci-dessus, p. 23.)

(3) Ce dernier arrêté paraît avoir été exécuté sans difficulté.

(4) Canton de Poissy, arrondissement de Versailles (Seine-et-Oise).

les services qu'ils ont rendus à la Commune de Paris, dans les temps les plus difficiles, et ceux qu'ils sont toujours disposés à lui rendre, elle veuille bien leur faire présent d'un nombre suffisant de fusils pour les armer ; mais M. de Vérac, major-général de la garde nationale de Conflans Sainte-Honorine, prévoyant les obstacles qui peuvent s'opposer à cette demande, se restreint, au nom de sa troupe, à prier qu'on lui laisse un ancien drapeau, un tambour et dix-huit fusils restés à Conflans Sainte-Honorine, lors du départ du poste que la Municipalité de Paris avait envoyé dans cet endroit pour protéger ses subsistances.

Comme la même lettre annonçait qu'il avait été remis un mémoire sur cet objet au Département de la Garde nationale, l'Assemblée a arrêté qu'il serait demandé communication de ce mémoire aux administrateurs de ce Département, et que le tout serait renvoyé à M. le Commandant-général et à l'État-major, pour avoir leur avis sur cette demande (1).

~~~ Un des membres du Comité des rapports a rendu compte d'un mémoire adressé à l'Assemblée par le sieur Chappuis, par lequel il expose qu'il est seul possesseur, depuis trente ans, de la préparation d'un bronze blanc, dont le prix est modique et l'usage assuré pour garantir les armes de la rouille ; développant ensuite tous les avantages que la Garde nationale pourrait tirer de ce secret, il demande de faire son expérience en présence de commissaires nommés par l'Assemblée.

Ce mémoire, conformément aux conclusions du Comité, a été renvoyé au Département de la Garde nationale (2).

~~~ Le même membre a rapporté la demande du sieur Delaunay, ouvrier batteur d'or. Ce citoyen expose qu'il est veuf, qu'il a quatre enfants que le malheur des temps le met dans l'impossibilité de soutenir, et demande, pour lui faciliter les moyens d'élever sa famille, qu'il lui soit provisoirement permis d'exercer librement son état (3). Le Comité des rapports a estimé, au contraire, que, tant que l'Assemblée nationale n'aura rien prononcé sur les corps et communautés, les règlements devant être exécutés, il n'y avait lieu à délibérer sur la demande du sieur Delaunay.

Cet avis a été adopté.

---

(1) C'est sans doute à cette affaire que se rapporte un mémoire du détachement qui avait occupé Conflans Sainte-Honorine, signalé à la séance du 23 juin. (Voir ci-dessous.)
(2) Rapport présenté le 8 juillet. (Voir ci-dessous.)
(3) Sans renseignements.

~~~ Un autre membre a exposé les motifs de la réclamation des jardiniers du district des Récollets, qui se plaignent, tant en leur nom qu'en celui de leurs compagnons, que depuis quelque temps les regrattières et les jardiniers domestiques des maisons bourgeoises, s'emparant des places qui leur étaient accordées dans les rues du Marché aux poirées (1), de la Lingerie (2) et Saint-Honoré, les empêchent d'exercer leur état; et demandent, en conséquence, que les anciens règlements de police à ce sujet soient remis en vigueur.

Cette affaire a été renvoyée au Département de la police.

~~~ On a passé à l'ordre du jour, qui était l'affaire relative à M. de La Rivière (3).

~~~ M. Brière de Surgy, président, a quitté le fauteuil, attendu sa qualité de rapporteur.

Il a été remplacé par M. Michel.

~~~ M. de La Rivière, étant monté à la tribune, a demandé sur quoi on désirait l'entendre, si c'était sur le détail du compte.

M. le président a répondu que l'Assemblée désirait avoir les explications qu'il pouvait donner sur cet objet.

Alors, M. de La Rivière a repris les faits relatifs aux 6,000 livres qu'il a tirées sur M. Brillant, a établi qu'il n'avait pas dû surveiller l'emploi de cette somme; que le préambule du rapport de MM. Tiron et Buffault ne pouvait le rendre comptable, s'il ne l'était pas; enfin, que l'arrêté des 180 ne le déclarait pas comptable; qu'au contraire, il lui donnait acte de sa déclaration qu'il n'était pas comptable (4). Il a ajouté que le compte énonçait d'une manière précise par qui les sommes ont été reçues et payées, et que toutes sont sous le nom de M. Coquelin; que la somme de 6,000 livres est la seule tirée sous son nom; d'où il a conclu que, si l'on veut absolument qu'il soit comptable, il ne peut l'être que de cette somme. Il a demandé, en conséquence, que la question fût ainsi posée : M. de La Rivière est-il comptable seulement des 6,000 livres qu'il a tirées, ou bien l'est-il de la totalité des objets du compte?

Un de MM. les commissaires a observé que, la série des questions présentées par M. le rapporteur ayant été admise par l'Assemblée (5), cette question était jugée, puisque la première question de cette série, décidée par l'arrêté précédent, est, en général et sans

(1) Rue absorbée par les Halles centrales.
(2) Une partie de la rue de ce nom existe encore (quartier des Halles).
(3) Affaire ajournée le 9 juin. (Voir ci-dessus, p. 9.)
(4) Rapport et arrêté du 4 septembre 1789, soir. (Voir Tome I, p. 475.)
(5) Séance du 4 juin. (Voir Tome V, p. 667.)

[12 Juin 1790]

distinction : M. de La Rivière sera-t-il ou non déclaré comptable? et que cette question avait été décidée par l'affirmative (1).

M. de La Rivière a demandé alors que le rapport de MM. Tiron et Buffault fût mis de nouveau sous les yeux de l'Assemblée, pour constater quel est celui qui a fait la recette et la dépense, et à qui, d'après le rapport, le reliquat est dû.

On a fait de nouveau cette lecture.

M. de La Rivière, en protestant contre l'énoncé du préambule, qui porte partout que c'est lui et M. Coquelin qui rendent ce compte, a observé qu'il résulte du dernier article de ce compte que la recette et la dépense ont été faites par M. Coquelin seul.

M. le rapporteur a fait remarquer que cet article, qu'il croit être de la même écriture que le compte, ne fait pas partie du compte et n'est signé de personne.

M. de La Rivière a répondu que le compte a été fait hors de sa présence et sans qu'il en ait eu connaissance; il a offert tous les renseignements qu'on pourrait désirer, et a demandé, dans le cas où l'Assemblée n'en désirerait pas davantage sur cet objet, que la question relative à la comptabilité des 6,000 livres, ainsi qu'il l'avait ci-devant posée, fût mise aux voix.

M. le président allait prendre le vœu de l'Assemblée;

Lorsqu'un honorable membre a prétendu que, si l'Assemblée, en déclarant M. de La Rivière comptable par son précédent arrêté, l'avait fait sur une erreur de fait, la question devait être présentée de nouveau, et il a soutenu qu'on s'était décidé sur une erreur de fait, attendu, a-t-il dit, qu'on ignorait alors que M. Coquelin eût porté les 6,000 livres dont il s'agit dans son compte; il a demandé, en conséquence, qu'on remît en question si M. de La Rivière était comptable, ou non.

Un autre membre a répondu à cette observation : 1° que, lors du premier arrêté, on savait parfaitement que ces 6,000 livres avaient été portées dans le compte général; 2° que M. Buffault (que M. de La Rivière était convenu être très instruit dans cette partie) avait toujours nommé MM. de La Rivière et Coquelin ensemble dans le procès-verbal de son rapport, et ne s'était point arrêté au bordereau que lui avaient présenté ces messieurs, mais l'avait dressé d'après les pièces qu'il avait sous les yeux.

Après ces discussions, M. le président a mis aux voix :

(1) Séance du 5 juin. (Voir Tome V, p. 674-675.)
Tome VI.

1° La question de savoir si l'Assemblée persistait ou non dans son dernier arrêté, par lequel elle avait déclaré M. de La Rivière comptable.

Et l'Assemblée, à la majorité des voix, a décidé qu'elle persistait dans cet arrêté.

2° Si M. de La Rivière n'était comptable que des 6,000 livres par lui tirées sur madame Brillant, ou s'il était comptable de tout le compte, conjointement avec M. Coquelin.

L'Assemblée a déclaré M. de La Rivière comptable de tout le compte, conjointement avec M. Coquelin.

M. de La Rivière a paru douter de la majorité, et a demandé l'appel nominal.

Mais M. le président a observé que l'épreuve n'était pas douteuse.

Alors, un membre a demandé la division de la chambre.

Et elle a été ordonnée.

De cette nouvelle épreuve, il est résulté que M. de La Rivière a été déclaré comptable, conjointement avec M. Coquelin, à la pluralité de 25 voix contre 17. MM. les commissaires se sont abstenus de voter (1).

~~~ Neuf heures ont sonné dans le moment, et la séance a été levée et indiquée à lundi 14, cinq heures du soir.

Signé : Brierre de Surgy et Michel, *présidents.*

Secrétaires : Quatremère, fils, Mennessier, Pelletier, Castillon, Demars.

CONSEIL DE VILLE

~~~ Le samedi 12 juin 1790, à six heures du soir, le Conseil de Ville convoqué en la forme ordinaire et en exécution de l'arrêté d'hier, réuni et présidé par M. d'Augy, l'un de ses membres, en l'absence de M. le Maire que des affaires d'administration ont empêché de se rendre à l'Hôtel-de-Ville ;

~~~ Il a été fait lecture du procès-verbal de la dernière séance ; Dont le Conseil a approuvé la rédaction.

~~~ MM. les commissaires, nommés à la dernière séance pour aller porter à l'Assemblée du pacte fédératif l'arrêté pris par le Conseil de

---

(1) Les commissaires étant au nombre de six (Voir Tome IV, p. 400), il y avait donc en tout 48 présents, sur 240 titulaires.

Ville au sujet de cette fête nationale (1), se sont acquittés aujourd'hui de la mission qui leur avait été confiée : ils en ont rendu compte au Conseil, ainsi que de l'accueil fraternel qu'ils avaient reçu ; ils ont annoncé que, sur leurs propositions, l'Assemblée du pacte fédératif allait délibérer sur le nombre de commissaires qu'il conviendrait de nommer de part et d'autre, et qu'au premier moment, ils informeraient le Conseil du résultat de leur délibération (2).

— Sur la représentation qui lui a été faite par le secrétaire du Conseil ;

Il a été ordonné que l'arrêté pris dans la séance du 10 de ce mois, relativement au feu de la Saint-Jean (3), serait inséré dans le procès-verbal de ce jour (4).

Le Conseil, délibérant sur la question de savoir si le feu que la Municipalité de Paris était dans l'usage d'ordonner chaque année et dans quelle forme il devait avoir lieu ;

A unanimement arrêté qu'il ne serait rien innové à cet égard ; qu'en conséquence la Municipalité ordonnerait pour la veille de Saint-Jean (5) le feu qui se fait tous les ans à pareille époque ; que MM. les administrateurs, ayant à leur tête M. le Maire, se rendraient, suivant l'usage, sur la place publique, et qu'à cet effet la Municipalité serait convoquée pour le jour et l'heure auxquels le feu devait avoir lieu (6).

— Sur la déclaration, faite par plusieurs de MM. les administrateurs, que différentes maisons et communautés religieuses hospitalières et d'institution élevaient des doutes sur la manière dont il fallait entendre l'art. 8 et l'art. 12 du décret des 14 et 20 avril 1790, sanctionné le 22 ; qu'elles croyaient, aux termes de l'art. 8, être exemptes de la disposition de l'art. 12 et ne pouvoir pas être soumises à l'inventaire que MM. les officiers municipaux se proposaient de faire (7), que déjà même plusieurs maisons avaient déclaré qu'elles requéraient des ordres ultérieurs ;

---

(1) Arrêté du 11 juin. (Voir ci-dessus, p. 25.)
(2) Les délégués de l'Assemblée du pacte fédératif se présentèrent au cours de la séance. (Voir ci-dessous, p. 38.)
(3) Le texte manuscrit du registre-copie porte ici, très lisiblement : *au feu de la Vve Jean.*
(4) Le procès-verbal du 10 juin ne mentionne pas cet arrêté. (Voir ci-dessus, p. 16.)
(5) Même observation qu'à la note 3.
(6) Cependant, le jour même de la cérémonie, le 23 juin, le Conseil de Ville décida de n'y point assister. (Voir ci-dessous.)
(7) Aux termes de l'art. 8, « les fabriques, les hôpitaux, les maisons et établis-

Le Conseil, considérant qu'il était de son devoir et de sa prudence d'allier, autant qu'il peut être en lui, ce qu'il doit à la loi avec ce qu'il ne peut refuser aux égards et à la réclamation légitime des citoyens;

A unanimement arrêté que l'Assemblée nationale serait suppliée de vouloir bien s'expliquer sur ce point important; de déclarer si elle a entendu soumettre aux inventaires décrétés par rapport aux maisons religieuses des deux sexes tant les maisons hospitalières et d'institution que les simples congrégations.

— M. de Joly, lieutenant de maire du Tribunal municipal et secrétaire du Conseil de Ville formant le corps municipal de la Ville de Paris, ayant informé le Conseil que, dans un procès pendant actuellement en la chambre des vacations du Parlement de Paris avec le sieur Rey, ancien lieutenant de police de la ville de Lyon, ce dernier avait fait plaider par son avocat que de M. de Joly avait fait plusieurs tentatives pour obtenir l'intervention et l'appui de la Municipalité auprès de l'Assemblée nationale en faveur de l'ancienne municipalité de Lyon, dans les difficultés qui s'étaient élevées entre cette municipalité et le sieur Rey, et que cette Municipalité s'y était constamment refusée et avait même improuvé sa conduite;

Le Conseil de Ville a déclaré que M. de Joly, l'un de ses membres, n'a, dans aucuns termes, sollicité son appui pour l'ancienne municipalité de la ville de Lyon contre le sieur Rey, que même jamais il n'a parlé au Conseil d'aucunes difficultés entre cette municipalité et le sieur Rey ou tout autre (1).

Le Conseil saisit avec plaisir cette occasion de déclarer que M. de Joly, loin de s'attirer en aucune circonstance son improbation, a mérité en toutes des témoignages de son estime, par sa conduite dans ses fonctions et par sa discrétion dans les assemblées de la Municipalité.

Le Conseil de Ville, pour rendre cette déclaration plus authentique, a arrêté que le présent serait signé par tous ses membres présents.

Et est le dit arrêté signé par MM. d'Augy, Quin, Sabathier, Jallier de Savault, Avril, de Maisonneuve, de Hervilly, Buob, L'abblée,

---

sements de charité et autres où sont reçus les malades, les collèges et maisons d'instruction, d'études et de retraite, administrés par des ecclésiastiques ou par des corps séculiers, ainsi que les maisons des religieuses occupées à l'éducation publique et au soulagement des malades », étaient exceptés provisoirement des dispositions du décret.

(1) Pareille déclaration, au sujet de la même affaire, avait été faite par l'Assemblée des Représentants de la Commune, le 13 avril. (Voir Tome IV, p. 708.)

Royer, Filleul, Champion, Lejeune, Bureau du Colombier, Santerre, Chollet, Tiron, Bourdon des Planches, Defresne, Celerier, Canuel, Trudon des Ormes, Desmousseaux, Brousse-des-Faucherets, Osselin, de La Noraye, Deltuf des Rozières, Le Roux de La Ville, Étienne de La Rivière, Plaisant.

⸺ Le Conseil ayant ensuite demandé à passer à l'ordre du jour ;

M. Desmousseaux a fait lecture de l'adresse à l'Assemblée nationale, concernant l'acquisition des biens nationaux (1).

Après quelques corrections qui ont été arrêtées et faites à l'instant ;

Le Conseil a unanimement adopté cette adresse (2).

⸺ Le Conseil, délibérant ensuite sur la proposition qui lui a été faite de revenir sur la délibération qui avait été prise le 7 de ce mois, par laquelle il est dit que l'adresse ne sera portée que par une députation (3); considérant que l'importance de la matière et l'urgence des circonstances exigeaient que l'on mette dans cette démarche toute la solennité possible ;

A arrêté que l'adresse serait portée à l'Assemblée nationale par l'entière Municipalité, présidée par M. le Maire.

Le Conseil a ordonné que M. le président se rendrait, demain, chez M. le Maire, à l'effet d'agir, de concert avec lui, pour obtenir de l'Assemblée nationale le jour plus prochain, et faire indiquer l'heure à laquelle la Municipalité sera admise (4).

⸺ Le moment où la séance devait être levée approchant, et le Conseil se trouvant saisi de plusieurs objets sur lesquels il a paru indispensable de se prononcer dans le jour; étant d'ailleurs instruit que l'Assemblée du pacte fédératif devait lui envoyer, dans la soirée, une députation pour annoncer le résultat de la délibération sur l'arrêté qui lui avait été communiqué de la part du Conseil de Ville;

Il a été unanimement décidé qu'il serait statué sur tous les objets qui suivent, sans désemparer.

⸺ M. Desmousseaux et M. Minier ont été autorisés à se réunir dès demain, à se concerter, pour mettre en état l'adresse que le Conseil a adoptée (5), pour revoir la lettre aux districts dont M. Minier

---

(1) Adresse arrêtée le 7, discutée les 10 et 11 juin. (Voir ci-dessus, p. 15, 24 et 25.)

(2) Il est question de la même adresse, dans la suite du procès-verbal. (Voir ci-dessous.)

(3) Art. 2 de l'arrêté du 7 juin. (Voir Tome V, p. 688-689.)

(4) L'*Adresse* fut présentée le 17 juin. (Voir ci-dessous.)

(5) Adresse que le procès-verbal signalait, au commencement de la séance, comme adoptée définitivement. (Voir ci-dessus, même page.)

avait fait lecture (1) et qui a été également adoptée. Le Conseil les a chargés d'ajouter ou de corriger tout ce qui serait nécessaire pour adapter la lettre entièrement avec l'adresse.

Et le secrétaire a été autorisé à la faire imprimer et à l'envoyer aux 60 sections, le jour même que l'adresse sera présentée à l'Assemblée nationale (2).

~~~ Le Conseil commençait à délibérer sur les observations qui lui avaient été soumises par plusieurs de ses membres, relativement à la revue qui doit être faite par M. le Maire (3);

~~~ Lorsque l'on a annoncé la députation de MM. de l'Assemblée du pacte fédératif.

Elle a été introduite et entendue par l'organe de M. Pastoret, l'un de ses membres.

M. Pastoret a fait lecture de l'arrêté de cette Assemblée, en date de ce jour, portant que :

L'Assemblée arrête :
1° De témoigner sa satisfaction à MM. du Conseil de Ville ;
2° De nommer six commissaires, qui se réuniront à ceux qui seront nommés par le Conseil de Ville, en nombre égal, pour préparer en comité tous les travaux relatifs à l'exécution de la confédération ;
3° Obligée de se conformer aux pouvoirs que ses membres ont reçus de leurs sections réciproques, et ne pouvant, ne devant pas même se diviser, elle arrête que tous ses membres s'uniront à ceux du Conseil de Ville, lorsqu'il sera question d'entendre en commun le rapport de MM. les commissaires.

Après la lecture de cet arrêté, dont MM. les députés ont promis de donner une expédition au secrétaire du Conseil ;

La députation s'est retirée.

Et le Conseil a continué ses délibérations.

~~~ Il a repris d'abord la discussion sur la convocation, que M. le Maire a fait faire, de trois divisions de la Garde nationale qu'il doit passer en revue demain. (I, p. 40.)

Et il a été pris l'arrêté suivant :

Le Conseil de Ville, instruit par plusieurs de ses membres que M. le Maire a fait convoquer, pour demain dimanche, plusieurs divisions de la Garde nationale, afin d'en passer la revue, et assuré du fait par la réponse qui lui a été faite par deux officiers de l'État-major, qu'il a fait appeler à cet effet ;

---

(1) Lettre dont il a été question le 10 juin. (Voir ci-dessus, p. 15.)
(2) Le texte de l'*Adresse à l'Assemblée nationale* et de la *Lettre aux districts* est inséré au procès-verbal du 16 juin. (Voir ci-dessous, p. 98 et suiv.)
(3) La question est reprise dans la même séance. (Voir ci-dessous, même page.)

Considérant que cette convocation, faite par le seul chef de la Municipalité, sans le concours et l'avis du Conseil municipal, présente une irrégularité affligeante pour le présent et inquiétante pour l'avenir; que ce droit de convoquer à son gré les troupes nationales peut être la source d'une infinité d'abus qui alarment les amis du bien public; que, restant dans la main du seul chef de la Municipalité et exercé souverainement par tous les chefs des municipalités qui établiront leur titre sur la conduite de M. le Maire, il pourrait devenir, dans la suite, un moyen funeste dont les conséquences ne peuvent se calculer; considérant, en outre, que les décrets de l'Assemblée nationale ont remis à la Municipalité entière le soin de la convocation des troupes nationales et le droit de les rassembler et de leur donner les ordres qui les font marcher (1); qu'il est de son devoir de fixer et de rappeler les principes, de s'opposer à la violation qu'ils éprouvent, de prévoir tous les abus dans leur naissance et en prévenir les dangereux effets;

A déclaré qu'il regarde la convocation, faite par M. le Maire pour le jour de demain, illégale, inconstitutionnelle et abusive; croit devoir rappeler à sa prudence les dangers que présente un tel acte d'autorité, réclamer dans ses registres les principes établis pour la sûreté publique et consigner, d'une manière authentique, son opposition à une démarche qui peut être la source d'abus qui compromettraient la liberté des citoyens.

Le Conseil ordonne que le présent arrêté sera porté sur l'heure, à M. le Maire, par quatre de ses membres.

MM. Cholet, Sabathier, Avril et Plaisant ont été chargés de cette mission (2).

~~~ La fête du pacte fédératif et les moyens de conciliation avec les commissaires des sections se présentaient ensuite dans l'ordre des objets qu'il était indispensable de terminer.

M. le président les a soumis à l'Assemblée.

Et il y a été statué ainsi qu'il suit :

Le Conseil de Ville, délibérant sur l'arrêté apporté par MM. les

---

(1) Décret du 21 octobre 1789, prescrivant aux gardes nationales, troupes réglées et maréchaussées, requises par les officiers municipaux, de marcher sur-le-champ; décret du 7 janvier 1790, confirmant aux corps municipaux le droit de réquisition sur les gardes nationales, et décret du 11 avril 1790, consacrant de nouveau le principe de la subordination des gardes nationales aux municipalités. (Voir Tome II, p. 385, et *Archives parlementaires*, t. XI, p. 114, et t. XII, p. 666.)

(2) Une séance spéciale eut lieu le lendemain pour recevoir le rapport des commissaires. (Voir ci-dessous, p. 42.)

députés du pacte fédératif (1) et persistant dans son arrêté du jour d'hier (2) ;

A arrêté qu'il sera nommé six commissaires ;

Et cependant, attendu que l'Assemblée du pacte fédératif n'a point adopté les conditions de l'égalité pour la réunion des deux assemblées, et que la responsabilité du Conseil ne lui permet pas de s'en départir ;

Arrête que ses commissaires référeront des dispositions qu'ils auront concertées avec les commissaires de l'Assemblée du pacte fédératif, pour l'exécution et les dépenses nécessaires en être ordonnées par le Conseil, s'il y a lieu.

Le Conseil a ensuite procédé à la nomination des six commissaires; et MM. Cellerier, Brousse des Faucherets, Champion de Villeneuve, Desmousseaux, Avril et Jallier de Savault ont réuni tous les suffrages.

Le secrétaire a été autorisé à donner, dans le jour, à MM. les commissaires, expédition du présent arrêté (3).

~~~ MM. les administrateurs des établissements publics s'étant présentés plusieurs fois pour obtenir une décision sur un objet important de l'administration de l'Opéra (4) ;

Le Conseil s'est ajourné à lundi soir, tant pour entendre le rapport de cette affaire (5) que pour connaître le résultat des démarches de M. le président auprès de M. le Maire et de l'Assemblée nationale pour la présentation de l'adresse relative à la question des biens domaniaux (6).

Signé : D'AUGY; DE JOLY, *membre et secrétaire* du Conseil de Ville.

* * *

ÉCLAIRCISSEMENTS

(I, p. 38) La revue qui excitait ainsi les inquiétudes du Conseil de Ville avait été provoquée par la lettre suivante, que le *Journal de la Municipalité et des districts* (n° du 17 juin) dit avoir été écrite le jeudi 10 juin par le Maire au Commandant-général :

(1) Arrêté communiqué dans la même séance. (Voir ci-dessus, p. 38.)
(2) Arrêté du 11 juin. (Voir ci-dessus, p. 25.)
(3) Rapport des commissaires, le 21 juin. (Voir ci-dessous.)
(4) Il n'avait plus été question de l'Opéra depuis l'arrêté du 10 avril, sur la gestion provisoire de ce théâtre par la Municipalité. (Voir Tome IV, p. 663-664.)
(5) La communication annoncée eut lieu le 14 juin. (Voir ci-dessous, p. 55-56.)
(6) Démarches dont le président avait été chargé par arrêté du même jour. Voir ci-dessus, p. 37.) La réponse fut connue le 15 juin. (Voir ci-dessous, p. 89.)

La Garde nationale, que vous avez l'honneur, Monsieur, de commander, est toujours l'objet de l'admiration des bons citoyens. Le Maire de Paris ne peut pas être indifférent sur son exactitude, et il est du devoir de la Commune de chercher à trouver réunis les défenseurs de la liberté et des propriétés de tous. L'exemple des citoyens les plus courageux doit nécessairement donner un nouvel essor au courage de ceux que la confiance publique a chargés de ce pénible fardeau, et je désire voir successivement les divisions de l'armée.

Je vous serai obligé, Monsieur, de vouloir bien assembler, au Champ-de-Mars, dimanche matin (13 juin), trois divisions. Je conviendrai ensuite, avec vous, du jour qu'il me sera permis de choisir pour témoigner, au surplus de nos bons soldats, la reconnaissance des citoyens de Paris.

Au lieu des trois divisions demandées, soit 30 bataillons, deux seulement prirent part à la revue (1).

---

(1) Voir ci-dessous, p. 44, note 1.

Du Dimanche 13 Juin 1790

CONSEIL DE VILLE

Séance du matin.

— Le dimanche 13 juin 1790, à sept heures du matin, le Conseil de Ville extraordinairement convoqué pendant la nuit par le secrétaire du Conseil avec MM. Cholet, Avril, Sabathier et Plaisant, commissaires députés dans la séance d'hier soir pour porter à M. le Maire l'arrêté relatif à la convocation et à la revue d'une partie de l'armée parisienne (1), réuni sous la présidence de M. d'Augy, l'un de ses membres;

— Il a été fait lecture du procès-verbal.

La rédaction en a été approuvée.

— Le Conseil a ordonné, — et M. le président a fait à l'instant porter cet ordre à M. Langlumé, major des Gardes de la Ville, et de service habituel auprès du Conseil, — le serment de garder le plus profond silence sur tout ce qui se passe et se dit dans les séances du Conseil de Ville.

— MM. les commissaires députés auprès de M. le Maire, ainsi que le secrétaire, ont ensuite exposé les motifs qui les avaient déterminés à faire une convocation aussi précipitée de l'entière Municipalité.

MM. les commissaires ont exposé que, pour se conformer aux ordres du Conseil, ils s'étaient transportés hier soir à l'hôtel de la Mairie et que, n'y ayant pas trouvé M. le Maire, ils s'étaient rendus à Chaillot (2); qu'ils y étaient arrivés vers minuit et qu'ayant été introduits auprès de M. le Maire, ils lui avaient communiqué l'objet de leur mission; que M. le Maire avait paru infiniment sensible à l'arrêté dont ils étaient porteurs; qu'ils avaient été pénétrés de la

---

(1) Arrêté du 12 juin. (Voir ci-dessus, p. 39.)
(2) Où se trouvait le domicile particulier de BAILLY.

situation dans laquelle ils l'avaient laissé et que, dans cette circonstance délicate, ne voulant ni rien prendre sur eux, ni rien laisser au hasard, ils avaient cru devoir provoquer la réunion du Conseil afin qu'il statuât et prît tel parti que sa prudence lui suggérerait.

Le Conseil a applaudi au zèle et à l'activité de MM. les commissaires; il a également approuvé la convocation extraordinaire faite à leur réquisition par le secrétaire, et, après une discussion approfondie des principes et des motifs qui avaient déterminé l'arrêté pris la veille, il a unanimement arrêté ce qui suit :

Le Conseil, délibérant sur le compte, qui vient de lui être rendu par ses députés auprès de M. le Maire, de la sensibilité profonde qu'il a témoignée en prenant lecture de l'arrêté du jour d'hier;

Déclare qu'il a toujours rendu hommage aux vertus de M. le Maire; que, si, dans une circonstance essentielle et dont les conséquences pouvaient être dangereuses pour l'avenir, le Conseil s'est vu réduit à la nécessité de rappeler les principes, il n'en est pas moins resté convaincu de la pureté des intentions de M. Bailly.

Et, pour lui prouver qu'il est intimement persuadé que, dans cette occasion, il n'a été animé par aucun motif répréhensible;

Le Conseil arrête qu'il s'empressera de se rendre auprès de M. le Maire, afin de légitimer par sa présence ce que la convocation, qu'il a faite à l'insu du Conseil de Ville, d'une portion de l'armée parisienne a d'irrégulier et de contraire aux décrets de l'Assemblée nationale.

Le Conseil ordonne, en outre, que son arrêté du jour d'hier, ensemble celui de ce jour, seront imprimés et envoyés aux 60 districts (1), et qu'expédition du présent arrêté sera à l'instant porté à M. le Maire par MM. Cellerier, Étienne de La Rivière, Le Jeune et Guignard.

Le Conseil, délibérant ensuite sur les moyens d'exécution du présent arrêté; considérant que le peu de moments qui restait avant la revue ne lui permettait pas de se réunir à l'Hôtel-de-Ville;

A arrêté que MM. les administrateurs se rendraient tous, à onze heures, chez M. le Commandant-général, où MM. les commissaires ont assuré que M. le Maire devait se trouver et d'où la Municipalité se rendrait en corps au Champ-de-Mars (2).

(1) Les arrêtés ne furent pas imprimés, en vertu d'un arrêté subséquent du 14 juin. (Voir ci-dessous, p. 55.)
(2) Le procès-verbal de la séance du soir constate la présence du Conseil de Ville à la revue. (Voir ci-dessous, p. 44.)

⏤⏤ M. le président a ensuite levé la séance, après avoir néanmoins annoncé, au nom de l'Assemblée, l'ajournement du Conseil à demain lundi, cinq heures du soir.

Signé : D'Augy, *président;* de Joly, *secrétaire.*

Séance du soir.

⏤⏤ Et le même jour, dimanche 13 juin 1790, à onze heures du matin, MM. les administrateurs, s'étant réunis chez M. le Commandant-général où ils ont trouvé M. le Maire, se sont rendus, avec lui et une escorte des Gardes de la Ville, à l'École royale militaire : ils se sont d'abord réunis dans une des salles de l'hôtel; ils se sont ensuite transportés, à pied, et environnés des mêmes Gardes, dans le Champ-de-Mars.

Ils y ont été joints par M. le Commandant-général et plusieurs officiers de l'État-major.

Les Gardes de la Ville ont été postés dans le haut du Champ-de-Mars, en face de l'École militaire, dans le lieu où devait se placer la Municipalité pour voir défiler la troupe.

Ensuite, la Municipalité s'est mise en marche; elle a passé d'abord sur le devant de la première division; ensuite, et en remontant, sur le devant de la cinquième (1).

Alors, la Municipalité a pris la place qui lui était réservée, et les deux divisions, ayant M. le Commandant-général à leur tête, ont défilé devant elle en lui rendant les honneurs dus au pouvoir civil.

Après la revue, M. le Maire et M. d'Augy, membre et président du Conseil, ont adressé à M. le Commandant-général, tant pour lui que pour la Garde nationale, les éloges que la Municipalité ne peut refuser à des citoyens dont les efforts et les travaux patriotiques ont si efficacement concouru au salut et au maintien de la chose publique.

MM. les administrateurs ayant décidé que M. le Maire serait reconduit par la Municipalité jusqu'à son hôtel, on a suivi pour la marche le même ordre dans lequel on était arrivé au Champ-de-Mars.

M. le président et le secrétaire du Conseil étaient placés dans la

---

(1) D'après la convocation du Maire, la revue devait comprendre trois divisions (Voir ci-dessus, p. 41); mais le *Journal de la Municipalité et des districts* (n° du 17 juin) explique que « la procession de Saint-Laurent occupant, dimanche 13 (fête du Saint-Sacrement), une de ces trois divisions, il ne s'en trouva que deux à la revue ».

voiture du Maire. MM. les administrateurs s'étaient réunis dans des voitures qui avaient été ordonnées à cet effet.

MM. les administrateurs étant arrivés à l'hôtel de la Mairie;

M. le Maire les a fait introduire et les a reçus dans son cabinet, d'où ils sont sortis à trois heures après-midi.

Signé : D'AUGY, *président;* DE JOLY, *secrétaire.*

Du Lundi 14 Juin 1790

..... A l'ouverture de la séance, le Comité des rapports a rendu compte d'une adresse à l'Assemblée nationale, envoyée, sous cachet volant, à M. le Commandant-général, par M. Sarot, avocat au Parlement (1), lequel en a également adressé une copie à l'Assemblée des Représentants de la Commune, s'en référant à leur prudence sur l'usage qu'ils devaient en faire.

Cette adresse annonce les inquiétudes que M. Sarot a conçues sur un paragraphe de la feuille périodique intitulée: *Assemblée nationale, Commune de Paris et corps administratifs du royaume* (2), dans lequel l'auteur observe que, « quoique l'Assemblée nationale n'ait fixé qu'à raison d'un homme sur 200 la représentation des gardes nationales de chaque district au pacte fédératif, décrété pour le 14 juillet prochain, il ose néanmoins assurer que tous les soldats citoyens, qui voudront se joindre à leurs camarades élus, seront accueillis avec joie par leurs frères d'armes de Paris, et les invite à concourir à une fête destinée à resserrer tous les liens de l'amour de la patrie et de la constitution (3) ». M. Sarot expose ses craintes sur cette invitation, et fait sentir le danger auquel elle pourrait donner lieu, si l'empressement que témoigne le journaliste paraissait sanctionné par le vœu de l'Assemblée nationale et de la Commune. Il craint que la majeure partie des gardes nationales ne regarde comme un devoir de se rendre avec empressement dans la capitale, et que les ennemis de la chose publique ne profitent de leur absence pour le succès de leurs vues criminelles.

L'Assemblée, en rendant justice au zèle patriotique de M. Sarot, a arrêté qu'il lui en serait voté des remerciements, et qu'au surplus il n'y avait lieu à délibérer (4).

---

(1) Citoyen du district des Mathurins. (Voir Tome III, p. 244, note 1.)
(2) Suite du journal *Versailles et Paris*; plus tard *Journal de* l'ERLET.
(3) Le passage cité se trouve dans le n° 309, du 9 juin 1790 (Bib. Nat., Lc 2/200).
(4) Le journal incriminé par SAROT se donna la peine de lui répondre dans le n° 317 (du 17 juin), en ces termes :

« Un citoyen recommandable par son zèle et son patriotisme, M. SAROT, avocat

~~~ M. Cahier de Gerville, l'un des procureurs-syndics adjoints, a rappelé à l'Assemblée que, par son arrêté du 29 avril dernier, elle avait fixé à trois mois la suppression de tous les fours à plâtre construits dans l'intérieur des murs de cette capitale (1). Il a observé à ce sujet que les propriétaires de ces fours, regardant ce terme comme comminatoire, ne font aucune disposition pour la translation de leurs usines hors de l'enceinte de la ville, en sorte que, s'ils attendent tous l'époque que l'Assemblée a fixée, pour former de nouveaux établissements au-dehors, il est à craindre que la disette d'une matière qui est de première nécessité pour les constructions ne se fasse sentir pendant plusieurs mois, et que les chaufourniers ne se croient autorisés à demander de nouveaux délais pour l'emploi des pierres à plâtre, dont ils ne cessent de s'approvisionner.

Sur sa réquisition;

L'Assemblée a pris l'arrêté suivant :

« L'Assemblée générale des Représentants de la Commune, persistant dans l'arrêté qu'elle a pris le 29 avril dernier, au sujet des fours à plâtre construits dans l'intérieur des barrières de cette ville ; déterminée, tant par les réclamations particulières qui se sont élevées contre l'établissement de ces fours que par des considérations d'intérêt public, à maintenir l'exécution de son arrêté, et ne voulant laisser aucun doute sur ses intentions ;

« Après avoir entendu M. Cahier de Gerville, procureur-syndic adjoint de la Commune ;

« Ordonne, dès à présent, à tous les commis des barrières de ne laisser entrer dans Paris aucune pierre à plâtre, après le 29 juillet prochain, à l'exception seulement de celles qui, conformément à l'ancien usage, seraient conduites directement au port à plâtre, pour y être embarquées et transportées dans les provinces ;

« Ordonne, de plus, qu'à ladite époque du 29 juillet prochain, tous les fours à plâtre, actuellement existants dans la nouvelle enceinte de Paris, seront démolis par les propriétaires ;

« Enjoint au procureur-syndic de la Commune de tenir exacte-

---

au Parlement, nous communique ses inquiétudes sur les suites de cette invitation : il craint que l'abondance des citoyens se rendant dans la capitale ne permette aux contre-révolutionnaires de tenter un massacre général dans les provinces.

« Nous pensons rassurer notre correspondant en lui déclarant que les municipalités veillent, et en lui rappelant ce qu'a dit La Fayette, parlant de la contre-révolution : « qu'il serait insensé de l'entreprendre, pusillanime de la craindre, « mais qu'il est toujours prudent de la surveiller. »

(1) Arrêté du 29 avril. (Voir Tome V, p. 182-183.)

ment la main à l'exécution du présent arrêté et de celui du 29 avril dernier, et l'autorise à prendre toutes les mesures nécessaires pour, après ledit jour, 29 juillet prochain, faire détruire tous les fours de l'intérieur que les propriétaires n'auraient pas fait démolir eux-mêmes ;

« Invite les comités des districts, dans l'étendue desquels il se trouve des fours à plâtre, à concourir, en ce qui pourra les concerner, à l'exécution du présent arrêté, et mande au Commandant-général de la Garde nationale parisienne de donner toutes mains fortes qui lui seraient demandées pour cet objet ;

« Ordonne enfin que le présent arrêté, ensemble celui du 29 avril dernier, seront imprimés, affichés partout où besoin sera, et envoyés aux 60 sections (1). »

Un membre a demandé que la prohibition, prononcée contre les fours à plâtre dans l'intérieur de la ville, fût étendue à toutes les autres usines servant à la cuisson des matériaux propres à la construction, tels que la tuile et la brique.

Après quelques discussions sur cette prohibition ;

L'Assemblée l'a ajournée, jusqu'à ce qu'il lui fût adressé des réclamations de la part des citoyens qui se trouveraient incommodés de l'usage de cette espèce de fours.

~~~ L'Assemblée, par son arrêté du 29 mai dernier, avait, sur l'avis de son Comité des rapports, renvoyé au Département de la police un mémoire qui contenait la réclamation faite au nom d'une demoiselle, qu'on prétendait être détenue de force, dans la maison des Filles du Sauveur, rue de Vendôme, en vertu d'un ordre arbitraire (2).

Ce Département a vérifié les faits, s'est assuré que la demoiselle au nom de qui la réclamation avait été faite, était entrée volontairement dans la maison ci-dessus, et a confirmé le compte qu'il a rendu à ce sujet à l'Assemblée par une lettre antérieure du 6 de ce mois, qui atteste que jamais elle n'a reçu ni ne recevra aucune pensionnaire, en vertu de lettre de cachet ou autre ordre arbitraire.

~~~ M. Thuriot de La Rosière, l'un des membres de cette Assemblée, lui a fait part d'une délibération prise, le 6 de ce mois, en l'assemblée primaire de la ville de Sézanne, chef-lieu de district, dé-

---

(1) Imp. en placard, 1 p. in-fol. avec l'arrêté du 29 avril (Bib. Carnavalet, dossier d'affiches, sans numéro).

(2) Affaire de la demoiselle Colas, détenue à la maison des *Filles pénitentes du Sauveur*. (Voir Tome V, p. 593.)

partement de la Marne, qui constate que tous les citoyens de cette ville, après avoir entendu avec la plus vive satisfaction le compte qui leur a été rendu de l'accueil fait à leur députation, qui avait été chargée de demander à l'Assemblée des Représentants de la Commune l'affiliation tant de leur municipalité que de leur garde nationale (1), ont unanimement manifesté, par leurs applaudissements, leur approbation de cette affiliation, et ont requis que l'adresse présentée à la Commune de Paris, le 3 mai dernier, ensemble la réponse de M. l'abbé Mulot, président de l'Assemblée, resteraient sur le bureau et seraient transcrites dans le procès-verbal de leur assemblée; ce qui a été ordonné.

L'Assemblée a témoigné sa satisfaction de cette adhésion, et a arrêté qu'il en serait fait mention dans le procès-verbal de ce jour.

~~~~ Une députation des districts réunis du Val-de-Grâce et de Saint-Jacques du Haut Pas, ayant été introduite, a présenté une délibération prise, le 27 mai dernier, dans l'assemblée générale de ces deux sections, pour se plaindre de l'inexécution de l'arrêté de l'Assemblée générale des Représentants de la Commune, en date du 21 dudit mois, par lequel il est ordonné que le Département du domaine fera payer ce qui reste dû sur un *bon* de 2,400 livres, délivré à ces deux districts par le Comité d'administration (2).

MM. les députés ont été entendus, ainsi que plusieurs honorables membres.

Et, M. le président ayant consulté l'opinion de l'Assemblée;

Il a été arrêté de nommer deux commissaires pour concerter, avec MM. du Département de l'administration des domaines, les moyens d'exécuter l'arrêté du 21 mai dernier.

MM. Balin et l'abbé Bertolio ont été nommés commissaires (3).

~~~~ Plusieurs membres de l'Assemblée ont observé que les districts, en faveur desquels l'arrêté venait d'être rendu, n'étaient pas les seuls qui avaient des réclamations à faire pour le paiement des différentes dépenses à la charge de la Municipalité; qu'il convenait de nommer une commission générale, pour s'occuper de cette liquidation, et d'inviter l'administration à informer l'Assemblée des mesures qu'elle se proposait de prendre pour le paiement de toutes ces dépenses. Il a été observé, à ce sujet, que plusieurs municipalités

---

(1) Députation reçue le 3 mai. (Voir Tome V, p. 216-218.)
(2) Arrêté du 21 mai. (Voir Tome V, p. 499.)
(3) Une nouvelle réclamation des mêmes districts fut présentée le 17 juin. (Voir ci-dessous.)

du royaume, qui s'étaient trouvées dans le cas de contracter des dettes, soit par la cherté des grains, soit par les suites de la Révolution, avaient obtenu de l'Assemblée nationale la faculté de faire des emprunts pour y pourvoir; que la Municipalité pouvait adopter les mêmes mesures, et se mettre ainsi en état de satisfaire à toutes les réclamations des districts.

La question ayant paru suffisamment discutée, elle a été mise aux voix.

Et l'Assemblée a arrêté que les commissaires, qu'elle avait précédemment chargés de l'examen des comptes du Département des domaines (1), se concerteraient avec ce Département, pour constater et présenter à l'Assemblée l'état général des demandes faites par les districts, et qu'il serait avisé aux moyens de pourvoir à leur remboursement (2).

~~~ Il a été fait lecture d'une lettre du sieur Garnier, cultivateur à Bar-le-Duc, contenant la copie d'une adresse au roi, par lui envoyée sous cachet volant, à l'effet de supplier Sa Majesté d'honorer l'agriculture d'une manière éclatante, en consacrant l'époque du 14 juillet par la même cérémonie publique qui se pratique à la Chine, où l'empereur conduit la charrue de ses propres mains.

Les pièces ont été renvoyées au Comité des rapports, pour en rendre compte à la séance du mercredi 16 de ce mois (3).

~~~ L'Assemblée a encore renvoyé au Comité des rapports une lettre de la communauté des maîtres-paveurs de cette ville, tendante à réclamer la résiliation du marché passé à deux entrepreneurs, pour l'entretien du pavé de Paris (4) : le Comité a été chargé d'en rendre compte vendredi prochain, 18 de ce mois (5).

~~~ Il en a été de même d'un mémoire adressé à l'Assemblée par M. de Boisbarbot contre la municipalité de Belleville (6).

~~~ Un autre mémoire imprimé du sieur Le Roy, intitulé : *Réclamation contre un nouvel abus du pouvoir et de l'autorité*, adressé à MM. les Représentants de la Commune de Paris, contenant des re-

---

(1) Trois commissaires nommés le 1ᵉʳ février. (Voir Tome III, p. 661.)
(2) La question du règlement des dépenses des districts sera examinée dans l'ouvrage sur l'*Organisation municipale de Paris au début de la Révolution*.
(3) Aucun rapport sur cette pétition n'est mentionné dans les séances suivantes.
(4) Une pétition dans le même sens avait été présentée à la séance du 4 mai. (Voir Tome V, p. 229-230 et 242.)
(5) Aucun rapport concernant cette réclamation ne figure au procès-verbal de la séance du 18.
(6) Sans renseignements.

[14 Juin 1790] DE LA COMMUNE DE PARIS 51

présentations sur la défense expresse qui lui a été faite d'ouvrir un spectacle (1); a été encore renvoyé au Comité des rapports, qui a été invité à en rendre compte dans la séance de jeudi prochain, 17 de ce mois (2).

~~~ La suite de l'affaire de M. Étienne de La Rivière étant à l'ordre du jour (3), elle a été appelée.

Mais l'Assemblée, étant informée que M. de La Rivière était au Conseil de ville, occupé à rapporter une affaire urgente (4), a arrêté d'ajourner à jeudi prochain, 17 de ce mois, et que son arrêté lui serait adressé par un de MM. les secrétaires, avec invitation de se rendre à l'Assemblée au jour indiqué ci-dessus (5).

~~~ Les commissaires, chargés de l'examen de la motion faite par M. Brissot de Warville, le 22 mai dernier (6), en ont fait le rapport à l'Assemblée.

Ils ont d'abord analysé les trois propositions dont cette motion était composée : la première tendait à remercier l'Assemblée nationale d'avoir déchargé la Municipalité de Paris du cautionnement de 70 millions, pour la vente des biens ecclésiastiques qu'elle offrait d'acquérir (7); la seconde, à remercier également l'Assemblée nationale d'avoir réduit au 1/16e l'indemnité à accorder à la Municipalité sur le produit de la vente de ces biens (8); et la troisième, à déclarer que la Municipalité de Paris renonçait à acquérir les biens ecclésiastiques situés hors de son territoire.

Les commissaires ont observé, sur la première partie de la motion, que l'Assemblée avait rempli le devoir que lui imposaient sa délicatesse et la pureté de ses principes, en chargeant le procureur-syndic de la Commune de dénoncer au procureur du roi du Châtelet les

(1) On ne peut fournir aucun renseignement sur cet entrepreneur de spectacles. M. Campardon (Émile), dans *Les spectacles de la foire*, ne cite qu'un Leroy, acteur des Variétés amusantes. On sait seulement qu'il s'agissait d'un spectacle situé dans la rue Saint-Antoine.
(2) Rapport présenté à la séance du 22 juin. (Voir ci-dessous.)
(3) Affaire ajournée le 12 juin. (Voir ci-dessus, p. 34.)
(4) Voir ci-dessous, p. 55.
(5) L'affaire ne revint en discussion que le 19 juin. (Voir ci-dessous.)
(6) Quatre commissaires avaient été nommés le 21 mai pour examiner la motion du même jour. (Voir Tome V, p. 500.)
(7) Décret du 13 mai. (Voir Tome V, p. *380-382*.)
(8) Le Bureau de Ville, dans son *Compte rendu* du 10 mars, avait demandé pour la Ville le bénéfice du quart du prix, déduction faite des frais. L'art. 11 du titre Ier du décret du 14 mai n'allouait aux municipalités, chargées de tous les frais, que le seizième du prix capital des reventes aux particuliers. (Voir *Archives parlementaires*, t. XV, p. 481.)

offres scandaleuses qui avaient été faites à l'un des membres de l'Assemblée nationale, pour l'engager à faire agréer ce cautionnement (1).

Ils ont également fait sentir le peu de convenance des deux autres propositions; ils ont, de plus, observé que l'Assemblée ne pouvait émettre son vœu sans avoir consulté celui des districts sur une matière aussi importante (2), et ils ont conclu à ce que l'Assemblée arrêtât qu'il n'y avait pas lieu à délibérer.

M. Brissot de Warville a combattu les objections des commissaires et de ceux qui ont parlé après eux; il s'est particulièrement attaché à démontrer la compétence de l'Assemblée, puisque c'était sous sa surveillance que, conformément aux décrets de l'Assemblée nationale, la Municipalité était chargée de procéder à l'acquisition des biens nationaux. (I, p. 59.)

L'Assemblée a témoigné sa satisfaction, et a arrêté que les nouvelles observations de M. de Warville seraient imprimées aux frais de la Commune (3).

~~~ Neuf heures étant sur le point de sonner, M. le président a consulté l'Assemblée.

Et, après son consentement, la séance a été prolongée.

~~~ La discussion a été continuée, et plusieurs membres ont parlé sur les différentes questions auxquelles elle a donné lieu.

En général, presque tous ont rejeté la proposition de faire des remerciements à l'Assemblée nationale sur la dispense du cautionnement, comme trop tardive.

La seconde proposition a été également rejetée par plusieurs membres, parce que l'Assemblée nationale procurait à la Municipalité une ressource pour acquitter une partie des engagements que la Révolution lui avait fait contracter, et qu'avant d'être libéral, il fallait être libéré.

On a appuyé également l'observation, faite par les commissaires, que, la majeure partie des biens nationaux situés dans l'enceinte de la capitale consistant en emplacements et terrains non productifs, il pourrait s'écouler plusieurs années avant que la Municipalité de Paris

---

(1) La dénonciation de la tentative de corruption exercée sur le baron DE MENOU, député, d'abord ajournée le 19 mai, avait été ordonnée par l'arrêté du 22 mai. (Voir Tome V, p. 434 et 518.)

(2) Les districts avaient réservé, comme on sait, à une assemblée de commissaires spéciaux, nommés par eux le 1er avril, toutes les opérations concernant l'acquisition des biens nationaux. (Voir Tome IV, p. xv-xxxi.)

3) Imp. 20 p. in-8°. (Voir ci-dessous, p. 59, note 4.)

parvint à les revendre, et que ses intérêts seraient évidemment compromis par une disposition qui lui interdirait toute acquisition hors de son territoire.

Par rapport à la compétence de l'Assemblée, un membre a remarqué qu'elle ne devait pas faire de difficulté; que, si des divisions fâcheuses avaient occasionné l'établissement de plusieurs communes qui formaient dans la capitale une espèce d'anarchie (1), il convenait de supplier l'Assemblée nationale de rendre un décret qui ordonnât à tous les citoyens de se conformer à ceux qu'elle avait précédemment rendus; que cette Assemblée, par son décret du 14 mai (2), avait tellement entendu que les municipalités pouvaient seules traiter l'acquisition des biens nationaux, qu'elle avait même prescrit des formalités qui ne pouvaient être remplies autrement, puisque, entre autres dispositions, elle exigeait l'intervention du procureur-syndic de la Commune.

Enfin, la discussion étant terminée, les trois propositions principales de la motion de M. Brissot de Warville ont été ajournées.

Et, sur les autres questions incidentes qui s'étaient élevées;

L'Assemblée a arrêté que le Conseil de Ville serait invité à se rendre à sa séance mercredi prochain (3), pour recevoir de l'Assemblée les témoignages de son désir de voir la Municipalité rentrer dans les droits qui lui sont attribués par les décrets de l'Assemblée nationale, et dont elle est dépouillée en ce moment, relativement à l'acquisition des biens nationaux; lui demander communication de l'adresse qu'il a arrêté de présenter à l'Assemblée nationale (4), et lui faire part de l'intention où est l'Assemblée de s'unir à lui pour faire cesser l'anarchie et la confusion des différents pouvoirs qui se sont établis dans cette capitale (5).

— Une députation du district de Saint-Étienne du Mont, ayant été introduite, a présenté une délibération de son comité général, qui réclame la prompte exécution des arrêtés de l'Assemblée des Représentants de la Commune, relativement à la construction du corps-de-garde de la place Maubert. (II, p. 63.)

(1) Allusion aux assemblées de commissaires spéciaux qui parlaient et agissaient au nom de la Commune. (Voir Tome V, p. xiii-xiv.)
(2) Voir Tome V, p. *638*.
(3) 16 juin.
(4) D'après le procès-verbal du *Conseil de Ville* du même jour, l'Assemblée des Représentants aurait été informée par Lablée et Royer de la décision prise, le 7 juin, relativement à l'adresse. (Voir ci-dessous, p. 58.)
(5) Le Conseil de Ville vint, en effet, le 16 juin, donner communication de son projet d'Adresse à l'Assemblée nationale. (Voir ci-dessous, p. 88 et 95.)

Et, sur la proposition d'un membre de l'Assemblée;

Qui a été appuyée;

L'Assemblée a arrêté que le Département des travaux publics serait invité à venir, demain, pour informer l'Assemblée des obstacles relatifs tant à la construction de ce corps-de-garde qu'à plusieurs autres objets qui excitent la réclamation de quelques districts (1).

~~~ La séance a été levée à dix heures, et ajournée à demain.

Signé : Brierre de Surgy, *président.*

Secrétaires : Quatremère, fils, Ménessier, Pelletier, Castillon, de Mars.

CONSEIL DE VILLE

~~~ Le lundi 14 juin 1790, à six heures du soir, le Conseil de Ville convoqué en la forme ordinaire et réuni sous la présidence de M. d'Augy, l'un des membres du Conseil, en l'absence de M. le Maire;

~~~ Il a été fait lecture tant du procès-verbal de la dernière séance que de celui qui a été consigné sur le registre après le transport de la Municipalité au Champ-de-Mars et la revue qu'elle y a faite avec M. le Maire des deux divisions que M. le Maire avait convoquées à cet effet.

Le Conseil en a approuvé la rédaction.

~~~ Lecture faite d'une lettre de M. le Maire par laquelle il prie le Conseil de vouloir bien délibérer (2) sur un arrêté de l'Assemblée des Représentants de la Commune du 8 de ce mois, portant « qu'elle agrée la proposition que lui a faite M. le curé de Saint-Jean en Grève d'offrir le pain à bénir le jour de la fête patronale de saint Jean, qui aura lieu le 24 de ce mois » (3);

Le Conseil a arrêté que le Département du domaine donnerait les ordres et ferait les dépenses convenables sur cet objet, en se conformant, autant qu'il le pourrait, à ce qui s'est pratiqué jusqu'à ce jour.

~~~ Les arrêtés, que le Conseil avait été obligé de prendre hier et avant-hier relativement à la convocation faite par M. le Maire et à la revue qu'il devait faire d'une partie de la Garde nationale pari-

---

(1) Séance du 15 juin. (Voir ci-dessous, p. 85-86.)
(2) Le mot *délibérer* manque dans le texte manuscrit.
(3) Arrêté du 10 juin, et non du 8. (Voir ci-dessus, p. 3.)

sienne (1), ont donné lieu à des discussions qui ont été suivies avec le plus vif intérêt.

Et, après différentes propositions;

Le Conseil a unanimement arrêté que, ses arrêtés des 12 et 13 de ce mois, relatifs à la convocation d'une partie de la Garde nationale et à la revue que devait en faire M. le Maire, étant déclaratifs des principes, il devait y persister.

Mais, voulant en même temps donner à M. le Maire une preuve particulière de son attachement et de ses égards, le Conseil a ordonné qu'il serait sursis à leur impression, et que le présent arrêté serait dès ce soir porté à M. le Maire par les mêmes commissaires qui avaient été hier auprès de lui.

— MM. Fauconnier, Poullelier, Dumas, Miguet, Chamseru et Chartre, députés par la majorité des districts pour le plan de M. Bruslé au sujet d'un canal et d'une gare dans les fossés de la Bastille, ont été introduits dans l'Assemblée. (III, p. 64.)

Ils ont exposé, par l'organe de M. Fauconnier, l'un d'eux, que l'Assemblée nationale s'occupait essentiellement, qu'elle était même à la veille de statuer sur le projet de canal de M. Bruslé, et ils ont demandé que le Conseil voulût bien donner les ordres les plus précis pour faire suspendre la démolition d'un des murs des fossés de la Bastille, que l'on avait commencée depuis quelques jours.

MM. les députés s'étant retirés;

Le Conseil, délibérant sur leur demande;

Après avoir entendu M. Célerier, lieutenant de maire, et M. Étienne de La Rivière, administrateurs des travaux publics;

A donné acte à MM. les administrateurs de ce Département de la déclaration qu'ils ont faite qu'il n'a été donné aucun ordre pour démolir les murs des fossés de la Bastille;

Ordonne que le sieur Palloy sera mandé au Département des travaux publics pour être entendu sur les motifs qui l'auraient déterminé à faire exécuter un travail qui ne lui a pas été ordonné; et, cependant, charge expressément le Département des travaux publics d'empêcher la suite de la démolition des murs des fossés de la Bastille et de tenir la main à l'exécution du présent arrêté.

— M. Champion de Villeneuve a fait, au nom du Département des établissements publics, un rapport sur les états d'appointements et de retenue des sujets de l'Opéra (2); il a démontré, par les détails

---

(1) Arrêtés des 12 et 13 juin. (Voir ci-dessus, p. 38-39 et 42-43.)
(2) Communication annoncée le 12 juin. (Voir ci-dessus, p. 40.)

auxquels il s'est livré, par les faits qu'il a rapportés et qui ont été appuyés par tous les membres de son Département, la nécessité indispensable de statuer sans délai sur sa réclamation et même d'accueillir ses conclusions.

Néanmoins, le Conseil a cru devoir diviser sa délibération, et il a ordonné :

1° Qu'avant de statuer sur les états d'appointements des sujets de l'Opéra, pour la présente année, les membres du Conseil chargés de cette partie rendraient compte des augmentations demandées ;

2° Que le montant des retenues des appointements des premiers sujets jusqu'à l'époque de l'administration de la Ville leur sera payé, et que, cependant, la retenue de 1,000 livres, qui ne sera payée suivant les anciens réglements qu'à la retraite des premiers sujets, continuera d'avoir lieu pour l'avenir.

3° Le Conseil, prenant en considération les demandes des sieur et dame Chéron (1), a chargé ceux de ses membres qui sont préposés à l'administration de l'Opéra d'appuyer, au nom du Conseil, ces demandes, tant pour les retenues que pour les pensions, auprès du ministre et auprès de qui il appartiendra.

— Le Département des subsistances ayant ensuite obtenu la parole ;

M. de Vauvilliers, lieutenant de maire de ce Département, a dit :

Il y a longtemps, Messieurs, que M. le premier ministre des finances et le Département des approvisionnements et subsistances s'étaient occupés séparément de procurer à la classe du peuple la moins aisée une réduction sur le prix du pain. M. le premier ministre a conféré plusieurs fois avec nous sur cet objet si important. Nos opinions n'ont pas différé ; la sensibilité de nos cœurs les réunissait sur le même avis. Une seule crainte nous arrêtait : la moisson présentait la plus belle apparence, mais l'expérience du passé nous faisait redouter beaucoup d'accidents, et nous appréhendions d'être forcés à une augmentation qu'un moment d'allègement rendrait encore plus douloureuse, et nous attendions avec impatience le jour où aucune inquiétude ne troublerait plus le bien dont nous aurions fait jouir nos concitoyens. Ce jour, messieurs, paraît être venu. M. le premier ministre des finances vient d'écrire sur cet objet au Département une lettre dont je vous prie d'entendre la lecture.

La lettre lue par M. Bureau du Colombier (2) ;

M. Vauvilliers a repris la parole et a dit :

Messieurs, vous n'aviez pas besoin de cette lettre pour connaître les sentiments paternels du roi et la sollicitude patriotique de M. le premier ministre des finances.

(1) Voir Tome IV, p. 664, texte et note 3.
(2) La lettre figure plus loin au procès-verbal. (Voir ci-dessous, p. 57-58.)

Je demande au Conseil, au nom du Département, de nous autoriser à conférer sur cet objet avec M. le premier ministre des finances, pour rendre compte à l'Assemblée des mesures que nous aurons concertées, pour être ensuite par le Conseil ordonné telle proclamation qu'il jugera convenable.

Le Conseil, prenant dans la plus haute considération la demande que le Département des subsistances vient de lui faire, ainsi que la lettre écrite par M. le premier ministre des finances;

A autorisé M. de Vauvilliers et le Département des subsistances, conformément à sa demande, à conférer dès demain et à se concerter sur cet objet important avec M. le premier ministre des finances, dont la lettre sera insérée dans le procès-verbal et déposée aux archives du Conseil (1).

Et, pour ne perdre aucun des moments qui peuvent procurer à l'administration municipale la douce satisfaction de venir d'une manière efficace au secours de la classe du peuple la plus indigente;

Le Conseil s'est ajourné à demain, 15 du courant, à cinq heures après-midi (2).

Suit copie d'une lettre de M. Necker :

Paris, le 13 juin 1790.

La baisse du prix des grains, Messieurs, les récoltes (3) qui s'annoncent partout magnifiquement, le rapprochement probable de l'époque des moissons cette année, et les quantités considérables de blés et de farines qui existent dans les magasins de Paris et qui ont été achetées des deniers du trésor public et par ordre du roi, toutes ces circonstances me persuadent qu'il serait juste et convenable de baisser d'un sol le prix du pain de quatre livres. Ce bienfait pour le peuple serait en même temps favorable aux finances de l'Etat, puisqu'il donnerait lieu à un débit plus considérable des farines du gouvernement.

L'on ne peut douter que, d'ici à quelques mois, les prix ne baissent successivement : il est donc convenable sous tous les rapports de devancer cette époque, en faisant dès à présent le sacrifice nécessaire pour encourager les boulangers à diriger leurs spéculations vers les farines dont nous avons la disposition. Les quantités que nous avons, tant en blés qu'en farines, suffiraient à elles seules pour nourrir Paris pendant plus de deux mois. Ainsi, si l'on joint à ces deux quantités les approvisionnements considérables des boulangers et leurs importations journalières, quelque modiques qu'on les suppose, il est évident que Paris sera dans l'abondance jusques à l'époque où l'on pourra faire usage des blés de la prochaine récolte, et il vaudrait bien mieux renouveler avec ces blés l'approvisionnement de Paris que de garder, au risque d'un dépérissement inévitable, tels blés et telles farines qui sont déjà depuis longtemps en magasin.

---

(1) Imp. à part, sous ce titre : *Copie de la lettre écrite par M. le premier ministre des finances à MM. du Comité des subsistances de la Ville, le 13 juin 1790*, 3 p. in-4° (Bib. Nat., Lb 39/3554).

(2) Arrêté du 15 juin. (Voir ci-dessous, p. 87-88.)

(3) Le texte manuscrit du registre-copie porte ici, très lisiblement : *les Récollets*. (!!)

Je soumets ces réflexions à votre considération et je vous prie de me faire connaître votre opinion.

La Ville de Paris doit en grande partie aux soins et à la prévoyance du gouvernement d'avoir été préservée, depuis la fin de 1788, de toutes les calamités dont une disette générale la menaçait. C'est encore aux mêmes précautions qu'elle doit l'abondance dont elle jouit en ce moment, et le roi, dont les sentiments de bonté vous sont connus, désire infiniment de pouvoir réunir à tous ces bienfaits celui d'une réduction sur le prix du pain. Sa Majesté regrette seulement de ne pouvoir procurer le même soulagement à toutes les provinces; mais elle adoucit au moins partout les maux qu'elle ne peut entièrement prévenir, et le roi vous a su gré de l'activité avec laquelle vous avez fait passer, selon ses ordres, des secours à Nevers et en Bourgogne. La ville d'Orléans a montré le même zèle, à ma demande, en faveur de Saint-Pierre-le-Moutier (1), et je pense qu'une heureuse et féconde récolte servira bientôt à nous faire oublier et nos chagrins passés et nos longues inquiétudes.

Si vous pensez comme moi, Messieurs, que le moment est venu de réduire un peu le prix du pain, nous nous concerterons sur les dispositions qu'il faudra prendre à l'égard des boulangers: il faut être juste avec eux, et, à cette condition, ils seconderont sûrement les vues paternelles de Sa Majesté, et je n'ai pas de doute sur votre ménagement.

Je vous prie de me mettre en état d'instruire le roi le plus tôt possible de votre sentiment sur l'important objet de cette lettre. Je sais que vous n'avez point oublié l'intérêt touchant et sensible que le roi vous a témoigné prendre à votre administration lorsque, au mois d'octobre dernier, Sa Majesté vous assembla dans son cabinet, avec M. le Maire et MM. les députés de la Commune, pour s'entretenir elle-même avec eux et avec vous sur l'approvisionnement de la capitale (2), et, depuis cette époque, je n'ai cessé de lui rendre compte de vos soins, de vos peines et de leur heureux succès.

J'ai l'honneur d'être, avec un parfait attachement, Messieurs, votre très humble et très obéissant serviteur.

Signé : NECKER.

P. S. — J'envoie une copie de ma lettre à M. le Maire.

~~~ Le Conseil étant informé par un de ses membres que l'Assemblée générale des Représentants de la Commune venait de prendre un arrêté relatif à l'adresse qui doit être présentée à l'Assemblée nationale à l'occasion des biens nationaux (3), et que, dans le cours de la délibération, deux (4) de MM. les administrateurs, M. Lablée et M. Royer, avaient rendu compte de ce qui s'était passé à ce sujet dans le Conseil de Ville;

Il a été arrêté que demain, à l'ouverture de la séance, M. le président s'assurerait par la bouche de ces messieurs de l'exactitude du rapport et que, après en avoir acquis la certitude, il leur exposerait,

---

(1) Chef-lieu de canton, arrondissement de Nevers (Nièvre).
(2) Conférence du 7 octobre 1789. (Voir Tome II, p. 201 et 202-203.)
(3) Arrêté du 14 juin. (Voir ci-dessus, p. 53.)
(4) Le texte manuscrit du registre-copie porte ici, très lisiblement : *d'un de MM. les administrateurs, MM.* .....

[14 Juin 1790] DE LA COMMUNE DE PARIS 59

au nom du Conseil, tout le regret qu'il en avait ; qu'il rappellerait à ces messieurs les principes qui dirigent une Assemblée dont les délibérations ne sont pas publiques, et qu'il les exhorterait à garder exactement le secret que MM. les administrateurs ont tous promis et auquel ils se sont individuellement soumis pour toutes les délibérations du Conseil (1).

— Le Conseil a mis à l'ordre du jour pour demain les propositions que M. Bureau du Colombier doit faire et les demandes qu'il doit former, au sujet du couvent de l'*Ave-Maria* (2).

Signé : D'AUGY, *président ;* DE JOLY, *membre et secrétaire* du Conseil de Ville.

***

ÉCLAIRCISSEMENTS

(I, p. 52) Le discours de BRISSOT présente une certaine importance, à un point de vue que j'appellerai politique.

Les districts s'étaient, comme nous savons, emparé des attributions relatives à l'acquisition des biens nationaux que le décret du 17 mars avait conférées au Conseil de Ville, et avaient eux-mêmes désigné, à la place du Conseil de Ville, les commissaires qui traitaient, au nom de la Commune, avec le Comité de l'Assemblée nationale ; ils venaient précisément de renouveler et d'étendre les pouvoirs de ces commissaires, et le Conseil de Ville, partagé entre le désir de rentrer en possession de ses droits et la crainte de heurter trop vivement la souveraineté de ses mandants, discutait mûrement le texte d'une Adresse qu'il avait décidé de présenter à l'Assemblée nationale pour lui exposer l'embarras où il se trouvait et lui demander ses instructions (3).

C'est à ce moment qu'intervient BRISSOT pour protester, lui mandataire révoqué par son district, contre l'empiètement des districts et réclamer « l'exclusion des sections ». Son discours, dont l'Assemblée des Représentants vota l'impression (4), est un réquisitoire complet contre le gouverne-

(1) Des explications furent fournies à ce sujet, dans la séance du lendemain. (Voir ci-dessous, p. 86-87.)

(2) Une réclamation de quatre Cordeliers, attachés au couvent des *Clarisses*, dites *Filles de l'Ave-Maria*, avait été présentée à l'*Assemblée des Représentants de la Commune*, le 19 mai, et renvoyée à des commissaires nommés le 20. (Voir Tome V, p. 435-437 et 449.)

(3) Toute cette histoire a été résumée dans une de nos *Introductions*. (Voir Tome IV, p. XIX-XXIX.)

(4) *Discours sur la vente des biens ecclésiastiques et sur la nécessité de l'attribuer pour Paris au seul Bureau de Ville, à l'exclusion des sections, prononcé à l'Assemblée générale des Représentants de la Commune le 14 juin 1790, et imprimé par ordre de cette Assemblée,* par J. P. BRISSOT DE WARVILLE, imp. 20 p. in-8° (Bib. Nat., Lb 40/107).

ment municipal direct, idéal des districts, assaisonné d'attaques contre Bailly, coupable d'avoir favorisé ce mouvement d'émancipation. Bien que cette manifestation oratoire n'eût point été suivie d'effet, l'approbation qu'elle reçut prouve que Brissot traduisait bien, dans la circonstance, le sentiment de la majorité de ses collègues. Dans la lutte engagée sur le terrain communal entre le gouvernement direct et le régime représentatif, c'est un document qu'il n'est point inutile de connaître. En voici les parties essentielles :

J'applaudis à la pureté des intentions et à l'esprit qui ont dicté le rapport que vous venez d'entendre. Mais je persiste dans ma motion.

On conteste votre compétence; on dit que la vente des biens ecclésiastiques est du ressort des seuls commissaires nommés par les districts ou sections. Cette question est véritablement importante, car elle doit décider votre existence : si vous n'êtes pas compétents, vous ne l'êtes pour rien et vous devez cesser d'exister... Je trouve qu'à vous seuls appartient la surveillance, le conseil sur cette grande opération, comme la direction et l'administration en appartiennent à votre Bureau de Ville.

De quoi s'agit-il, en effet? D'acheter et de vendre des biens ecclésiastiques. Comme, dans l'origine, il était question de prendre des engagements pour le paiement, comme l'achat était réel, comme il y avait un cautionnement spécifié, comme, en un mot, on engageait les habitants de Paris, il était naturel de prendre leur vœu dans les districts sur cette opération. Mais leur intervention devait se borner à cette émission de vœu; et, s'ils approuvaient, comme ils l'ont fait, la raison voulait que la suite de l'opération fût entièrement confiée à votre Bureau de Ville; car, à ce moment, commençait l'exercice du pouvoir administratif, et il est absurde que des districts puissent s'ériger en corps administratifs, lorsque le Conseil général lui-même, qui n'est qu'un, en est pourtant reconnu incapable (1). Je n'examine point par quelle manœuvre on a interverti cet ordre, comment on a bouleversé toutes les idées de la municipalité, comment on est parvenu à engager les districts à méconnaître tout à la fois et les pouvoirs de leurs Représentants, confirmés par l'Assemblée nationale, et les pouvoirs mêmes de leurs administrateurs de l'Hôtel-de-Ville, qu'ils ont tant de fois eux-mêmes confirmés. Quoiqu'il en soit, les districts ont tenté de dépouiller leur Municipalité de ces pouvoirs; se reconnaissant bientôt eux-mêmes incapables de suivre cette opération, ils l'ont confiée à douze commissaires ; ce n'est plus dans votre sein qu'on a raisonné cette opération; la discussion s'en est faite dans une autre assemblée, qui s'intitule la Commune. Quel bon citoyen, au milieu de ces combats de pouvoirs, ne gémit pas de l'anarchie qu'ils entraînent et de la défiance qu'elle réfléchit nécessairement sur une opération si salutaire et si pressante? Quel bon citoyen ne gémit pas de voir M. le Maire lui-même présider non seulement cette assemblée schismatique, mais les vingt assemblées ou commissions que les districts ont enfantées successivement, tantôt pour un projet de canaux, tantôt pour le pacte fédératif (2). Ainsi chaque affaire a été le prétexte de créer un nouveau Conseil général; ainsi tout a été versatile, ambulatoire; ainsi il n'est, pour M. le Maire,

---

(1) Le décret organique des municipalités, du 14 décembre 1789, distinguait, dans chaque commune, le Corps municipal, chargé de l'administration active, et le Conseil général; appelé à délibérer seulement dans les cas importants. Le décret du 21 mai 1790, sur l'organisation spéciale à Paris, maintenait cette distinction.

(2) Plusieurs assemblées spéciales, formées de délégués des districts, coexistaient à cette époque. (Voir Tome V, p. xiii-xiv.)

ni Bureau de Ville, ni Conseil de Ville, ni Assemblée générale ; tout s'anéantit devant lui, et nous sommes libres !... M. le Maire a manifestement oublié ce que nous sommes, ce qu'il est, et ce que sont les districts. D'eux vient notre pouvoir ; mais, une fois conférés, le leur cesse, ou il n'y a plus qu'anarchie...

Ou vous n'êtes rien, ou vous êtes le Conseil général. Si vous n'êtes rien, pourquoi l'Assemblée nationale a-t-elle confirmé, par plusieurs décrets, votre existence et vos travaux (1) ? Si vous êtes le Conseil général de la Municipalité, comme on n'en peut douter (2), toutes les opérations, qui, pendant votre existence, sont confiées à l'administration de la Ville, tombent naturellement sous votre surveillance. Donc, la vente des biens ecclésiastiques est de votre ressort.

Il est bien vrai que votre Bureau de Ville (3) a proposé seul à l'Assemblée nationale la vente des biens. J'ose le dire : il a fait une faute ; il devait vous consulter, avoir votre suffrage (4). Car, que vous consultiez soit le règlement provisoire qui régit cette Municipalité (5), soit celui adopté par l'Assemblée nationale (6), vous y verrez que cette opération tombait dans la classe de celles qui doivent être soumises d'abord à la discussion du Conseil général de la Commune.

On objecte que l'Assemblée nationale elle-même a reconnu les pouvoirs des commissaires des districts, que son Comité traite avec eux. Je réponds que l'Assemblée nationale n'a jamais cru qu'il y eût une autre Commune que la vôtre, ce que je tiens positivement de plusieurs membres (7). Si l'on a substitué une autre Commune, c'est une surprise. Le décret de vente aux municipalités porte expressément que les douze commissaires de l'Assemblée nationale aviseront contradictoirement avec les membres élus par la Municipalité de Paris (8), et vous êtes cette Municipalité réunie avec l'administration : c'était donc à vous, ou au moins à votre Bureau de Ville, à nommer ses commissaires.

L'article 1ᵉʳ du décret du 10 mai confirme encore cette disposition ; il porte que les demandes d'achat de biens ecclésiastiques seront faites en vertu d'une délibération du Conseil général de la Commune (9), et certainement vous le représentez, ce Conseil général, en attendant l'organisation définitive (10). Ce décret

(1) Les décrets du 23 novembre et du 2 décembre 1789, auxquels il est fait allusion, n'ont rien de décisif. (Voir Tome III, p. *35*, et Tome IV, p. 270, note 5.)

(2) Mais si. Beaucoup de districts faisaient plus qu'en douter : ils le contestaient formellement.

(3) Pourquoi Brissot dit-il toujours : « *Votre Bureau de Ville* » ? Le Bureau de Ville était une réduction du Conseil de Ville, lequel était une émanation directe des districts.

(4) Brissot n'oublie qu'une chose : c'est que le Bureau de Ville avait fait précisément, à la séance du 9 mars, la démarche qu'il lui reproche de n'avoir pas faite. L'Assemblée des Représentants refusa de s'associer au projet du Bureau de Ville. (Voir Tome IV, p. 351 et *356*.)

(5) Plan de Municipalité du 12 août 1789.

(6) Décret du 21 mai 1790, concernant la Municipalité de Paris.

(7) Il est fort possible que l'Assemblée nationale, entendant parler d'une députation de la Commune de Paris, ait supposé qu'il s'agissait de l'Assemblée des Représentants. Les journaux du temps eux-mêmes étaient tombés dans la même confusion, au sujet de l'Assemblée des députés des sections pour le pacte fédératif. (Voir Tome V, p. *729*, note 6.)

(8) Décret du 17 mars 1790. (Voir Tome IV, p. *360-363*.)

(9) Décret du 14 mai 1790. (Voir Tome V, p. *638*.)

(10) Mais c'est justement ce que n'admettaient pas les districts, dont la moitié au moins avaient ou révoqué leurs Représentants, ou accepté la démission collective de l'Assemblée. Pour eux, le vrai Conseil général était l'ensemble des assemblées de districts.

du 10 mai a changé entièrement le plan proposé par la Ville de Paris et a rendu nulle l'intervention de ses districts : la vente aux municipalités n'est qu'une fiction, leur engagement une chimère; puisqu'il n'y a point d'engagement, il n'y a plus nécessité à avoir de pouvoirs des districts; la vente n'est plus qu'une commission, une affaire d'administration, qui ne peut regarder les districts, dont l'exécution ne peut regarder que le Bureau de Ville...

Aussi n'est-ce pas sans étonnement que, dans un *Compte rendu*, dit-on, *à la Commune de Paris dans ses soixante sections* (1), j'ai vu demander de nouveaux pouvoirs pour suivre cette vente. C'est-à-dire que ces commissaires veulent entièrement dépouiller votre Bureau de Ville de cette opération. Je ne sais s'ils ont réussi à obtenir une majorité de suffrages (2)... Vous devez réclamer, avec le Bureau de Ville, contre cette usurpation...

L'administration doit être une, ou elle est détestable. S'il existe un Bureau de Ville ici et un autre Bureau de Ville à l'Archevêché, il y a nécessairement anarchie, et le bien public exige que l'un ou l'autre soit anéanti...

... Si la vente est confiée aux seuls commissaires nommés par les districts, comment seront-ils responsables? Par qui seront-ils surveillés? A qui rendront-ils compte? A M. le Maire? Il est lui-même administrateur, et par conséquent surveillé et non surveillant. A la Commune de l'Archevêché? Mais cette assemblée, dont l'objet premier a été très louable, ne peut être le Conseil général de la Commune, puisqu'elle n'a été élue ni suivant les formes du règlement provisoire, ni suivant les nouvelles. A vous? Les commissaires vous contestent vos pouvoirs. Aux districts, enfin? Il y aurait impossibilité matérielle pour des assemblées nombreuses, formées par intervalles irréguliers : comment obtenir l'unité de suffrages entre soixante assemblées, sur une opération qui renfermera des milliers d'articles compliqués?

Si les districts avaient bien senti leur véritable intérêt, ils auraient vu qu'en reprenant tous les pouvoirs, ils les paralysaient, qu'ils retombaient ou dans le chaos, s'ils voulaient tous agir, ou sous le despotisme d'un ou de peu d'individus, s'ils restaient dans l'inertie.

Le dernier décret de l'Assemblée nationale doit dissiper tous les doutes : il autorise la Municipalité de Paris à administrer, comme district, les biens ecclésiastiques de son ressort, en attendant la formation du département (3). Celui qui administre doit vendre; il est plus simple de charger de cette opération un Bureau que deux.

Mais on dira que la Municipalité nouvelle est à la veille de s'organiser. Qui le désire plus que vous tous? Mais sait-on le terme de cette organisation? La vente est pressante.

Ne craignez pas davantage de déplaire aux districts. Un trait les éclairera. Cette vente n'est-elle pas affaire d'administration? Oui. Les districts doivent-ils se mêler d'administration? Non. La question ainsi simplifiée ramènera les esprits sages : s'il est des assemblées où les partis aient une durée plus courte, où les préjugés s'enracinent moins, où la vérité se fasse plus tôt entendre et soit plus souvent accueillie, ce sont celles des districts, parce que là il y a plus d'hommes étrangers aux partis et aux calculs secrets de l'ambition (4).

(1) *Compte rendu* transmis aux districts le 1er juin. (Voir Tome V, p. *694-698*.)

(2) Brissot était bien mal renseigné : dès le 4 juin, la plupart des districts avaient approuvé les commissaires et accordé les pouvoirs demandés. (Voir Tome V, p. *710-711*.)

(3) Décret du 8 juin 1790. (Voir Tome V, p. *636-637*.)

(4) Cet hommage à l'impartialité des districts est inattendu, comme conclusion d'un discours tout entier consacré à contester leur autorité.

La réclamation que je vous propose, le Conseil de Ville a senti enfin la nécessité de la faire, par délibération prise le 7 courant. Plusieurs membres, dont M. Desmousseaux, se sont élevés vigoureusement contre les pouvoirs irréguliers, sollicités des districts pour cette vente. La Municipalité de Paris jouit de tous les pouvoirs définitifs dans ses opérations, quoique ses administrateurs ne soient que provisoires; c'est un manque à la loi d'avoir cédé, au Maire et à douze commissaires des sections partielles, qui ne font point corps, ce que l'Assemblée nationale attribuait positivement à la Municipalité; le Maire a eu tort de convoquer les districts pour nommer les commissaires. Le Maire a répondu qu'il n'avait point convoqué les districts; quarante-cinq avaient déjà nommé; il n'a écrit aux quinze restants que pour leur faire savoir le vœu de la majorité. La discussion, au Conseil de Ville, a été terminée par un arrêté de présenter une adresse à l'Assemblée nationale pour la prier de déclarer ce qu'il convient à la Municipalité de faire dans l'état actuel des choses, et d'adresser une lettre aux districts pour les instruire de ce qui s'est passé au Conseil (1).

J'insiste sur les trois branches de ma motion primitive (remerciement à l'Assemblée nationale pour la décharge du cautionnement, offre de ne prendre sur le 1/16e des bénéfices que les frais, les excédents devant être versés dans la caisse publique, et limitation des ventes des municipalités à leur territoire), et j'y ajoute celle de demander que le Bureau de Ville soit désormais chargé de l'opération avec les commissaires de l'Assemblée nationale, sous votre surveillance et celle du Conseil général qui vous succédera. Mais, Messieurs, votre mission vous fait la loi; et vos commettants auraient le droit de vous reprocher un jour de l'avoir trahie, surtout si cette vente était suivie de dilapidation. Prouvez-leur aujourd'hui que cette réclamation n'a d'autre objet que leur propre intérêt; ce langage de la vérité vous conciliera, de nouveau, leur affection.

Le discours de Brissot avait élargi la question, et sa protestation ne visait pas seulement les commissaires spéciaux chargés de l'acquisition des biens nationaux, mais bien toutes les assemblées de commissaires spéciaux récemment constituées par les districts. Il voulait que l'Assemblée dite des Représentants de la Commune fût effectivement seule à représenter la Commune.

C'est sur ce terrain que se poursuivit la discussion, à laquelle d'ailleurs une conclusion pratique fut vainement cherchée (2).

(II, p. 53) Le premier arrêté de l'Assemblée des Représentants concernant le corps-de-garde de la place Maubert est du 14 mai (3).

Mais l'affaire remontait plus haut, à une délibération du *district de Saint-Étienne du Mont*, du 1er mars, à la suite de laquelle le Département de la Garde nationale avait, le 17 mars, invité celui des travaux publics à faire une visite au corps-de-garde en question et à estimer les travaux qui devraient y être exécutés pour le rendre habitable (4).

Sans doute celui-ci avait reconnu la nécessité d'une reconstruction et pris aussitôt des mesures en conséquence, car l'opposition du propriétaire du terrain, Poncet de La Grave, notifiée au procureur-syndic de la Com-

---

(1) Discussion et arrêté du *Conseil de Ville*, du 7 juin. (Voir Tome V, p. 687-689 et 712-714.)
(2) Séances des 16, 17, 18, 19, 23, 25 et 26 juin. (Voir ci-dessous.)
(3) Voir Tome V, p. 358-360.
(4) Pièce manusc. (Arch. Nat., F 13/779, n° 98).

mune, est du 3 avril, et elle est transmise, le 8, au Département de la Garde nationale, avec demande de renseignements.

Le 26 avril, le Département prend un arrêté par lequel, passant outre à l'opposition, et constatant que la nécessité du poste demandé est absolue et que le plan choisi est le meilleur, en ce qu'il fournit un local plus grand et mieux situé, il persiste dans sa décision. Il fait d'ailleurs remarquer que, la construction projetée ne devant faire détruire qu'une seule échoppe, PONCET DE LA GRAVE pourra se trouver suffisamment indemnisé par l'emplacement du corps-de-garde actuel, qui lui serait abandonné après destruction; d'où il suit que, s'il lui est dû une indemnité, elle ne peut être que très modique et doit être réglée ou à l'amiable ou par experts, d'après l'examen de ses titres (1).

Mais PONCET DE LA GRAVE confirmait son opposition le 7 mai, et ce n'est qu'après de nombreuses démarches et beaucoup de débats qu'on finit par se mettre d'accord pour un règlement par experts (2).

Cependant la construction ne se faisait toujours pas : il y avait des formalités à remplir! Ce que voyant, le Département de la Garde nationale demande, par arrêté du 4 juin, qu'en attendant le corps-de-garde promis, on installe une baraque en bois, comme celle qui servait ci-devant de corps-de-garde à la Grève et celle qui sert encore aux Innocents. Le 8 juin, le Département des travaux publics répond qu'il n'existe aucune baraque disponible, et que celles employées place de Grève et aux Innocents sont indispensables (3).

C'est à ce moment que le *district de Saint-Étienne du Mont* s'adresse de nouveau à l'Assemblée des Représentants de la Commune.

(III, p. 55) Les six citoyens, que le procès-verbal du Conseil de Ville du 14 juin présente comme étant « députés par la majorité des districts pour le plan de M. Bruslé, au sujet d'un canal », étaient, en réalité, les délégués d'une Assemblée spéciale que les districts avaient formée en vue de faire aboutir le projet élaboré par l'ingénieur BRULLÉE (Jean Pierre) pour la construction d'un canal destiné, d'une part, à amener à Paris l'eau d'un petit affluent de la Marne, et, d'autre part, à mettre Paris en communication avec l'Oise et la mer par la voie la plus directe. Une adresse à ce sujet avait même été présentée à l'Assemblée nationale peu de jours auparavant par les députés des districts. Double démarche qui appelle quelques explications.

Le projet de canal de la Marne à l'Oise n'était pas nouveau.

Proposé jadis par d'illustres ingénieurs comme RIQUET (4) et VAUBAN (5), commencé vers 1676, puis abandonné, repris ensuite en 1785 par BRULLÉE, il avait été soumis à l'Académie des sciences, qui, le 24 mai 1786, émettait un avis favorable, à la suite duquel un arrêt du Conseil, du 28 septembre

---

(1) Pièce manusc. (Arch. Nat., F13/779, n° 98).
(2) Arrêtés des 21, 28 et 31 mai. (Voir Tome V, p. 500-501, 587 et 606-607).
(3) Pièce manusc. (Arch. Nat., F13/779, n° 98).
(4) DE RIQUET (Pierre Paul), auteur du canal du Languedoc, 1604-1680.
(5) LE PRESTRE, marquis DE VAUBAN (Sébastien), maréchal de France, 1633-1707.

1788, avait autorisé le « Canal de Paris ». Il semble même résulter, d'une correspondance échangée, en avril et mai 1789, entre le ministre de la maison du roi et le prévôt des marchands, que les travaux du canal, qualifié de canal royal, avaient été commencés, puis suspendus (1).

Après le 14 juillet, la première mention de l'entreprise du canal se trouve dans une lettre du même ministre de la maison du roi, GUIGNARD DE SAINT-PRIEST, au Maire de Paris, datée du 5 novembre 1789 (2). Le ministre se préoccupe de chercher des objets de travail dans les environs de Paris pour employer tous les gens désœuvrés et fournir des salaires à ceux qui en manquent; il écrit, à ce propos, à BAILLY :

Je vous prie, Monsieur, de me mander si les 6,000 ouvriers que le gouvernement vous a autorisé à employer (3) sont complets, et s'il s'en présente d'autres ; j'estime, en ce cas, qu'on pourrait mettre à exécution le projet de canal dont les plans ont été présentés dernièrement à Sa Majesté, en employant les eaux de la rivière d'Ourcque pour joindre, par une ligne assez courte, la Seine et l'Oise.

Vers la même époque paraissait un mémoire imprimé, dont voici le titre complet : *Mémoire présenté à l'Assemblée nationale par le sieur* BRULLÉE, *concernant : 1° l'offre de faire verser dans la caisse de la Ville de Paris une somme de 20 millions, qui pourrait être appliquée par l'Assemblée nationale au secours des indigents, dans l'étendue du royaume; 2° l'établissement d'un canal qui abrègera la navigation des rivières de Marne, de Seine et d'Oise, et en amènera les eaux au bastion de l'Arsenal; 3° et la construction, sur les ruines de la Bastille, d'une place nationale, dans laquelle sera construit un bassin de 80 toises (156 mètres environ) de diamètre, entouré de quais destinés au commerce; au centre sera élevée la statue du roi, et, sur l'un des bords, sera construit un palais à la gloire de la nation.* Paris, 1789 (4).

D'après ce mémoire, la partie principale du projet était l'ouverture d'un canal qui aurait pris naissance dans la Marne, près de l'embouchure de l'Ourcq (5), passerait par Meaux, Claye, La Villette, et, de là, descendrait, d'un côté, par les fossés de la Bastille dans la Seine, et, de l'autre, par Saint-Denis et la vallée de Montmorency, jusqu'à Conflans Sainte-Honorine, dans la Seine, près du confluent de l'Oise. La commission de l'Académie des sciences, qui a examiné et approuvé ce projet, se composait de MM. DE BORDA, LAVOISIER, DE CONDORCET, PERRONET et BOSSUT. Il aurait été exécuté, sans l'opposition de M. DE LAUNAY, gouverneur de la Bastille : la forteresse étant détruite, rien ne s'oppose plus à l'exécution du plan. L'auteur s'engage ensuite à construire, sur la place de la Bastille, un monument dont on lui donnera les plans, et à édifier, sur cette place, une statue au roi : la place sera construite dans le délai de deux ans, et la pose de la première

---

(1) Pièces manusc. (Arch. Nat., O 1/500, fol. 213 et 285), analysées par M. TUETEY (*Répertoire général*, t. III, nos 2652 et 2653).
(2) Publiée dans l'*Assistance publique à Paris pendant la Révolution*, par TUETEY (t. II, p. 105).
(3) Voir Tome V, p. *35*.
(4) Imp. 8 p. in-4° (Arch. Nat., AD XIII, n° 41).
(5) L'Ourcq se jette dans la Marne, à Mary, canton de Lizy-sur-Ourcq, arrondissement de Meaux (Seine-et-Marne).

TOME VI.

pierre du monument aurait lieu le 1ᵉʳ octobre prochain (1790). Quant aux fonds recueillis, ils seraient déposés dans la caisse de la Ville, qui garantirait les prêteurs et paierait les entrepreneurs au fur et à mesure de l'exécution des travaux. Une somme de 20 millions serait mise à la disposition de l'Assemblée nationale pour secours aux malheureux, à la charge par elle de faire payer cette somme en huit années, au fur et à mesure qu'elle sera nécessaire à la formation du canal, de la place nationale et de tous les monuments accessoires. En conséquence, BRULLÉE demande la concession du terrain de la Bastille, circonstances et dépendances, et l'autorisation de construire le canal.

Bien que le susdit mémoire fût adressé à l'Assemblée nationale, il n'est point mentionné dans les procès-verbaux; mais la date en est donnée approximativement par une note insérée dans le *Moniteur* (n° du 4 décembre), qui signale l'apparition de trois mémoires concernant le « Canal royal de Paris », présentés à l'Assemblée nationale et au roi, ayant pour objet : le premier, la construction du canal, qui assurera la navigation dans tous les temps, fournira continuellement un volume d'eau salubre suffisant non seulement pour les besoins domestiques, mais encore pour nettoyer les égouts et les rues, procurera des moyens faciles et économiques au transport des matériaux de toutes espèces, etc...; le deuxième, l'établissement d'une caisse nationale, dans laquelle on trouvera les moyens de rétablir l'état des finances, de procurer des secours prompts et certains, de ranimer le commerce et l'industrie; le troisième, un projet de loi nécessaire à la sûreté du prêt et de l'emprunt à la caisse publique. Aux mémoires étaient jointes deux gravures représentant : la première, un des principaux ports du canal, avec un palais national; la seconde, la vue en perspective d'une place à la gloire de Louis XVI; le tout, en vente à la maison de M. Brullée, rue des Fossés du Temple (1), près la rue d'Angoulême.

Jusqu'ici, il n'est encore question, dans les mémoires de BRULLÉE, que du canal de la Marne ou de l'Ourcq à Paris, avec embranchement sur l'Oise et Conflans Sainte-Honorine.

A la même époque était entreprise la construction d'un canal de Pontoise à Dieppe. C'est, du moins, ce qui résulte d'une délibération de l'*Assemblée générale de la ville de Dieppe et faubourg du Pollet*, du 4 janvier 1790, publiée par le *Courrier de Paris dans les provinces et des provinces à Paris* (n° du 8 janvier): on y proteste contre l'irruption alarmante d'un grand nombre d'ouvriers enregistrés dans un atelier de la Ville de Paris pour aller travailler à Dieppe, au projet du sieur LE MOINE, ancien maire (2), relatif au canal d'Arques à Pontoise, et dont le départ de Paris est fixé au 7 janvier. Cette délibération fut même l'occasion de deux arrêtés, pris le 13 et le 19 février 1790 par le Département des travaux publics et par celui des subsistances et approvisionnements (3) : dans le premier, signé de CELLERIER, lieutenant de maire, Étienne DE LA RIVIERE, JALLIER DE SAVAULT,

---

(1) Aujourd'hui : *rue Amelot*.

(2) LEMOYNE, ancien maire de Dieppe, Représentant de la Commune pour le district des Filles-Dieu. (Voir Tome II, p. 683.)

(3) Arrêtés du Département des travaux publics et de celui des subsistances, 13-19 février 1790, 20 p. in-8° (Bib. Carnavalet, dossier 10073).

Lejeune et Plaisant, conseillers-administrateurs, il est dit que Le Moine, membre de la Commune, est auteur et cessionnaire du privilège du canal de Dieppe, ouvrage considéré comme précieux pour Paris ; mais que l'atelier de charité qui devait s'ouvrir à Dieppe n'a point eu lieu, parce que, au moment où le Département allait faire partir, avec confiance, les ouvriers qui y étaient destinés, le journal susnommé avait transformé aux yeux du public l'application de cette œuvre de charité en une irruption d'aventuriers ; dans le second, signé de Vauvilliers, lieutenant de maire, Charpin, Filleul et Lablée, administrateurs, le Département des subsistances déclare qu'il a regardé la confection du canal de Dieppe comme très avantageuse au royaume en général, à la Ville de Paris et à celle de Dieppe, et que c'est par ces considérations et sur les représentations, faites par M. Le Moine, de la rareté des grains dans le canton de Dieppe, qu'il s'est déterminé à ordonner l'envoi de 50 sacs de blé par semaine pour la subsistance des ouvriers destinés à ces travaux.

Il semble qu'à ce moment une fusion soit intervenue entre les deux entreprises, et que le tracé Lemoyne, de Pontoise à Dieppe, soit venu s'ajouter au tracé Brullée, de l'Ourcq à l'Oise. Toujours est-il que dorénavant, le projet Lemoyne disparaît. Le projet Brullée reste seul en discussion, mais il comprend la double ligne de Meaux à Pontoise par Paris et de Pontoise à Dieppe et même à Rouen.

C'est le *district de Saint-Gervais* qui le premier s'intéressa à Brullée et à son projet ; par un arrêté dont la date et le texte sont inconnus, il fit part de ce projet aux 60 districts, en les invitant à nommer chacun un député pour l'examiner (1).

Il eût été intéressant de connaître les observations des assemblées des districts sur un projet d'ordre aussi technique, économique et administratif que celui-là : malheureusement, un très petit nombre des délibérations prises à la suite de l'invitation du district de Saint-Gervais nous ont été conservées.

Nous savons cependant que, le 12 mars, la séance de l'assemblée du *district de Saint-Magloire* fut consacrée à la question du canal de Marne et Oise. Le sieur Poulletier, ex-président, donna d'abord lecture d'un *Rapport d'un projet de canal par lequel M. Brullée propose, pour l'avantage du commerce, d'abréger la navigation des rivières de Marne, Seine et Oise, et, par cette entreprise, d'occuper une grande quantité d'ouvriers* (2), rapport dont la conclusion est ainsi formulée :

Enfin, Messieurs, et pour me résumer, il s'agit de favoriser l'approvisionnement de la capitale et de son commerce, et le commerce de plusieurs provinces.

Il s'agit encore, et ici, Messieurs, je ne ferai pas de grands efforts pour toucher vos âmes que tant de fois vous avez montrées sensibles : il s'agit, dis-je, de donner du pain à des ouvriers qui n'en ont pas, à des pères de famille dans l'affliction, à des mères désolées, à des enfants tourmentés par la faim.

Voilà, dans son ensemble, ce que vous présente le projet de M. Brullée.

J'aurai l'honneur de vous rappeler, Messieurs, que, quand le *district de Saint-Gervais* a député vers vous pour cette affaire, j'avais déjà été provoqué pour la

---

(1) Voir *Journal de la Municipalité et des districts* (n° du 17 juin).
(2) Imp. avec l'arrêté à la suite, 14 p. in-4° (Arch. Nat., AD xiii, n° 11).

connaître. Le service plus pressant auquel vous m'aviez fait l'honneur de m'appeler m'en a détourné (1). Mes premiers instants de liberté m'y ramènent, et je ne peux, Messieurs, que me féliciter de vous témoigner ma sensibilité de la confiance que vous avez eue en me chargeant de vous la rapporter.

Si donc, Messieurs, le projet vous paraît digne de vos suffrages, vous aurez à décider si vous vous contentez d'adhérer simplement au vœu du *district de Saint-Gervais*, ou si vous l'adopterez de votre propre mouvement. Dans ce dernier cas, vous députeriez vers nos frères du *district de Saint-Gervais* de la même façon qu'ils ont député vers vous, et, en leur faisant connaître votre vœu, vous leur feriez exprimer votre intention de concourir avec eux, auprès de l'Assemblée nationale, au succès de la demande de M. Brullée.

A la suite de ce rapport, le même jour, l'assemblée adopta la délibération suivante :

Sur le rapport fait par M. Poulletier, chargé de l'examen du projet de M. Brullée et des plans, procès-verbaux et mémoires qui en sont le développement, pour la construction d'un canal venant de Lizi (2) à Paris, et allant de Paris à Dieppe et à Rouen;

L'assemblée, considérant que l'exécution de ce projet doit singulièrement accélérer la navigation, assurer les approvisionnements, favoriser le commerce de la capitale et procurer du travail à un grand nombre d'ouvriers;

Déclare qu'elle approuve le projet de M. Brullée; en conséquence, qu'elle concourra avec ses frères du *district de Saint-Gervais* et joindra ses vœux aux siens pour supplier l'Assemblée nationale de vouloir bien, en adoptant la demande de M. Brullée, l'autoriser à commencer le plus tôt possible l'exécution de son canal;

Et charge MM. Poulletier et Le Peton de porter la présente délibération, avec le rapport, au district de Saint Gervais.

Signé : Moreau, président.

Pasqueau de Saint-Cyr, secrétaire-greffier.

Quelques jours après, le 17 mars, c'est le *district des Carmes Déchaussés* qui s'occupe du projet Brullée; mais il se trouve qu'un des membres de son comité, Frère de Montizon, architecte, est lui-même l'auteur d'un projet différent, et qu'il croit naturellement supérieur, pour l'accourcissement de la navigation sur la rivière de Marne : dans ce projet, le canal, allant de Paris à La Ferté-sous-Jouarre (3) serait divisé en trois sections : 1° du pont de Saint-Maur à Gravelle (4); 2° d'Esbly (5) à Chalifert (6); 3° de Changis (7) à

(1) Poulletier avait fait partie de la députation envoyée au roi pour le féliciter de son discours du 4 février, députation qui s'était réunie du 7 au 12 février. (Voir Tome IV, p. *88-93*.) Si c'est à cette mission que le rapporteur fait allusion, il en faudrait conclure que la démarche du *district de Saint-Gervais* était antérieure au 7 février.

(2) Lizy-sur-Ourcq, chef-lieu de canton, arrondissement de Meaux (Seine-et-Marne).

(3) Chef-lieu de canton, arrondissement de Meaux.

(4) Dépendance de la commune de Saint-Maurice, canton de Charenton, arrondissement de Sceaux (Seine).

(5) Canton de Crécy, arrondissement de Meaux.

(6) Canton de Lagny, arrondissement de Meaux.

(7) Canton de La Ferté-sous-Jouarre.

Trilport (1), gagnant 13 lieues sur la rivière. Une première requête, pour la première section, a été présentée en juin 1782, et la requête pour l'ensemble, le 24 janvier 1788. A la suite de l'arrêt du Conseil, de septembre 1788, en faveur du « Canal de Paris », l'auteur a adressé à M. de La Millière (2), le 29 octobre 1788, un *Mémoire en réclamation.* Dans ces conditions, il réclame l'appui de son district en faveur de son projet, afin qu'il puisse obtenir, sur le projet de son concurrent, malgré les sollicitations faites par celui-ci, la préférence que lui promet, outre des avantages pratiques, celui d'avoir été le premier conçu.

Le district des Carmes prend donc l'arrêté suivant (3) :

Sur quoi, l'assemblée délibérant, après avoir entendu la lecture du *Mémoire*, considérant que le Département des travaux publics s'occupe, depuis le mois de janvier, de l'exécution du projet de M. DE MONTIZON, et ne l'a retardé jusqu'ici que pour le rendre utile de plus en plus par la construction de 24 moulins à deux meules à Vincennes ;

A porté le vœu que le projet dudit sieur DE MONTIZON, pour l'avantage et la facilité du commerce de la capitale, soit adopté de préférence à celui du « Canal de Paris » ;

Arrête que le présent arrêté sera porté, de même qu'un exemplaire dudit *Mémoire*, dans les 59 autres districts, en les invitant de porter le même vœu pour être porté de suite à l'Assemblée nationale.

Signé : LOYER, président.

MONNOT, secrétaire général.

Les démarches du *district de Saint-Gervais* n'en continuaient pas moins : le 22 mars, il adressait au comité du *district de Saint-Marcel*, et sans doute à ceux de tous les autres districts, l'invitation suivante (4) :

Messieurs,

Si vous vous décidez à adhérer au projet de plan proposé par M. BRULÉ, et dont le district de Saint-Gervais a soumis la discussion à votre sagesse, l'assemblée générale de vos frères de Saint-Gervais vous invite à vouloir bien lui envoyer un député mercredi prochain (24 mars), à 10 heures du matin, chez M. MINGUET, notaire, rue du Mouton, à l'effet de procéder à la rédaction de l'adresse qui doit être en conséquence portée à l'Assemblée nationale.

J'ai l'honneur d'être, avec des sentiments de fraternité, Messieurs, votre très humble et très obéissant serviteur.

Signé : JOLLY, secrétaire.

Ce serait donc, d'après cette lettre, au 24 mars que devrait se placer la constitution de l'Assemblée spéciale des députés des sections pour le canal de BRULLÉE. Mais il est probable que les réclamations de FRÈRE DE MONTIZON eurent pour effet d'en retarder quelque peu la réunion, car on trouve, à la date du 2 mai, une délibération du *district de Saint-Laurent*, où il est dit qu'une députation du *district de Saint-Gervais* s'était présentée à l'assemblée générale le 27 mars, pour demander qu'on prenne en considération la proposition faite par BRULÉ de construire un canal qui irait jusqu'à Lizy.

(1) Canton de Meaux.
(2) *Lire :* DE CHAUMONT DE LA MILLIÈRE. (Voir Tome V, p. 37, note 3.)
(3) Imp. avec le *Mémoire en réclamation* à la suite, 14 p. in-8°, numérotées de 17 à 30 (Bib. Nat., Lb 40/1366).
(4) Pièce manusc. (Arch. de la Seine, D 515).

D'ailleurs, très frappé des droits d'antériorité de Frère de Montizon et des considérations qu'avait fait valoir en faveur de celui-ci une députation du *district des Carmes Déchaussés*, le *district de Saint-Laurent* se rallia à une motion qui demandait la suspension des travaux du Canal de Paris (ou canal Brulée) et proposait, pour occuper les ouvriers sans travail, l'achèvement des édifices ou monuments commencés, tels que les églises de la Madeleine et de Sainte-Geneviève, le Louvre, le pont Louis XVI, et tous les quais. L'arrêté (1) se bornait à dire :

L'assemblée, prenant en considération la motion ci-dessus, en a arrêté l'impression et l'envoi tant à M. le Maire qu'à MM. les administrateurs et aux 59 districts.

Signé : Rousseau, président.
Bourdon de Vatry, secrétaire-greffier.

Malgré l'opposition du *district des Carmes*, même appuyé par le *district de Saint-Laurent*, le Canal de Paris finit par conquérir les adhésions qui lui étaient nécessaires, et cela non seulement dans les districts, mais encore à l'Académie des sciences et à l'Assemblée nationale.

L'Académie des sciences donnait, le 26 mai, un deuxième avis, aussi favorable que le premier.

A l'Assemblée nationale, le 30 mai, le rapporteur du Comité de mendicité recommandait, comme moyen de fournir du travail à plusieurs milliers d'ouvriers, le canal qui, joignant la Marne depuis Meaux à la Seine et à Paris, et la Seine à l'Oise, et se prolongeant de là jusqu'à Dieppe, ouvrirait la navigation la plus prompte, la plus facile, la plus utile à la capitale (2).

Quant aux districts, voici ce qu'en dit le *Journal de la Municipalité et des districts* (n° du 17 juin) :

« La grande majorité y ayant consenti (à nommer chacun un député pour examiner le projet), ces messieurs se sont réunis à l'Hôtel-de-Ville, et ont rédigé une adresse. Le 5 de ce mois (juin), M. le Maire s'est présenté à la barre de l'Assemblée nationale, à la tête de ces députés des districts, présidés par M. Fauconnier, qui a fait lecture de l'adresse. »

En effet, le compte rendu de la séance de l'Assemblée nationale, du 5 juin, soir, contient ce qui suit (3) :

« Une députation de la Commune de Paris est annoncée et introduite. Elle est chargée : 1° de proposer une confédération générale des gardes nationales et des troupes réglées; 2° de demander l'ouverture d'un canal de la Marne à Paris et de Paris à Dieppe.

. . . .

« M. Bailly, Maire de Paris, présente immédiatement (à la suite des discours relatifs à la Fédération) la seconde pétition, dans laquelle il est question de l'ouverture d'un canal à tracer de la Marne à Paris et de Paris à Dieppe, ayant la double utilité d'occuper un grand nombre de citoyens qui

---

(1) Imp. avec la motion, 6 p. in-8° (Bib. Nat., Lb 40/1596).
(2) Rapport de de La Rochefoucauld-Liancourt. (Voir Tome V, p. 32-33.)
(3) Voir *Archives parlementaires* (t. XVI, p. 117-118). — Le *Procès-verbal* dit aussi qu'« une députation de la Commune de Paris a successivement exposé deux pétitions conformes au vœu de la Commune, exprimé par les districts. »

manquent de travail, et de fournir au commerce intérieur un moyen avantageux de circulation. »

Nous savons déjà qu'il y eut en réalité, le 5 juin, soir, non pas une députation, mais deux, toutes deux conduites par BAILLY, mais de deux assemblées distinctes (1), l'*Assemblée des députés des sections pour le pacte fédératif*, présidée par CHARON, qui donna lecture de l'*Adresse des citoyens de Paris à tous les Français*, et l'*Assemblée des députés des sections pour le canal de Paris*, présidée par FAUCONNIER.

L'adresse lue par celui-ci (2) est ainsi conçue :

Adresse présentée à l'Assemblée nationale par la Commune de Paris.

Messieurs,

Le sort des malheureux habitants des campagnes est un des principaux objets de vos soins. Déjà, ils ressentent les salutaires effets de vos veilles : le joug sous lequel ils gémissaient est brisé ; ils vous doivent une nouvelle existence.

Vous les étendez aussi, Messieurs, sur les habitants infortunés des villes, et vous êtes pour eux des dieux tutélaires.

Animée du feu sacré de votre patriotisme, la Commune de Paris vient, avec confiance, solliciter de votre protection toujours juste, toujours active, toujours bienfaisante, des travaux d'une haute importance et d'une utilité durable.

Ces travaux consistent dans l'exécution du canal dont le sieur BRULLÉE vous a soumis le projet (3), et dont M. le duc DE LIANCOURT vous a déjà, Messieurs, parlé avec éloge (4).

Considéré dans son ensemble, ce canal doit commencer au-dessous du confluent de l'Ourque (5) et de la Marne (6) ; de là, il doit passer à Meaux, à Claye et à La Villette, pour se rendre à Paris. De Paris, passant à Saint-Denis et à Pierrelaye, il doit aller à Conflans Sainte-Honorine et à Pontoise ; de Pontoise, passant par Gisors, Gournay, Neufchâtel et Arques, il doit se rendre à Dieppe, dans la mer.

Les nivellements de ces trajets ont été faits depuis Claye et Souilly (7) sur la Beuvronne (8) jusqu'à Paris, et depuis Paris jusqu'à Conflans Sainte-Honorine et Pontoise. Des commissaires nommés par l'ancien corps de Ville, d'autres nommés par le gouvernement, ont vérifié ces espaces, et l'Académie des sciences, qui s'était déjà expliquée (9), vient, après un nouvel examen, de certifier qu'on peut, dès à présent, y travailler (10).

Autorisé à commencer les travaux dans ces parties, le sieur BRULLÉE fera continuer les autres nivellements, afin que la totalité du canal puisse être achevée dans le terme qu'il demande pour sa confection entière.

Qu'il nous soit permis, Messieurs, de vous retracer ici les avantages qui doivent en résulter :

Une communication plus aisée, plus courte, conséquemment plus fréquente, entre Paris et les départements baignés par la Marne, la Seine et l'Oise ;

(1) Voir Tome V, p. 729, note 6.
(2) Imp. 3 p. in-4° (Bib. Nat., Lb 40/1234, et Bib. Nat., manusc. 2658, fol. 206).
(3) Mémoire de novembre 1789. (Voir ci-dessus, p. *65*.)
(4) Rapport de DE LAROCHEFOUCAULD-LIANCOURT. (Voir ci-dessus, p. *70*, note 2).
(5) Aujourd'hui : *l'Ourcq*.
(6) A Mary, près de Lizy. (Voir ci-dessus, p. *65*, note 5.)
(7) Aujourd'hui, Souilly est un hameau dépendant de Claye, chef-lieu de canton.
(8) Aujourd'hui : *la Biberonne*, rivière se jetant dans la Marne, à Annet, canton de Claye, arrondissement de Meaux (Seine-et-Marne).
(9) Premier avis de l'Académie. (Voir ci-dessus, p. *64*.)
(10) Deuxième avis de l'Académie. (Voir ci-dessus, p. *70*.)

Des courants d'eau pour l'arrosement et le nettoiement des rues de la capitale et pour l'usage de ses habitants, arrosement dont les cantons riverains pourront également jouir ;

Une dérivation assez considérable pour garantir des inondations et des débâcles ;

Des gares et des ports pour préserver les bateaux des mêmes dangers ;

Des magasins pour la retraite et le dépôt des marchandises d'approvisionnement ;

Un grand nombre de moulins et de greniers ;

Une plus grande facilité, une plus grande économie dans le transport des matériaux de toutes espèces, que Paris est actuellement obligé d'aller chercher au loin ;

De nouvelles ressources, de nouvelles branches d'industrie et de commerce pour les pays situés sur les rives du canal.

Tous ces avantages sont d'autant plus intéressants et d'autant plus décisifs, que cette nouvelle navigation ne doit apporter aucun obstacle à celle déjà subsistante.

Cet établissement aura, de plus, le mérite d'en préparer plusieurs autres également importants, également précieux : celui du desséchement des marais qui se trouveront dans le voisinage du canal, et du défrichement des terres qui pourront en être arrosées ; celui d'établir une communication entre la Meuse et l'Aisne ou l'Oise ou la Marne, de faire nous-mêmes le commerce des bois des Vosges, que des étrangers viennent exploiter au centre de la France et qu'ils nous revendent à un prix excessif.

Une considération essentiellement déterminante, Messieurs : la confection de ce canal ne doit occasionner aucune dépense au trésor de l'État.

Mais il en est une autre, bien digne de votre sollicitude.

En adoptant tous ces moyens de favoriser l'agriculture, de vivifier le commerce, de faciliter le transport des approvisionnements et le débit des denrées, non seulement vous allez épargner à l'État des dépenses que l'humanité lui a impérieusement dictées pour venir au secours d'une foule de citoyens chers à la patrie, mais vous allez ouvrir une grande quantité d'ateliers ; vous allez employer un grand nombre de ces mêmes citoyens, hommes, femmes, enfants, que l'inoccupation réduit à la triste, à la malheureuse nécessité de mendier ; vous les ramènerez à l'estimable et précieuse habitude du travail ; et, donnant un nouvel essor aux talents ralentis, à l'industrie inactive, vous les ferez concourir à la confection d'un ouvrage imaginé en partie par Ricquet, accueilli par Colbert, et seulement suspendu par leur mort, ouvrage aussi simple dans ses détails que vaste dans son ensemble, ouvrage bien digne de vos décrets immortels.

Signé : Bailly, Maire.
Fauconnier, président.
Minguet, vice-président.
Poulletier, secrétaire.

Le *Journal de la Municipalité et des districts* (n° du 17 juin), qui, seul des journaux de Paris, publie un extrait de cette *Adresse*, ajoute qu' « elle a paru généralement accueillie et a été envoyée aux Comités d'agriculture et de commerce ». Le compte rendu de l'Assemblée nationale constate, en outre, que le renvoi aux Comités fut prononcé sur la demande du duc de La Rochefoucauld-Liancourt (1).

---

(1) A la vérité, le *Moniteur* nomme le duc de La Rochefoucauld, tout court, ce qui désignerait le député de la noblesse de Paris. Mais il est plus probable, à

Il y eut encore des réunions de l'*Assemblée des députés des sections pour le Canal de Paris*, après le dépôt de l'adresse du 5 juin. Si on ne sait pas ce qui s'y passa, on connaît du moins la date de ces réunions par deux lettres de convocation, toutes deux signées : POULLETIER, secrétaire, et adressées au *district des Capucins de la Chaussée d'Antin* (1) : la première, datée du 6 juin, annonce que les députés des sections pour le canal de M. Brullée se réuniront le 8 juin, à onze heures du matin, dans la salle de la Reine, à l'Hôtel-de-Ville ; la seconde, datée du 11 juin, informe que l'Assemblée des députés des sections pour le canal de M. Brullée aura lieu le lendemain 12 juin, à onze heures, à l'Hôtel-de-Ville, salle de la Reine, pour un objet très intéressant et qui requiert célérité : dans les deux, le district destinataire était instamment prié d'envoyer son représentant.

C'est sans doute dans cette réunion du 12 juin que fut concertée la démarche que rapporte le procès-verbal du Conseil de Ville du 14 juin, et qui eut pour résultat d'arrêter la démolition des murs des fossés de la Bastille, fossés que BRULLÉE se proposait évidemment d'utiliser pour le futur canal.

Y eut-il plus tard d'autres réunions, ou celle du 12 juin fut-elle la dernière ? Aucun document connu ne permet de répondre à cette question. On peut noter cependant que le *Journal de la Municipalité et des districts*, dans son numéro du 19 juin, mentionne encore « l'Assemblée de MM. les députés des soixante districts pour le canal dont M. BRULLÉE a donné le projet », parmi celles dont il a à suivre les séances ; mais, comme il n'avait rendu compte de la députation et de l'adresse du 5 juin que dans le numéro précédent (du 17 juin), la mention faite de cette assemblée ne prouve pas qu'elle ait continué à se réunir.

Le 22 juillet, le Conseil de Ville reçut communication d'un mémoire du sieur BRULÉ, relatif à un projet de canal, et le renvoya au Département des travaux publics (2). Mais ce mémoire, tel qu'il est mentionné, paraît être de BRULLÉE seul, et non de l'Assemblée qui avait présenté l'adresse du 5 juin.

Pas plus que le terme de ses travaux, on ne connaît la composition du personnel de l'assemblée spéciale, ni le nombre de ses membres, ni même le nombre des districts qui y étaient représentés. En dehors de l'affirmation du *Journal de la Municipalité et des districts* : « La grande majorité des districts ayant consenti, etc... », les seuls renseignements que nous possédions sont fournis par les signatures qui figurent au bas de l'adresse du 5 juin et par l'énumération de noms que donne le procès-verbal du Conseil de Ville du 14 juin. Cinq de ces noms appartiennent à des personnages que nous avons déjà rencontrés : le président, FAUCONNIER, est délégué du *district des Minimes* ; le vice-président, MINGUET, notaire, représente le *district de Saint-Gervais*, initiateur de la pétition ; le secrétaire, POULLETIER, appartient au *district de Saint-Magloire*. Les deux autres commissaires, DUMAS et CHAMSERU (*lire* : ROUSSILLE DE CHAMSERU), sont députés, le premier

raison de la mention faite au rapport du 30 mai, qu'il s'agit du duc DE LAROCHEFOUCAULD-LIANCOURT, député de la noblesse de Clermont en Beauvoisis.

(1) Pièces manusc. (Bib. Nat., manusc. 2642, fol. 85 et 91).
(2) Séance du *Conseil de Ville* du 22 juillet. (Voir ci-dessous.)

par le *district de Saint-Honoré*, le second par le *district de Saint-Roch*. Reste le sixième nom inscrit au procès-verbal du Conseil de Ville : Chartre. J'hésite à croire qu'il s'agisse du duc de Chartres, fils aîné du duc d'Orléans (1); mais, si ce n'est à lui, je ne sais à qui attribuer ce nom.

Maintenant, que devint le projet Brullée? Quelle suite obtint l'adresse de l'Assemblée des députés des sections? C'est ce qui reste à exposer brièvement.

Quatre mois s'étaient écoulés depuis la présentation de l'adresse du 5 juin, lorsque, à la séance du 6 octobre, matin, Martineau (2) demanda que le Comité d'agriculture et de commerce fît son rapport, qui, disait-il, devait être prêt, sur la proposition faite par le sieur Brullé de construire un canal de jonction de la Marne à la Seine. L'Assemblée décréta aussitôt que ce rapport serait mis à l'ordre du jour, à une séance du soir, aussitôt que le rapport aurait été imprimé et distribué (3).

Le rapport fut présenté par Poncin (4), à la séance du 19 octobre, soir. Sur l'adresse du 5 juin, il s'exprimait ainsi :

La Commune de Paris, par une députation de ses Représentants, présidée par son Maire (5), vous a présenté une adresse; elle vous prie d'autoriser l'exécution de ce projet; elle vous a détaillé, avec une forte simplicité, les avantages qui doivent en résulter ; elle vous a fait voir la nécessité d'employer à d'utiles travaux une classe de citoyens dont l'oisiveté peut être dangereuse à la capitale et à tout l'empire.

De même, le préambule du projet de décret visait « la pétition des Représentants de la Commune de Paris, du 6 juin dernier ».

Le projet de décret, en dix-neuf articles, autorisait (art. 1er) le sieur Brullée à ouvrir, à ses frais, un canal de navigation, qui commencerait à la Beuvronne, près du pont de Souilly, arriverait entre La Villette et La Chapelle, dans un canal de partage qui formerait deux branches: l'une passerait par les faubourgs de Saint-Martin et du Temple, les fossés de la Bastille et de l'Arsenal, pour se rendre dans la Seine ; l'autre branche passerait par Saint-Denis, la vallée de Montmorency, arriverait au-dessous de Pierrelaye, où elle se diviserait encore en deux branches, dont l'une se rendrait dans la Seine, à Conflans Sainte-Honorine, et la seconde dans l'Oise, près de Pontoise. D'après l'art. 10, les fossés de la Bastille et de l'Arsenal, ainsi que leurs murs, étaient abandonnés au sieur Brullée pour faire partie du canal et de ses dépendances; il devait démolir à ses frais les constructions qui se trouvaient dans lesdits fossés et profiter des matériaux qui en proviendraient.

(1) Le duc de Chartres n'avait alors que dix-sept ans. Puis, les titres de noblesse n'étant pas encore proscrits, pourquoi le nom sans particule? Cependant, la famille affectait alors de tels sentiments démocratiques, que la dernière observation peut être considérée comme de peu de valeur. Mais la première subsiste.

(2) Avocat au Parlement, député du tiers état de la Ville de Paris.

(3) Voir *Archives parlementaires* (t. XIX, p. 472).

(4) Avocat, député du tiers état du bailliage du Quesnoy.

(5) Est-ce que le Comité d'agriculture et de commerce aurait pris les délégués de l'Assemblée spéciale des députés des sections, parce qu'elle était présidée par le Maire, pour une députation de l'Assemblée des Représentants de la Commune?

Aussitôt après la lecture et presque sans débats, les neuf premiers articles du projet de décret furent adoptés; on s'arrêta à l'art. 10 pour avoir l'avis du Comité des domaines sur l'abandon à faire au sieur Brullée d'une partie des domaines nationaux, tels que les fossés de la Bastille et de l'Arsenal. La suite de la discussion fut renvoyée au surlendemain, 21 octobre (1).

A la séance du 21 octobre, soir, le Comité des domaines n'ayant pas encore formulé son opinion, on mit de côté l'article 10 et on passa aux articles suivants. Mais bientôt, des difficultés se produisirent sur les droits à percevoir par le concessionnaire du canal, et tous les articles non décrétés furent renvoyés à un nouvel examen du Comité d'agriculture et de commerce, pour en faire un nouveau rapport (2).

Pour répondre apparemment à certaines objections, Brullée adressa alors au Comité d'agriculture et de commerce une note où il proposait une nouvelle rédaction des art. 12 et 15, relatifs aux droits de péage (3).

Enfin, le 9 novembre, à la séance du soir, Poncin apportait son rapport complémentaire, à la suite duquel les articles renvoyés étaient décrétés sans discussion. L'art. 10, relatif aux fossés de la Bastille, avait disparu; l'art. 13 autorisait le concessionnaire à percevoir des droits de péage pendant 50 ans; d'après l'art. 15, il devait mettre, dans le délai de trois mois à partir de la sanction, ses travaux en activité, après avoir justifié au Département de Paris qu'il pouvait disposer de 10 millions, et les achever dans le délai de 8 ans (4).

Brullée tenait donc enfin cette concession du Canal de Paris, qu'il poursuivait depuis 1785. Il s'agissait de passer à l'exécution et, d'abord, de réunir les capitaux.

L'entrepreneur fit ce que font tous les concessionnaires; il ouvrit des bureaux, installa un personnel, et fit appel aux souscripteurs.

En conséquence, le *Journal de Paris* (n° du 18 décembre, supplément) publia l'avis suivant :

M. Brullée a l'honneur de prévenir le public que l'administration de son canal est établie porte Saint-Martin, près l'Opéra; les bureaux sont ouverts tous les jours, de 9 heures à 2 heures et de 5 heures à 9 heures.

M. Brullée, autorisé par le décret de l'Assemblée nationale à acquérir tous les terrains et bâtiments qui se trouveront sur la ligne de son canal, prie les personnes qui ont des propriétés sur l'emplacement qui vient d'être tracé depuis la Beuvronne jusqu'à Paris et de Conflans Sainte-Honorine à Pontoise, de vouloir bien présenter leurs titres au bureau de l'administration générale, à Paris, sis

---

(1) Voir *Archives parlementaires* (t. XIX, p. 718-727). — Le paragraphe intitulé : *Observations particulières* (p. 722, 2ᵉ col.) doit être placé après le projet de décret et avant les *Observations du sieur Brullée* (p. 723, 1ʳᵉ col.).

(2) Voir *Archives parlementaires* (t. XIX, p. 755).

(3) Pièce manusc. (Arch. Nat., D vi 7, n° 51). — La pièce n'est pas datée, mais elle est nécessairement de la fin d'octobre 1790, puisqu'il y est fait allusion, du début, au « décret du 19 de ce mois », autorisant la construction du canal. M. Tuetey (*Répertoire général*, t. III, n° 2654) indique à tort la date du 12 octobre 1790.

(4) Voir *Archives parlementaires* (t. XX, p. 348-349).

près la porte Saint-Martin. M. POULTIER, chef du département du contentieux, les recevra et en donnera des récépissés (1).

La sanction royale ayant été donnée au décret de l'Assemblée nationale le 30 janvier 1791, un prospectus fut aussitôt lancé, que publie le *Journal de Paris* (n° du 6 février 1791, supplément) : la mise de fonds est annoncée comme devant être de 25 millions, répartie en 25,000 actions de 1,000 livres chacune, dont le paiement est divisé en cinq termes, de février 1791 à janvier 1795. La première assemblée des actionnaires est fixée au 1er mars. Les fonds doivent être déposés chez PRÉDICANT, notaire, ou entre les mains de MANGOURIT, secrétaire-général de l'administration.

Un peu plus tard, c'est le *Moniteur* (n° du 26 février 1791) qui publie un nouvel *Avis*, daté du 21 février, rappelant que les trois mois accordés pour justifier des fonds partent du 30 janvier, et ajoutant :

Il y a tout lieu d'espérer que ces fonds seront effectués, et au-delà, à l'époque déterminée. Les demandes multipliées qui sont faites de toutes parts, les avantages réels que présente l'entreprise dans ses résultats, l'intérêt puissant de la Ville de Paris à en seconder et favoriser l'exécution, tout semble devoir en assurer le succès. Mais on est arrêté dans les préliminaires par les dispositions du décret. Les travaux ne peuvent être commencés qu'avec 10 millions effectifs, et, comme la réalisation de ces fonds ne pourrait être que successive, il en résultera que, jusqu'au complément, ces fonds resteront oisifs dans les mains de M. PRÉDICANT, notaire et séquestre provisoire des deniers de l'entreprise. Il se présente aujourd'hui un moyen sûr de les faire fructifier, et ce moyen a été adopté.

La Compagnie d'assurances contre les incendies vient de faire annoncer qu'elle paierait 3 0/0 d'intérêt des sommes qui seraient versées dans sa caisse, et qu'on aurait la faculté de les retirer en avertissant huit jours d'avance. Cette compagnie offrant, par sa consistance, par ses moyens connus et surtout par le sage régime de son administration, toutes les sûretés que l'on peut désirer, M. PRÉDICANT, de l'aveu des soumissionnaires actuels, lui a remis les fonds qu'il a déjà reçus; il remettra successivement ceux qu'il recevra; et si, contre toute espèce de vraisemblance, la représentation des 10 millions exigés n'était pas effectuée dans le délai fixé par le décret de l'Assemblée nationale, alors les actionnaires, en retirant leurs fonds, recevront l'intérêt de ces mêmes fonds sur le pied de 3 0/0, à compter du lendemain du récépissé délivré par M. PRÉDICANT.

Signé : BRESSON, agent-général de l'administration.

Hélas ! Malgré les titres ronflants donnés aux auxiliaires de l'entreprise, chef du département du contentieux, secrétaire-général de l'administration, agent-général de l'administration, l'argent n'affluait pas : les capitaux n'étaient point disposés à se risquer.

Une autre idée fut alors émise dans une réunion de la *section de la Bibliothèque* (ancien district des Filles Saint-Thomas), tenue le 24 mars 1791. Un électeur, du nom de BACON (2), proposa simplement de remplacer les particuliers qui s'abstenaient par l'État ou par la Ville, et de faire souscrire

---

(1) C'est évidemment le secrétaire de l'Assemblée des députés des districts, POULLETIER, qui se trouve élevé aux fonctions de chef du contentieux de la nouvelle administration.

(2) BACON (Pierre Éléonor), citoyen, âgé de 53 ans, né à Oyonnaz (Ain), assesseur du juge de paix. (Voir CHARAVAY, *Assemblée électorale de Paris*, t. 1, p. 10.)

les actions par la Ville : « Mon opinion, dit-il, est que la Ville ne peut, sans pécher contre nous et nos enfants, se dispenser de placer 12 à 15,000 livres par jour en actions sur le canal, et de hâter ainsi cette grande et utile entreprise. » L'assemblée de la section approuva en ces termes réservés (1) :

L'Assemblée générale de la section de la Bibliothèque ;
Après la lecture de l'opinion de M. Bacon :
A délibéré que la présente opinion serait imprimée, pour être adressée aux 47 autres sections, à l'effet de connaître leur vœu et d'être ensuite dressé une pétition conforme au résultat de leurs délibérations.
Signé : Picard, président.
L. Cointreau, secrétaire.

Quelques jours après, Bacon adressait aux présidents de sections une lettre circulaire, datée du 8 avril 1791 (2), pour leur rappeler la communication du 24 mars et les prier de la soumettre aux lumières de leurs concitoyens. Il terminait par cette réflexion judicieuse : « Le silence et l'oubli ont fait avorter les bonnes entreprises encore plus que la malveillance et l'intrigue. »

Hélas, encore ! L'idée de Bacon n'eut aucun succès, et, le 20 juillet 1791, Charles de Lameth signala à l'Assemblée nationale la déconfiture du pauvre entrepreneur, qu'il accusait d'avoir « joué les ouvriers, joué l'Assemblée et cherché à faire une opération de finances du décret même rendu en sa faveur ». Martineau défendit courageusement Brulée : « Il n'a pas joué l'Assemblée, il n'a pas trompé les ouvriers. La prévision de la suppression des entrées a fait évanouir les espérances de gain, et les banquiers qui avaient promis, en ma présence, de faire des fonds, ont retiré leur parole. Brulé n'est pas coupable, il n'est que malheureux : il a dépensé 5 ou 600,000 livres de sa fortune pour faire tous ses préparatifs, lever tous ses plans, arpenter tous les terrains. » L'affaire fut renvoyée au Comité de mendicité et au Comité des domaines réunis pour examiner les faits et en rendre compte à l'Assemblée (3).

Depuis, on n'entendit plus parler de Brullée et de son canal. Un intrigant, Du Bu de Longchamp, essaya vainement de se substituer à lui, en annonçant, quelques jours après le 20 juillet, par une circulaire datée du 29 juillet, qu'il allait, lui, « remplir toutes les vues que le sieur Brullée avait annoncées et qu'il avait manquées » (4).

Ce que Jean Pierre Brullée avait projeté dès 1785, ce qu'il avait préparé en 1790, ne fut exécuté, en partie, qu'une dizaine d'années plus tard : Brullée ayant cédé ses droits à d'autres entrepreneurs, ceux-ci remirent l'affaire en train vers janvier 1799 (nivôse an VII), et purent commencer les travaux dès 1802 : le canal de l'Ourcq actuel, avec les deux branches qui en dérivent, le canal Saint-Martin et le canal Saint-Denis, est une réalisation partielle du grand *Canal de Paris* ou de la Marne à Paris et de Paris à Dieppe (5).

(1) Imp. 7 p. in-8º (Bib. Nat , Lb 40/402).
(2) Pièce manusc. (Bib. Nat., manusc. 2654, fol. 141, et 2660, fol. 5).
(3) Voir *Archives parlementaires* (t. XXVIII, p. 454).
(4) Pièce manusc. (Bib. Nat., manusc. 2673, fol. 159).
(5) Voir Girard, *Recherches sur les eaux publiques de Paris*, 1812 (p. 103-105).

La section de Pontoise à Dieppe n'avait pas été, on l'a vu, comprise dans le décret du 9 novembre 1790, l'Assemblée nationale ayant réservé sa décision à cet égard.

Il se forma bien, à Dieppe, une société pour solliciter la confection du canal de l'Oise à Rouen et à Dieppe, dont le Comité adressa aux sections de Paris, le 6 février 1791, une demande d'adhésion au projet (1).

Mais il ne semble pas que la demande soit parvenue jusqu'à l'Assemblée nationale; en tous cas, il est certain qu'il n'y eut point de décret à ce sujet. Le canal de Paris à la mer n'a point été fait.

(1) Pièce manusc. (Bib. Nat., manusc. 2673, fol. 109).

Du Mardi 15 Juin 1790

— A l'ouverture de la séance, un de MM. les secrétaires a fait lecture du procès-verbal du lundi 14.

Et la rédaction en a été approuvée.

— Un de MM. les procureurs-syndics adjoints a rendu compte d'une signification faite la veille à M. le procureur-syndic, par acte signé Hutters, huissier à la Connétablie (1), à la requête du sieur Isidore Broussais de La Grey, ledit acte portant signification d'un jugement rendu par la chambre criminelle du Châtelet, entre M. le procureur du roi audit siège, accusateur, et ledit sieur de La Grey, accusé et défendeur (2). Ce jugement décharge cet administrateur de toute plainte de prévarications et infidélités dans l'administration à lui confiée de l'Hôpital militaire, et cependant, pour par lui avoir indiscrètement confondu ses affaires personnelles avec celles de l'administration à lui confiée, et par cette confusion donné un dangereux exemple aux employés et fait naître des soupçons sur sa fidélité, il est et demeure averti d'être à l'avenir plus circonspect. Par la signification, M. de La Grey déclare qu'il la fait sans aucune approbation préjudiciable, et sous la réserve de se pourvoir contre les chefs qui l'ont dénoncé sans griefs et de prendre à partie tous ceux qu'il appartiendra.

— M. le président ayant fait lire par un de MM. les secrétaires la lettre qu'il venait de recevoir de M. le recteur de l'Université, en réponse à celle qu'il lui avait écrite, conformément à un précédent arrêté, pour demander l'ouverture des vacances des écoliers à l'époque du 14 juillet (3);

---

(1) La Connétablie était une juridiction spéciale, qui avait survécu à l'institution et au titre du connétable, et qui connaissait des délits commis par les gens de guerre. Son intervention s'explique ici par le caractère militaire du délit reproché au client de l'huissier.

(2) Sur la plainte du procureur de la Commune et en vertu d'un arrêté de l'Assemblée des Représentants du 2 janvier, Broussais de La Grey avait été poursuivi comme ayant malversé dans la gestion de l'Hôpital militaire du Gros-Caillou. (Voir Tome III, p. 348-350 et *381*.)

(3) Arrêté du 9 juin. (Voir ci-dessus, p. 5.)

Il a été arrêté que cette lettre serait transcrite dans le procès-verbal, et que M. le président écrirait à M. le recteur pour lui témoigner la satisfaction de l'Assemblée et le remercier en son nom.

Suit la teneur de la lettre :

Monsieur le président,

Je partage bien sensiblement la reconnaissance dont les jeunes étudiants de l'Université sont pénétrés en ce moment envers l'Assemblée générale de MM. les Représentants de la Commune. L'intérêt qu'elle a bien voulu leur témoigner, l'accueil favorable qu'elle a fait à leur demande ne peuvent qu'ajouter infiniment au patriotisme dont ils sont animés, et les vacances, accordées en considération de la plus belle fête dont les annales du genre humain fassent mention, formeront sans doute une des plus précieuses époques de leur vie.

Vous ne doutez pas, sans doute, Monsieur le président, que le vœu de l'Assemblée générale ne soit pour moi un ordre que je me ferai toujours un devoir de respecter; mais n'ayant, par la place dont je suis honoré, d'autre autorité que celle de la loi, j'avais besoin que ce vœu fût exprimé d'une manière positive et solennelle, pour échapper à toutes les censures que ne manque pas d'exciter la moindre innovation, quelque pur et respectable qu'en soit le motif. Daignez donc agréer les sentiments de ma reconnaissance pour la complaisance que vous avez eue de m'envoyer l'arrêté pris par MM. les Représentants de la Commune; il devient tout à la fois ma règle et ma justification.

Je suis, avec respect, Monsieur le président, votre très humble et très obéissant serviteur.

Signé : Dumouchel, *recteur.*

Paris, ce 15 juin 1790.

~~~~ Un des membres, qui était inscrit pour la parole à l'ordre du jour, est monté à la tribune, et a exposé les plaintes de plusieurs ouvriers, employés ci-devant aux travaux de la Bastille, et renvoyés sans motif.

Indépendamment des faits relatifs au renvoi de ces ouvriers, l'honorable membre en a exposé d'autres, qui semblent annoncer une très grande dilapidation des matériaux provenant de cette démolition (1), et a conclu à la nomination de commissaires.

M. le président a répondu aux ouvriers plaignants, qui avaient été introduits :

Messieurs,

L'Assemblée a entendu avec intérêt vos réclamations. Ses fonctions semblent acquérir un nouveau degré d'importance, lorsqu'elle les consacre à l'utilité d'une classe de citoyens que leurs besoins lui rendent encore plus intéressants. Elle désirerait pouvoir statuer à l'instant sur votre demande; mais elle est de nature à exiger des éclaircissements. Comptez sur le zèle de MM. les commissaires, et sur l'empressement de l'Assemblée à accueillir favorablement toute demande équitable.

---

(1) Pareils faits avaient été signalés au *Bureau de Ville* dès le 28 janvier. (Voir Tome III, p. 610, et Tome V, p. 424-425.)

La nomination des commissaires ayant été appuyée ;

Cette proposition a été mise aux voix.

Et il a été arrêté « qu'il serait nommé quatre commissaires pour vérifier les faits énoncés, en prenant au Département des travaux publics et de MM. les lieutenants de maire, administrateurs d'icelui et de tous autres, tous les renseignements nécessaires, pour, sur le rapport qui en sera fait incessamment à l'Assemblée, être statué ce qu'il appartiendra ».

MM. Danton, Lamy, Durouzeau et Girault ont été nommés commissaires.

— Un député du district des Cordeliers a demandé à être entendu.

La parole lui ayant été accordée ;

Il a fait lecture d'une délibération prise le 9 de ce mois par l'assemblée générale de cette section. L'objet des plaintes de M. le Maire contre l'Assemblée générale (1) y est traité de minutieux, et le district lui rend justice en attribuant à des insinuations étrangères l'éloignement qu'il a témoigné pour les assemblées légales, en méconnaissant la légitimité de leurs droits et de leurs pouvoirs respectifs, pour rechercher la faveur des sections, moins à portée de connaître et d'apprécier ses procédés et ses démarches. Le district des Cordeliers, en reconnaissant formellement l'Assemblée pour le Conseil général de la Commune, énonce comme une conséquence de ce principe le droit et le devoir de surveiller l'administration, de faire rendre des comptes et de demander les éclaircissements dont elle peut avoir besoin, ce qui établit impérieusement la nécessité où elle s'est trouvée d'appeler M. le Maire dans son sein, pour recevoir de lui des renseignements et des instructions, en paraissant préférer l'honneur de la Municipalité et l'intérêt public à la dignité et à la délicatesse de son chef. L'assemblée du district des Cordeliers, loin donc d'être douloureusement affectée, avec M. le Maire, de l'envoi aux 60 sections de l'arrêté de l'Assemblée, relatif à la dénonciation d'un délit grave faite par M. de Menou à l'Assemblée nationale (2), regarde cette démarche comme la justification de ses intentions, et rappelle cette belle parole de M. Bailly : *La publicité est la sauvegarde du peuple.* Par ces considérations, et après une invitation à M. le Maire à se mieux concilier, pour la paix publique, avec une Assemblée dont il est le membre et le chef, et à mieux vivre avec ses

---

(1) Contre l'Assemblée générale des Représentants de la Commune.
(2) Arrêté du 14 mai. (Voir Tome V, p. 364-366.)

égaux, le district des Cordeliers, estimant que l'intérêt et l'honneur de la Commune exigent que le Comité des recherches se livre avec activité à une instruction que M. le Maire a sollicitée lui-même, propose, comme un motif déterminant et urgent de la manifestation des coupables, la proximité des élections d'un grand nombre d'officiers publics et la nécessité de ne donner sa confiance qu'à des hommes irréprochables, et il finit par arrêter que l'Assemblée sera remerciée par une députation du zèle qu'elle a montré dans cette circonstance délicate, et de la surveillance qu'elle paraît exercer sur l'administration et MM. les administrateurs de la Ville; que la même députation portera à M. le Maire, avec cette délibération, le vœu du district pour qu'il ne retarde plus les éclaircissements qu'il a offerts, et qu'il s'explique avec autant de fermeté que de franchise sur ce qu'il sait de relatif au délit énoncé (1).

M. le président a répondu :

Messieurs,
En rendant un hommage solennel aux principes constitutionnels de la liberté, vous avez, en même temps, rendu justice aux prudentes mesures et aux démarches loyales des Représentants de la Commune. Loin d'eux la moindre intention d'inculper M. le Maire; ses sentiments ne leur ont pas même été suspects; il n'a jamais cessé d'être pur à leurs yeux. Mais il était de leur devoir d'imposer silence à la calomnie dans une conjoncture délicate, de prévenir, d'éloigner jusqu'au plus léger soupçon qui aurait cherché à atteindre le chef de la Commune. Une explication publique était pour lui le plus sûr moyen de mettre sa conduite dans le plus grand jour, et pour les Représentants la plus belle occasion de rendre à sa vertu un témoignage éclatant. Par quelle fatalité des soins aussi délicats ont-ils été mal interprétés par celui qui en était l'objet et par les districts qui avaient intérêt de chercher la lumière (2)? Croyons que l'erreur seule a aveuglé les uns et les autres : il nous en coûterait trop d'imaginer que des envieux ou des ennemis du bien public, réduits à l'impuissance d'attaquer les pouvoirs légitimes de cette Assemblée, ont employé la ruse et l'intrigue pour empoisonner la démarche la plus franche. Il appartenait au district des Cordeliers de faire triompher la vérité. Justement célèbre par des actes multipliés de patriotisme, il a dû ambitionner la gloire d'éclairer ses concitoyens sur une affaire mal saisie et conséquemment mal jugée par les districts.

L'Assemblée reçoit, avec la plus vive satisfaction et la plus sincère reconnaissance, les témoignages authentiques d'attachement et d'estime que vous venez de lui donner, au nom du district des Cordeliers. Forte de votre suffrage, elle attend avec confiance la même justice de toutes les sections. Puisse le retour de la paix être leur propre ouvrage! Puisse une réunion, ardemment désirée, constamment sollicitée par cette Assemblée, ramener

---

(1) Le texte de l'arrêté du *district des Cordeliers,* du 9 juin, a été publié intégralement. (Voir Tome V, p. *493-496.*)

(2) Tous les districts, sauf celui des Cordeliers, avaient blâmé l'Assemblée et donné raison au Maire dans cette affaire du cautionnement. (Voir Tome V, p. *460-493.*)

dans son sein et placer à sa tête un chef dont elle a regretté l'absence, parce qu'elle n'a jamais cessé de le vénérer, et qui lui est volontairement échappé, tandis qu'elle employait tout pour le retenir et le préserver des attaques de la calomnie !

Plusieurs membres ayant appuyé la demande du district des Cordeliers de charger le Comité de recherches de faire toutes les informations nécessaires pour découvrir les auteurs des propositions immorales faites à M. le baron de Menou pour l'engager à appuyer le cautionnement de l'emprunt relatif à l'aliénation des biens nationaux ;

L'arrêté approbatif de cette motion a passé à l'unanimité des suffrages.

---- M. le président a ensuite fait part à l'Assemblée d'une lettre que lui avait adressée M. de Bonneville, l'un des Représentants. Cette lettre était accompagnée d'un ouvrage dramatique de cet honorable membre, intitulé : *l'Année 1789 et Tribun du peuple* (1). L'auteur, le destinant à la fête du 14 juillet (2), sollicitait des commissaires de l'Assemblée, pour en faire l'examen et préparer ses suffrages.

Cette demande a été accueillie, et MM. de Machy, l'abbé Fauchet, Vigée et Danton ont été nommés commissaires (3).

---- L'ordre du jour appelait MM. du Comité des rapports.

Ils ont été entendus sur plusieurs affaires.

Et l'Assemblée a pris les arrêtés suivants :

---- La demande du sieur Dolonde Deshameaux, officier de la Garde nationale et inspecteur des fourrages de cette Ville, tendante à obtenir le partage de fonds attribués à sa place et à celles de ses collègues et restés dans la caisse du trésorier des dépenses de la police, a été renvoyée au Département des subsistances.

---- Il a été aussi fait renvoi au même Département d'un mémoire présenté par le sieur Moreau et consorts, pour se plaindre de ce que les eaux de la rivière de Nanette (4), sur laquelle sont construits plusieurs moulins travaillant pour le service de la capitale, sont détournées par une vanne, établie pour le service des cascades du parc de Chantilly.

(1) Le titre exact est : *L'année MDCCLXXXIX ou Les tribuns du peuple.* (Voir ci-dessous, p. 132.)
(2) D'après le *Journal de la Municipalité et des districts* (supplément au n° du 22 juin), DE BONNEVILLE proposait de faire jouer sa pièce, le 14 juillet, « au profit des pauvres, sur le Théâtre Français ».
(3) Rapport présenté le 17 juin. (Voir ci-dessous, p. 122.)
(4) Aujourd'hui *la Nonette,* affluent de l'Oise.

~~~ Celui du sieur Grandy, père de six enfants, et qui a eu l'humanité de se charger encore de six autres enfants orphelins, a vivement intéressé l'Assemblée.

Et, ayant égard à sa demande de placer à l'hôpital du Saint-Esprit trois de ces orphelins, dont il ne peut plus supporter la charge, elle en a ordonné le renvoi au Département des hôpitaux, avec recommandation (1).

~~~ La requête du sieur Gaultier, propriétaire de l'hôtel de Boynes (2), et privé de sa jouissance, depuis le mois de juillet dernier, par l'établissement qui y a été fait successivement du dépôt des soldats émigrants, du logement d'une compagnie des ci-devant gardes-françaises, et enfin de la troupe du centre, sans avoir reçu aucun paiement ni indemnité, a été renvoyée au Département de la Garde nationale, pour en rendre compte incessamment.

~~~ Le placet du sieur Chayé, marchand orfèvre-bijoutier, par lequel il demande le paiement de l'acquisition, faite par la Ville de Paris, d'une maison sise rue Saint-Barthélemy, vis-à-vis l'horloge du Palais, a été renvoyé au Département de l'administration et des domaines (3);

~~~ Et la demande de travail faite par le sieur Deville, à celui des travaux publics.

~~~ L'Assemblée, après avoir entendu le rapport du procès-verbal du district des Carmélites, en date du 18 avril, et de son arrêté du 1er mai dernier, en faveur du sieur Clavier, victime de son patriotisme en faisant le service de la Garde nationale (4), a regretté de ne pouvoir par elle-même venir au secours de cet infortuné, et s'est empressée d'arrêter « que le procès-verbal et l'arrêté du district des Carmélites seraient renvoyés à l'administration pour y avoir égard et en rendre compte ». (I, p. 89.)

~~~ La demande de la dame Guyot de Girault, pour la conservation de son logement aux Célestins (5), a été ajournée.

(1) La réponse du Département des hôpitaux fut communiquée le 19 juin. (Voir ci-dessous.)

(2) Aucun hôtel de ce nom n'est mentionné ni dans le *Dictionnaire historique de la Ville de Paris et de ses environs*, de Hurtaut et Magny, ni dans le *Guide des amateurs et des étrangers voyageurs à Paris*, de Thiéry, ni dans les anciens plans de Paris les plus détaillés.

(3) La réponse du Département du domaine fut communiquée le 19 juin. (Voir ci-dessous.)

(4) Affaire renvoyée au Comité des rapports le 14 mai. (Voir Tome V, p. 363-364 et 374.)

(5) Sans renseignements.

⮕ Il a été de plus arrêté qu'il n'y avait lieu à délibérer sur les suivantes, formées :

1° Par le sieur Henry Fèvre, serrurier, qui sollicitait des secours pour le village Destivez-en-Bourgogne (1);

2° Par la veuve Gatine, marchande d'essence pour la barbe, dont la boutique, établie au pied du grand escalier de Versailles, a été pillée le 5 octobre dernier;

3° Par le sieur Laurent de Gorce, déserteur après l'expiration du délai prescrit;

Non plus que sur le projet d'une place patriotique et d'un palais pour la permanence de l'Assemblée nationale, présenté par le sieur Girault, avocat (2).

⮕ Un député de Saint-Étienne du Mont ayant réclamé l'exécution des précédents arrêtés de l'Assemblée, pris pour la construction d'un corps-de-garde, place Maubert (3);

Il a été observé par un des membres que, le Conseil de Ville étant assemblé, c'était le cas d'inviter le Département des travaux publics à venir prendre séance à l'Assemblée, pour l'instruire des causes de ce retard (4).

Cette proposition ayant été approuvée;

M. le président a donné l'ordre d'avertir MM. du Département des travaux publics.

⮕ Et, attendu que neuf heures allaient sonner, il a proposé de prolonger la séance.

Ce qui a été adopté.

⮕ Un de MM. les administrateurs des travaux publics, étant venu, a été entendu.

Sur la proposition de nommer des commissaires, pour concerter l'accélération de cette demande (5), ainsi que de celle du district de

---

(1) Sans doute *Estivey*, canton de Noyers, arrondissement de Tonnerre (Yonne).

(2) Projet imprimé sous ce titre : *Place patriotique, avec un palais pour la permanence de l'auguste Assemblée nationale et la description d'une fête annuelle pour le renouvellement du serment civique, présenté à nosseigneurs de ladite Assemblée, à MM. les Représentants de la Commune, aux 60 districts*, 1790, imp. 31 p. in-8° (Bib. Carnavalet, dossier 12272). Le titre ne contient pas de nom d'auteur; mais la dédicace, *A nosseigneurs de l'auguste Assemblée nationale*, est signée : Giraud, avocat, citoyen du district de Saint-André (des Arcs). Le projet concerne l'ancienne place Saint-Michel (aujourd'hui rond-point de Médicis) agrandie, avec un palais ayant deux entrées sur le jardin du Luxembourg. — Le nom de Giraud ne figure pas à la table des procès-verbaux de l'Assemblée constituante.

(3) Suite de la démarche faite la veille. (Voir ci-dessus, p. 53.)

(4) Invitation déjà formulée la veille. (Voir ci-dessus, p. 54.)

(5) La demande du *district de Saint-Étienne du Mont*.

Saint-Nicolas du Chardonnet (1), avec MM. du Département des travaux publics;

M. le président ayant mis à l'opinion;

Il a été arrêté qu'il serait nommé des commissaires.

Et MM. Baslin, du Rouzeau et Mulot ont été proposés et agréés (2).

~~~ L'Assemblée ayant été ajournée à demain, mercredi 16, la séance a été levée.

Signé : Brierre de Surgy, *président.*

Secrétaires : Quatremère, fils, Ménessier, Pelletier, Castillon, Demars.

CONSEIL DE VILLE

~~~ Le Conseil de Ville convoqué en la forme ordinaire et réuni à l'Hôtel-de-Ville sous la présidence de M. Canuel, l'un de ses membres, en l'absence de M. le Maire et de M. d'Augy, le mardi 15 juin 1790, à six heures du soir;

~~~ Il a été fait lecture du procès-verbal de la dernière séance. Le Conseil a approuvé la rédaction.

~~~ Sur le rapport, fait au Conseil par M. de Langlade (3), l'un de MM. les administrateurs et au nom du Département des hôpitaux, de la demande du sieur Dumont de Valdajou, tendante à ce que les appointements dont il jouissait, et qui lui étaient payés par le département de la guerre qui les a supprimés, lui fussent désormais payés par la Municipalité (4);

Le Conseil renvoie la demande du sieur Dumont de Valdajou au Comité de mendicité, pour être employé, s'il y a lieu, sur les fonds du Département destinés à ces objets (5).

~~~ MM. Royer et Lablée ayant été priés par M. le président de

---

(1) On peut supposer qu'il s'agit de la réclamation présentée par le *district de Saint-Nicolas du Chardonnet* au sujet du puisard de la place aux Veaux, le 16 avril, et renvoyée le 22 au Département des travaux publics. (Voir Tome V, p. 25 et 116.)

(2) Il est question du corps-de-garde de la place Maubert à la séance du 28 juin. (Voir ci-dessous.)

(3) *Lire :* de Langlard.

(4) Une motion en faveur du chirurgien Dumont de Valdajou, présentée le 2 juin à l'*Assemblée des Représentants de la Commune,* avait été renvoyée au Département des hôpitaux. (Voir Tome V, p. 657.)

(5) Le rapport du Département des hôpitaux fut présenté à l'*Assemblée des Représentants de la Commune* le lendemain, 16 juin. (Voir ci-dessous, p. 94.)

vouloir bien s'expliquer sur les faits et les motifs qui avaient donné lieu à un arrêté (1);

Ces messieurs ont été entendus.

Et, sur leur déclaration ;

Le Conseil, reconnaissant que les motifs et les raisons qui les avaient déterminés à parler, dans l'Assemblée générale des Représentants de la Commune, des arrêtés pris par le Conseil relativement à l'adresse concernant les biens nationaux, avaient eu uniquement pour objet de rétablir les véritables intentions de la Municipalité, qui se trouvaient publiquement dénaturées par plusieurs opinants; bien loin de blâmer la conduite que MM. Royer et Lablée ont tenue dans ces circonstances;

Le Conseil y a trouvé, au contraire, une nouvelle preuve du zèle dont ils sont constamment animés pour le bien public et l'honneur de l'administration.

— Le Conseil municipal, délibérant ensuite tant sur un arrêté de l'Assemblée des Représentants de la Commune du 9 de ce mois, concernant l'invitation proposée par cet arrêté pour les députés qui doivent se rendre à Paris à l'effet de former le pacte fédératif (2), que sur deux lettres écrites à ce sujet par M. le Maire;

Applaudit, en ce qui le concerne, au vœu de l'Assemblée des Représentants de la Commune, et s'en rapporte à la prudence de M. le Maire pour faire parvenir ce vœu aux 60 sections et recueillir leurs suffrages (3).

— Le Conseil est ensuite passé à l'ordre du jour (4).

— Et, après avoir entendu le rapport fait par M. de Vauvilliers;

A statué ce qui suit :

Sur le rapport, fait au Conseil municipal par M. de Vauvilliers, lieutenant de maire du Département des subsistances, au nom du Département, de l'état actuel des approvisionnements de la capitale, de l'intérêt que Sa Majesté n'a cessé d'y prendre, de l'empressement avec lequel M. Necker s'est porté à tout ce qui pouvait intéresser le bonheur et la tranquillité de la ville de Paris, et enfin de la possibilité d'opérer dès à présent une réduction sur le prix du pain;

Le Conseil, pénétré de reconnaissance pour les bontés paternelles

---

(1) Arrêté du 14 juin. (Voir ci-dessus, p. 58-59.)
(2) Arrêté du 9 juin. (Voir ci-dessus, p. 5-6.)
(3) Le Maire convoqua les sections pour le 19 juin, à l'effet de délibérer sur le logement des députés à la Fédération. (Voir ci-dessous, p. 92.)
(4) Communication faite la veille au sujet de la diminution du prix du pain. (Voir ci-dessus, p. 56-57.)

du roi, sensiblement touché de la sensibilité patriotique de M. Necker pour seconder les vues bienfaisantes de Sa Majesté, saisissant cette occasion de témoigner au Département des subsistances combien il est satisfait de son zèle, de ses travaux infatigables et du courage qu'il n'a cessé de montrer dans les circonstances les plus difficiles ;

A ordonné et ordonne ce qui suit :

Art. 1ᵉʳ. — Le prix du pain blanc de *quatre livres*, taxé jusqu'à présent à 12 sols, sera, à commencer de demain mercredi, 16 du courant, réduit à *11 sols*.

Art. 2. — Les pains de fantaisie, de toutes formes et de tous poids, ne seront point soumis au prix statué par l'article précédent.

Art. 3. — Seront au surplus exécutés, suivant leur forme et teneur, les statuts de la communauté des maitres boulangers, ensemble les réglements concernant la police et la vente du pain.

Art. 4. — Le Conseil ordonne que le présent arrêté sera imprimé, affiché et envoyé aux 60 sections (1).

⤳ Le secrétaire ayant fait lecture d'un arrêté de l'Assemblée des Représentants de la Commune, en date du jour d'hier, par lequel l'Assemblée invite le Corps municipal à se rendre demain dans son sein pour lui donner des éclaircissements au sujet de l'adresse concernant les biens nationaux, qui doit être portée à l'Assemblée nationale (2) ;

Le Conseil, délibérant sur cette invitation ;

A arrêté que demain, mercredi 16 du courant, il se rendrait en corps dans l'Assemblée des Représentants de la Commune ; qu'il y serait fait lecture du projet d'adresse, ainsi que des arrêtés qui l'ont déterminé.

Le Conseil a arrêté que son président témoignerait à l'Assemblée de MM. les Représentants de la Commune les sentiments dont le Conseil est pénétré, et qu'au surplus M. le président ainsi que tous les autres membres s'abstiendraient de toute digression et même de toute explication directe ou indirecte, tant sur cet objet que sur tout autre (3).

⤳ Sur l'observation faite par le secrétaire ;

Le Conseil l'a chargé de se retirer vers M. le Maire pour lui pré-

---

(1) Je ne connais pas d'exemplaire imprimé de cet arrêté. — Le *Journal de la Municipalité et des districts* (nº du 19 juin) résume la communication du 14 et l'arrêté du 15 juin, qu'il intitule *Proclamation*.

(2) Arrêté du 14 juin. (Voir ci-dessus, p. 53.)

(3) Le *Conseil de Ville* se rendit, en effet, le lendemain, à la séance de l'*Assemblée des Représentants*. (Voir ci-dessous, p. 95.)

[15 Juin 1790] DE LA COMMUNE DE PARIS 89

senter l'arrêté pris relativement à la diminution du pain (1), et l'inviter à le revêtir de sa signature.

Le Conseil a également décidé qu'expédition du même arrêté serait remise à M. Necker (2).

— M. le président a fait lecture d'une lettre de M. le Maire, qui annonce que M. le président de l'Assemblée nationale lui avait donné pour aujourd'hui jour et heure à l'effet d'admettre la Municipalité (3); mais que, son indisposition ne lui permettant pas de se trouver aujourd'hui à la tête du Corps municipal, et la difficulté de réunir dans aussi peu de temps MM. les administrateurs exigeant nécessairement un délai, il avait écrit à M. le président pour obtenir un autre jour (4).

Signé : Canuel; de Joly, *secrétaire-greffier.*

ÉCLAIRCISSEMENTS

(I, p. 84) La veille du jour où l'Assemblée des Représentants s'occupait du sieur Clavier, garde national blessé dans le service, le *district des Carmélites* avait pris à son sujet l'arrêté suivant (5), daté du 14 juin :

M. Tricault, secrétaire-greffier du comité de police, ayant donné connaissance au comité des sommes qu'il a touchées, pour le sieur Clavier fils, de la Municipalité (6) et des sections (districts) de l'*Oratoire, Saint-Magloire, Saint-Nicolas des Champs, Sainte-Opportune, Saint-Eustache,* les *Carmes Déchaussés, Saint-Jacques l'Hôpital* et *Saint-Honoré,* et de diverses quêtes particulières, lesquelles sommes montent en total à 1,453 liv. 3 s. 9 d.;

M. Rousseau, l'un des commissaires de cette section, a proposé, pour l'avantage du sieur Clavier, et pour hâter sa jouissance en attendant le complément des 10,000 livres votées par la section des Carmélites en faveur dudit sieur Clavier (7), de diviser le paiement en trois portions; en conséquence, de faire l'avance de la somme nécessaire pour compléter celle de 2,000 livres, et d'en

---

(1) Arrêté du même jour. (Voir ci-dessus, p. 88.)
(2) Le secrétaire rendit compte le lendemain de sa mission près du Maire et du ministre. (Voir ci-dessous, p. 96-97.)
(3) Le Maire avait été chargé, le 12 juin, d'obtenir audience pour le Conseil de Ville, à l'effet de présenter l'adresse concernant l'acquisition des biens nationaux. (Voir ci-dessus, p. 37.)
(4) L'*Adresse* fut présentée le 17 juin. (Voir ci-dessous, p. 132 et 136.)
(5) Imp. 3 p. in-8° (Bib. Nat., Lb 40/1761).
(6) Un arrêté du *Conseil de Ville,* du 14 mai, avait alloué 300 livres. (Voir Tome V, p. 369-370.)
(7) Le district avait décidé la constitution d'une rente viagère. (Voir Tome V, p. 364.)

faire l'emploi, au profit dudit sieur Clavier, en acquisition de rente viagère sur le roi au cours de la place, de laquelle avance M. Rousseau a consenti à n'être rempli que lorsqu'il se trouverait entre les mains de M. Tricault les deniers suffisants pour le rembourser.

Et le comité, sensible à l'œuvre généreuse de M. Rousseau, en acceptant sa proposition, l'a prié d'agréer les témoignages de sa reconnaissance ; en conséquence, l'a autorisé à retirer de M. Tricault ladite somme de 1,453 liv. 3 s. 9 d., et à lui en donner quittance, pour être ladite somme réunie à celle qu'il veut bien avancer, et former en total la somme de 2.000 livres, qui sera par lui employée en acquisition d'une rente viagère sur le roi au cours de la place, au profit du sieur Clavier fils, le tout de la manière et sous les charges et conditions par lui proposées.

Le comité a arrêté, en outre, qu'il votait des remerciements à celles des sections qui ont fait remettre le montant de leurs collectes ; et enfin, que la présente délibération serait imprimée, envoyée et notifiée à MM. les députés à la Commune, en la personne de M. le président d'icelle, et à toutes les sections qui n'ont point envoyé leurs collectes, en réitérant leur invitation de coopérer à cette œuvre d'humanité et de bienfaisance et d'accorder le plus promptement possible la demande de la section des Carmélites.

Signé : Leverdier, président.

Lepage de Villeneuve et Boucher, secrétaires-généraux.

Tricault, secrétaire-greffier.

Du Mercredi 16 Juin 1790

— A l'ouverture de la séance, un de MM. les secrétaires a fait lecture des procès-verbaux des 11 et 15 de ce mois ;

Qui ont été adoptés sans réclamation.

— Une députation de MM. les Volontaires de la Basoche a été introduite.

Et un de MM. les députés a prononcé le discours suivant :

Messieurs,

Vous avez connu notre zèle dans des temps moins heureux ; le terme de nos travaux semblait marqué par celui des malheurs publics. Maintenant que vous avez recouvré la tranquillité et la paix ; maintenant que les pères de la nation jugent notre incorporation parmi vous inutile au maintien de votre liberté, nous conserverons encore la même ardeur pour le service de la patrie. Incapables de laisser refroidir ce saint zèle, nous allons, conformément au décret de l'Assemblée nationale, le signaler, s'il est possible, au milieu de ces braves citoyens qui nous ont toujours servi de modèle ; et, pour vous donner, ainsi qu'à la nation entière, une preuve convaincante de notre soumission, nous viendrons demain, sous votre bon plaisir, déposer au milieu de vous ces armes qui nous furent si précieuses quand vos ennemis étaient encore à craindre, et qui ne nous servent plus à présent qu'à les maintenir dans les bornes étroites du devoir que votre sagesse leur a prescrites.

Ensuite, M. le député a fait lecture de l'arrêté de la Basoche, conçu en ces termes :

Extrait des registres de la Basoche.

Du 16 juin 1790.

La Basoche, lecture prise du décret de l'Assemblée nationale du 12 juin présent mois, et voulant donner une preuve de son respect pour les décrets de cette auguste Assemblée et de son empressement à les exécuter, arrête unanimement que MM. Pirault, des Chaumes, Paris, Kersès et Larmeroux se transporteront à l'instant auprès de MM. les Représentants de la Commune de Paris, à l'effet de les prévenir que, conformément à ce décret, une députation en corps ira demain, six heures de relevée, déposer ses grosses armes à l'Hôtel-de-Ville et ses drapeaux à l'église de Notre-Dame, les priant de seconder ses intentions.

Collationné : Delarbre, capitaine, secrétaire.

M. le président a répondu à MM. de la Basoche :

L'Assemblée générale des Représentants de la Commune, témoin des actes multipliés de patriotisme qui ont distingué votre compagnie depuis le commencement de la Révolution, ne perdra jamais le souvenir des services importants que vous avez rendus à la Commune. Votre courage et votre activité vous ont acquis des droits immortels à sa reconnaissance. Vous aviez pris les armes pour la défense de la liberté ; vous allez les déposer par obéissance à la loi : c'est prouver que vous savez être à la fois bons citoyens et braves guerriers.

L'Assemblée vous invite d'assister à sa séance.

L'Assemblée a accueilli avec plaisir la résolution de MM. de la Basoche, et a arrêté que l'hommage de leurs armes serait reçu demain à sept heures du soir (1), et que M. le président en préviendrait M. le Commandant-général.

Et, pour donner à MM. de la Basoche un témoignage authentique de sa satisfaction, l'Assemblée a arrêté à l'unanimité que leur discours et leur arrêté, avec la réponse de M. le président, seraient insérés dans son procès-verbal et imprimés séparément. (I, p. 102.)

— M. le président a fait lecture d'une lettre de M. le Maire, en date de ce jour, par laquelle il a annoncé :

Qu'en conséquence de l'arrêté de l'Assemblée du 9 de ce mois (2), il a convoqué les soixante sections pour samedi prochain ; (II, p. 104.)

Et que, sur l'arrêté de l'Assemblée, relatif à la présentation du pain à bénir le jour de la fête de Saint-Jean (3), le Conseil de Ville a ordonné que le Département du domaine de la Ville ferait pour cette cérémonie toutes les dispositions convenables et nécessaires (4).

— Il a été fait lecture d'une adresse du sieur Aubin Bonnemer, l'un des volontaires de la Bastille, adresse par laquelle il sollicite l'agrément de l'Assemblée pour faire graver les armes de la Ville de Paris sur une pierre tirée d'un des cachots de la Bastille, et dont il désire faire hommage à la ville de Saumur en Anjou, sa patrie (5).

Lecture faite de ce mémoire ;

L'Assemblée a unanimement applaudi à son intention et accueilli sa demande avec la plus vive satisfaction. (III, p. 117.)

— Un membre du Comité des rapports a rendu compte à l'Assemblée d'une adresse de M. Mathieu, prêtre, ancien Capucin sous le nom de Frédéric de Paris, par laquelle, en annonçant qu'il désire profiter de la liberté que lui a accordée le décret de l'Assemblée nationale du 12 février dernier, il demande que l'Assemblée ordonne

(1) La réception eut lieu le lendemain, 17 juin. (Voir ci-dessous, p. 123.)
(2) Arrêté invitant les citoyens des districts à offrir des logements aux fédérés. (Voir ci-dessus, p. 5-6.)
(3) Arrêté du 9 juin. (Voir ci-dessus, p. 3.)
(4) Arrêté du *Conseil de Ville*, du 14 juin. (Voir ci-dessus, p. 54.)
(5) Un arrêté du 12 juin avait accordé cette pierre à BONNEMÈRE, dans la même intention. (Voir ci-dessus, p. 29.)

qu'il soit payé des deux premiers quartiers échus de sa pension, attendu qu'il n'a pas autre chose pour subsister.

L'Assemblée, sur les conclusions du Comité des rapports, a arrêté de renvoyer le mémoire de M. Mathieu au Comité ecclésiastique de l'Assemblée nationale (1).

~~~ Et, après avoir entendu l'avis du Comité des rapports ;

1° Sur un mémoire du sieur Froment, propriétaire d'une maison, rue Saint-Antoine, par lequel il réclame contre la construction du corps-de-garde ordonné sur la place de Birague (2) ;

2° Sur une lettre de M. Sarot, avocat (3), à laquelle était jointe une *Adresse aux patriotes français sur l'élection des juges souverains,* et copie d'une lettre adressée par ce citoyen à M. le président de l'Assemblée nationale ;

3° Sur un mémoire du sieur Brécet, négociant, sur les moyens de rendre le prix du bled égal par tout le royaume ;

4° Et enfin, sur celui des sieurs Jourdain et Jeannin, par lequel ils proposent d'établir un bureau de confiance pour les ouvrières et maîtresses couturières, lingères, brodeuses, plumassières et fleuristes, à l'effet de faciliter aux unes et aux autres les moyens de trouver et de fournir du travail ;

A arrêté, à l'égard des trois premiers, qu'il n'y avait lieu à délibérer ;

Et, quant au dernier, elle en a renvoyé l'examen au Département de police.

~~~ L'Assemblée, après avoir pareillement entendu son Comité des rapports sur une lettre à elle adressée le 14 de ce mois par le maire d'Ivry-sur-Seine, relativement à différents troubles arrivés dans cette municipalité (4) ;

A arrêté que M. le président écrirait à M. le maire d'Ivry qu'elle était d'avis qu'il devait s'adresser, à ce sujet, à l'Assemblée nationale (5).

(1) Le même MATHIEU (Nicolas Charles), Frédéric en religion, se retrouve soldat et secrétaire de la 1re compagnie du bataillon de Saint-Roch, en janvier 1791. (Voir TUETEY, *Répertoire général,* t. III, n° 3412.)

(2) La construction de ce corps-de-garde, demandée le 23 avril, avait été ordonnée par arrêté du 24 ; le 5 mai, le *bataillon de Saint-Louis de la Culture* s'était plaint que les travaux n'étaient pas commencés. L'adjudication avait eu lieu le 1er juin. (Voir Tome V, p. 120, 124-125, 251 et 252.)

(3) Citoyen du district des Mathurins. (Voir Tome III, p. 244, note 1.)

(4) Une lettre précédente du maire d'Ivry, relative à des troubles, avait été discutée à la séance du 5 juin. (Voir Tome V, p. 670-671.)

(5) Les procès-verbaux imprimés de l'Assemblée constituante ne font mention d'aucune démarche de ce genre.

—— Le Département des hôpitaux, auquel la demande du sieur Dumont de Valdajou avait été renvoyée (1), est venu en rendre compte, ainsi qu'il suit

M. Langlard, l'un des administrateurs, a dit :

Pour connaître à quel point l'exposé du sieur Dumont pouvait être exact et pour être en état de certifier l'importance de ses services, nous nous sommes transportés chez lui lundi dernier; nous avons assisté à son pansement gratuit; depuis deux heures jusqu'à cinq, la salle n'a pas désempli : pendant ce temps, cent personnes au moins des deux sexes ont passé, en notre présence, par les mains du sieur Dumont, et de là dans celles de ses élèves et dans celles de son épouse, qui, chacun de son côté, placent les appareils ordonnés, savoir la dame Dumont aux femmes, et les élèves aux hommes, le tout avec la plus grande décence.

Ainsi, c'est comme témoins oculaires que nous sommes en état, Messieurs, de vous assurer que l'établissement du sieur Dumont est, nous ne dirons pas utile, mais précieux et nécessaire dans une ville comme Paris.

Il est précieux, puisqu'il n'y a pas de jour que le sieur Dumont ne rende à la société des citoyens auparavant perdus pour elle. Il est nécessaire et indispensable, car, quoiqu'à Paris les secours de tout genre soient abondants, quoique l'art chirurgical y soit porté à sa perfection, néanmoins, comme le pauvre ne peut jouir de ces avantages qu'en allant les chercher dans les hôpitaux pour les avoir sans payer, il s'ensuit que tous n'y seraient pas secourus, à moins qu'on ne prît le parti d'y établir un chirurgien qui fût uniquement occupé à ce genre de service.

Quant à nous, en particulier, à qui le Département des hôpitaux est confié, nous regardons l'établissement du sieur Dumont comme une affaire d'économie; car, parmi ceux qui s'adressent à lui, il en est un très grand nombre qui, s'ils se présentaient à l'Hôtel-Dieu, exigeraient le logement et la nourriture, quoique par le fait il soit prouvé qu'ils n'ont pas besoin de ces secours.

Mais l'honorable membre a ajouté que le Conseil de Ville, auquel le Département en avait référé, avait pris l'arrêté suivant (2) :

Extrait du registre du Conseil de Ville.

Du 15 juin 1790.

Sur le rapport, fait au Conseil de Ville par M. Langlard, l'un des administrateurs, et au nom du Département des hôpitaux, de la demande du sieur Dumont de Valdajou, tendante à ce que les appointements dont il jouissait, et qui lui étaient payés par le département de la guerre qui les a supprimés, lui fussent désormais payés par la Municipalité;

Le Conseil renvoie la demande du sieur Dumont de Valdajou au Comité de mendicité, pour être employé, s'il y a lieu, sur les fonds du Département destinés à ces objets.

Signé : Dejoly.

Sur quoi, la matière mise en délibération;

Un honorable membre a fait la motion que, provisoirement seule=

---

(1) Arrêté du 2 juin. (Voir Tome V, p. 657.)
(2) Séance du *Conseil de Ville* du 15 juin. (Voir ci-dessus, p. 86.)

ment, et jusqu'à l'établissement de l'assemblée du département de Paris, la Municipalité fût chargée de continuer au sieur Dumont de Valdajou le même traitement qu'il recevait du département de la guerre, et de lui en payer les arrérages échus depuis le 1er janvier dernier.

Un autre honorable membre a fait la motion d'accorder seulement au sieur Dumont de Valdajou une provision de 2,400 livres.

Ensuite, il a été proposé, par forme d'amendement, de nommer des commissaires pour solliciter, en faveur du sieur de Valdajou, auprès du gouvernement et du Comité de constitution de l'Assemblée nationale.

Cette dernière motion, avec l'amendement, ayant été écartée par la question préalable ;

L'Assemblée a pris l'arrêté suivant :

« L'Assemblée générale des Représentants de la Commune, après avoir entendu le rapport du département des hôpitaux, et lecture faite de l'arrêté pris, le jour d'hier, par le Conseil de Ville, sur la demande du sieur Dumont de Valdajou ;

« Considérant que, malgré son état provisoire, elle ne peut, sans manquer à la confiance de ses commettants, laisser périr, faute de secours, un établissement que le Département des hôpitaux lui a assuré être non seulement utile et précieux, mais encore économique pour la Ville de Paris, puisqu'il vient à la décharge des hôpitaux ;

« A arrêté que, provisoirement seulement, et jusqu'après la formation de l'assemblée de département, la Municipalité de Paris sera chargée de continuer au sieur Dumont de Valdajou le même traitement qu'il recevait ci-devant du département de la guerre, et de lui en payer les arrérages échus depuis le 1er janvier dernier. » (IV, p. 119.)

— MM. du Conseil de Ville sont venus, en conséquence de l'invitation qui leur en avait été faite (1), pour faire part à l'Assemblée d'un arrêté par eux pris à l'occasion de la vente des biens ecclésiastiques et de l'*Adresse* projetée à l'Assemblée nationale sur le même objet.

— Comme neuf heures allaient sonner, la séance a été prolongée.

— Un de MM. du Conseil de Ville a fait lecture : 1° d'un arrêté concernant la vente des biens ecclésiastiques et nationaux, déléguée par les décrets de l'Assemblée nationale à la Municipalité, et confiée

---

(1) Arrêté du 14 juin. (Voir ci-dessus, p. 53.)

par les sections à des commissaires particuliers (1) ; 2° d'un projet d'*Adresse* à présenter en conséquence à l'Assemblée nationale, pour la prier de prendre en considération cette violation de ses décrets, qui pourrait alarmer les acquéreurs (2) ; 3° et enfin, d'une *Lettre à leurs commettants*, au sujet de cet arrêté et de cette *Adresse* (3).

L'Assemblée a remercié MM. du Conseil de Ville de la communication qu'ils avaient bien voulu lui donner (4), et a continué la discussion à demain (5).

⎯ La séance a été ajournée à l'heure ordinaire.

Signé : Brierre, *président.*

Secrétaires : Quatremère, fils, Ménessier, Pelletier, Castillon, Demars.

CONSEIL DE VILLE

⎯ Le 16 juin 1790, à six heures du soir, le Conseil de Ville convoqué en la forme ordinaire et réuni sous la présidence de M. d'Augy, l'un de ses membres, en l'absence de M. le Maire ;

⎯ Il a d'abord été fait lecture du procès-verbal de la dernière séance.

La rédaction a été unanimement approuvée.

⎯ MM. Canuel et Sabathier, chargés, dans une des précédentes séances, de se transporter au couvent des r.r. p.p. Augustins, pour prendre connaissance des faits qui s'étaient passés dans cette maison, en dresser le procès-verbal et mettre le Conseil à portée de prononcer (6), ont annoncé qu'ils étaient parvenus à rétablir complètement la paix dans cette maison, en sorte que le Conseil n'avait plus aucun jugement à prononcer.

⎯ Le secrétaire a instruit le Conseil du résultat de la mission dont il avait été chargé hier (7).

---

(1) Arrêté du 7 juin. (Voir Tome V, p. 687-689.)
(2) Le texte de cette *Adresse* avait été arrêté le 12 juin. (Voir ci-dessus, p. 37.)
(3) Le texte de cette *Lettre* avait été arrêté le 12 juin. (Voir ci-dessus, p. 38.)
(4) Dans le compte rendu au *Conseil de Ville*, le 17 juin, il est dit que « les trois objets ont été très bien accueillis et fortement applaudis », et que « la députation s'est retirée sans avoir reçu ni objection, ni même la moindre réponse ». (Voir ci-dessous, p. 131.)
(5) Séance du 17 juin. (Voir ci-dessous, p. 129.)
(6) Séance du 10 juin. (Voir ci-dessus, p. 13.)
(7) Séance du 15 juin. (Voir ci-dessus, p. 88-89.)

Il a annoncé que M. le Maire avait paru très sensible à la déférence du Conseil et qu'il s'était empressé d'apposer sa signature au bas de l'arrêté portant diminution du prix du pain.

Il a également exposé qu'il avait remis lui-même à M. Necker l'expédition de l'arrêté qui lui était destinée, et que le premier ministre des finances l'avait prié d'en faire ses remerciements au Conseil.

Enfin, le secrétaire a annoncé que, conformément aux intentions du Conseil, il avait remis à M. le Maire tous les arrêtés qui avaient été rendus sur les lettres qu'il lui avait adressées, et que, sur la demande qu'il avait faite pour savoir si le Conseil avait obtenu jour et heure pour aller à l'Assemblée nationale (1), M. le Maire avait promis d'adresser aujourd'hui à l'Hôtel-de-Ville la réponse qu'il attendait.

~~~ Au même instant, il a été remis sur le bureau un paquet, adressé au secrétaire, contenant un billet de M. le Maire et une lettre de M. le président de l'Assemblée nationale, portant que le Conseil sera reçu jeudi 17, à six heures du soir.

En conséquence, le Conseil s'est ajourné à demain soir, cinq heures précises, à la salle des Gouverneurs, d'où il se rendra à pied et en corps, ayant M. le Maire à sa tête, à l'Assemblée nationale (2).

~~~ MM. les commissaires rédacteurs de l'adresse à l'Assemblée nationale et de la lettre aux districts ont proposé de faire une dernière lecture de ces deux écrits (3).

Le Conseil a confirmé l'adoption qu'il en avait déjà prononcée et a ordonné leur insertion dans le procès-verbal (4).

Le secrétaire a été autorisé à faire sur-le-champ imprimer, dans la forme adoptée et qui sera ci-après transcrite, la lettre en forme d'adresse aux 60 sections, à l'effet de la faire parvenir dès demain aux citoyens réunis dans les assemblées générales.

~~~ Après cette première délibération, il s'est agi d'exécuter l'arrêté pris hier, par lequel le Conseil avait arrêté de se rendre en corps à l'Assemblée des Représentants de la Commune (5).

Et, sur les observations qui ont été faites par plusieurs de MM. les administrateurs;

Il a été décidé que le Conseil enverrait seulement une députation de huit de ses membres; que l'un d'eux annoncerait l'objet et les

---

(1) Il s'agit toujours de l'*Adresse* sur l'acquisition des biens nationaux à présenter à l'Assemblée nationale. (Voir ci-dessus, p. 89.)
(2) Séance du 17 juin. (Voir ci-dessous, p. 132.)
(3) Déjà adoptés le 12 juin. (Voir ci-dessus, p. 37 et 38.)
(4) Voir ci-dessous, p. 98-102.
(5) Arrêté du 15 juin. (Voir ci-dessus, p. 88.)

Tome VI.

motifs de la démarche du Conseil, et que le secrétaire ferait lecture tant de l'arrêté qui avait ordonné l'adresse à l'Assemblée nationale et l'envoi d'une lettre aux 60 sections que de l'adresse et de la lettre, l'arrêté pris hier devant être exécuté dans le surplus de ses dispositions.

MM. de La Saudade, de Joly, Fissour, Beaufils, Buob, Guignard, Davous et Sabathier ont été chargés de cette mission, qui a été remplie à l'instant (1).

⚬⚬⚬ La séance a été aussitôt levée et remise à demain, cinq heures très précises, pour se rendre en corps à l'Assemblée nationale.

⚬⚬⚬ Suit l'adresse à l'Assemblée nationale, sur l'acquisition et la vente des biens nationaux (2) :

Adresse de la Municipalité de la Ville de Paris,
présentée à l'Assemblée nationale, le 17 juin 1790,
sur l'aliénation et la vente des biens ecclésiastiques et domaniaux.

Messieurs,
Les officiers municipaux de la Ville de Paris se trouvent dans une position infiniment délicate et sur laquelle ils croient devoir recourir à votre sagesse.

Le 17 mars dernier, l'Assemblée nationale a décrété : 1° que les biens domaniaux et ecclésiastiques, dont elle a précédemment ordonné la vente par son décret du 19 décembre jusqu'à la concurrence de 400 millions, seront incessamment vendus et aliénés à la Municipalité de Paris et aux municipalités du royaume auxquelles il pourrait convenir d'en faire l'acquisition; 2° qu'il sera nommé à cet effet par l'Assemblée nationale douze commissaires pris dans toute l'Assemblée, pour aviser, contradictoirement avec les membres élus par la Municipalité de Paris, au choix et à l'estimation desdits biens jusqu'à la concurrence de 200 millions de biens demandés par ladite Municipalité ; l'aliénation définitive desdits 200 millions sera faite aux clauses et conditions qui seront définitivement arrêtées, etc... (3).

Il paraît résulter de ces décrets, Messieurs, et de tous ceux que vous avez portés sur cette matière, que l'Assemblée nationale a voulu rendre les municipalités du royaume les instruments nécessaires et immédiats de cette importante opération, et la formule de soumission que vous venez de décréter pour toutes (4) semble en offrir une nouvelle preuve.

Cependant, Messieurs, les sections de la capitale ont nommé chacune un électeur, qui, tous réunis, ont nommé douze commissaires pour traiter avec ceux de l'Assemblée nationale toutes les conditions préliminaires à l'acquisition proposée par la Ville de Paris.

Les officiers municipaux, toujours animés du désir de conserver la con-

---

(1) Séance de l'*Assemblée des Représentants*. (Voir ci-dessus, p. 95-96.)
(2) Imp. 4 p. in-4° (Bib. Nat., Lb 40/109), et 6 p. in-8° (Bib. Nat., Le 29/715). — Publié dans les *Archives parlementaires* (t. XVI, p. 258). — Par une erreur peu compréhensible, M. Robiquet a inséré le résumé de ce document sous la date du *19 juin*, au lieu du 16 (Voir *Le personnel municipal de Paris pendant la Révolution*, p. 293-294.)
(3) Voir Tome IV, p. *360-363*.
(4) Instruction du 31 mai. (Voir Tome V, p. *699*, note 1.)

corde et l'union dans la Commune, ont alors cru devoir s'abstenir de nommer des commissaires (1), et ils ont laissé agir ceux des sections qui, aux termes de leurs pouvoirs, ne devaient s'occuper que des opérations préparatoires, ainsi qu'ils viennent de le reconnaître eux-mêmes en rendant compte de leurs travaux à leurs commettants.

Mais, Messieurs, à la suite de ce compte, et après avoir annoncé que leurs pouvoirs étaient épuisés, ces commissaires ont dit « qu'il était nécessaire d'en donner de nouveaux pour mettre la dernière main à l'œuvre (2) », et, le 5 juin, les 60 sections ont été convoquées, avec invitation de donner à ces mêmes commissaires toutes les autorisations dont ils avaient besoin pour consommer l'opération et à l'effet de réaliser la proposition faite par la Ville de Paris (3).

Ces pouvoirs ont été accordés par la majorité des districts (4).

Cependant, Messieurs, il est un fait qui a pu produire quelques incertitudes dans l'esprit de plusieurs personnes, et notre devoir est de le placer sous vos yeux.

On lit dans l'*Instruction pour la vente des biens domaniaux*, que vous avez décrétée le 14 mai (5) : « Quant à la Commune de Paris, dont la Municipalité n'est pas formée, les experts seront nommés, l'un par les commissaires des sections, l'autre par l'Assemblée nationale, » etc...

Cette phrase, Messieurs, qui n'est sans doute qu'un vice de rédaction, a peut-être fait croire à quelques personnes que l'Assemblée nationale ne reconnaissait pas la Municipalité actuelle. Mais cette erreur ne peut exister que pour ceux qui ne savent pas qu'après avoir permis à cette même Municipalité de vous présenter, le 10 mars dernier, un projet d'aliénation des biens domaniaux et ecclésiastiques (6), l'Assemblée nationale a dit, par décret du 17 du même mois : « qu'il serait vendu et aliéné pour 200 millions de biens *à la Municipalité de Paris*, et que les commissaires de l'Assemblée nationale aviseraient, contradictoirement avec les membres élus *par ladite Municipalité*, au choix et à l'estimation desdits biens, » etc...

Enfin, Messieurs, si, malgré le texte de vos décrets, quelqu'un avait pu douter encore que l'existence de la Municipalité actuelle ne fût avouée et connue de l'Assemblée nationale, tous ses doutes auraient été détruits par votre décret du 8 de ce mois, où vous avez dit que la Municipalité de Paris est autorisée à remplir provisoirement les fonctions de l'administration du département par rapport aux biens ecclésiastiques situés dans ses murs (7).

Vous voyez, Messieurs, par cet exposé, que, si la Municipalité provisoire consulte la lettre et l'esprit de vos décrets, elle doit s'occuper de toutes les opérations relatives à l'acquisition proposée par la Ville de Paris;

Que, si elle consulte, au contraire, le vœu de la majorité des sections, elle doit s'en abstenir et laisser agir leurs commissaires.

La Municipalité craint, d'un côté, qu'en s'abstenant de cette opération

---

(1) Arrêté du 31 mars. (Voir Tome IV, p. 561-562.)

(2) *Compte rendu à la Commune de Paris, dans ses 60 sections, par les douze commissaires.* (Voir Tome V, p. 694-698.)

(3) Convocation du 1ᵉʳ juin pour le *4* juin, et non pour le *5*. (Voir Tome V, p. 698-699.)

(4) Délibérations des districts du 4 au 11 juin. (Voir Tome V, p. 699-711.)

(5) *Instruction* du *31* mai, non du *14*. (Voir Tome V, p. 705, note 1.)

(6) *Compte rendu à l'Assemblée nationale par le Bureau de Ville.* (Voir Tome IV, p. 357-360.)

(7) Voir Tome V, p. 636-637.

importante et délicate, on ne lui reproche un jour l'oubli de vos décrets et qu'on ne s'en fasse un prétexte contre la légalité de l'acquisition.

D'un autre côté, la Municipalité se trouverait heureuse de ne porter aucun obstacle aux dispositions et aux vœux de ses commettants.

Dans cette position, Messieurs, elle vient vous exposer les faits, vous présenter avec confiance ses inquiétudes, ses embarras, et vous supplier de lui tracer ses devoirs.

Prononcez, Messieurs, et, quelle que soit votre décision, elle remplira tous les désirs de la Municipalité.

Signé : BAILLY, Maire.
DAUGY, président.
DE JOLY, membre et secrétaire du Conseil de Ville.

~~~ Suit l'adresse aux soixante sections (1) :

MUNICIPALITÉ DE PARIS

Adresse des soixante administrateurs composant le Corps municipal de la Ville de Paris, aux citoyens réunis dans les 60 sections composant la Commune de Paris.

Extrait du registre du Conseil de Ville.

Du mercredi 16 juin 1790.

Messieurs,

Librement élus pour vous représenter et défendre dans l'administration les intérêts de la Commune, honorés de votre confiance, nous devons y répondre d'une manière qui soit digne de vous et de nous.

Nous le ferons en déposant dans votre sein nos inquiétudes sur la légalité et la sûreté d'une opération proposée par le Bureau de Ville, accueillie par les sections, approuvée par l'Assemblée nationale, et qui, pour nous servir des expressions de vos commissaires, doit assurer le salut de la chose publique.

Vous sentez, Messieurs, que nous voulons parler de l'aliénation à faire, aux différentes municipalités du royaume, de 400 millions de biens domaniaux et ecclésiastiques.

La Ville de Paris pourra se glorifier dans tous les temps d'avoir présenté ce projet et de l'avoir exécuté la première; mais il est essentiel qu'elle l'exécute légalement et qu'aucune irrégularité ne puisse fournir aux ennemis du bonheur public le moyen d'inspirer de la défiance à ceux qui voudraient attaquer les aliénations.

Si vous daignez vous reporter au décret du 17 mars dernier, sanctionné le 21 du même mois, vous y verrez que ces opérations doivent être concertées entre les douze commissaires nommés par l'Assemblée nationale et *les membres élus par la Municipalité actuelle.*

C'est dans cette Municipalité qu'existaient vos véritables représentants

---

(1) Imp. 6 p. in-4° (Bib. Nat., Lb 40/108). — Un autre exemplaire, qui se trouve à la Bib. de la Chambre des députés (BF 33 a, t. 37 (Ville de Paris, I), n° 9), porte, par erreur, la date imprimée de mercredi *16 mai* 1790, avec cette note manuscrite : *Reçu le 18 juin* 1790. — M. ROBIQUET annexe encore le résumé de ce document au procès-verbal de la séance du *19 juin*, alors qu'il figure à celui de la séance du 16. (Voir *Le personnel municipal de Paris pendant la Révolution*, p. 294-295.)

pour la consommation des aliénations proposées; le décret n'en appelait pas d'autres à leur place; il les excluait même en ne les appelant pas.

Cependant, le premier acte qu'ont fait les sections après la promulgation de ce décret n'a été conforme ni à la lettre, ni à l'esprit de la loi.

Douze commissaires, tous étrangers à la Municipalité, qu'on ne lui a pas même associés comme conseils, ont été nommés pour procéder aux opérations préparatoires (1).

La Municipalité aurait dû peut-être réclamer contre un oubli aussi positif d'un décret formel; mais le désir d'entretenir la paix et l'union dans les sections l'ont déterminée à ne pas s'opposer à ce que leurs commissaires procédassent aux opérations préliminaires seulement. C'est par ces motifs que, par sa délibération du 31 mars dernier, le Conseil de Ville a déclaré qu'il s'abstiendrait, quant à présent, de nommer des commissaires (2).

Il pensait alors que, les opérations préliminaires étant achevées, tout rentrerait dans l'ordre, et que, en conformité du décret, les opérations seraient confiées à la Municipalité. Il vient d'être détrompé.

Vos commissaires, Messieurs, vous ont rendu compte de leurs travaux préparatoires; mais, en vous annonçant que leurs pouvoirs étaient épuisés, ils ont oublié de vous rappeler que, pour obéir à la lettre du décret, les opérations définitives devaient être confiées à la Municipalité.

Vous avez été convoqués pour donner de nouveaux pouvoirs à l'effet de traiter définitivement des objets que la Ville de Paris pourrait acquérir dès à présent, et vous les avez conférés aux mêmes commissaires (3).

Plus instruits que personne des dispositions et de l'esprit du décret, peut-être auraient-ils dû vous observer que les pouvoirs qu'on demandait pour eux étaient précisément et textuellement accordés à la Municipalité par le décret du 17 mars; qu'aux termes de ce décret, elle seule avait caractère pour contracter valablement et légalement au nom de la Ville de Paris, et pour signer les commissions qui doivent faire passer entre ses mains une portion des biens nationaux (4).

Peut-être encore auraient-ils dû s'apercevoir qu'en vous laissant intervertir l'ordre établi par le décret, on vous exposait à compromettre l'opération et à fournir aux malveillants l'occasion de la discréditer ou de faire attaquer un jour les aliénations faites par d'autres agents que ceux que demandait le décret, et hors la présence du procureur-syndic, qui ne peut agir qu'avec la Municipalité et près d'elle.

Ces réflexions ne se sont pas présentées à leur esprit : nous n'entendons pas leur en faire ici le reproche; nous sommes convaincus que leurs intentions sont aussi pures que les nôtres; mais, lorsque le parti qu'ils vous ont laissé prendre peut préjudicier à vos intérêts, qui sont liés à ceux de la

(1) Réunion du 1er au 2 avril. (Voir Tome IV, p. *582-583*.)
(2) Arrêté du 31 mars. (Voir Tome IV, p. 561-562.)
(3) Convocation et délibérations des districts du 4 au 11 juin. (Voir Tome V, p. *698-711*.)
(4) Ici, l'édition imprimée de l'*Adresse des soixante administrateurs* et la copie manuscrite du registre du Conseil de Ville reproduisent en note le texte des décrets du 17 mars 1790, concernant l'aliénation, à la Municipalité de Paris et à celles du royaume, de 400 millions de biens domaniaux et ecclésiastiques, et du 8 juin 1790, sur les droits attribués à la Municipalité de Paris. Ces documents étant connus, la note devient inutile. (Voir Tome IV, p. *363,* et Tome V, p. *637*.) — M. Robiquet a reproduit en entier le texte des décrets du 17 mars et du 8 juin, en signalant une interpolation facile à corriger que présente, en effet, le manuscrit du registre-copie. (Voir *Le personnel municipal de Paris*, p. 295-296.)

France entière, il ne nous est pas permis de garder un silence coupable.

Si l'on vous eût proposé, Messieurs, d'adjoindre des commissaires à ceux de la Municipalité à l'effet de les suivre dans leurs opérations et de les éclairer de leurs conseils, loin de s'en plaindre, l'administration les aurait accueillis avec le plus vif empressement, parce qu'elle a le désir de bien faire et de mériter vos suffrages.

Mais, lorsqu'elle se voit remplacée par une commission dans une opération que les principes et les décrets lui confiaient et qu'elle paraissait seule autorisée à consommer légalement, quelque respectable que soit cette commission, et quelque envie qu'ait la Municipalité d'accéder à tous vos désirs, elle croirait trahir les intérêts que vous lui avez confiés si elle ne rendait pas compte à l'Assemblée nationale de ce qui se passe, et si, en lui exposant ses doutes et ses inquiétudes, sans aucune prétention personnelle, elle ne la suppliait pas de rendre, dans sa sagesse, un décret qui prévienne tous les inconvénients.

Il est de son devoir de laisser un monument de son dévouement et de son zèle ; il lui importe que tout le monde sache, et que vous vous rappeliez vous-mêmes, Messieurs, qu'après avoir proposé une opération que vous avez accueillie comme utile et glorieuse pour la Ville de Paris et pour la France entière, la Municipalité n'a rien négligé pour la mettre à l'abri de toute atteinte, en l'environnant de toute la légalité dont elle doit être accompagnée.

C'est ainsi, Messieurs, que vos administrateurs provisoires justifieront la confiance dont vous les avez honorés. Ils feront tout pour la patrie, rien pour eux ; tout pour le salut de la chose publique, rien pour leur satisfaction personnelle. Leur ambition se borne à mériter votre estime, et si, pour prix de leurs pénibles travaux, des sacrifices qu'ils ont faits et des dangers qu'ils ont courus, ils obtiennent l'approbation de leurs concitoyens, ils se croiront noblement récompensés de leurs services.

Signé : D'AUGY, *président.*

DE JOLY, *membre et secrétaire du Conseil de Ville.*

~~ Le Conseil de Ville a donné acte à M. Labbé (1) de la présentation qu'il a faite d'un arrêté du district des Cordeliers (2), concernant les discussions qui se sont élevées entre M. le Maire et l'Assemblée des Représentants de la Commune. (V, p. 121.)

Signé : D'AUGY, *président;* DE JOLY, *secrétaire-greffier.*

* *

ÉCLAIRCISSEMENTS

(I, p. 92) Le décret, en conformité duquel la *légion de la Basoche* prononçait sa propre dissolution, est celui du 12 juin 1790, matin, rendu sur le rapport de TARGET (3). Il est ainsi conçu :

---

(1) *Lire :* LABLÉE.
(2) Arrêté du 9 juin, communiqué le 15 à *l'Assemblée des Représentants.* (Voir ci-dessus, p. 81-82.)
(3) Voir *Archives parlementaires* (t. XVI, p. 185). — Le décret du 12 juin 1790

Art. 4. — Aucun citoyen ne pourra porter les armes, s'il n'est inscrit de la manière qui vient d'être réglée (dans la Garde nationale); en conséquence, tous corps particuliers de milice bourgeoise, d'arquebusiers ou autres, sous quelque dénomination que ce soit, seront tenus de s'incorporer dans la Garde nationale, sous l'uniforme de la nation, sous les mêmes drapeaux, le même régime, les mêmes officiers, le même état-major. Les drapeaux des anciens corps et compagnies seront déposés à la voûte de l'église principale, pour y demeurer consacrés à l'union, à la concorde, à la paix.

Au moment de voir disparaître la Basoche en tant que troupe militaire, nous devons noter ses derniers actes.

A la date du 29 mars 1790, on trouve une délibération du comité civil et de police du *district des Petits Pères* (1), relative à deux particuliers arrêtés, la nuit précédente, au Palais-Royal : la Basoche désirant savoir si ces individus étaient bien, comme on le disait, des membres de la compagnie, le comité répond par l'envoi du procès-verbal d'arrestation, constatant que l'un des deux s'est dit clerc d'un procureur au Châtelet, et le second, garçon tapissier; que, d'ailleurs, ils ont été relaxés l'un et l'autre, après avoir fourni caution. Puis, le comité ajoute :

Le comité verrait, au surplus, avec le plus vif intérêt, que cette délibération, destinée à être rendue publique si elle est jugée nécessaire, contribuât à détruire des bruits défavorables à des citoyens qui ont donné des grandes preuves de leur zèle pour la chose publique depuis la Révolution.

Signé : DUCARIN, président.
DE CURNY, secrétaire-général.

Bien que ce certificat ne fût pas très probant, la Basoche s'empressa de le publier, avec la délibération suivante :

La Basoche assemblée;
Considérant que rien ne peut l'affliger davantage que les imputations calomnieuses qui lui sont faites par les ennemis du bien public, et qu'il ne lui suffit pas d'avoir montré le plus généreux dévouement pour la cause générale, qu'il faut encore qu'elle réunisse la confiance de tous les bons citoyens;
Déclare qu'elle ne cessera d'être fidèle à la constitution et de la maintenir, soit corporellement (*sic*), soit individuellement;
Et, pour faire connaître de nouveau ses sentiments à la capitale;
A arrêté que la présente délibération, ensemble celle de MM. du comité civil et de police du district des Petits Pères, seront imprimées, publiées et affichées partout où besoin sera.

Signé : BENOUT, secrétaire.

Le 22 avril, la Basoche délibère solennellement qu'elle adhère aux décrets de l'Assemblée nationale (2), et se présente devant l'Assemblée nationale le 15 mai, soir, pour faire connaître ses sentiments.

fut confirmé par le décret général sur l'organisation des gardes nationales, du 29 septembre 1791 (section II, art. 28), dans les termes suivants : « Les anciennes milices bourgeoises, compagnies d'arquebusiers, chevaliers de l'arc et de l'arbalète, compagnies de volontaires et toutes autres, sous quelque forme et dénomination que ce soit, sont supprimées. » (Voir *Archives parlementaires*, t. XXVIII, p. 730-731, et t. XXXI, p. 628.)

(1) Imp. 2 p. in-4° (Bib. Nat., manusc. 2658, fol. 325). — Ce document n'est pas signalé par M. TOURNEUX (t. II).

(2) Pièce manusc. (Arch. Nat., C 38, n° 340 *bis*).

Le duc D'AIGUILLON (1) insista pour son admission immédiate : dans un moment où le bruit court que le Parlement de Paris proteste contre les décrets de l'Assemblée nationale, il est bon qu'on connaisse les sentiments d'une partie du Parlement, la Basoche. Et, comme le vicomte DE MIRABEAU veut plaisanter, D'AIGUILLON le rabroue en ces termes : « C'est parce que j'ai été pair de France que je sais que la Basoche est la meilleure troupe auxiliaire du Parlement de Paris. »

La Basoche est donc admise à la barre : elle proteste de son parfait dévouement pour les décrets de l'Assemblée nationale et jure d'être fidèle à la constitution. Le président (THOURET) répond par quelques compliments pour « leur milice citoyenne, prête à soutenir la liberté publique », et invite la députation à assister à la séance (2).

Depuis, nous avons vu la Basoche manifester sa vigilance en avertissant les districts voisins de la visite du garde des sceaux au Palais de justice, le 23 mai (3).

Tout récemment encore, elle était venue demander un complément d'armes (4).

Le décret du 12 juin rendait cet armement inutile.

La cérémonie du 17 juin sera la fin de la Basoche militaire (5).

(II, p. 92) A la suite d'une motion de CÉZERAC, l'Assemblée des Représentants de la Commune avait invité, le 9 juin, le Maire à convoquer les soixante sections, pour leur faire part du vœu qu'elle exprimait que les délégués envoyés par les départements pour prendre part au pacte fédératif reçussent tous l'hospitalité chez leurs frères de la capitale (6). Il semble que BAILLY, avant de déférer au désir de l'Assemblée des Représentants, ait attendu que le Conseil de Ville se soit prononcé; toujours est-il que, le Conseil de Ville ayant approuvé le vœu, le 15 juin, s'en rapportant d'ailleurs au Maire pour le transmettre aux soixante sections (7), on voit BAILLY, dès le lendemain, s'empresser de faire savoir à l'Assemblée des Représentants qu'il a convoqué les sections pour le 19.

Mais la motion de CÉZERAC elle-même avait été précédée de quelques manifestations dans le même sens.

C'est ainsi que, deux jours avant que l'Assemblée des Représentants fût saisie de la proposition, le 7 juin, le *district des Feuillants* prenait la délibération suivante (8) :

Un des membres de l'assemblée a fait la motion que tous les citoyens du district, qui pouvaient offrir des logements aux députés qui se rendront incessamment à Paris pour la Fédération générale, fussent invités à se faire inscrire dans un registre qui serait ouvert au comité, et à désigner le nombre de personnes qu'ils pourraient recevoir.

(1) Député de la noblesse de la sénéchaussée d'Agen, pair de France.
(2) Voir *Archives parlementaires* (t. XV, p. 523).
(3) Séance du 28 mai. (Voir Tome V, p. 584.)
(4) Séances des 29 mai et 2 juin. (Voir Tome V, p. 597 et 658.)
(5) Voir ci-dessous, p. 123-125 et 128-129.
(6) Arrêté du 9 juin. (Voir ci-dessus, p. 5-6.)
(7) Arrêté du 15 juin. (Voir ci-dessus, p. 87.)
(8) Imp. 1 p. in-4° (Bib. Nat., Lb 40/1390).

Le mérite de cette pensée est à celui qui l'a exprimée le premier; mais le sentiment qui l'a fait naître est commun à toute l'assemblée. Chacun s'est écrié : « Aucun Français n'est étranger dans la France; il trouvera partout des hôtes et des amis. »

Cette motion a été unanimement adoptée avec les plus vives acclamations, et il a été arrêté qu'à compter de demain, il sera ouvert un registre au comité; sur lequel seront écrits les noms des citoyens qui peuvent offrir des logements à MM. les députés des provinces, et que la présente délibération sera imprimée et envoyée aux 59 districts.

Signé : BERTEMY, secrétaire-greffier.

De même, au *district des Mathurins*, le 8 juin, JOZEAU, ayant demandé la parole pour une motion relative aux accessoires du pacte fédératif général, proposa, entre autres choses, ceci :

Il faudra rappeler ces temps heureux où l'hospitalité était en honneur, et que tous la pratiquent selon leurs facultés, leur local ou leurs facilités. On remplirait ainsi comme leçon le plus doux vœu de l'Assemblée nationale, qui est, en cette conjoncture : *dignité* pour la fête, *respect* pour la constitution, *économie* chez une nation libre.

Que chacun offre, selon ses moyens, un ou plusieurs lits, ainsi que tous les soins hospitaliers, aux bons et braves soldats citoyens délégués; qu'une liste soit dressée dans chaque section, et que toutes les listes réunies soient présentées à l'Assemblée nationale, puis envoyées au Bureau de Ville, qui répartira ces logements aux citoyens délégués au fur et à mesure de leur arrivée.

L'ensemble de la motion, sauf les détails, ayant été applaudi et l'impression votée, l'arrêté suivant (1) fut adopté :

L'assemblée a arrêté :

2° D'ouvrir, dès demain matin, au comité civil de la section une liste, par numéros, des citoyens de l'arrondissement qui, dans cette grande circonstance, pourront offrir volontairement un ou plusieurs lits et les doux soins de l'hospitalité à un ou à plusieurs des citoyens armés qui viendront en députation de tous les points du royaume à la Fédération générale du 14 juillet; de présenter cette liste à l'Assemblée nationale, et de l'y réunir à celles de toutes les autres sections, si, d'une part, la liste de nos citoyens en état de donner l'hospitalité peut se monter à 200 inscriptions volontaires, et si, d'autre part, les 59 sections ouvrent une pareille liste et prennent la même forme pour prouver à tous les départements français le dévouement entier du département de Paris.

L'assemblée a arrêté, en outre, que la motion de M. Jozeau, ensemble le présent arrêté, seraient imprimés et envoyés le plus prochainement possible à M. le Maire, au Bureau de Ville et à toutes les sections actuelles, avec invitation de s'occuper de ce qui concerne les listes hospitalières; enfin, qu'en cas d'acceptation et d'adhésion, ces listes soient présentées à l'Assemblée nationale par une députation des districts, M. le Maire à la tête, comme chef de la véritable Commune, puis remises, de suite, au Bureau de Ville par M. le Maire, pour y avoir recours le mois prochain, à fur et mesure de l'arrivée de MM. les députés de tous nos frères d'armes, qui doivent se rendre à Paris pour le serment du pacte général.

Signé : DUFOURNY DE VILLIERS, président.
DUMOLARD, vice-secrétaire.

D'autre part, le *Journal de la Municipalité et des districts* (n° du 22 juin),

---

(1) Imp. 7 p. in-8° (Bib. Nat., Lb 40/288).

rendant compte de la motion de Cézerac et de la convocation des districts à ce sujet, dit :

« Avant la motion de M. Cézerac, la même proposition avait été faite et discutée dans l'Assemblée pour la confédération nationale. On y avait observé que, dans un acte aussi solennel d'union et de fraternité, il ne devait point y avoir de préférence ni de distinction; que, la plupart des citoyens de Paris étant logés fort à l'étroit, il paraissait fort difficile d'obtenir un assez grand nombre de soumissions pour se flatter de recevoir et loger environ 10,000 députés, et qu'il semblait que l'Assemblée nationale avait pourvu à cet inconvénient en décrétant que les députés se rendraient à Paris aux frais des départements. Au surplus, beaucoup de citoyens ont déjà témoigné leur zèle à ce sujet, et le vœu de la majorité des districts est d'offrir des logements chez les bourgeois. »

L'idée était ainsi lancée et la chose marchait d'elle-même, lorsque l'intervention de l'Assemblée des Représentants de la Commune faillit tout gâter. Que leur voulait-elle, à ces districts qui ne reconnaissaient plus sa compétence? De quel droit leur adressait-elle une invitation, elle qu'ils avaient déclarée déchue de son mandat? Tel est le sentiment qui se manifeste aussitôt et qui trouble un moment les délibérations des districts.

Dès le 11 juin, avant la convocation du Maire, le *district de Saint-Germain l'Auxerrois* signifie son hostilité par un arrêté (1) ainsi formulé :

L'assemblée générale, après avoir entendu le rapport de son président des travaux de l'Assemblée des députés nommés par les districts pour la formation et exécution d'un pacte fédératif universel avec toutes les municipalités du royaume;

Déclare à l'unanimité :

1° Qu'elle approuve les délibérations prises par ladite Assemblée;

2° Qu'en persistant dans ses précédents arrêtés, concernant les ci-devant mandataires de la Commune (2), elle regarde comme nulles et illégales toutes les assemblées, arrêtés ou délibérations desdits mandataires; qu'en conséquence, elle n'entend pas qu'ils s'immiscent en aucune manière dans les travaux dudit pacte fédératif et dans son exécution, ni même dans les affaires de la Commune;

3° Qu'elle approuve la députation auprès du Bureau de Ville, c'est-à-dire auprès des soixante administrateurs qui composent la véritable Municipalité (3), et qu'elle estime que ce Bureau de Ville doit concourir avec les députés de la confédération aux travaux de l'exécution du pacte fédératif; qu'il doit donner tous les ordres nécessaires pour les dépenses qu'exige l'exécution de ce pacte; que ces dépenses doivent être faites aux frais de la Commune, et que les comptes en doivent être vérifiés et arrêtés tant par les administrateurs que par lesdits députés;

4° Qu'on doit laisser la liberté la plus entière aux citoyens des districts de faire telles invitations que bon leur semblera à leurs frères députés des différents départements;

5° Enfin, que le présent arrêté sera imprimé et envoyé aux 59 autres districts, avec invitation d'y adhérer.

Signé : Julliot, président.

Martin, secrétaire-greffier.

(1) Imp. in-fol. (Bib. Nat., Lb 40/1572).

(2) Arrêtés des 23 février, 19 avril et 26 mai 1790. (Voir Tome V, p. *474, 625-626* et 740.)

(3) Députation envoyée au *Conseil de Ville* (non au *Bureau de Ville*), le 10 juin. (Voir ci-dessus, p. 13-15, *18-19*.)

En même temps, se produit, d'un autre côté, une initiative qui éveille les inquiétudes de l'Assemblée des députés des sections pour le pacte fédératif. Manuel, administrateur de police, n'a-t-il pas l'idée d'ouvrir lui-même officiellement un bureau d'inscription pour le logement des fédérés!

Le *Journal de Paris* (n° du 15 juin) insérait, en effet, la lettre suivante :

MUNICIPALITÉ DE PARIS. — DÉPARTEMENT DE POLICE.

Aux auteurs du *Journal.*

Le grand jour approche, Messieurs, qui doit effacer tous les plus beaux jours de la Grèce et de Rome. Est-il une nation dans l'histoire, dans la fable même, qui, pendant le court espace d'un an, corrigeant à la fois ses princes, ses prêtres et ses juges, ait changé de lois et de mœurs? Oui, de mœurs : car il y a bien loin de ce peuple qui portait le deuil de Cromwell à celui qui porte le deuil de Franklin.

Quel spectacle, Messieurs, pour l'univers, que cet anniversaire de la liberté, où toute la France à Paris, croyant avoir fait un nouveau choix, criera jusqu'au ciel : *Vive Louis I*er*, roi des Français!*

Pourquoi faut-il que tous les rois ne méritent pas encore d'assister à cette fête, où ils jureraient enfin, où ils signeraient ensemble le bonheur des hommes!

Je ne doute point, Messieurs, que tous ces soldats, et ceux de la nation et ceux du roi, qui accourent de toutes les provinces pour se mêler, se confondre sous les drapeaux de la patrie, ne reçoivent dans toutes nos villes hospitalières les marques d'estime que se doivent les défenseurs de la constitution. Mais c'est surtout aux conquérants de la Bastille à faire les honneurs de la France. Il faut qu'une armée, qui ne fera qu'une famille, trouve nos maisons ouvertes comme nos cœurs.

Voulez-vous bien prévenir ceux de mes concitoyens qui seront jaloux de loger nos frères, que j'inscrirai avec plaisir, à l'Hôtel de la Mairie, leur nom, leur demeure et leurs offres?

J'ai l'honneur d'être, etc...

Signé : Manuel, administrateur.

Qu'est-ce que cela signifiait? Comment! L'Assemblée des députés pour le pacte fédératif avait bien voulu demander au Conseil de Ville son concours qui lui était indispensable; elle avait consenti à former avec les délégués du Conseil de Ville une sorte de Comité mixte où d'ailleurs elle s'était réservé la majorité (1), et voilà qu'un des membres du Conseil de Ville se permettait de transmettre aux habitants un avis qui ne lui avait point été préalablement communiqué! L'Assemblée présidée par Chanon en exprima son étonnement indigné dans l'arrêté suivant, pris sans doute le 14 ou le 15 juin, publié par la *Chronique de Paris* (n° du 18 juin) :

CONFÉDÉRATION NATIONALE.

Assemblée des députés des 60 sections de la Commune de Paris.

L'Assemblée des députés des 60 sections de la Commune de Paris, réunis à l'Hôtel-de-Ville, ayant entendu le rapport de son président sur une lettre adressée au *Journal de Paris* par une personne qui signe Manuel, administrateur, laquelle personne s'attribue la mission d'inscrire à l'Hôtel de la Mairie les noms des citoyens qui se proposent de loger leurs frères, députés des provinces pour la

---

(1) Démarche du 10 juin et arrêtés des 11 et 12 juin. (Voir ci-dessus, p. 13-15, 24-26 et 38-40.)

confédération nationale, bien convaincue qu'elle n'a délégué cette mission à aucun particulier; pénétrée d'ailleurs de cette vérité qu'aucun membre du Conseil de Ville n'a pu enfreindre les conventions arrêtées entre MM. les administrateurs et l'Assemblée, qui consistent à préparer, par leurs commissaires respectifs, les opérations ultérieures du pacte fédératif et à en référer ensuite à l'Assemblée générale;

A arrêté que M. Manuel, administrateur, serait invité de se rendre à l'Assemblée, pour avoir de lui le désaveu de la lettre en question ou pour expliquer ses motifs, dans le cas où il l'avouerait.

Signé : Charon, président.

A cette sommation, Manuel répondit en s'excusant, non sans esprit, sur la pureté de ses intentions, par une lettre datée du 16 juin et également publiée dans la *Chronique de Paris* (n° du 18 juin). Cette lettre est ainsi conçue :

Messieurs,

Votre arrêté m'afflige, car je ne le mérite pas. Celui qui, comme moi, ne tenant à sa place que par le bien qu'il y fait, sans crainte comme sans espérance, s'immole à la chose commune, a le droit d'être étonné quand il ne reçoit pas des marques d'estime.

Ce que j'ai fait, Messieurs, tout citoyen pouvait le faire : c'était pour me délasser de mes peines publiques que je voulais avoir le plaisir de composer moi-même la liste des bons patriotes qui sont fiers de loger un soldat.

Mais, comme c'est vous, Messieurs, qui préparez cette fête sublime d'un peuple souverain, il est dans mes principes, comme dans mes procédés, de vous soumettre cette liste civique; elle sera imprimée sous vos auspices. Qui doit, mieux que vous, mettre sur le billet de nos hôtes le cachet de la liberté?

Un vœu m'échappe, Messieurs, et il est permis à un administrateur qui voit de près les maux qu'il cache : puisse une nouvelle Municipalité signer le pacte de famille!

En cédant l'écharpe, je ne vous demanderai qu'un fusil.

Je suis, etc...

Signé : Manuel.

Mais l'Assemblée des députés pour la Confédération n'entendait point la plaisanterie : pour couper court à de pareilles incartades, elle prit aussitôt et fit publier dans tous les journaux une sévère Proclamation (1) :

CONFÉDÉRATION NATIONALE
Assemblée des députés des 60 sections de la Commune de Paris.

Du mercredi 16 juin 1790.

L'Assemblée des députés des 60 sections de la Commune de Paris, réunis à l'Hôtel-de-Ville pour toutes les opérations relatives à la Confédération nationale, ayant entendu le rapport, que lui a fait son président, de divers articles, insérés dans plusieurs journaux, tendant à égarer l'opinion sur les véritables coopérateurs, revêtus exclusivement des pouvoirs de la Commune pour cet important objet; considérant que plusieurs Assemblées sont tour à tour désignées comme chargées et occupées de cette solennité (2); que même des particuliers se per-

---

(1) Imp. in-fol. (Bib. Carnavalet, dossier d'affiches), et 2 p. in-8° (Bib. Carnavalet, dossier 12272). — Reproduit par le *Journal de la Municipalité et des districts* (n° du 19 juin), le *Courrier de Paris dans les départements et des départements à Paris* (n° du 23 juin), et le *Moniteur* (n° du 25 juin).

(2) Divers journaux avaient indiqué soit l'Assemblée des Représentants de la Commune, soit la Municipalité. (Voir Tome V, p. 629, note 6.)

mettent de s'attribuer des missions à ce sujet, quoiqu'ils y soient en effet absolument étrangers (1); croyant devoir faire cesser ces incertitudes semées avec affectation, et s'opposer à toute atteinte portée aux droits de la Commune, résidants dans ses sections;

Déclare que la Confédération nationale est confiée, jusqu'à son entière exécution, à *cent vingt députés des sections de Paris*, récemment unis aux administrateurs municipaux et délibérant dans la salle de la Reine, à l'Hôtel-de-Ville, et que c'est à eux qu'il faut référer de tout ce qui a rapport au pacte fédératif.

Signé : Charon, président.
Lafisse, Moreau, Barnier, Mathis, secrétaires.

Cette fière déclaration affirmait la prépondérance de l'Assemblée des commissaires des districts. Mais que devenait la question du logement des fédérés?

Il est temps de revenir aux délibérations provoquées dans les districts par la convocation du Maire.

Un petit nombre seulement de ces délibérations nous sont parvenues, et encore n'offriraient-elles qu'un médiocre intérêt si nous ne rencontrions, dans plusieurs, l'expression d'une hostilité de plus en plus déclarée à l'égard de l'Assemblée des Représentants de la Commune. Il s'en faut de peu que certains districts ne refusent complètement de délibérer, parce que la convocation du Maire a été précédée d'une invitation de l'Assemblée!

Il faut citer d'abord, en ce genre, l'arrêté du *district des Récollets*, du 17 juin (2), ainsi formulé :

M. le président a communiqué à l'assemblée une lettre circulaire, écrite par M. le Maire aux sections, pour soumettre à leur délibération un arrêté pris par les mandataires provisoires, le 9 de ce mois, relativement aux soumissions que pourraient faire les citoyens pour exercer l'hospitalité envers MM. les députés qui arriveront à Paris pour le pacte fédératif.

L'assemblée a considéré que, dès le 15 mars, elle a rappelé les mandataires qu'elle avait ci-devant envoyés à l'Hôtel-de-Ville pour concourir, avec ceux des autres districts, à la rédaction d'un plan de Municipalité (3); que ses mandataires, fidèles aux vrais principes et à leur devoir, sont rentrés dans son sein (4), de manière que le district des Récollets est devenu absolument étranger à toutes les opérations illégales des soi-disant Représentants de la Commune; qu'elle n'a jamais vu, dans les mandataires provisoires, que des rédacteurs d'un plan de Municipalité, desquels la mission devait expirer avec leur travail; que, toutes les fois qu'ils ont étendu leur mission plus loin, sans y être spécialement autorisés ou invités par les districts, elle ne les a considérés que comme des usurpateurs; qu'aujourd'hui surtout, où il ne leur reste aucune mission quelconque, ils continuent à s'assembler ou à exercer des fonctions qui ne leur ont jamais appartenu, et qu'ils osent lutter, sans retenue, contre l'indignation et les protes-

(1) Le *Journal de la Municipalité et des districts* (n° du 22 juin, supplément) dit positivement que « c'est l'arrêté du 9 juin et la lettre de M. Manuel qui ont donné lieu à la déclaration de MM. les 120 députés, du 16 juin ».
(2) Imp. 3 p. in-4° (Bib. Nat., Lb 40/1543).
(3) Arrêté du 15 mars. (Voir Tome IV, p. 720.)
(4) Il résulte de cette constatation que, depuis le 15 mars, les quatre élus du district des Récollets : Kornmann, Locré de Roissy, Grandin et Vilain de Quincy s'étaient complètement retirés de l'Assemblée des Représentants.

tations continuelles de leurs commettants; que le district des Récollets a protesté contre tout acte émané d'eux; qu'exclus implicitement de la solennité du pacte fédératif par la volonté de la Commune qui se fait représenter à cet égard par une autre Assemblée, et par les décrets de l'Assemblée nationale qui ont consacré ce vœu de la Commune, ils essaient néanmoins d'y concourir; que l'invitation aux sections de leur envoyer les soumissions des citoyens qui veulent loger MM. les députés est une première tentative pour parvenir insensiblement à cette fin; que, si l'on donnait dans ce piège, ils sauraient tirer de cette mission des conséquences pour porter loin leurs prétentions et pour partager du moins l'honneur de représenter la Commune dans la solennité du pacte fédératif, s'ils ne parvenaient à l'enlever en entier aux véritables représentants; que cette idée, de donner l'hospitalité à nos frères des autres départements, est depuis longtemps dans tous les esprits, comme le désir de la mettre à exécution est dans tous les cœurs, sans qu'on eût besoin d'un arrêté des mandataires provisoires de la Commune pour les faire naître.

En conséquence, l'assemblée a arrêté :

1° Qu'il n'y a lieu à délibérer sur l'arrêté des mandataires provisoires, attendu qu'il a été pris par des particuliers sans caractère et qu'il tend à les associer à la solennité du pacte fédératif;

2° Que, pour satisfaire le patriotisme des bons citoyens et l'empressement qu'ils ont de donner à leurs frères des autres départements un témoignage de leur tendre affection, on recevra au comité les soumissions qui pourraient être faites à cet effet;

3° Que ces soumissions seront envoyées à M. le Maire;

4° Que le présent arrêté serait imprimé et communiqué à M. le Maire et à la Commune dans ses sections.

Signé : Locré, président.
Libert, secrétaire-greffier.

L'arrêté du *district de la Jussienne,* du 19 juin (1), est encore plus violent :

Lecture faite d'une lettre de M. le Maire, du 16 de ce mois, contenant convocation de cette assemblée pour délibérer sur un arrêté des ci-devant mandataires provisoires, du 9 du même mois, par lequel les 60 sections sont invitées à s'expliquer sur le vœu que ces mandataires provisoires ont formé pour la réception des députés qui doivent se rendre incessamment dans la capitale, à l'occasion du pacte fédératif; et lecture aussi faite de l'arrêté ci-dessus énoncé;

L'assemblée, en déclarant à M. le Maire que ce n'est que par égard pour le chef de la Commune, et pour lui prouver son attachement et son estime, que la section de la Jussienne s'est assemblée d'après la lettre de convocation;

A arrêté, à l'unanimité, que M. le Maire était invité, même requis, de ne plus s'occuper, à l'avenir, d'objets que des particuliers sans mission, tels que les ci-devant soi-disant Représentants, oseraient proposer et soumettre, comme intéressant la Commune de Paris; qu'en persistant dans ses précédents arrêtés (2), elle regarde comme nulles et illégales les assemblées et délibérations des

---

(1) Imp. 3 p. in-4° (Bib. Nat., Lb 40/448).

(2) Les précédents arrêtés auxquels il est fait ici allusion ne sont pas connus, et l'arrêté du 19 mai, intervenu à l'occasion du conflit relatif au cautionnement ne les invoque point. (Voir Tome V, p. *461.*) La mention qui en est faite ici indique que le *district de la Jussienne* doit être retranché de la liste des districts que nous avions supposé s'être prononcés en faveur du maintien de l'Assemblée des Représentants, en avril, et justifie les réserves que nous avions faites

ci-devant mandataires et n'entend pas qu'ils s'immiscent, en aucune manière, dans les travaux du pacte fédératif, ni dans aucunes affaires quelconques concernant la Commune, soit directement, soit indirectement; que ce sont les soixante administrateurs représentant la Municipalité qui ont seuls caractère pour ordonner les dépenses relatives à ce pacte; que ces dépenses doivent être supportées par la Commune, d'après des comptes vérifiés et arrêtés par cent vingt députés des sections, et qu'on doit laisser aux citoyens des districts la liberté de faire telles invitations que bon leur semblera à leurs frères députés des différents départements.

Un honorable membre, occupé de la grandeur de la fête du pacte fédératif, cérémonie auguste qui doit attacher tous les Français à une constitution faite pour assurer à jamais leur liberté et leur bonheur, a proposé de porter un vœu pour que la Commune de Paris acquittât la dette de tous les frères infortunés détenus pour mois de nourrice, et que leur délivrance ait lieu au moins deux jours avant l'époque du 14 juillet, afin qu'ils puissent jouir avec leurs concitoyens du spectacle imposant que doit offrir le triomphe de la liberté.

L'assemblée a applaudi avec transport à une proposition qui produirait à la fois un acte de bienfaisance et un nouveau degré d'intérêt pour une fête où les sentiments de patriotisme et d'humanité doivent présider, et a arrêté que ses députés pour le pacte fédératif seraient invités à rendre cette proposition dans leur Assemblée (1).

Arrêté, en outre, que la présente délibération sera imprimée, adressée à M. le Maire et envoyée aux 59 autres sections, avec l'invitation d'y adhérer.

Signé : Bourgeois, vice-président.
Geffroy, secrétaire-greffier.

Le *district de Saint-Germain l'Auxerrois*, qui s'était prononcé, dès le 11 juin, sur la question du logement, éprouva le besoin de manifester spécialement la répugnance que lui faisait éprouver l'intervention de l'Assemblée des Représentants. Il prit donc, le 19 juin, l'arrêté ci-dessous (2) :

Un des membres ayant fait la motion de savoir si M. le Maire devait déférer aux invitations des ci-devant mandataires pour convoquer les sections;

L'assemblée a arrêté à l'unanimité que lesdits mandataires, n'ayant le droit de s'assembler ni de délibérer, ne peuvent avoir celui de convoquer les districts par M. le Maire; qu'elle estime que M. le Maire doit être dispensé de répondre auxdites invitations, et déclare qu'à compter de ce jour elle n'y aura plus égard.

Signé : Martin, secrétaire-greffier.

Les autres délibérations connues paraissent avoir uniquement en vue de

d'avance contre l'attitude que le défaut de documents probants nous obligeait de prêter à certains d'entre ces districts. (Voir Tome V, p. *634* et *636*, note 2.) On est maintenant autorisé à rectifier, en ce qui concerne le *district de la Jussienne*, la statistique générale des décisions pour ou contre la dissolution de l'Assemblée des Représentants : le *district de la Jussienne* doit être inscrit au § 3° de la liste des districts contraires à la continuation de ses fonctions, et retranché du § 2° de la liste des districts favorables; ce qui élève le total de la première liste à *vingt-neuf* districts, au lieu de vingt-huit, et ramène la deuxième à *vingt-neuf* districts, au lieu de trente. (Voir Tome V, p. *635*.)

(1) Cette partie de la délibération, concernant la délivrance des prisonniers détenus pour mois de nourrice, est seule relatée dans le *Journal de la Municipalité et des districts* (n° du 22 juin).

(2) Pièce manusc. (Arch. de la Seine, D 500).

régler la question en discussion, sans s'attarder à la forme de la convocation.

Le *district de Saint-Louis en l'Ile* prit, le 14 juin, une délibération qu'il adressa aux 59 autres districts, pour engager les citoyens à offrir des logements aux députés pour le pacte fédératif (1).

Le *district de Saint-Méry* présenta, le 19 juin, au Conseil de Ville, une délibération en date du 18, dont il n'est pas resté d'autre trace (2).

Le *district des Capucins de la Chaussée d'Antin* fit savoir, le 22 juin, à l'Assemblée des Représentants, qu'il avait adopté son arrêté du 9, sur le logement des fédérés (3).

Au contraire, le *district des Carmélites*, dans son arrêté du 19 juin (4), évitant de parler de l'Assemblée des Représentants et feignant d'ignorer son initiative, s'exprime ainsi :

L'assemblée générale, extraordinairement convoquée sur une lettre de M. le Maire, du 16 de ce mois, relative au pacte fédératif ;

Considérant que, depuis huit jours environ et par un mouvement de patriotisme, beaucoup de citoyens se sont rendus au bureau de police de la section et ont provoqué par-devant le commissaire de service l'ouverture d'un registre pour y faire inscrire leur soumission de loger des députés des gardes nationales ; qu'en conséquence, le vœu formé de recevoir fraternellement ses frères d'armes des autres départements ayant été déjà accepté par les citoyens, il ne s'agit plus que de le présenter sous une forme régulière et de constater, par une délibération, les sentiments généreux qui l'ont fait naître ;

A arrêté que le registre ouvert dans son bureau de police continuera à l'être, et que tous les citoyens seront invités à y faire leur soumission de recevoir et de loger autant de députés gardes nationales que leurs moyens et le local de leur habitation leur permettront d'en recevoir ; que le relevé des registres d'inscription sera envoyé au bureau administratif seul (5) ;

Et, attendu qu'elle regarde les pouvoirs de ses députés au pacte fédératif expirés, a arrêté qu'elle leur votait des remerciements de leurs bons offices et les rappelle dans son sein ;

Et, en outre, que le présent arrêté sera envoyé à M. le Maire, à la Municipalité et aux 59 autres sections de cette ville.

Signé : Leverdier, président.
Lepage de Villeneuve et Boucher,
secrétaires-généraux.
Tricault, secrétaire-greffier.

Le *district de Saint-Roch* fait mieux : pour ne point avoir à se prononcer sur une décision de l'Assemblée des Représentants, il délibère sur des arrêtés,

---

(1) Le texte de la délibération n'a pas été conservé. Mais la date en est fournie par une délibération du *district de Saint-Roch*, du 19 juin. (Voir ci-dessous, p. *113*.) Quant au contenu, on le trouve indiqué dans une lettre adressée, le 16 juin, au président de l'Assemblée nationale, par Bienaymé, président du district de Saint-Louis en l'Ile, et lue à la séance du 17 juin, matin. (Voir *Archives parlementaires*, t. XVI, p. 238-239, et pièce manusc., Arch. Nat., C 41, n° 364.)

(2) Séance du 19 juin. (Voir ci-dessous, p. 163.)

(3) Séance du 22 juin. (Voir ci-dessous.)

(4) Imp. 2 p. in-8° (Bib. Nat., Lb 40/1762). — Communiqué à l'Assemblée des Représentants, le 28 juin. (Voir ci-dessous.)

(5) Cette expression doit désigner le *Conseil de Ville*.

d'ailleurs conformes, pris par d'autres districts. Tel est le sens de son arrêté, du 19 juin (1), ainsi conçu :

> L'assemblée générale, convoquée en vertu d'une lettre de M. le Maire en date du 16 juin, pour délibérer sur les logements à offrir aux députés pour la fédération générale du royaume;
>
> Délibérant tant sur les arrêtés des districts des *Feuillants* et de *Saint-Louis en l'Ile* des 7 et 14 juin dernier (2) que sur celui provisoirement pris par le comité général de la section, le mercredi 16;
>
> A été unanimement d'avis d'adhérer au vœu exprimé tant par ses frères des districts des Feuillants et de Saint-Louis qu'à celui de son comité, et qu'en conséquence, elle émet également son vœu formel à l'effet de loger le plus qu'il lui sera possible de députés tant des gardes nationales que des troupes de ligne et autres à la confédération nationale;
>
> Et, pour l'exécution de son arrêté, a décidé qu'il serait ouvert, au comité, un registre sur lequel on inscrirait les noms des citoyens qui feraient leur soumission pour loger le nombre de députés qu'ils jugeront convenable;
>
> A arrêté, en outre, qu'il serait envoyé un double du registre à l'Assemblée des 120 députés de la Commune de Paris;
>
> Et, de plus, que le présent arrêté serait imprimé, affiché dans l'étendue de la section et porté par une députation à M. le Maire, à l'Assemblée de la confédération séante à l'Hôtel-de-Ville, et communiquée aux 59 autres districts, avec invitation d'y adhérer.
>
> *Signé :* BILLECOCQ, président.
> ALLART, secrétaire rédacteur.
> COUTEAU, secrétaire-greffier.

Quant au résultat général de la consultation des districts provoquée par l'arrêté du 9 juin, le *Journal de la Municipalité et des districts* (n° du 22 juin) le constate en ces termes :

« Le vœu de la *majorité des districts* est d'offrir des logements chez les bourgeois. »

Plus affirmatif encore, le *Moniteur* (n° du 25 juin) dit :

« *Toutes les sections* ont arrêté que les domiciliés de chaque section seraient invités à faire leur soumission pour le nombre de députés qu'ils peuvent recevoir; que toutes ces soumissions seraient envoyées à l'Hôtel de la Mairie, où les députés qui voudraient loger chez leurs frères de Paris pourront, en conséquence, s'adresser. »

Les choses n'allèrent pourtant point si aisément que pourrait le faire supposer une adhésion aussi unanime.

D'abord, le bureau d'inscription passa des mains du Conseil de Ville à celles de l'Assemblée des députés des sections, ou d'un Comité institué par cette Assemblée. Aussi, ne resta-t-il pas à l'Hôtel de la Mairie, ainsi que nous l'apprend une note insérée au *Journal de la Municipalité et des sections* (n° du 6 juillet), ainsi conçue :

« Par avis, affiché le 2 (juillet), les députés des différents districts du royaume pour la Confédération nationale sont priés de se rendre au cou-

---

(1) Imp. 3 p. in-8° (Bib. Carnavalet, dossier 12272). — Ce document n'est indiqué par M. TOURNEUX, ni dans le chapitre relatif à la Fédération, ni parmi les imprimés du district de Saint-Roch. (*Bibliographie de l'histoire de Paris*, t. I et II.)

(2) Voir ci-dessus, p. *104-105* et *112*.

TOME VI.

vent des Jacobins Saint-Honoré, où se tient le Comité du pacte fédératif, destiné à enregistrer leurs pouvoirs et à prendre note de leurs demeures.

« Il fut arrêté hier que ce Comité serait permanent. »

Déclarer la permanence d'un comité était facile, mais cela ne procurait point de logements, et les logements manquaient, ainsi que l'atteste une circulaire de ce Comité fédératif aux comités de districts, datée du 5 juillet (1), dont voici le texte :

Messieurs,

Nous avons l'honneur de vous représenter que les listes de soumission pour le logement des députés atteignent à peine le quart des besoins que nous prévoyons. Notre inquiétude à cet égard nous oblige de recourir à vous pour vous prier :

1° D'exciter le zèle des citoyens de votre section afin d'augmenter, autant qu'il sera possible, le nombre des soumissions dont les listes nous ont été envoyées ;

2° De nous indiquer quelles sont les maisons religieuses, dans l'étendue de votre section, qui seraient en état et en volonté de fournir des logements, et en quelle quantité ces maisons, que vous voudrez bien stipuler, pourront offrir des logements ;

3° D'indiquer les appartements vacants, aussi dans l'étendue de votre section, dans lesquels on pourrait placer des lits qui seraient fournis par des tapissiers et garnis de linge par les citoyens de la section qui auraient de la bonne volonté à cet égard, avec la condition que vous voudriez bien veiller aux moyens d'assurer à ces citoyens la restitution des objets qu'ils auraient fournis.

Nous ne faisons, Messieurs, que vous indiquer le sujet de notre inquiétude, les ressources que nous avons imaginées, et nous laissons le détail et le succès à votre prudence et à votre sagacité.

Nous avons l'honneur d'être fraternellement, Messieurs, vos dévoués concitoyens.

Signé : Bailly, Maire.
Barré (2), Fauconnier (3), Jonery (4).

P. S. — Nous vous prions de nous faire passer journellement et instamment le résultat des opérations dont nous nous flattons que vous voudrez bien vous charger.

Presque en même temps, le Département de police adressait aux mêmes comités de districts, à la date du 6 juillet, une autre circulaire, relative celle-là aux hôtels meublés (5), ainsi conçue :

Messieurs,

Nous venons d'être instruits que des maîtres d'hôtels garnis abusent de la nécessité où se trouvent quelques-uns de nos frères de province pour louer à un prix exorbitant les chambres et lits dont ils peuvent avoir besoin. C'est avec douleur que nous voyons des citoyens profiter d'une semblable circonstance pour ne satisfaire que leur intérêt. Une pareille conduite porte avec elle un caractère d'immoralité bien affligeant. Il est fâcheux qu'au moment où tous les Français vont s'unir par un serment solennel, où l'on ne devrait écouter que le

---

(1) Pièce manusc. (Bib. Nat., manusc. 2666, fol. 17).
(2) Commissaire du district de Saint-Louis en l'Ile.
(3) Commissaire du district des Minimes.
(4) Commissaire du district de Saint-Nicolas du Chardonnet.
(5) Pièce manusc. (Bib. Nat., manusc. 2666, fol. 18, et 2668, fol. 20).

sentiment de la fraternité la plus intime, il y ait quelques citoyens qui se laissent entraîner par l'amour du gain.

C'est à votre sagesse, Messieurs, à réprimer de pareils abus; c'est vous que nous devons prier d'employer tout votre pouvoir pour les empêcher. Nous vous serons infiniment obligés de vouloir bien faire venir à votre comité les diverses personnes qui, dans l'étendue de votre section, louent des appartements ou des chambres garnies, pour les exhorter à ne point trop écouter leur intérêt, leur rappeler que l'équité réprouve une telle conduite, qu'elle est opposée au caractère loyal qui distingue les Français, à celui d'une ville qui s'honore d'avoir jeté les premiers fondements de la liberté, et qu'elle ne peut s'allier avec les sentiments d'hospitalité qui seuls doivent nous animer lorsque nous recevons des frères.

Nous sommes, avec respect, Messieurs, vos très humbles et très obéissants serviteurs.

Signé : BAILLY, Maire.
M. L. F. DUPORT, lieutenant de maire.
LE SCÈNE, conseiller-administrateur.

D'autre part, l'Assemblée des députés pour le pacte fédératif intervenait également auprès des comités de districts pour essayer de refréner les exigences des tenanciers d'hôtels, et leur adressait la lettre suivante (1) :

CONFÉDÉRATION NATIONALE.

Messieurs,

Nous nous sommes proposé de solliciter les bons offices de MM. les commissaires des districts à l'effet de tenir la main aux logements dont nous redoutions la cherté, et, dans le moment, des plaintes très fondées de la part de quelques-uns de nos frères viennent redoubler la nécessité de la surveillance des bons citoyens sur les maîtres des hôtels garnis. Le prix contre lequel ils réclament est excessif...

Au surplus, c'est à la sagesse de MM. du district que nous en référons, bien persuadés qu'il n'est pas nécessaire d'exciter le patriotisme et la fraternité dont ils ont si souvent donné l'exemple.

Nous avons l'honneur d'être, bien fraternellement, Messieurs, vos très humbles et très obéissants serviteurs.

Signé : CHARON, président des 60 sections de Paris.
BOUTIBONNE, secrétaire.

Pour juger de l'effet produit par ces circulaires, il faudrait avoir entre les mains la correspondance de tous les comités de districts avec la Mairie, d'une part, avec l'Assemblée du pacte fédératif, de l'autre. Or, rien n'en a été conservé. C'est dire que nous en sommes réduits à des bribes de renseignements.

Ainsi, on trouve une lettre de VIEILLARD, président du *district de Saint-Roch* (2), en réponse à la circulaire du 5 juillet, informant le Comité du pacte fédératif, d'une part, que 21 lits sont à sa disposition au couvent des Jacobins de la rue Saint-Honoré (3), et, d'autre part, que douze personnes

---

(1) Pièce manusc. non datée (Bib. Nat., manusc. 2642, fol. 133).

(2) Pièce manusc. non datée, mais vraisemblablement du 7 ou du 8 juillet. (Bib. Nat., manusc. 2666, fol. 175.)

(3) Une note de DUBOIS (Claude Simon), procureur des Jacobins de la rue Saint-Honoré, adressée au Maire, affirme que toutes les chambres offertes pour loger MM. les députés sont occupées, et que le couvent ne peut accepter les

ont fait, depuis la veille au soir, leur soumission de loger chacune un député ; en outre, le district va faire proclamer à son de tambour une invitation à tous les citoyens de faire de nouveaux efforts en faveur de nos frères des provinces.

Une autre note nous apprend que le même *district de Saint-Roch* eut à payer pour sa part, sauf remboursement de la Mairie, la location de 42 lits destinés au logement des fédérés, à raison de 18 et 20 livres par lit (1).

Quant aux chambres garnies, c'est le *district des Petits Pères* qui fournit un exemple des effets de la surveillance provoquée par la circulaire du 6 juillet. Voici l'arrêté que le *Moniteur* (n° du 12 juillet), qui le publie, dit avoir été pris par « les propriétaires et principaux locataires d'hôtels, chambres et cabinets garnis » de son arrondissement, dans l'intention d'empêcher les abus de la cupidité, si communs dans les locations, surtout au moment des fêtes et à l'approche d'un grand nombre d'étrangers :

A compter du 10 au 20 de ce mois ;

1° Nul ne pourra louer une chambre très honnête pour une personne, *au-dessus de 3 livres par jour*.

Avec voitures, chevaux et domestiques, le prix sera traité de gré à gré, et, en cas de désaccord ou de trop haut prix, il sera modéré au comité et par l'arbitrage de deux maîtres d'hôtels garnis, choisis et appelés par le comité.

2° Nul ne pourra louer une chambre garnie avec cheminée, *au-dessus de 40 sous par jour*.

3° Nul ne pourra louer un cabinet, *au-dessus de 20 sous par jour*.

4° Les frères députés, qui se trouvent logés à un prix au-dessous du présent tarif, continueront leur location au même prix dont ils sont convenus.

Le présent arrêté aura force de loi et de règlement, et les contrevenants seront condamnés à restituer tout excédent.

Signé : Hazard, président de la section des Petits-Pères.

Le bureau pour la vérification des pouvoirs des députés à la fédération et la distribution des logements chez les bourgeois avait été transféré des Jacobins Saint-Honoré au Saint-Esprit, près de l'Hôtel-de-Ville. Le *Journal de la Municipalité et des sections* (n° du 10 juillet), qui annonce ce changement, ajoute :

« Il y a déjà plus de 5,000 députés enregistrés pour la fédération (2).

« Nous ne devons pas laisser ignorer l'ordre et le zèle avec lesquels MM. les commissaires des sections s'acquittent de ces fonctions honorables, mais de la peine et de l'embarras desquelles on ne se fait point une idée. »

En dépit de ces efforts, de cet ordre et de ce zèle, le résultat fut loin d'être complètement satisfaisant, si l'on s'en rapporte à une note du comité du *district de Saint-Roch*, datée du dimanche 11 juillet (3), ainsi conçue :

Deux membres du Conseil de Ville sont venus ce soir, entre huit et neuf heures,

nouveaux billets de logement. La pièce manuscrite n'est pas datée ; elle doit se placer vers le 12 juillet. (Bib. Nat., manusc. 2666, fol. 220.)

(1) Pièce manusc. non datée, postérieure au 14 juillet (Bib. Nat., manusc. 2666, fol. 16).

(2) Le chiffre définitif fut du double à peu près, soit 9 à 10,000.

(3) Pièce manusc. (Bib. Nat., manusc. 2666, fol. 221.)

témoigner le très grand embarras où ils sont pour procurer des logements aux députés pour la Fédération, et prier le comité d'employer à cet effet, et très promptement, tous les moyens possibles, même en convoquant une assemblée générale ce soir ou demain matin.

Par contre, le *Journal de la Municipalité et des sections* (n° du 15 juillet) témoigne d'un contentement sans bornes, en écrivant ceci :

« Rien ne peut égaler l'empressement avec lequel les logements ont été offerts à MM. les députés pour le pacte fédératif. Jaloux d'avoir pour hôtes leurs frères d'armes, les citoyens de Paris se rendaient en foule aux bureaux de l'Hôtel-de-Ville et se disputaient le plaisir de les recevoir. Le patriotisme n'attend pas le cours des années : des écoliers ont partagé leurs dortoirs avec MM. les députés. Nous certifions la vérité de ces faits, car nous avons eu la satisfaction d'en être témoins. »

D'ailleurs, il n'y a pas contradiction entre les deux indications : l'empressement des citoyens a pu être réel, sans qu'il soit difficile de concevoir l'embarras de l'administration.

(III, p. 92) Je reproduis ici, à titre de curiosité, le texte même du mémoire lu à la séance du 16 juin, dont une copie manuscrite, conservée aux archives de la ville de Saumur, m'a été communiquée par M. le docteur Peton, maire de Saumur, avec une obligeance dont je ne saurais trop le remercier.

A Messieurs les Représentants de la Commune de Paris.

Le sieur Aubin Bonnemer, l'un des Vainqueurs de la Bastille, sergent des volontaires soldés de cette compagnie (1), a servi Sa Majesté l'espace de huit années, et a fait plusieurs campagnes, tant sur terre que sur mer (2).

Toujours disposé à combattre pour la patrie, il se rendit à Saint-Paul, le 13 juillet 1789, aussitôt qu'il entendit le tocsin.

Il eut l'honneur d'être choisi par ses concitoyens pour commander quarante hommes ; il agréa, prêta serment, et fit sur-le-champ tous les actes que le zèle et les circonstances pouvaient lui commander.

Prévenu le lendemain de l'intention d'un grand nombre de citoyens de la Culture (3), des districts voisins, et notamment des sections du faubourg Saint-Antoine, de conquérir la Bastille et de tout affronter pour y parvenir, il s'y porta à dix heures et demie, à la tête d'une partie de sa compagnie.

On faisait des cartouches sous le magasin aux armes ; on avait mis le feu à une caisse et il allait se communiquer à deux tonneaux de poudre : il se précipita pour en arrêter le progrès ; il réussit, mais il manqua d'être pendu par des personnes qui ne s'apercevaient pas du danger.

Il a sauvé deux fois la vie, avant le siège, à mademoiselle de Monsigny, qu'on prenait pour la fille du gouverneur et qu'on voulait faire périr. Ce trait, bien constaté, vous a déterminés, Messieurs, à lui donner un sabre et à lui décerner une couronne civique.

Il peut encore se féliciter d'avoir concouru à sauver la vie à M. Thuriot de La Rosière, Électeur et président du district de la Culture, qui venait de sommer le

---

(1) L'un des huit Vainqueurs désignés par leurs camarades pour être adjoints au Comité municipal de la Bastille, le 22 mars 1790. (Voir Tome V, p. *409*.)

(2) En qualité de soldat au régiment de Royal-Comtois.

(3) Du *district de Saint-Louis de la Culture*.

gouverneur de la garnison de se rendre, et qui avait bravé le danger jusque sur les tours.

C'est lui qui, avec des sapeurs, a coupé et fait l'ouverture nécessaire dans la porte du petit pont de l'avancée.

Le grand pont abattu, il s'est emparé d'une petite pièce de canon montée sur affût marin, chargée de huit balles, braquée sur la terrasse vis-à-vis le pont de l'avancée, et l'a déposée à Saint-Louis la Culture, avec un petit étendard de cavalerie.

Instruit, pendant le siège de la forteresse, qu'on venait de mettre le feu dans le magasin du sieur Lechaptois, couvreur, demeurant près de la grille, il y a couru, et, par ses soins, il a empêché l'incendie.

Il a fait graver, sur une pierre tirée d'un cachot où fut enfermé, trente-deux ans, le comte de Lorge, le plan de la Bastille; il a fait mettre en tête le sabre et la couronne civique que vous lui avez donnés; son intention est de faire graver d'un côté les armes de la Ville de Paris, et de l'autre celles de Saumur en Anjou, et d'en faire hommage à cette dernière cité, dans le sein de laquelle il a reçu le jour.

Persuadé que les armes de la capitale ne peuvent être gravées sur cette pierre sans votre agrément, il ose le solliciter de votre bonté.

Signé : Aubin Bonnemer.

Quant à la pierre elle-même, aujourd'hui incrustée dans la muraille de la façade de l'Hôtel-de-Ville de Saumur, elle porte les ornements suivants :

En haut, à gauche, un écusson, représentant les armes de Paris;
En haut, à droite, un autre écusson, représentant les armes de Saumur;
Entre les deux écussons, une couronne civique et un sabre d'honneur;
Au milieu, le plan de la Bastille;
En bas, à gauche, ces cinq vers :

> Dans l'horreur des cachots, sous des monceaux de fers,
> J'ai vu le despotisme immoler ses victimes.
> Aujourd'hui, dans Saumur, j'annonce à l'univers,
> Avec la liberté, ce fléau des pervers,
> Le règne des vertus et le tombeau des crimes.

Suivis de la signature : Thuriot de La Rosière, Électeur en 1789, président de la Commune de Paris.

Le certificat suivant, joint au mémoire de Bonnemère, atteste l'origine authentique de ce débris :

Je, soussigné, certifie que MM. les Vainqueurs de la Bastille ont reconnu que la pierre qui doit être donnée par M. Aubin Bonnemer à sa patrie, et sur laquelle il a fait graver le plan de cette forteresse, venait de l'un des cachots où a été renfermé le comte de Lorge, et ont signé avec nous plusieurs de ces messieurs.

Fait à Paris, le 4 mai 1790.

Signé : Dusaulx, Représentant de la Commune et commissaire.

J'atteste la même vérité.

Signé : Thuriot de La Rosière, Représentant de la Commune et l'un des Vainqueurs de la Bastille.

Je certifie de même.

Signé : Dupont, l'un des Vainqueurs de la Bastille.
Élie, capitaine et ancien officier du régiment d'infanterie de la Reine.

Pour copie conforme à l'original.

Signé : Castillon, Menessier, Demars, Pelletier, secrétaires de l'Assemblée des Représentants de la Commune.

C'est seulement le 5 décembre 1790 qu'eut lieu, devant le Conseil général de la commune de Saumur, assisté de notables habitants et de détachements de la garde nationale, et sous la présidence du maire, Bonnemère de Chavigny (Joseph Toussaint), la réception de la pierre de Bonnemère (Aubin).

Voici le compte rendu de cette séance (1) :

Cigongne, député du tiers état à l'Assemblée nationale, présente au Conseil les procès-verbaux qui attestent l'identité de la pierre et la légitimité des inscriptions, puis développe, dans un discours très énergique, les avantages incalculables d'une régénération précédée de la destruction d'un des plus odieux repaires des vengeances ministérielles.

Bonnemère de Chavigny, maire, s'exprima ainsi :

Monsieur,

La commune de Saumur reçoit avec la plus vive sensibilité l'hommage que vous lui présentez, au nom d'un des Vainqueurs de la Bastille, d'un monument du triomphe de la liberté sur l'un des plus odieux repaires du despotisme ministériel.

Ce marbre éloquent, placé dans le lieu le plus apparent des assemblées de cette commune, transmettra à la postérité la plus reculée les glorieux trophées de la valeur et du généreux civisme de M. Aubin Bonnemère.

La commune de Saumur s'honore de l'attachement patriotique que lui montre son brave concitoyen, et partage avec ses estimables parents la gloire de la couronne civique dont la Commune de Paris a si justement récompensé la touchante humanité et l'héroïque dévouement d'un citoyen que ses murs ont vu naître.

Jouissez, estimable famille, du triomphe de votre courageux parent. Et nous, citoyens, n'oublions jamais que l'amour exalté de la liberté peut seul produire l'héroïsme, qui, sans distinction de naissance et de rang, conduit celui qui possède cette vertu à l'immortalité.

Reléguée, sous l'empire, dans un coin du musée, la fameuse pierre reparut au jour, le 14 juillet 1880, incrustée, comme nous l'avons dit, dans un mur extérieur de la maison commune de Saumur. A la cérémonie d'inauguration, M. Combier, alors maire de Saumur, rappelant la séance du 5 décembre 1790, prononça les paroles suivantes :

Le Conseil municipal décida qu'elle serait placée à l'endroit le plus apparent des assemblées de cette commune.

Cette décision de nos prédécesseurs n'a pas été respectée. Sous le second empire, la pierre fut enlevée de cette place sous un prétexte quelconque et portée au Musée de la ville. Nous l'avons heureusement retrouvée intacte, et votre Conseil municipal républicain a pensé que l'heure était venue de la remettre à l'endroit choisi par ses prédécesseurs. Dans un instant, elle paraîtra à vos yeux...

Il y a lieu d'espérer que l'histoire de la pierre d'Aubin Bonnemère s'arrêtera là.

(IV, p. 95) L'incident relatif à Dumont de Valdajou est rapporté en ces termes par le *Journal de la Municipalité et des districts* (n° du 22 juin, supplément) :

(1) Publié par M. Bonnemère (Eugène), dans *Études historiques saumuroises* (*Le héros du 14 juillet 1789*), Saumur, 1869, p. 125-129.

« Depuis longues années, M. Dumont du Val d'Ajou (1) exerce un talent distingué pour remédier à toutes les fractures de membres, et fait aux pauvres des traitements gratuits, en considération desquels le roi lui donnait 5,000 livres chaque année. Il en a fait demander la continuation à l'Assemblée.

« Plusieurs membres ont représenté avec force combien il serait fâcheux de priver les pauvres de secours aussi précieux.

« Et il a été arrêté que, provisoirement, la Commune ferait un traitement de 100 louis par an à M. du Val d'Ajou. »

Sur le médecin Dumont de Valdajou, dont le nom ne figure pas dans les recueils biographiques, voici les renseignements que j'ai pu recueillir.

M. Tuetey (2) publie une lettre de Dumont de Valdajou au président de l'Assemblée nationale, du 19 juillet 1790, où il est exposé que, nommé par le roi, en 1779, chirurgien renoueur de ses camps et armées et démonstrateur de la Ville de Paris, avec pension de 2,000 livres réduite plus tard à 1,500, il traite gratuitement 200 malades par semaine, à qui il donne les médicaments gratuits; pour cela, il lui est accordé un appointement de 2,000 livres annuellement, plus une indemnité de 1,500 livres pour le logement. Or, depuis le 1er janvier 1790, il est privé de son traitement, et il en demande la continuation.

Cette lettre n'est point mentionnée au procès-verbal de l'Assemblée constituante.

Mais, le 23 avril 1791, matin, le président donne lecture d'une adresse du sieur Dumont-Valdajou, chirurgien démonstrateur de la Ville de Paris, qui sollicite la continuation de son traitement. Regnauld (de Saint-Jean d'Angely) propose de lui rendre les déboursés qu'il a faits. Camus fait observer que l'Assemblée a voté, le 17 avril, sur le rapport du Comité de liquidation, un décret autorisant le payement des arriérés du département de la guerre, où M. Dumont-Valdajou est compris pour 1,500 livres, arriéré de 1789 : il n'a donc pas à se plaindre. Plusieurs membres demandent alors l'ordre du jour. Mais le président (Chabroud) fait remarquer que la pétition ne vise pas seulement l'arriéré, mais encore le traitement à venir: il y aurait lieu de renvoyer au Comité des pensions. Prieur dit que les établissements de secours fondés par M. Dumont-Valdajou regardent le Comité de mendicité, qui s'occupe précisément de l'organisation des maisons de secours de la capitale: il demande le renvoi à ce Comité. L'Assemblée décrète le renvoi au Comité de mendicité (3).

La pétition de 1791 étant sans doute restée sans effet, une autre fut adressée à l'Assemblée législative, le 11 mars 1792.

Le sieur Dumont, dit Valdajou, exposait que, depuis plus de vingt ans, tous les pauvres estropiés de la capitale et des environs étaient pansés et traités chez lui gratuitement, au nombre d'environ 200 par semaine; qu'il lui avait été jusqu'ici payé, par la Municipalité de Paris, une indemnité

---

(1) Dans le n° du 22 juin, le *Journal* l'appelle : Morel du Val d'Ajou. Mais rectification est faite dans le n° du 26 juin.
(2) *L'Assistance publique à Paris pendant la Révolution* (t. I, p. 26-28).
(3) Voir *Archives parlementaires* (t. XXV, p. 254).

annuelle pour les onguents, médicaments, linges et frais de pansements, et pour son logement. Il demandait que, pour le soulagement de la classe de citoyens la plus malheureuse, et vu l'état actuel des finances de la Municipalité de Paris, l'Assemblée nationale décrétât la continuation du traitement gratuit des pauvres et du payement de ses indemnités sur le trésor national.

L'Assemblée renvoya cette pétition au Comité des secours publics (1), qui ne fit aucun rapport.

Enfin, le *Moniteur* (n° du 28 germinal an VI = 17 avril 1798) annonça la mort du célèbre médecin DUMONT-VALDAJOU, décédé l'avant-veille, au matin, à l'âge de 70 ans. Il avait donc 62 ans en 1790.

(V, p. 102) LABLÉE raconte, dans les *Mémoires d'un homme de lettres* (2), comment il fut amené à communiquer au Conseil de Ville l'arrêté de son district, relatif au conflit élevé entre le Maire et l'Assemblée des Représentants, à l'occasion de l'affaire du cautionnement (3).

Sommé, par une lettre du président du district, PARÉ, de « ne point oublier qu'il était citoyen du district des Cordeliers et de ne le lui pas laisser oublier », il avoue qu'il craignait, en paraissant aux assemblées, de recevoir des remontrances sur ce qu'il secondait peu l'esprit et les vues des dominateurs du district (4). Puis il ajoute :

« Je ne pus néanmoins refuser d'être à la tribune de la Ville l'organe d'une plainte, presque généralement élevée dans la Commune (5), au sujet de la vente des biens ecclésiastiques. BAILLY avait offert, au nom de la Ville, le cautionnement et s'était annoncé comme porteur d'une souscription de 70 millions. M. DE MENOU avait accusé la proposition d'immoralité. On se plaignit aussi de ce que le Maire de Paris allait pérorer dans les assemblées de district pour se rendre favorables les élections définitives, et de ce qu'on ne le voyait presque plus à celles de ce qu'enfin on appelait *la vraie Commune* (6).

« BAILLY présidait la séance lorsque je lus l'arrêté qu'on m'avait fait rédiger, concernant ces plaintes (7).

« On lui demandait des explications : celles qu'il donna satisfirent ses auditeurs, mais il me garda toujours rancune. »

(1) Voir *Archives parlementaires* (t. XXXIX, p. 563).
(2) Vol. 350 p. in-8°, sans nom d'auteur, Paris, 1825 (Bib. Nat., La 33/68).
(3) Arrêté du 9 juin, publié intégralement. (Voir Tome V, p. *493-496*.)
(4) « Les dominateurs », c'est-à-dire DANTON et ses amis.
(5) La plainte était générale, cela est vrai, mais en sens inverse, puisque tous les autres districts, sans exception, avaient blâmé l'Assemblée des Représentants, et que le district des Cordeliers fut seul à lui donner raison contre le Maire.
(6) Le terme ne se trouve pas dans l'arrêté du 9 juin : il y est dit seulement que l'Assemblée des Représentants était « véritablement le Conseil général de la Commune », ce qui est à peu près l'équivalent.
(7) Il y a ici contradiction entre le procès-verbal du Conseil de Ville, constatant l'absence de BAILLY le 16 juin, et LABLÉE, affirmant sa présence.

Du Jeudi 17 Juin 1790

~~~ A l'ouverture de la séance, M. l'abbé Fauchet, l'un des commissaires nommés pour examiner la pièce présentée à l'Assemblée par M. Bonneville (1), a dit que le drame de *L'année 1789* était une conception noble et grande; que son auteur, petit-neveu du grand Racine, avait revivifié la pièce d'*Esther*, en la retouchant et en la rendant une tragédie nationale; qu'il se trouvait fréquemment, dans ce drame, des tirades entières de vers sublimes et dont se serait honoré l'illustre Racine lui-même. M. le rapporteur en a lu plusieurs morceaux qui ont été applaudis; ensuite il a observé que, la mission confiée aux commissaires étant de reconnaître si cette pièce est composée dans les principes de la Révolution et si sa représentation peut nourrir le feu sacré de la liberté sans incendier les esprits, il pouvait assurer que cette tragédie devait produire ces heureux effets et rallier tous les cœurs à la constitution; enfin il a dit que les commissaires pensaient que sa représentation devait être encouragée. En conséquence, il a conclu à ce que l'Assemblée accordât à M. de Bonneville un arrêté favorable, qui autorisât et même invitât les acteurs du Théâtre-Français à représenter, le 14 juillet prochain.

Plusieurs motions ont été faites à ce sujet.

Les uns voulaient que M. de Bonneville s'adressât au Département des établissements publics, pour faire jouer sa pièce;

D'autres, qu'il la présentât aux comédiens français.

Mais tous étaient d'avis d'en accepter l'hommage et d'en faire une mention honorable dans le procès-verbal.

Il a été arrêté que l'Assemblée, n'administrant point et devant laisser aux acteurs du Théâtre-Français le droit qu'ils ont d'accepter ou de refuser les pièces qui leur sont présentées, recevrait l'hommage de la pièce qui lui est offerte par M. de Bonneville, et lui en marquerait toute sa reconnaissance (2).

(1) Séance du 15 juin. (Voir ci-dessus, p. 83.)
(2) D'après le *Journal de la Municipalité et des districts* (n° du 22 juin, supplément), la décision prise aurait été celle-ci :
« L'Assemblée a accepté l'hommage de cette tragédie avec reconnaissance; et

Et, sur le surplus, il a été décidé qu'il serait passé à l'ordre du jour. (I, p. 132.)

~~ En ce moment, la compagnie de MM. de la Basoche qui étaient venus demander, la veille, le jour de l'Assemblée pour lui remettre leurs armes et déposer leurs drapeaux dans l'église de Notre-Dame, conformément au décret de l'Assemblée nationale (1), s'est présentée et a été introduite (2).

M. le Commandant-général, étant entré, a pris sa place au milieu des applaudissements que sa présence inspire toujours.

Et un de MM. les députés de la Basoche a prononcé le discours suivant :

Messieurs,

Pénétrés de soumission pour les décrets de l'auguste Assemblée nationale, nous venons ici donner à nos concitoyens les dernières preuves du patriotisme qui nous a toujours animés. Comme si les illustres députés qui la composent eussent lu dans nos cœurs, ils ont voulu que tous les citoyens, frères entr'eux, ne pussent se distinguer que par leur zèle pour la chose commune et leurs vertus. Nous obéissons avec transport à cette loi de la sagesse. Nous abjurons cet uniforme, si souvent mouillé de nos sueurs; et l'uniforme national, si noble à nos yeux, sera désormais le seul avec lequel nous continuerons à marcher au milieu de vous. Ces armes, qui, tournées contre vous, semblaient devoir vomir sur les bons citoyens la destruction et la mort; ces armes, que notre zèle patriotique a fait servir à un plus noble usage, nous vous les remettons.

A Rome, les dépouilles de l'ennemi étaient offertes aux dieux de la République : ici, c'est à ses protecteurs que le devoir et la reconnaissance nous disent d'en faire hommage. Cet étendard respectable, qui, sous Philippe-le-Bel, Charles VII, Henri II (3), nous conduisit à la victoire, que les journées des 14, 17 juillet et 6 octobre ont encore rendu plus précieux pour nous, nous allons le consacrer au dieu qui l'a béni et qui nous donna le courage de le conserver.

Si, quand notre âme a franchi les bornes du séjour des mortels, il nous est possible encore de nous occuper des choses d'ici bas ; si les actions des hommes peuvent nous intéresser, ô toi, qui nous instituas, Philippe-le-Bel, daigne voir avec plaisir se consommer ce sacrifice utile à la patrie! Quand ces drapeaux seront devant ton image, puisses-tu t'applaudir d'avoir formé un corps qui n'eut jamais d'autre passion que l'amour de la patrie, l'attachement à ses lois et le respect pour son souverain!

---

a invité l'auteur à faire les démarches convenables pour que cette pièce fût représentée suivant ses désirs. »

(1) Séance du 16 juin. (Voir ci-dessus, p. 91-92 et *102-104*.)

(2) Pendant ce temps, « MM. de la Basoche restaient en corps sur la place de l'Hôtel-de-Ville, où les détachements de la Garde parisienne étaient rangés en bataille pour les recevoir. » (*Journal de la Municipalité et des districts*, n° du 22 juin, supplément).

(3) La Basoche du Palais prétendait avoir été fondée, en tant que corporation judiciaire, par Philippe le Bel, et, en tant que corporation militaire, par Henri II. Son drapeau était bleu d'azur, portant trois écritoires d'or. (Voir Tome I, p. *371-373*.)

Personne, mieux que nous, Messieurs, n'a été à même d'apprécier vos soins ; personne peut-être aussi n'a été, comme nous, l'objet de vos complaisances et de vos bontés. Daignez recevoir nos remerciements ; l'enthousiasme de la reconnaissance les inspire à de jeunes cœurs, qui auront toujours pour vous le respect qui vous est dû, et qui, sous les drapeaux nationaux, conserveront à jamais, pour un général plus estimable par ses vertus morales que par les qualités supérieures qui l'ont élevé au rang honorable où nous les voyons briller, la vénération, l'attachement et la déférence qu'on doit à la sagesse, quand c'est le vrai mérite qui la fait valoir.

Ce discours a été entendu avec une vive satisfaction.

Et M. le président a répondu :

Messieurs,

Généreux défenseurs de la liberté, vos bras se sont armés pour le salut de la patrie. La cité en péril appelait à elle tous ses enfants ; en vous confondant avec eux pour voler à son secours, vous avez mérité de devenir ses enfants adoptifs.

Que de pénibles travaux, que de courageux efforts ont consacré cette glorieuse adoption ! Intrépides dans le danger, infatigables au milieu des obstacles sans cesse renaissants, vos forces réunies à celles de nos autres frères ont su triompher d'une fatale destinée, qui menaçait et semblait présager la ruine de cette immense capitale.

Jeunes citoyens, il est beau, dans un âge encore tendre, d'avoir moissonné les lauriers de la victoire ; il est glorieux d'en recueillir les fruits aux acclamations réitérées d'un peuple reconnaissant ; il est honorable d'en recevoir le prix sous les yeux d'un héros citoyen, nourri sous un autre hémisphère à l'école de la liberté, et juste appréciateur des vertus guerrières dont il est le plus parfait modèle.

Après avoir su vaincre, vous savez également obéir. Fidèles à vos serments, soumis à l'empire de la loi, vous venez aujourd'hui remettre entre nos mains ces armes victorieuses, ces étendards de la liberté. Nous en recevons le dépôt précieux en signe de l'union étroite qui lie tous les Français à la même famille. Que ces trophées honorables, monuments immortels de vos services et de votre valeur, soient aussi le gage éternel d'une paix inaltérable !

Ralliés désormais avec nous sous les mêmes drapeaux, soldats et citoyens tout à la fois, continuez à servir la patrie de votre bras ; mais travaillez en même temps à mériter de la servir un jour de vos conseils. Paisible par la réunion de nos forces, la France deviendra bientôt heureuse par les lumières réunies et les sages décrets de ses nouveaux législateurs.

M. le Commandant-général a ensuite pris la parole, et a dit que la Garde nationale, qu'il avait l'honneur de commander, regardait comme un devoir d'accompagner MM. de la Bazoche à Notre-Dame, ainsi qu'elle l'avait fait à l'Hôtel-de-Ville. Il a assuré ces messieurs, au nom de toute la Garde nationale, que, quoique divisés par l'uniforme, ils ne l'avaient jamais été par le cœur ; qu'elle se ferait un véritable honneur de les voir s'incorporer avec elle ; et a ajouté que de braves soldats, qui s'étaient aussi bien montrés dans les occasions les plus périlleuses, ne pouvaient qu'être accueillis avec le plus vif empressement par les compagnies dans lesquelles ils désiraient entrer.

Un nombreux concours de gardes nationales, officiers et soldats, qui se trouvaient dans la salle, a applaudi avec transport à ce discours du général, qui est sorti sur-le-champ pour aller donner les ordres relatifs à la cérémonie.

Un honorable membre a alors demandé que les noms des braves volontaires de la Bazoche, qui avaient si bien mérité de la Commune, fussent inscrits dans le procès-verbal de ce jour.

Cette motion a été adoptée unanimement (1).

Il a ensuite demandé, au nom de MM. de la Bazoche, que M. le chancelier de ce corps fût autorisé à délivrer, à chacun de ceux qui ont fait le service, des certificats en témoignage de cet acte de patriotisme, et que, pour plus grande authenticité, ils fussent signés de MM. de l'État-major.

Un honorable membre a proposé d'ajouter à cette motion que, pour ne point exciter de jalousie, tous les certificats seraient conçus dans les mêmes termes.

Cet amendement ayant été approuvé par MM. de la Bazoche;

La motion a été mise aux voix avec l'amendement, et adoptée unanimement.

Suit l'arrêté :

« L'Assemblée ne doutant point que, sur son invitation, MM. de l'État-major ne s'empressent de donner cette marque de bienveillance aux volontaires de la Bazoche, dont ils ont si fréquemment fait l'éloge;

« Il a été unanimement arrêté qu'indépendamment de la mention honorable dans le procès-verbal des services de MM. de la Bazoche, tout ce qui est relatif à cette affaire sera imprimé à part, et qu'un exemplaire en sera distribué à chacun de MM. de la Bazoche, pour leur servir de marque éternelle de la gratitude de la Commune de Paris envers eux. »

Enfin, l'Assemblée a nommé une députation de douze membres pour les accompagner à Notre-Dame et être présents au dépôt de leurs drapeaux (2).

— Une députation du bataillon de Sainte-Opportune a été introduite.

Et, ayant obtenu la parole, un des officiers a rappelé à l'Assem-

---

(1) L'imprimé à part qui reproduit l'extrait des procès-verbaux des 16 et 17 juin 1790, contient, en effet, une liste des *Volontaires de la Basoche*. (Voir ci-dessous, p. *134*.)

(2) La délégation rendit compte de sa mission au cours de la séance. (Voir ci-dessous, p. 128.)

blée que, la construction d'un corps-de-garde ayant été jugée indispensablement nécessaire sur le marché des Innocents (1), les citoyens soldats de ce district, par zèle pour la sûreté et le bien publics, avaient passé sans se plaindre l'hiver entier dans un endroit très malsain et presque inhabitable ; que le Bureau de Ville, convaincu de cette vérité, avait arrêté, le 9 janvier dernier, de le faire construire sur cette place (2) ; qu'on était sur le point d'y travailler, lorsque tout a été arrêté par une opposition du district de Saint-Nicolas des Champs, dénoncée par lui à tous les autres districts, et qui n'a d'autre motif que celui de prétendre que, les places appartenant à la Commune entière, il faut l'approbation de trente et un districts au moins pour pouvoir légalement y faire aucune construction (3) ; que, ne pouvant obtenir justice sur ce point, le bataillon s'était pourvu à l'Assemblée le 1er mai dernier ; que, l'affaire y ayant été contradictoirement discutée entre les députés de Saint-Nicolas des Champs et ceux de Sainte-Opportune, l'Assemblée, ne pouvant douter de la nécessité du corps-de-garde demandé, avait arrêté que, sans avoir égard à l'opposition du district de Saint-Nicolas des Champs, l'arrêté du Bureau de Ville, relatif à cette construction, serait exécuté, en remplissant les formalités prescrites (4) ; que le district de Sainte-Opportune s'était mis en devoir de faire exécuter cet arrêté ; mais qu'il avait éprouvé la plus forte opposition de la part de M. Cellerier, lieutenant de maire au Département des travaux publics ; qu'il s'était alors adressé à M. le Maire, pour obtenir justice de M. Cellerier ; mais que c'était avec la plus grande surprise qu'il avait reçu, le 14 de ce mois, copie d'une lettre en date du 5, de M. Cellerier à M. le Maire, dans laquelle il lui mande que, si le corps-de-garde demandé n'est pas construit, c'est que l'emplacement des Innocents pour établir un corps-de-garde n'a pas paru convenir à la Commune, qu'en conséquence, il a été arrêté au Conseil de Ville que M. Farcot, un de ses membres, donnerait son avis sur le choix d'un autre local (5).

Messieurs de Sainte-Opportune, après avoir démontré la fausseté de l'énoncé de M. Cellerier, déclaraient qu'ils récusaient M. Farcot pour commissaire en cette partie, attendu sa qualité de député de Saint-Nicolas des Champs, et demandaient l'exécution de l'arrêté du

(1) Elle était demandée dès le 26 septembre 1789. (Voir Tome II, p. 80.)
(2) Arrêté du 9 janvier. (Voir Tome III, p. 402-403.)
(3) Délibération du 30 mars. (Voir Tome IV, p. 556 et 558-559.)
(4) Arrêté du 1er mai. (Voir Tome V, p. 204-207 et 209-211.)
(5) Arrêté du 3 mai. (Voir Tome V, p. 222.)

1er mai, confirmatif de celui du Bureau de Ville, du 9 janvier précédent.

Cette affaire ayant été discutée, le vœu de l'Assemblée était d'ordonner l'exécution de son précédent arrêté.

Mais les uns voulaient de plus que M. Cellerier, lieutenant de maire au Département des travaux publics, fût mandé pour rendre compte des motifs qui l'avaient déterminé à écrire une lettre si contraire à la vérité;

D'autres, que M. Farcot fût engagé à s'expliquer sur cet objet;

D'autres, que l'arrêté qui allait être pris fût communiqué à M. le procureur-syndic, avec invitation de tenir la main à son exécution, et d'en rendre compte.

Après tous ces débats, M. le président a pris les voix.

Et l'Assemblée a arrêté :

1° Que M. Cellerier, lieutenant de maire aux travaux publics, se rendrait samedi 19, à sept heures de relevée, à l'Assemblée générale, à l'effet de rendre compte des motifs qui l'ont déterminé à écrire la lettre dont il s'agit et à s'opposer, jusqu'à ce moment, à l'exécution de l'arrêté du 1er mai dernier; qu'en conséquence, cet arrêté lui serait porté par une ordonnance (1);

2° Que l'arrêté du Bureau de Ville, du 9 janvier, et celui de l'Assemblée, du 1er mai, seraient exécutés selon leur forme et teneur; et, en conséquence, il a été ordonné que le Département des travaux publics, d'accord avec celui de la Garde nationale, ferait construire, sans délai, le corps-de-garde dont il s'agit, sur le marché des Innocents, en remplissant les formalités prescrites;

3° L'Assemblée a de plus ordonné que cet arrêté serait envoyé à M. le procureur-syndic, avec invitation de tenir la main à son exécution, et a nommé MM. Mulot et Testulat, commissaires à l'effet de la suivre et de lui en rendre compte (2).

~~~ Cette affaire terminée, une députation de MM. les Chevaliers de l'Arc de Montmartre, affiliée à la municipalité de ce lieu et autorisée par elle, est venue prier la Commune de Paris de vouloir bien permettre qu'elle lui déposât ses drapeaux (3).

La proposition a été acceptée par l'Assemblée, et la cérémonie fixée au lundi 21, sept heures de relevée (4).

(1) CELLERIER s'excusa le 19 juin. (Voir ci-dessous, p. 160.)
(2) Nouvelle discussion, le 21 juin, sur l'affaire du corps-de-garde de Sainte-Opportune, et confirmation de l'arrêté du 17. (Voir ci-dessous.)
(3) Toujours en exécution du décret du 12 juin. (Voir ci-dessus, p. *102-103*.)
(4) Séance du 21 juin. (Voir ci-dessous.)

— Une députation du district de Saint-Étienne du Mont a demandé à être entendue : l'objet de sa mission était d'obtenir le percement de deux rues ; ce qui, sans coûter beaucoup, donnerait à la montagne Sainte-Geneviève et aux rues adjacentes des débouchés fort avantageux.

M. le président a répondu que l'Assemblée voyait avec plaisir que presque toutes les démarches du district de Saint-Étienne du Mont avaient pour base l'intérêt et l'utilité publics ; que le projet qu'il présentait dans ce moment en était une nouvelle preuve, puisqu'il s'agissait de donner du travail aux pauvres et des facilités à un quartier peu riche ; mais il a en même temps observé que, l'Assemblée n'étant point administrative, elle ne pouvait que renvoyer le projet qui lui était présenté au Département des travaux publics, en l'engageant à le prendre en considération.

Il a ensuite consulté le vœu de l'Assemblée sur cet objet.

Et le renvoi au Département des travaux publics, avec invitation de prendre cet objet en considération, a été arrêté.

— Dans le moment, la députation qui avait acompagné MM. de la Bazoche à Notre-Dame (1) est rentrée.

Et M. Michel, qui la présidait, rendant compte de ce qui s'était passé à cette cérémonie, a dit qu'en partant de l'Hôtel-de-Ville, MM. de la Basoche avaient été accompagnés par MM. de la Garde nationale (2); qu'arrivés à la cathédrale, ils y avaient trouvé le bataillon du district de Notre-Dame sous les armes ; que M. le Commandant-général et l'officiant les y attendaient, et qu'en présentant les drapeaux il avait prononcé le discours suivant :

> Monsieur,
>
> Les Volontaires de la Basoche, qui, depuis plusieurs siècles, combattent pour la liberté, viennent déposer dans ce temple l'étendard sous lequel ils avaient servi jusqu'à ce jour. Aussi soumis à la loi que braves dans les combats, ils serviront, dorénavant, confondus avec leurs frères d'armes de la Garde parisienne, conformément au décret de l'Assemblée nationale.

Ensuite duquel, M. le commandant de la Basoche avait dit :

> Monsieur,
>
> La Basoche, empressée de manifester sa soumission aux lois et son zèle pour le maintien de la constitution décrétée par l'Assemblée nationale et acceptée par le roi, constitution qui doit faire le bonheur de tous les Français, vient vous présenter ses drapeaux et vous prier de les faire suspendre

---

(1) Députation désignée dans la même séance. (Voir ci-dessus, p. 125.)
(2) « Détachements de cavalerie et d'infanterie de la Garde nationale, ayant à leur tête M. de La Fayette », dit le *Journal de la Municipalité et des districts* (n° du 22 juin, supplément).

à la voûte de l'église métropolitaine. Philippe-le-Bel fut le fondateur de la Basoche; nos drapeaux ombrageront son image, et nous nous félicitons de cette circonstance heureuse.

Que M. l'officiant avait répondu qu'il recevait, avec plus de plaisir, des drapeaux consacrés à l'union et à la paix que des drapeaux souillés de sang humain (1).

M. le président (2) a ajouté que, conformément aux vœux manifestés par MM. de la Basoche, il leur avait été promis que leur drapeau serait placé au-dessus de la statue de Philippe-le-Bel, leur fondateur; qu'enfin, la cérémonie terminée, MM. de la Basoche s'étaient confondus dans les rangs de la Garde nationale, qui les avait reçus avec une effusion de cœur inexprimable, et leur avait témoigné, en les embrassant, toute la joie que lui causait la réunion d'aussi braves camarades; que la députation s'était remise en ordre de marche pour retourner à l'Hôtel-de-Ville; que M. le Commandant-général, que ses affaires appelaient ailleurs, en avait fait part à MM. les députés avec son honnêteté ordinaire, en leur ajoutant cependant que, s'ils croyaient sa présence nécessaire, il retournerait avec eux; mais que, sachant combien ses moments sont précieux, ils l'avaient instamment prié de ne point se déranger, et que la députation était revenue, accompagnée comme en allant. (II, p. 133.)

~~~ Une députation des districts réunis du Val de Grâce et de Saint-Jacques du Haut Pas s'est présentée pour réclamer 1,200 livres qui leur restent dues sur un bon de 2,400 livres, qui leur a été accordé au mois d'août dernier (3).

Mais cette affaire a été ajournée au lendemain (4).

~~~ La discussion relative à l'adresse que le Conseil de Ville devait présenter à l'Assemblée nationale, sur la vente des biens nationaux, était à l'ordre du jour (5).

Un honorable membre a observé qu'il était très inutile de s'en occuper, attendu que le Conseil de Ville était allé, ce soir même, porter cette adresse à l'Assemblée nationale (6).

(1) Variante du *Journal de la Municipalité et des districts* (n° du 22 juin, supplément): « Le clergé a témoigné qu'il recevait, avec plus de satisfaction, ces drapeaux de paix et de fraternité que ceux teints du sang ennemi et qui en avaient tant fait répandre aux vainqueurs. »
(2) Le président de la députation, Michel.
(3) Réclamation déjà présentée le 21 mai et le 14 juin. (Voir Tome V, p. 499, et ci-dessus, p. 49.)
(4) Séance du 18 juin. (Voir ci-dessous, p. 145-146.)
(5) Séance du 16 juin. (Voir ci-dessus, p. 96.)
(6) L'*Adresse* du Conseil de Ville fut, en effet, présentée le 17 juin, à la séance du soir. (Voir ci-dessous, p. 132 et *136*.)

Malgré cela, un autre membre a demandé et obtenu la parole sur ce sujet : le réumé de son avis était de faire de nouvelles démarches auprès de M. le Maire, pour l'engager à reparaître à la tête de cette Assemblée (1), et d'engager toutes les assemblées dispersées dans Paris pour différents objets particuliers (2) à se réunir à l'Assemblée générale des Représentants de la Commune, pour coopérer avec elle au bien général et surtout à la paix, si désirable pour cette ville.

D'autres ont demandé que l'Assemblée fît une adresse à l'Assemblée nationale, pour adhérer à celle présentée par le Conseil de Ville.

L'ajournement ayant été réclamé sur toutes ces questions;

Il a été prononcé (3).

Un honorable membre, renouvelant une motion qu'il avait déjà faite et sur laquelle il avait été remis à délibérer (4), a demandé qu'on se bornât à réclamer à l'Assemblée nationale, d'abord contre la commission nommée contre le texte des décrets pour la vente des biens nationaux et contre toutes les assemblées particulières qui prennent le titre de *Communes de Paris*, et ce, pour conserver seulement les droits de la Municipalité et du Conseil général.

Enfin, un autre membre a demandé qu'il fût rédigé une courte adresse à l'Assemblée nationale, pour lui demander d'interpréter son décret relatif à la surveillance par elle accordée au Conseil général sur les conseils particuliers, et qu'il fût nommé des commissaires pour la faire le plus promptement possible.

Cette motion, mise aux voix, a été adoptée à une grande majorité.

Les commissaires nommés pour cette adresse sont MM. Mulot, Godard et Brissot de Warville (5).

~~~ M. le président, avant de lever la séance, a annoncé la retraite de M. Benoît, un des membres de cette Assemblée (6), qui a donné sa démission, attendu que des affaires l'obligent de s'absenter.

---

(1) BAILLY avait signifié, le 2 juin, qu'il ne voulait plus remettre les pieds dans la salle de l'Assemblée des Représentants. (Voir Tome V, p. 658-659 et *664*.)

(2) Assemblées spéciales de délégués des districts. (Voir Tome V, p. XIII-XIV.)

(3) Ajournement indéfini.

(4) Si la motion ici visée n'est pas celle de BRISSOT, il s'agit certainement d'une proposition présentée à l'occasion de la discussion de celle-ci, le 14 juin. (Voir ci-dessus, p. 51-53.)

(5) Un projet d'adresse fut présenté le lendemain 18 juin. (Voir ci-dessous, p. 149-150.)

(6) Représentant du *district des Capucins du Marais*. (Voir Tome II, p. 681.)

— La séance, qui avait été continuée et prolongée jusqu'à dix heures, a été ajournée à demain, cinq heures du soir.

Signé : Brierre de Surgy, *président*.

Secrétaires : Quatremère, fils, Ménessier, Pelletier, Castillon, Demars.

CONSEIL DE VILLE

—

— Le jeudi 17 juin 1790, à six heures du soir, le Conseil de Ville convoqué en la forme ordinaire et réuni sous la présidence de M. le Maire;

— Il a été fait lecture du procès-verbal de la dernière séance;

Dont la rédaction a été approuvée.

— Avant de se transporter à l'Assemblée nationale (1), le Conseil a entendu le compte que lui ont rendu les commissaires qu'il avait députés hier à l'Assemblée des Représentants de la Commune (2).

Ils ont exposé qu'après avoir été introduits, M. La Saudade avait annoncé l'objet de la démarche de la députation; qu'ensuite le secrétaire avait fait lecture tant de l'arrêté du 7 juin (3) que de l'adresse à l'Assemblée nationale et de la lettre aux districts (4); que les trois objets avaient été très bien accueillis et fortement applaudis, et qu'après la lecture, la députation s'était retirée, sans avoir reçu ni objection, ni même la moindre réponse (5).

— Sur la demande de M. le Maire;

Et d'après la lecture d'un mémoire des religieux Capucins de la rue Saint-Honoré, adressé à MM. les commissaires chargés de la surveillance des travaux relatifs au service de l'Assemblée nationale (6), ledit mémoire apostillé par M. Guillotin, qui pense qu'il doit être communiqué à M. le Maire et à la Municipalité de Paris;

Le Conseil a nommé MM. Canuel et Davous, à l'effet de chercher

---

(1) Arrêté du 16 juin. (Voir ci-dessus, p. 97.)
(2) Arrêté du 16 juin. (Voir ci-dessus, p. 97-98.)
(3) Arrêté du 7 juin. (Voir Tome V, p. 688-689.)
(4) Le texte de l'*Adresse* et de la *Lettre* figure au procès-verbal du 16 juin. (Voir ci-dessus, p. 98-102.)
(5) Le procès-verbal de l'Assemblée des Représentants mentionne la réception des commissaires du Conseil de Ville. (Voir ci-dessus, p. 95-96.)
(6) Six commissaires, dont Guillotin, avaient été nommés le 9 octobre 1789 par l'Assemblée nationale pour rechercher et préparer le local de ses séances. (Voir *Archives parlementaires*, t. IX, p. 390.)

un local propre à placer les religieux de ce couvent, et même prendre tous les renseignements et préparer les arrangements qu'ils jugeront convenables pour indiquer un lieu où l'on puisse transférer les religieuses Capucines, en se conciliant néanmoins avec ces dames sur tous les points qui pourront les intéresser (1).

~~~ Immédiatement après cette délibération, M. le Maire a levé la séance.

~~~ Et le Conseil s'est transporté en corps à l'Assemblée nationale. (III, p. 136.)

Signé : Bailly, *Maire;* de Joly, *secrétaire.*

* * *

ÉCLAIRCISSEMENTS

(I, p. 123) La recommandation de l'abbé Fauchet et de ses collègues ne paraît pas avoir été utile à la pièce de Nicolas de Bonneville, intitulée : *L'année M.DCC.LXXXIX* ou *Les tribuns du peuple,* tragédie, en un prologue, trois actes et un épilogue (2).

Il est en tous cas certain qu'elle ne fut pas jouée le 14 juillet au Théâtre Français devenu le *Théâtre de la Nation*, qui, en fait de spectacle « analogue aux circonstances », comme on disait alors, donna (avec *Zaïre*) *Le journaliste des ombres* ou *Momus aux Champs-Élysées,* pièce héroï-nationale, en un acte, en vers, du sieur Aude (3), où l'on voyait défiler les ombres du maréchal Fabert, de J. J. Rousseau, de l'abbé de Saint-Pierre, de Voltaire, de Calas, de Franklin, etc..., et qui se terminait par une fête devant l'autel de la liberté, dans laquelle Jeanne d'Arc chantait un air agréable (4).

Elle ne fut jouée non plus, ce jour-là, dans aucun autre théâtre (5).

Fut-elle jouée plus tard? Il est plus que probable que non, et les contemporains n'y perdirent pas grand'chose, si l'on s'en rapporte au jugement porté, sur la pièce de N. de Bonneville, par M. Henri Welschinger, qui la

---

(1) Compte rendu des commissaires, 19 juin. (Voir ci-dessous, p. 164.)
(2) Imp. 90 p. in-12, avec une préface (Bib. Nat., Yf 8473).
(3) Aude (Joseph), littérateur, chevalier de Malte, né à Apt (Vaucluse), en 1755, mort en 1841.
(4) Voir *Moniteur* (n°ˢ du 14 et du 18 juillet).
(5) Comme spectacles d'à-propos, le 14 juillet 1790, on ne trouve que *Le dîner des patriotes* ou *La fête de la liberté,* au Théâtre du Palais-Royal, et *La prise de la Bastille,* avec illumination et feu d'artifice, au Wauxhall d'été. Le 16 juillet, le Théâtre de Monsieur, à la foire Saint-Germain, donna, avec un très grand succès, *La famille patriote* ou *La fédération,* comédie de Collot d'Herbois. Enfin, à l'Ambigu-Comique, fut représentée, le 20 juillet, une pièce intitulée : *La confédération nationale* ou *L'anniversaire de la liberté.*

signale, simplement à titre de curiosité, parmi les pièces destinées à célébrer la Révolution (1), en ajoutant :

« Cet ouvrage bizarre, sorte de parodie d'*Esther*, semble être le produit d'un cerveau ébranlé par les événements. »

On se demandera peut-être qui étaient ces « tribuns du peuple » de l'année 1789, à quels personnages contemporains N. DE BONNEVILLE appliquait ce titre romain. Hélas ! Dans cette pièce d'actualité, il n'y avait rien d'actuel : la scène est à Lutèce, capitale de l'empire des Francs, et les tribuns, au nombre de neuf, sont des personnages imaginaires, désignés sous ce titre collectif : « *les Tribuns*, de tous les pays ». Quant à leur rôle, en voici un spécimen, au début même de la pièce, acte 1er, scène Ire :

« Le Génie de la France, sous la figure de *Lutèce*, assise sur un vaisseau.

« A ses pieds, le *Sphinx*.

« De chaque côté, les images de deux *Évangélistes*, avec leurs attributs, dont la réunion représente les quatre parties qui composent l'image du Sphinx. (?)

« Neuf *Tribuns*, ayant à la main gauche un flambeau, entourent un drap mortuaire à côté duquel est une plante vivace : ils croisent leurs épées... Un tribun s'avance et plonge un fer rouge dans un vase plein d'eau. Ce bruit pénètre les tribuns de respect, et tous répètent, avec un saint murmure, ce qu'ils croient avoir entendu dans ce cri de la nature : *is-is, djizoss-ziggess, giz-zugg, û, û, fû, û, û, û*, et toutes les autres notes dont se servaient les premiers hommes pour exprimer l'image du feu.

« Puis le Génie de la France frappe, sur la pierre, trois grands coups.

« Tous les Tribuns répètent ces trois coups en frappant dans leurs mains, mais en les liant de manière à exprimer dans les airs le chant du coq : *cri-co-co.* »

En voilà assez pour justifier l'opinion reproduite ci-dessus.

DE BONNEVILLE avait publié, dès le mois de mai 1789, un *Recueil de lettres de quelques Électeurs de Paris réunis à l'Archevêché*, sous ce titre : *Le Tribun du peuple*.

De plus, au moment même où FAUCHET faisait l'éloge de la pièce incompréhensible dont on vient de parler, tous deux, FAUCHET et DE BONNEVILLE, collaboraient à *La Bouche de fer*, journal hebdomadaire, de janvier 1790 à juillet 1791, et au *Cercle social*, recueil de 66 lettres parues à intervalles irréguliers à partir de janvier 1790. Le *Moniteur* (n° du 21 février 1790) contient le *Programme du Cercle social pour la confédération universelle des Amis de la vérité*; c'est cette Société, issue, comme la *Société des Neuf Sœurs*, d'une loge de francs-maçons (2), qui avait pour organes *La Bouche de fer* et le *Cercle social*.

(II, p. 129) La fin de la Basoche est laconiquement mentionnée par la *Chronique de Paris* (n° du 20 juin), dans les termes suivants :

« Les Volontaires de la Basoche, en exécution du décret de l'Assemblée nationale qui réduit à un seul uniforme la Garde nationale, ont été, jeudi,

---

(1) *Le théâtre de la Révolution*, p. 185.
(2) Société nationale des Neuf Sœurs. (Voir Tome V, p. 744-745.)

déposer à la Ville, entre les mains de M. le Commandant-général, et leurs drapeaux et leurs canons.

« En conséquence, on a supprimé la vedette mise à la porte du Palais, et ces jeunes citoyens, qui, pendant toute la Révolution, se sont moins distingués par leur habit rouge que par des actes de bravoure et de patriotisme, sont rentrés dans leurs districts respectifs. »

L'Assemblée des Représentants avait arrêté, le 16 juin, que la partie du procès-verbal relative à la réception des Volontaires de la Basoche serait imprimée à part (1); et le 17 juin, elle avait décidé que le procès-verbal contiendrait les noms des braves Volontaires de la Basoche (2).

On possède, en effet, un imprimé intitulé : ASSEMBLÉE GÉNÉRALE DES REPRÉSENTANTS DE LA COMMUNE DE PARIS. *Extrait du procès-verbal des* 16 *et* 17 *juin* 1790, suivi du *Contrôle général des Volontaires de la Basoche faisant le service au* 17 *juin* (3). Ce *Contrôle*, qui contient les noms de tous les membres de la légion basochienne (4), nous apprend que, pour 130 volontaires, simples soldats, on comptait 16 officiers d'État-major, dont un colonel, un lieutenant-colonel, un major-général, un aide-major avec un sous-aide également major, puis deux adjudants, deux chirurgiens, un inspecteur, etc.; puis, huit porte-drapeaux ou attachés à la garde des drapeaux; huit capitaines d'honneur; sept officiers honoraires, dont un autre colonel, un autre lieutenant-colonel, trois capitaines différents des capitaines d'honneur; puis vingt-quatre officiers de compagnie, chaque compagnie au complet (de 20 à 25 hommes) nécessitant un capitaine en premier, un capitaine en second, un lieutenant et un sous-lieutenant; puis trente sous-officiers, à raison de 5 par compagnie. Au total, 60 officiers ou assimilés, 30 sous-officiers et 130 volontaires. Parmi les noms, je relève seulement ceux des principaux officiers : PILLET, colonel; CARTAULT, lieutenant-colonel; FROIDURE, commandant la garde des drapeaux; HENRY, colonel honoraire; THAUREAU, lieutenant-colonel honoraire; CHEVREAU, DELARBRE, MOREAU aîné, PACHAUT, COUTARD et PARIS, premiers capitaines des six compagnies.

Tant de personnages galonnés et panachés ne pouvaient évidemment se résigner à disparaître sans chercher à attirer sur eux-mêmes, sur le sacrifice qui leur était imposé, l'attention publique. Après avoir péroré, le 16 juin, à l'Hôtel-de-Ville, le 17 juin, à l'Hôtel-de-Ville encore et à Notre-Dame, ils écrivirent, le 18 juin, au président de l'Assemblée nationale, pour lui annoncer le dépôt de leurs drapeaux à Notre-Dame et pour demander leur admission à la séance du lendemain : c'était, disaient-ils, le Commandant-général qui leur avait conseillé de se présenter à l'Assemblée à l'effet de déclarer qu'ils avaient respectueusement obéi au vœu de l'Assemblée et changé d'uni-

---

(1) Séance du 16 juin. (Voir ci-dessus, p. 92.)
(2) Séance du 17 juin. (Voir ci-dessus, p. 125.)
(3) Imp. 18 p. in-8°, dont 6 p. pour le *Contrôle général* (Bib. Nat., Lb 40/1227).
(4) Les noms des cinq délégués admis le 16 juin devant l'Assemblée des Représentants figurent au *Contrôle général* avec les grades suivants : PIRRAULT, volontaire de la 1re compagnie; LOUAULT DES CHAUMES, capitaine d'honneur; PARIS, capitaine de la 6e compagnie; KERSÈS, sergent de la 1re; LARMEROUX, sergent de la 2e compagnie.

formes, et cela dans le but de donner à toutes les corporations militaires de France l'exemple de la réunion dans la Garde nationale (1).

Le bonheur d'être reçus devant l'Assemblée nationale leur arriva le 26 juin, à la séance du soir, et leur orateur prononça un discours inspiré des sentiments les plus patriotiques :

Sous les drapeaux de la Basoche, nous avons fait tous nos efforts pour servir la cause commune. Mais, Messieurs, lorsque de sages décrets rappellent tous les hommes à l'union et à la fraternité, nous ne pouvons plus marcher sous des enseignes particulières : il faut, pour cimenter le pacte social, abandonner toutes ces anciennes institutions du régime féodal ; il faut se réunir aux drapeaux de la patrie, ne se parer que des couleurs qu'elle a adoptées et, enfin, ne faire qu'un peuple de frères et d'amis.

Vous avez décrété la réunion de toutes les corporations militaires aux gardes nationales de l'empire ; les Volontaires de la Basoche se sont empressés d'obéir respectueusement à vos décrets. Déjà, ils ont remis à leurs frères de la Garde nationale les armes meurtrières qu'ils avaient conquises en assaillant les murs du despotisme ; déjà, ils ont déposé dans le temple de l'Éternel et près de Philippe-le-Bel les drapeaux qu'ils tenaient de son institution.

Pour dernier acte de leur corporation, ils viennent assurer les dignes représentants de la nation de leur réunion aux bataillons de la capitale, et que, si leur ancien uniforme leur fut précieux, celui dont ils sont revêtus le leur sera encore davantage, puisqu'il est celui de la nation...

Sous les drapeaux de la patrie, oubliant toutes ces chimériques distinctions, les ci-devant Volontaires de la Basoche n'auront plus d'autre tâche à remplir que d'obéir à vos lois et de les faire respecter, et, sous les ordres de leur général, de mériter l'amitié des bons citoyens et des braves militaires de la Garde nationale, auxquels ils ont le bonheur d'être réunis.

Le président était ce jour-là LE PELETIER DE SAINT-FARGEAU, très qualifié pour parler de la Basoche, en sa qualité d'ex-président au Parlement de Paris. Il répondit en apportant le témoignage qu'on attendait de lui :

Messieurs,

Le patriotisme était dans vos cœurs, et vous venez encore d'adopter les couleurs que le patriotisme semble affectionner davantage. Vous avez voulu qu'aucun signe extérieur ne pût vous distinguer de ces gardes citoyennes, avec lesquelles un sentiment commun vous confond par une heureuse alliance. Concourez avec elles à la sûreté de tous, à la paix publique ; vous serez par là les appuis de la constitution.

Placé au milieu de vous, Messieurs, dans l'exercice de mes anciennes fonctions, je m'estime heureux d'être auprès de l'Assemblée nationale le garant de vos sentiments, et de pouvoir lui dire avec quel zèle et quels transports civiques vos cœurs s'indignaient contre les derniers coups du despotisme, et vos bras mêmes s'armaient pour en repousser les efforts.

Sur la demande de divers membres, l'impression du discours et de la réponse fut ordonnée (2).

La vieille corporation militaire, si fière de son origine, avait vécu.

(1) Pièce manusc. (Arch. Nat., C 38, n° 341). — Les signatures qui figurent au bas de cette pièce et qui ne sont pas très lisibles paraissent être celles de PILLET, colonel, LAURENT, major-général, et SOMMAGEOT, sous-aide major.

(2) Voir *Archives parlementaires* (t. XVI, p. 478), minute manusc. (Arch. Nat., C 124, n° 405), et imp. à part, 4 p. in-8° (Bib. Carnavalet).

Elle laissait derrière elle un petit reliquat de dépenses à solder, que le Conseil de Ville dut s'occuper de régler (1).

Le dernier symptôme de son existence se trouve dans une lettre au président de l'Assemblée nationale, datée du 30 décembre 1790, par laquelle un sieur Luzeau, au nom des jeunes gens, ses confrères, qui formaient le corps de la ci-devant Bazoche, demandaient à être admis à une séance du soir, pour présenter une pétition (2). Il ne paraît pas que les anciens Basochiens, qui n'avaient plus d'existence corporative, aient été reçus; mais on trouve, avec la date du 20 janvier 1791, une pétition des clercs de la Basoche, à l'effet d'obtenir un décret déclarant habiles à exercer les fonctions d'avoués les clercs qui auraient travaillé dix ans dans les études des procureurs au Parlement (3).

Les Volontaires de la Basoche étant licenciés, les clercs de la Basoche reparaissaient.

(III, p. 132) Le Conseil de Ville avait décidé, le 7 juin, qu'une adresse serait présentée à l'Assemblée nationale, exposant « les faits qui s'étaient passés à l'occasion et depuis le décret du 17 mars, pour la prier de statuer sur ce que la Municipalité devait faire, sur la conduite qu'elle devait tenir » : en même temps, il était dit que cette adresse serait remise par une députation composée du Maire, du procureur-syndic et des deux procureurs-syndics adjoints, de deux membres du Tribunal (municipal ou contentieux), et de deux membres de chacun des Départements administratifs (au nombre de huit), soit, au total, vingt-deux membres (4). Cette adresse, il en avait discuté minutieusement le texte dans ses séances des 10 et 11 juin (5). Le 12, après l'avoir relu et adopté, il avait réfléchi qu'une députation, si importante fût-elle, n'était point encore suffisante, vu la gravité des circonstances ; en conséquence, il avait arrêté que la Municipalité entière (c'est-à-dire le procureur-syndic et ses deux adjoints, les huit membres du Tribunal contentieux, et les quarante-neuf administrateurs répartis entre les huit Départements), présidée par le Maire, porterait elle-même l'adresse à la barre de l'Assemblée nationale (6).

La réception, fixée d'abord au 15 juin, dut être ajournée à raison d'une indisposition de Bailly (7).

Enfin, le 16, averti qu'il serait admis devant l'Assemblée nationale le 17, à six heures du soir, il confirmait la rédaction déjà approuvée et faisait insérer dans son procès-verbal le texte de l'*Adresse de la Municipalité de la Ville de Paris à l'Assemblée nationale, sur l'aliénation et la vente des biens ecclésiastiques et domaniaux* (8).

(1) Séance du 5 août. (Voir ci-dessous.)
(2) Pièce manusc., autographe (Bib. Carnavalet). — Le nom de Luzeau ne se retrouve pas dans la liste du *Contrôle général* du 17 juin, où quelques noms sont laissés en blanc.
(3) Pièce manusc. (Arch. Nat., D ɪᴠ 50, nº 1434).
(4) Voir Tome V, p. 688-689.
(5) Voir ci-dessus, p. 15, 24, 25.
(6) Voir ci-dessus, p. 37.
(7) Voir ci-dessus, p. 89.
(8) Voir ci-dessus, p. 97 et 98-100.

La démarche du 17 juin devait donc être, après tous ces préparatifs, particulièrement solennelle.

Malheureusement, l'Assemblée nationale était pressée de passer à son ordre du jour, l'affaire des troubles suscités à Nîmes par les *Délibérations des catholiques* (1), et, lorsque Bailly, à la tête du Conseil de Ville, se présenta à l'heure dite à la barre de l'Assemblée et demanda à donner lecture de l'adresse sur l'aliénation et la vente des biens nationaux, on le pria de déposer sur le bureau son mémoire, qui serait imprimé, distribué à domicile, et renvoyé au Comité d'aliénation pour en rendre compte au premier jour (2).

Mais le Conseil de Ville, on s'en souvient, avait porté aussi sa protestation devant les districts eux-mêmes. Par l'*Adresse des soixante administrateurs composant le Corps municipal de la Ville de Paris aux citoyens réunis dans les 60 sections composant la Commune de Paris*, il leur avait soumis ses doutes, ses scrupules, ses inquiétudes, ses embarras (3).

Peu de districts paraissent avoir répondu directement à cette communication. Je n'ai retrouvé que deux délibérations en ce genre : l'une, du *district de Notre-Dame*, datée du 18 juin (4), portant simplement qu'après lecture de l'*Adresse des soixante administrateurs aux citoyens réunis dans les 60 sections*, l'assemblée arrête qu'il n'y a pas lieu à délibérer ; l'autre, du *district de l'Oratoire*, datée du 22 juin (5), qui est ainsi formulée :

L'assemblée générale, ouï le rapport de ses commissaires ;
Considérant la nécessité de procéder promptement à l'aliénation des biens ecclésiastiques ;
Considérant qu'on ne peut raisonnablement avoir d'inquiétude sur la légalité et sûreté d'une opération faite du concours unanime des sections, sous l'inspection des commissaires nommés dans le sein de l'Assemblée nationale ;
Déclare qu'elle persiste dans ses arrêtés des 30 mars dernier (6) et 4 du présent mois (7) ; en conséquence, maintient, confirme les pouvoirs qu'elle a donnés aux commissaires nommés suivant le vœu desdits arrêtés, jusqu'à l'entière perfection et organisation définitive de la Municipalité de Paris ;
Invite le procureur-syndic de la Commune à concourir aux opérations relatives à l'achat, aliénation et vente des biens domaniaux ;
Invite pareillement MM. les administrateurs à ne point présenter de pareille adresse sans en avoir préalablement communiqué aux sections (8) ;

---

(1) Voir Tome V, p. *692*.
(2) Voir *Archives parlementaires* (t. XVI, p. 250).
(3) Adresse décidée le 7 juin, discutée le 10, adoptée le 12 et insérée au procès-verbal du 16. (Voir Tome V, p. *688-689*, et ci-dessus, p. *15, 37-38* et *100-102*.)
(4) Imp. 1 p. in-4° (Bib. Nat., Lb 40/1468). — Cette délibération donne à l'*Adresse des soixante administrateurs* la date erronée du *16 mai* au lieu du *16 juin*. En effet, un certain nombre d'exemplaires de l'*Adresse* avaient paru avec cette faute d'impression. (Voir ci-dessus, p. 100, note 1.)
(5) Pièce manusc. (Arch. Nat., D ıv 3, n° 22).
(6) Arrêté du 31 mars. (Voir Tome IV, p. *571*.)
(7) Arrêté du 4 juin. (Voir Tome V, p. *703*.)
(8) La recommandation était un peu tardive : l'*Adresse* était présentée depuis le 17 juin.

Arrête pareillement que son arrêté sera envoyé à l'Assemblée nationale et communiqué tant aux administrateurs provisoires qu'au Maire.

Signé : de Lavau, secrétaire-greffier.

Les autres districts laissèrent à leurs commissaires spéciaux pour l'acquisition des biens nationaux le soin de répondre à l'*Adresse* du Conseil de Ville et de défendre la validité des opérations auxquelles ils s'étaient livrés de concert avec le Comité d'aliénation de l'Assemblée nationale.

L'Assemblée des députés des soixante districts, faisant toute diligence, eut bientôt fait de rédiger à son tour l'Adresse suivante (1), qui réfute celle du Conseil de Ville :

Adresse à l'Assemblée nationale,
par les députés des soixante sections de Paris,
relativement à l'acquisition à faire, au nom de la Commune, de domaines nationaux.

Les députés des 60 sections de la Commune de Paris, relativement à l'acquisition des domaines nationaux jusqu'à concurrence de 200 millions, ont appris avec étonnement que les administrateurs provisoires, égarés par un zèle tardif et inquiet, avaient cru pouvoir accuser la Commune de Paris de s'être trompée sur le véritable sens de vos décrets et faire naître des doutes sur la régularité et la légalité de l'acquisition qu'elle se propose de faire.

Les administrateurs ont vu la Commune s'assembler dans ses sections pour la nomination de 60 électeurs; ils ont vu les électeurs, assemblés sous la présidence de M. le Maire, nommer les 12 commissaires qui devaient, conjointement avec vos députés, s'occuper des préliminaires de l'acquisition ; ils ont vu ces 12 commissaires, réunis à M. le Maire, concourir avec les membres de votre Comité d'aliénation aux travaux qui devaient préparer cette opération ; et aucun de ces préliminaires n'a excité leur attention. Ces administrateurs n'ont pas ignoré le compte que les 12 commissaires de la Commune ont rendu à leurs commettants; ils ont été instruits qu'en annonçant que ses pouvoirs étaient épuisés, la commission invitait la Commune à en donner de nouveaux pour la consommation de l'opération ; ils ont vu les 60 sections s'assembler, à l'effet de délibérer sur cette demande, et, au lieu de présenter alors les doutes qu'ils ont manifestés depuis sur la légalité des opérations faites ou à faire par les commissaires de la Commune, ils ont gardé le plus profond silence. Ces administrateurs, avec le concours de M. le Maire, ont sollicité de votre sagesse un décret particulier qui les a commis par provision pour exercer, relativement aux biens nationaux qui sont situés dans la ville de Paris, toutes les fonctions attribuées par le décret du 14 avril aux administrations de département et de district ou à leurs directoires : cette démarche, qui devait naturellement appeler leur attention sur l'opération principale, l'acquisition d'une partie de ces biens, n'a été accompagnée d'aucune réclamation de leur part sur la nomination des commissaires particuliers pour cette acquisition. Les administrateurs étaient-ils moins zélés alors? Ou bien étaient-ils convaincus de la légalité de l'opération? Et, s'ils la reconnaissaient, quel trait de lumière est donc venu les éclairer, dans un moment où leur réclamation ne pouvait plus que retarder un travail qui ne saurait être trop prompt pour le salut de l'État (2)?

(1) Imp. 8 p. in-4° (Bib. Nat., Lb 40/110). — Le *Journal de la Municipalité et des sections de Paris* (n° du 10 juillet), qui résume les deux Adresses du Conseil de Ville, du 16 juin, à l'Assemblée nationale et aux 60 sections, passe complètement sous silence celle, non moins importante, des députés des 60 sections.

(2) Les arguments invoqués par les députés des 60 sections contre le Conseil de Ville ne sont pas tous d'égale valeur. Il est vrai que le Conseil de Ville s'était

La difficulté élevée par les administrateurs porte entièrement sur les pouvoirs qu'ils supposent appartenir exclusivement à la Municipalité provisoire. Qu'il nous soit permis d'examiner quelle est la juste étendue de leur mission.

La Commune de Paris, en brisant la verge de fer que le despotisme ministériel avait placée dans les mains de la Municipalité, s'est ressaisie des pouvoirs qui lui appartenaient et dont elle avait été injustement dépouillée. Vous n'aurez pas de peine, Messieurs, à excuser le sentiment de crainte qui l'a empêchée jusqu'à ce moment de revêtir aucun corps de la plénitude de ces mêmes pouvoirs, que l'on avait si indignement tournés contre elle-même; la Commune de Paris a cru qu'il était de sa prudence de ne confier le pouvoir administratif que partiellement et à proportion de la nécessité amenée par les circonstances. Il fallait, avant tout, que les revenus de la Ville fussent réglés et la police administrée : la Commune a nommé, pour cette partie d'administration, tantôt un plus grand nombre, tantôt un moindre nombre de commissaires ; c'est l'objet de la mission des 60 administrateurs provisoires, mais c'est l'objet unique de la mission; leurs pouvoirs ont été limités, et, par cela même que la Commune a déterminé l'étendue de l'autorité qu'elle leur confiait, elle s'est réservé à elle-même tout ce qui n'a pas été nommément compris dans les pouvoirs qu'elle leur a conférés.

Aussi, Messieurs, à mesure que les circonstances ont fait naître quelque objet d'intérêt majeur pour la Commune, elle a nommé des commissaires pour ces objets : c'est ainsi qu'elle en a usé pour la révision du plan de Municipalité, pour le pacte fédératif, pour la division de Paris en 48 sections, et pour d'autres opérations, et toujours vous avez accueilli ces commissaires particuliers quand ils vous ont présenté le résultat de leurs travaux (1).

En confiant aux administrateurs la régie des revenus de la Commune et l'administration de la police, aucune des sections n'avait prévu que la Commune se déterminerait à l'acquisition d'une grande masse de biens nationaux, et c'est résigné à ne point protester ouvertement, lorsque les sections s'étaient assemblées, le 30 mars, pour nommer 60 électeurs, et lorsque ces électeurs eux-mêmes, réunis sous la présidence du Maire, avaient nommé, le 1er avril, 12 commissaires spéciaux. Il est vrai encore que, lorsqu'il avait sollicité, par délibération du 31 mai, le décret qui fut voté le 8 juin, il n'avait point réclamé contre l'existence des commissaires spéciaux. Mais, en ce qui concerne le *Compte rendu à la Commune de Paris par les 12 commissaires*, la demande de nouveaux pouvoirs et les délibérations des districts qui s'en étaient suivies, la critique n'est point fondée : dès qu'il avait appris, le 7 juin, la convocation des sections, faite par le Maire pour le 4, à l'effet de délibérer sur la conclusion du *Compte rendu*, il avait décidé d'en référer à l'Assemblée nationale, et c'est précisément à cette adresse, arrêtée dès le 7 juin, présentée seulement le 17, que les députés des 60 sections répondaient le 24 juin.

(1) L'Assemblée nationale avait reçu, en effet : 1° le 23 mars, les commissaires des districts, porteurs de l'*Adresse de la Commune de Paris dans ses 60 sections à l'Assemblée nationale*, pour la permanence des districts (Voir Tome IV, p. *407-408* et *543*); 2° le 10 avril, les commissaires des districts, porteurs du *Règlement général pour la Commune de Paris*, rédigé par ses députés réunis à l'Archevêché, plan d'organisation municipale (Voir Tome IV, p. *630-631*); 3° le 5 juin, les commissaires des districts, porteurs de l'*Adresse des citoyens de Paris à tous les Français*, pour la Fédération du 14 juillet (Voir Tome V, p. *722-723*), et d'autres commissaires, porteurs de l'*Adresse présentée à l'Assemblée nationale par la Commune de Paris*, pour le canal de l'Ourcq (Voir ci-dessus, p. *71-72*). Quant aux commissaires pour la division de Paris en 48 sections, ils avaient été nommés par ordre de l'Assemblée nationale elle-même, qui avait ratifié le plan auquel ils s'étaient arrêtés. (Voir Tome V, p. *559-562*.)

assez dire qu'aucune d'elles n'a entendu commettre les administrateurs, auxquels elles n'ont jamais donné de pouvoirs généraux, pour une opération à laquelle personne n'avait encore pensé. Le Bureau de Ville en a lui-même jugé ainsi, lorsque, après avoir conçu le projet de cette acquisition, il a cru devoir assembler la Commune dans ses sections et soumettre à sa délibération libre une opération qui intéressait aussi essentiellement la Commune de Paris et la France entière.

Alors, la Commune a suivi la même marche qu'elle avait tenue dans toutes les autres occasions intéressantes : elle n'a pas cru devoir ajouter des travaux immenses aux fonctions déjà pénibles qu'elle avait confiées dans des temps difficiles aux 60 administrateurs. Pour que la chose publique ne souffrît, dans aucune partie, de la complication des opérations, elle a nommé 12 commissaires pour s'occuper, avec M. le Maire, de tout ce qui a rapport à l'acquisition des biens nationaux, et, par la majorité des pouvoirs, elle a adjoint les 48 autres députés pour coopérer avec les 12 commissaires dans les occasions qui pourraient éveiller leur sollicitude. Par là, elle a conservé, à la portion de la chose publique confiée aux 60 administrateurs, toute l'activité dont elle a besoin, et elle a ménagé, au grand œuvre de l'acquisition des biens nationaux, le moyen d'être consommé avec toute la célérité que pouvait permettre l'importance de cette opération.

Par quelle fatalité tant de précautions prises pour parvenir plus promptement et plus sûrement au bien ne serviraient-elles qu'à paralyser une des forces régénératives de l'empire, et seraient-elles la source de l'illégalité que les administrateurs voudraient faire apercevoir dans une acquisition consommée, au nom de la Commune, par des commissaires nommés par elle spécialement à cet effet? Depuis la Révolution jusqu'à ce moment, la Commune de Paris n'a-t-elle pas été légalement représentée par les commissaires qu'elle a nommés dans les différentes occasions? Chaque assemblée de commissaires particuliers n'a-t-elle pas tiré ses pouvoirs d'une même source, la volonté de la Commune? Ces assemblées n'ont-elles pas toutes reçu également les caractères et les pouvoirs propres de municipalité pour les fonctions qui ont été confiées à chacune d'elles? Les administrateurs, s'ils eussent été revêtus de l'universalité des pouvoirs ordinaires aux officiers municipaux, n'auraient pu consommer légalement l'acquisition que comme représentants de la Commune, et avec le concours de sa volonté explicitement manifestée : comment serait-il possible que l'acquisition consommée par la Commune elle-même, par le ministère de ses commissaires spécialement nommés *ad hoc*, fût moins légale que si elle était faite par des représentants généraux et qui auraient eu eux-mêmes besoin de nouveaux pouvoirs? N'est-il plus de principe que les fonctions du mandataire cessent en présence de son commettant?

Et quel danger, Messieurs, de changer en ce moment l'ordre établi par la Commune et déjà adopté par vous-mêmes! Vous avez reconnu, dans l'*Instruction* relative à l'aliénation des biens nationaux par vous décrétée, que la Municipalité de Paris n'est pas formée, et vous avez ordonné en conséquence que les experts seraient nommés les uns par les commissaires des sections, les autres par l'Assemblée nationale. Déjà, les commissaires des sections ont fourni un état contenant 712 objets dans l'intérieur de Paris et un bien plus grand nombre au-dehors qu'ils se disposent d'acquérir, et pour l'estimation desquels 25 experts ont été nommés. S'il fallait transmettre aux administrateurs les pouvoirs qui ont été donnés par la Commune à ces 12 commissaires, quel retard n'apporterait pas dans l'opération le temps nécessaire pour amener ces nouveaux coopérateurs au degré de lumières et de connaissances acquises par les 12 commissaires, occupés exclusivement depuis près de trois mois de tout ce qui est relatif à l'acquisition? Les administrateurs pourraient-ils même se flatter d'acquérir ces connaissances avant le moment, sans doute très prochain, où la Commune de Paris pourra se féliciter, avec les autres communes du royaume, d'avoir une municipalité formée régulièrement?

Ainsi, Messieurs, les députés des 60 sections croient pouvoir le dire avec confiance, la légalité des pouvoirs qui leur ont été donnés dans l'état du régime actuel de la capitale, l'impossibilité de faire à cet égard aucune innovation sans retarder une opération à la célérité de laquelle le salut de la chose publique est si étroitement lié, se réunissent pour solliciter de votre sagesse un décret par lequel, en reconnaissant la légalité des pouvoirs donnés par la Commune à ses commissaires spéciaux, vous dissiperez les inquiétudes que le zèle peu réfléchi des administrateurs aurait pu faire naître dans quelques esprits moins instruits, et que la mauvaise foi des ennemis de la Révolution s'empresserait de propager pour en arrêter les effets salutaires.

Signé : Bailly, Maire.

Maugis, président des 60 députés.

Le Roux, secrétaire.

Vernier fils, Dommanget, Levacher de La Terrinière, Faure, Burel, Boucher (1) et Mathon, commissaires chargés (avec le président et le secrétaire) d'accompagner M. le Maire pour porter l'adresse à l'Assemblée nationale.

A cette *Adresse* est jointe une lettre de Bailly au président de l'Assemblée nationale (alors Le Peletier de Saint-Fargeau, député de la noblesse de la Ville de Paris), en date du 24 juin 1790, ainsi conçue :

Monsieur le président,

Vous avez bien voulu me promettre qu'une députation de la Commune de Paris serait admise à la barre dans la séance extraordinaire annoncée pour hier soir. Cette séance n'ayant pas eu lieu (2), je vous supplie de mettre sous les yeux de l'Assemblée l'adresse que lui présentent les députés des sections réunis pour la vente des biens nationaux.

J'ai eu l'honneur de paraître à l'Assemblée pour lui porter l'adresse de la Municipalité provisoire sur les opérations de cette vente (3) : l'adresse que je présente aujourd'hui est la réponse à la première. J'ai signé également ces deux pièces contradictoires; je parais à la tête des deux députations, parce que, chargé de tous les intérêts de la Ville de Paris, je dois en effet me trouver partout : comme premier officier municipal, je dois paraître à la tête de la Municipalité; comme chef de la Commune, on doit me voir à la tête de ses subdivisions, aujourd'hui qu'elle existe encore assemblée dans ses sections et qu'elle se présente elle-même en subdivisant ses pouvoirs.

Je dois d'autant plus présider les commissaires de cette Commune pour l'acquisition des biens nationaux et porter leur réclamation à l'Assemblée, que je suis moi-même un de ces commissaires par le vœu des sections, et qu'elles ont ajouté des pouvoirs spéciaux à ceux qui peuvent appartenir à la Mairie.

---

(1) Il y avait deux commissaires du nom de Boucher : l'un du *district des Cordeliers*, et l'autre du *district des Petits Augustins*. (Voir Tome IV, p. *580* et *581*.)

(2) Le compte rendu de l'Assemblée nationale constate, en effet, qu'à la fin de la séance du matin, le 23 juin, à cinq heures du soir, le président annonça que la séance extraordinaire qui avait été indiquée pour le soir ne pourrait avoir lieu, à cause de la longueur de la séance du matin. (Voir *Archives parlementaires*, t. XVI, p. 447.)

(3) Adresse du 17 juin. (Voir ci-dessus, p. 132 et *136*.)

Au reste, j'ai pu professer les mêmes sentiments dans les deux députations : toutes deux sont animées du même esprit; elles ont le même vœu de servir la chose publique, le même désir de prouver leur zèle et leur soumission à l'Assemblée nationale. Toutes deux attendent une décision de sa sagesse; l'une et l'autre ne demandent que justice.

Signé : BAILLY, Maire.

Il résulte de cette lettre que la députation de l'Assemblée des députés des soixante districts devait être reçue le 23 juin, au soir, mais que, la séance n'ayant pas eu lieu, le Maire se contenta de transmettre l'adresse au président, en le priant de la mettre sous les yeux de l'Assemblée nationale.

Les comptes rendus des séances ne mentionnent point la communication qu'aurait dû faire le président, et il est probable que l'*Adresse des députés des soixante districts* fut simplement, comme l'*Adresse du Conseil de Ville*, renvoyée au Comité compétent.

Ce qui est certain, c'est que le Comité d'aliénation en fut saisi et qu'il s'empressa de lui donner satisfaction. Voici, en effet, ce que dit, à la séance du lendemain, 25 juin, le rapporteur du Comité, duc DE LA ROCHEFOUCAULD :

« Votre Comité a reçu deux adresses, l'une de la Municipalité de Paris (celle du 17 juin), l'autre des soixante districts (celle du 24 juin). Toutes les deux sont relatives à l'aliénation des biens nationaux, et c'est pour répondre aux vœux qui nous sont manifestés que nous vous proposons le décret suivant. »

Le Comité allait trancher la question, comme le lui demandaient les deux adresses. Mais en faveur de qui allait-il se prononcer ? en faveur du Conseil de Ville, ou en faveur de l'Assemblée des commissaires spéciaux ?

La réponse se trouve dans le projet de décret lu par le rapporteur, et dont voici le texte :

L'Assemblée nationale, après avoir entendu le compte, qui lui a été rendu par le Comité qu'elle a chargé de l'aliénation des domaines nationaux, des *Adresses de la Municipalité provisoire et des députés des soixante sections de la Ville de Paris* (1), et rendant justice aux sentiments patriotiques exprimés dans ces adresses;

Autorise son Comité à continuer de traiter avec les commissaires nommés par les soixante sections et munis de leurs pouvoirs, pour la vente des domaines nationaux dont ils ont donné ou donneront la désignation et pour toutes les opérations relatives à cette vente; et ce, jusques au moment où la nouvelle Municipalité aura été élue, conformément aux décrets de l'Assemblée; se réservant, l'Assemblée nationale, de statuer incessamment sur les formes qui devront être suivies pour les reventes de ceux de ces domaines qui auront été acquis, au nom de la Commune de Paris, par ses commissaires.

Ce projet de décret ayant été mis aux voix et adopté (2), la question se

---

(1) Le *Journal de la Municipalité et des sections de Paris* (n° du 10 juillet), qui reproduit le texte du décret du 25 juin, supprime les mots : *et des députés des soixante sections de la Ville de Paris*, de sorte que le décret paraît donner raison au Conseil de Ville (le décret dit : la Municipalité), alors qu'il a la signification exactement contraire.

(2) Voir *Archives parlementaires* (t. XVI, p. 454-455).

trouvait résolue définitivement, et résolue dans le sens des réclamations de l'Assemblée des députés des districts : aux commissaires élus par la Municipalité, dont parlait le décret du 17 mars, le décret du 25 juin substituait les commissaires nommés par les soixante sections.

Du Vendredi 18 Juin 1790

~~~ A l'ouverture de la séance, un des membres du Comité des rapports, ayant obtenu la parole, a rendu compte de l'affaire de M. le chevalier des Courtils de Saint-Léger (1), capitaine de cavalerie, qui lui avait été renvoyée par l'Assemblée, le 16 de ce mois (2). Cet officier, qui a son domicile ordinaire à Paris, dans le ressort du district des Jacobins Saint-Honoré, prit les armes dès les premiers moments de la Révolution, et plusieurs commissions importantes lui furent confiées, tant pour des expéditions militaires que pour l'approvisionnement de cette capitale. Il en a produit les certificats les plus authentiques; le Comité les a vérifiés et les a mis sous les yeux de l'Assemblée. N'ayant point été placé dans la Garde nationale parisienne, lors de son organisation, M. de Saint-Léger prit le parti de se retirer à Marly-le-Roi (3), où il a depuis longtemps une maison; et, après divers services par lui rendus à la municipalité de ce bourg, le commandement de la garde nationale étant devenu vacant par la nomination du commandant à la place de maire, les officiers vinrent en corps lui offrir cette place comme une preuve de l'estime qu'ils avaient conçue pour lui. Dans l'assemblée tenue le 30 mai dernier, pour procéder à cette élection, plusieurs citoyens se permirent contre M. de Saint-Léger les inculpations les plus graves, et qui lui donnent lieu de craindre pour sa sûreté personnelle et celle de la dame son épouse et de ses enfants (4).

Sur la proposition du Comité;

L'Assemblée a pris l'arrêté suivant :

---

(1) DES COURTILS DE SAINT-LÉGER (Louis Jean Clair). Du 14 avril 1790, sentence du lieutenant-civil du Châtelet, ordonnant de rectifier les actes baptistaires de ses deux enfants. (Voir TUETEY, *Répertoire général*, t. III, n° 5504.)

(2) Ce renvoi n'est pas mentionné à la séance du 16 juin.

(3) Chef-lieu de canton, arrondissement de Versailles (Seine-et-Oise).

(4) D'après le *Journal de la Municipalité et des districts* (n° du 22 juin, supplément), ce seraient « quelques particuliers de son district (Saint-Étienne du Mont) qui auraient noirci la conduite de ce militaire et menacé même d'exercer des violences sur lui et sur sa famille. »

« L'Assemblée générale des Représentants de la Commune, après avoir entendu son Comité des rapports, qui lui a fait lecture de plusieurs certificats en faveur du sieur des Courtils de Saint-Léger, capitaine de cavalerie;

« Déclare que les imputations faites audit sieur des Courtils de Saint-Léger *d'avoir accaparé les bleds et d'avoir été chassé honteusement de son district de Paris et de l'Hôtel-de-Ville,* sont fausses et calomnieuses;

« Trouve autant de satisfaction que de justice à attester que ledit sieur des Courtils de Saint-Léger a montré, dès les premiers jours de la Révolution, le plus pur et le plus ardent patriotisme; qu'il a rendu à la chose publique des services multipliés, et qu'il s'est toujours conduit, dans les différents emplois qui lui ont été confiés tant à la tête de divers détachements et expéditions militaires que dans l'approvisionnement des bleds pour cette capitale, avec le courage, le zèle, la prudence et le désintéressement qui caractérisent un brave militaire et un excellent citoyen (1);

« Autorise ledit sieur des Courtils de Saint-Léger à faire imprimer et afficher à ses frais dans la ville de Paris le présent arrêté, ensemble l'arrêté du district des Jacobins Saint-Honoré, du 8 du présent mois de juin, le certificat de M. de Vauvilliers, lieutenant de maire au Département des subsistances, du 14, et celui de M. le Commandant-général, du 16 dudit présent mois;

« Invite MM. les maires et officiers des municipalités dans l'étendue desquelles ledit sieur des Courtils de Saint-Léger a des possessions, à donner auxdits arrêtés et certificats la plus grande publicité, et à en permettre la publication et l'affiche dans tout leur arrondissement. »

— M. l'abbé Bertolio et M. Baslin, qui avaient été nommés commissaires pour prendre connaissance des motifs qui avaient empêché le Département du domaine de faire payer aux districts réunis du Val de Grâce et de Saint-Jacques du Haut Pas la somme de 1,200 livres qui reste due sur un mandat de 2,400 livres délivré à ces districts le 3 septembre de l'année dernière (2), ont rendu compte de leur mission à l'Assemblée.

Suivant le rapport de ces commissaires, il paraît qu'il a été payé,

---

(1) Le *Journal de la Municipalité et des districts* (n° du 22 juin, supplément) dit que « l'Assemblée a arrêté que M. DE SAINT-LÉGER serait mis sous la protection immédiate de la Commune ».

(2) Commissaires nommés le 17 juin. (Voir ci-dessus, p. 129.)

par la caisse municipale, aux deux districts ci-dessus, depuis le 25 juillet de l'année dernière jusqu'au 3 avril de la présente année, une somme de 8,200 livres ; que ces districts n'ont produit les comptes de leurs dépenses que jusqu'au 20 septembre de l'année dernière, et que le Département du domaine insiste pour obtenir ceux des dépenses faites jusqu'au 31 mai dernier ; que le Département observe que la somme de 8,200 livres que ces districts ont reçue, est dans une proportion très forte avec les paiements faits jusqu'ici aux autres districts. Enfin, les commissaires ont conclu leur rapport, en observant que le Département du domaine ne se refusait pas à l'exécution des arrêtés de l'Assemblée ; mais qu'il désirait qu'ils fussent conçus en termes impératifs, surtout dans la circonstance actuelle, où il s'agissait de faire un paiement à des districts qui n'avaient pas rendu leurs comptes.

Un honorable membre de l'Assemblée, Représentant du Val de Grâce et de Saint-Jacques du Haut Pas, ayant obtenu la parole, a dit que leurs comptes étaient prêts, et qu'ils offraient de les remettre ; que ces districts étaient les plus pauvres de la capitale et ceux qui avaient eu le plus à souffrir, tant par le grand nombre d'émigrants qu'ils avaient eus à soutenir que par la garde des barrières, à laquelle ils avaient employé des citoyens auxquels ils avaient été obligés de procurer des secours.

L'Assemblée a arrêté que cette affaire serait ajournée, jusqu'à ce que le Département du domaine ait réuni les comptes de tous les districts de cette ville.

— Le sieur Vallée, peintre-doreur, marchand d'estampes, ayant demandé à être entendu, a lu un mémoire par lequel il expose qu'une partie de la maison dont il était principal locataire, ayant été prise par le Comité du casernement pour loger la compagnie du centre du bataillon du district de Saint-Séverin, les loyers lui ont été payés par le Département du domaine, à l'exception du terme échu le 1er avril dernier (1) ; qu'ayant résilié le bail de cette maison, le défaut de paiement du terme qui lui est dû l'a rendu reliquataire, envers le propriétaire, de la somme de 880 et quelques livres ; que, pour se soustraire aux poursuites faites contre lui, le propriétaire a exigé le dépôt d'une quantité d'estampes encadrées et en feuilles, et montant à 2,452 livres, qui sont sur le point d'être vendues à vil prix et suf-

---

(1) A la suite de réclamations réitérées, le sieur Vallée avait obtenu, le 26 mars, de l'Assemblée des Représentants, un arrêté prescrivant le payement des loyers à lui dus. (Voir Tome III, p. 688, et Tome IV, p. 219 et 504.)

firont peut-être à peine à l'acquitter; que M. le lieutenant de maire au Département du domaine ayant persisté dans le refus fait au sieur Vallée, sous le prétexte qu'il n'avait pas de titre, il avait obtenu une sentence au Châtelet contre le district de Saint-Séverin.

L'Assemblée a arrêté que la demande du sieur Vallée serait communiquée, sans délai, au comité du district de Saint-Séverin, qui serait invité à lui adresser, lundi prochain, 21 de ce mois, époque de l'ajournement qu'elle a fixé pour sa décision, les observations dont cette demande lui paraîtrait susceptible; et que le Département du domaine serait pareillement invité à se rendre, le même jour, lundi 21, à l'Assemblée, pour lui faire part des motifs qui l'ont empêché de payer au sieur Vallée ce qui lui reste dû sur les loyers de la portion de maison occupée par la compagnie du centre du bataillon de Saint-Séverin (1).

— Un honorable membre a profité de l'invitation qui venait d'être faite au Département du domaine pour demander que l'Assemblée voulût bien faire expliquer en même temps ce Département sur les motifs du refus qu'il avait fait de payer les 1,200 livres dues aux districts du Val de Grâce et de Saint-Jacques du Haut Pas (2).

Il a été demandé, par un autre membre de l'Assemblée, que la réclamation de ces districts fût renvoyée au Comité nommé pour l'examen des comptes à présenter par les districts (3).

Enfin, il a été arrêté que le Département du domaine serait entendu, à ce sujet, mardi prochain, à condition que les comptes des deux districts seraient remis dès aujourd'hui au Département (4).

— M. le président a fait part à l'Assemblée d'une lettre à lui écrite par un des membres du *Club patriotique* du Havre, qui le charge de faire hommage à l'Assemblée d'un imprimé intitulé : *Réponse à la lettre de M. Bergasse à ses commettants, sur les assignats* (5).

Cet écrit, d'après la délibération prise le 4 de ce mois par ce *Club patriotique*, étant propre à affermir la confiance due aux assignats, à étendre et propager cette confiance, et à dissiper les illusions de ceux qui auraient pu concevoir des inquiétudes, l'Assemblée en a accueilli l'hommage avec le plus vif empressement, et a chargé son

---

(1) Le Département du domaine s'expliqua à la séance du 22 juin. (Voir ci-dessous.)
(2) Cette affaire venait d'être délibérée. (Voir ci-dessus, p. 146.)
(3) Comité institué le 14 juin. (Voir ci-dessus, p. 50.)
(4) Il n'est point question de cette affaire à la séance du mardi 22 juin.
(5) Il s'agit d'une réponse à la *Protestation de M.* Bergasse *contre un décret portant création d'assignats-monnaie.* (Voir Tome V, p. 371, note 3.)

président de transmettre les remerciements de l'Assemblée au *Club patriotique* du Havre.

⎯ M. l'abbé Fauchet a dénoncé à l'Assemblée l'interdit dans lequel se trouvait M. l'abbé de Saint-Ange, l'un des prêtres employés à l'administration spirituelle de la Salpêtrière. Il a établi, d'après la réponse de M. l'abbé de Floirac, vicaire-général (1), à la lettre par laquelle il lui avait demandé des éclaircissements sur les motifs qui ont pu attirer cette disgrâce à M. l'abbé de Saint-Ange, que les supérieurs ecclésiastiques ne lui faisaient aucun reproche; que c'était d'après l'avis de l'administration temporelle de l'Hôpital-général et la demande du district de Saint-Victor que ses pouvoirs n'avaient pas été renouvelés, et que M. le lieutenant de maire au Département des hôpitaux était parfaitement instruit de tout ce qui s'était passé à ce sujet. M. l'abbé Fauchet a rappelé à l'Assemblée qu'elle avait, par ses précédents arrêtés, pris sous sa protection immédiate M. l'abbé de Saint-Ange, qui n'avait déplu à l'administration temporelle de cet hôpital que d'après la connaissance qu'il avait procurée à l'Assemblée des abus qui y avaient donné lieu (2); que, la Salpêtrière étant un établissement public qui appartient à la Commune entière, la section de Saint-Victor n'y a pas le droit d'une surveillance exclusive, et encore moins son comité celui d'y envoyer des commissaires pour informer contradictoirement à l'information de commissaires de l'Assemblée générale des Représentants de la Commune; qu'il était peut-être plus extraordinaire encore que l'administration temporelle de cette maison, au mépris de la responsabilité dont elle est tenue envers la Commune qui était saisie de la cause, se fût permis de recourir, comme par forme d'appel, au comité du district de Saint-Victor, et de se servir de son arrêté pour requérir des supérieurs ecclésiastiques un interdit, qui, sous ce rapport, était la plus extrême voie de fait que des administrateurs temporels pussent employer.

Il a proposé, en conséquence, que l'Assemblée mandât pour le lendemain M. le lieutenant de maire des hôpitaux, pour rendre compte des motifs qui ont porté les administrateurs temporels de la Salpêtrière à demander l'interdit de M. l'abbé de Saint-Ange;

---

(1) DELAGRANGE-GOURDON DE FLOIRAC (Joseph Jean François), vicaire-général.
(2) Il est vrai que le rapporteur de l'affaire des billets de confession avait proposé, le 18 mai, de déclarer que l'abbé CHAIX DE SAINT-ANGE, dénonciateur de cet abus, fût mis, comme vrai citoyen, sous la protection de la Commune; mais l'arrêté du 20 mai ne contient pas cette disposition. (Voir Tome V, p. 423-424 et *426*.)

qu'après avoir entendu M. le lieutenant de maire, l'Assemblée autorisât son président à écrire à MM. les vicaires-généraux pour leur marquer qu'ils ne doivent aucun égard au procès-verbal du district de Saint-Victor, ni à aucun mécontentement de l'administration temporelle, relatif à l'affaire des billets de confession, par rapport à M. l'abbé de Saint-Ange, et que cet ecclésiastique, tant qu'il sera d'ailleurs irréprochable, est sous la très spéciale bienveillance de la Commune, et ne doit être aucunement troublé dans sa place, qu'il remplit avec zèle et à la très sensible satisfaction des pauvres de la Salpêtrière; et que l'Assemblée ajournât au lendemain toutes les autres conclusions qui pourraient êtres prises relativement à la conduite de l'administration, à celle des prêtres de la Salpêtrière, qui ont méconnu l'autorité de l'Assemblée, et à tout ce qui intéresse, dans cette affaire, l'ordre public et la surveillance du Conseil général de la Commune.

Plusieurs membres ayant obtenu successivement la parole sur cette motion;

Il a été observé qu'on ne pourrait se dispenser d'entendre M. le lieutenant de maire du Département des hôpitaux, non seulement sur l'objet principal, mais encore sur le régime spirituel et temporel de la Salpêtrière.

L'Assemblée a arrêté que M. le lieutenant de maire du Département des hôpitaux serait entendu lundi prochain, toutes choses demeurant en état (1), et que l'arrêté serait envoyé aux administrateurs et à la supérieure de la Salpêtrière (2).

⎯⎯ On allait passer à l'ordre du jour, qui était le rapport du compte du Département du domaine (3);

Lorsqu'un membre de la commission, nommée hier pour la rédaction d'une adresse à présenter à l'Assemblée nationale (4), a demandé à en faire lecture.

(1) DE JUSSIEU, lieutenant de maire au Département des hôpitaux, fut entendu à la séance du lundi 21 juin. (Voir ci-dessous.)
(2) Le *Journal de la Municipalité et des districts* (n° du 22 juin, supplément) rapporte autrement la décision prise. Après avoir dit que « l'abbé FAUCHET avait parlé avec beaucoup d'énergie », il ajoute :
« Suivant son avis, l'Assemblée a arrêté qu'il serait écrit aux vicaires-généraux; que M. l'abbé DE SAINT-ANGE, mis sous la sauvegarde de la Commune, serait provisoirement conservé dans sa place, et que cet arrêté serait notifié à la Salpêtrière dès le soir même, 18 de ce mois. »
(3) La discussion de ce rapport avait été ajournée le 28 mai, le 31 mai et le 8 juin. (Voir Tome V, p. 580, 603 et 717.)
(4) Séance du 17 juin. (Voir ci-dessus, p. 130.)

Il a été observé que, de quatre commissaires nommés pour la rédaction (1), il ne s'en trouvait dans le moment que deux présents à l'Assemblée, et qu'il convenait de les attendre.

Un autre membre a fait sentir combien l'objet de cette adresse était instant, et a demandé que la lecture n'en fût point retardée par l'absence des deux commissaires.

L'Assemblée ayant été consultée;

Il a été arrêté que l'adresse serait communiquée sur-le-champ à l'Assemblée.

Et M. Brissot de Warville en a fait lecture.

Il s'est élevé, sur la rédaction de cette adresse, quelques discussions.

Un honorable membre a demandé que, pour le maintien de la paix, on supprimât tout ce qui tendait à faire connaître des torts qui n'étaient que trop réels, mais qu'il était prudent de dissimuler; qu'il suffirait, en réclamant auprès de l'Assemblée nationale les droits des Représentants de la Commune de Paris, d'annoncer que ces droits étaient méconnus; que la plus grande modération devait régner dans les plaintes.

Un autre membre, en appuyant les observations précédentes, a demandé qu'on se bornât, dans l'adresse, à supplier l'Assemblée nationale de faire exécuter ses décrets, sans désigner aucune des personnes contre lesquelles l'Assemblée de la Commune pouvait avoir des plaintes à porter, relativement à leur inexécution.

Un autre membre, rendant justice aux principes qui dirigent la majeure partie des sections de la capitale, a ajouté que, si des intrigues sourdes avaient pu exciter la fermentation et occasionner des plaintes dans quelques-unes de ces assemblées, tous les bons citoyens avaient et donnaient journellement des preuves de leur entière confiance dans l'Assemblée de la Commune.

Après avoir entendu ces différentes discussions;

L'Assemblée a arrêté qu'il serait procédé à une nouvelle rédaction de l'adresse, et a adjoint M. l'abbé Bertolio et M. Oudart aux trois commissaires précédemment nommés (2).

— Les commissaires, nommés pour l'examen et la vérification du compte rendu par M. de La Noraye (3), lieutenant de maire au

---

(1) Le procès-verbal du 17 juin ne nomme que trois commissaires. (Voir ci-dessus, p. 130.) De même, plus loin, il n'est question que de trois commissaires.

(2) Un nouveau projet fut présenté le lendemain, 19 juin. (Voir ci-dessous, p. 161.)

(3) *Lire :* Le Coutbulx de La Noraye.

Département du domaine, au nom de ce Département (1), ont fait le rapport de leur travail. Ce compte comprend toutes les recettes et dépenses de ce Département en deux époques : la première, du 13 juillet au 11 octobre de l'année dernière, et la seconde, du 12 octobre au 21 janvier dernier.

Le rapport de MM. les commissaires a été écouté avec tout l'intérêt qu'exigeait l'importance de la matière, et a été plusieurs fois interrompu par les justes applaudissements dus à la clarté et à la précision avec laquelle il a présenté les objets qu'il s'agissait de mettre sous les yeux de l'Assemblée (2).

~~~ Neuf heures étant sur le point de sonner;

L'Assemblée a consenti à prolonger sa séance, pour ne pas diviser son attention sur le travail dont elle était occupée.

~~~ MM. les commissaires, après avoir rendu à MM. du Département du domaine toute la justice qu'a paru mériter l'exactitude de leur comptabilité, ont proposé l'arrêté suivant;

Dont tous les articles ont été successivement discutés et adoptés, après y avoir inséré les amendements dont quelques-uns ont paru être susceptibles :

« L'Assemblée générale des Représentants de la Commune, délibérant sur le rapport, qui vient de lui être fait par ses commissaires, du compte du Département du domaine, commençant le 22 septembre 1789 et finissant le 21 janvier 1790, a arrêté :

« 1° D'allouer, tant en recette qu'en dépense, le susdit compte montant, en recette, y compris toutes celles faites depuis le 13 juillet jusqu'au 22 septembre, à 11,605,165 l. 1 s. 9 d., et en dépense, compris celles faites depuis la même époque, à 10,860,503 l. 11 s. 1 d.; en outre, l'Assemblée arrête de marquer au lieutenant de maire et aux administrateurs du domaine sa vive satisfaction de leur bonne administration; elle associe aux témoignages de son estime M. de Villeneuve, trésorier de la Commune, et M. Chadelas, quartier-maître général; elle voit avec plaisir qu'ils ont confirmé, par leur gestion, l'opinion qui leur avait mérité la nomination de l'Assemblée aux commissions qu'ils occupent;

« 2° D'autoriser le Bureau de Ville et le Département du domaine à dresser un état des répétitions que la Commune a droit d'exercer

---

(1) Quatre commissaires nommés le 1ᵉʳ février. (Voir Tome III, p. 661.)
(2) Le *Journal de la Municipalité et des districts* (n° du 22 juin, supplément) dit de même : « On ne peut rien ajouter à la méthode ou à la clarté du rapport. »

vis-à-vis du trésor public, relativement aux avances faites par elle et aux nouvelles charges qui lui sont imposées par les décrets de l'Assemblée nationale dans le plan de Municipalité ; lequel état, après avoir été communiqué au procureur-syndic de la Commune pour avoir ses conclusions, sera présenté par des commissaires au Comité des finances, en le priant d'en faire son rapport à l'Assemblée nationale pour qu'il y soit statué ;

« 3° Qu'il sera dressé, au Département du domaine, un autre état, certifié par lui, de toutes les sommes remises à chaque Département ou payées à son acquit, qui sera remis sous huitaine aux commissaires nommés pour examiner les comptes, lesquels se feront fournir, par chaque Département, les pièces à l'appui des dépenses ;

« 4° Que, relativement aux frais de voyage ou à tous autres dont les sommes ont été avancées par la caisse ou se trouvent dues par elle à différentes personnes, il en sera dressé pareillement un état général, contenant : 1° les noms des personnes qui ont déjà remis les pièces à l'appui de leurs comptes au Département du domaine ; 2° les noms de celles qui les ont fournies seulement au Département des subsistances ou à tous autres, dont le mandat est la pièce unique déposée à la caisse, afin que le Département les fasse joindre à l'état ordonné pour être examinées et vérifiées par le Département du Domaine, et réunies ensuite au mandat ; 3° les noms des personnes qui n'ont encore remis aucune pièce, pour que, dans la quinzaine à dater du jour où le présent arrêté leur sera donné en communication, elles soient tenues de les fournir au Département du domaine pour y être visées, et le montant d'icelles constaté ;

« 5° Que, pour l'examen de l'état ci-dessus, des pièces y jointes, et pour suivre l'exécution de cette partie de son arrêté, il sera nommé des commissaires qui lui rendront compte de leur mission ; que les états remis aux commissaires pour servir à l'examen du compte du domaine et ceux qu'il vient d'être ordonné de dresser seront visés, parafés par les commissaires et déposés au greffe de la Commune, pour être, suivant les décrets de l'Assemblée nationale, donnés en communication, et sans déplacer, à tout citoyen actif qui le requerra. »

Un honorable membre ayant proposé de voter des remerciements à MM. les commissaires, sur le rapport qu'ils venaient de faire ;

L'Assemblée a unanimement adopté cette proposition, et a, de plus, arrêté que le rapport serait imprimé et envoyé aux soixante districts. (1, p. 153.)

M. Le Couteulx, lieutenant de maire du Département du domaine, ayant demandé et obtenu la parole, a prié l'Assemblée, tant en son nom qu'en celui des membres de son Département, d'agréer l'expression de leur reconnaissance des témoignages de faveur et d'approbation que l'Assemblée avait bien voulu donner à leur comptabilité.

— La séance a été levée à neuf heures et demie, et ajournée à demain.

Signé : Brierre, *président.*

Secrétaires : Quatremère, fils, Mennessier, Pelletier, Castillon, De Mars.

* * *

ÉCLAIRCISSEMENTS

(I, p. 152) Le Rapport du 18 juin sur le compte du Département du domaine est imprimé, sans date, sous ce titre : Assemblée générale des Représentants de la Commune. *Rapport des commissaires nommés pour l'examen du compte des administrateurs du Département du domaine de la Ville* (1).

De même que nous avons fait pour le *Compte* lui-même (2), nous reproduisons ici les parties essentielles de ce document important :

Messieurs,

Vous avez chargé MM. Rousseau, Joli, Moreau et moi (3) du soin d'examiner le compte rendu par M. Le Couteulx, lieutenant de maire du Département du domaine, au nom de son Département, à la fin du mois de janvier (4). Ce compte, composé de 17 bordereaux et de 63 états détaillés, nous a été remis avec le mémoire dont la lecture avait été faite dans cette Assemblée par M. le lieutenant de maire. Honorés de votre confiance, nous avons cherché à y répondre, en nous livrant à l'examen le plus approfondi et le plus sévère de toutes les parties de ce compte. L'ordre et la clarté qui y régnaient nous ont, à la vérité, facilité le travail, mais n'ont pas pu en diminuer l'étendue.

En effet, Messieurs, ce compte, comprenant un maniement de deniers de

(1) Imp. in-4°, 18 p., numérotées de 17 à 34 (Bib. Nat., Lb 40/1203, et Bib. Carnavalet, dossier 10073). — L'imprimé a dû paraître assez longtemps après la lecture du rapport, car le *Journal de la Municipalité et des sections* n'en donne des extraits que dans son numéro du 5 août 1790. — M. Tourneux n'indique pas ce document parmi les actes et délibérations de l'Assemblée des Représentants de la Commune (*Bibliographie*, t. II).

(2) Voir Tome III, p. *664-670.*

(3) Le rapporteur était Marchais.

(4) Le dépôt du compte et la nomination des commissaires sont du 1ᵉʳ février 1790. (Voir Tome III, p. 660-661.)

4,846,318 liv. 17 s. 6 d. seulement pour les recettes du Domaine de la Ville, renferme encore toutes les recettes et les dépenses faites depuis le 23 septembre jusqu'au 21 janvier, tant pour le domaine que pour la Révolution et les subsistances. Le travail, toujours fait par trois au moins de vos commissaires, a dû, malgré des séances multipliées, retarder l'époque du rapport.

Il devait être divisé en trois parties, ainsi que l'était le mémoire du Département :

La première (A) traitait de la comptabilité ;

La seconde (B), des pensions ;

La troisième (C), des vues proposées par le Département du domaine, pour que la Commune puisse faire face, à l'avenir, aux différentes dépenses qui sont à présent à sa charge, et qui, précédemment, étaient à celle du gouvernement.

(B) Déjà, Messieurs, d'après l'ordre que vous en aviez donné (1), M. Moreau, l'un des commissaires, vous a fait le rapport de la partie de notre travail, relative aux pensions (2).

Il ne nous reste plus qu'à vous faire connaître le résultat de notre examen sur les deux autres, celles de la comptabilité, et des vues pour l'avenir.

(A) La comptabilité peut vous être présentée comme contenant quatre objets principaux ou grandes divisions, dans lesquelles se classent toutes les dépenses de la Commune : 1° Domaine de la Ville ; 2° Garde nationale ; 3° Recettes et dépenses comprises dans un compte particulier qui renferme tout ce qui est relatif à la Révolution, sans pouvoir appartenir cependant à aucune des trois autres classes ; 4° Subsistances.

1° Il résulte des bordereaux présentés que la caisse du domaine se trouvait garnie d'espèces et de billets, à l'époque de la reddition du compte, pour une somme de 210,720 liv. 8 s., et de créances à exercer sur l'État pour 2,146,506 liv. 15 s. 4 d., c'est-à-dire que sa position, malgré la difficulté des temps, était telle que vous pouviez le désirer.

2° Le compte de la Garde nationale, non compris la solde des troupes, se compose de cinq objets : casernement, habillement, armement, équipement, dépenses diverses, médailles aux gardes-françaises, montant ensemble à 499,385 liv. 17 s., dont 423,314 liv. 18 s. 9 d. ont été fournis par la caisse du domaine et forment une créance de pareille somme ; le surplus, 76,070 liv. 18 s. 3 d., a été donné par la caisse militaire, dont les fonds sont faits sur le trésor public.

3° Pour le compte de la Révolution, l'ensemble des frais depuis le 13 juillet jusqu'au 22 janvier se monte, en recettes, à 615,840 liv. 9 s., et en dépenses, à 1,105,584 liv. 11 s. 8 d., d'où un excédent de dépenses de 489,744 liv. 2 s. 8 d., sur lesquels la caisse de la Commune a fourni seulement 439,977 liv. 8 d., la caisse militaire ayant contribué pour 49,767 liv. 2 s.

Dans la recette de 615,840 livres rentrent les contributions volontaires pour 319,395 liv. 6 s. et les dons des districts pour 2,073 livres, ensemble 321,468 liv. 6 s., c'est-à-dire plus de moitié.

Parmi les dépenses figurent :

a) La démolition de la Bastille, qui coûtait déjà, au 1er janvier, 229,285 liv. 15 s., tandis que les matériaux vendus ne produisaient qu'une somme de 30,383 livres. L'Assemblée nationale ayant, par un décret, déclaré que le terrain de la Bastille était domaine national (3), les frais de démolition doivent former un objet de répétition de la part de la Ville de Paris (4).

(1) Ordre non mentionné dans les procès-verbaux.
(2) Séance du 30 avril. (Voir Tome V, p. 196.)
(3) Lettre de Barère de Vieuzac, du 29 avril. (Voir Tome V, p. 220-221.)
(4) Sur le rapport de Barère de Vieuzac, par décret du 4 octobre 1790, l'As-

b) La détention de M. de Bezenval, dont les frais s'élèvent à 70,714 liv. 9 s. et doit former aussi un objet de répétition de la Commune, puisqu'elle n'a fait cette avance qu'en exécution du décret de l'Assemblée nationale qui avait ordonné que M. de Bezenval serait détenu dans la ville la plus prochaine du lieu où il serait trouvé (1).

4° Les subsistances ! Vous vous rappellerez aisément, Messieurs, avec quelle inquiétude vous entendiez, il y a huit mois, prononcer ce mot. Vous n'avez pu les mettre en oubli, ces jours de détresse où, luttant contre les événements et contre les hommes, c'était pour vous le comble du bonheur de savoir Paris approvisionné seulement pour un jour. La dépense de ces temps malheureux se monte à 4,377,599 liv. 16 s. 3 d., la recette seulement à 3,728,093 liv. 4 s. 8 d. L'excédent de 649,506 liv. 11 s. 7 d. a été fourni par la caisse de la Ville et forme un des objets portés dans l'actif de cette caisse et qui doivent être payés par le gouvernement.

Le premier article est celui des voyages, qui se monte à 317,576 liv. 19 s. 1 d. Vous savez qu'il fut une époque où l'on était obligé de courir tout un jour pour avoir la subsistance du lendemain. Le zèle de beaucoup de citoyens, dont quelques-uns sont membres de cette Assemblée, les porta alors à s'offrir pour cette périlleuse commission: ils se répandirent sur toutes les routes, allèrent jusqu'à 20 ou 30 lieues, et là, risquant leur vie pour sauver la vôtre, vous ramenèrent des grains dont l'arrivée, en calmant l'inquiétude des esprits, enleva aux méchants l'espoir de fomenter les troubles. C'était bien assez que de bons citoyens compromissent leur propre sûreté, sans qu'ils sacrifiassent encore leur fortune, et les frais de leurs voyages leur étaient avancés par votre caisse. Sur cet article, vos commissaires vous proposent de réclamer des pièces justificatives, sans crainte que cette proposition déplaise à aucun des citoyens dont le zèle a éclaté à cette époque : celui qui aura été véritablement zélé et patriote aura été pur dans sa conduite; tout autre ne mérite aucune indulgence.

Les cinq articles de dépenses qui suivent sont relatifs aux frais indispensables d'achats, de voitures, de moutures et d'appointements des employés.

Le Département du domaine nous a remis quelques autres états.

L'un est un bordereau du montant de la solde des troupes nationales parisiennes, tant de l'infanterie que de la cavalerie, du 1er septembre au 21 janvier. Composée de 349 officiers et 9,600 bas-officiers et soldats, la garde soldée a coûté, pour 4 mois et 21 jours, 1,354,852 liv. 18 s. 10 d., suivant état signé de M. Chadelas, quartier-maître général.

Les autres présentent l'aperçu du loyer des casernes, 252,000 livres, par estimation seulement, puisque 23 casernes sont encore chez des particuliers ou dans des maisons religieuses; puis les dépenses à faire pour l'habillement, l'armement de la Garde nationale, et pour diverses réparations dépendantes du Département des travaux publics.

Le dernier état est celui des sommes portées dans le compte rendu de 1789 (2), comme faisant partie des dépenses de l'administration, lesquelles à présent sont à la charge de la Municipalité et dont l'État doit vous tenir compte; il est composé de 9 articles, police, pavé, carrières (avec augmentation depuis le recule-

semblée nationale accorda à la Ville de Paris le remboursement de la somme de 568,143 liv. 13 s. 3 d. représentant les travaux de démolition de la Bastille, sur laquelle devait être déduite celle de 41,243 liv. 17 s. provenant de la vente des matériaux. (Voir *Archives parlementaires*, t. XIX, p. 433-434.)

(1) Décret du 31 juillet 1789. (Voir Tome I, p. 67-68.)
(2) Premier compte du Département, du 30 septembre 1789. (Voir Tome II, p. 123 et 127-129.)

ment des barrières), frais de bureau pour impositions, tirages des loteries à la Ville, signatures des contrats à la Ville, bureau des subsistances et moulins de Corbeil, évalués ensemble à 2,589,613 livres. Les derniers décrets de l'Assemblée nationale sur le plan de la Municipalité mettent, de plus, à sa charge, la Garde nationale (1).

(C) Passons aux vues pour l'avenir.

Les revenus ordinaires de la Commune étant de 4,295,262 liv. 13 s. et les dépenses de 3,254,163 liv. 4 s. 8 d., l'excédent disponible serait de 1,041,099 liv. 8 s. 4 d., auxquels on pourrait ajouter 246,000 livres provenant de la cessation de paiement des honoraires du gouverneur (2), et des autres officiers supérieurs nommés autrefois sous le nom de Bureau de Ville. Mais, dans les revenus, les octrois sont compris, et depuis un an la diminution est telle que, par comparaison des cinq premiers mois de 1790 avec ceux de 1789, il y a près de 600,000 livres de diminution, et la contrebande est une des principales causes de déficit.

Les moyens indiqués par le Département se réduisent à étendre sur toute la ville l'impôt connu sous le nom de logement des gens de guerre et à demander qu'il soit réclamé sur le trésor national le montant des fonds qui étaient affectés à certaines parties autrefois à la charge du gouvernement et dont la Municipalité est seule chargée à présent.

Vos commissaires se sont demandé s'il était nécessaire d'avoir recours à un impôt pour suffire à l'augmentation de dépense. La solution de cette question leur a paru dépendre entièrement du système général de finances que l'Assemblée nationale adopterait. Aujourd'hui, il est incertain dans quelle proportion le Département de Paris sera appelé à contribuer avec les 82 autres; enfin, c'est un problème difficile à résoudre de savoir si la forme de l'impôt direct est la meilleure, les deux formes présentant de grands avantages et de grands inconvénients.

Cette incertitude, votre position à vous-mêmes, Messieurs, dans laquelle, aimant le bien, vous ne pouvez qu'en indiquer les routes et les ouvrir à vos concitoyens, afin qu'ils délibèrent ensuite eux-mêmes sur l'adoption de vos idées, tout a fait penser à vos commissaires qu'il était plus convenable d'autoriser le Bureau de Ville et le Département du domaine à nommer des commissaires pour présenter au Comité des finances de l'Assemblée nationale l'ensemble des réclamations que la Ville de Paris doit faire sur le trésor public, en raison des nouvelles charges que les décrets viennent de lui imposer, notamment pour les boues et lanternes et le pavé de Paris (3), pour lesquels il a été payé un rachat par les habitants de Paris; en sorte que, si le gouvernement jusqu'ici s'est chargé des frais relatifs à ces deux objets, ce n'a jamais été, de sa part, gratuitement, mais parce qu'il en avait originairement reçu les capitaux. Les commissaires du Bureau de Ville et du Département du domaine dresseront un état général de vos répétitions, lequel sera communiqué au procureur-syndic de la Commune pour avoir ses conclusions, et ensuite cet état sera présenté au Comité des finances, en le priant de soumettre vos demandes à l'Assemblée nationale. Toute délibération actuelle serait prématurée.

Vos commissaires vous proposent de prendre l'arrêté suivant (4).

Signé : Marchais, J. J. Rousseau, Jolly, Moreau.

Le document se termine par l'extrait du Procès-verbal constatant l'adoption

---

(1) Décret du 21 mai 1790, tit. I, art. 51, paragr. 6, et art. 54.
(2) Démissionnaire le 6 octobre dernier.
(3) Décret du 1er juin. (Voir Tome II, p. 557.)
(4) Suit le texte de l'arrêté inséré au Procès-verbal. (Voir ci-dessus, p. 151-152.)

de tous les articles de l'arrêté et les décisions concernant les remerciements décernés aux commissaires et l'impression du rapport.

Le Département du domaine fit paraître plus tard un dernier compte rendu, intitulé : *Compte général de toutes les opérations faites à l'Hôtel-de-Ville de Paris, tant en recettes qu'en dépenses, depuis le 22 janvier 1790 jusqu'au 30 avril inclusivement,* certifié sincère et véritable, et conforme au bordereau de caisse du 30 avril 1790, signé : Le Couteulx, lieutenant de maire; Pitra, Trudon, Avril, Santerre, conseillers-administrateurs (1).

(1) Imp. 12 p. in-4° (Bib. Nat., Lb 40/1220).

Du Samedi 19 Juin 1790

~~~ A l'ouverture de la séance, un de MM. les secrétaires a fait lecture du procès-verbal de celle du 17.

Et la rédaction en a été approuvée, après quelques légers changements.

Un des membres ayant réclamé la lecture de celui du 12, laquelle avait été ajournée avec M. Étienne de La Rivière (1);

Il a été arrêté, attendu l'absence de cet honorable membre, que ce procès-verbal **serait lu, le lundi 21, à l'ouverture** de la séance, sans **autre** ajournement (2).

~~~ Lecture faite d'un procès-verbal du comité du district de Notre-Dame, en date du 19 de ce mois (3), duquel il résulte que les drapeaux de MM. de la Basoche ont été suspendus à la voûte de la nef de l'église cathédrale, et que plusieurs citoyens, en applaudissant à cette prompte exécution du décret de l'Assemblée nationale, ont demandé que ceux des ci-devant gardes-françaises y fussent pareillement exposés; (I, p. 170.)

Il a été arrêté :

Qu'il serait inséré, dans le procès-verbal, des remerciements à MM. du comité du district de Notre-Dame, de leur zèle et de leur vigilance;

Et que la demande relative aux drapeaux des ci-devant gardes-françaises serait ajournée (4).

~~~ M. le président ayant fait part de la réponse de MM. du Département de l'administration sur le mémoire du sieur Chayé, qui y avait été renvoyé, conformément à l'arrêté du 15 de ce mois (5);

L'Assemblée a arrêté qu'il serait fait mention de cette réponse dans le procès-verbal :

---

(1) Séance du 14 juin. (Voir ci-dessus, p. 51.)
(2) La lecture n'eut lieu que le 25 juin. (Voir ci-dessous.)
(3) La délibération résumée ici est du 18 juin. (Voir ci-dessous, p. *170-171.*)
(4) La motion fut reprise le 10 juillet. (Voir ci-dessous.)
(5) Arrêté du 15 juin. (Voir ci-dessus, p. 84.)

L'acquisition de là maison du sieur Chayé et plusieurs autres a été faite pour le compte du roi ; le Corps de Ville, qui existait alors, n'était que commissaire en cette partie ; les trente millions empruntés pour satisfaire à cette dépense ont été versés dans le trésor royal. La Ville ne peut, par conséquent, acquitter que lorsqu'elle recevra des fonds ; elle les sollicite inutilement, les créances de cette nature étant comprises dans l'arriéré, que tout le monde sait n'être pas exigible pour le présent.

Signé : Trudon des Ormes.

~~~ Lecture faite d'une lettre de M. de Jussieu, lieutenant de maire du Département des hôpitaux, adressée à M. le président, pour lui exposer que les règlements de l'hôpital du Saint-Esprit s'opposent à l'admission des trois orphelins, en faveur desquels l'Assemblée avait bien voulu s'intéresser, sur la demande du sieur Gaudy (1) ;

Il a été arrêté, en approuvant la réponse de M. le lieutenant de maire, qu'il n'y avait lieu à délibérer.

~~~ Un des membres du Comité général des comptes, ayant obtenu la parole, a exposé que ce Comité, en exécution des arrêtés qui l'ont établi (2), s'était assemblé, pour la première fois, le 15 de ce mois, et avait, dès le même jour, adressé les arrêtés relatifs aux comptes des Départements, qui les autorisent à se faire remettre les pièces à l'appui desdits comptes, et invité les Départements à rendre incessamment les comptes des trois mois échus de la seconde période.

~~~ Une députation du bataillon du district de Saint-Louis la Culture ayant été introduite ;

M. le commandant du bataillon a prononcé un discours dont l'objet était de demander, attendu l'importance des postes confiés à la garde de ce district, dans l'enclave duquel existent l'Arsenal et le magasin à poudre, qu'il leur fût accordé huit pièces de canon, en commençant par leur délivrer les deux rendues par MM. de la Basoche (3). Ensuite, M. le commandant a remis son discours sur le bureau, ainsi qu'une délibération du comité civil du district, en date du 18 de ce mois, et approbative de la demande, avec une recommandation de M. le lieutenant de maire du Département de la Garde nationale, datée du 19.

Lecture faite de ces deux dernières pièces ;

L'Assemblée a arrêté qu'attendu qu'elle n'administre pas, la demande des canons faite par le bataillon du district de Saint-Louis de

---

(1) Séance du 15 juin, où le nom du pétitionnaire est écrit Grandy. (Voir ci-dessus, p. 84.)
(2) Arrêtés des 7 et 11 juin. (Voir Tome V, p. 683 ; et ci-dessus, p. 20.)
(3) Séance du 17 juin. (Voir ci-dessus, p. 123.)

la Culture, ensemble le discours de M. le commandant du bataillon, la délibération du comité civil et l'avis de M. le lieutenant de maire de la Garde nationale, seraient renvoyés à M. le Commandant-général et à MM. de l'État-major, pour les prendre dans la plus haute considération.

⁓ MM. de Sainte-Marthe, Chapron et Dansard, nommés notables-adjoints par la délibération de l'assemblée du district des Mathurins, du 17 de ce mois, ayant présenté leur acte de nomination, ont prêté le serment prescrit entre les mains de M. le président;

Qui les a invités à la séance.

⁓ L'ordre du jour appelait M. le lieutenant de maire des travaux publics pour l'entendre sur le retard qu'éprouve la construction du corps-de-garde demandé par le district de Sainte-Opportune (1).

Mais M. le président a fait part d'une lettre de M. Cellerier, par laquelle il s'excuse de ne pas se trouver à l'Assemblée, étant obligé de se rendre au contrôle général pour y faire arrêter un travail préparé pour l'exécution du décret de l'Assemblée nationale sur la mendicité (2), lequel doit être promulgué lundi prochain, et annonce que M. Étienne de La Rivière s'est engagé à rendre compte des motifs du retard de cette construction (3).

⁓ M. Étienne de La Rivière, qui était aussi attendu pour la suite du jugement de son compte (4), n'étant point venu;

Un membre a demandé à être entendu sur un objet important et relatif aux subsistances. D'après ses observations;

Il a été arrêté que le Département des subsistances serait invité à venir, mardi 22 du présent mois, informer l'Assemblée des mesures par lui prises pour l'approvisionnement des marchés de Sceaux et de Poissy, à l'occasion de l'augmentation des consommations qu'occasionnera la réunion nombreuse de la fête du pacte fédératif (5).

⁓ Un membre du Comité des rapports ayant rendu compte d'une lettre adressée à l'Assemblée par un citoyen volontaire du bataillon d'Essonne (6), lequel ne s'est pas nommé, ainsi que d'un projet de proclamation à proposer au roi, sur l'insubordination des troupes de ligne;

(1) Arrêté du 17 juin. (Voir ci-dessus, p. 127.)
(2) Décret du 30 mai. (Voir Tome V, p. *31-33*.)
(3) L'affaire revint à l'ordre du jour le 23 juin. (Voir ci-dessous.)
(4) Ajournement au 17 juin, prononcé le 14. (Voir ci-dessus, p. 51.)
(5) Séance du 22 juin. (Voir ci-dessous.)
(6) *Essonnes*, canton et arrondissement de Corbeil (Seine-et-Oise).

Il a été arrêté qu'il n'y avait lieu à délibérer.

~~~ Les commissaires chargés de la nouvelle rédaction de l'adresse à présenter à l'Assemblée nationale, arrêtée dans une des précédentes séances, sur les formes à observer pour l'aliénation des biens nationaux (1), ayant demandé à être entendus;

L'un d'eux en a fait lecture.

Et la discussion a commencé.

Il a d'abord été lu un autre projet d'adresse;

Qui n'a pas été appuyé.

Quelques membres ont proposé des amendements :

Le premier, de substituer le mot d'*exposé* à ceux de *plainte* et de *réclamation*, en parlant de l'adresse du Conseil de Ville (2);

Le deuxième, de retrancher celui de *scandaleuses*, en parlant des assemblées (3);

Le troisième, de nommer la députation pour présenter cette adresse, et, en ayant égard aux deux précédents amendements, de la charger d'en faire un examen définitif et d'en suivre l'exécution.

M. le président ayant mis aux voix ces amendements;

Ils ont été adoptés.

Ensuite, le nombre des commissaires ayant été fixé à douze;

MM. Brissot de Warville, Brierre, Danton, Godard, Bertolio, Oudart, Demars, Lefèvre, Michel, Pelletier, le curé de Chaillot (4) et Fauchet ont été nommés commissaires (5).

~~~ M. le président a ensuite rappelé à l'Assemblée qu'elle devait s'occuper de la nomination de son successeur (6), et a prononcé le discours suivant :

Messieurs,

En quittant le poste honorable où vous m'avez élevé, qu'il me soit permis de vous marquer ma juste admiration et de vous faire entendre les accents de la plus vive reconnaissance.

Plus les obstacles semblent naître sous vos pas, plus la fermeté de votre

---

(1) Il avait été décidé, le 17 juin, qu'une adresse serait présentée à l'Assemblée nationale, et de nouveaux commissaires avaient été adjoints aux premiers, le 18. (Voir ci-dessus, p. 130 et 150.)

(2) Adresse votée par le Conseil de Ville le 16 juin et présentée le 17 à l'Assemblée nationale. (Voir ci-dessus, p. 97, 98-100 et *136-137*.)

(3) Évidemment, les assemblées spéciales de délégués de districts. (Voir Tome V, p. xiii-xiv.)

(4) Bénière.

(5) Ces commissaires apportèrent une nouvelle rédaction, le 23 juin. (Voir ci-dessous.)

(6) Brierre de Surgy avait été élu le 7 juin et installé le 8. (Voir Tome V, p. 683 et 715.)

caractère sait opposer à vos détracteurs une généreuse résistance. C'est le propre de ceux qui veulent et qui font le bien d'avoir des ennemis. L'envie les suscite, l'intrigue les soutient, la calomnie les enhardit ; mais la probité les dédaigne, le courage sait les braver, et la constance vient à bout de les écarter. Telle est, Messieurs, votre pénible position : attaqués dans vos principes, faute de pouvoir l'être dans votre autorité légitime, on s'est permis quelquefois de censurer votre conduite, sans en avoir approfondi les motifs. La vérité devait triompher de cette erreur. Des témoignages authentiques et éclairés ont été rendus à la sagesse de vos principes et à la pureté de vos intentions. Vous voyez, chaque jour, recourir à votre justice ceux-là mêmes qui, dans d'autres circonstances, osent méconnaître vos droits, et vous vous en vengez en versant sur eux les bienfaits qui sont à votre disposition. Partageant vos sollicitudes entre les corps civils et militaires que renferme cette immense cité, aucune partie de l'administration n'est étrangère à votre vigilance. Vous offrez, en toute occasion, une égide impénétrable aux abus de l'autorité, et vous savez imprimer le mouvement aux ressorts quelquefois relâchés de quelques parties de l'administration. Que faut-il de plus pour justifier, en dépit de l'envie, votre utilité et la confiance dont vous ont honorés vos commettants ?

Pour moi, Messieurs, comblé de vos bontés, je n'ai que des actions de grâces à vous rendre. Vous avez daigné soutenir mon zèle et encourager ma faiblesse. C'est en redoublant d'assiduité que, redescendu au milieu de vous, j'apprendrai, à votre école, à imiter vos vertus. Je ne connais pas de moyen plus digne de vous de reconnaître vos bontés et de mériter votre indulgence.

MM. les secrétaires ont été agréés comme scrutateurs.

Le scrutin était ouvert pour cette nomination ;

~~~ Lorsque deux membres du Conseil de Ville, MM. Pitra et Lablée, se sont présentés, comme députés de sa part pour donner connaissance à l'Assemblée d'un arrêté qu'il venait de prendre sur la construction du corps-de-garde demandé par le district de Sainte-Opportune (1).

Lecture faite de cet arrêté ;

L'examen en a été ajourné à lundi (2).

~~~ Le scrutin ayant été dépouillé ;

M. Thuriot a été proclamé président.

Et, comme il était absent, la prestation de son serment a été remise à lundi (3).

Il a ensuite été procédé au scrutin pour la nomination d'un secrétaire.

~~~ Pendant sa vérification, un député du district de Saint-Nicolas des Champs, après avoir demandé à être entendu, a fait lecture d'une délibération de l'assemblée de cette section, en date du 9 de ce

---

(1) Arrêté du *Conseil de Ville*, du 19 juin. (Voir ci-dessous, p. 165.)
(2) Séance du 21 juin. (Voir ci-dessous, p. 183-185.)
(3) Séance du 21 juin. (Voir ci-dessous, p. 181.)

mois, par laquelle elle dénonce à l'Assemblée les procédés du sieur Desplanches envers MM. Tuillier et Rolland, à l'occasion de la déclaration patriotique de ce dernier (1).

L'examen de cette affaire a été renvoyé au Comité des rapports.

~~~ Un de MM. les administrateurs du Département de la Garde nationale ayant fait part à l'Assemblée d'une lettre de M. le maire de la ville de Lyon, par laquelle il annonce qu'en conséquence des ordres du Comité des recherches de l'Assemblée nationale, rien ne s'oppose plus au départ des 3,000 fusils destinés pour l'armement de la Garde nationale et qu'il est à propos d'inviter les municipalités de la route de protéger ce convoi (2);

Cette nouvelle a été reçue avec une vive satisfaction par l'Assemblée (3).

~~~ La majorité des voix s'étant réunie pour M. de Bonneville:

Il a été proclamé secrétaire et a prêté serment entre les mains de M. le président.

~~~ La séance a été continuée à lundi, cinq heures du soir.

Signé : BRIERRE DE SURGY, *président.*

Secrétaires : QUATREMÈRE, fils, MÉNESSIER, PELLETIER, CASTILLON, DEMARS.

CONSEIL DE VILLE

~~~ Le samedi 19 juin 1790, à six heures du soir, le Conseil de Ville convoqué en la forme ordinaire et réuni sous la présidence de M. Canuel, en l'absence de M. le Maire, qui a prévenu le Conseil, par une lettre particulière, de l'impossibilité où il est d'assister ce soir à l'assemblée, et de M. d'Augy, retenu pour cause de maladie;

~~~ Il a été fait lecture du procès-verbal de la dernière séance.

Le Conseil a approuvé sa rédaction.

~~~ Quatre citoyens, députés du district de Saint-Méry, sont venus présenter une délibération en date du 18 de ce mois, relative tant aux députés des provinces pour le pacte fédératif qu'à un arrêté sur le même sujet des Représentants de la Commune (4).

---

(1) Cette délibération n'a pas été conservée.
(2) Ces 3,000 fusils avaient été réclamés par lettre expédiée le 5 juin. (Voir Tome V, p. 671-672.)
(3) Remerciements votés au maire de Lyon, le 25 juin. (Voir ci-dessous.)
(4) Il s'agit de l'arrêté du 9 juin, invitant les sections à offrir des logements aux fédérés. (Voir ci-dessus, p. 5-6.)

M. le président a répondu que le Conseil prendrait incessamment tous ces objets en considération (1).

— MM. Santerre et Le Scène des Maisons ont été adjoints à MM. les commissaires nommés pour faire l'inventaire des dames religieuses anglaises de la rue de Charenton (2).

Le Conseil a prononcé l'adjonction, sur la demande qui lui en a été faite, parce que ces messieurs entendent l'anglais et que les dames religieuses ne parlent pas notre langue.

— M. le procureur-syndic a requis, et le Conseil a ordonné, la transcription des lettres-patentes, proclamations et décrets suivants :

1° Une proclamation du roi, du 10 juin, sur un décret du 28 mai dernier, concernant des matelots (3).

2° Autre proclamation du même jour, 10 juin, sur un décret des 8 et 9 du même mois, concernant la fédération générale des gardes-nationales et des troupes du royaume (4).

3° Enfin, des lettres-patentes du roi, du 13 juin 1790, sur un décret du 30 mai dernier, concernant les mendiants dans Paris et dans les départements voisins (5).

Le Conseil a ordonné que ces décrets seraient publiés et affichés, et que tant celui concernant le pacte fédératif que celui concernant les mendiants seraient imprimés en placard et in-4°, savoir : le premier au nombre de 3,500 exemplaires, dont 1,500 placards, et le second au nombre de 2,100 exemplaires, dont 1,500 placards.

— MM. Canuel et Davous ont exposé au Conseil que, conformément à son arrêté du 17 de ce mois (6), ils avaient pris et donné au Comité de la surveillance des travaux relatifs à l'Assemblée nationale les éclaircissements qui avaient été demandés à la Municipalité, au sujet des Capucins de la rue Saint-Honoré. (II, p. 171.)

— Le Conseil de Ville, étant instruit, par le Département des travaux publics, de l'arrêté pris par l'Assemblée des Représentants de la Commune le 17 de ce mois ;

Lecture faite de cet arrêté, par lequel M. Celerier, lieutenant de maire des travaux publics, est mandé pour rendre compte des motifs

---

(1) Le Conseil de Ville ne s'occupa point de la question du logement des fédérés.

(2) Couvent des *Augustines anglaises de l'Immaculée conception*, rue de Charenton. — Les commissaires précédents avaient été désignés le 26 mai. (Voir Tome V, p. 541, et p. *564*, n° 22.)

(3) Décret portant que, provisoirement, les levées de matelots se feront suivant les anciennes ordonnances. (Voir *Archives parlementaires*, t. XV, p. 706.)

(4) Voir Tome V, p. 733-735.

(5) Voir Tome V, p. *31-33*.

(6) Arrêté du 17 juin. (Voir ci-dessus, p. 131-132.)

qui l'ont empêché jusqu'à ce moment d'exécuter un précédent arrêté du 1er mai, qui ordonne la construction d'un corps-de-garde sur le marché des Innocents (1);

Considérant que le Conseil a été saisi de cette affaire par la réclamation (2) du district de Saint-Nicolas des Champs et que, sur sa demande, le Conseil avait arrêté que les administrateurs au Département des travaux publics, conjointement avec MM. Farcot et Canuel, se transporteront sur les lieux, qu'ils en constateront l'état et qu'ils présenteront à la première assemblée les moyens de concilier la demande du district de Sainte-Opportune avec les réclamations des districts opposants (3);

Considérant encore que ces oppositions se sont multipliées et que les commissaires, toujours arrêtés dans leurs démarches par la maladie de l'un d'eux, n'avaient encore pu satisfaire à l'arrêté du Conseil, et remplir un préliminaire sans lequel toute construction pouvait être regardée au moins comme précipitée et peut-être, en définitive, improuvée par ceux qui l'auraient le plus activement sollicitée;

Considérant en outre que cette construction est un acte purement administratif, dont le Département est responsable et dont il devra rendre compte à ses commettants;

A arrêté que deux de ses membres, MM. Lablée et Pitra, se retireront à l'instant devers les Représentants de la Commune pour lui exposer les motifs du retard dont s'est plaint le bataillon de Sainte-Opportune, lui faire connaître l'arrêté du Conseil et l'assurer que le Conseil statuera incessamment sur cette affaire (4).

Et, pour répondre sans aucun délai à l'empressement du bataillon de Sainte-Opportune et au désir de l'Assemblée des Représentants de la Commune, le Conseil a adjoint MM. Santerre et d'Hervilly au Département et aux commissaires précédemment nommés, avec invitation de vouloir bien s'y conformer et rendre compte au Conseil (5).

— L'ordre du jour étant réclamé en faveur des dames de l'*Ave-Maria* (6);

---

(1) Arrêté du 17 juin. (Voir ci-dessus, p. 127.)
(2) Le texte du registre manuscrit porte ici : *saisi de cette affaire* pour l'administration *du district...*, ce qui n'a aucun sens.
(3) Arrêté du 3 mai. (Voir Tome V, p. 222.)
(4) Séance de l'*Assemblée des Représentants*, du 19 juin. (Voir ci-dessus, p. 162.)
(5) Séance du 26 juin. (Voir ci-dessous.)
(6) Affaire ajournée le 14 juin. (Voir ci-dessus, p. 59.)

M. Bureau du Colombier a rendu compte des difficultés qui se sont élevées entre les dames religieuses et plusieurs Cordeliers attachés et actuellement à charge à cette maison (1).

Il y a été pourvu par l'arrêté suivant :

« Le Conseil, ouï le rapport de M. Bureau du Colombier, au nom des commissaires nommés pour faire la visite du couvent de l'*Ave-Maria*; considérant que l'Assemblée nationale n'a jamais entendu dispenser les religieux de l'exécution de la règle ; que la résistance aux ordres des supérieurs est une infraction formelle aux lois qui les gouvernent et que les religieuses de l'*Ave-Maria* ne peuvent pas être forcées de garder et de nourrir des religieux qui leur sont inutiles ;

« Ordonne que les p. p. Bachelé, Maillard, Ancelin et Gourdin seront tenus de sortir du couvent de l'*Ave-Maria*, dans l'heure de la notification qui leur sera faite du présent arrêté par MM. Sabathier, Étienne de La Rivière et Bureau du Colombier, commissaires nommés à cet effet, et en présence de M. le procureur-syndic, et de se rendre dans les vingt-quatre heures dans les maisons de leur ordre, conformément à l'obédience qu'ils ont reçue de leurs supérieurs ; et, faute par les religieux d'obéir au présent arrêté, autorise lesdits commissaires à employer la puissance publique, à prendre telles autres voies qu'ils jugeront convenable ; autorise en outre lesdits commissaires à prendre connaissance de l'état actuel des religieuses, pour, sur le rapport qui en sera fait, leur accorder les secours dont elles pourront avoir besoin (2). »

— Sur le rapport fait par M. Duport du Tertre, lieutenant de maire au Département de la police, au nom du Département, du travail relatif aux voitures de place de la Ville de Paris, rédigé en conformité de l'arrêté du 26 mai dernier (3);

Le Conseil a unanimement adopté et ordonné l'impression et la remise au Comité des finances de l'Assemblée nationale, par M. Duport du Tertre et MM. les administrateurs au Département de police, des observations et des résolutions qui suivent : (III, p. 172.)

Le Comité des finances de l'Assemblée nationale, avant que de faire son rapport sur les demandes formées par Perreau, concessionnaire du privilège exclusif des voitures de place et des petites messageries des environs de

---

(1) Difficultés exposées à la séance du 19 mai. (Voir Tome V, p. 435-437.)

(2) Compte rendu de l'exécution de cet arrêté, à la séance du 21 juin. (Voir ci-dessous, p. 195.)

(3) Après rapport de Duport-Dutertre, les bases d'un mémoire à adresser à l'Assemblée nationale avaient été arrêtées le 26 mai. (Voir Tome V, p. 539.)

Paris, a fait à la Municipalité l'honneur de lui demander son avis. La Municipalité de Paris, pour répondre à cette confiance, exposera très brièvement les principes qu'elle croit devoir soumettre à la sagesse du Comité et qui sont parfaitement analogues à ceux de la constitution.

S'il s'agissait de discuter, contradictoirement avec la compagnie Perreau, la question de savoir si elle doit ou non être maintenue dans la jouissance de son privilège, il ne serait pas difficile d'établir que ce privilège, odieux en lui-même, nuit essentiellement à la capitale, qu'il ruine les loueurs, sert mal le public, et qu'il présente tous les inconvénients, tous les abus qui ont de tout temps caractérisé ce que l'ancien gouvernement appelait « le droit vendu », à un ou plusieurs particuliers, de faire exclusivement ce qui est permis à tous. Mais il ne peut plus être question aujourd'hui de ce privilège; il a disparu avec l'ancien régime, il a été anéanti de fait par la Révolution. En vain la Municipalité a-t-elle multiplié les efforts pour en assurer la jouissance à la compagnie Perreau, jusqu'à ce qu'une loi solennelle l'eût proscrit et eût consacré cette application d'un principe constitutionnel : il a fallu céder à la violence du mouvement qui entraînait vers la liberté cette classe d'hommes longtemps opprimée par les compagnies exclusives.

Perreau a senti que la résistance était inutile. Il s'est pourvu à l'Assemblée nationale pour demander la résiliation de son traité, son remboursement et les indemnités qu'il se croit fondé à prétendre. La Municipalité n'a point à s'expliquer sur cet objet. C'est au Comité des finances à apprécier la justice de ses réclamations, au Comité de liquidation à en déterminer le montant; la Ville de Paris n'a aucun intérêt à cette discussion, car il ne lui est pas permis de croire, quoiqu'on le lui eût laissé entendre, que quelques membres du Comité aient pensé qu'elle devait être tenue d'indemniser en tout ou en partie la compagnie Perreau. Quel pourrait être, en effet, le fondement de cette opinion? La Ville de Paris a-t-elle eu quelque part dans le prix de la concession? A-t-elle participé aux bénéfices du privilège? Les fonds ont été versés au trésor royal; les bénéfices ont été entièrement tournés au profit des concessionnaires; tout le poids du privilège a pesé sur la capitale, dont un grand nombre de citoyens, attachés à ce service public, ont été ruinés par l'énorme rétribution qu'ils étaient obligés de payer à la compagnie, tandis que tous achetaient bien cher ce même service, défectueux sous tous les rapports. Quel pourrait donc être le prétexte d'imposer à la Ville de Paris cette espèce de rachat d'une longue vexation? Il serait impossible de le deviner. Aussi la Municipalité ne peut-elle croire à ce projet, qu'elle ne doit pas discuter plus longtemps. Le gouvernement, en vendant ce privilège, a fait alors une de ces affaires auxquelles il était continuellement réduit par ses besoins toujours renaissants; le remboursement des concessionnaires est devenu une de ces dettes publiques dont la loyauté de la nation lui a fait un devoir de se charger. Paris y contribuera pour sa portion dans la masse générale des charges, et c'est bien assez, sans doute, que la capitale acquitte sa part du remboursement d'un privilège qui pèse sur elle seule depuis plus d'un siècle.

A quoi donc se réduit dans cette affaire l'intérêt de la Ville de Paris?

La Municipalité forme, en son nom, trois demandes :

1° Liberté absolue, pour toutes personnes, de mettre sur les places des voitures de toutes les formes;

2° Inspection de police, seul assujettissement auquel ce service doive être soumis;

3° Taxe modérée, pour couvrir ces frais d'inspection et former une caisse de secours et d'encouragement.

Quant à la première de ces demandes, la Municipalité de Paris a pensé qu'elle était une conséquence immédiate et nécessaire de l'abolition du privilège exclusif; car, du moment où l'on fixerait le nombre des voitures qui doivent être présentées sur les places, et aussi indirectement le nombre de ceux qui auront le droit d'en mettre, dès lors, il n'y aura plus de véritable liberté, il n'existera qu'une concurrence imparfaite, et le public ne retirera qu'une partie des avantages qu'il doit attendre de cet ordre de choses hors duquel on rentre nécessairement dans l'arbitraire, on revient à cette manière de réglementer qui caractérise les administrations à vues courtes et étroites, on substitue des calculs toujours hypothétiques, et par conséquent sujets à erreur, à la certitude physique qui est le résultat infaillible de la concurrence, de la concurrence qui établit toujours au bout d'un certain temps le véritable niveau entre toutes les espèces de fournitures et les demandes, les services et les besoins.

La Municipalité n'ignore point qu'une partie des loueurs, et surtout des loueurs riches ou aisés, ne voit pas d'un bon œil cette liberté indéfinie, qu'ils désirent une fixation du nombre de voitures de place; et, pour amener l'administration à s'écarter des principes, ils ne manquent pas de saisir l'objection banale que cette liberté sera une occasion de ruine pour un grand nombre de ceux qui se livreront à cette spéculation, qu'un service d'une mesure déterminée nécessite la fixation du nombre de ceux qui l'entreprennent.

Mais, pour apprécier cette objection, il suffit de remarquer qu'elle a presque toujours été le prétexte dont on a cherché à colorer les privilèges exclusifs; qu'elle est aussi le plus souvent dans la bouche des loueurs riches, qui n'eussent point accepté le privilège exclusif des compagnies, mais qui trouveraient très bon d'être privilégiés eux-mêmes; que cette fixation du nombre faciliterait des manœuvres tendantes à mettre tout le service des places dans la main de quelques associations, qui ne manqueraient pas de se former pour écarter les loueurs moins fortunés et s'assurer une espèce de monopole.

Qu'entend-on, d'ailleurs, par un service dont la mesure est déterminée? De quelle règle part-on? De l'expérience? Mais l'expérience des effets du privilège exclusif peut-elle conclure pour le système de la liberté? Mais l'expérience n'a-t-elle pas prouvé que, par une suite des mauvaises combinaisons d'une administration privilégiée, souvent il y avait trop de voitures sur les places pour les besoins du service; souvent aussi le nombre en était très insuffisant? D'ailleurs, tous les rapports sont changés depuis la Révolution. Appliquera-t-on à l'ordre de choses actuel, appliquera-t-on à celui qui doit suivre, l'expérience de ce qui a précédé le mois de juillet dernier? Non. Tous ces calculs, dont les données et les éléments sont supposés constants, quoi qu'ils varient sans cesse, ne peuvent servir de règles à une administration sage : la concurrence seule doit lui donner la mesure qu'elle cherche; et le véritable régulateur des mouvements du commerce et de l'industrie, c'est la liberté.

La Municipalité de Paris croit donc devoir y conclure; elle pense que tous ses droits, par rapport au service des voitures de place, se bornent à l'inspection de police.

Cette seconde partie de ses demandes n'éprouvera sans doute aucune difficulté : ce service doit être libre, mais il doit être soigneusement inspecté. Il faut que toute voiture qui y sera destinée soit entretenue dans un état qui la rende propre à remplir son objet; il faut pourvoir à la sûreté de ceux qui en font usage; il faut qu'elle soit aisément reconnaissable, ainsi que son conducteur; il faut que les chevaux soient bons et en état de servir; il faut même éviter ce spectacle trop fréquent *d'animaux expirant sous l'excès de la fatigue et des coups*, veiller surtout à ce que les animaux malades ne propagent point la contagion dont ils peuvent être infectés. Toutes ces précautions demandent une police active, surveillante et soutenue; cette police est évidemment municipale. Il serait inutile d'insister davantage pour en faire sentir la nécessité.

Doit-elle être la matière d'un décret de l'Assemblée nationale? Un simple règlement peut-il suffire? A cet égard, la Municipalité s'en rapporte entièrement à la sagesse du Comité. S'il pensait qu'une loi fût nécessaire, elle offre de mettre incessamment le projet sous ses yeux; elle croit devoir demander que, dans l'inspection qui lui appartient, soit compris le droit de taxer le prix des courses et des heures. Quoiqu'on puisse penser que, dans le système de la liberté, cette fixation devrait être le résultat d'une convention de gré à gré, la Municipalité a cru devoir proposer cette modification, sans laquelle il s'élèverait sans cesse des contestations et des querelles dont les suites seraient souvent fâcheuses, et qu'il importe à une bonne police de prévenir. Le Comité peut être assuré que l'administration municipale apportera le plus grand soin à la confection de ce tarif, qui sera susceptible de variations, mais dont les variations mêmes seront établies sur des bases certaines. Le public est singulièrement intéressé à ce que cette mesure soit adoptée; les loueurs et les cochers y ont un intérêt égal : il serait fâcheux pour tout le monde de se voir exposé à avoir trois ou quatre procès par jour sur les payements: outre la perte de temps qu'entraînerait un régime aussi vicieux, il est dangereux pour les mœurs d'un peuple de tenter la mauvaise foi et de faire naître des habitudes fâcheuses comme celle des querelles et des violences. La Municipalité ose donc croire que le Comité partagera son opinion à cet égard.

Elle demande en outre que les voitures de place soient assujetties à un faible droit de 5 sols par jour, pour couvrir les frais que nécessitera cette police, et dont le produit excédant la dépense serait appliqué à des secours et encouragements.

Il n'y a pas de doute que la conversion d'un droit de 40 sols par jour en une taxe de 5 sols ne soit une amélioration bien sensible dans le sort du loueur. Cependant, le Corps municipal a balancé à former cette demande sur la proposition du Département de la police; il a été longtemps arrêté par cette considération que c'est à la puissance publique à faire toutes les dépenses nécessaires au maintien de l'ordre public; que prélever ainsi des droits particuliers sur telle ou telle espèce de service pour acquitter les frais de surveillance qu'il exige, c'est rompre l'unité qui doit exister entre toutes les parties de la machine publique, c'est isoler mal à propos une branche et donner un exemple dangereux.

Quoique cette objection soit très spécieuse, néanmoins le Conseil municipal a pensé qu'il était utile de décharger la caisse de la Ville d'une dépense assez considérable, dont les fonds ne lui sont pas faits, et qu'elle serait obligée de prendre sur un revenu déjà insuffisant pour la masse énorme de ses charges; qu'il n'y avait pas d'injustice, en faisant jouir les loueurs d'une liberté dont ils avaient été privés depuis si longtemps, de leur faire supporter les frais d'une police qui est une condition nécessaire de cette jouissance; qu'il serait peut-être injuste de forcer la totalité des citoyens à contribuer à une dépense qui tourne presque entièrement au profit des classes qui jouissent d'une plus grande aisance; et qu'enfin l'emploi proposé avait un but d'utilité si sensible, si palpable, que les loueurs mêmes qui offraient un droit beaucoup plus fort à la Municipalité ne verraient qu'avec reconnaissance et la modicité de la taxe et l'usage auquel elle était destinée.

En effet, le produit de ce droit, qui, en prenant pour base de calcul 700 voitures de place, s'élèverait à 63,875 livres, serait destiné : 1° à payer les frais d'inspection et de police qu'on peut estimer de 25 à 30,000 livres; le reste serait employé annuellement, partie en *secours* pour des loueurs malheureux qui auraient éprouvé des pertes accidentelles, partie en *encouragements* en faveur de ceux qui auraient fait des efforts pour perfectionner le service, enfin en *gratifications* et *récompenses* aux cochers qui se seraient distingués par leur probité et leur bonne conduite, en *secours* pour ceux qui auraient éprouvé des maladies, des accidents auxquels leur état les expose journellement, en *pensions de retraite* pour ceux que l'âge et les infirmités rendraient incapables de remplir ce pénible service. L'Assemblée nationale sentira parfaitement l'utilité d'une institution qui tend à améliorer une classe d'hommes contre laquelle il s'élève souvent des plaintes, et qu'il vaut sans doute mieux encourager par l'émulation et l'espérance que réprimer par la crainte et les châtiments; elle applaudira à une mesure qui ne peut manquer son effet, en établissant des règles qui écarteront absolument toute idée d'arbitraire et de faveur dans la distribution de ces récompenses.

C'est d'après le développement de ces vues que la Municipalité s'est déterminée à demander que le faible droit de 5 sols soit imposé sur toutes les voitures de place; elle croit pouvoir espérer que cette demande sera accueillie par le Comité.

Quoique les petites voitures des environs de Paris, ayant été réunies au privilège de la compagnie Perreau, paraissent devoir être un des objets sur lesquels la Municipalité de Paris a été invitée de donner son avis et ses vues au Comité des finances, elle a cru, néanmoins, différer de s'expliquer à cet égard, attendu que cet objet tient au système général des messageries, sur lequel l'Assemblée nationale ne paraît pas encore avoir indiqué le parti auquel elle s'arrêtera : que cette question, toute importante qu'elle est, paraît moins directement liée à l'intérêt local et particulier de la capitale, et qu'il sera vraisemblablement, sur l'objet de ces petites messageries, élevé une discussion contradictoire soit entre le district de Paris et les deux autres districts de son département, soit même entre le département de Paris et les départements voisins.

~~~ M. le président a levé la séance, après avoir ajourné le Conseil à lundi 21 de ce mois, à six heures précises.

Signé : BAILLY; CANUEL, *président;* DE JOLY, *secrétaire.*

* * *

ÉCLAIRCISSEMENTS

(I, p. 158) La délibération du *district de Notre-Dame*, communiquée à l'Assemblée des Représentants, le 19 juin, et datée en réalité du 18 juin (1), est ainsi conçue :

Lecture faite du procès-verbal, dressé ce matin par M. le président, du place-

---

(1) Imp. 3 p. in-4° (Bib. Nat., Lb 40/1468).

[19 Juin 1790] DE LA COMMUNE DE PARIS 171

ment par lui fait dans l'église de Notre-Dame des drapeau et guidon de MM. de la Basoche (1), aux termes du décret du 12 juin et en exécution tant des ordres de MM. les députés de la Commune que de M. le Commandant-général;

L'un des honorables membres a fait une motion tendant à ce que le décret du 12 juin fût appliqué aux drapeaux de MM. les ci-devant gardes-françaises; qu'en conséquence, ces drapeaux, également présentés et déposés à Notre-Dame, fussent de même exposés aux voûtes de cette église et consacrés à la concorde, à l'union et à la paix.

Cette motion, soutenue par un grand nombre de citoyens, ayant été mise aux voix;

L'assemblée, à l'unanimité, a arrêté que les 59 autres districts seront invités à réunir leur vœu à celui du district de Notre-Dame pour que les drapeaux de MM. les ci-devant gardes-françaises, présentés par eux à l'église Notre-Dame, y soient exposés comme ceux de MM. de la Basoche, et que la présente délibération, imprimée, sera portée par quatre commissaires à nosseigneurs de l'Assemblée nationale et au Comité de constitution, pour les supplier d'y avoir égard; adressée à la Municipalité, à M. le Maire et à M. le Commandant-général, pour, par eux, vouloir bien solliciter ladite exposition; et enfin, envoyée à nos frères des 59 autres districts de Paris.

Signé : Guyot de Sainte-Hélène, président.

Delahays, vice-secrétaire.

Le même *district de Notre-Dame* prit encore, quelques jours après, le 22 juin, un autre arrêté relatif aux ci-devant gardes-françaises et à leur médaille (2).

(II, p. 164) Le mémoire des religieux Capucins du couvent de la rue Saint-Honoré, signalé à la séance du 17 juin, tout comme les renseignements fournis à ce sujet aux commissaires de l'Assemblée nationale et dont il est question à la séance du 19 juin, se rapporte évidemment à l'occupation, dès lors projetée, des bâtiments du couvent par les services dépendant de l'Assemblée nationale.

Peu de temps après, en effet, le 30 juillet, Guillotin, au nom des commissaires-inspecteurs de la salle (3), demandait à l'Assemblée nationale d'affecter la maison des Capucins de la rue Saint-Honoré à l'installation des archives et de l'imprimerie de l'Assemblée, comme aussi à celle des bibliothèques des couvents des Jacobins et des Récollets, évacués en vertu d'un décret récent (4).

Sur sa demande, le décret suivant (5) était rendu :

L'Assemblée nationale autorise la Municipalité de Paris à faire évacuer le

---

(1) Le dépôt des drapeaux avait été fait le 17 juin (Voir ci-dessus, p. 128-129). Le procès-verbal de l'opération, inséré dans la délibération du Chapitre de Notre-Dame, porte cette date (Voir pièce manusc., Arch. Nat., LL 232/11/42). — M. Tuetey, qui avait d'abord donné à ce procès-verbal la date du *17 juillet*, a rectifié dans une seconde mention. (Voir *Répertoire général*, t. II, n°s 534 et 4283.)

(2) Voir ci-dessous, aux *Éclaircissements* du 25 juin.

(3) Les inspecteurs de la salle remplissaient les fonctions intérieures aujourd'hui dévolues aux *questeurs* de la Chambre.

(4) Décret du 10 juin 1790. (Voir Tome V, p. *34.*)

(5) Voir *Archives parlementaires* (t. XVII, p. 426-427).

couvent des Capucins de la rue Saint-Honoré, pour être employé aux divers usages relatifs au service de l'Assemblée et qui seront indiqués par les commissaires.

Elle charge la Municipalité de Paris de prendre, sur les fonds qu'elle est autorisée à percevoir par le décret du 8 juin (1), les sommes nécessaires pour assurer des moyens de subsistance aux religieux de cette maison, soit qu'ils veuillent être transférés dans un autre couvent de leur ordre, soit qu'ils déclarent vouloir jouir du bénéfice des décrets des 19, 20 février et 21 mars derniers (2).

Les *Compte rendu et Rapport* présentés à l'Assemblée nationale par les commissaires de la salle, le 30 août 1791 (3), nous apprennent qu'en outre des archives et de l'imprimerie qui occupaient les deux extrémités du bâtiment des Capucins, tous les Comités de l'Assemblée nationale, au nombre de 36, avaient été logés dans la même maison, et parmi eux le Comité d'aliénation qui, à lui seul, avait eu besoin de 49 pièces.

De plus, dans les explications données par Guillotin, le 29 septembre 1791, lorsqu'il présenta le compte rendu du 30 août (4), on trouve ce renseignement : « Les maisons des Capucins et des Feuillants ont été occupées par l'Assemblée nationale, sans que jamais il en ait été rien compté à la Municipalité, qui a été mise aux droits de la nation pour les biens nationaux. C'est gratuitement que l'Assemblée a occupé ces lieux-là. Quant aux objets de cafés, restaurateurs et autres (installés dans le voisinage de l'Assemblée, sur les dépendances des couvents), ces lieux-là appartiennent à la Municipalité. »

(III, p. 166) Une monographie complète de la réglementation du service des voitures de place à Paris serait en dehors du cadre de cet ouvrage. Mais il est utile de réunir ici quelques indications qui rendront plus compréhensibles certains passages du très intéressant rapport de Duport-Dutertre.

En vertu de lettres-patentes royales du 17 février 1779, le sieur Perreau (Pierre) avait la concession du privilège exclusif des carrosses de place et des voitures et messageries des environs de Paris (5).

L'élection des députés aux États-généraux fournit aux intéressés l'occasion de réclamer, ce qu'ils firent, en avril ou en mai 1789, dans un opuscule intitulé : « *Doléances, souhaits et propositions des loueurs de carrosses de place et de remise de la ville et faubourgs*, contre les privilèges et vexations exercés à leur détriment, au préjudice de l'intérêt, de la liberté et de la commodité du public : 1° par le sieur Perreau et Cie, ayant le privilège exclusif des carrosses de place et celui des voitures et messageries des environs de Paris ; 2° par la compagnie ayant le privilège exclusif des voitures publiques pour le service de Paris à la cour ; 3° par la compagnie ayant le privilège exclusif des diligences et messageries du royaume ; 4° par les maîtres de poste,

---

(1) Décret du 8 juin 1790. (Voir Tome V, p. *636-637*.)
(2) Décrets réglant l'état et le traitement des religieux. (Voir Tome IV, p. 483, note 3; 661, note 3; et Tome V, p. *263*.)
(3) Voir *Archives parlementaires* (t. XXX, p. 71-79).
(4) Voir *Archives parlementaires* (t. XXXI, p. 625).
(5) Imp. in-4° (Bib. Carnavalet, série 125, recueil n° 1).

s'attribuant aussi un privilège exclusif; 5° enfin, par le privilège exclusif du bureau de la Fosse vétérinaire (1). »

On y exposait ce qui suit :

« Le sieur PERREAU obtint, en 1779, par lettres-patentes enregistrées au Parlement, le privilège exclusif des carrosses de place et celui des voitures et messageries des environs de Paris, pour le terme de 30 années, moyennant 5,500,000 livres, remboursables à l'expiration du privilège, et à la charge de payer à l'Hôpital-général 15,000 livres au lieu de 10,000 dont était tenu son prédécesseur... Le sieur Perreau feignit d'entreprendre seul le service des carrosses de place; il en fit faire même un grand nombre dans un nouveau goût. Il voulait nous amener à sa discrétion : c'est ce qui est arrivé. Les tributs excessifs qu'il lève sur nous ont opéré depuis 1779 la ruine de plus de trois cents pères de famille.

« Le privilège exclusif d'avoir des voitures publiques qui conduisent de Paris à Versailles et dans tous les endroits où réside la cour, a été accordé moyennant un fermage annuel de 12,000 livres payables à la recette du domaine de Versailles. Le fermier a le droit de nous empêcher d'aller partout où la cour réside, sous peine de confiscation de nos voitures et de 1,500 livres d'amende.

« Le privilège exclusif des diligences et messageries du royaume est affermé 1,100,000 livres par an, mal payés; le roi est obligé de soutenir cet établissement.

« Les maîtres de poste s'arrogent le droit de saisir nos chevaux, lorsqu'ils les rencontrent à des relais.

« Autrefois, la dépouille des chevaux, dont la mortalité est grande, nous appartenait; nous la vendions depuis 6 livres jusqu'à 36. A présent, ils cessent d'être à nous aussitôt qu'ils sont morts. Pour éviter les inconvénients de la voirie, et pour cause de propreté et de salubrité, on a formé un établissement privilégié, connu sous le nom de bureau de la Fosse vétérinaire (2). Chaque cheval produit communément environ 30 livres au privilégié; il s'empare de notre bien sans le payer.

« Si les privilèges exclusifs sont abolis, nous offrons de payer, par forme de capitation, environ 625,000 livres. Il s'établira au moins 2,000 carrosses de place, 2,000 carrosses de remise et 500 cabriolets publics. »

Les 48 loueurs, signataires de cet écrit, invitaient les citoyens à insérer leurs doléances dans les cahiers électoraux.

On trouve, en effet, dans le *Cahier particulier de la Ville de Paris*, arrêté, le 14 juin 1789, par le Corps municipal et les députés de la Ville de Paris, un article (art. 23), qui demande « la suppression de tous les privilèges exclusifs, de quelque genre qu'ils soient, parce qu'ils détruisent l'émulation, l'avantage de la concurrence et favorisent des prix arbitraires (3).

Mais, en attendant que l'Assemblée nationale eût proclamé la liberté de

---

(1) Imp. 30 p. in-8° (Bib. Carnavalet, 6460, et Arch. Nat., D vi 8, n° 66). — Ce document, résumé par M. CHASSIN, dans *Les élections et les cahiers de Paris en 1789* (t. III, p. 222-225), a été reproduit en entier par M. Maxime DU CAMP, dans *Paris, ses organes, sa vie, ses fonctions* (t. I, p. 463-475).

(2) Rue des Fossés Saint-Bernard. (Voir Tome I, p. 269.)

(3) Voir CHASSIN, *Les élections et les cahiers de Paris en 1789* (t. III, p. 407).

l'industrie des transports, l'ancien état de choses subsistait; les règlements qui consacraient le monopole restaient légalement en vigueur, et la Municipalité provisoire se crut obligée de les appliquer. Le Comité ou Bureau de police, formé par la première Assemblée des Représentants de la Commune, prit donc, le 24 septembre 1789, un arrêté portant *Règlement provisoire, concernant les voitures de places et de remises* (1), dont voici les dispositions les plus importantes :

Sur ce qui nous a été remontré qu'au mépris des lettres-patentes du 17 février 1779..., les loueurs de carrosses de places et de remises, abusant des circonstances présentes, se refusent au paiement des droits dont la perception est le prix de la concession faite au sieur Perreau; que l'inexécution des ordonnances, arrêts du Conseil et règlements de police concernant les carrosses de places et de remises, l'ordre et la règle que doivent observer les loueurs de carrosses et leurs cochers, donne lieu journellement à des contraventions non moins préjudiciables à la sûreté des citoyens qu'à la liberté de la voie publique; que, d'un autre côté, le reculement des barrières prolongeait considérablement les courses et occasionnait un travail beaucoup plus fatigant aux loueurs, à qui néanmoins on refuse un prix plus fort, ce qui occasionne des murmures et souvent des rixes entre les particuliers qui se servent desdites voitures et les cochers qui les mènent; qu'il était nécessaire, au moment où la sûreté de la capitale sous tous les rapports exigeait de nous la plus sévère attention à l'effet d'assurer le service public et le maintien du bon ordre, qu'il y fût incessamment par nous pourvu;

D'après des considérations si importantes, nous ordonnons ce qui suit :

Art. 1er. — Les loueurs de carrosses tant de places que de remises seront, jusqu'à ce qu'il soit autrement ordonné, tenus de payer à Le Jeune, successeur de Perreau, le droit de 40 sols par jour, par chaque voiture de places, et de 6 sols, par chaque voiture de remises, ainsi qu'ils l'ont fait jusqu'à ce jour, à peine par les contrevenants d'y être contraints par toute voie de droit et même de punition exemplaire, en cas de résistance ou d'infraction au présent.

Art. 2. — Les maîtres de carrosses à l'heure ne pourront exposer, sur les places que des carrosses bien conditionnés, garnis de bonnes soupentes composées du nombre de cuirs prescrits par les statuts de la communauté des bourreliers, clos et bien fermés, attelés de bons chevaux avec harnais bien conditionnés, le tout à peine de confiscation, même d'amende et de punition exemplaire, si le cas y échet.

Art. 3. — Enjoignons pareillement à tous les loueurs et cochers de carrosses tant anciens que de ceux à arcs et à ressorts dits *anglais*, et sous les mêmes peines, de conduire, dans tous les endroits compris dans l'enceinte des nouvelles barrières (2), de quelqu'endroit que partent lesdits carrosses, pour le prix de 24 sols, à quoi nous avons fixé la course pendant le jour de 6 heures du matin à 11 heures du soir, et pour le prix de 30 sols par course de nuit de 11 heures du soir à 6 heures du matin.

Art. 4. — Le prix de la course jusqu'aux nouvelles barrières sera de 30 sols.

Art. 5. — Le prix des courses par heure sera ainsi fixé : pendant le jour, la première heure à 30 sols et les suivantes à 25 sols; pendant la nuit, la première heure à 40 sols et les suivantes à 36 sols.

Art. 6. — Les cochers de places seront obligés, à la première réquisition, de

---

(1) Imp. 7 p. in-8° (Bib. Carnavalet, 8005, n° 3, et Arch. Nat., D vi 8, n° 66). — Publié en résumé par la *Chronique de Paris* (n° du 1er octobre 1789).

(2) Le document original dit bien : *des nouvelles barrières*. Il semble pourtant qu'on devrait lire : *des anciennes barrières*. (Voir art. 4.)

conduire les particuliers hors des barrières et dans tous les lieux compris dans l'état annexé au présent règlement, aux prix fixés par ledit état; mais il leur sera permis de convenir de prix de gré à gré avec les particuliers pour aller dans d'autres endroits de la banlieue que ceux portés audit état.

Art. 9. — Défendons expressément à tous loueurs de carrosses dits de remises d'exposer sur les places de Paris, sous quelque prétexte que ce puisse être, des carrosses de cette espèce, sous les peines portées par l'art. 1er des lettres-patentes du 17 février 1779, lesquelles seront exécutées suivant leur forme et teneur.

Invitons les officiers tant civils que militaires de tous les districts de prêter main-forte, toutes fois et quantes ils en seront requis, soit par des commissaires par nous choisis, soit par les officiers de la régie ou autres préposés de Le Jeune. Et sera notre présent règlement exécuté, imprimé, lu, publié et affiché ès lieux et endroits ordinaires et accoutumés, à ce que personne n'en ignore.

Fait et arrêté au Comité de police municipale de l'Hôtel-de-Ville, le Comité assemblé, le 24 septembre 1789.

Signé : Bailly, Maire.
de Montaleau, président.
Dufour, vice-président.
Pitra, l'abbé Fauchet, Levacher de La Terrinière, Lagrenée, le comte de Miromesnil, Papillon (1).
de Caudin, secrétaire.

Suit un *État des lieux où les cochers des carrosses de places seront tenus de conduire les particuliers qui voudront s'en servir pour y aller et des sommes qui leur seront payées pour lesdites courses,* ledit état comprenant trente-six localités énumérées par ordre alphabétique, depuis Arcueil jusqu'à Vincennes. La plupart de ces localités étant aujourd'hui annexées à Paris, il est facile de constater que le prix des voitures de place a plutôt diminué qu'augmenté depuis un siècle. Ainsi, on payait, en 1789, 1 liv. 16 s. pour aller à la Maison royale de santé; 2 liv. 8 s. pour Bercy, la Villette, les Ternes, le Petit-Montrouge, Passy, la Porte Maillot, Vaugirard ; 3 livres pour Belleville, Charonne, Ménilmontant, Montmartre, la Muette. En dehors de Paris, la course coûtait : jusqu'à Vincennes, 3 liv. 12 s.; à Arcueil et Clamart, 4 liv. 4 s.; à Longchamp, 4 liv. 16 s.; à Boulogne (pont de Saint-Cloud), 5 liv. 8 s., etc...

Naturellement, ce règlement ne faisait point l'affaire des loueurs, qui continuèrent à réclamer près de l'Assemblée nationale.

On voit ainsi, le 25 septembre, matin, les loueurs de carrosses de la Ville et faubourgs de Paris apporter sur le bureau de l'Assemblée, pour être offerts à la nation, plusieurs ustensiles et meubles d'argent, au nombre de trente-cinq pièces, à l'usage des cérémonies attachées à leur confrérie (2).

Du 1er octobre 1789, *Requête à nosseigneurs les députés de l'Assemblée nationale* par les loueurs de carrosses et cabriolets de Paris (3).

D'un autre côté, Perreau et les fermiers des voitures de la cour répondent

---

(1) Papillon était le prévôt-général de la maréchaussée de l'Isle de France, admis à siéger au Comité de police par arrêté du 15 septembre, soir. (Voir Tome I, p. 585.)
(2) Voir *Archives parlementaires* (t. IX, p. 182).
(3) Pièce manusc. (Bib. Nat., manusc. 2634, fol. 29).

aux *Doléances, souhaits et propositions*, le premier, le 19 octobre (1), les autres, le 30 octobre (2).

Les cochers, à leur tour, veulent faire entendre leur voix : ils publient donc un « *Mémoire à l'Assemblée nationale*, reçu des Représentants de la Commune, sous la signature de M. MARCHAIS, *président* (3), *pour les cochers de carrosses de place de la Ville de Paris*, présenté par GUILLEMAIN DE LŒUVRE (François), cocher de place, et *Plan* d'un nouvel ordre et règlement nécessaires dans leur état, et d'une institution utile pour les anciens cochers infortunés, ou ceux d'entre eux qui auront le malheur d'être blessés ou malades en faisant leur service (4). » Ce mémoire porte le visa d'un comité de district, conçu en ces termes :

Lu par le comité civil de police du *district de Saint-Nicolas du Chardonnet*, et permis d'imprimer.

30 octobre 1789.

Signé : DELARIBIÈRE, vice-président.
LESSORE, vice-secrétaire du comité.
REINVILLE, AUVRAY, LEBAS, AMÉE, membres du comité.

Ce visa est suivi de la formule ci-dessous, qui donne la date exacte du *Mémoire* des cochers, 12 décembre :

Lu et consenti par tous les soussignés, cochers de place, assemblés pour raison dudit Plan d'institution et de règlement, à Paris, ce 12 décembre, et nous nous soumettons à remettre aux sieurs GUILLEMAIN et RENAUD, tous deux cochers, la somme de 12 sols chacun, pour frais d'impression et autres.

La *Liste des cochers qui ont contribué aux frais des sollicitations faites à la Municipalité* contient les noms de 120 souscripteurs, quelques-uns à 36 et à 24 sols, le plus grand nombre à 12 sols.

Les demandes des cochers, formulées en 15 articles, s'appliquaient notamment à l'établissement d'un bureau pour l'inscription des cochers de place ; à la création d'une médaille ayant pour empreinte, d'un côté, les armes de la Ville, et, de l'autre, un carrosse attelé, avec un numéro au-dessous ; à l'obligation pour les loueurs de payer à chacun des cochers par eux employés la somme de 20 sols par jour, comme par le passé, au lieu de 16 sols que plusieurs veulent donner à présent ; à une retenue de 2 sols par jour, sur les gages de chacun des 800 cochers, pour subvenir aux pensions des anciens cochers de place, aux secours des blessés ou des veuves ou orphelins, ce qui produirait 28,800 livres par an, etc... (5).

---

(1) Pièce manusc. (Arch. Nat., D vi 8, n° 66).
(2) Pièce manusc. (Bib. Nat.; manusc. 2634, fol. 44, 59, 63).
(3) MARCHAIS DE MIGNEAUX avait été vice-président du 8 octobre au 2 novembre 1789. (Voir Tome II, p. 210 et 529.)
(4) Imp. 14 p. in-8° (Bib. Carnavalet, 8005, n° 1).
(5) Il n'est point question des réclamations des cochers dans les procès-verbaux de l'*Assemblée des Représentants*, ni dans ceux du *Conseil de Ville*. Quant à l'*Adresse des cochers des voitures de place à l'Assemblée nationale*, pièce manusc. (Arch. Nat., D XXIV 84), que signale M. TUETEY (*Répertoire général*, t. II, n° 3407), elle se confond avec le *Mémoire* du 12 décembre. D'ailleurs, le compte rendu de l'*Assemblée natio-*

[19 Juin 1790]   DE LA COMMUNE DE PARIS   177

Sans répondre aux cochers, les loueurs insistent pour l'abolition du privilège de Perreau, et l'Assemblée nationale reçoit, le 23 décembre, une *Très humble supplique des loueurs de carrosses de remises et places de la Ville de Paris* (1), dans laquelle on s'efforce de démontrer que le privilège exclusif dont on demande la révocation est : 1° désastreux pour les loueurs; 2° préjudiciable au service public; 3° vexatoire pour les habitants des villes et des campagnes; 4° nul, à défaut de propriété de la part du vendeur; 5° contraire au bien de l'État, par les conditions auxquelles il a été obtenu; 6° enfin, tortionnairement accru par les mains avides qui le régissent. Il y est dit que le nombre des voitures de remises est de 6 à 700, alors que les propriétaires du privilège n'en admettent que 583, qui, à 6 sols par jour, produisent 63,838 liv. 10 sols, et près de 800 carrosses de places, alors que les propriétaires du privilège n'en avouent que 625, lesquelles, impitoyablement taxées à 40 sols par jour, donnent un revenu de 456,250 livres. Les loueurs se plaignent aussi de l'insuffisance de la recette, qui n'est guère que de 6 livres par jour pour chaque carrosse, « ce qui n'est pas pour la dépense des chevaux. » Finalement, ils demandent la liberté d'exercer leur état sans autre rétribution que celle nécessaire au maintien du bon ordre, de la police, et pour l'acquit des dettes qui peuvent être à la charge de leur communauté.

L'adresse fut renvoyée le 23 décembre au Comité des rapports (2), et le 30 au Comité des finances (3).

Tout en réclamant la liberté, les loueurs commençaient d'ailleurs par en user, et le Département de police se voit obligé de leur rappeler les obligations que leur impose l'existence du privilège légal, en publiant, à nouveau, en janvier 1790, le *Règlement provisoire* du 24 septembre (4).

Le rapport de Duport-Dutertre constate d'ailleurs l'inutilité des efforts de la Municipalité pour assurer à la compagnie Perreau la jouissance de son privilège, anéanti de fait par la Révolution (5).

En présence de cette résistance invincible, les concessionnaires du privilège se déclarent impuissants à continuer de l'exploiter, et, par lettre du 4 février 1790, adressée au président de l'Assemblée nationale, se résignent à demander la résiliation de leur traité, sans omettre le paiement provisoire des intérêts pour les sommes qui leur sont dues par le trésor public (6).

---

nale ne mentionne qu'une adresse des cochers de place de Paris, offrant, à la date du 14 janvier 1790, un don patriotique de 48 livres. (Voir *Archives parlementaires*, t. XI, p. 181.)

(1) Pièce manusc. (Arch. Nat., D vi 45, n° 684), et imp., non daté ni signé, 10 p. in-8° (Bib. Carnavalet, 8005, n° 2, et 10075).

(2) Voir *Archives parlementaires* (t. X, p. 754).

(3) Mention de la pièce manusc. (Arch. Nat., D vi 45, n° 684).

(4) Imp. 2 p. in-8°, avec la seule date de 1790 (Arch. de la Seine, D 22, et Bib. Carnavalet, 10075). — Reproduit par le *Moniteur* (n° du 19 janvier 1790). — Note manuscrite sur l'exemplaire de la Bib. Carnavalet : *à lire 20 janvier 1790*.

(5) Voir ci-dessus, p. 167.

(6) Pièce manusc. (Arch. Nat., D vi 8, n° 66).

Mais ils n'entendaient pas pour cela, et cela s'explique, que leur privilège fût révoqué purement et simplement, comme semblait le demander la pétition des loueurs. A la *Très humble supplique des loueurs de carrosses de remises et de places*, du 23 décembre, ils répondirent donc par un mémoire de défense, en date du 10 mai (1).

Une autre compagnie, nous l'avons vu, détenait le privilège des voitures publiques pour le service de Paris au séjour de la cour, dites voitures de la cour (2).

Or, celui-là aussi était vigoureusement attaqué. Il parut notamment, vers la fin d'avril 1790, un écrit intitulé : *Adresse à la municipalité de Versailles*, lue le 16 avril, par M. DUBUAT, chargé de porter le vœu d'une très grande partie des citoyens de cette ville pour obtenir l'abolition du privilège exclusif des voitures de la cour (3).

Les pétitionnaires exposaient les arguments suivants :

« Sur une sentence de la Prévôté de l'Hôtel (4), du 18 novembre dernier, la Commune de Paris et ensuite celle de Versailles autorisèrent leurs commandants respectifs à prêter main-forte pour le maintien du privilège des voitures de la cour. Les lettres-patentes de création portent que ce privilège consiste à conduire le public de Paris aux lieux *où le roi, les enfants de France et les Conseils iront :* c'est dans le texte. Or, dans ce moment, le roi est à Paris, sa demeure habituelle y est fixée ; le privilège n'a plus d'objet.

« Il ne se borne pas à voiturer exclusivement et abusivement les Parisiens à Versailles, Saint-Cloud, Saint-Germain, où la cour n'est pas ; il s'étend encore à forcer tout cocher de fiacre ou de remise qui charge pour ces lieux à prendre une permission, à peine de voir la voiture arrêtée sur la route, mise en fourrière, les gens qui sont dedans forcés de se pourvoir autrement ou de faire tranquillement la route à pied. »

En conséquence, l'adresse demandait la suppression de ce double privilège, considéré d'ailleurs comme aboli par les décrets de l'Assemblée nationale.

Enfin, les entrepreneurs de voitures de place dites *à l'anglaise* avaient présenté, le 29 mai, à l'Assemblée des Représentants de la Commune, un mémoire relatif aux loyers dus par les loueurs de carrosses de place, avec lesquels ils demandaient à ne pas être confondus (5).

C'est dans ces conditions que le Conseil de Ville avait eu à donner son avis motivé au Comité des finances de l'Assemblée nationale : le rapport de DUPORT-DUTERTRE, ajourné d'abord le 17 mai (6), avait été lu le 26 mai (7).

(1) Pièce manusc. (Arch. Nat., D vi 8, n° 66.)
(2) *Doléances, souhaits et propositions*, § 2, et *Réponse* du 30 octobre. (Voir ci-dessus, p. *172-173* et *175-176*.)
(3) Résumé par le *Moniteur* (n° du 6 mai).
(4) Tribunal spécial de la maison du roi. (Voir Tome IV, p. *116*, note 4.)
(5) Séance du 29 mai. (Voir Tome V, p. 593.)
(6) Voir Tome V, p. 417.
(7) Voir Tome V, p. 539.

L'avis motivé, adopté le 19 juin, n'est d'ailleurs relatif qu'aux voitures de remises et de places, passant complètement sous silence la question des voitures de la cour et ajournant volontairement celle des messageries des environs de Paris. Le Conseil de Ville ordonna, le 21, l'impression de son arrêté du 19 juin (1).

Avant de passer au décret rendu à la suite de cet arrêté, il reste à signaler encore, à la date du 15 septembre 1790, une lettre des concessionnaires du privilège des voitures de place et messageries, demandant le remboursement de la somme de 5,600 000 livres, par eux déposée au trésor public, et annonçant la cessation du service compris dans leur traité, à partir du 15 octobre (2).

Duport-Dutertre ne répondit à cette lettre, le 23 septembre, qu'en adressant le rapport du Département de police sur le service des voitures de place, et en faisant remarquer qu'il était urgent de prendre une décision pour assurer ce service, vu la renonciation absolue de la compagnie Perreau à l'exploitation des voitures (3).

Déjà, à ce moment, la décision n'était pas douteuse : l'Assemblée nationale ayant décrété, le 24 août 1790, le droit de tout particulier « de conduire ou faire conduire librement les voyageurs, paquets et marchandises, ainsi et de la manière dont les voyageurs et voituriers conviendront entre eux (4) », il ne restait plus qu'à faire au cas particulier de la compagnie Perreau l'application du principe de la liberté des transports.

Aussi n'y eut-il point de discussion lorsque, le 19 novembre 1790, Gillet de La Jacqueminière (5), membre du Comité de commerce, vint présenter à l'Assemblée nationale, au nom de ce Comité et de ceux des finances et des impositions, un projet de décret, qui fut immédiatement adopté dans les termes suivants (6) :

L'Assemblée nationale, en appliquant aux demandes formées par la compagnie Perreau les dispositions des art. 7 et 8 du décret du 22 août et jours suivants sur les messageries, décrète :

Art. 1er. — La cession, faite à la compagnie Perreau du privilège exclusif des carrosses de place de la ville et faubourgs de Paris, demeurera résiliée à compter du 1er janvier prochain, sans rien préjuger sur les droits de place et de licence qu'elle croirait devoir conserver ou établir sur les loueurs de voitures ou entrepreneurs particuliers, tant au profit du trésor qu'au profit des villes.

Art. 2. — Il sera procédé incessamment à la liquidation des indemnités et remboursements qui paraissent dus à la compagnie Perreau; et, en attendant, pour la mettre à même de continuer son service d'ici au 1er janvier prochain, il lui sera, dès à présent, payé par le trésor public une somme de 140,000 livres, qui, avec celle de 280,000 livres déjà reçue par elle, sera, lors de ladite liquidation, imputée soit sur les indemnités, soit sur les remboursements auxquels ladite compagnie aura droit de prétendre.

(1) Voir ci-dessous, p. 191.
(2) Pièce manusc. (Arch. Nat., D vi 8, n° 66).
(3) Pièce manusc. (Arch. Nat., D vi 8, n° 66).
(4) Voir *Archives parlementaires* (t. XVIII, p. 248).
(5) Député du tiers-état du bailliage de Montargis.
(6) Voir *Archives parlementaires* (t. XX, p. 535), et pièce manusc. (Arch. Nat., C 46, n° 446).

Ainsi, sur les trois points soulevés dans l'avis du 19 juin, le décret concédait, sans restriction, le premier : liberté absolue de l'industrie des voitures de places par contre, il était muet sur le second : inspection de police, et réservait le troisième : taxe perçue sur les entrepreneurs pour couvrir les frais d'inspection. Quant aux ayants-cause de l'ex-concessionnaire Perreau, ils recevaient dores et déjà une indemnité de 420,000 livres (1).

Postérieurement au décret du 19 novembre 1790, l'Assemblée nationale reçut encore, sur cette double question de l'inspection et de la taxe spéciale, un mémoire daté du 22 août 1791, à elle adressé par un sieur Frémont, ancien directeur particulier de l'administration des voitures de place, proposant de frapper ces voitures d'un droit de 6 livres par fiacre, pour subvenir aux frais d'établissement du service de surveillance et de police. Une note, signée : Victor de Broglie, à ce moment président de l'Assemblée nationale, indique que ce mémoire fut renvoyé au Comité des finances (2).

---

(1) C'est pourquoi M. Monin dit que « le privilège du sieur Perreau fut racheté 420,000 livres, le 24 novembre 1790 ». (Voir *L'état de Paris en 1789*, p. 597, note 1.)

(2) Pièce manusc. (Arch. Nat., D vi 12, n° 118).

Du Lundi 21 Juin 1790

~~~ La séance a été ouverte par la lecture du procès-verbal de l'Assemblée du samedi 19 de ce mois;

Dont la rédaction a été approuvée.

~~~ M. Thuriot, qui ne s'était pas trouvé présent à la séance du 19, dans laquelle, d'après le résultat du scrutin, il avait été proclamé président (1), a prêté serment entre les mains de M. Brière, son prédécesseur.

Et, ayant pris le fauteuil, il a prononcé le discours suivant :

Messieurs,
Je n'aurais jamais osé aspirer à la dignité dont vous venez de me revêtir. Elle équivaut pour moi à la couronne civique, puisque je ne la dois qu'à mon zèle, à mon courage et à mon patriotisme. Le souvenir du moment où vos suffrages se sont réunis en ma faveur sera toujours le plus cher à mon cœur; mais je sens combien est difficile le poste honorable que vous m'avez confié.

Je vois, comme vous, l'orage se former de toutes parts ; je sais que l'aristocratie a fait un pacte fédératif avec la calomnie ; je n'ignore pas que leur plan, qui s'exécute dans cette capitale, est de diviser pour ramener le despotisme. Mais, si l'union la plus parfaite continue d'exister dans l'Assemblée, tous leurs efforts se briseront contre sa puissance inébranlable: on peut attaquer, on peut outrager la vertu, mais il est impossible d'en effacer les droits.

La vertu, cette divinité sacrée pour les âmes vraiment nobles, percera à travers les nuages épais dont elle est enveloppée: vos actions seront appréciées ; vos intentions seront saisies ; et votre triomphe, pour être différé, n'en sera que plus éclatant et plus durable.

Et vous, citoyen généreux qui venez de quitter le fauteuil que vous avait assigné la justice, vous qui n'avez cessé de donner des preuves d'une vertu simple, modeste et sévère, puisqu'il ne m'est pas permis de rivaliser vos talents, qu'il me le soit au moins de vous le disputer en zèle, et de jurer, comme vous, à cette Assemblée auguste, qu'elle me verra toujours l'ami inviolable de la Révolution et des principes qui l'ont déterminée.

Ce discours a reçu, de la part de l'Assemblée, les applaudissements que méritaient les principes patriotiques qui y sont développés.

---

(1) Séance du 19 juin. (Voir ci-dessus, p. 162.)

~~~ Un de MM. les secrétaires a fait lecture d'un mémoire, dont l'objet était d'inviter l'Assemblée à rendre, à l'époque du 14 juillet prochain, un hommage public à l'héroïne française connue sous le nom de *la Pucelle d'Orléans*, en exposant aux yeux de tous les citoyens rassemblés pour le pacte fédératif un portrait de cette Judith française, qu'on assure être fort ressemblant, et qui est déposé dans le trésor de l'abbaye de Saint-Denys (1).

Comme personne ne demandait la discussion de cette proposition;
L'Assemblée a témoigné son désir de passer à l'ordre du jour.

~~~ Au même instant, une députation de la compagnie royale des Chevaliers de l'Arc de Montmartre, affiliés à la Garde nationale parisienne, ayant été introduite;

Un des officiers de cette compagnie a prononcé un discours dans lequel, en annonçant son respect pour le décret de l'Assemblée nationale, qui supprime toute espèce de distinction entre les milices citoyennes (2), cette compagnie s'empresse de se réunir à la Garde nationale de cette ville, comme elle l'était déjà par ses sentiments. Elle a fait en même temps l'hommage de ses drapeaux, pour être déposés aux voûtes de l'église cathédrale de cette ville, en signe d'union et de concorde. Elle a demandé que le petit nombre d'individus qui la composent actuellement pût conserver et porter la médaille de Saint-Sébastien (3), que d'anciens services militaires lui ont méritée en titre de confrérie royale, et qu'il fût donné à chacun d'eux une attestation authentique de la satisfaction de leurs services, depuis le commencement de la Révolution.

Ce discours a été fort applaudi.

M. le président leur a fait, au nom de l'Assemblée, la réponse suivante :

---

(1) D'après le *Journal de la Municipalité et des districts* (n° du 29 juin), cette proposition aurait été faite à la séance du 22 juin, et non du 21. En outre, elle est attribuée à un membre de l'Assemblée, dans les termes suivants :
« A l'ouverture de la séance, un des membres, en rappelant une proposition faite par madame Mouret, descendante de La Fontaine, pour que les dames françaises pussent assister, par députation, à la cérémonie du pacte fédératif, y a ajouté une de ses idées : il a, dans une motion expresse, émis le vœu de voir nos dames précédées par la bannière de leur sexe, par le portrait de la Pucelle d'Orléans qu'on prendrait au trésor de Saint-Denys, où les Bénédictins le conservent. »

Le projet de madame Bochet-Mouret avait été présenté à l'Assemblée le 11 juin. (Voir ci-dessus, p. *22* et *26-28*.)

(2) Décret du 12 juin. (Voir ci-dessus, p. *102-103*.)

(3) La croix de Saint-Sébastien faisait partie des armoiries des Chevaliers de l'Arc. (Voir Tome II, p. *62*.)

Messieurs,

Vous avez des droits ineffaçables à la reconnaissance de la Commune. Vous vous êtes tous voués à la chose publique : il n'est pas de danger que vous n'ayez affronté pour le triomphe de la liberté, et pas de victoire que vous n'ayez partagée.

Le dépôt que vous venez faire est aussi précieux pour la Commune qu'il est glorieux pour vous ; il prouve hautement que, fidèles à vos serments, vous regarderez toujours comme le devoir le plus sacré pour vous de respecter et de faire respecter la loi, qui peut seule assurer la félicité publique.

Avant de délibérer sur les deux objets de demande qui y sont contenus ;

M. l'abbé Barbey, chanoine du Saint-Sépulchre de Paris, Chevalier et aumônier de la dite compagnie, a prononcé un discours, dans lequel l'Assemblée a entendu et applaudi avec la plus vive satisfaction l'hommage rendu aux services, aux vertus et au patriotisme de M. le Commandant-général.

Délibérant ensuite sur les deux demandes contenues dans le mémoire de MM. de la compagnie de l'Arc ;

L'Assemblée a ajourné celle qui avait pour objet la conservation de la médaille de Saint-Sébastien.

Sur la seconde, il a été arrêté, à l'unanimité, qu'il serait expédié à chacun des Chevaliers de la compagnie un certificat honorable des services par eux rendus à la chose publique depuis le commencement de la Révolution ; dont l'expédition du présent, certifiée par les secrétaires, leur tiendra lieu, en faisant mention du nom de celui à qui elle sera remise, conformément à la liste qu'en rédigera M. le commandant de la compagnie de l'Arc.

Un honorable membre ayant proposé qu'il fût nommé une députation, pour accompagner la compagnie de l'Arc à Notre-Dame et assister au dépôt qu'elle y allait faire de ses drapeaux ;

Cette motion a été adoptée.

Et il a été arrêté de nommer sur-le-champ douze députés ;

Que M. le président a indiqués, ainsi qu'il suit : MM. Brierre, Pelletier, Tannevot, Bénière, curé de Chaillot, Marsilly, Guyot, Baslin, Isnard, La Bastide, Desvignes, Cousin et Pantin.

La compagnie de l'Arc, sortie au milieu des applaudissements de l'Assemblée et suivie de la députation ci-dessus, s'est mise en marche pour aller déposer ses drapeaux à Notre-Dame (1).

— Une députation du bataillon du district de Sainte-Opportune ayant été introduite ;

---

(1) La députation rendit compte de sa mission dans la même séance. (Voir ci-dessous, p. 185.)

M. le commandant a prononcé un discours, dont l'objet était de réclamer l'exécution des précédents arrêtés, par lesquels l'Assemblée ordonne qu'il serait procédé à la construction d'un corps-de-garde sur la place du marché des Saints-Innocents (1).

Un MM. les secrétaires a fait lecture d'un arrêté pris à ce sujet par le Conseil de Ville, le 19 de ce mois (2).

Un honorable membre a observé, après cette lecture, que, dans la rédaction de l'arrêté, le Conseil de Ville s'était servi d'expressions inconstitutionnelles, en donnant à M. Farcot, l'un des membres de l'administration, le titre d'administrateur du district de Saint-Nicolas des Champs.

Et l'Assemblée est convenue de la justesse de son observation (3).

Un de MM. les procureurs-syndics adjoints a dit que, ne connaissant point l'arrêté ci-dessus du Conseil de Ville, il se rendait à l'Assemblée, en conséquence de l'invitation contenue dans son arrêté du 17 du présent mois, et a annoncé que douze districts de cette ville lui avaient fait signifier leur opposition à la construction du corps-de-garde, ordonnée pour le bataillon de Sainte-Opportune.

Il a été observé, par un membre de l'Assemblée, que, lorsque cette construction avait été arrêtée, l'Assemblée nationale n'avait pas encore décrété la division de Paris en quarante-huit sections; qu'il était possible que cette division rendît inutile le corps-de-garde projeté, avec d'autant plus de raison qu'à l'autre extrémité de cette place il en existait un situé dans l'arrondissement du district de Saint-Jacques la Boucherie.

Un autre membre a divisé la discussion, et y a distingué deux points principaux : l'un, qui regardait le fond de la question, et l'autre, la conduite de M. le lieutenant de maire au Département des travaux publics. Il a rappelé que la nécessité du corps-de-garde dont il s'agit avait été reconnue indispensable, quelle que pût être la nouvelle division de la capitale; que le corps-de-garde, dont on venait de parler, situé dans l'arrondissement de Saint-Jacques de la Boucherie, n'avait été établi que provisoirement et avait été pris sur l'emplacement de la Halle aux draps, et que ces motifs avaient déterminé l'Assemblée à persister dans les arrêtés par elle pris à ce sujet. Quant à la conduite de M. le lieutenant de maire, il l'a jugée inexcu-

---

(1) Le dernier arrêté était celui du 17 juin. (Voir ci-dessus, p. 125-127.)
(2) Arrêté du 19 juin. (Voir ci-dessus, p. 165.)
(3) Le procès-verbal du Conseil de Ville, tel qu'il a été transcrit, ne contient plus l'expression signalée. (Voir ci-dessus, p. 165.)

sable par son refus constant de venir rendre compte des raisons qui l'avaient empêché de déférer à ses arrêtés.

Plusieurs honorables membres demandaient, en conséquence, que sa conduite fût improuvée.

Mais il a été observé, par quelques autres, que, la censure de l'Assemblée devant être considérée comme une peine très grave, la justice exigeait qu'elle ne fût prononcée qu'après avoir mis celui contre qui elle était proposée à portée de déduire les raisons qui pouvaient le justifier; et ils ont conclu à ce qu'il fût entendu, parce que, s'il persistait dans son refus de déférer à l'invitation de se rendre à l'Assemblée, elle se conduirait alors suivant les vrais principes de la justice, après avoir laissé à cet administrateur tous les moyens de se soustraire à la censure proposée.

La discussion ayant été fermée; (I, p. 198.)

L'Assemblée a arrêté que, sans avoir égard aux oppositions faites par un petit nombre de districts entre les mains de M. le procureur-syndic de la Commune, ou de tous autres, l'arrêté par elle pris, le 17 de ce mois, et autres précédemment, seraient exécutés suivant leur forme et teneur;

Et que M. Cellerier, lieutenant de maire au Département des travaux publics, sera de nouveau invité, toute affaire cessante, à se rendre à l'Assemblée, mercredi prochain 23, pour lui faire part des raisons qui l'ont empêché de procéder à l'exécution des susdits arrêtés (1).

— La députation qui avait été chargée d'accompagner la compagnie de l'Arc de Montmartre, pour assister au dépôt de ses drapeaux dans l'église de Notre-Dame, a rendu compte à l'Assemblée que cette fonction avait été remplie et leurs drapeaux reçus par un chanoine en habits sacerdotaux, et que le comité du district de Notre-Dame qui s'était rendu à l'église avait offert ses soins pour faire placer ces drapeaux à la voûte; ce que la députation avait accepté. (II, p. 199.)

— L'Assemblée, ayant été informée de la maladie de madame La Fayette;

A témoigné sur-le-champ son désir de donner à M. le Commandant-général des preuves de son empressement pour tout ce qui l'intéresse;

Et a député deux de ses membres, MM. Demachy et Bosquillon, pour aller s'informer de la santé de madame La Fayette (2).

(1) Séance du 23 juin. (Voir ci-dessous, p. 225.)
(2) Séance du 22 juin. (Voir ci-dessous, p. 214.)

— Une députation de MM. les Chevaliers de l'Arc de Paris, ayant été introduite, a annoncé que, pour donner des preuves de sa respectueuse soumission pour le décret de l'Assemblée nationale qui ordonne la réunion de tous les corps à la Garde nationale (1), ils venaient faire hommage à la Commune des drapeaux de leur compagnie et demander le jour qu'elle voudrait bien indiquer pour les faire recevoir.

L'Assemblée a arrêté qu'elle recevrait les drapeaux de cette compagnie lundi prochain, 28 de ce mois (2).

— M. le lieutenant de Maire au Département des hôpitaux (3), ayant obtenu la parole, a annoncé à l'Assemblée qu'il venait, en vertu de son arrêté du 18 de ce mois (4), lui donner les éclaircissements qu'elle désirait sur les motifs de l'interdit prononcé par MM. les vicaires-généraux contre M. d'Estange, prêtre de la Salpêtrière, et a fait lecture du mémoire suivant :

L'Assemblée des Représentants de la Commune a eu, vendredi dernier (5), par M. l'abbé Fauchet, communication d'un fait relatif à un ecclésiastique de l'hôpital de la Salpêtrière, nommé M. Chaix, du diocèse d'Apt, en Provence, plus connu sous le nom de l'abbé Destange.

MM. les grands-vicaires du diocèse de Paris ont refusé de lui continuer ses pouvoirs qui devaient expirer au 15 de ce mois ; il en a porté ses plaintes à M. l'abbé Fauchet, qui a écrit à ce sujet à M. de Floirac, l'un de MM. les grands-vicaires. Celui-ci a répondu que cette décision avait été prise d'après la demande du district de Saint-Victor, et conformément à l'avis de MM. les administrateurs de l'Hôpital-général ; il a ajouté que M. le lieutenant de maire au Département des hôpitaux était instruit de toute cette affaire. M. l'abbé Fauchet, en communiquant cette lettre à l'Assemblée, a présenté cette dénégation des pouvoirs ecclésiastiques comme un acte de despotisme, comme une injustice manifeste envers un prêtre, victime de son zèle ; et il a conclu à ce que l'Assemblée arrêtât qu'il serait écrit en son nom à MM. les grands-vicaires, pour les prier de renouveler les pouvoirs de M. Destange.

L'Assemblée, avant de prendre une décision, a voulu entendre le lieutenant de maire au Département des hôpitaux. C'est en conséquence de cette invitation que je viens lui apporter les éclaircissements demandés.

On peut se rappeler que M. Fauchet dénonça, le mois de mai dernier, à l'Assemblée de la Commune, un usage établi à la Salpêtrière, relativement aux billets de confession (6). Cette dénonciation lui avait été faite à lui-même par M. Destange. Il eût peut-être été facile d'éviter un éclat toujours nuisible et de produire également le bien, en s'adressant directement au Département des hôpitaux, fait pour en connaître, qui aurait pu vérifier le contenu en la dénonciation, reconnaître de quelle nature étaient ces billets

---

(1) Décret du 12 juin. (Voir ci-dessus, p. *102-103*.)
(2) Séance du 28 juin. (Voir ci-dessous.)
(3) DE JUSSIEU.
(4) Arrêté du 18 juin. (Voir ci-dessus, p. 149.)
(5) 18 juin.
(6) Séances des 26 et 27 avril. (Voir Tome V, p. 129 et 165.)

de confession, s'assurer si les personnes qui ne se confessent pas sont punies, et quel est le genre de la punition qui leur est infligée; demander en un mot et concerter avec les administrateurs la suppression de ces billets, s'ils sont regardés comme contraires à une sage liberté. On eût bientôt reconnu que ces billets, qui ne sont exigés que dans la quinzaine de Pâques, ont pour objet de faire entre les prêtres une répartition à peu près égale des habitants de la maison; de connaître le confesseur de chaque pauvre, pour requérir plus promptement son ministère dans le cas d'une maladie subite; de maintenir, dans une maison où les mœurs doivent être surveillées, l'exercice du moins extérieur de la religion; d'engager chacun à approcher des sacrements au temps prescrit; de ramener au devoir ceux qui s'en écartent, par des remontrances ou par une correction paternelle, qui se réduit à les priver de sortir pendant quinze jours ou trois semaines au plus.

On se fût assuré, de plus, qu'aux fêtes de Pâques dernières, il n'y a eu aucune punition de ce genre, et qu'on s'en est tenu à de simples exhortations vis-à-vis des personnes qui ont négligé de satisfaire au devoir prescrit par la religion. Alors, cette dénonciation, considérée en elle-même et relativement au temps où elle était faite, aurait été regardée au moins comme inutile et hors de saison. Mais, en supposant les faits plus graves, en admettant des punitions récentes et peu proportionnées à l'exécution du règlement, il eût toujours été temps de faire une dénonciation publique, dans le cas où l'administration se serait refusée à une réforme utile.

On a cependant préféré une autre marche, sans prévoir qu'il pourrait en résulter une secousse propre à jeter le trouble dans une maison habitée par sept mille personnes, et dirigée par un petit nombre de sœurs, dont il est essentiel de maintenir l'autorité.

L'Assemblée, sur cette dénonciation, a nommé des commissaires pour la vérification des faits (1), et a négligé de demander des renseignements au Département des hôpitaux, qu'elle n'a pas même adjoint en tout ou en partie à ses commissaires. Cette négligence, au reste, ne doit être regardée que comme un oubli, puisque le Département n'était pas partie intéressée dans l'affaire. Je passerai sous silence les détails de l'information prise par MM. les commissaires dans la maison de la Salpêtrière; mais l'événement fait présumer qu'ils ne se sont pas renfermés dans l'objet de leur mission et qu'ils n'y ont pas mis toute la mesure et la réserve nécessaires, puisque leur apparition dans l'hôpital est devenue l'époque d'une insurrection, qui dure encore et qui subsistera tant que les premiers instigateurs du trouble continueront à exister au milieu des habitants de ce lieu. La supérieure et les officiers ont été insultés et n'ont plus assez de pouvoir pour maintenir ou rétablir l'ordre. Les prêtres qui ne partagent pas les sentiments du premier dénonciateur ont été également injuriés. C'est dans cette position que quelques-uns d'eux sont allés, au district de Saint-Victor, porter leurs plaintes et requérir la descente sur les lieux, pour informer et recevoir des dépositions. Ce district a nommé des commissaires, qui, après avoir dressé un procès-verbal circonstancié, après avoir interrogé les prêtres, les officiers et les pauvres de différents dortoirs, ont tiré diverses conclusions, approuvées par le comité de leur district, dont une spécifie positivement que le comité invitera MM. les grands-vicaires et MM. les administrateurs de la Municipalité à retirer M. l'abbé Chaix d'Estange de la maison, comme cause toujours subsistante de l'esprit d'insubordination qui y règne.

Cette conclusion, portée à MM. les grands-vicaires avec le procès-verbal,

(1) Quatre commissaires nommés le 12 mai. (Voir Tome V, p. 352.)

m'a été communiquée par M. de La Bintinaye, l'un d'eux; et MM. du district de Saint-Victor m'ont également donné copie de ce procès-verbal. Je leur ai observé qu'ils paraissaient avoir passé leurs pouvoirs, en s'attribuant une inspection sur un établissement public, dépendant uniquement de la Commune et non de l'une de ses sections. Leur réponse a été simple : ils ne se sont transportés à la Salpêtrière que sur la réquisition de MM. les prêtres; ils se sont contentés d'y recevoir les dépositions qui leur ont été faites et n'y ont exercé d'ailleurs aucun acte d'administration. Sans approfondir ici la légalité de leur démarche, nous ne devons y voir que l'intention de ramener la paix dans un lieu où le trouble régnait. Ils y ont réussi en partie, par des remontrances mesurées; mais ce calme apparent n'a pas duré longtemps: l'insubordination règne toujours, et maintenant, même, elle devient plus forte.

La lecture du procès-verbal de MM. de Saint-Victor et d'autres renseignements recueillis de divers côtés m'ont fait reconnaître que le moyen proposé par ces commissaires était le plus sûr et le premier qu'il convenait d'employer, et je m'en suis ainsi expliqué avec M. de La Bintinaye. Cependant, je l'ai engagé à se rendre avec M. de Floirac à une assemblée des administrateurs de l'Hôpital, qui devait se tenir, pour un autre objet, aux Enfants Trouvés. Ces messieurs s'y sont rendus; ils ont communiqué le procès-verbal et ses conclusions à MM. les administrateurs, qui les ont adoptées unanimement. Étayés de cet avis, MM. les grands-vicaires se sont retirés pour en conférer avec leurs collègues, et j'ai appris, depuis, par la voix publique, qu'ils avaient décidé que les pouvoirs de M. d'Estange, qui devaient finir le 15 juin, ne lui seraient pas renouvelés. Comme, de plus, le procès-verbal parle de deux autres prêtres qui avaient fomenté l'insurrection, conjointement avec M. de L'Estange, et que ce fait a été confirmé par MM. les administrateurs, MM. les grands-vicaires ont cru devoir retirer l'un de ces prêtres de la Salpêtrière et le placer parmi ceux de Bicêtre; cet ecclésiastique, reconnaissant et avouant son tort, s'est soumis sans murmurer à la décision de ses supérieurs.

Tels sont les faits qui me sont connus et que j'énonce d'une manière abrégée, en m'abstenant de toute réflexion sur chacun d'eux. L'Assemblée en tirera sûrement des conséquences simples.

Après la lecture du mémoire de M. le lieutenant de maire;

M. l'abbé Fauchet, qui avait été nommé, s'est élevé contre la qualification qui lui était donnée de *protecteur* de M. l'abbé d'Estange. Il a observé qu'il n'était le protecteur de personne, mais que son zèle et son patriotisme lui faisaient un devoir de défendre avec courage un ecclésiastique qui se trouvait la victime du fanatisme. Il a proposé, en conséquence, que, pour éclairer l'Assemblée et la mettre en état de prononcer en connaissance de cause, il fût adjoint de nouveaux commissaires aux anciens, lesquels prendraient tous les éclaircissements qu'ils pourraient se procurer sur l'insubordination dont M. le lieutenant de maire rejetait la cause sur l'abbé d'Estange.

Les anciens commissaires (1) ont tous unanimement demandé qu'il fût nommé une nouvelle commission à cet effet.

---

(1) Ceux du 12 mai.

Enfin, après plusieurs amendements, qui ont été successivement discutés ;

L'Assemblée a arrêté qu'il serait nommé six nouveaux commissaires.

Et M. le président a indiqué MM. Maillot, Paulmier, Tannevot, Testulat, Marsilly et Cousin, conjointement avec l'un de MM. les procureurs-syndics adjoints.

Il a été, de plus, arrêté que M. le lieutenant de maire et un des administrateurs du Département des hôpitaux se joindraient aux commissaires, et que toutes les pièces relatives à cette affaire, et notamment le procès-verbal du district de Saint-Victor, seraient remises entre les mains des commissaires. (III, p. 200.)

~~ Neuf heures étant sur le point de sonner, M. le président a consulté l'Assemblée ;

Qui a arrêté de prolonger sa séance.

~~ Une députation des soldats citoyens de l'armée confédérée à Tours, ayant été introduite, a annoncé que les représentants des gardes nationales de différentes provinces qui avaient formé cette confédération auraient cru manquer au plus cher de leurs devoirs, s'ils n'avaient pas fait à l'Assemblée l'hommage de l'acte fédératif qui constate leur réunion fraternelle et l'engagement sacré qu'ils ont contracté de se coaliser avec tous leurs frères d'armes du royaume, lorsque les circonstances l'exigeraient et dans tous les cas où la chose publique serait en danger (1).

M. le président a témoigné à MM. les députés l'empressement de l'Assemblée à accepter le recueil de ces actes, dans lesquels leurs sentiments patriotiques sont développés avec autant de sagesse que d'énergie.

~~ Un honorable membre (2) a demandé la parole, pour présenter à l'Assemblée deux projets intéressants :

Le premier, de faire usage de la pompe à feu établie au Gros Caillou, dont il existe un tuyau principal, dirigé vers le Champ-de-Mars, pour procurer dans cet emplacement une quantité d'eau suffisante tant pour l'arrosement du terrain que pour les autres besoins des citoyens qui y seront rassemblés pour le pacte fédératif du 14 juillet, sans autres frais que ceux de la main-d'œuvre d'une

---

(1) Une députation des soldats citoyens de l'armée confédérée à Tours avait été reçue par l'Assemblée nationale, le 19 juin, soir. (Voir *Archives parlementaires*, t. XVI, p. 372.)

(2) BÉNIÈRE, curé de Chaillot, nommé par le *Journal de la Municipalité et des districts* (n° du 29 juin).

tranchée qui conduirait l'eau depuis la bouche du tuyau principal jusqu'au Champ-de-Mars.

L'Assemblée, applaudissant au zèle qui a dicté cette proposition, a arrêté qu'elle serait renvoyée au Département des travaux publics.

Le second projet est relatif à l'arrosement de la promenade publique des Champs-Élysées.

L'honorable membre a représenté combien il était fâcheux que les citoyens de cette ville, qui, après une semaine consacrée à des travaux utiles, désiraient se livrer à un délassement aussi innocent que celui de la promenade, ne pussent le faire sans être exposés à une poussière incommode et nuisible à la santé, dans une des promenades les plus fréquentées. Il a observé qu'on n'arrosait qu'un tiers des Champs-Élysées, parce que les entrepreneurs avaient demandé, pour arroser le surplus, une somme de 5,000 livres que l'ancienne Municipalité n'avait pas voulu accorder; mais qu'actuellement cet arrosement pouvait se faire au moyen d'une dépense de 1,000 livres seulement, en déchargeant les entrepreneurs d'une redevance de 4,000 livres par an, dont ils étaient tenus envers M. Outrequin, qui avait le privilège exclusif de l'arrosement des promenades de la capitale, et qu'il ne croyait pas que l'Assemblée refusât le sacrifice de cette modique somme de 1,000 livres pour procurer aux citoyens un avantage aussi essentiel.

L'Assemblée a arrêté que cette proposition serait renvoyée au Département du domaine.

~~~ La séance a été levée et ajournée à demain.

Signé : THURIOT, *président.*

Secrétaires : MÉNESSIER, PELLETIER, CASTILLON, DE MARS, BONNEVILLE.

CONSEIL DE VILLE

~~~ Le lundi 21 juin 1790, à six heures du soir, le Conseil de Ville convoqué en la forme ordinaire et présidé par M. Canuel, en l'absence de M. le Maire ;

~~~ Il a été fait lecture du procès-verbal de la dernière séance. Le Conseil en a approuvé la rédaction.

~~~ Sur la demande, faite au Conseil par M. l'abbé Lefèvre, garde-magasin des armes de la Ville, d'une autorisation pour délivrer à

M. Celerier, lieutenant de maire des travaux publics, qui l'a requis par sa lettre de ce jour, une douzaine de tentes avec leurs agrès, pour les travaux qui doivent être faits au Champ-de-Mars, relativement au pacte fédératif;

Le Conseil a autorisé M. l'abbé Lefèvre à délivrer lesdites tentes avec leurs agrès à M. Celerier, à la charge d'en retirer un récépissé contenant promesse de les rétablir.

~~~ M. le Maire est arrivé et a pris la présidence du Conseil.

~~~ M. le procureur-syndic a requis, et le Conseil a ordonné, la transcription sur un registre et l'exécution d'un décret de l'Assemblée nationale, du 18 de ce mois, relatif à M. de Mirabeau, le jeune, sanctionné par le roi le 19 du même mois (1).

Le Conseil invite M. le Maire à se concerter avec M. le Commandant-général pour l'exécution de ce décret (2).

~~~ Sur la demande du secrétaire;

Le Conseil a ordonné qu'il serait tiré 2,000 exemplaires de l'arrêté du 19, relatif aux voitures de place (3).

~~~ Lecture faite de la proclamation du roi, en date du 10 juin 1790, donnée sur un décret de l'Assemblée nationale des 8 et 9 du même mois, relatif à la fédération générale des gardes nationales et des troupes du royaume (4), ladite proclamation transcrite sur les registres de la Municipalité, lue, publiée et affichée dans la capitale le 19 de ce mois, pour être exécutée suivant sa forme et teneur;

Le Conseil municipal, considérant que le premier article du décret des 8 et 9 de ce mois commet le directoire de chaque district du royaume, et, dans le cas où le directoire ne serait pas encore en activité, le corps municipal du chef-lieu de chaque district, à l'effet de requérir les commandants de toutes les gardes nationales du district, d'assembler lesdites gardes chacune dans son ressort, et choisir les électeurs qui nommeront les députés chargés de se rendre, le 14 juillet prochain, à la fédération générale de toutes les gardes nationales du royaume;

A arrêté qu'expédition de la proclamation du roi et des décrets des

---

(1) Décret rendu à la suite de l'arrestation, à Castelnaudary, à la réquisition de la municipalité de Perpignan, de RIQUETTI (André Boniface), vicomte DE MIRABEAU, colonel du régiment de Touraine et député de la noblesse de la sénéchaussée du Haut-Limousin. (Voir *Archives parlementaires*, t. XVI, p. 273.)

(2) Un décret du 19 juin avait complété celui de la veille, en rappelant aux municipalités l'inviolabilité des députés et en invitant le vicomte à venir immédiatement rendre compte de sa conduite. (Voir *Archives parlementaires*, t. XVI, p. 364.)

(3) Mémoire et avis sur les voitures de place. (Voir ci-dessus, p. 166-170.)

(4) Décrets des 8-9 juin. (Voir Tome V, p. 733-735.)

8, 9 et 10 juin sera envoyée à M. le Commandant-général de la Garde nationale, qui est, en conséquence, invité et requis de réunir (1) sans délai les gardes nationales parisiennes pour choisir, conformément au décret de l'Assemblée nationale, six hommes sur cent, lesquels se réuniront le 5 juillet prochain (2), à dix heures du matin, dans l'église de Notre-Dame, à l'effet de nommer, en présence du Corps municipal, dans la proportion prescrite par la loi, les députés qui seront chargés de se rendre à la fédération générale de toutes les gardes nationales et des troupes du royaume, qui aura lieu à Paris, le 14 juillet prochain (IV, p. 202).

~~~ MM. Guillaume Simon, Housset et   (3), notables-adjoints du district de Saint-Nicolas des Champs, séant au Sépulcre, ont prêté, entre les mains de M. le Maire et du Corps municipal, le serment prescrit par les décrets de l'Assemblée nationale.

~~~ M. le Commandant-général s'est présenté et a été introduit dans le Conseil.

~~~ MM. les commissaires, nommés dans la séance du 12 de ce mois pour s'entendre avec MM. les commissaires nommés par les députés des 60 sections formant l'Assemblée du pacte fédératif (4), ont rendu compte au Conseil des opérations préliminaires qu'ils avaient déjà faites, et des projets auxquels le Comité paraissait devoir définitivement donner la préférence. (V, p. 203.)

Ils ont exposé les circonstances dans lesquelles on se trouvait, le peu de temps qu'il y avait d'ici au 14 juillet, la nécessité d'agir efficacement et avec la plus grande activité pour n'apporter aucun retard ni aucun obstacle à l'exécution de cette fête.

Sur quoi;

Le Conseil municipal, considérant que les difficultés et les lenteurs, qui s'élèvent et se propagent presque toujours dans les assemblées nombreuses, sont incompatibles avec la célérité qu'il faut apporter dans les préparatifs de la fête nationale, indiquée pour le 14 juillet;

Considérant, en outre, qu'il est une infinité de circonstances dans lesquelles la Municipalité ne pourrait pas être réunie, un nombre infini de cas auxquels un petit nombre d'hommes peuvent seuls pourvoir;

Considérant enfin que le choix de MM. Celerier, Champion, Des-

---

(1) Les mots : *de réunir*, manquent dans le texte du registre manuscrit.
(2) Un autre arrêté du 2 juillet fixa la nomination des députés de la Garde nationale au 3 juillet. (Voir ci-dessous.)
(3) Le dernier nom est en blanc dans le registre manuscrit.
(4) **Arrêté** du 12 juin. (Voir ci-dessus, p. 40.)

mousseaux, Brousse-Desfaucherets, Avril et Jallier de Savault répond entièrement aux vues et à la confiance de MM. les administrateurs;

A unanimement arrêté de s'en rapporter, pour tout ce qui a trait à la fête du pacte fédératif indiquée pour le 14 juillet prochain, aux lumières, à la sagesse et à la prudence de MM. les commissaires.

Et, attendu que les mêmes circonstances, qui déterminent impérieusement à s'en rapporter à MM. les commissaires, ne permettent pas de suivre, pour les dépenses qui pourront être ordonnées à raison de cette fête, les formalités prescrites en pareil cas, et notamment d'exiger des devis estimatifs de tous les travaux et de faire procéder à leur adjudication au rabais, ainsi que M. Cahier de Gerville, l'un des procureurs-syndics adjoints, l'a requis;

Le Conseil a unanimement arrêté que, pour cette fois seulement, et sans tirer à conséquence, il n'y aurait ni devis estimatif, ni adjudication au rabais.

Le Conseil n'a pas cru non plus devoir adopter la réquisition du procureur-syndic, tendant à ce qu'on fixât au moins, à MM. les commissaires, la somme dans laquelle ils devraient se circonscrire, attendu qu'il était impossible de prévoir les dépenses que cette solennité pourrait occasionner.

Mais, sur la proposition de M. Cahier de Gerville;

M. le Maire et M. le Commandant-général ont été priés de se retirer devers l'Assemblée nationale et partout ailleurs où besoin sera, pour, attendu que la fête du 14 juillet est une fête nationale, demander que les frais en soient supportés par le trésor public. (V, p. 203.)

~~~ Sur le rapport d'un projet de règlement provisoire, concernant les canonniers attachés aux compagnies de grenadiers, rédigé par le Département de la Garde nationale et adopté par M. le Commandant-général et M. le major-général;

Le Conseil municipal, considérant que la manière distinguée avec laquelle ont servi, depuis la Révolution, les vingt canonniers attachés à chaque compagnie de grenadiers soldés (1), le sacrifice qu'ils ont fait de l'avancement certain qu'ils auraient eu dans leurs compagnies pour rester attachés au service des canons, méritent des égards et de la considération, et sollicitent, en faveur de cette troupe, une organisation qui détermine le sort de ceux qui la compo-

---

(1) Il y avait une compagnie de grenadiers soldés par division, soit, en tout, six compagnies; une section de 20 canonniers étant attachée à chaque compagnie, les six sections représentaient 120 canonniers.

sent, leur assure un avancement progressif et fixe leur service ainsi que des règles de discipline et de subordination;

A ordonné et ordonne ce qui suit (1) :

Art. 1er. — Chaque compagnie de grenadiers continuera provisoirement d'avoir à sa suite deux pièces de canon de campagne, lesquelles seront servies par vingt hommes commandés par un officier.

Art. 2. — Ces vingt hommes seront logés dans la même caserne que la compagnie des grenadiers à laquelle ils sont attachés, autant que faire se pourra; ils formeront une section de deux escouades.

Art. 3. — Pour ne point multiplier la désignation des différents grades qu'on a employée jusques à présent dans les classes des canonniers, et pour qu'il n'y ait point de différence entre ceux des canonniers et des grenadiers, chaque escouade sera composée d'un sergent, deux caporaux, deux appointés et cinq canonniers.

Art. 4. — Les sergents, caporaux, appointés et canonniers des sections attachées auxdites compagnies de grenadiers auront le même rang que ceux des grenadiers, jouiront de la même solde et auront le même armement et habillement, excepté qu'ils n'auront point de bonnets de poil pour coiffure, ni de grenades aux retroussis des habits; ils seront coiffés de chapeaux, et il sera mis aux retroussis de leurs habits un canon sur l'affût, d'un côté, et un vaisseau, de l'autre.

Art. 5. — Il sera créé une place de sous-lieutenant pour commander chaque section de canonniers, lequel sera tiré du nombre des sergents qui sont actuellement attachés aux canonniers.

Art. 6. — A l'avenir, les sous-lieutenants de sections de canonniers seront nommés par le Conseil de Ville et choisis parmi les sergents les plus instruits et les plus intelligents de toutes les sections, sans avoir égard à leur ancienneté.

Art. 7. — Les sergents seront tirés des caporaux de la section où il y aura une vacance; le capitaine et le lieutenant de la compagnie des grenadiers, le sous-lieutenant et les deux sergents de la section se réuniront pour faire le choix et pour nommer le sujet à la pluralité des suffrages.

Art. 8. — Les caporaux seront tirés parmi les appointés et canonniers, indistinctement; le sous-lieutenant, les sergents et les caporaux de section se réuniront pour les nommer à la pluralité des suffrages.

Art. 9. — Les appointés seront toujours remplacés par les plus anciens canonniers.

Art. 10. — L'avancement des officiers des sections de canonniers se fera sans quitter cette troupe; un sous-lieutenant obtiendra le brevet et les appointements de lieutenant après six ans de service de sous-lieutenant, et les appointements et le brevet de capitaine après six ans de service de lieutenant.

Art. 11. — L'avancement des sergents, caporaux, appointés et canonniers sera circonscrit dans leurs sections de la manière prescrite ci-dessus, et si, après la formation actuelle en exécution de l'art. 3 du présent règlement, il se trouvait des sergents, caporaux ou appointés qui ne fussent point employés, ils resteront surnuméraires de la section et jouiront de leur haute paie, jusqu'à ce qu'ils deviennent titulaires.

(1) *Règlement provisoire*, etc..., signé : BAILLY, maire; CANUEL, vice-président, et DE JOLY, secrétaire; imp. 6 p. in-4º (Bib. Carnavalet, dossier 10073). — L'impression en fut ordonnée par le Conseil de Ville, le 4 août. (Voir ci-dessous.)

Art. 12. — Les sergents et caporaux surnuméraires seront remplacés de préférence, jusqu'à extinction, aux places de même grade qui viendront à vaquer.

Art. 13. — La section des canonniers sera aux ordres du capitaine des grenadiers ; ce sera toujours au commandant de cette compagnie que l'on adressera les ordres relatifs à ladite section, et il sera spécialement chargé de veiller à leur exécution.

Art. 14. — Le capitaine des grenadiers sera responsable, conjointement avec l'officier de la section des canonniers, de la tenue, police et discipline de cette section, qui seront les mêmes que pour la compagnie des grenadiers.

Art. 15. — Le service pour la police du quartier sera fait en commun entre la compagnie des grenadiers et la section des canonniers.

Art. 16. — Lorsque la compagnie des grenadiers marchera pour le service intérieur ou extérieur de la place, la section entière de canonniers la suivra avec ses canons, lesquels seront traînés à bras autant que faire se pourra ; et, si ladite compagnie ne marche que particulièrement, les canonniers ne la suivront qu'autant qu'il serait nécessaire d'y conduire du canon.

Art. 17. — Les officiers de la section des canonniers feront exercer souvent leur troupe à la manœuvre du canon de bataille et au tir, suivant les principes établis dans le manuel du canonnier.

Art. 18. — Il sera incessamment désigné par la Municipalité un lieu convenable pour établir une école de tir à but, afin d'exercer la section des canonniers ; il se trouvera, à cette école, un officier supérieur du corps, pour ordonner toutes les précautions contre les dangers des boulets perdus et pour rendre compte des progrès de cet important exercice, au succès duquel il sera attaché des prix de récompense.

~~~ Sur le rapport fait au Conseil de Ville, par M. Bureau, l'un de ses membres, tant en son nom qu'au nom de MM. Santerre, Filleul et Étienne de La Rivière, tous les quatre nommés pour aller mettre à exécution, dans le couvent des dames religieuses de l'*Ave-Maria* et auprès des Cordeliers ci-devant attachés à cette maison, l'arrêté pris sur cet objet le 19 du même mois (1), des démarches qu'ils avaient faites à cette occasion, ainsi que des obstacles qu'ils avaient éprouvés ;

Lecture faite du procès-verbal rédigé en conséquence et daté de ce jour, portant entre autres choses qu'après un examen scrupuleux des réclamations faites par madame l'abbesse et les religieuses de l'*Ave-Maria*, MM. les commissaires s'étaient convaincus que lesdites religieuses étaient dans l'impossibilité de subsister, si la Municipalité de Paris ne leur accordait de prompts secours ;

Considérant que, cette impossibilité ne pouvant être révoquée en doute, — si on se rappelait que la communauté de l'*Ave-Maria* n'a que 7,000 et quelques cents livres de rentes destinées à l'acquit de messes, obits et autres fondations ; qu'elle a nourri 70 personnes,

---

(1) Les noms des commissaires désignés le 19 juin et ceux cités le 21 ne concordent pas entièrement. (Voir ci-dessus, p. 166.)

savoir 48 religieuses, 3 sœurs et 19 religieux, tant prêtres que frères; qu'il n'existe point de provisions dans la maison, par l'impuissance où les religieuses se sont trouvées d'en faire aucunes, faute d'argent; que leurs dettes se montent à une somme de 33,000 livres, parce qu'elles ont vu tarir la seule source qui suppléait à leur pauvreté, la bienfaisance des âmes pieuses qui leur faisaient des dons assez abondants pour les aider à soutenir l'inconcevable austérité dans laquelle elles vivent, — le Conseil, touché de la situation desdites religieuses, était disposé, samedi dernier, à leur accorder les secours qu'elles demandaient; mais, après et par prudence, il avait cru devoir prendre de nouveau connaissance des faits; que ses commissaires venaient d'en reconnaître une seconde fois la vérité et qu'ils appuyaient personnellement les demandes desdites religieuses; qu'en conséquence ils estimaient que c'était le cas de leur accorder sur-le-champ une somme de 6,000 livres pour faire une partie de leurs provisions, et de leur payer par mois au moins une somme de 1,200 livres par provision et en déduction des pensions qui leur seront accordées par l'Assemblée nationale; qu'à l'égard des r.r. p.p. Gourdin, Bachelet, Maillard et Ancelin, religieux Cordeliers attachés à l'*Ave-Maria*, ils les avaient trouvés disposés à se soumettre à l'arrêté du Conseil; qu'ils entendaient user de la liberté accordée par les décrets de l'Assemblée nationale, mais que le défaut de fonds les avait empêchés de sortir de la maison;

Le Conseil municipal, considérant que l'état actuel des finances de la Municipalité ne lui permet pas d'avancer des secours dont il reconnaît la nécessité, et qu'il ne peut disposer des revenus nationaux sans un consentement formel du Corps législatif;

Ordonne, sur la première partie du rapport, que le Département du domaine se pourvoira, soit à l'Assemblée nationale, soit au Comité ecclésiastique, pour se faire autoriser à payer les sommes demandées par les religieuses de l'*Ave-Maria*, et rendra compte incessamment du succès de ses démarches.

En ce qui concerne la seconde partie du rapport, le Conseil approuve la conduite que MM. les commissaires ont tenue envers les quatre religieux auxquels il était enjoint, par l'arrêté du 19 de ce mois, de sortir du couvent de l'*Ave-Maria;*

En conséquence, ordonne qu'il sera payé demain à chacun des p.p. Bachelet, Maillard, Ancelin et Gourdin, religieux Cordeliers du couvent de l'*Ave-Maria*, la somme de 175 livres, à imputer sur les pensions qui leur seront allouées par l'Assemblée nationale, à la charge néanmoins par lesdits p.p. Bachelet, Maillard, Ancelin et Gourdin de ne point rentrer dans le couvent de l'*Ave-Maria* et, en outre, de rapporter dans la huitaine les preuves exigées par les décrets de l'Assemblée nationale (1).

Le Conseil a ordonné que le procès-verbal dressé par MM. les commissaires serait transcrit immédiatement après le procès-verbal de la séance.

~~~ Et M. le Maire a levé la séance, en ajournant le Conseil à mercredi, jour indiqué pour le feu de la Saint-Jean (2).

Signé : BAILLY, *Maire;* CANUEL, *vice-président;* DEJOLY, *secrétaire.*

~~~ Suit la copie du procès-verbal dressé par MM. les commissaires chargés de faire exécuter l'arrêté du Conseil au couvent de l'*Ave-Maria :*

Le lundi 21 juin 1790, nous, François Santerre, César Gabriel Filleul et Jean-Baptiste Étienne de La Rivière, assistés de M. Étienne Denis Bureau, tous officiers municipaux, ledit sieur Bureau remplissant les fonctions du ministère public, et chargés comme commissaires de la Municipalité de mettre à exécution un arrêté du 19 juin annexé à notre présent procès-verbal, nous sommes transportés au couvent de l'*Ave-Maria*.

Madame l'abbesse ayant été appelée au parloir, nous lui avons demandé l'ouverture de la porte de clôture pour être par nous procédé, dans l'intérieur du couvent, à la visite de son état actuel. Conduits par madame l'abbesse et quatre religieuses dans le cloître, nous avons fait lecture de l'arrêté du Conseil; mesdames les religieuses ont été prêtes à l'exécuter et nous ont conduits dans un grenier, où nous avons remarqué 8 tonneaux dans lesquels sont des pois secs, des fèves, des lentilles en petite quantité, à raison de la consommation journalière qu'on nous a dit être pour 70 personnes: nous avons observé qu'une partie des légumes qui nous ont été présentés sont gâtés et de mauvaise qualité; de suite, nous avons été conduits dans une partie du cloître où, une porte ayant été ouverte, nous sommes entrés dans un cellier où nous avons trouvé 6 petits tonneaux remplis de riz; la totalité nous a paru s'élever à environ 400 kilos; nous sommes descendus à la cave, nous avons trouvé 19 feuilles de vin dont une en vuidange; conduits au bûcher, nous avons remarqué qu'il y existe environ 6 voies de bois; perquisition par nous faite ensuite, nous n'avons trouvé aucunes provisions en chandelles, beurre, charbon.

De tout ce que dessus, nous avons rédigé le présent procès-verbal, pour être par nous rapporté au Conseil de Ville.

Et ont signé :
FILLEUL, SANTERRE, E. D. BUREAU DU COLOMBIER, ÉTIENNE DE LA RIVIÈRE.

De suite, nous nous sommes transportés dans le bâtiment occupé par les Cordeliers desservant le couvent de l'*Ave-Maria*.

---

(1) Il est à croire que l'exécution de cet arrêté souffrit quelque difficulté, tout au moins quelque retard, car le Conseil de Ville fut obligé, le 27 août, de confirmer sa décision du 21 juin, tant à l'égard des religieuses de l'*Ave-Maria* qu'à l'égard des Cordeliers. (Voir ci-dessous.)

(2) Arrêté du 12 juin. (Voir ci-dessus, p. 35.)

Parvenus dans la chambre principale, nous avons fait appeler les r.r. p.p. Bachelet, Maillard, Gourdin et Ancelin, auxquels nous avons fait lecture et dûment notifié l'arrêté du Conseil du 19 juin. Nous leur avons demandé s'ils étaient dans l'intention de s'y soumettre et de l'exécuter dans l'heure; ils ont répondu qu'ils étaient prêts de s'y soumettre.

Et ont signé avec nous :

BACHELET, F. MAILLARD, ANCELIN, GOURDIN, FILLEUL, BUREAU DU COLOMBIER, SANTERRE, ÉTIENNE DE LA RIVIÈRE.

Et, à l'instant, lesdits r.r. p.p. Gourdin, Maillard, Ancelin, Bachelet nous ont requis de leur laisser passer la nuit dans leurs cellules, attendu la difficulté de trouver des logements décents et convenables, étant 8 heures du soir, mais promettant de sortir demain matin avant 10 heures, à l'exécution des obédiences qu'ils nous ont dit avoir reçues ; ils nous ont requis de recevoir leur itérative résolution qu'ils sont dans l'intention de profiter de la liberté que leur donnent les décrets de l'Assemblée nationale, et nous ont observé que le seul défaut de fonds ou de pensions assignées les a empêchés de sortir, et suppliaient la Municipalité, au moyen de leur déclaration dûment notifiée de quitter leur ordre, de leur laisser la liberté de demeurer à Paris aussi longtemps qu'ils le jugeront convenable.

Et ont signé :

A. J. BACHELET, F. MAILLARD, F. GOURDIN, F. ANCELIN.

Sur quoi, nous, commissaires et officiers municipaux, avons donné acte de leur déclaration aux r.r. p.p. Bachelet, Maillard, Gourdin et Ancelin, et leur avons permis de passer la nuit dans leurs cellules de l'*Ave-Maria*, à la charge par eux de sortir demain mardi, 22 juin, avant 10 heures du matin, sans qu'ils pussent emporter autre chose que les effets par eux achetés et provenant de leur pécule, enfin, de fournir leur déclaration, au Département du domaine, à l'Hôtel-de-Ville, de la résidence qu'ils auront choisie et de l'appartement où ils se seront retirés. Sur leur demande à fin de paiement d'une avance à leur faire par la Municipalité pour pourvoir à leurs besoins, ordonnons que, sur cette demande, il sera par nous référé au Conseil pour être statué.

Fait et clos ledit jour et an que ci-dessus, et ont signé :

SANTERRE, FILLEUL, BUREAU DU COLOMBIER, ÉTIENNE DE LA RIVIÈRE.

Pour copie, conforme à la minute déposée aux archives du Conseil de Ville.

Signé : DEJOLY, *secrétaire.*

**

ÉCLAIRCISSEMENTS

(I, p. 185) Sur la discussion relative au corps-de-garde refusé jusqu'ici aux instances du *bataillon de Sainte-Opportune*, et ce, malgré les décisions de l'Assemblée des Représentants, le *Journal de la Municipalité et des sections* (n° du 29 juin) donne quelques détails complémentaires et émet certaines réflexions qui ne sont point sans intérêt :

« Nous avons parlé plusieurs fois de la demande du *district de Sainte-*

Opportune, relativement à un corps-de-garde. Il est inconcevable que l'administration laisse entre des planches mal assemblées des citoyens zélés qui, depuis la Révolution et les premiers même, ont été réunis en bataillon : telle a été l'exclamation presque générale. Ils ont passé l'hiver dans cette baraque, ensuite les grandes chaleurs encore plus incommodes.

« Trois fois l'Assemblée générale des Représentants de la Commune a prononcé sur cette affaire (1). Mais, par la suite de l'anarchie que la formation de diverses Communes a fait naître (2), par la suite du traitement que font quelques sections à leurs Représentants légalement élus (3), cette Assemblée des Représentants n'a pu faire exécuter ses décisions. A chaque arrêté qu'elle a pris relativement à la demande de Sainte-Opportune, il a été fait des oppositions de la part du Conseil de Ville, puis de celle de l'administration du domaine. Enfin, cependant, il existe une affiche d'après laquelle, le 2 juillet, se fera l'adjudication d'un corps-de-garde pour ces patients militaires.

« On pense bien que M. Cellerier, lieutenant de maire, dans le cours des discussions que cet objet a amenées, a été plus d'une fois cité.

« A l'occasion d'une lettre qu'il avait écrite à M. le Maire, et dans laquelle il disait au chef de la Municipalité que *la Commune s'opposait à la construction de ce corps-de-garde*, un des membres de l'Assemblée a pris la parole, et a blâmé publiquement M. Cellerier d'en imposer ainsi à M. le Maire : « Il est possible — a-t-il dit — que M. Cellerier, quoique membre
« de cette Assemblée, par la raison qu'il est lieutenant de maire, ne veuille
« point rendre ses comptes à ses collègues qui peuvent y connaître quelque
« chose; qu'il refuse de leur faire voir les dépenses miraculeuses de la Bas-
« tille ; méconnaisse, dans cette même Assemblée, les Représentants de la
« Commune ; mais, soit qu'il les reconnaisse pour tels, soit qu'il ne veuille
« voir la Commune que dans les sections, il n'en a pas moins induit en
« erreur le chef de la Municipalité. Il a dit que *la Commune* s'opposait à la
« construction du corps-de-garde. Or, cette Assemblée, loin de s'y opposer,
« l'ordonne; des sections, quelques-unes en petit nombre, se sont expli-
« quées, et le vœu de la Commune en ses sections ne peut être censé émis
« que par l'accord de la majorité absolue. Je demande donc qu'il soit invité
« à rendre compte des motifs qui ont pu le diriger dans cette assertion. »

« D'autres membres voulaient qu'on le censurât dans le procès-verbal.

« Mais on se contenta de l'inviter.

« Il a écrit (4)..... »

(II, p. 185) Il résulte, en effet, d'un procès-verbal dressé par le comité du *district de Notre-Dame*, du 22 juin (5), que, le comité s'étant transporté ce jour, à neuf heures du matin, au trésor de l'église de Paris, il y avait

(1) Arrêtés des 1ᵉʳ mai et 17 juin. (Voir Tome V, p. 207, et ci-dessus, p. 127.)
(2) Allusion aux diverses Assemblées de députés des sections, dont chacune parlait ou agissait au nom de la Commune de Paris. (Voir Tome V, p. xiii-xiv.)
(3) Allusion à la révocation prononcée par un certain nombre de districts contre leurs Représentants. (Voir Tome IV, p. xiv.)
(4) Lettre lue à la séance du 25 juin. (Voir ci-dessous, p. 234-235.)
(5) Pièce manusc. (Arch. Nat., C128, n° 435).

trouvé le sieur abbé Mortier (Jean), trésorier, en cette qualité dépositaire du drapeau que MM. de la compagnie de l'Arquebuse établie à Montmartre (1) y avaient apporté, et que, sur la réquisition du comité, le drapeau avait été placé, par les serviteurs de l'église, au haut de la nef, du côté de l'épître, au-dessous de celui appartenant ci-devant à MM. de la Basoche.

Le procès-verbal se termine ainsi :

Pendant ce placement, les citoyens présents nous ont requis de placer aussi les drapeaux des ci-devant gardes-françaises (2) ; quelques-uns même ont parlé d'y placer ceux de la Bastille.

A quoi nous avons répondu que seule l'Assemblée nationale pouvait décider sur cette exposition.

Signé : Abbé Mortier, trésorier.
Guyot de Sainte-Hélène, président du district.
Hauguel, secrétaire-greffier.

(III, p. 189) Le lieutenant de maire de Jussieu rapportait, le 21 juin, sous une forme et dans un esprit différents, les mêmes faits qu'avait signalés l'abbé Fauchet dans la séance du 18 juin (3).

Aussi, les explications qui suivent s'appliquent-elles aussi bien à l'une des séances qu'à l'autre.

Il faut d'abord signaler une lettre insérée le 5 juin dans le journal *l'Ami du roi, des Français, de l'ordre et surtout de la vérité* (4), et qui, d'après le *Journal de la Municipalité et des sections* (n° du 29 juin), prouve clairement les intrigues des prêtres de la Salpêtrière. Cette lettre est ainsi conçue :

Lettre aux rédacteurs.

Messieurs,

Vous vous êtes déclarés les vengeurs de la calomnie et les défenseurs de la vérité. Nous réclamons votre justice contre l'imputation la plus injuste qu'ait inventée la licence au nom du patriotisme.

Il a été imprimé dans les journaux les plus répandus qu'à l'hôtel de la Salpêtrière on tyrannisait les consciences en forçant les pauvres de se confesser et de faire leurs pâques, sous peine d'un an de prison dans l'enceinte de la Salpêtrière; qu'on exigeait d'eux des billets de confession ; que, par cette règle, des protestants ou autres non conformistes se prêtaient à ce despotisme, et que la supérieure et les sœurs officières l'exerçaient (5). Une telle dénonciation a dû faire les impressions les plus odieuses.

Nous devons, pour notre honneur et pour celui de la religion, travailler à les détruire, en vous priant, Messieurs, de dévoiler la fausseté d'une pareille imputation.

Dites donc au public trompé qu'il est faux que l'on ait jamais forcé qui que ce

(1) Dans le procès-verbal de l'Assemblée des Représentants, il est parlé de la compagnie de l'*Arc*, et non de l'*Arquebuse*.
(2) Conformément à une proposition adoptée, le 18 juin, par le district. (Voir ci-dessus, p. *171*.)
(3) Voir ci-dessus, p. 148.
(4) Journal quotidien, paraissant depuis le 1ᵉʳ juin, rédigé par Crapart, Royou (Thomas Marie), et Montjoye (Bib. Nat. Lc 2/395).
(5) Dénonciation des 26 et 27 avril. (Voir Tome V, p. 129 et 165.)

soit à se confesser en exigeant ces billets, improprement dits *billets de confession*, et que l'on devrait appeler *billets d'élection de confesseurs, billets d'adresses aux confesseurs, billets de police*, absolument nécessaires pour le ministère et le bon ordre de la maison.

Dites que la Commune a bien senti cette différence et compris l'utilité de ces billets, en ne voulant point, par son arrêté, en supprimer l'usage (1); dites qu'il est faux que l'on forcerait un protestant ou un autre non conformiste à des actes de catholicisme; dites enfin que cette motion a excité le plus grand trouble dans l'hôpital, qu'elle a suscité une insurrection des plus effrénées; que l'autorité a été méprisée, madame la supérieure huée, les plus dignes prêtres publiquement insultés; et, sans la sagesse du district de Saint-Victor, on était menacé des plus grands maux.

Pour nous, Messieurs, pleins de respect pour les décrets de l'Assemblée nationale, nous y conformerons notre conduite et nous assurons que notre ministère ne s'en est jamais écarté; mais nous pensons que nous devons faire jouir les pauvres confiés à nos soins des droits sacrés de l'homme, sans les exalter par des discours dont l'effet infaillible serait d'augmenter dans leurs cœurs l'amertume des privations et des peines, et d'y porter un chagrin séditieux. Nous pensons qu'au lieu du langage de la philosophie, qui ne se fait guère entendre qu'à des esprits cultivés par l'éducation, nous devons appeler la religion, qui parle avec plus de tendresse et de succès aux ignorants et aux malheureux qu'aux riches et aux génies sublimes. Nous savons enfin que, si la philosophie console quelquefois des maux de la vie, la religion seule peut en faire jouir.

Signé : Les prêtres-directeurs de la Salpêtrière.

Puis, le *Journal de la Municipalité et des sections* (n° du 29 juin) résume ainsi ce qui se passa entre l'arrêté de l'Assemblée des Représentants, du 20 mai, prescrivant le respect de la liberté de conscience dans les hôpitaux (2), et la séance du 21 juin :

« Depuis le jugement sage de la Commune, les prêtres et les administrateurs se sont réunis pour dire que l'insubordination était à son comble; que cette insubordination était occasionnée par M. d'Estanges, le prêtre qui avait dénoncé les billets de confession; que les commissaires de la Commune (3), en paraissant à la Salpêtrière, y avaient amené le désordre. La supérieure et les officiers ont requis le district de Saint-Victor de venir; et des procès-verbaux ont été faits, et l'on est allé porter ces procès-verbaux aux grands-vicaires de M. l'archevêque de Paris; et, d'après cet exposé, à l'expiration des pouvoirs annuels de M. Destanges, les grands-vicaires ont refusé d'approuver de nouveau le prêtre plein d'humanité qui avait dénoncé un abus qui, frappé par la Commune, diminuait l'autorité des prêtres de cette maison et surtout le despotisme de la supérieure.

« Sur les plaintes de M. Destanges, l'Assemblée a invité le lieutenant de maire à rendre compte de cette affaire (4). »

Quant à l'attitude de de Jussieu dans cette affaire, le même *Journal* apprécie ainsi qu'il suit son exposé du 21 juin :

---

(1) L'Assemblée des Représentants avait, en effet, renvoyé simplement, le 12 mai, au Comité ecclésiastique de l'Assemblée nationale, la motion de suppression des billets de confession. (Voir Tome V, p. 352-353.)
(2) Arrêté du 20 mai. (Voir Tome V, p. 449-451.)
(3) Nommés le 12 mai. (Voir Tome V, p. 352.)
(4) Arrêté du 18 juin. (Voir ci-dessus, p. 148-149.)

« Les âmes pieuses sont sujettes à de pieuses erreurs : le lieutenant de maire, homme autant vertueux qu'instruit dans les sciences les plus utiles, n'a pu mettre son cœur à l'abri de la surprise ; et, dans son rapport, il a été l'écho des prêtres, de la supérieure et des anciens administrateurs. »

Pour le reste de la séance, le *Journal* en rend compte d'une façon qui ne concorde pas absolument avec le procès-verbal :

« M. l'abbé Mulot, persuadé que la Commune ne doit point se mêler de ce qui concerne l'approbation des prêtres, mais qu'elle doit, en surveillant et ses administrateurs et ses propres membres, empêcher, autant qu'il est en elle, les injustices qu'ils peuvent occasionner ; après avoir prouvé qu'à en juger par le rapport de M. le lieutenant de maire, une coalition des supérieurs, des administrateurs et des prêtres avait fait porter à M. Destanges le coup qui le dépouillait de son état ; a demandé qu'il fût nommé six commissaires qui, dans la Salpêtrière, vérifiassent tous les faits, afin que, si M. Destanges n'est pas réellement cause des troubles de la Salpêtrière, le procès-verbal soit remis à MM. les grands-vicaires, pour les détromper sur les motifs qui les ont déterminés à priver ce prêtre de la continuation de ses pouvoirs.

« Cet avis a été généralement adopté, et MM. Cousin, Paulmier, Marcilly, Maillot, le procureur-syndic et un secrétaire, avec deux autres membres, ont été nommés pour faire cet examen demandé et si nécessaire. »

Le rapport des commissaires nommés le 21 juin ne fut présenté qu'au commencement du mois suivant (1).

(IV, p. 192.) L'arrêté du Conseil de Ville, qui soumettait à un scrutin à deux degrés l'élection des députés de la Garde nationale au pacte fédératif, souleva quelques réclamations.

Le *district des Récollets* adopta, le 27 juin, une délibération (2) ainsi conçue :

M. Odelin a lu une motion tendante à observer que la Municipalité de Paris paraissait n'avoir pas parfaitement appliqué à l'organisation de la Garde nationale parisienne le décret sur la nomination des députés pour le pacte fédératif ; que la Municipalité, ayant senti l'impossibilité de convoquer toute la Garde nationale, s'est décidée à convoquer chaque bataillon pour choisir des électeurs, lesquels, réunis au nombre de 2,000 (3), doivent ensuite nommer les députés ; que cette assemblée, trop nombreuse, sera incertaine dans ses opérations (4) ; qu'il existe un moyen plus simple, consistant à donner une représentation égale aux divers bataillons, conformément à ce qui a été décrété pour les régiments de troupes de ligne (5). Il a mis sur le bureau le projet d'arrêté suivant :

L'assemblée générale du district des Récollets a arrêté :

---

(1) Séances des 26 juin, 1er, 2 et 3 juillet. (Voir ci-dessous, p. 273 et 339.)
(2) Imp. 4 p. in-4° (Bib. Nat., Lb 40/1543).
(3) Les électeurs devaient être choisis à raison de 6 pour 100 : la Garde nationale parisienne comprenant à peu près 33,000 hommes, le nombre légal des électeurs s'élevait à 1,980.
(4) Elle le sentit si bien elle-même, que les choix définitifs se firent par tirage au sort, le 3 juillet. (Voir ci-dessous.)
(5) C'est finalement à ce résultat qu'on aboutit, le 3 juillet. (Voir ci-dessous.)

1° Que les nominations des députés pour le pacte fédératif ne seront pas faites dans une assemblée tumultueuse d'électeurs, mais directement par chaque bataillon;

2° Que, conformément au décret sur les députations des troupes de ligne et eu égard au grand nombre des citoyens qui font partie de la Garde nationale, il sera nommé par chaque bataillon, par scrutin de liste et à la pluralité relative des suffrages, 6 députés;

3° Enfin, que, pour rappeler aux citoyens une des maximes fondamentales de la constitution, il sera écrit sur une des faces de l'autel du pacte fédératif: *Chez un peuple libre, tout citoyen est soldat.*

L'assemblée, ayant vivement applaudi la motion de M. ODELIN et les principes qui l'ont dictée, a adopté à l'unanimité son projet d'arrêté et ordonné qu'il serait imprimé, porté aux autres sections avec invitation d'y adhérer et de remettre leur vœu à l'Assemblée pour le pacte fédératif; que ledit arrêté sera pareillement envoyé au Maire, au Corps municipal, à M. le Commandant-général, à M. le chef de la division et à MM. de l'État-major.

Signé : LOCRÉ, président.
LIBERT, secrétaire-greffier.

Ailleurs, il se produisit des difficultés d'un autre ordre, au moment de la nomination des électeurs : alors que le décret prescrivait aux bataillons de « choisir » leurs électeurs, chargés eux-mêmes de « choisir » les députés définitifs de l'armée parisienne, on se mit d'accord, dans la plupart des compagnies, pour s'en rapporter au tirage au sort.

C'est ainsi qu'au *bataillon de Saint-Louis en l'Ile,* le 28 juin, le bataillon s'étant divisé par compagnies, la compagnie du centre seule suivit le décret et choisit ses députés; dans les quatre autres, la majorité adopta le tirage au sort, malgré les protestations de quelques gardes qui invoquaient le texte du décret. Un des protestataires, le sergent DOMMANGET, adressa de ce chef au Comité de constitution une réclamation (1) qui se terminait ainsi, sentencieusement :

L'intérêt de l'ordre et de la loi exige protection pour ceux qui font profession de s'y soumettre, et rappel à son exécution pour ceux qui s'en écartent, même dans les choses qui paraissent les plus indifférentes.

Mais le Comité de constitution, moins formaliste que le sergent, laissa passer l'irrégularité signalée: l'assemblée générale des électeurs eut encore recours au tirage au sort pour la désignation des députés (2).

(V, p. 192) Née de l'initiative des districts parisiens, forte de l'approbation de l'Assemblée nationale, l'*Assemblée des députés des sections pour le pacte fédératif* (3) ne s'était adressée au Conseil de Ville qu'après les décrets rendus, au moment de passer à l'exécution du projet qu'elle avait préparé et fait adopter. Alors seulement, les commissaires des sections sentirent le besoin de s'assurer le concours de l'administration, et ils étaient venus le demander le 10 juin (4). Le 11, le Conseil de Ville avait décidé qu'il s'unirait

---

(1) Pièce manusc. (Arch. Nat., Div 13, n° 214.)
(2) Séance du *Conseil de Ville* du 3 juillet. (Voir ci-dessous.)
(3) Voir Tome V, p. *268-278* et *721-738.*
(4) Voir ci-dessus, p. *13-15* et *18-19.*

avec les députés des sections, et qu'il serait nommé de part et d'autre des commissaires en nombre égal, lesquels se concerteraient pour proposer aux deux Assemblées, réunies de même en nombre égal, les dispositions convenables (1). Mais, le 12 juin, l'Assemblée des députés des sections, tout en acceptant de nommer six commissaires qui se réuniraient à ceux du Conseil de Ville pour préparer en comité tous les travaux relatifs à l'exécution de la confédération, avait déclaré ne pouvoir se diviser ; en conséquence, lorsqu'il y aurait lieu d'entendre en commun le rapport des commissaires, ses 120 membres (2) se réuniraient aux 60 du Conseil de Ville (3) ; là-dessus, le Conseil de Ville, que la perspective d'une collaboration aussi inégale séduisait peu, avait déclaré qu'il renonçait aux délibérations en commun, et décidé que les commissaires par lui nommés lui en référeraient des dispositions qu'ils auraient concertées avec les commissaires de l'Assemblée du pacte fédératif, pour l'exécution et les dépenses en être ordonnées, s'il y avait lieu, par le Conseil (4).

C'est en exécution de cet arrêté que les six commissaires nommés le 12 juin venaient, le 21 juin, rendre compte des opérations préliminaires de leur mission et des projets qui paraissaient devoir être adoptés : en même temps, ils insistaient sur l'urgence des décisions à prendre. Modifiant alors son arrêté du 12 juin, et renonçant aux délibérations séparées comme il avait renoncé aux délibérations communes, le Conseil de Ville donnait un blanc-seing à ses commissaires, et déclarait s'en rapporter entièrement à leurs lumières, à leur sagesse et à leur prudence, la question des dépenses étant seule réservée.

L'organisation de la fête de la fédération est donc désormais confiée à l'Assemblée des députés des sections, augmentée de six administrateurs municipaux munis des pleins pouvoirs du Conseil de Ville.

L'*Assemblée des députés des sections pour le pacte fédératif* n'a point laissé de procès-verbaux de ses séances, et le *Journal de la Municipalité et des districts* est le seul qui s'occupe régulièrement de ses travaux.

C'est donc dans cet utile recueil que nous allons puiser quelques renseignements sur les projets dont les commissaires avaient entretenu le Conseil de Ville le 21 juin.

Le *Journal de la Municipalité et des districts* (n° du 15 juin) rapporte ce qui suit :

« ⸺ Un grand nombre d'*Adresses* (5) est envoyé au maire de chaque ville chef-lieu de district, par une lettre signée de M. Bailly, de M. le marquis de La Fayette, de M. Charon, président des députés de la Commune de Paris pour la confédération nationale, et d'un secrétaire de l'Assemblée.

« Dans cette lettre, on invite le maire à prendre toutes les mesures conve-

---

(1) Voir ci-dessus, p. 24-25 et 25-26.
(2) Exactement 114. (Voir Tome V, p. 726.)
(3) En admettant que le Conseil de Ville, dont tous les membres avaient un Département à administrer, pût jamais se trouver au complet.
(4) Arrêté du 12 juin. (Voir ci-dessus, p. 38 et 39-40.)
(5) C'est-à-dire un grand nombre d'exemplaires de l'*Adresse des citoyens de Paris à tous les Français*, du 5 juin. (Voir Tome V, p. 722-726.)

nables, soit que le directoire de son district soit organisé ou non, pour faire parvenir au plus tôt, à chacune des municipalités de son district, un exemplaire de cette adresse : on le presse de concourir, avec toute la célérité qu'exigent les circonstances, avec tout l'empressement qu'inspire l'intérêt de la chose publique, à la formation de cette alliance auguste qui va réunir tous les Français de sentiments, de volonté et d'affection (1).

« ⁓⁓ M. du Vivier a fait offrir de graver au plus tôt, sans honoraires, un coin pour faire frapper un grand jeton en forme de médaille, qui transmette à la postérité ce jour de triomphe du patriotisme.

« L'Assemblée a accepté cette offre avec reconnaissance ; elle a nommé des commissaires pour s'accorder avec M. du Vivier sur la composition de ce jeton et convenir des légendes qui seront en français (2); elle a arrêté de plus qu'à l'exception d'un seul jeton en or qui serait présenté au roi, tous les autres seraient en bronze et distribués à chacun de MM. les députés qui se rendront à Paris pour cette auguste cérémonie (3).

« ⁓⁓ Samedi dernier (12 juin), M. le Commandant-général est venu dans cette Assemblée, et il a été accueilli avec les applaudissements qui le suivent partout à si juste titre.

« M. le président l'a invité à employer ses bons offices auprès des ministres, conjointement avec les commissaires de l'Assemblée, pour la plus prompte expédition des décrets sur la confédération nationale.

« M. le marquis de La Fayette a répondu avec cette aménité qui lui captive tous les cœurs, et a offert de recevoir dès le lendemain matin chez lui MM. les commissaires.

« ⁓⁓ L'Assemblée avait décidé d'envoyer une députation au Conseil de Ville qui est composé des 60 administrateurs de la Municipalité. Voici les passages du discours de M. Charon, président (4).

« D'après la réponse et l'arrêté du Conseil de Ville (5), il a été nommé au scrutin, samedi dernier (12 juin), six commissaires pour préparer, de concert avec six de MM. les administrateurs, toutes les dispositions nécessaires à cette cérémonie, pour laquelle M. Blondel, fils, architecte (6), a déjà présenté un plan qui est à l'examen. Il a été arrêté que MM. les administrateurs (7) auraient voix délibératives dans l'Assemblée qui, étant composée de 120 députés revêtus chacun également des pouvoirs de leur district, ne pouvait se réduire à un plus petit nombre. »

Le même *Journal* (n° du 17 juin) et le *Moniteur* (n° du 19 juin) publient le texte d'une *Instruction pour la confédération nationale*, rédigée par les

---

(1) Le texte de cette lettre a été imprimé dans un recueil de pièces sur la *Confédération nationale* (Bib. Nat., Lb 39/3767, in-8°, p. 23).

(2) Il a été dit déjà que Duvivier fut dépossédé de ce travail par une décision ultérieure. (Voir ci-dessus, p. *16*.)

(3) L'Assemblée revint sur la question de la médaille le 3 juillet. (Voir ci-dessous, *Éclaircissement* 1 du 3 juillet.)

(4) Séance du 10 juin. (Voir ci-dessus, p. *18-19*.)

(5) Arrêtés du Conseil de Ville, des 11 et 12 juin. (Voir ci-dessus, p. 25 et 40.)

(6) Blondel (Jean-Baptiste), architecte, dessinateur du cabinet du roi.

(7) Les six commissaires du Conseil de Ville, désignés le 12 juin. (Voir ci-dessus, p. 40.)

commissaires de la confédération, et dont l'envoi était joint à celui de l'*Adresse aux Français* et de la *Lettre aux maires*.

On y lit notamment :

MM. les députés sont invités à se rendre à Paris, au plus tard pour le 12 juillet. Dès qu'ils seront arrivés, ils voudront bien se présenter à l'hôtel de la Mairie, au bureau de la Confédération, pour y faire vérifier leurs pouvoirs; ils y recevront une carte portant ces mots : *Confédération nationale*. Les districts qui voudraient faire parvenir quelques observations les adresseront à l'hôtel de la Mairie, sous le couvert de M. le Maire de Paris.

La veille de la cérémonie, MM. les députés seront invités, par une proclamation, à se rassembler dans le lieu qui sera désigné (1).

On y fera l'appel des districts, qui se réuniront pour représenter leurs départements respectifs, d'où il résultera 83 divisions : chacune de ces divisions sera distinguée par une bannière portant le nom de son département. La Commune de Paris fera préparer, à cet effet, 83 bannières uniformes; elles seront portées à la cérémonie par MM. les députés, qui les déposeront à leur tour dans le chef-lieu de leurs départements, pour y servir de monument et de gage de la sainte alliance contractée par tous les Français, pour y être portées dans les revues générales et à la cérémonie du pacte fédératif qui se renouvellera tous les ans, à la même époque, dans chaque département (2).

Cette époque demeurera fixée au 14 juillet, jour mémorable auquel la France a reconquis sa liberté.

MM. les députés des troupes de ligne auront à leur tête une oriflamme, qui restera déposée dans la salle de l'Assemblée nationale.

Il serait à désirer que l'*Adresse* et les pièces qui la suivent fussent lues au prône de chaque paroisse.

En dehors de ces détails concernant le cérémonial, il faut noter dans l'*Instruction* un passage qui précise le caractère que les districts de Paris entendaient donner à la fête, un peu malgré l'Assemblée nationale.

On se souvient que le projet primitif de la Commune comportait une fédération municipale à côté d'une fédération militaire, chaque commune devant être représentée par une délégation de ses officiers municipaux en même temps que par une délégation de sa garde nationale. Mais l'Assemblée nationale, malgré les réclamations de CHARON au nom des députés de la Commune, avait écarté la fédération civile et autorisé seulement la réunion des délégations de gardes nationales (3).

Voici en quels termes les commissaires parisiens commentent cette décision dans leur *Instruction* :

Quoique le décret de l'Assemblée nationale n'appelle au pacte fédératif que les gardes nationales du royaume, la confédération ne sera pas moins celle de tous les Français. Dans l'esprit de la constitution et dans l'état d'un peuple libre, tout citoyen doit être soldat. C'est sous ce dernier rapport que tous les Français vont se réunir pour le maintien de la constitution, et c'est les armes à la main qu'il leur convient de jurer de la soutenir.

---

(1) L'emplacement du Champ-de-Mars n'était donc pas encore définitivement adopté.

(2) L'idée de ces bannières se trouve déjà dans l'arrêté du *district de Sainte-Opportune*, du 10 mai. (Voir Tome V, p. 276.) Nous en rencontrerons la description plus loin. (Voir ci-dessous, *Éclaircissement* I du 3 juillet.)

(3) Discussion du 8 juin. (Voir Tome V, p. 733-735.)

Les députés de chaque district représenteront donc bien réellement tous les citoyens de leur district. En conséquence, ils seront munis des pouvoirs de tous leurs concitoyens, à l'effet d'adhérer pour eux au pacte fédératif national.

En un mot, les commissaires des districts auraient voulu que les délégués, militaires par le costume pour obéir au décret, fussent investis d'un mandat à la fois civil et militaire. C'était trop raffiné et compliqué.

Le *Journal de la Municipalité et des sections* (n° du 22 juin, supplément), rendant compte du petit conflit qui s'était élevé entre Manuel, administrateur de police, et l'Assemblée du pacte fédératif, au sujet du logement des fédérés (1), ajoute :

« C'est l'arrêté que nous venons de rapporter (2) et la lettre de Manuel (3) qui ont donné lieu à la déclaration de MM. les députés que nous avons publiée. »

Il s'agit de la Proclamation, datée du 16 juin, par laquelle l'*Assemblée des députés des 60 sections* avait notifié que c'était elle, et nulle autre Assemblée, qui, unie à six membres du Conseil de Ville, était chargée de tout ce qui concernait la fédération (4).

Puis, le *Journal* continue :

« Nous terminerons cet article par l'arrêté que l'Assemblée, revêtue des pouvoirs des districts pour cet objet, a fait publier le 19 de ce mois, en annonçant qu'elle avait déterminé, conjointement avec MM. les commissaires du Conseil de Ville, les travaux nécessaires pour cette fête. »

Voici le texte de cette nouvelle Proclamation (5) :

CONFÉDÉRATION NATIONALE

Assemblée des députés des 60 sections de la Commune de Paris.

Du samedi 19 juin 1790.

L'Assemblée des députés des 60 sections de la Commune de Paris pour la Confédération nationale, ayant déterminé, conjointement avec MM. les commissaires du Conseil de Ville, les travaux nécessaires pour la fête de la Confédération nationale du 14 juillet (6) et désirant que tous les entrepreneurs et ouvriers de Paris domiciliés puissent participer à ces travaux, a arrêté :

Que tous lesdits travaux seront divisés en 60 parties, à raison d'une pour chaque section ;

Que tous ceux des entrepreneurs et ouvriers, maçons, menuisiers, charpentiers, serruriers et peintres qui voudront y concourir iront se faire inscrire au comité de leur section dans le délai de trois jours, pour que, leurs noms envoyés à l'Assemblée des députés de la Confédération, il soit ensuite distribué à chacun d'eux, par les douze commissaires nommés à cet effet, une quantité d'ouvrage proportionnée à leurs moyens ;

A arrêté que les ouvriers ne seront employés que sous les ordres et par le choix des entrepreneurs ;

---

(1) Voir ci-dessus, p. *107-108*.
(2) Arrêté de l'*Assemblée des Représentants de la Commune*, du 9 juin. (Voir ci-dessus, p. 5-6.)
(3) Lettre du 16 juin. (Voir ci-dessus, p. *108*.)
(4) Voir ci-dessus, p. *108-109*.
(5) Imp. 8· p. in-8° (Bib. Nat., Lb 40/1228).
(6) Ces travaux sont énumérés plus loin. (Voir ci-dessous, p. *208*.)

Arrêté, en outre, que le présent sera imprimé et envoyé aux 60 sections, avec prière de le faire connaître au plus tôt aux différents entrepreneurs de leurs arrondissements.

Fait et délibéré en l'Assemblée générale, tenue à l'Hôtel-de-Ville, le 19 juin 1790.

Signé : Charon, président.

Lafisse, Pons (de Verdun), du Sausoir, Lemit, secrétaires.

Mais quels étaient les travaux déjà arrêtés, auxquels fait allusion la proclamation du 19 juin?

C'est encore le *Journal de la Municipalité et des sections* (n° du 24 juin) qui répond à cette question, en ces termes :

« Pour répondre à l'empressement que témoigne le public de connaître les préparatifs et l'ordonnance de la fête pour le pacte fédératif, dont s'occupent sans relâche et avec le plus grand zèle MM. les 120 députés des sections et MM. les administrateurs, nous allons en donner un aperçu, en distinguant les articles arrêtés et ceux proposés et non déterminés.

« *Articles arrêtés.*

« On formera dans le Champ-de-Mars (1) un cirque dans le genre des Romains : autour seront élevés en plan incliné des glacis en terre d'environ 18 toises (35 mètres environ), sur lesquels seront établis des bancs de la manière la moins dispendieuse; ils formeront des travées qui seront divisées en 60 parties, lesquelles seront données à faire aux ouvriers enregistrés dans les 60 sections, suivant l'affiche que nous avons rapportée (2).

« Près des bâtiments de l'École royale militaire seront élevés des amphithéâtres en charpente, destinés au roi, à la famille royale, à la cour, aux ambassadeurs et étrangers de marque, à l'Assemblée nationale, aux Représentants et députés de la Commune, à MM. les Électeurs. Les Menus-Plaisirs fourniront ce qu'ils ont de prêt dans leurs magasins en articles nécessaires à la construction et à la décoration de ces amphithéâtres.

« Au milieu du cirque sera érigé l'autel à la patrie, sur lequel sera prêté le serment civique. Il sera porté sur un très grand stylobate, lequel sera lui-même assis sur un plateau circulaire de 40 toises (78 mètres) de diamètre, bordé, au moment de la cérémonie, par les bannières des 83 départements.

« A l'extrémité du cirque, du côté de la rivière, sera élevé un grand arc de triomphe d'environ 24 toises ($46^m,80$) de face sur 12 ($23^m,40$) d'épaisseur; sa hauteur sera proportionnée de manière qu'on puisse voir cette cérémonie des maisons de l'autre côté de la rivière.

« *Articles proposés et non déterminés.*

« Dresser des tentes dans les allées qui bordent le Champ-de-Mars, pour les 60 bataillons de la Garde nationale parisienne, lesquels seront invités à en faire la dépense. Ces tentes seraient destinées à placer les rafraîchisse-

---

(1) Un rapport ultérieur expliquera les raisons qui avaient fait choisir le Champ-de-Mars, malgré une assez forte opposition. (Voir ci-dessous, *Éclaircissement* I du 3 juillet.)

(2) Proclamation du 19 juin. (Voir ci-dessus, p. 207.)

ments et les préparatifs du repas qui sera donné aux députés des départements (1).

« On ne paraît pas incliné pour la construction d'un pont de bateaux sur la rivière, en face du Champ-de-Mars, attendu la grande dépense et la gêne que cela donnerait à la navigation pendant plus d'un mois (2).

« Pour faciliter la circulation dans toutes les parties du cirque, on établira des ponts, de distance en distance, sur les fossés du Champ-de-Mars.

« Il est proposé de faire précéder cette cérémonie d'un acte religieux, soit d'une messe, soit d'un *Te deum* (3), d'offrir un repas au roi, à la famille royale, à la cour, à l'Assemblée nationale, dans les bâtiments de l'École militaire et dans ceux des Invalides (4).

« Il est question de faire partir la marche de la barrière du Trône; elle suivrait le faubourg et la rue Saint-Antoine, le boulevard, les rues Saint-Denis, de la Ferronnerie, Saint-Honoré, le Carrousel, le Pont-Royal, les rues du Bac, Saint-Dominique, le Gros-Caillou, le bord de la rivière jusqu'au Champ-de-Mars (5).

« On espère obtenir que la majeure partie de ces dépenses seront prises sur les fonds du trésor public (6). »

Quant à la suite du compte rendu des séances de l'Assemblée du pacte fédératif, le *Journal de la Municipalité et des sections* (n° du 24 juin) insère ce qui suit :

« ⸺ Lundi 21 (juin), dans la séance de MM. les 120 députés des sections à la Confédération, il a été rendu compte du zèle et de l'activité avec lesquels MM. les commissaires de cette Assemblée avaient expédié eux-mêmes 60,000 adresses à toutes les municipalités du royaume.

« On leur a voté des remerciements, ainsi qu'à M. Cottereau, chef de bureau du Comité de constitution de l'Assemblée nationale.

« ⸺ L'hôtel de la Mairie ne pouvant fournir des bureaux convenables pour l'enregistrement de MM. les députés à mesure de leur arrivée à Paris (7), M. le Maire a proposé l'église des Capucines, place Vendôme.

« Cette offre a été acceptée; et il a été arrêté que douze membres de l'Assemblée s'y rendraient successivement pour recevoir MM. les députés, vérifier leurs pouvoirs et en tenir registre dans le plus grand ordre (8).

« ⸺ M. Lafisse, l'un de MM. les secrétaires, a représenté que, le 13 juillet, MM. les Électeurs faisaient chanter à Notre-Dame un magnifique *Te deum*, à la suite duquel serait prononcé un discours par M. l'abbé Bertolio (9); qu'il était convenable de faire bénir les bannières destinées aux

---

(1) Le repas des fédérés eut lieu au parc de la Muette.
(2) Le pont de bateaux fut construit.
(3) Il y eut messe et *Te deum*.
(4) L'idée du banquet officiel fut abandonnée.
(5) L'itinéraire définitif fut complètement différent de celui-là.
(6) La question des dépenses de la Fédération sera l'objet d'un examen ultérieur. (Voir ci-dessous, *Éclaircissement* 1 du 3 juillet.)
(7) L'hôtel de la Mairie était indiqué dans l'*Instruction*. (Voir ci-dessus, p. 206.)
(8) Le Comité de réception des fédérés ne tarda pas à être transféré au couvent des Jacobins Saint-Honoré. (Voir ci-dessus, p. *113-114*.)
(9) Voir ci-dessous, les *Éclaircissements* du 8 et du 10 juillet.

députés des 83 départements, et qu'on pourrait réunir ces deux cérémonies.

« La discussion de cette motion, qui paraît bien digne du zèle de son auteur, a été ajournée (1). »

On en était là des préparatifs de la Fédération, quand les commissaires du Conseil de Ville vinrent lui exposer ce qui avait été fait.

On continuera plus loin cette revue des travaux de l'*Assemblée des députés des sections pour la Confédération nationale;* elle sera reprise à la date du 21 juin, où elle s'arrête ici (2).

(1) La bénédiction des bannières eut lieu en même temps que la Fédération.
(2) Voir ci-dessous, l'*Éclaircissement* 1 du 3 juillet.

Du Mardi 22 Juin 1790

~~~ La séance a été ouverte par la lecture du procès-verbal du 16 de ce mois.

La rédaction en a été approuvée.

~~~ MM. les secrétaires ont fait lecture de trois délibérations :

La première, du district de Saint-Étienne du Mont, contient le témoignage de son adhésion à l'arrêté de l'Assemblée des Représentants de la Commune, relatif à MM. Tavernier, père et fils (1).

La deuxième, du district des Capucins de la Chaussée-d'Antin, adopte l'arrêté des Représentants de la Commune, du 9 de ce mois, concernant les logements à offrir, par les habitants de la capitale, aux députés pour le pacte fédératif (2), et invite les citoyens de ce district à se faire inscrire sur le registre destiné à cet effet.

La troisième, du district de Notre-Dame, constate le placement du drapeau de la compagnie de l'Arquebuse de Montmartre (3) aux voûtes de l'église cathédrale, en exécution du décret de l'Assemblée nationale du 12 de ce mois (4).

~~~ Un de MM. les secrétaires ayant lu le mémoire du sieur J. B. Chambard (5);

Il a été renvoyé au Comité des rapports de l'Assemblée nationale (6).

~~~ M. le lieutenant de maire au Département du domaine (7) a demandé la parole et a exposé qu'il ne pouvait payer le sieur Vallée (8), attendu que ce particulier n'avait point reçu l'ordre du

---

(1) Arrêté du 7 juin. (Voir Tome V, p. 681-682.)
(2) Arrêté du 9 juin. (Voir ci-dessus, p. 5-6.)
(3) Le procès-verbal du 21 juin parle de *la compagnie des chevaliers* de l'Arc, de *Montmartre*, et non de l'Arquebuse. (Voir ci-dessus, p. 182 et 185.)
(4) Dépôt opéré la veille, 21 juin. (Voir ci-dessus, p. 182-183, 185 et 199-200.)
(5) Sans renseignements.
(6) Il n'en est point fait mention dans les procès-verbaux de l'Assemblée nationale.
(7) Le Couteulx de La Noraye.
(8) Réclamation de Vallée, présentée le 18 juin. (Voir ci-dessus, p. 146-147.)

Comité du casernement; que la maison, dont il réclamait le loyer, n'avait été occupée que jusqu'en janvier; que la Ville ne pouvait payer une double location pour un seul casernement; que, dans son prochain compte, on ne pourrait allouer, à la fois, le loyer de deux casernes pour Saint-Séverin.

L'Assemblée, après avoir entendu plusieurs de ses membres;

A arrêté que le sieur Vallée serait payé de ses loyers, sans tirer à conséquence pour de semblables réclamations (1).

~~~ Une députation de la municipalité de Sartrouville (2) ayant été admise;

M. le maire de cette municipalité a prononcé le discours suivant :

Messieurs,

Nous venons, conduits par le zèle de nos concitoyens, vous offrir l'hommage de leur patriotisme; nos habitants ont formé une garde nationale, dont le vœu est d'être unie et affiliée à la vôtre, et d'obéir aux ordres du général qui la commande.

Nous osons espérer, Messieurs, que vous voudrez bien adhérer à notre demande, et être persuadés que l'amour du bien public, qui guide dans ce moment ceux au nom de qui nous avons l'honneur de vous parler, est et demeurera toujours profondément gravé dans leurs cœurs.

Voici, Messieurs, la copie de la délibération qui nous amène, et qu'ils nous ont chargés d'avoir l'honneur de vous présenter.

M. le président lui a répondu :

Messieurs,

Le vœu que vous venez d'exprimer s'accorde parfaitement avec celui qui a toujours été dans nos cœurs. C'est de l'union générale de toutes les parties de l'empire que dépendront, dans tous les temps, sa prospérité et sa gloire.

L'Assemblée, pénétrée de cette vérité et des sentiments les plus affectueux pour tous ses frères, ne peut donc que s'empresser de sceller l'alliance sainte que vous venez lui offrir.

M. le président a mis aux voix l'affiliation proposée par la municipalité de Sartrouville.

Et elle a été acceptée à l'unanimité.

M. le maire de Sartrouville a déposé sur le bureau l'extrait des registres de sa municipalité, pour être inséré dans le procès-verbal :

Extrait des registres de la municipalité de Sartrouville.

Du 6 juin 1790.

Le corps municipal et les représentants de la commune étant assemblés, comme dessus, pour délibérer sur la représentation, qui leur a été faite par M. Dufresnay, écuyer, commandant de la garde nationale du lieu, qu'il

---

(1) Le Conseil de Ville autorisa le paiement, le 28 juin. (Voir ci-dessous, p. 315.)
(2) Canton d'Argenteuil, arrondissement de Versailles (Seine-et-Oise).

était à désirer, pour la chose publique et surtout pour l'intérêt particulier de chaque paroisse, de voir régner une intelligence, une concorde et une union sincères entre toutes les gardes nationales tant des villes que des campagnes ; que, pour y parvenir, il était de nécessité que chaque village s'affiliât, s'unisse et se mette sous la protection d'un chef-lieu, qui connaisse les sentiments de ses habitants ; que le vœu général de ses camarades d'armes était de s'unir à la Ville de Paris, et de la prier d'agréer l'hommage de leur zèle et de leur patriotisme ; que c'était là le but de sa mission, et qu'il priait ces messieurs de vouloir bien y faire droit ;

Sur quoi, M. le maire, étant allé aux opinions, a dit que, le corps municipal et les représentants de la commune considérant unanimement que rien n'étant plus avantageux pour la paroisse, ni plus glorieux pour sa garde nationale, que d'être unies et assimilées aux plus zélés et premiers défenseurs de la liberté, ils arrêtaient qu'il serait envoyé une députation tant du corps municipal que de la garde nationale à l'Hôtel-de-Ville de Paris, pour prier MM les Représentants de la Commune de Paris de vouloir bien recevoir l'hommage des deux corps, et les solliciter d'accepter l'affiliation de la garde nationale de Sartrouville à celle de Paris.

Et la dite assemblée a, de suite, arrêté que le présent extrait serait porté par la dite députation à MM. les Représentants de la Commune de Paris, pour mettre sous leurs yeux le vœu des habitants de Sartrouville et le désir ardent de sa garde nationale.

La date comme dessus. Est signé par M. Le Fèvre, maire, MM. Jollivet, Brissard, Cottereaux, Chardin et Piquet, officiers municipaux, M. Le Fèvre, procureur de la commune, et MM. Nicolas Signole, Deschard, Jean-Pierre Chaussée, Magnant, Pierre Mary, Victor Chaussée, Nicolas Lièvre et J.-B. Cottereaux.

Collationné la présente copie, conforme à l'original.

Signé : LE FÈVRE, secrétaire.

~~ M. le lieutenant de maire au Département des subsistances (1), ayant demandé la parole, a rendu compte, avec beaucoup de détail, du commerce des bestiaux et des marchés de Sceaux et de Poissy (2). Il a développé les inconvénients qui devaient naturellement résulter de diverses mesures, qui paraissaient les plus sages à des personnes très peu versées dans cette administration aussi importante que délicate. Il a conclu en disant :

La confiance intime, dont M. le premier ministre des finances m'honore, et sa sollicitude, toujours vigilante sur les intérêts de la Ville de Paris, m'ont mis à portée de procurer des secours pécuniaires aux herbagers de Normandie, et de les mettre en état de nous fournir des approvisionnements plus considérables cette année qu'ils ne l'ont fait précédemment. Sur ma demande, M. Necker a bien voulu leur faire prêter de nouveaux fonds. Enfin je lui ai proposé, par surcroît de précaution, d'accorder une prime de deux pour cent à tous ceux qui amèneraient des bestiaux aux marchés de Sceaux et de Poissy, à commencer du lundi 5 juillet, jusques et compris le jeudi 22, et j'ai trouvé que son cœur avait deviné le mien. La proclamation sera faite jeudi prochain, et tous les renseignements possibles se réunissent

---

(1) DE VAUVILLIERS.
(2) En réponse à une invitation formulée le 19 juin. (Voir ci-dessus, p. 160.)

pour vous persuader que l'activité du commerce suffira abondamment à la consommation extraordinaire que doit occasionner l'affluence des curieux, que la fête du 14 doit appeler dans la capitale.

L'Assemblée, à l'unanimité, a voté des remerciements à M. le lieutenant de maire. (I, p. 218.)

— MM. les commissaires, nommés pour s'informer de la santé de madame La Fayette (1), ont annoncé qu'elle était hors de danger.

— L'Assemblée, d'après le rapport de ses commissaires nommés pour examiner l'affaire du sieur Le Roi, propriétaire d'un théâtre fermé par ordre de M. le Maire et de M. Manuel, administrateur (2);

A renvoyé le fond de l'affaire à la Municipalité prochaine, et le provisoire au Conseil de Ville. (II, p. 219.)

— La question relative au corps-de-garde de Sainte-Opportune a été ajournée à demain, et en présence de M. le lieutenant de maire au Département du domaine (3).

— Neuf heures allaient sonner.

Et, M. le président ayant consulté l'Assemblée pour savoir si elle voulait prolonger la séance;

Il a été arrêté qu'elle serait continuée.

— M. le curé de Saint-Jean en Grève a été introduit.

Il a invité l'Assemblée à assister à la cérémonie du feu de la Saint-Jean.

Sur quoi, il a été arrêté d'assister en corps à cette cérémonie, et d'en prévenir M. le Maire et MM. du Conseil de Ville (4).

— Un membre s'est plaint de ce que M. Étienne La Rivière ne s'était pas rendu à l'invitation qui lui avait été faite(5), et a demandé qu'il fût fixé un jour précis pour procéder à l'audition du rapport de son compte, en absence comme en présence.

Cette motion a été ajournée au lendemain (6).

— Un mémoire de M. Gosse (7) a été renvoyé au Comité des rapports (8).

(1) Commissaires nommés la veille. (Voir ci-dessus, p. 185.)
(2) Affaire renvoyée au Comité des rapports, le 14 juin. (Voir ci-dessus, p. 50-51.)
(3) Cette affaire avait déjà été ajournée au 23 juin, par décision du 21. (Voir ci-dessus, p. 185.)
(4) La réponse du Maire et du Conseil de Ville est rapportée plus loin. (Voir ci-dessous, p 215, note 3.)
(5) DE LA RIVIÈRE se faisait attendre ainsi depuis le 14 juin. (Voir ci-dessus, p. 51 et 58.)
(6) L'affaire DE LA RIVIÈRE revint le 25 juin. (Voir ci-dessous, p. 231 et 237.)
(7) GOSSE, sergent du bataillon de Saint-Laurent, demandait à être reconnu Vainqueur de la Bastille.
(8) Rapport présenté le 6 juillet. (Voir ci-dessous.)

— M. l'abbé Fauchet a demandé la parole pour offrir à l'Assemblée l'hommage d'une tragédie de M. Le Grand, intitulée : *Le Masque de fer*. Après en avoir exposé le sujet, il a demandé qu'il fût nommé des commissaires, pour en rendre compte. (III, p. 220.)

Cet examen a été renvoyé au Comité des rapports (1).

— Un membre de l'Assemblée a parlé du retard de l'impression des procès-verbaux, et a demandé que MM. les présidents s'occupassent d'en hâter la publication.

Cette motion a été ajournée (2).

— Deux de MM. les Représentants de la Commune, envoyés en députation à M. le Maire, qui avait été annoncé être présent au Conseil de Ville, sont venus rendre compte de leur mission (3).

Et, après les avoir entendus;

« L'Assemblée a arrêté que, conformément à ce qui s'est pratiqué jusqu'à ce jour dans les députations et autres cérémonies publiques, MM. les administrateurs et membres du Conseil de Ville feraient partie de l'Assemblée générale des Représentants de la Commune, sans aucune distinction, tant à la cérémonie du feu de la Saint-Jean, mercredi prochain, qu'à la présentation du pain à bénir, le jour de la fête de Saint-Jean, à l'église paroissiale, et qu'en l'absence de M. le Maire, le président de l'Assemblée des Représentants de la Commune le remplacerait. »

L'Assemblée a, de plus, déclaré qu'une députation notifierait cet arrêté à M. le Maire et à MM. du Conseil de Ville (4).

— La séance a été levée à dix heures et demie, et continuée à demain, cinq heures du soir.

Signé : THURIOT, *président*.

Secrétaires : MÉNESSIER, PELLETIER, CASTILLON, DEMARS, BONNEVILLE.

---

(1) Le Comité ne fit aucun rapport sur cette pièce.
(2) Séance du 23 juin. (Voir ci-dessous, p. 222.)
(3) D'après le *Journal de la Municipalité et des districts* (n° du 29 juin), les réponses auraient été celles-ci :
« M. le Maire a fait dire qu'il était fâché de ne pouvoir s'y trouver, mais qu'il ne serait point à Paris.
« MM. du Conseil de Ville ont paru désirer avoir une place de distinction. »
Par contre, le même *Journal* rapporte ce qui suit :
« M. LE COUTEULX, lieutenant de maire du domaine, a dit qu'il était prêt à faire la dépense d'usage.
« Et ses dispositions pacifiques ont été applaudies. »
(4) Le Conseil de Ville et le Maire répondirent en s'abstenant de paraître aux deux cérémonies du 23 et du 24 juin. (Voir ci-dessous, p. 223 et 226-227.)

BUREAU DE VILLE

~~~ Le Bureau, instruit que les ordonnances renouvelées chaque année sous l'ancienne administration et celle nouvellement rendue par le Tribunal municipal, pour défendre au peuple de se baigner à nu dans l'enceinte des murs de Paris (1), n'ont jamais été et ne sont pas encore observées;

Considérant que, ces ordonnances ayant pour objet de prévenir des malheurs trop fréquents parmi ceux qui se baignent en pleine rivière et de conserver les bonnes mœurs et la décence publique, étant par conséquent conformes aux vrais intérêts du peuple, on doit attribuer leur inobservance à l'impossibilité où se trouvent les pauvres ou les indigents de se baigner gratuitement dans des bains fermés et couverts;

Le Bureau, en rendant hommage au vœu exprimé à cet égard tant par MM. du Tribunal municipal que par plusieurs districts (2), et conformément aux vues paternelles qui ne doivent jamais cesser de diriger les magistrats populaires;

A arrêté que, à la diligence de M. de Gerville, procureur-syndic adjoint, il sera préparé, sans délai, aux frais de la Ville, et dans les endroits de la rivière les plus convenables, quatre grands bains couverts, où tous les citoyens indistinctement seront admis à se baigner gratuitement.

Le Bureau arrête en outre que ces bains seront construits avec célérité et économie, et que M. de Gerville lui proposera immédiatement les moyens d'assurer le paiement des gardiens qui seront établis pour chacun d'eux. (IV, p. 220.)

~~~ Lecture faite d'un mémoire présenté par M. Le Breton, capitaine du corps provisoire d'artillerie, par lequel il expose que, depuis onze mois qu'il est au service de la Commune, il n'a encore reçu que 1,200 livres, quoiqu'il ait fait des dépenses considérables dans divers services extraordinaires (3);

Le Bureau, ayant égard à cette réclamation;

---

(1) Ordonnance du 1er juin. (Voir ci-dessous, p. *220-221.*)
(2) Notamment les *districts de l'Abbaye Saint-Germain des Prés* et *de Saint-Jean en Grève*, tous deux riverains de la Seine. (Voir ci-dessous, p. *220.*)
(3) Arrêté du *Bureau de Ville*, du 17 avril. (Voir Tome V, p. 47-48.)

A arrêté qu'il serait payé la somme de 600 livres à M. Le Breton, laquelle somme, jointe à celle de 1,200 livres qui lui a été payée, par délibération du 17 avril dernier, forme celle de 1,800 livres, que M. Le Breton aura reçue, sauf compte.

---- Vu l'exposé, fait par les régisseurs des poudres de France, de la situation au 1ᵉʳ de ce mois des magasins à poudre de la Ville de Paris et de la fabrique d'Essonne, certifié par eux le 10 du courant;

Considérant qu'il est de l'intérêt de la nation de pourvoir aux besoins de toutes les municipalités, de soutenir les ventes de poudres fines, de mines et de traite, qui fournissent des fonds au trésor public, sans charge pour le peuple; d'alimenter les travaux publics et les ouvriers qui exploitent les mines et carrières, et d'arrêter la contrebande des poudres, qui appauvrit et inquiète la France;

Le Bureau a autorisé et autorise la régie des poudres à faire venir de la fabrique d'Essonne, dans le magasin de Paris, la quantité de trois milliers de poudre de mine; à faire partir, le plus tôt possible, de la même fabrique, pour Orléans, six milliers de poudre fine, six milliers de poudre de mine et trois milliers de poudre de guerre à Moulins, Nevers et Clermont-Ferrand, tant pour le service du public que pour celui des milices nationales de ces départements, à qui la poudre de guerre est particulièrement destinée;

Et invite à cet effet la Garde nationale de Paris et toutes les municipalités de ces routes à donner toutes escortes, secours et protection à l'expédition et sûreté de ces convois.

---- M. de Vauvilliers ayant communiqué au Bureau un mémoire des réparations à faire à divers passages de la rivière d'Yonne et autres, montant à la somme de 28,000 livres, selon l'aperçu fourni par M. Magin, inspecteur de la Ville sur lesdites rivières (1);

Le Bureau a autorisé M. de Vauvilliers, lieutenant de maire au Département des subsistances, à faire exécuter incessamment ces ouvrages, et le Bureau a autorisé son secrétaire à délivrer à l'instant l'expédition dudit arrêté.

---- M. de Joly ayant présenté un mémoire du sieur Desfourneaux, citoyen du district des Enfants Rouges, et un arrêté de ce district, en date du 6 juin, présent mois, tendant à faire accorder au sieur Desfourneaux une place d'inspecteur des ports;

Le Bureau a renvoyé ce mémoire au Département des subsistances, en l'invitant à en prendre connaissance et à s'instruire des faits, pour, ensuite, en rendre compte au Bureau.

---

(1) MAGIN (Jean Louis), inspecteur-général de la navigation.

— M. le Maire a fait lecture d'une lettre qui lui a été adressée par le sieur Guillot du Cers, et par laquelle il réclame de la Municipalité une somme de 4,216 livres, qui lui était due par un sieur Dresson : cette demande est fondée sur ce que le sieur Guillot du Cers prétend que le comité du district du Gros Caillou a favorisé l'enlèvement des meubles du sieur Dresson.

Le Bureau, considérant que le sieur Guillot n'a point requis la Municipalité pour prévenir cet enlèvement, déclare qu'il n'est point fondé à prétendre aucun dédommagement de la Municipalité.

— L'un des membres du Bureau, lequel est en même temps membre du Tribunal municipal, a dit qu'il croit qu'il est du devoir de l'administration de venir au secours d'un homme intéressant à tous égards et qu'une ordonnance récemment rendue par le Tribunal réduit à la dernière extrémité : François Auger, père de onze enfants vivants, âgé de soixante-quatre ans, et plumet-porteur de charbon, avait reçu de l'ancienne Municipalité une permission de faire conduire du charbon dans une petite charrette ; cette permission était fondée sur ce que son énorme corpulence, plus encore que son âge, le mettait dans l'impossibilité de porter du charbon à col ; l'intérêt public ayant exigé la révocation de toutes ces permissions, François Auger se trouve dénué de tous moyens de subsistances ; il a manifesté le désir d'être placé aux Incurables, et il semble qu'il serait de la justice du Bureau de lui obtenir cette retraite.

Sur quoi, le Bureau a arrêté que M. de Jussieu et M. le procureur-syndic seraient spécialement chargés de demander, au nom du Bureau, à MM. les administrateurs des Incurables (1), la première place qui viendra à vaquer dans cet hôpital.

Signé : Bailly, M. L. Duport, de Joly, Tiron, d'Augy, Defresne, Davous, Boullemer, Canuel.

* *
*

ÉCLAIRCISSEMENTS

(I, p. 214) Le *Journal de la Municipalité et des sections* (n° du 29 juin) apprécie cette partie de la séance de la manière suivante :

« M. de Vauvilliers est monté à la tribune... Son discours a été simple,

---

(1) L'administration de l'hospice des Incurables dépendait du Bureau de l'Hôtel-Dieu. (Voir Tome I, p. *427*, et Tome V, p. *267*, note 1.)

noble et satisfaisant ; il a rassuré l'Assemblée, tout en avertissant que son inquiétude trop publique pouvait nuire beaucoup à l'approvisionnement même. Ses explications, ses reproches mêmes ont été applaudis, et on lui a voté des remerciements. »

En même temps, le *Journal* publie le texte de la *Proclamation*, annoncée par l'orateur, publiée et affichée le jeudi 24 juin :

Le roi s'étant fait rendre compte de la quantité de bestiaux qu'on amène habituellement aux marchés de Sceaux et de Poissy pour l'approvisionnement de sa bonne Ville de Paris, Sa Majesté aurait lieu de croire que l'activité du commerce suffirait à la consommation extraordinaire que doit occasionner l'affluence des étrangers qui seront attirés dans la capitale par la cérémonie nationale du 14 juillet prochain. Et néanmoins, pour ne laisser aucun doute sur un objet aussi intéressant, Sa Majesté a cru digne de sa sollicitude paternelle d'appeler l'abondance par des moyens d'encouragement : en conséquence, le roi a ordonné et ordonne qu'à commencer du lundi 5 juillet prochain, jusques et y compris le jeudi 22 du présent mois, il sera payé, par les fermiers de la Caisse de Sceaux et de Poissy, à tous ceux qui amèneront des bestiaux dans lesdits marchés, une prime de 2 pour cent du prix de la vente constaté par les registres de ladite Caisse.

(II, p. 214) La décision relative au théâtre du sieur LE ROY fut précédée d'une discussion que le *Journal de la Municipalité et des sections* (n° du 29 juin) résume en ces termes :

« M. LE ROY, entrepreneur d'un spectacle, était ajourné à cette séance. Il se plaignait de ce que M. le Maire l'avait forcé de fermer son spectacle au moment où, pour la première fois, il s'ouvrait au public. Le spectacle existait comme spectacle bourgeois ; on y louait cependant les places. La liberté et la Déclaration des droits de l'homme semblaient à M. LE ROY devoir le mettre à l'abri d'une pareille sévérité de M. BAILLY, qu'il ne pouvait s'empêcher de regarder comme une violation de ses droits. Les frais qu'il avait faits pour des acteurs, des musiciens, etc..., sur l'invitation de deux districts voisins, pressaient une décision favorable.

« Dans la discussion de cette affaire, plusieurs personnes ont parlé.

« On a distingué un mémoire très sage de M. DE L'ÉPIDOR.

« M. CAVAGNAC, pour engager à ne pas laisser multiplier les spectacles, si l'on ne voulait pas trop nuire aux mœurs, a cité un fait arrivé dans une des villes de la Grèce ancienne, qui s'opposa à ce qu'on mît une quatrième corde à la lyre, crainte qu'elle n'amollît et ne corrompît trop les cœurs : il conclut de cet exemple qu'il ne fallait point multiplier trop les spectacles. Mais il compara les circonstances où la quatrième corde de la lyre fut rejetée et où la comédie de la rue Saint-Antoine fut fermée :
« Ce fut l'assemblée générale d'un peuple — dit-il — qui s'est servie de
« sa liberté et de sa raison pour rejeter, à l'unanimité, une demande dont
« elle prévit l'inconvénient. Ici, au berceau d'une liberté encore chance-
« lante, c'est un seul homme, choisi à la vérité pour les représenter tous,
« c'est un seul homme qui, sans avoir consulté le vœu général et sans s'in-
« quiéter de la fortune du sieur LE ROY, lui écrit : *Je vous défends de jouer*,
« quoique sa comédie eût été ouverte sur la demande des habitants du
« quartier, qui l'avaient désirée comme un moyen de faire revivre leur

« commerce. » Il termina en disant que le vœu général seul pouvait priver le sieur Le Roy de l'avantage d'ouvrir son spectacle.

« M. Bosquillon parla en faveur de la liberté, s'éleva contre le despotisme d'un seul homme, et conclut à ce que le fond de l'affaire fût renvoyé à la Municipalité définitive, mais que, sur le provisoire, le sieur Le Roy fût renvoyé au Conseil de Ville.

« Ce qui a été adopté. »

Le *Conseil de Ville*, ainsi saisi, nomma des commissaires le 30 juin et, sur leur rapport, confirma l'interdiction le 10 juillet, ce qui motiva, à la séance du 26 juillet, une nouvelle intervention de l'Assemblée des Représentants (1).

(III, p. 215) La pièce présentée par Fauchet est sans doute celle qui fut représentée pour la première fois au *Théâtre de Molière* (passage Molière, rue Saint-Martin), le 24 septembre 1791, sous ce titre : *Louis XIV et le Masque de fer* ou *Les princes jumeaux*, tragédie en 5 actes, en vers, par Le Grand (2).

Il a été impossible de trouver, dans les recueils, le moindre renseignement biographique sur l'auteur : on voit seulement, par la comparaison de la liste de ses œuvres, annexée à sa tragédie, avec les programmes du théâtre où elle avait été jouée, que Le Grand fut, pendant le deuxième semestre de 1791, le fournisseur habituel du Théâtre de Molière qui venait d'être fondé.

M. Henri Welschinger ne mentionne ni la pièce, ni l'auteur, dans son *Théâtre de la Révolution*.

(IV, p. 216) Le *Courrier de Paris dans les provinces et des provinces à Paris* (n° du 13 juin) et le *Journal de la Municipalité et des sections* (n° du 22 juin) signalent tous deux l'ordonnance du Tribunal municipal relative aux *bains en rivière*, à laquelle le procès-verbal fait allusion.

Mais le *Courrier de Paris dans les provinces et des provinces à Paris* parle d'abord des plaintes de certains districts, dans les termes suivants :

« Les districts de l'*Abbaye Saint-Germain* (*des Prés*) et de *Saint-Jean en Grève*, indignés des indécences commises par un grand nombre d'individus qui vont se baigner dans la rivière et qui, dépouillant avec leurs vêtements toute espèce de pudeur, se livrent à tous les regards dans un état révoltant même pour les moins scrupuleux, ont pris un arrêté sur lequel la police municipale, ouï les conclusions du procureur-syndic de la Commune, vient de faire droit. Son ordonnance est divisée en cinq articles. »

De son côté, le *Journal de la Municipalité et des sections* donne de cette même ordonnance, qu'il nous apprend être du 1er juin (3), le résumé ci-dessous :

---

(1) Voir ci-dessous, p. 332.
(2) Imp. 64 p. in-8°, dont 10 pour la préface (Bib. Nat., Yth 10327).
(3) Un exemplaire de cette affiche, *Tribunal municipal, 1er juin 1790*, in-fol., faisait partie de la collection d'affiches de la Bib. Carnavalet, où je l'ai vu. Il ne s'y trouve pas actuellement (décembre 1896).

« Une ordonnance de police municipale, du 1er de ce mois, détermine celle à observer, concernant les bains dans la rivière.

« Il est fait défenses, à toutes personnes généralement quelconques, de se baigner ailleurs que dans les bains couverts et s'offrir aux yeux du public dans un état de nudité et d'indécence, à peine d'un mois de prison pour la première fois, et de plus grande peine en cas de récidive ; à tous mariniers, de prêter, confier ou louer leurs batelets à ceux qui voudraient se baigner hors des bains publics, et de les conduire, à peine de 50 livres d'amende et de saisie et confiscation du batelet.

« Les trois derniers articles de cette ordonnance concernent, pour la sûreté et la décence, les sous-fermiers des places où sont installés les bains publics. »

On voit, par le procès-verbal du Bureau de Ville, que le Tribunal municipal avait, en outre, exprimé le vœu que des bains gratuits fussent mis à la disposition du public.

Du Mercredi 23 Juin 1790

~~~ L'Assemblée s'étant formée à l'heure ordinaire ;

~~~ MM. Demars et le curé de Chaillot (1) ont été chargés de prévenir le Conseil de Ville que l'Assemblée allait descendre sur la place pour allumer le feu de la Saint-Jean, et l'inviter à se rendre dans son sein pour assister avec elle à cette cérémonie (2).

~~~ M. Mulot, chargé par l'Assemblée de veiller à l'impression d'une partie des procès-verbaux, pour répondre à la motion faite hier par un honorable membre relativement à cette impression (3), a demandé qu'il fût ordonné, aux différents secrétaires qui se sont succédé, de remettre, sous six jours, les procès-verbaux qu'ils n'ont point encore remis (4).

Il a ensuite proposé, attendu la prochaine dissolution de l'Assemblée, d'inviter les commissaires, chargés de la rédaction du compte général de ses opérations, de présenter incessamment leur travail (5).

Cette motion a été adoptée et arrêtée, ainsi qu'elle avait été proposée (6).

~~~ L'Assemblée a renvoyé au Conseil de Ville :

Une lettre à elle adressée par MM. les maire et officiers municipaux de la ville de Blois, relativement au pacte fédératif (7) ;

Et un mémoire du sieur Thomas, architecte à Villejuif, par lequel

---

(1) Bénière.
(2) La réponse du Conseil de Ville est mentionnée plus loin. (Voir ci-dessous, p. 226-227.)
(3) Séance du 22 juin. (Voir ci-dessus, p. 215.)
(4) Un nouvel incident fut soulevé au sujet des procès-verbaux, le 8 juillet. (Voir ci-dessous.)
(5) Mulot était lui-même un des six commissaires désignés, le 9 mars, « pour rédiger conjointement le compte des opérations des Représentants de la Commune. » (Voir Tome IV, p. 346-348.)
(6) Godard fit savoir, le 5 juillet, que l'*Exposé des travaux de l'Assemblée* serait bientôt prêt. (Voir ci-dessous.)
(7) Lettre relative à la participation de la garde nationale de Blois à la Fédération de Paris.

[23 Juin 1790] DE LA COMMUNE DE PARIS 223

il offre ses services pour les constructions et décorations relatives à la cérémonie du 14 juillet (1).

— Un autre mémoire, du détachement de la Garde nationale envoyé à Conflans Sainte-Honorine pour protéger les convois, a été renvoyé au Comité de rapports (2).

— M. le président a demandé que l'Assemblée voulût bien régler quelques points relatifs à la cérémonie du pain à bénir demain, fête de Saint-Jean (3). Il a observé que, suivant l'usage, le pain à bénir était présenté par un garçon de la Ville, et que la quête était faite par une personne payée à cet effet.

Sur quoi, l'Assemblée, considérant que de pareils usages ne sont point convenables à la dignité de l'Assemblée, a arrêté que le pain à bénir serait présenté par M. le Maire, ou, en son absence, par M. le président; que la quête serait faite par MM. Mulot et Fauchet, et que M. le Commandant-général serait invité à assister demain avec elle à la cérémonie (4).

— Les commissaires envoyés au Conseil de Ville (5) ayant rapporté que les membres qui s'y trouvaient leur avaient répondu qu'ils n'étaient pas en nombre suffisant pour délibérer (6);

L'Assemblée les a envoyés prévenir de nouveau par MM. Demars et Bonneville.

Et, l'Assemblée étant ensuite descendue dans la place;

Et, après en avoir fait trois fois le tour;

M. le président et plusieurs membres ont allumé le feu de la Saint-Jean (7).

L'Assemblée, étant remontée dans la salle de ses séances;

A arrêté de faire des remerciements à M. le commandant de

---

(1) Le même THOMAS, architecte, faisait hommage à l'Assemblée nationale, le 28 janvier 1791, de divers projets pour un palais national. (Voir TUETEY, Répertoire général, t. III, n° 1351.)

(2) Ce mémoire se rapporte peut-être à la demande d'armes présentée, le 12 juin, par la municipalité et la garde nationale de Conflans Sainte-Honorine. (Voir ci-dessus, p. 30-31.)

(3) L'Assemblée avait accepté l'invitation le 9 juin. (Voir ci-dessus, p. 3 et 54.)

(4) Le compte rendu de la cérémonie fait partie du procès-verbal de la séance du 25 juin. (Voir ci-dessous, p. 230.)

(5) Commissaires désignés au commencement de la séance. (Voir ci-dessus, p. 222.)

(6) Le Procès-verbal du Conseil de Ville donne les vraies raisons de son abstention. (Voir ci-dessous, p. 226-227.)

(7) Le Journal de la Municipalité et des sections (n° du 1er juillet) dit que « le feu de Saint-Jean a été allumé par le président de l'Assemblée et sept autres de ses membres, tous assistant à la cérémonie, et précédés de la Garde de la Ville ».

bataillon et à MM. de la Garde nationale, pour l'ordre qu'ils avaient maintenu dans la place.

— Une députation des districts réunis du Val de Grâce et de Saint-Jacques du Haut Pas a présenté une pétition signée d'un grand nombre de propriétaires et d'habitants du faubourg Saint-Marcel et Saint-Victor, tendant à ce que la rue du Battoir, usurpée par l'Hôpital-général, soit rendue à l'usage du public (1); un arrêté pris à cette occasion, le 7 avril dernier, par les districts réunis du Val de Grâce et de Saint-Jacques du Haut Pas, qui adoptent la pétition; et enfin, deux arrêtés des districts de Saint-Victor et de Saint-Marcel, des 14 avril et 8 mai derniers, par lesquels ces districts adoptent l'arrêté des districts du Val de Grâce et de Saint-Jacques du Haut Pas.

L'Assemblée, après avoir entendu la députation;

A renvoyé la pétition et les arrêtés dont il s'agit à messieurs de l'administration, en les invitant à s'en occuper très incessamment;

Et a chargé M. le procureur-syndic de veiller à ce qu'aucun changement ne soit fait dans l'état des choses, jusqu'après la décision de l'administration.

— M. Fauchet, ayant obtenu la parole, a fait lecture d'un projet d'*Adresse* à présenter à l'Assemblée nationale, en conséquence d'un précédent arrêté (2).

La discussion s'étant ouverte sur cette *Adresse*, qui a donné lieu à un grand nombre de réclamations (3);

M. Danton a présenté un autre projet d'*Adresse*, qui a paru mieux remplir les vues de l'Assemblée (4).

(1) Le *Journal de la Municipalité et des sections* (n° du 1er juillet) parle d'une pétition demandant « qu'on rouvrît une rue près de celle du Battoir, que les administrateurs de l'hôpital de la Pitié ont fermée ». — La rue du Battoir, qui longe l'hôpital de la Pitié, existe encore (quartier du Jardin des Plantes).

(2) Arrêté du 19 juin. (Voir ci-dessus, p. 161.) — D'après le *Journal de la Municipalité et des sections* (n° du 1er juillet), le discours de Fauchet aurait été précédé d'un incident, ainsi rapporté :

« Une affiche du *district de Saint-Eustache*, qui se lisait sur les murs de l'Hôtel-de-Ville, et par laquelle les Représentants de la Commune étaient maltraités vivement, et dans laquelle M. le Maire et le Conseil de Ville étaient priés d'employer toute leur autorité pour leur interdire l'entrée de la salle d'assemblée, excita des réclamations M. l'abbé Fauchet lut, *à cette occasion*, une *Adresse* à l'Assemblée nationale... »

(3) L'*Adresse* rédigée par Fauchet était, dit le *Journal de la Municipalité et des sections*, « pleine de feu, et les grandes vérités qu'elle contenait étaient rendues avec cette énergie qu'on lui connaît ».

(4) « M. d'Anton en lut une plus simple, et qui contenait à peu près les mêmes principes. » (*Journal de la Municipalité et des sections.*)

[23 Juin 1790] DE LA COMMUNE DE PARIS 225

Il a été proposé, par forme d'amendement, de resserrer un peu cette *Adresse*, et d'en retrancher tout ce qui concerne M. le Maire et MM. de l'administration (1).

L'amendement et l'*Adresse*, ayant été mis aux voix, ont été adoptés;

Et MM. Mulot et Godard ont été nommés commissaires, pour opérer avec M. Danton les retranchements qui font l'objet de l'amendement (2).

—— Neuf heures étant sur le point de sonner, la séance a été prolongée.

—— Une députation des employés à la perception des droits sur les bières et cidres a présenté un mémoire par lequel ils exposaient que la Ville leur fait une remise à titre de gratification, qui est touchée par leur receveur, lequel ne leur en compte point; en conséquence, ils demandaient que l'Assemblée ordonnât au trésorier de leur donner copie des pièces qui prouvent le paiement, afin de former leur réclamation, s'il y a lieu, contre le receveur (3).

L'Assemblée a renvoyé ce mémoire au Comité des rapports, et a autorisé ses commissaires à se procurer les expéditions nécessaires pour en rendre compte incessamment (4).

—— Un membre a fait la motion de renouveler à M. Cellerier l'invitation de se rendre dans l'assemblée, pour y rendre compte de sa conduite, relativement à la construction du corps-de-garde du bataillon du district de Sainte-Opportune (5).

La discussion de cette motion a été interrompue par le Département du domaine, qui est venu rendre raison des obstacles qu'il opposait lui-même à cette construction.

M. le lieutenant de maire de ce Département (6) a dit qu'il était arrêté par une décision du Conseil de Ville, qui s'opposait à tout établissement de corps-de-garde sur la place des Saints-Innocents (7),

---

(1) « On discuta beaucoup si l'on adopterait l'une des deux. Celle de M. Fauchet fut louée... » (*Journal de la Municipalité et des sections*.)

(2) « Celle de M. d'Anton fut adoptée, sauf quelques petites retouches. » (*Ibid*.) — L'*Adresse* projetée et à peu près adoptée n'aboutit pourtant point. (Voir séances du 25 et du 26 juin, ci-dessous, p. 237 et 264.)

(3) Le *Journal de la Municipalité et des sections* (n° du 1er juillet) donne le nom du receveur : Caussin.

(4) Séance du 26 juin. (Voir ci-dessous, p. 275.)

(5) Invitation déjà formulée, les 17 et 19 juin, et à laquelle Cellerier s'était jusqu'ici dérobé, les 21 et 22 juin. (Voir ci-dessus, p. 127, 160, 185 et 214.)

(6) Le Couteulx de La Noraye.

(7) Arrêtés du 3 mai et du 19 juin. (Voir Tome V, p. 222, et ci-dessus, p. 165.)

Tome VI. 15

et que, malgré l'arrêté de l'Assemblée, le Département ne prendrait aucun parti entre elle et le Conseil de Ville.

Comme la discussion de cette réponse paraissait devoir entraîner de trop longs débats, elle a été ajournée à vendredi, à l'ouverture de la séance (1).

Signé : THURIOT, *président.*

        Secrétaires : MENESSIER, PELLETIER, CASTILLON, DE MARS, BONNEVILLE.

CONSEIL DE VILLE

— Le mercredi 23 juin 1790, à six heures du soir, le Conseil de Ville convoqué en la forme ordinaire et réuni sous la présidence de M. Bourdon des Planches, en l'absence de M. le Maire;

— Il a été fait lecture du procès-verbal de la dernière séance; Dont le Conseil a approuvé la rédaction.

— Le Conseil s'étant ajourné relativement au feu de la Saint-Jean (2), mais ayant été instruit, par la représentation que lui a faite le secrétaire d'un arrêté des Représentants de la Commune du 22 de ce mois (3), de l'intention où était l'Assemblée de présider à cette cérémonie;

Et deux de ses membres (4) étant venus prévenir le Conseil que la cérémonie allait commencer;

La résolution suivante a été proposée et unanimement adoptée (5):

Le Conseil, délibérant sur l'arrêté de l'Assemblée générale des Représentants de la Commune, du jour d'hier, ensemble sur l'invitation qui vient de lui être faite au nom de ladite Assemblée, a reconnu :

1° Que les fonctions, que l'Assemblée des Représentants de la Commune se propose d'exercer tant à la cérémonie de ce jour qu'à celle de demain, sont dévolues, par les décrets de l'Assemblée nationale sanctionnés par le roi, à la seule Municipalité;

---

(1) L'affaire revint, en effet, en discussion au cours de la séance du vendredi 25 juin. (Voir ci-dessous, p. 234.)

(2) Séance du 12 juin. (Voir ci-dessus, p. 35.)

(3) Voir ci-dessus, p. 215.

(4) DEMARS et BÉNIÈRE. (Voir ci-dessus, p. 222.)

(5) D'après le procès-verbal de l'*Assemblée des Représentants,* du 25 juin, le nombre des membres présents au *Conseil de Ville* à ce moment aurait été de huit. (Voir ci-dessous, p. 231.)

2° Que, le Corps municipal consistant dans les seuls membres du Conseil de Ville, les Représentants de la Commune n'ont pas dû s'attribuer, ou à leur président, une prérogative réservée dans tout le royaume aux officiers municipaux.

En conséquence, le Conseil, qui doit maintenir les droits de la Municipalité, a protesté et proteste contre la délibération de l'Assemblée des Représentants de la Commune, comme irrégulière et portant atteinte aux prérogatives des officiers municipaux.

Regrettant au surplus de ne pouvoir concilier ses devoirs avec la déférence qu'il aura toujours pour ladite Assemblée;

Le Conseil a arrêté qu'il n'assisterait pas aux dites cérémonies de ce soir et de demain, et que le présent serait communiqué par une députation à l'Assemblée générale des Représentants de la Commune.

MM. Buob et Guignard ont été chargés d'aller présenter l'arrêté (1).

— M. le procureur-syndic a requis, et le Conseil a ordonné, la transcription sur ses registres des décrets, lettres-patentes et proclamations qui suivent :

1° Lettres-patentes du roi du 30 mars 1790, sur un décret de l'Assemblée nationale du 22 du même mois, qui annule les procès commencés à raison de la perception de différents droits (2).

2° Lettres-patentes du roi du 14 mai 1790, sur un décret du 22 mars précédent, portant que les citoyens en procès avec la régie antérieurement (3) au décret des droits de marque des cuirs, des fers et autres, pourront continuer de suivre la réparation des torts qu'ils ont éprouvés (4).

3° Proclamation du roi du 10 juin 1790, sur un décret du 8 du même mois, portant que personne ne pourra avoir un commandement de gardes nationales dans plus d'un département (5).

4° Enfin, lettres-patentes du 18 juin, sur un décret du 10 du même mois, qui autorise la Municipalité à faire évacuer le couvent des Récollets du faubourg Saint-Laurent et celui des Dominicains de la rue Saint-Jacques, pour y établir provisoirement des dépôts de mendicité (6).

Sur la proposition, faite par un de MM. les administrateurs, de faire relativement à ce décret des représentations dictées par les circonstances;

---

(1) Cette présentation n'est pas constatée à la séance de l'*Assemblée des Représentants*, même jour.

(2) Décret du 22 mars, annulant sans frais tous les procès commencés à raison de la perception de divers droits supprimés, marque des cuirs, des fers, fabrication et transport des huiles et savons. (Voir *Archives parlementaires*, t. XII, p. 296.)

(3) Le texte du registre manuscrit porte : *entièrement*.

(4) Décret déjà transcrit deux fois, le 26 et le 31 mai. (Voir Tome V, p. 539, texte et note 3, et p. 610, texte et note 4.)

(5) Voir Tome V, p. *733*.

(6) Voir Tome V, p. *33-34*.

Le Conseil a déclaré qu'il n'y avait lieu à délibérer.

— Sur l'exposé, fait par M. Cahier de Gerville, procureur-syndic adjoint, que depuis quinze jours il s'occupe inutilement des moyens de procéder à l'adjudication au rabais des fournitures et raccommodages des différentes pièces des fusils pour l'entretien de l'armement de la capitale, dont un état a été remis à cet effet par le Département de la Garde nationale; qu'il est absolument impossible de prendre la voie de l'adjudication au rabais, tant à cause de la multiplicité des pièces qui seraient à adjuger pour les fournitures et pour les raccommodages que relativement à la position des ateliers qu'on ne peut soumettre à d'autres placements que ceux nécessairement donnés par l'arrondissement des six divisions dans chacune desquelles il convient de placer un atelier de réparation; que d'ailleurs ces arrangements pourraient être contrariés par les adjudicateurs au rabais qui livreraient telle partie à tel armurier, tandis que telle autre pourrait être adjugée à un autre, et que ces réparations exigent une marche plus uniforme et moins versatile; ce qui le détournait à requérir que, pour cette fois seulement et sans tirer à conséquence, le Département de la Garde nationale soit dégagé des formalités prescrites en pareil cas;

Sur quoi, le Conseil, ayant égard au réquisitoire, autorise, pour cette fois seulement et sans tirer à conséquence, le Département de la Garde nationale à se pourvoir d'armuriers et ateliers en nombre et position convenables pour les réparations et entretien des armes de la Garde nationale, et à faire à ce sujet des marchés aux prix, clauses et conditions qui lui paraîtront le plus avantageux, en observant néanmoins de procéder en présence et du consentement du procureur de la Commune.

— Le Conseil, étant informé, par M. Osselin, au nom du Département de la Garde nationale, du désir manifesté par M. le Commandant-général qu'à la journée du 14 juillet les compagnies du centre de la Garde nationale fussent en état de tenue la plus convenable à la circonstance; instruit encore de l'impossibilité où se trouvait le Département de renouveler pour cette époque l'habillement ordonné par le Conseil; considérant qu'il est un moyen de répondre aux vues de M. le Commandant-général sans augmenter les dépenses ordonnées pour l'habillement de la Garde nationale; que ce moyen consiste à faire établir des parements, revers et collets neufs qui s'appliqueront par des agrafes, aux lieu et place des anciens, ce qui rafraîchira tous les habits, moyennant une avance de **25 à 26,000 livres**;

Voulant satisfaire à une demande aussi légitime;

A unanimement autorisé le Département de la Garde nationale à faire établir incessamment des parements, revers et collets neufs, qui s'appliqueront par des agrafes, aux lieu et place des anciens, sur tous les habits des gardes nationales des compagnies du centre, lorsqu'ils seront livrés aux dites compagnies pour la fête du pacte fédératif qui doit être célébrée le 14 juillet prochain;

A la charge par le Département de retirer ensuite lesdits parements, revers et collets, pour les replacer et les faire servir sur les habits neufs auxquels le Département fait travailler.

— M. Cahier, procureur-syndic adjoint, ayant dénoncé deux délibérations prises, les 5 et 17 juin, dans les assemblées générales du corps des orfèvres, comme inconstitutionnelles et tendant à détruire le régime que des lois toujours subsistantes ont donné à ce corps;

M. Cahier ayant, de plus, fait part au Conseil d'une requête présentée à M. le Maire par les grand-garde et gardes du corps de l'orfévrerie, afin d'obtenir l'homologation d'une délibération du mois de juin 1789, par laquelle, et pour les raisons y portées, l'élection à faire cette année de quatre gardes est reculée du 1er juillet au 1er octobre prochain (1);

Le Conseil de Ville a arrêté que M. Cahier se concerterait avec le Département des établissements publics sur le parti à prendre, et qu'il en serait incessamment rendu compte au Conseil, qui statuerait ainsi qu'il appartiendrait (2).

— Le Conseil s'est ajourné à samedi 26 du courant, à six heures après-midi.

Le secrétaire a été spécialement chargé de convoquer MM. les administrateurs, et de leur annoncer que l'heure pour l'ouverture de la séance est désignée et que l'Assemblée finira à neuf heures précises.

Signé : L. J. BOURDON, *président;* DE JOLY, *secrétaire.*

---

(1) Le registre du *Collège des gardes de l'orfèvrerie* contient, à la date des 14 et 22 juin 1790, le compte rendu de deux séances, où il est question du conflit survenu entre l'assemblée générale de la corporation des orfèvres et le Collège des gardes. (Reg. manusc., Arch. Nat. KK 1354.)

(2) Séance du 29 juin. (Voir ci-dessous, p. 324.)

Du Vendredi 25 Juin 1790

~~~ A l'ouverture de la séance, M. le président a rendu compte de la cérémonie de la veille. Il a dit que l'Assemblée, s'étant réunie dans la salle ordinaire, en était partie, à dix heures, pour se rendre à l'église de Saint-Jean en Grève, accompagnée du colonel de la Ville, du major et d'un détachement de Gardes; qu'elle s'était placée dans les hautes stalles du chœur à droite, qu'elle avait trouvées vuides; qu'au commencement de la messe il s'était présenté un aide de camp du Commandant-général, envoyé par lui, pour remercier l'Assemblée de l'attention qu'elle avait eue de le faire avertir, et lui témoigner son regret de ne pouvoir assister à la cérémonie, pour l'ordre de laquelle il offrait de donner un détachement de la Garde nationale, s'il était jugé nécessaire; que, cette précaution ayant paru inutile, il avait, au nom de l'Assemblée, chargé cet officier d'exprimer à M. le Commandant-général combien elle était sensible aux égards pleins de délicatesse qu'il n'a cessé d'avoir pour elle dans tous les temps; qu'au moment où les pains à bénir étaient entrés dans l'église portés par des Gardes de la Ville, accompagnés des tambours, de la musique militaire et d'un nombreux détachement, MM. les grenadiers du bataillon de Saint-Jean, qui faisaient le service dans le chœur, étaient allés au-devant, marchant à la tête du cortège; qu'il avait présenté le pain à bénir et été à l'offrande, tant au chœur qu'à l'œuvre; que M. Mulot avait fait la quête, ainsi que cela avait été arrêté la veille; et qu'après la messe l'Assemblée était rentrée à l'Hôtel-de-Ville, dans l'ordre qu'elle avait gardé en y allant.

Au même instant, M. le président a remis sur le bureau un arrêté du Conseil de Ville du 23 de ce mois, dans lequel, sans se rappeler que ses membres se sont confondus avec le surplus de l'Assemblée lors des deux processions de la Fête-Dieu, il proteste contre la cérémonie du 23, relative au feu, et celle du 24, relative à la présentation du pain à bénir, prétendant que ces fonctions appartiennent à lui seul exclusivement. En conséquence, pour n'avoir point l'air d'approuver dans ces occasions les démarches de l'Assemblée, il déclare qu'aucun de ses membres n'assistera à ces cérémonies (1).

Il a été observé que, lorsque cette délibération a été prise par le Conseil, il était composé de huit membres; ce fait a été attesté à l'Assemblée par les deux membres qu'elle avait députés au Conseil de Ville pour l'inviter à assister à la cérémonie du feu (2).

— Un des secrétaires a ensuite fait lecture du procès-verbal du 12;

Sur l'exactitude duquel M. de La Rivière a fait quelques observations (3).

Mais, après avoir entendu plusieurs membres à ce sujet;

Ce procès-verbal a été approuvé.

Et il a été arrêté qu'il serait passé à l'ordre du jour.

— L'affaire de M. de La Rivière était une de celles qui y étaient indiquées (4).

MM. les commissaires, craignant qu'il ne pût être entendu dans cette séance, ont demandé un nouvel ajournement.

Mais, M. de La Rivière ayant observé qu'il était venu exprès pour être entendu ;

Il a été arrêté qu'il le serait après les députations (5).

— Un de MM. les commissaires du Comité de la Bastille s'est alors présenté, au nom de plusieurs de ceux qui ont concouru à la prise de la Bastille (6);

Et, ayant obtenu la parole, a dit que, le décret rendu en leur faveur par l'Assemblée nationale (7) ayant paru exciter de la jalousie contre eux, singulièrement de la part de la Garde nationale; que, désirant vivre en frères avec leurs concitoyens et aimant beaucoup mieux renoncer aux honneurs qui leur ont été accordés que de troubler la paix de leur patrie, il demandait la permission de lire

---

(1) Arrêté du *Conseil de Ville* du 23 juin. (Voir ci-dessus, p. 226-227.)
(2) Délégués nommés au commencement de la séance du 23. (Voir ci-dessus, p. 222 et 223.)
(3) Séance du 19 juin. (Voir ci-dessus, p. 158.)
(4) D'après l'ajournement prononcé le 22 juin. (Voir ci-dessus, p. 214.)
(5) Un nouvel ajournement fut prononcé à la fin de la séance. (Voir ci-dessous, p. 237.)
(6) La formule : « plusieurs de ceux qui ont concouru à la prise de la Bastille », résulte d'une rectification votée au commencement de la séance du 28 juin; le procès-verbal du 25 juin employait d'abord la dénomination de *Vainqueurs de la Bastille*. (Voir ci-dessous, p. 304.)
(7) Décret du 19 juin. (Voir ci-dessous, p. 240-241.)

à l'Assemblée l'arrêté pris par eux à ce sujet et qu'ils avaient présenté à l'Assemblée nationale (1).

Cet arrêté est conçu dans les termes suivants :

Les Vainqueurs de la Bastille, reconnus dans les procès-verbaux de vérification faits de l'autorité de la Commune et déposés aux archives de la nation, convoqués en assemblée générale dans l'église des Quinze-Vingts et présidés par M. le Maire, assisté de MM. leurs commissaires;

Instruits que le décret, par lequel l'Assemblée nationale a récompensé leurs services, sert d'instrument à l'aristocratie expirante pour chercher à souffler le feu de la guerre civile et à armer les uns contre les autres les conquérants de la liberté, c'est-à-dire la Garde nationale de Paris et les ci-devant gardes-françaises, contre leurs frères d'armes et concitoyens;

Les Vainqueurs de la Bastille, trop glorieux déjà de ce que le jour où ils ont pris la Bastille, le 14 juillet, a été choisi par l'Assemblée nationale pour l'époque de la liberté conquise et de la fédération générale de toute la grande famille;

Considérant que l'honneur est dans l'action du 14 juillet bien plus que dans les récompenses; qu'ils sont assez honorés d'avoir su les mériter, pour pouvoir se passer de distinctions qui n'ajouteraient rien à leur patriotisme, et que le sacrifice qu'ils vont faire doit rétablir la tranquillité publique;

Considérant que, si l'Assemblée nationale doit faire respecter ses décrets et ne peut souffrir qu'il y soit dérogé, les Vainqueurs de la Bastille, seuls, peuvent consentir à ce qu'il soit porté atteinte à celui qui leur a été accordé;

Ont unanimement arrêté de charger M. le Maire et leurs commissaires de porter à l'Assemblée nationale la déclaration solennelle qu'ils font de renoncer, si l'intérêt de la constitution l'exige, à tous les honneurs dont ils ont été couverts par le décret du 19 de ce mois, notamment à une place distinguée parmi leurs frères d'armes, lors de la fédération du 14 juillet et lors de la formation des gardes nationales, à quoi ils avaient déjà chargé leurs commissaires de renoncer et à quoi ceux-ci avaient renoncé, en leur nom, le jour même du décret.

Ils sont bien sûrs qu'on n'accusera pas les Vainqueurs de la Bastille de faire cette démarche par la crainte des menaces; le reste de leur sang qui n'a point encore coulé sur les murs de la Bastille, ils étaient prêts, s'il l'eût fallu, à le répandre pour le maintien des décrets de l'Assemblée nationale; le sentiment de la vraie gloire, le bien public l'emportent dans leurs âmes déjà exercées à tous les sacrifices, et l'on dira : « Ceux qui ont pris la Bastille l'ont prise pour établir la constitution : ils ont été comblés d'honneurs nationaux ; ils ont su y renoncer pour le maintien de la constitution », et ce dernier coup abattra la dernière tête de l'hydre.

Et, à la fin de la délibération, l'un d'eux, M. Hulin, a détaché son ruban et la médaille accordée par la Commune aux ci-devant gardes-françaises qui lui avait été donnée, et a annoncé qu'il allait la reporter au Comité de MM. les gardes-françaises, en déclarant que, s'il faisait cette démarche, ce n'était pas qu'il ne fût très honoré de porter une marque de patriotisme, mais qu'il ne voulait point une distinction qui n'était point commune à ses frères d'armes, lorsqu'ils renonçaient aux leurs.

Au même instant, M. Léonard Bourdon, l'un des commissaires, a fait le

---

(1) Arrêté du 25 juin, présenté le même jour à l'Assemblée nationale. (Voir ci-dessous, p. 248-252.)

[25 Juin 1790] DE LA COMMUNE DE PARIS 233

recueil de tous les rubans des Vainqueurs de la Bastille, dont ils vont faire l'hommage sur l'autel de la patrie.

Signé : BAILLY, Maire; Léonard BOURDON, l'abbé FAUCHET, BROUSSIN (1), LA REYNIE, HULIN, THIRION, MAILLARD, PARFIN, CHOLAT, AUBIN (2), ROUSSELET, DUBOIS, DE JEAN.

M. Brierre, président, au lieu de M. Thuriot, membre du Comité de la Bastille (3), a répondu :

Messieurs,

La démarche, que vous avez faite aujourd'hui auprès de l'Assemblée nationale est noble et généreuse. Vous avez été magnanimes, en remportant une victoire signalée; vous êtes des héros, en renonçant au prix mérité de la victoire.

Nous sommes tous citoyens; vivons tous en amis, et que notre association éternelle soit le plus bel hommage à l'amour de la paix et de la tranquillité publique.

Ensuite, M. Fauchet (4), après avoir fait le plus grand éloge du courage de ceux qui ont concouru à la prise de la Bastille, et singulièrement de la générosité qu'ils ont eue de sacrifier au bien de la paix les marques d'honneur et de distinction qui leur avaient été accordées par l'Assemblée nationale, a conclu à ce qui leur fût fait, au nom de l'Assemblée, des remerciements pour une si belle action, et à ce qu'il fût fait à M. le Maire, qui, par son éloquence, les avait amenés à ce grand sacrifice, une députation nombreuse (5) pour l'engager à oublier les discussions qu'il pouvait avoir eues avec l'Assemblée, à venir se réunir à elle et à la présider, et qu'à l'instant où il reprendrait le fauteuil, le président, au nom de l'Assemblée, lui mit sur la tête une couronne civique, pour avoir sauvé la patrie (6).

Un autre membre a dit, au contraire, que, dans ce grand jour du 14 juillet, tous les citoyens de Paris ayant donné des preuves de leur patriotisme et de leur courage, les uns d'un côté, les autres d'un autre, il ne devait y avoir aucune distinction entre eux, et a demandé, en conséquence, que la déclaration, que venaient de faire

(1) *Lire* : BROUSSAIS DE LA GREY.
(2) Sans doute BONNEMÈRE (Aubin).
(3) Le *Journal de la Municipalité et des sections* (n° du 1ᵉʳ juillet) explique le remplacement du président :
« Comme M. THURIOT DE LA ROZIÈRE, président, a été reconnu pour Vainqueur de la Bastille, il a quitté le fauteuil tant qu'il a été question de cet objet. »
(4) FAUCHET était aussi l'un des Vainqueurs de la Bastille. Le *Journal de la Municipalité et des sections* (n° du 1ᵉʳ juillet) le fait remarquer en ces termes :
« M. l'abbé FAUCHET, déclaré l'un de ces Vainqueurs, et qui, ayant porté au gouverneur la sommation de se rendre et ayant rapporté sur ses habits des preuves non douteuses des risques qu'il avait courus, méritait bien ce surnom… »
(5) « Quatre ou six députés », dit le *Journal de la Municipalité et des sections*.
(6) Motion imprimée. (Voir ci-dessous, p. 248.)

plusieurs de ceux qui ont concouru à la prise de la Bastille, fût simplement insérée dans le procès-verbal, et qu'au surplus, ces messieurs fussent engagés à se confondre, sans distinction, avec la Garde nationale (1).

Après avoir encore entendu quelques membres sur cet objet;

La discussion a été fermée.

Et, M. le président ayant pris les voix;

Il a été arrêté, à une très grande majorité, qu'il serait donné des éloges à ceux qui ont concouru à la prise de la Bastille (2), pour la démarche par eux faite, ce jour même, à l'Assemblée nationale, dont le but était de renoncer, pour le bien de la paix, et de la manière la plus absolue, à toutes les marques de distinction qui leur avaient été accordées. (I, p. 238.)

~~~ Cet arrêté a rendu inutile la lecture d'une adresse du district des Blancs Manteaux à l'Assemblée nationale pour réclamer contre les distinctions accordées à ceux qui ont concouru à la prise de la Bastille (3).

~~~ M. Fauchet a alors renouvelé sa motion relative à M. le Maire.

Mais, sur cet objet;

Quelques membres ayant demandé l'ajournement;

D'autres, à passer à l'ordre du jour;

L'Assemblée a adopté cette dernière proposition (4).

~~~ L'affaire du corps-de-garde du bataillon de Sainte-Opportune étant à l'ordre du jour (5);

Elle a été discutée.

Il a été fait d'abord lecture d'une lettre de M. Cellerier, lieutenant de maire au Département des travaux publics, par laquelle il expose les motifs qui l'empêchent de se rendre aux vœux de l'Assemblée

---

(1) Le *Journal de la Municipalité et des sections* (n° du 1er juillet), après avoir résumé la proposition de Fauchet, ajoute :

« Cette proposition excita beaucoup de débats. On distingua, parmi ceux qui ont parlé, M. d'Anton et M. Bertolio.

« Ce dernier voulait qu'on divisât la proposition, et paraissait incliner pour les remerciements.

« M. d'Anton combattit, avec la plus grande éloquence, la double idée des remerciements et de la couronne civique (à Bailly) : il conclut à ce qu'on passât à l'ordre du jour. »

(2) Même observation qu'à la note 6 de la p. 231.

(3) Cette *Adresse* du district des Blancs Manteaux n'est pas connue : elle n'est pas mentionnée dans les procès-verbaux de l'Assemblée nationale.

(4) Le *Journal de la Municipalité et des sections* (n° du 1er juillet) dit aussi que, à la suite des observations de Danton, l'ordre du jour fut adopté.

(5) Ajournement du 23 juin. (Voir ci-dessus, p. 226.)

et rend compte de sa conduite dans un rapport qu'il met sous ses yeux. Le but de ce rapport est de prouver qu'il n'est cause, en aucune manière, du retard apporté depuis si longtemps à la construction du corps-de-garde que demande le district de Sainte-Opportune sur la place des Saints-Innocents. Des oppositions continuelles survenues, soit à l'arrêté du Bureau de Ville, soit aux arrêtés de l'Assemblée, de la part tantôt d'un assez grand nombre de districts, tantôt du Conseil de Ville, tantôt du Département du domaine, sont sans cesse venues arrêter ses opérations. Au surplus, il est toujours prêt à exécuter ce qui lui sera ordonné par l'Assemblée.

M. de La Rivière, membre de l'administration des travaux publics, et chargé spécialement de la partie du casernement, a attesté la vérité des faits avancés par M. Cellerier.

Tous ces éclaircissements n'ont pas empêché qu'il ne s'élevât encore des voix pour le mander (1).

Mais, au moyen de la preuve certaine, existante actuellement, que les arrêtés des 1er mai et 17 juin derniers s'exécutent, puisque les affiches pour l'adjudication au rabais de ce corps-de-garde sont mises et indiquent cette adjudication pour le 2 juillet;

Après une longue discussion;

Il a été pris l'arrêté suivant :

L'Assemblée a ordonné l'exécution de ses précédents arrêtés; en conséquence, que le corps-de-garde dont il est question sera construit et que les diligences commencées seront continuées, et ce nonobstant toutes oppositions faites ou à faire, de quelque part qu'elles puissent venir.

Et l'Assemblée a chargé MM. Mulot et Testulat, commissaires nommés par une précédente délibération (2), de veiller à l'exécution du présent, et de lui rendre compte des difficultés qu'il pourrait éprouver (3).

~~~~ Une députation de MM. de l'Arquebuse de Paris, empressés

---

(1) Le *Journal de la Municipalité et des sections* (n° du 29 juin) dit, au sujet de l'accueil fait aux observations de Cellerier :

« M. Cellerier a écrit; mais il est encore à venir.

« Quand sa lettre a été lue, on a prouvé qu'il ne répondait point à l'objection. (Objection présentée dans la séance du 21 juin, ci-dessus, p. 199.)

« Mais le membre lui-même qui l'avait faite a prié qu'on fermât les yeux sur cette conduite si inconcevable, pour le bien de la paix. »

(2) Délibération du 17 juin. (Voir ci-dessus, p. 127.)

(3) Une nouvelle opposition se manifesta, dès le lendemain, 26 juin, au *Conseil de Ville*. (Voir ci-dessous, p. 278.)

d'exécuter le décret de l'Assemblée nationale qui ordonne aux anciens corps armés de s'incorporer dans la Garde nationale et d'appendre leurs drapeaux dans l'église principale de chaque ville (1), s'est présentée.

Elle a dit, par l'organe d'un de ses membres :

Messieurs,

L'Assemblée nationale, par son décret du 12 de ce mois, a ordonné le dépôt, dans l'église principale de chaque ville, des drapeaux de tous les anciens corps armés.

La compagnie de l'Arquebuse de Paris, fidèle à ses serments et toujours prête à faire pour la patrie les plus grands sacrifices, nous a chargés de venir réitérer à la Commune de Paris, que vous représentez ici, Messieurs, les sentiments de respect et de soumission dont elle n'a cessé d'être animée.

Elle attend l'indication du jour auquel vous voudrez bien fixer la consécration patriotique de ses drapeaux.

Signé : Ricard, chancelier.

M. le président a répondu :

Messieurs,

Vous avez fourni, pendant la Révolution, les preuves les plus éclatantes de zèle, de courage et de patriotisme. Vous venez ajouter à l'éclat de votre gloire, en invitant la Commune à consacrer l'acte le plus solennel de votre soumission aux décrets de l'auguste diète.

Plus le charme de l'amitié qui vous unit a pu résister à votre démarche, plus elle est honorable pour vous. Vous ne tarderez pas à être convaincus que, lorsqu'on a bien mérité de la patrie, on n'est étranger à aucun citoyen et qu'on ne trouve partout que des amis et des frères.

L'Assemblée, consultée sur le jour où se ferait cette cérémonie, a indiqué vendredi 2 juillet, sept heures de relevée, conformément aux vœux de MM. de l'Arquebuse (2).

Ensuite, cette même députation a exposé, dans un mémoire qui a été lu à l'Assemblée, qu'il paraît, d'après le décret de l'Assemblée nationale, qu'en prenant l'habit d'uniforme des gardes nationales, les compagnies ne seront pas privées du droit de se réunir ensemble et de vaquer aux exercices qu'elles avaient coutume de faire. En conséquence, la compagnie des Arquebusiers demandait que, sur trois canons qu'elle possède (3), il lui fût accordé d'en conserver un, pour réunir l'exercice du canon à celui de ses autres armes; elle appuyait sa demande sur une décision du Comité de constitution de l'Assemblée nationale, en date du 17 de ce mois; déclarant,

---

(1) Décret du 12 juin. (Voir ci-dessus, p. *102-103*.)

(2) La cérémonie de la remise des drapeaux de l'Arquebuse eut lieu, en effet, le 2 juillet. (Voir ci-dessous.)

(3) « Trois canons qu'ils ont conquis à la Bastille », dit le *Journal de la Municipalité et des sections* (n° du 1er juillet).

cependant, qu'elle ne voulait conserver ce canon que par un effet de la bienveillance de la Commune et comme une récompense de ses services; protestant de respecter sa décision; désirant seulement qu'elle fût prononcée avant l'époque de la cérémonie du 2 juillet. (II, p. 260.)

Cette affaire a été ajournée à lundi prochain (1).

— M. Godard ayant écrit à M. le président, pour l'informer que ses occupations ne lui permettaient pas de remplir la commission qui lui a été donnée, conjointement avec M. Danton, relativement à l'adresse à présenter à l'Assemblée nationale (2);

M. Balin a été nommé à sa place, et a accepté.

— Il a été fait ensuite lecture d'une lettre de la municipalité de Lyon, en réponse à celle qui lui a été écrite, le mois dernier (3), au nom de l'Assemblée, pour réclamer les trois mille fusils, appartenant à la Commune de Paris et retenus à Lyon depuis plus de trois mois. Cette lettre, pleine d'honnêteté et de sentiments de fraternité, après avoir expliqué les motifs qui ont empêché le départ de ces fusils jusqu'à ce moment, annonce qu'ils vont partir incessamment et qu'ils arriveront sûrement avant la fête du 14 juillet (4).

M. le président a été prié de répondre à cette lettre.

Et il a été arrêté qu'elle serait renvoyée ensuite au Département de la Garde nationale, pour prendre les précautions nécessaires relativement à l'arrivée de ces fusils (5).

— Une lettre de MM. les cavaliers de la Garde nationale parisienne, par laquelle ils demandent que, attendu les dépenses extraordinaires qu'ils auront à faire dans le mois prochain, il ne leur soit fait aucune retenue sur leur paye pendant tout ce mois, a été lue;

Et renvoyée au même Département.

— Enfin, l'affaire de M. de La Rivière (6), n'ayant pas pu être discutée parce que neuf heures ont sonné;

A été ajournée, d'accord avec lui, à lundi 28 (7).

(1) La suite ne se trouve ni dans le procès-verbal de la séance du lundi 28 juin, ni dans les procès-verbaux suivants.
(2) Décision du 23 juin. (Voir ci-dessus, p. 225.)
(3) Le 5 juin. (Voir Tome V, p. 671-672.)
(4) Semblable lettre de la municipalité de Lyon avait été déjà lue le 19 juin. (Voir ci-dessus, p. 163.)
(5) Le fait de l'arrivée des 3,000 fusils n'est pas signalé dans les procès-verbaux.
(6) Renvoyée à la fin de la séance. (Voir ci-dessus, p. 231.)
(7) Nouvel ajournement, le 28 juin. (Voir ci-dessous, p. 314.)

La séance a été levée et continuée à demain cinq heures.

Signé : Thuriot et Brierre, *présidents*.

Secrétaires : Ménessier, Pelletier, Castillon, de Mars, Bonneville.

[Au compte rendu de cette séance il faut joindre le récit d'un incident, rapporté par le *Journal de la Municipalité et des sections* (n° du 1ᵉʳ juillet) en ces termes :

« Une anecdote assez singulière est arrivée en ce moment (après la réception des *Chevaliers de l'Arquebuse*). M. Gattrey, l'un des Représentants, entré dans la salle avec son chapeau sur la tête, a refusé de le retirer, déclarant qu'en vertu des décrets de l'Assemblée nationale, nul ne peut exiger qu'on se découvre devant lui. Et il garda son couvre-chef. »]

* * *

ÉCLAIRCISSEMENTS

(I, p. 234) L'épisode que nous avons à raconter, et dont le procès-verbal de l'Assemblée des Représentants ne fait connaître qu'une partie, pourrait être intitulé : *Grandeur et décadence des Vainqueurs de la Bastille*.

On va voir, en effet, ce groupe fameux recevoir solennellement la consécration officielle de la gloire un peu exclusive qu'il s'attribuait, puis, peu de jours après, reculer devant les récriminations de ses rivaux et finalement être dépouillé même du titre dont il était si fier.

Les *Vainqueurs* s'agitaient depuis quelques semaines : le 6 mars 1790, ils avaient constitué parmi eux un *Comité* chargé « de procéder à la vérification des faits arrivés le 14 juillet, de recevoir des dépositions, et de mettre leur avis au bas de chaque déposition »; ils entendaient ainsi préparer le travail du Comité formé par les Représentants de la Commune (1).

Mais, sur les réclamations de quelques districts, l'association nouvelle avait été invitée à se dissoudre et à communiquer directement au Comité de l'Hôtel-de-Ville les renseignements qu'elle pouvait avoir (2).

Les Vainqueurs s'étaient alors contentés de désigner huit d'entre eux : Hulin, Élie, Tournay, Thiryon, Rousselet, Cholat, Bonnemère (Aubin) et Maillard, pour être adjoints au Comité officiel, dit Comité de la Bastille (3).

Quelles démarches furent faites alors, directement ou indirectement, près de l'Assemblée nationale? On ne saurait le préciser; mais, peu de temps après, à l'occasion de la proposition, apportée à la barre par les commissaires des districts de Paris, relative au pacte fédératif général des gardes

---

(1) *Délibération des citoyens Vainqueurs de la Bastille*, du 6 mars. (Voir Tome IV, p. *388-390*.)

(2) Arrêté de l'*Assemblée des Représentants*, du 15 mars. (Voir Tome IV, p. 418.)

(3) Décision du 22 mars. (Voir Tome V, p. *409*.) — M. Victor Fournel (dans *Les hommes du 14 juillet*, p. 216) renvoie, pour cette désignation, aux procès-verbaux de la Commune. C'est une erreur : il entendait parler des procès-verbaux du Comité de la Bastille. (Voir ci-dessous, p. *241*, note 1, et p. *258*, note 7.)

nationales, le 5 juin, au soir, on voit le duc DE LA ROCHEFOUCAULD soulever inopinément la question, en disant :

« La Municipalité de Paris a attiré, par une pétition, les regards de l'Assemblée nationale sur les Vainqueurs de la Bastille (1). Depuis ce temps, les officiers municipaux et le Maire ont fait un recensement exact de ce qui en existe, et ce recensement a été renvoyé au Comité des pensions. Je demande que le Comité vous remette incessamment son travail à cet égard, et vous expose ce que vous pouvez faire pour ces braves citoyens. »

Le compte rendu de la séance du 5 ne mentionne aucune décision à la suite de cette observation (2).

Mais, quelques jours plus tard, le 11 juin, l'abbé GOUTTES annonce que le Comité des finances s'est occupé de la mission qui lui a été donnée, par le décret rendu le samedi précédent (5 juin), sur les indemnités à accorder aux veuves et aux enfants des Vainqueurs de la Bastille : le Comité demande que l'Assemblée ordonne qu'il lui soit rendu compte des pertes et dommages éprouvés par les citoyens à l'occasion de la Révolution et que le Comité propose des indemnités convenables. L'ajournement est demandé. LE CHAPELIER insiste pour qu'il soit incessamment présenté un projet de décret particulier aux Vainqueurs de la Bastille. Après un court débat, l'Assemblée ordonne que le Comité des pensions présentera incessamment un projet de décret concernant les Vainqueurs de la Bastille (3).

BAILLY lui-même, évidemment sollicité, avait écrit, le 8 juin, à son collègue DE LA FAYETTE, pour le prier de prendre la parole à l'Assemblée nationale en faveur des Vainqueurs de la Bastille, qui, dit-il, « méritent bien honneur et argent », et de demander pour eux une place distinguée à la fête de la Fédération (4).

Encouragés par ces démonstrations sympathiques, ceux qui s'intitulent les Vainqueurs de la Bastille estiment le moment venu de s'adresser directement à l'Assemblée nationale.

Une affiche, datée du 18 juin, émanée du *Comité de la Bastille* et portant abusivement l'en-tête officiel : ASSEMBLÉE DES REPRÉSENTANTS DE LA COMMUNE, signée : DUSAULX et BOURDON DE LA CROSNIÈRE, Électeurs et Représentants de la Commune, commissaires de la Bastille, contenant un *Avis aux citoyens vainqueurs de la Bastille, reconnus dans les procès-verbaux de vérification*, leur donne rendez-vous pour le lendemain (5).

(1) Il n'est fait mention de cette pétition ni dans les procès-verbaux de l'Assemblée constituante, ni dans ceux de l'Assemblée des Représentants de la Commune ou du Conseil de Ville.
(2) Voir *Archives parlementaires* (t. XVI, p. 119).
(3) Voir *Archives parlementaires* (t. XVI, p. 167-168).
(4) Pièce manusc. (Bib. Nat., manusc. 11697, fol. 62).
(5) Cette affiche, tirée seulement à 300 exemplaires, n'a point été conservée, et M. Victor FOURNEL n'en parle pas dans son livre sur *Les hommes du 14 juillet*. Nous ne la connaissons que par les observations dont elle fut l'objet, à la séance du 28 juin, de la part de l'Assemblée des Représentants. (Voir ci-dessous, p. 304.) A dire vrai, le contenu n'en est point indiqué; mais, entre la date de cette affiche, 18 juin, et celle de la députation à l'Assemblée nationale, 19 juin, il reste peu de place pour une réunion préalable; d'où la supposition que l'affiche invitait directement les Vainqueurs à se rendre à l'Assemblée nationale.

Et, le lendemain, 19 juin, à la séance du soir, une députation des Vainqueurs se présente à la barre et supplie l'Assemblée de vouloir bien prendre en considération les services qu'ils ont rendus à la patrie. Plusieurs membres demandent la parole; elle est donnée à Camus, rapporteur du Comité des pensions, qui s'exprime ainsi :

« Les braves citoyens qui ont pris la Bastille sont restés jusqu'à ce moment sans récompense. C'est la nation qui en réclame une pour eux aujourd'hui : leurs pertes et leurs blessures ne sont rien, pourvu qu'ils puissent jouir de l'honneur d'avoir sauvé leur patrie. Le Comité s'est fait rendre un compte exact pour s'assurer du nom des vrais Vainqueurs de la Bastille. Ils ont demandé qu'il fût nommé des commissaires pour désigner ceux à qui appartient l'honneur de la victoire. Divers projets ont été présentés à votre Comité, mais ils ne lui ont pas paru pouvoir se concilier (1). Il est bien persuadé que, de quelque manière que vous les récompensiez, ces braves citoyens seront toujours contents. »

Le projet de décret présenté par Camus est ainsi conçu :

L'Assemblée nationale, frappée d'une juste admiration pour l'héroïque intrépidité des Vainqueurs de la Bastille et voulant leur donner, au nom de la nation, un témoignage public de la reconnaissance qui est due à ceux qui ont exposé et sacrifié leur vie pour secouer le joug de l'esclavage et rendre leur patrie libre;

Décrète qu'il sera fourni, aux dépens du trésor public, à chacun des Vainqueurs de la Bastille en état de porter les armes, un habit et un armement complets, suivant l'uniforme de la nation; que, sur le canon du fusil ainsi que sur la lame du sabre, il sera gravé l'écusson de la nation, avec la mention que ces armes ont été données par la nation à tel, Vainqueur de la Bastille; que, sur l'habit, il sera appliqué, soit sur le bras gauche, soit à côté du revers gauche, une couronne murale; qu'il sera expédié à chacun desdits Vainqueurs de la Bastille un brevet honorable, pour exprimer leur service et la reconnaissance de la nation; et que, dans tous les actes qu'ils passeront, il leur sera permis de prendre le titre de Vainqueur de la Bastille.

Les Vainqueurs de la Bastille en état de porter les armes feront tous partie des gardes nationales du royaume; ils serviront dans la Garde nationale de Paris. Le rang qu'ils doivent y tenir sera réglé lors de l'organisation des gardes nationales.

Un brevet honorable sera également expédié aux Vainqueurs de la Bastille qui ne sont plus en état de porter les armes, aux veuves et aux enfants de ceux qui sont décédés, comme monument public de la reconnaissance et de l'honneur dus à tous ceux qui ont fait triompher la liberté sur le despotisme.

Lors de la fête solennelle de la Confédération du 14 juillet prochain, il sera désigné pour les Vainqueurs de la Bastille une place honorable, où la France puisse jouir du spectacle de la réunion des premiers conquérants de la liberté.

L'Assemblée nationale se réserve de prendre en considération l'état de ceux des Vainqueurs de la Bastille auxquels la nation doit des gratifications pécuniaires, et elle les leur distribuera aussitôt qu'elle aura fixé les règles d'après lesquelles ces gratifications doivent être accordées à ceux qui ont fait de généreux sacrifices pour la défense des droits et de la liberté de leurs concitoyens.

Le tableau remis par les Vainqueurs de la Bastille, contenant leurs noms et celui des commissaires, choisis parmi les Représentants de la Commune, qui ont pré-

---

(1) Cette phrase du résumé du rapport de Camus est particulièrement obscure.

sidé à leurs opérations et qui sont compris dans le présent décret avec les Vainqueurs de la Bastille, sera déposé aux archives de la nation, pour y conserver à perpétuité la mémoire de leur nom et pour servir de base à la distribution des récompenses honorables et des gratifications qui leur sont assurées par le présent décret (1).

Le projet de décret est adopté par acclamation (2).

Certes, les récompenses honorifiques décernées par le décret du 19 juin n'avaient en soi rien d'excessif, et l'uniforme avec la couronne murale, le fusil et le sabre avec l'écusson, le brevet, l'autorisation de se servir du titre dans les actes publics, même la place d'honneur à la fête de la Fédération, tout aurait paru justifié par la grandeur du service rendu, si seulement le nombre des privilégiés avait été plus en rapport avec le nombre des aspirants. Mais quelques centaines de héros officiels, qu'était-ce à côté des milliers de braves qui avaient la ferme conviction d'avoir fait tout ce qu'ils avaient pu pour se distinguer dans la grande journée et d'avoir contribué, peu ou prou, à la prise de la terrible forteresse? Pourquoi toute la gloire au petit nombre et l'oubli pour le reste? Pourquoi cette faveur accordée aux uns, ce déni de justice à l'égard des autres?

Aussi, les réclamations surgissent-elles de tous côtés.

C'est d'abord le *district de Notre-Dame* qui, dans une délibération du 22 juin (3), rappelle les titres des gardes-françaises :

Un honorable membre, après avoir rendu compte du décret prononcé hier par l'Assemblée nationale en faveur des Vainqueurs de la Bastille, a dit qu'attendu que MM. les ci-devant gardes-françaises devaient être considérés comme les premiers et les principaux auteurs de la Révolution et de la prise de la Bastille, il votait à ce que la médaille distinctive, à eux accordée par la Commune de Paris (4), fût par l'Assemblée nationale déclarée et décrétée pour eux *récompense et distinction nationale*, et que l'arrêté qui serait pris par l'Assemblée fût envoyé aux 59 autres districts.

Sur quoi, la matière mise en délibération;

L'assemblée a arrêté, à l'unanimité, que ladite motion serait imprimée et envoyée aux 59 autres districts, avec prière d'émettre leur vœu et de le faire connaître par un commissaire qui est invité à se rendre à une réunion indiquée au 1er juillet prochain, six heures de relevée, avec pouvoir de rédiger une adresse à l'Assemblée nationale pour l'admission de ladite motion.

Signé : GUYOT DE SAINTE-HÉLÈNE, président.
LE GRAND, secrétaire.

C'est ici l'occasion de dire que la médaille des gardes-françaises avait fait récemment l'objet de deux délibérations :

L'une, du *district* des *Récollets*, du 30 avril, signée : LOCRÉ, président, LIBERT, secrétaire (5), qui se plaignait que cette médaille, « exclusivement

---

(1) Les *Procès-verbaux du Comité de la Bastille* et la minute du *Tableau des citoyens Vainqueurs de la Bastille*, certifié par les commissaires, ont été en effet conservés. (Voir ci-dessous, p. 258.)
(2) Voir *Archives parlementaires* (t. XVI, p. 371).
(3) Imp. 2 p. in-8° (Bib. Nat., Lb 40/1468).
(4) Arrêté du 1er septembre 1789. (Voir Tome I, p. 434-435.)
(5) Imp. 3 p. in-4° (Bib. Nat., Lb 40/1543).

TOME VI. 16

votée par la Commune de Paris à MM. du régiment des ci-devant gardes-françaises, en reconnaissance des services à jamais mémorables qu'ils ont rendus à la patrie », fût néanmoins portée par beaucoup d'autres personnes qui n'y avaient aucun droit, et arrêtait en conséquence que cette infraction au vœu de la Commune serait dénoncée à chacune des 59 autres sections, avec invitation de décider que, exception faite de MM. BAILLY et DE LA FAYETTE, à qui elle appartient de droit incontestable à cause de l'importance des services qu'ils ont rendus (1), tous ceux à qui cette médaille avait pu être accordée seraient tenus de la remettre à la Commune en la personne de M. le Maire (2);

L'autre, du *district de Saint-Laurent*, du 13 juin, signée : ROUSSEAU, président; CAPERDON DE LA HOUSSIÈRE, secrétaire (3), qui adhérait purement et simplement à la délibération précédente, en invitant le district des Récollets à se charger de faire le dépouillement du vœu des sections au fur et à mesure qu'il lui serait remis, d'en constater la majorité et de prévenir les districts lorsqu'elle serait opérée, pour aviser ensuite aux moyens de suivre, auprès de M. le Maire, l'exécution du sage arrêté du district des Récollets.

Mais revenons aux Vainqueurs de la Bastille et au décret les concernant.

En même temps que le district de Notre-Dame, le 22 juin, le *district de Saint-Louis de la Culture* protestait également, et en termes beaucoup plus vifs, contre le décret du 19. Voici quelques extraits de son procès-verbal (4) :

En l'assemblée générale à laquelle avaient été invités tous les officiers, soldats et volontaires, qui s'y sont rendus en très grand nombre, un des membres du bataillon dit :

« Vous allez apprendre avec autant de surprise que d'indignation qu'une poignée d'individus, qui n'ont jamais osé s'appuyer du suffrage de leurs concitoyens, se sont arrogé le titre fastueux de *Vainqueurs de la Bastille,* qu'ils ont tenu des assemblées, qu'ils se sont fait des titres, qu'ils ont mendié à l'Assemblée nationale un décret qui leur décerne un honneur particulier, une place distinguée au Champ-de-Mars au jour de la Fédération générale, le 14 juillet prochain.

« Déjà, le 20 novembre dernier, le district de Saint-Louis de la Culture a demandé l'anéantissement de la corporation dite des Volontaires de la Bastille (5), car tous les citoyens, dans des postes différents, ont également coopéré à la chute de la Bastille...

« Abjurez à l'instant votre déshonorante erreur; rentrez dans le sein de vos

---

(1) La médaille avait été offerte à BAILLY et à LA FAYETTE par les gardes-françaises, le 4 septembre 1789. (Voir Tome I, p. 473 et 477.)

(2) Des réclamations au sujet de médailles de gardes-françaises indûment portées étaient parvenues à l'Assemblée des Représentants de la Commune dès le 9 septembre 1789, s'étaient renouvelées le 19 novembre; et l'Assemblée avait pris, le 3 et le 12 février, quelques mesures pour en limiter le nombre. Le 19 mai encore, elle remplaça un des commissaires chargés de cette affaire. (Voir Tomes I, p. 526; II, p. 664-665; III, p. 676; IV, p. 75-76, et V, p. 139-140.)

(3) Imp. 4 p. in-4° (Bib. Nat., Lb 40/2122).

(4) Pièce manusc. (Arch. Nat., Dxxix b7, n° 96).

(5) Députation à l'Assemblée des Représentants, le 20 novembre 1789; arrêtés du 16 et du 28 novembre. (Voir Tome III, p. 4, *11* et *19*.)

bataillons. La Commune, indulgente et généreuse, oubliera votre honteuse démarche. Mais, si vous persistiez, apprenez qu'elle saurait vous punir...

« Que l'Assemblée nationale mette fin à cet abus, et qu'à l'avenir il n'y ait plus qu'un cri de ralliement : *Liberté, Égalité, Fraternité!* »

La matière mise en délibération;

L'assemblée a arrêté qu'elle approuvait dans son entier la motion ci-dessus; que quatre commissaires seraient nommés pour en remettre une expédition tant à M. le président de l'Assemblée nationale qu'à MM. du Comité de constitution, avec prière d'écouter la réclamation de la section et du bataillon et d'y faire droit;

A arrêté en outre que ladite motion et la décision seraient présentées par une députation à M. le Maire, à MM. de la Commune, ainsi qu'aux 59 bataillons et sections, pour émettre leur vœu et le transmettre soit à la section de Saint-Louis de la Culture, soit directement à l'Assemblée nationale.

Et, à l'instant, les commissaires ont été nommés.

Signé : Virvaux, président.
Levavasseur, secrétaire.

Cette délibération fut en effet présentée, le 28 juin, à l'Assemblée des Représentants, qui la renvoya au Comité de la Bastille (1).

La même Assemblée avait reçu aussi, le 25 juin, comme on l'a vu, communication d'une adresse présentée à l'Assemblée nationale par le *district des Blancs Manteaux*, au sujet des Vainqueurs de la Bastille (2). Mais cette adresse n'est pas autrement connue (3).

En dehors des districts, les Vainqueurs non officiellement reconnus font aussi entendre leurs lamentations.

Cinq d'entre eux, modestes ouvriers, exposent respectueusement, dans une adresse *A MM. les députés de l'Assemblée nationale*, du 22 juin (4), « qu'il s'est commis bien des abus dans les assemblées qui ont eu lieu, pour ainsi dire, à la muette, sans avoir été annoncées commes elles auraient dû l'être et affichées »; Vainqueurs de la Bastille, blessés et non blessés, ils demandent à se faire reconnaître et à partager la gloire de cette prise, moyennant les preuves certaines qu'ils sont dans le cas d'en donner. Comme leurs occupations journalières ne leur permettent pas de se rendre tous les jours à l'Hôtel-de-Ville, ayant été instruits par voie indirecte de l'assemblée qui se tenait le jour même, 22 juin, ils s'y sont transportés; mais on a refusé de les entendre, et on les a ajournés à une autre assemblée générale. Leur requête est ainsi formulée :

Comme nous appréhendons de ne pas être plus instruits de cette assemblée générale que de toutes les autres qui se sont tenues, nous osons, Messieurs, vous prier de vouloir bien prendre en considération notre demande à l'effet que tous citoyens Vainqueurs de la Bastille, qui n'ont pu jusqu'à présent se faire reconnaître, soient avertis publiquement et indistinctement dans tous les quartiers de la ville, ce qui, jusqu'à présent, ne s'est pas encore fait (5). Il serait bien

(1) Séance du 28 juin. (Voir ci-dessous, p. 307.)
(2) Séance du 25 juin. (Voir ci-dessus, p. 234.)
(3) Les procès-verbaux de l'Assemblée constituante n'en font pas mention.
(4) Pièce manusc. (Arch. Nat., C 35 § 1, n° 298/4).
(5) L'affiche du 18 juin, par exemple, n'avait été tirée qu'à 300 exemplaires, dont 150 pour le faubourg Saint-Antoine. (Voir ci-dessous, p. 310.)

malheureux que, vu les preuves certaines que nous sommes dans le cas de donner, nous soyons privés de partager la gloire des Vainqueurs de la Bastille.

Signé : Branche, tourneur sur métaux.

Pichon, imprimeur.

Bouraiche, épicier.

Kleyns Tauba, ébéniste.

Kas, serrurier.

Mais c'est des *anciens gardes-françaises* qu'émane la protestation la plus énergique contre le décret du 19 juin, et la plus fortement motivée.

Le 24 juin, les compagnies du ci-devant régiment, assemblées par députation dans une des salles de l'Oratoire, rédigèrent la lettre suivante, adressée à tous les districts (1) :

Messieurs,

Vivement pénétrés de l'inviolabilité de nos serments, toujours fidèles aux sentiments que nous avons voués à nos concitoyens, c'est à votre tribunal que nous nous empressons de porter nos inquiétudes et nos justes réclamations, en vous renouvelant les assurances d'un patriotisme fondé sur le droit de tous, la liberté, et que rien ne saurait égarer.

De secrets ennemis, — sans doute, vous l'avez appris, — pour troubler l'ordre et la tranquillité qui règnent parmi nous, ont surpris à la religion de l'auguste Assemblée nationale un décret, non seulement incompatible avec les droits que vous nous avez donnés à votre bienveillance, mais encore trop généreux dans ses détails, trop grand dans son objet pour des gens qui n'ont rien fait pour mériter un tel avantage. Nous ne craignons pas de dire que cette poignée d'assiégeants prétendus, qui, à la suite de ce décret, n'ont pas hésité de s'arroger effrontément le titre suprême de *Vainqueurs de la Bastille*, a pris pour de la vraie gloire ce qui n'est qu'un droit lâchement usurpé; quelques-uns même ont eu l'audace d'en embellir leur signature.

Citoyens, qui vous rappelez la fameuse journée de cette prise importante et qui, brûlant de nous suivre et de nous imiter, avez montré l'intrépidité des grandes âmes, sur vous tous ce beau titre doit s'étendre ; et la capitale renferme, dans toutes ses parties, des Vainqueurs de la Bastille, comme nous moins jaloux sans doute de ce beau nom que de l'honneur d'avoir servi la patrie. Au moment où toutes les distinctions frivoles sont anéanties (2), au moment où les représentants de 24 millions de frères viennent de toutes parts, au milieu de cette vaste enceinte, confirmer le principe de cette égalité dont s'honorent les hommes libres, souffrirez-vous que des pelotons de gens, dont le plus grand nombre justifierait à peine sa présence au jour de la réduction de la Bastille, soient placés en pompe au Champ-de-Mars et séparés de l'armée citoyenne? Souffrirez-vous, dis-je, qu'ils étalent avec prétention les marques distinctives d'une bravoure dont le caractère seul doit suffire à des vrais soldats? Les verriez-vous sans indignation, aux yeux de l'univers, marcher à la tête d'un régiment qui s'honora de vos succès, et qui, en se déclarant, au mépris du despotisme, pour la plus juste cause, abandonna tout pour la défense de vos propres foyers? Non. De ces vainqueurs prétendus, vous ferez de simples citoyens qui, liés et confondus

---

(1) Imp. 3 p. in-4° (Bib. Carnavalet, dossier 10073). Ce document n'est pas mentionné dans la *Bibliographie* de M. Tourneux. Par contre, il est reproduit dans le *Journal de la Municipalité et des sections* (n° du 1ᵉʳ juillet 1790).

(2) Le décret du 19 juin venait d'abolir la noblesse héréditaire, en prohibant tous les titres sans exception, y compris ceux d'excellence et de monseigneur, les livrées, armoiries, etc... (Voir *Archives parlementaires*, t. XVI, p. 378.)

dans l'armée nationale, apprendront avec elle à servir sans orgueil. Vous proscrirez un titre que vous désavouez ; et, n'attachant de récompense réelle qu'aux veuves infortunées de ceux qui sont morts au siège de la Bastille ainsi qu'aux citoyens dont les blessures bien constatées rappellent encore le civisme le plus complet, vous détruirez le germe des dissensions que produiraient infailliblement les marques affectées d'une prédilection que vous avez désapprouvée.

Nous sommes, et serons jusqu'à la mort, vos frères et fidèles compagnons d'armes.

Signé : Mercier, président.
Derepas, vice-président.
Barré, secrétaire.

Arrêté que la présente lettre serait imprimée et envoyée aux 60 districts, avec invitation à M. le président d'en prendre les motifs en considération, et de convoquer de suite une assemblée du district pour délibérer sur cet objet important, ainsi que de faire passer la réponse à la caserne des grenadiers de la 6ᵉ division.

A cet appel, plusieurs districts s'émeuvent.

Dès le 24, le *district de Saint-Germain l'Auxerrois* tient une assemblée générale des citoyens tant civils que militaires, convoqués au son de la caisse, et, après lecture de la lettre des gardes-françaises, adopte un arrêté (1) dont la conclusion est la suivante :

Arrêté qu'il sera fait une députation à l'Assemblée nationale, à M. le Maire et à M. le Commandant-général, pour leur faire part des craintes et des inquiétudes que ressent le district, et pour leur représenter que la Bastille a été conquise par tous les citoyens de la capitale et surtout par les ci-devant gardes-françaises ; que le titre de Vainqueur de la Bastille pourrait être réclamé par autant de citoyens qu'il y en avait sous les armes dans ces jours de détresse et d'alarmes ; que la formation d'une compagnie composée de membres dont les actions ne sont plus soumises à l'examen est au moins incertaine, faite après un laps de temps trop éloigné des événements, et contient peut-être beaucoup de personnes étrangères à l'action principale ;

Arrêté, en conséquence, que les citoyens du district supplient les représentants de la nation de prendre en la plus grande considération la demande de MM. les ci-devant gardes-françaises.

Signé : Julliot, président.
Chassant, vice-président.
Bertholet, chirurgien-major.
de Menou, commandant.

Le lendemain, 25 juin, trois districts délibèrent sur le même objet.

Le *district des Jacobins Saint-Honoré* rédige sa délibération (2) ainsi qu'il suit :

Considérant que ce n'est pas un nombre déterminé d'individus, mais tous les habitants de Paris qui avaient contribué à la prise de la Bastille ;

Que la médaille accordée à MM. les ci-devant gardes-françaises a dû annoncer à toute l'Europe que c'était cette troupe véritablement patriote qui avait consommé la Révolution, conjointement avec les citoyens de Paris ; que la prise de la Bastille n'est qu'un détail dans ce grand ouvrage de la liberté ;

L'assemblée a unanimement arrêté :

(1) Pièce manusc. (Arch. Nat., D iv b/13, n° 2500ᵇⁱˢ), et imp. 4 p. in-4° (Bib. Nat., Lb 40/1572).

(2) Imp. 4 p. in-8° (Bib. Nat., Lb 40/1434).

Qu'en persistant dans sa délibération du 23 novembre dernier(1), et se conformant strictement aux dispositions du décret de l'Assemblée nationale (2), elle demande formellement la réformation de tous corps qui ne seraient pas sous le même régime et la même dénomination que la Garde nationale parisienne;

Qu'elle ne donnait sa sanction à aucun des renseignements qui auraient pu être donnés à l'Assemblée nationale par les Représentants de la Commune dont elle a constamment désapprouvé la conduite, et auxquels elle n'avait donné aucune espèce de pouvoir pour reconnaître ou faire reconnaître les soi-disant Vainqueurs de la Bastille;

Que cependant ce ne pouvait être que par une suite des détails dont les Représentants avaient donné connaissance au Comité des pensions que l'Assemblée nationale avait décrété, à un corps créé contre toutes les règles, des honneurs d'autant plus distingués que c'est la nation qui les prodigue;

Que ces observations seront mises sous les yeux de l'Assemblée nationale;

Que les citoyens, qui constatent, par des blessures reconnues à cette époque, les dangers qu'ils ont courus, sont les seuls, ainsi que leurs familles, auxquels la nation doit les secours que l'Assemblée nationale a décrétés pour eux;

Que, pour parvenir à s'en procurer une connaissance exacte, l'Assemblée nationale sera suppliée de décréter que les sections seules donneront tous les détails relatifs à la prise de la Bastille et aux citoyens qui ont véritablement droit à ces secours.

Six commissaires sont désignés pour remettre cet arrêté aux ci-devant gardes-françaises.

Signé : GARNIER, secrétaire.

La formule de l'arrêté du *district de l'Oratoire* (3) est plus brève et plus énergique :

L'assemblée générale déclare qu'au moment de la Révolution, tous les citoyens de sa section ont fait preuve de zèle, de courage et de patriotisme; que, s'ils n'ont pas eu l'avantage de postes soit aux Invalides, soit à la Bastille, tous brûlaient du désir de voler au service qu'indiquait chaque moment; qu'ainsi, la coalition et l'ordre inspirés par l'instinct de la liberté donnent à tous les citoyens le droit de dire qu'ils ont partagé l'honneur et les dangers.

L'assemblée déclare, en outre, que tous les citoyens de la capitale ont mérité le titre de *Vainqueurs;* qu'enfin, tous les Français ont prouvé qu'ils étaient vainqueurs du despotisme, dont la Bastille n'était qu'un instrument.

L'assemblée fait le vœu que l'Assemblée nationale reconnaisse dans chacun des Français l'homme de la Révolution; elle fait également le vœu que l'Assemblée nationale et le roi permettent que les Parisiens marchent, de front avec tous les citoyens de France, d'un pas égal et sur une même ligne, admirer les législateurs et leur vertueux monarque.

L'assemblée arrête que la présente délibération sera portée, dans le jour, au Comité de constitution, par six commissaires.

Signé : LE ROUX, président.
MÉTAYER, vice-président.
J. B. LAVAU, secrétaire-greffier.

Enfin, le comité général du *district de Saint-Philippe du Roule* adopte

---

(1) Il est fait mention, à la séance du 7 décembre 1789, des vives réclamations du *district des Jacobins Saint-Honoré* contre la formation du corps des Volontaires de la Bastille. (Voir Tome III, p. 138.)

(2) Décret du 12 juin. (Voir ci-dessus, p. *102-103*.)

(3) Pièce manusc. (Arch. Nat., D iv b 13, n° 250 *bis*).

une *Adresse à l'Assemblée nationale* (1), d'un ton plus terne et dont voici les passages principaux :

Le comité général, extraordinairement convoqué vu le peu de temps qu'il aurait pour rassembler la commune partielle de cette section, ayant pris lecture des deux lettres des grenadiers de la 6ᵉ division de l'armée nationale parisienne (2), relatives au décret surpris à la religion de l'Assemblée nationale par le soi-disant corps des Volontaires ou Vainqueurs de la Bastille, supplie l'Assemblée nationale de lui permettre de mettre sous ses yeux les réflexions qui se présentent naturellement sur ce décret et les suites funestes que son exécution peut entraîner.

Le nombre des citoyens qui se sont portés au siège de la Bastille ne peut être fixé, et, s'il fallait en former un corps séparé, il serait plus considérable que quatre armées parisiennes (3). Il est donc ridicule à un petit nombre de particuliers de s'isoler du reste des citoyens et de s'arroger avec orgueil, dans un moment où tous les titres viennent d'être abolis (4), celui de *Vainqueurs de la Bastille*, qui par là seul exclurait de la gloire de cette glorieuse conquête tous ceux qui y ont coopéré au moins aussi efficacement et aussi courageusement qu'eux.

Si l'on ne peut nier qu'une très grande partie des citoyens et nos braves frères les ci-devant gardes-françaises, n'aient été les vainqueurs de la Bastille, pourquoi en laisser usurper le nom à une poignée de citoyens? Quelle distinction peuvent-ils mériter plus que les autres? Leur en accorder, ainsi qu'une place marquée avec pompe au Champ-de-Mars et séparée du reste de l'armée parisienne, c'est donner sujet à toutes les querelles que l'orgueil des uns et l'humiliation du plus grand nombre ne peut manquer d'occasionner, changer peut-être en un jour de deuil une cérémonie touchante où l'égalité doit cimenter l'union et la fraternité, et faire triompher les ennemis de notre liberté.

O liberté sainte! ta fête approche. Si quelqu'un a le droit d'ouvrir notre marche pour nous conduire à ton temple, n'est-ce pas ce corps de braves guerriers (5) qui nous en a frayé le chemin?

L'Assemblée nationale n'eût jamais donné aux prétendus Vainqueurs de la Bastille la préférence que son décret leur assigne sur toute l'armée citoyenne, si elle eût été instruite du vœu contraire de tous les districts.

C'est pourquoi le comité général, en persistant dans les différentes délibérations de la commune partielle de Saint-Philippe du Roule, des 29 septembre, 15 et 30 novembre, contre toute formation et création de corps militaires, de chasseurs, et surtout du corps des Volontaires de la Bastille (6), et encore dans celle du 21 février 1790, contre toute création de corps militaires, de canonniers et d'artillerie (7);

A l'honneur de supplier très respectueusement l'Assemblée nationale de prendre

---

(1) Pièce manusc. (Arch. Nat., AA 47, n° 1367, et Arch. de la Seine, D 617). — M. Tuetey a signalé ce document à trois reprises, dans son *Répertoire général* (t. I, n° 3437, et t. II, n°ˢ 841 et 2786).
(2) Une seule de ces lettres est connue, celle du 24 juin. (Voir ci-dessus, p. *244*.)
(3) *Armée parisienne* désigne ici, évidemment, l'ensemble de la Garde nationale parisienne, soit 33,000 hommes. (Voir Tome IV, p. *536*, note 1.) Les assistants au siège de la Bastille auraient donc été au nombre de plus de 132,000!
(4) Décret du 19 juin. (Voir ci-dessus, p. *244*, note 2.)
(5) Les gardes-françaises.
(6) Arrêtés du 29 septembre, du 15 et du 29 novembre, contre les chasseurs des barrières. (Voir Tome II, p. *120* et *391*; Tome III, p. *48* et *20*.)
(7) Arrêté du 21 février, contre le corps d'artillerie. (Voir Tome IV, p. *241*.)

en la plus grande considération la présente adresse, et, en conséquence, en réformant ou interprétant son décret sur les volontaires dits Vainqueurs de la Bastille, ordonner qu'à l'exemple de ceux de la Basoche, qui ont eux-mêmes fait généreusement l'hommage de leur drapeau à la nation (1), ils seront licenciés dès à présent et incorporés dans l'armée parisienne (2); que le titre de *Vainqueurs de la Bastille* ne sera donné à aucun corps particulier, et que la marche du jour de la fête de la liberté sera ouverte par les grenadiers (3), dont le corps s'est si bien dévoué pour la patrie.

La présente adresse sera portée au Comité de constitution de l'Assemblée nationale par une députation, et une copie remise à chacun des 59 autres districts, avec invitation d'y adhérer.

Signé : Ollivier Descloseaux, président.
Langlois, secrétaire-greffier.

Devant cette opposition grandissante, — d'autres districts se préparaient à délibérer dans le même sens, — les Vainqueurs se résignent à faire le sacrifice des prérogatives honorifiques qu'ils avaient obtenues; réunis, le 25 juin, dans l'église des Quinze-Vingts, ils y tiennent une longue et émouvante séance dont le résultat seul est consigné dans le procès-verbal de l'Assemblée des Représentants, mais dont les détails ont été conservés dans divers documents, tels que : — *Procès-verbal de ce qui s'est passé dans l'assemblée des Vainqueurs de la Bastille, tenue avant-hier* (25 juin), *aux Quinze-Vingts, et de la députation à l'Assemblée nationale, à M. de La Fayette, à l'Hôtel-de-Ville, etc.* (4); — *Grands débats des Vainqueurs de la Bastille avec les ci-devant gardes-françaises* (5), variante du procès-verbal précédent; — *Discours de M.* Fauchet *aux Vainqueurs de la Bastille, à leur assemblée générale tenue à l'église des Quinze-Vingts, le 25 juin 1790, et présidée par M. le Maire de Paris*, suivi de *Motion faite par le même, le soir du même jour, à l'Assemblée générale des Représentants de la Commune,* contenant en outre le *Discours de M.* de La Reynie, et l'*Adresse des Vainqueurs de la Bastille aux ci-devant gardes-françaises* (6).

Enfin, Dusaulx, dans ses *Mémoires sur le 14 juillet,* a décrit la scène du 25 juin en termes saisissants.

L'assistance, disent ces *Mémoires,* se composait de 900 patriotes, qui attendaient en silence et le feu dans les yeux.

D'après le *Procès-verbal,* la séance était présidée par le Maire, assisté des commissaires de la Commune pour la vérification des titres et preuves des Vainqueurs de la Bastille, et la question fut posée en ces termes tragiques :

« Un décret, des plus honorables pour la nation qui l'a rendu et pour nous particulièrement, nous accorde les distinctions les plus flatteuses.

---

(1) Séances des 16 et 17 juin. (Voir ci-dessus, p. 91-92, 123-125, 128-129 et *133- 135.*)

(2) La délibération de Saint-Philippe du Roule, formulée de cette façon, s'applique beaucoup mieux aux *Volontaires* qu'aux *Vainqueurs.*

(3) Les anciens gardes-françaises avaient formé les compagnies soldées de la Garde nationale, notamment celles des grenadiers.

(4) Imp. 7 p. in-8° (Bib. Nat., Lb 39/9010).

(5) Imp. 15 p. in-8° (Bib. Nat., Lb 39/9011).

(6) Imp. 16 p. in-8° (Bib. Nat., Lb 40/112).

Mais, si nous ne devons maintenir ce décret constitutionnel qu'en versant le sang citoyen, devons-nous prendre les armes? »

Le *Procès-verbal* énumère les orateurs, dans l'ordre suivant: « Après les discours de MM. MAILLARD, Léonard BOURDON, BAILLY, Maire, DUSSAULT, de l'Académie des inscriptions, FAUCHET, ESTIENNE, ROSSIGNOL et autres, les assistants discutèrent vivement. Quelques personnes criaient aux armes! d'autres voulaient battre la générale dans les faubourgs Saint-Antoine, Saint-Marceau et le port Saint-Paul. Telle était la disposition de l'assemblée, malgré les efforts généreux de MM. BAILLY, FAUCHET, HULLIN, etc., pour apaiser les esprits, quand M. DE LA REYNIE a paru en chaire et a obtenu facilement l'attention générale. Il a lu une *Adresse* dont l'assemblée a voté l'impression par acclamation. M. Léonard BOURDON, profitant de la situation favorable où se trouvaient les esprits, a requis la parole et proposé l'arrêté suivant, qui a été unanimement adopté. » Ici vient le texte de l'arrêté, exactement conforme à celui que reproduit le procès-verbal de l'Assemblée des Représentants (1).

Le texte de l'Adresse intitulée : *Adresse fraternelle des Vainqueurs de la Bastille aux soldats-citoyens, ci-devant gardes-françaises*, qui ne se trouve pas dans le *Procès-verbal*, est publié à la suite de la *Motion de M. FAUCHET*. Voici les passages les plus intéressants de cette pièce, qui répond à la *Lettre des ci-devant gardes-françaises aux districts*, du 24 juin :

Frères et amis,
On vous égare : notre devoir est de vous détromper en dissipant vos inquiétudes et vous éclairant sur nos véritables prétentions. La première de toutes, celle qui est la plus chère à nos cœurs, c'est de vivre en paix avec nos frères d'armes et d'acheter cette paix par les plus grands sacrifices.

Accordez-nous un moment votre attention.

Il y aura bientôt un an que, de concert avec vous, nous conquîmes la liberté française.

A peine avions-nous vaincu, que l'on s'empressa de vous accabler d'honneurs et de récompenses. Votre corps, licencié par le roi, fut adopté par la nation; vous fûtes admis dans la grande famille; vous devîntes les frères, les amis du premier peuple du monde. Les places, les rangs distingués vous furent exclusivement accordés; les décorations patriotiques brillèrent sur vos grands cœurs.

Nous vîmes toutes ces marques d'une équitable prédilection, et nous applaudîmes aux transports de la gratitude de nos concitoyens…

Cependant, les compagnons de vos pertes et de vos victoires, ceux qui avaient concouru avec vous à la conquête de la liberté, gémissaient ignorés. La plupart avaient tout perdu sous les tours sourcilleuses de la forteresse où, depuis huit siècles, s'était plus particulièrement retranchée l'hydre du despotisme : sans état, sans famille, presque sans amis, sans successeurs, ils végétaient dans l'espérance, sans murmurer et sans se plaindre. Un an s'est écoulé dans cette cruelle position. Nous avons lutté une année entière entre les horreurs de la misère et les pièges de la séduction : car il est bon que vous sachiez que l'or circulait autour de nous, qu'on nous a tentés de cent manières différentes, et que, plus la cessation des travaux, la stagnation du commerce augmentaient, multipliaient nos besoins, plus nous sommes restés fermes et inaccessibles à la corruption des méchants. Les Représentants de la Commune daignèrent, vers le mois de janvier dernier, jeter sur nous un regard de justice, et projetèrent de réunir en une

(1) Séance du 25 juin. (Voir ci-dessus, p. 232-233.)

compagnie ceux d'entre nous qui seraient en état de porter les armes et distingués au siège de la Bastille, et de consacrer ce corps vénérable au service de la Halle aux grains ou de l'artillerie (1). Les sections s'opposèrent aux désirs de la Commune (2), et nous retombâmes dans l'oubli.

Cette disgrâce navra nos cœurs sans les aigrir; nous continuâmes nos services purement gratuits, jusqu'au jour mémorable, honorable pour la nation, où nos travaux, notre patriotisme, notre héroïque patience ont obtenu le seul prix que nous ambitionnions, sans oser l'espérer, les témoignages non équivoques de l'estime et de la reconnaissance de nos augustes représentants.

L'*Adresse* explique ensuite que les Vainqueurs n'ont jamais voulu avoir le pas sur l'armée patriotique au jour du pacte fédératif, leur unique ambition étant de rester mêlés et confondus avec les braves Parisiens, ce peuple de héros; qu'ils ne demandent pas à former un corps particulier et distinct, mais simplement à être admis dans la Garde nationale, comme les émigrants de tous les pays, les déserteurs de tous les drapeaux; qu'enfin, ils renoncent même à la *couronne murale*, par amour pour la paix. Ici, un appel touchant aux gardes-françaises :

Vous êtes décorés d'une couronne civique, qui sera bientôt la seule et la plus respectable distinction d'un peuple libre. Eh bien! nous consentons à vous abandonner tout. Soyez les seuls chevaliers de l'empire français; portez seuls des croix, des médailles, des couronnes, des rubans, des épaulettes; partagez avec nous le beau titre de *Vainqueurs de la Bastille!* Mais, du moins, laissez-nous ce faible partage, qui seul peut nous faire oublier la perte de notre état, de nos enfants, de notre sang, et la ruine de nos familles.

Surtout, qu'on ne croie pas qu'ils cèdent par crainte ou par faiblesse : s'il fallait absolument du sang, on les trouverait toujours prêts à en répandre; quinze mille hommes sont prêts à défendre la juste cause.

Mais ils voient dans cette querelle un piège où veulent les attirer les ennemis de la Révolution : c'est l'aristocratie aux abois qui veut détruire l'édifice de la liberté par les mains victorieuses qui l'ont conquise, en égorgeant les Vainqueurs par les mains mêmes des Vainqueurs.

Donc, la paix, la paix, même à acheter au plus haut prix. Ils n'attendent qu'un signe pour sceller l'union, le verre à la main :

Si nous trouvons en vous les mêmes sentiments de paix et de confraternité, faites-nous-les témoigner, et nous volons dans vos bras. Alors, le démon de l'aristocratie jettera son dernier rugissement, et une abondante libation du jus de la treille effacera pour jamais les manœuvres les plus atroces et renouera plus étroitement entre nous les liens de l'union, de la concorde et de l'amitié, sans lesquels nous ne jouirons pas longtemps du fruit de nos conquêtes.

(1) Organisation de la compagnie des *Volontaires de la Bastille*, 16 octobre 1789, affectée le 21 novembre à la garde des grains et farines. (Voir Tome II, p. 316, et Tome III, p. 14.) — Création d'une compagnie de *chasseurs nationaux*, 30 octobre 1789, pour le service de la Halle aux grains, confirmée et maintenue les 18 et 21 novembre. (Voir Tome II, p. 476 et 657-658; Tome III, p. 14-15.) — Projet de création d'un *corps d'artillerie*, 21 décembre 1789, rapport et renvoi aux districts, 31 décembre. (Voir Tome III, p. 238 et 322.)

(2) Un grand nombre de délibérations de districts, hostiles à la création de tous corps séparés de la Garde nationale, Volontaires de la Bastille, chasseurs nationaux ou artillerie, ont été mentionnées dans les volumes précédents.

[25 Juin 1790] DE LA COMMUNE DE PARIS 251

Nous sommes, avec les sentiments ci-dessus exprimés, vos frères et compagnons d'armes.

Signé : LES VAINQUEURS DE LA BASTILLE.

Bien qu'imprimée sous son titre primitif, l'*Adresse aux ci-devant gardes-françaises* avait pourtant changé de destination, aussitôt après qu'elle avait vu le jour. En effet, l'imprimé que nous résumons ajoute immédiatement :

« L'impression en a été unanimement arrêtée aux frais du corps des Vainqueurs de la Bastille, sauf à changer le titre de ladite adresse, c'est-à-dire qu'au lieu d'être adressée aux ci-devant gardes-françaises, elle le serait à l'Assemblée nationale (1). »

Le même récit ajoute que DE LA REYNIE, ayant cessé de parler, fut porté en triomphe, et que BAILLY lui dit, en l'embrassant, et les larmes aux yeux : « Vous venez de sauver la capitale, et peut-être la France. »

Enfin, les *Mémoires* de DUSAULX établissent ainsi qu'il suit l'ordre des orateurs : « FAUCHET prit d'abord la parole ; après lui, DUSAULX et BOURDON DE LA CROSNIÈRE. HULIN, MAILLARD, ESTIENNE et quelques autres vainqueurs parlèrent dans le même sens. Alors, BAILLY se leva. LA REYNIE lut un projet d'adresse aux ci-devant gardes-françaises. On applaudit, et on arrêta à l'unanimité l'impression de la pièce, à la seule condition d'en changer le titre et de l'adresser à l'Assemblée nationale, non aux gardes-françaises. »

Ajoutons que, dans le *Procès-verbal de ce qui s'est passé, etc.*, les quatorze signatures reproduites dans le procès-verbal de l'Assemblée des Représentants sont suivies de cette mention : « Suivent les signatures, au nombre de huit cents et tant. »

La décision prise, on alla la porter immédiatement à l'Assemblée nationale. D'après la *Motion de M.* FAUCHET, la députation à l'Assemblée nationale était ainsi composée : BAILLY, Maire; l'abbé FAUCHET, DUSSAULT, Léonard BOURDON, LA GREY, HULLIN, MAILLARD, PAREIN, LA REYNIE, ESTIENNE, DUBOIS, CHOLAT, THIRION, ROUSSELET, LAUZIER, DEJEAN, D'OSMOND et AUBIN, soit le Maire, cinq Représentants de la Commune (quatre membres du Comité de la Bastille : DUSAULX, BOURDON DE LA CROSNIÈRE, BROUSSAIS DE LA GREY et D'OSMOND, plus FAUCHET), et douze délégués pris parmi les Vainqueurs.

La députation arriva à la fin de la séance du 25 juin, c'est-à-dire vers trois heures. Le président (LEPELETIER DE SAINT-FARGEAU) ayant annoncé que M. le Maire de Paris se présentait et demandait à être introduit à la barre avec une députation des Vainqueurs de la Bastille, en faisant observer que l'objet de cette députation était très pressant, la députation fut admise à l'instant, et BAILLY, parlant en son nom, prononça les paroles suivantes :

Les braves citoyens qui se sont distingués à la prise de la Bastille, et que vous aviez comblés d'honneurs, instruits que le décret rendu à leur égard excite des réclamations, se sont assemblés ce matin ; ils ont pris un arrêté dont je vous prie d'entendre la lecture. Je demande de l'indulgence pour une rédaction qui a été très précipitée.

---

(1) Cependant, il n'est pas certain que l'Assemblée nationale ait reçu communication d'une *Adresse* autre que l'*arrêté* adopté sur la proposition de BOURDON. (Voir ci-dessous, p. 252, note 1.)

Je dois observer que, dans cette assemblée nombreuse, j'ai trouvé autant de patriotes que d'individus; que le dévouement inviolable à la constitution, le respect pour l'Assemblée nationale et le désir de la paix y étaient unanimes.

Aussitôt, un des membres de la députation, Léonard Bourdon (nommé par le *Procès-verbal de ce qui s'est passé*), fit lecture de l'arrêté et peut-être de l'adresse que nous connaissons (1).

Le président, les félicitant, leur dit : « Déposer par amour pour la paix publique les palmes de la victoire, c'est un honneur plus beau, plus touchant que de les avoir méritées; c'est un sacrifice digne des Vainqueurs de la Bastille. » Il les assura, d'ailleurs, que l'Assemblée serait touchée des sentiments qu'ils venaient d'exprimer, et qu'elle prendrait leur arrêté en considération. La discussion s'engageant, Rœderer demande que l'Assemblée accepte le sacrifice fait à l'amour de l'égalité, et que la partie du décret qui accorde des distinctions particulières aux Vainqueurs de la Bastille soit rapportée. Démeunier est d'avis qu'on se borne à une mention honorable à l'ordre du jour. Moreau de Saint-Méry dit que l'Assemblée doit donner acte aux pétitionnaires de l'abandon qui vient d'être fait et témoigner sa satisfaction des sentiments qui l'ont déterminé. C'est cette proposition qui obtient la préférence; elle est mise aux voix sous la forme suivante :

L'Assemblée nationale, touchée du noble patriotisme des braves citoyens qui ont contribué à la prise de la Bastille le 14 juillet (2), accepte leur renonciation aux distinctions qui leur avaient été accordées par le décret du 19 de ce mois. Elle décrète, de plus, qu'il sera fait, dans le procès-verbal, mention honorable de leur généreux sacrifice.

C'est en ces termes que le décret est rendu (3).

Le même jour, les Vainqueurs venaient communiquer leur arrêté et le décret à l'Assemblée des Représentants de la Commune. A ce moment, Fauchet présente la motion résumée au procès-verbal, et imprimée à la suite de son *Discours aux Vainqueurs de la Bastille* (4).

Sur la motion elle-même, le résumé suffit. Mais Fauchet la fait suivre de plaintes amères sur le vote hostile qui a accueilli sa proposition : il attaque vivement l'un des principaux opposants, « Guillot, ci-devant de Blancheville, procureur au Châtelet, propriétaire d'un esprit rempli de chicane et

---

(1) Le Procès-verbal officiel de l'Assemblée nationale et le *Moniteur* ne mentionnent que la remise de l'*arrêté*, sans parler de l'*adresse :* « L'un d'eux a fait lecture de la délibération par laquelle ils renonçaient... » Le *Journal des débats et décrets* parle d'une *adresse*, mais d'une façon peu nette : « Une adresse lue par un des Vainqueurs de la Bastille contenait la délibération qu'ils avaient prise de refuser... » D'autre part, d'après le *Procès-verbal de ce qui s'est passé*, « l'*adresse* fut portée à l'Assemblée nationale par M. le Maire, etc... » Mais, comme ces mots suivent immédiatement le texte de l'*arrêté* qu'avait proposé Bourdon, après l'adoption de l'*adresse* rédigée par de La Reynie, on peut croire qu'*adresse* a été mis ici pour *arrêté*.

(2) La rédaction primitive, conservée par le *Journal des débats et décrets*, disait : qui ont pris la Bastille. (Voir ci-dessous, p. 253.)

(3) Voir *Archives parlementaires* (t. XVI, p. 463-464).

(4) Voir ci-dessus, p. 233 et 248.

encroûté par l'ancien régime ». Il explique d'ailleurs ou essaie d'expliquer que son projet de couronne civique à décerner à BAILLY n'est pas en désaccord avec ses actes antérieurs, généralement hostiles au même Bailly (1), et l'histoire ancienne lui fournit une comparaison qu'il croit probante : BAILLY couronné par lui rappellerait Scipion montant au Capitole, après la prise de Carthage, entouré de ses adversaires devenus ses admirateurs.

Le lendemain matin, l'Assemblée nationale s'occupa encore un instant des Vainqueurs. A l'occasion de la lecture du procès-verbal, DE CRILLON jeune demanda qu'on dit, dans le décret du 25 : *qui ont contribué à la prise de la Bastille*, au lieu de : *qui ont pris la Bastille*. Et la substitution fut adoptée sans difficulté (2), comme le fut, deux jours après, à l'Assemblée des Représentants de la Commune, une modification analogue (3).

Honneurs, privilèges, titre même, les *ex-Vainqueurs de la Bastille* avaient tout perdu. Mais il restait la compagnie des *Volontaires de la Bastille*, que commandait HULIN (4).

Quelques districts, profitant du moment favorable, s'empressèrent de redemander avec insistance leur suppression, réclamée en vain depuis plusieurs mois (5).

Nous verrons plus tard comment, à la suite de ces manifestations nouvelles, la compagnie des *Volontaires de la Bastille* cessa d'exister sous ce nom (6).

Pour le moment, il nous reste à raconter une tentative du groupe des *Vainqueurs de la Bastille* (dont les *Volontaires* organisés en corps ne constituaient qu'une fraction) pour regagner en partie le terrain perdu.

Mentionnons, pour mémoire, le désaveu de l'affiche du 18 juin par l'Assemblée des Représentants de la Commune et la proposition faite et ajournée de supprimer le Comité de la Bastille (7).

Un incident curieux, quoique assez obscur, se produisit, le 30 juin, au Club des Jacobins.

Par une exception remarquable, le journal de LOUSTALLOT, les *Révolutions de Paris*, ne s'était point associé au mouvement d'opposition devant lequel les Vainqueurs avaient dû battre en retraite, mouvement qu'il avait attribué à « une intrigue sourde et active ». Sans craindre d'approfondir la question, il avait soutenu la légitimité des distinctions honorifiques, allant jusqu'à dire : « L'axiome qu'il ne faut point de distinctions chez un peuple libre est destructif de toute émulation et de toute vertu (8) », et défendant si bien sa

(1) Notamment dans l'affaire DE MENOU. (Voir Tome V, p. 364, 402, 407, 442 et 509.)
(2) Voir *Archives parlementaires* (t. XVI, p. 465).
(3) Voir ci-dessous, p. 304.
(4) Compagnie de 150 hommes, reconstituée le 16 octobre 1789. (Voir Tome II, p. 316.)
(5) Novembre et décembre 1789. (Voir Tomes III, p. *11-12, 20*, 138, et IV, p. *243*.) — On vient de voir aussi que le *district de Saint-Philippe du Roule*, protestant contre les *Vainqueurs*, avait visé principalement les *Volontaires*. (Voir ci-dessus, p. *246-248*.)
(6) Décision du *Conseil de Ville*, du 23 août 1790. (Voir ci-dessous.)
(7) Séance du 28 juin. (Voir ci-dessous, p. 311-312.)
(8) *Révolutions de Paris* (n° du 19 au 26 juin).

thèse que Desmoulins reproduisait l'article et lui donnait son approbation enthousiaste (1).

Même la renonciation accomplie et le décret qui la sanctionnait rendu, le rédacteur des *Révolutions de Paris* continua à regretter la renonciation et à critiquer le décret. « Pourquoi renoncer aux honneurs? Les Vainqueurs ne doivent pas craindre de répondre : « Il est beau, non pas de porter de larges « épaulettes d'or, mais de les avoir méritées. » Et, faisant observer que l'arrêté des Vainqueurs du 25 juin contenait cette phrase : « ... la déclaration solennelle qu'ils font de renoncer, *si l'intérêt de la constitution l'exige*, à tous les honneurs,... », il ajoutait : « D'une part, le bien de la constitution n'exigeait pas ce sacrifice des Vainqueurs de la Bastille. D'autre part, il n'est pas possible d'ajuster l'acceptation pure et simple du Corps législatif avec l'offre conditionnelle des Vainqueurs de la Bastille. »

Comptant sans doute sur l'influence qu'exerçaient sur la *Société des Amis de la constitution* des journalistes tels que Loustallot et Desmoulins, les *Vainqueurs de la Bastille* paraissent avoir essayé d'obtenir des Jacobins une manifestation en leur faveur.

Voici, en effet, ce que rapporte le *Courrier de Paris dans les provinces et des provinces à Paris* (n° du 2 juillet) :

« Avant-hier (30 juin) au soir, les Vainqueurs de la Bastille se sont présentés au Club des Jacobins (2), pour revenir en partie contre l'honorable abandon qu'ils ont fait il y a quelques jours ; ce n'est plus qu'à demi qu'ils entendent consentir à un sacrifice qui les couvrait de gloire et qui faisait oublier que plusieurs d'entre eux avaient à peine vu la fumée des canons qui avaient foncé ces tours dans lesquelles le despotisme fixait son horrible demeure. Qui a pu leur inspirer une démarche aussi indiscrète? »

Et le lendemain (n° du 3 juillet), le même journal publiait, sous ce titre : *Députation des Vainqueurs de la Bastille au Club des Jacobins*, une lettre du sieur Beaulieu, pensionnaire du Théâtre du Palais-Royal, grenadier du bataillon de Saint-Honoré, membre du club (3), adressée aux *Volontaires de la Bastille*, lettre qui contient sur l'incident du 30 juin les détails qui suivent :

« Mes frères, la conduite si louable que vous avez tenue, en renonçant aux distinctions honorifiques que le décret de l'Assemblée nationale avait décernées aux véritables héros qui avaient le plus particulièrement exposé leur vie à la prise de la Bastille, m'avait pénétré d'admiration et d'estime. O mes chers camarades! quelle a été ma surprise lorsque j'ai entendu votre

(1) *Révolutions de France et de Brabant* (n° 32).
(2) Le recueil publié par M. Aulard sur *La Société des Jacobins* ne contient pas de compte-rendu de la séance du 30 juin.
(3) Il s'agit de l'acteur du *Théâtre des Variétés amusantes* au Palais-Royal, de Brémond de La Rochenard, dit Beaulieu, que l'Assemblée des Représentants de la Commune avait eu l'occasion de féliciter pour un acte de civisme, en janvier 1790. (Voir Tome III, p. 536, 599-602.) Le *Moniteur* (n° du 30 fructidor an III = 16 septembre 1795) dit de lui qu'il ne cessa de donner des preuves de ses qualités civiques dans le cours de la Révolution, et mérita d'être mis au nombre des excellents patriotes de 1789. — Son nom ne figure pas dans la liste des membres de la Société, publiée le 21 décembre 1790 et reproduite par M. Aulard (t. I, p. xxxiv-lxxvi).

orateur annoncer aux *Amis de la constitution* que vous vouliez mettre des bornes à un sacrifice aussi noble!

« Vous avez été témoins du mouvement involontaire d'improbation qu'a occasionné votre orateur lorsqu'à la première phrase il a semblé borner les Vainqueurs de la Bastille à 843. Eh! pouvez-vous vous dissimuler que toute la ville de Paris a eu une part égale à cette prise mémorable? Et si, effectivement, vous n'eussiez été que 843, qu'eussiez-vous osé entreprendre? Comptez-vous donc pour rien 150,000 citoyens armés qui formaient l'étoile autour de vous?... Ne sommes-nous pas tous les conquérants de la Bastille?

« Amis! déposez ces épaulettes et ce pompon jaune qui vous distinguent de vos frères qui vous ouvrent leur sein! Renoncez à ces misérables rétributions que vous réclamez! Rappelez-vous l'énergique observation que vous a faite l'abbé d'Espagnac (1) : « A Nîmes, ce sont les houppes rouges. A Paris, « ce seraient les houppes jaunes! »

« Au nom de Dieu, mes frères, ne sollicitez de récompenses que pour les blessés, les veuves et les orphelins! Puissent les sentiments qui animent tous les bons citoyens vous ouvrir les yeux sur les dangers et les conséquences d'une démarche rétrograde qui vous enlèverait la gloire que vous vous êtes si justement acquise! Tous les vrais amis de la chose publique attendent avec confiance cette nouvelle preuve de votre dévouement, et les bras de vos frères d'armes s'ouvrent déjà pour vous recevoir et vous dédommager des prétentions auxquelles vous aviez déjà renoncé si généreusement. »

L'accueil du Club des Jacobins avait donc été plutôt froid, et les Vainqueurs n'y avaient pas trouvé l'appui qu'ils espéraient. Ils durent perdre toute illusion lorsqu'ils virent MARAT se prononcer à son tour contre leurs prétentions.

L'*Adresse aux Vainqueurs de la Bastille et aux défenseurs de la liberté, les ci-devant gardes-françaises*, que publia l'*Ami du peuple* (n° du 6 juillet), est comme le dernier écho de cette grosse querelle qui avait excité un moment les esprits et failli troubler le repos de la cité.

« Soldats de la patrie, — écrivait MARAT — votre civisme avait dissipé le sombre nuage élevé parmi vous par les ennemis de notre repos; le calme était rétabli, et vous jouissiez à nos yeux du prix de vos généreux sacrifices. Pourquoi faut-il que de nouvelles divisions viennent troubler cette heureuse harmonie? Unis par des droits et des intérêts communs, auriez-vous oublié que vous avez la même cause à soutenir, la même cause à défendre? Les lâches qui ont juré notre perte soufflent sans cesse parmi vous les feux de la discorde : parviendront-ils à vous désunir? Ils s'efforcent de vous soulever les uns contre les autres : leur ménagerez-vous ce sujet de triomphe? Vous résoudrez-vous à perdre le mérite de tant de hauts faits, en vous disputant pour de vaines distinctions?

« Vainqueurs de la Bastille, et vous, braves guerriers qui n'avez plus voulu d'autre nom que celui de défenseurs de la liberté, conservez respectivement les marques d'honneur que vous reçûtes de vos concitoyens, ces

---

(1) L'abbé SAHUGUET D'ESPAGNAC, financier, condamné à mort avec les Dantonistes. Il figure sur la liste du 21 décembre 1790. (Voir AULARD, *La Société des Jacobins*, t. I, p. XLVIII.)

rubans précieux qui leur rappellent vos exploits (1), et dédaignez toute dignité qui pourrait devenir parmi vous une source de discorde.

« Qu'avez-vous besoin d'un habit fait aux dépens du trésor public? Vous en avez un fait à vos frais, qui montre votre patriotisme.

« Pourquoi graverait-on votre nom sur des armes? N'est-il pas gravé dans nos cœurs?

« Pourquoi une couronne murale sur votre uniforme? N'est-elle pas placée sur vos têtes par la reconnaissance publique?

« Pourquoi formeriez-vous une compagnie séparée de la Garde nationale? Ne seriez-vous pas humiliés de vous éloigner de vos frères d'armes?

« Pourquoi auriez-vous une place particulière dans la fête de la fédération? N'êtes-vous pas jaloux de vous confondre avec vos concitoyens?

« Oui, de pareilles distinctions ne conviennent qu'aux satellites soudoyés d'un despote. O mes compatriotes! le civisme, la générosité, la grandeur d'âme convient à sacrifier les intérêts personnels à ceux de la patrie. Iriez-vous, sous l'empire naissant de la liberté, affecter des distinctions capables de vous perdre? Quoi! c'est au moment où viennent de disparaître toutes les distinctions avilissantes des siècles de la servitude (2), que nous irons en établir d'injustes et de puériles! Nos ennemis ont tout mis en œuvre pour nous engager à donner ce spectacle ridicule aux nations étrangères : ne leur montrez que celui de votre modestie, de votre héroïsme et de vos vertus. »

Et MARAT finit en rappelant aux soi-disant Vainqueurs qu'ils eussent péri devant la Bastille sans l'insurrection générale de 100,000 de leurs concitoyens qui avaient assailli l'hôtel des Invalides pour se procurer des armes : tous ceux-là, pour ne s'être pas présentés devant la place, n'en sont pas moins Vainqueurs de la Bastille.

Incontestablement, la victoire restait aux anciens gardes-françaises : ils avaient obligé les Vainqueurs de la Bastille non seulement à abandonner leurs prétentions premières, mais presque à s'en excuser. Satisfaits de leur succès, ils daignèrent se montrer bons princes, et répondirent — tardivement — à l'*Adresse fraternelle des Vainqueurs* (3) par une manifestation de hautaine condescendance, dont un recueil véridique et quasi-officiel de pièces relatives à la Fédération (4) rend compte en ces termes :

« *Acte de civisme des ci-devant gardes-françaises.*

« Les perturbateurs du repos public avaient cherché à exciter les ci-devant

(1) Ruban des *Volontaires de la Bastille*, distribué en septembre 1789. (Voir Tome I, p. *444*.) Médaille et ruban autorisés pour les *gardes-françaises* par arrêtés du 7 et du 20 août 1789. (Voir Tome I, p. 121-122 et 288.)

(2) Décret du 19 juin 1790, sur l'abolition des titres nobiliaires. (Voir ci-dessus, p. *244*, note 2.)

(3) *Adresse* du 25 juin. (Voir ci-dessus, p. *249-251*.)

(4) *Confédération nationale* ou *Récit exact et circonstancié*, etc..., in-8° (Bib. Nat., Lb 39/3767), p. 42. Il est remarquable que ce recueil, certainement formé sous les auspices de l'*Assemblée des députés des sections pour le pacte fédératif*, ne parle pas du décret rendu en faveur des *Vainqueurs de la Bastille* ni de leur renonciation, alors qu'il signale la conduite des anciens gardes-françaises : ce silence ne peut être interprété que comme une désapprobation.

[25 Juin 1790] DE LA COMMUNE DE PARIS 257

gardes-françaises contre les Volontaires de la Bastille, et les Volontaires de la Bastille contre les ci-devant gardes-françaises. Ces derniers viennent de tenir une conduite qui porte un nouveau coup aux projets sinistres de nos ennemis.

« Ils se sont assemblés dans la place Vendôme, à quatre heures du matin (1), et là ils ont juré, sur ces mêmes armes qu'on voulait aiguiser contre les citoyens, de ne s'en servir que contre les ennemis de la Révolution, et, provoqués ou non, de remettre toute espèce de querelle à vider après la constitution et lorsque la Révolution sera consommée.

« Ils ont présenté leur arrêté à M. DE LA FAYETTE, qui a donné les plus grands éloges à cette nouvelle preuve de leur zèle et de leur patriotisme. »

En fin de compte, quel fut l'effet de la renonciation dûment acceptée et devenue définitive des *Vainqueurs de la Bastille* au bénéfice du décret du 19 juin?

Le décret ne fut point expressément rapporté, cela est certain ; il fut même exécuté en partie, puisqu'on voit l'Assemblée nationale décider, le 12 novembre 1790, sur la proposition de LEBRUN, rapporteur du Comité des finances, que les mémoires de l'habillement et de l'armement fournis aux Vainqueurs de la Bastille seraient vérifiés par le ministre des finances et payés par le trésor public (2), et la même Assemblée accorder, le 19 décembre 1790, sur le rapport de GOUPIL DE PREFELN, des gratifications ou pensions à trente blessés, et des pensions aux veuves et orphelins de vingt tués (3).

Ce qui disparut sous la réprobation des districts, ce qui resta lettre morte, ce sont les dispositions purement honorifiques, les écussons gravés sur les armes, peut-être la couronne murale appliquée sur le revers de l'habit, le droit de joindre à leur signature le titre de Vainqueur, la place particulière réservée à la fête de la Fédération, bref les satisfactions données uniquement à la vanité. Seul, le brevet honorable échappa à la proscription (4).

(1) Le jour de l'*Acte de civisme* n'est pas indiqué, mais le récit s'en trouve intercalé entre des pièces datées du 6 juillet et d'autres datées du 7. D'autre part, la *Chronique de Paris* (n° du 8 juillet) mentionne sous une autre forme le même fait, que je placerais volontiers à la date du 7 juillet.

(2) Voir *Archives parlementaires* (t. XX, p. 391). — La distribution de l'habillement et de l'armement commença dès le mois de juillet 1790, ainsi que le prouvent une lettre du Maire BAILLY au ministre NECKER, datée du 6 juillet, demandant si l'habillement ne doit pas comprendre les bas, souliers et chemises (reg. manusc., Bib. Nat., 11696, fol. 45), une requête des membres du Comité de la Bastille à OSSELIN, administrateur de la Garde nationale, en date du 9 juillet, et un ordre du Département de la Garde nationale, de même date, pour qu'il ne soit point mis obstacle à la distribution des armes (pièces manusc., Arch. Nat., T 514/1). Le nombre des fusils et sabres distribués fut de 863.

(3) Voir *Archives parlementaires* (t. XXI, p. 566-567).

(4) Un brevet ou diplôme de Vainqueur de la Bastille, gravé sur parchemin, portant la signature de Charles DE LAMETH, président de l'Assemblée nationale, de PANNETIER, président des Vainqueurs de la Bastille, de BORIE et CHOLAT, commissaires, est conservé aux Archives, accompagné d'un ruban rouge et bleu avec liseré blanc, sur lequel se trouve figurée une Bastille, avec ces mots : *Vaincre ou mourir. Vainqueur de la Bastille, du 14 juillet 1789.* (Voir Arch. Nat., F 7/6504.) La signature reporte la délivrance de ce brevet à juillet 1791, Charles DE LAMETH ayant occupé la présidence du 3 au 19 de ce mois.

TOME VI. 17

Ce qui demeura et fut exécuté, ce sont les dispositions utiles, d'un intérêt pratique, l'habillement, l'armement, les pensions.

Il convient d'ajouter que l'exécution des décrets ci-dessus cités ne fut pas sans soulever devant l'Assemblée nationale d'assez nombreuses difficultés et observations.

C'est ainsi que, dès le 6 janvier 1791, GOUPIL DE PREFELN demande qu'il soit fait des corrections à plusieurs des noms figurant au décret du 19 décembre. La rectification est ordonnée (1).

Le 16 janvier, c'est CAMUS qui signale les réclamations de plusieurs personnes qui prétendent avoir été omises sur la liste des 833 Vainqueurs de la Bastille qu'a fournie la Municipalité : il demande que les réclamants soient renvoyés à la direction générale de liquidation pour une vérification scrupuleuse des faits, car il a peine à croire qu'il y ait eu beaucoup d'omis. L'Assemblée décrète que les réclamants se présenteront à la direction générale de liquidation pour faire leurs preuves ; compte en sera rendu au Comité des pensions, qui en fera son rapport (2).

Le 10 février, matin, le même CAMUS expose que les Vainqueurs de la Bastille viennent très fréquemment au Comité des pensions pour réclamer la suite du décret du 19 juin, dans la partie relative aux marques d'honneur (3) : le Comité des pensions, que cela ne regarde pas, demande que les Vainqueurs de la Bastille soient renvoyés au Comité de constitution, parce que c'est ce Comité qui doit fixer les marques d'honneur à décerner aux personnes qui auront bien mérité de la patrie. VOIDEL demande l'ordre du jour, l'affaire ayant été soumise à l'examen du Comité de constitution. CAMUS insiste pour qu'au moins la décision de passer à l'ordre du jour soit mentionnée au procès-verbal : « On n'a pas d'idée de la continuité des demandes des Vainqueurs de la Bastille. » REGNAUD (de Saint-Jean d'Angely) rappelle que les Vainqueurs de la Bastille ont abdiqué les récompenses honorifiques qui leur avaient été accordées (4) ; l'Assemblée n'a pas oublié cette démarche généreuse, et elle ne doit pas mentionner au procès-verbal des pétitions dont elle ne veut pas s'occuper : il réclame l'ordre du jour pur et simple. L'ordre du jour est adopté (5).

Le 4 juin, soir, GAULTIER DE BIAUZAT, rapporteur du Comité des pensions, présente un projet de décret pour l'exécution de celui du 16 janvier, qui accorde, après vérification de la direction de liquidation, des gratifications à dix-neuf blessés nouveaux, des pensions à cinq blessés nouveaux, et ajoute dix noms à la liste officielle des Vainqueurs déposée aux Archives, ladite liste faisant foi pour la concession de l'armement, de l'habillement et des honneurs ; aux termes de l'art. 5, toutes autres réclamations faites et non admises sont définitivement rejetées, et l'Assemblée déclare qu'elle ne recevra plus de pétition tendant à faire comprendre de nouveaux titulaires dans la liste des Vainqueurs de la Bastille. Le décret est adopté (6).

(1) Voir *Archives parlementaires* (t. XXII, p. 39-40).
(2) Voir *Archives parlementaires* (t. XXII, p. 281-282).
(3) Ils n'y avaient donc pas encore complètement renoncé !
(4) Séance du 25 juin 1790. (Voir ci-dessus, p. 248-252.)
(5) Voir *Archives parlementaires* (t. XXIII, p. 81).
(6) Voir *Archives parlementaires* (t. XXVI, p. 754-755).

Cependant, trois jours après, le 7 juin, matin, le même Gaultier de Biauzat, toujours au nom du Comité des pensions, signale des erreurs de rédaction dans le décret du 4 juin : il propose une rédaction nouvelle de l'art. 3, qui ajoute treize noms, au lieu de dix, à la liste officielle des Vainqueurs ayant droit à l'habit, à l'armement et aux autres avantages honorifiques accordés par le décret du 19 juin. La rédaction nouvelle est acceptée (1).

Cette fois, c'est fini et bien fini : la liste est close irrévocablement. Quelques citoyens essaieront encore de réclamer de l'Assemblée législative la pension accordée aux blessés du siège de la Bastille : ce sera en vain (2).

Ajoutons que, d'après un extrait des états de dépenses extraordinaires du trésor, certifié par les commissaires de la trésorerie nationale, le 17 septembre 1791, le total des dépenses relatives aux Vainqueurs de la Bastille ne s'est élevé qu'à 138,572 livres (3).

Il ne serait point facile de reconstituer aujourd'hui une liste rigoureusement exacte des Vainqueurs officiellement appelés à jouir du bénéfice du décret du 19 juin 1790. Les documents ne font pas défaut, mais ils ne concordent pas.

On possède d'abord le *Tableau des citoyens Vainqueurs de la Bastille*, daté du 17 juin 1790, certifié conforme aux procès-verbaux par les commissaires Représentants de la Commune et par les commissaires des Vainqueurs de la Bastille (4), celui-là même qui se trouve visé dans le décret (5). Ce tableau, qui ne donne que les noms, souvent bizarrement orthographiés, sans prénoms ni qualités, fournit le chiffre de 859 inscrits, plus 16 veuves avec 9 enfants, et 2 orphelins.

Une autre liste porte un titre plein de promesses : *Tableau des Vainqueurs de la Bastille, par ordre alphabétique, noms, surnoms, qualités et professions, et observations ou reconnaissances des titres, d'après le dépouillement des procès-verbaux et des décrets* (6). Mais, outre que ce *Tableau* n'est ni daté ni signé, il ne contient qu'une petite partie des renseignements annoncés : les prénoms et les professions font presque absolument défaut ; les seules colonnes complètes sont celle des noms et celle des reconnaissances des titres, qui donne la date du procès-verbal correspondant ; certains vainqueurs s'étant fait reconnaître plusieurs fois, la liste, relevé fidèle du procès-verbal, fourmille de doubles emplois. Au total, ce *Tableau* présente 925 inscrits, plus 19 veuves.

Une troisième liste, simplement intitulée : *Noms des Vainqueurs de la Bastille*, accompagnée d'un répertoire alphabétique, sans date ni signatures (7), est de beaucoup la plus correcte ; elle donne, en général, les pré-

---

(1) Voir *Archives parlementaires* (t. XXVII, p. 20).

(2) Séance du 15 mai 1792. (Voir *Archives parlementaires*, t. XLIII, p. 396.) — Une dernière pétition, à fin d'inscription sur la liste des Vainqueurs, fut adressée à la Convention, le 17 brumaire an II = 7 novembre 1793, par un ancien garde-française, estropié à la prise de la Bastille. (Voir pièce manusc., Arch Nat., C 35, n° 298.)

(3) Pièce manusc. (Arch. Nat., D vi 17/177).

(4) Pièce manusc., 1 p. (Arch. Nat., *Musée des Archives*, AE ii 1166).

(5) Voir ci-dessus, p. 240-241.

(6) Cahier 35 p. manusc. (Arch. Nat., *Musée des Archives*, A E ii 1166).

(7) Pièce manusc. en deux parties, 70 et 40 p. (Arch. Nat., T 514/1).

noms, la profession, le grade et jusqu'au domicile des inscrits. Malheureusement, elle paraît avoir été dressée uniquement en vue de la délivrance des fusils (1), et ne porte que 661 noms.

Enfin, un *État nominatif*, sans date ni signature, qui ne concerne que des catégories restreintes de personnel (2), fixe à 19 le nombre des Vainqueurs morts après le siège (en note, il est dit que le nombre des morts pendant l'attaque est de 63); à 90 le nombre des Vainqueurs qui se sont le plus distingués; enfin, à 15 le nombre des ci-devant gardes-françaises qui se sont fait remarquer dans la même action.

Si l'on tient compte de ces divers éléments d'appréciation, comme aussi du chiffre de 846 indiqué par les décrets de l'Assemblée nationale (3), on peut très approximativement fixer à 850 ou 860 le chiffre total des Vainqueurs officiellement reconnus.

Quant à ceux des *Vainqueurs* nommés dans la présente notice, et dont plusieurs nous sont déjà connus, en voici l'identité établie, sauf erreur, aussi exactement que possible :

BONNEMÈRE (Aubin), sergent ;
BORIE (Jean), ancien négociant ;
CHOLAT (Claude), marchand de vin ;
DEJEAN (Antoine Marie) ;
DUBOIS DE LA SAUVAGERESSE (Jean Bernard), gazier ;
ÉLIE (Jacob Job), capitaine au bataillon de Saint-Jean en Grève ;
ESTIENNE (Antoine), ingénieur ;
HULIN (Pierre Augustin), capitaine de chasseurs nationaux ;
DE LA REYNIE (Jean-Baptiste Marie Louis), aide-major ;
LAUZIER (Frédéric) ;
MAILLARD (Stanislas Marie), lieutenant ;
PAREIN DU MESNIL (François), avocat ;
ROSSIGNOL (Jean Antoine), orfèvre ;
ROUSSELET (Pierre Alexandre Joseph), inspecteur des travaux publics ;
THIRION (François), sergent-major de grenadiers ;
TOURNAY (Jean Pierre), cloutier.

Il serait injuste de ne pas ajouter tout de suite que, les circonstances devenant plus graves, les Vainqueurs de la Bastille se montrèrent à la hauteur des devoirs que leur imposait leur titre : nous les retrouverons harcelant l'Assemblée législative de leurs offres de service, empressés à se dévouer à la défense de la patrie, finalement formés en compagnies de gendarmerie nationale, en même temps que leurs rivaux d'antan, les ci-devant gardes-françaises.

(II, p. 237) La décision du Comité de constitution, sur laquelle s'appuyait le mémoire de la compagnie de l'Arquebuse, est rapportée par le *Journal de*

---

(1) D'après une lettre de BAILLY à OSSELIN, du 21 septembre 1790, pièce manusc. (Arch. Nat., T 514 4).

(2) Reg. manusc. (Bib. Nat., manusc. 3241, fol. 138).

(3) La déclaration de CAMUS, du 16 janvier 1791, complétée par les décrets des 4 et 7 juin 1790, donne 833 + 10 + 3 = 846 noms. (Voir ci-dessus, p. 257 et 258.)

la Municipalité et des sections (n° du 26 juin), avec le préambule suivant :

« M. Ricart, *chancelier de l'Arquebuse et secrétaire-général des compagnies unies, nous a prié de publier, au plus tôt, l'article suivant, attendu l'interprétation outrée que, dans plusieurs provinces, on donne aux décrets de l'Assemblée nationale.* »

Suit l'article ainsi conçu :

« MM. les arquebusiers royaux et nationaux des provinces de Brie, Champagne, Isle de France, Picardie, Hainault français, Anjou et Clermontois, unis en concordat, ont présenté à l'Assemblée nationale un *Mémoire* (1), qu'elle a renvoyé à son Comité de constitution, pour l'interprétation du décret du 12 juin 1790. Ce Mémoire exprime la soumission la plus parfaite aux décrets de l'Assemblée nationale acceptés par le roi; MM. les arquebusiers y font l'offrande de leurs drapeaux, comme le plus grand et le dernier sacrifice qu'ils feront pour le salut de la patrie, sans que leur patriotisme en soit altéré; ils demandent, par ce Mémoire, la solution de plusieurs questions sur le mode de l'incorporation, sur les différents uniformes de la Garde nationale; ils insistent principalement sur la conservation des propriétés mobilières et immobilières des compagnies, à l'égard desquelles il a été, dans deux villes, commis des spoliations et autres excès.

« Voici la réponse du Comité de constitution à ce sujet :

« L'Assemblée nationale n'ayant rien statué encore sur les forme et composition des compagnies de la Garde nationale, le Comité de constitution ne peut ni ne doit s'expliquer à l'égard des facultés que réclament les arquebusiers réunis en concordat; il ne peut qu'applaudir au zèle et à la soumission qu'ils démontrent et dont ils font l'hommage: c'est remplir de leur part l'attente que justifiait leur patriotisme connu; et l'exemple de leur prompte obéissance ne peut qu'affermir de plus en plus l'unité si essentielle de l'esprit public.

« Quant à la dernière question, elle est sans aucune difficulté. La propriété est et sera toujours sacrée aux yeux de l'Assemblée nationale. Les associations, comme les individus, ont un droit égal sur ce point, et toute atteinte portée à ce droit blesse les lois fondamentales de la société publique. Ainsi, les arquebusiers doivent être maintenus dans la jouissance des propriétés mobilières ou immobilières qui leur appartiennent, et ceux qui en ont été dépouillés doivent y être réintégrés.

« Fait au Comité de constitution, le 17 juin 1790.

« *Signé :* Thouret, Target, Le Chapelier. »

---

(1) Ce *mémoire* n'est pas mentionné dans les procès-verbaux de l'Assemblée constituante.

Du Samedi 26 Juin 1790

~~~ A l'ouverture de la séance, un de MM. les secrétaires a fait lecture des procès-verbaux des 18 et 21.

Et la rédaction en a été approuvée.

~~~ M. Haÿ, colonel des Gardes de la Ville, s'est présenté pour demander à l'Assemblée qu'elle voulût bien agréer l'hommage d'un mémoire justificatif de sa conduite, en réponse aux demandes des sieurs Girard, Gibert, Lambert, Bernard et autres membres de ce corps, observant que, pour ne point abuser de l'importance des moments de l'Assemblée, il allait en remettre des exemplaires au bureau de rédaction (1).

La décision de cette affaire étant soumise au Tribunal de la Ville et n'exigeant aucune discussion;

M. le président a répondu :

> Monsieur,
> L'intégrité du Tribunal, saisi de votre affaire, doit être pour vous un motif bien doux de consolation: il vous rendra justice; et l'Assemblée apprendra avec plaisir que vous avez triomphé.

~~~ M. Cocquard de Saint-Cyr, citoyen français et capitaine d'artillerie des patriotes liégeois, ayant obtenu d'être entendu, a présenté une adresse (2) par laquelle il propose à l'Assemblée d'arrêter : 1º qu'il soit nommé six commissaires, chargés de rédiger une adresse à l'Assemblée nationale ; 2º que cette adresse présentera les motifs les plus développés qui devront autoriser et légitimer le prochain rappel de tous les Français, revêtus de quelques grades,

---

(1) *Mémoire justificatif présenté par* M. Haÿ, *colonel des Gardes de la Ville de Paris, à M. le Maire et à MM. les Représentants de la Commune*, imp. 32 p. in-4º (Arch. de la Seine, nouv. acq. VD× 10). — La publication de ce mémoire avait été annoncée par Haÿ, dès le 26 octobre 1789. (Voir Tome II, p. 424.)

(2) Imp. à part, sous ce titre : *Motion faite à l'Assemblée de la Commune de Paris sur la nécessité d'exiger que tous et chacun soient aux places qui leur conviennent le 14 juillet 1790*, par Cocquard de Saint-Cyr, *avec la réponse de M. le président*, 18 p. in-8º (Bib. Nat., Lb 39/9082, Lb 40/117, et Lb 40/1229).

dignités ou places qui, avant la Révolution, influaient sur la chose publique, tous les Français qui touchent, en raison de leurs devoirs, des honoraires provenant des fonds publics ou des biens du clergé, et qui sont grands propriétaires; 3° que, dans cette adresse, les Parisiens n'entendent point rappeler dans le sein de la capitale les fugitifs et les forcer à vivre au milieu d'eux; que les revenants, d'après le désir unanimement exprimé de toute la ville, seront les maîtres de fixer leur séjour en France, où bon leur semblera, et d'y faire certifier leur activité civique; 4° que, le 14 juillet prochain, en célébrant l'anniversaire de la Révolution, on fera serment d'oublier les fautes et les erreurs commises de leur part; 5° qu'avant tout, et pour assurer le retour des absents, l'Assemblée nationale sera suppliée de s'entendre avec le monarque pour publier un décret d'amnistie générale, le vœu, nous osons le croire, le vœu de tous nos frères des autres départements étant celui de la paix et de l'union; 6° que M. le Maire sera invité de venir présider l'Assemblée le jour très prochain où l'on arrêtera, d'après la lecture du projet, la forme, les principes, les motifs, les conséquences de l'adresse, et qu'en même temps, il sera prié de se trouver à la tête de la députation, ou plutôt de toute l'Assemblée qui ira présenter l'adresse et qui se glorifiera de tenir, à la barre de la diète auguste, une attitude suppliante au nom des frères dont elle sollicitera le retour; 7° que le présent arrêté sera envoyé à M. le Maire et aux soixante districts pour qu'ils y adhèrent, dans cinq jours, au plus tard. (I, p. 279.)

M. le président a répondu :

Monsieur,

Né Français, vous avez nécessairement dans l'âme le feu sacré de la liberté. Les cris de vos frères en ont pressé l'activité : vous avez secondé les vœux des patriotes qui vous possèdent, et qui étaient impatients de rompre leurs fers. Ils vous ont apprécié et vous ont choisi pour capitaine d'artillerie et pour membre du Comité de la guerre. L'uniforme dont vous êtes revêtu, la médaille dont vous êtes décoré, les titres que vous m'avez communiqués l'attestent hautement et forcent de vous offrir le tribut d'hommage qui vous est dû.

Après avoir concouru à l'organisation de l'armée liégeoise, vous n'êtes venu dans le sein de votre patrie que pour y communiquer des projets de finance que vous avez cru devoir contribuer à sa félicité. Tous vos instants sont évidemment destinés à être consacrés au bonheur de l'humanité. Les sentiments développés dans votre pétition sont nobles; ils ont des droits sur tous les cœurs vertueux.

Malheureusement, il est des moments où la sagesse semble obligée de résister au triomphe de la générosité et de la bienfaisance. Ce n'est point à moi à juger si c'est dans cette circonstance délicate que se trouve l'Assemblée; mais je puis vous assurer que vous serez le premier à applaudir aux motifs qui détermineront sa décision.

Je vous invite, en son nom, à assister à la séance.

Ensuite, M. le président ayant mis à l'opinion;

L'examen de cette adresse a été renvoyé au Comité des rapports (1).

~~ M. Baslin s'étant excusé d'accepter la nomination faite hier de lui pour remplacer M. Godard, comme commissaire de la révision d'une *Adresse* à présenter à l'Assemblée nationale sur le mode d'aliénation des biens ecclésiastiques (2);

M. Vincendon a été nommé pour le remplacer.

~~ Un membre ayant proposé de faire lecture d'un projet de registre, qui pût servir à toutes les sections pour recevoir les déclarations des citoyens actifs, formé d'après les dispositions des décrets de l'Assemblée nationale;

La question préalable a été réclamée et appuyée.

M. le président ayant pris les voix;

Il a été arrêté qu'il n'y avait lieu à délibérer.

~~ Lecture faite d'une délibération des districts du Val de Grâce et de Saint-Jacques du Haut Pas (3), sur le projet d'établir dans chacune des sections un médecin et plusieurs chirurgiens gratuits pour les pauvres, avec fourniture également gratuite d'aliments, de remèdes et de linge;

Il a été arrêté qu'elle serait renvoyée au Comité des rapports. (II, p. 280.)

~~ Un des membres du Comité des vingt-quatre ayant fait lecture d'une lettre de M. Vauvilliers, lieutenant de maire du Département des subsistances, en date du 22, par laquelle il applaudit au projet de règlement rédigé par ce Comité, sous le titre de *Projet de décret pour la sûreté des approvisionnements de Paris*, et dont l'Assemblée, après en avoir entendu la lecture, avait ordonné le renvoi à ce Département pour avoir son avis (4);

Il a été arrêté que ce règlement serait inséré dans le procès-verbal, et que MM. du Comité des vingt-quatre demeureraient autorisés à le présenter au Comité de constitution de l'Assemblée nationale (5).

---

(1) Aucune suite ne paraît avoir été donnée à ce projet.
(2) Séance du 25 juin. (Voir ci-dessus, p. 237.)
(3) Délibération du 19 juin. (Voir ci-dessous, p. *280-281*.)
(4) La lecture avait eu lieu et le renvoi au Département des subsistances avait été prononcé le 8 juin. (Voir Tome V, p. 717.)
(5) Le décret du 21 mai 1790 concernant la Municipalité de Paris disait (tit. I, art. 55) que « l'exercice du contentieux de la police, des subsistances, approvisionnements et autres objets de la Municipalité, serait réglé par la suite. »
Les décrets du 19 juillet et du 21 septembre 1791 eurent pour objet de combler cette lacune.

PROJET DE DÉCRET

Pour la sûreté des approvisionnements de Paris.

La nouvelle administration du royaume, sa division en départements, districts et municipalités, ayant fait désirer à cette Ville de voir renouveler les lois, les ordonnances et règlements donnés en différents temps pour la sûreté de ses approvisionnements;

L'Assemblée nationale, considérant que cette capitale du royaume ne peut exister, avec ses nombreux établissements publics, ses arts, son commerce et son immense population, que par le secours des lois particulières, perpétuellement en vigueur, pour assurer ses besoins dans toute leur étendue;

A décrété et décrète ce qui suit:

CHAPITRE 1er.

Concernant les rivières, leurs bords et rivages, pour le transport par eau des approvisionnements de Paris.

Art. 1er. — Pour faciliter le commerce par les rivières et le transport des provisions nécessaires à la Ville de Paris, défenses sont faites à toutes personnes de détourner l'eau des rivières, ruisseaux et canaux, navigables et flottables, affluents dans la Seine, ainsi que des étangs servants et destinés aux flottages, ou d'en affaiblir et altérer le cours, par tranchées, fossés, canaux ou autrement, à peine, par les contrevenants, d'être punis comme usurpateurs; seront les ouvrages détruits réellement et de fait, et les choses réparées, aux frais des contrevenants, lesquels seront, en outre, tenus des dommages et intérêts envers les marchands, voituriers et tous autres qu'il appartiendra.

Art. 2. — Défenses sont également faites à toutes personnes de tirer ou faire tirer des terres, sables ou autres matériaux, à six toises près du rivage des rivières navigables, à peine de cent livres d'amende.

Art. 3. — Seront, tous propriétaires d'héritages aboutissant aux rivières navigables, tenus de laisser, le long des bords de ces rivières, vingt-quatre pieds pour le trait des chevaux; et ils ne pourront planter arbres, ni faire clôture aux haies, plus près des bords que de trente pieds; en cas de contravention, seront les fossés comblés, les arbres arrachés et les murs démolis, aux frais des contrevenants, qui seront tenus de tous dommages et intérêts.

Art. 4. — Nul ne pourra faire moulins, batardeaux, écluses, gords, pertuis, murs, plans d'arbres, amas de pierres, de terres et de fascines, ni autres édifices ou empêchements quelconques, nuisibles au cours de l'eau et au passage des bateaux et trains de bois, dans les rivières de Seine, Marne, Oise, Yonne, Loing et autres y affluentes; et, s'il s'en trouve de faits ou construits, sans autorisation valable, ils seront incessamment détruits, à la diligence des préposés de la Municipalité de Paris, aux frais des contrevenants, qui seront en outre, tenus de tous dommages et intérêts.

Art. 5. — Tous ceux qui, par concession bien et dûment obtenue et dont ils justifieront, ont droit d'avoir arches, gords, moulins, pertuis construits sur les rivières, sont tenus de conserver ou donner auxdites arches, pertuis, gords, etc..., un passage de vingt-quatre pieds au moins de largeur.

Art. 6. — Lorsqu'il conviendra faire aux pertuis, arches, vannes, gords, écluses et moulins, dûment établis et maintenus, des ouvrages et réparations qui pourraient empêcher la navigation et conduite de marchandises nécessaires à la provision de Paris, les propriétaires seront tenus, avant tout, d'en donner connaissance à la Municipalité de Paris, avec laquelle la nécessité et la durée des réparations sera constatée par procès-verbal, et le temps auquel elles seront faites sera fixé; les propriétaires en feront faire ensuite, aux paroisses et municipalités voisines, la publication un mois avant que de commencer les ouvrages, et ils déclareront le temps auquel ces ouvrages seront rendus parfaits et la navigation rétablie; le tout à peine de demeurer responsables des dommages et intérêts des marchands et voituriers.

Art. 7. — Seront ôtés et démolis toutes barrières, digues, chaînes et autres empêchements mis aux chemins, levées, ponts, passages, écluses et pertuis, pour la perception des droits et péages supprimés par les décrets de l'Assemblée nationale; et ne seront établis, à l'avenir, sur les chemins, levées, ponts, passages, écluses et pertuis, et en général sur les rivières, ruisseaux et canaux servant à la navigation pour les approvisionnements de Paris, aucuns nouveaux droits et péages, à peine de restitution, amende de trois mille livres, dommages, intérêts et autres peines qu'il appartiendra.

CHAPITRE II.

Du commerce et du transport des approvisionnements par eau.

Art. 1er. — Tous monopoles et mauvaises pratiques pour arrêter ou retarder les approvisionnements de la Ville de Paris, afin d'en faire hausser le prix par disette fictive, sont défendus, à peine d'amende qui sera proportionnée à la gravité des faits, et même de punition corporelle, selon les circonstances; et seront autorisés les officiers municipaux de Paris, en cas de besoin, à faire voiturer dans cette ville, aux frais de la chose, les marchandises dont ce transport sera ainsi suspendu, pour être vendues au public; où ils pourront accorder, à d'autres marchands, la permission de les faire voiturer pour leur compte, avec soumission, par ces derniers, de rembourser les propriétaires du prix de leurs marchandises.

Art. 2. — Les marchandises destinées pour l'approvisionnement de Paris ne pourront être arrêtées sur les lieux, ni en chemin, sous quelque prétexte que ce soit, même de saisie, soit par les propriétaires ou par les créanciers particuliers du marchand, soit aussi pour salaire et prix de la voiture; nonobstant ces saisies, les marchandises seront incessamment voiturées et amenées, sous la garde des gardiens établis à la saisie, pour être vendues et débitées sur les ports, et les deniers de la vente tenus en justice, à la conservation de qui il appartiendra.

Art. 3. — Ne pourront, les marchandises destinées pour Paris, être vendues à quelques personnes que ce soit sur les routes, et défenses sont faites à tout marchand d'aller au-devant des marchandises et de les acheter en chemin; le tout à peine, contre les vendeurs et acheteurs, d'amendes solidaires, proportionnées à la valeur des marchandises et à la gravité des faits.

Art. 4. — Tous marchands et négociants seront tenus de fournir les lettres de voiture aux voituriers, lesquels ne pourront partir des ports de charge sans en être munis, à peine de perdre le prix de la voiture; en cas de refus du marchand d'en fournir, le voiturier qui justifiera de ce refus par sommation en bonne forme faite au marchand, sera cru, tant sur la quantité des marchandises que sur le prix de la voiture.

Art. 5. — Les lettres de voiture contiendront les quantité et qualité des marchandises et le prix fixé de la voiture; elles feront mention tant du lieu où les marchandises auront été chargées que de celui de la destination, et du temps du départ; et, de plus, elles seront visées du maire ou syndic ou d'un des principaux officiers de la municipalité du lieu du chargement, et munies de leur sceau.

Art. 6. — Les voituriers chargés d'amener pour l'approvisionnement de Paris les marchandises, ne feront aucun séjour en route, à moins que, par fortune de temps ou autre nécessité, ils n'y soient obligés; ils pourront aller par les rivières et conduire leurs bateaux, tous les jours de l'année, fériés ou non fériés, à l'exception seulement des quatre fêtes solennelles de Noël, Pâques, Pentecôte et Toussaint; défenses sont faites à tous juges, à tous corps administratifs ou membres d'iceux et à toutes autres personnes d'empêcher le passage des bateaux les autres jours, ni de rien exiger des marchands et voituriers, sous quelque prétexte que ce soit, pour les laisser passer, à peine de concussion et de demeurer responsables de tous dommages et intérêts.

Art. 7. — Défenses sont faites à tous voituriers d'aller par les rivières qu'entre soleil levant et couchant, et de se mettre en chemin en temps de vent et tempête, à peine de demeurer responsables de la perte des marchandises et dommages et intérêts des marchands, et ne pourront les voituriers contrevenir au présent règlement sous prétexte du jour nommé ou d'avoir ordre du marchand de venir en diligence, sauf à eux-mêmes, en ce cas, à renforcer les courbes de chevaux pour hâter la voiture, pourvu que cela puisse se faire sans péril.

Art. 8. — Pour éviter les naufrages qui pourraient arriver aux passages des ponts et pertuis, les voituriers conduisant les bateaux et trains descendant la rivière seront tenus, avant que de passer les pertuis, d'envoyer un de leurs compagnons pour reconnaître s'il n'y a point quelques bateaux ou traits montants embouchés dans les arches des ponts ou dans les pertuis, et si les cordes ne sont point portées pour les monter au-dessus des ponts, auquel cas le descendant sera tenu de se garer jusqu'à ce que le montant soit passé et que les arches et pertuis soient entièrement libres, à peine de répondre, par le voiturier descendant, du dommage qui pourrait arriver aux bateaux et traits montants.

Art. 9. — Quand des voituriers seront chargés de la conduite de plusieurs bateaux et que, pour plus grande commodité, ils les auront accouplés, arrivant nécessité de les découpler, soit au passage des ponts et pertuis ou autres endroits difficiles, le principal voiturier sera tenu de les passer séparément, et les compagnons de rivière aussi tenus de faire le travail et de se joindre ensemble à cet effet, à peine de demeurer les uns et les autres responsables de la perte des marchandises et dommages et intérêts des marchands.

Art. 10. — Les voituriers des bateaux montants, venant à rencontrer en pleine rivière des bateaux descendants, seront tenus de se retirer vers terre pour laisser passer les descendants, à peine de demeurer responsables du dommage causé tant aux bateaux qu'aux marchandises.

Art. 11. — Pour prévenir les accidents qui peuvent arriver par la rencontre des coches et des bateaux descendants avec les coches et traits de bateaux montants, seront tenus, tous conducteurs des montants, pour faciliter le passage des descendants, de faire voler, par-dessus les montants, la corde appelée *cincenelle*, et empêcher que les bateaux accouplés en fin du trait ne s'écartent et empêchent le passage desdits coches et bateaux; seront aussi tenus, les conducteurs des coches et bateaux descendants, de lâcher leur *cincenelle*, en sorte qu'elle passe par-dessous les montants; le tout à peine de toutes pertes, dommages et intérêts.

Art. 12. — Les bateaux et marchandises étant arrivés en cette ville au port de leur destination, les voituriers seront tenus d'en donner aussitôt avis aux préposés de la Municipalité sur les ports et de présenter et faire viser leur lettre de voiture, et ce avant de faire aucun déchargement, à peine contre eux de cent livres d'amende ou autre plus forte, suivant les circonstances, et pourront les préposés de l'autorité des administrateurs des subsistances et approvisionnements, ou les administrateurs eux-mêmes, faire faire toutes les vérifications nécessaires pour reconnaître s'il y a eu des retards, fraudes ou contraventions aux règlements dans les chargement, transport et conduite des marchandises.

CHAPITRE III.

Des approvisionnements, flottage et transport des bois pour Paris.

Art. 1er. — Conformément aux ordonnances générales de 1518, 1580 et 1669, pour la conservation des bois et forêts du royaume, et à celle de 1520, spéciale pour la conservation des bois destinés à l'approvisionnement de Paris, les propriétaires et possesseurs de bois et forêts, dans l'étendue de 6 lieues proche les rivières de Seine, Marne, Oise, Yonne, Loing et autres y affluentes, ne pourront les défricher et convertir en autre nature que de bois, à peine de 5,000 livres d'amende et même de plus forte, selon l'étendue des défrichements.

Art. 2. — Conformément aux mêmes ordonnances, défenses sont faites à tous propriétaires, possesseurs, marchands et toutes autres personnes de faire des cendres dans les bois destinés à l'approvisionnement de Paris, et d'en consommer les arbres pour cela, à peine de 500 livres d'amende ou autre plus forte, selon les circonstances.

Art. 3. — Seront tenus, les officiers des maîtrises particulières des eaux et forêts, autres officiers ou membres des corps administratifs chargés des adjudications des bois dans l'arrondissement desquels se trouvent des bois et à la distance de 6 lieues de la rivière de Seine et autres ci-dessus désignées, d'insérer dans le cahier des charges des adjudications que les bois sont destinés pour l'approvisionnement de Paris, en faisant toutefois réserve de telle portion de ces bois qu'ils jugeront nécessaire au chauffage des habitants de chaque canton; de laquelle réserve il sera fait une adjudication particulière, et seront, ces officiers ou membres des corps administratifs, tenus d'envoyer au greffe de la Municipalité de Paris, dans le courant du mois où les adjudications auront été faites, un extrait de ces adjudications, du nombre des arpents qu'ils auront adjugés, des noms et des demeures des adjudicataires, et des époques des coupes de bois.

Art. 4. — Seront aussi tenus, tous adjudicataires des bois destinés à l'approvisionnement de Paris, de remettre ou envoyer dans le plus bref délai possible, au greffe de la Municipalité de Paris, leurs déclarations signées d'eux et certifiées véritables, des adjudications à eux faites, du nombre d'arpents qu'elles comprennent, de la quantité estimative des cordes de bois que chaque arpent doit produire, ainsi que des différentes époques auxquelles ces bois pourront arriver à Paris. Ils seront, en outre, tenus de donner à la Municipalité de Paris l'état exact de toutes les acquisitions de bois qu'ils feront, quoique sans adjudication, pour l'approvisionnement de Paris; le tout à peine contre les contrevenants de 500 livres d'amende ou autre plus forte, selon les circonstances.

Art. 5. — Les ventes des bois destinés à l'approvisionnement de Paris seront vuidées, les bois conduits sur les ports flottables ou navigables, et ensuite transportés à Paris, soit en trains soit par bateaux, dans l'intervalle de deux ans à compter de la date de l'adjudication, savoir : la première année, pour la coupe des bois; la seconde, pour la vuidange et le transport à Paris.

Art. 6. — Dans le cas néanmoins où les besoins de l'approvisionnement exigeraient de promptes ressources, les marchands et adjudicataires seront tenus, en conséquence des ordres qu'ils en recevront de la Municipalité de Paris, et sans égard au délai de deux ans, de faire transporter, sur les ports flottables ou navigables et de suite sur ceux de Paris, tous les bois qui leur auront été adjugés.

Art. 7. — En cas de négligence ou retard, de la part des marchands et adjudicataires, de faire vuider les ventes, transporter sur les ports et de suite à Paris, dans les deux ans accordés par l'art. 5, ou dans le délai plus prompt qui leur sera prescrit selon l'art. 6, les préposés de la Municipalité de Paris sur les lieux seront autorisés, après dues sommations, à faire faire les coupes, vuidanges, transports requis, et ce aux frais de la marchandise; et seront en outre les marchands, en cas de négligence affectée, mulctés de 500 livres d'amende ou autre plus forte, suivant les circonstances.

Art. 8. — Pour la plus grande facilité et célérité dans le transport des bois destinés à être flottés, les marchands et adjudicataires veilleront à ce qu'ils soient voiturés dès les premiers jours du mois de novembre de chaque année; les premières piles seront déposées à quatre pieds de distance au plus des rives des ruisseaux où ils doivent être jetés à bûches perdues, et les autres piles seront déposées le plus près possible; en cas de négligence, le rapprochement et le dépôt pourra en être fait aux frais de la marchandise, à la diligence des préposés de la Municipalité de Paris sur les lieux.

Art. 9. — Les charrettes et harnais employés au transport des bois pourront être conduits dans les fours et sur les terres et chemins étant depuis les forêts jusqu'aux ports flottables ou navigables, en dédommageant les propriétaires des héritages, à dire d'experts, sans que les propriétaires puissent faire saisir les bois, chevaux, charrettes et harnais, et empêcher le transport, en faisant par les marchands ou propriétaires des bois leurs soumissions de payer les dommages tels que de raison.

Art. 10. — Pourront aussi, les marchands, entrepreneurs ou autres personnes intéressées au flottage des bois pour la provision de Paris, faire les nouveaux canaux ou étangs qui pourront être nécessaires, se servir de ceux qui existent, les faire élargir ou agrandir, ainsi que les ruisseaux, s'il est nécessaire, en dédommageant les propriétaires des terres et étangs, à dire d'experts.

Art. 11. — Tous étangs, canaux et autres ouvrages, construits pour le flottage des bois aux frais du gouvernement, singulièrement dans le Morvan et partout ailleurs, seront soigneusement conservés et entretenus, à la diligence et aux frais de la Municipalité de Paris, par ses préposés sur les lieux.

Art. 12. — Seront également conservés et entretenus avec soin, aux frais des propriétaires ou possesseurs, tous étangs, canaux et ruisseaux appartenant à des corps, communautés ou particuliers, et servant au flottage des bois, tant dans le Morvan que dans tous autres lieux où le flottage est pratiqué, à peine de toute perte, dépens, dommages et intérêts.

Art. 13. — Défenses sont faites à toutes personnes d'obstruer, embarrasser ou empêcher lesdits étangs canaux et ruisseaux, d'en ruiner les ouvrages faits ou à faire pour la sûreté et facilité du flottage, de rouler des éclats de roches, des troncs d'arbres ou autres choses nuisibles dans leurs lits, et de faire ni de permettre qu'il soit rien fait de préjudiciable au flottage; le tout à peine de toute perte, dépens, dommages et intérêts, même d'être poursuivis extraordinairement, selon l'exigence des cas.

Art. 14. — Pourront, les préposés de la Municipalité de Paris, les marchands, les entrepreneurs du flottage ou autres personnes intéressées, après dues sommations aux propriétaires ou possesseurs négligents, aux contrevenants ou délinquants, faire faire, aux frais desdits propriétaires, possesseurs, contrevenants ou délinquants, tous ouvrages, toutes réparations, tous curements nécessaires auxdits étangs, canaux et ruisseaux.

Art. 15. — Le flottage à bois perdu continuera à être fait à entreprise; l'entreprise pourra être accordée à un seul entrepreneur ou divisée entre plusieurs, selon qu'il sera réglé par la Municipalité de Paris; en cas de division, chaque entrepreneur aura son canton séparé, et l'adjudication des différents cantons sera faite séparément, soit par les officiers municipaux de Paris, soit par leurs préposés sur les lieux, ou autres officiers municipaux auxquels ils adresseront commissions rogatoires à cet effet.

Art. 16. — Ne pourront, les marchands et adjudicataires des bois, se rendre adjudicataires d'aucune entreprise de flottage, directement ou indirectement, à peine de trois mille livres d'amende. Les adjudications seront faites à des personnes connues solvables, et qui ne feront point le commerce de bois.

Art. 17. — L'entrepreneur ou les entrepreneurs du flottage feront jeter les bois à bois perdu sur les rivières et ruisseaux, canaux et étangs, en avertissant les personnes intéressées, par publications faites dix jours avant, aux prônes des messes paroissiales des lieux où les bois seront jetés jusqu'à celui de l'arrêt, et à la charge de dédommager les propriétaires des dégradations, si aucunes étaient faites aux ouvrages et édifices construits sur lesdites rivières, ruisseaux, canaux et étangs.

Art. 18. — Afin que le flottage des bois puisse être plus commodément fait, seront tenus, les propriétaires des héritages le long des deux côtés des ruisseaux, canaux ou étangs, de laisser un chemin de quatre pieds pour le passage des ouvriers employés à pousser les bois flottés à val-l'eau.

Art. 19. — Pourront aussi, les entrepreneurs du flottage, faire passer les bois dans les étangs ou fossés des châteaux ou maisons; et les propriétaires seront tenus, à cet effet, de faire ouverture de leurs basse cour et ponts aux ouvriers préposés par les entrepreneurs, lesquels seront chargés de dédommager les propriétaires, s'il y échet.

Art. 20. — Défenses et inhibitions très expresses sont faites, aux meuniers, maîtres de forges et à tous propriétaires d'usines sur les ruisseaux et rivières servant au flottage, de laisser entrer dans leur bien les bois flottants; il leur est enjoint de les fermer exactement, et d'ouvrir toutes leurs pelles, aux approches de chaque flot, à peine de 500 livres d'amende et de tous dommages et intérêts, même d'être poursuivis extraordinairement, selon l'exigence des cas.

Art. 21. — Il est enjoint aux gardes des pertuis de les tenir ouverts en tous temps, lorsqu'il y aura deux pieds d'eau dans la rivière; et, quand, les eaux étant plus basses, les pertuis devront être fermés, les gardes des pertuis seront tenus de les ouvrir, quand ils en seront requis; le tout à peine de 500 livres d'amende et de tous dommages et intérêts.

Art. 22. — Pour prévenir les contestations d'entre les entrepreneurs du flottage et les propriétaires ou possesseurs de moulins, vannes, écluses et pertuis, duement établis et maintenus sur les rivières et ruisseaux, pour prétendues dégradations causées par le passage des bois, les entrepreneurs seront tenus, avant de jeter leurs bois, de faire visiter lesdites vannes, écluses, pertuis et moulins, par experts, en présence du premier juge ou notaire sur ce requis, ou, à leur défaut, en présence de tout autre officier de justice, parties présentes ou duement appelées aux domiciles des meuniers ou gardes des pertuis; ils seront aussi tenus de faire faire le récolement de la visite, après le flot passé, à peine d'être tenus de toutes les dégradations qui se trouveront auxdites vannes, écluses, pertuis et moulins.

Art. 23. — Si, par la visite faite avant le flot, il paraît qu'il y ait des réparations à faire, les propriétaires ou possesseurs seront tenus de les faire faire incessamment, après une simple sommation faite à leurs personnes ou au domicile de leurs meuniers ; sinon, il sera permis aux entrepreneurs du flottage ou autres personnes intéressées d'y mettre ouvriers, et d'avancer pour ce les deniers nécessaires, qui seront déduits et précomptés sur ce qu'ils pourront devoir pour le chômage des moulins causé par le passage des bois ; et le surplus sera supporté par les propriétaires ou possesseurs, et pris par préférence sur le revenu des moulins, qui demeurera par privilège affecté à ces avances.

Art. 24. — Le chômage pour le passage des bois flottés des moulins tournant et travaillant actuellement, de quelque nombre de roues que le corps du moulin soit composé, sera payé à raison de quarante sols par vingt-quatre heures ; si ce n'est qu'il y ait usage de payer moins, auquel cas l'usage sera suivi. Défenses sont faites à tous meuniers, à peine de restitution et de 200 livres d'amende, de se faire payer aucune autre somme, si ce n'est pour leur travail particulier et dont ils seront convenus de gré à gré.

Art. 25. — Sera loisible, aux entrepreneurs du flottage de faire pêcher, par toutes personnes que bon leur semblera, les bois de leur flot qui auront été à fond de l'eau, pendant quarante jours après que le flot sera passé ; si, pendant ce délai, l'entrepreneur ou autre jettent un autre flot, les quarante jours ne commenceront de courir que du jour que le dernier flot sera entièrement passé, et ne pourront, ceux qui se prétendent propriétaires des rivières, ruisseaux, canaux ou étangs, se faire payer aucune chose sous prétexte de dédommagement de la pêche ou autrement pour raison de ces bois canards.

Art. 26. — Si les entrepreneurs sont négligents de faire pêcher les bois canards durant les quarante jours, les propriétaires ou autres ayant droit sur les rivières, ruisseaux, canaux, étangs, pourront le faire après ce délai, à la charge de laisser ces bois sur les bords ; pour les frais de la pêche et l'occupation des terres, il leur sera payé, par l'entrepreneur du flottage ou les marchands à qui les bois se trouveront appartenir, ce qui sera arbitré par les gens à ce connaissant, dont les parties conviendront ou qui seront nommés d'office, eu égard aux lieux et revenus des héritages et au temps de l'occupation. Il est fait défenses à tous propriétaires ou possesseurs de châteaux et maisons de faire enlever, en leurs châteaux et maisons, lesdits bois canards, à peine d'être déchus de tout remboursement pour leur pêche, et de restitution du quadruple du prix des bois qu'ils auraient ainsi enlevés.

Art. 27. — Pourront, les marchands de bois, leurs préposés ou autres personnes intéressées aux commerce et transport des bois pour l'approvisionnement de Paris, se servir des terres, proches des rivières, ruisseaux, canaux, étangs servant à la navigation ou au transport des bois, pour y faire les amas des bois, soit pour les faire jeter à flot, soit pour les charger en bateaux, soit pour les mettre en trains, en payant, pour l'occupation des héritages, savoir dix-huit deniers par chaque corde qui sera empilée sur les terres étant en pré, et un sol par chaque corde empilée sur les terres à labour, et ce par chaque année d'occupation du local ; et, moyennant ces sommes, les propriétaires seront tenus de souffrir le passage des ouvriers sur leurs héritages, tant pour faire faire les empilages que pour façonner les trains, ensemble de laisser passer les harnais et chevaux portant les rouettes, chantiers et autres choses nécessaires pour la construction des trains.

Art. 28. — Aussitôt que les bois seront arrivés sur les ports flottables, ils seront empilés, sans délai ; et les marchands, propriétaires et adjudicataires seront tenus de les faire marquer de leurs marques ; et, à faute de le faire, les préposés de la Ville de Paris seront autorisés à le faire aux frais de la marchandise, empiler et marquer de marteaux à ce destinés, dont ils seront porteurs; et ils dresseront ou feront dresser procès-verbal de l'opération, pour servir à reconnaître et séparer les bois ainsi marqués d'office, lorsqu'ils seront rendus sur les ports où ils doivent être mis en trains; sera, au surplus, la marque des bois, faite de jour et non de nuit, à peine, par les contrevenants, d'être poursuivis extraordinairement.

Art. 29. — Pour faciliter aux propriétaires des emplacements sur lesquels les bois seront déposés le moyen d'être payés de l'occupation, ces bois seront triqués et empilés séparément; les piles seront faites de huit pieds de haut sur quinze toises de longueur; et on laissera, entre les deux piles, deux pieds de distance. Ne pourront les marchands faire travailler à la confection de leurs trains qu'après avoir payé le prix de l'occupation du terrain; à l'effet de quoi, ils seront tenus de faire compter et mesurer les piles par les compteurs des ports, en présence des propriétaires ou possesseurs des terrains, ou eux duement appelés.

Art. 30. — Dans le cas où la navigation ne sera pas praticable pour les bateaux qui servent ordinairement au transport des bois neufs, les marchands seront tenus de former leurs chargements en allèges ou sur de petits bateaux, sans que, pour raison, ils puissent former aucune demande en indemnité, sauf à ne satisfaire au paiement des droits, notamment de ceux de mettage à port, que dans la proportion de ce que les allèges ou petits bateaux contiendront.

Art. 31. — Les bois affectés à l'approvisionnement de Paris, chargés en allèges ou sur de grands bateaux, ou transportés en trains, ne pourront, sous aucun prétexte et quelle que puisse être la destination donnée par les lettres de voiture, être déchargés et vendus en route, ni descendus au-dessous de Paris, sans une permission expresse de la Municipalité, qui ne pourra être accordée que d'après les plus fortes considérations, à peine, contre les contrevenants, de confiscation du prix des bois, au profit des pauvres, et de trois mille livres d'amende.

Art. 32. — L'épaisseur de chaque train, fabriqué depuis le 1er juin jusqu'au 1er novembre de chaque année, ne pourra être que de quatorze ou de quinze pouces au plus; il sera libre aux marchands de faire ajouter, à chaque part de leurs trains, un dixième coupon, à la charge par eux, de faire fortifier les trains dans le milieu par des doubles liens; et, faute par eux de le faire, ils ne pourront, sous quelque prétexte que ce puisse être, prétendre aucune indemnité, en cas d'accident.

Art. 33. — Si aucuns des trains faits depuis le 1er juin jusqu'au 1er novembre deviennent fondriers et se trouvent arrêtés en route, les préposés de la Municipalité de Paris sur les lieux seront tenus de s'y transporter sur-le-champ, de dresser ou faire dresser procès-verbal de l'épaisseur exacte des trains et de la manière dont ils auront été construits; ils feront retirer les bois de l'eau, et les feront empiler sur les berges; le procès verbal sera renvoyé à la Municipalité de Paris, pour être pourvu aux indemnités ou aux contraventions aux règlements, ainsi qu'il appartiendra.

Art 34. — A l'égard des trains fabriqués depuis le 1er novembre jusqu'au 1er mai de chaque année, l'épaisseur pourra être de vingt ou vingt-deux pouces au plus, et seront, au surplus, les deux articles précédents, exécutés pour ces trains, comme pour les autres.

Art. 35. — Pour procurer l'abondance de la marchandise de bois à Paris, pourront, tous marchands tant de cette ville que les forains, faire mettre en chantier les bois neufs ou flottés qu'ils feront arriver, et la Municipalité tiendra la main à ce que les forains soient pourvus, à leurs frais, de chantiers en lieux convenables pour la distribution de leurs bois.

CHAPITRE IV.

Des contestations relatives aux approvisionnements, et de l'exécution des règlements.

Art. 1er. — Toutes les contestations concernant les approvisionnements de Paris et l'exécution des règlements y relatifs, ci-devant portées au Tribunal de la Ville de Paris appelé le *Bureau de Ville*, et devant les lieutenants délégués du prévôt des marchands et échevins, dans les provinces, seront à l'avenir portées au nouveau Tribunal de la Municipalité et de la police de Paris, qui sera substitué au *Bureau de Ville*, et devant les juges délégués de ce Tribunal, qui seront substitués aux lieutenants délégués du prévôt des marchands et échevins, dans les provinces.

Art. 2. — Tous jugements ou ordonnances soit du Tribunal de la Ville de Paris, soit des juges délégués de ce Tribunal, sujets à l'appel, seront dans tous les cas exécutés par provision, nonobstant l'appel, en donnant, par les parties, caution suffisante, ou à la caution juratoire, pour la Ville de Paris, des préposés de cette Ville, dans les cas où la célérité et la sûreté des approvisionnements de Paris les porteraient à requérir, ou suivre, en leurs noms et qualités, cette exécution provisoire.

Art. 3. — Seront tenus, les corps administratifs du département de Paris et autres départements, et de tous districts et municipalités, et les membres de ces corps, de prêter et faire prêter main forte et tous secours, pour l'entière et prompte exécution du présent règlement et de tous autres règlements rendus ou à rendre pour la sûreté et la célérité des approvisionnements de Paris; seront également tenus, tous juges et tribunaux, de prêter secours, accepter et exécuter toutes commissions rogatoires pour le même objet, en ce qui regarde le contentieux; le tout à peine de telle responsabilité que de droit envers qui il appartiendra.

—— MM. le lieutenant de maire des hôpitaux et les commissaires nommés dans l'affaire du sieur de Saint-Ange (1) se sont présentés.

M. Cahier de Gerville, procureur-syndic adjoint, a exposé, en leur nom, qu'en exécution des ordres de l'Assemblée, ils s'étaient occupés de prendre toutes les informations nécessaires sur cette affaire, ajournée à aujourd'hui, mais que, n'ayant pu encore rédiger l'arrêté qu'ils doivent proposer selon l'usage, ils priaient d'ajourner cette affaire à mercredi (2);

Ce qui a été accordé (3).

—— Un membre ayant exposé que le moment de la dissolution de l'Assemblée approchait, et que, comme il restait encore beaucoup d'affaires à expédier, c'était le cas de tenir les séances sans exception des dimanches et fêtes;

Un autre membre a observé qu'il était préférable d'ouvrir les séances à l'heure marquée de cinq pour six, ce qui donnerait six

---

(1) Séance du 21 juin. (Voir ci-dessus, p. 189.)
(2) 30 juin.
(3) L'affaire Chaix de Saint-Ange, ajournée de nouveau le jeudi 1er juillet, ne fut discutée que le 2 et le 3 juillet. (Voir ci-dessous, p. 339.)

heures de travail de plus par semaine, puisque l'Assemblée ne commençait ordinairement à se former qu'à sept heures.

Cette dernière proposition a obtenu la priorité.

Et il a été arrêté que l'Assemblée ouvrirait à six heures précises.

— Une députation des ouvriers travaillant aux carrières s'est présentée et a demandé à faire lecture d'un mémoire;

Ce qui a été accordé.

Lecture faite de ce mémoire, en date du 25 de ce mois, et signé des sieurs Le Tailleur, sous-ingénieur, et Georges, commis, ainsi que d'un nombre d'ouvriers employés aux travaux des carrières, récemment renvoyés par ordre du Département de police;

L'Assemblée, avant de statuer sur la demande des plaignants, qui a pour objet de faire prononcer que les sieurs Guillaumot (1) et Coeffier (2) rendront compte de cinq millions dépensés dans cette opération;

A arrêté que cette affaire serait renvoyée au Comité des rapports pour en rendre compte très incessamment (3).

— Un de MM. les commissaires, nommés pour vérifier les plaintes des ménages de la Salpêtrière (4), après avoir rendu compte de cette mission d'une manière également satisfaisante et propre à calmer toute inquiétude, a proposé un projet d'arrêté, ainsi qu'il suit :

« L'Assemblée, d'après le compte qui lui a été rendu par ses commissaires, a renvoyé la demande des pauvres des ménages de l'hôpital de la Salpêtrière au Département des hôpitaux, qui est invité à prendre, de concert avec l'administration de cette maison, les mesures nécessaires pour accorder la liberté, que les pauvres des ménages réclament, avec l'ordre nécessaire dans cet établissement. »

Personne n'ayant demandé la discussion;

M. le président ayant mis à l'opinion;

Le projet proposé a été adopté unanimement.

— Deux députations ont été introduites et entendues : la première, du district de Saint-Louis en l'Ile (5), et la seconde, du bataillon des Théatins (6). Toutes les deux avaient pour objet de

---

(1) GUILLAUMOT (Georges Axel), intendant-général des bâtiments, était chargé du contrôle et de l'inspection générale des carrières de Paris.

(2) COEFFIER, entrepreneur des travaux des carrières de Paris.

(3) Le *Conseil de Ville* s'occupa de cette affaire, le 31 juillet. (Voir ci-dessous.)

(4) Deux commissaires avaient été nommés le 7 juin. (Voir Tome V, p. 676.)

(5) Délibération du *district de Saint-Louis en l'Ile*, du 24 juin. (Voir ci-dessous, p. 294.)

(6). Délibération du *bataillon des Théatins*, du 22 juin. (Voir ci-dessous, p. 29..)

justifier M. Ferral, capitaine de la compagnie de chasseurs du bataillon de Saint-Louis en l'Ile; de s'opposer à la formation d'un Conseil de guerre pour Je juger de nouveau, et de proposer l'établissement d'un Comité de surveillance, composé d'un député des soixante bataillons, pour éclairer la conduite des officiers supérieurs de l'armée qui abuseraient de leur autorité contre la liberté des citoyens.

MM. les députés ont ensuite remis sur le bureau la délibération du district de Saint-Louis en l'Ile, en date du 24, et celle du bataillon des Théatins, en date du 22.

Sur quoi, l'Assemblée, ayant délibéré, a ordonné le renvoi de cette affaire à son Comité des rapports. (III, p. 282.)

~~~ Comme, suivant l'ordre du jour, il (1) devait être entendu;

Un de ses membres a pris la parole et a exposé que, conformément aux ordres de l'Assemblée, le Comité s'était occupé de prendre des informations sur les plaintes des employés au recouvrement des droits sur les bières (2), qu'ils en avaient déjà quelques-unes, mais qu'elles n'étaient pas suffisantes; qu'en conséquence, le Comité priait d'en remettre l'ajournement à mercredi.

Cette proposition a été adoptée (3).

~~~ Ensuite, d'après le compte rendu des affaires suivantes, il a été arrêté :

~~~ Que M. le président répondrait à MM. les électeurs du département de la Haute-Marne, pour les remercier de la lettre qu'ils ont adressée à l'Assemblée en lui envoyant copie de l'adresse vraiment patriotique par eux présentée à l'Assemblée nationale (4);

~~~ Que la demande de la dame Gentil, qui propose de céder à la Municipalité la propriété du terrain et des bâtiments de la foire Saint-Laurent, avec indication de l'usage à en faire pour des établissements de charité, serait renvoyée au Conseil général de la Municipalité prochaine;

~~~ Qu'il n'y avait lieu à délibérer sur la demande du sieur Louis Bercier, ci-devant jardinier de la Bastille, qui réclame une indemnité pour la non jouissance du terrain des fossés du bastion, dont il était locataire;

(1) *Il*, c'est-à-dire le Comité des rapports.
(2) Séance du 23 juin. (Voir ci-dessus, p. 225.)
(3) La question fut discutée et résolue dans la séance du mercredi 30 juin. (Voir ci-dessous, p. 330-331.)
(4) Adresse mentionnée au procès-verbal de l'Assemblée constituante, du 8 juin, soir. (Voir *Archives parlementaires*, t. XVI, p. 146.)

—— Et que le sieur Chanus, réclamant la restitution d'une canne, serait renvoyé à se pourvoir devant le Tribunal de police.

—— L'Assemblée ayant été ajournée à lundi, cinq heures;
La séance a été levée.

Signé : Thuriot, *président.*

Secrétaires : Ménessier, Pelletier, Castillon, Demars, Bonneville.

CONSEIL DE VILLE

[*Observation.* — A partir de la séance du 26 juin, une grande partie des procès-verbaux du Conseil de Ville est occupée par les préliminaires des opérations électorales prescrites par le décret du 22 juin pour la formation de la Municipalité définitive. Le tableau complet de ces opérations devant nécessairement se trouver dans l'ouvrage en préparation sur l'*Organisation municipale de Paris au début de la Révolution*, il a paru bon de réserver pour cet ouvrage les extraits des procès-verbaux, contenant toutes les mesures prises au sujet des élections municipales par le Conseil de Ville. En conséquence, on ne reproduira dorénavant, dans la présente publication, que la partie des procès-verbaux étrangère à ces élections.]

—— Le samedi 26 juin 1790, à six heures du soir, le Conseil de Ville convoqué en la forme ordinaire et présidé d'abord par M. Vely, doyen de MM. les administrateurs, et ensuite par M. le Maire;

—— Il a été fait lecture du procès-verbal de la dernière séance.
La rédaction en a été approuvée.

—— M. le procureur-syndic a requis, et le Conseil a ordonné, la transcription sur ses registres, pour être exécutés suivant leur forme et teneur, des lettres-patentes, proclamations et décrets suivants :

1° Lettres-patentes du 17 mai, sur un décret du 14, pour la vente de 400 millions de domaines nationaux (1).

2° Lettres-patentes du 3 juin, sur un décret du 31 mai, relatif à l'instruction pour la vente de 400 millions de domaines nationaux (2).

3° Proclamation du 13 juin, sur un décret du 1er, concernant la forme, la valeur et le nombre des assignats (3).

4° Proclamation du 13, sur un décret du 9 mai, relatif à la signature des assignats (4).

5° Lettres-patentes du 18 juin, sur un décret du 8, qui commet provisoire-

---

(1) Décret du 14 mai. (Voir Tome V, p. *638.*)
(2) Instruction du 31 mai. (Voir Tome V, p. *638-639* et *705*, note 1.)
(3) Décret du 1er juin, concernant la fabrication des assignats. (Voir *Archives parlementaires*, t. XVI, p. 28-29.)
(4) Décret du 9 mai, concernant la signature des assignats. (Voir *Archives parlementaires*, t. XV, p. 452.)

ment la Municipalité de la Ville de Paris à l'exercice de toutes les fonctions attribuées aux administrations de département et de district ou à leurs directoires (1).

6° Proclamation du roi du 23 juin 1790, sur un décret du 20, qui ordonne que les quatre figures enchaînées au pied de la statue de Louis XIV, à la place des Victoires, seront enlevées avant le 14 juillet prochain (2).

~~~ Une députation des Enfants Rouges a été annoncée et introduite.

Elle venait, au nom de la section, présenter différentes observations sur le décret de l'Assemblée nationale du 22 de ce mois, qui ordonne la division de Paris en 48 sections; elle réclamait contre la dissolution du district des Enfants Rouges, contre son incorporation dans les deux sections qui l'avoisinent(3). MM. les députés ont exposé, dans un mémoire signé d'eux, qu'ils ont laissé sur le bureau, que cette division était évidemment le fruit de l'erreur sur la population des citoyens domiciliés dans cette section, ainsi que dans celle des Pères de Nazareth, qui a obtenu la préférence (4); ils ont ajouté que la réunion entre les deux districts ne devait souffrir aucune difficulté, puisque celui des Pères de Nazareth n'avait que 753 citoyens actifs, et que celui des Enfants Rouges en contient un pareil nombre, en sorte que les deux districts réunis ne présentaient en tout que 1,500 citoyens, ce qui était encore au-dessous de la proportion déterminée pour les 48 sections qui doivent désormais former la division de la capitale. Ils ont conclu à ce que la Municipalité voulût bien adresser, à ce sujet, à l'Assemblée nationale, des représentations qui seraient infailliblement accueillies (5).

Le Conseil, délibérant sur cette demande, a déclaré que c'était avec regret qu'il se voyait dans l'impossibilité de statuer sur cette pétition; que, dans la nécessité de veiller personnellement à l'exécution des décrets, il ne pouvait qu'inviter la section à se retirer devers le Comité de constitution et l'Assemblée nationale, qui seule a

(1) Décret du 8 juin. (Voir Tome V, p. *636-637*.)
(2) Décret des 19 et 20 juin. (Voir ci-dessous, p. *298-299*.)
(3) Le district des Enfants Rouges se trouvait partagé, de par la nouvelle division de Paris, entre deux sections : 1° celle du *Temple*, qui comprenait presque tout le *district des Pères de Nazareth* et seulement une petite partie du *district des Enfants Rouges;* 2° celle des *Enfants Rouges*, formée de tout le *district des Capucins du Marais*, de la plus grande partie du *district des Enfants Rouges*, et de la moitié du *district des Blancs Manteaux*.
(4) Le mot *qui* manque dans le texte du registre-copie.
(5) Le Comité de constitution avait été saisi, dès le 16 juin, d'une réclamation du *district des Enfants Rouges* contre sa division en deux parties, et des observations de LEROUX, son député, pour obtenir l'adjonction du district des Pères de Nazareth. Pièces manusc. (Arch. Nat., D IV b 13, n° 250 *bis*).

le droit de prononcer sur tout ce qu'il y a de relatif à ses décrets (1).

~~~ Une autre députation du district de Saint-Jacques la Boucherie a été également annoncée et introduite.

Elle venait demander la suspension des travaux du corps-de-garde ordonné par la Commune sur la place des Innocents (2).

Le Conseil a donné acte de la réclamation, a engagé ces messieurs de laisser sur le bureau les pièces relatives à leur réclamation ;

Ce qu'ils ont fait ;

Et, au surplus, arrête que le secrétaire avertira MM. les commissaires du jour où ils pourront être entendus.

Le Conseil a également arrêté que MM. du district de Sainte-Opportune seraient avertis du jour où l'affaire devra être discutée (3).

~~~ Ensuite, le Conseil a entendu plusieurs artistes (4), MM. Doyen d'Orgement, Doyen Habert, de Beauvais, Bayard, Jean Pierre Barat, Michel Barat, Guyart et Mallecot, tous peintres décorateurs; ils venaient proposer au Conseil de dessiner tous les ouvrages et décorations qui auront trait au pacte fédératif et d'en faire à la Commune l'hommage patriotique.

Ces messieurs ont été renvoyés à l'Assemblée du pacte fédératif.

~~~ Sur l'observation, faite par un de MM. les administrateurs;

Le Conseil a ordonné l'impression et l'affiche du décret qui commet provisoirement la Municipalité de Paris à l'exercice des fonctions attribuées aux administrations de département et de district (5).

~~~ Sur la réclamation de plusieurs de MM. les administrateurs;

Le Conseil a ordonné que les Départements des établissements publics et des travaux publics se concerteraient pour l'exécution de la proclamation du 23 juin, sur le décret du 20, relatif aux statues de la place des Victoires. (IV, p 298.)

~~~ M. le Maire ayant annoncé que les Cent-Suisses de la garde de Monsieur, frère du roi, se présenteraient demain, à dix heures précises, sur la place de l'Hôtel-de-Ville, pour prêter le serment civique en présence de la Municipalité;

Le Conseil a arrêté qu'il se réunirait à l'heure indiquée, pour assister à cette cérémonie (6).

Signé : BAILLY, *Maire;* DEJOLY, *secrétaire.*

---

(1) Nouvelle réclamation de la même section, le 30 juillet. (Voir ci-dessous.)
(2) Arrêtés des 17, 21 et 25 juin. (Voir ci-dessus, p. 127, 185 et 234-235.)
(3) Séance du 19 juillet. (Voir ci-dessous.)
(4) Le registre-copie porte ici : plusieurs *articles.*
(5) Décret du 8 juin. (Voir Tome V, p. *636-637*, et ci-dessus, p. 277.)
(6) Séance du 27 juin. (Voir ci-dessous, p. 302.)

ÉCLAIRCISSEMENTS

(I, p. 263) A la motion individuelle présentée à l'Assemblée des Représentants de la Commune, le 26 juin, en vue d'une amnistie générale, il convient de rattacher une délibération prise, quelques jours auparavant, le 13 juin, par le *district de Saint-Laurent* (1).

Bourdon de Vatry, membre du district, avait prononcé devant l'assemblée générale un discours où il demandait, en ces termes, le rappel des fugitifs (ou émigrés), à l'occasion de la Fédération :

> Proposons le rappel en France de tous les Français expatriés. Votons l'amnistie. Invitons tous nos compatriotes réfugiés chez l'étranger à venir se joindre à nous, en prêtant le serment civique.
>
> Proposons de faire supplier l'Assemblée nationale d'annuler les procédures commencées contre les ennemis de la Révolution et de faire remettre en liberté toutes les personnes détenues pour crimes de lèse-nation commis antérieurement à la prestation du serment civique.
>
> Cette conduite de notre part opérera le retour des Français réfugiés, que la classe indigente, qui nous bénira, attend avec tant d'impatience ; elle enchaînera par la reconnaissance les gens qui se sont montrés nos ennemis.

L'adhésion du district est ainsi conçue :

> L'assemblée, après avoir entendu la motion de M. Bourdon de Vatry, en a, à la plus parfaite unanimité, arrêté l'impression et l'envoi à M. le Maire, à M. le Commandant-général, à MM. les administrateurs, à l'Assemblée des sections réunies par députés à l'Hôtel-de-Ville pour le plan de confédération, et aux 59 sections.
>
> L'assemblée, aussi convaincue de l'utilité du retour des fugitifs que pénétrée des sentiments d'humanité qui ont animé l'auteur de la motion, supplie les sections de donner de nouveaux pouvoirs à leurs députés à la salle du gouverneur pour y porter leur adhésion à cette motion et y rédiger en commun une adresse à l'Assemblée nationale sur la proposition adoptée par la section de Saint-Laurent. L'assemblée charge de ses nouveaux pouvoirs MM. Dupont et Bourdon de Vatry.
>
> *Signé :* Rousseau, président.
> Caperdon de La Houssière, secrétaire.

Il ne semble pas, d'ailleurs, que l'initiative du district de Saint-Laurent ait eu plus de succès près des autres sections que n'en eut celle de Cocquard de Saint-Cyr près de l'Assemblée des Représentants : on ne trouve aucune délibération faisant écho à celle reproduite ci-dessus.

On peut toutefois signaler, comme inspirée par des préoccupations du même ordre, une *Adresse* présentée à l'Assemblée nationale par le *district des Filles Saint-Thomas* (devenu *section de la Bibliothèque*), le 1ᵉʳ juillet

---

(1) Imp. 4 p. in-4° (Bib. Nat., Lb40/2122).

1790, soir (1), demandant que tous les ambassadeurs, envoyés, ministres, secrétaires d'ambassade, consuls et agents de la France à l'étranger fussent tenus d'envoyer par écrit, avant le 14 juillet, leur serment civique, et que tous les Français absents du royaume fussent tenus, dans un délai à fixer par l'Assemblée nationale, de se transporter chez l'ambassadeur pour y prêter le même serment, sous la sanction qu'ils ne pourraient désormais réclamer l'assistance et la protection des ministres de France s'ils n'avaient satisfait à cette obligation.

Cette adresse, approuvée par Le Chapelier, fut renvoyée au Comité de constitution (2).

(II, p. 264) L'arrêté des *districts réunis du Val de Grâce et de Saint-Jacques du Haut Pas* avait été rendu sur la proposition de Peuchet, l'un de ses membres, et administrateur du Département de police.

Déjà Peuchet avait publié dans le *Moniteur* (n° du 8 juin) d'excellentes *Réflexions sur la nécessité de donner des secours aux pauvres malades domiciliés chez eux*; s'appuyant sur un écrit de Dupont, député de Nemours, intitulé : *Idées sur les secours à donner aux pauvres malades* (1786), il insistait sur la supériorité du traitement à domicile comparé à celui des hôpitaux, au point de vue de la famille, des chances de guérison et des dépenses. Il demandait que, dans chaque ville, un officier municipal s'entendît avec un ou plusieurs médecins à ses ordres pour la visite et le traitement des pauvres malades, et il ajoutait : « Les soins devraient être les mêmes pour tout le monde, sans exception de sexe, de religion, d'état ou de conduite. Je l'étendrais surtout aux pauvres mères. C'est un opprobre, vraiment, qu'une femme quitte ses enfants pour aller accoucher à l'hôpital, qu'elle y contracte des infirmités et joigne aux douleurs de son état toutes celles que l'ignorance, l'inertie, le mauvais air peuvent lui faire éprouver. »

Les districts réunis du Val de Grâce et de Saint-Jacques du Haut Pas, ayant été saisis d'un projet rédigé d'après ces idées, prirent, le 19 juin, la délibération suivante (3), signalée dans notre procès-verbal :

L'assemblée générale des districts, délibérant sur la proposition faite par M. Peuchet, l'un de ses Représentants à la Ville et administrateur de police, d'établir dans chaque section de la capitale des secours domestiques pour les pauvres malades domiciliés, et considérant :

1° Qu'un des moyens d'améliorer les mœurs populaires et de prévenir la mendicité est de conserver, de protéger et secourir, par tous les moyens possibles, les petits ménages;

2° Que la nécessité, où se trouvent cependant les pauvres pères ou mères de famille malades, de se rendre aux hôpitaux et d'abandonner ainsi leurs maisons, les livre à des désordres que leur absence ne manque jamais de produire;

3° Que les maladies, dans les hôpitaux, sont plus longues et plus douloureuses que partout ailleurs; que cette fâcheuse position est encore accrue par les peines

---

(1) Pièce manusc., non datée, signée : de Milly, président; Joigny, secrétaire-greffier (Arch. Nat., D iv 3, n° 22).

(2) Voir *Archives parlementaires* (t. XVI, p. 602).

(3) Imp. 4 p. in-4° (Bib. Nat., Lb 40/1680). — Publiée, sauf les signatures, par le *Journal de la Municipalité et des sections* (n° du 17 juillet).

que leur cause la privation de tout ce qu'ils ont de plus cher, et qu'une pareille extrémité ne peut être que le partage de ceux qui n'ont absolument ni famille, ni asile, ni aucune ressource domestique;

4° Que ce malheur ne tombe pas seulement sur la classe de citoyens entièrement dépourvus de propriété, mais encore sur les petites familles honnêtes et malheureuses que des secours légers, mais faciles, dans les moments de maladies, sauveraient des maux et de l'humiliation inévitablement attachés au transport dans les hôpitaux;

5° Qu'aujourd'hui que la capitale va contenir 48 comités de police, chargés de tous les pouvoirs nécessaires pour opérer le bien du peuple et le secours des malheureux, on trouverait sans doute de grandes facilités pour l'exécution de ce plan;

6° Qu'on pourrait y parvenir, en établissant un médecin, un ou plusieurs chirurgiens dans chaque section, chargés de voir et de traiter ces malades gratuitement et de prescrire les remèdes, linges ou aliments, qui seraient délivrés, sur leurs *bons*, par les fournisseurs nommés à cet effet, en prenant les mesures convenables pour éviter les abus;

7° Que, ces secours domestiques tournant à la décharge des dépenses des hôpitaux, une partie des fonds de ceux-ci pourrait être employée à l'établissement de ceux-là;

Considérant enfin qu'à l'instant où les représentants de la nation s'occupent de la mendicité, du régime des hôpitaux, des secours les plus utiles à donner aux pauvres, il est du devoir de l'assemblée de rendre public et de faire connaître ce qu'elle peut croire utile à coopérer à ce grand objet;

En conséquence, a arrêté qu'elle députerait six de ses membres au Comité de mendicité de l'Assemblée nationale, pour le prier de prendre en considération le plan proposé par M. Peuchet;

Que, de plus, l'arrêté sera imprimé, envoyé aux autres sections, avec prière de vouloir bien faire également passer au Comité de mendicité le résultat de leurs observations et de leurs lumières à cet égard; qu'il en sera semblablement envoyé à M. le Maire, à la Municipalité et à l'Assemblée des Représentants de la Commune, afin d'en discuter et de développer davantage les moyens d'exécution et d'utilité.

L'assemblée a nommé pour commissaires ses deux présidents et MM. Peuchet, Julienne, Duval, Abraham du Tertre.

Signé : Le Gros, Caltet, présidents.

Très peu de jours après cet arrêté, Peuchet en défendait l'idée fondamentale contre un projet un peu différent, mis en avant au Comité de mendicité de l'Assemblée nationale. Voici ce qu'il écrivait (1) dans le *Moniteur* (n° du 24 juin) :

« Je n'ai point l'honneur d'être du Comité de mendicité; j'ignore les moyens qu'on se propose de prendre pour donner du secours aux pauvres; ce que je connais seulement, c'est un projet de *Comité de bienfaisance*, rédigé par un des adjoints aux travaux du Comité de mendicité, et dont il a été question déjà dans ce journal (2).

« Mais j'observerai que l'établissement de ces comités de bienfaisance dans tous les départements ne serait qu'un double emploi; que les dépar-

---

(1) La note n'est pas signée, mais elle est évidemment de Peuchet.

(2) Il a été impossible de retrouver la mention précédente que le rédacteur prétend avoir été faite de ce projet, dont il n'est point question non plus dans l'ouvrage de M. Tuetey sur l'*Assistance publique à Paris pendant la Révolution*.

tements eux-mêmes, les districts, les municipalités ont absolument les qualités nécessaires pour administrer les fonds de mendicité utilement et légalement ;

« Que multiplier ainsi les administrations et les administrateurs, c'est embarrasser les affaires, fatiguer le peuple, propager l'esprit de corps et de rivalité entre les différentes personnes, et tomber dans les anciens abus ;

« Que, de tous les progrès, les plus simples sont les meilleurs, et les plus simples sont ceux qui réunissent à un ordre de choses connu la manutention, la direction des nouveaux secours qu'on croit devoir établir ;

« Qu'il ne peut donc y avoir d'autres administrateurs de la bienfaisance nationale que les membres des municipalités, des assemblées de département, ou des petits comités de police, comme on le propose en ce moment, à Paris, pour les soins à donner chez eux aux pauvres malades qui ont un domicile (1). »

Le système de PEUCHET fut préféré provisoirement : l'assistance à domicile fit, en effet, partie d'abord, comme il l'avait proposé, des attributions des comités de police des sections ; puis, des commissions paroissiales furent instituées ; enfin, en août 1793 (et non, comme il est dit partout, en l'an V), furent créés les comités de bienfaisance des sections de Paris, plus tard réunis par arrondissement pour former les bureaux de bienfaisance actuels.

(III, p. 275) L'affaire FÉRAL (2), à laquelle se rapportent les deux délibérations du *bataillon des Théatins*, du 22 juin, et du *district de Saint-Louis en l'Ile*, du 24 juin, toutes deux communiquées le 26 juin à l'Assemblée des Représentants de la Commune, n'est qu'un incident, assez obscur, du séjour de Louis XVI à Saint-Cloud pendant l'été de 1790. Elle fit dans le temps un bruit énorme, dans les journaux comme dans les assemblées des districts et des bataillons de la Garde nationale, un bruit tel que quelques historiens modernes ont cru devoir s'en occuper (3).

Bien que cette aventure ne présente au fond qu'un intérêt restreint, inférieur de beaucoup à celui de quantité d'affaires parisiennes complètement passées sous silence par les mêmes historiens, le devoir s'impose, sinon de la tirer tout à fait au clair, au moins de résumer les manifestations officielles auxquelles elle donna lieu.

Le 1er juin, deux jours après la fameuse revue où le roi avait été acclamé (4), BAILLY écrivait officiellement à LA FAYETTE la lettre suivante (5) :

(1) Ces mots : *comme on le propose en ce moment à Paris, etc...*, font allusion à l'arrêté du 19 juin.
(2) FÉRAL (Jean Pierre Victor), capitaine des chasseurs du bataillon de Saint-Louis en l'Ile.
(3) Par exemple : BUCHEZ et ROUX, dans l'*Histoire parlementaire de la Révolution* (t. VI, p. 320-322), et BLANC (Louis), dans l'*Histoire de la Révolution française* (liv. IV, chap. XIII).
(4) Revue de la Garde nationale, 30 mai. (Voir Tome V, p. 337-339.)
(5) Reg. manusc. (Bib. Nat., manusc. 11697, fol. 59 *bis*), et imp. 2 p. in-4° (Bib. Nat., Lb 39/3492). — M. TOURNEUX, qui a signalé ce document à deux reprises (*Bibliographie*, t. I, n° 2186, et t. II, n° 5760), s'est trompé la première fois en le

Je viens de recevoir, Monsieur, une lettre de M. le comte DE SAINT-PRIEST, par laquelle ce ministre m'announce que le roi est dans l'intention d'aller passer quelques jours à Saint-Cloud, et que Sa Majesté désire qu'il y soit envoyé un détachement de la Garde nationale. Je vous prie de vouloir bien donner les ordres nécessaires pour le départ du détachement destiné à la garde du roi et de la famille royale, pendant leur séjour à Saint-Cloud.

Je suis aussi chargé, Monsieur, de faire connaître à la Garde nationale toute la satisfaction du roi pour le service qu'elle fait auprès de sa personne. Je m'applaudis de remplir, en ce moment, la plus douce comme la plus honorable des fonctions, en vous priant de faire part de cette nouvelle preuve de la bienveillance de Sa Majesté à la Garde nationale, dont le patriotisme, la prudence et le courage sont le rempart le plus sûr de notre liberté.

Si ce témoignage des bontés du roi peut acquérir auprès de l'armée parisienne un nouveau prix, ce sera, sans doute, lorsque le général, qui est l'objet de son amour comme il est celui de la reconnaissance et de l'admiration de tous les bons citoyens, sera chargé de le lui transmettre.

Je vous serai obligé, Monsieur, de vouloir bien adresser à chacun de MM. les commandants de bataillons et chefs d'escadrons copie de la lettre que j'ai l'honneur de vous écrire et que je vais moi-même prendre soin de rendre publique.

J'ai l'honneur d'être, avec un sincère attachement, Monsieur, votre très humble et très obéissant serviteur.

Signé : BAILLY.

En même temps que cette lettre paraissait dans les journaux (1), Louis XVI faisait savoir au président de l'Assemblée nationale qu'il avait l'intention d'aller passer quelques jours à Saint-Cloud, mais que, dans ce voyage comme dans tous ceux qu'il pourrait faire dans la belle saison, il reviendrait assez fréquemment à Paris pour rester en communication prompte et facile avec l'Assemblée (2). La communication faite à l'Assemblée nationale, le 4 juin, par le président (BRIOIS DE BEAUMETZ), répète exactement les termes de l'avis émané du roi (3).

On ne saurait se figurer l'émotion que causa dans Paris la nouvelle que le roi cesserait de coucher toutes les nuits aux Tuileries. Quitter Paris! Dans quel but? Si encore il n'allait qu'à Saint-Cloud! Mais le *Courrier de Paris dans les provinces et des provinces à Paris* (n° du 3 juin) laissait entendre qu'il ne s'arrêterait pas à Saint-Cloud, et qu'il irait plus loin, jusqu'à Rambouillet! Rambouillet parut tout à fait inquiétant.

Analysant l'état de l'opinion à ce moment, les *Révolutions de Paris* (n° du 29 mai au 5 juin) s'expriment ainsi :

---

classant à l'année *1791*, sous la rubrique : *Nouveau voyage du roi à Saint-Cloud*, par confusion avec le faux départ du 17 avril 1791.

(1) Notamment dans le *Journal de la Municipalité et des districts* (n° du 3 juin) et dans le *Moniteur* (n° du 4 juin). — La *Réimpression de l'ancien Moniteur* contient ici une erreur grave : il est dit, dans une note de l'éditeur (t. IV, p. 538, note 1), que « le peuple clairvoyant reconnut le piège (projet de fuite du roi) et s'opposa au départ du roi », et que « ce projet (d'évasion du roi) aurait été mis à exécution sans l'intervention du peuple de la capitale. » L'éditeur de la *Réimpression*, Léonard GALLOIS, a confondu, tout comme M. TOURNEUX, le départ, parfaitement effectué, du 4 juin 1790, avec celui qui fut, en effet, projeté et empêché par le peuple, le 17 avril 1791. (Voir ci-dessus, p. 282, note 5.)

(2) Pièce manusc., brouillon (Arch. Nat., C 220-221, n° 160).

(3) Voir *Archives parlementaires* (t. XVI, p. 93).

« Ce voyage n'était pas vu du même œil par tous les citoyens. Les conjectures et les motifs de crainte variaient.

« La classe la moins nombreuse et la plus éclairée admettait qu'un changement d'air était nécessaire, que rien n'était plus propre que ce voyage à prouver que le roi n'était pas captif : ils ne niaient pas cependant qu'on ne pût abuser de ce moment pour entreprendre ou pour commencer à ourdir des plans funestes à la tranquillité publique.

« D'autres, plus ombrageux, ne voyaient dans ce voyage qu'une ruse employée pour tirer le roi hors de la portée de secours de l'armée parisienne; ils ne doutaient pas qu'il ne se formât dans la nuit une bande de 6 à 700 aristocrates militaires pour enlever le roi pendant son sommeil et pour lui faire révoquer aussitôt toutes ses sanctions.

« Une section, moins outrée, prétendait que ce voyage ne produirait rien, qu'il n'avait d'autre but que de préparer les esprits à voir le roi s'éloigner de la capitale, qu'il serait suivi d'un autre voyage plus long et dans un lieu plus éloigné, Compiègne, et que les ennemis de la Révolution ne tenteraient leur coup que quand ils l'auraient mené dans ce château. »

Quelques citations confirmeront l'exactitude de ce résumé.

Partisan du « changement d'air », le *Courrier de Paris dans les provinces et des provinces à Paris* disait (n° du 4 juin) :

« Nos ennemis voudraient bien que ce départ n'eût pas lieu. Comme la *Gazette de Paris* se réjouirait d'annoncer aux provinces que le roi est prisonnier dans la capitale! »

Et il répétait (n° du 5 juin) :

« Les motions pour empêcher le départ du roi sont faites ou suscitées par les ennemis de la Révolution. En effet, rien ne servirait mieux leurs mauvais desseins qu'une insurrection du peuple. « Citoyens, — crieraient-ils « aux provinces — croyez maintenant que votre roi est libre! Il a désiré, ce « monarque chéri, s'éloigner de deux lieues de la capitale pour prendre « quelques innocents plaisirs, et l'on s'y est inhumainement opposé! Les « brigands qui l'ont arraché du palais où il avait pris naissance pour l'en- « traîner aux Tuileries, ont de nouveau rivé ses fers. Peuples! peuples! « souffrirez-vous plus longtemps que votre roi soit esclave? »

« Tel aurait été le langage des *Gazetiers de Paris*; tel aurait été le langage de l'abominable PELLETIER, auteur avoué des *Actes des Apôtres.* »

En sens inverse, l'*Orateur du peuple* était le plus violent parmi les adversaires du voyage, tellement violent que le Tribunal de police crut devoir le déférer au Châtelet. Le titre de ses articles indique assez leur contenu : dans le n° XII, *Horribles manœuvres du Comité autrichien des Tuileries;* dans le n° XIII, *Épouvantable conspiration contre la liberté française; Terribles suites du voyage de Louis XVI* (1).

Par extraordinaire, MARAT était calme, affectait l'indifférence. L'*Ami du Peuple* (n° du 5 juin) dit avec sérénité :

« Les alarmes paraissent peu fondées : le roi ne nous sera point enlevé. Notre Commandant-général sait trop bien qu'il nous en répond sur sa

---

(1) Ces articles seront reproduits à l'occasion de la poursuite intentée. (Voir ci-dessous, séance du 1ᵉʳ juillet, *Éclaircissement* III.)

tête ; et, sans doute, il a pris à cet égard toutes les précautions nécessaires à notre repos. Je vais plus loin : instruit, comme doit l'être M. DE LA FAYETTE, des moindres mouvements des troupes de ligne, il est impossible que le roi nous soit enlevé, à moins que le Commandant-général ne fût dans le complot des ennemis de la Révolution. Et de quoi lui servirait d'y être, s'il n'y faisait entrer la Garde nationale, chose improbable, quelque mal composé que soit l'état-major ?

« Au reste, on n'a vu que les inconvénients chimériques du séjour du roi à Saint-Cloud ; les seuls réels ont échappé. Le plus grave de tous est le dégoût que produisent chez les Parisiens la perte de temps et les dépenses attachées à la garde du roi et du dauphin placés à deux lieues de la capitale. »

En fait, il y eut bien quelques motions dans les jardins publics pour empêcher le départ ; devant la porte des Tuileries même, plusieurs individus essayèrent bien d'exciter le peuple à s'opposer au passage de la voiture. Mais il n'y eut aucun acte effectif : le roi, la reine et le dauphin partirent, sans difficulté, le jeudi 3 juin, à onze heures et demie du soir, aux acclamations de la foule (1).

Après deux jours de villégiature, le roi, revenant passer à Paris la journée du dimanche, arrivait aux Tuileries, le 6, vers dix heures et demie du matin (2).

Aussitôt éclatait la fameuse affaire FÉRAL, à laquelle nous arrivons enfin.

Les faits auxquels le capitaine FÉRAL avait été mêlé s'étaient passés à Saint-Cloud, le 4 ou le 5 juin, et c'est lui qui, de retour à Paris, à la suite du roi, en colportait le récit de tous côtés. Voici ce qu'il racontait : 1° les officiers des gardes-suisses avaient trouvé des logements préparés, tandis que ceux de la Garde nationale avaient été forcés de coucher sous des tentes ; 2° l'officier de garde auprès de madame Élisabeth, sœur du roi (c'était FÉRAL lui-même), avait demandé un cheval pour la suivre à Saint-Cyr ou à Bellevue : non seulement on le lui avait refusé, mais cette princesse était partie sans lui donner le temps de s'en procurer un, et à son insu ; 3° un des valets de pied du roi avait couru les rues de Saint-Cloud en criant que la garde nationale trahissait le roi, et il avait été arrêté ; 4° on avait refusé l'entrée d'un appartement à des officiers nationaux (dont FÉRAL), et on l'avait accordée à des officiers de dragons (3).

Passant de bouche en bouche, contredites par les uns, amplifiées par les autres, ces histoires prirent bientôt des proportions étonnantes. S'ajoutant aux soupçons qu'avait fait naître le départ du roi, et les confirmant, elles apparaissaient comme la preuve manifeste du mépris de la cour envers la Garde nationale. Il n'en fallait pas tant pour échauffer les esprits, déjà prédisposés à la défiance.

(1) Voir *Courrier de Paris dans les provinces* (n° du 5 juin).
(2) Voir *Courrier de Paris dans les provinces* (n° du 7 juin) et *Journal de la Municipalité et des districts* (n° du 8 juin).
(3) Comparer les *Révolutions de Paris* (n° du 5 au 12 juin), le *Courrier de Paris dans les provinces* (n° du 9 juin), qui désigne l'officier sous le nom de FÉVAL, « homme plein d'esprit, mais un peu trop emporté », et l'*Orateur du peuple* (n° XVII), qui lui donne le nom de « DE CRONARD ou FUNARD, n'importe ».

Le soir même, la dénonciation est portée à la tribune de la *Société des Amis de la constitution* (1).

BAILLY s'émeut, et, dès le lendemain, 7 juin, écrit à LA FAYETTE la lettre suivante (2) :

Vous êtes sans doute instruit, Monsieur le marquis, que des gens malintentionnés répandent dans la Garde nationale qu'elle a été traitée sans égards à Saint-Cloud. Je vous prie de vous en faire informer : peut-être croirez-vous qu'il est intéressant de donner une explication publique des faits tels qu'ils se sont passés.

C'est à M. le Commandant-général que ces précautions sont réservées, et, obligé de prévenir l'effet des motions incendiaires dont le voyage à Saint-Cloud devient le prétexte (3), je ne peux, Monsieur le marquis, que m'en rapporter à votre prudence et à votre sagesse ordinaires.

J'ai l'honneur d'être, avec un très sincère attachement, Monsieur, votre très humble et très obéissant serviteur.

Signé : BAILLY.

Conformément aux instructions du Maire, LA FAYETTE mande chez lui, le 7 au soir, CHARTON, commandant de la 1ʳᵉ division de la Garde nationale (4), et lui communique la lettre de BAILLY. CHARTON répond qu'il n'a connaissance de rien ; mais, d'accord avec LA FAYETTE, il convoque chez lui les officiers de son détachement pour le lendemain, onze heures. Le major de la division (DE SAINT-VINCENT) vint à l'heure indiquée et fit savoir qu'il avait convoqué tout le détachement. Comme CHARTON lui reprochait de ne pas

---

(1) Le recueil de M. AULARD, sur la *Société des Jacobins*, ne mentionne pas cet incident, dont je trouve deux récits d'ailleurs contradictoires.

Voici le début de celui de l'*Orateur du peuple* (nº XVII) :

« Place ! place ! Je demande la parole ! s'écrie, en s'élançant à la tribune des Jacobins, un capitaine de la Garde nationale. Messieurs, je vous dénonce les indignités dont les ministres, à Saint-Cloud, abreuvent la Garde nationale... Un mépris insultant s'échappe par tous les pores de cette cour... Nous sommes traités en valets stipendiés... — Quel autre, reprend un honorable membre, quel autre que SAINT-PRIEST est l'auteur de toutes ces basses manœuvres?... »

D'autre part, les *Révolutions de Paris* (nº du 5 au 12 juin) signalent le même fait en ces termes :

« Un garde national adressa un mémoire à la *Société des Amis de la constitution* sur ces faits ; et, au moment où on allait le lire, un quidam, orateur de la terrasse des Tuileries, demande à être introduit : il prie la *Société* de ne point entendre la lecture du mémoire qu'il savait qu'on allait lire, parce que l'officier de garde chez madame Élisabeth (c'est-à-dire FÉRAL) avait été prévenu par M. DE LA FAYETTE qu'il voulait examiner lui-même cette affaire. »

FÉRAL nia cependant, peu de jours après, s'être rendu aux Jacobins. (Voir ci-dessous, p. 288.)

(2) Reg. manusc. (Bib. Nat., manusc. 11697, fol. 61).

(3) On ne parlait de rien moins que de retenir le roi à Paris, ou même de forcer les barrières de Saint-Cloud pour le ramener dans la capitale. (Voir *Courrier de Paris dans les provinces*, nº du 9 juin.)

(4) Les bataillons qui formaient la 1ʳᵉ division étaient ceux des districts suivants : Saint-Jacques du Haut Pas, Saint-Victor, Saint-André des Arcs, Saint-Marcel, Saint-Louis en l'Ile, le Val de Grâce, Saint-Étienne du Mont, la Sorbonne, Saint-Nicolas du Chardonnet, et les Mathurins.

avoir suivi ses ordres, il s'en excusa sur le major-général, DE GOUVION, qui devait se rendre à l'assemblée. Le major-général arriva peu après et répéta ce que le Commandant-général avait dit la veille, ajoutant que le Maire lui avait assuré que les bruits répandus avaient pour but de faciliter à la faction D'ORLÉANS une insurrection le jour de la Fête-Dieu (1), en indisposant la Garde nationale contre la cour. Pour satisfaire le Maire et le Commandant-général, ils convinrent de ce qui devait être dit à l'assemblée (2).

Le compte rendu de la réunion du 8 juin a été publié sous ce titre : GARDE NATIONALE PARISIENNE. 1re DIVISION. — *Précis de ce qui s'est passé dans l'assemblée des officiers et soldats volontaires et du centre formant la garde de Leurs Majestés à Saint-Cloud, convoqués par ordre de M. le Commandant-général chez M.* CHARTON, *chef de la 1re division, le 8 juin 1790* (3). Il résulte de ce document, complété par les explications de CHARTON lui-même (4), qu'après la lecture de la lettre du Maire et d'un rapport de CHARTON sur les faits énoncés, ceux qui avaient à se plaindre furent invités à le faire. Alors FÉRAL prit la parole et cita différents faits qui furent démentis par le major-général, dont les réponses furent applaudies. La querelle menaçant de s'envenimer, et l'assemblée témoignant à FÉRAL son mécontentement, son improbation, même son indignation, CHARTON, pour faire diversion, posa à l'assemblée trois questions, auxquelles elle répondit ainsi qu'il suit :

1° Est-il vrai que vous ayez à vous plaindre du traitement que vous avez éprouvé à Saint-Cloud? — NON.

2° Êtes-vous prêts à retourner faire un service aussi honorable pour vous et à aller dans tel autre endroit où votre présence serait nécessaire? — OUI.

3° Improuvez-vous les bruits que les malveillants se sont empressés de répandre à cet égard? — OUI.

Le major-général, piqué d'avoir été apostrophé par le capitaine FÉRAL dans sa réplique, voulait qu'il fût nommément improuvé (5).

Finalement, l'arrêté suivant fut lu, approuvé et signé :

Les officiers et soldats composant le détachement de garde à Saint-Cloud, convoqués, etc...;

Ont arrêté unanimement que, loin d'avoir à se plaindre qu'on ait manqué aux égards auxquels ils s'attendaient à Saint-Cloud, ils s'empressent de rendre hommage à la vérité en affirmant qu'ils ont été reçus aussi bien que les circonstances pouvaient le permettre; qu'ils sont prêts à y retourner ou à se rendre partout ailleurs où le même service pourrait les appeler; et enfin, qu'ils improuvent de

---

(1) 10 juin, octave de la Fête-Dieu.

(2) Renseignements extraits d'une *Note justificative* rédigée par CHARTON, au moment de son procès, en 1794, pièce manusc. (Arch. Nat., W 397, n° 024, 2e partie). CHARTON fut condamné à mort le 9 messidor an II = 27 juin 1794.

(3) Imp. 14 p. in-8° (Bib. Nat., Lb 39/8935). — Extrait reproduit par le *Courrier de Paris dans les provinces* (n° du 10 juin).

(4) *Note justificative.* (Voir ci-dessus, note 2.)

(5) Le compte rendu du *Précis* ne nomme pas l'orateur qui tint tête à DE GOUVION, mais il le désigne suffisamment, et d'une façon assez désagréable pour que FÉRAL s'en soit senti froissé; c'est même la publicité donnée à cette partie du compte rendu, malgré CHARTON et sur les instances de DE GOUVION, appuyé par BAILLY et LA FAYETTE, qui fut l'origine d'un duel entre CHARTON et FÉRAL. (Voir ci-dessous, p. 297, note 1.)

la manière la plus formelle les bruits que des gens malintentionnés ont répandus à cet égard, ainsi que les motions incendiaires auxquelles ils ont pu donner lieu;

Arrêtent, de plus, que le présent arrêté sera envoyé à l'Assemblée nationale, à M. le Maire, à M. le Commandant-général, à MM. les Représentants de la Commune et à MM. les officiers de l'État-major.

Et, sur le rapport fait par M. Charton à ladite assemblée des marques de satisfaction que Leurs Majestés ont bien voulu lui donner ainsi qu'à M. le major-général, au moment de leur départ, avec l'ordre d'en instruire tous ceux qui composaient le détachement, ils s'empressent d'exprimer leur respectueuse reconnaissance et le zèle dont ils seront toujours animés pour le bien général et le service particulier de Leurs Majestés.

Fait à Paris, le 8 juin 1790.

[Suivent trois pages de signatures, dont les dernières sont celles-ci :]

De Verdière, chef d'escadron; Le Pelletier, aide-major; Parseval, commandant le 9e bataillon (*bataillon de Saint-Nicolas du Chardonnet*); de Saint-Vincent, major de la 1re division; Gouvion, major-général; Charton, chef de la 1re division.

Féral, bien entendu, ne figurait pas parmi les signataires de l'arrêté du 8 juin; il protesta, au contraire, dans une lettre publiée sous ce titre : *Lettre d'un officier du détachement de Saint-Cloud à M. le Commandant-général*, datée du 9 juin (1), qui débute ainsi :

Mon général,

Il m'a été assuré, hier matin, par M. Charton, chef de notre division, que vous lui aviez dit que, dimanche, l'après-midi, à mon retour de Saint-Cloud, j'avais fait, au Palais-Royal et aux Tuileries, des motions et excité des attroupements; que j'étais allé aussi aux Jacobins faire des motions; que je paraissais être l'auteur des murmures du public sur le traitement essuyé par la Garde nationale dans le voyage de Saint-Cloud.

Toutes ces imputations, mon général, sont autant de calomnies.

Le capitaine raconte ensuite l'emploi de sa journée, le dimanche; déclare que la motion que lui attribue le n° XVII de l'*Orateur du peuple* (2) n'est pas de lui; explique que, s'il a refusé de signer le procès-verbal de la réunion tenue chez M. Charton, c'est parce que le procès-verbal ne mentionnait pas deux faits notoires : 1° la préférence de logement accordée à six gardes-suisses; 2° le refus de l'entrée dans les appartements à un officier de la Garde nationale, tandis que deux officiers de chasseurs du régiment de Lorraine y entraient. Il termine en donnant comme preuve du désir qu'il a de ne pas exciter le peuple le silence qu'il a gardé sur les circonstances relatives à l'arrestation de deux prisonniers évadés du Châtelet (3), et s'excuse d'être obligé de rendre sa lettre publique, l'accusation lancée contre lui étant également connue du peuple.

D'autre part, la municipalité de Saint-Cloud adressait à la *Chronique de Paris* (n° du 12 juin) et aux *Révolutions de Paris* (n° du 5 au 12 juin) une rectification ainsi conçue :

La municipalité de Saint-Cloud, craignant de partager dans l'esprit public l'indignation qu'elle y voit répandue contre les gens de Saint-Cloud, à l'occasion

---

(1) Imp. 4 p. in-8° (Bib. Nat., Lb39/8040).
(2) Sous un nom très différent du sien. (Voir ci-dessus, p. *285*, note 3.)
(3) Évasion du 29 mai. (Voir Tome V, p. *600*.)

[26 Juin 1790]

du voyage du roi, s'empresse de manifester publiquement, sans crainte d'être contredite, qu'elle a employé tous ses soins pour engager ses cohabitants à partager leurs logements avec la Garde nationale parisienne; que même elle a été lui en offrir, ce qui peut être certifié par M. DE GOUVION.

Signé : QUITELLE, maire; LEBLOND, MONTONNIER, FALLOT, SEVIN.

A quoi la *Chronique de Paris* objectait, non sans finesse, que l'explication impliquait contradiction : pourquoi la municipalité aurait-elle offert des logements à la Garde nationale, si celle-ci avait été logée?

Au milieu de ces affirmations, dénégations et contradictions, le public, dérouté, ne sachant qui croire, se répandait, à son tour, dans ses districts et dans ses bataillons, en manifestations contradictoires.

Le *bataillon de Saint-Magloire* avait commencé, le 9 juin, par prendre une délibération tendant à supplier M. le Commandant-général de se faire instruire des événements qui ont donné lieu aux inculpations faites contre le sieur FÉRAL dans le public (1).

Le *bataillon de Saint-Louis en l'Ile*, auquel appartenait FÉRAL, ne pouvait rester indifférent : le 10 juin, réuni pour prendre connaissance du *Précis*, il entend les témoignages de ceux de ses soldats volontaires qui avaient assisté à l'assemblée du 8 juin, et adopte l'arrêté suivant (2) :

Le bataillon, légalement assemblé....., déclare unanimement qu'il improuve tout ce qui pourrait être injurieux pour M. FÉRAL dans la partie de cet imprimé qui précède l'arrêté, lequel arrêté les soldats volontaires de ce bataillon ont expressément annoncé qu'ils n'eussent pas signé, s'ils eussent prévu qu'il dût être précédé de détails capables d'élever contre M. FÉRAL la moindre inculpation;

Déclare qu'il est satisfait des explications données par M. FÉRAL sur les motifs de la conduite qu'il a tenue à Saint-Cloud;

Déclare enfin qu'il saisit avec le plus grand empressement cette occasion de manifester ses sentiments pour un camarade qui, depuis la Révolution, a donné des exemples multipliés de courage et de patriotisme;

Arrête, en outre, que le présent sera imprimé, adressé à l'Assemblée nationale, à M. le Maire, à M. le Commandant-général, à MM. les Représentants de la Commune, à MM. les officiers de l'État-major, et à toutes les divisions de l'armée.

Signé : DEBEMANT DE SAINT-FÉLIX, commandant de bataillon, président.

CREVEL, secrétaire.

En présence des critiques adressées par le bataillon de Saint-Louis en l'Ile à la rédaction du *Précis*, CHARTON, principal auteur responsable, puisque c'est lui qui avait convoqué l'assemblée et qui en avait fait imprimer le compte rendu, convoque une nouvelle réunion, qui a lieu le 11 juin.

Le procès-verbal, qui porte ce titre : *Arrêté pris dans la seconde assemblée des officiers et soldats volontaires et des compagnies du centre de garde à Saint-Cloud, lors du premier voyage de Leurs Majestés* (3), explique que

---

(1) Cette délibération n'est connue que par la citation qui en est faite dans l'arrêté du *district de Saint-Louis en l'Ile*, du 24 juin. (Voir ci-dessous, p. 294.)

(2) Imp. 3 p. in-8° (Arch. Nat., AD IV 51). — Cité dans l'arrêté du *district des Cordeliers*, du 14 juin, et dans celui du *district de Saint-Louis en l'Ile*, du 24 juin. (Voir ci-dessous, p. 290 et 294.)

(3) Imp. 4 p. in-8° (Bib. Nat., Lb 39/3524). — M. TOURNEUX a catalogué ce docu-

TOME VI.

cette réunion a été rendue nécessaire par « un reste de malveillance qui avait fait dire qu'il n'y avait à l'assemblée du 8 que des troupes du centre, troupes payées », et constate que l'assemblée a déclaré qu'elle trouvait le *Précis* conforme à ce qui s'était passé, qu'elle approuvait l'imprimé et sa distribution. Sur la demande de plusieurs volontaires, absents de la dernière assemblée, il a été arrêté qu'ils seraient admis à signer par adhésion, ce qu'ils ont fait.

En même temps, CHARTON adressait au *Journal de Paris* (n° du 12 juin) la lettre suivante, datée du 11 juin :

Aux auteurs du Journal.

Messieurs,

Au milieu du brigandage littéraire qui, chaque jour, fait vaciller les opinions du public, je viens consigner dans votre journal une vérité d'autant plus importante à faire connaître, que les libellistes se sont plus particulièrement acharnés à la détruire.

Ils ont dit que la *Garde nationale avait été traitée sans aucun égard à Saint-Cloud*. Je vous épargne, Messieurs, tous les détails de cette absurde calomnie ; il suffit de vous hâter d'en prévenir les effets en publiant l'extrait de l'arrêté unanime pris chez moi, dans lequel les officiers et les soldats de toutes les armes, qui composaient la garde de Leurs Majestés à Saint-Cloud, déclarent expressément qu'ils ont été reçus aussi bien que les circonstances le permettaient.

De tels sentiments, Messieurs, ne sont pas équivoques, et ils sont intéressants à constater.

J'ai l'honneur d'être, etc...

Signé : CHARTON, chef de la 1re division.

Mais ce qui paraissait si peu équivoque au commandant de la 1re division était vu d'un autre œil par les districts soupçonneux.

Sans s'arrêter aux protestations du *Précis* ou de l'*Arrêté pris dans la seconde assemblée*, le *district des Cordeliers*, après lecture de la lettre imprimée de FÉRAL (1) et de l'arrêté du *bataillon de Saint-Louis en l'Ile* (2), adoptait, à son tour, le 14 juin, l'arrêté suivant (3) :

L'assemblée générale...... a arrêté, à l'unanimité, qu'elle adopte les sentiments énoncés dans l'arrêté du bataillon de Saint-Louis en l'Ile, relativement à l'approbation due à M. FÉRAL ;

Déclare, de plus, que la conduite ferme et patriotique de M. FÉRAL lui mérite la plus haute estime de la part de tous ses frères d'armes ; que son courage et sa persévérance à soutenir l'honneur de l'habit national, bien loin de mériter aucune censure, sont dignes d'être proposés en exemple, et que ses concitoyens lui doivent des remerciements d'avoir maintenu les droits de l'honneur et de la

---

ment deux fois : la première (*Bibliographie*, t. I, n° 2188), il l'a classé par erreur à l'année 1791, sous la rubrique : *Nouveau voyage du roi à Saint-Cloud*, confondant le voyage de 1790 avec le faux départ du 17 avril 1791 ; la deuxième (t. II, n° 6774), il ne lui a pas donné de date et n'a indiqué qu'un exemplaire du British Museum.

(1) Lettre du 9 juin. (Voir ci-dessus, p. 288.)

(2) Arrêté du 10 juin. (Voir ci-dessus, p. 289.)

(3) Imp. 4 p. in-8° (Bib. Nat., Lb 40/1372). — Cité dans l'arrêté du *district de Saint-Louis en l'Ile*, du 24 juin, et communiqué, le 1er juillet, à l'Assemblée des Représentants de la Commune. (Voir ci-dessous, p. 294 et 338.)

vérité contre les suggestions d'une politique timide et servile, et contre des considérations que des citoyens libres ne doivent point connaître;

Que les citoyens qui joignent à un sentiment profond de leurs droits et de leurs devoirs une énergie mâle et patriotique, sont trop précieux et trop utiles à la marche de cette grande Révolution pour ne pas être encouragés et soutenus de l'opinion de tous les bons citoyens; ce qui importe particulièrement dans le cas relatif à M. Féral, afin de mieux assurer à la Garde nationale les justes égards qui lui sont dus et auxquels elle a droit de s'attendre, à Saint-Cloud comme partout ailleurs;

Qu'il paraît à l'assemblée que, bien loin que le zèle de M. Féral ait été porté au-delà des bornes convenables, il a donné au contraire la preuve d'une extrême retenue, en omettant dans sa justification le détail de tout ce qui lui est personnel dans le voyage de Saint-Cloud, et qu'il semble même, antérieurement, avoir poussé la discrétion un peu loin, dans le silence qu'il a gardé sur les circonstances de l'arrestation de deux prisonniers évadés du Châtelet.

L'assemblée a arrêté qu'il sera porté, par une députation expresse, copie du présent arrêté à M. Féral;

Arrêté de plus qu'il sera imprimé, envoyé aux 59 sections de la Commune, aux mandataires provisoires, à M. le Commandant-général et à M. le commandant du bataillon de Saint-Louis en l'Ile, qui sera prié d'en donner connaissance à son bataillon.

Signé : Danton, président.
Paré, vice-président.
P. J. Duplain et Laforgue, secrétaires.

Mais, à ce moment, un revirement se produit.

D'abord, les commandants de bataillons de la 2ᵉ division (1) reçoivent une lettre-circulaire, du 16 juin (2), ainsi conçue :

Vous avez sûrement ouï parler, Monsieur, de la conduite peu décente du sieur Féral et de la lettre tout aussi déplacée que cet officier de chasseurs de la 1ʳᵉ division a adressée à notre brave général (3). Vous êtes prié d'assembler extraordinairement et le plus promptement possible votre bataillon, pour que tous ceux de la 2ᵉ division se réunissent à ceux des cinq autres et demandent un Comité de surveillance pris dans toute l'armée pour examiner et juger le sieur Féral. Je vous supplie de me faire passer votre arrêté sur cette affaire, qui intéresse trop l'honneur du corps pour que je mette en doute l'empressement avec lequel tous ses membres adhéreront à la proposition que j'ai l'honneur de vous faire.

Signé : d'Arbelay, major de la 2ᵉ division.

En même temps, de La Fayette rassemble à l'Hôtel-de-Ville, le 17 juin, deux cents officiers de trois divisions de la Garde nationale (4), et de cette réunion sort une *Lettre des officiers volontaires composant le détachement à Saint-Cloud, à M.* Féral (5), ainsi conçue :

(1) Les districts compris dans la 2ᵉ division de la Garde nationale étaient les suivants : les *Prémontrés, Henri IV* (ci-devant les *Barnabites*); les *Cordeliers, Notre-Dame, Saint-Séverin,* les *Petits Augustins,* l'*Abbaye Saint-Germain des Prés,* les *Jacobins Saint-Dominique,* les *Théatins* et les *Carmes déchaussés.*
(2) Lettre reproduite dans l'arrêté du *bataillon des Théatins,* du 18 juin, dans l'arrêté du *district de Saint-Louis en l'Ile,* du 24 juin, et dans l'arrêté du *district des Carmes déchaussés,* du 25 juin. (Voir ci-dessous, p. *293, 294* et *295.*)
(3) *Lettre d'un officier,* du 9 juin. (Voir ci-dessus, p. *288.*)
(4) Voir *l'Ami du peuple* (n° du 27 juin).
(5) Pièce manusc. (Arch. Nat., W 397, n° 921, 2ᵉ partie). — M. Tuetey analyse

Après avoir démenti, Monsieur, aussi publiquement, dans deux délibérations prises par notre détachement (1), le récit infidèle que vous avez fait du premier voyage de Saint-Cloud, satisfaits d'avoir pu prévenir vos desseins et bornant notre ressentiment à votre égard à vous en témoigner notre excessif mécontentement, nous aurions laissé à d'autres le soin de dénoncer la conduite vraiment répréhensible que vous avez tenue à Saint-Cloud et d'en demander justice à notre général ; mais l'abus excessif que vous faites de notre modération et de celle de nos chefs, la manière avec laquelle vous paraissez insister à vouloir égarer encore l'opinion publique (2), et vos efforts réitérés pour attaquer à vous seul une vérité si évidemment prouvée, nous forcent aujourd'hui à parler pour mettre un terme à vos projets.

Oui, Monsieur, vous avez beau vous répandre dans tous les lieux publics, parcourir les cafés et les corps-de-garde, faire lire mystérieusement les pamphlets dont vos poches sont garnies ; en vain voulez-vous démentir notre témoignage et celui de plus de deux cents personnes, faire l'apologie de votre civisme et de votre patriotisme, faire vanter vos principes par les uns et votre courage par les autres : croyez-nous, Monsieur, la vérité sur toutes ces choses va être dorénavant établie d'une manière invariable, et, pour n'y rien changer, nous allons prier notre général de vouloir bien ordonner un Conseil de guerre pour juger votre conduite.

Nous avons l'honneur d'être, Monsieur, vos très humbles et très obéissants serviteurs.

Signé : SAINT-VINCENT, major de la 1re division.
PARSEVAL, commandant du 9e bataillon.
CALVINHAC, commandant du 10e bataillon.
LE PELLETIER, aide-major.
Etc., etc...

Sous cette double impulsion, quelques bataillons se laissent entraîner et invoquent contre FÉRAL les sévérités du règlement militaire.

C'est ainsi que, dès le même jour, 17 juin, le *bataillon des Mathurins* demande qu'il soit formé un Conseil de guerre, pour examiner et juger le sieur FÉRAL (3).

De même, le 6e bataillon de la 2e division, ou *bataillon des Petits Augustins*, adopte un arrêté, daté aussi du 17 juin, tendant à prier M. le Commandant-général de faire convoquer un Comité de surveillance pris dans toute l'armée, à l'effet d'examiner la conduite de M. FÉRAL (4).

Enfin, le *bataillon de Saint-Nicolas du Chardonnet*, toujours le 17 juin (5),

---

inexactement ce document, en le signalant comme une dénonciation de la conduite répréhensible tenue par le sieur CHARTON (*Répertoire général*, t. I, n° 1742) : c'est la conduite de FÉRAL, non celle de CHARTON, qui y est blâmée.

(1) *Précis*, du 8 juin, et *Arrêté pris dans la seconde assemblée*, du 11 juin. (Voir ci-dessus, p. *287* et *289*.)

(2) FÉRAL avait communiqué, le 15 juin, à *l'Ami du peuple*, un historique de son expédition, qui fut inséré dans les n°s du 26 et du 27 juin.

(3) Cette délibération n'est connue que par les citations qui en sont faites dans l'arrêté du *district de Saint-Louis en l'Ile*, du 24 juin, et dans celui du *bataillon de la Sorbonne*, du 27 juin. (Voir ci-dessous, p. *294* et *296*.)

(4) Cette délibération n'est connue que par la citation qui en est faite dans l'arrêté du *district de Saint-Louis en l'Ile*, du 24 juin. (Voir ci-dessous, p. *294*.)

(5) Imp. 3 p. in-4° (Bib. Nat., Lb 40/1638). — Visé dans l'arrêté du *district de Saint-Louis en l'Ile*, du 24 juin. (Voir ci-dessous, p. *294*.)

[26 Juin 1790]

visant expressément « la lettre, en date de ce jour, écrite au sieur FÉRAL par les officiers et volontaires composant le détachement de Saint-Cloud », arrête, à l'unanimité :

Que M. le Commandant-général sera prié de convoquer, le plus prochainement possible, le Conseil de guerre de la Garde nationale parisienne, à l'effet de faire juger le sieur FÉRAL;

Que M. le Commandant-général sera invité à suspendre le sieur FÉRAL de toute espèce de fonctions dans le service de la Garde nationale, jusqu'à l'époque de son jugement;

Enfin, qu'il sera envoyé copie de la présente délibération aux 59 autres bataillons.

Signé : PARSEVAL, commandant.
DEGAULE, secrétaire.

D'autres, au contraire, résistent énergiquement à la pression que l'État-major cherche à exercer sur eux.

Le *bataillon des Théatins*, par exemple, prend un premier arrêté, le 18 juin, dans lequel il exprime la surprise qu'on lui demande des juges pour un de ses frères contre lequel il ne connaît aucune dénonciation, la nomination des juges supposant un délit, et M. D'ARBELAY n'ayant pas le droit de se servir d'expressions qui préjugent le sieur FÉRAL coupable. Par le même arrêté, des commissaires sont chargés de recueillir des renseignements près du bataillon de Saint-Louis en l'Ile (1).

Quelques jours après, les commissaires ayant rendu compte de leur mission, le même *bataillon des Théatins* adopte, le 22 juin, un deuxième arrêté (2), qui improuve la lettre du major D'ARBELAY, rend hommage à la conduite de FÉRAL, lui adresse le témoignage de la plus haute estime et les remerciements du bataillon, et qui se termine par la disposition suivante :

Comme il importe au maintien de la liberté que les personnes à qui nous avons confié l'autorité n'en abusent pas, qu'elles se conduisent toujours par les lois de l'honneur et de la justice, l'assemblée a arrêté qu'il serait proposé aux 59 autres bataillons de former un Comité de surveillance, pour éclairer la conduite des officiers supérieurs de l'armée parisienne et les dénoncer à cette armée, lorsqu'ils se permettraient une injustice et qu'ils porteraient atteinte à la liberté légale dont chaque citoyen doit jouir.

L'assemblée a arrêté que la présente délibération sera imprimée, envoyée à M. le Maire, à MM. les Représentants de la Commune, à M. de La Fayette, à l'État-major et aux 59 autres bataillons.

Fait et arrêté en la salle des Frères de l'École chrétienne du Gros Caillou, le 22 juin 1790.

Signé : MORILLON, capitaine, commandant par intérim.
SAULNIER, GIRAUD, secrétaires.

---

(1) La première partie de cette délibération n'est connue que par la citation qui en est faite dans l'arrêté du *district de Saint-Louis en l'Ile*, du 24 juin. (Voir ci-dessous, p. 294.) La seconde partie est connue par l'arrêté du *bataillon des Théatins*, du 22 juin, résumé dans le texte.

(2) Imp. 4 p. in-8° (Bib. Nat., Lb 40/1677). — Visé dans l'arrêté du *district de Saint-Louis en l'Ile*, du 24 juin. (Voir ci-dessous, p. 294.)

Le major d'Arbelay n'avait point écrit sa circulaire pour qu'elle fût rendue publique. Surpris de la voir connue, il accentue sa maladresse en écrivant une nouvelle lettre où il déclare que la lettre à MM. les commandants de bataillon n'eût pas dû sortir de leurs mains, qu'elle n'était adressée qu'à eux seuls (1).

Alors se réunit le *district de Saint-Louis en l'Ile*, celui auquel appartenait Féral. Son arrêté, en date du 24 juin (2), est comme un sommaire de toute l'affaire. Après avoir résumé la plupart des documents que nous venons de passer en revue : l'arrêté du *bataillon de Saint-Louis en l'Ile*, du 10 juin, l'arrêté du *bataillon de Saint-Magloire*, du 9 juin, l'arrêté du *district des Mathurins*, du 17 juin, l'arrêté du *bataillon de Saint-Nicolas du Chardonnet*, du 17 juin, l'arrêté du *bataillon des Petits Augustins*, du 17 juin, l'arrêté du *district des Cordeliers*, du 14 juin, l'arrêté du *bataillon des Théatins*, du 18 juin, avec la lettre signée d'Arbelay, du 16 juin, reproduite dans cet arrêté, le deuxième arrêté du *bataillon des Théatins*, du 22 juin, la lettre de Féral au Commandant-général, du 9 juin, enfin, la seconde lettre, sans date, de d'Arbelay, l'arrêté du 24 juin se termine ainsi :

Tout considéré, l'assemblée déclare que, dans la lettre de M. Féral (3), elle ne trouve rien de déplacé ni d'injurieux pour M. le Commandant-général; que ladite lettre était indispensable dans les circonstances où il se trouvait;

Déclare qu'elle improuve la lettre de M. d'Arbelay, du 16 juin (4), comme injurieuse à M. Féral et insidieuse, la dénonce à toute l'armée, à MM. les Représentants de la Commune, à M. le Commandant-général, qu'elle prie de prendre, vis-à-vis de M. d'Arbelay, tel parti que leur prudence et leur justice leur dicteront pour qu'à l'avenir M. d'Arbelay ne parle des officiers, ses camarades, qu'avec les égards qu'il leur doit;

Ordonne le dépôt, au registre du district, de la seconde lettre de M. d'Arbelay (5), dont copie sera envoyée à MM. les Représentants de la Commune;

Déclare qu'à l'égard du Comité de surveillance, insinué aux bataillons de la 2ᵉ division par M. d'Arbelay contre M. Féral (6), et d'un Conseil de guerre qu'une intrigue sourde a voulu tenter ailleurs (7), attendu que ledit sieur Féral a été justifié devant son bataillon et jugé par ses pairs, qui l'ont entendu sur les faits à lui imputés par les journalistes, il ne pourrait y avoir lieu de le traduire devant un nouveau tribunal qu'autant qu'il se plaindrait du jugement de son bataillon;

Persistant dans l'arrêté du 10 (8), elle proteste contre toute formation de Conseil de guerre ou de Comité de surveillance que l'on voudrait nommer à l'occasion d'un officier qui, par son zèle et son patriotisme, depuis le premier jour de la Révolution, a mérité la confiance et l'estime de ses frères d'armes et de ses concitoyens;

Adhère, au surplus, à l'arrêté du *bataillon des Théatins* (9), quant à la proposi-

(1) Lettre sans date, citée dans l'arrêté du *district de Saint-Louis en l'Ile*, du 24 juin. (Voir ci-dessous, p. *294*.)
(2) Imp. 6 p. in-4° (Bib. Nat., Lb 40/1615).
(3) Lettre du 9 juin. (Voir ci-dessus, p. *288*.)
(4) Lettre du 16 juin. (Voir ci-dessus, p. *291*.)
(5) Lettre sans date. (Voir ci-dessus, p. *294*.)
(6) Proposé dans la lettre du 16 juin. (Voir ci-dessus, p. *291*.)
(7) Proposé dans la *Lettre des officiers*, du 17 juin. (Voir ci-dessus, p. *292*.)
(8) Arrêté du bataillon, du 10 juin. (Voir ci-dessus, p. *289*.)
(9) Arrêté du *bataillon des Théatins*, du 22 juin. (Voir ci-dessus, p. *293*.)

tion de la formation d'un Comité de surveillance, composé d'un membre de chaque bataillon, pour éclairer la conduite des officiers supérieurs de l'armée qui abuseraient de leur autorité contre des citoyens libres;

Ordonne, en outre, que la présente délibération sera imprimée au nombre de trois cents exemplaires et envoyée à MM. les Représentants de la Commune, à M. le Maire, à M. le Commandant-général, aux 59 autres districts, et aux 59 autres bataillons dans la personne de leurs commandants, priés de leur en donner connaissance.

Signé : Bienaymé, président.
Delarue, secrétaire.

Ces deux dernières délibérations, celle du *bataillon des Théatins*, du 22 juin, et celle du *district de Saint-Louis en l'Ile*, du 24 juin, furent présentées en même temps, le 26 juin, à l'Assemblée des Représentants de la Commune, et renvoyées, dit le procès-verbal, au Comité des rapports (1). La mention du procès-verbal ne paraît pas rendre compte exactement de la décision prise.

Une note manuscrite, placée en tête de l'arrêté imprimé du 24 juin, dit que « cette affaire est ajournée à vendredi (2 juillet) quatre heures du soir, à la Commune. »

D'autre part, l'*Ami du peuple* (n° du 3 juillet) insérait, sous ce titre multiple et criard : « *Abominable complot des officiers de l'État-major. Infâmes manœuvres du sieur* d'Arbelay. *Exécrable attentat des municipaux aristocrates* », un article où, après avoir dénoncé la *Lettre des officiers*, du 17 juin, et la lettre confidentielle de d'Arbelay, du 16 juin, il parle des arrêtés qui nous occupent, en ces termes :

« Samedi dernier (26 juin), les arrêtés des *Théatins* et de *Saint-Louis en l'Ile* ont été présentés à l'Assemblée provisoire des mandataires de la Commune, où il fut arrêté que l'affaire serait renvoyée au Comité des rapports et qu'il en serait rendu compte le vendredi suivant (2 juillet). Mais les flagorneurs royaux ont redouté cette discussion... »

On verra tout à l'heure en quoi consista, selon Marat, « l'exécrable attentat des flagorneurs royaux, des aristocrates municipaux. » Il suffit ici d'indiquer que l'affaire Féral fut, non seulement renvoyée au Comité des rapports, mais ajournée à date fixe, et que cette date devait être le 2 juillet.

Mais il faut achever l'examen des délibérations prises dans les assemblées partielles de la Commune.

Le 25 juin, le *district des Carmes déchaussés* se prononce, à son tour, après explication du commandant de son bataillon (où il n'y a à relever que la déclaration de M. de Courtomer, chef de la 2ᵉ division, « qu'il ne voulait pas se mêler de cette affaire »), par l'arrêté (2) qui suit :

L'assemblée a déclaré qu'elle adhérait aux deux arrêtés pris à cet égard par le *bataillon des Théatins*, les 18 et 22 juin (3), lesquels improuvent la lettre de M. Darblay et donnent des applaudissements à la conduite de M. Féral;

---

(1) Séance du 26 juin. (Voir ci-dessus, p. 274-275.)
(2) Pièce manusc. (Arch. Nat., W 397, n° 921, 2ᵉ partie). — Communiqué à l'Assemblée des Représentants de la Commune, séance du 2 juillet. (Voir ci-dessous.)
(3) Voir ci-dessus, p. 293.

Qu'elle adhérait également aux arrêtés pris les 10 et 24 juin par les *bataillon* et *district de Saint-Louis en l'Ile* (1), en ce qu'ils justifient M. Féral et protestent contre la formation d'un Conseil de guerre ou Comité de surveillance pour juger M. Féral, déjà jugé et justifié par son bataillon;

Déclare que sa conduite ferme et patriotique mérite la plus haute estime de la part de tous ses frères d'armes; que son courage et sa persévérance à soutenir l'honneur de l'habit national, bien loin de mériter aucune censure, sont dignes d'être proposés en exemple, et que ses concitoyens lui doivent des remerciements d'avoir maintenu les droits de l'honneur et de la vérité contre les suggestions d'une politique timide et servile et contre des considérations que des citoyens libres ne doivent pas connaître (2);

Arrêté de plus que copies du présent seront envoyées à M. Féral, à M. le commandant de l'Ile Saint-Louis, et autres qu'il appartiendra.

Signé : Ceyrat, président.

Monnot, secrétaire-greffier.

Par contre, le 8ᵉ bataillon de la 1ʳᵉ division, ou *bataillon de la Sorbonne*, adhérait, par arrêté du 27 juin (3), à l'arrêté du *bataillon des Mathurins* (4), et désignait trois délégués pour aller prier M. le Commandant-général d'assembler, le plus tôt possible, un Conseil de guerre pour juger l'affaire du capitaine Féral.

Enfin, la mention, portée au procès-verbal du 1ᵉʳ juillet (5), de deux délibérations du *district des Cordeliers* relatives à l'affaire Féral, fait supposer que, postérieurement au 14 juin (6) et vers la fin de ce même mois, ce district prit un second arrêté, qui n'a point été conservé.

En résumé, les délibérations connues des bataillons et des districts sur l'affaire qui nous occupe se réduisent à ceci (7):

Un *bataillon*, celui de *Saint-Magloire*, réclame des informations précises;

Quatre *bataillons*, ceux des *Mathurins*, des *Petits Augustins*, de *Saint-Nicolas du Chardonnet* et de *la Sorbonne*, demandent que Féral soit poursuivi disciplinairement;

Enfin, le même officier reçoit les félicitations de deux *bataillons*, ceux de *Saint-Louis en l'Ile* (le sien) et des *Théatins*, et de trois *districts*, ceux des *Cordeliers*, de *Saint-Louis en l'Ile* (le sien) et des *Carmes déchaussés*.

(1) Voir ci-dessus, p. *289* et *294*.

(2) Tout ce paragraphe est copié sur l'arrêté du *district des Cordeliers*, du 14 juin, que cependant l'arrêté des Carmes ne cite pas. (Voir ci-dessus, p. *290*.) Il est dit néanmoins, dans une lettre adressée, le 26 juin, par le président Ceyrat à Féral pour informer celui-ci de la décision du district, lettre annexée à l'arrêté manuscrit, que « l'assemblée a adhéré, à l'unanimité, à l'arrêté du bataillon des Théatins ainsi qu'à celui de l'assemblée générale des Cordeliers ».

(3) Imp. 2 p. in-8°, signé: Renard, commandant du bataillon, et Serson, secrétaire (Bib Nat., Lb 39/9017).

(4) Arrêté du 17 juin. (Voir ci-dessus, p. *292*.)

(5) Séance du 1ᵉʳ juillet. (Voir ci-dessous, p. 338.)

(6) Arrêté du 14 juin. (Voir ci-dessus, p. *290*.)

(7) On remarquera qu'à part *Saint-Magloire*, qui était de la 4ᵉ division, tous les autres bataillons ou districts qui s'intéressent à l'affaire Féral appartiennent soit à la 1ʳᵉ division, celle dont faisait partie Féral, soit à la 2ᵉ, à cause de la convocation du major de cette division. (Voir ci-dessus, p. *286*, note 4, et p. *291*, note 1.)

Maintenant, comment finit ce méli-mélo?

D'abord, par un duel entre Féral et Charton, qui eut lieu vraisemblablement vers le 25 juin et qui aboutit à une réconciliation (1).

Mais le Conseil de guerre, le Comité de surveillance?

Le seul renseignement sur ce point nous vient de *l'Ami du peuple* (n° du 3 juillet), qui, après avoir annoncé que la discussion sur l'affaire Féral avait été renvoyée au 2 juillet par l'Assemblée des Représentants de la Commune (2), ajoute :

« Mais les flagorneurs royaux ont redouté cette discussion ; et, pour la prévenir, ils ont fait nommer hier les membres du Comité de surveillance, qui a dû tenir aujourd'hui (3) à l'Hôtel-de-Ville, à onze heures du matin, pour sacrifier, au moyen des officiers soldés de l'État-major, la victime qu'ils veulent immoler à la cour. »

Ce serait donc le 2 juillet, c'est-à-dire le jour même où l'Assemblée des Représentants devait discuter, qu'aurait été nommé le Comité de surveillance : il s'agit ici, bien entendu, d'un Comité de répression, convoqué pour juger Féral (4).

D'ailleurs, aucune trace n'est restée d'un jugement quelconque.

Rien n'indique non plus que le Comité de surveillance d'un autre genre, inventé par le *bataillon des Théatins* (5), et qui aurait été formé d'un délégué

---

(1) Charton affirme, dans la *Note justificative* déjà citée (Voir ci-dessus, p. 287, note 2), que « son démêlé avec le sieur Féral ne fut point la suite d'une diversité d'opinions politiques, mais seulement des personnalités qui eurent lieu entre eux, uniquement sur la publicité du *Précis*. » Il s'agit du compte rendu de la réunion tenue chez Charton, le 8 juin. (Voir ci-dessus, p. 287, note 5.)

L'Ami du peuple (n° du 27 juin), croyant que c'est à la réunion tenue à l'Hôtel-de-Ville, le 17 juin (Voir ci-dessus, p. 291), que la querelle prit naissance, raconte ce qui suit : « M. Charton, sur la proposition qui fut faite de tenir un Conseil de guerre pour juger M. Féral, se permit un propos fort déplacé. M. Féral en demanda raison : il reçut une légère blessure. Ces deux officiers se réconcilièrent et se jurèrent un silence absolu sur l'affaire de Saint-Cloud. »

L'Orateur du peuple (n° XXVIII, non daté) publie le récit suivant : « M. Féral a demandé raison à M. Charton : ils se sont donné rendez-vous au bois de Boulogne et se disposaient à se battre à outrance : mais à peine ont-ils croisé les armes que les témoins les ont forcés de s'embrasser : ils se sont reconnus tous les deux pour être braves et pleins d'honneur. »

Enfin, les *Révolutions de Paris* (n° du 26 juin au 3 juillet) ne font allusion à la rencontre que pour exprimer le regret « que M. Féral ait eu la lâcheté de se battre en duel avec M. Charton pour l'affaire de Saint-Cloud. »

(2) Séance du 26 juin. (Voir ci-dessus, p. 295.)

(3) Le texte de *l'Ami du peuple* met *aujourd'hui* à la place de *hier*, et réciproquement. Mais comment un Comité nommé *aujourd'hui*, 3 juillet, aurait-il pu tenir séance *hier*, 2 juillet?

(4) D'après le titre VIII du *Règlement militaire pour la Garde nationale parisienne*, les *Comités de surveillance* étaient des espèces de petits conseils de guerre permanents, formés dans chaque bataillon et dans chaque division. Le Comité de surveillance de division était chargé de la discipline générale du corps, de connaître et de prononcer sur les fautes militaires touchant le service de la division. (Voir Tome II, p. 203-204.)

(5) Arrêté du 22 juin. (Voir ci-dessus, p. 293.)

par bataillon « pour éclairer la conduite des officiers supérieurs et les dénoncer, lorsqu'ils se permettraient une injustice et qu'ils porteraient atteinte à la liberté légale des citoyens », ait jamais fonctionné ni même qu'il ait jamais été formé. Le *district de Saint-Louis en l'Ile* adhéra à cette proposition (1), et c'est tout.

Quant à la villégiature du roi à Saint-Cloud, cause de toute cette agitation, elle prit fin le 30 octobre, par le retour de la cour à Paris (2).

(IV, p. 278) A la suite de la démarche faite près de l'Assemblée nationale, à la séance du 19 juin, soir, par CLOOTZ (Jean-Baptiste) et son *Comité des étrangers*, demandant à assister à la fête de la Fédération et à arborer le bonnet de la liberté au milieu du Champ-de-Mars, et dans l'effusion de fraternité internationale provoquée par cette députation, Alexandre DE LAMETH avait présenté la motion de faire disparaître, avant le 14 juillet, les quatre figures enchaînées qui entouraient le piédestal de la statue de Louis XIV, place des Victoires :

« Le jour — avait-il dit — où les députés de toutes les provinces se rassembleront pour jurer cette constitution qui promet à tous les Français la liberté et l'égalité, ne doit pas rappeler à quelques-unes d'entre elles des idées d'humiliation et de servitude. Les figures représentant quatre provinces, dont les députés ont toujours été comptés dans cette Assemblée parmi les plus fermes appuis des droits de la nation (3), sont enchaînées, comme les images de peuples tributaires, aux pieds de la statue de Louis XIV. Souffrirons-nous, Messieurs, que les citoyens qui viendront jurer la constitution pour ces généreuses provinces aient les yeux frappés d'un spectacle que des hommes libres ne peuvent supporter? Ces monuments de l'orgueil ne peuvent subsister sous le règne de l'égalité... Empressez-vous de détruire des emblèmes qui dégradent la dignité de l'homme et qui doivent blesser des concitoyens que nous honorons et que nous chérissons. »

Malgré l'opposition de l'abbé MAURY, invoquant la philosophie en faveur de la conservation du monument (la philosophie, disait-il, doit conserver ces statues pour montrer à la postérité comment on flattait les rois), la motion d'Alexandre DE LAMETH fut décrétée en principe, sauf rédaction (4).

Dès le lendemain, 20 juin, l'Assemblée adoptait, sans discussion, la rédaction suivante, proposée par l'auteur de la motion :

« L'Assemblée nationale, considérant qu'à l'approche du grand jour qui va réunir les citoyens de toutes les parties de la France pour la fédération générale, il importe à la gloire de la nation de ne laisser subsister aucun monument qui rappelle des idées d'esclavage, offensantes pour les provinces

---

(1) Arrêté du 24 juin. (Voir ci-dessus, p. *294*.)
(2) Voir *Moniteur* (n° du 2 novembre).
(3) Les figures d'esclaves représentaient-elles bien quatre provinces conquises, qui seraient alors probablement l'Artois, la Flandre, la Franche-Comté et le Roussillon? D'après les descriptions contemporaines, ce seraient plutôt les puissances vaincues qu'aurait voulu personnifier l'auteur : il faudrait y voir alors l'Angleterre, la Hollande, l'empire d'Allemagne et l'Espagne.
(4) Voir *Archives parlementaires* (t. XVI, p. 373-376).

réunies au royaume; qu'il est de la dignité d'un peuple libre de ne consacrer que des actions qu'il a lui-même jugées et reconnues grandes et utiles;

« Décrète : que les quatre figures enchaînées au pied de la statue de Louis XIV, à la place des Victoires, seront enlevées avant le 14 juillet prochain, et que le présent décret sera envoyé à la Municipalité de Paris pour en suivre l'exécution (1). »

Le monument de la place des Victoires, que le décret du 20 juin dépouillait de ses attributs, avait été érigé, à la gloire de Louis XIV et de son vivant (en 1686), par les soins et aux frais d'un de ses courtisans, le vicomte d'Aubusson (François), duc de La Feuillade, colonel des gardes-françaises, pair et maréchal de France.

En voici la description (2) :

« Au milieu (de la place), est une statue de Louis XIV, sur un piédesta de marbre blanc veiné.

« Le prince est représenté debout, vêtu des habits de son sacre, foulant aux pieds un cerbère à trois têtes, emblème de la triple alliance. Derrière le roi, la Victoire, un pied posé sur un globe et l'autre en l'air, pose d'une main une couronne de laurier sur la tête du héros, et de l'autre tient un faisceau de palmes et de branches d'olivier. Sur la plinthe et sous les pieds du roi, est une inscription ainsi conçue : *Viro immortali*. Derrière les deux figures, sont des attributs, tels que massue d'Hercule, peau de lion, casque et bouclier. Ce groupe, en bronze doré, a 13 pieds de haut; fondu d'un seul jet, il pèse plus de 30 milliers.

« Chacune des faces du piédestal est décorée d'un bas-relief en bronze, de 4 pieds de haut sur 6 de long, avec des inscriptions. La corniche est soutenue et ornée par huit consoles, aussi de bronze; aux angles, se voient les armes de France, entourées de palmes et de lauriers.

« Aux quatre coins du piédestal, qui a 22 pieds d'élévation, sont quatre esclaves de bronze, de 12 pieds de proportion, enchaînés, et assis sur des trophées placés sur le soubassement qui sert d'empattement au piédestal : les vêtements de ces esclaves et les diverses espèces d'armes qui sont auprès d'eux font connaître les différentes nations dont la France a triomphé sous le règne de Louis XIV.

« Autour du monument et jusqu'à 9 pieds de distance, l'espace est pavé de marbre et entouré d'une grille de fer, dont les quatre coins sont éclairés par quatre grands fanaux, ornés de sculptures. »

L'architecte Hardouin-Mansart (Jules) avait fourni les dessins du monument, dont les sculptures, et notamment les figures d'esclaves enchaînés, avaient pour auteur Van den Bogaert (Martin), dit Desjardins, de l'Académie royale.

Le décret du 20 juin 1790 ne fut pas sans soulever dans le monde des arts une assez vive émotion. Parmi les protestations publiées à ce sujet, il convient de citer :

1° La *Lettre de M.* Caffieri, *sculpteur du roi et professeur de son Aca-*

---

(1) Voir *Archives parlementaires* (t. XVI, p. 393).
(2) Voir Thiéry, *Guide des amateurs et des étrangers voyageurs à Paris*, et Hurtaut et Magny, *Dictionnaire historique de Paris et de ses environs*.

démie de peinture et de sculpture, à M. le Maire de la Ville de Paris, du 27 juin 1790 (1);

2° L'*Adresse des représentants des Beaux-Arts à l'Assemblée nationale*, datée du 22 juin 1790 (2), mais présentée seulement à l'Assemblée nationale, le 28 juin, à la séance du soir.

Dans cette adresse, une douzaine d'artistes qualifiés, membres de l'Académie de peinture et sculpture, en tête desquels : David, Restout, Jullien et Pasquier, secrétaire, déclaraient qu'admirant le décret du 20 juin, mais inquiets pour le chef-d'œuvre de Desjardins, ils avaient imaginé un moyen de conserver le monument, en lui enlevant tout caractère injurieux pour les États vaincus ou pour les provinces conquises : en conséquence, ils demandaient qu'on construisît, sur la place des Victoires, un socle carré, autour duquel on placerait les figures d'esclaves, mais sans chaînes ni accessoires flétrissants ; une inscription reproduirait le décret ; une autre, l'historique et les motifs de son exécution. En séance, après la lecture de cette pétition, un moyen plus simple encore fut proposé : qu'on enlève seulement les chaînes et les attributs de l'esclavage dont sont chargées les quatre figures, et qu'on les laisse en place. A quoi Bouche fit observer qu'on ne ferait pas disparaître en même temps l'attitude humiliante et l'air abattu de ces statues, et que, par conséquent, on ne remplirait pas l'intention du décret. L'ordre du jour, c'est-à-dire le maintien du décret, fut alors prononcé, l'Assemblée n'accordant à la députation, par courtoisie, que l'admission à la séance et l'impression de son adresse (3).

A un autre point de vue, des réclamations contre l'enlèvement des statues qui décoraient le monument de Louis XIV se produisirent du côté des héritiers du donateur : le 25 juin 1790, le président (Le Peletier de Saint-Fargeau) fit part à l'Assemblée nationale d'une lettre à lui adressée par le marquis de La Feuillade (4), qui revendiquait comme une propriété de famille les quatre figures de bronze, objet du décret du 19 juin, tout en ajoutant qu'il croyait pouvoir « se flatter avec justice d'être le doyen le plus zélé et le plus utile des amis de la constitution ». Sa lettre fut renvoyée au Comité des domaines (5).

Mais il est certain que satisfaction ne fut point donnée à la réclamation du 25 juin, car, près de deux ans plus tard, le 8 mai 1792, on voit l'ex-marquis de La Feuillade et un autre membre de la famille, Hector d'Aubusson (6),

---

(1) Imp. 4 p. in-4° (Bib. Nat., cabinet des estampes, collection Deloynes, t. LIII, n° 1461). — Publiée dans le *Journal général de France* (n° du 5 juillet).

(2) Pièce manusc., signée (Arch. Nat., C 41, n° 364). — Imp. 3 p. in-8° (Arch. Nat., AD viii, 13).

(3) Voir *Archives parlementaires* (t. XVI, p. 541).

(4) d'Aubusson, marquis de La Feuillade (Pierre Jacques Alexandre Hubert), au nom de qui Condorcet remit à l'Assemblée législative, le 27 avril 1792, à titre de don patriotique, une médaille d'or, d'une valeur de 25 louis (qui était précisément la médaille commémorative du monument de la place des Victoires). en ajoutant que ce citoyen professait publiquement, depuis cinquante ans, les principes de la Déclaration des droits. (Voir *Archives parlementaires*, t. XLII, p. 440.)

(5) Voir *Archives parlementaires* (t. XVI, p. 454).

(6) d'Aubusson (Pierre Raymond Hector).

écrire à Louis XVI, pour lui déclarer que, si les quatre statues leur avaient été rendues, ils auraient supplié le roi de les conserver et de les faire placer au Garde-meuble (1).

On a vu que l'exécution du décret du 19-20 juin avait été confiée à la Municipalité de Paris.

Le monument de la place des Victoires se trouvait déjà placé sous la surveillance de l'administration parisienne: par contrat passé, en 1687, avec les prévôt des marchands et échevins de Paris, le duc avait substitué perpétuellement à ses héritiers, et, après extinction, à la Ville de Paris, son duché de La Feuillade (2), pour l'entretien de la statue et de ses ornements. En conséquence, les prévôts et les échevins faisaient tous les cinq ans la visite de la statue et de ses dépendances (3).

Chargés, par condition testamentaire, de conserver l'œuvre de Mansart et Van den Bogaert, et, par le décret du 20 juin, de présider à l'enlèvement d'une partie notable du monument, les magistrats parisiens surent concilier ce double devoir.

D'abord, on voit Bailly écrire, dès le 20 juin, au Commandant-général de la Garde nationale, pour l'inviter à organiser une surveillance particulière autour de la place des Victoires, afin d'empêcher le peuple d'anéantir lui-même les monuments du despotisme et de la servitude (4).

Quant à l'enlèvement des statues, il se fit sans accident: les quatre esclaves enchaînés de la place des Victoires furent transférés à l'hôtel des Invalides, où ils sont encore, ornant les angles des pavillons de la façade sur l'esplanade. Les bas-reliefs, du même Van den Bogaert, ne furent enlevés qu'au moment de la destruction de la statue de Louis XIV, après le 10 août 1792 : transportés au Musée des monuments français, ils sont aujourd'hui au Musée de sculpture du Louvre (salle Coustou).

(1) Pièce manusc. (Arch. Nat., C 184, n° 282).
(2) L'ancien fief de La Feuillade, successivement baronnie, comté et duché, enfin marquisat, est maintenant un hameau dépendant de la commune de Faux-la-Montagne, canton de Gentioux, arrondissement d'Aubusson (Creuse).
(3) Voir Thiéry et Hurtaut-Magny, *op. cit.*
(4) Pièce manusc. (Arch. Nat., AF ii 48, n° 167).

Du Dimanche 27 Juin 1790

CONSEIL DE VILLE

Séance du matin.

~~~ Le dimanche 27 juin 1790, à dix heures du matin, le Conseil municipal, réuni en exécution de l'arrêté pris hier (1), a été informé que la compagnie des Cent-Suisses de la garde de Monsieur était réunie, au nombre de 30 gardes, sur la place de l'Hôtel-de-Ville; qu'en l'absence du capitaine, M. Saint-Maurice, de deux lieutenants, MM. Terrier de Monciel et Lambert des Granges, et du premier des enseignes, M. Pardaillan, les deux autres enseignes, MM. Champ Grand et La Rochacière, commandaient la troupe, mais qu'il n'y avait aucun des quatre exempts, MM. Verlausy, Montbron, Darcy et Bayencourt, ni aucun des fourriers, MM. Boquet de Tracy et Le Roy. Il a été prévenu en même temps que la compagnie attendait le Corps municipal pour prêter le serment décrété par la constitution.

En conséquence, le Conseil, présidé par M. le Maire, s'est rendu sur la place de l'Hôtel-de-Ville et a assisté à la prestation, qui a été faite en sa présence, du serment civique, tel qu'il a été décrété par l'Assemblée nationale et accepté par le roi (2).

~~~ Le Conseil s'est ensuite retiré et réuni dans la salle de ses séances, où il a rédigé le procès-verbal.

Signé : BAILLY, *Maire;* DE JOLY, *secrétaire.*

Séance du soir.

~~~ Et, le même jour, dimanche 27 juin 1790, à sept heures du soir, le Conseil de Ville réuni en la forme ordinaire et présidé par M. le Maire;

---

(1) Arrêté du 26 juin. (Voir ci-dessus, p. 278.)
(2) Formule de serment décrétée le 4 février 1790. (Voir Tome III, p. 693.)

~~~ Il a été fait lecture des deux procès-verbaux derniers ;

Dont la rédaction a été approuvée.

~~~ Sur les observations des membres du Département des travaux publics ;

Le Conseil a donné acte de l'impossibilité où ils étaient de procéder par adjudication pour l'enlèvement des quatre statues enchaînées de la place des Victoires (1); a autorisé le Département des travaux publics à faire les dépenses nécessaires, et aux moindres frais possibles, pour que ces statues soient enlevées, aux termes et dans le temps prescrit par le décret de l'Assemblée nationale du 20 juin, présent mois.

Signé : BAILLY, *Maire ;* DE JOLY, *secrétaire.*

(1) Cet enlèvement avait été ordonné par arrêté de la veille. (Voir ci-dessus, p. 278 et *298-301*.)

Du Lundi 28 Juin 1790

⁓ A l'ouverture de la séance, un de MM. les secrétaires a fait lecture du procès-verbal du 25 de ce mois.

Il s'est élevé, après cette lecture, une discussion relativement à la dénomination de *Vainqueurs de la Bastille* donnée, dans le procès-verbal, aux citoyens reconnus pour s'être portés les premiers, en armes, à l'attaque de ce fort.

Et, sur la motion, faite par un membre de l'Assemblée, que ces citoyens fussent désignés par la qualification de *plusieurs de ceux qui ont concouru à la prise de la Bastille;*

Cette correction a été approuvée, et la rédaction réformée (1).

⁓ Un membre a observé que ce qui pouvait avoir induit en erreur, à cet égard, était un placard affiché dans cette ville, dans lequel cette dénomination est employée, et il en a représenté un exemplaire.

Il a été reconnu que ce placard, du 18 du présent mois, portant en tête : *Assemblée des Représentants de la Commune*, et au-dessous : *Comité de la Bastille*, est intitulé : *Avis aux citoyens Vainqueurs de la Bastille, reconnus dans les procès-verbaux de vérification*, et qu'il n'est signé que de MM. *Dussaulx* et *Bourdon de La Crosnière*, Électeurs et Représentants de la Commune, commissaires de la Bastille (2).

Ce titre ne leur donnant pas le droit de faire imprimer et afficher des avis, surtout lorsqu'ils sont annoncés au nom de l'Assemblée des Représentants de la Commune de Paris, un membre a demandé qu'il fût nommé des commissaires, chargés de se transporter sur-le-champ chez l'imprimeur de la Ville, de se faire représenter le manuscrit qui avait servi à l'impression, et de vérifier par qui cette impression avait été autorisée.

Cette motion ayant été accueillie;

---

(1) Séance du 25 juin. (Voir ci-dessus, p. 231.) — Une rectification identique avait été adoptée par l'Assemblée nationale, le 26 juin. (Voir ci-dessus, p. 253.)

(2) Voir ci-dessus, p. 239.

[28 Juin 1790] DE LA COMMUNE DE PARIS 305

MM. Isnard et Testulat ont été choisis et sont sortis pour aller remplir la mission dont ils étaient chargés par l'Assemblée (1).

— M. le Commandant-général ayant paru, l'Assemblée et le public lui ont donné, par les plus vifs applaudissements, de nouveaux témoignages de la satisfaction que sa présence ne manque jamais d'inspirer.

— La compagnie des Chevaliers de l'Arc de Paris, qui avait été ajournée à la présente séance (2), ayant été introduite;

Le commandant de cette compagnie a dit :

Messieurs,
Le corps des Chevaliers de l'Arc de Paris vient de se soumettre au décret de l'Assemblée nationale pour déposer son drapeau dans le sanctuaire de la cathédrale, ainsi qu'il lui a été ordonné.
Nos ancêtres reposent en paix; nous comptions les aller retrouver, en laissant ce gage précieux à nos petits-enfants, avec les lauriers que nos pères avaient cueillis au Champ-de-Mars.
La nation assemblée nous rappelle que nous sommes tous frères et, par conséquent, tous égaux. Nous nous joignons à la cause commune pour la concorde et l'union.
Ce n'est pas, Messieurs, que nous ayons jamais pensé autrement; nous sommes Français; et ce titre glorieux satisfait nos cœurs de nous voir tous réunis sous les mêmes étendards de la liberté.
Que la jalousie, désormais, ne règne donc plus parmi nous; que les rangs et les grandeurs, avec nos anciennes chaînes, soient oubliés pour toujours; ne songeons plus qu'à soutenir la constitution, qui doit rendre la France le premier empire de l'univers.

M. le président leur a répondu :

Messieurs,
Exécuter un décret accepté ou sanctionné, c'est un devoir sacré qu'impose le pacte social; mais s'empresser d'en exécuter un qui n'est pas revêtu de la solennité prescrite par la constitution et qui anéantit une union que l'amitié a scellée, c'est offrir le plus bel hommage à la sagesse des législateurs suprêmes et la preuve la plus éclatante de civisme. Votre démarche réunit ce double avantage.
Le drapeau que vous allez déposer sur l'autel du dieu des armées est celui sous lequel vous avez signalé votre zèle et votre courage pendant toute la Révolution; témoin de votre gloire, placé dans le temple de la religion, il rappellera sans cesse aux habitants de cette vaste cité les services que vous avez rendus à la chose publique et l'inviolabilité des droits que vous avez à l'attachement, à la reconnaissance et à l'estime de vos frères.

M. le Commandant-général, ayant pris la parole, a dit que, « comme témoin des services que MM. les Chevaliers de l'Arc avaient constamment rendus depuis les premiers instants de la Révolution,

---

(1) Le compte rendu de leur mission figure dans la même séance. (Voir ci-dessous, p. 309-310.)
(2) Décision du 21 juin. (Voir ci-dessus, p. 186.)

Tome VI. 20

il s'empressait d'exprimer la satisfaction qu'il éprouvait en voyant aujourd'hui leur soumission à la constitution, qui doit tant à leurs efforts patriotiques ».

Sur la motion expresse qui en a été faite;

Il a été arrêté que le discours du commandant de la compagnie de l'Arc et la réponse de M. le président seraient insérés dans le procès-verbal, et qu'il y serait fait également mention des témoignages honorables que M. le Commandant-général avait rendus au zèle et aux services de cette compagnie.

Il a été ensuite demandé;

Et l'Assemblée a arrêté :

Qu'il serait nommé une députation de douze membres pour accompagner la compagnie de l'Arc à Notre-Dame et être présents au dépôt qu'elle allait faire de son drapeau dans cette église.

Et M. le président a désigné pour cette députation MM. Mulot, Castillon, Guyet, Pantin, Letellier, Gilles, Couard, Giraud, Lablée, Santeul, Legendre, et du Luc.

M. le Commandant-général a dit que « la Garde nationale croyait remplir le vœu de l'Assemblée, en faisant accompagner cette compagnie et la députation par un détachement, qui était assemblé à cet effet sur la place de l'Hôtel-de-Ville ».

De nouveaux applaudissements ont prouvé à M. le Commandant-général combien l'Assemblée est touchée de voir qu'au milieu des soins multipliés qu'exige de lui la sûreté publique, il ne lui échappe aucun des détails qui peuvent intéresser la satisfaction des citoyens de cette capitale.

~~~ Au moment où la députation allait se mettre en marche avec la compagnie de l'Arc, on a annoncé et introduit dans l'Assemblée la légion de Saint-Jean de Latran (1), qui, présentée par M. Étienne, commandant du bataillon du district de Saint-Étienne du Mont, venait aussi donner des preuves de sa soumission aux décrets de l'Assemblée nationale et faire hommage de ses drapeaux pour les déposer ensuite dans l'église cathédrale de cette ville.

M. le commandant de bataillon ayant exprimé à l'Assemblée les intentions de la légion de Saint-Jean de Latran;

---

(1) L'ancienne église paroissiale de Saint-Jean de Latran se trouvait au nord du Collège de France; dans la circonscription du *district de Saint-Étienne du Mont*, sur l'emplacement aujourd'hui occupé par la rue de Latran, entre la rue Thénard et la rue Jean-de-Beauvais, quartier de la Sorbonne (V° arrondissement).

La légion de ce nom était un corps de volontaires qui s'était formé parmi les habitants de la paroisse, au mois de juillet 1789.

[28 Juin 1790] DE LA COMMUNE DE PARIS 307

M. le président a répondu :

Messieurs,
Votre légion s'est formée au moment de la Révolution, pour concourir à terrasser le despotisme. Ses vœux ont été couronnés. La capitale lui doit une reconnaissance éternelle : elle a bravé tous les dangers ; il n'est pas de preuve de patriotisme et de courage qu'elle n'ait fournie. Ce moment est encore un moment de triomphe pour elle, puisqu'il prouve que rien ne lui a jamais été plus cher que le règne de la loi.

Le dépôt que vous allez faire de vos drapeaux est un nouveau gage des sentiments qui vous ont toujours unis et qui vous uniront à jamais à vos concitoyens et à vos frères d'armes.

~~~ La compagnie de l'Arc et la légion de Saint-Jean de Latran se sont mises en marche, la députation de l'Assemblée placée entre les deux corps et accompagnée du détachement de la Garde nationale (1).

~~~ Un de MM. les secrétaires a fait lecture du procès-verbal de la séance du 26 de ce mois.

Et la rédaction en a été approuvée.

~~~ Une délibération du comité du district de Saint-Louis de la Culture, en date du 22 de ce mois, a été renvoyée au Comité de la Bastille (2).

~~~ Un mémoire du sieur Lambert Becker, ébéniste à Paris, qui réclame l'autorité de l'Assemblée pour se faire payer d'une somme de 1,500 livres à lui due par un officier de la Garde nationale parisienne, cavalerie, a été renvoyé au Comité des rapports.

~~~ Une délibération du comité du district de Notre-Dame, du 26 de ce mois, relative à un transport d'armes destinées pour la municipalité d'Angerville (3), et qui avaient été arrêtées à Linas (4), a été renvoyée au Comité des recherches.

~~~ L'Assemblée a encore renvoyé à son Comité des rapports une lettre de M. Sarot, avocat au Parlement, en date de ce jour, à laquelle est joint un mémoire relatif à l'enlèvement des quatre statues enchaînées au pied de la statue de Louis XIV, dans la place des Victoires (5).

~~~ Un de MM. les secrétaires a fait lecture d'une délibération prise, le 19 de ce mois, par l'assemblée générale de la section des

(1) La députation rendit compte de sa mission au cours de la séance. (Voir ci-dessous, p. 313.)
(2) Cette délibération est évidemment celle qui se rapportait à l'affaire des *Vainqueurs de la Bastille*. (Voir ci-dessus, p. 242-243.)
(3) Canton de Méréville, arrondissement d'Étampes (Seine-et-Oise).
(4) Canton d'Arpajon, arrondissement de Corbeil (Seine-et-Oise).
(5) Enlèvement ordonné par décret du 19 juin. (Voir ci-dessus, p. 298-299.)

Carmélites, convoquée sur une lettre de M. le Maire du 16, relative au pacte fédératif (1).

Comme cette délibération, dont il a été seulement envoyé quelques exemplaires à M. le président, ne porte aucune disposition textuelle d'*adresse* ou de communication à l'Assemblée des Représentants de la Commune, il a été arrêté qu'il serait passé à l'ordre du jour.

~~~ Un membre de l'Assemblée, Représentant de l'une des sections du faubourg Saint-Antoine, a dit qu'aux approches des élections, il était de la prudence de l'Assemblée de prévenir toutes les difficultés qui pourraient s'élever parmi les citoyens; qu'un grand nombre d'entre eux se voyaient avec peine exclus du droit de voter à ces assemblées par le décret de l'Assemblée nationale, qui exigeait impérieusement une imposition de trois journées de travail, évaluées à trois livres, pour avoir le titre de *citoyen actif*. Après avoir observé qu'il croyait devoir passer légèrement sur quelques considérations intéressantes pour la tranquillité publique et qui n'échapperaient certainement pas à la pénétration de l'Assemblée, il a proposé qu'il fût fait une adresse à l'Assemblée nationale, pour la supplier de déclarer, par amendement au décret ci-dessus, que tout citoyen qui, par la médiocrité de sa fortune, se trouverait imposé à une somme moindre de trois livres, ne fût pas privé de son droit de citoyen actif, lorsqu'il serait enregistré et servirait dans la Garde nationale. Il a particulièrement insisté sur l'utilité de ce service et sur les dépenses qu'il exigeait pour l'achat et l'entretien de l'uniforme, bien supérieures à une faible cotisation.

Un autre membre, ayant obtenu la parole sur cette motion, a dit qu'il était d'accord sur les principes avancés par le préopinant, mais que la proposition ne lui paraissait pas moins inadmissible dans les circonstances actuelles; que les assemblées primaires avaient eu lieu dans tout le royaume; que le décret de l'Assemblée nationale y avait été ponctuellement exécuté, et que l'exception demandée aujourd'hui paraîtrait un privilège accordé à la seule ville de Paris, ce qui choquerait l'esprit d'égalité qui doit régner entre tous les citoyens : il a conclu à l'ajournement de cette motion.

Ces réflexions ayant paru convaincantes, M. le président a consulté l'Assemblée;

Qui a arrêté l'ajournement proposé. (I, p. 316.)

~~~ Un membre a annoncé à l'Assemblée qu'en vertu d'un arrêté

---

(1) Arrêté du 19 juin, relatif au logement des fédérés. (Voir ci-dessus, p. *112*.)

pris hier par le Conseil de Ville (1), il avait été publié aujourd'hui, dans cette capitale, une proclamation pour la convocation générale des citoyens actifs des quarante-huit sections qui forment sa nouvelle division.

L'Assemblée, désirant connaître cette proclamation, dont il ne lui a point été donné de communication officielle, a arrêté qu'un de MM. les secrétaires se transporterait sur-le-champ au Conseil de Ville ou au greffe, ou partout ailleurs où il pourrait s'en procurer un exemplaire (2).

~~~ Dans l'intervalle de cette mission, un membre de l'Assemblée a cru devoir fixer son attention sur la forme usitée jusqu'à présent pour l'élection du président. Il a observé qu'en déterminant ce choix par la simple pluralité des suffrages, il pouvait arriver que la nomination à une place qui exigeait toute la confiance de l'Assemblée, n'eût lieu cependant qu'à un très petit nombre de voix : il a proposé, en conséquence, qu'en réformant à cet égard le règlement de l'Assemblée, il fût arrêté qu'à l'avenir la nomination du président ne serait faite qu'à la pluralité absolue des suffrages (3).

Plusieurs membres ont soutenu cette motion.

D'autres l'ont combattue, en s'appuyant principalement sur la dissolution très prochaine de cette Assemblée, circonstance qui paraissait rendre inutile l'innovation proposée.

On a demandé la question préalable;

D'autres, qu'il fût passé à l'ordre du jour.

Ces deux demandes ont été successivement mises aux voix et rejetées.

Alors, M. le président a consulté l'Assemblée sur la motion principale.

Et il a été arrêté qu'à l'avenir il serait nécessaire de réunir la pluralité absolue des suffrages, pour être élu président de l'Assemblée.

~~~ MM. Isnard et Testulat ont rendu compte de la mission dont ils avaient été chargés au commencement de cette séance (4). Ils ont dit que, s'étant transportés chez M. Lottin, imprimeur de la Ville,

---

(1) Arrêté du 27 juin, qui sera reproduit dans l'ouvrage sur l'*Organisation municipale de Paris au début de la Révolution*.
(2) La délibération sur cette proclamation fut reprise au cours de la séance. (Voir ci-dessous, p. 312.)
(3) Le règlement du 2 novembre 1789 se contentait de la simple pluralité. (Voir Tome II, p. 522.)
(4) Voir ci-dessus, p. 305.

ils lui avaient demandé la représentation du manuscrit qui avait servi à l'impression de l'avis relatif aux Vainqueurs de la Bastille; que ce manuscrit était écrit sur une feuille portant le titre imprimé : *Assemblée des Représentants de la Commune de Paris;* que le second titre, *Comité de la Bastille,* était écrit à la main; que le texte du manuscrit était conforme à l'affiche imprimée; qu'il ne portait, au-dessous de la date du 18 juin 1790, que les signatures de MM. Dussaulx et Bourdon de La Crosnière; qu'il y avait, au bas, un ordre d'imprimer, conçu en ces termes : « Bon pour tirer 300 exemplaires, pour affiches, dont 150 pour le faubourg Saint-Antoine et le quartier de la Bastille »; que cet ordre avait été signé, d'abord, par M. Dussaulx, mais que la signature avait été rayée et remplacée par celle de M. Bailly. Les commissaires ont ajouté que, sur les éclaircissements qu'ils avaient été chargés de demander à M. Lottin, il leur avait répondu qu'il était absent lorsqu'on était venu apporter chez lui cette feuille, avec l'ordre de l'imprimer qui n'était, alors, signé que de M. Dussaulx; que madame Lottin a observé qu'il était absolument nécessaire qu'il fût revêtu de la signature du président ou d'un des secrétaires de l'Assemblée; que le porteur avait remporté la feuille, en disant qu'il ferait signer l'ordre par le président. M. Lottin a ajouté qu'on lui avait rapporté ce placard, avec la signature de M. le Maire à la place de celle de M. Dussaulx, et qu'alors il n'avait fait aucune difficulté de l'imprimer.

Après ces explications, quelques membres ont pensé qu'il était inutile de s'occuper plus longtemps de cette affiche; qu'il fallait laisser au temps le soin d'effacer l'impression défavorable qu'avait pu faire sur les esprits le titre distinctif de *Vainqueurs de la Bastille,* aujourd'hui surtout que les distinctions étaient abolies entre les citoyens, et ont réclamé l'ordre du jour.

Mais, d'autres ayant demandé la parole;

La discussion a été continuée.

Un membre a soutenu que le Comité de la Bastille, tenant ses pouvoirs de l'Assemblée générale des Représentants de la Commune, qui l'avait nommé dès la première Assemblée des 120, il avait pu faire imprimer sous ce titre, suivant l'usage qui n'avait jamais éprouvé de difficulté.

Cette observation a été combattue par un autre membre, qui a fait remarquer que le Comité de la Bastille n'était qu'une réunion de commissaires qui n'avaient pas le droit de donner aucune publicité à leur travail, avant de l'avoir soumis à l'approbation de l'Assemblée.

Un autre a conclu à ce que l'Assemblée déclarât formellement qu'elle désapprouvait l'affiche dont il s'agit, mandât MM. Dussaulx et Bourdon de La Crosnière pour leur faire les reproches qu'ils méritaient.

— Comme la délibération se prolongeait, M. Thuriot a observé qu'étant lui-même membre du Comité de la Bastille, sa délicatesse ne lui permettait pas de présider l'Assemblée pendant le cours de cette discussion.

Et, M. Brierre ayant pris le fauteuil;

— M. Thuriot a demandé la parole sur la question qui occupait l'Assemblée. Il a annoncé qu'il n'y avait rien d'irrégulier dans la conduite du Comité; que plusieurs Comités, et notamment celui des recherches, avaient souvent fait imprimer des arrêtés, en tête desquels ils avaient toujours mis le titre d'*Assemblée des Représentants de la Commune,* sans que l'Assemblée eût jamais réclamé contre cet usage.

Un membre a demandé que, sans prolonger davantage la discussion, l'Assemblée se bornât à déclarer qu'elle n'avait aucune part à l'affiche, et a dit que, par amour pour la paix, il proposait qu'on n'employât point le terme d'*improbation*.

M. Oudart a observé qu'étant également membre de ce Comité, il n'avait cependant point assisté à la délibération qui avait précédé l'avis que le Comité avait fait imprimer; qu'il n'y avait pas même été appelé, et qu'il appuyait l'avis proposé pour (1) le désaveu de l'affiche.

Un autre membre a demandé que, le Comité de la Bastille se trouvant actuellement sans objet, cette commission fût révoquée.

Enfin, plusieurs autres membres ayant successivement exposé leurs opinions;

La priorité a été réclamée pour la motion tendante à ce que l'Assemblée se bornât à déclarer qu'elle n'avait eu aucune part à l'affiche.

L'Assemblée, ayant été consultée, a accordé la priorité demandée.

La motion a été mise aux voix.

Et l'Assemblée a déclaré unanimement qu'elle n'avait pris aucune part à l'affiche publiée, sous son nom, par le Comité de la Bastille;

---

(1) Le texte original porte ici : *proposé* par *le désaveu...*; mais le sens demande une rectification.

a arrêté que sa déclaration serait imprimée et envoyée aux sections de cette ville (1); mais elle a rejeté l'affiche qui en avait été proposée; a donné acte à M. Oudart, l'un des membres de ce Comité, de sa déclaration qu'il n'avait point été appelé à la délibération qui avait donné lieu à cette affiche.

Sur la proposition de supprimer le Comité de la Bastille;

Et sur celle de M. Thuriot, de donner sa démission comme membre de ce Comité;

L'ajournement a été demandé et adopté.

— M. Thuriot a repris le fauteuil.

— Et, neuf heures étant sur le point de sonner, l'Assemblée a arrêté de prolonger sa séance, pour attendre le retour de la députation qui était allée à Notre-Dame accompagner les drapeaux de la compagnie de l'Arc et de la légion de Saint-Jean de Latran.

— M. Cahier, l'un des procureurs-syndics adjoints de la Commune, a demandé que l'Assemblée voulût bien l'autoriser à ordonner la démolition du corps-de-garde de la place Maubert, qui n'était plus occupé, pour pouvoir employer les matériaux qui en proviendront à la construction du nouveau corps-de-garde qui doit être élevé sur la même place (2).

L'Assemblée, ne voyant aucun inconvénient dans cette proposition, l'a adoptée à l'unanimité (3).

— Un de MM. les secrétaires, qui avait été chargé par l'Assemblée de se procurer un exemplaire de la proclamation pour la convocation des sections (4), en a fait lecture : cette proclamation concerne la section de la place Vendôme, et il y en a eu de semblables pour les autres sections. Elle contient les limites de la section, et toutes les rues, culs-de-sacs et autres emplacements qui sont enclavés dans cette limite. Au-dessous est un arrêté pris par le Conseil de Ville, le 27 de ce mois, dans lequel sont rappelées les principales dispositions du décret de l'Assemblée nationale, relatif aux assemblées des sections de la capitale, et qui indique ces assemblées pour jeudi prochain, 1er juillet, à sept heures du matin, tant pour former la liste des citoyens actifs que pour délibérer sur les dispositions énoncées dans l'article 33 du titre III dudit décret.

(1) On ne connaît pas d'exemplaire de cet imprimé.
(2) Construction ordonnée par arrêté du 14 mai. (Voir Tome V, p. 358-360.) L'Assemblée s'était occupée, en dernier lieu, de cette affaire les 14 et 15 juin. (Voir ci-dessus, p. 53-54 et 85-86.)
(3) Des difficultés se produisirent, séance du 8 juillet. Voir ci-dessous.)
(4) Voir ci-dessus, p. 309.

Quelques membres demandaient à parler sur l'impossibilité de procéder aux élections, dans les termes fixés par ladite proclamation, parce que les décrets de l'Assemblée nationale exigeaient qu'elles fussent annoncées huit jours auparavant, et proposaient qu'il lui fût adressé des représentations à ce sujet.

Mais plusieurs autres membres ont réclamé la question préalable sur cette discussion.

Enfin, après quelques débats;

L'Assemblée a arrêté qu'il n'y avait lieu à délibérer (1).

~~~ La députation qui avait accompagné à Notre-Dame la compagnie de l'Arc et la légion de Saint-Jean de Latran (2) étant rentrée;

M. Mulot a rendu compte à l'Assemblée qu'à leur arrivée, ils avaient été reçus par un chanoine en habits sacerdotaux et entouré de tous les officiers de l'église, et que les drapeaux avaient été présentés et reçus avec les cérémonies ordinaires. M. Mulot a ajouté que M. le Commandant-général, qui ne s'était plus trouvé dans l'Assemblée lorsque la légion de Saint-Jean de Latran y avait fait hommage de ses drapeaux, s'était rendu à l'église de Notre-Dame et avait donné à cette légion les témoignages honorables de la satisfaction qu'il avait eue de ses services depuis le commencement de la Révolution.

~~~ Un membre de l'Assemblée a demandé qu'il fût fait une adresse à l'Assemblée nationale, à l'effet de la supplier de décider si les religieux qui, n'ayant pu, jusqu'à présent, ni être imposés aux charges publiques, ni être admis à la contribution patriotique, puisqu'ils n'étaient pas encore en jouissance de la pension décrétée en leur faveur, seraient privés du droit de citoyen actif aux prochaines assemblées des sections.

L'Assemblée, prenant en considération cette motion, a arrêté qu'il en serait référé au Comité de constitution de l'Assemblée nationale;

Et a nommé, pour commissaires, MM. Mulot et Godard, à l'effet d'obtenir une décision. (II, p 319.)

~~~ Un de MM. les commissaires, nommés pour l'examen des comptes de la Halle, rapporteur du compte de MM. Étienne de La

---

(1) Sur la réclamation de plusieurs districts, l'ouverture des opérations électorales fut néanmoins reportée au 25 juillet, ainsi que cela sera exposé dans l'ouvrage sur l'*Organisation municipale de Paris au début de la Révolution*.

(2) Députation désignée au commencement de la séance. (Voir ci-dessus, p. 306 et 307.)

Rivière et Coquelin (1), a observé que la suite de ce rapport était depuis longtemps à l'ordre du jour (2); que, si sa délicatesse l'empêchait de demander la parole pour le continuer, parce qu'il désirait que M. Étienne de La Rivière y assistât, il croyait, en même temps, que son devoir l'obligeait à rappeler à l'Assemblée que, dans la séance du vendredi dernier, 25 de ce mois, cette affaire avait été ajournée à aujourd'hui en présence de M. Étienne de La Rivière (3), qui ne s'était point rendu à la séance, et qu'un plus long délai pourrait laisser indécises une partie des questions comprises dans la série adoptée par l'Assemblée (4).

Sur ces représentations :

L'Assemblée a arrêté que la suite de l'affaire de MM. Étienne de La Rivière et Coquelin serait ajournée à vendredi prochain, 2 juillet, pour tout délai; que le présent arrêté leur serait notifié, avec invitation de se rendre à l'Assemblée, qui, en cas d'absence, procéderait à la discussion et à l'arrêté de leur compte (5).

~~~ La séance a été levée à dix heures, et remise à mercredi, 30 de ce mois.

Signé : Thuriot et Brierre, *présidents.*

Secrétaires : Ménessier, Pelletier, Castillon, Demars, Bonneville.

CONSEIL DE VILLE

~~~ Le lundi 28 juin 1790, à six heures du soir, le Conseil de Ville convoqué, réuni en la forme ordinaire et présidé par M. Bourdon, en l'absence de M. le Maire;

~~~ Il a été fait lecture du procès-verbal de la dernière séance. Le Conseil a approuvé la rédaction.

~~~ M. le procureur-syndic a dénoncé le n° 147 de l'*Ami du peuple,* commençant par ces mots : « *Je ne ferai point ici le tableau*

---

(1) Le rapporteur était Brierre de Surgy. (Voir Tome V, p. 219, note 3.)
(2) Un premier rapport sur ce compte datait du 6 mars; un second avait été déposé le 3 mai. (Voir Tome IV, p. 316, et Tome V, p. 219.)
(3) Arrêté du 25 juin. (Voir ci-dessus, p. 237.)
(4) Série adoptée les 4 et 5 juin. (Voir Tome V, p. 667 et 675.)
(5) L'affaire des comptes de la Rivière-Coquelin fut de nouveau ajournée le 1er et le 2 juillet. (Voir ci-dessous, p. 339.)

de vos anciens démérites » et finissant par ceux-ci : « *il est juste qu'elle reçoive enfin une grande leçon.* »

L'Assemblée a reconnu dans cet écrit scandaleux un appel incendiaire contre la loi et contre l'Assemblée nationale. (III, p. 320.)

Et, sur l'observation de plusieurs membres que les écrits de cette nature se multipliaient à l'infini et que les jugements rendus par le Tribunal de police ou les dénonciations à M. le procureur du roi du Châtelet avaient été jusqu'ici insuffisants pour contenir ce désordre;

En conséquence, il a été arrêté que M. le Maire, M. le procureur-syndic et deux membres du Conseil se retireraient incessamment devers l'Assemblée nationale pour la supplier de prendre cet objet important en considération et de donner enfin une loi sur la presse comme le seul moyen de remédier aux abus.

M. Bourdon, président de l'Assemblée, et M. Desmousseaux ont été priés de s'adjoindre à M. le Maire et à M. le procureur-syndic (1).

~~~ Sur le compte, rendu par le lieutenant (2) de maire au Département du domaine, que le sieur Vallée, marchand d'estampes, rue de la Barrillerie, réclamait, en vertu d'une ordonnance de la Commune, le payement de la location, pour les mois de janvier, février et mars, de la maison occupée par le district de Saint-Séverin depuis le mois d'août 1789 jusqu'au 1ᵉʳ janvier 1790 et quittée à cette époque par le district sans donner congé (3); que, d'un autre côté, le district de Saint-Séverin se refusait à reconnaître cette dette;

Le Conseil municipal a arrêté que le payement réclamé serait fait et porté au compte du district de Saint-Séverin.

~~~ M. le Commandant-général est entré en Conseil : il venait réclamer sa justice en faveur du sieur Serre, qui a fait des dépenses pour l'établissement d'une musique militaire (4).

Le Conseil a ajourné cette demande au premier jour et a arrêté que le lieutenant de maire au Département du Domaine en fera le rapport (5).

~~~ Quatre citoyens députés du district des Cordeliers sont venus

---

(1) Cet arrêté fut modifié le 2 juillet. (Voir ci-dessous.)
(2) Le copiste du registre a écrit : *lieutant.*
(3) Arrêté de l'*Assemblée des Représentants*, du 22 juin. (Voir ci-dessus, p. 211.)
(4) Le nom orthographié *Serre* sur le registre manuscrit doit désigner SARRETTE, fondateur de la musique de la Garde nationale. (Voir Tome V, p. 235 et 242-245.)
(5) Le rapport n'est pas mentionné dans les procès-verbaux subséquents.

présenter une délibération du 26 de ce mois, relative aux dettes des sections (1).

Le Conseil a renvoyé cette délibération au Département du domaine, qui est invité à préparer un projet (2), à le communiquer et à se concerter sur ses dispositions avec le Comité de constitution de l'Assemblée nationale.

~~~ Sur la réquisition du procureur-syndic, et conformément à l'article 1er du décret de la constitution de la Municipalité de Paris (3);

Le Conseil municipal rappelle aux citoyens que les personnes en exercice dans les comités des 60 sections, connues sous le nom de districts, doivent continuer à remplir leurs fonctions jusqu'à leur remplacement réalisé par les élections des 48 sections, suivant l'article 23 et suivants du titre IV.

Le Conseil ordonne que le présent arrêté sera sans délai imprimé, publié, affiché et envoyé aux comités des 60 sections (4).

~~~ M. le président a levé la séance, approuvant la radiation (5).

Signé : L. J. BOURDON, *président;* BAILLY; DE JOLY, *secrétaire.*

* *

ÉCLAIRCISSEMENTS

(I, p. 308) Bien que l'Assemblée des Représentants eût refusé de réclamer pour les membres de la Garde nationale les droits de citoyen actif, la démarche n'en fut pas moins faite et n'en reçut pas moins satisfaction.

Le *Journal de la Municipalité et des sections* (n° du 3 juillet) et le *Moniteur* (n° du 7 juillet) annoncent, en effet, que, d'après l'autorisation de M. le Maire, M. le Commandant-général a adressé à MM. les présidents de sections la décision suivante, prise au Comité de constitution :

Le Comité de constitution a toujours répondu, d'après les décrets de l'Assemblée nationale, que la taxe pour le service de la Garde nationale doit être considérée comme contribution et servir de base à l'exercice des droits de citoyen

---

(1) Imp. 3 p. in-8° (British Museum, F. R. 13,14). — Cette délibération sera publiée dans l'*Organisation municipale de Paris au début de la Révolution.*
(2) Les mots : *préparer un projet,* manquent dans le registre manuscrit.
(3) L'art. 1er du titre I du décret du 21 mai disait :
« La Municipalité provisoire et les autres personnes en exercice continueront leurs fonctions jusqu'à leur remplacement. »
(4) Imp. à part, 2 p. in-4° (Bib. Carnavalet, dossier 10073).
(5) Le registre-copie ne porte pas trace de cette radiation, qui devait exister sur le registre original.

actif. Le Comité pense que la conséquence de ce principe est que ceux qui, dans la Révolution actuelle, ont fait en personne, comme à Paris, le service des gardes nationales et ont acheté les habits nécessaires pour le service, doivent, au moins jusqu'à l'organisation des gardes nationales du royaume, être considérés comme citoyens actifs, ayant contribué envers la chose publique d'une somme plus considérable que celle exigée pour jouir des droits de citoyen actif. Il faut seulement observer qu'il est nécessaire que les personnes considérées sous ce rapport, comme ayant contribué d'une somme suffisante pour être citoyens actifs, soient françaises et âgées de vingt-cinq ans.

Fait au Comité de constitution, ce 30 juin.

Signé : Démeunier, Le Chapelier, Target, Thouret.

Veut-on savoir comment fut accueillie cette concession faite aux gardes nationaux par le Comité de constitution?

Les *Révolutions de France et de Brabant* (n° du 1er juillet) disent :

« De quel droit maîtres Démeunier, Chapelier, Target et Thouret s'érigent-ils en interprètes des lois, c'est-à-dire en législateurs? Ils donnent des édits d'ampliation, des déclarations interprétatives des décrets. L'innovation est du plus pernicieux exemple et n'est pas même exempte de crime.

« Je sais bien qu'ils n'ont l'air de ne donner ici qu'une réponse de jurisconsultes, une simple consultation, et non pas une déclaration de législateurs, une décision, comme la qualifie l'envoi. Nous sommes même tous de l'avis de ces jurisconsultes; leur conséquence est très bien déduite. Mais nous différons en un point : c'est que la raison de l'exception qu'ils n'introduisent ici que pour les soldats en uniforme milite, selon nous, pour tous les citoyens. Il n'y a personne qui ne puisse justifier également qu'il a contribué à la chose publique d'une somme plus considérable qu'un petit écu. Tout le monde est donc citoyen actif... Grand merci, messieurs du Comité : nous voilà tous citoyens actifs! Au diable le marc d'argent! »

Loustallot formule, dans les *Révolutions de Paris* (n° du 26 juin au 3 juillet) les mêmes observations et la même conclusion :

« On a publié, au son du tambour, dans les rues, un décret du Comité de constitution, qui porte que ceux qui ont fait faire des habits bleus pour monter la garde sont censés avoir rempli les conditions de citoyen actif et éligible.

« Le Comité, le fameux Comité, n'avait ni pouvoir, ni raison, sur ce point : cette dépense a été, pour plus d'un soldat de la Garde nationale, une affaire de vanité; il en est qui n'ont fait aucun service; enfin, c'est un privilège, une exception, une distinction que l'on établit, contre l'esprit de la constitution.

« Le décret qui fixe la qualité de l'électeur sur sa contribution à l'impôt est le plus inconséquent que l'Assemblée nationale ait rendu. Le peuple l'a cassé de fait dans plus des trois quarts de la France... La Commune de Paris s'est aussi aperçue de la contradiction où l'Assemblée nationale était tombée : elle lui a adressé une pétition contre les trois journées, les dix journées et le marc d'argent (1). Il serait beau, il serait digne de la Commune de Paris de donner l'exemple général de regarder ce règlement comme non avenu

---

(1) *Adresse sur les conditions d'éligibilité contre le décret du marc d'argent*, présentée à l'Assemblée nationale par l'Assemblée des Représentants de la Commune, le 20 avril. (Voir Tome V, p. 55, 61-67 et 109-112.)

et d'admettre à toutes les places, sous la seule condition du domicile actuel et d'une contribution quelconque, tous ceux qui, par leur mérite, leurs talents et leurs vertus, seraient dignes de sa confiance. »

Nous verrons, quand nous examinerons en détail les opérations électorales de juillet 1790, qu'il y eut, en effet, dans quelques districts, des tentatives faites pour réaliser, malgré la loi, l'égalité politique de tous les citoyens (1). Mais c'est seulement après le 10 août 1792 que fut abolie la distinction établie par la Constituante entre citoyens actifs et citoyens passifs.

Pour le moment, la communication du Comité de constitution, si favorable qu'elle fût, ne contenta pas tous les intéressés : ils voulaient un décret, ratifiant la concession faite par le Comité de constitution.

C'est ainsi que, le 3 juillet 1790, dans l'assemblée générale du *district de Saint-Jacques l'Hôpital* (devenu *section de Mauconseil*), un membre, ayant donné lecture de la lettre écrite par M. le Commandant-général avec l'agrément de M. le Maire, fit observer que la lettre ne contenait qu'une décision du Comité de constitution ; qu'il était informé que cela fournirait à quelques personnes un prétexte pour contester aux gardes nationales la prérogative de citoyen actif, si ces volontaires ne justifiaient pas d'ailleurs qu'ils payassent une contribution directe ; que, pour prévenir cette difficulté, il lui semblait à propos de profiter de la prorogation des assemblées primaires au 25 de ce mois (2), pour inviter le Comité de constitution à faire revêtir sa décision de la sanction de l'Assemblée nationale par un décret qu'elle serait suppliée de rendre à cet effet. Le district prit aussitôt l'arrêté suivant (3) :

L'assemblée a arrêté, à l'unanimité, que le Comité de constitution serait prié de faire décréter, par l'Assemblée nationale, sa décision, et qu'à cet effet MM. SERGENT et SAMSON-DUPERRON seraient députés pour porter le présent arrêté au Comité de constitution et le communiquer à M. le Commandant-général.

Signé : BLANC, secrétaire-greffier.

Plus tard, au moment où commençaient définitivement les opérations électorales, le *district des Prémontrés de la Croix-Rouge* (devenu *section de la Croix-Rouge*) fit encore entendre les mêmes doléances. Il disait, dans son *Adresse à l'Assemblée nationale,* du 28 juillet (4) :

Les citoyens réunis à la section de la Croix-Rouge ont cru ne pouvoir vous

---

(1) Voir l'*Organisation municipale de Paris au début de la Révolution.*
(2) Décret du 1ᵉʳ juillet. (Voir ci-dessus, p. 313, note 1.)
(3) Pièce manusc. (Arch. Nat., D IV b 13, n° 250 *bis*.)
(4) Pièce manusc. (Arch. Nat., D IV 3, n° 24), et imp. 4 p. in-4° (Bib. Nat., manusc. 2678, fol. 265). — M. TUETEY (*Répertoire général*, t. II, nᵒˢ 1344 et 1345) distingue à tort deux adresses de la section, l'une du 27 juillet, l'autre du 31 juillet. Il n'y a qu'une adresse, pour la rédaction de laquelle des commissaires furent nommés le 27, et qui fut adoptée le 28 par l'assemblée générale de la section; la pièce datée du 31 juillet (Arch. Nat., C 44/398) est un pouvoir donné aux députés pour présenter l'adresse, et la copie de l'adresse jointe au pouvoir reproduit exactement celle du 28 juillet. — L'exemplaire imprimé n'est pas signalé dans la *Bibliographie* de M. TOURNEUX.

donner une preuve plus forte de leur respect qu'en soumettant à vos lumières les réflexions suivantes.

Il existe, Messieurs, un nombre considérable de citoyens, enrôlés dans la Garde nationale, qui ne paient point une capitation de 3 livres, et qui néanmoins sont unis à l'État par des liens plus solides, plus forts, que ceux qui satisfont stérilement à ce modique impôt.

Ces généreux soldats, recommandables par les importants services qu'au péril de leur vie, au détriment de leur état et de leur fortune, ils n'ont cessé de rendre à la patrie, depuis ce jour à jamais mémorable où, d'un bout de la France à l'autre, se fit entendre ce cri : *La Bastille est prise!* ces citoyens désirent ardemment être admis aux assemblées primaires et jouir des droits accordés aux citoyens actifs.

Mais, soumis à vos décrets, ils ne se sont pas présentés dans nos sections.

Instruits de leur vœu, nous nous sommes empressés d'être auprès de vous les interprètes de nos frères, persuadés que vous voudrez bien accueillir favorablement leur demande et, par un décret particulier, ordonner que les citoyens qui, lors de la formation de la Garde nationale, ne consultant que leur zèle, ont fait la dépense, énorme pour eux, d'un équipement et se sont livrés au service militaire, jouiront des droits de citoyens actifs, pourvu qu'ils soient Français ou naturalisés, âgés de 25 ans, qu'ils ne soient point en état de domesticité, et qu'on ne puisse leur reprocher aucune faillite.

Signé : C. M. DE BEAUVAIS, président.
PIERRON, secrétaire.

Cette adresse, communiquée à l'Assemblée nationale, au commencement de la séance du 2 août, matin, par GOUPILLEAU, député du tiers état de la sénéchaussée de Poitiers, fut naturellement renvoyée au Comité de constitution « pour en être rendu compte incessamment » (1).

Le Comité de constitution, s'en tenant à sa décision du 30 juin, ne jugea pas à propos de porter devant l'Assemblée nationale une question qu'il avait lui-même résolue.

(II, p. 313) La réponse officielle à la question posée, concernant les religieux, se trouve dans un document qu'il y aura lieu de citer plus complétement au cours de l'ouvrage sur l'*Organisation municipale de Paris au début de la Révolution*, mais dont il convient de dire un mot dès maintenant.

Ce document, daté du 23 juillet, contient les *Décisions du Comité de constitution*, sur les *Questions soumises* (le 21 juillet) *par les commissaires de la Municipalité, relativement à l'organisation des 48 sections de Paris* (2).

L'article des *Décisions*, relatif aux religieux de toute condition, est l'art. 7, ainsi conçu :

7° Les chanoines, les vicaires et prêtres, dont les contributions étaient acquittées par les fabriques, les religieux qui ont usé du droit de quitter le cloître, sont citoyens actifs et éligibles, en prouvant, par le certificat du chef sur le nombre des membres et par un extrait de rôle ou une quittance de décimes, que la portion qui leur est applicable dans les contributions payées par les fabriques ou les communautés équivaut à l'imposition légale.

Mais les directeurs, aumôniers, chapelains et sacristains des religieuses, aux-

---

(1) Voir *Archives parlementaires* (t. XVII, p. 497).
(2) Imp. 4 p. in-8° (Bib. Nat., Lb 40/1232).

quels ne s'appliquent point les décimes payés par les communautés, ne sont point citoyens actifs.

Les réponses intitulées *Décisions* sont signées de Target, J. P. Rabaut, Le Chapelier et de Talleyrand-Périgord, évêque d'Autun. Le Conseil de Ville en reçut communication dans sa séance du 24 juillet.

(III, p. 315) Le n° 147 de *l'Ami du peuple*, daté du 28 juin 1790, et signé : « Marat, l'ami du peuple », se compose de deux articles : le premier, intitulé : *Dénonciation de M. de La Fayette*, commençant par ces mots : *Je ne ferai point ici le tableau de vos anciens démérites;* le second, intitulé : *Alarmant projet du Maire de Paris et des administrateurs municipaux*, finissant ainsi : *il est juste qu'elle reçoive enfin une grande leçon.*

La dénonciation du procureur-syndic portait donc à la fois sur les deux articles, sur celui consacré à La Fayette aussi bien que sur celui où Bailly était attaqué.

Il y a pourtant une différence entre les deux : dans le premier, La Fayette est seul pris à partie; le second, au contraire, sous couleur de reprocher à Bailly une convocation trop brusque des électeurs municipaux, conseille explicitement la désobéissance à une loi formelle.

Voici d'ailleurs le texte de ces deux articles :

Dénonciation de M. de La Fayette.

Je ne ferai point ici le tableau de vos anciens démérites. Je ne me récrierai point combien la conduite que vous tenez est contraire aux principes que vous affichez. Je n'opposerai point votre dévouement à la cour, dont vous feignez de négliger les intérêts, à votre déloyauté pour le peuple, dont vous feignez de servir la cause. Je ne vous parlerai point de votre connivence avec les ministres, dont vous êtes un arc-boutant. Je ne vous rappellerai point les obstacles que vous vous êtes efforcé de mettre à l'entreprise des citoyens soulevés pour punir les satellites royaux, pour empêcher la fuite de la famille royale et prévenir la guerre civile. Je ne vous rappellerai point vos sourdes menées pour faire décréter une loi martiale et empêcher le peuple de se soulever contre ses oppresseurs; vos efforts pour faire accorder au roi la dictature;... les mouvements que vous vous êtes donnés pour faire attribuer à la couronne le droit de la guerre et de la paix (1); et tant d'autres traits de cette marche tortueuse d'un courtisan consommé qui, depuis si longtemps, a fait disparaître à mes yeux le prétendu patriote.

Mais je vous rappellerai l'indigne composition de l'État-major de l'armée parisienne et les appointements énormes que vous lui [avez prodigués pour vous assurer de lui. Je vous rappellerai ce trop grand nombre de gardes soldés par le gouvernement, que vous avez incorporés à la garde citoyenne et qui seraient autant de soldats royaux si les sentiments patriotiques que nous leur avons inspirés ne nous répondaient d'eux. Je vous rappellerai les indignes moyens que vous pratiquez pour vous affider les commandants et majors de tous les bataillons; la division que vous avez mise dans l'armée entière, en y formant des compagnies de grenadiers et de chasseurs, auxquels vous avez inspiré un esprit de corps et que vous vous êtes attachés en les chargeant seuls de toutes les expéditions honorables. Je vous rappellerai la funeste organisation de l'armée, que vous ne cessez d'asservir à la discipline militaire pour la plier à vos ordres; les tentatives

---

(1) Assemblée nationale, séance du 22 mai 1790. (Voir Tome V, p. *588*, note 1.)

continuelles que vous ne cessez de faire contre le vœu de la Commune pour former un parc d'artillerie, qui menacerait bientôt la sûreté publique. Je vous rappellerai les expéditions oppressives que vous les avez tant de fois poussés à faire contre leurs concitoyens; et les cabales faites actuellement sous vos yeux parmi les officiers de tous les bataillons pour les engager à demander le jugement d'un brave capitaine, qui a soutenu l'honneur de la Garde nationale que vous avez exposée aux insultes de la cour, un brave capitaine dont le civisme dévoile et déconcerte vos funestes projets, en vous forçant de demander satisfaction des affronts faits aux défenseurs de la liberté ou de compromettre votre honneur en vous abaissant à mille basses menées pour étouffer leurs trop justes sujets de plaintes (1).

Je sais tous les dangers auxquels je m'expose en m'élevant contre vous. Mais n'espérez point me réduire au silence : je vous voue une haine éternelle, tant que vous machinerez contre la liberté. Pour me punir, abaissez-vous à la plus cruelle vengeance; courez au Châtelet faire revivre l'infâme décret (2); venez à la tête des satellites qui vous sont encore dévoués, assaillez mon dernier asile : si je ne puis échapper à leur fureur, je ferai tête à leur rage; abattu sous leurs coups et baigné dans mon sang, ma voix défaillante ne cessera de vous reprocher vos attentats, et mon dernier souffle sera pour vous dénoncer comme l'un de nos plus dangereux ennemis.

Alarmant projet du Maire de Paris et des administrateurs municipaux.

Le sieur Bailly vient de paraître à l'Assemblée nationale, à la tête d'une députation des Volontaires de la Bastille (3). On ignore en quelle qualité, comme on ignore à quel titre ce bonhomme porte la médaille des ci-devant gardes-françaises, car ce n'est certainement pas en sa qualité de trembleur.

Mais on se demandera pourquoi il a refusé de se mettre à la tête de la députation nommée par les commissaires de la Commune réunis à l'Archevêché, députation dont l'objet était de requérir la priorité de leur plan d'organisation municipale (4) sur celui du sieur Desmeuniers (5).

On se demandera pourquoi il a refusé de présider la députation nommée par d'autres commissaires de la Commune, dont l'objet était de présenter une adresse sur le décret du marc d'argent (6). Le vain prétexte, qu'il a allégué, de ne pouvoir, attendu sa qualité de membre de l'Assemblée nationale, porter un vœu qui contrarierait l'un de ses décrets, n'est pas admissible; car le sieur Bailly, recevant 120,000 livres de la Commune pour être son organe lorsque les circonstances l'exigent, ne doit pas se refuser à son devoir dans la vue de conserver 6,580 livres qu'il empoche comme député à l'Assemblée.

On se demandera enfin pourquoi il a refusé de présider la députation nommée à l'Archevêché par les 60 électeurs pour l'acquisition des biens nationaux et la

(1) Allusion à l'affaire Féral. (Voir ci-dessus, p. *282-298*.)
(2) Décret de prise de corps lancé par le Châtelet contre Marat, le 8 octobre 1789. (Voir Tome II, p. *205*, et Tome III, p. *520*.)
(3) 25 juin. (Voir ci-dessus, p. *251-252*.)
(4) La priorité pour le plan de l'Archevêché avait été demandée par une lettre de Bailly au président de l'Assemblée nationale.
(5) Desmeuniers, âme damnée du sieur Bailly, est encore un aristocrate gangrené. (Note de *l'Ami du peuple*.)
(6) Adresse présentée le 20 avril par l'Assemblée des Représentants de la Commune : Bailly n'accompagnait pas la députation. (Voir Tome V, p. *63* et *107*.)

présentation d'une adresse contre les prétentions du Bureau de Ville (1). Ici, ce n'était certainement pas dans la crainte de contrarier l'Assemblée nationale, mais par considération pour les administrateurs, ou plutôt par des vues d'intérêt personnel.

Ainsi, le Maire, comme on voit, ne manque jamais de raisons pour sacrifier la Commune.

Il paraît qu'on a dessein aujourd'hui de brusquer l'organisation de la Municipalité de Paris (2). Et quel moment choisit-on pour cela? Celui de l'affluence des étrangers qu'attire la fête du pacte fédératif; comme si on voulait fixer l'attention de la Commune sur ce seul objet et lui interdire la faculté de s'occuper de tout autre. Doit-elle se prêter à ces vues étroites? Les districts peuvent-ils se dissoudre avant que les comptes de leurs dépenses respectives soient définitivement arrêtés avec la Ville, avant que les fournisseurs en avance soient payés; et a-t-on droit d'exiger que les districts finissent, en se couvrant d'infamie, par une banqueroute honteuse, pour prix de leurs longs et pénibles travaux? Ne doivent-ils pas d'ailleurs apporter aux choix de leurs députés de la Ville toute la maturité de l'examen? Car, si la composition de la Municipalité actuelle est alarmante, c'est uniquement à raison du choix indigne de ses membres, suite nécessaire de la cabale des intrigants, ou des moyens criminels qu'ils emploient pour capter les suffrages.

Il se présente ici une grande question à proposer aux citoyens de la capitale. Qui ignore que, depuis la Révolution, les assemblées de districts ont sauvé plusieurs fois la république? Or, on se demande si, dans un temps d'anarchie où nos ennemis ne cessent de conjurer contre nous, il est de la prudence de souffrir que ces assemblées soient dissoutes ou même suspendues. On sait combien la Municipalité provisoire, les ministres et tous les agents du pouvoir les redoutent: aussi le Maire, les municipaux, le cabinet et le Comité de constitution ont-ils fait jouer mille ressorts pour anéantir ces surveillants importuns (3). Il était indispensable que les communes fissent seules leurs plans d'organisation, ou du moins qu'elles en arrêtassent les points essentiels, parce qu'elles ont seules tout intérêt à conserver leur droit de souveraineté, parce qu'elles ont seules tout intérêt à conserver les droits des citoyens, dont le premier consiste à pouvoir s'assembler à volonté pour s'occuper de la chose publique : ce qui nécessite la permanence des districts. Elle était arrêtée par leur très grande majorité (4). De misérables considérations, la crainte ridicule de donner quelques secousses à la machine politique et un respect superstitieux pour l'Assemblée nationale les ont engagés à sacrifier pusillanimement des droits auxquels ils ne peuvent point renoncer, et à se reposer sur une seconde législature du soin de remédier aux vices de la première (5).

... Voyez quel a été le résultat de votre folle politique : on a commencé par rejeter votre plan de Municipalité pour en adopter un incohérent (6), mais où

---

(1) L'*Adresse des députés des 60 sections de Paris* portait la signature de BAILLY : ce fut lui qui la transmit le 24 juin au président de l'Assemblée nationale, la députation n'ayant pu être reçue. (Voir ci-dessus, p. *141*.)

(2) La Municipalité ne voulait rien brusquer du tout : c'était le décret du 22 juin qui décidait que les opérations préalables aux élections devaient être terminées au plus tard le 4 juillet, et que les élections devaient commencer le lendemain.

(3) BAILLY s'était, au contraire, en toutes circonstances, appuyé sur les districts contre l'Assemblée des Représentants de la Commune.

(4) *Adresse de la Commune de Paris,* du 23 mars. (Voir Tome IV, p. *404-408*.)

(5) Le décret sur l'organisation municipale de Paris ayant rejeté la permanence, les districts avaient déclaré qu'ils se soumettaient à la loi.

(6) Celui de Démeunier, ou plutôt du Maire de Paris, conséquemment de la séquelle des conspirateurs contre la liberté. (Note de *l'Ami du peuple*.)

vous êtes dépouillés de toute suprématie sur vos mandataires. Forcer l'Assemblée nationale de respecter vos droits : voilà quel était votre devoir. Un seul acte de fermeté de votre part, et la patrie était sauvée pour toujours.

Ce que vous auriez déjà dû faire, vous le pouvez encore, et je vous le propose aujourd'hui comme le seul moyen d'assurer le salut public. Vous avez sous les yeux un exemple bien propre à vous convaincre du succès. Pourquoi ces craintes pusillanimes? A-t-on vu que les mouvements populaires contre les marques exclusives d'honneur accordées à une classe particulière de citoyens aient produit aucun désordre? Non : les ci-devant gardes-françaises ont réclamé contre ces récompenses exclusives indiscrètement accordées ; les Volontaires de la Bastille se sont rendus à la raison, et le décret a été déclaré non avenu (1). Ce que quelques soldats ont fait pour de vaines décorations, pourquoi ne le feriez-vous pas pour conserver vos droits de suprématie qu'ont usurpés vos mandataires? Bannissez vos raisons de retenue; montrez-vous avec courage, et vos lâches oppresseurs confondus se couvriront de honte; les iniques décrets seront rappelés, et vous, réintégrés dans vos droits.

Mais le respect dû aux législateurs et la soumission due aux lois? Citoyens irréfléchis, sachez qu'il n'y a de lois respectables sur la terre que celles qui sont fondées sur la vérité et la justice. Sachez que ce n'est qu'à ce titre qu'on leur doit obéissance. Sachez que les hommes sont esclaves et méritent de l'être, lorsqu'ils l'accordent à d'autres titres. Quant au respect dû au législateur, peut-il lui manquer, dès qu'il s'attachera à le mériter? C'est ce que n'a point fait la très grande majorité de l'Assemblée nationale : or, il est juste qu'elle reçoive enfin une grande leçon.

Ces articles, que le procureur-syndic jugeait incendiaires, Camille DESMOULINS les déclarait admirables, au moins celui qui concernait La Fayette :

« Avez-vous lu MARAT, — disait-il (2) — le divin MARAT? Son numéro du 28 juin est notable, et on ne dira point que ce ne sont que des injures. C'est une récapitulation, une énumération : c'est une masse de faits imposants et qui subjugue le défenseur le plus opiniâtre de la gloire de mon ci-devant héros... Et celui-ci ne peut pas dire qu'il dédaigne ces imputations, car le public ne les dédaigne pas : le numéro s'est vendu comme du pain dans un temps de famine et jusqu'à 6 livres la demi-feuille. »

On a remarqué que la dénonciation du procureur-syndic n'avait point été suivie d'un arrêté prescrivant des poursuites contre l'Ami du peuple.

L'imprimeur fut cependant sommé, par signification d'huissier, de comparaître au Tribunal de police pour déclarer la demeure de l'auteur, sous peine de 100 livres d'amende; mais il se contenta de répondre que, n'étant point sorcier, il ne pouvait faire connaître ce qu'il ignorait (3). MARAT, resté introuvable, ne fut point inquiété cette fois.

---

(1) Décrets du 19 et du 25 juin. (Voir ci-dessus, p. *240-241* et *251-252*.)
(2) Voir les *Révolutions de France et de Brabant* (n° 32).
(3) Voir *l'Ami du peuple* (n° du 29 juin).

Du Mardi 29 Juin 1790

CONSEIL DE VILLE

~~~ Le mardi 29 juin 1790, à six heures du soir, le Conseil de Ville convoqué, réuni en la forme ordinaire et par suite de l'ajournement prononcé dans la séance d'hier, présidé d'abord par M. Canuel et ensuite par M. le Maire;

~~~ Il a été fait lecture du procès-verbal de la dernière séance ; Dont la rédaction a été approuvée.

~~~ Le Conseil a ajourné à sa première séance le rapport proposé par M. Cahier, procureur-syndic adjoint, et M. Brousse, lieutenant de maire aux établissements publics, relativement à la communauté des orfèvres (1).

~~~ Le Conseil a fixé son attention sur une demande qui lui a été adressée par M. Walne.

En conséquence, il a été pris l'arrêté suivant :

Le Conseil de Ville, après avoir entendu le rapport, qui lui a été fait par M. B. C. Cahier, procureur-syndic adjoint de la Commune, d'une requête présentée à la Municipalité par M. Guillaume Walne, né en Angleterre, à Addington, en 1748, résidant et domicilié à Paris depuis 1774, ladite requête contenant déclaration formelle par M. Walne qu'il est dans l'intention de vivre et mourir en France, et tendante à ce qu'il lui soit accordé des lettres de bourgeoisie de Paris, conformément au décret de l'Assemblée nationale du 30 avril, sanctionné le 2 mai suivant (2);

---

(1) Affaire signalée à la séance du 23 juin. (Voir ci-dessus, p. 229.) L'ajournement dura jusqu'au 31 août. (Voir ci-dessous.)

(2) Le décret du 30 avril, relatif aux conditions exigées des étrangers pour devenir citoyens français, déclarait que « seraient réputés Français et admis, en prêtant le serment civique, à l'exercice des droits de citoyens actifs, après cinq ans de domicile continu dans le royaume, les étrangers qui auraient ou acquis des immeubles, ou épousé une Française, ou formé un établissement de commerce, *ou reçu dans quelque ville des lettres de bourgeoisie.* » (Voir *Archives parlementaires*, t. XV, p. 340.)

Vu l'arrêté pris par l'assemblée générale du comité du district de Popincourt, le 10 mai, lequel contient un court exposé des services rendus par M. Walne dans tous les emplois qu'on lui a confiés au civil et au militaire, depuis la Révolution, et qui donne à M. Walne les plus honorables témoignages de patriotisme, de sagesse et de courage;

Vu pareillement la décision écrite et signée, le 19 mai dernier, au bas dudit arrêté du comité de Popincourt, par MM. Target et Dupont, membres du Comité de constitution de l'Assemblée nationale (1);

Vu aussi les pièces énoncées en la requête produite par M. Walne pour prouver sa longue résidence à Paris, rue Saint-Pierre du Pont aux Choux, dans l'arrondissement de Popincourt (2);

Vu, enfin, le décret de l'Assemblée nationale susdaté, qui permet aux municipalités d'accorder des lettres de bourgeoisie aux étrangers qui auront cinq années de domicile continues dans le royaume;

Le Conseil, saisissant cette première occasion de reconnaître dans un étranger des services que rien ne l'obligeait à rendre, et d'acquérir à l'État un citoyen estimable;

A arrêté qu'il serait délivré à M. Guillaume Walne des lettres de bourgeoisie de Paris, dans la forme qui sera réglée par la Municipalité définitive, et qu'à cet effet, M. Walne sera à l'instant introduit pour prêter le serment civique.

Et, après que M. Guillaume Walne a eu prêté le serment civique, le Conseil, voulant le mettre à portée de jouir dès à présent d'un titre et des droits qu'il a si bien mérités, ordonne qu'il lui sera remis une expédition du présent arrêté, signée de M. le Maire et du secrétaire du Conseil, laquelle expédition lui tiendra lieu de lettres de bourgeoisie de Paris, jusqu'à ce qu'il les ait reçues; qu'en conséquence, et à la représentation de l'expédition du présent arrêté, il sera reconnu pour Français et admis à l'exercice de tous les droits

---

(1) Le *Moniteur* (n° du 4 juin) publie le texte suivant de cette décision, sollicitée par l'administration municipale :

« Le décret de l'Assemblée nationale rend susceptibles des droits de citoyen actif les étrangers qui ont été domiciliés depuis cinq ans. Ainsi, M. WALNE, qui a dix-sept ans de domicile à Paris, est habile à jouir de ces droits, dès qu'il aura obtenu des lettres de bourgeoisie; et, quant aux lettres de bourgeoisie de Paris, elles ne peuvent, surtout dans la constitution actuelle, être délivrées que par la Municipalité.

« Au Comité de constitution, le 19 mai 1790.

« *Signé* : DUPONT, TARGET. »

(2) Actuellement partie de la rue Saint-Sabin, comprise entre la rue Amelot et la rue du Chemin-Vert, quartier Saint-Ambroise (XI° arrondissement).

de citoyen actif; en justifiant néanmoins par lui qu'il a satisfait aux autres conditions prescrites par les décrets de l'Assemblée nationale, acceptés ou sanctionnés par le roi.

Le Conseil ordonne, de plus, que la requête de M. Guillaume Walne et l'expédition de l'arrêté du comité général du district de Popincourt seront déposées au greffe de la Municipalité, pour y avoir recours, au besoin.

~~~ Le Conseil s'est ajourné à demain, et la séance a été levée.

Signé : BAILLY, *président;* CANUEL, *vice-président;* DE JOLY, *secrétaire.*

Du Mercredi 30 Juin 1790

— A l'ouverture de la séance, un de MM. les secrétaires a lu le procès-verbal de la séance d'hier.

La rédaction en a été approuvée.

— Une députation de la municipalité d'Ivry-sur-Seine a demandé, au nom de cette commune, l'affiliation de sa garde nationale à celle de Paris.

Cette affiliation a été agréée à l'unanimité.

— Un des membres de l'Assemblée a fait lecture d'un arrêté du district des Petits Augustins, en date de ce jour, par lequel ce district, après avoir exposé les obstacles que la fête de la confédération nationale mettrait nécessairement aux déménagements, dont l'usage a fixé l'époque au 15 juillet prochain, second jour de la fête, a demandé que les déménagements du 15 juillet n'eussent lieu que le 19 suivant, et que l'Assemblée fît une proclamation qui instruisît tous les citoyens de son arrêté.

L'Assemblée a renvoyé cette affaire au Département de la police, avec invitation de faire très incessamment la proclamation demandée par le district des Petits Augustins. (I, p. 332.)

— Une députation de la commune de Montmartre a demandé à être introduite. (II, p. 333.)

Un de MM. les députés a prononcé le discours suivant :

Monsieur le président, Messieurs,

Les habitants de la commune de Montmartre *intra muros* exécutent avec respect les deux décrets de l'Assemblée nationale qui les ont réunis à vous (1). Si c'est pour eux une perte immense de n'avoir plus leurs franchises, c'est pour eux un précieux avantage d'être confondus avec vous, Messieurs. Vous êtes généreux et justes; et, si l'on vante partout votre valeur, votre patriotisme, vous servirez aussi de modèles pour les autres vertus.

Vous trouverez, Messieurs, dans notre territoire des citoyens dignes de vous, des apôtres de la liberté, et qui, dès le 13 juillet, s'étaient dévoués pour en être les martyrs. Vous y trouverez des magistrats dignes de la nouvelle loi par leur équité, leurs lumières, leur fermeté; des soldats toujours prêts à marcher.

(1) Décrets du 21 mai et du 22 juin 1790. (Voir ci-dessous, p. 333.)

Ces braves citoyens, Messieurs, se sont trouvés, à cette époque mémorable, environnés des dangers les plus pressants, mal armés pendant longtemps, toujours sans troupe soldée, forts seulement d'un intrépide patriotisme : ils ont suffi à tout; seuls ils ont gardé leurs foyers; ils ont eu même plusieurs fois l'heureuse occasion de vous être utiles. Je ne le rappellerais pas, Messieurs, s'il ne fallait faire taire l'envie; mais ses efforts seront vains. Nous avons fait nos preuves au champ de l'honneur et de la liberté; nous jurons, Messieurs, de verser, s'il le faut, jusqu'à la dernière goutte de notre sang pour la maintenir.

Je n'ai jamais mieux senti, Messieurs, que dans ce moment le prix de l'estime de mes concitoyens qui me rend l'organe de leurs sentiments pour vous.

Nous vous offrons, Messieurs, l'hommage de nos drapeaux, et nous vous demandons de trouver bon que nous allions les déposer dans la cathédrale, comme le gage de notre amour pour vous et de notre dévouement pour la chose publique.

M. le président a répondu :

Messieurs,

Vous vous êtes armés, en même temps que nous, contre les ennemis de la patrie; vos forces se sont combinées avec les nôtres. Les troupes de ligne, dont l'Assemblée nationale et dont cette capitale étaient environnées, instruites de la disposition générale, ont disparu; le despotisme, sous lequel la France gémissait depuis des siècles entiers, a été détruit : et le règne de la liberté a commencé.

Nous avons juré de le faire respecter, et nous vous avons toujours vus disposés à périr plutôt que de cesser d'être libres.

Au milieu des crises les plus violentes, vous nous avez offert l'alliance la plus sacrée; nous l'avons scellée avec transport et reconnaissance (1). Fidèles à votre serment, vous avez pris les armes pour nous seconder, toutes les fois que nous l'avons désiré.

Ce n'est donc qu'avec la plus vive allégresse que nous avons pu apprendre que, conformément au vœu que nous avions émis (2), l'Assemblée nationale vous avait compris dans la circonscription de cette commune.

L'ardeur que vous témoignez de vous ranger sous nos drapeaux est pour nous le présage le plus sûr que nous serons toujours unis par les liens indissolubles de la plus sainte fraternité.

M. le président a nommé ensuite MM. Fauchet, Demars, Bertolio, Giraud, Olivier, Audran, Ravault, Bondin, Demachy, Gouard, le curé de Chaillot (3) et Lamarre, pour accompagner les députés de la commune de Montmartre à la métropole, afin d'y déposer leurs drapeaux.

Le député, qui avait porté la parole au nom de la commune de Montmartre, a fait l'hommage d'un canon qu'elle avait conquis les premiers jours de la Révolution.

(1) Affiliation de la garde nationale de Montmartre à celle de Paris, demandée le 19 et prononcée le 25 septembre 1789. (Voir Tome II, p. 3-4 et 69.)
(2) Arrêté du 15 décembre 1789, en faveur de la formation d'un grand département de 18 lieues de diamètre autour de Paris. (Voir Tome III, p. 195-196.)
(3) BÉNIÈRE.

[30 Juin 1790] DE LA COMMUNE DE PARIS 329

M. le président a répondu :

L'hommage que vous faites à la Commune de votre canon ajoute encore à sa reconnaissance, et je me félicite d'être l'organe de l'Assemblée pour vous prier d'en agréer l'expression.

— M. Thuriot ayant quitté le fauteuil;

M. Michel, ex-président, l'a remplacé.

— Il a été arrêté que le canon, offert par le député, resterait en dépôt à l'Hôtel-de-Ville, jusqu'à ce que M. le Commandant-général lui eût assigné une place.

Les citoyens de Montmartre, qui étaient sur la place, ont député à la Commune plusieurs de leurs gardes nationales, pour en appeler à sa justice, sur des difficultés survenues à l'instant pour l'enlèvement de leur canon.

L'un d'eux a réclamé fortement contre la première députation; et, s'autorisant d'un décret de l'Assemblée nationale qui déclare la municipalité de Montmartre comme non avenue, en ce qu'elle se trouve réunie à la Commune de Paris (1), il a demandé, au nom des citoyens de Montmartre, que le canon restât déposé à l'Hôtel-de-Ville, jusqu'à ce que M. le Commandant-général eût déterminé le lieu de son placement.

L'Assemblée, très sensible à la confiance des citoyens de Montmartre envers leurs frères de Paris, a accepté leur hommage, et il a été pris un arrêté conforme à leurs intentions.

— Un membre du district des Cordeliers a fait lecture d'un arrêté de sa section, sur la nécessité de retarder les élections pour la Municipalité définitive jusqu'après la confédération nationale (2).

Il a été proposé à l'Assemblée de remercier le district des Cordeliers et, sur l'objet de cet arrêté, de s'en rapporter aux sections.

Mais, d'après l'observation, qui a été faite, que la communication de l'arrêté n'était point officielle;

L'Assemblée a demandé l'ordre du jour.

— Le Comité des rapports ayant obtenu la parole;

Un de ses membres a exposé à l'Assemblée les vœux de la commune de Terrasson (3) d'être affiliée et unie par le cœur et par les armes avec la Commune de Paris; il a proposé l'arrêté suivant, qui a été unanimement adopté :

« L'Assemblée générale des Représentants de la Commune de

(1) Décret du 22 juin 1790. (Voir ci-dessous, p. 333.)
(2) Délibération du 28 juin, imp. 8 p. in-8° (Bib. Nat., Lb 40/1373). — Sera publiée dans l'*Organisation municipale au début de la Révolution*.
(3) Chef-lieu de canton, arrondissement de Sarlat (Dordogne).

Paris ne peut qu'être flattée de la demande que lui ont faite la commune de Terrasson et la garde nationale de cette ville, à l'effet d'être affiliées, savoir ladite commune de Terrasson à celle de Paris, et la garde nationale de Terrasson à la Garde nationale parisienne ; elle accède aux vœux de la ville de Terrasson et agrée la demande desdites affiliations, désirant que des sentiments fraternels réunissent à perpétuité les communes et les gardes nationales des deux villes. »

~~~ MM. les députés de la municipalité d'Aubervilliers (1) ont demandé l'affiliation à la Commune de Paris et à être autorisés à prendre l'uniforme de la Garde nationale parisienne, à l'exception du bouton, qui aurait une distinction particulière.

L'Assemblée a agréé avec reconnaissance l'affiliation proposée.

Et, sur la question relative à l'uniforme, elle a déclaré que cette question n'était point de sa compétence et que la municipalité d'Aubervilliers était libre de prendre l'uniforme qui lui conviendrait.

MM. les députés ont été invités à assister à la séance.

~~~ Alors M. Thuriot a repris le fauteuil.

~~~ Les membres de l'Assemblée, nommés pour accompagner les citoyens de Montmartre à la métropole (2), sont rentrés.

Un d'entre eux a rendu compte des félicitations qu'ils avaient reçues, et du dépôt que les citoyens de Montmartre avaient fait de leurs drapeaux à la cathédrale (3).

~~~ Un membre du Comité des rapports a ensuite rendu compte d'un mémoire adressé à l'Assemblée par les employés à la perception des droits sur les bières et cidres (4), par lequel ils exposent que la Ville, pour le recouvrement de ses droits, leur accorde une gratification qui se paie par quartier ; que le sieur Cassen (5), receveur de ces deux parties, a toujours reçu ces gratifications et ne leur en a jamais tenu compte : ils demandent en conséquence à l'Assemblée qu'elle veuille bien ordonner qu'au bureau de la trésorerie, ou dans

---

(1) Chef-lieu de canton, arrondissement de Saint-Denis (Seine).

(2) Douze commissaires désignés au commencement de la même séance. (Voir ci-dessus, p. 328.)

(3) Un procès-verbal du Comité du *district de Notre-Dame*, en date du 1ᵉʳ juillet, signé de l'abbé Mortier, de Guyot de Sainte-Hélène et Hauguel, l'un président, l'autre secrétaire-général du district, constate que les deux drapeaux de la municipalité de Montmartre supprimée ont été placés à la voûte, savoir : l'un tout blanc, du côté de l'Évangile, au-dessous du drapeau de l'Arc de Paris ; l'autre de différentes couleurs, du côté de l'Épitre, au-dessous de celui de la légion de Saint-Jean de Latran ; pièce manusc. (Arch. Nat., C 128, n° 435).

(4) Séances des 23 et 26 juin. (Voir ci-dessus, p. 225 et 275.)

(5) Le *Journal de la Municipalité et des sections* l'appelle Caussin. (Voir ci-dessus, p. 225, note 3.)

tout autre bureau, il leur sera donné communication des derniers états de semestre et de tous autres titres nécessaires, afin de pouvoir former leur demande en restitution.

Le Comité des rapports a proposé d'arrêter qu'il serait délivré aux commis des bières un extrait de la délibération du 14 juin 1768 et des états de gratifications accordées et payées pour l'année 1789, comme ils le demandent, et au surplus qu'ils seraient renvoyés à se pourvoir contre qui et devant qui ils jugeront à propos.

L'Assemblée a adopté les conclusions du Comité.

— Et la séance a été levée à neuf heures et demie, et continuée à demain, six heures de relevée.

Signé : Thuriot et Michel, *présidents.*

Secrétaires : Mennessier, Pelletier, Castillon, Demars, Bonneville.

CONSEIL DE VILLE

— Le mercredi 30 juin 1790 (1), à six heures du soir, le Conseil de Ville convoqué et réuni par suite de l'arrêté pris hier, présidé par M. Canuel en l'absence de M. le Maire ;

— Il a été fait lecture de la rédaction du procès-verbal de la précédente séance.

La rédaction en a été adoptée.

— Il a été arrêté qu'il y aurait demain jeudi, à six heures précises, un Conseil auquel M. le Maire et MM. les administrateurs seraient spécialement priés de se rendre (2).

— Lecture faite d'une délibération du district des Mathurins, en date de ce jour, par laquelle, en réclamant contre la précipitation des opérations futures, le district manifeste son vœu pour qu'il soit sursis à toutes les questions concernant l'organisation de la Municipalité définitive (3);

Ouï le rapport de plusieurs membres, qui attestent que plusieurs districts paraissent avoir pris la même détermination (4) ;

(1) En tête de cette séance, le registre-manuscrit porte, par erreur : 30 *juillet.*
(2) Il n'y a point de procès-verbal à la date du jeudi 1er juillet.
(3) Délibération du 29 juin, imp. 4 p. in-4° (Bib. Nat., Lb 40/1444). — Sera publiée dans l'*Organisation municipale de Paris au début de la Révolution.*
(4) Notamment les districts des *Cordeliers,* de *Saint-Étienne du Mont,* des *Blancs Manteaux,* de *l'Oratoire.*

Le Conseil a arrêté que, conformément aux précédents arrêtés (1), chacun de MM. les administrateurs se rendrait demain, à l'heure indiquée, dans la section dont il est chargé d'aller faire l'ouverture.

— Des députés des Théatins sont venus rendre compte au Conseil que les invalides de l'hôtel des Invalides témoignaient l'intention de se présenter demain à la section comme citoyens actifs. Ils ont prié le Conseil de leur indiquer la conduite qu'il auraient à tenir.

Le Conseil a arrêté que deux de ses membres, MM. Sabathier et Beaufils, se retireraient sans délai devers le Comité de constitution, pour lui exposer les demandes des invalides et le prier de tracer aux commissaires de la Municipalité la conduite qu'il doit tenir dans cette circonstance (2).

— Le Conseil a approuvé la rédaction de la lettre adressée par le secrétaire à M. le Maire, en exécution de l'arrêté pris au commencement de la séance (3).

— Sur le rapport d'un mémoire présenté par le sieur Le Roi, entrepreneur d'un spectacle dans la rue Saint-Antoine, renvoyé par un arrêté de l'Assemblée des Représentants de la Commune du 22 de ce mois à la Municipalité définitive pour le fond, et au Conseil municipal pour le provisoire (4);

Le Conseil, après avoir entendu le sieur Le Roi;

A nommé MM. Duport, Brousse, Champion et Le Scène, à l'effet de prendre connaissance des faits, s'assurer auprès de M. le Maire des motifs qui l'ont déterminé à donner les défenses contre lesquelles le sieur Le Roi réclame, et rendre ensuite compte au Conseil, qui statuera ainsi qu'il appartiendra (5).

— M. le président a levé la séance.

Signé : BAYLLY (*sic*); CANUEL, *vice-président*; DE JOLY, *secrétaire*.

**

ÉCLAIRCISSEMENTS

(I, p. 327) D'après une information qu'on trouve dans les *Révolutions de Paris* (n° du 10 au 17 juillet), ce serait, non pas le Département de

---

(1) Arrêtés des 27 et 29 juin.
(2) Même difficulté soumise, le lendemain, à l'Assemblée des Représentants. (Voir ci-dessous, p. 337-338.)
(3) Convocation pour le lendemain. (Voir ci-dessus, p. 331.)
(4) Arrêté du 22 juin. (Voir ci-dessus, p. 214.)
(5) Décision prise le 10 juillet. (Voir ci-dessous.)

police, mais le Châtelet qui aurait pris la mesure recommandée par l'arrêté du 30 juin.

Voici, en effet, ce que contient ce journal :

« Une sentence de police du Châtelet, placardée au coin de toutes les rues, proroge jusqu'au 20 les déménagements qui devaient avoir lieu le 14 juillet. Le réquisitoire porte que tel était le vœu de plusieurs sections de la capitale.

« Mais de quel droit le Châtelet statue-t-il sur le vœu des sections de la capitale, sur un vœu qui ne lui est pas adressé, sur un objet qui intéresse l'universalité de la Commune de Paris?

« Sans doute, la Fédération exigeait que l'époque des déménagements fût avancée ou prorogée. Mais quel autre juge pouvait-il y avoir de ce besoin que la Commune de Paris elle-même? Si la majorité de ses habitants trouvait à propos de statuer que les déménagements seraient avancés ou retardés, elle avait la faculté d'énoncer un vœu que le Corps municipal aurait proclamé.

« Le Châtelet n'a fait qu'un acte arbitraire... »

Quoi qu'il en soit, il est avéré que les déménagements du terme de juillet 1790 furent retardés jusqu'au 20, conformément au vœu du *district des Petits Augustins* et à l'arrêté de l'Assemblée des Représentants de la Commune.

(II, p. 327) La députation de Montmartre invoque deux décrets de l'Assemblée nationale.

Le premier doit être l'art. 3 du tit. Ier du décret du 21 mai, concernant la Municipalité de Paris, aux termes duquel la Commune ou la Municipalité de Paris devait être renfermée dans l'enceinte des nouveaux murs, ce qui faisait rentrer dans son périmètre une portion de l'ancienne commune de Montmartre.

L'autre est un décret spécial, voté le 22 juin, aussitôt après l'adoption du décret sur la division de Paris en 48 sections. Gossin, rapporteur du Comité de constitution, ayant signalé à l'Assemblée nationale l'existence dans la commune de Montmartre de deux municipalités distinctes, dont l'une se trouvait comprise dans l'enceinte des murs circonscrivant le territoire de la Commune de Paris, et ayant proposé de déclarer que cette dernière devait cesser d'exister, l'Assemblée avait adopté, après quelques observations de Démeunier, le texte suivant (1) :

L'Assemblée nationale décrète que la municipalité formée par les citoyens de la commune de Montmartre, habitant la partie du terrain qui se trouve aujourd'hui du ressort de la Municipalité de Paris, sera regardée comme non avenue, et que ces citoyens feront désormais partie de la Commune de la capitale.

Déjà, le 30 mars précédent, l'Assemblée nationale avait eu à s'occuper des affaires de Montmartre, à l'occasion d'une adresse (assez peu clairement résumée dans le procès-verbal) de la paroisse et municipalité de Montmartre. Un député du clergé de la sénéchaussée de Draguignan, Mongins de Roquefort, curé de Grasse, avait exposé que, si la commune de Mont-

---

(1) Voir *Archives parlementaires* (t. XVI, p. 448).

martre n'avait point encore procédé à sa formation, c'était par la raison que le quartier de Paris hors barrières, appelé « les Porcherons » (1), prétendait faire partie de cette commune, et il avait demandé que, les habitants de Montmartre étant tous laboureurs, l'Assemblée voulût bien les dispenser de se réunir à ceux des Porcherons, tous commerçants. Sur la motion de GARNIER, député du tiers état de la Ville de Paris, l'Assemblée avait renvoyé l'affaire au Comité de constitution (2).

Peu satisfaits du résultat de leurs démarches, les pétitionnaires du 30 mars publièrent, peu de temps après, un *Mémoire à l'Assemblée nationale pour la municipalité de Montmartre, près Paris, hors barrières* (3), où il était exposé que deux municipalités existaient dans la commune de Montmartre : l'une formée le 26 mars pour toute l'étendue de la commune, conformément aux décrets de l'Assemblée nationale ; l'autre formée le 29 mars pour le haut de Montmartre, faisant la sixième partie de tout le territoire, sous la simple autorisation du ministre de Paris. C'est la première qui s'était adressée à l'Assemblée nationale le 30 mars ; c'est elle encore qui publiait le *Mémoire* complémentaire.

Sur la distinction des habitants du haut et du bas Montmartre, le *Mémoire* s'exprime ainsi :

La paroisse entière compte environ 4,000 âmes... Le haut de Montmartre est habité par des bourgeois et des agriculteurs. Le bas de Montmartre est habité par des bourgeois, des agriculteurs, des marchands de vin et des commerçants. Les cinq sixièmes des contributions (taille et accessoires) sont payés par la portion du bas.

Quant à la formation de la municipalité dissidente du haut de Montmartre, le *Mémoire* l'explique de la façon suivante :

Les instigateurs du trouble ont profité de ce que des murailles, destinées, par l'ancien régime, à asservir à l'impôt des entrées de Paris les cinq sixièmes de la paroisse de Montmartre, étaient commencées sur son territoire et paraissaient devoir un jour diviser cette commune en haut et bas Montmartre; ils sont parvenus à persuader à un petit nombre d'habitants de cette partie du haut qu'il était de leur intérêt de se diviser de ceux du bas de Montmartre.

Aveuglé par l'appât d'un bénéfice éventuel, ce petit nombre d'habitants s'est cru en droit de former un comité provisoire. Ce comité, par ses démarches et ses menées sourdes, a gagné la faveur de se faire adresser directement, depuis environ quinze jours, les décrets de l'Assemblée nationale, et à en priver l'ancien corps des représentants de la commune entière ; il a plus fait : il a sollicité et surpris une lettre ministérielle qui l'a autorisé à convoquer une assemblée d'habitants de la partie du haut de Montmartre pour la formation d'une municipalité provisoire ; cette assemblée a été convoquée pour le 29 mars.

La municipalité légale, formée depuis le 26 mars, a fait une démarche auprès

---

(1) L'ancien lieu dit des Porcherons, aujourd'hui occupé par les quartiers de la Chaussée d'Antin et Saint-Georges et une partie de celui du Faubourg Montmartre (IX° arrondissement), était situé hors des anciennes barrières, mais dans l'intérieur de la nouvelle enceinte.

(2) Voir *Archives parlementaires* (t. XII, p. 458).

(3) Imp. 10 p. in-4°, sans date ni signatures, chez Knapen et fils (Bib. Carnavalet).

du ministre, et l'a supplié de révoquer la permission qu'il avait donnée. Mais il s'y est constamment refusé, sous le prétexte qu'incessamment la portion désignée sous le nom de bas de Montmartre allait faire partie de la capitale. Il n'en est pas moins vrai que la municipalité provisoire, formée pour la sixième partie de cette commune, contre la teneur des décrets, doit être déclarée illégalement constituée.

Enfin, les pétitionnaires combattent éventuellement l'annexion projetée du bas Montmartre à la capitale par les considérations ci-dessous :

Cette division future de la majeure partie de la paroisse de Montmartre pour agrandir la capitale, désirée depuis longtemps par les agents du fisc, pourra bien ne s'opérer jamais, puisque l'intention bien décidée des représentants de la nation est de protéger les propriétés et que l'existence de la nouvelle enceinte de Paris, si une fois elle avait lieu, porterait une atteinte ruineuse à des propriétés sacrées.

Il n'est pas question ici du seul intérêt de la paroisse de Montmartre (1); il n'est pas non plus seulement question de l'intérêt de toute la banlieue de Paris, mais encore de toute la prévôté et vicomté, composée d'environ 600 paroisses qui, dans leurs cahiers, ont demandé que Paris restât renfermé dans ses anciennes limites (2), demande réitérée dans le cahier même de la Ville de Paris (3).

En effet, l'ancien régime n'a pas eu plutôt conçu le projet destructeur de ces murailles et barrières dispendieuses, que le Conseil du roi a reçu, de toutes parts, des oppositions motivées et des réclamations d'un nombre infini de propriétaires et de communes entières, dont ces barrières devaient nécessairement opérer la ruine.

Il n'est donc rien de si incertain que la division future de la paroisse de Montmartre, qui sert aujourd'hui de prétexte à une véritable scission de la sixième partie de ses habitants des cinq autres sixièmes.

Il est vrai que, pour déterminer l'Assemblée nationale à décréter ce que l'ancien ministère avait conçu, on a cherché à lui persuader que, sans l'existence de ces murailles, la Ville de Paris ne doit plus compter sur un si grand produit des droits d'entrée, attendu la fraude qui se fait aux barrières anciennes actuellement existantes.

Mais, si l'on n'avait pas précédemment conçu le projet de tout envahir, on n'exagérerait pas tant la fraude qui se fait par les anciennes barrières; on dit plus : on ne la favoriserait pas. La fraude a existé de tout temps, lorsque des

---

(1) Le *Cahier* de la paroisse de Montmartre, du 15 avril 1789, disait (art. 13) : « La paroisse demande que les nouvelles murailles de Paris soient abattues, comme contraires au commerce, ne servant qu'à multiplier les fraudes, portant atteinte à la propriété et ruinant une foule de citoyens. » (Voir *Archives parlementaires*, t. IV, p. 733.)

(2) Les *Vœux particuliers des habitants de la prévôté et vicomté hors des murs de Paris, concernant leurs demandes locales*, du 19 avril 1789, contenaient le paragraphe suivant (art. 2) : « Supprimer les nouveaux murs d'enceinte de Paris, c'est le vœu général. » (Voir Chassin, *Les élections et les cahiers de Paris en 1789*, t. IV, p. 459.)

(3) Ce n'est pas dans le *Cahier particulier de la Ville de Paris*, arrêté par l'ancien corps municipal et les députés nouvellement élus, mais dans le *Cahier du tiers état de la Ville de Paris*, adopté le 10 mai 1789 par l'*Assemblée des Électeurs* désignés par les districts, que se trouve la disposition suivante (art. 36) : « Que les murs qui ferment la Ville soient abattus; que les bâtiments qui sont aux portes soient employés à des objets utiles. » (Voir Chassin, *ibid.*, t. III, p. 364.)

impôts excessifs ont présenté des gains énormes aux fraudeurs et aux surveillants de la fraude, très mal payés et très mal traités; car on ne peut se le dissimuler : la plus considérable se fait à barrière ouverte.

Finalement, le *Mémoire* demandait la suppression du corps municipal inconstitutionnel nommé par le haut de Montmartre.

Au lieu de cela, on l'a vu, c'était la municipalité de la partie annexée qui avait été déclarée « non avenue » par le décret du 22 juin, en même temps qu'était confirmée la circonscription déterminée par la nouvelle enceinte.

La partie de Montmartre non annexée à Paris fut rattachée à Clignancourt, pour former la commune nouvelle de Montmartre-Clignancourt, dépendant du canton de Clichy-la-Garenne, district de Saint-Denis.

Malgré l'affirmation de Mongins de Roquefort, que les habitants de Montmartre étaient « tous laboureurs », le personnel de la municipalité de Montmartre-Clignancourt, en 1791, n'offre, sur 16 officiers municipaux et notables composant le Conseil général de la commune, que 3 meuniers, 2 laboureurs et 1 vigneron; le trésorier aussi est laboureur; enfin, sur 4 prud'hommes-assesseurs du juge de paix, il y a 3 laboureurs. Le maire, le procureur de la commune, 10 membres du Conseil général, le secrétaire-greffier et 1 prud'homme-assesseur exercent des professions différentes, non agricoles (1).

(1) *Almanach général du département de Paris*, année 1791.

Du Jeudi 1ᵉʳ Juillet 1790

~~~ A l'ouverture de la séance, il a été fait lecture du procès-verbal du 28 juin.

La rédaction en a été approuvée, sauf un léger changement.

~~~ M. Mulot, commissaire nommé conjointement avec M. de Condorcet pour faire une *Adresse* au roi, relativement à M. l'abbé Masse, successeur de M. l'abbé de L'Épée, et à l'établissement des sourds et muets (1), a prévenu l'Assemblée que ce travail était achevé, et a demandé, d'une part, que M. le président voulût bien écrire à M. de Saint-Priest, pour savoir quel jour cette adresse pourrait être présentée, et, de l'autre, qui est-ce qui la présenterait.

Le premier objet a été arrêté, conformément à la demande de M. Mulot.

Et M. le président a nommé, pour porter cette adresse, MM. Mulot et Cholet, qui ont été acceptés (2).

~~~ Un honorable membre, député du district des Théatins, a rendu compte à l'Assemblée d'une difficulté arrivée, le matin, aux Invalides, et sur laquelle il lui demande son avis (3).

Il a exposé que l'état-major, les officiers, bas-officiers et soldats habitant l'hôtel des Invalides, au nombre de 3 à 4,000, sous prétexte que l'Assemblée nationale a décrété que tout soldat de ligne qui aura servi 16 ans aura, par cela seul, le droit de citoyen actif (4), soutiennent qu'ils sont citoyens actifs, et, comme tels, veulent se

---

(1) Quatre commissaires, dont Mulot et Caritat de Condorcet, avaient été désignés le 15 avril. (Voir Tome V, p. 4.)

(2) Mulot rendit compte, le 5 juillet, des difficultés qu'il rencontra. (Voir ci-dessous, p. 403.)

(3) Difficulté signalée la veille au *Conseil de Ville*. (Voir ci-dessus, p. 332.)

(4) L'art. 7 du décret du 28 février 1790, sur la constitution militaire, était ainsi conçu :

« Tout militaire, qui aura servi l'espace de seize ans sans interruption et sans reproche, jouira de la plénitude de ses droits de citoyen actif et est dispensé des conditions relatives à la propriété et à la contribution, sous la réserve qu'il ne peut exercer son droit s'il est en garnison dans le canton où est son domicile. »
(Voir *Archives parlementaires*, t. XI, p. 740-742.)

Tome VI.

faire enregistrer dans la section à laquelle on a donné le nom de *section des Invalides*. Il remarquait, d'une part, que cette section deviendrait infiniment trop forte, puisque le nombre de ses citoyens actifs serait plus que doublé; de l'autre, que l'opinion de son district était que les invalides sont dans cet hôpital comme dans une garnison, et qu'il n'est pas pour eux un véritable domicile. Il demandait, au surplus, la décision de l'Assemblée sur cette difficulté.

Il a été décidé que cette demande devait être renvoyée au Comité de constitution de l'Assemblée nationale. (I, p. 340.)

~~~~ Il a été fait part à l'Assemblée d'un projet de M. Bauchêne (1), par lequel il propose, attendu les pertes continuelles qu'éprouve le Lycée, d'y réunir la Société d'émulation. (II, p. 340.)

Cet objet a été renvoyé au Département des établissements publics.

~~~~ Lecture faite de deux délibérations du district des Cordeliers, relatives à l'affaire de M. Féral (2);

Elles ont été renvoyées au Comité des rapports.

~~~~ Il a encore été lu deux autres délibérations de ce même district :

~~~~ La première, relative à une sentence de police, rendue contre l'auteur de la feuille intitulée : *L'Orateur du peuple*, sentence contre laquelle ce district réclame. (III, p. 350.)

Quelques membres ont proposé de nommer des commissaires pour examiner les motifs de cette réclamation.

Mais, comme il a été observé qu'il était question d'une affaire portée en justice réglée ;

Il a été arrêté de passer à l'ordre du jour.

~~~~ La seconde délibération, portant réclamation contre un nouveau plan de formation d'un corps de canonniers, n'a point été soumise à la discussion. (IV, p. 357.)

Et il a été arrêté de passer à l'ordre du jour, attendu que le vœu de la majorité des districts a été manifesté sur ce point (3).

~~~~ M. le président a fait part à l'Assemblée de l'envoi, qui lui a été fait, d'une carte sur laquelle est marquée la division de Paris en 48 sections; cet envoi était accompagné d'une lettre de M. Gossin, député à l'Assemblée nationale et membre adjoint du Comité de

---

(1) DE BEAUCHESNE, Représentant du district des Théatins.
(2) Une seule délibération est connue, celle du 14 juin. (Voir ci-dessus, p. 290.)
(3) Quarante-six districts au moins avaient fait opposition à la création d'un corps spécial de canonniers, les 27 février et 8 mars. (Voir Tome IV, p. 227-232 et 323-328.)

constitution pour cet objet, dans laquelle il mande qu'il s'empresse de faire part à l'Assemblée de ce plan, qui n'est que provisoire ; mais il ajoute qu'elle en recevra un incessamment revêtu des formes nécessaires pour son authenticité.

M. le président a été chargé par l'Assemblée de répondre à M. Gossin, pour le remercier de son attention.

— M. Alexandre de Lameth, député à l'Assemblée nationale, ayant envoyé à l'Assemblée 240 exemplaires d'un ouvrage qui a pour titre : *Examen d'un écrit intitulé : « Discours et réplique du comte de Mirabeau »*, par M. Alexandre DE LAMETH (1) ;

Il a été arrêté que M. le président lui écrirait une lettre de remerciement au nom de l'Assemblée.

— Comme l'affaire relative à la Salpêtrière était à l'ordre du jour (2) ;

Il a été demandé qu'elle fût ajournée au lendemain, pour être discutée au commencement de la séance.

Mais, sur l'observation que celle de MM. de La Rivière et Coquelin était ajournée pour le même jour (3) ;

L'Assemblée a décidé que l'affaire de M. Étienne (4) passerait la première, et que, s'il restait du temps, celle de la Salpêtrière serait discutée ; que, si M. Étienne ne se présentait pas, l'affaire relative à la Salpêtrière serait examinée la première (5).

— La séance a été levée et continuée à demain.

Signé : Thuriot, *président.*

Secrétaires : Mennessier, Pelletier, Castillon, DE MARS, Bonneville.

---

(1) Imp. 82 p. in-8° (Bib. Nat., Le 29/6674). — Il s'agit des discours et réplique prononcés à l'Assemblée nationale, par Riquetti, comte DE Mirabeau, dans les séances des 20 et 22 mai, sur la question du droit de paix et de guerre, publiés par lui avec une lettre d'envoi à MM. les administrateurs des départements. L'*Examen* d'Alexandre DE Lameth a pour but de prouver et prouve, en effet, par une lettre de Hippolyte DE Marcilly, rédacteur au *Moniteur*, datée du 14 juin, que le texte du discours adressé par Mirabeau aux administrateurs départementaux diffère sensiblement du texte dont il avait lui-même fourni le manuscrit au *Moniteur* et que ce journal avait reproduit littéralement. C'était une sorte de falsification que dénonçait A. DE Lameth. Le journal *Les Révolutions de Paris* (n° du 26 juin au 3 juillet) signale la brochure mentionnée au procès-verbal.

(2) Ajournement du 26 juin. (Voir ci-dessus, p. 273.)
(3) Ajournement du 28 juin. (Voir ci-dessus, p. 314.)
(4) *Lire :* DE LA Rivière (Étienne).
(5) Ce fut en effet l'affaire de Chaix de Saint-Ange à la Salpêtrière qui fut discutée le lendemain. (Voir ci-dessous, p. 365 et 367.)

ÉCLAIRCISSEMENTS

(I, p. 338) La réponse indirecte du Comité de constitution à la pétition des officiers et soldats invalides se trouve dans les *Décisions du Comité de constitution relativement à l'organisation des 48 sections de Paris* (1). L'art. 5 de ces *Décisions* dit expressément :

5° Les invalides ne peuvent être admis au nombre des citoyens actifs ; ils sont en garnison à Paris et formellement exclus par le décret du 28 février.

Ne se tenant pas pour battus, ils prennent le parti d'adresser à l'Assemblée nationale, le 27 juillet 1790, une pétition où ils réclament encore contre le refus de la *section des Invalides* de les admettre comme citoyens actifs (2).

Un des secrétaires donna lecture de cette adresse, à la séance du 31 juillet, matin : « Les militaires résidant à l'hôtel des Invalides se plaignent de ce qu'on leur refuse la qualité de citoyens actifs, parce que l'Assemblée a décrété qu'on ne pourrait user de ce droit dans la ville où l'on serait en garnison (3). » D'ANDRÉ appuya la pétition, disant que le décret ne s'appliquait pas aux invalides, qui devaient être considérés comme domiciliés. L'Assemblée ordonna le renvoi de l'adresse au Comité de constitution, pour en faire son rapport (4).

Il n'est point resté trace du rapport demandé, ni de la décision intervenue. Mais les invalides ne furent certainement point admis à exercer, à Paris, les droits de citoyens actifs, car le nombre des électeurs primaires attribués à la section des Invalides s'élevait seulement, en octobre 1790, à moins de 1,000, et, en juin 1791, à 1,100 environ (5).

(II, p. 338) L'histoire du *Lycée de Paris* a fait récemment l'objet de deux études très intéressantes, auxquelles le lecteur est prié de se reporter.

La première, due à M. DEJOB (Charles), maître de conférences à la Faculté des lettres de Paris, parut d'abord en article dans la *Revue internationale de l'enseignement* (n° du 15 juillet 1889), sous ce titre : *De l'établissement connu sous le nom de Lycée et d'Athénée, et de quelques établissements analogues*; puis en brochure, à part, sous le même titre (6). Depuis, corrigée, développée, revêtue d'un titre nouveau : *L'enseignement supérieur libre en France*, elle a formé la II° partie (en 6 chapitres) d'un volume du même auteur, intitulé : *L'instruction publique en France et en Italie au XIX° siècle* (7).

(1) *Décisions* du 23 juillet 1790. (Voir ci-dessus, p. *319*, texte et note 2.)
(2) Pièce manusc. signée (Arch. Nat., D IV b 13, n° 230*bis*).
(3) Art. 6 et 7 du décret du 28 février 1790. (Voir ci-dessus, p. 337, note 4.)
(4) Voir *Archives parlementaires* (t. XVII, p. 441).
(5) Voir CHARAVAY, *Assemblée électorale de Paris*, t. I et II.
(6) Imp. 48 p. in-8°, A. Colin, éditeur, Paris, 1889, épuisée (Bib. Nat., R 13574).
(7) Vol. XII + 456 p. in-18, A. Colin, éditeur, Paris, 1894 (Bib. Nat., R 12021).

La seconde, d'un caractère un peu spécial, dont l'auteur distingué, M. Amiable (Louis), conseiller à la cour d'appel d'Aix, vient de mourir prématurément, a été publiée dans *La Révolution française, revue d'histoire moderne et contemporaine* (n° du 14 décembre 1896), sous ce titre : *Les origines maçonniques du Musée de Paris et du Lycée* (1).

On se contentera donc ici de résumer le résultat des recherches de ces deux savants écrivains, en ajoutant, à l'occasion, sur certains points restés obscurs, quelques indications supplémentaires.

Il y eut d'abord, et presque simultanément, deux établissements portant à la fois le nom de *Musée*. Il importe de les distinguer.

Le premier en date s'était d'abord appelé *Société apollonienne*. Sous ce nom se forma, vers la fin de l'année 1780, une sorte d'association académique, composée principalement des membres de la *Loge maçonnique des Neuf-Sœurs*, dans le but d'organiser des lectures hebdomadaires sur des sujets littéraires, artistiques ou scientifiques, auxquelles on se proposait d'admettre, comme auditeurs, des invités des deux sexes et des abonnés payants. Court de Gebelin (Antoine), censeur royal, auteur d'un ouvrage extrêmement érudit, resté incomplet, sur les origines des langues et des allégories dans le monde entier, était le président du groupe nouveau, où Cordier de Saint-Firmin, Bricaire de La Dixmerie, de Fontanes, Legrand de Laleu, adeptes de la *Loge des Neuf-Sœurs*, se rencontraient avec l'abbé Rozier, Lefèvre de Villebrune, etc...

Le 17 novembre 1780, la *Société apollonienne* était définitivement constituée ; elle tint, six jours après, le 23 novembre, sa séance d'ouverture. Elle avait, dès le début, le projet de publier périodiquement les morceaux lus dans les séances publiques ; mais les ressources lui manquèrent.

Dans le cours de l'année 1781, à une date indéterminée, on voit la *Société apollonienne*, qui continuait à se réunir chaque jeudi, remplacer son nom primitif par celui de *Musée de Paris*.

En 1782, le *Musée*, dont les séances, cessant d'être hebdomadaires, n'avaient plus lieu que le premier jeudi de chaque mois, transporta le lieu de ses réunions de la rue Saint-André des Arcs à la rue Dauphine ; il inaugura sa nouvelle salle le 21 novembre 1782, avec une certaine solennité.

Au cours de l'année 1783, des discussions troublèrent le fonctionnement régulier de la Société. En juillet, l'abbé Cordier de Saint-Firmin, qui en était l'agent le plus dévoué (2), fut contraint de donner sa démission, et Court de Gebelin lui-même fut un moment évincé de la présidence, au profit de Cailhava (d'Estandoux), auteur dramatique. Mais bientôt, une nouvelle assemblée ayant rétabli Court de Gebelin dans ses fonctions, c'est Cailhava qui se trouva exclus avec une douzaine de ses partisans. Dès le mois d'août, les séances publiques redevinrent hebdomadaires.

(1) Déjà, dans une lettre qu'il avait bien voulu m'adresser en juillet 1896, le regretté conseiller d'Aix m'avait signalé le lien qui rattachait le *Musée* à la *Loge des Neuf-Sœurs*. (Voir Tome V, p. 745.)

(2) Cordier de Saint-Firmin nous est déjà connu comme agent-général de la *Société nationale des Neuf-Sœurs*, en avril 1790. (Voir Tome V, p. 184, *187-190* et *744-745*.)

Court de Gebelin commençait à s'applaudir du succès de son œuvre, quand il mourut, en mai 1784. Dès lors, le *Musée de Paris* (qui, pour conserver le nom de son fondateur, l'avait proclamé président honoraire perpétuel) ne fit que décliner, sans cependant disparaître complètement. On verra plus loin qu'il existait encore en 1790.

Peu après la *Société apollonienne* et le *Musée de Paris*, s'était fondé un autre établissement du même genre, quoique avec un caractère plutôt scientifique : le physicien Pilatre de Rozier en était le fondateur. Le *Musée français* (1) ou *Musée* tout court, ouvert le 11 décembre 1781, rue Sainte-Avoye, offrait à la fois des laboratoires aux savants et des cours aux amateurs : le programme comprenait, en dehors des langues anglaise et italienne, l'enseignement physico-chimique, introduction aux arts et métiers, l'enseignement physico-mathématique, appliqué à la mécanique, la fabrication des étoffes et teintures, l'anatomie appliquée aux arts, l'astronomie, l'électricité, etc...

Pilatre de Rozier, qui, grâce à ses relations officielles (il était intendant du cabinet d'histoire naturelle et de physique de Monsieur, frère du roi), avait obtenu, dès l'origine, l'autorisation du gouvernement, reçut immédiatement les encouragements de l'Académie des sciences, de l'Académie française, de l'Observatoire, de la Société royale de médecine, etc., et sa clientèle se développa si vite qu'il dut chercher pour son établissement un local plus vaste : le 1er décembre 1784, le *Musée français* s'installait dans un immeuble appartenant au duc d'Orléans, tout près du Palais-royal, rue de Valois, n° 1.

A ce moment, et dès la fin de 1783, le *Musée français* avait recueilli les dissidents du *Musée de Paris*, Cailhava et ses amis. Sans doute avec leur concours ou sous leur influence, Pilatre fait une place à l'enseignement littéraire à côté de l'enseignement scientifique : la langue française, l'histoire littéraire, l'histoire proprement dite et la géographie figurent au programme.

En décembre 1784 est publiée une « Liste de toutes les personnes qui composent le *Premier Musée* autorisé par le gouvernement (*Temple des arts*, institué à Paris par Pilatre de Rozier, en 1781), sous la protection de Monsieur et de Madame, pour l'année 1785 » (2). On y voit que le conseil d'administration avait pour président de Flesselles, conseiller d'État; que Moreau de Saint-Méry, avocat, et Bontemps, secrétaire d'ambassade, étaient secrétaires perpétuels, avec Champion pour adjoint; que Pilatre de Rozier se contentait du titre modeste de garde des archives et trésorier; qu'il y avait 14 dames fondatrices et 63 abonnées; que le nombre des académiciens et membres de sociétés savantes, fondateurs, était de 135, parmi lesquels Cailhava, qualifié de président au *Musée de Paris*, Roussille de Chamseru,

---

(1) La dénomination de *Musée français* ne se trouve, je crois, sur aucun document émané de l'établissement lui-même, et elle n'est employée ni par M. Dejob, ni par M Amiable. Je la prends dans un *Guide à Paris* de 1787, et je l'utilise pour distinguer commodément le *Musée* de Pilatre de Rozier du *Musée* de Court de Gebelin.

(2) Imp. 48 p. in-8° (Bib. Carnavalet, n° 12731).

le baron CLOOTS, CONDORCET, l'abbé COURNAND, DACIER, DUSAULX, GARAT, MARMONTEL, l'abbé MULOT, PONCE, etc., sans compter 112 simples fondateurs; enfin, que le nombre des souscripteurs s'élevait à 404.

Tout à coup, en pleine prospérité, le *Musée français* faillit sombrer : PILATRE DE ROZIER périssait le 15 juin 1785, victime de son dévouement à la science, et cette mort tragique remettait tout en question. Au premier moment, il fallut vendre la bibliothèque et les instruments du laboratoire. Mais l'appui de MONSIEUR, comte de PROVENCE, qui se déclara protecteur à perpétuité du *Musée* et paya les dettes, ranima le zèle des souscripteurs : dès le commencement d'octobre de la même année, on annonçait que les deux frères du roi, le comte DE PROVENCE et le comte d'ARTOIS, s'inscrivaient en tête des nouveaux fondateurs; que BONTEMPS était nommé directeur; que les exercices recommenceraient au mois de décembre; qu'enfin, l'abonnement annuel, qui jusque-là avait été de trois louis, était porté à quatre louis.

La réouverture eut lieu, en effet, en décembre 1785, mais avec un nom nouveau. Le *Musée français*, faisant aux lettres une plus large place, devenait le *Lycée* : « Le nom de *Lycée* — dit un programme du 12 décembre (1) — convient mieux à un lieu destiné à des conférences sur toutes les parties des sciences et de la littérature, que le nom de *Musée*, qui signifie un cabinet de raretés. » Sur la liste des professeurs du *Lycée* brillaient les noms de MARMONTEL, avec GARAT comme suppléant, pour l'histoire, de CONDORCET, pour les mathématiques, de LA HARPE, pour la littérature, de FOURCROY, pour la chimie, de DEPARCIEUX et MONGE, pour la physique, de SUE (Pierre), pour l'anatomie et la physiologie.

Avant le *Lycée* que nous voyons ainsi apparaître, un autre Lycée avait été projeté vers la même époque : un sieur BASSI, qui avait fondé, quelques années plus tôt, le *Lycée* de Lyon, à l'imitation des clubs littéraires anglais, avait lancé, en 1784, le prospectus du « *Lycée de Paris*, club littéraire qu'on va former dans les bâtiments nouveaux du Palais-royal, sous la protection de Mgr le duc DE CHARTRES, sous la direction de M. BASSI » (2). Si l'on se souvient que c'est le même duc DE CHARTRES, devenu duc D'ORLÉANS, qui installait, en décembre 1784, tout près de ce même Palais-royal qui était sa résidence, le *Musée français* destiné à se transformer un an après en *Lycée* on ne peut s'empêcher d'établir une certaine corrélation entre le projet de BASSI et l'appellation nouvelle adoptée par les réorganisateurs du *Musée* de PILATRE DE ROZIER.

Quoi qu'il en soit, le *Lycée*, récemment créé, assuré d'une clientèle nombreuse, allait commencer sa longue et retentissante carrière.

Pendant ce temps, que devenait l'ancien *Musée de Paris*, celui de COURT DE GEBELIN et de CORDIER DE SAINT-FIRMIN?

M. DEJOB et M. AMIABLE s'accordent à reconnaître que le *Musée de Paris* fonctionnait encore à la fin de décembre 1784, époque où il publiait des

---

(1) *Programme du* Lycée *établi sous la protection immédiate de* MONSIEUR *et de Mgr le comte* D'ARTOIS, 12 décembre 1785, imp. 18 p. in-8° (Bib. Carnavalet, n° 18520, pièce 41).

(2) Imp. 16 p. in-8° (Bib. Carnavalet, n° 2449).

règlements nouveaux (1) : les président et vice-président étaient alors Selis et Le Gendre ; Bricaire de La Dixmerie faisait partie du Comité ; le nombre des associés libres était de 50, parmi lesquels de Lablée, avocat, de La Reynie de La Bruyère, Maton de La Varenne, etc... Il y avait, en outre, 3 dames muséennes et un certain nombre d'associés et correspondants en France et à l'étranger. De même, il est constant qu'au cours de l'année 1785, après la mort de Pilatre de Rozier, les dissidents qui avaient émigré, à la suite de Cailhava, en 1783, vers l'institution de la rue Sainte-Avoye, revinrent au *Musée* de la rue Dauphine et y furent fraternellement accueillis : une séance solennelle eut même lieu, le 17 décembre 1785, pour rendre hommage à la mémoire de Court de Gebelin.

Mais ensuite ? MM. Dejob et Amiable sont encore d'accord pour laisser entendre que la réunion du 17 décembre 1785 fut la dernière et que, à partir de la création du *Lycée*, le *Musée de Paris* dut fermer ses portes (2).

Rien ne prouve qu'il en ait été réellement ainsi ; plusieurs indices, au contraire, portent à croire que le *Musée de Paris* réussit à vivre, à végéter si l'on veut, à côté du *Lycée*, au moins jusqu'en 1790.

Et d'abord, voici ce qu'on lit dans une description de Paris très fidèle et très consciencieuse, le *Guide des amateurs et des étrangers voyageurs à Paris*, par Thiéry, paru en 1787 :

« Le *Musée français*, institué sous la protection de Monsieur et de Mgr le comte d'Artois, donne des cours de physique, chimie, mathématiques, astronomie, anatomie, langues allemande, anglaise, italienne et espagnole. On se propose d'ajouter la botanique, les belles-lettres, l'histoire et la géographie. Il y a des salles de conversation et de lecture. La souscription est de 4 louis par an ; rue Saint-Honoré, près le Palais-royal. Directeur, M. Bontemps ; bibliothécaire et garde-inspecteur des collections, M. l'abbé Ray. » (T. I, p. 232.)

Puis vient, à la fin du volume, la rectification suivante :

« Le *Musée* est connu actuellement sous la dénomination de *Lycée français* ; le changement a eu lieu pendant l'impression (du tome I). » Et le *Guide* énumère les professeurs que nous connaissons, donnant à Bontemps le titre de directeur. (T. I, p. 728.)

Puisque le changement de titre, que nous savons être de décembre 1785, s'est produit pendant l'impression du volume, ce volume n'a dû être terminé qu'au commencement de 1786, ce qui reporte nécessairement à la seconde moitié de cette année 1786 l'impression du tome II du *Guide*.

Or, c'est dans ce tome II, imprimé dans le courant de 1786, qu'on trouve, sur le *Musée de Paris*, les renseignements d'où il résulte que le *Musée de*

---

(1) *Règlements du* Musée de Paris, *institué par M.* Court de Gebelin, *le 17 novembre 1780*, approuvés les 24-31 décembre 1784 ; imp. 64 p. in-8° (Bib. Carnavalet, n° 6392).

(2) Ainsi, M. Dejob écrit : « Le *Musée de Paris*, qui comprenait pourtant un nombre de membres assez considérable, ne fit plus guère parler de lui. » Ceci, après décembre 1784. De même, M. Louis Amiable s'exprime comme il suit : « Le *Lycée* éclipsa définitivement le *Musée de Paris*, qui, dès lors en effet, n'avait plus de raison d'être... En mai 1786, il n'est nullement question du *Musée* parmi les principaux lieux de réunion de la société parisienne. »

Paris avait, à cette époque, pour président, Moreau de Saint-Méry, pour vice-président, Le Gendre, et qu'il avait quitté l'hôtel de la rue Dauphine pour aller tenir ses réunions au couvent des Cordeliers (1).

En 1786, donc, le *Guide* de Thiéry distingue encore parfaitement le *Musée de Paris* du *Lycée français;* les deux établissements coexistent, avec des destinées diverses.

Mais il y a mieux : en mars 1790, une députation du *Musée de Paris*, présidée par un sieur Pons ou Ponce, membre de plusieurs académies, officier dans la Garde nationale (2), s'est présentée devant l'*Assemblée des Représentants de la Commune* pour prêter le serment civique, et il ressort des discours échangés à cette occasion que la liste des membres de la Société du *Musée* comprenait plusieurs députés à l'Assemblée nationale, des Représentants de la Commune, de nombreux Électeurs de 1789, des officiers de la Garde nationale, commandants de bataillon, etc..., et nommément Moreau de Saint-Méry, député, l'abbé Mulot, et Giraud, Représentants de la Commune, Puthod de Maison-Rouge, etc... (3).

Nul doute possible : c'est bien du *Musée de Paris*, de l'ancien groupement formé par Court de Gebelin, qu'il s'agit. Depuis cinq ans, le *Lycée* avait cessé de porter le nom de *Musée*. Et puis, comment supposer que des délégués, remplissant une mission importante, aient pu confondre les dénominations de deux établissements différents et se soient présentés au nom du *Musée de Paris*, alors qu'ils auraient été envoyés par le *Lycée français?* Il est vrai que quelques-uns des personnages qui apparaissent ici comme membres du *Musée de Paris* appartenaient également au *Lycée français* (4). Mais, pourquoi non? Les deux institutions n'étaient point complètement similaires, le *Musée* étant surtout une société académique, qui organisait périodiquement des séances publiques, avec lectures, poésies, concerts, etc.; le *Lycée*, au contraire, s'efforçant de réaliser par des cours réguliers son programme d'enseignement supérieur. Il était naturel que les sociétaires de l'une fussent en même temps les souscripteurs de l'autre, et c'est ce qui dut arriver.

Le *Musée de Paris* subsistait donc en 1790. Mais la démarche qu'il fit le 13 mars est la dernière manifestation de sa faible vitalité (5).

Les temps que l'on traversait étaient d'ailleurs peu favorables, on le comprend de reste, à la spéculation scientifique ou littéraire, et le *Lycée* lui-même, tout à l'heure si prospère, avait peine à se maintenir. Ne voyons-nous pas précisément, dans le procès-verbal du 1er juillet 1790, l'Assemblée des Représentants de la Commune saisie d'un projet consistant à adjoindre

---

(1) Citation déjà reproduite. (Voir Tome III des *Actes de la Commune de Paris*, p. 403.)

(2) Sans doute Ponce, capitaine de la Garde nationale, membre de la *Société des amis de la constitution*, auteur d'une suite d'estampes intitulée : *Les fastes de la Révolution française*, annoncée par le *Moniteur* (n° du 1er juillet 1791).

(3) Séances des 12 et 13 mars. (Voir Tome IV, p. 387 et 397-399.)

(4) Tel est le cas de Moreau de Saint-Méry, de Ponce, de Mulot. (Voir ci-dessus, p. 342-343.)

(5) En mai 1790, l'hôtel du *Musée*, rue Dauphine, fut occupé par la *Société polymatique*. (Voir ci-dessous, p. 388.)

la *Société d'émulation* (1) au *Lycée*, pour compenser les pertes qu'éprouvait celui-ci?

Cependant, le *Lycée*, qui avait tant bien que mal fonctionné durant l'année 1789 (2), avait publié, au commencement de décembre, son programme pour l'année 1790 (3). En dehors des cours ordinaires (annoncés pour le 14 décembre) de La Harpe, suppléé à partir de mars par de Boisjolin (Littérature : Mably, Rousseau, Voltaire), de Garat (Histoire et civilisation des peuples de la Grèce), de Fourcroy (Chimie animale), de Deparcieux (Recherches sur la population et la durée de la vie), de l'abbé Ray (Zoologie), etc..., on remarquait une innovation importante : M. Delacroix allait inaugurer un cours de Droit public, et la chose était considérée comme un événement si digne d'intérêt, que MM. les directeurs et professeurs du *Lycée* allèrent en corps se présenter à l'Assemblée nationale, le 7 décembre, matin, pour annoncer à MM. les députés que le cours de droit public était ouvert pour eux sans aucune souscription, et pour les inviter à y venir quand cela leur serait agréable (4).

Delacroix (Jacques Vincent), avocat, venait d'entreprendre la publication d'une revue philosophique et politique, intitulée : *Le Spectateur français ou Le nouveau Socrate moderne, Annales philosophiques, morales, politiques, historiques et littéraires du siècle* (5), qui vécut quelques mois. Il commença son cours de droit public, dans le courant de décembre, par une étude sur la République de Platon (6), et le continua en passant successivement en revue la constitution de l'Allemagne, la constitution de Pologne, la traite des nègres, la constitution de Suède, la constitution de Venise, le gouvernement de Gênes et de Lucques, la constitution de Hollande, la constitution d'Angleterre; il termina par l'examen de la constitution des États-Unis d'Amérique (7).

Mais la politique elle-même n'était, à ce moment-là, intéressante qu'en action, et l'établissement du *Lycée* périclitait tout entier. On trouve du

(1) *Société royale d'émulation*, établissement d'éducation nationale, fondé par Léonard Bourdon. (Voir Tome IV, p. *611-618*.)

(2) Il avait repris ses cours le 4 janvier 1789, toujours dans le même local, au coin de la rue de Valois et de la rue Saint-Honoré. (Voir *L'an 1789*, par Hippolyte Gautier, p. 789.)

(3) *Programme du* Lycée *pour l'année 1790*, imp. 12 p. in-8° (Bib. de M. le docteur Robinet). — Voir aussi *Chronique de Paris* (n°⁵ du 4 décembre 1789 et du 27 mars 1790) et *Moniteur* (n° du 6 décembre).

(4) Voir *Archives parlementaires* (t. X, p. 411).

(5) Le premier numéro est du 22 novembre 1790 (Bib. Nat., Lc2/499).

(6) Voir *Moniteur* (n° du 25 décembre).

(7) Voir *Moniteur* de 1790, *passim*. Ses leçons ont été réunies en volume sous ce titre : *Constitution des principaux États de l'Europe et des États-Unis d'Amérique*, annoncé par le *Moniteur* (n° du 9 janvier 1791). — Delacroix publia, plus tard, en l'an III, un livre intitulé : *Le Spectateur français pendant le gouvernement révolutionnaire*, dont il donna, en 1815, une nouvelle édition, avec un titre ainsi modifié : *Le Spectateur français pendant le gouvernement républicain, suivi de Discours sur les moyens d'asseoir le gouvernement sur une base inébranlable*. A cette dernière date, l'ancien professeur de droit public au *Lycée* était juge au tribunal civil de Versailles.

projet de fusion avec la *Société d'émulation* signalé le 1ᵉʳ juillet 1790 une nouvelle trace, dans une lettre publiée par la *Chronique de Paris* (nᵒ du 13 septembre 1790), ainsi conçue :

> En arrivant de la campagne, j'apprends avec plaisir, Monsieur, que le *Lycée*, dont on avait annoncé la chute, continuera l'année prochaine. On a même ajouté qu'on avait de nouveaux plans qui ne manqueraient pas d'attirer l'attention du public. Cet établissement, infiniment utile, est susceptible de grandes améliorations. J'espère qu'on s'occupera particulièrement de tout ce qui a rapport à l'encouragement des arts, manufactures et commerce. Une *Société d'émulation*, telle que celle qui est établie à Londres depuis 40 ans, nous rendrait de grands services. Ce serait le moment de ranimer celle qu'on voulut élever sous le ministère Turgot (1) : elle conviendrait au *Lycée*. Je lui conseille fort de s'en occuper, ce qui serait infiniment préférable à toutes les longues dissertations sur l'état social dont on nous inonde aujourd'hui, sans nous donner les moyens d'établir le calme dans notre malheureuse patrie.
>
> J'ai l'honneur d'être, etc...
>
> *Signé :* Un Lycéen.

Il ne paraît pas pourtant que ce soit de ce côté que les intéressés aient conduit leurs négociations ; la *Société d'émulation* de Léonard Bourdon avait d'ailleurs plus besoin de recevoir des secours qu'elle n'était capable d'en donner.

Toujours est-il qu'à la fin d'octobre 1790 commençait, pour le *Lycée*, réorganisé sur de nouvelles bases, une nouvelle période d'existence. Une centaine de fondateurs, anciens et nouveaux, comblèrent le déficit, et, le 31 octobre 1790, l'assemblée générale se donna Siéyès comme président. Parmi les 67 fondateurs qui assistaient à cette réunion, on remarque les noms suivants : Anson, Briois de Beaumetz, Boldoni, Brongniart, architecte, Bontemps, Buscary, Charton (Joachim), Clermont-Tonnerre, Cloots, Dufourny, d'Estaing, Fourcroy, Garat, Kornmann aîné, La Fayette, La Noraye, La Rochefoucauld, Lavoisier, Liancourt, Montmorin, d'Osmont, Pastoret, Sue père et fils, Tassin, etc. (2).

Aussi, la *Chronique de Paris* (nᵒ du 26 décembre 1790) s'empressait-elle d'insérer la lettre suivante :

> Eh bien ! Messieurs ! le *Lycée* vient encore de renaître de ses cendres. Voici la troisième époque où il joue le rôle de phénix avec succès. Pour cette fois, j'ai tout lieu de croire qu'il prendra un vol rapide sous les ailes de la liberté. Une nouvelle fondation, zélée et sincèrement amie des arts, se livre, avec la plus grande ferveur, à cette régénération. Chacun de nous y met son plaisir et sa gloire. Le nouveau *Lycée* ouvrira avec l'année 1791. Toujours les mêmes cours et les professeurs de littérature, d'histoire, de physique, d'anatomie, d'histoire naturelle, de langues anglaise et italienne. Toutes ces jouissances ne coûtent qu'un modique abonnement de quatre louis pour les hommes et de deux louis pour les dames. Les matinées seules seront employées aux cours, et les soirées aux différents agréments que peuvent procurer les arts, les lectures piquantes,

---

(1) Allusion à la *Société royale d'émulation*, autorisée en 1788. (Voir Tome IV, p. *611*.)

(2) *Délibérations des assemblées générales du Lycée*, reg. manusc., in-fol. (Bib. Carnavalet, nᵒ 14754).

la conversation et même la musique. Le prospectus qui va paraître vous développera tous ces détails.

Signé : Un nouveau fondateur du *Musée*.

L'ouverture du *Lycée* ressuscité eut lieu le 10 janvier 1791, et la *Chronique de Paris* (n° du 9 janvier) l'annonçait en ces termes :

« Demain, lundi (10 janvier), l'inauguration de ce temple des arts doit rassembler un grand concours d'amateurs des deux sexes.

« Les salles du *Lycée* seront ornées des tableaux des plus grands maîtres, et les professeurs prononceront des discours qui annoncent la série des travaux de l'année. »

Quelques jours après, la même *Chronique* (n° du 13 janvier) et le *Moniteur* (n° du 14 janvier) en rendaient compte ainsi qu'il suit, dans un article signé de Bontemps, secrétaire du *Lycée* :

« L'ouverture du *Lycée* s'est faite le 10. Elle a attiré un grand concours de citoyens de tout sexe et de tout âge. On avait l'air de se féliciter mutuellement de ce que cette source d'instruction et d'agréments avait su résister aux orages de la Révolution. Chacun paraissait promettre de soutenir et d'encourager cette belle institution.

« Quatre professeurs ont occupé d'une manière très intéressante le temps de la séance : les nommer, c'est commencer leur éloge. MM. de Fourcroy, Sue, Boldoni et La Harpe ont reçu tour à tour les vifs applaudissements qu'ils méritaient. Le premier a fait un tableau rapide et animé du *Lycée* actuel ; le second a traité de la physique de l'homme ; M. Boldoni a tracé, d'une main savante, les beaux jours de la littérature italienne, et M. de La Harpe a exposé à ses auditeurs les élégants principes de goût, la saine critique et l'élégance de style qui distinguent les écrits du célèbre académicien. »

Par contre, le *Journal général de la cour et de la ville* (n° du 17 janvier) se plaignait que le *Lycée* eût fait fuir les honnêtes gens, effrayés du « vertige démocratique » qui l'avait saisi : le *Lycée* avait pourtant — disait le *Journal* — renoncé aux services du professeur de droit public (Delacroix), mais il avait conservé, dans la chaire d'histoire, « l'emphatique, inintelligible et très ennuyeux auteur du *Journal de Paris* (Garat). »

Nous ne suivrons pas plus loin l'histoire de l'institution scientifique et littéraire fondée par Pilatre de Rozier : il nous suffit, pour avoir rempli notre cadre, d'avoir montré comment le *Lycée* sortit des embarras où il se trouvait en juillet 1790, embarras que constate le procès-verbal de l'Assemblée des Représentants de la Commune.

Notons seulement, pour terminer, les changements de noms qu'il eut à subir.

Le *Lycée français* devint d'abord, le 12 frimaire an II = 2 décembre 1793, le *Lycée républicain* (1). La réouverture, sous ce nouveau titre, eut

---

(1) Le *Moniteur* (n° du 23 brumaire = 13 novembre) annonce déjà ce changement comme effectué. Mais, s'il est exact qu'un Comité de régénération fut constitué par arrêté du 14 brumaire an II = 4 novembre 1793, et que ce fut ce Comité qui proposa la dénomination de *Lycée républicain*, il est non moins certain que l'assemblée générale qui adopta cette proposition n'eut lieu que le 12 frimaire = 2 décembre. (Voir *Délibérations des assemblées générales du Lycée*, reg. manusc., in-fol., Bib. Carnavalet, n° 14754.)

lieu, toujours dans le local du passage de Valois, au coin de la place de la maison Égalité, le 21 frimaire an II = 11 décembre 1793 (1).

Puis, le 9 floréal an X = 29 avril 1802, l'étiquette républicaine devenant compromettante sous le régime consulaire, l'assemblée générale adopta le titre neutre d'*Athénée de Paris* (2).

Mais le Consulat, l'Empire avaient passé : voici la royauté qui revient. Immédiatement, les associés se souviennent que le nouveau roi, Louis XVIII, a été jadis, quand il s'appelait comte DE PROVENCE, le protecteur du *Lycée*; le 15 juillet 1814, ils vont lui porter leurs hommages et solliciter l'autorisation de prendre le titre d'*Athénée royal de Paris*; cette autorisation leur est accordée, par lettre du ministre de l'intérieur, le 1er octobre 1814 (3).

Enfin, après la Révolution du 24 février, il s'appela l'*Athénée national*.

Cet avatar devait être le dernier : à la fin de 1849, au plus tard en 1850, de l'établissement qui avait glorieusement porté le nom de *Lycée*, où tant d'illustres hommes avaient enseigné pendant plus de soixante années (4), il ne restait plus que le souvenir.

Quelques autres établissements, de moindre importance, portèrent aussi, sous la Révolution, le nom de *Lycée* ou de *Musée*. On les indique ici, afin de prévenir toute confusion.

C'est ainsi que nous verrons l'Assemblée des Représentants de la Commune recevoir, peu de jours avant sa dissolution, une députation d'un *Lycée civique*, établi aux Grands Augustins, sur lequel les renseignements font d'ailleurs presque absolument défaut (5).

Puis, on trouve, dans le *Moniteur* (n° du 14 octobre 1791), l'annonce d'un *Musée* existant depuis six mois rue Thévenot, n° 10, qui paraît être une maison d'éducation, externat et pensionnat, pour les jeunes gens et les jeunes filles. Le directeur était un M. SIRONVAL (6), et le secrétaire un M. SAINT-OMER (7). Ce *Musée* dura au moins jusqu'en 1793, car on trouve,

---

(1) *Programme du* Lycée *républicain, IX année lycéenne, 2° de la République française*, imp. 24 p. in-8° (Bib. Carnavalet, n° 12296).

(2) *Délibérations des assemblées générales du Lycée*, reg. manusc., in-fol. (Bib. Carnavalet, n° 14754). — M. DEJOB, et, après lui, M. AMIABLE, indiquent la date de *1803 :* le registre manuscrit permet de rectifier cette légère erreur.

(3) Séance du 6 octobre. *Délibérations du Comité d'administration du Lycée*, reg. manusc., in-fol. (Bib. Carnavalet, n° 14754).

(4) Après ceux qui ont déjà été cités, on peut nommer encore, et successivement, VAUQUELIN, DELISLE, SICARD, ROEDERER, PARMENTIER, HASSENFRATZ, LEHOC, l'acteur MOLÉ, CUVIER, LEFEBVRE DE GINEAU, DE GÉRANDO, BIOT, THÉNARD, GUINGUENÉ, VIGÉE, DAUNOU, J. B. SAY, Benjamin CONSTANT, CHEVREUL, MIGNET, MAGENDIE, VIENNET, ORFILA, Auguste COMTE, Isidore GEOFFROY SAINT-HILAIRE, LEGOUVÉ, RASPAIL, Jules JANIN, etc...

(5) Séance du 28 septembre 1790. (Voir ci-dessous.)

(6) Ce SIRONVAL ou DE SIRONVAL avait ouvert, le 21 juin 1790, dans une salle de la *Société polysophique*, rue de Richelieu, un cours de géographie, histoire et langue française. (Voir *Moniteur*, n° du 6 juillet 1790.)

(7) Un SAINT-OMER (Claude), citoyen de Paris, présenta, le 19 avril 1791, soir, à l'Assemblée constituante, une pétition sur la meilleure forme de procéder par comparaison d'écritures. (Voir *Archives parlementaires*, t. XXV, p. 203.) Le SAINT-

en mai et juillet 1793, des pétitions du même Sironval, toujours directeur du *Musée*, adressées au Comité d'instruction publique de la Convention nationale (1).

Enfin, en août 1792, fut inauguré, au cirque du jardin Égalité, le *Lycée des arts*, fondé par Gaullard de Saudray (Charles), colonel-ingénieur (2), sous les auspices d'une association libre, la *Société philomathique* (3). Après avoir rendu, durant quelques années, des services importants comme établissement d'expérimentation et de vulgarisation scientifiques et avoir ainsi contribué à la création du *Conservatoire des arts et métiers*, le *Lycée des arts*, devenu en 1803 l'*Athénée des arts*, déclina sensiblement : réduit au rôle de société d'encouragement, il prolongea son existence errante jusqu'en 1869.

(III, p. 338) Avant de parler de l'arrêté du *district des Cordeliers* que signale notre procès-verbal, il convient d'exposer les circonstances qui l'avaient motivé.

Le départ de Louis XVI, qui, des Tuileries, s'était transporté en villégiature à Saint-Cloud (4), avait excité les virulentes protestations du journal de Fréron. C'est ainsi que, avant le départ, l'*Orateur du peuple* (n° XII) avait publié, sous ce titre : *Horribles manœuvres du Comité autrichien des Tuileries*, un article dont voici les passages principaux :

Dût l'implacable vengeance des ministres percer ma langue d'un fer chaud ! dussent m'engloutir tout vivant les cent gueules toujours ouvertes du despotisme ! dût le Châtelet m'enfoncer dans la gorge un poignard juridique ! je parlerai, je tonnerai, je mettrai en pièces le rideau qui cache les scènes tragiques qu'on vous prépare. Citoyens, citoyens, pressez-vous autour de ma tribune : j'ai à vous révéler de nouvelles trames, de nouveaux attentats.

Je vous l'ai dit : l'aristocratie amasse sur vos têtes des trésors de vengeance... Cette noblesse déplumée, ces sacrés calotins, sous le masque de l'impuissance, n'en travaillent qu'avec plus d'ardeur à votre perte... Doutez-vous que cette bande d'infâmes conjurés ne s'assemble, qu'ils ne forment la chaîne électrique avec tous les brigands du royaume, hors du royaume, et avec les plats et furieux despotes de l'Europe? Doutez-vous qu'ils ne soient admis aux conciliabules secrets des ministres, et qu'ils ne s'entendent pas, pour vous hacher en morceaux, avec cette femme, cette mégère, dégobillée par *Alecton*, qui, du lit de ses affreuses voluptés, sourit à vos assassins et hume déjà le sang de tous les Français?

Omer du *Musée* étant, d'après un prospectus de l'établissement, professeur d'écriture, on peut considérer l'identité comme certaine.

(1) Voir *Procès-verbaux du Comité d'instruction publique de la Convention*, par Guillaume (t. I, p. 444 et 448-452).

(2) Un moment commandant en second de la Garde nationale parisienne, après le 14 juillet 1789, et, comme tel, pensionné par l'Assemblée nationale. (Voir Tome I, p. *118-119*, et Tome V, p. 398.)

(3) L'origine de la *Société philomathique*, qui existe encore sous le même nom, remonte au 10 décembre 1788 ; son importance date de la fin de l'année 1793, alors qu'elle recueillit la plupart des membres de l'Académie des sciences, après la suppression des académies officielles, prononcée par le décret du 8 août 1793. (Voir ci-dessous, p. *388*, texte et note 5.)

(4) Départ annoncé le 1er juin. (Voir ci-dessus, p. *282-285*.)

Vous marchez sur des volcans embrasés. Vous savez la paix du roi de Prusse et de Léopold. Ils n'ont feint d'abord d'armer l'un contre l'autre que pour mieux vous tromper, que pour mieux déguiser leurs mouvements combinés contre vous. N'en doutez pas, ce coup est parti de la politique autrichienne du Comité des Tuileries, où sont les vrais compères de ces marionnettes couronnées... C'est donc à présent, tout à l'heure, que va retentir la cloche d'une Saint-Barthélemy générale... Nos cocardes arrachées seront foulées aux pieds de leurs chevaux et nageront dans notre sang.

Cependant, ô Louis XVI! tu pars, tu quittes la capitale à l'approche de tous ces dangers! Dis-moi, que signifie ce départ pour Saint-Cloud, fixé à vendredi prochain (1)? Détournerais-tu tes regards de l'agonie douloureuse et convulsive de notre liberté? Méditerait-on de t'arracher de nos bras pressés autour de toi? Craindrais-tu de mourir avec ton peuple fidèle, ou bien voudrait-on t'entraîner enfin loin de Paris, pour te placer, comme un royal épouvantail, à la tête d'une armée de scélérats, afin de légitimer la guerre civile et toutes ses horreurs? Voilà donc où tendaient ces caresses populaires, ces discours mielleux du ministre des finances, et cette séduisante proclamation (2)! Pauvre peuple! on dore tes fers; on te réserve le supplice de ces tourbillons de mouches que des traînées de poudre, couvertes de sucre, font sauter dans les airs. Vous seuls, gardes fédératives, régiments dévoués à la nation, pouvez, par la force de vos armes, conjurer toutes ces tempêtes, et immoler sur l'autel de la patrie, en holocauste à la liberté, ses ennemis frémissants de rage.

Quelques jours plus tard, au lendemain du départ effectué, le même journal (n° XIII) le commentait sous ce titre : *Épouvantable conspiration contre la liberté française. Terribles suites du voyage de Louis XVI*, et dans les termes qui suivent :

M'en croirez-vous une autre fois, peuple toujours la dupe des apparences? Une joie insolente rayonne sur le front des aristocrates! D'où naissent leurs transports? Malheureux Parisiens! ils vous tiennent enfin dans leurs filets! Vous avez couru vous-mêmes au devant du piège grossier tendu par leur scélératesse! Vous laissez partir votre roi, et ce départ relève toutes leurs espérances! Reconnaissez l'effet de leurs insinuations perfides! Ce voyage est préparé de longue main; c'est pour eux un grand point de gagné, c'est presque une victoire que de l'éloigner de Paris. N'annonce-t-il pas déjà qu'il ira quelquefois chasser à Rambouillet (3)? Bientôt on vous parlera de Fontainebleau et de Compiègne; de là, ils le pousseront à Metz et peut-être même à Vienne, tandis que se fera ici l'explosion de la guerre, tandis que les aristocrates, acharnés sur leur proie, boiront votre sang et dévoreront vos entrailles!

Réfléchissez un seul instant, pesez encore toutes les circonstances : les ministres ont arraché au roi sa protestation contre tous les décrets de l'Assemblée nationale; munis de cette pièce importante, qu'ils se proposent bien de faire valoir dès qu'ils auront la force en main, le chef de la justice, le garde des sceaux accompagné du premier président et du procureur-général ont été solennellement la déposer au greffe du Parlement, quoi qu'ait pu dire de contraire leur impudente dénégation (4).

---

(1) 4 juin. Le départ du roi eut lieu en réalité le 3, au soir.
(2) *Proclamation du roi*, du 28 mai. (Voir Tome V, p. *615-616*.)
(3) *Courrier de Paris*. (Voir ci-dessus, p. *283*.)
(4) *L'Orateur du peuple* était seul à attribuer ce but machiavélique à la visite faite par le garde des sceaux au Palais de justice, le 23 mai. (Voir Tome V, p. 584-587 et *590-591*.)

Le roi est resté parmi nous, tant que sa présence a été nécessaire aux conjurés, pour bien lier les complots, pour amasser des trésors et endormir la nation...

On conspire contre notre roi : on l'aveugle, on l'entraîne. Commment M. Bailly et M. de La Fayette ont-ils pu être séduits par un Saint-Priest? Comment n'ont-ils pas frémi à la vue des horribles suites qui peuvent résulter de ce voyage? Cette revue de dimanche dernier (1), l'ivresse du peuple prolongée par le retour du roi à cheval par la terrasse des Tuileries, tout cela était prévu, combiné d'avance. Comment avez-vous pu vous laisser prendre à ces caresses et n'en pas redouter le poison?

Crédules Parisiens, vous ressemblez au bœuf gras, couronné de festons et de guirlandes, que l'on mène à la boucherie par des sentiers de fleurs!

C'est à la suite de ce dernier article que le prête-nom de FRÉRON, le sieur ENFANTIN (Marcel), dit MARTEL, fut poursuivi et arrêté dans des circonstances qu'il raconte lui-même dans le n° XXII de *l'Orateur du peuple*, ainsi qu'il suit :

« Citoyens, pourrez-vous le croire? L'orateur du peuple est dans les fers! Il n'avait pris la plume que pour défendre vos droits : c'était un écrivain animé du plus ardent patriotisme; il respectait la Commune, M. Bailly, M. de La Fayette; il combattait l'hydre ministérielle avec une massue, et l'aristocratie avec les traits du ridicule. Lors du départ du roi pour Saint-Cloud, son patriotisme conçut de ce voyage des alarmes partagées par tous les bons citoyens et que ne justifiaient que trop les tentatives pressantes faites à ce prince vertueux au mois d'octobre dernier. Eh bien! le Bureau de Ville (2) a calomnié les intentions de *l'Orateur du peuple*; il a empoisonné ses phrases les plus innocentes...

« Mais, apprenez le comble des horreurs! Le mercredi 9 juin, *l'Orateur du peuple* apprend que le sieur PELLIER, son imprimeur, et le distributeur sont assignés à comparaître au Bureau de Ville (2), à la requête du sieur MITOUFFLET DE BEAUVOIS, l'un des procureurs-syndics de la Commune. Voulant leur éviter des embarras, il se présente lui-même devant les juges, de son propre mouvement. Sa présence inattendue fait remettre la cause au samedi 12 (3). Il ne manque point de s'y trouver; mais, sans aucune discussion, on lui lit et on exécute son jugement qui le condamne à être conduit sur l'heure à La Force (4), au secret, sans qu'il puisse offrir caution, sans lui permettre d'appeler un avocat, sans décret préalable (5). Et cette sentence illégale, vexatoire, qui a toute la rapidité meurtrière d'une lettre de cachet, est rendue au nom des lois!... »

Sur la foi de ce récit, C. DESMOULINS s'indignait, disant, dans les *Révolutions de France et de Brabant* (n° 31) :

« Je demande si ce n'est pas un guet-apens, si ce n'est pas faire du temple de la justice un véritable coupe-gorge. »

---

(1) Revue de la Garde nationale du 30 mai. (Voir Tome V, p. 557-558.)
(2) On veut dire : le *Tribunal de police*.
(3) MARTEL étant assigné pour être ouï ce jour-là. (Voir *Révolutions de France et de Brabant*, n° 31.)
(4) En réalité, au Châtelet. (Voir ci-dessous, p. 354.)
(5) Le décret d'assigné pour être ouï avait été converti en un décret de prise de corps. (Voir *Révolutions de France et de Brabant*, n° 31.)

Loustalot protestait également, dans les *Révolutions de Paris* (n° du 12 au 19 juin), en quelques mots mordants :

« Déjà la Municipalité de Paris emprisonne l'auteur de *l'Orateur du peuple*, tout aussi lestement qu'auraient pu faire Sartine et Le Noir. »

D'autre part, sur l'audience du 12 mai au Tribunal de police, le *Journal de la Municipalité et des districts* (n°ˢ des 15 et 22 juin) donne quelques détails, qui diffèrent un peu des précédents :

« L'auteur d'une feuille périodique intitulée : *l'Orateur du peuple*, a été arrêté, le 12 juin, et sur-le-champ conduit au Châtelet, après avoir comparu à l'audience du Tribunal de police, pour répondre à l'assignation qui lui avait été donnée. Sur les conclusions d'un de MM. les procureurs-syndics, il a été constitué prisonnier.

« Voici quelques passages du réquisitoire de M. Mitoufflet de Beauvois (1) :

« Les libelles se multiplient à un point effrayant. En vain vos jugements
« ont-ils déjà plusieurs fois secondé notre zèle ; en vain l'administration
« surveille-t-elle cette partie essentielle de la police. Nous sommes forcés de
« convenir que le concours de cette double autorité reste impuissant : soit
« que les colporteurs ou les auteurs eux-mêmes se jouent des peines que
« vous avez infligées à ceux d'entre eux qui ont été cités devant vous ; soit
« que les imprimeurs folliculaires excitent cette scandaleuse licence, dont
« ils recueillent impunément les fruits honteux ; soit enfin que quelques
« autres moyens plus criminels encore soient employés par les ennemis de
« la chose publique, pour contrarier ou détruire les vues de votre justice
« et de votre sagesse : le mal est véritablement à son comble, et les bons
« citoyens, révoltés à l'aspect de tant de désordres, sont presque réduits à
« douter de la force du pouvoir dont vous avez été revêtus par l'Assemblée
« nationale et par le vœu de vos concitoyens.

« Il est temps, Messieurs, que l'exemple imposant d'une juste sévérité
« remédie enfin à un si grand scandale. La feuille que je viens vous dénoncer
« ne paraît avoir pour but que d'alimenter cette fermentation populaire
« (que, jusqu'ici, vous avez contenue par votre prudence), de jeter parmi
« les citoyens des doutes alarmants sur l'adhésion du roi aux décrets de
« l'Assemblée nationale, de supposer enfin à Sa Majesté des sentiments qui
« sont loin de son cœur loyal et paternel.

« Permettez-nous de vous faire part de quelques passages de cet écrit
« incendiaire. »

[Ici, le ministère public cite une partie de l'article paru dans le n° XIII de *l'Orateur du peuple* (2).]

« Nos yeux se refusent, Messieurs, à parcourir plus longtemps des expres-

---

(1) Peuchet publie, dans le *Moniteur* (n° du 25 juin), l'appréciation suivante de ce réquisitoire :

« C'est pour donner un exemple utile de punition méritée que M. Mitoufflet de Beauvois, jeune magistrat qui annonce les plus excellents principes, a cru devoir appeler l'autorité publique contre l'auteur connu de *l'Orateur du peuple*. Son réquisitoire, écrit avec courage et modération, n'a rien de l'ancien néologisme des pièces de cette nature. »

(2) Voir ci-dessus, p. *351-352*.

Tome VI.

« sions aussi sacrilèges, et nous voyons l'indignation passer dans l'âme de
« ceux qui nous écoutent.

« Citoyens, suspendez votre jugement, et partagez un instant l'impassi-
« bilité de notre ministère.

« L'auteur est présent; si la protestation qu'il annonce existe, il est jus-
« tifié; si la preuve de ce fait important est entre ses mains, il est digne du
« titre qu'il a choisi : il est vraiment l'Orateur du peuple, et nous ne devons
« que des éloges à cette courageuse fermeté qui, se mettant au-dessus de
« toutes considérations, publie la vérité, sans être arrêtée par l'éclat du
« trône, ni par la majesté imposante de l'autorité qui l'environne. »

« L'auteur ayant avoué qu'il n'avait aucune preuve de ces faits, qu'il les
avait recueillis dans les groupes du Palais-royal et dans plusieurs papiers
publics, M. le procureur-syndic a repris la parole :

« On réclame — a-t-il dit — la Déclaration des droits de l'homme, qui
« permet à tout le monde de publier sa pensée; on invoque enfin la liberté
« de la presse, qui permet de publier celle des autres.

« Sans doute, Messieurs, un des plus beaux apanages de l'homme, c'est
« de pouvoir communiquer librement sa pensée, dans une monarchie, sur-
« tout, où l'abus du pouvoir est facile, où la pente vers l'arbitraire et le
« despotisme est presque insensible. La liberté civile et politique de l'État
« exige que chacun ait le droit de citer au tribunal de l'opinion l'homme
« puissant qui abuse de son autorité; et, si nous pouvons nous exprimer
« ainsi, la médisance publique doit être désormais, en France, une des plus
« sûres garanties de la liberté individuelle.

« Mais, pour que ces fonctions qui honorent la profession de l'écrivain
« soient utiles, il faut qu'elles soient remplies avec le respect le plus invio-
« lable pour la vérité; celui qui, sans égard pour elle, embrasse le men-
« songe et vend sa plume à la calomnie doit être traité comme un ennemi
« public, comme le fléau le plus dangereux de la société. »

Il résulte de ce compte rendu que, contrairement aux affirmations de
l'Orateur du peuple, il y avait eu débat, et que l'inculpé avait avoué n'avoir
aucune preuve des faits qu'il avait avancés.

Le jugement ordonnait que le sieur MARTEL serait arrêté et conduit, sous
bonne et sûre garde, ès-prisons du Châtelet, et que la feuille incriminée
serait envoyée à M. le procureur du roi, pour être par lui requis et par le
Châtelet ordonné ce qu'il appartiendrait (1).

C'était donc au Châtelet, encore compétent pour les affaires de lèse-
nation (2), et par conséquent sous l'inculpation du crime de lèse-nation,
que MARTEL était déféré.

MARTEL, considéré comme auteur principal du délit, étant détenu, l'imprimeur et le distributeur avaient été renvoyés sur les demandes contre
eux formées par le procureur-syndic adjoint (3).

L'affaire en était là, lorsque le *district des Cordeliers* prit l'arrêté lu le

---

(1) Jugement du 12 juin, imp. in-fol. (Voir Tome V, p. *340*), et 8 p. in-4° (Bib.
Nat., Lb 39/8959).
(2) Jusqu'au 25 octobre 1790. (Voir Tome V, p. *163-164*.)
(3) Voir *Journal de la Municipalité et des districts* (n° du 22 juin).

1er juillet devant l'Assemblée des Représentants de la Commune. Cet arrêté, daté du 19 juin (1), est ainsi conçu :

L'assemblée générale du district des Cordeliers, après avoir entendu le rapport de ses commissaires sur le jugement rendu par le Tribunal de police contre le sieur MARTEL, auteur d'une feuille ayant pour titre *L'Orateur du peuple*, et lecture faite du n° XIII de cette feuille, qui a servi de base à M. le procureur-syndic adjoint pour requérir l'arrestation de l'auteur et au Tribunal pour l'ordonner;

L'assemblée ne saurait voir dans ce jugement qu'un attentat répréhensible contre la nouvelle constitution, que tous les citoyens ont juré de défendre et pour laquelle ils se sont armés.

En effet, la Déclaration des droits de l'homme, base sacrée de cette constitution, et que le législateur lui-même s'est donnée pour règle, porte expressément, art. 7 : « Nul homme ne peut être accusé, arrêté ni détenu que dans les cas déterminés par la loi et selon les formes qu'elle a prescrites. Ceux qui sollicitent, expédient, exécutent ou font exécuter des ordres arbitraires doivent être punis. »

L'art. 8 prononce que : « Nul ne peut être puni qu'en vertu d'une loi établie et promulguée antérieurement au délit et légalement appliquée. »

Et l'art. 11 ajoute que : « La communication des pensées et des opinions est un des droits les plus précieux de l'homme; tout citoyen peut donc parler, écrire, imprimer librement, sauf à répondre de l'abus de cette liberté dans les cas déterminés par la loi ».

Mais, si l'Assemblée nationale n'a pas cru que le moment fût encore venu de déterminer les bornes de la liberté de la presse; si elle a pensé que, dans un moment où tous les esprits sont fortement agités et opposés sur les grandes réformes qu'elle doit opérer; si, dans un moment d'anarchie inévitable, peut-être même salutaire, les augustes représentants de la nation ont cru dans leur sagesse ne devoir point sur cet objet faire une loi que la grandeur des intérêts porterait sans doute à enfreindre, de quel droit le Tribunal de police ose-t-il s'ériger en législateur? Et n'est-il pas criminel et responsable de toutes les peines qu'il inflige, lorsque la loi ne les a pas prononcées (2)?

D'après cela, si on vient à réfléchir que la rigueur de ce Tribunal ne s'appesantit que sur les écrivains patriotes; que leur surveillance active, quelquefois exaltée, mais jamais préjudiciable à la chose publique, est le plus souvent travestie, par ce Tribunal, en crime de lèse-nation, quoique, dans le fond, les aristocrates seuls seraient fondés à s'en plaindre, quelle confiance pouvons-nous avoir en ceux qui le composent?

Le district des Cordeliers s'est déjà élevé contre l'ordonnance arbitraire de la police, qui tendait à limiter le nombre des colporteurs et à leur interdire la faculté naturelle de crier leur marchandise (3). Toujours ennemi des vexations

---

(1) Imp. 4 p. in-8° (Bib. Carnavalet, dossier 10065). — M. TOURNEUX ne mentionne que l'exemplaire de ce document qui se trouve au British Museum (*Bibliographie*, t. II, n° 7112).

(2) L'Assemblée nationale vient de confirmer l'opinion qu'a développée le district des Cordeliers. A la séance de vendredi dernier (*a*), M. Malouet ayant dénoncé, entre autres écrits patriotiques, les *Révolutions de France et de Brabant*, elle a déclaré qu'il n'y avait pas lieu à délibérer. (*Note du document original.*)

(*a*) Séance du vendredi 18 juin 1790. (*Arch. parl.*, t. XVI, p. 272-273 et 276-277.)

(3) Arrêtés du Comité provisoire de police, du 24 juillet 1789; de l'Assemblée des Représentants, du 1er septembre 1789; du Comité provisoire de police, du 27 octobre 1789; enfin, du Département de police, de décembre 1789. (Voir Tome I, p. 82 et 432-433; et Tome II, p. 550, texte et note 1.)

et des persécutions, il ne doit pas être plus indulgent, aujourd'hui qu'il s'agit d'une atteinte portée à la liberté d'un écrivain patriote, à qui on ne peut reprocher que d'avoir manifesté avec trop de chaleur ses inquiétudes et ses alarmes sur les manœuvres de nos ennemis.

En conséquence et par ces considérations, l'assemblée déclare qu'elle regarde l'emprisonnement du sieur Martel comme une atteinte portée à la loi, clairement prononcée dans la Déclaration des droits de l'homme, et qu'elle ne doute pas que tous les bons citoyens n'improuvent la conduite du Tribunal de police;

Ordonne que le présent arrêté sera envoyé aux 59 autres sections, à M. le Maire, au Tribunal de police et à MM. les mandataires provisoires à la Ville; enfin, qu'il en sera adressé un exemplaire à M. le président de l'Assemblée nationale.

Signé : Danton, président.
Paré, vice-président.
Fabre (d'Églantine), Pierre J. Duplain,
Laforgue, secrétaires.

Cette affaire de presse, qui faisait tant de bruit, devait finir de la façon la plus anodine.

Voici, en effet, ce que rapporte le *Journal général de France* (1), à la date du 7 juillet 1790 :

« Le sieur Martel, interrogé, a répondu qu'il se nomme Marcel Enfantin, et qu'il est commis dans le bureau de *l'Ami des citoyens* (2). Il a déclaré qu'il lui avait été promis 2,400 livres d'appointements : 1° pour porter chez l'imprimeur le manuscrit de *l'Orateur du peuple*; 2° pour percevoir le montant de la vente; 3° à charge de donner à l'imprimeur le faux nom de Martel.

« Le sieur Ducros, secrétaire du bureau de *l'Ami des citoyens*, constitué prisonnier au Châtelet (3), a aussi subi interrogatoire, et il a fait connaître pour auteur et rédacteur de ladite feuille le sieur Fréron, qui, dans une *Adresse aux amis de la liberté*, s'en est, en effet, déclaré l'auteur (4).

« Les sieurs Enfantin et Ducros ont été mis en liberté le 4 juillet, après avoir été décrétés seulement d'ajournement personnel. »

---

(1) Paraissant depuis 1785, avec l'abbé Bonafous (Louis Abel) comme principal rédacteur.

(2) *L'Ami des citoyens* ou *Journal pour chacune des classes du peuple*, journal hebdomadaire, qui parut d'avril à septembre 1790, dirigé par un sieur de Brière, mais en réalité rédigé par Fréron.

(3) C'est évidemment à cette arrestation que se rapporte l'information suivante, publiée par *l'Ami du peuple* (n° du 29 juin), sous ce titre tapageur : *Infernal complot contre la liberté de la presse :*

« Dans la nuit du 24, un huissier a signifié à l'imprimeur de *l'Orateur du peuple* un ordre du Comité de police de ne plus imprimer cette feuille; le lendemain, on a traduit en prison la personne qui en fournissait le manuscrit. »

Inutile de dire que la défense d'imprimer n'existait que dans l'imagination de Marat : *l'Orateur du peuple* ne cessa pas de paraître.

(4) *Adresse aux amis de la liberté, au sujet des vexations exercées contre le sieur Martel, l'orateur du peuple,* par Stanislas Fréron, l'un des Représentants de la Commune, imp. 15 p. in-8° (Bib. Nat., Lb 39/3642, et non Lb 3/3642, comme une erreur d'impression l'a fait dire à M. Tourneux, *Bibliographie,* t. II, n° 10127). Il y déclare qu'il continuera à travailler à *l'Orateur du peuple* aussi souvent que le lui permettra la rédaction de *l'Ami des citoyens.*

Il ne paraît pas que l'auteur véritable de *l'Orateur du peuple*, une fois connu, ait été poursuivi : est-ce parce que Fréron était Représentant de la Commune ?

(IV, p. 338) Il est assez difficile de deviner à quel « nouveau plan de formation d'un corps de canonniers » s'appliquait l'opposition du *district des Cordeliers*.

Depuis les manifestations auxquelles s'était livrée la majorité des districts, les 27 février et 8 mars, contre l'institution d'un corps spécial d'artillerie, à la suite du rapport présenté, le 31 décembre, à l'Assemblée des Représentants, divers projets nouveaux étaient venus s'ajouter à ceux déjà connus et que les districts avaient, par le fait, repoussés en bloc (1).

Voici d'abord, à la date du 5 avril 1790, une motion présentée au *district de l'Oratoire* par Lemarchant de Casigny, comte de Luc, membre du comité permanent du district (2). Il y est proposé de rassembler, au centre de Paris, la grosse artillerie, qui ne peut être affectée aux 60 bataillons de la Garde nationale, et d'en brûler les affûts, vu son inutilité ; de pourvoir sans délai chacun des 60 bataillons de 2 pièces de canon de 4, montées et garnies de tous leurs ustensiles et munitions pour 30 coups au moins par pièce ; de prendre les canonniers, à raison de 8 hommes par pièce, moitié dans les compagnies de volontaires, moitié dans les compagnies du centre, ce qui fera 16 canonniers par bataillon. Chacune des 6 divisions de l'armée parisienne, composée de 10 bataillons, aura ainsi 160 canonniers, ce qui formera un corps de 6 compagnies, comprenant en tout 960 hommes, divisées chacune en 10 escouades, et commandé par un officier supérieur, ayant rang de commandant de bataillon.

L'assemblée du district décida qu'il n'y avait pas lieu de s'occuper actuellement de cette motion et qu'elle serait jointe à celle de Gerdret, commandant du bataillon de l'Oratoire, relative aux canonniers (3).

Vient ensuite, le 20 avril, une délibération du *district de Saint-Méry* (4).

(1) Les projets relatifs à l'artillerie qu'on a eu à signaler précédemment sont les suivants :
Projet de Lemarchant de Casigny, comte de Luc, présenté au district de l'Oratoire, le 29 septembre 1789 (Voir Tome II, p. *613-614*) ;
Projet du marquis de La Salle d'Offemont, présenté à l'Assemblée des Représentants, le 11 novembre 1789 (Voir Tome II, p. 605, *613*) ;
Projet du Comité militaire, dit projet de de Gouvion, chef d'État-major général, préparé dès le 12 septembre par Poissonnier des Perrières, adopté par le Comité le 15 décembre, et présenté à l'Assemblée des Représentants le 21 décembre 1789 (Voir Tome III, p. 238, *243*) ;
Rapport d'Isnard de Bonneuil à l'Assemblée des Représentants, du 31 décembre 1789 (Voir Tome III, p. 322, *335*) ;
Projet d'Osselin, destiné à l'Assemblée des Représentants, du 5 mars 1790 (Voir Tome IV, p. *311*).
(2) Imp. 3 p. in-4° (Bib. Carnavalet, dossier 10065). — Document non signalé par M. Tourneux (*Bibliographie*, t. II).
(3) La motion de Gerdret, relative aux canonniers, n'est pas connue.
(4) Imp. 3 p. in-4° (Bib. Nat., Lb 40/1626).

Après lecture du rapport des commissaires chargés d'examiner le projet de règlement proposé par Osselin, pour la formation d'un corps d'artillerie nationale parisienne (1), ce projet est rejeté, comme « ne s'étendant que sur quelques détails particuliers et peu importants, sans fixer aucuns moyens définitifs d'organisation ». En revanche, l'assemblée du district adopte dans tous ses points un *Plan* présenté par *un militaire recommandable* (2), et, s'efforçant de le faire adopter par toute la Commune, elle vote immédiatement les dispositions suivantes :

L'assemblée générale a, en conséquence, arrêté que la présente délibération serait imprimée et portée aux 59 autres districts par deux commissaires, avec invitation de nommer chacun un ou plusieurs députés, qui se réuniront dans l'une des salles de l'Archevêché, le samedi 1er mai 1790, à six heures du soir, afin d'y entendre la lecture dudit plan, qui sera faite par l'auteur lui-même, présenté par lesdits commissaires.

L'assemblée a, de plus, témoigné sa satisfaction à l'auteur, en lui votant des remerciements, ainsi qu'à MM. les commissaires.

Signé : Gibert de L'Isle, président.
Delahaye, vice-président.
Coquelin, commissaire.
Pannelier, secrétaire.

Le district ne se contenta pas de cette délibération ; il insista près des autres districts, en les convoquant, à deux reprises différentes, le 7 mai pour le 10, et le 11 mai pour le 14, toujours à l'Archevêché, à l'effet d'examiner le plan d'artillerie du militaire recommandable. Les réunions n'aboutirent pas, faute de délégués présents en nombre suffisant (3).

Le 7 juin 1790, le *district des Jacobins Saint-Dominique* approuve un plan contenu dans une *Adresse à l'assemblée générale du district*, par Cœuillet de Chaumont, capitaine-commandant d'artillerie et garde-général des armes de la Ville de Paris, *sur l'organisation d'un service d'artillerie municipale* (4). Celui-là proposait de former un corps d'artillerie de 2,880 hommes, ainsi

---

(1) *Principes essentiels d'un plan d'artillerie pour la Ville de Paris*, du 5 mars 1790, par Osselin. (Voir Tome IV, p. *311*.)

(2) L'auteur n'est pas autrement désigné. Mais, sur le *Plan* lui-même, l'arrêté donne les détails qui suivent :

« Il a été lu ensuite le rapport d'un *Plan général*, présenté par un militaire recommandable, *pour la formation et entière organisation d'un corps d'artillerie nationale parisienne*. Ce plan, par la clarté et la méthode qui y règnent, par l'évidence et l'infaillibilité des principes, par les moyens d'organisation, tant fondamentaux qu'accessoires, aussi sûrs et aussi faciles qu'économiques (la dépense annuelle pour tout le corps est de 71,807 liv. 15 sous), qui y sont développés dans le plus grand détail, et par les précautions bien louables que l'auteur prend pour fermer tout accès aux sollicitations, à l'intrigue et à la faveur, a été, après une ample discussion, unanimement adopté dans tous ses points. »

D'après la formule identique du titre, comme d'après le chiffre sensiblement approximatif de la dépense, on est amené à penser que le *Plan* en question n'est autre que le projet de Louis de Chénier, officier d'infanterie, imprimé en juillet 1790. (Voir ci-dessous, p. *359*.)

(3) Pièces manusc. (Bib. Nat., manusc. 2665, fol. 246 et 253).

(4) Imp. 15 p. in-8° (Bib. Nat., L b 39/8934).

composé : les 48 sections, groupées trois par trois, auraient fourni 16 compagnies de 180 hommes, soit 60 hommes par section, avec un commandant-général ou capitaine-commandant, un inspecteur d'artillerie, 16 capitaines, etc... L'approbation du comité du district est ainsi conçue :

> L'assemblée, ayant entendu la lecture du plan de M. Cœuillet de Chaumont, concernant l'établissement d'un service d'artillerie dans la capitale, après la discussion dudit plan, n'a pu s'empêcher d'applaudir aux vues patriotiques dudit sieur Cœuillet de Chaumont, et notamment aux offres désintéressées dont il a fait l'hommage à l'assemblée ; a consenti, sur la réquisition dudit sieur, que ledit plan fût imprimé et ensuite communiqué tant à l'État-major de la Garde nationale qu'aux 59 autres districts, ledit plan ayant été présenté et proposé à l'époque du mois de mars.
>
> *Signé :* Joliveau, vice-président.
> Glureau, secrétaire-greffier.
> Busserolle, ex-secrétaire.
> Bonvalot, Buvard et Boisson,
> membres du comité.

Enfin, en juillet 1790, apparaît le *Plan général et détaillé pour la formation, entière organisation, solde, police et administration d'un corps d'artillerie nationale parisienne* (1), par Louis de Chénier (2).

Deux mots d'abord sur l'auteur : de Chénier (Louis Sauveur), né à Constantinople, en 1761, était le frère aîné des deux autres de Chénier, deux poètes, André Marie, né en 1762, et Marie Joseph, né en 1764, tous les trois fils de Louis de Chénier, né en 1722, jadis publiciste, puis employé de commerce à Constantinople, enfin consul-général de France au Maroc jusqu'en 1780. Bien qu'en 1790 le père vécût encore (il mourut à Paris en 1795), et qu'il eût publié, en 1789, des *Idées pour un cahier du tiers état de la Ville de Paris* (3), souvent attribuées à l'un de ses fils (4), il est infiniment probable que le *Plan d'artillerie* dont nous nous occupons est plutôt dû à l'aîné des fils, d'abord officier dans un régiment d'infanterie, puis capitaine de la gendarmerie nationale, attaché, en 1793, à l'armée du Nord (5).

Quant au plan en lui-même, l'auteur préconisait la formation de 6 compagnies soldées d'artillerie et de 6 compagnies de canonniers volontaires, les unes et les autres réparties entre les 6 divisions de la Garde nationale. Chaque compagnie soldée aurait compté 111 hommes, soit 96 soldats divisés en 6 escouades de 16 hommes, plus les sergents et caporaux, commandés par un major, un capitaine, un lieutenant et un sous-lieutenant. Les compagnies volontaires devaient être composées de 50 canonniers, commandés par un capitaine, un lieutenant et un sous-lieutenant. Au total,

---

(1) Bien que paru seulement en juillet, il semble bien que ce *Plan* est celui qui est visé déjà dans la délibération du *district de Saint-Méry*, du 20 avril. (Voir ci-dessus, p. *358*.)

(2) Imp. xix + 75 p. in-8° (Bib. Nat., Lf 133/124).

(3) Imp. 28 p. in-8° (Bib. Nat., Lb 39/1532).

(4) M. Chassin a publié des extraits de cette brochure, dont il attribue la paternité à Marie Joseph, dans *Les élections et les cahiers de Paris en 1789* (t. III, p. 220-221).

(5) Ces détails biographiques sont extraits de l'article de M. Maurice Tourneux, dans l'*Encyclopédie générale*.

le corps d'artillerie aurait compté 984 hommes, dont 666 pour les compagnies soldées et 318 pour les compagnies volontaires. La dépense annuelle était évaluée à 77,218 livres. Le plan de DE CHÉNIER, très détaillé, prévoit aussi la création de deux écoles, l'une de théorie et l'autre, de pratique, installée dans la plaine de Grenelle.

Quel est celui de ces quatre projets dont ne voulait pas le district des Cordeliers? Peut-être s'agit-il du dernier : Marie Joseph DE CHÉNIER appartenait au *district des Cordeliers* (1), et il avait pu attirer l'attention sur le projet de son frère. Mais ce n'est là qu'une conjecture, et bien vague.

(1) Voir Tome IV, p. 700.

Du Vendredi 2 Juillet 1790

— A l'ouverture de la séance, un honorable membre a fait lecture d'une délibération de l'assemblée générale du district de Saint-Étienne du Mont, en date du 25 juin dernier, par laquelle il a arrêté de supplier l'Assemblée nationale de modérer les impositions indirectes de la ville de Paris, d'après les proportions établies pour les autres villes. (I, p. 369.)

Un membre a réclamé l'ordre du jour.

Un autre a demandé que la délibération fût envoyée à l'Assemblée nationale.

Mais, cette motion ayant paru de la plus grande importance pour la ville de Paris;

L'Assemblée a arrêté qu'il serait nommé des commissaires pour rédiger une adresse à l'Assemblée nationale, en conséquence de la délibération du district de Saint-Étienne du Mont (1).

MM. Balin, Carmentran, du Rousau et Chapon ont été nommés commissaires

Et il a été arrêté de leur adjoindre MM. les commissaires nommés pour entendre le compte du Département du domaine (2).

— M. Michel Norgeot, nommé par une délibération, prise le 24 juin, adjoint-notable (3) du district de Popincourt, à la place de M. Carré, a remis ses pouvoirs et a prêté le serment prescrit.

— L'Assemblée a renvoyé au Département de l'administration un mémoire du sieur Virey, marchand de vin et cantinier à l'École militaire (4), par lequel il demande à être employé, pour ce qui concerne son état, à la fête du pacte fédératif.

— Il a été fait lecture, par un de MM. les secrétaires, d'une

---

(1) Le projet d'adresse fut lu le 7 août. (Voir ci-dessous.)
(2) Quatre commissaires nommés le 1ᵉʳ février. (Voir Tome III, p. 661.)
(3) Le terme légal serait : *notable-adjoint*.
(4) Le texte officiel qualifie ici le pétitionnaire de *quartinier*, au lieu de *cantinier* : la rectification est faite d'après de précédentes mentions. (Voir Tome III, p. 128, 185 et 391-392.)

délibération du district des Carmes, relative à l'affaire de M. Féral, capitaine de chasseurs du bataillon de Saint-Louis-en-l'Isle (1).

Cette délibération a été renvoyée au Comité des rapports.

~~~ Lecture faite du procès-verbal du 23 juin dernier;
La rédaction en a été adoptée.

~~~ La compagnie de l'Arquebuse de Paris est venue faire, à l'Assemblée, l'hommage de ses canons et drapeaux (2).

M. Ricart, chancelier de cette compagnie et Électeur en 1789, est monté à la tribune, et a prononcé le discours suivant :

Messieurs,
Les délassements de nos anciens étaient l'exercice des armes. Leurs jeux les ont rendus soldats sans ambition, mais intrépides. Peu jaloux de conquêtes, ils gardaient leurs foyers... Telle était alors la milice bourgeoise, du sein de laquelle se formèrent, à différentes époques, sous la protection des communes, ces corps d'élite sous la dénomination d'Arquiers, Arbalétriers, Arquebusiers.

Leurs exercices, toujours considérés comme un glorieux apprentissage du métier de la guerre, multipliaient le nombre des citoyens utiles à l'État et entretenaient dans leur cœur le feu de la valeur.

C'est en réprimant l'orgueil des grands vassaux de la couronne et en consolidant les bases de la monarchie chancelante, que nos anciens Chevaliers ont cueilli les premiers lauriers qui les ont immortalisés.

Appelés depuis dans les combats, dans les sièges, soit pour l'attaque, soit pour la défense, ils ont participé à la gloire des armes françaises... Et, si les ennemis de la France ont remporté quelquefois sur elle des victoires, ce n'est qu'après avoir fait couler tout le sang des Arbalétriers qui leur résistaient, décidés à vaincre ou mourir pour la patrie.

Bayard, le fameux Bayard, n'a pas dédaigné de marcher à leur tête; et, juste appréciateur de leur bravoure, il a voulu renouveler les enseignes qui les ralliaient.

Les drapeaux que vous voyez, Messieurs, sont les images des bannières vénérables que les communes ont confiées à nos anciens. Jugez avec quel respect nous avons dû les garder! Ils étaient les témoignages de leur héroïsme; ils sont les garants de notre zèle patriotique. Nous n'avons pu les suivre que de très loin dans la carrière de l'honneur qu'ils nous ont ouverte; mais, comme eux, nous avons toujours préféré la mort à l'enlèvement de nos drapeaux...

Il restait, aux Français rassasiés de victoires, une conquête plus brillante à faire : celle de la liberté. Leur patience extrême les soumettait aux fers du despotisme; mais, en un instant, les *soldats* devenus *citoyens* et les *citoyens* devenus *soldats*, le joug est brisé, la liberté conquise et la France sauvée.

Braves citoyens..., Garde nationale parisienne, nos frères, ce salut est votre ouvrage : le même jour, qui vous a faits soldats, sous a vus vainqueurs; la première fois que parurent vos drapeaux et vos étendards, ils étaient déjà couverts de gloire... Vous avez, en un instant, effacé le souvenir de tous nos services passés.

---

(1) Délibération du 25 juin. (Voir ci-dessus, p. 295-296.)
(2) Conformément à la décision du 25 juin. (Voir ci-dessus, p. 235-236.)

La nation redemande nos drapeaux et nous confond tous sous les vôtres : c'est resserrer plus étroitement les liens de notre fraternité. Nous avons partagé vos travaux et vos dangers; nous sommes dévoués à les partager encore, sous les ordres du héros citoyen qui nous commande; nous sacrifierons jusqu'à la dernière goutte de notre sang pour leur défense et pour le maintien de la constitution. La promesse sacrée que nous en faisons sera bientôt scellée par la consécration patriotique de nos drapeaux dans le sanctuaire de l'Éternel.

Pour vous, dignes Représentants de cette immense Commune, premiers auteurs de la régénération; vous, qui, après avoir conquis la liberté, avez assuré la paix; vous tous, dont la postérité immortalisera le civisme, recevez nos hommages respectueux et les derniers honneurs d'un drapeau qui ne s'est déployé que pour la défense de cette grande cité! Daignez, Messieurs, nous accompagner à la consommation d'un sacrifice que nous faisons à la patrie, puisque son intérêt l'exige (1)!

M. le président a répondu :

Messieurs,

Vous offrez à la capitale le spectacle le plus intéressant et le plus imposant.

Depuis l'origine des Arquebuses, qui remonte aux temps les plus reculés, il n'est pas de services éclatants qu'elles n'aient rendus à la France. La nation n'oubliera jamais ce qu'elle doit en particulier aux compagnies avec lesquelles la vôtre est unie par le concordat le plus solennel.

L'histoire lui rappellera toujours que ce sont vos frères d'armes de Saint-Quentin qui, en 1108, ont sauvé Louis-le-Gros et arraché à l'ennemi déjà vainqueur la palme de la victoire. Elle la forcera de se convaincre que c'est à eux qu'est due la victoire mémorable de Bouvines ; que ce sont des Arquebusiers, réunis et commandés par Charles VII, qui ont forcé les Anglais à lever le siège de Lagny, en 1432. Elle lui démontrera que c'est la compagnie de Châlons qui a fait triompher le même prince au siège de Montereau.

Le trait que vous avez cité, Messieurs, et qui honore le fameux Bayard, de la main duquel François Ier voulut être fait chevalier, n'est pas le seul de cette nature : Henri IV a donné à la compagnie de Meulan, pour s'être distinguée lors de l'attaque de cette ville, le drapeau sous lequel elle porte les armes. La compagnie de Corbeil conserve encore, comme un monument précieux de sa gloire, des lettres que ce grand prince, dont la mémoire sera toujours chère aux Français, lui a écrites de sa main, pour s'être signalée en 1590.

Il n'en est pas une qui n'ait des titres d'honneur et des droits incontestables à la reconnaissance publique. Plus ces droits sont constants, plus l'exemple de votre soumission à la loi est grand et digne de vous.

Vous aviez juré, dès le 3 juillet 1789, sous ces drapeaux, témoins de notre alliance, que vous verseriez jusqu'à la dernière goutte de votre sang pour défendre les droits de la nation et l'autorité légitime du roi, et votre ser-

---

(1) Le *Moniteur* (n° du 27 juillet) admire beaucoup ce discours. Voici ce qu'il en dit :

« Le discours que M. RICARD, chancelier de l'Arquebuse, a prononcé à la Commune est sage et proportionné à la cérémonie. On n'y trouve ni ces grands mots, ni cette exaltation si commune aujourd'hui, qui annoncent que ceux qui s'y livrent n'étaient préparés, ni par la réflexion, ni par l'habitude et le sentiment des grandes choses, à ce qui les électrise et les égare au milieu des événements actuels. »

ment a été sacré pour vous. Le 13, vous étiez des premiers sous les armes. C'est avec vous que, le 14, nous avons enchaîné le despotisme, conquis la liberté et sauvé l'empire. Depuis, vous n'avez cessé de fournir des preuves multipliées de civisme et d'héroïsme.

Jamais réunion ne s'effectuera sous des auspices plus heureux. Rangés sous les drapeaux de la Commune, commandés par un nouveau Bayard, vous prouverez sans cesse que l'amour de la patrie est imprimé en caractères de feu dans vos âmes.

L'Assemblée a arrêté que le discours de M. le chancelier de l'Arquebuse et la réponse de M. le président seraient insérés dans le procès-verbal et imprimés séparément (1).

Elle a arrêté, en outre, de nommer une députation composée de douze de ses membres, pour accompagner MM. de l'Arquebuse et assister au dépôt de leurs drapeaux dans l'église de Notre-Dame.

M. le président a nommé pour commissaires MM. Michel, Bonneville, Carmentran, Cézerac, Beaubois, Chappon, Testulat, Oursel, Dameuve, Trévilliers, Demachy et Charpentier (2).

~~~ Il a été ensuite fait lecture, par un de MM. les secrétaires, d'un procès-verbal du district de Notre-Dame, en date du jour d'hier, lequel constate le placement aux voûtes de la cathédrale des deux drapeaux de la partie de la municipalité de Montmartre réunie à celle de Paris par un décret de l'Assemblée nationale (3).

~~~ M. La Marnière, lieutenant-colonel de la garde nationale de Tournans (4) et député de cette ville, est venu réclamer deux pièces de canon qu'elle avait remises à un détachement envoyé par M. La Fayette au mois d'août dernier ; ces canons ayant été confiés au bataillon de Saint-Roch, le député demandait subsidiairement, dans le cas où l'Assemblée croirait de l'intérêt de la Ville de Paris de les garder, qu'il fût accordé par forme d'échange soixante fusils à la ville de Tournans.

Cette demande a donné lieu à plusieurs motions :

La première, de renvoyer l'affaire au Département de la Garde nationale et à l'État-major ;

La seconde, de nommer des commissaires pour concerter avec le Département de la Garde nationale, MM. de l'État-major et MM. du district de Saint-Roch les moyens de rendre à la ville de Tournans la justice qui lui était due.

(1) On n'a pas retrouvé d'exemplaire de cet imprimé.
(2) Le compte rendu des commissaires figure dans la même séance. (Voir ci-dessous, p. 365-366.)
(3) Procès-verbal du 1er juillet. (Voir ci-dessus, p. 330, note 3.)
(4) *Tournan*, chef-lieu de canton, arrondissement de Melun (Seine-et-Marne).

[2 Juillet 1790] DE LA COMMUNE DE PARIS 365

Mais, M. le député ayant représenté qu'il était obligé de partir après-demain et qu'il était de la dignité de l'Assemblée qu'il pût reporter dans sa patrie une réponse satisfaisante à une demande aussi juste;

Il a été proposé (1) à l'Assemblée d'inviter très instamment M. le lieutenant de maire au Département de la Garde nationale et MM. de l'État-major à se rendre demain à l'Assemblée, pour donner leur avis sur la demande de la ville de Tournans.

Cette proposition a été adoptée.

Et il a été arrêté, en outre, de prévenir MM. du district de Saint-Roch, afin qu'ils pussent être présents à la discussion de cette affaire (2).

⸺ Le compte de MM. Étienne (3) et Coquelin était à l'ordre du jour (4).

Mais, l'Assemblée ayant à entendre le rapport de ses commissaires, relativement aux troubles intérieurs de l'hôpital-général de la Salpêtrière (5);

Elle a renvoyé à demain l'affaire de MM. Étienne et Coquelin, et a arrêté qu'ils seraient prévenus de nouveau (6).

⸺ MM. les commissaires, nommés par l'arrêté du 22 mai dernier à l'effet de prendre des renseignements à l'hôpital de la Salpêtrière, sur les motifs du refus de renouveler les pouvoirs de M. d'Estanges (7), ont rendu compte de leur mission : après avoir exposé dans le plus grand détail les soins par eux pris pour découvrir la vraie cause des troubles excités dans cet hôpital, ils ont peint avec énergie l'excès auquel sont portés ces troubles et ont ensuite proposé à l'Assemblée de renvoyer le tout au Département des hôpitaux, pour aviser aux moyens les plus propres à rétablir l'ordre et le calme dans la maison de la Salpêtrière.

Ce projet d'arrêté a donné lieu à de grands débats (8);

⸺ Dont la suite a été interrompue par le rapport de MM. les

(1) Le texte original dit ici : *il a proposé*, de sorte que la proposition semblerait émaner du délégué de Tournan, chose peu vraisemblable.
(2) Séance du 3 juillet. (Voir ci-dessous, p. 378.)
(3) *Lire* : DE LA RIVIÈRE (Étienne).
(4) Ajournement du 1ᵉʳ juillet. (Voir ci-dessus, p. 339.)
(5) Ajournement du 1ᵉʳ juillet. (Voir ci-dessus, p. 339.)
(6) Séance du 3 juillet. (Voir ci-dessous, p. 374-375.)
(7) Il s'agit des commissaires nommés le 21 juin, ceux qui avaient été désignés le 12 (et non le 22) mai ayant demandé à être remplacés. (Voir ci-dessus, p. 189.)
(8) La discussion fut reprise dans la même séance. (Voir ci-dessous, p. 367.)

commissaires, nommés pour accompagner MM. de l'Arquebuse à la cathédrale (1).

Un d'eux, étant monté à la tribune, a dit qu'étant arrivés à la porte de l'église Notre-Dame, ils avaient été reçus par MM. du comité du district et conduits aux pieds de l'autel, où l'un de MM. les ecclésiastiques les attendait pour recevoir les drapeaux de MM. de l'Arquebuse, et qu'il avait prononcé le discours suivant :

Monsieur,

Les Chevaliers de l'Arquebuse, fameux par cent combats et par autant de victoires, qui ont toujours été prodigues de leur sang pour la défense de la nation, de la loi et du roi, viennent déposer dans ce temple les étendards que la Commune leur avait confiés et dont ils ont fait un si noble usage dans tous les temps. Aussi soumis à la loi que redoutables dans les combats, ils s'empressent d'obéir au décret de l'Assemblée nationale, pour se confondre désormais avec leurs frères d'armes de la Garde parisienne et vaincre ou mourir avec eux pour le maintien de la constitution.

M. l'officiant a répondu :

Messieurs,

Vous venez, en ce temple auguste du Seigneur, faire l'hommage de vos drapeaux. Votre patriotisme est connu; votre compagnie existe depuis plusieurs siècles et de tous temps a rendu des services importants à la patrie, tant en formant la jeunesse à la dextérité et à l'usage des armes que par d'autres traits d'utilité : ce qu'on voit en parcourant les époques de notre histoire.

Vos drapeaux, suspendus dans ces voûtes antiques, seront, dans les temps de paix, des preuves de l'union, de la concorde et de la confraternité, dont vous donnez, Messieurs, un si bel exemple.

Le Chapitre de l'Église de Paris, qui a toujours donné des preuves de son zèle pour le bien public, jouit de la satisfaction de se joindre à vous, et conservera dans son sein vos drapeaux, comme un dépôt sacré, cher à son cœur.

Le député a ajouté que ses collègues et lui avaient été reconduits dans le même ordre qu'ils avaient été introduits.

Et il a été arrêté que les discours de M. le député et de M. l'officiant seraient insérés dans le procès-verbal et imprimés séparément à la suite du discours de M. le chancelier de l'Arquebuse et de la réponse de M. le président (2).

(1) Commissaires désignés dans la même séance. (Voir ci-dessus, p. 364.)

(2) Imprimé inconnu. (Voir ci-dessus, p. 364, note 1.) — Un procès-verbal du comité du *district de Notre-Dame*, en date du 4 juillet, signé de l'abbé Mortier, de Guyot de Sainte-Hélène et Hauguel, l'un président, l'autre secrétaire-général du district, constate que le drapeau et le guidon de l'Arquebuse ont été placés à la voûte, savoir : le guidon, du côté de l'Épître, au-dessous du drapeau de couleurs variées de la municipalité de Montmartre supprimée; le drapeau, du côté de l'Évangile, au-dessous du drapeau blanc de la même municipalité. Pièce manusc. (Arch. Nat.; C 128, n° 435).

~~~ La discussion de l'affaire de M. d'Estanges a été reprise (1).

Et M. l'abbé Fauchet, après avoir fait l'éloge de M. d'Estanges et soutenu que les troubles de l'hôpital de la Salpêtrière ne provenaient que des autres prêtres de cette maison, a proposé l'arrêté suivant :

« L'Assemblée, après avoir entendu le rapport de ses commissaires, a arrêté que M. d'Estanges et les trois prêtres qui n'ont point pris parti dans la querelle de ses adversaires seront conservés ; que les autres pourront être placés dans les différents hôpitaux et seront remplacés dans celui de la Salpêtrière par ceux dont ils auront pris les emplois;

« Qu'il sera écrit par M. le président une lettre à MM. les vicaires-généraux, pour les inviter à ne pas déférer à la demande du comité de Saint-Victor et à celle de l'administration temporelle de l'hôpital, touchant la cessation des pouvoirs de M. d'Estanges, et à les lui continuer ;

« Et que MM. les administrateurs du Département seront très expressément chargés de prendre toutes les mesures pour les faire exécuter aussitôt le présent arrêté. »

Ce projet d'arrêté ne remplissant pas les vues de l'Assemblée, et la discussion paraissant devoir se prolonger ;

La séance a été levée, et l'affaire ajournée à demain (2).

Signé : THURIOT, *président.*

Secrétaires : MENESSIER, PELLETIER, CASTILLON, DE MARS, BONNEVILLE.

CONSEIL DE VILLE

~~~ Le vendredi 2 juillet 1790, à six heures du soir, le Conseil de Ville convoqué, réuni en la forme ordinaire et présidé d'abord par M. le Maire et, ensuite, par M. Canuel ;

~~~ Il a été fait lecture du dernier procès-verbal.

La rédaction en a été approuvée.

~~~ La convocation pour l'ouverture des sections et celle pour l'élection des officiers municipaux ayant obligé le Conseil à avancer de deux jours et à faire annoncer pour demain samedi l'assemblée pour l'élection des députés au pacte fédératif (3), il a été arrêté que

---

(1) Voir ci-dessus, p. 365.
(2) Séance du 3 juillet. (Voir ci-dessous, p. 376-377.)
(3) Élection fixée au 5 juillet par arrêté du 21 juin. (Voir ci-dessus, p. 192.)

MM. Bureau et Filleul se transporteraient à l'instant au cloître et auprès du doyen du Chapitre de Notre-Dame, pour l'informer de l'assemblée qui doit avoir lieu demain en l'église de Notre-Dame et le prier de vouloir bien donner les ordres nécessaires pour que l'église soit en état de recevoir MM. les députés et la Municipalité (1).

MM. Bureau et Filleul ont encore été priés de se transporter auprès des membres du comité de la section de Notre-Dame, pour les prier de donner les ordres nécessaires pour assurer la police intérieure de l'assemblée et prendre des précautions pour qu'il n'entre dans l'église que des députés des bataillons, lesquels surveilleront ensuite l'entrée des autres électeurs, et ensuite les officiers municipaux.

~~~ Le procureur-syndic a requis, et le Conseil a ordonné, la transcription sur ses registres de la proclamation du 18 juin dernier, sur (2) un décret du 12 du même mois, relatif à l'inscription des citoyens actifs sur le registre de service des gardes nationales (3).

Le Comité a ordonné que cette proclamation serait imprimée, affichée et envoyée aux sections (4).

~~~ Sur les observations faites par le procureur-syndic, au sujet de l'arrêté, pris par le Conseil dans la séance du 28 du mois dernier, portant qu'il serait fait une députation à l'Assemblée nationale pour la supplier de vouloir bien rendre une loi sur la presse, comme le seul moyen de remédier aux abus (5) ;

Le Conseil, considérant que l'Assemblée nationale ne reçoit que difficilement des députations, qui absorbent toujours un temps précieux (6) ;

Considérant qu'il peut être plus avantageux de réunir, dans un mémoire motivé et rédigé en forme d'adresse, les principes et les différentes circonstances qui devaient déterminer le décret que la Municipalité sollicite et que les bons citoyens désirent ardemment ;

A arrêté que MM. les députés (7) se concerteraient avec M. le Maire,

---

(1) La désignation des délégués de la Garde nationale eut lieu, en effet, le 3 juillet. (Voir ci-dessous, p. 379-382.)

(2) Le registre-copie porte ici : *par* un décret, ce qui n'a aucun sens.

(3) Décret du 12 juin. (Voir *Archives parlementaires*, t. XVI, p. 184-185.) — L'art. 4 de ce décret a été reproduit, à l'occasion de la dissolution de la Basoche. (Voir ci-dessus, p. *102-103*.)

(4) Imp. 3 p. in-4° (Bib. Carnavalet, dossier 10073).

(5) Arrêté du 28 juin. (Voir ci-dessus, p. 315.)

(6) Le Conseil de Ville se souvenait que, lorsqu'il s'était présenté en corps, le 17 juin, soir, à l'heure convenue, devant l'Assemblée nationale, on l'avait prié de déposer son mémoire sans en donner lecture. (Voir ci-dessus, p. *136-137*.)

(7) Commissaires désignés le 28 juin. (Voir ci-dessus, p. 315.)

pour la rédaction d'une adresse conforme à l'arrêté du 28 du mois dernier, laquelle, après avoir été communiquée au Conseil, serait incessamment portée à l'Assemblée nationale (1).

— Le Conseil, avant de se séparer, a été instruit par ses députés (2) que MM. les chanoines de Notre-Dame avaient promis de donner les ordres nécessaires pour que la cathédrale soit demain libre pour MM. les électeurs chargés de nommer les députés au pacte fédératif.

MM. les députés ont également assuré que le comité de la section de Notre-Dame prendrait les mesures convenables pour assurer la police extérieure de l'église et la tranquillité de l'assemblée.

— M. le Maire a été prié de se procurer incessamment et de vouloir bien communiquer au Conseil une expédition, ou au moins une copie certifiée, du décret rendu le 1er de ce mois, relativement aux opérations préliminaires et aux élections de la Municipalité définitive (3).

Signé : BAILLY ; CANUEL, *vice-président ;* DE JOLY, *secrétaire.*

***

ÉCLAIRCISSEMENTS

(I, p. 361) La délibération du *district de Saint-Étienne du Mont*, du 25 juin 1790, est importante, d'abord à raison de la question qu'elle soulève et qui n'est autre que celle du choix à faire entre les impôts directs et les impôts indirects, ensuite parce qu'elle fut le point de départ d'une *Adresse à l'Assemblée nationale,* laquelle, présentée par l'Assemblée des Représentants, le 10 août, fut aussitôt désavouée énergiquement par un grand nombre de districts. Comme ce document (4) ne se trouve dans aucune bibliothèque parisienne, on le reproduit ici intégralement :

L'assemblée générale de la section de Saint-Étienne du Mont convoquée en la

---

(1) Séance du 30 juillet. (Voir ci-dessous.)
(2) Commissaires désignés au commencement de la séance. (Voir ci-dessus, p. 367-368.)
(3) A la suite des démarches d'un grand nombre de districts, l'Assemblée nationale avait, par décret du 1er juillet, soir, ajourné au 25 juillet le commencement des opérations pour l'élection de la Municipalité. On trouvera les détails de cette discussion dans l'*Organisation municipale de Paris au début de la Révolution.*
(4) Imp. 8 p. in-8° (British Museum, F.R. 13, 13). — Le *Journal de la Municipalité et des sections* (n° du 15 juillet) en donne quelques extraits.

manière accoutumée le 25 juin 1790, un membre a obtenu la parole et présenté les réflexions suivantes :

« L'habitant de Paris peut-il et doit-il verser dans le trésor public un impôt plus fort que l'habitant des autres villes du royaume, telles que Bordeaux, Lyon, Marseille, Nantes, Tours, Lille, Rouen, etc...?

« La raison et la justice répondent à cette question.

« En effet, pourquoi le Parisien paierait-il le droit d'habiter Paris plus cher qu'on ne paye le droit d'habiter toute autre ville du royaume ? Il n'y aurait que l'intention bien réfléchie et peut-être trop ouvertement manifestée d'anéantir et de détruire de fond en comble la capitale, d'en forcer l'habitant à quitter ses foyers pour aller chercher un asile dans des contrées éloignées de son berceau ; il n'y aurait, j'ose le dire, qu'une pareille intention qui pût soutenir ce système barbare d'inégalité et d'oppression qui, sous peu, entraînerait la ruine totale de Paris et de ses habitants. Au moment où les représentants de la nation ont pour but principal d'établir une répartition égale de l'impôt entre les particuliers et même entre les départements ; au moment où tous les départements, ci-devant provinces, ont tous renoncé à leurs privilèges particuliers (et la Ville de Paris en a donné le premier exemple), cette Ville de Paris serait-elle donc seule foulée, écrasée, anéantie?

« Aujourd'hui (il ne faut pas se le dissimuler), Paris n'est plus ce qu'il était : on connaît l'immense émigration qui se fait tous les jours ; on peut prévoir celle qui se fera.

« Quel nombre prodigieux d'individus l'ordre nouveau des choses ne va-t-il pas faire sortir de Paris! Tous les propriétaires, dont les revenus sont diminués, vont nécessairement vivre dans leurs terres, soit pour économiser, soit pour parvenir plus facilement aux emplois publics dans les municipalités et départements. La suppression des tribunaux de justice va éloigner de Paris un nombre incalculable de personnes de tout âge et de tout état. Les financiers sont détruits, et c'était une classe d'hommes qui répandait à grands flots, dans les ateliers d'industrie et de commerce, l'argent qui leur coûtait si peu à gagner. Le commerce de Paris ne subsistant que dans les objets de luxe, d'industrie et de consommation, les consommateurs éloignés, il faut de toute nécessité que son commerce soit anéanti. Les villes maritimes et de fabriques conservent au contraire toutes les ressources de leur commerce ; elles augmentent peut-être par l'émigration de Paris.

« Mais, dira-t-on, les habitants de Paris, voyant que le commerce de consommation est détruit, se livreront au commerce de spéculation et établiront des manufactures, comme dans les autres villes du royaume.

« 1° Quant au commerce de spéculation, dans l'état actuel des choses l'habitant de Paris peut-il oser l'entreprendre?

« Pour établir sans perte évidente un genre de commerce quelconque, il faut pouvoir soutenir la concurrence ; pour soutenir cette concurrence, il faut pouvoir vendre au même prix que les autres : cela est impossible aux Parisiens.

« Qu'on jette les yeux sur le tarif des entrées de Paris, on verra les droits exorbitants que paient les eaux-de-vie, les liqueurs, les vins, huiles, cafés, sucres, etc..., et l'on sera bien convaincu que le commerce de spéculation ne peut être fait par le Parisien. Aussi voit-on que les maisons qui se livrent à quelques branches de commerce en gros, sont obligées d'avoir des dépôts à quelques lieues de Paris, de louer des magasins, de payer des commissionnaires, à grands frais, et encore, malgré toutes ces précautions, ont-elles le désagrément de voir souvent dépérir leurs marchandises, faute de les avoir sous leurs yeux, parce qu'elles ne peuvent les faire entrer dans Paris, à cause des frais énormes qu'elles seraient obligées de payer.

« 2° Pour pouvoir établir des manufactures, il faut pouvoir soutenir aussi la concurrence avec ses voisins : c'est la première règle du commerce. Pour soutenir cette concurrence, il faut se procurer les matières premières au même prix que les autres ; il faut ne pas payer la main-d'œuvre plus que les autres.

« Comment pouvoir se procurer les matières premières au même prix que les autres villes, puisqu'elles payent de si forts droits aux entrées de Paris ? Comment pouvoir se procurer la main-d'œuvre au même prix que les autres villes, puisque les droits d'entrée rendent tous les comestibles et autres objets de première nécessité si chers aux ouvriers ?

« Qu'on examine les impôts de toute espèce qu'on paye sur les ports et qui ne se perçoivent dans aucun autre lieu du royaume, sur les bois, charbons, tuiles, pierres, sables, plâtres, etc..., en un mot, tous impôts inconnus dans les autres villes, et on sera sans doute bien étonné que l'homme qui ne vit que de son travail puisse subsister à Paris.

« Encore un coup, pour que Paris ne devienne pas un véritable désert et que ses habitants ne soient pas ruinés de fond en comble, il faut que Paris remonte, étende son commerce, qu'il établisse des manufactures, et que les arts y reprennent leur splendeur. Mais rien de tout cela ne peut arriver, si les droits d'entrée de Paris ne sont pas égaux aux droits d'entrée des autres villes.

« On nous dit, pour nous consoler, que la tolérance religieuse ou la liberté de culte va attirer une foule d'étrangers à Paris. Mais cette espérance est une véritable chimère, si on ne donne pas à ces étrangers, comme à tous les autres habitants de Paris, les moyens et la possibilité de s'y fixer.

« Car ces étrangers seront ou des capitalistes, qui se contenteront de vivre de leur revenu, en achetant des biens-fonds, ou ce seront des hommes laborieux, qui voudront employer leurs capitaux et leur industrie dans le commerce. Dans le premier cas, ils iront vivre dans leurs nouvelles possessions ou dans les villes de province, où ils pourront se procurer les comestibles et toutes les commodités de la vie à bien meilleur compte qu'à Paris. Dans le second cas, les hommes laborieux iront faire des établissements de commerce, élever des fabriques, dans les lieux où ils pourront avoir les matières premières, se procurer la main-d'œuvre à meilleur marché qu'à Paris et soutenir la concurrence. Dans tous les cas, enfin, l'étranger et le Français s'éloigneront également de la capitale, si les droits d'entrée ne sont pas les mêmes que dans les autres villes.

« Quelques envieux (et il y en a beaucoup) de l'ancienne splendeur de la capitale nous font encore une objection contre la juste réclamation des habitants de Paris : « Si les droits d'entrée que paye la Ville de Paris sont si multipliés — nous
« disent-ils — et si exorbitants, si la Ville de Paris, enfin, verse à elle seule, dans
« le trésor public, tant en impôts directs qu'en impôts indirects, une somme égale
« à celle que payent les deux plus belles provinces du royaume, nous ne voyons
« en cela rien que de très naturel, et c'est à tort que vous vous plaignez. Car vous
« n'ignorez pas sans doute, Messieurs, qu'il est sorti et qu'il sort encore journel-
« lement, du trésor public, des sommes énormes, soit pour vos subsistances,
« soit pour l'entretien de votre pavé, de vos ponts, la solde de vos troupes, etc...
« D'après cela, n'est-ce pas une justice que vous payiez beaucoup plus que les
« autres villes ? »

« A cela, Messieurs, voici quelle est ma réponse.

« 1° A l'égard des subsistances, je conviens que l'État a fait de tout temps et que tout récemment encore il vient de faire des dépenses énormes pour les subsistances de la capitale. Mais ne pourrions-nous pas répondre aussi que l'État, en soulageant les pauvres de Paris, soulage les véritables pauvres, les pauvres originaires des provinces ? Car, si on veut examiner de très près la population de Paris, on verra clairement que les trois quarts des hommes résidant à Paris n'y sont que passagèrement, surtout dans cette classe nécessiteuse à laquelle on donne des secours. Donc, l'État nourrit alors ceux qu'il serait obligé de nourrir en province. Donc, cette partie de l'objection frappe à faux. D'ailleurs, ces secours extraordinaires, qui n'étaient qu'au profit des accapareurs, deviendront désormais inutiles, par la sage précaution qu'on aura d'avoir toujours devant soi une année ou six mois au moins de subsistances.

« 2° A l'égard des frais de police, garde, pavé, etc..., tant reprochés à la Ville de Paris, ma réponse est encore plus précise. L'Assemblée nationale vient de décréter qu'*à compter du mois de janvier, la Ville de Paris serait seule chargée de ces frais*, toutes les autres municipalités et départements devant subir la même loi (1). Je pars de là, Messieurs, et voici quel est mon raisonnement : d'après ce décret de l'Assemblée nationale, l'État ne fera donc désormais pour la capitale que ce qu'il fait pour les autres villes du royaume : si l'État ne fait désormais pour la capitale que ce qu'il fait pour les autres villes, la capitale ne doit donc verser dans le trésor de l'État, tant en impôts directs qu'indirects, qu'une somme proportionnée à celle que payent les autres villes du royaume.

« Mais, va-t-on m'objecter sans doute, si Paris est désormais seul chargé de toutes les dépenses indispensables pour l'administration d'une grande ville et que le trésor public ne fournisse à aucune de ces dépenses, il faut assigner à cette ville des revenus particuliers et suffisants pour y subvenir.

« L'objection est juste et fondée. Voici la réponse.

« Lorsque les impôts de Paris, qui doivent être versés dans le trésor public, seront égaux aux droits que payent les autres villes, alors la Commune de Paris s'imposera elle-même une charge directe ou indirecte, dont le produit sera versé dans la caisse particulière de la Commune, pour être employé aux dépenses et frais extraordinaires dont elle se trouvera chargée.

« Et ce sera ici, Messieurs, le moment de faire revivre auprès de l'Assemblée nationale votre juste réclamation sur le droit imprescriptible que vous avez de vous assembler pour consentir l'impôt; et, si l'Assemblée nationale veut être conséquente (comme nous n'en pouvons douter), elle ne pourra se refuser à votre demande, et j'espère qu'elle n'accordera point à la Municipalité seule le droit de vous imposer.

« J'ai dit : « si l'Assemblée nationale veut être conséquente ». Car, Messieurs, elle a décrété, comme principe constitutionnel, qu'*aucun impôt ne pouvait être ni levé ni perçu, qu'il ne fût consenti par les contribuables* (2). Ce principe bien établi, je dis, et j'espère que vous conviendrez avec moi qu'une charge quelconque, imposée sur la Commune de Paris seule et pour les frais seuls de la Commune, ne peut être levée ni perçue qu'elle ne soit consentie par cette même Commune.

« Je dis plus, Messieurs : c'est que cette répartition égale de l'impôt, que nous réclamons aujourd'hui pour Paris comme étant de toute justice, est le seul moyen auquel on puisse recourir pour empêcher la ruine totale.

« En effet, quel doit être le but essentiel de la Commune? C'est sans doute de repeupler sa ville, d'y attirer les étrangers, en encourageant les arts et en ranimant l'industrie. Pour cela, il faut procurer, à l'homme riche ou aisé, *liberté, sûreté, commodité* et *plaisirs*.

« Il faut donc veiller, plus que jamais, à la salubrité de l'air, par les reconstructions et embellissements; encourager les arts, les talents agréables et utiles; protéger le commerce; honorer les lettres et les sciences, qui, jusqu'à ce jour, ont fait la gloire des Français et surtout de la capitale; et on ne parviendra à cet heureux but que lorsqu'on aura déchargé l'habitant de Paris de l'impôt vexatoire qui

---

(1) Décret du 6 juin. (Voir Tome II, p. *557*.)

(2) Art. 14 de la Déclaration des droits de l'homme, voté le 26 août 1789. (Voir *Archives parlementaires*, t. VIII, p. 487.)

l'écrase, qu'il pourra dire aux autres Français : « Nous sommes tous de la même « famille; nous sommes tous frères : partageons également nos plaisirs et nos « peines, notre bonheur et nos charges. »

« Braves et généreux Parisiens, reprenons courage! Hâtons-nous de faire passer aux dignes représentants de la nation un vœu dont l'accomplissement doit ramener parmi nous l'abondance et la félicité; et, en jurant d'être fidèles à la nation, à la loi et au roi, jurons aussi de faire tous nos efforts pour rétablir la gloire et la splendeur de notre antique cité! *Liberté, Égalité* et *Justice,* voilà notre devise.

« *Signé :* C. F. ANCELIN, citoyen actif du district de Saint-Étienne du Mont. »

La matière mise en délibération;

L'assemblée, considérant :

1° Que Paris, comme département, ne doit contribuer que proportionnellement au nombre et aux facultés de ses habitants;

2° Qu'il serait aussi impolitique qu'injuste de continuer à lever sur ses citoyens des impôts indirects aussi exorbitants; qu'un pareil régime entraînerait incessamment la ruine totale de la capitale;

3° Que, comme municipalité, Paris doit avoir la faculté de s'imposer lui-même, pour remplir ses charges, de la manière qui sera le moins onéreuse à la Commune;

A arrêté et arrête à l'unanimité que l'Assemblée nationale sera instamment suppliée par MM. BONCERF, COURNAND (1), ANCELIN, LEFÈVRE et BAYARD, députés nommés à cet effet, de réduire l'impôt indirect de Paris à la proportion des autres villes du royaume; de prendre en considération l'état de cette grande ville, qui ne doit pas être plus chargée que les autres, d'après les proportions de l'équité et de la justice; que, Paris ayant le droit, comme les autres municipalités, de s'imposer lui-même pour ses charges locales et personnelles, il n'y a point de prétexte à confondre ce que Paris doit à l'État, comme département, et ce qu'il se doit à lui-même, comme municipalité;

A arrêté, en outre, que la présente délibération sera, avec les réflexions qui la précèdent, imprimée au nombre de cent exemplaires et communiquée sous huitaine aux autres sections, afin qu'elles puissent présenter à l'Assemblée nationale un vœu commun sur un objet d'une si grande importance et d'une si pressante nécessité, et envoyée à M. le Maire, aux Représentants de la Commune et à l'Assemblée nationale.

Signé : DEFOISSY, président.

DEZAUCHES et ROUCHER, vice-présidents.

COURNAND et BROUET, jeune, secrétaires-généraux.

Non seulement les autres districts ne s'associèrent point à l'initiative de celui de *Saint-Étienne du Mont;* mais nous les verrons plus tard refuser leur adhésion à une *Adresse* de l'Assemblée des Représentants conçue dans le même sens (2).

---

(1) COURNAND était curé de Saint-Étienne du Mont. Ses motions en faveur du mariage des prêtres avaient été plusieurs fois discutées dans les assemblées du district.

(2) *Éclaircissements* de la séance du 14 août. (Voir ci-dessous.)

Du Samedi 3 Juillet 1790

~~~ A l'ouverture de la séance, un de MM. les secrétaires a fait lecture du procès-verbal du 1ᵉʳ de ce mois.

Et la rédaction en a été approuvée.

~~~ Un membre, ayant obtenu la parole avant de passer à l'ordre du jour, a exposé qu'il lui paraissait instant que l'Assemblée réclamât auprès du Comité de constitution de l'Assemblée nationale la surveillance de la dépense occasionnée par la fête du pacte fédératif, ainsi que la grande police sur tout ce qui concerne la sûreté publique, exclusivement à toute commission (1).

Différents avis ont été proposés.

Mais, sur la demande d'une grande partie de l'Assemblée;

Il a été arrêté de passer à l'ordre du jour (2).

~~~ En conséquence, M. Étienne (3), dont l'affaire y était placée la première (4), s'est présenté pour être entendu, et a dit que, l'Assemblée nationale ayant décrété, par l'article 40 du titre II du réglement de la Municipalité de Paris, que les comptables actuels soit de gestion, soit de finance, rendraient leurs comptes définitifs au nouveau Corps municipal, pour être revus et vérifiés par le Conseil général (5), il ne pouvait rendre aucun compte à l'Assemblée, attendu qu'elle n'était que provisoire.

Et aussitôt M. Étienne est sorti.

Plusieurs membres ont été entendus.

Et, M. le président ayant mis aux voix le résultat des opinions;

L'Assemblée a arrêté que, sans avoir égard à l'exception pro-

---

(1) C'est évidemment l'Assemblée spéciale des députés des districts pour le pacte fédératif qui se trouve ici désignée sous le terme dédaigneux de « commission », ou tout au moins le Comité mixte constitué par l'arrêté du Conseil de Ville, du 12 juin. (Voir ci-dessus, p. 38 et 40.)

(2) Nouvelle motion, dans la même séance. (Voir ci-dessous, p. 375.)

(3) *Lire :* DE LA RIVIÈRE (Étienne).

(4) Ajournement du 2 juillet. (Voir ci-dessus, p. 365.)

(5) Cet argument avait déjà été invoqué et combattu, le 5 juin. (Voir Tome V, p. 673, texte et note 2.)

[3 Juillet 1790] DE LA COMMUNE DE PARIS 375

posée par M. Étienne, et attendu qu'il a reconnu jusqu'à ce jour la compétence de l'Assemblée (1), il sera procédé lundi prochain (2) au jugement de son compte commun avec M. Coquelin, tant en absence qu'en présence, et que le présent arrêté leur sera notifié par l'envoi de copies en forme d'icelui, lesquelles leur seront adressées et portées par des ordonnances (3).

~~~ Un honorable membre ayant fixé de nouveau l'attention de l'Assemblée sur ce qui était à faire relativement à la fête du pacte fédératif, soit pour conserver les droits des Représentants généraux de la Commune, soit pour veiller aux intérêts de la Ville, afin qu'elle ne supportât pas à elle seule une dépense aussi excessive (4);

Cette proposition a été agitée et présentée sous divers points de vue.

Et, après plusieurs débats;

Il a été arrêté de passer à l'ordre du jour. (I, p. 382.)

~~~ Une députation de la *Société polymathique* a été introduite. (II, p. 388.)

Et un des députés a prononcé un discours, pour demander la protection de l'Assemblée en faveur d'un établissement destiné à perfectionner l'éducation nationale.

M. le président a répondu :

Messieurs,
Vous avez fait à la diète auguste le premier hommage de votre plan : elle vous en a exprimé sa satisfaction (5). Celle de cette Assemblée ne peut pas être moins vive, puisque la capitale est destinée particulièrement à recueillir les avantages de votre établissement.
Notre constitution, qui servira de modèle à tous les peuples, ne tarderait pas à être sans énergie, si une éducation vraiment nationale n'obligeait d'en sentir toute l'importance et de rester sous les armes pour empêcher d'y porter atteinte.
Vos leçons forceront de reconnaître cette vérité et vous assureront l'estime et la reconnaissance de la capitale et de la France entière.

~~~ Un membre ayant proposé de passer à l'ordre du jour (6);

Sa demande a été adoptée.

~~~ Mais, avant d'entendre M. le procureur-syndic sur l'affaire de M. d'Estanges;

---

(1) En fait, il ne l'avait ni explicitement reconnue, ni formellement contestée. (Voir Tome V, p. 673, et ci-dessus, p. 1.)
(2) 5 juillet.
(3) Le jugement fut encore ajourné au lendemain 6. (Voir ci-dessous, p. 405 et 419-422.)
(4) Motions analogues, du 8 juin et du 3 juillet. (Voir Tome V, p. 716, et ci-dessus, p. 374.)
(5) Séance de l'*Assemblée nationale* du 5 juin. (Voir ci-dessous, p. *388*.)
(6) Affaire Chaix de Saint-Ange, ajournée le 2 juillet. (Voir ci-dessus, p. 367.)

M. le président a rappelé que l'Assemblée devait procéder à la nomination d'un président et d'un secrétaire (1), et qu'attendu que la nomination du président devait être faite à la pluralité absolue (2), il serait nécessaire de s'en occuper dès huit heures.

— Ensuite, M. le procureur-syndic a exposé les maux que les dissensions causaient à l'hôpital de la Salpêtrière, et a présenté la prompte nomination d'un recteur comme indispensable. Passant ensuite aux renseignements résultant de l'information faite par les derniers commissaires (3), il a conclu, comme eux, que la prudence et la décence s'opposaient à ce qu'il en fût rendu un compte public; que c'était, en conséquence, le cas de renvoyer cette affaire à l'administration des hôpitaux (4), en l'invitant de s'occuper avec le plus grand zèle de tout ce qui peut tendre à soulager et à améliorer la situation des pauvres de cette maison.

M. le procureur-syndic ayant été invité à rédiger un arrêté;

Pendant qu'il s'occcupait de cette rédaction;

Plusieurs membres ont été entendus et ont proposé quatre amendements :

Le premier, de renvoyer au Département des hôpitaux, au lieu des administrateurs de la Salpêtrière;

Ce qui a été adopté.

Le deuxième, d'inviter le Département à écrire à MM. les vicaires-généraux, pour les prier de rendre les pouvoirs à M. d'Estanges.

Les épreuves pour décider la majorité ayant paru incertaines à quelques opinants;

La Chambre a été divisée; et, MM. les secrétaires ayant compté;

Cet amendement a été rejeté à la majorité de 50 voix contre 29.

Le troisième, de charger le Département de s'occuper très prochainement de l'établissement d'un recteur, a excité quelques débats.

Mais, M. le lieutenant de maire du Département des hôpitaux ayant rendu compte à l'Assemblée que, depuis plus de huit jours, il s'occupait avec MM. les administrateurs particuliers de cette essentielle nomination;

Il a été invité à continuer ses soins à cet égard;

Et l'amendement a été accueilli;

---

(1) THURIOT DE LA ROSIÈRE avait été élu le 19, et installé le 21 juin. (Voir ci-dessus, p. 162 et 181.)

(2) Arrêté du 28 juin. (Voir ci-dessus, p. 309.)

(3) Commissaires désignés le 21 juin, et rapport présenté le 2 juillet. (Voir ci-dessus p. 189 et 365.)

(4) Administration de l'Hôpital-général.

Ainsi que le quatrième, d'inviter le Département à rendre compte de tout ce qui aura été fait pour son exécution.

M. Cahier, procureur-syndic adjoint, ayant fait lecture de l'arrêté rédigé conformément à ces amendements, il a été adopté ainsi qu'il suit :

« L'Assemblée, après avoir entendu le rapport de ses commissaires, a renvoyé au Département des hôpitaux la demande formée par M. d'Estanges, recommandant très particulièrement audit Département de rétablir l'ordre dans l'hôpital de la Salpêtrière, d'employer pour y parvenir tous les moyens nécessaires que sa justice et sa sagesse lui indiqueront, et de mettre toute sa vigilance à réformer très promptement les abus qui pourraient s'être introduits dans le régime de cette maison.

« Et, confiant à son humanité le soin de rendre la condition des pauvres la plus douce et la plus heureuse possible ;

« L'Assemblée a arrêté, en outre, que le Département fera toutes les démarches nécessaires pour qu'il soit incessamment nommé un recteur dans l'hôpital de la Salpêtrière, et qu'il rendra compte de tout ce qui aura été fait en exécution du présent arrêté. » (III, p. 389.)

—— Un des commissaires, ayant informé l'Assemblée du triste état où se trouvaient les pauvres de la Salpêtrière, attendu qu'ils sont tous infectés de la gale, a annoncé qu'il se présentait un médecin qui promettait de les guérir tous.

Un autre membre ayant insisté pour que leur nourriture fût meilleure et plus abondante ;

M. le lieutenant de maire a observé que, depuis un an, les revenus de cette maison étaient diminués de près d'un million, soit par la fraude des entrées sur les boissons, soit par le refus que les spectacles faisaient de payer les droits qui lui étaient attribués ; ce qui rendait en ce moment très difficiles les adoucissements si justement votés par les honorables membres ; et que, quant à la cure de la gale, il était un préalable sans lequel les meilleurs curatifs seraient impuissants, savoir, le changement de dortoir pour ceux qui seraient soumis au traitement, et que malheureusement le grand nombre des pauvres ne permettait pas d'en laisser aucun de vuide (1).

(1) Dans le mémoire rédigé, le 19 mai 1790, en réponse aux questions du Département des hôpitaux au sujet de la Salpêtrière, il est constaté que la gale est la maladie la plus habituelle parmi les enfants de la maison, que quelques grandes personnes en sont attaquées aussi, qu'il y a une infirmerie spéciale pour cette maladie, où l'on met tous les enfants qui en sont attaqués et où ils sont traités avec grand soin, mais toujours infructueusement, parce que souvent

L'Assemblée, plus affligée que surprise de ces détails, et regrettant de n'y pouvoir remédier à l'instant, a arrêté de passer à l'ordre du jour.

~~~ La nomination d'un président et d'un secrétaire a été de nouveau réclamée par M. le président (1).

~~~ Mais, M. le lieutenant de maire au Département de la Garde nationale, qui était ajourné, ainsi que MM. de l'État-major et le district de Saint-Roch, sur la demande de la municipalité de Tournans en restitution de deux canons (2), s'étant présentés ;

Il a été arrêté de les entendre avant de procéder aux élections.

M. le lieutenant de maire ayant donné son avis pour la restitution des canons, vu l'impossibilité de distraire soixante fusils au préjudice des bataillons ;

M. de La Jarre, aide-major, a observé que la restitution des canons éprouverait des difficultés ;

Ce qui a été appuyé par un des représentants du district de Saint-Roch, lequel a exposé qu'en exécution de l'arrêté d'hier, il s'était rendu au comité du district de Saint-Roch, pour le prier d'envoyer des commissaires ; mais que M. le président lui avait répondu que ni lui ni ses collègues ne croyaient pouvoir rien prendre sur eux, dans une affaire de cette nature, sans en avoir référé à l'assemblée générale.

Plusieurs membres ont été entendus.

Et, un de MM. les administrateurs du Département de la Garde nationale ayant proposé, pour ne contredire en rien les arrangements pris avec les bataillons, d'autoriser le Département à faire achat d'une caisse de trente-deux fusils, pour la faire remettre à MM. de la municipalité de Tournans ;

Cette proposition a été acceptée par M. le député ;

Et arrêtée par l'Assemblée (3).

~~~ Il était dix heures ; et, la séance n'ayant pas été prolongée ;

M. le président a indiqué la suivante à lundi, six heures du soir.

Signé : Thuriot, *président.*

Secrétaires : Ménessier, Pelletier, Castillon, Demars, Bonneville.

---

ceux qui se trouvent guéris, rentrant dans leur dortoir, la reprennent par la communication qu'ils ont les uns avec les autres. (Voir Tuetey, *L'Assistance publique à Paris pendant la Révolution*, t. I, p. 269.)

(1) Communication faite au commencement de la séance. (Voir ci-dessus, p. 376.)
(2) Ajournement de la veille. (Voir ci-dessus, p. 365.)
(3) Pièce manusc. (Bib. nat., reg. 2671, fol. 168.)

CONSEIL DE VILLE

~~~ Le samedi 3 juillet 1790, à neuf heures du matin, le Conseil municipal, convoqué en exécution des deux arrêtés des 21 juin et 2 juillet présent mois (1), réuni d'abord partiellement à l'Hôtel-de-Ville et ensuite rassemblé et en corps dans une des salles de l'Archevêché, ayant M. le Maire à sa tête ;

~~~ Il a été exposé que, MM. les électeurs, nommés par les 60 bataillons pour procéder à la nomination des députés qui doivent assister, le 14 juillet, à la fédération générale des gardes nationales du royaume, ayant reçu l'ordre de se réunir aujourd'hui dans l'église de Notre-Dame, il convenait de s'assurer si MM. les électeurs étaient arrivés, et si le Conseil pouvait aller ouvrir la séance.

Le secrétaire s'est transporté dans l'église.

Et, d'après son rapport ;

Le Conseil s'y est rendu.

~~~ MM. les électeurs étaient réunis (2).

Le Conseil a pris place.

Et M. le Maire a dit :

Messieurs,
La Municipalité se rend ici pour assister à la nomination que vous allez faire. Il s'agit de choisir les députés pour la confédération de toutes les gardes nationales et des troupes de ligne du royaume, c'est-à-dire pour la cérémonie la plus auguste, la plus chère aux Français et qui doit avoir les suites les plus heureuses. Vous allez choisir les représentants de la Garde nationale de Paris, de cette garde valeureuse et fidèle, qui a été formée la première, qui a fait la Révolution, qui a assuré la liberté du royaume, la tranquillité des citoyens, cette garde, à qui la Ville de Paris doit toute sa reconnaissance, et le Maire, qui a l'honneur de vous parler, tout son attachement.

L'assemblée a manifesté par un applaudissement unanime sa satisfaction et ses sentiments pour M. le Maire.

Il a été ensuite, à la réquisition de M. le procureur-syndic adjoint, M. Mitouflet, fait lecture de la proclamation du roi du 10 juin, sur les décrets de l'Assemblée nationale des 8 et 9 juin, transcrite sur les registres de la Municipalité le 19 du même mois. L'art. 1er, de l'exécution duquel il s'agit, a spécialement fixé l'attention de l'Assemblée.

---

(1) La date de la réunion, d'abord fixée au 5 juillet, avait été avancée par un second arrêté. (Voir ci-dessus, p. 192 et 367.)

(2) Au nombre de près de 2,000. (Voir ci-dessus, p. 202, note 3.)

M. le Commandant-général en a rappelé les différentes dispositions; il en a pénétré l'esprit; il l'a développé, aux acclamations générales de l'Assemblée.

Et, après que MM. les électeurs ont été entendus;

Il a été arrêté, à l'unanimité, que les élections des députés au pacte fédératif seraient faites par la voie du sort (1).

Ensuite et sur ce, quelques membres ont observé qu'il pouvait y avoir des difficultés dans la manière dont le choix des députés devait être fait, c'est-à-dire si le sort devait tomber sur la totalité des gardes nationales, ou s'il fallait la concentrer parmi MM. les électeurs.

Le Conseil en a délibéré.

Et il a été arrêté que l'élection serait concentrée parmi MM. les électeurs.

M. le Maire a annoncé la délibération, qui a été unanimement agréée et applaudie.

Ces deux premiers points étant déterminés, la délibération sur le mode d'élection a été reprise et continuée.

Et il a été arrêté, également à l'unanimité, que les élections seraient faites par bataillon.

L'unanimité qui a régné dans ces deux délibérations, la fraternité avec laquelle MM. les électeurs se sont réunis et ont voté sur ces objets, ont donné lieu à M. le Commandant-général d'observer qu'on ne pourrait pas dire qu'il y eût de division dans la Garde nationale.

Cette observation a été sentie et vivement applaudie par MM. les électeurs; ils ont désiré qu'il en fût fait mention dans le procès-verbal.

Le Conseil municipal, témoin des sentiments qui unissent le chef et les volontaires, jaloux d'en consigner la preuve sur ses registres, s'est empressé d'accueillir un vœu aussi flatteur.

Sur la proposition de M. le Commandant-général;

Il a été également arrêté, d'une voix unanime, que les grenadiers soldés, les chasseurs soldés, les gardes des ports et la cavalerie seraient réunis aux bataillons pour déterminer le nombre des députés qui doivent assister au pacte fédératif.

Le décret de l'Assemblée nationale ordonnant qu'il serait choisi un député sur deux cents hommes, il a été question de savoir dans quel nombre les bataillons étaient formés.

Et, sur ce qu'il a été observé qu'il y avait des bataillons beaucoup

---

(1) Alors, ce n'était pas la peine de réunir une assemblée aussi nombreuse : la même opération aurait pu se faire dans chaque bataillon, comme l'avait demandé le *district des Récollets*. (Voir ci-dessus, p. *203*.)

plus forts les uns que les autres, mais que tous faisaient le même service ;

M. le Commandant-général a proposé une échelle de proportion, le terme le plus fort, le nombre le plus faible et le nombre moyen (1).

Le Conseil municipal, consulté sur cette question importante, a témoigné, par l'organe de M. le Maire, son désir que la Garde nationale soit représentée en raison de son courage, de son patriotisme et des services qu'elle a rendus (2).

Alors, l'Assemblée a été consultée et a arrêté unanimement que ce serait le bataillon le plus fort qui servirait de règle de proportion.

Ensuite, et sur ce qu'il a été attesté, par M. le commandant du 7e bataillon de la 2e division (3), qu'il y avait 1,100 citoyens inscrits et enrôlés, non compris la troupe du centre, ce qui donnait 1,200 hommes ;

Il a été décidé unanimement que MM. les électeurs choisiraient six députés par bataillon.

Ces bases étant ainsi déterminées, MM. les électeurs se sont à l'instant partagés en 60 groupes (4) ; ils ont, en présence de la Municipalité, procédé, dans la forme ci-devant énoncée, au choix de leurs députés, et il est résulté du recensement qui en a été fait que les suffrages se sont réunis, dans les différents bataillons, sur les citoyens ci-après énoncés :

[A cette place figure au registre-copie un tableau qui n'occupe pas moins de dix-sept pages du manuscrit, contenant les noms des 384 délégués de la Garde nationale parisienne à la Fédération.
Comme la désignation des délégués s'était faite par voie de tirage au sort, les délégués sont tous ou presque tous d'obscurs fusiliers ou sous-officiers des bataillons, dont les noms importent peu à la postérité. De plus, ces noms n'étant accompagnés d'aucun renseignement d'identité, cette longue liste est pour le lecteur actuel absolument dénuée d'intérêt. Elle a d'ailleurs été imprimée à part (5).
Pour ces motifs, on croit pouvoir s'abstenir de la reproduire ici. Il suffira de dire que le tableau est divisé en quatre colonnes, indiquant successive-

(1) Le registre-copie porte ici : *le nombre majeur*, ce qui n'a point de sens.
(2) « M. le Maire a dit, à cette occasion, que l'armée parisienne avait montré assez de courage et avait eu assez de peines pour être dignement représentée à la Confédération nationale. » (*Journal de la Municipalité et des sections*, n° du 8 juillet.)
(3) Bataillon de l'Abbaye Saint-Germain des Prés.
(4) Il eût été plus simple de demander tout de suite à chaque bataillon de désigner ses six délégués. (Voir ci-dessus, p. 203.)
(5) Imp. sous ce titre : *Procès-verbaux relatifs à la nomination de MM. les députés de la Garde nationale parisienne à la Fédération générale des gardes nationales et des troupes de ligne du royaume, 3 et 4 juillet 1790*, 24 p. in-4° (Bib. Carnavalet, dossier 12272).

ment les numéros des *divisions*, les *noms des bataillons* classés par ordre numérique, les *noms des députés* et leurs *qualités militaires*.

Chaque division comprenant, comme on sait, six bataillons, et chaque bataillon étant représenté par six délégués, le nombre des délégués des bataillons s'élève à 360, parmi lesquels je ne vois à relever que le nom de COQUELIN, commandant du bataillon des Pères de Nazareth (10e de la 3e division).

En outre, les six compagnies de grenadiers attachées aux divisions, puis les six compagnies de chasseurs soldés, enfin la cavalerie et la garde des ports fournissent en tout vingt-quatre délégués, à raison de six par chacun des groupes.

Soit, au total, 384 noms.]

Les élections étant ainsi terminées et le recensement fait et arrêté;

Le Conseil municipal s'est ajourné à demain dimanche, six heures après midi, pour faire lecture du présent procès-verbal, en présence de M. le Commandant-général et de MM. les députés, qui ont été, à cet effet, spécialement invités à s'y trouver.

Signé : BAILLY; LA FAYETTE; DE JOLY, *secrétaire*.

*
* *

ÉCLAIRCISSEMENTS

(1, p. 375) Par qui furent acquittées les dépenses de la Fédération nationale? Par la Commune, ou par l'État?

Quoique très simple en ses termes, la question n'est pas facile à résoudre, et ne comporte pas, je crois, de réponse absolue.

Il n'est pas douteux qu'au début, lorsque les districts parisiens décidaient de convoquer à Paris les délégués de toutes les communes de France pour y jurer le pacte d'unité, ils admettaient que les frais de la réception incomberaient à la Commune (1). Mais, à vrai dire, ils avaient peu réfléchi à ce côté des choses, qui leur paraissait être l'affaire de l'administration.

C'est seulement lorsqu'on en vint à l'exécution pratique que la question d'argent se posa. Dès le 12 juin, en nommant ses commissaires, le Conseil de Ville se réservait le droit d'ordonner les dépenses (2). Plus tard, sur le rapport que lui firent ces mêmes commissaires, le 21 juin, il chargeait le procureur-syndic adjoint, le Maire et le Commandant-général de se retirer devers l'Assemblée nationale et partout où besoin serait, pour, attendu que la fête du 14 juillet était une fête nationale, demander que les frais en fussent supportés par le trésor public (3). En même temps, le *Journal de la Municipalité et des sections* (n° du 24 juin), rendant compte des projets

---

(1) Cela était dit notamment dans l'arrêté du *district de Saint-Germain l'Auxerrois*, du 11 juin. (Voir ci-dessus, p. *106*.)

(2) Arrêté du 12 juin. (Voir ci-dessus, p. 40.)

(3) Arrêté du 21 juin. (Voir ci-dessus, p. 193.)

déjà adoptés par le Comité de confédération, ajoutait que le Comité espérait obtenir que la majeure partie de ces dépenses seraient prises sur les fonds du trésor public (1).

Mais cette espérance ne paraissait point devoir se réaliser facilement, et, au moment où, dans l'Assemblée des Représentants de la Commune, à la séance du 3 juillet, soir, un membre proposa à ses collègues de réclamer la surveillance de la dépense occasionnée par la fête du pacte fédératif (2), lorsqu'un autre exprima l'opinion qu'il y avait lieu pour l'Assemblée d'intervenir pour veiller aux intérêts de la Ville, afin qu'elle ne supportât pas à elle seule une dépense aussi excessive que celle qui allait résulter de la fête du pacte fédératif (3), ces inquiétudes étaient on ne peut plus justifiées.

Précisément, le matin du même jour, 3 juillet, l'Assemblée nationale avait été saisie indirectement de la question des frais de la Fédération, et elle s'était montrée si peu favorablement disposée que les députés de Paris n'avaient obtenu qu'à grand'peine l'ajournement au lendemain. Mais il est nécessaire d'insister sur ce qui s'était passé.

Le Chapelier, au nom du Comité de constitution, avait simplement fait savoir que le Comité, ne se refusant à rien de ce qui pouvait être utile, avait reçu des représentations de la part des commissaires de la Ville de Paris chargés des apprêts de la fédération (4). Sans le laisser continuer, des voix nombreuses l'interrompent par des cris : *L'ordre du jour! L'ordre du jour!* Un grand tumulte se produit, dont Camus explique le sens en disant : « Ceux qui s'occupent de la fédération n'ont pas de mission! » En vain Le Chapelier fait-il observer qu'il ne reste plus que dix jours jusqu'à la cérémonie; qu'il faut une autorité compétente pour ordonner, sans aucun empêchement, tout ce qui sera nécessaire pour la fête décidée, en même temps que pour imposer les règles de l'économie. Bouche demande : « Qui est-ce qui a chargé ceux qui font ces dépenses de les faire? Qui est-ce qui a chargé le Comité de s'en occuper? Cela ne nous regarde pas. L'ordre du jour! » Le Chapelier essaie alors de faire entrevoir à l'Assemblée nationale que son Comité des finances aura peut-être à s'occuper des dépenses de la fédération; aussi, est-il nécessaire que les commissaires de la Ville de Paris calculent les dépenses que pourra occasionner cette fête afin d'en rendre compte au Comité des finances. Rewbell réplique brutalement : « La fédération générale n'a lieu à Paris que parce que l'Assemblée nationale y tient ses séances, que parce que le roi y réside. On veut la faire passer pour une fête nationale! Mais les fédérations de Metz, Strasbourg, Lille, Orléans, Tours, etc., étaient aussi des fêtes nationales, et ces villes s'en sont occupées seules. Si la Ville de Paris fait trop de dépenses, tant pis pour elle; ce n'est pas à nous d'y entrer. » Et Camus, quoique député de Paris, croit devoir désavouer, au nom de ses concitoyens, la prétendue pétition de Paris : « Cette ville — dit-il — est trop heureuse que ses frères

---

(1) Voir ci-dessus, p. *209*.
(2) Première proposition du 3 juillet. (Voir ci-dessus, p. 374.)
(3) Deuxième proposition du 3 juillet. (Voir ci-dessus, p. 375.)
(4) La démarche faite, sans doute, en conséquence de la décision du 21 juin. (Voir ci-dessus, p. 193 et *282*.)

d'armes veuillent bien se rendre dans son sein; mais elle n'a jamais entendu leur faire payer la fête qu'elle leur donne. Si la proposition en avait été faite dans les sections, elle aurait été repoussée unanimement. » Devant ce parti pris, DÉMEUNIER, autre député de Paris, détourne habilement le débat. Il commence par flatter les préventions de la province en énonçant ce principe : « La Commune de Paris n'est pas plus haut placée dans la constitution que celle de Vaugirard. » D'où cette conséquence, qu'elle n'a pas le droit de vérifier les pouvoirs des députés qui vont arriver si elle n'y est expressément autorisée par l'Assemblée nationale : or, voilà ce qu'elle demande. D'autre part, la Commune de Paris n'est rien maintenant; elle est partagée en 48 sections qui n'ont nulle inspection les unes sur les autres. Cependant, la marche constitutionnelle veut que les moindres dépenses d'une municipalité ne puissent passer sans l'autorisation du département : ici, point de département (1); par conséquent, nulle surveillance sur les dépenses qui pourraient s'étendre trop loin. C'est donc à l'Assemblée à prendre sur elle cette inspection. Finalement, il priait ses collègues de repousser toute prévention étrangère, et il demandait l'ajournement pour que les députés de Paris pussent conférer ensemble. A quoi DUPORT, aussi député de Paris pour la noblesse, ajoute : « La Ville de Paris vous a invités à une fête : elle doit vous apprendre comment cette fête sera ordonnée. Qu'elle vous en présente donc le plan, et rien de plus. » Du moment qu'il ne s'agit que d'autoriser la Commune à vérifier les pouvoirs des fédérés, d'inspecter (non de payer) les dépenses, de vérifier le plan de la fête, l'Assemblée, tout à l'heure si hostile, se radoucit : sans opposition, l'ajournement au lendemain est prononcé (2).

L'ajournement ne changea rien, d'ailleurs, à la volonté manifeste de l'Assemblée, et quand, le lendemain, 4 juillet, DÉMEUNIER vint représenter le projet de décret sur les apprêts de la fédération générale, il dut commencer par avertir ses collègues qu'*il n'était point question d'en faire porter la dépense au trésor public*, mais seulement d'autoriser des commissaires à vérifier les pouvoirs des députés envoyés par les provinces. Le projet de décret était ainsi formulé :

L'Assemblée nationale;
Considérant qu'il est nécessaire d'établir une commission pour vérifier les titres des députés des gardes nationales et autres troupes qui doivent se rendre à Paris;
Considérant de plus que la Municipalité de Paris n'est point organisée; que les circonstances actuelles ont même obligé d'en différer l'organisation; qu'enfin, il n'existe aucune administration de département qui puisse, aux termes des décrets constitutionnels, autoriser les délibérations qui ont été prises tant par les cent vingt commissaires nommés par les sections que par les sections elles-mêmes, relativement à la fédération générale indiquée au 14 de ce mois;
A décrété ce qui suit :
Art. 1er. — Le Maire de Paris, les six commissaires nommés par le Conseil de

---

(1) L'administration du département n'était point encore organisée : il fallait d'abord mettre sur pied l'administration municipale, et les élections n'étaient pas commencées!
(2) Voir *Archives parlementaires* (t. XVI, p. 675).

[3 Juillet 1790] DE LA COMMUNE DE PARIS 385

Ville et les six commissaires nommés par les cent vingt commissaires des sections donneront les ordres de détail relatifs aux dépenses de la Fédération.

Art. 2. — Les cent quatorze commissaires restants vérifieront et enregistreront les procès-verbaux de nomination des députés qui se présenteront pour être admis au serment de la fédération. Ils se partageront d'ailleurs tous les autres objets de travail, auxquels la Fédération pourra donner lieu.

Art. 3. — Le Maire et le Commandant-général de la Garde nationale de Paris veilleront spécialement, en cette occasion, à la sûreté et à la tranquillité publiques.

Le décret fut adopté sans modification (1).

Voilà, semble-t-il, qui est très net : le décret du 4 juillet se borne à former un *Comité de confédération* avec les douze délégués tant du Conseil de Ville que de l'Assemblée des commissaires des sections pour le pacte fédératif, réunis sous la présidence du Maire (2), à valider les commissaires des sections à l'effet de vérifier les pouvoirs des fédérés, enfin, à recommander spécialement au Maire et au Commandant-général de veiller à la sûreté publique. Mais, quant au règlement des dépenses à faire, c'est un point qui est laissé entièrement de côté. L'Assemblée nationale y reste volontairement étrangère.

Comment se fait-il cependant qu'on trouve, à la date du 26 juillet, la lettre suivante, adressée par le Maire de Paris au contrôleur-général des finances (3) ?

Je vous prie, Monsieur, de vous rappeler que vous m'avez promis huit cent mille francs pour le pacte fédératif. Il m'est absolument nécessaire de les avoir aujourd'hui. Je vous serai, en conséquence, obligé de faire donner vos ordres à M. Dufresne (4), à qui j'écris en ce moment.

J'ai l'honneur d'être, etc...

Signé : Bailly.

Si Necker avait promis 800,000 francs, c'est qu'il était autorisé à les donner. Par qui ? Comment le trésor public pouvait-il se trouver engagé, en dehors d'un vote de l'Assemblée nationale ?

En l'absence d'un décret introuvable, mettant à la charge de l'État tout ou partie des dépenses de la fédération, la difficulté paraît insoluble.

Elle se complique encore, si l'on considère la suite des faits.

Ainsi, nous trouvons, dans les procès-verbaux du Conseil de Ville, une décision relative à une avance demandée « pour l'acquittement des dépenses décrétées par l'Assemblée nationale pour la confédération » (5).

Par contre, la Municipalité de Paris ayant, le 8 février 1791, réclamé de l'Assemblée nationale un acompte sur le paiement des créances de la Ville sur le trésor national, acompte devant servir notamment à payer 1 million 200,000 livres restant dues sur les travaux de la Fédération (6), le rapporteur

(1) Voir *Archives parlementaires* (t. XVI, p. 696).
(2) Ces douze commissaires avaient été nommés, les uns et les autres, le 12 juin. (Voir ci-dessus, p. 40 et *205*.)
(3) Pièce manusc. (Bib. Nat., reg. 11696, fol. 46, 2°).
(4) Le directeur du trésor.
(5) Arrêté du 13 septembre 1790. (Voir ci-dessous.)
(6) Voir *Archives parlementaires* (t. XXIII, p. 52-53).

Tome VI. 25

du Comité des finances, DE MONTESQUIOU-FEZENSAC, eut bien soin, en proposant le vote de 3 millions, de stipuler qu'il ne s'agissait que d'une avance à imputer tant sur les sommes à réclamer du trésor public que sur le 16ᵉ du prix de vente à revenir des biens nationaux (1) ; et encore l'Assemblée n'adopta-t-elle le décret, le 10 mars, qu'avec cette modification que l'avance était imputée uniquement sur le 16ᵉ du prix des biens nationaux, sans reconnaissance d'aucune sorte des prétendues créances de la Ville de Paris (2).

D'un autre côté, il est constant que c'est l'État qui finalement paya, directement et sans la moindre apparence de répétition contre la Commune de Paris, la plus grosse part des dépenses de la Fédération.

Saisie à deux reprises, le 26 février et le 27 mai 1792, d'une pétition des entrepreneurs de menuiserie qui avaient travaillé au Champ-de-Mars (3), l'Assemblée législative demanda des renseignements à la Municipalité de Paris, et, à la date du 28 juin 1792, le Département des travaux publics répondit en envoyant un bordereau établi par le Comité de confédération, d'où il résultait que, la dépense totale s'élevant à 1,328,311 liv. 14 s. 3 d., et la Ville ayant déjà payé 403,000 liv. 9 s., il restait à acquitter une somme de 925,311 liv. 5 s. 3 d. ; le Département estimait d'ailleurs que la Fédération de 1790 avait été une dépense nationale, dont la dépense incombait à l'État, d'autant plus que la Ville était dans l'impossibilité de faire plus qu'elle n'avait fait (4).

On sait comment les événements se précipitèrent : engagée dans une lutte révolutionnaire, l'Assemblée législative ne trouva pas le loisir de statuer sur cette affaire, qu'elle avait renvoyée successivement à son Comité de liquidation et à son Comité de l'extraordinaire des finances. Cependant, la même question s'était posée à l'occasion de la Fédération de 1792 (5) : la Municipalité de Paris étant venue demander, le 5 juillet, si la dépense en serait publique ou communale, LASOURCE ne craignit pas d'affirmer — ce qu était certainement une erreur — que « l'Assemblée nationale avait décrété que la dépense de la Fédération (de 1790) serait à la charge du trésor public », et proposa que celle de 1792 fût considérée sous le même point de vue (6). L'Assemblée décréta, en effet, le 7 juillet, qu'il ne serait pas juste de laisser à la charge de la Commune de Paris les frais de la cérémonie nationale projetée (limités d'ailleurs à 25,000 fr.), et qu'en conséquence ce serait la nation qui les supporterait (7).

La raison de décider était évidemment la même pour 1790 et pour 1792, et la question qui nous occupe se trouvait, en réalité, résolue en principe. Néanmoins, fallait-il encore qu'un décret formel intervînt pour formuler la solution.

(1) Rapport du 5 mars 1791. (Voir *Archives parlementaires*, t. XXIII, p. 675-677.)
(2) Décret du 10 mars 1791. (Voir *Archives parlementaires*, t. XXIV, p. 17-22.)
(3) Voir *Archives parlementaires* (t. XXXIX, p. 120, et t. XLIV, p. 170).
(4) Pièce manusc. (Arch. Nat., F 9/145, n° 276).
(5) En 1791, à raison des événements du 21 juin (fuite du roi), l'anniversaire du 14 juillet avait été célébré sans cérémonie et sans frais.
(6) Voir *Archives parlementaires* (t. XLVI, p. 129).
(7) Voir *Archives parlementaires* (t. XLVI, p. 234-235).

La Convention était réunie depuis quinze jours à peine qu'elle recevait, le 7 octobre 1792, une pétition des mêmes entrepreneurs de menuiserie, réclamant pour la troisième fois la somme de 235,231 liv. 5 s., montant des travaux par eux exécutés au champ de la Fédération (1). Consultés sur cette réclamation, les administrateurs provisoires composant le directoire du département de Paris profitèrent de l'occasion pour exposer au citoyen Roland, ministre de l'intérieur, par lettre du 16 octobre, que, le pacte fédératif de 1790 devant être considéré comme une fête vraiment nationale, il y avait lieu de mettre à la charge du trésor public les 923,311 livres restant dues, et même de restituer à la Caisse municipale l'avance de 403,000 livres qu'elle avait été obligée de faire (2). Le 28, Roland transmit à la Convention l'avis de l'administration du département sur le caractère national de la dépense, en déclarant qu'il partageait cet avis, et en insistant pour une prompte solution (3). Ce ne fut cependant qu'à la suite d'une nouvelle pétition, présentée le 2 décembre, soir, que la Convention se décida à ordonner au pouvoir exécutif de lui rendre compte des motifs qui avaient empêché que les fournisseurs et ouvriers du Champ de la Fédération en 1790 eussent reçu le salaire de leurs travaux et fournitures (4). Enfin, le 27 juin 1793, un mois après le 31 mai, alors que la Montagne triomphante n'avait rien à refuser à la Commune de Paris qui lui avait procuré la victoire, la Convention rendit, sur le rapport conforme de son Comité des finances, le décret suivant (5) :

La trésorerie nationale tiendra à la disposition du ministre de l'intérieur jusqu'à concurrence de la somme de 900,000 livres, pour être employée à acquitter en entier les dépenses relatives à la Fédération du 14 juillet 1790. Les mémoires des entrepreneurs et fournisseurs seront réglés par les gens de l'art, si fait n'a été, visés par le directoire du département de Paris et ordonnancés par le ministre.

900,000 livres, c'était, en chiffres ronds, exactement la somme indiquée le 28 juin 1792 par la Municipalité, et le 16 octobre par le directoire du département de Paris.

De l'ensemble de ces documents, et en dépit de quelques contradictions, paraît ressortir la conclusion suivante : l'Assemblée constituante refusa nettement de faire participer le trésor public aux dépenses de la Fédération de 1790 ; l'Assemblée législative laissa la question en suspens, créant toutefois un précédent favorable à propos de la Fédération de 1792 ; enfin, la

(1) Pièce manusc. (Arch. Nat., F 9/145, n° 276).
(2) Pièce manusc. (Arch. Nat., F 9/145, n° 276).
(3) Pièce manusc. (Arch. Nat., F 9/145, n° 276).
(4) Procès-verbal de la Convention et *Journal des débats et décrets*. — De la même date, 2 décembre 1792, est une curieuse brochure intitulée : *La vérité sans fard pour les entrepreneurs, menuisiers et autres, qui ont construit et fourni les travaux que toute la France a admirés au Champ-de-Mars, à la Fédération générale, le 14 juillet 1790*, par Lanoa, menuisier, imp. 7 p. in-8° (Arch. Nat., AD VIII, 16). L'auteur supplie les membres de la Convention de ne pas renvoyer les pétitionnaires à la Municipalité, qui leur a déclaré, à plusieurs reprises, son insolvabilité et son impuissance totale à les satisfaire.
(5) Procès-verbal de la Convention et *Journal des débats et décrets*.

Convention mit à la charge de l'État tout ce qui restait encore dû aux entrepreneurs.

En fait, sur une dépense totale de 1 million 300 et quelques mille francs, la Commune ne paya qu'un tiers; l'État acquitta généreusement les deux autres tiers; mais il avait mis trois ans à se décider.

On renvoie aux *Éclaircissements* du 10 juillet les détails annoncés sur les préparatifs de la Fédération (1).

(II, p. 375) Sur la *Société polymathique*, association d'enseignement libre, les renseignements font presque complètement défaut. Après de nombreuses recherches, voici ce qu'il a été possible de découvrir :

Le *Moniteur* (n° du 3 mai 1790) contient la note suivante :

« L'ouverture de la *Société polymathique nationale*, différée jusqu'ici pour des causes particulières, aura définitivement lieu le jeudi 6 mai, à 11 heures précises du matin, à l'hôtel du Musée, rue Dauphine. Cette ouverture se fera par deux discours que prononceront le professeur de morale et de politique, homme de lettres connu par plusieurs ouvrages estimés, et M. ROULAND, professeur réputé de physique expérimentale (2). Chaque professeur prononcera son discours d'entrée les jours suivants.

« L'augmentation des cours et du nombre des professeurs force à porter le prix de la souscription à 72 livres par an, 42 livres par semestre, 24 livres par trimestre et 12 livres par mois.

« On souscrit tous les jours, depuis 10 heures jusqu'à 1 heure, au Musée, et chez M. DESENNE, libraire, au Palais-royal, où se distribue le nouveau prospectus. »

Il résulte de la teneur de cette annonce que la *Société* avait fonctionné antérieurement à 1790, puisqu'il y est question de prospectus nouveau et de l'augmentation des cours et du nombre des professeurs (3).

D'autre part, une députation de la *Société polymathique* se présenta, le 5 juin 1790, séance du soir, à la barre de l'Assemblée nationale, pour faire hommage à l'Assemblée de son établissement et le mettre sous ses auspices. L'Assemblée fit accueil aux délégués et leur permit d'assister à sa séance (4).

Il ne faut pas confondre la *Société polymathique* avec une autre société du même genre, la *Société philomathique*, fondée en décembre 1788, qui donna naissance, en août 1792, au *Lycée des arts*, et sur laquelle M. BERTHELOT a publié, il y a quelques années, une étude très complète (5).

---

(1) Pour faire suite à l'*Éclaircissement* V du 21 juin. (Voir ci-dessus, p. 203-210.)

(2) ROULAND, avant la Révolution professeur et démonstrateur de physique expérimentale à l'Université de Paris; plus tard, professeur de mathématiques à l'école centrale de Fontainebleau; mort vers 1820. Auteur de plusieurs ouvrages scientifiques parus en 1784 et 1785.

(3) Cependant, il n'en est fait mention ni dans le *Guide des voyageurs à Paris*, de THIÉRY, ni dans le *Dictionnaire historique de Paris*, de HURTAUT et MAGNY, parus tous deux en 1787.

(4) Voir *Archives parlementaires* (t. XVI, p. 120).

(5) *Notice sur les publications et les origines de la Société philomathique*, dans le *Journal des savants* (août 1888). — Voir aussi ci-dessus, p. 350, note 3.

La *Société polysophique,* dont nous avons déjà parlé (1), doit aussi être distinguée des deux précédentes. Ajoutons, pour celle-ci, que Hugou de Bassville, le futur ambassadeur de la République à Rome, y professait, en 1790, l'histoire et la littérature (2).

(III, p. 377) En somme, malgré les efforts de Fauchet, la conclusion adoptée par l'Assemblée des Représentants sur l'affaire des billets de confession de la Salpêtrière était plutôt défavorable à l'abbé Chaix de Saint-Ange : on refusait de demander sa réintégration à la Salpêtrière, et on recommandait au Département des hôpitaux de rétablir l'ordre dans cette maison, ce qui impliquait qu'on acceptât la version de de Jussieu, accusant Chaix de Saint-Ange d'être la cause du trouble (3).

Parmi les mesures considérées comme favorables au rétablissement de l'ordre, figure, comme on l'a vu, la nomination d'un « recteur » à l'hôpital de la Salpêtrière.

Un sieur Saint-James, vicaire de la Pitié, profita aussitôt de l'occasion pour réclamer cette fonction, à laquelle il prétendait avoir des droits particuliers. Dans une lettre adressée par lui au président de l'Assemblée nationale, le 13 juillet 1790 (l'arrêté de l'Assemblée des Représentants est du 3), il exposait que le rectorat des maisons de l'Hôpital-général était vacant depuis dix-huit mois; que lui, Saint-James, avait été nommé à cette place le 20 septembre 1789, mais que, à raison des circonstances, il n'avait pu en prendre possession : actuellement, disait-il, « comme le nouveau Département des hôpitaux s'empare de cette affaire et pourrait nommer un autre sujet », il réclamait l'autorité et la justice de l'Assemblée nationale, et la suppliait de prendre en considération que son droit au rectorat était légal et incontestable, puisque celui qui l'avait nommé (l'archevêque) en avait le droit dans le temps. Il ajoutait que les prêtres des trois maisons (4) avaient témoigné plusieurs fois le désir de le voir leur chef, et que l'ancienne administration ne s'était abstenue de procéder à son installation qu'à raison de la situation actuelle et par la crainte d'abuser d'une autorité qu'elle n'avait plus (5). En conséquence, il demandait à l'Assemblée nationale de confirmer sa nomination au rectorat et de l'honorer de son attache (6).

Il est probable que l'Assemblée nationale ne donna aucune suite à cette réclamation, les hôpitaux devant être placés sous la surveillance du futur directoire du département.

(1) Voir Tome IV, p. *354-355*, et Tome V, p. *742.*
(2) Voir *Adresse aux Parisiens,* imp. 8 p. in-8° (Bib. Nat., Lb 39/2925).
(3) Séance du 21 juin. (Voir ci-dessus, p. 186-188.)
(4) Les maisons *de Bicêtre, la Pitié* et *la Salpêtrière* constituaient, à proprement parler, l'agglomération connue sous le nom d'*Hôpital-général ;* les autres maisons, soumises à la même administration, n'étaient que des annexes. (Voir Tome III, p. *234,* note 2, et un *Mémoire pour l'hôpital-général de Paris,* inséré dans les *Archives parlementaires,* t. XX, p. 540.)
(5) L'ancien *Bureau de l'Hôpital-général,* démissionnaire depuis le 19 décembre 1789, continuait à administrer à titre provisoire. (Voir Tome III, p. 224.)
(6) Lettre publiée par M. Tuetey, dans *L'Assistance publique à Paris pendant la Révolution* (t. I, p. 173-174).

N'ayant pu obtenir justice de l'Assemblée des Représentants, l'abbé Chaix de Saint-Ange s'était tourné vers l'Assemblée nationale.

Dès le 18 octobre 1790, on trouve une réponse de Pitra, au nom des administrateurs des biens nationaux, au Comité ecclésiastique de l'Assemblée nationale, constatant qu'un mémoire de l'abbé Chaix, attaché à la maison de la Salpêtrière, avait été renvoyé par le Comité ecclésiastique à la Municipalité de Paris, avec demande de renseignements. Pitra affirmait que la suppression des billets de confession était chose faite; quant à la réintégration de l'abbé dans ses pouvoirs, cette question n'était point de la compétence de l'administration municipale, dépendant uniquement de l'archevêque ou de son grand-vicaire (1).

Le Comité ecclésiastique insista, en montrant à la Municipalité comment elle avait le droit d'intervenir. Sans doute, disait le Comité, le 22 octobre, la réintégration dépend de l'autorité ecclésiastique ; mais la lettre de de Floirac, vicaire-général, à Fauchet (2) prouve que la suppression des pouvoirs n'a été prononcée que sur la demande du comité du district de Saint-Victor; or, l'avis d'un comité de district est un acte d'autorité civile qu'il appartient à la Municipalité de confirmer ou d'improuver: si vous l'improuvez, il perd toute valeur, et la suppression des pouvoirs de l'abbé, n'ayant pas d'autre fondement, ne pourra pas être maintenue (3).

La Municipalité n'ayant point paru disposée à entrer dans cette voie, sans d'ailleurs expliquer les motifs de sa résistance (4), le Comité ecclésiastique adressa directement au vicaire-général de Floirac une lettre où il était dit :

« Il résulte des pièces justificatives qui nous ont été présentées que la dénonciation que cet ecclésiastique, d'ailleurs sans reproche, a faite à la Commune d'une exaction de billets de confession dans la maison de la Salpêtrière, lui a seule attiré cette peine (le refus de continuation des pouvoirs de confesser); que le comité de Saint-Victor, qui l'a sollicitée contre lui, a été lui-même sollicité par les défenseurs des billets de confession et adversaires de M. l'abbé Chaix ; et que l'administration temporelle, qui y a consenti, n'avait d'autre grief à lui reprocher que la publicité qu'il a donnée à l'affaire des billets en la portant à la Commune, au lieu de s'adresser à l'administration...

« Dispensez-nous (5), Monsieur, de mettre sous les yeux de l'Assemblée nationale la réclamation de M. l'abbé Chaix et le tableau de la persécution qui paraît lui avoir été suscitée : vous le pouvez, soit en lui rendant ses pouvoirs, — tous les pauvres le désirent, et, quand on a le suffrage de tout un peuple, on ne peut qu'avoir des droits à l'estime et à la bienveillance de ses supérieurs, — soit en faisant connaître les motifs de votre refus qui ne peut pas être arbitraire (6). »

---

(1) Lettre publiée par M. Tuetey (*ibid.*, p. 286-287).
(2) Séance du 18 juin. (Voir ci-dessus, p. 148.)
(3) Lettre publiée par M. Tuetey (*ibid.*, p. 288).
(4) Lettre datée du 3 novembre, publiée par M. Tuetey (*ibid.*, p. 289).
(5) Le texte publié par M. Tuetey, porte : *dispensez-vous*... C'est une erreur manifeste.
(6) Lettre non datée, mais qui se place nécessairement entre le 3 et le 10 novembre; publiée par M. Tuetey (*ibid.*, p. 290).

Le vicaire-général répondit, le 10 novembre, en affirmant que la conduite des vicaires-généraux n'avait rien eu d'arbitraire : la suspension de l'abbé Chaix avait été provoquée, non seulement par la délibération du comité du district de Saint-Victor, mais par l'avis des administrateurs de l'hôpital, et elle n'avait été prononcée que d'accord avec le lieutenant de maire et les conseillers-administrateurs au Département des hôpitaux, parce que l'abbé Chaix de Saint-Ange contribuait par ses prédications à troubler l'ordre. Il n'y avait donc pas lieu de revenir sur la mesure prise contre lui (1).

Les négociations en étaient là, quand des scènes de violence, éclatant à la Salpêtrière à l'occasion de l'abbé suspendu, vinrent modifier sensiblement les dispositions du Comité.

Déjà, le 12 novembre, le président du Comité ecclésiastique avait cru devoir avertir la Municipalité de Paris que l'affaire de M. Chaix, aumônier de la Salpêtrière, y causait de grands troubles, et la prier d'intervenir pour empêcher que le mal ne devînt plus considérable (2).

Puis, le 19 novembre, c'est l'Assemblée nationale elle-même qui est informée, par son président (Chasset), qu' « une insurrection avait eu lieu, la veille, à l'Hôpital-général ». Renvoi au Comité de mendicité (3).

Le lendemain, 20 novembre, Chaix de Saint-Ange se présente lui-même à la barre de l'Assemblée nationale et expose, en ces termes, la situation qui lui est faite :

« Une victime du fanatisme religieux de quelques prêtres et d'un grand-vicaire de Paris, qui n'a pu obtenir justice de la Municipalité, vient implorer la justice de l'Assemblée nationale contre le despotisme épiscopal.

« Depuis longtemps, on a demandé l'abolition de l'usage qui défend aux pauvres ou aux prisonniers de sortir sans montrer un billet de confession. Une femme, qui n'a pas voulu déroger aux règles de sa religion ni trahir sa conscience, a été emprisonnée; le désespoir s'est emparé de son cœur; prête à rendre le dernier soupir, elle a repoussé la main du confesseur en disant : « Voilà la cause de ma mort et de ma damnation », et elle est expirée... Depuis que vous avez décrété la liberté des opinions religieuses, j'ai pensé qu'il n'était plus possible de tolérer un pareil abus. Comme directeur de la maison, j'ai prié madame la supérieure de ne plus exiger de billets de confession, en lui disant que je n'en donnerais plus. Tel est le motif pour lequel le grand-vicaire m'a destitué et m'a ôté mes pouvoirs. Victime du fanatisme et de la superstition des sœurs et de quelques prêtres, je me suis adressé à la Municipalité : elle a décidé que je conserverais ma place et que le grand-vicaire serait tenu de me rendre mes pouvoirs (4). Il a constamment refusé de se soumettre à l'arrêté de la Municipalité et aux réclamations de 6,000 pauvres de la maison ; on a même été obligé d'employer des forces pour contenir l'indignation de ces derniers (5)...

---

(1) Lettre datée du 10 novembre; publiée par M. Tuetey (*ibid.*, p. 291-292).
(2) Lettre publiée par M. Tuetey (*ibid.*, p. 293).
(3) Voir *Archives parlementaires* (t. XX, p. 536).
(4) Il semble qu'il y ait contradiction entre cette affirmation et le commencement du mémoire, où l'on se plaint de « n'avoir pu obtenir justice de la Municipalité ». D'ailleurs, l'arrêté auquel il est fait allusion n'existe point dans les procès-verbaux.
(5) Allusion à « l'insurrection » du 18 novembre.

« Je prie l'Assemblée de m'autoriser à prendre à partie le grand-vicaire, et de déterminer les moyens de résister au despotisme et aux obstacles que le fanatisme oppose à la constitution. »

LANJUINAIS prend aussitôt la parole pour attester, au nom du Comité ecclésiastique qui a pris connaissance de cette affaire, les faits qui viennent d'être exposés. « Il ne faut pas — dit-il — que le fanatisme de quelques prêtres et de quelques religieuses puisse faire destituer de son emploi un digne ecclésiastique qui l'a toujours exercé avec distinction et probité. » Il demande que le Comité ecclésiastique soit chargé de faire incessamment un rapport.

La pétition est renvoyée aux Comités ecclésiastique et de mendicité, les choses restant en état (1).

Mais le Comité de mendicité, influencé sans doute par les officiers municipaux, fut loin d'être aussi bienveillant pour CHAIX DE SAINT-ANGE que le Comité ecclésiastique. Deux jours après la démarche de l'abbé, le 22 novembre, les commissaires du Comité de mendicité, DE LA ROCHEFOUCAULD-LIANCOURT et BONNEFOY, adressaient au Comité ecclésiastique la lettre suivante :

« Le Comité de mendicité prévient MM. du Comité ecclésiastique que, dans l'adresse, qui lui a été renvoyée par l'Assemblée, d'un abbé D'ESTANGES, chapelain de la Salpêtrière, il n'est pas vrai que la Municipalité de Paris soit contente de sa conduite, ni qu'il doive y avoir du bruit à l'occasion de sa sortie de la maison. La Municipalité a prononcé que tous les prêtres de cette maison sortiraient à la fois, et elle a bien fait : c'était le seul moyen de rétablir l'ordre et de terminer les querelles. Les commissaires du Comité de mendicité, qui se sont hier transportés dans cette maison, ont hautement approuvé la conduite de la Municipalité, et il n'y aura plus de murmures.

« Quant à la suspension des pouvoirs de l'abbé D'ESTANGES, dont il se plaint, il est vrai qu'ils lui ont été ôtés sans fondement et par un mauvais esprit ; il est vrai encore que la Municipalité, en prononçant que ce prêtre devait, avec tous les autres, sortir de la maison, a réclamé pour que ses pouvoirs lui soient rendus, et le Comité de mendicité le désire, avec l'espoir de lui ôter tous moyens de réclamation. Mais les grands-vicaires de l'archevêque s'y sont refusés jusqu'ici, même avec humeur (2). »

Or, ce fut précisément DE LA ROCHEFOUCAULD-LIANCOURT qui apporta à l'Assemblée nationale, à la séance du 23 novembre, matin, le rapport des deux comités portant à la fois sur l'insurrection de la Salpêtrière et sur la pétition de CHAIX DE SAINT-ANGE. Ce rapport est ainsi conçu :

La Municipalité de Paris fut chargée, il y a environ quinze mois, de la surveillance des hôpitaux de la capitale.

La désunion régnait alors dans l'Hôpital-général ; elle prenait particulièrement sa source parmi les prêtres de cette maison. M. l'abbé D'ESTANGES, l'un d'eux, a dénoncé un ancien article du règlement, qui portait qu'il ne serait accordé de douceurs aux pauvres de cette maison que lorsqu'ils auraient montré

---

(1) Voir *Archives parlementaires* (t. XX, p. 558-559).
(2) Lettre publiée par M. TUETEY (*ibid.*, p. 293-294).

[3 Juillet 1790]   DE LA COMMUNE DE PARIS   393

un billet de confession. Cette dénonciation très juste a augmenté la discussion, qui s'est communiquée des prêtres aux pauvres de la maison. La puissance ecclésiastique a ôté les pouvoirs de M. l'abbé d'Estanges, ce qui n'a pas peu contribué à animer ses partisans.

La Municipalité de Paris a employé tous les moyens qui étaient en son pouvoir pour rapprocher les esprits. Enfin, le trouble augmentant de jour en jour, elle s'est déterminée, après s'être concertée avec votre Comité ecclésiastique, à faire sortir les quatorze prêtres de la maison de la Salpêtrière pour les placer dans d'autres : elle n'a pas prétendu par là punir ni même juger ces querelles où chacun avait sa part des torts, mais éloigner les causes principales de l'incendie et ramener l'ordre dans la maison. Cependant, l'exécution de cet arrêté a éprouvé de grandes résistances, et les officiers municipaux ont été obligés de faire venir, dans la maison, un renfort de gardes (1).

Le Comité de mendicité, sur le renvoi que vous lui avez fait de cette affaire (2), s'est transporté sur les lieux et a pris connaissance des faits. Après avoir assuré dans toute la maison que les mesures prises par la Municipalité portaient également sur tous les prêtres et n'avaient rien d'offensant pour aucun d'eux, il a vu renaître le calme.

J'oubliais de vous dire que la Municipalité, en portant son arrêté pour la sortie des prêtres, avait consenti qu'ils restassent encore quelques jours dans leur logement pour éviter toute apparence de dureté. C'est dans cette circonstance que M. l'abbé d'Estanges, qui seul n'avait pas quitté la maison, a paru à la barre de cette Assemblée (3). Nous osons vous assurer que la crainte qu'il a du trouble que pourrait causer sa sortie de la maison est sans fondement.

L'autre partie de sa pétition concerne ses pouvoirs, qu'il réclame, et la demande qu'il vous fait de prendre à partie un grand-vicaire. Le Comité ecclésiastique croit ne devoir rien vous proposer à cet égard.

En conséquence, il proposait, au nom des deux comités réunis, le projet de décret suivant :

L'Assemblée nationale, sur le compte qui lui a été rendu, par ses Comités ecclésiastique et de mendicité, des insurrections arrivées depuis peu dans la maison de la Salpêtrière et des moyens pris par la Municipalité de Paris pour y remettre l'ordre ;
Approuve la conduite de la Municipalité de Paris ;
Déclare qu'il n'y a lieu à délibérer sur le surplus de la pétition du sieur abbé d'Estanges, le renvoyant à se pourvoir, ainsi que de droit, à qui il appartiendra.

Le décret fut adopté sans discussion (4).

En en transmettant le texte au Département municipal des établissements publics, de La Rochefoucauld-Liancourt recommandait encore aux administrateurs de ce Département de s'efforcer de faire rendre, par les grands-vicaires, les pouvoirs de M. l'abbé d'Estanges, à qui ils paraissent avoir été ôtés sans raison suffisante (5).

Ainsi, tout en reconnaissant que la dénonciation des billets de confession, origine de cette aventure (6), était « très juste », et que l'abbé Chaix

(1) C'est « l'insurrection » du 18 novembre.
(2) Le 19 novembre. (Voir ci-dessus, p. *391*.)
(3) Le 20 novembre. (Voir ci-dessus, p. *391*.)
(4) Voir *Archives parlementaires* (t. XX, p. 689-690).
(5) Lettre du 24 novembre, publiée par M. Tuetey (*ibid.*, p. 295-296).
(6) Séances des 26 et 27 avril 1790. (Voir Tome V, p. 126 et 165.)

avait été frappé « sans raison suffisante », l'Assemblée nationale finissait, comme la Municipalité, par avouer son impuissance à vaincre la résistance des vicaires-généraux de l'Archevêché : timidement, elle renvoyait le pétitionnaire à se pourvoir « à qui il appartiendrait ».

Quelques mois plus tard, CHAIX DE SAINT-ANGE devenait vicaire-général du siège épiscopal du Calvados, occupé par son ami FAUCHET : en cette qualité, ils furent tous deux dénoncés à l'Assemblée nationale, par la municipalité de Bayeux, comme professant des doctrines anarchiques (1), ce qui, d'ailleurs, n'empêchait pas FAUCHET d'être élu, en septembre 1791, député du Calvados à l'Assemblée législative.

(1) Séance du 21 août 1791. (Voir *Archives parlementaires*, t. XXIX, p. 619-621.)

Du Dimanche 4 Juillet 1790

CONSEIL DE VILLE

~~~ Le dimanche 4 juillet 1790, à six heures du soir, en la salle d'audience de l'Hôtel-de-Ville, le Conseil de Ville, convoqué en exécution de l'arrêté pris hier, et présidé d'abord par M. Bourdon et, ensuite, par M. le Maire;

~~~ Le secrétaire a annoncé que M. le Maire lui avait envoyé hier la copie, certifiée par le Comité de constitution de l'Assemblée nationale, du plan concernant la nouvelle division de la capitale en 48 sections (1); il a représenté ce plan et a demandé à en être déchargé.

En conséquence, M. le procureur-syndic a requis, et le Conseil municipal a ordonné, conformément à l'art. 2 du décret complémentaire du plan de Municipalité (2), que ce plan serait déposé, en exécution du présent arrêté, au greffe de l'Hôtel-de-Ville.

Le secrétaire a été autorisé à faire ce dépôt.

~~~ Le secrétaire a également représenté une expédition, certifiée par le secrétaire de l'Assemblée nationale, du décret du 1er juillet, portant que, vu les circonstances, le roi sera supplié de donner les ordres nécessaires pour que les opérations prescrites par les décrets de la division de Paris, du 22 juin, ne commencent qu'au 25 juillet (3).

(1) Plan arrêté le 21 juin par le Comité de constitution, et ratifié le 22 par 'Assemblée nationale. (Voir Tome V, p. *561-562*.)

(2) Le texte du registre-copie porte : *à l'article... du titre... du plan de Municipalité*, avec les chiffres en blanc. Il s'agit, en réalité, d'un décret à part, adopté le 21 mai, soir, à la suite du décret sur l'organisation municipale, et dont le § 2 était ainsi conçu :

« Les commissaires adjoints au Comité de constitution signeront deux exemplaires du plan de Paris divisé en 48 parties. L'un des exemplaires... sera envoyé au greffe de l'Hôtel-de-Ville. »

(3) L'ouvrage sur l'*Organisation municipale de Paris au début de la Révolution* exposera dans quelles circonstances fut rendu le décret du 1er juillet, ajournant au 25 les élections municipales, fixées au 5 par le décret du 22 juin.

Et, sur son observation que (1) l'envoi de cette expédition lui avait été fait par M. le Maire, en conformité de l'arrêté du 2 de ce mois (2);

Le Conseil a ordonné qu'il en serait fait mention dans le procès-verbal.

~~~ M. le procureur-syndic a requis, et le Conseil a ordonné, la transcription sur les registres, la publication et l'affiche d'une proclamation du roi, du 25 juin, sur un décret de l'Assemblée nationale du 22 du même mois, relativement aux citoyens de la commune de Montmartre habitant la partie de terrain qui se trouve aujourd'hui du ressort de la Municipalité de Paris (3).

~~~ M. le Maire est arrivé et a pris la présidence.

~~~ Sur l'observation, faite par plusieurs membres, que les Gardes de la Ville demandaient à assister, par des députés de leur corps, à la fédération générale des gardes nationales et des troupes de ligne du royaume;

Le Conseil a prié M. le Maire de se retirer devers le Comité de constitution et de se concerter avec ses membres pour faire statuer sur la question de savoir si les Gardes de la Ville devaient être admis à la fédération (4).

~~~ Un membre ayant également réclamé pour les chirurgiens-majors attachés aux différents bataillons;

Le Conseil a arrêté qu'il n'y avait lieu à délibérer.

~~~ Le major des Gardes de la Ville étant venu avertir que MM. les députés militaires à la fédération du 14 juillet (5) étaient tous réunis dans la grande salle de l'Hôtel-de-Ville, et que M. le Commandant-général était à leur tête;

Le Conseil, présidé par M. le Maire, s'est à l'instant rendu dans la grande salle, où il a pris place et continué la séance.

~~~ Elle a été reprise par la lecture du procès-verbal d'élection dans l'assemblée tenue à Notre-Dame (6).

La lecture a été interrompue par une difficulté qui s'est élevée à l'appel nominal de MM. les députés du bataillon des Carmélites :

---

(1) Le mot *que* n'existe pas dans le texte du registre-copie; le sens commande de l'ajouter.

(2) Arrêté du 2 juillet. (Voir ci-dessus, p. 369.)

(3) Décret du 22 juin. (Voir ci-dessus, p. 333.)

(4) Les Gardes de la Ville vinrent, dans la même séance, présenter eux-mêmes la même demande. (Voir ci-dessous, p. 398.)

(5) Élus la veille, 3 juillet. (Voir ci-dessus, p. 379-382.)

(6) Procès-verbal du 3 juillet. (Voir ci-dessus, p. 379-382.)

elle consistait à savoir si un député pouvait se faire remplacer par un autre officier ou volontaire de la compagnie.

Plusieurs membres ont été entendus.

M. le Commandant-général a consulté l'assemblée militaire.

Et, son vœu unanime ayant été que personne ne pouvait se faire remplacer;

Le Conseil municipal a adopté cet avis et arrêté qu'aucun de MM. les députés ne pourrait se faire remplacer.

La délibération a été au même instant appliquée à M. Pêcheur, député du bataillon de Saint-Jacques de l'Hôpital. L'assemblée a pensé que les considérations particulières, qui avaient déterminé M. Pêcheur à proposer sa place à l'un des officiers de son bataillon, ne pouvaient pas l'empêcher de céder au vœu de ses commettants.

Il a été ensuite rendu compte d'une difficulté qui s'est élevée dans le bataillon de Saint-Louis en l'Ile, relativement à l'élection d'un de MM. les députés, à laquelle il était incertain comment on devait procéder.

L'assemblée a entendu plusieurs de MM. les députés.

Ils ont été consultés par M. le Commandant-général.

Et, leur vœu unanime ayant été que les cinq chasseurs de leur compagnie, qui n'avaient pas tiré au sort, y fussent seuls admis;

Le Conseil municipal a unanimement adopté cet avis.

Il a, de plus, arrêté :

Sur la réquisition du procureur-syndic;

Que l'élection serait faite en présence de M. le commandant du bataillon et du président de la section.

Après ces deux délibérations, le secrétaire a continué la lecture du procès-verbal.

Les dispositions, ainsi que la rédaction, en ont été unanimement adoptées.

— Sur le compte, rendu par M. le Commandant-général, que les députations de plusieurs districts et même de différents départements, et notamment celles de Lyon et de la Bretagne, s'étaient mises en marche et arrivaient en corps dans la capitale;

Le Conseil a arrêté;

Conformément au vœu, et aux acclamations de MM. les députés militaires;

Que des députés de la Garde nationale iraient au-devant de tous ces détachements; qu'ils les introduiraient dans la ville et les conduiraient aux lieux qui leur seraient destinés.

M. le Commandant-général a été prié de donner les ordres nécessaires pour se faire instruire de l'époque précise à laquelle tous ces détachements arriveraient.

~~~ Au moment où toutes les voix se réunissaient pour célébrer l'accord parfait qui règne entre les Français, dans cet instant où les citoyens militaires de la capitale témoignaient à leur général et en recevaient à leur tour les sentiments de reconnaissance et d'attachement qui les unissent, M. le Maire s'est glorifié de partager les honneurs d'une association à laquelle il ne saurait être étranger. Il a représenté l'extrait ou la cartouche de son enrôlement dans la 2e compagnie du 6e bataillon de la 6e division (1). Il a déclaré qu'il désirait partager avec ses frères les services honorables et pénibles qu'ils avaient remplis avec tant de distinction : « Avant mon enrôlement, — a-t-il dit en s'adressant à MM. les députés militaires — vous étiez mes concitoyens; aujourd'hui, vous êtes mes camarades. »

Ces dernières paroles, la déclaration de M. le Maire, sa sensibilité, ont excité dans toutes les âmes l'émotion la plus vive; des applaudissements réitérés ont exprimé les sentiments de l'assemblée.

Et, sur la réquisition du procureur-syndic;

Le Conseil municipal a unanimement ordonné qu'il en serait fait mention dans le procès-verbal.

~~~ Une députation des Gardes de la Ville, ayant M. Haÿ, son colonel, à sa tête, a saisi cet instant pour réitérer, en présence des députés militaires, la demande qu'il avait précédemment adressée au Conseil (2).

M. Haÿ a dit :

Monsieur le Maire, Messieurs, Monsieur le Commandant-général,
Et vous, braves soldats, nos frères d'armes, nos amis, nos concitoyens, Nous venons vous demander encore une marque de votre estime et de vos bontés. Depuis le 12 juillet, nous n'avons cessé de partager avec vous et sans interruption tous les dangers : nous osons vous en demander la récompense. Nous apprenons que tous les corps indistinctement sont admis au pacte fédératif, tels que la troupe de la Monnaie (3), qui, comme nous, ont rang de gendarmerie et maréchaussée de France.

Le bonheur d'avoir servi sous vos ordres depuis un an nous priverait-il de l'honneur de paraître dans cette auguste cérémonie? Non, Messieurs, nous ne pouvons le craindre, et nous croyons lire dans vos cœurs la faveur que nous osons vous demander de vouloir bien nous donner vos ordres pour vous accompagner à cette cérémonie. Citoyens, nous vous demandons la

---

(1) Le 6e bataillon de la 6e division était celui du *district des Jacobins Saint-Honoré*, sur le territoire duquel était située la Mairie, rue Neuve-des-Capucines.

(2) Demande de participer à la fédération. (Voir ci-dessus, p. 396.)

(3) Compagnie de la *Prévôté générale des Monnaies*. (Voir Tome V, p. 579, note 1.)

[4 Juillet 1790] DE LA COMMUNE DE PARIS 399

permission d'y paraître avec un uniforme que nous ne pouvons quitter avant que notre sort soit fixé, mais que nous brûlons d'abandonner pour un habit qui ne mette d'autre différence entre vous et nous que le zèle que nous nous efforcerions de surpasser, s'il était possible, pour soutenir avec vous la constitution, la loi et le service du roi.

Il eût été difficile de résister à des vœux que la circonstance rendait encore plus expressifs; aussi ont-ils été unanimement accueillis. L'arrêté que le Conseil de Ville avait pris est devenu celui de l'assemblée. Les députés militaires ont applaudi à la démarche que le Conseil avait arrêtée auprès du Comité de constitution; ils ont demandé à la partager.

En conséquence, M. le Commandant-général a été prié de se joindre à M. le Maire pour procurer aux Gardes de la Ville la satisfaction que sollicitent également leur patriotisme et les services qu'ils ont rendus depuis le jour de la Révolution (1).

~~~ Une séance aussi intéressante ne pouvait être plus heureusement terminée que par un acte de bienfaisance.

Le Conseil municipal avait décerné (2), et M. le Maire a remis, en son nom, au sieur Romain Lemoine, garçon passeur d'eau au port Saint-Nicolas, une médaille d'argent, qu'il avait méritée pour avoir repêché et sauvé, dans le courant des années 1787, 1788 et 1789, plusieurs particuliers qui se noyaient dans la Seine (3).

L'assemblée a applaudi au dévouement du sieur Lemoine.

Et le Conseil a décidé qu'il en serait fait mention dans son procès-verbal.

~~~ Il a été également arrêté;

Conformément à l'observation d'un des membres du Conseil;

Que, pour constater à jamais l'union et l'intimité qui règnent entre les députés militaires et le Corps municipal, le présent procès-verbal serait signé par tous les administrateurs, imprimé, envoyé aux sections et distribué à MM. les députés du pacte fédératif.

~~~ MM. les députés militaires s'étant retirés;

Le Conseil s'est transporté dans la salle de ses séances. Il y a continué ses délibérations.

~~~ L'affaire de M. Paulmier (4);

---

(1) Les Gardes de la Ville assistèrent à la fédération, comme ils l'avaient demandé, en servant d'escorte au Conseil de Ville, en vertu d'un arrêté du 10 juillet. (Voir ci-dessous, p. 451.)

(2) L'arrêté, décernant cette médaille, n'est pas mentionné dans les procès-verbaux antérieurs.

(3) Description des médailles de sauvetage. (Voir Tome I, p. 431 et 442.)

(4) Délibérée les 24 et 31 mai. (Voir Tome V, p. 544 et 609.)

Dont MM. les procureurs-syndics ont voulu l'occuper (1);

A été renvoyée au Département du domaine pour en délibérer et en rendre compte au Conseil (2).

~~~ Sur la demande de M. Desmousseaux, au nom de la section des Innocents (3);

Le Conseil a arrêté qu'il appuierait auprès du Comité de constitution la demande que cette section se propose de former pour y substituer celui de Belle-Fontaine (4).

~~~ Le Conseil s'est ajourné à jeudi, 8 du courant.

Signé : BAILLY, DE VELLY, FILLEUL, etc. (au total, 39 signatures).

---

(1) Le texte du registre-copie porte ici : *ont voulu l'accuser.*
(2) Le compte rendu n'est pas signalé ultérieurement.
(3) Il s'agit de la *section du Marché des Innocents.*
(4) Cette demande n'eut aucune suite : ce n'est qu'après le 10 août 1792 que la section changea son nom pour celui de *section des Halles.*

Du Lundi 5 Juillet 1790

⁓⁓ A l'ouverture de la séance, M. Brière, ex-président, ayant pris le fauteuil, en l'absence de M. Thuriot;

Un de MM. les secrétaires a fait lecture du procès-verbal de la séance du samedi, 3 de ce mois;

Dont l'Assemblée a approuvé la rédaction.

⁓⁓ Il a été fait lecture d'un mémoire adressé à l'Assemblée par les habitants de l'Isle Saint-Denys en France (1), relativement au droit de pêche, dont ils jouissaient depuis le rû de Sève jusqu'au pont du Pecq, droit dans lequel ils ont été troublés par différents particuliers des paroisses de Surène, Puteaux, Chatou, la machine de Marly et Neuilly (2), qui, d'après le décret rendu par l'Assemblée nationale sur la pêche (3), se sont crus autorisés à se servir de filets destructeurs, prohibés par les ordonnances, tels que la cliquette et la seine drue.

Conformément au vœu de l'Assemblée, ce mémoire a été renvoyé au Conseil de Ville (4).

⁓⁓ Le Comité des rapports a rendu compte de la demande du sieur Margat, commissionnaire des bâtiments du roi au château de

---

(1) Ile Saint-Denis, canton de Saint-Ouen, arrondissement de Saint-Denis (Seine).

(2) Suresnes et Puteaux font partie du même canton, dont Puteaux est le chef-lieu. Neuilly est chef-lieu de canton. Ces deux cantons appartiennent à l'arrondissement de Saint-Denis (Seine). Marly-la-Machine est un hameau dépendant de la commune de Marly-le-Roi, chef-lieu du canton, auquel appartient également la commune de Chatou, dans l'arrondissement de Versailles (Seine-et-Oise).

(3) Il n'y a pas, à proprement parler, de décret sur la pêche. Le 20 avril, soir, Merlin (député du tiers état du bailliage de Douai et Orchies) avait proposé, au nom du Comité de féodalité, un projet de décret sur la chasse et sur la pêche; mais, à la fin de la discussion, le 22 avril, matin, l'article dernier du projet, le seul qui s'occupât de la pêche et qui maintenait en vigueur les anciens règlements, notamment en ce qui concernait les engins prohibés, fut écarté par une motion d'ajournement. (Voir *Archives parlementaires*, t. XIII, p. 156-158, et t. XV, p. 249.)

(4) Le Conseil de Ville ne paraît pas s'en être occupé.

Fontainebleau, qui expose que, le 14 juillet 1789, passant sur la paroisse Saint-Germain-le-Vieux (1), il fut arrêté avec sa voiture et ses chevaux, et ensuite conduit à l'Hôtel-de-Ville, où il resta près de six heures; que ses chevaux furent attelés à des canons que l'on conduisit à la Bastille; qu'il en résulta une perte de différents effets qui étaient dans sa voiture, pour l'indemnité desquels il s'en rapporte à la justice de l'Assemblée, et un séjour forcé qui lui a occasionné une dépense extraordinaire de 180 livres, dont il demande le remboursement.

Malgré le certificat du comité du district de Saint-Séverin, appuyé du témoignage de plusieurs habitants de la paroisse Saint-Germain-le-Vieux, le Comité des rapports, observant qu'il est une grande quantité de citoyens à qui l'événement mémorable du retour à la liberté a nécessité des sacrifices plus ou moins considérables, dont il serait impossible de les dédommager, était d'avis qu'il n'y avait pas lieu à délibérer sur la demande du sieur Margat.

Mais, d'après la proposition de plusieurs membres;

L'Assemblée a arrêté qu'elle serait renvoyée à l'administration (2).

~~~ Il a été fait lecture d'un procès-verbal dressé, le 4 de ce mois, par le président du district de Notre-Dame, qui constate que le drapeau et le guidon, présentés et déposés la veille par la compagnie des chevaliers de l'Arquebuse, ont été, en exécution du décret de l'Assemblée nationale, du 12 juin dernier, et des ordres de l'Assemblée, placés aux voûtes de ladite église, pour y demeurer consacrés à la paix, à l'union et à la concorde (3).

L'Assemblée a arrêté qu'il en serait fait mention dans le procès-verbal de ce jour.

~~~ M. Godard, membre de cette Assemblée, lui a rappelé qu'elle avait pris un arrêté par lequel elle avait déclaré qu'avant de cesser ses fonctions elle rendrait compte, à ses commettants, des différents travaux dont elle s'était occupée depuis le commencement de ses séances (4); qu'elle avait confié ce travail à une commission; que M. Vigée, membre de cette commission, avait été chargé de la rédaction; mais que, des occupations étrangères ne lui ayant pas

---

(1) L'église Saint-Germain le Vieux, sur le territoire du district de Saint-Séverin, était située dans l'île de la Cité, en face du parvis Notre-Dame. La caserne de la Garde républicaine en occupe l'emplacement.
(2) Il fut statué sur cette affaire le 20 juillet. (Voir ci-dessous.)
(3) Séance du 2 juillet. (Voir ci-dessus, p. 366, note 2.)
(4) Arrêté du 9 mars, déjà rappelé à la séance du 23 juin. (Voir Tome IV, p. 346-348, et ci-dessus, p. 222.)

permis de s'y livrer, il s'était chargé de le suppléer et qu'il espérait être incessamment en état de présenter ce compte à l'Assemblée. Il a observé que, l'Assemblée des Représentants de la Commune ayant été formée le 23 juillet 1789 (1), il pensait qu'il était convenable que ce compte fût rendu à pareil jour de la présente année, et a demandé que tous les membres de l'Assemblée fussent expressément convoqués pour cette époque.

Un autre membre a dit que, ce compte devant intéresser tous les citoyens qui avaient fait partie de l'Assemblée, il demandait que tous ceux qui avaient été successivement remplacés par leurs districts fussent également convoqués.

Cet amendement ayant été accueilli avec applaudissement;

L'Assemblée a arrêté, à l'unanimité :

Que le compte à rendre par l'Assemblée, à ses commettants, des différents travaux dont elle s'est occupée depuis l'ouverture de ses séances, lui serait présenté le 23 du présent mois (2);

Que tous les membres qui la composent seront invités, par lettre, à s'y trouver;

Et que tous les anciens membres, qui ont été remplacés par leurs sections, seront également invités à s'y rendre.

⤳ M. Mulot a annoncé que, d'après les ordres de l'Assemblée, contenus dans son arrêté du 1ᵉʳ juillet (3), il s'était présenté chez le ministre de Paris (4), pour lui remettre l'*Adresse* tendante à obtenir de Sa Majesté, en faveur de M. l'abbé Masse, une indemnité de la place d'instituteur des sourds et muets; que ce ministre lui avait proposé de substituer au titre d'*Adresse* celui de *Mémoire*, mais qu'il n'avait pas cru devoir se prêter à ce changement sans l'aveu de l'Assemblée.

Cette proposition du ministre a donné lieu à plusieurs discussions.

Un membre a observé que, dans les circonstances actuelles, la Ville de Paris ayant surtout l'avantage de posséder le roi dans son enceinte, il ne devait y avoir aucun intermédiaire entre Sa Majesté et la Commune; et que, si le ministre persistait à refuser de présenter

---

(1) C'est la lettre de convocation adressée par le Maire aux districts qui est du 23 juillet; la première Assemblée des Représentants ne se constitua que le 25. (Voir Tome I, p. *407* et 2.)

(2) La lecture du compte-rendu ou *Exposé* de Godard commença le 24 juillet. (Voir ci-dessous.)

(3) Arrêté du 1ᵉʳ juillet. (Voir ci-dessus, p. 337.)

(4) Guignard, comte de Saint-Priest, ministre de la maison du roi et du département de Paris.

cette *Adresse* au roi, il convenait qu'elle lui fût remise par le président de la Commune, à la tête d'une députation.

Un autre membre a dit que, M. le Maire ayant un accès libre auprès de la personne du roi, il proposait que l'Assemblée le chargeât de lui présenter l'*Adresse* relative à M. l'abbé Masse.

Enfin, après quelques discussions;

L'Assemblée a arrêté que M. le Maire serait prié de remettre au roi l'*Adresse* qu'elle avait chargé ses commissaires de rédiger en faveur de M. l'abbé Masse.

Un membre a proposé d'ajouter à cet arrêté qu'il serait nommé des commissaires pour accompagner M. le Maire.

Mais, cette proposition n'ayant point été appuyée;

L'Assemblée a passé à l'ordre du jour. (I, p. 408.)

~~~ Un membre de l'Assemblée, ayant demandé la parole, lui a annoncé que l'empressement de tous les habitants de cette ville, pour accélérer l'exécution des préparatifs de l'auguste cérémonie qui doit avoir lieu le 14 de ce mois, était tel que les citoyens se portaient en foule aux travaux du Champ-de-Mars, dans la crainte que les ouvriers salariés ne fussent pas en nombre suffisant. En donnant à cette preuve de zèle patriotique tous les éloges qui lui sont dus, il a proposé que tous les Représentants de la Commune s'assemblassent, dès le lendemain, sept heures du matin, à l'Hôtel-de-Ville, pour de là se rendre, sous la conduite de M. le président, à ces mêmes travaux, et encourager par leur exemple et les citoyens qui s'y portaient volontairement et les ouvriers soldés.

Cette motion a été combattue.

Sans désapprouver le zèle de l'honorable membre qui l'avait proposée, mais sur l'observation que, chaque section de la capitale ayant invité les citoyens de son arrondissement à cette nouvelle preuve de patriotisme, les membres de l'Assemblée s'y rendraient individuellement avec les citoyens de leur section, sans y mettre un appareil qui pourrait paraître déplacé;

Il a été arrêté de passer à l'ordre du jour. (II, p. 411.)

~~~ L'Assemblée a fait le renvoi de plusieurs lettres et mémoires qui avaient été remis sur le bureau, ainsi qu'il suit :

~~~ Une lettre de M. Henrion au président de l'Assemblée, relativement aux travaux du Champ-de-Mars, a été renvoyée au Comité des rapports (1).

~~~ Un mémoire, relatif à l'habillement des soldats-citoyens,

---

(1) Rapport, le 10 juillet. (Voir ci-dessous, p. 447.)

contenant de plus quelques autres vues dictées par le zèle du bien public, a été renvoyé au Département de la Garde nationale.

~~~ Il en a été de même d'un autre mémoire du bataillon du district de Saint-Gervais, relatif à une demande d'armes.

~~~ Enfin, une lettre d'un citoyen militaire de cette ville, qui contient des idées sur la fête du pacte fédératif, a été renvoyée au Département des bureaux publics (1).

~~~ M. Thuriot, étant arrivé à l'Assemblée, a repris le fauteuil, que M. Brière avait occupé pendant son absence.

~~~ Un membre a demandé qu'il fût pris un arrêté pour ordonner l'enlèvement des échafauds qui entourent dans ce moment-ci la porte Saint-Denis, attendu qu'ils cachent ce monument et ne servent qu'à embarrasser la voie publique.

Mais, un des administrateurs ayant observé que le Département des travaux publics s'occupait actuellement de cet objet;

L'Assemblée a passé à l'ordre du jour.

~~~ L'ordre du jour était l'affaire de M. Étienne (2).

~~~ Mais il a été observé que l'heure avancée ne permettait pas de différer plus longtemps la nomination d'un président (3).

Avant de procéder à l'élection, il a été proposé de statuer sur la nouvelle forme à établir pour le scrutin, l'élection ne pouvant être valable qu'à la pluralité absolue (4).

Un membre de l'Assemblée a fait une motion pour que les administrateurs ne pussent pas concourir à cette élection.

Mais, après quelques discussions;

L'auteur de la motion l'a retirée.

L'Assemblée a arrêté : que, pour l'élection actuelle et celles qui auraient lieu par la suite, chacun des membres, en apportant son bulletin au bureau, s'y ferait inscrire; que le nombre des votants serait comparé à celui des billets de scrutin, pour en assurer l'exactitude; que, dans le cas où le dépouillement du premier scrutin ne donnerait pas la pluralité absolue des suffrages, le second scrutin se ferait par appel, sur la liste des votants inscrits pour le premier, et qu'il serait procédé également à la comparaison du nombre des bulletins avec celui des membres qui auraient répondu à l'appel; que, si ce second scrutin ne donnait pas encore la majorité absolue

(1) Il faut lire sans doute : *au Département des travaux publics.*
(2) *Lire:* DE LA RIVIÈRE (Étienne). — Ajournement du 3 juillet. (Voir ci-dessus, p. 375.)
(3) Élection ajournée le 3 juillet. (Voir ci-dessus, p. 376 et 378.)
(4) Arrêté du 28 juin. (Voir ci-dessus, p. 309.)

des suffrages, il serait procédé à un troisième et dernier scrutin, par ballottage entre les deux membres qui auraient le plus de voix dans le précédent, et que MM. les secrétaires continueraient, comme par le passé, à remplir les fonctions de scrutateurs.

Ensuite de cet arrêté, il a été procédé au premier scrutin, dans les formes ci-dessus indiquées.

Et, le résultat n'ayant point donné la majorité absolue;

On s'est occupé du second.

Ce deuxième scrutin a donné à M. le curé de Chaillot (1) 32 voix et à M. Brière 36 voix.

Et, comme aucun de ces deux membres, qui avaient le plus de suffrages, ne réunissait pas cependant la majorité absolue, l'Assemblée étant composée de 104 votants;

Il a été procédé, par ballottage entre eux, au troisième et dernier scrutin.

Le résultat ayant donné 81 suffrages pour M. Brière et 19 pour M. le curé de Chaillot;

M. Brière (2) a été proclamé président.

~~~ Avant de quitter le fauteuil, M. Thuriot a prononcé le discours suivant, dont l'Assemblée a demandé l'insertion dans le procès-verbal :

Messieurs,

Depuis le 14 juillet, époque à jamais mémorable dans les annales du monde, la France entière a les yeux sur vous. Elle vous regarde comme les amis les plus ardents et comme les pivots les plus sûrs de la Révolution : votre fermeté, votre courage et votre sagesse ont fixé l'admiration de toutes les branches de la grande famille de l'empire.

C'est sous ces voûtes que le monarque régnant vous a juré, et à tous vos frères, l'amour le plus tendre (3). C'est sous ces voûtes qu'accompagné de toute sa famille, il a renouvelé à cette Assemblée la promesse sacrée de faire sa demeure habituelle dans cette vaste cité qui brûlait de le posséder (4). C'est là que, pressé par la calomnie et jaloux de l'estime de tous les Français, l'aîné des frères de ce monarque adoré est venu démontrer toute sa pureté et a recueilli les applaudissements dus à une démarche aussi noble (5).

Les lois provisoires que vous avez faites pour cette capitale ont été observées dans presque toutes les cités (6), et ce doit être une grande satis-

---

(1) Bénière.

(2) Lire : Brierre de Surgy.

(3) Assemblée des Électeurs, séance du 17 juillet 1789. (Voir Chassin, Les élections et les cahiers de Paris en 1789, t. III, p. 572-575.)

(4) Séance du 6 octobre 1789. (Voir Tome II, p. 189-192, et Tome III, p. 538.)

(5) Réception du comte de Provence, à la séance du 26 décembre 1789. (Voir Tome III, p. 282-286.)

(6) Les villes de province avaient volontiers imité la Ville de Paris dans l'organisation de leurs municipalités et de leurs gardes nationales.

faction pour vous de voir que, jusqu'à présent, elles ont presque toujours servi de base aux décrets de l'Assemblée nationale (1).

Plus votre gloire est éclatante, plus vous en êtes comptables à vos concitoyens. N'en doutez pas : beaucoup de députés, nommés pour assister à la fédération qui se jurera le 14 sur l'autel de la patrie, viendront dans cette Assemblée. C'est une sainte obligation pour vous de les forcer de n'en sortir qu'en admirant l'ordre, l'union, le patriotisme et la dignité qui ne doivent jamais cesser d'y régner.

Il est doux pour moi, Messieurs, de croire que vous n'attribuerez l'expression de cette vérité qu'à l'amour du bien public, et que, si j'ai commis quelques fautes pendant ma présidence, l'indulgence vous les a fait oublier.

Il n'est pas moins agréable pour moi, Monsieur, de voir que les suffrages vous appellent au poste honorable que vous m'aviez cédé et que vous occupiez avec tant de dignité (2).

M. Brière, après avoir prêté serment entre les mains de son prédécesseur, a adressé ses remerciements à l'Assemblée, dans les termes suivants :

Messieurs,

Plus vos bontés se multiplient en ma faveur, plus il faudrait de qualités pour y répondre dignement. Vous avez daigné une première fois accueillir mon zèle; il est toujours le même; mais ce n'est que du zèle, et vous avez des talents à couronner.

Recevez, Messieurs, la promesse que je fais de vous consacrer tous mes efforts; lorsque vous les animez d'une manière aussi flatteuse, est-ce à moi de me décourager? Vous oublierez ma faiblesse, pour vous souvenir que mon élévation est votre ouvrage; et, fort de votre appui, je m'avancerai, d'un pas moins timide, dans la carrière honorable dont vos suffrages m'ouvrent de nouveau l'entrée.

L'Assemblée a également ordonné l'insertion dans le procès-verbal du discours de M. Brierre.

~~~ Il a été ensuite procédé à la nomination d'un secrétaire.

Et la pluralité des suffrages s'est déclarée en faveur de M. Le Tellier (3);

Qui a prêté serment en cette qualité, entre les mains de M. le président.

~~~ La séance a été levée à dix heures, et ajournée à demain.

Signé : BRIERRE et THURIOT, *présidents*.

Secrétaires : MENNESSIER, PELLETIER, CASTILLON, DEMARS, BONNEVILLE.

---

(1) Dans quelques occasions, des propositions d'intérêt général émanées de l'Assemblée des Représentants avaient été accueillies par l'Assemblée nationale.

(2) BRIERRE DE SURGY, président du 8 au 19 juin, avait été remplacé par THURIOT DE LA ROZIÈRE. (Voir Tome V, p. 683 et 715, et ci-dessus, p. 162.)

(3) Représentant du *district de Saint-Étienne du Mont*, admis le 3 avril. (Voir ome IV, p. 599.)

ÉCLAIRCISSEMENTS

(I, p. 404) Le Maire remplit-il la mission que lui confiait l'arrêté du 5 juillet? Remit-il entre les mains du roi l'adresse que quatre commissaires de l'Assemblée des Représentants, CARITAT DE CONDORCET, LEPRINCE, BOSQUILLON et MULOT, avaient été chargés de rédiger en faveur de l'abbé MASSE depuis le 15 avril et que l'Assemblée elle-même avait approuvée dans sa séance du 1er juillet?

On ne saurait l'affirmer : les procès-verbaux ne contiennent à ce sujet aucune indication, et les documents manuscrits ne mentionnent pas l'intervention de BAILLY.

A la suite de l'arrêté du 1er juillet, on voit MULOT écrire, à la date du 2, au ministre du département de Paris, GUIGNARD DE SAINT-PRIEST, et lui demander audience dans le but de lui remettre une *Adresse* de la Commune au roi (1).

C'est cette audience dont MULOT rend compte, à la séance du 5 juillet.

Le lendemain, 6 juillet, c'est encore MULOT qui écrit au garde des sceaux, CHAMPION DE CICÉ : il croit devoir l'informer d'une démarche qu'il se propose de faire auprès du roi pour obtenir de lui la constitution d'une pension à l'abbé MASSE, injustement dépossédé de la place d'instituteur des sourds et muets (2).

Jointe à la lettre de MULOT, ou au moins dans le même dossier, se trouve la copie, non signée ni datée, de l'*Adresse au roi* (3), évidemment celle que le Maire avait été prié de faire parvenir entre les mains du destinataire. Voici le texte de cette pétition :

Sire,

Les Représentants de la Commune de Paris viennent avec confiance demander à Votre Majesté un acte tout à la fois de bienveillance et de justice.

Le célèbre abbé DE L'ÉPÉE, créateur de cette méthode presque miraculeuse à l'aide de laquelle le génie substitue, pour ainsi dire, aux sourds-muets les sens dont les a privés la nature, avait, il y a près de dix ans, distingué parmi ses élèves le sieur abbé MASSE, se l'était associé, l'avait désigné pour remplir après sa mort les fonctions respectables qu'il remplissait lui-même.

L'abbé DE L'EPÉE, déjà flatté que l'amour seul de l'humanité eût conduit l'abbé MASSE à ses leçons, satisfait des progrès et du zèle de son élève, voulant assurer à son établissement un chef que le gouvernement reconnût d'avance, le présenta à M. l'archevêque de Bordeaux (4), commissaire nommé par arrêté du Conseil pour veiller à ce qui pouvait concerner l'école des sourds et muets (décision du 20 mars 1784), *à l'effet de l'aider, suppléer et REMPLACER dans l'exercice et mé-*

---

(1) Pièce manusc. (Arch. Nat., F 1 c III, Seine, 27).
(2) Pièce manusc. (Arch. Nat., AA 12, n° 524).
(3) Pièce manusc. (Arch. Nat., *ibid.*).
(4) CHAMPION DE CICÉ, devenu garde des sceaux en 1789.

thode qu'il a employés jusqu'à présent, et comme étant capable, par ses talents et son zèle, d'être à la tête de l'établissement. Et comme, pour seconder les vues de M. l'abbé DE L'ÉPÉE, le sieur abbé MASSE était obligé de faire le sacrifice des places qui lui étaient offertes et dans la capitale et dans sa patrie, le sage instituteur des sourds et muets demanda pour ce collègue une pension qui pût le dédommager de ses sacrifices. Cette pension fut fixée à 1,500 livres.

Cette place, si honorable pour le sieur MASSE, devait naturellement lui être conservée après la mort de l'abbé DE L'ÉPÉE, qui l'avait choisi lui-même pour le remplacer.

Cependant, à la mort de l'abbé DE L'ÉPÉE, au moment même où l'abbé MASSE, ne parlant point de lui, mais seulement des orphelins que laissait M. DE L'ÉPÉE, venait solliciter les bienfaits de la Commune pour eux (1), on voulut lui ravir le poste glorieux où le célèbre défunt l'avait placé lui-même.

L'Assemblée générale des Représentants de la Commune, après avoir veillé à l'existence de l'école des sourds et muets, nomma des commissaires pour lui faire le rapport des droits que pouvait avoir M. l'abbé MASSE à succéder à M. DE L'ÉPÉE, et s'assurer de ses talents et de ses vertus (2).

Le rapport des commissaires, qui avaient vu ses titres, consulté la famille respectable de M. l'abbé DE L'ÉPÉE, fut si favorable au sieur abbé MASSE, que les Représentants de la Commune crurent devoir lui continuer la direction de l'établissement (3).

Mais Votre Majesté fait ouvrir un concours (4).

Le Département des établissements publics l'annonce à M. l'abbé MASSE. M. l'abbé SICARD, autre élève de M. DE L'ÉPÉE, était venu de Bordeaux, où il était à la tête d'un établissement semblable, et il se présente pour son rival. M. SICARD s'était, il y a cinq ans, formé aux leçons de M. l'abbé DE L'ÉPÉE, envoyé par M. l'archevêque de Bordeaux, qui avait *réclamé pour lui les soins de* M. MASSE (lettre du 4 janvier 1785), qui lui avait *demandé ses instructions, en lui promettant de partager avec lui sa reconnaissance, comme il partageait son estime et son attachement* (lettre du 30 mars 1785), et en l'assurant qu'*il n'y avait aucun doute raisonnable sur la solidité de son association avec M. l'abbé* DE L'ÉPÉE (lettre du 1ᵉʳ mars 1785).

Cette circonstance, le choix spécial de M. DE L'ÉPÉE donnaient à M. l'abbé MASSE des titres qui lui semblaient devoir être respectés, et, quoiqu'il ne redoutât point de se mesurer avec M. SICARD, il ne crut point devoir paraître au concours (5), et ce rival parvint ainsi à jouir de la place qu'un maître commun avait confiée à M. l'abbé MASSE (6).

Ce refus de concourir, qui avait pour motif un respect profond pour la mémoire et le choix de M. DE L'ÉPÉE, ne peut pas, Sire, rendre moins digne de vos bontés l'abbé MASSE.

Sans fortune, ayant tout sacrifié pour s'associer à une œuvre d'humanité, il emploie la voix des Représentants de la Commune de Paris pour obtenir de Votre Majesté la conservation d'une pension qui le dédommageait à peine des places honorables et lucratives qu'il avait refusées pour se livrer à des travaux utiles à la patrie, travaux qui devaient la lui assurer pour toujours.

Sire, cette pension sera la récompense de son zèle et de ses sueurs; elle sera un témoignage solennel que vous rendrez à la mémoire d'un grand homme, et

(1) Séances du 2 et du 5 janvier. (Voir Tome III, p. 346 et 370.)
(2) Arrêtés du 29 décembre et du 5 janvier. (Voir Tome III, p. 312 et 364.)
(3) Arrêté du 20 janvier. (Voir Tome III, p. 493-494.)
(4) Lettre du garde des sceaux, du 19 mars. (Voir Tome V, p. 13-15.)
(5) Lettre du 30 mars. (Voir Tome V, p. 16.)
(6) Décision du 6 avril. (Voir Tome V, p. 16-17.)

vous vous montrerez, en l'accordant, le protecteur des lettres et des sciences utiles, comme vous êtes l'ami et le père des Français.

En tête du document ci-dessus transcrit se trouve la copie d'une lettre non signée, précédée de cette mention : *Répondu à M. l'abbé* Masse, *le 13 juillet 1790*. C'est la réponse du garde des sceaux, Champion de Cicé : elle est adressée, non au Maire, non aux Représentants de la Commune, mais directement à l'intéressé. Le garde des sceaux écrivait :

J'ai examiné, Monsieur, le mémoire que vous m'avez remis, avec tout l'intérêt qu'inspirent vos anciens services et votre position. Mais les circonstances ne me permettent pas encore de rien proposer au roi, si ce n'est des secours provisoires pour services nécessaires et actuels rendus à l'école des sourds et muets.

Cependant, Monsieur, comme vous avez des droits réels à la bienfaisance du gouvernement, je vous invite à attendre avec confiance qu'il y ait des fonds disponibles, destinés à récompenser des services rendus à l'humanité et à la patrie. Je regrette de n'avoir à vous offrir que des espérances, mais je compte que vous me rendez assez de justice pour être persuadé que je ne négligerai rien pour les réaliser et vous donner toutes les preuves qui dépendront de moi des sentiments d'estime distinguée avec lesquels je suis, Monsieur, bien véritablement à vous.

Frustré, dépouillé, le pauvre Masse exhale ses plaintes dans une lettre navrée, écrite par lui le 22 juillet au garde des sceaux (1), et qui laisse soupçonner à quelles intrigues donna lieu le fameux concours de mars-avril 1790 pour la succession de l'abbé de L'Épée. Voici cette lettre :

Monseigneur,

S'il existait pour moi quelque motif de consolation, je la trouverais dans l'intérêt que vous daignez prendre à l'affreuse position où je me trouve, et dans les sentiments qu'elle inspire au public instruit de mes malheurs.

Mais, à la perte de mon état, se joint le souvenir douloureux des sacrifices que j'ai faits pour me dévouer à l'instruction des sourds et muets, d'après les décrets mêmes de l'Assemblée nationale. Si j'eusse accepté les places qui m'ont été offertes, j'aurais au moins cent louis de retraite, et il ne me reste rien ! Cette pensée me déchire le cœur; elle m'accable. Est-il, dans toute la France, un ecclésiastique aussi malheureux? J'ai quarante-sept ans.

Permettez, Monseigneur, qu'après toutes les raisons que j'ai eu l'honneur de vous exposer pour ma justification (2), je soumette encore à vos lumières l'extrait d'une lettre de madame la marquise de La Fayette à M. l'abbé Mulot, président de la Commune de Paris, le 19 janvier dernier : « M. l'abbé Salvan
« serait prêt à se rendre à Paris, si le vœu de la Commune l'y appelait. M. l'abbé
« Sicard a une ressemblance de plus avec son maître, M. l'abbé de L'Épée, qui
« est de ne vouloir ni avoir besoin d'appointements. Si l'on désirait M. Salvan,
« quoique premier instituteur à Riom, il deviendrait, avec grand plaisir, le se-
« cond de l'abbé Sicard et serait désiré d'ailleurs par lui. Il n'en est malheureu-
« sement pas de même de M. l'abbé Masse, qui semblait avoir des droits acquis
« à succéder à M. l'abbé de L'Épée, mais qui, ayant peu travaillé sous lui et
« n'ayant jamais travaillé sans lui, ne réunit pas les suffrages de ceux qui s'oc-
« cupent de la même institution. M. Salvan, qui m'écrit pour me charger
« d'offrir ses services à la Commune, me mande qu'il ne pourrait accepter si
« M. l'abbé Masse était à la tête d'un établissement aussi important. J'ai cru ne

(1) Pièce manusc. (Arch. Nat., AA 12, n° 521).
(2) Pour se justifier de n'avoir point pris part au concours. Le mémoire de l'abbé Masse n'a malheureusement point été conservé.

« pouvoir différer, Monsieur, de mettre sous vos yeux les offres d'un homme
« qui pourrait y être utile, et je n'ai pu taire les conditions. »

L'état de choses était tel, Monseigneur, à l'époque de l'ouverture du concours ordonné par Sa Majesté, que je ne pouvais m'y présenter sans compromettre la réputation de M. l'abbé de L'Épée et mon honneur : j'ai mieux aimé donner ma démission ; la reconnaissance et l'honneur m'en faisaient un devoir (1).

J'espère, et j'ai pour garant l'assurance réitérée de votre bienveillance et de votre protection, que vous apporterez bientôt quelque adoucissement à la rigueur de mon sort.

Je ne cesserai d'être, avec tous les sentiments de la plus vive reconnaissance et le respect le plus profond, Monseigneur, votre très humble et très obéissant serviteur.

Signé : Masse.

Protestant, à la séance du 15 avril, contre la destitution de l'abbé Masse, Mulot avait parlé, à propos du concours, de « cabale » et d' « intrigues » ; Bosquillon avait ajouté qu'à ce concours « on ne voyait que ceux que l'on désirait placer » (2).

On comprend maintenant, à peu près, ce que voulaient dire Mulot et Bosquillon.

D'une part, Champion de Cicé, garde des sceaux et archevêque de Bordeaux, l'inventeur du concours, s'intéressait à Sicard, de Bordeaux (3).

D'autre part, madame de La Fayette protégeait Salvant, qui était de Riom, en Auvergne : de La Fayette n'était-il pas Auvergnat, député de la sénéchaussée de Riom, en Auvergne?

Rien de plus simple que de combiner ces deux intérêts qui s'accordent sur un point : l'exclusion de Masse. On dira d'abord que Salvant se contenterait de la seconde place, à la condition que l'on lui donne pour supérieur Sicard, seul ; pour ce dernier, on ajoutera, comme argument suprême, qu'il ne demanderait point d'appointements. Il ne reste qu'à désigner le marquis de La Fayette, commandant de la Garde nationale parisienne, comme un des juges du concours, et le tour est joué : le concours aboutit, comme il était convenu, au choix de Sicard, avec Salvant comme second (4).

Masse, qui n'avait que des titres et des droits acquis, est nécessairement sacrifié : aussi promet-on de lui rendre sa pension « quand il y aura des fonds disponibles, destinés à récompenser les services rendus à l'humanité et à la patrie ». Il pouvait s'armer de patience !

(II, p. 404) Le tableau de la fièvre patriotique qui, pendant quelques jours, poussa la population de Paris vers les travaux de terrassement du Champ-de-Mars n'est plus à faire, et il n'y a point lieu de le refaire ici. Il convient simplement de noter quelques documents officiels qui, en constatant ce curieux mouvement, indiquent comment il se produisit et comment il prit fin.

On trouve d'abord, dans le *Journal de la Municipalité et des sections* (n° du 6 juillet), les renseignements suivants :

(1) Lettre du 30 mars. (Voir Tome V, p. *16*.)
(2) Séance du 15 avril. (Voir Tome V, p. *18*.)
(3) Lettre de Sicard, du 16 avril. (Voir Tome V, p. *19*.)
(4) Rapport du 5 avril. (Voir Tome V, p. *16*.)

« Plus de 12,000 ouvriers des ateliers de charité, qui travaillent au glacis que l'on fait autour du Champ-de-Mars, n'avancent pas autant que le désire le public, qui craint, avec assez de raison, que tout ne soit pas prêt pour le 14 juillet. Ces ouvriers quittent les travaux à sept heures du soir : dernièrement, ils ont maltraité deux piqueurs qui les engageaient à les prolonger de deux heures, en leur offrant une augmentation fort honnête. Depuis plusieurs jours, aussitôt que le coup de canon annonce la retraite des ouvriers, les bourgeois les remplacent : on voit arriver de toutes parts de nombreux détachements des bataillons; les femmes, les enfants, tout le monde travaille avec une activité inexprimable. L'ardeur qu'on a mise à détruire la citadelle du despotisme se renouvelle et s'augmente pour faire du Champ-de-Mars le temple de la liberté. »

L'initiative paraît être venue d'un simple particulier, dont la *Chronique de Paris* (n° du 30 juin) avait inséré une lettre ainsi conçue :

Lettre aux auteurs de la Chronique (1).

Je sors du Champ-de-Mars, où j'étais allé voir les travaux qui s'y font pour la confédération du 14 juillet. Quoiqu'il y ait beaucoup d'ouvriers, je doute que l'entreprise puisse être achevée pour cette époque, car il faudrait travailler jour et nuit, ce qui n'est pas possible. Je propose à mes camarades et frères d'armes de l'armée parisienne de prendre chaque jour 10 hommes par compagnie, lesquels iront au Champ-de-Mars bêcher la terre, charger et rouler la brouette. Ce travail n'a rien que d'honorable pour des soldats, puisqu'un général romain en a donné l'exemple. L'armée parisienne renferme 60 bataillons, composés chacun de 7 compagnies; ce qui donne par jour 4,200 hommes, qui soulageraient les ouvriers et prouveraient aux ennemis de la Révolution que la peine ne coûte rien lorsqu'il s'agit de consolider notre liberté.

Dans les cas où nos services seraient acceptés, nous n'entendons pas préjudicier aux intérêts des ouvriers, qui seront toujours payés en raison du temps qu'ils doivent être employés.

Signé : CARTHERI, soldat-citoyen du *bataillon de la Trinité.*

L'idée de CARTHERI était simple et pratique : elle fut aussitôt adoptée. Voici, par exemple, l'arrêté pris, le 4 juillet, par le 6ᵉ bataillon de la 2ᵉ division ou *bataillon des Petits Augustins* (2) :

Le bataillon, extraordinairement assemblé dans l'une des salles des Petits Augustins, a unanimement arrêté :

Que les officiers et soldats du bataillon se rendront chaque jour dans le Champ-de-Mars, à six heures du soir, pour relever les ouvriers, reprendre leurs travaux, les continuer jusqu'à la nuit, les suivre même aux flambeaux, s'il est nécessaire, et ce, jusqu'à ce qu'ils soient entièrement achevés;

Que le présent arrêté sera porté à M. le Maire de Paris, à M. le Commandant-général, et que copies en seront envoyées à MM. les chefs des divisions et commandants des bataillons de la Garde nationale parisienne.

Signé : LEFEUVRE (d'Arles), commandant du bataillon.
DURAND, secrétaire.

(1) Reproduite sous ce titre, sans date, dans *Confédération nationale* ou *Récit exact et circonstancié,* etc... (p. 58). Le même recueil (p. 61) constate formellement que « c'est depuis la motion de CARTHERI que tous les citoyens ont brigué l'avantage de travailler de leurs mains au Champ-de-Mars ».

(2) Imp. 2 p. in-8° (Bib. Nat., Lb 39/9050).

Le lendemain, 5 juillet, c'est le 1er bataillon de la 1re division ou *bataillon de Saint-Jacques du Haut Pas* qui, après la lecture : 1° d'un arrêté du *bataillon des Mathurins*, lequel « se propose de se consacrer tout entier à la sûreté publique » (1); 2° de l'arrêté du *bataillon des Petits Augustins*, du 4 juillet (2); 3° d'une *Adresse à tous les citoyens*, par laquelle « il est proposé de diviser les travaux du Champ-de-Mars en 60 portions numérotées et correspondantes aux 60 bataillons, aux mêmes fins de surveiller et participer à la confection desdits travaux » (3); déclare adhérer à ces différents arrêtés, jure la plus grande soumission aux ordres du Commandant-général, et décide que son arrêté sera communiqué à MM. du comité civil du district de Saint-Jacques du Haut Pas, en le priant d'inviter les citoyens non armés dudit district à coopérer avec le bataillon à la confection des travaux du Champ-de-Mars (4).

Mais Cartheri avait eu soin de spécifier dans sa lettre que la participation des citoyens ne devait point préjudicier aux intérêts des ouvriers employés au Champ-de-Mars. Même préoccupation se retrouve dans la délibération du comité du *district des Petits Augustins*, du 5 juillet (5), ainsi conçue :

Le comité général et permanent, sur l'avertissement donné au district qu'aux différents ateliers des sections de Paris il y avait des craintes et des murmures de la part de plusieurs journaliers, qui pensent que les travaux du Champ-de-Mars sont destinés à eux seuls et que l'ardeur avec laquelle les citoyens se livrent aux travaux après la fin de la journée peut les priver d'un travail sur lequel ils ont pu fonder leurs espérances jusqu'au 14 juillet;

A arrêté de proposer aux 59 autres districts de solliciter à la Commune une proclamation qui annonce à tous les ouvriers que l'intention de la Commune est : « que, d'ici au 14 juillet, leurs journées leur seront payées au même prix, dans le cas même où les travaux du Champ-de-Mars seraient finis avant le 14 juillet, et en quelque lieu qu'on puisse les appeler pour les faire travailler. »

Signé : Quillet, président.
Masson, secrétaire-greffier.

Il semble pourtant qu'il y ait eu, de la part de l'administration, une certaine résistance à livrer le Champ-de-Mars à la foule des travailleurs bénévoles, dont elle redoutait quelque peu le zèle trop indépendant. C'est ainsi que la *Chronique de Paris* (n° du 5 juillet) annonce le *Refus fait par les administrateurs de police de laisser contribuer les citoyens aux travaux du Champ-de-Mars* (6), dans les termes suivants :

« Un grand nombre de citoyens de l'ancien arrondissement des Jacobins Saint-Dominique (7) avaient écrit au président de leur section respective,

---

(1) L'arrêté du *bataillon des Mathurins* n'est connu que par cette citation.
(2) Voir ci-dessus, p. *412*.
(3) L'*Adresse à tous les citoyens* n'est connue que par cette citation.
(4) Arrêté du *bataillon de Saint-Jacques du Haut Pas*, signé : Leclerc, commandant du bataillon, et Beauzée, capitaine aide-major, secrétaire; imp. 4 p. in-8° (Bib. Nat., Lb 39/9068).
(5) Imp. 2 p. in-8° (Bib. Nat., Lb 40/1496).
(6) Article reproduit dans *Confédération générale ou Récit exact, etc...* (p. 60).
(7) La plus grande partie de l'ancien *district des Jacobins Saint-Dominique* formait la *section de la Fontaine de Grenelle;* le reste était partagé entre les deux *sections des Invalides* et *de la Croix Rouge*.

pour le prier de convoquer une assemblée générale, dont le but était de se coaliser et d'offrir leurs services pour les travaux du Champ-de-Mars. La lettre ayant été communiquée au Département de police, MM. les administrateurs ont répondu qu'ils ne pensaient pas que l'assemblée demandée par de si bons citoyens pût être accordée, parce qu'elle entraînerait trop d'inconvénients; que c'était là le cas de se méfier même de son zèle. On fait quelquefois mal — ont-ils dit — en voulant faire trop bien. Il est facile de concevoir quel désordre naîtrait du concours de tous ceux qui désireraient travailler au Champ-de-Mars, et ce serait reculer les travaux que de vouloir les avancer par cet appel. MM. les administrateurs ont prié M. le président du district des Jacobins Saint-Dominique de faire des remerciements, au nom de toute la Commune, aux patriotes qui ont eu le désir et l'espoir de se mettre en œuvre. »

Mais que pouvaient les raisonnements du Département de police contre l'entraînement de tout un peuple? En dépit des objections, la foule accourut au Champ-de-Mars, chantant la chanson du *Carillon national*, dont le refrain était :

> Le peuple en ce jour sans cesse répète :
> Ah, ça ira, ça ira, ça ira!
> Suivant les maximes de l'Évangile,
> Ah, ça ira, ça ira, ça ira!
> Du législateur tout s'accomplira :
> Celui qui s'élève, on l'abaissera,
> Et qui s'abaisse, on l'élèvera.

Il y eut un jour (le 8 juillet) au Champ-de-Mars, jusqu'à 250,000 ou 300,000 personnes de tout âge et de tout sexe (1), tous remuant la terre ou traînant des brouettes. Le roi vint voir le spectacle : il en valait la peine (2).

Le 11, grâce à l'activité des citoyens, tous les travaux de terrassement étaient achevés. Dès le 8, le Comité de confédération avait publié la proclamation suivante (3), pour annoncer la cessation des travaux :

Les citoyens dont le zèle s'est manifesté pour accélérer les travaux du Champ-de-Mars ont rendu des services essentiels, et le courage avec lequel ils ont à l'envi partagé la tâche la plus pénible des ouvriers mérite les plus grands éloges.

Mais, actuellement qu'il s'agit de porter les ouvrages à leur perfection, le

---

(1) La *Chronique de Paris* (n° du 9 juillet), reproduite dans *Confédération nationale* ou *Récit exact et circonstancié*, dit : 250,000 hommes. Le *Journal de la Municipalité et des sections* (n° du 10 juillet) dit : 300,000 hommes, femmes et enfants.

(2) Le recueil sur la *Confédération nationale* ou *Récit exact et circonstancié de ce qui s'est passé à Paris le 14 juillet* (p. 61-68) fournit, sur les travaux du Champ-de-Mars, à la date des 7, 8 et 9 juillet, les plus curieux détails. Voir aussi le compte rendu d'une réunion de l'assemblée générale du *district de Saint-Étienne du Mont*, du 10 juillet 1790, signé par Defoissy, président, Dezauches, vice-président, de Cournand et Brouet jeune, secrétaires-généraux, contenant *Réponse des étudiants du Collège de Navarre* (aujourd'hui École polytechnique) aux reproches que leur avaient faits des étudiants de quelques autres collèges de ne les avoir point suivis au Champ-de-Mars; imp. 24 p. in-8° (Bib. Nat., Lb 40/325).

(3) Publiée dans *Confédération nationale* ou *Récit exact et circonstancié*, etc... (p. 69).

concours d'un grand nombre de personnes deviendrait nuisible et empêcherait de rectifier les inégalités qui restent à aplanir dans les terrains et de finir toutes les parties qui ne sont que de décoration, ce qui ne peut s'exécuter que par un petit nombre d'ouvriers diligemment surveillés et occupés sans obstacles et sans embarras.

En conséquence, tous les citoyens sont instamment priés et invités de vouloir bien s'abstenir d'entrer dans le Champ-de-Mars jusqu'au moment où ils pourront tous s'y réunir, pour y célébrer la fête nationale, à l'époque à jamais mémorable du 14 juillet.

Fait au Comité de confédération, le 8 juillet 1790.

Signé : Bailly, Maire.
Charon, président de la Commune pour le pacte fédératif.
Lafisse, secrétaire.
J. L. Brousse, Desmousseaux, Pons (de Verdun), A. C. F. Champion, Debourges, Célerier, Lemit, Mathis, Avril.

Le *Comité de confédération* était composé, comme on sait, de six délégués du *Conseil de Ville*, nommés le 12 juin (1), et de six délégués de l'*Assemblée des députés des sections pour le pacte fédératif*, désignés aussi le 12 juin (2), réunis sous la présidence du Maire.

(1) Arrêté du 12 juin. (Voir ci-dessus, p. 40.) — Cinq des commissaires du *Conseil de Ville*, Brousse-Desfaucherets, Desmousseaux, Champion de Villeneuve, Cellerier et Avril, figurent parmi les signataires de la proclamation du 8 juillet. Le nom de Jallier de Savault fait seul défaut.

(2) D'après le *Journal de la Municipalité et des districts*. (Voir ci-dessus, p. 205.) — La proclamation du 8 juillet nous donne les noms de ces six commissaires : Charon (district de *Bonne Nouvelle*), Lafisse (district de *Saint-Roch*), Pons, de Verdun (district de *Saint-André des Arcs*), de Bourge (district des *Enfants Rouges*), Lemit (district des *Filles Saint-Thomas*), et Mathis (district de l'*Abbaye Saint-Germain des Prés*).

Du Mardi 6 Juillet 1790

~~~ La séance a été ouverte par la lecture du procès-verbal de la veille;

Dont la rédaction a été adoptée, après quelques légers changements.

~~~ Un des MM. les secrétaires a fait lecture d'une lettre, dont l'auteur propose de couronner le baldaquin, dont il suppose que l'autel de la fédération sera décoré, d'un aérostat, en forme de globe, qui s'élancerait vers le ciel au moment de la prestation du serment; il désirerait que les lys, qui devraient être peints dans les armes de France dont ce globe serait orné, fussent imités de la nature, au lieu de ressembler à des fers de lance.

Ces propositions ont été renvoyées au Département des travaux publics. (I, p. 425.)

~~~ M. le président a annoncé un député de la garde nationale d'Ivry-sur-Seine, chargé de pouvoirs pour demander jour pour son affiliation à la Garde nationale de Paris.

Et il lui a été indiqué à vendredi (1).

~~~ Le Comité des rapports ayant obtenu la parole;

Un de ses membres a rendu compte de l'adresse présentée par le sieur Schénible, marchand fourbisseur (2), à l'effet de faire connaître que, le 14 juillet, M. Cholat, déjà connu par ses actes de valeur lors de la prise de la Bastille (3), lui avait sauvé la vie. Le sieur Schénible expose, dans cette *adresse,* que les 12, 13, 14 juillet et 5 octobre derniers, il lui a été pris par le peuple pour environ 600 livres d'armes de différentes natures.

L'avis du Comité des rapports a été, sur le premier objet, qu'il en fût fait mention dans le procès-verbal, et, sur le second, que le sieur Schénible fût renvoyé à se pourvoir à l'administration.

---

(1) 9 juillet. La cérémonie eut lieu effectivement au jour indiqué. (Voir ci-dessous, p. 444.)

(2) Sans renseignements.

(3) CHOLAT, vainqueur de la Bastille. (Voir Tome V, p. *409.*)

Les conclusions du Comité ont été adoptées, et la demande du sieur Schénible a été renvoyée au Département de la Garde nationale.

— Sur la demande de M. Gosse, sergent volontaire du district de Saint-Laurent, tendante à ce que l'Assemblée l'agrégeât au nombre des Vainqueurs de la Bastille et lui fît obtenir la distinction dont ils devaient être honorés (1), le Comité des rapports a observé que le service, d'après lequel M. Gosse établissait sa demande, avait été récompensé, et que, n'ayant aucun trait à la prise de la Bastille, ce n'était pas le cas de délibérer.

M. le président ayant mis à l'opinion la question préalable ;
Elle a été adoptée.

— MM. du Comité des rapports ayant exposé que les projet et plan d'une place et d'un édifice destiné à tenir les séances de l'Assemblée nationale, avec un monument allégorique sur l'emplacement de la Bastille, dont M. Attirel de Mannevil, architecte et soldat national à Riom, au département du Puy-de-Dôme en Auvergne, était l'auteur (2), et qui avaient été présentés par M. Perron, membre de cette Assemblée et du Comité des recherches, pour le faire concourir avec les autres projets, leur avaient paru contenir des idées grandes et ingénieuses qui les rendaient dignes du concours, ils ont conclu à ce que la présentation du plan et du mémoire de M. Attirel de Mannevil fût constatée dans le procès-verbal de l'Assemblée et que les plan et mémoire fussent renvoyés au Département des travaux publics.

Ces conclusions ont été adoptées.

— M. le procureur-syndic adjoint de la Commune, ayant demandé la parole sur l'objet des fours à plâtre, a proposé l'arrêté suivant :

« L'Assemblée, informée que, depuis environ huit jours, quelques personnes, du nombre de celles qui ont établi des fours à plâtre dans l'intérieur des barrières, se font apporter du dehors une quantité de pierres à plâtre bien supérieure à ce qu'elles en recevaient ci-devant et totalement disproportionnée avec leur consommation habituelle; instruite pareillement que ces mêmes personnes se proposent de demander une prolongation du terme fixé au 29 de ce mois pour la destruction générale des fours à plâtre de l'intérieur, sous le prétexte qu'à l'expiration du terme il leur restera beaucoup

---

(1) Demande présentée le 22 juin. (Voir ci-dessus, p. 214.)
(2) Sans renseignements.

de pierres à plâtre, ou de réclamer des indemnités, à raison du tort qu'elles allégueront leur être fait, si les arrêtés du 29 avril et du 14 juin derniers (1) sont exécutés à leur égard, comme envers tous les autres chaufourniers;

« Considérant :

« 1° Qu'une loi, et surtout une loi réprimante, ne peut être juste qu'autant qu'elle est générale; que, d'ailleurs, permettre aux chaufourniers, qui ont fait et qui font encore des amas de pierres à plâtre, de cuire ce qui pourra leur en rester le 29 juillet, ce serait à la fois violer la loi, en récompenser la violation, et causer un préjudice notable aux autres chaufourniers, qui, s'étant soumis loyalement à la loi, seraient alors relégués hors des barrières et qui, soumis aux perceptions du trésor public, ne pourraient soutenir la concurrence de ceux qui, restés dans l'intérieur, jouiraient d'une entière exemption;

« 2° Que, lorsqu'elle a formé, par son arrêté du 29 avril, une commission pour entendre tous ceux qui pourraient avoir droit à des indemnités, elle s'y est déterminée par les principes d'équité qui ont constamment réglé sa conduite, et par la crainte de blesser les intérêts légitimes de qui que ce fût sans les connaître; mais que jamais elle n'a pensé ni pu penser qu'il pût être dû des dédommagements aux chaufourniers de l'intérieur qui, le 29 juillet, n'auraient pas cuit toutes les pierres à plâtre, puisqu'en leur accordant une tolérance de trois mois, elle leur laissait un délai plus que suffisant pour épuiser leurs approvisionnements, et qu'en indiquant l'époque précise et irrévocable de la destruction des fours, elle mettait les chaufourniers en état de ne faire entrer de pierres à plâtre dans l'enceinte des murs que ce qui pourrait en être cuit pendant la durée de la tolérance;

« A arrêté, en persistant dans ses deux arrêtés des 29 avril et 14 juin derniers, qu'après le 29 de ce mois nul ne pourra obtenir, sous quelque prétexte que ce soit, la permission de faire cuire du plâtre dans l'enceinte des murs de la capitale et qu'il ne sera alloué aucune indemnité à ceux auxquels, à ladite époque du 29 juillet, il pourrait rester des pierres non encore converties en plâtre, sauf aux chaufourniers à disposer, ainsi qu'ils le jugeront à propos, des pierres destinées à faire du plâtre et qui n'auront pas encore été cuites;

« Ordonne que le présent arrêté sera imprimé et affiché (2). »

---

(1) Arrêtés des 29 avril et 14 juin. (Voir Tome V, p. 182-183, et ci-dessus, p. 47-48.)
(2) Imp. in-fol. (Bib. Carnavalet, dossier d'affiches non numéroté).

M. le président a mis en délibération l'arrêté proposé par M. le procureur-syndic adjoint.

Et, personne n'ayant proposé d'objection ;

Il a été adopté à l'unanimité (1).

~~~ La suite du rapport du compte de MM. Étienne (2) et Coquelin étant à l'ordre du jour (3) ;

M. le président, en qualité de commissaire et de rapporteur de cette affaire, a quitté le fauteuil, qui a été occupé par M. Michel, ancien président.

Sur les observations de MM. les commissaires ;

Il a été convenu que chacune des questions serait examinée et mise aux voix séparément, sauf ensuite à aller aux voix sur le projet d'arrêté général.

Il a d'abord été décidé que la recette de ce compte serait augmentée d'une somme de 54 livres, pour une erreur reconnue.

Ensuite, M. le rapporteur a présenté et discuté la troisième question, qui avait pour objet la radiation des sommes sur plusieurs parties de la dépense du compte, pour erreur de calcul, faux et doubles emplois.

Il a été arrêté que ces radiations auraient lieu pour une somme de 6.534 liv. 8 sols 9 den., qui serait retranchée de la dépense, conformément à l'état joint au rapport de MM. les commissaires, lequel état serait annexé au procès-verbal.

La quatrième question consistait à savoir si plusieurs parties de la dépense, sur lesquelles il n'y a que des reçus de facteurs, sans lettres de voitures, ainsi que d'autres parties pour frais extraordinaires, qui ne sont certifiés par aucun état ni quittance, seraient suspendues ; enfin, s'il serait statué sur l'emploi inconnu de 1214 sacs de farine, dont il n'y a point de reconnaissance des facteurs sur les lettres de voiture.

Ces questions étant analogues les unes aux autres, M. le rapporteur les a traitées chacune avec beaucoup d'étendue et a conclu à ce qu'il fût sursis à statuer sur ces trois questions, jusqu'à plus ample justification ou jusqu'à l'apurement dudit compte avec ceux de la Halle et autres.

Il a été observé, par un honorable membre, que, puisque l'état

---

(1) L'Assemblée eut à s'occuper, les 21 et 22 juillet, des demandes en indemnité des chaufourniers. (Voir ci-dessous.)

(2) *Lire:* DE LA RIVIÈRE (Étienne).

(3) Ajournement du 5 juillet. (Voir ci-dessus, p. 405.)

insuffisant de certaines pièces ne permettait pas à l'Assemblée de porter un jugement définitif sur l'ensemble du compte, et que c'étaient les parties les plus intéressantes qu'on proposait de laisser en suspens, il était plus à propos de renvoyer le tout à la Municipalité définitive, ce à quoi il a conclu.

Nonobstant cette observation, l'Assemblée a demandé une nouvelle lecture du projet d'arrêté proposé par MM. les commissaires.

Il a été mis aux voix et adopté de la manière suivante :

« L'Assemblée, après avoir entendu le rapport de ses commissaires chargés d'examiner et vérifier de nouveau le compte précédemment arrêté des deniers reçus des facteurs à la Halle pendant la gestion de MM. Étienne et Coquelin, et d'en conférer avec MM. de l'ancien Comité des subsistances (1);

« En conséquence des arrêtés des 5 et 12 juin derniers, qui ont déclaré M. Étienne comptable avec M. Coquelin de la totalité des deniers reçus à la Halle (2), et de l'arrêté du 3 de ce mois, qui a déclaré l'exception proposée par M. Étienne non applicable à l'espèce du présent compte, déjà rendu et arrêté les 3 et 4 septembre dernier, et soumis à une simple révision pour cause d'erreur et autres défauts (3);

« Après que les pièces justificatives ont été représentées et mises sur le bureau, et que MM. Étienne et Coquelin ne se sont pas présentés pour répondre sur les parties de dépenses combattues ou rejetées par le rapport desdits commissaires, dont communication leur a été donnée depuis le 4 mai dernier;

« A arrêté que la recette de ce compte sera forcée de 54 livres, pour une omission reconnue sur la pièce n° 6 du chapitre 6, et qu'elle sera définitivement fixée à la somme totale de 190,710 liv. 10 sols;

« Que, sur la dépense portée dans le compte et allouée, par le précédent arrêté du 3 septembre 1789, à 195,509 liv. 4 sols 7 den., il sera rayé la somme de 6,554 liv. 8 sols 9 deniers, pour erreur de calcul, faux et doubles emplois, conformément à l'état rectifié et annexé à l'avis des commissaires, qui demeurera joint au présent arrêté;

« Qu'au moyen de cette radiation, elle sera réduite, dès à présent, à 188,954 liv. 15 sols 10 deniers;

(1) Rapport de Brierre de Surgy, présenté le 3 mai. (Voir Tome V, p. 219.)
(2) Arrêtés des 5 et 12 juin. (Voir Tome V, p. 672-675, et ci-dessus, p. 32-34.)
(3) Arrêté du 3 juillet. (Voir ci-dessus, p. 374-375.)

« En conséquence, que, balance faite de la recette et de la dépense ainsi rectifiées, au lieu d'une avance de 4,852 liv. 14 sols 7 deniers, déclarée due par la Commune aux comptables par ledit précédent arrêté, il en résulte, au contraire, un débet clair de 1,755 livres 14 sols 2 deniers, que MM. Étienne et Coquelin, en leur qualité de comptables de fait, seront tenus de verser incessamment entre les mains du trésorier de la Commune, qui en comptera à qui il appartiendra; sinon, que la demande en sera formée contre eux en justice, à la requête et poursuite du procureur-syndic, qui rendra compte à l'Assemblée de ses diligences;

« Qu'à l'égard des sommes employées dans le compte en différentes parties, soit pour transport de farines sur de simples reçus de facteurs, sans lettres de voiture, montantes à 2,323 liv. 12 sols, soit pour frais extraordinaires, non quittancées ni justifiées par aucun état détaillé et certifié, montantes à 2,040 liv. 15 s., suivant l'état d'après lequel l'avis des commissaires a été certifié, elles seront tenues en souffrance, jusqu'à ce qu'il ait été rapporté sur lesdites parties des pièces suffisantes, ou qu'on puisse y statuer définitivement par l'apurement du présent compte avec celui des comptes des facteurs et autres y relatifs par devant qui il appartiendra;

« Que, jusqu'à la plus ample justification ou jusqu'à l'apurement mentionné ci-dessus, il sera sursis pareillement à statuer sur l'emploi non justifié de 1,214 sacs de farine, résultants des lettres de voiture qui manquent de reconnaissances en décharge des facteurs à la Halle;

« Qu'à cet effet, il sera dressé un état de toutes lesdites parties tenues en souffrance et en suspens, lequel, après avoir été visé, parafé et certifié par les commissaires, sera remis au Département des subsistances, avec une expédition du présent arrêté et de ceux des 5 et 12 juin dernier et 3 de ce mois, ensemble une copie des rapport et avis des commissaires et toutes les pièces justificatives du compte, qui seront, à cet effet, retirées du greffe pour servir, ainsi que de raison, lors de l'apurement définitif;

« Qu'à l'égard des quatre articles laissés en blanc dans le compte pour menus frais, et de l'indemnité réclamée par M. Coquelin, il y sera fait droit, s'il y a lieu, aussi après ledit apurement;

« Que M. Coquelin sera tenu, suivant les offres par lui faites à l'un des commissaires, de remettre au Département des subsistances, qui lui en donnera décharge, tous les reçus des meuniers et marchands étant entre ses mains, sur lesquels il a été délivré des primes, comme pouvant, lesdits reçus, servir à établir les comptes desdits meuniers et marchands;

« Enfin, que copies en forme du présent arrêté seront délivrées, par MM. les secrétaires, à MM. Étienne et Coquelin, ainsi qu'à M. le procureur-syndic pour en suivre l'exécution. »

~~~ La séance a été levée, après avoir été indiquée à demain.

Signé : Michel et Brierre, *présidents.*

Secrétaires : Pelletier, Castillon, Demars, Bonneville, Letellier.

BUREAU DE VILLE [1]

~~~ Le Bureau de Ville, convoqué en la forme ordinaire et présidé par M. de Joly, en l'absence de M. le Maire qui a écrit que les affaires de la Fédération l'empêcheraient d'y assister;

~~~ Il a été fait lecture du procès-verbal de la dernière séance;

Dont la rédaction a été approuvée.

~~~ Sur le compte, rendu par le procureur-syndic de la Commune, qu'il se présentait quelques difficultés tant dans la forme des offres qui se font journellement à l'occasion du rachat des droits féodaux, dont l'Assemblée nationale a ordonné la suppression, que sur le mode de leur acceptation;

Le Bureau a unanimement arrêté :

1° Que, lorsque les propriétaires, qui feraient des offres réelles pour le rachat des droits féodaux et seigneuriaux dépendant des biens nationaux dont l'administration est provisoirement attribuée à la Municipalité, ne rapporteront pas un contrat passé dans les dix années antérieures au jour où les offres seront faites, conformément à l'article 38 des lettres-patentes rendues, le 9 mai dernier, sur les décrets de l'Assemblée nationale (2), il faudra nécessairement procéder à

---

(1) Cette séance du Bureau de Ville est la dernière dont le procès-verbal ait été conservé : bien que le texte de ce procès-verbal n'indique pas que le Bureau ne doive plus se réunir, ni que rien, dans le registre-manuscrit, n'annonce une fin quelconque, la copie s'arrête là, et, sans qu'on puisse affirmer qu'à partir de cette date le Bureau ait cessé de se réunir, il sera dorénavant pour nous comme s'il n'existait plus.

(2) Décret du 3 mai, formant le titre IV du décret général sur le rachat des droits féodaux et seigneuriaux, dont les titres I, II et III avaient été adoptés définitivement le 15 mars. (Voir *Archives parlementaires*, t. XII, p. 172-177, et t. XV, p. 364-368.)

une estimation qui sera faite contradictoirement entre les propriétaires et les administrateurs des biens nationaux, à l'effet de savoir si ces offres sont suffisantes ou insuffisantes;

2° Que, pour ces estimations, les administrateurs se serviront toujours d'experts autres que les architectes ou artistes attachés au service de la Ville;

3° Que ces experts se feront exactement représenter tous les titres de propriété et autres renseignements qu'ils pourront se procurer, et notamment les baux actuellement subsistants ou récemment expirés.

Et, relativement à la question de savoir si les sommes offertes seraient reçues ou refusées, lorsqu'elles seront faites avant l'estimation, dans le cas où elle devra avoir lieu;

Le Bureau a arrêté que, dans ce cas, le procureur-syndic de la Commune pourra provisoirement, et sans aucune approbation préjudiciable, consentir que les sommes offertes seront versées entre les mains du trésorier de la Ville, en apposant néanmoins les conditions expresses de l'estimation, laquelle sera faite dans la quinzaine du jour où les offres auront été réalisées.

— Le Bureau;

Sur les observations de plusieurs de ses membres, et après avoir spécialement entendu M. Tiron, lieutenant de maire au Département des impositions, et M. Trudon, l'un des inspecteurs au Département du domaine

A arrêté que le Département du domaine, de concert avec M. Tiron, feront jeudi prochain, au Conseil de Ville, le rapport relatif aux moyens d'assurer la perception des revenus des biens nationaux.

Le Bureau a arrêté que M. le Maire serait prié de remettre cet objet important à l'ordre du jour, afin qu'il y soit statué sans délai (1).

— Sur le compte, rendu par M. de Joly, d'un mémoire présenté par les sieurs Nyon, l'aîné, Didot, le jeune, Moutard, Cuchet, Guillot et Hugues, libraires, imprimeurs, graveurs et fondeurs de caractères, fabricants de papier et papetiers à Paris, contenant l'exposé des dangers dont ils sont menacés par le défaut de circulation de fonds et par la cessation de la banque particulière du sieur de Bure d'Houry, qui entretenait l'activité de ce commerce (2);

---

(1) Le rapport, présenté le jeudi 8 juillet au Conseil de Ville, fut ajourné au 10, puis au 12. (Voir ci-dessous, p. 440-441 et 456.)

(2) Les renseignements sur cette affaire font défaut.

Le Bureau ;

Considérant que la ruine de ces six associés entraînerait celle de plusieurs milliers de personnes, tant dans la capitale que dans les provinces, et que le contre-coup de cet événement désastreux pourrait avoir des suites incalculables, même pour la chose publique ;

Considérant, de plus, que ces sociétaires jouissent de la réputation la plus intacte et forment une partie des plus considérables du commerce de la librairie, imprimerie et papeterie ; qu'il n'y a aucun reproche à leur faire, ni individuellement, ni collectivement, et que le malheur qu'ils éprouvent est l'effet d'une force supérieure qui résiste à tous les efforts de la prudence humaine ; que leur fortune paraît considérable, tant du côté de leurs propriétés foncières (1), et que par conséquent il ne doit y avoir aucun risque à venir à leur secours ;

Considérant encore qu'indépendamment de l'appui que la Municipalité s'empressera toujours de donner aux citoyens malheureux, et surtout aux artistes dont l'industrie entretient journellement une foule d'ouvriers, également précieux par leur nombre, leurs talents et leurs besoins, l'intérêt même de la chose publique sollicite, en faveur de ceux qui se présentent aujourd'hui, les soins du gouvernement et la protection du corps législatif ;

A arrêté qu'il interposerait ses bons offices pour procurer aux sieurs Nyon, l'aîné, Didot, le jeune, Moutard, Cuchet, Guillot et Hugues, l'accès qu'ils sollicitent auprès de l'Assemblée nationale et du gouvernement, à l'effet d'obtenir par leur médiation que la Caisse d'escompte ou toute autre caisse publique veuille bien ouvrir un crédit de 1,200,000 livres, en échange de billets à ordre à des délais convenus, endossés par les six sociétaires, sous les conditions qui y seront stipulées.

En conséquence, le Bureau a chargé MM. de Joly et de Jussieu, deux de ses membres, de se transporter incessamment auprès du Comité des finances de l'Assemblée nationale, pour lui témoigner tout l'intérêt qu'inspire la demande du sieur Nyon et de ses associés, et solliciter de la manière la plus efficace la protection de l'Assemblée et l'intercession du Comité auprès des administrateurs de la Caisse d'escompte.

MM. de Joly et de Jussieu ont été encore autorisés à se retirer devers le ministre des finances, et à faire à ce sujet tout ce qu'ils

---

(1) Copie textuelle du registre. Le texte paraît incomplet.

jugeraient convenable pour la réussite d'une demande qui tient de si près à la sûreté de la capitale, à l'existence d'un grand nombre de ses habitants et à la conservation des manufactures les plus intéressantes.

Le Bureau a arrêté, au surplus, sur la demande du sieur Nyon et de ses associés, qu'il leur serait remis une expédition du présent arrêté.

Signé : DE JOLY, BOULLEMER, DEFRESNE, TIRON, M. L. F. DU PORT, JOUANNE DE SAINT-MARTIN, DAVOUS, D'AUGY, CANUEL.

***

ÉCLAIRCISSEMENTS

(I, p. 416) Le projet de faire partir un aérostat de l'autel même de la Fédération, projet dont l'Assemblée des Représentants fut saisie le 6 juillet et qu'elle renvoya au Département des travaux publics, reçut son exécution, non le jour même de la Fédération, mais le dimanche suivant, 18 juillet, jour de réjouissances publiques offertes par la Ville de Paris aux délégués de tous les départements. Malheureusement, l'ascension ne réussit pas ; le ballon fit explosion, et cette partie de la fête se termina par un accident.

Mais laissons parler les documents contemporains.

Voici d'abord en quels termes humoristiques le départ de l'aérostat était annoncé par le programme de la journée (1) :

« Quand la revue des phalanges parisiennes sera terminée, aura lieu le départ d'un ballon aux couleurs de la nation. Deux ou trois braves aéronautes monteront dans la nacelle : ils iront savoir si les peuples qui habitent la Lune sont libres ; et, s'ils ne le sont pas, ils leur laisseront la Déclaration des droits de l'homme, qui fait pâlir les tyrans. »

Plus simplement, le *Journal de la Municipalité et des sections* (n° du 15 juillet) s'exprimait ainsi :

« Après la revue, un aérostat, dont la nacelle sera montée par un navigateur aérien, sera promené autour du cirque, ensuite conduit sur l'autel, d'où cet aérostat s'élèvera dans les airs. »

D'autre part, une petite brochure du temps, qui a la prétention de rendre compte des incidents de la journée (2), raconte comme suit l'histoire du ballon :

---

(1) *Fête nationale qui sera célébrée aujourd'hui* (18 juillet 1790) *au Champ-de-Mars, etc...*, imp. 8 p. in-8° (Bib. Nat., L b 39/9114). Une autre édition de la même pièce ne diffère que par le titre : *Fête aérostatique qui sera célébrée aujourd'hui au Champ-de-Mars, etc...*, imp. 8 p. in-8° (Bib. Nat., L b 39/3763).

(2) *Détail de tout ce qui s'est passé ce matin* (18 juillet 1790) *au Champ-de-Mars, et discours prononcé par M.* DE LA FAYETTE, imp. 8 p. in-8° (Bib. Nat., L b 39/9161).

« Un aérostat superbe et d'une grandeur énorme, décoré d'allégories, d'emblèmes de la liberté et analogues à la fête du jour, a été préparé dans l'enceinte du Champ-de-Mars, du côté de l'arc de triomphe; ensuite, il s'est élevé majestueusement à la hauteur de 50 pieds (1); et, par la direction que lui donnait M..... (2), monté dans la nacelle, il a parcouru toute l'enceinte, et il est venu se fixer un moment au-dessus de l'autel de la patrie. Ce spectacle a fait le plus grand plaisir, surtout au moment où, par le signal d'un coup de canon, l'aérostat s'est élevé avec une marche uniforme et bien assurée.

« Bientôt, parcourant une autre région, il est monté à une hauteur prodigieuse, où il n'a paru qu'un point dans l'immensité des airs; la nacelle ne s'apercevait plus et, d'après la force du vent, son trajet a dû être très spacieux. Le contentement a été général, l'ascension ayant réussi autant qu'on a pu le désirer dans la circonstance. »

Par malheur, ce récit n'était qu'une fantaisie; il avait été, comme on dirait aujourd'hui, fait « de chic », au moins pour cette partie de la fête.

Écoutons, en effet, le véridique *Journal de la Municipalité et des sections* (n° du 20 juillet) :

« Dès le matin, il s'est rendu au Champ-de-Mars presque autant de monde que le 14; mais on y était avec plus de sécurité. On a fort applaudi à la tenue de la partie des troupes de la Garde nationale parisienne que M. DE LA FAYETTE a passée en revue, laquelle n'a été terminée qu'à près de trois heures. Vainement on a tenté, à plusieurs reprises, l'ascension de l'aérostat qui devait être promené autour du cirque et ensuite élevé de dessus l'autel de la patrie : il montait à quelques toises, puis venait se reposer sur les spectateurs qui, tous, se défendaient de son approche. Enfin, on prit le parti de le transporter dans la cour de l'École militaire, où il avait été préparé. Le directeur, humilié du peu de succès, disparaît; des gens mal instruits veulent gonfler le ballon avec de la fumée de paille aussitôt, il se fait une détonation de l'air inflammable, dont l'explosion casse toutes les vitres, brûle et blesse plusieurs personnes, que M. le Maire a fait, à l'instant, transporter dans sa voiture, à l'Hôpital militaire, qui est près du Champ-de-Mars. »

D'ailleurs, une lettre de l'aéronaute lui-même, GARNERIN (3), adressée au Maire de Paris, le surlendemain, ne laisse aucun doute sur la réalité et la gravité de l'accident (4).

---

(1) 16 mètres environ.

(2) Le nom de l'aéronaute est ici en blanc. On le trouvera plus loin. (Voir ci-dessous, note 3.)

(3) Il s'agit probablement de GARNERIN aîné (Jean-Baptiste Olivier), né en 1766, physicien aéronaute. Une ascension qu'il avait faite, le 30 mai, à Montmartre, s'était terminée d'une façon mouvementée : les habitants de Pantin, où il était tombé, s'étaient précipités sur l'aérostat, saccageant les cultures, et l'avaient mis en pièces pour en emporter chacun un morceau. (Voir TUETEY, *Répertoire général*, t. III, n°ˢ 5588-5591.) — GARNERIN avait un frère (André Jacques), né en 1770, qui fut constructeur de parachutes.

(4) *Lettre de M.* GARNERIN, *qui devait faire l'expérience aérostatique du Champ-de-Mars, à M. le Maire*, publiée dans le volume intitulé : *Confédération nationale*

Garnerin (1) explique que, chargé d'une expérience aérostatique par le Comité de confédération, il chercha inutilement au Champ-de-Mars les inspecteurs qui devaient lui fournir ce qu'il demanderait; qu'il ne put, de toute la journée du samedi (17 juillet), se procurer ni charpentiers ni menuisiers pour établir les barrières destinées à clôturer son emplacement; qu'il fut obligé de chercher, dans l'École militaire, une cour isolée où il pût faire ses préparatifs à l'abri de la foule curieuse; qu'après avoir travaillé toute la nuit, il vit son appareil enfin monté le 18, à dix heures du matin. Il fit demander alors une forte garde pour suppléer au défaut de barrières; on lui envoya cinq ou six hommes, alors qu'il en fallait au moins soixante. Malgré les inquiétudes que lui causait son installation défectueuse, craignant d'être accusé de négligence ou de pusillanimité, il se décida, vers onze heures, à faire gonfler son ballon : en deux heures, l'aérostat fut rempli aux quatre cinquièmes; supposant que la force d'ascension serait suffisante, et pressé par l'impatience des spectateurs, il arrêta le gonflement et se prépara au départ. Le récit continue en ces termes :

Ce n'est qu'avec bien de la peine et au milieu de la plus grande confusion que je parvins à faire traverser les cours à ma machine et à la conduire jusqu'aux gradins. Là, faute de gardes, le désordre augmenta de plus en plus : je fus méconnu dans la foule, et ceux qui, malgré moi, s'étaient emparés des cordes essayèrent de traverser les gradins; mais le vent, joint à la mauvaise manière dont les cordes étaient dirigées, fit rabattre plusieurs fois l'aérostat sur les gradins; les personnes qui les occupaient le repoussèrent avec leurs cannes ou sabres, ce qui l'endommagea. Désespérant de le conduire jusqu'à l'autel, j'ordonnai qu'on l'abandonnât; toutes les cordes ne furent point quittées à la fois : la multitude, placée sur les gradins, s'empara de celles qui venaient d'être lâchées...

A ce moment, Garnerin avoue qu'il perdit la tête, et ne songea qu'à fuir les récriminations dont il était l'objet. Laissant là son ballon couché et déchiré, il chercha un refuge dans une cour grillée. On vint alors l'avertir qu'une personne allait faire partir le ballon en le faisant chauffer; et, avant qu'il eût le temps de s'y opposer, une explosion épouvantable retentissait. Rempli de terreur, l'imagination bouleversée par l'idée du grand nombre de victimes qui devaient avoir péri, le malheureux aéronaute resta anéanti; la fièvre, le frisson s'emparèrent de lui, et il resta dix-huit heures dans un état léthargique. Au moment où il écrit, il a encore, dit-il, l'esprit troublé et agité par les plus cruelles angoisses. Chose curieuse : il ne donne aucun détail sur le nombre des victimes, ni sur leur état; il se borne à se lamenter sur le spectacle de ces malheureux foudroyés et à remercier la Providence de ce que le nombre des victimes ne soit pas plus grand. En terminant, il prie le Maire de communiquer sa lettre à MM. du Comité de confédération, et fait appel à leur justice pour le défendre devant l'opinion publique. Voici les dernières lignes :

ou *Récit exact et circonstancié de tout ce qui s'est passé à Paris le 14 juillet 1790 à la Fédération* (p. 227).

(1) C'est par erreur que M. Tourneux, dans sa *Bibliographie* (t. I, n° 1822), en signalant cette lettre, l'attribue à Garnery, qui était l'éditeur de la *Chronique de Paris* et du recueil intitulé : *Confédération nationale*.

Au printemps de ma carrière, je viens d'être frappé d'un sentiment d'amertume qui ne me quittera qu'au tombeau. Faudra-t-il encore que j'y descende avec la haine de mes concitoyens?

En admettant la justification de GARNERIN dans un recueil publié sous ses auspices (1), le *Comité de confédération* montrait assez qu'il ne gardait pas rancune au jeune et peu expérimenté « navigateur aérien » de la fête du 18 juillet.

D'ailleurs, à la façon dont le même recueil raconte l'événement, on peut uger que le *Comité* n'y attachait pas une importance extraordinaire. Voici, en effet, ce qu'on y lit (2) :

« On avait annoncé l'expérience d'un globe qui, paré de trois couleurs, devait s'élever à l'instant de la revue et déployer dans les airs le drapeau de la liberté. Il a paru, en effet, sur la gauche, mais pour retomber aussitôt : les battements ont applaudi à sa chute; et, loin qu'on en tirât un mauvais présage, il semble qu'on eût été fâché de le voir réussir, car on eût perdu force bons mots que l'occasion inspire toujours à la gaîté française. »

De l'accident, des victimes « foudroyées », pas un mot. Peut-être, au fait, y avait-il eu plus de peur que de mal?

---

(1) La publication intitulée : *Confédération nationale* ou *Récit exact et circonstancié, etc...*, émane certainement de l'Assemblée des députés des sections pour le pacte fédératif ou du Comité de confédération. (Voir l'*Éclaircissement* I du 17 juillet.)

(2) *Confédération nationale* ou *Récit exact et circonstancié, etc...* (p. 154), sous ce titre : *Expérience d'un aérostat.*

Du Mercredi 7 Juillet 1790

~~~ A l'ouverture de la séance, il a été fait lecture des procès-verbaux du 30 juin dernier et de la séance d'hier.

La rédaction en a été approuvée.

~~~ Un citoyen ayant adressé à M. le président des observations sur les moyens à prendre pour assurer la tranquillité publique, le jour du 14 juillet;

Sa lettre a été renvoyée au Département de la police (1).

~~~ Le Comité des rapports ayant obtenu la parole;

Un de ses membres a rendu compte à l'Assemblée de l'information faite en exécution de l'arrêté du 28 mars dernier (2).

Et, ayant ensuite proposé un arrêté;

Il a été adopté ainsi qu'il suit :

« Sur le rapport fait à l'Assemblée de l'information faite en exécution de son arrêté du 28 mars dernier, et après avoir entendu sur ce son Comité des rapports;

« L'Assemblée, voulant récompenser par une distinction honorable le zèle et le patriotisme qu'ont montré les sieurs Antoine Regnier Perguier, Jean Bigot, Gérard Courbevaisse, François Alexandre Pievre, Antoine Pierlot, Guillaume Fermery, Jean Piètre, Hilaire Oudin, Edme Constant, Pierre Nicolas Girault, Pierre Bontroue et Anne Joseph Marie Taillande, en donnant, le 5 octobre 1789, tous leurs soins à la conservation du trésor de l'Hôtel-de-Ville;

« A arrêté qu'il sera donné à chacun d'eux un ruban semblable à celui qui a été voté par l'arrêté du 11 mai dernier, et qu'il leur sera permis de le porter sur leurs habits (3). »

~~~ Sur la demande du sieur Courtois, Garde de la Ville, et de

---

(1) Arrêtés du Conseil de Ville des 12 et 13 juillet. (Voir ci-dessous.)

(2) A la séance du 28 mars, il n'y a aucun arrêté qui se rapporte à cette affaire. Il faut lire : *du 28 mai dernier*, en observant toutefois que le nom du principal pétitionnaire du 28 mai, Le Lièvre, ne se trouve pas répété dans l'arrêté du 7 juillet. (Voir Tome V, p. 579.)

(3) Arrêté du 11 mai. (Voir Tome V, p. 304-305.)

son épouse, d'une récompense nouvelle pour les services qu'ils ont rendus à la Commune, en participant à sauver son trésor dans les journées des 5 et 6 octobre;

L'Assemblée;

Adoptant l'arrêté du Comité des rapports;

A déclaré qu'il n'y avait pas lieu à délibérer.

~~~ Le Comité des rapports a rendu compte à l'Assemblée d'un écrit qui lui avait été remis par un grand nombre d'officiers du bataillon de Belleville, et signé par eux, par lequel ils demandent que les signatures par eux apposées au bas de la liste des officiers et volontaires du bataillon de Belleville, qui doit être annexée à l'arrêté de l'Assemblée du 11 mai dernier (1), soient regardées comme non avenues, parce que, disent-ils, il est venu à leur connaissance qu'il s'est glissé sur ladite liste, et après leurs signatures apposées, différents noms de personnes qui n'ont fait aucun service pour la garde du trésor de l'Hôtel-de-Ville, et notamment des noms de personnes qui n'ont fait et n'ont dû par état y faire aucun service. Et M. le rapporteur a demandé à l'Assemblée de vouloir bien donner ses ordres à cet égard.

L'Assemblée, après en avoir délibéré, a chargé MM. du Comité des rapports d'entendre MM. les commandant et officiers du bataillon de Belleville, et de prendre toutes les mesures nécessaires pour arrêter, de concert avec eux, la liste dont il s'agit.

~~~ Sur le compte rendu par MM. les membres du Comité des rapports;

L'Assemblée, adoptant en partie son arrêté, a déclaré qu'elle accorderait à M. Roussel de Villette justice et protection, et que son mémoire (2) serait renvoyé à M. le Commandant-général et à MM. de l'État-major, avec recommandation de le placer dans les chasseurs soldés, soit dès à présent, s'il y a lieu, soit à l'époque de la formation définitive de la Garde nationale parisienne (3).

~~~ Un des membres de l'Assemblée a demandé que la question de la reddition d'un compte sur les papiers trouvés à la Bastille (4) fût ajournée à samedi.

---

(1) L'arrêté du 11 mai visait un état annexé des officiers et soldats du bataillon de Belleville. (Voir Tome V, p. 304-305.)

(2) Recommandé par le *district de Saint-Magloire*, le 13 novembre 1789. (Voir Tome II, p. 619.)

(3) Roussel de Villette renouvela sa demande le 3 août. (Voir ci-dessous.)

(4) Une commission de trente membres avait été nommée le 16 septembre 1789 pour faire un recueil des papiers trouvés à la Bastille. (Voir Tome I, p. 599-600.)

Et sa motion a été adoptée (1).

~~~ L'Assemblée, considérant avec peine le retard de MM. les administrateurs à rendre leurs comptes (2);

A arrêté qu'ils seraient invités à les rendre et à remettre leurs pièces aux commissaires, avant le 19 juillet.

Un membre de l'Assemblée a proposé, par amendement, que, dans le cas où les comptes ne seraient pas rendus le 19 juillet par MM. les administrateurs, on dénoncerait les défaillants au procureur-syndic.

Cette motion a été ajournée au 19.

Un autre membre a demandé qu'il y eût alors séance soir et matin, pour entendre la reddition des comptes.

Cet amendement a été pareillement ajourné au 19 (3).

~~~ La séance a été levée à neuf heures et demie, et remise à demain jeudi, cinq heures du soir.

Signé : BRIERRE, *président.*

Secrétaires : PELLETIER, CASTILLON, DEMARS, BONNEVILLE, LETELLIER.

---

(1) Le samedi 10, la question fut de nouveau ajournée au 12. (Voir ci-dessous, p. 450.)

(2) Un Comité général des comptes, institué par arrêtés du 7 et du 11 juin, attendait depuis le 15 juin les communications des divers Départements. (Voir Tome V, p. 683, et ci-dessus, p. 20 et 159.)

(3) Il n'est point question des comptes à la séance du 19 juillet. (Voir ci-dessous.)

Du Jeudi 8 Juillet 1790

~~~ A l'ouverture de la séance, un de MM. les secrétaires a fait lecture du procès-verbal du 2 juillet;

Qui a été adopté.

~~~ Il a été pareillement fait lecture de l'adresse de la garde nationale de Montreuil-sur-Vincennes (1), dont suit la teneur :

Aujourd'hui mercredi, 7 juillet 1790, sept heures de relevée, la compagnie de la garde nationale de Montreuil-sur-Vincennes assemblée extraordinairement;

Sur la proposition qui a été faite d'imiter l'exemple patriotique de la capitale, dont les citoyens, sur l'invitation de la Commune de Paris, vont travailler au Champ-de-Mars, pour la préparation de la fête mémorable du 14 juillet (2);

La compagnie a arrêté, par acclamation, que chacun de ceux qui la composent donneront un jour de leur temps, pour aller travailler aux ouvrages du Champ-de-Mars;

Qu'en conséquence, dès demain jeudi, on s'y rendra en corps à cinq heures du matin, munis de pioches et de pelles, pour y recevoir les ordres de ceux qui sont préposés à la confection des travaux qui s'y font.

Arrête pareillement que deux officiers au moins conduiront la troupe, et veilleront au maintien du bon ordre, aidés de quatre fusiliers;

Que ceux qui ne pourront pas y aller eux-mêmes seront tenus de se faire remplacer par un homme de peine à leurs frais;

Qu'expédition de la présente délibération sera adressée par M. le commandant à M. le Maire de Paris, à M. le Commandant-général de la Garde nationale, et à M. le président de la Commune.

Et ont signé.

Pour copie conforme.

Signé : Boudin, secrétaire.

Il a été arrêté que cette adresse serait insérée dans le procès-verbal, et que M. le président écrirait une lettre de remerciements à MM. de la garde nationale de Montreuil-sur-Vincennes.

~~~ Il a été fait lecture d'un mémoire des sieurs Nivet, Thory et Paillard, maîtres boulangers, qui, ayant porté journellement du pain

---

(1) Chef-lieu de canton, arrondissement de Sceaux (Seine).
(2) Décision du 5 juillet. (Voir ci-dessus, p. 404 et *411-415*.)

à la Halle, réclament la prime accordée à ceux qui introduisent des grains et farines dans la ville (1).

Ce mémoire a été renvoyé au Comité des rapports, avec invitation de prendre, auprès du bureau des subsistances, tous les renseignements relatifs à cet objet.

— Sur la demande, faite par M. Haÿ, colonel des Gardes de la Ville, de 300 fusils, pour remplacement de ceux qui ont été enlevés à l'Hôtel-de-Ville, le 13 juillet 1789;

L'Assemblée;

Après avoir entendu M. Osselin, administrateur au Département de la Garde nationale;

A arrêté que le Département serait invité à fournir à M. Haÿ, pour les Gardes de la Ville, les 300 fusils dont il s'agit, et que, dans le cas où le Département ne pourrait faire cette fourniture sur la première livraison dont la distribution est arrêtée, il serait autorisé à la faire sur les distributions ultérieures.

— M. Osselin a rendu compte, au nom du Département de la Garde nationale, de l'examen qu'il a fait d'une matière préparée sous le nom de bronze blanc, dont l'effet annoncé est de préserver les armes de toute atteinte de rouille, et notamment les fusils qui auraient été enduits une seule fois de cette matière (2). M. l'administrateur a proposé qu'avant de prononcer sur l'utilité de cette préparation, l'Assemblée voulût bien ordonner qu'un nouvel examen en serait fait en présence de commissaires qu'elle choisirait.

L'Assemblée, ayant égard à la proposition de M. l'administrateur, a ordonné que le bronze blanc, dont il s'agit, sera de nouveau examiné par le Département de la Garde nationale, en présence de MM. Demachy, Quinquet, Lavoisier et Cousin, qu'elle a nommés commissaires à cet effet, pour, sur leur rapport, être arrêté ce qu'il appartiendra (3).

— M. le procureur-syndic a rendu compte des différentes mesures par lui prises relativement à la construction du corps-de-garde de Saint-Étienne du Mont (4).

Et, sur sa réquisition, l'Assemblée l'a autorisé à requérir le Dépar-

---

(1) Arrêté du Département des subsistances, du 5 novembre 1789. (Voir Tome II, p. *148-149* et *569*.)

(2) Cette invention avait été renvoyée au Département le 12 juin. (Voir ci-dessus, p. 31.)

(3) Rapport présenté le 26 juillet. (Voir ci-dessous.)

(4) Ou corps-de-garde de la place Maubert. Le procureur-syndic adjoint avait été autorisé à démolir l'ancien, par arrêté du 28 juin. (Voir ci-dessus, p. 312.)

tement des travaux publics de faire transporter les deux étaux à boucheries, dont l'emplacement va être occupé par le nouveau corps-de-garde, sur l'emplacement de l'ancien, démoli depuis quelques jours.

Un honorable membre a proposé d'ajouter à cet arrêté ces mots : *nonobstant toutes oppositions*.

Mais, après quelques discussions;

Il a été arrêté qu'il n'y avait lieu à délibérer quant à présent sur cet objet, qui pourrait, par l'événement, se trouver sans fondement (1).

— Un de MM. les secrétaires a fait lecture d'un mémoire de M. Lottin, imprimeur de la Ville, par lequel il réclame une indemnité, relativement à l'impression des procès-verbaux de l'Assemblée, déclarant que, dans le cas même où elle croira ne devoir pas la lui accorder, cette décision ne ralentirait pas son zèle.

M. le président a ensuite fait lecture d'une lettre de M. Mulot, chargé de veiller à l'impression des procès-verbaux, par laquelle cet honorable membre prie l'Assemblée d'agréer sa démission de cette commission, vu l'impossibilité où il est de la remplir par la négligence de MM. les anciens secrétaires à lui remettre les procès-verbaux dont ils avaient été chargés (2).

La discussion s'étant ouverte sur ces deux objets;

— Elle a été interrompue (3) par l'arrivée d'une députation de MM. les Électeurs de la Ville de Paris réunis au 14 juillet 1789.

La députation a été reçue avec les applaudissements dus aux premiers auteurs de l'heureuse Révolution qui a fondé l'empire de la liberté sur les ruines du despotisme. MM. les Électeurs se sont placés dans les gradins, parmi les membres de l'Assemblée.

Et M. Delavigne, leur président, étant monté à la tribune, a dit:

Messieurs,

L'Assemblée des Électeurs réunis au 14 juillet 1789, dans cette même salle où vous tenez vos séances, est convenue, avant de se séparer, de célébrer chaque année, par un *Te deum* dans l'église de Paris, l'événement qui a assuré la liberté de la France (4).

Les Électeurs ont pensé que cette cérémonie religieuse, déjà si importante par son objet, recevrait un nouvel éclat par la présence de ceux qui y assisteront.

(1) Des oppositions se produisirent cependant, à la séance du *Conseil de Ville*, du 29 juillet. (Voir ci-dessous.)

(2) Arrêté du 23 juin. (Voir ci-dessus, p. 222.)

(3) L'Assemblée s'occupa du mémoire Lottin et de l'impression des procès-verbaux dans la séance du lendemain, 9 juillet. (Voir ci-dessous, p. 445.)

(4) Le texte original porte : *la liberté de la séance*.

Nous sortons de l'Assemblée nationale, où nous avons porté notre respectueuse invitation. L'Assemblée a accueilli notre demande. Elle nous accorde la faveur de se faire représenter par plusieurs de ses membres.

Nous ne pouvions, Messieurs, ne pas désirer votre présence à notre cérémonie. Il a été rendu compte à MM. les Électeurs d'une de vos délibérations par laquelle vous avez exprimé le désir de nous voir réunis à vous à la fête solennelle de la Fédération nationale... En même temps que vous preniez des mesures pour y obtenir la place qui appartient aux Représentants de la première commune de France, vous avez pensé aux Électeurs de 1789; vous avez voulu que ceux qui ont travaillé dans les premiers jours de la liberté obtinssent cette honorable récompense de leurs efforts patriotiques et marchassent avec vous à l'autel de la patrie (1).

Les Électeurs ont été bien sensibles, Messieurs, à cette marque si touchante d'estime et de fraternité. Je suis chargé, ainsi que mes collègues, de vous porter l'assurance précise de la réciprocité de leurs sentiments pour cette Assemblée. Nous espérons que vous voudrez bien en agréer l'hommage, et cimenter notre union en nous faisant l'honneur d'assister au *Te deum*: vous augmenterez le nombre des bons citoyens, dont la présence sera le plus bel ornement de la fête.

M. le président a répondu :

Messieurs,

C'est avec la plus douce émotion que nous revoyons dans cette salle les véritables amis de la liberté, les premiers libérateurs du peuple. Tout ici retentit de votre gloire; tout atteste votre courage héroïque, votre prudence inouïe, votre constance inébranlable, au sein du plus terrible des orages. Votre patriotisme inquiet veillait déjà pour la Commune, avant qu'elle eût appris à connaître ses droits. Vous avez partagé et écarté ses périls, dès le moment où ils ont éclaté. Par vos soins vigilants, le citoyen, aussitôt armé que rassemblé, a défendu ses foyers de la fureur des ennemis et du pillage des brigands. Les horreurs de la famine nous menaçaient : vous êtes venus à bout de conjurer ce fléau. Nous manquions de tout : vous avez pourvu à tout. Quel tribut d'éloge et de reconnaissance paiera jamais de si rares prodiges de valeur et de prudence?

Nous sommes accoutumés, Messieurs, à vous admirer; nous aimons à répéter vos actions célèbres; nous y trouvons avec joie les noms de plusieurs de nos collègues, de ces citoyens généreux, immortalisés par la plus belle Révolution, et portés tour à tour, par la confiance publique, de l'Assemblée des braves et fiers Électeurs à celle des courageux et fermes Représentants de la Commune. Oui, Messieurs, vos admirateurs sont aussi devenus vos imitateurs. Vous leur avez frayé le chemin, et ils s'ennoblissent d'avoir fidèlement suivi les routes que vous leur avez tracées.

Nous irons tous avec transport, après avoir coopéré à la même œuvre, confondre nos hommages, mêler nos actions de grâces à l'Éternel avec les vôtres.

Quel moment plus heureux pour célébrer le triomphe de la liberté ! Tous les Français ne vont former qu'une même famille; ils accourent de tous les confins de l'empire, pour jurer et cimenter l'alliance la plus solennelle; un si beau jour ne pouvait être plus dignement préparé que par le spectacle imposant de la réunion des premiers vainqueurs du despotisme.

L'Assemblée vous prie d'assister à sa séance.

(1) Lettre adressée le 9 juin au Comité de constitution, au nom de l'Assemblée des Représentants. (Voir ci-dessus, p. 3-4.)

M. le président ayant mis aux voix l'invitation faite par MM. les Électeurs ;

Elle a été acceptée à l'unanimité (1).

Et l'Assemblée leur a voté des remerciements. (I, p. 441.)

Il a été arrêté que le discours de M. Delavigne et la réponse de M. le président seraient inscrits dans le procès-verbal (2).

Un honorable membre a fait la motion d'envoyer une députation à M. le Maire, pour l'inviter à se réunir à l'Assemblée.

L'ordre du jour ayant été réclamé et rejeté ;

La motion a été mise aux débats.

Tous les membres de l'Assemblée souhaitaient cette réunion si désirable de l'Assemblée avec son chef; mais, les différentes démarches qu'elle avait déjà faites pour y parvenir ayant été jusqu'alors infructueuses par les refus de M. le Maire, ils craignaient que, si la démarche proposée n'obtenait aucun succès, la dignité de l'Assemblée ne fût d'autant plus compromise que cette démarche aurait été plus éclatante.

Après une discussion très longue ;

L'Assemblée a arrêté de faire part à M. le Maire de l'invitation à elle faite par MM. les Électeurs, et de charger M. le président de lui écrire qu'il ne manquerait rien à la satisfaction de l'Assemblée, si elle avait le plaisir de le voir, à sa tête, assister à la cérémonie du *Te deum* de MM. les Électeurs (3).

~~~ M. le président a fait lecture d'une lettre de M. Dusaulx, de l'Académie des inscriptions et belles-lettres, par laquelle cet honorable membre fait hommage à l'Assemblée et lui envoie un exemplaire d'un ouvrage de sa composition, intitulé : *De l'insurrection parisienne et de la prise de la Bastille,* discours prononcé par extrait dans l'Assemblée nationale (4).

L'Assemblée a accepté avec reconnaissance l'hommage offert par M. Dusaulx, lui a voté des remerciements, et a arrêté que l'exem-

---

(1) La cérémonie eut lieu le 13 juillet. (Voir ci-dessous.)

(2) Discours de Delavigne et réponse de Brierre de Surgy, insérés dans le procès-verbal de l'Assemblée des Électeurs, registre manusc. (Arch. Nat., C*1 1, fol. 771).

(3) Réponse du Maire, communiquée le lendemain, 9 juillet. (Voir ci-dessous, p. 445.)

(4) *Discours historique,* par M. Dusaulx, l'un des Électeurs réunis le 14 juillet 1789, Représentant de la Commune de Paris et l'un des commissaires actuels du Comité de la Bastille, imp. xvi-272 p. in-8° (Bib. Nat., Lb 39/1972). — Prononcé en partie devant l'Assemblée nationale, le 6 février, soir. (Voir Tome IV, p. *154,* note 2, et *391-392.*) — Annoncé par le *Moniteur* (n° du 24 août 1790).

plaire de son ouvrage serait déposé dans la bibliothèque de la Commune.

~~~ La séance a été levée à l'heure ordinaire, et ajournée à demain.

Signé : Brierre, *président.*
   Secrétaires : Pelletier, Castillon, Demars, Bonneville,
     Le Téllier.

CONSEIL DE VILLE

~~~ Le jeudi 8 juillet 1790, à six heures du soir, le Conseil de Ville, convoqué et réuni en la forme ordinaire de ses séances, à l'Hôtel-de-Ville, et présidé par M. d'Augy, en l'absence de M. le Maire;

~~~ Il a été fait lecture du procès-verbal de la dernière séance.

Le Conseil en a approuvé la rédaction, et les membres présents y ont tous apposé leur signature.

~~~ Le secrétaire a fait lecture d'une lettre qui lui a été adressée par M. le Maire, par laquelle, en s'excusant, à raison des occupations que lui donne la fête du pacte fédératif, sur l'impossibilité où il est d'assister au Conseil, il lui envoie et le prie de présenter au Conseil une épreuve de la médaille qui a été frappée relativement à l'établissement de la mairie de Paris (1). M. le Maire demande que le Conseil veuille bien délibérer si l'on ne devrait pas profiter de la circonstance pour la distribution de cette médaille.

La matière mise en délibération;

Le Conseil a arrêté que M. le Maire serait prié de donner les ordres nécessaires pour faire frapper incessamment cette médaille et la faire distribuer dans la même forme et les mêmes proportions que la médaille qui a été frappée à l'occasion du retour du roi à Paris et de la promesse de Sa Majesté de faire, dans la capitale, son séjour le plus habituel (2).

~~~ Sur la demande du Département de la Garde nationale;

Lecture faite de l'état et situation du magasin de poudre de Paris et de la fabrique d'Essonnes, à la date du 1er de ce mois;

Le Conseil a autorisé le Département à donner les ordres nécessaires pour faire arriver de la fabrique d'Essonnes dix milliers de

---

(1) Médaille portant la date du 15 juillet 1789. (Voir Tome I, titre et p. iv.)
(2) Arrêté du 23 janvier 1790. (Voir Tome III, p. 538-539.)

poudre de guerre, et, afin que la fabrication ne soit pas ralentie, à envoyer à Essonnes une pareille quantité de salpêtre.

~~~ Le Département de la Garde nationale a été également autorisé;

Sur la demande de l'État-major général;

A laisser aux sergents des canonniers de divisions, qui viennent d'être promus au grade de sous-lieutenant, les habits que la Ville leur avait fait faire l'année dernière.

~~~ Le Conseil;

Sur le rapport des procureurs-syndics et de l'un des deux Départements de la police et des travaux publics;

A arrêté que les ordres, donnés par les deux Départements, relativement à l'établissement des bêtes féroces dans les environs du Champ-de-Mars, seraient exécutés; en conséquence, que les bêtes féroces qui y avaient été déjà transportées seraient retirées dès demain, et que le Département de police, celui des travaux publics et MM. les administrateurs étant au Champ-de-Mars interposeront leur autorité pour empêcher qu'il n'en fût conduit et établi de nouvelles, et même qu'ils se feraient aider de la force publique pour assurer l'exécution des ordres qu'ils auront donnés (1).

M. Le Jeune, administrateur au Département des travaux publics, a été spécialement chargé de l'exécution du présent arrêté (2).

Deux particuliers, propriétaires de cages destinées à ces établissements, ont été entendus.

M. le président leur a intimé l'arrêté du Conseil de Ville.

Et, malgré leurs observations;

Le Conseil, cédant aux raisons d'intérêt et de sûreté publics, a persisté dans son arrêté.

~~~ Lecture faite d'une lettre de M. Houdon, par laquelle il propose quelques observations relativement aux trois statues en bronze du monument du Pont-au-change, que le Bureau de Ville avait fait transporter dans son atelier, au Roule, où M. Houdon assure qu'elles ne sont pas en sûreté, et l'offre que fait cet architecte de faire transporter ces statues dans son magasin, où il les fera restaurer et où il les conservera avec l'attention la plus scrupuleuse;

Le Conseil a arrêté qu'il serait adressé une lettre de remerciements à M. Houdon, en lui observant néanmoins que les figures dont il s'agit doivent rester au magasin de la Ville.

(1) Sur les motifs de cette mesure, voir l'*Éclaircissement* IV du 10 juillet.
(2) Compte rendu de Lejeune, séance du 10 juillet. (Voir ci-dessous, p. 456.)

MM. les administrateurs au Département des travaux publics ont, au surplus, été invités à veiller à ce que ces figures et statues soient placées dans les magasins de la Ville de manière qu'elles soient conservées et préservées de tout accident.

— Sur la réquisition du procureur-syndic;

Le Conseil a ordonné la transcription sur ses registres, l'impression et l'affiche de la proclamation du roi, du 30 juin, sur un décret du 26 du même mois, relativement aux maîtres, professeurs et principaux des collèges (1).

— M. le major des Gardes de la Ville ayant annoncé une députation de MM. les Électeurs;

Elle a été introduite et reçue par des députés que le Conseil de Ville avait envoyés au-devant.

M. de La Vigne, portant la parole, a annoncé qu'il venait, avec ses collègues, pour inviter le Conseil municipal à assister, en corps, mardi prochain, au *Te deum* que MM. les Électeurs doivent faire célébrer dans l'église de Notre-Dame, le mardi 13 juillet, en mémoire de la Révolution mémorable qui a rendu aux Français le bonheur et la liberté dont ils étaient privés depuis les temps les plus reculés (2).

M. le président a répondu, conformément aux intentions de MM. les administrateurs, que le Conseil se ferait toujours un plaisir de se réunir avec MM. les Électeurs, et, après avoir partagé avec eux le danger et les honneurs des travaux auxquels nous avons tous été appelés, il saisirait avec empressement l'occasion qu'ils lui offraient de se trouver avec eux à la cérémonie que MM. les députés venaient lui annoncer.

La députation s'est retirée dans le même ordre qu'elle avait été introduite.

Et le Conseil a arrêté qu'il se rendrait en corps au *Te deum* auquel MM. les Électeurs l'avaient invité.

— Sur l'observation, faite par le lieutenant de maire et MM. les administrateurs au Département des hôpitaux, qu'il était à présumer que toutes les personnes renfermées dans les hôpitaux de la capitale auraient un égal désir de prendre part à la fête du pacte fédératif;

Le Conseil municipal, considérant que, si toutes ces personnes

---

(1) Décret du 26 juin, déclarant que, pour les élections de cette année, la contribution patriotique tiendra lieu d'imposition directe aux maîtres, professeurs et principaux des collèges de Paris, qui pourront ainsi exercer les droits de citoyens actifs. (Voir *Archives parlementaires*, t. XVI, p. 466.)

(2) Même invitation avait été faite à l'Assemblée des Représentants. (Voir ci-dessus, p. 434-436.)

avaient la liberté de sortir, le service des pauvres et la règle des maisons en souffriraient;

Ordonne que les règlements concernant la police des hôpitaux seront exécutés suivant leur forme et teneur; en conséquence, invite les administrateurs des hôpitaux à y tenir la main, et charge spécialement le Département des hôpitaux et le Département de la police de se concerter entre eux et avec lesdits administrateurs pour faire régner l'ordre et la tranquillité dans lesdites maisons.

— Ouï le rapport de M. Estienne, administrateur au Département des travaux publics;

Le Conseil l'a chargé de donner tous les ordres nécessaires pour faire supprimer, dès demain, le mur et la clôture du chantier étant au bas de la rue de Poitou (1), sur le quai d'Orsay; de faire reporter provisoirement une clôture en planches au droit des bois empilés, sauf à statuer sur les droits et indemnités à accorder tant aux propriétaires qu'aux locataires, en observant toutefois par M. Estienne de dresser préalablement procès-verbal de l'état actuel du terrain et d'en faire dresser un plan signé; charge, en outre, M. Estienne de faire accommoder le quai, depuis le Pont-royal jusqu'aux bains; l'autorise à faire supprimer la barrière, égaliser le terrain, et à faire jeter du sable dans les parties qu'il ne croira pas possible de faire mettre de niveau; arrête que tous ces travaux seront exécutés par les ouvriers de la Bastille ou par tels autres qu'il appartiendra, auxquels M. Estienne ou l'architecte de la Ville donneront tous ordres nécessaires, dans la personne du sieur Palloy et autres préposés.

Le Conseil charge enfin M. Estienne de faire fermer l'entrée du premier escalier qui descend à la rivière, en revenant du Pont-royal, sur le trottoir des Théatins (2).

— Le Conseil de Ville a autorisé le secrétaire à donner les ordres nécessaires pour procurer à chacun de MM. les administrateurs un exemplaire du plan de la nouvelle division de Paris; le Conseil le charge spécialement de leur faire parvenir ce plan avant l'époque fixée pour la continuation des opérations préliminaires pour les élections de la nouvelle Municipalité (3).

— M. Tiron et M. Trudon se sont présentés pour faire au Conseil

---

(1) *Lire :* rue de Poitiers, qui existe encore avec le même nom, quartier Saint-Thomas d'Aquin (VIIe arrondissement).

(2) Le *Conseil de Ville* eut encore à s'occuper du terrain du quai d'Orsay dans ses séances des 10, 12 et 22 juillet. (Voir ci-dessous, p. 454.)

(3) C'est-à-dire avant le 25 juillet.

le rapport d'un travail dont ils ont été chargés de lui rendre compte par le Bureau de Ville (1); ils ont annoncé qu'il s'agissait de la perception des revenus des biens nationaux.

L'objet étant important, le Conseil, dont les moments avaient été tous employés pendant la présente séance, s'est ajourné à samedi, 10 du courant, à l'heure ordinaire (2). Il a, de plus, arrêté que les billets de convocation annonceraient la séance.

~~~ Sur l'observation de plusieurs administrateurs;

Il a été unanimement arrêté qu'indépendamment du billet de convocation, le secrétaire écrirait une lettre particulière à chacun de MM. les commissaires du Conseil nommés pour la fête du pacte fédératif (3), pour les prier de se trouver samedi à la séance indiquée, à l'effet d'instruire le Conseil des préparatifs qu'ils doivent avoir faits, des précautions qu'ils ont prises et des ordres qui doivent avoir été donnés pour la confédération générale (4).

Signé : D'Augy, président; Dejoly, secrétaire.

**

ÉCLAIRCISSEMENTS

(I, p. 436) A la réunion même où les anciens *Électeurs de 1789* avaient procédé entre eux à l'inauguration du buste de Bailly, c'est-à-dire le 22 février (5), Dusaulx avait proposé que les Électeurs prissent la résolution de se rendre, le 14 juillet de chaque année, à l'Hôtel-de-Ville et, de là, à Notre-Dame, où il serait chanté un *Te deum* et prononcé un discours; un festin patriotique suivrait cette fête qui, d'année en année, deviendrait plus solennelle. Cette motion avait été généralement applaudie; puis, des additions et amendements avaient été proposés. Après une interruption, la délibération avait été reprise sur la motion de Dusaulx, et, en présence du Maire et du Commandant-général, il avait été arrêté que les Électeurs réunis le 14 juillet 1789 se rendraient chaque année à l'Hôtel-de-Ville pour, de là, marcher à Notre-Dame, où il serait chanté un *Te deum* et prononcé un discours relatif à la conquête de la liberté; l'abbé Bertolio était désigné pour être l'orateur de l'année présente; sur le surplus de la motion, ainsi que sur les additions et amendements, il avait été décidé qu'il n'y avait pas lieu à délibérer (6).

(1) Arrêté du *Bureau de Ville*, du 6 juillet. (Voir ci-dessus, p. 423.)
(2) Le rapport fut de nouveau ajourné le 10 juillet. (Voir ci-dessous, p. 456.)
(3) Six commissaires nommés le 12 juin. (Voir ci-dessus, p. 40.)
(4) Rapport des commissaires, 10 juillet. (Voir ci-dessous, p. 453-454.)
(5) Arrêté du 22 février. (Voir Tome IV, p. *643-644*.)
(6) Séance du 22 février 1790. (Voir Bailly et Duveyrier, *Procès-verbal des séances et délibérations de l'Assemblée générale des Électeurs de Paris*, t. III.)

Le principe de la cérémonie étant ainsi adopté, l'Assemblée des anciens Électeurs s'était occupée, dans une séance spéciale, tenue le 25 juin, à l'Archevêché, de l'organisation de ce *Te deum*, et elle avait pris des dispositions enregistrées dans un procès-verbal spécial (1) et résumées, par le *Journal de la Municipalité et des sections* (n° du 17 juillet) de la façon suivante :

« Dans une Assemblée tenue à l'Archevêché, MM. les Électeurs de la ville de Paris ont arrêté que, le 14 juillet étant le jour destiné pour célébrer la fête de la confédération nationale, le *Te deum*, qui devait être chanté ce jour dans l'église métropolitaine, le serait mardi 13 (2); qu'il serait fait invitation à l'Assemblée nationale, en la priant d'envoyer une députation; à M. le Maire, aux Représentants de la Commune, aux soixante administrateurs du Conseil de Ville ; aux soixante districts, en la personne du président de chacun ; aux cent vingt députés des sections pour le pacte fédératif; à M. le Commandant-général, à l'État-major et aux différents chefs de corps de l'armée parisienne.

« L'Assemblée a accepté avec une vive sensibilité l'offre généreuse et patriotique, faite par l'Académie royale de musique, d'exécuter annuellement la musique du *Te deum* (3), et elle a chargé ses commissaires de lui en faire ses remerciements, ainsi qu'aux autres compagnies et à tous les artistes qui voudront bien concourir, par l'hommage de leurs talents, à la parfaite exécution d'une cérémonie aussi solennelle. »

Il avait été arrêté aussi qu'un « hiérodrame », présenté à l'Assemblée par M. DESAUGIERS, ayant été accepté, serait exécuté à la cérémonie, imprimé et distribué à chaque Électeur et inséré à la suite du procès-verbal (4).

En exécution de la délibération du 25 juin, une députation des anciens Électeurs de la ville de Paris s'était présentée, le 8 juillet, à la séance du soir (avant de se rendre à l'Hôtel-de-Ville), à la barre de l'Assemblée nationale, et DELAVIGNE, leur président, portant la parole, avait prononcé le discours suivant (5) :

Messieurs,

La première députation qu'ait reçue l'Assemblée nationale fut celle des Électeurs de la Ville de Paris : vous veniez, par vos décrets du mois de juin 1789, d'apprendre à la France ce qu'elle devait attendre de la conduite ferme et patriotique de ses augustes représentants; les députés des Électeurs furent admis à l'honneur de vous porter l'hommage de l'admiration et de la reconnaissance de

---

(1) Sous ce titre : *Séance relative à la cérémonie du Te deum, tenue à l'Archevêché le 25 juin 1790*, imp. 17 p. in-8° (Bib. Nat., Lb 39 3641).

(2) D'après le *Moniteur* (n° du 20 juillet), la date du 13 aurait été choisie « parce que, le 13 juillet 1789, l'administration publique avait été confiée à leurs soins ».

(3) Délibération du Comité de l'Académie de musique, du 23 juin 1790, pièce manusc. (Arch. Nat., C*I 1, fol. 761).

(4) Nous reviendrons sur ce hiérodrame, en rendant compte de la cérémonie du 13 juillet. (Voir ci-dessous, p. *438, Éclaircissement* I du 10 juillet.)

(5) Pièce manusc. (Arch. Nat., C 42, n° 376). Reproduit dans le *Journal de la Municipalité et des sections* (n° du 17 juillet). — Incomplètement rapporté dans les *Archives parlementaires* (t. XVI, p. 752).

cette capitale, et les premiers qui adhérèrent à vos décrets et jurèrent, entre vos mains, d'en soutenir les principes, dans tous les temps et dans toutes les circonstances, furent les Électeurs de Paris (1).

Les premiers citoyens qui aient reçu une députation de l'Assemblée nationale furent les Électeurs de Paris (2).

La première Assemblée de citoyens libres au milieu de laquelle le roi, entouré des représentants de la nation, annonça au peuple français qu'il se déclarait pour la Révolution, fut l'Assemblée des Électeurs de Paris (3).

Voilà, Messieurs, une partie de nos titres, titres bien précieux, sans doute, puisqu'ils nous rappellent que, si vos courageux travaux ont posé les bases de notre liberté, les Électeurs de Paris ont été assez heureusement placés pour en accélérer et en assurer le triomphe.

Ces mêmes Électeurs, avant que de se séparer, sont convenus de se réunir chaque année, pour célébrer, par de solennelles actions de grâces, dans le temple de la religion, l'événement mémorable qui a brisé nos fers et qui a donné une patrie à tous les Français.

C'est au milieu des députés de toutes les parties de l'empire que les Électeurs de Paris acquitteront, le 13 de ce mois, ce vœu solennel. Oserions-nous espérer, Messieurs, que cette cérémonie, si grande par son objet, sera honorée par la présence d'une députation de l'Assemblée nationale?

Le président (DE BONNAY) avait répondu ainsi qu'il suit :

Messieurs,

L'Assemblée nationale n'a point oublié votre zèle ni votre patriotisme. Le succès de vos travaux vivra dans l'histoire, et l'acte religieux, que vous destinez à consacrer annuellement le retour des Français à la liberté, servira également de témoignage aux cœurs généreux qui veillaient alors sur la destinée de la capitale.

Une députation de l'Assemblée nationale se joindra aux Électeurs de Paris pour assister au *Te deum* que vous avez fixé au 13 de ce mois.

La députation des Électeurs de Paris peut assister à la séance de l'Assemblée nationale.

Aussitôt, douze membres avaient été désignés pour assister à la cérémonie du 13 juillet (4).

---

(1) Députation nommée par délibération de l'Assemblée des Électeurs du 25 juin 1789, et reçue le 26 par l'Assemblée nationale. (Voir *Archives parlementaires*, t. VIII, p. 157-158.)

(2) Députation de cent membres, présidée par DE LA FAYETTE, vice-président, envoyée à Paris le 15 juillet, et reçue à l'Hôtel-de-Ville par l'Assemblée des Électeurs, le même jour. (Voir *Archives parlementaires*, t. VIII, p. 237 et 238-240, et *Procès-verbal de l'Assemblée des Électeurs*, par BAILLY et DUVEYRIER, t. I, p. 444-463.)

(3) Séance du 17 juillet 1790. (Voir *Procès-verbal de l'Assemblée des Électeurs*, par BAILLY et DUVEYRIER, t. II, p. 81-105.)

(4) Voir *Archives parlementaires* (t. XVI, p. 752).

Du Vendredi 9 Juillet 1790

~~~ Une députation de la garde nationale d'Ivri-sur-Seine s'est présentée à l'ouverture de la séance (1).

Et un de MM. les secrétaires a fait lecture de leur demande ainsi qu'il suit :

Monsieur le président, Messieurs,

L'exemple donné par la capitale et soutenu par le patriotisme des habitants des environs de Paris a fait naître, dans presque toutes les municipalités, des corporations de gardes nationales. La municipalité d'Ivri, toujours active depuis la Révolution, quoique n'ayant point pris d'habits uniformes, a fait jusqu'à ce jour le service dans son arrondissement.

Aujourd'hui, Messieurs, que vous venez de donner l'exemple du patriotisme, en réunissant tous nos frères d'armes pour jurer une confédération générale, les habitants d'Ivri, pour jouir de l'honneur de participer à cette alliance patriotique, se sont constitués en gardes nationales, et ont cru que leur état-major devait prier les représentants de la première cité de la monarchie de vouloir bien recevoir leur serment civique.

M. le président a fait la réponse suivante :

Messieurs,

L'union des citoyens fait la force des empires. Avant qu'un pacte général lie tous les Français à la même famille, il est naturel à des voisins de s'attacher mutuellement par les liens d'une fédération particulière. L'Assemblée reçoit avec plaisir vos serments ; elle voit avec satisfaction cimenter de nouveau, sous ses yeux, votre affiliation avec la Garde nationale parisienne. Vous êtes nos frères, vous êtes nos voisins : double titre qui vous garantit notre empressement à vous aider et secourir en toute occasion.

L'Assemblée vous invite à assister à sa séance.

Ensuite, M. le président a prononcé la formule du serment.

Et tous les membres de la députation l'ont juré.

~~~ M. le président a ensuite fait part d'une lettre de M. Bertolio, par laquelle cet honorable membre le prie de faire agréer à l'Assemblée l'hommage qu'il lui fait d'un ouvrage de sa composition, intitulé : *Ultimatum à M. l'évêque de Nancy* (2).

---

(1) Décision du 6 juillet. (Voir ci-dessus, p. 416.)

(2) Imp. 78 p. in-3° (Bib. Nat., Lb 39/8592), en réponse à une brochure de DE LAFARE, évêque de Nancy, député de Lorraine, intitulée : *Quelle doit être l'influence de l'Assemblée nationale sur les matières ecclésiastiques et religieuses ?* reproduite dans les *Archives parlementaires* (t. XII, p. 502-510). — L'écrit de BERTOLIO est analysé dans le *Moniteur* (n° du 23 août).

[9 Juillet 1790] DE LA COMMUNE DE PARIS 445

Sur quoi, il a été arrêté qu'il serait fait des remerciements à M. Bertolio, et que l'ouvrage par lui présenté serait déposé à la bibliothèque de la Commune.

~~~ Conformément à l'ordre du jour, il a été fait lecture de la lettre adressée à l'Assemblée par M. Lottin, imprimeur de la Commune : son objet était de réclamer une indemnité pour l'impression gratuite des procès-verbaux (1).

Plusieurs membres ont été entendus.

Et l'Assemblée, délibérant sur la demande du sieur Lottin, a arrêté qu'il serait remercié du zèle qu'il a témoigné jusqu'à ce jour, et invité à accélérer, par tous les moyens possibles, l'impression des dits procès-verbaux, dont partie de l'édition a été retardée par des causes étrangères audit sieur Lottin.

Et, faisant droit au surplus sur sa demande, MM. les président et secrétaires, avec MM. Bertolio et Mulot, ont été nommés commissaires pour se concerter avec le Département de l'administration sur la fixation de l'indemnité à lui accorder.

Conformément à la motion de plusieurs honorables membres ;

MM. Bertolio et Mulot ont été aussi chargés de veiller aux mise au net, signature et impression des procès-verbaux restés en retard (2).

~~~ Lecture faite d'une lettre que M. le président venait de recevoir de M. le Maire, en réponse à celle qu'il lui avait adressée, au nom de l'Assemblée, pour l'inviter à venir la présider, conformément à l'arrêté pris hier (3) ;

L'ordre du jour a été réclamé à une très grande majorité (4).

~~~ Et, un honorable membre ayant exposé les services rendus, le 14 juillet dernier, par le sieur Peillon, natif de Grasse en Provence, lors de la prise de la Bastille, et spécialement encore en sauvant, un moment après, les jours du sieur Galhiard, employé à la régie, auquel le peuple était près d'ôter la vie, le prenant pour le gouverneur de cette forteresse ;

L'Assemblée ;

Après avoir entendu plusieurs de ses membres ;

Et après la lecture de plusieurs certificats, desquels il résulte que

---

(1) Mémoire mentionné la veille. (Voir ci-dessus, p. 434.)
(2) Séance du 15 juillet. (Voir ci-dessous.)
(3) Arrêté du 8 juillet. (Voir ci-dessus, p. 436.)
(4) L'empressement de l'Assemblée à passer à un autre sujet fait suffisamment deviner la teneur de la réponse du Maire : il est clair que Bailly, s'en tenant aux termes de sa lettre du 2 juin, persistait à ne pas vouloir mettre les pieds dans la salle de l'Assemblée qui, pensait-il, lui avait manqué. (Voir Tome V, p. 664.)

ledit sieur Peillon a bien mérité de la patrie, soit en triomphant du despotisme, soit en défendant la vie d'un citoyen;

A arrêté que, conformément à la demande du sieur Galhiard, M. le président remettrait audit sieur Peillon, dans l'assemblée de lundi, 12 de ce mois, une épée qui sera présentée par M. Galhiard, afin d'acquitter le tribut de reconnaissance d'un citoyen envers son libérateur, et de récompenser en même temps l'acte du plus pur patriotisme (1).

— MM. du Comité des rapports ont été entendus.

Et l'Assemblée, délibérant sur différentes affaires dont ils ont rendu compte, a arrêté :

— 1° Que le mémoire des femmes détailleresses de marée, et plaignantes de la fraude qui s'exerce sur ce comestible dans la plaine de Saint-Denys, serait renvoyé au Département des subsistances.

— 2° Que celui du sieur Saint-Huillier, plaignant, contre le sieur Desgranges, receveur des impositions, d'un refus de quittance de gages en paiement de contribution patriotique, serait renvoyé au Département des impositions.

— 3° Que l'État-major prendrait connaissance de la plainte du sieur Guillot.

— Et que celle du sieur Robelin serait renvoyée au Tribunal de police.

— L'Assemblée a été indiquée à demain samedi, cinq heures, et la séance levée.

Signé : Brierre, *président.*

Secrétaires : Pelletier, Castillon, de Mars, Bonneville, Letellier.

(1) La cérémonie eut lieu, en effet, le 12 juillet. (Voir ci-dessous.)

Du Samedi 10 Juillet 1790

~~~ A l'ouverture de la séance, un de MM. les secrétaires a fait lecture du procès-verbal de la séance du 9 de mois.

La rédaction en a été approuvée, après quelques légères corrections.

~~~ MM. du Comité des rapports ayant obtenu la parole ;

Un d'eux a exposé la demande du sieur Pierre de Villiet, père, qui, malgré son âge de 72 ans, n'a cessé, depuis le commencement de la Révolution, de servir avec tout le zèle qui a été en lui, et dont les services sont constatés par la cartouche militaire qui lui a été délivrée ; venant d'être admis dans le bataillon des Vétérans (1), désirait obtenir, pour toute récompense, la médaille militaire. Le Comité des rapports a conclu qu'il n'y avait lieu à délibérer.

Et l'Assemblée a arrêté de passer à l'ordre du jour.

~~~ Le même rapporteur a rendu compte d'une lettre écrite à M. le président par M. Henrion, avocat, qui, en s'élevant avec force contre la paresse et le peu d'émulation des ouvriers employés dans les différents ateliers des travaux publics, et notamment de ceux du Champ-de-Mars (2), propose de faire insérer dans les journaux et afficher dans lesdits ateliers un avis tendant à ranimer leur zèle et à engager les bons ouvriers à faire eux-mêmes justice des fainéants en les chassant des travaux (3).

Plusieurs membres ont observé que cette mesure, loin de produire le bon effet que l'auteur paraissait s'en promettre, pourrait occasionner un désordre dangereux et exciter parmi les ouvriers des querelles plus propres à retarder les travaux qu'à les accélérer.

Cependant, après une courte discussion ;

La lettre de M. Henrion a été renvoyée au Département des travaux publics, avec recommandation de prendre les mesures nécessaires pour surveiller les ouvriers et exciter parmi eux le zèle et l'émulation.

(1) Approuvé par arrêté du 29 mars. (Voir Tome IV, p. 521 et 531-543.)
(2) Le manque de zèle des ouvriers des ateliers de charité employés au Champ-de-Mars a été signalé plus haut. (Voir ci-dessus, p. 412.)
(3) Lettre mentionnée au procès-verbal du 5 juillet. (Voir ci-dessus, p. 404.)

~~~ Un troisième objet a été proposé à la délibération de l'Assemblée par le Comité des rapports.

Les chasseurs de la compagnie du Roule, attachés à la 6ᵉ division (1), annonçaient que, malgré leur dévouement à la patrie et à la subordination militaire, ils se voyaient forcés d'élever la voix contre leur capitaine, en se renfermant néanmoins dans les limites d'une respectueuse réclamation. Leurs plaintes portaient : 1° sur ce qu'il leur avait été refusé de leur faire raison du décompte de l'ordinaire; 2° qu'on leur refusait également le décompte des retenues faites sur les travailleurs et les absents par congés de semestre; 3° celui de la retenue des 4 sols qui avaient été promis pour la fin d'avril; 4° celui des chasseurs qui ont été détenus à l'Abbaye; 5° et le décompte de ceux qui ont été à l'hôpital. 6° Ils se plaignaient encore de la facilité de leur capitaine à donner des congés, dans un moment où le service exige le plus grand assujettissement; ce qui en faisait retomber tout le poids sur ceux restant au corps; et ils citaient plusieurs exemples de ces congés.

Le Comité a rendu justice à la modération avec laquelle ces plaintes étaient exposées : les chasseurs, loin de s'écarter du respect qu'ils doivent à leur chef, protestaient de leur attachement pour lui; mais, sans vouloir sacrifier à ce sentiment des réclamations qui leur paraissaient justes, ils demandaient qu'il leur fût fait raison de tous les décomptes ci-dessus; et qu'attendu la rigueur du service, il ne pût être donné des congés de faveur; enfin, que la discipline du corps eût lieu dans toute sa force, toutes considérations particulières cessantes.

Conformément à l'avis du Comité des rapports;

L'Assemblée a arrêté que ce mémoire serait renvoyé au Département de la Garde nationale.

~~~ Une députation des capitaines des compagnies du centre de la Garde nationale ayant été introduite;

L'un d'eux, portant la parole, en a exposé les motifs :

Il paraît que, depuis longtemps, les officiers réclament du Département de la Garde nationale la masse destinée à l'entretien du soldat; que, sur le produit de cette masse, le Département leur a offert une sorte d'abonnement, à raison de 36 livres par homme, par année, pour la partie destinée aux réparations connues sous le nom de *menu entretien*; que ces officiers s'y sont refusés, parce qu'ils l'ont jugé trop faible, et ont demandé qu'il fût porté à 42 livres par homme, le surplus de ladite masse leur paraissant suffisant pour subvenir aux frais de l'habillement; qu'ils avaient précédemment

---

(1) Le *bataillon de Saint-Philippe du Roule* était le 4ᵉ de la 6ᵉ division.

adressé à M. le Maire un mémoire très détaillé sur cet objet, et qu'ils n'ont point obtenu satisfaction; que, dans une revue faite par M. le Commandant-général, il a reçu, à ce sujet, des plaintes de la part des soldats; que ce général, non moins recommandable par ses vertus patriotiques que par son extrême attention pour tout ce qui intéresse le service, a transmis ces plaintes au Département, et que, néanmoins, les choses sont restées au même état; en sorte que, si les capitaines ne s'étaient portés à faire à leurs soldats des avances devenues indispensables dans les circonstances présentes, ceux-ci auraient manqué de chapeaux, de guêtres et de plusieurs objets également nécessaires pour paraître, d'une manière convenable, à l'auguste cérémonie du pacte fédératif.

A la suite de cet exposé, M. le député a fait lecture d'une copie de la lettre écrite au lieutenant de maire du Département de la Garde nationale par M. le Commandant-général et de la délibération de MM. les officiers des compagnies du centre, contenant leurs réclamations et la nomination des députés chargés de les présenter à l'Assemblée. Il a remis ces pièces sur le bureau, ainsi qu'une copie du mémoire qui avait été ci-devant adressé à M. le Maire à ce sujet.

La discussion ayant été engagée, les opinions de tous les membres qui ont obtenu la parole se sont accordées à ce que la demande des compagnies du centre fût examinée avec l'attention qu'elle exigeait.

Et l'Assemblée a arrêté qu'il serait nommé quatre commissaires qui seraient autorisés à s'entendre, à cet effet, tant avec le Département de la Garde nationale qu'avec l'État-major et le Comité militaire.

M. le président a désigné, pour commissaires, MM. Trévilliers, Carmentran, Maillot et La Corbinaye;

Qui ont été agréés, ont accepté et ont été invités à en rendre compte, dans le plus bref délai, à l'Assemblée (1).

A l'effet de quoi, les pièces relatives à cette affaire leur ont été remises sur-le-champ.

— Un des membres du Comité des rapports allait reprendre la parole;

— Lorsque l'ajournement, qui avait été prononcé sur la question relative aux anciens drapeaux des ci-devant gardes-françaises (2), a été rappelé. L'auteur de la motion a annoncé que, depuis longtemps, les citoyens de cette capitale se plaignaient de ce qu'au mépris des décrets de l'Assemblée nationale, ces drapeaux n'étaient pas encore suspendus aux voûtes de l'église cathédrale, et il a demandé que cet objet fût pris sur-le-champ en considération.

(1) Rapport présenté le 24 juillet. (Voir ci-dessous, p. 571-572.)
(2) Ajournement du 19 juin. (Voir ci-dessus, p. 158.)

La discussion a été engagée pour et contre cette motion.

Plusieurs membres l'ont appuyée.

Mais d'autres ont observé que, lorsque les ci-devant gardes-françaises étaient venus, dans cette Assemblée, faire l'hommage de leurs anciens drapeaux, il avait été arrêté qu'ils seraient déposés dans l'église de Notre-Dame, mais qu'il n'avait point été demandé ni arrêté qu'ils seraient suspendus à la voûte (1).

Cette observation a été appuyée par un honorable membre, qui a rappelé à l'Assemblée qu'il avait alors l'honneur de la présider (2), et que d'ailleurs le dépôt qui avait été arrêté était antérieur au décret de l'Assemblée nationale qui ordonne que les drapeaux de tous les corps supprimés seront suspendus aux voûtes de la principale église de cette ville (3).

L'Assemblée a, en conséquence, passé à l'ordre du jour, en continuant l'ajournement de la question.

~~~ Un membre, ayant demandé la parole, a dit que l'ordre du jour était le compte à rendre par les commissaires chargés de l'examen des papiers trouvés à la Bastille (4); que l'Assemblée leur avait indiqué cette séance pour les entendre et savoir à quel point leur travail était avancé; qu'il était d'autant plus intéressant de le terminer promptement, qu'il avait été arrêté que le produit de l'impression des pièces qui seraient jugées dignes de la curiosité publique serait appliqué au soulagement des pauvres de cette capitale (5).

Plusieurs membres ont observé qu'ils avaient, à la vérité, été désignés pour faire partie de ce Comité, mais qu'ils ne s'étaient jamais réunis; et aucun d'eux n'a pu dire où en était le travail dont ils avaient été chargés.

Il a été arrêté que cet objet serait ajourné à la séance de lundi prochain, 12 de ce mois (6).

Et MM. les secrétaires ont été chargés d'écrire à tous les membres qui composent le Comité de la Bastille, pour leur faire part de cet ajournement et les inviter à se rendre à l'Assemblée.

Ce qui a été exécuté sur-le-champ.

(1) En exécution d'un article du traité passé avec la Ville le 27 août 1789, les gardes-françaises avaient déposé leurs drapeaux à Notre-Dame, le 26 janvier 1790, en présence du Maire et de l'Assemblée des Représentants. (Voir Tome I, p. 368, et Tome III, p. 495-496, 564, 573, note 3, 575-576 et 579-580.)
(2) C'est MULOT qui était président à la fin de janvier.
(3) Décret du 12 juin. (Voir ci-dessus, p. *102-103*.)
(4) Ajournement du 7 juillet. (Voir ci-dessus, p. 430-431.)
(5) Arrêté du 16 septembre 1789. (Voir Tome I, p. 600.)
(6) On ne décida pas grand'chose le 12 juillet. (Voir ci-dessous, p. 480.)

[10 Juillet 1790] DE LA COMMUNE DE PARIS 451

~~~ Un membre du Comité des rapports, ayant obtenu la parole, a fait lecture d'une lettre écrite à M. le président par la dame Barrois-Baudry, tendant à obtenir un emplacement gratuit, où elle propose de former un établissement de filature en fil et en coton, avec des métiers : elle annonce que la nature de son commerce peut, avec ce secours, la mettre en état d'occuper au moins deux cents ouvriers, tant hommes que femmes et enfants, et d'assurer leur subsistance en les préservant des dangers de l'oisiveté (1).

Sur la proposition du Comité, la demande de la dame Barrois-Baudry a été renvoyée à l'administration (2).

~~~ Il a été ensuite rendu compte d'un mémoire souscrit de cinquante-deux employés au Mont-de-Piété, sous le titre de *gagistes* : ils se plaignent de ce que, par cette dénomination humiliante, eux et leurs enfants sont exclus de tout avancement et ne peuvent parvenir aux places de commis; ils représentent qu'ils ne doivent point être assimilés à des garçons de bureau des établissements ordinaires, dont l'unique occupation est d'entretenir la propreté et de servir les commis qui y travaillent; qu'ils remplissent, au contraire, des fonctions essentielles; qu'ils reçoivent les effets des particuliers, les emballent, les marquent et les inscrivent par ordre de numéros sur des registres qu'ils tiennent à cet effet; qu'ils en font la recherche et la remise lors des dégagements, ce qui constitue une responsabilité tant des effets dont ils sont chargés que des erreurs qu'ils pourraient commettre, et forment par conséquent une classe d'employés qui ne doit point être vouée à l'avilissement. Ils s'élèvent contre le préjugé qui rend nulles les promesses qui leur avaient été faites à cet égard par les administrateurs du Mont-de-Piété (3); demandent la restitution d'un droit qu'ils n'auraient jamais dû perdre, et que, parmi eux comme ailleurs, les talents et la probité soient les seuls moyens d'avancement. Ils observent que, tant en considération de la nature de leurs fonctions que de ce que plusieurs d'entre eux servent avec zèle dans la Garde nationale, ils ont été admis au droit de citoyens actifs dans les assemblées de leurs sections respectives. Leur mémoire est terminé par des représentations sur la modicité de leur traitement, qui n'est que de 550 à 600 livres par an, et sollicitent la

---

(1) Le mémoire de madame BARROIS-BAUDRY n'est point signalé dans le tome II de l'ouvrage de M. TUETEY sur *L'Assistance publique à Paris pendant la Révolution*, volume consacré aux *Ateliers de charité et de filature*.

(2) Le *Conseil de Ville* s'en occupa le 26 juillet. (Voir ci-dessous, p. 580.)

(3) Administration jadis présidée par le lieutenant-général de police et actuellement par le Maire. (Voir Tome I, p. 518-519.)

recommandation de l'Assemblée pour l'amélioration de leur sort.

Le Comité des rapports avait proposé un projet d'arrêté tendant à faire supprimer le titre de *gagistes*, donné à ces employés, comme propre à les confondre avec les personnes en état de domesticité et à les exclure du droit de citoyens actifs, et avait demandé le renvoi à l'administration de leur demande en augmentation d'appointements.

Après quelques discussions;

L'Assemblée a renvoyé les deux objets contenus dans le mémoire au Département des établissements publics.

— M. le président a annoncé à l'Assemblée que le *Te deum* auquel elle avait été invitée par MM. les Électeurs (1), indiqué pour mardi, 13 de ce mois, aurait lieu le matin à onze heures; qu'il convenait, par conséquent, que tous les membres voulussent bien s'assembler à dix heures, à l'Hôtel-de-Ville, en habit noir, pour se rendre en corps à cette cérémonie.

Il a été distribué à tous les membres présents des billets adressés à cet effet à M. le président par MM. les Électeurs. (1, p. 437.)

— Au moment où M. le président venait de lever la séance, il a été informé que la députation, envoyée par la garde nationale de Sens au pacte fédératif, arrivait sur la place; que le commandant de ce corps, chef de la députation, avait exprimé, avec le plus vif enthousiasme, le respect et l'admiration dont il était pénétré pour les habitants de cette capitale, qui, les premiers, avaient assuré la liberté de la France par l'heureuse Révolution que leur courage avait constamment maintenue; que les députés qui l'accompagnaient, partageant ses sentiments, avaient à peine attendu l'ordre qu'il leur avait donné de présenter les armes à la principale porte de l'Hôtel-de-Ville, et qu'il demandait à être introduit pour renouveler, dans le sein de l'Assemblée, le tribut d'hommages dont il était chargé pour elle par la garde nationale qu'il commande.

M. le président ayant, du consentement de l'Assemblée, repris séance, ainsi que tous les membres présents;

M. de Chambonas, qui réunit le double titre de maire de la ville de Sens et de commandant de la garde nationale de la même ville, titres que l'estime générale de ses concitoyens ne leur a pas permis de séparer, a été introduit dans l'Assemblée.

Le désir de l'entendre ayant suspendu les applaudissements que sa présence avait excités, il a prononcé un discours rempli de senti-

(1) Invitation du 8 juillet. (Voir ci-dessus, p. 434-436.)

ments généreux et vraiment patriotiques. Le style égalait la matière; et l'orateur, élevé à la grandeur de son sujet, eût entièrement satisfait l'Assemblée en remettant une copie de son discours.

M. le président a répondu :

> Monsieur le commandant,
>
> La Commune de Paris, que nous avons l'honneur de représenter, reçoit, avec la plus vive reconnaissance, les témoignages d'affection de ses frères d'armes de la ville de Sens. Elle est heureuse, en brisant ses fers, d'avoir préparé la liberté de tout le peuple français. Mais, pour avoir eu l'honneur de l'entreprise, nous ne partageons pas moins la gloire du succès avec tous ceux qui, comme vous, ont partagé nos périls et nos travaux. L'admiration, comme la reconnaissance, nous attache par les liens les plus doux à vos braves compatriotes. Daignez leur exprimer toute l'ardeur et la sincérité de nos sentiments fraternels avec cette énergie qui, par une distinction honorable, a réuni sur votre tête les premiers rangs civils et militaires.

L'Assemblée et le public ont également applaudi la réponse de M. le président.

Et il a été arrêté qu'elle serait insérée dans le procès-verbal.

~~~ La séance a été levée à neuf heures et demie, et ajournée à lundi prochain, cinq heures du soir.

Signé : BRIERRE, *président*.

Secrétaires : PELLETIER, CASTILLON, DEMARS, BONNEVILLE, LETELLIER.

CONSEIL DE VILLE

~~~ Le samedi 10 juillet 1790, à six heures du soir, le Conseil de Ville, convoqué et réuni en la forme ordinaire dans la salle de ses séances, sous la présidence de M. d'Augy, en l'absence de M. le Maire ;

~~~ Il a été fait lecture du procès-verbal de la dernière séance.

Le Conseil en a approuvé la rédaction.

~~~ Le Conseil ;

Sur l'observation du secrétaire ;

L'a autorisé à faire mettre sur toile les plans de la nouvelle division de Paris, qui doivent être distribués à MM. les administrateurs.

~~~ MM. les commissaires du pacte fédératif (1) ont informé le Conseil des travaux qu'ils avaient faits ou proposés à l'occasion de la fête du 14 juillet. (II, p. 439.)

---

(1) Les membres du Conseil, délégués pour former, avec des commissaires des districts, la commission exécutive de la cérémonie de la Fédération, avaient été invités, le 8 juillet, à rendre compte de leurs travaux. (Voir ci-dessus, p. 441.)

Sur leur observation, que les derniers résultats ne pourraient pas être donnés avant lundi;

Le Conseil s'est ajourné à lundi, six heures du soir.

D'après, néanmoins, le compte rendu de la marche projetée jusqu'à ce moment;

Le Conseil a arrêté d'émettre son vœu pour que MM. les commissaires du Conseil réclament une place, dans la marche et la fête du 14 juillet, pour MM. du Tribunal de police.

Le Conseil a également arrêté que, ce même jour, il serait précédé dans sa marche par l'universalité des Gardes de la Ville.

Et, sur le surplus des objets y relatifs, le Conseil a remis à délibérer à lundi (1).

~~~~ Relativement à l'invitation faite par MM. les Électeurs pour assister au *Te deum* qui doit être célébré mardi prochain (2);

Il a été arrêté que le Conseil serait précédé par une garde de soixante hommes.

Et, sur l'observation qu'il serait possible que l'Assemblée des Représentants de la Commune voulût aussi aller en corps à cette cérémonie (3);

Il a été arrêté que M. Haÿ se conformerait au vœu de la Commune, en observant néanmoins de réserver la garde de soixante hommes, précédemment ordonnée pour le Conseil.

~~~~ Lecture faite d'un procès-verbal, en date de ce jour, dressé par le sieur Legrand, contrôleur des bâtiments de la Ville de Paris (4), relativement à une baraque de marchand de vins adossée à un mur qui fait l'angle de la rue de Poitiers (5), qui paraît menacer ruine;

Le Conseil a arrêté que, dès demain, il serait dressé, par M. Poyet, architecte de la Ville, un état de la maison énoncée en ce rapport, pour, sur le procès-verbal qui sera dressé et rapporté, être par le Conseil statué, lundi prochain, sur la question de savoir s'il y a lieu ou non d'ordonner la démolition de ce bâtiment (6).

Le Conseil ordonne, au surplus, que le procès-verbal du sieur

---

(1) Séance du 12 juillet. (Voir ci-dessous, p. 482-483.)
(2) Invitation du 8 juillet. (Voir ci-dessus, p. 439.)
(3) Cela était certain, étant donnée la réponse faite le 8 juillet. (Voir ci-dessus, p. 436.)
(4) Legrand (Jacques Guillaume), architecte, contrôleur des bâtiments de la Ville.
(5) Le Conseil s'était déjà occupé de déblayer ce coin de rue, le 8 juillet. (Voir ci-dessus, p. 440.)
(6) Rapport le 12 juillet. (Voir ci-dessous, p. 485.)

Legrand sera remis au sieur Poyet pour lui servir de renseignement.

— Sur la demande de M. Bourdon;

Le Conseil a ajourné au premier jour le rapport que M. Bourdon se propose de faire d'une demande formée au nom de la communauté de la Sainte-Famille, établie à La Villette (1).

Le Conseil a arrêté que ce rapport serait fait par écrit (2).

— Sur le compte, rendu par le Département du domaine, d'un mandat tiré sur la caisse de la Ville, par les membres du Comité de constitution, au profit du sieur Verniquet, pour les plans qu'il a remis à l'effet de faciliter la division des sections de la Ville de Paris, et sur sa demande tendant à être autorisé à faire ce paiement;

Le Conseil, considérant que la Municipalité ne doit payer que les dépenses qu'elle a ordonnées; considérant aussi que les dépenses qui ont été faites pour la division générale du royaume ont été supportées par le trésor public et n'ont nullement été à la charge des cantons, des districts, ou même des départements;

A arrêté que M. le procureur-syndic écrirait incessamment au Comité de constitution de l'Assemblée nationale, pour lui faire connaître les motifs qui s'opposent au paiement du mandat accordé au sieur Verniquet.

— Lecture faite de deux imprimés ayant pour titre : *District des Cordeliers. — Extrait des registres de l'assemblée générale du district des Cordeliers, des 1er et 2 juillet, présent mois*, lesdits imprimés signés : Danton, président; Paré, vice-président; Fabre (d'Églantine), Pierre Jean Duplain, Laforgues, secrétaires, *de l'imprimerie de Chalon, rue du Théâtre-Français, à Paris, 1790*; lesdits arrêtés adressés par la petite poste à MM. les administrateurs composant le Bureau de Ville, à Paris, contresignés : *District des Cordeliers;* (III, p. 478.)

Le Conseil municipal, considérant que ces arrêtés contiennent des maximes absolument inconstitutionnelles et respirent un esprit séditieux qui pourrait avoir les suites les plus funestes; considérant aussi que, s'il est dans ses principes de vouer au mépris qu'elles méritent les injures que des écrivains mercenaires et forcenés se permettent contre l'administration municipale et individuellement contre ceux qui la composent, il est aussi de son devoir de prévoir les conséquences qui peuvent en résulter; considérant enfin que les réflexions insérées dans l'imprimé du 2 juillet tendent à altérer la

---

(1) Voir Tome V, p. 562, *Éclaircissement* VI, n° 3.
(2) Séance du 19 juillet. (Voir ci-dessous, p. 528.)

confiance des citoyens, leur respect pour les décrets de l'Assemblée nationale sanctionnés par le roi, et même à les exciter contre les commissaires du Conseil, délégués pour ouvrir la première séance des 48 nouvelles sections;

A arrêté que deux de ses membres, MM.   et   (1), se retireraient sans délai devers le Comité de constitution, qu'ils soumettraient à son examen les deux arrêtés ci-devant désignés, et qu'ils le supplieraient de vouloir bien examiner s'il ne serait pas de la justice de l'Assemblée nationale de prendre des mesures pour que ses décrets fussent exécutés, l'autorité légitime respectée et les citoyens retenus dans les bornes qu'il ne leur est pas permis de franchir (2).

~~~ MM. Duport, Brousse, Champion et Le Jeune ont fait le rapport de l'affaire du sieur Le Roi, entrepreneur d'un spectacle, rue Saint-Antoine, dont ils avaient été chargés par un arrêté du 30 juin dernier (3).

D'après leurs observations;

Le Conseil, considérant que nul motif ne peut autoriser l'administration à s'écarter, jusqu'à ce qu'un nouvel ordre ait été établi, des lois et des principes qui, jusqu'à ce moment, ont dirigé l'administration des spectacles, a ordonné, relativement au sieur Le Roi, que ces lois seraient exécutées, sauf à la Municipalité (4) à statuer, s'il y a lieu, sur la demande du sieur Le Roi (5).

~~~ M. Lejeune, chargé spécialement de l'exécution de l'arrêté pris dans le dernier Conseil, au sujet des bêtes féroces qui avaient été transportées dans les environs du Champ-de-Mars (6), a annoncé que les ordres du Conseil avaient été ponctuellement exécutés. (IV, p. 479.)

~~~ MM. Tiron et Trudon, que le Conseil avait ajournés à ce jour pour entendre leur rapport relativement aux biens du clergé (7), ont été renvoyés au premier Conseil (8).

Il a été arrêté que personne ne pourrait demander ni obtenir la parole avant ce rapport.

(1) Les noms manquent dans le registre-copie.
(2) Aucune suite ne paraît avoir été donnée à cette plainte.
(3) Arrêté du 30 juin. (Voir ci-dessus, p. 332.)
(4) Il faut lire, ici, probablement : *sauf à la Municipalité définitive à statuer...*
(5) L'*Assemblée des Représentants* fut saisie d'une nouvelle réclamation du sieur Le Roi, le 19 juillet. (Voir ci-dessous, p. 522.)
(6) Arrêté du 8 juillet. (Voir ci-dessus, p. 438.)
(7) Ajournement du 8 juillet. (Voir ci-dessus, p. 440-441.)
(8) Séance du 12 juillet. (Voir ci-dessous, p. 483.)

~~~ Sur la représentation des membres du Tribunal municipal;

Le Conseil a arrêté que les greffiers, le trésorier et les huissiers de la Ville accompagneraient la Municipalité (1).

~~~ M. le président a levé la séance.

Signé : D'AUGY, *président;* DE JOLY, *secrétaire.*

* * *

ÉCLAIRCISSEMENTS

(I, p. 452) La cérémonie à la fois religieuse et patriotique du mardi 13 juillet fut aussi variée qu'imposante.

A midi, les anciens Électeurs de 1789 se trouvaient réunis à l'église Notre-Dame; à côté d'eux se tenaient la Municipalité, les Représentants de la Commune, des députations de tous les corps civils et militaires de Paris, des confédérés des gardes nationales (2) et troupes de ligne, ainsi que la députation de l'Assemblée nationale.

Tous ces personnages entendirent d'abord la messe, célébrée par SECRÉ DE PENVERN, curé de Saint-Étienne du Mont, l'un des Électeurs du clergé qui étaient venus, avant le 14 juillet, se joindre aux Électeurs du tiers état, et Représentant de la Commune (3).

Puis, vint le discours dont l'abbé BERTOLIO, aussi ancien Électeur et Représentant de la Commune, avait été chargé (4).

Passant en revue les trois premiers jours de la Révolution, il montre les Électeurs tenant le timon du vaisseau et préparant la fameuse journée du 14. Ici, grand mouvement oratoire :

Soleil, hâte-toi de sortir du sein des ondes! Hâte-toi d'éclairer le plus beau jour de l'empire français, et, pour la dernière fois, lance sur la Bastille tes regards indignés d'avoir frappé si longtemps ses horribles murailles! Elle va disparaître : des flots de citoyens, transformés en héros, se précipitent au pied

---

(1) A la cérémonie de la Fédération.

(2) A la réunion des fédérés départementaux, tenue le 4 juillet à l'Hôtel-de-Ville, DE GOUVION, major-général, donna lecture de deux lettres provenant toutes deux des Électeurs de 1789 : la première, du 10 juillet, signée : DE LA VIGNE et MOREAU DE SAINT-MÉRY, présidents, DE LA POISE, commissaire, BELLANGER, DE LEUTRE et DE SILLY, invitait l'Assemblée des gardes fédérés à envoyer une députation au *Te deum;* la deuxième, du 11 juillet, signée : DE SILLY, invitait un député de chaque département au banquet patriotique. (*Procès-verbal de la Confédération des Français,* p. 3-4.)

(3) Voir *Moniteur* (n° du 20 juillet).

(4) *Discours prononcé dans l'église métropolitaine de Paris, le 13 juillet 1790, pendant la cérémonie du Te deum en actions de grâces, selon le vœu de MM. les Électeurs de 1789,* par M. BERTOLIO, l'un des Électeurs de 1789 et Représentant de la Commune de Paris, imp. 20 p. in-8° (Bib. Nat., Lb 39/3744). — La brochure est annoncée et analysée dans le *Moniteur* (n° du 18 août).

de ses tours menaçantes ; le signal de l'attaque est le signal de la victoire : dans un instant, la Bastille est attaquée, la Bastille est prise, Paris est libre, l'Assemblée nationale est libre, la France entière est libre.

La journée du 15 rappelle l'élection de BAILLY comme Maire et de MOTIER DE LA FAYETTE comme Commandant-général ; l'orateur fait entre eux deux un parallèle qui finit par ce trait :

La France a donc aussi son Franklin et son Washington.

La seconde partie, destinée à retracer les suites heureuses des événements des trois premiers jours, s'annonce par cette apostrophe :

Tyrans, descendez du trône ! Les Français ont ouvert le chemin de la liberté à toutes les nations.

Arrivant à la fédération, l'orateur trace un petit tableau, qui n'est pas sans charme, du travail populaire au Champ-de-Mars :

Qu'ils disparaissent, ces monuments de la Grèce et de Rome, ces cirques fameux destinés à des jeux ou cruels ou frivoles ! Paris vient d'en créer un qui l'emporte sur eux : il est l'ouvrage de la cité entière. Les mains délicates des femmes, les mains débiles des enfants, les mains tremblantes des vieillards sont réunies aux mains triomphantes de nos soldats citoyens, et trois jours de la liberté ont produit ce que des mois entiers du despotisme, secondé de tout son or, n'auraient pu produire.

Enfin, le serment qui doit être prêté le lendemain lui inspire les accents suivants :

Je l'entends prononcer, ce serment civique et national : il se répète, au même instant, sur toute la surface de la France. Le ciel le reçoit avec allégresse ; la terre en tressaille de joie ; les trônes des tyrans sont ébranlés ; l'esclave, dans toutes les parties du monde, sent une main invisible qui lui arrache ses chaines ; la nature entière est en mouvement ; elle enfante la liberté des nations !

Après le discours, fort applaudi, une quête fut faite par mesdames LE CHAPELIER, DE LA FAYETTE et MOREAU (1), dont le produit fut consacré sur-le-champ à la délivrance des prisonniers pour mois de nourrice (2).

Nous arrivons à la partie artistique du spectacle.

Un « hiérodrame » devait être exécuté (3).

Il est intitulé : *La prise de la Bastille,* hiérodrame tiré des livres saints, suivi d'un cantique en actions de grâces *Te deum laudamus* (4). Le compositeur DÉSAUGIERS (Marc Antoine), né en 1752, mort en 1793, père du chansonnier du même nom, était connu par plusieurs opéras-comiques (5).

(1) Probablement, madame MOREAU DE SAINT-MÉRY.
(2) Voir *Moniteur* (n° du 20 juillet).
(3) Arrêté du 25 juin. (Voir ci-dessus, p. *442*.)
(4) Imp. à la suite de la *Séance relative à la cérémonie du* Te deum. (Voir ci-dessus, p. *442*, note 1.)
(5) Je ne sais pourquoi M. TOURNEUX (*Bibliographie,* t. I, n° 1703), en signalant cette pièce, attribue les paroles à DÉSAUGIERS et la musique à CANDEILLE. Ni dans le livret, ni dans les comptes rendus, ni dans le *Dictionnaire des musiciens,* par FÉTIS, le nom de CANDEILLE n'est prononcé.

Le *Journal de la Municipalité et des sections* (n° du 17 juillet) rend compte, en ces termes, de la solennité :

« L'orchestre le plus nombreux et composé des meilleurs musiciens, tant en hommes qu'en femmes, a exécuté un hyérodrame tiré des livres saints et la narration sur *La prise de la Bastille*, dont la musique a été composée par M. Désaugiers.

« L'ouverture, par sa légèreté, peint la tranquillité du peuple qui a mis sa confiance en un ministre qu'il chérit. Elle est troublée par l'annonce inattendue que vient faire un citoyen de l'exil de ce ministre : bientôt des cloches imitant le tocsin se font entendre au milieu d'une musique alarmante ; on bat aux champs ; marche militaire ; les décharges de la mousqueterie, les coups de canon sont parfaitement imités par les tambours et timbales ; une explosion totale de l'orgue et de tout l'orchestre exprime la chute du pont-levis de la Bastille, et les chœurs chantent : *Qu'il s'écroule, l'asile de l'esclavage ! Qu'il s'écroule ! Que les portes soient renversées !* Les chœurs rendent les cris de victoire et de triomphe : la trompette guerrière se fait entendre, ainsi que les plaintes des mourants et des blessés. *Vivent le roi et la liberté !* devient l'exclamation générale, qu'a terminée le chant du *Te deum*.

« Cette musique était pleine de mouvement et de chaleur, et tellement bien exécutée qu'un aveugle aurait pu croire être au milieu du bruit et du fracas d'un assaut (1). »

Saturés d'éloquence et de musique, les auditeurs du *Te deum* éprouvèrent le besoin de se réjouir d'une autre façon : un banquet patriotique couronna cette fête civique ; on porta les santés de la nation, du roi, du Maire, du Commandant-général, des présidents, des Électeurs, de tous les citoyens de Paris et des députés au pacte fédératif (2).

(II, p. 453) Depuis le 21 juin, les commissaires du Conseil de Ville au Comité de confédération n'avaient point rendu compte des travaux du Comité (3). C'est donc aussi à partir de cette date que nous reprenons, avec le *Journal de la Municipalité et des sections*, l'exposé succinct des décisions de l'*Assemblée des députés des soixante sections pour le pacte fédératif*, dont le *Comité de confédération* était, en quelque sorte, le pouvoir exécutif ; nous y joindrons la mention des actes de l'administration ou des districts concernant l'organisation de la fête patriotique du 14 juillet.

Mais, pour plus de clarté, au lieu de suivre l'ordre chronologique, qui nous obligerait à des redites continuelles, la même question revenant plusieurs fois en discussion, nous diviserons les explications que nous avons à fournir en plusieurs paragraphes, dont chacun correspondra à un objet particulier.

§ 1er. — *Direction générale.*

De par les pouvoirs délégués par les districts, c'était sans nul doute l'*Assemblée des députés des 60 sections pour le pacte fédératif* qui avait

---

(1) Une seconde audition eut lieu le 25 décembre de la même année au *Concert national*, salle de l'Opéra. (Voir *Moniteur*, à cette date.)

(2) Voir *Moniteur* (n° du 20 juillet).

(3) Séance du *Conseil de Ville* du 21 juin. (Voir ci-dessus, p. 192 et *203-210*.)

la haute main sur l'organisation de la Fédération : lorsqu'elle avait cru nécessaire d'affirmer son autorité exclusive (1), ni l'Assemblée des Représentants de la Commune, ni la Municipalité n'avaient protesté, ni pu protester.

Cependant, reconnaissant que le concours des administrateurs lui était indispensable, l'Assemblée des députés des 60 sections s'était adressée au Conseil de Ville (2), et, après quelques difficultés, un accord était intervenu, aux termes duquel le Conseil avait désigné six de ses membres pour étudier les moyens d'exécution de concert avec les commissaires que l'Assemblée du pacte fédératif déléguait dans le même but et en même temps (3).

Un moment, quelques membres de l'Assemblée des Représentants de la Commune avaient proposé à leurs collègues de réclamer au moins la surveillance des dépenses et la direction des mesures de sûreté publique. Mais cette tentative avait été promptement repoussée par l'ordre du jour (4).

D'ailleurs, l'Assemblée nationale avait formellement légalisé, en tant que de besoin, les pouvoirs des députés des sections pour le pacte fédératif, et reconnu au *Comité de confédération*, présidé par le Maire, le droit d'ordonner les dépenses (5).

La situation était donc très nette : aucun conflit d'attributions ne devait se produire; de fait, aucun ne se produisit.

§ 2. — *Choix de l'emplacement.*

Tout d'abord s'était posée la question de l'emplacement : où s'accomplirait la cérémonie du pacte fédératif?

Bien que le Champ-de-Mars ait paru indiqué dès le début (6), il ne faudrait point croire que ce choix soit devenu définitif sans opposition.

On en délibéra dans les districts, et on ne se priva point de critiquer, même de suspecter, les préférences du Comité spécial de confédération.

Ainsi, le 24 juin, dans l'assemblée du *district des Récollets,* un citoyen qui n'était pas le premier venu, un architecte, prix de Rome, HAROU, dit ROMAIN, alors sous-lieutenant volontaire de chasseurs (7), appelle l'attention publique sur les préparatifs déjà commencés au Champ-de-Mars, où les travaux coûteront très cher et qui restera insuffisant pour recevoir les 800 ou 900,000 spectateurs auxquels il faut s'attendre. « On sacrifie, dit-il, la majesté de cette fête en réduisant la masse imposante de peut-être un million d'hommes libres, parce qu'un lieutenant de maire, architecte (8),

---

(1) *Proclamation* du 16 juin. (Voir ci-dessus, p. *108-109.*)

(2) Le 10 juin. (Voir ci-dessus, p. *13-15* et *18-19.*)

(3) Le 12 juin. (Voir ci-dessus, p. 40 et *205.*)

(4) Séance du 3 juillet. (Voir ci-dessus, p. 374-375.)

(5) Décret du 4 juillet, art. 1 et 2. (Voir ci-dessus, p. *384-385.*)

(6) Délibération du *district de Sainte-Opportune,* du 10 mai, et décisions de l'*Assemblée des députés des sections,* du 17 mai et du 23 juin. (Voir Tome V, p. *276* et *278*, et ci-dessus, p. *208.*)

(7) HAROU (Jean-Baptiste Philippe), dit *le Romain*, né en 1761, prix de Rome en 1788 pour l'architecture. Nous le retrouverons à la Commune révolutionnaire du 10 août.

(8) C'est CELLERIER qui est ainsi visé. — On trouve ici l'écho des critiques

a fait des projets qu'il a eu le pouvoir de faire accepter; parce qu'il est plus aisé de calculer ce qui revient de bénéfices sur 15 ou 1,800,000 livres de dépenses que de concevoir une idée saine et grande ! » Le choix du Champ-de-Mars, qui n'offre pas assez de place, a fait penser à une distribution de billets d'entrée qui n'est pas soutenable (1). Bref, il appuie l'idée d'un citoyen qui, dans la *Chronique de Paris* (n° du 20 juin), a proposé la plaine des Sablons, six fois plus vaste que le Champ-de-Mars, et six fois moins chère à aménager, malgré les indemnités qu'il y aurait lieu d'allouer aux propriétaires qui la cultivent.

Par les mêmes motifs, et en insistant particulièrement sur l'immensité des frais et la nécessité de réunir le concours le plus nombreux des amis de la liberté, seule chose qui puisse ajouter à la grandeur et à la solennité de la fête, le district avait pris l'arrêté suivant (2) :

L'assemblée a adopté ce discours à l'entière unanimité, et a arrêté qu'elle s'oppose de tout son pouvoir à l'exécution du projet encommencé; que le discours, ensemble le présent arrêté, seront imprimés et communiqués très promptement aux 59 autres sections; qu'à cet effet, il sera écrit à MM. les présidents de chacune d'elles pour demander une convocation expresse de leur assemblée, à laquelle se rendront des députés pour leur faire part du tout, et prier de le prendre en la plus haute considération, de remettre sur-le-champ leur vœu à MM. les députés et de les autoriser à le faire valoir pour l'exécution du projet.

Signé : LOCRÉ, président.
LIBERT, secrétaire-greffier.

Le 26 juin, le *district des Mathurins* exprimait la même opinion dans une délibération (3) dont voici le résumé :

L'assemblée, justement étonnée de l'espèce de secret qu'on a mis dans les apprêts de la fête nationale (4), a remarqué qu'on s'était écarté des principes sacrés de l'égalité qui doit toujours exister entre les citoyens, en construisant, dans un endroit déjà trop resserré par sa nature, des amphithéâtres qui interdiront la vue de la cérémonie à plus de 300,000 personnes, qui auraient pu se placer dans les allées avoisinant le Champ-de-Mars.

Considérant : 1° la dépense inutile, les désagréments qui résulteront nécessairement de la fouille du Champ-de-Mars, et les accidents sans nombre auxquels des terres nouvellement remuées pourront donner lieu le jour de la fête, surtout s'il venait à tomber un orage la veille de la fête; 2° la jalousie et les mécontentements que pourrait causer au peuple le droit à entrer qu'on obtiendrait par billets; 3° la petitesse du local qu'on a choisi et la difficulté d'y arriver par des routes extrêmement resserrées, et son incommodité qui ferait déserter la fête aussitôt après la cérémonie;

---

dirigées contre le projet de CELLERIER, qui avait obtenu la préférence, par son concurrent BLONDEL (Voir ci-dessus, p. *205*), dans un écrit intitulé : *Observations du sieur* BLONDEL, *architecte et dessinateur du cabinet du roi, sur le projet de la fête de la Confédération patriotique du 14 juillet, dont les plans et dessins ont été présentés à MM.* BAILLY *et* LA FAYETTE, imp. 7 p. in-8° (Bib. Nat., Lb 39/3730).

(1) Les billets d'entrée furent finalement écartés. (Voir ci-dessous, p. 489-492.)
(2) Imp. 8 p. in-4° (Bib. Nat., Lb 40/1543).
(3) Imp. 3 p. in-4° (Bib. Nat., Lb 40/1444).
(4) Quel secret? Le rédacteur de l'arrêté veut sans doute se plaindre de ce que les districts n'aient pas été consultés.

L'assemblée a arrêté :

1° Qu'elle s'opposait de toutes ses forces à l'établissement de la fête nationale dans un lieu aussi resserré que le Champ-de-Mars et dont les issues seront aussi faciles à être engorgées ;

2° Que les 59 autres districts seront invités à délibérer s'il ne serait pas plus avantageux de transporter la fête dans la plaine des Sablons, qui, par sa grandeur et surtout par le voisinage du bois de Boulogne, dont on pourrait rendre la communication plus facile en abattant une partie du mur qui le sépare de la route, offrirait toutes les ressources pour varier les plaisirs et prolonger la durée de la fête par l'installation de tentes pour traiteurs ou restaurateurs ;

3° Dans le cas où, malgré les incommodités du Champ-de-Mars, les 59 autres districts croiraient qu'il est trop tard pour s'opposer à l'établissement de la fête dans ce lieu, le district des Mathurins a arrêté qu'il s'opposerait de toutes ses forces à la perfection des amphithéâtres déjà commencés ou à la construction d'aucuns amphithéâtres autres que ceux pour le roi et l'Assemblée nationale, et à la distribution d'aucuns billets autres que ceux des députés à la confédération ;

4° Qu'elle s'opposerait également à la continuation d'une opération aussi inutile que la fouille du Champ-de-Mars ;

5° Que son vœu exprès est que les fossés du Champ-de-Mars soient comblés, afin de multiplier les moyens de circulation et de prévenir les accidents autant qu'il sera possible ;

6° Que la Municipalité serait invitée à retirer promptement les ouvriers du Champ-de-Mars, qu'elle a tirés des ateliers de charité, où ils ne faisaient rien, pour les occuper à des travaux vraiment nuisibles ;

7° Enfin, qu'expédition du présent arrêté serait portée à l'instant par les commissaires déjà nommés à l'Assemblée des 120 députés de la Confédération, et qu'ils seraient invités à faire part au district de leur résolution, et, en outre, que les projets ultérieurs qui pourraient être présentés pour la célébration de cette fête seront envoyés aux sections, pour être approuvés par elles avant que d'être définitivement arrêtés ;

A arrêté en outre l'impression et l'envoi aux 59 autres districts.

Signé : Dufourny de Villiers, président.
Dumolard, vice-secrétaire.

A ces critiques, la commission mixte constituée par l'Assemblée des députés spéciaux des sections et par le Conseil de Ville répondit par un exposé, publié, dans les premiers jours de juillet (probablement le 3 ou le 4), sous ce titre : Confédération nationale. *Rapport des commissaires* (1).

Les motifs de préférer le Champ-de-Mars y sont expliqués ainsi qu'il suit :

Cette cérémonie imposante, qui appelle et rassemble dans la capitale les députés de tous les départements et de toutes les troupes du royaume, ce spectacle superbe d'une nation tout entière, qui vient librement renouveler ses engagements de fraternité mutuelle et de fidélité à la loi, devrait, s'il était possible, avoir pour témoins tous les habitants de l'univers.

Le premier devoir des commissaires, nommés par la Municipalité (2) et par la

---

(1) Imp. 7 p. in-8°, sans date (Bib. Nat., Lb 39/3764, et Bib. Carnavalet, n°ˢ 8664 et 12272); reproduit par extraits dans le *Journal de la Municipalité et des sections* (n° du 6 juillet) et en entier dans le *Moniteur* (n° du 9 juillet).

(2) La Municipalité, c'est-à-dire le Conseil de Ville.

Commune de Paris (1) pour veiller aux préparatifs de cette fête, était donc de la fixer dans un lieu vaste qui, réunissant l'espace à la proximité, présentât le plus de facilité et d'économie pour les dispositions et le plus d'étendue dans ses dimensions.

Quatre endroits différents ont été proposés : la *plaine de Saint-Denis*, la *plaine de Grenelle*, la *plaine des Sablons*, et le *Champ-de-Mars*.

Les moissons abondantes, dont les deux premières sont chargées, n'ont pas permis de s'arrêter longtemps sur cette idée : l'avantage que ces plaines pouvaient promettre aurait été acheté par un sacrifice trop coûteux et trop pénible, puisqu'il fallait enlever au cultivateur le produit de son travail et l'espérance de sa récolte. En vain a-t-on osé dire que des indemnités pouvaient le consoler de ses pertes : ce système oppresseur, pris dans l'ancien code des chasses, ce système, qui, pour le plaisir d'un moment, dévore le bien d'une année et qui, dans ses calculs infidèles, ruine celui qu'il dédommage et ne remplace jamais, pour le propriétaire ni pour la société, les productions dont il les prive, ne pouvait être adopté pour une fête où le premier serment des citoyens était de maintenir la liberté et de respecter les lois et surtout les propriétés.

Il ne restait donc à choisir qu'entre la plaine des Sablons et le Champ-de-Mars.

La première, cultivée en partie, offrait les mêmes inconvénients. Cependant, le genre de productions dont elle est couverte aurait peut-être permis un sacrifice, si l'on en eût trouvé le dédommagement dans les dimensions qu'elle présentait ; mais, plus éloignée de Paris, irrégulière dans sa forme, beaucoup plus étroite dans un de ses côtés que dans l'autre, elle donne, d'après les mesures qu'on a prises, une superficie moindre que le Champ-de-Mars.

Le Champ-de-Mars, dont le nom appelle une fête militaire, orné de quatre rangées d'arbres intérieures et de quatre autres extérieures ; terminé, d'un côté, par un bâtiment vaste, qui offre des ressources, de l'autre, par un superbe amphithéâtre, qui semble placé exprès pour réunir, sans fatigue et sans danger, un nombre considérable de spectateurs ; qui ne contient ni récoltes ni productions ; qui est dans l'intérieur des murs de la ville et ne porte pas à une trop grande distance, ni les citoyens que leur curiosité attire, ni les troupes qui veillent à leur sûreté et à leur tranquillité, rassemble tous les avantages que la prudence pouvait désirer : et c'est le lieu qu'après un long examen les commissaires ont cru devoir choisir.

Les commissaires donnent ensuite quelques détails sur la décoration simple qu'ils ont adoptée, autant par prudence que par économie. Quant aux places réservées aux spectateurs, ils s'expriment en ces termes :

> On a supprimé les échafauds pour le public, parce que, construits à la hâte et établis pour un temps fort court, la négligence qu'on y met lorsqu'on les multiplie entraîne presque toujours des accidents. Mais, pour conserver à l'enceinte qui réunira les spectateurs l'avantage que donnent les amphithéâtres et les mettre tous à portée de voir également, on a formé autour du Champ-de-Mars un glacis en terre qui, graduellement élevé, portera trente rangs de gradins dans tous les pourtours et fournira 160,000 places commodes, où seront assis tous les citoyens. Le reste du glacis, pouvant contenir 100,000 personnes et plus debout, fera du Champ-de-Mars une salle immense qui, indépendamment de l'Assemblée nationale, du roi, de toute la cour, des députés des différentes communes et de tous ceux qui seront nécessaires à la fête, rassemblera environ 300,000 spectateurs.

(1) La Commune, c'est-à-dire l'Assemblée des délégués spéciaux des districts composant la Commune.

Ces glacis sont exécutés par les ateliers publics, composés d'ouvriers pris dans toutes les sections et journellement payés par le gouvernement. Ainsi, en diminuant la dépense déjà établie, ces préparatifs, devenus moins dispendieux, seront l'ouvrage des citoyens que la capitale renferme.

Le *Rapport des commissaires* se termine ainsi :

Quant à la sûreté intérieure et extérieure, il n'est pas de soins que les commissaires n'aient cru devoir prendre. Il n'est aucun endroit qui n'ait été examiné, aucun souterrain qui n'ait été visité, et les différentes sections de Paris sont priées de vouloir bien nommer chacune un commissaire qui, deux jours avant la fête, vienne examiner le lieu et les préparatifs, réunir sa vigilance à celle des commissaires et ajouter les précautions qu'il croira nécessaires, s'il en est qui soient échappées à leur prévoyance.

Tels sont les motifs qui ont guidé les commissaires, les raisons qui ont décidé leur choix, et les précautions qu'ils ont cru devoir prendre pour la préparation du lieu où sera établie la fête.

Par cet exposé simple et dont les circonstances ordonnent la brièveté, tous les citoyens jugeront quelle confiance on doit aux calomnieuses imputations, aux dangereux rapports répandus avec une coupable profusion dans le public. Les commissaires ne répondront pas à ces nombreux écrits dictés par des intérêts bien opposés à l'intérêt public. La vérité et la tranquillité de leur conscience seront leur seule réponse.

Signé : Charon, président de la Commune pour le pacte fédératif.

Avril, Pons (de Verdun), J. L. Brousse, Jallier, A. C. F. Champion, Mathis, Célerier, Lemit, de Bourge, Desmousseaux, Lafisse, tous commissaires pour le pacte fédératif (1).

A la suite des explications données par le *Rapport des commissaires*, toute opposition cessa. D'ailleurs, il était trop tard pour récriminer : les travaux énumérés dans le rapport étaient commencés au Champ-de-Mars, et il fallait se hâter pour arriver à temps.

§ 3. — *Répartition des travaux.*

Les travaux de terrassement étaient, comme on l'a vu, réservés par l'administration aux ouvriers des ateliers de charité. On sait aussi que, le zèle de ceux-ci ayant paru insuffisant, la population se mit elle-même à la besogne (2).

Quant aux travaux de maçonnerie, charpente, peinture, etc..., pour lesquels le concours des ouvriers de métiers était indispensable, il avait été décidé, par la proclamation du 19 juin, qu'ils seraient divisés en 60 parties, autant que de districts (3).

Comme application de cette mesure, il y a à signaler ici une nouvelle

---

(1) Six de ces commissaires représentaient le Conseil de Ville, et six l'Assemblée des députés des sections pour le pacte fédératif. (Voir ci-dessus, p. *415*, notes 1 et 2.)

(2) Voir ci-dessus, p. *411-413*.

(3) Proclamation de l'*Assemblée des députés pour le pacte fédératif*, du 19 juin. (Voir ci-dessus, p. *207-208*.)

proclamation du 22 juin (1), qui complète la précédente et qui est ainsi conçue :

Tous MM. les maîtres entrepreneurs en menuiserie, charpenterie, peinture, serrurerie et maçonnerie, de toutes les sections de Paris, qui se sont fait inscrire pour concourir aux travaux relatifs à la solennité du 14 juillet, sont invités à se réunir dans leurs sections et à y nommer un d'entre eux pour chacune des professions ci-dessus désignées, afin que celui qui sera ainsi nommé se présente à l'Hôtel-de-Ville, pour faire sa soumission d'exécuter un 60° des travaux de la Fédération, lequel 60° il distribuera ensuite à ses collègues de la même profession.

Les commissaires pour le pacte fédératif se réuniront à cet effet dans la salle de la reine, et y recevront les députés des entrepreneurs : savoir, ceux des menuisiers, vendredi (25 juin), à neuf heures du matin; ceux des charpentiers, à midi; ceux des peintres, à cinq heures du soir; ceux des serruriers, samedi (26 juin), à neuf heures du matin, et ceux des maçons, le même jour, à midi.

§ 4. — *Mesures de police.*

Une agglomération d'hommes comme celle que devait amener la Fédération nationale nécessitait des mesures extraordinaires de police.

A cet ordre d'idées se rattache d'abord une proclamation que la Municipalité fit publier à son de trompe, le 23 juin, dans tous les marchés et carrefours de la ville, concernant les mendiants et les pauvres étrangers qui, depuis quelque temps, étaient en très grand nombre dans Paris. Voici le texte de cette proclamation (2) :

Le Département de police;
Attendu que le moment approche où le pacte de famille doit être juré par tous les Français sur l'autel de la patrie; que cette imposante et sainte cérémonie ne peut manquer d'attirer à Paris un immense concours de Français et d'étrangers, jaloux de prendre part aux fêtes de la liberté et d'assister à ce spectacle sublime; que l'ordre et la décence doivent signaler le jour des serments, le calme et la paix accompagner la consécration des armes citoyennes;

A ordonné que le décret qui commande d'arrêter les mendiants valides et non valides, sains ou infirmes, femmes et enfants, recevra son entière et pleine exécution.

Signé : Bailly, Maire.
Duport-Dutertre, lieutenant de maire.
Manuel, Thorillon, Fallet, Le Scène-Desmaisons, conseillers-administrateurs.

Il s'agit du décret voté, le 30 mai 1790, sur le rapport de de La Rochefoucauld-Liancourt, au nom des Comités des rapports, des recherches et de

---

(1) Proclamation publiée, avec la date du 22 juin, dans *Confédération nationale ou Récit exact et circonstancié, etc...* (p. 34), et, avec la date du 23 juin, dans le *Journal de la Municipalité et des sections* (n°ˢ des 24 et 26 juin).

(2) D'après le *Moniteur* (n° du 25 juin). — Le *Journal de la Municipalité et des sections* (n° du 26 juin) signale la même proclamation, en ajoutant qu'elle comprenait le rapport du duc de La Rochefoucauld-Liancourt et le décret de l'Assemblée nationale.

mendicité (1), décret dont le Conseil de Ville avait ordonné l'affichage, par arrêté du 19 juin (2).

Un peu plus tard, toujours au sujet du même décret, le *Journal de la Municipalité et des sections* (n° du 17 juillet) fait connaître une instruction, envoyée aux comités de police des sections par le Maire et le Département de police, instruction contenant, dit-il, les dispositions les plus sages, et dont il publie l'extrait suivant :

La Municipalité ne croit pas avoir besoin d'inviter des hommes sensibles et des citoyens à apporter à l'exécution de cette loi utile cette modération, cette douceur et ces égards qui doivent caractériser tous les actes d'une administration bienfaisante et paternelle. Que rien ne rappelle ici le mode des arrestations d'autrefois, ni leurs déplorables suites. Songeons bien que c'est la mendicité qu'il faut détruire, et non les mendiants. Sans doute, la fainéantise et le libertinage, et toutes les causes de la corruption morale et de la dégradation de l'espèce humaine sont la source la plus ordinaire de la mendicité; mais le malheur peut aussi réduire des hommes honnêtes à cette triste et humiliante condition. Et dans quel temps a-t-on pu dire avec plus de raison que le malheureux est un être sacré, puisqu'une partie de ceux qui ont recours à la bienfaisance publique peuvent être regardés comme d'honorables victimes d'une Révolution, qui n'a pu opérer le bien général sans exiger, d'un grand nombre de particuliers, de douloureux sacrifices?

Si l'affluence des mendiants était de nature à compromettre, comme disait le Département de police, « l'ordre et la décence », d'autres causes encore menaçaient de troubler la sécurité publique. Le bruit courait que la ville serait pillée par les brigands pendant que les habitants seraient au Champ-de-Mars; ou bien, on disait que la foule serait si grande que la famine était inévitable.

Pour calmer ces alarmes, le 5 juillet, le Département de police fit afficher la proclamation suivante (3) :

MUNICIPALITÉ DE PARIS
Confédération nationale.

La Municipalité de Paris, instruite que l'impatience avec laquelle les bons citoyens attendent la solennité du 14 juillet est accompagnée d'un sentiment d'inquiétude; que ce sentiment se manifeste dans les conversations particulières et dans les discussions publiques; qu'il paraît même justifié par les précautions extraordinaires qu'ont indiquées, au Département de la police, différents arrêtés d'un grand nombre de sections de la capitale (4); que l'effet de ces bruits sourds, répandus assez artificieusement pour avoir déjà formé une opinion presque générale, serait de faire abandonner Paris par une partie de ses habitants, au moment même où tous ses citoyens doivent se réunir pour accueillir et fêter leurs frères d'armes, et former le plus imposant cortège aux représentants de la nation qui

---

(1) Rapport et décret du 30 mai. (Voir Tome V, p. *31-33*.)

(2) Arrêté du 19 juin. (Voir ci-dessus, p. 164.)

(3) Imp. 3 p. in-8° (Bib. Nat., Lb 40/1175). — Publiée dans *Confédération nationale* ou *Recueil exact et circonstancié, etc...* (p. 75), et dans le *Moniteur* (n° du 10 juillet). Le *Journal de la Municipalité et des sections* (n° du 8 juillet) n'en donne que le résumé.

(4) On ne connaît pas les arrêtés de sections qui auraient inspiré ces précautions extraordinaires.

se constitue, aux représentants de la nation armée pour défendre la constitution, au roi des Français, au chef constitutionnel de la nation ;

Considérant que ces alarmes ont évidemment pour cause une manœuvre des ennemis du bien public, quels qu'ils puissent être ; que les mauvais citoyens, désespérant d'arrêter la Révolution dans sa marche ou de lui faire prendre une autre direction, et d'empêcher l'ouvrage de la constitution de s'achever sur les bases posées par l'Assemblée nationale, veulent au moins se procurer le coupable plaisir d'attrister la fête de la liberté, de répandre des nuages sur ce beau jour qui doit fixer l'époque de notre régénération politique et en éterniser le souvenir et la durée ; que c'est dans cette vue qu'ils ont semé des rumeurs inquiétantes, pour substituer aux témoignages de l'allégresse publique le silence de la consternation, les défiances à l'abandon de l'hospitalité, et faire trembler, s'il était possible, la main des hommes libres, au moment où ils prononceront le serment solennel sur l'autel de la patrie ;

La Municipalité invite tous les citoyens à repousser les vaines terreurs et à attendre avec sécurité la fête du 14 juillet.

Ils doivent se reposer avec confiance sur les soins qu'ont pris et que doivent prendre et les députés nommés par les différentes sections pour l'objet particulier de cette fête, et le Corps municipal, et le Département spécialement chargé de la police, et les chefs que l'Assemblée nationale vient d'armer de toute la force de la loi pour assurer l'ordre et la tranquillité (1).

Ils peuvent compter sur la vigilance et le zèle des comités de toutes les sections de la capitale ; ils ont assez appris à ne pas douter de l'activité et du courage de leur garde citoyenne.

Signé : Bailly, Maire.
M. F. L. Duport, lieutenant de maire.
P. Manuel, Thorillon, Le Scène, Fallet, conseillers-administrateurs.

Le lendemain, 6 juillet, c'est le Département des subsistances qui, par une proclamation signée : Vauvilliers et B. C. Cahier (2), dément le bruit, qu'on avait fait courir dans les environs de Paris et dans les marchés de la ville, que les voitures de provisions n'entreraient pas dans Paris la semaine de la Fédération : la vérité est que toutes les voitures pourront y arriver et dans les Halles, tous les jours, excepté le 14, où aucune voiture ne pourra entrer ni rouler dans Paris.

Puis, le 7, nouvelle affiche du Département de police, signée : Bailly, Maire ; Duport, lieutenant de maire ; P. Manuel, conseiller-administrateur, et B. C. Cahier, procureur-syndic adjoint de la Commune (3), faisant défenses expresses aux femmes bouquetières, femmes du peuple ou de la Halle et autres, de contraindre, par des importunités, qui que ce soit à recevoir des bouquets, soit aux barrières, soit dans l'intérieur de la capitale. Informé qu'elles se rendaient en grand nombre aux barrières, pour offrir des bouquets aux députés des provinces à la Confédération nationale, et qu'à force

---

(1) Art. 3 du décret du 4 juillet 1790. (Voir ci-dessus, p. 385.)
(2) Publiée dans *Confédération nationale ou Récit exact et circonstancié, etc...* (p. 40), et résumée dans le *Journal de la Municipalité et des sections* (n° du 8 juillet).
(3) Publiée dans *Confédération nationale ou Récit exact et circonstancié, etc...* (p. 45), résumée dans le *Journal de la Municipalité et des sections* (n° du 8 juillet) et dans le *Moniteur* (n° du 13 juillet).

d'instances et d'importunités elles contraignaient à les recevoir et à leur faire des largesses, il a estimé que, s'il est permis à tous les citoyens d'exprimer le plaisir qu'ils éprouvent en voyant les membres de la famille nationale se réunir autour de la patrie, il serait aussi contraire au bon ordre qu'à l'honneur de la capitale que ces démonstrations de joie couvrissent des vues intéressées, et qu'on levât réellement une contribution en paraissant ne présenter qu'un hommage de fraternité.

Enfin, le 8 juillet, paraît la *Grande ordonnance de police concernant la sûreté des citoyens* (1), dont voici le préambule :

MUNICIPALITÉ DE PARIS
Confédération nationale.

Dans ces jours de paix, de confiance et d'hospitalité, au milieu de ce concours de frères d'armes, qui se réunissent autour de l'autel de la patrie pour renouveler leurs engagements de fraternité mutuelle et de fidélité à la loi et au roi, ce n'est pas assez pour la sollicitude du Département de police que la sûreté de la capitale soit garantie par la France entière; il faut encore que la plus majestueuse et la plus mémorable des solennités soit exempte même de ces accidents particuliers qui souvent, dans un grand concours de peuple et dans l'excès de la joie, laissent des souvenirs douloureux.

Suivent 11 articles, dont les plus curieux sont les suivants :

1° Personne ne pourra, sous peine de confiscation et d'amende, se présenter le 14 juillet, à la fête fédérative ou même dans les rues, avec des cannes ou bâtons, et notamment avec des cannes à épées ou dagues, ou avec toute autre arme cachée.

3° Nul ne pourra se présenter le 14 juillet, dans les rues de Paris, revêtu d'une livrée, à peine d'être puni comme réfractaire aux décrets (2), à l'exception des domestiques des ambassadeurs et de ceux des étrangers, qui seront tenus de porter sur eux une carte signée de leurs maîtres.

4° Aucuns carrosses, voitures et charrettes ne pourront rouler dans l'intérieur de la ville et dans les environs du Champ-de-Mars, même pour les déménagements (3), pendant la journée du 14 juillet. Il est défendu à toute personne, autre que les cavaliers de la Garde nationale, de paraître à cheval dans les endroits susdésignés. En cas de contravention, voitures et chevaux seront mis en fourrière, jusqu'au paiement d'une amende de 100 livres.

7° Défenses sont faites à tous particuliers de tirer aucunes fusées, boîtes, pétards, pistolets et autres armes à feu, dans les rues ni par les fenêtres, à peine de 100 livres d'amende, dont les pères et mères seront responsables pour leurs enfants, les maîtres pour leurs domestiques, et les marchands et artisans pour leurs garçons et apprentis.

8° Il est pareillement défendu très expressément à toutes personnes de s'introduire dans les maisons ou d'arrêter les passants, sous prétexte d'offrir des bouquets, à peine d'être arrêtées comme mendiants.

---

(1) Imp. 4 p. in-4° (Bib. Nat., Lb 39/9079), résumée dans le *Journal de la Municipalité et des sections* (n° du 10 juillet) et dans le *Moniteur* (n° du 12 juillet).

(2) Le § 3 du décret du 19 juin, sur l'abolition des titres nobiliaires, interdisait à tout citoyen français le port de la livrée. (Voir *Archives parlementaires*, t. XVI, p. 378.)

(3) Les déménagements avaient été reportés au 20 juillet. (Voir ci-dessus, p. *332-333*.)

9° Tous les habitants de la ville et faubourgs seront tenus, le 14 juillet, de fermer leurs boutiques et d'illuminer, le soir, les fenêtres de leurs maisons.

11° Les citoyens sont avertis qu'il y aura, pendant la journée du 14, un comité toujours tenant dans chaque district, pour veiller au maintien de l'ordre et de la tranquillité dans toutes les parties de la capitale, répondre à toutes les demandes, plaintes ou réclamations, et informer sur-le-champ le Département de police de tout ce qui pourrait plus particulièrement intéresser la sûreté publique.

Le Département invite M. le Commandant-général et MM. les commissaires de districts à tenir la main à l'exécution la plus scrupuleuse de la présente ordonnance.

Dernière précaution pour rassurer la population : le 11, fut affiché un procès-verbal (1), constatant la solidité des travaux du Champ-de-Mars, et l'état des souterrains qui avaient été visités par le Maire et les officiers municipaux. On annonçait en même temps qu'une seconde visite serait faite la veille de la fête, le 13 juillet, à six heures (2).

§ 5. — *Emblèmes commémoratifs*.

Pendant que les Départements de l'administration prenaient, chacun en ce qui le concernait, les mesures d'ordre public commandées par les circonstances, l'Assemblée des députés pour le pacte fédératif, spécialement chargée d'organiser la cérémonie, s'occupait de régler la confection et la distribution des emblèmes destinés à en perpétuer le souvenir : c'est ainsi qu'elle décidait qu'à chaque délégation départementale serait remise, au nom de la Ville de Paris, une bannière commémorative, et que chaque délégué personnellement recevrait, aussi de la Ville de Paris, une médaille commémorative.

a) Bannières, Oriflamme.

Voyons d'abord ce qui concerne les bannières.

Déjà, dans l'*Instruction pour la confédération nationale*, du 15 juin, il était annoncé que la Commune de Paris ferait préparer 83 bannières uniformes, pour être portées à la cérémonie par les députés, qui les déposeraient à leur tour au chef-lieu de leur département respectif, pour y servir de monument et de gage de la sainte alliance contractée par tous les Français, notamment pour y être portées dans les revues de gardes nationales et aux anniversaires de la Fédération. Il était dit, en même temps, que les députés des troupes de ligne auraient à leur tête une oriflamme, qui resterait déposée dans la salle de l'Assemblée nationale (3).

Le 21 juin, un membre avait proposé de profiter du *Te deum*, que les Électeurs de 1789 faisaient chanter à Notre-Dame le 13 juillet, pour faire bénir les bannières destinées aux fédérés ; mais cette motion avait été ajournée (4).

Ensuite, c'est seulement dans le *Journal de la Municipalité et des sec-*

---

(1) Publié dans *Confédération nationale ou Récit exact et circonstancié*, etc... (p. 85), résumé dans le *Journal de la Municipalité et des sections* (n° du 13 juillet).
(2) Arrêté du *Conseil de Ville*, du 12 juillet. (Voir ci-dessous, p. 484.)
(3) Voir ci-dessus, p. *206*.
(4) Voir ci-dessus, p. *209-210*.

tions (n° du 6 juillet), qu'au milieu des dispositions arrêtées pour la formation du cortège sur les boulevards, entre le quartier du Temple et la porte Saint-Martin, on trouve une mention des bannières ainsi décrites :

« Chaque département aura la bannière dont la Commune de Paris lui fera présent, et qu'il remportera comme un gage d'alliance et de fraternité. Les bannières seront sans faste : un bâton terminé par une pique; des cravates aux couleurs de la nation ; un taffetas blanc, sur chacun des deux côtés duquel seront peintes deux couronnes de chêne, symboles du patriotisme, avec cette légende : *Constitution*, au milieu de l'une ; *Confédération nationale, à Paris, 14 juillet 1790*, au milieu de l'autre. Sur chaque bannière sera écrit le nom particulier du département.

« Les troupes de ligne recevront une oriflamme qu'elles déposeront, après la cérémonie, dans la salle de l'Assemblée nationale. L'oriflamme sera décorée des mêmes couronnes et des mêmes légendes que les bannières. La seule différence, c'est qu'elle portera pour inscription : *Troupes nationales de ligne.* »

Ces dispositions se trouvent répétées dans la proclamation du roi sur l'*Ordre et marche de la Confédération* (1), dans les termes suivants :

« Il sera remis aux fédérés de chaque département une bannière portant le nom de leur département. Cette bannière sera portée au premier rang, par le fédéré le plus âgé du département.

« Les troupes de ligne, à qui il sera remis une oriflamme, qui sera portée, au premier rang, par le porte-cornette blanche de France, marcheront dans l'ordre suivant : les maréchaux de France et, au milieu d'eux, l'oriflamme. . . .

« . . . .

« Lorsque tout le cortège sera placé, l'oriflamme et les bannières des départements seront portées au haut des marches de l'esplanade, au bas de l'autel, pour y être bénites ; ensuite, elles seront reportées à leurs départements respectifs. »

Dès le lendemain de la cérémonie, le 15 juillet, à onze heures du matin, en ouvrant la séance de l'Assemblée nationale, le président (DE BONNAY) trouvait installé, à droite de son fauteuil, un drapeau qu'un guerrier tenait déployé et que gardaient deux autres guerriers. C'était l'oriflamme, offerte à l'armée française par la Commune de Paris, bénite la veille sur l'autel de la patrie, qu'un détachement d'officiers et de soldats vétérans, députés de l'armée à la fédération, avait portée le soir au château de la Muette (2), et rapportée la nuit dans le vestibule de l'Assemblée nationale, à la salle du Manège, en attendant que, sur l'invitation de DE LA COLOMBE, aide-major général de la Garde nationale parisienne, la porte de la salle des séances leur eût été ouverte. A neuf heures du matin, le porte-cornette blanche de France, DE SAINT-PRIEST, étant arrivé, l'oriflamme lui avait été remise, et c'était lui, le détachement toujours présent et au complet, qui la tenait près du fauteuil présidentiel, au moment où la séance s'ouvrait.

---

(1) Proclamation du 11 juillet (Voir ci-dessous, p. 511-512.)
(2) Un banquet patriotique avait eu lieu dans le parc de la Muette, dans la soirée du 14 juillet.

Le président ayant fait donner lecture du *Procès-verbal du transport de l'oriflamme de l'armée française à la salle de l'Assemblée nationale* (1), l'Assemblée décida d'abord qu'il serait inséré en entier dans le procès-verbal de la séance; puis elle vota, par acclamation, les honneurs de la séance et des remerciements aux vingt-neuf guerriers composant le détachement.

Il s'agissait ensuite de savoir ce qu'on allait en faire, de ce drapeau, que le porte-cornette ne pouvait pas tenir indéfiniment déployé sur la tête du président. De Bonnay posa la question, et aussitôt le marquis de Fumel-Monségur (2) de poser en principe que, le roi étant le chef suprême du pouvoir exécutif et de l'armée, c'était à lui que la garde de l'oriflamme devait être remise. Mais plusieurs membres font remarquer que l'Assemblée est encore peu nombreuse et demandent que la discussion soit ajournée à la fin de la séance. Et cette motion est adoptée (3).

Lorsque la discussion se rouvrit, quelques heures plus tard, l'abbé Maury, l'abbé Gouttes et le comte Dillon (4), reprenant la thèse précédemment indiquée, soutinrent que, l'oriflamme étant l'étendard de l'armée par excellence, c'était le roi, chef de l'armée, qui devait en être dépositaire : « A moins — ajoutait Maury — que vous ne la considériez comme un monument religieux, auquel cas elle devrait être conservée dans un temple consacré au Seigneur. » Mais le duc de La Rochefoucauld (5) objecte : « La bannière a pour devise le mot *Constitution;* c'est l'enseigne de la liberté française. C'est donc au Corps législatif qu'elle doit appartenir. » En conséquence, il demande qu'elle soit déposée dans les archives de l'Assemblée, et sa motion est appuyée par Muguet de Nanthou (6). Mais c'est le légiste breton Le Chapelier qui dégage la vraie formule : « Le drapeau que vous voyez — dit-il — n'est ni une bannière religieuse, ni une oriflamme militaire : c'est le monument d'une époque que nous n'oublierons jamais. La Commune de Paris a annoncé son intention de vous en faire hommage; l'inscription qu'elle y a placée : *Confédération nationale du 14 juillet,* consacre ce vœu d'une façon formelle. Ce drapeau ne peut être placé ailleurs que dans cette salle, où il rappellera aux législatures suivantes le serment que nous avons prêté. Je fais donc la motion expresse que cette bannière soit suspendue à la voûte de la salle de l'Assemblée nationale. »
Immédiatement, la priorité est accordée à la motion de Le Chapelier, et le décret est rendu en ces termes (7) :

L'Assemblée nationale décrète que l'étendard, donné par la Commune de Paris

---

(1) Pièce manusc. (Arch. Nat., C 42, n° 378).
(2) Maréchal de camp, député de la noblesse de la sénéchaussée d'Agenois.
(3) Voir *Archives parlementaires* (t. XVII, p. 86).
(4) Maréchal de camp, député de la Martinique, élu par le Comité des colons séant à Paris.
(5) Bien que le compte rendu porte simplement le nom de de La Rochefoucauld, la table des *Archives parlementaires* attribue cette motion au duc de La Rochefoucauld-Liancourt, député de la noblesse de Clermont-en-Beauvoisis. Je crois qu'il s'agit plutôt du député de la noblesse de la Ville de Paris.
(6) Député du tiers état du bailliage de Vesoul.
(7) Voir *Archives parlementaires* (t. XVII, p. 90).

aux vétérans représentant l'armée, sera suspendu à la voûte de la salle de ses séances.

Après l'oriflamme offerte à l'armée, l'Assemblée nationale eut aussi à s'occuper des bannières offertes aux gardes nationales, pour déterminer le lieu où elles devaient être déposées. A la séance du 19 juillet, matin, Rabaud (de Saint-Étienne) vint proposer, au nom du Comité de constitution, et pour éviter toutes contestations entre les villes, un projet de décret qui fut adopté sans discussion (1), en ces termes :

L'Assemblée nationale déclare que les bannières, données par la Commune de Paris aux 83 départements et consacrées à la Fédération du 14 juillet, seront placées et transportées dans les lieux où le Conseil de l'administration de chaque département tiendra ses séances, soit que le chef-lieu se trouve provisoire, définitif ou alternatif.

Quant aux départements où les chefs-lieux ne sont pas encore choisis, la bannière sera provisoirement déposée dans la ville neutre où les électeurs seront convoqués pour déterminer le chef-lieu, afin d'être placée ensuite dans le lieu où le Conseil d'administration tiendra ses séances, conformément au présent décret.

Mais qui aurait l'honneur de les porter jusqu'aux chefs-lieux, ces bannières mémorables? Des conflits allaient-ils se produire parmi les membres de chaque délégation? Rabaud (de Saint-Étienne) ne craignit pas de soulever la question, le 20 juillet, matin, et, au nom du Comité de constitution, proposa d'ajouter, au décret voté la veille, que les bannières données par la Commune de Paris aux gardes nationales seraient portées dans les 83 départements par les officiers les plus âgés. Pourquoi seulement les officiers? A la Fédération, il n'y a ni officiers, ni soldats; il n'y a que des frères dont tous les grades sont suspendus par la qualité égale de députés. C'est ce que fait observer Regnaud (de Saint-Jean d'Angély), en demandant que l'honneur de transporter les bannières soit, sans distinction, accordé au plus âgé. Rabaud ayant déclaré que le Comité de constitution acceptait l'amendement, il est décidé qu'on ajoutera, à la fin du § 1er du décret du 19 juillet, ces mots : « Et que la bannière sera portée par le plus ancien d'âge (2). »

Tous les départements recevaient donc de la ville de Paris une bannière : pourquoi, à leur tour, ne se concerteraient-ils pas pour offrir une autre bannière à la Ville de Paris? Le citoyen Boutié (Pierre Noël), du bataillon de Saint-Gervais, eut cette idée, qu'il exprima dans une pétition à l'Assemblée nationale (3), dont voici la conclusion :

Les Français ne sont plus qu'une famille de frères, réunis par les sentiments et les liens de la tendresse et du patriotisme. La Ville de Paris a voulu que chaque département emportât un témoignage authentique de sa fraternité : elle leur a donné à tous et en particulier une bannière, portant l'époque de la confédération.

(1) Voir *Archives parlementaires* (t. XVII, p. 191).
(2) Voir *Archives parlementaires* (t. XVII, p. 201).—C'est la solution qu'indiquait déjà Bailly, le 15 juillet, dans une lettre adressée à de Gouvion; pièce manusc. (Arch. Nat., AF ii 48, n° 167).
(3) Pièce manusc. (Arch. Nat., Div 4, n° 25bis), sans date, reçue au Comité de constitution le 19 juillet.

Serait-ce une indiscrétion que de demander à nos frères des provinces de laisser à la Ville de Paris un témoignage public et réciproque de l'union fraternelle qui les anime? Une bannière, qu'on porterait dans la fête nationale à côté de l'oriflamme, rappellerait sans cesse à la génération présente et à la future que la France est un peuple uni par les liens de la fraternité et de la liberté.

C'est à l'Assemblée nationale, c'est aux députés des provinces que l'auteur patriote soumet sa pétition : elle n'est inspirée que par le zèle.

L'idée du citoyen BOUTIÉ n'eut aucun succès (1).

b) *Médailles, Certificats.*

Après les bannières de la Fédération, passons aux médailles de la Fédération.

C'est DUVIVIER qui, le premier, avait offert ses services pour la gravure du coin, et, tout de suite, l'Assemblée des députés pour le pacte fédératif avait décidé qu'il en serait frappé un exemplaire en or pour le roi, et que tous les délégués départementaux en recevraient un exemplaire en bronze (2).

Mais, le 3 juillet, DUVIVIER était remplacé par GATTEAUX, ainsi que le rapporte le *Journal de la Municipalité et des sections* (n° du 6 juillet) dans les termes qui suivent :

« Nous avons dit que l'Assemblée pour la Confédération nationale avait accepté l'offre généreuse, qu'avait faite M. DUVIVIER, de graver gratuitement la matrice d'un grand jeton en forme de médaille, qui sera frappé pour cette fête et donné à chacun de MM. les députés.

« L'Assemblée n'a pas trouvé que la composition de ce jeton remplît ses intentions, et, samedi dernier (3 juillet), elle a accepté le dessin que lui a présenté M. GATTEAU, auteur de la colonne Trajane dont on voit le modèle dans la salle de l'Hôtel-de-Ville (3) ; un côté de ce jeton représentera la France debout devant l'autel de la patrie, ayant la main droite sur le livre de la constitution et tenant de la main gauche un faisceau d'armes ; au bas de l'autel, la Félicité publique avec ses attributs ; derrière l'autel, un drapeau dont la lance portera un bonnet phrygien ; dans le haut, la Vérité qui repousse les nuages ; de l'autre côté, on lira pour exergue : *Confédération des Français*, 14 juillet 1790. »

Nous avons donné ailleurs une description des plus complètes du type officiel de la médaille de GATTEAUX (4), et nous n'avons rien à y ajouter.

A la médaille était annexé un certificat, signé du Maire et des commissaires du pacte fédératif (5), dont le libellé était ainsi conçu :

CONFÉDÉRATION NATIONALE

(Vignette représentant la Ville de Paris, assise, entourée de trophées, appuyée sur son écusson et tenant une pique coiffée du bonnet de la liberté.)

14 juillet 1790

Nous, Maire de la Ville de Paris, Commandant-général de la Garde nationale parisienne, Président et commissaires de la Commune pour le Pacte fédératif;

---

(1) La pétition porte la mention : *Rebut.*
(2) Décision du 12 juin. (Voir ci-dessus, p. *205.*)
(3) Ce projet de colonne est décrit plus loin. (Voir ci-dessous, p. *494.*)
(4) Voir ci-dessus, p. *16-18.*
(5) Imp. (Arch. nat., C 206, n° 160/73).

Certifions que M. . . . . : . . a assisté à la Fédération, en qualité de. . . . . . .
du département de . . . ., district de . . . ., et que, pendant son séjour dans nos murs, il nous a donné les témoignages du plus pur patriotisme et de la fraternité la plus entière.

En foi de quoi, nous lui avons délivré le présent certificat, auquel nous avons apposé le cachet de la Fédération.

A l'Hôtel-de-Ville, le. . . . .

Confédération nationale, à Paris, 14 juillet 1790.

Signé : BAILLY, Maire.
LA FAYETTE, Commandant-général.
CHARON, Président des commissaires pour le Pacte fédératif.
LE CAMUS (1).
BARRÉ (2).

La distribution de ces médailles et certificats fut réglée par deux *Avis du Comité de la Fédération*, du 16 et du 22 juillet 1790 (3), dont le premier était formulé ainsi qu'il suit :

MM. les députés de la Confédération et MM. les volontaires qui ont accompagné les détachements de chacun des départements sont avertis qu'on distribuera des *certificats* en nombre suffisant à MM. les commandants des diverses députations, pour être ensuite par eux délivrés ainsi qu'à tous les volontaires qui les ont accompagnés à la Fédération, et que le *jeton* ne sera distribué qu'à MM. les députés seulement.

Signé : CORNU, président du Comité de la Confédération.

Il y avait donc une différence établie entre les délégués officiels et les volontaires, ceux-ci n'ayant droit qu'au certificat de présence, les premiers ayant droit au certificat et à la médaille.

Le deuxième *Avis*, du 22 juillet, ne concerne que le délai accordé aux uns et aux autres :

Ceux de MM. les députés qui n'ont pas encore reçu leurs *jetons* et *certificats* sont priés de se présenter à l'Hôtel commun, aux bureaux établis maison du Saint-Esprit, d'ici à dimanche prochain, 25 du présent mois, jour auquel les bureaux cesseront d'être ouverts.

Signé : CORNU, président du Comité.
BOUTIBONNE, secrétaire.

L'Assemblée des commissaires pour le pacte fédératif eut d'ailleurs la gracieuseté de distribuer également la médaille du 14 juillet aux Représentants de la Commune (4).

§ 6. — *Quête pour les pauvres.*

Dans cette revue des travaux de l'*Assemblée des députés pour le pacte*

---

(1) Signature manuscrite. LE CAMUS était commissaire du *district de la Sorbonne*. (Voir Tome V, p. 725.)

(2) Signature manuscrite. BARRÉ était commissaire du *district de Saint-Louis en l'Ile*. (Voir Tome V, p. 724.)

(3) Publiés dans *Confédération nationale* ou *Récit exact et circonstancié, etc...* (p. 162 et 166). — Le second seulement est reproduit par le *Moniteur* (n° du 24 juillet).

(4) Séance du 27 juillet. (Voir ci-dessous, p. 585.)

fédératif et de son diminutif, le *Comité de confédération*, il convient de signaler encore une décision relative à une quête au profit des pauvres.

L'initiative en avait été prise par le comité de bienfaisance du *district de l'Abbaye de Saint-Germain des Prés*, qui, par délibération en date du 30 juin (1), avait proposé de diviser les spectateurs en autant d'arrondissements qu'il y avait de sections, et de nommer dans chaque section quatre commissaires chargés de faire une quête au profit des pauvres.

Porté au Comité de confédération, ce vœu fut accueilli favorablement, ainsi qu'il ressort d'un extrait de son procès-verbal du 8 juillet (2) :

> Une députation du district de Saint-Germain des Prés est venue proposer de faire une quête en faveur des pauvres le jour de la Confédération.
> Sur quoi, le Comité, applaudissant aux intentions bienfaisantes de MM. du district de Saint-Germain, invite chaque district à nommer trois commissaires qui se partageront les 60 travées qui environnent le Champ-de-Mars et dont chacune est coupée par trois rues, si tel est le vœu de la majorité des districts.
> *Signé* : BAILLY, et autres commissaires.
>
> Arrêté au Comité, le 8 juillet 1790.

L'autorisation du Comité de Confédération était donc subordonnée à l'adhésion de la majorité des districts. Le *district de l'Abbaye de Saint-Germain des Prés* s'efforça d'obtenir cette adhésion ; il envoya aux autres districts le procès-verbal du Comité de confédération, accompagné de la note suivante (3) :

> D'après l'arrêté ci-dessus, Messieurs, vous êtes instamment priés d'envoyer au plus tôt votre vœu pour être joint à ceux des autres districts.
> *Signé* : BENOIT-DUPORTAIL, président.
> ANGOT-DUPLESSIS, secrétaire-greffier.

Quelle fut la réponse des autres districts ? La quête eut-elle lieu ?

Il a été impossible de trouver le moindre renseignement qui permette de répondre à ces questions.

§ 7. — *Organisation de la fête populaire.*

La fête populaire du dimanche 18 juillet (4) donna lieu à une proclamation de l'Assemblée des députés pour le pacte fédératif et à un arrêté du Département de police, proclamation et arrêté qui ne sont connus que par une délibération du *district des Mathurins*, datée du 20 juillet (5), dont voici les passages principaux :

---

(1) Pièce manusc. (Bib. Nat., manusc. reg. 2665, fol. 290).
(2) Pièce manusc. (Bib. Nat., manusc. reg. 2666, fol. 26, et Archives de la Seine, D 446).
(3) Pièce manusc. (Bib. Nat., manusc. reg. 2666, fol. 26, et Archives de la Seine, D 446).
(4) Deux incidents, qui sont aussi deux accidents, se produisirent ce jour-là. (Voir ci-dessus, p. *425-428*, et ci-dessous, p. *547-549*.)
(5) Imp. 3 p. in-4° (Bib. Nat., Lb 40/1446 ; Bib. Carnavalet, dossier 10065 ; et Bib. de la Chambre des députés, BF 33 A, t. 39, pièce n° 30). — M. TOURNEUX ne mentionne cette délibération, dans sa *Bibliographie*, ni parmi les documents relatifs à la Fédération, ni parmi les documents du district des Mathurins (t. I et II).

L'assemblée générale du district;

Dénonciation faite d'un placard du Département de police, du 16 juillet, qui porte : « Vu la proclamation des commissaires du pacte fédératif, en date de ce jour, qui invite les citoyens de la capitale à témoigner, dimanche 18, par des fêtes, le plaisir.....; *le Département de police*, bien convaincu, par l'expérience mémorable du 14 juillet, que le moyen infaillible d'assurer l'ordre et la tranquillité était de s'en reposer sur *ce BON PEUPLE, qui MÉRITE toute la confiance de l'administration qu'il a lui-même choisie*, et qui est toujours sage et circonspect lorsqu'il sent qu'il est libre; a, en conséquence, *arrêté et ordonné* ce qui suit... »;

Justement étonnée du ton de protection et d'autorité qui règne dans ce placard, et s'élevant à la hauteur des sentiments d'un peuple libre ;

A improuvé et improuve, de la manière la plus formelle, le préambule du placard ci-dessus :

En ce que le Département de police s'y permet cette expression : *bon peuple*, qui ne sied à personne et qui n'a pu être tolérée que dans la bouche d'un roi chéri ;

En ce que le Département de police s'y permet de supposer que c'est aux citoyens à *mériter* la confiance de leurs administrateurs, tandis, au contraire, que c'est à des administrateurs à se concilier dans tous les temps l'estime de leurs concitoyens et à se tenir pour honorés de la confiance de leurs commettants ;

En ce qu'il s'y permet enfin d'*ordonner* des illuminations et des fêtes non prescrites par une loi, auxquelles il ne pouvait tout au plus et ne devait, comme les commissaires du pacte fédératif, qu'inviter tous les individus et tous les cœurs.

L'assemblée ordonne, au surplus, que le présent arrêté sera communiqué aux 59 autres districts.

Signé : Dufourny, président.
Dumolard, vice-secrétaire.

Il résulte de là que la fête du 18 juillet avait été précédée d'une proclamation de l'Assemblée des délégués pour le pacte fédératif, du 16 juillet, invitant les citoyens à y prendre part, et d'un arrêté du Département de police, du même jour, ordonnant à ce sujet certaines mesures de police, analogues à celles qui avaient été prises le 14 juillet (1), et prescrivant notamment des illuminations et autres divertissements (2).

Il y avait, dans le préambule de ce dernier arrêté, un mot malheureux, qui fut sévèrement relevé par le *district des Mathurins*, et qui paraît avoir beaucoup moins choqué les autres districts, dont on ne trouve pas de délibérations relatives au même objet.

§ 8. — *Projet de monument au Champ-de-Mars.*

L'histoire de l'*Assemblée des députés des sections de Paris pour le pacte fédératif* ne serait pas complète si nous n'insérions ici les deux derniers actes par lesquels elle manifesta publiquement son existence.

Le premier est une *Pétition des députés de la Commune de Paris pour le pacte fédératif, à l'Assemblée nationale*, présentée le 26 juillet, matin (3). En voici le texte :

(1) Par l'arrêté du 8 juillet. (Voir ci-dessus, p. *468-469*.)
(2) Parmi lesquels le fameux bal champêtre sur les ruines de la Bastille, suivant l'*Avis* inséré dans le *Journal de la Municipalité et des sections* (n° du 15 juillet).
(3) Pièce manusc., minute signée (Arch. Nat., D iv 50, n° 1440), et imp. 3 p. in-8° (Bib. Nat., Le 29/807, et Bib. Carnavalet, dossier 12272).

Messieurs,

Les cent vingt députés des 60 districts de la capitale, chargés de l'exécution du pacte fédératif, après avoir achevé la mission honorable qui leur a été confiée, viennent soumettre à vos lumières le vœu qu'ils ont unanimement formé pour immortaliser l'acte auguste et solennel qui a fixé à jamais les devoirs et garanti le bonheur de tous les citoyens de cet empire.

Le projet heureux et vaste de la Confédération générale des Français, conçu par la Commune de Paris (1), accueilli par vous avec empressement, vient enfin de se réaliser sous vos auspices et avec le concours d'un roi citoyen.

La France a vu, dans une seule journée, dans une seule enceinte, toute sa famille, unie par les douces étreintes de la fraternité, jurer, sous la voûte du ciel, autour de l'autel de la patrie, attachement inviolable à la constitution qui est votre ouvrage, soumission à la loi et fidélité au roi.

Ainsi s'est accomplie la touchante commémoration de l'époque du 14 juillet, de ce jour où 25 millions d'hommes ont recouvré leurs droits et leur liberté.

Il est juste, il est nécessaire que vous assuriez la mémoire de cette grande journée en éternisant, autant qu'il est en vous, le monument admirable qui a reçu dans son sein les enfants de la patrie, les premiers-nés de la liberté.

Que ce cirque immense, formé en trois jours par les mains d'un peuple de frères, soit conservé pour nos neveux, et que la matière en soit, s'il se peut, aussi durable que le souvenir de l'objet pour lequel il a été construit.

Que le marbre transmette à nos descendants l'autel majestueux sur lequel le dieu des nations a été, pour la première fois, invoqué au nom de la liberté et de l'égalité.

Qu'au même lieu et sur le même sol où le premier roi d'un peuple libre a juré de maintenir la constitution et de gouverner par la loi, soit placée une table d'airain, sur laquelle ce serment gravé devienne le type impérissable des devoirs de ses successeurs.

Que le Champ-de-Mars, enfin, soit dédié à notre postérité sous le nom de Champ de la Fédération; que ce champ soit, à l'avenir, le lieu où nos rois seront investis du pouvoir qui leur est délégué par la constitution, et où ils jureront de n'en jamais franchir les limites.

Telle est, Messieurs, la pétition de la Ville de Paris, interprète des vœux de toute la France : il est digne de vous de l'adopter et de la consacrer par vos décrets. Vous verrez tous les citoyens de toutes les parties du royaume s'empresser de souscrire pour l'édification de ce monument, de ce *palladium*, auquel sera désormais attachée la fortune publique; et cet empressement sera un nouvel hommage rendu à votre sagesse et à votre patriotisme.

Les cent vingt citoyens, députés par la Commune de Paris pour le pacte fédératif.

Signé : Charon, président.

L'Assemblée nationale entendit la lecture de la *Pétition* et la renvoya au Comité de constitution, sans que le président (Treilhard) paraisse y avoir répondu (2). Le Comité de constitution ne fit point de rapport, et le *palladium* souhaité par Charon et ses collègues resta à l'état de vœu.

§ 9. — *Archives de la Fédération.*

L'*Assemblée des députés des sections pour le pacte fédératif* ne considérait

---

(1) Charon avait d'autant mieux le droit de revendiquer pour la Commune de Paris l'initiative de la Fédération que nul, plus que lui, n'avait contribué à la faire réussir. (Voir Tome V, p. *268-278* et *721-738.*)

(2) Voir *Archives parlementaires* (t. XVII, p. 354).

point encore sa tâche comme terminée : elle voulait remettre à l'Assemblée nationale ce qu'on pourrait appeler le dossier de la Fédération du 14 juillet dans la France entière. A la date du 12 octobre 1790, on la voit adresser, à toutes les municipalités des villes, chefs-lieux de districts, la lettre suivante (1) :

Messieurs,

La Confédération nationale, formée le même jour et au même instant entre toutes les parties de l'empire français, est un acte si intéressant qu'il importe que les archives de la nation en réunissent, dans un seul dépôt, les monuments épars.

Déjà, nombre de municipalités nous ont envoyé leurs procès-verbaux de l'auguste cérémonie qui a eu lieu dans leurs enceintes, le 14 juillet dernier. Nous désirerions en présenter la totalité à l'Assemblée nationale, et nous sommes autorisés à penser que cet hommage lui serait agréable. Nous vous prions d'engager celles des municipalités de votre district qui ne nous ont pas encore envoyé ces procès-verbaux à nous les faire passer le plus tôt possible.

Signé : BAILLY, Maire.
CHARON, président du pacte fédératif.
CORNU, président du Comité.
BROQUIN, BOUTIBONNE (2), commissaires.

Il est douteux que les municipalités aient répondu à cet appel ; en tout cas, on ne voit nulle part que des Représentants de l'Assemblée présidée par CHARON aient remis à l'Assemblée nationale la collection, assurément intéressante, qu'ils avaient eu dessein de former.

(III, p. 455) On connaît deux arrêtés du *district des Cordeliers*, portant la date du 1er juillet :

1° L'un renouvelle, en termes très vifs, contre la convocation précipitée des sections pour les élections municipales, la protestation déjà formulée dans l'arrêté du 28 juin (3).

2° L'autre décide que l'*Avis aux citoyens français, sur le choix des officiers municipaux, des membres des assemblées de districts et de départements*, par l'auteur de l'*Adresse au peuple breton* (EXPILLY, député du clergé du diocèse de Saint-Pol de Léon), sera réimprimé aux frais du district (4).

Quant à l'arrêté du 2 juillet, il est relatif à la vérification des titres des citoyens actifs dans les assemblées des sections (5).

Ces trois documents, se rattachant aux opérations préliminaires de la formation de la Municipalité nouvelle, trouveront naturellement leur place

---

(1) Publiée par le *Journal de la Municipalité et des sections* (n° du 17 au 21 octobre).

(2) Le *Journal de la Municipalité* imprime : BONHOMME. Mais ce nom ne figure pas dans la liste des délégués pour le pacte fédératif. (Voir Tome V, p. 724-726.) Je suppose qu'il faut lire : BOUTIBONNE.

(3) Imp. 7 p. in-4° (British Museum, F. R. 13, 16). — L'arrêté du même district, daté du 28 juin, avait été communiqué à l'*Assemblée des Représentants*, le 30 juin. (Voir ci-dessus, p. 329, note 2.)

(4) Imp. 12 p. in-8° (Bib. Nat., Lb 40/1373).

(5) Imp. 3 p. in-8° (Bib. Nat., Lb 40/1373).

dans l'ouvrage sur l'*Organisation municipale de Paris au début de la Révolution*.

(IV, p. 456) Il est sûr qu'en éloignant du Champ-de-Mars, le jour de la Fédération, les ménageries d'animaux féroces, le Conseil de Ville répondait à une inquiétude réelle de la population, dont témoignent quelques déclarations reçues par les comités de divers districts.

En allant au Champ-de-Mars visiter les apprêts de la cérémonie, le public avait remarqué, sur l'avenue qui conduisait de l'hôtel des Invalides à l'École militaire (1), tout près du Champ-de-Mars, plusieurs baraques peuplées de lions, tigres, léopards, etc... Que venaient faire là ces animaux? Dans quel dessein les avait-on amenés, rassemblés? Les aristocrates, à qui tous les moyens étaient bons pour troubler les fêtes patriotiques, n'auraient-ils pas l'idée de lâcher sur la foule les fauves transformés en suppôts de la réaction et de faire dévorer les spectateurs (2)?

Le matin même du 10 juillet, quand l'arrêté d'expulsion était déjà pris et exécuté, la *Chronique de Paris* (n° du 10 juillet) signalait encore en ces termes la nécessité de garantir la sécurité publique contre les hôtes encagés des ménageries :

« Dans l'instant actuel, il y a, dans un des bâtiments de l'École militaire, de grands aristocrates vivants, c'est-à-dire une ménagerie bien montée, lions, tigres, léopards et singes de la plus haute taille. Cette collection d'animaux féroces n'est-elle pas trop près du Champ-de-Mars? Ne peut-il arriver des accidents désastreux, même involontaires? Il serait de la prudence de les faire déloger au plus tôt. »

En conseillant de prendre garde aux accidents « même involontaires », la *Chronique* montrait qu'elle-même n'était pas très éloignée de croire aux accidents volontaires. A tout hasard, on obligea dompteurs et montreurs de bêtes à transporter ailleurs leurs redoutables compagnons.

(1) Actuellement, avenue de La Motte-Picquet.
(2) Déclarations faites au comité du *district de Saint-Gervais*, le 6 juillet; pièce manusc. (Arch. de la Préfecture de police, section du Muséum); et au comité du *district de Saint-Roch*, les 9 et 10 juillet; pièces manusc. (Bib. Nat., manusc. reg. 2666, fol. 28 et 34).

Du Lundi 12 Juillet 1790

~~~ La séance a été ouverte par la lecture du procès-verbal du 10 de ce mois.

La rédaction en a été approuvée, ainsi que celle du procès-verbal du 6 du même mois.

~~~ Différents membres de l'Assemblée ont eu la parole concernant les papiers de la Bastille (1).

Il a été arrêté que MM. les commissaires pour l'examen des papiers trouvés à la Bastille seraient invités à réunir tous leurs efforts pour les mettre en ordre le plus promptement possible (2).

~~~ Une députation de la municipalité de Charonne a été introduite, et a demandé un certain nombre de fusils pour armer ses citoyens.

Cette demande a été renvoyée au Département de la Garde nationale.

Et la députation a été invitée à assister à la séance.

~~~ Les membres de la confédération du département de Seine-et-Marne (3) et de celui de l'Yonne ayant député vers la Commune;

M. Gouy d'Arci (4), portant la parole en leur nom, après avoir manifesté les sentiments d'estime et d'amitié dont les corps qu'il représentait sont animés pour la Commune de Paris, a demandé que les volontaires nationaux qui s'étaient joints aux députés fussent admis à la confédération.

Sur quoi, il a été observé qu'il avait été arrêté, dans l'Assemblée de MM. les députés présidés par M. La Fayette, que MM. les volontaires seraient reçus et admis en se joignant aux députés de leurs départements respectifs.

---

(1) Ajournement du 7 et du 10 juillet. (Voir ci-dessus, p. 430-431 et 450.)

(2) On s'occupa encore des papiers de la Bastille à la séance du 19 juillet. (Voir ci-dessous, p. 520.)

(3) Le texte original porte : *des départements* de Seine et Marne *et de celui....* L'expression est certainement fautive : le département de la Seine n'existait pas alors sous ce nom.

(4) M. Tuetey écrit : Gouy d'Arsy. (Voir *Répertoire*, t. III, table alphabétique.)

MM. les députés des départements de Seine-et-Marne et de l'Yonne ont été invités d'assister à la séance.

Ils en ont témoigné leurs remerciements, et se sont excusés de ne pouvoir le faire, sur la nécessité où ils se trouvaient de rejoindre leurs corps.

~~~ Un honorable membre ayant demandé que les monuments publics, les bibliothèques et cabinets fussent ouverts tous les jours pendant le séjour de MM. les députés des départements;

Il lui a été répondu que cette mesure avait été prise par l'administration.

Et il a été passé à l'ordre du jour.

~~~ M. le président ayant rappelé à l'Assemblée qu'elle avait arrêté de donner à M. Pelhion une épée que M. Gaillard avait fait faire pour ce jeune citoyen, qui lui avait sauvé la vie (1);

Un honorable membre a rappelé à l'Assemblée que, dans une circonstance pareille, elle avait fait à M. Aubin de Bonnemer l'honneur de lui faire présenter par son président une épée, sur la garde de laquelle avait été gravé le motif de ce don (2).

En conséquence, il a été arrêté qu'il serait gravé, sur la garde de l'épée donnée à M. Pelhion, une couronne civique avec ces mots : *La Commune de Paris à M. Pelhion, pour avoir sauvé la vie à M. Gaillard, le 14 juillet 1789.*

M. le président ayant fait approcher M. Pelhion, lui a remis l'épée et lui a dit :

> Vertueux Français,
> Un citoyen allait périr victime de l'erreur du peuple; vous l'avez, au péril de vos jours, arraché des bras de la mort. Votre première récompense est dans votre cœur; mais la Commune vous en doit une plus éclatante; elle dispute à la reconnaissance le droit de s'acquitter envers vous.
> Que n'est-il au milieu de nous, l'heureux vieillard qui vous doit la vie? Sa présence vénérable offrirait à l'Assemblée le spectacle le plus touchant; elle ajouterait une palme au triomphe de son généreux libérateur.
> Valeureux jeune homme, recevez cette épée au nom de la Commune de Paris; elle honore votre courage. La reconnaissance la donne à la vertu; la vertu l'emploiera toujours pour la défense du faible et le salut de la patrie.

M. Pelhion a répondu :

> Messieurs,
> Pénétré de la plus vive reconnaissance de la marque d'estime dont vous venez de m'honorer, les expressions me manquent pour vous en témoigner

---

(1) Arrêté du 9 juillet, où les noms sont écrits PEILLON et GALHIARD. (Voir ci-dessus, p. 445-446.)

(2) Arrêté du 3 février. (Voir Tome III, p. 675.)

toute l'étendue; mais ce sentiment, renfermé dans mon cœur, n'en a que plus d'énergie.

Daignez, Messieurs, agréer mes très sincères remerciements et l'assurance que, tant qu'il plaira à l'Être suprême de conserver mes jours, ils seront toujours employés, avec le plus ardent patriotisme, à être utile à mes concitoyens, à servir ma patrie; la dernière goutte de mon sang sera versée pour elle, et mes dernières paroles seront l'expression de ma reconnaissance pour les bontés, et de mon admiration pour les vertus et la haute sagesse des dignes Représentants de la première commune du royaume.

Il a été demandé et arrêté que le discours de M. le président et la réponse de M. Pelhion seraient insérés dans le procès-verbal, et qu'il lui en serait délivré cent exemplaires.

~~~ A l'instant où l'Assemblée allait être levée, il a été observé que, le même jour, à pareille heure, dans la même salle, MM. les Électeurs avaient, l'année dernière, pris la délibération de faire assembler les districts (1).

Cette commémoration ne pouvait manquer de réveiller le sentiment de la reconnaissance pour les services que MM. les Électeurs ont rendus à la France, dans cette importante occasion.

~~~ La séance a été levée à neuf heures un quart, et ajournée à demain, cinq heures du soir.

Signé : Brierre, *président.*

Secrétaires : Pelletier, Castillon, Demars, Bonneville, Le Tellier.

CONSEIL DE VILLE

—

~~~ Le lundi 12 juillet 1790, à six heures du soir, le Conseil de Ville convoqué et réuni en la forme ordinaire, sous la présidence de M. d'Augy, en l'absence de M. le Maire;

~~~ Il a été fait lecture du procès-verbal de la dernière séance. Le Conseil en a approuvé la rédaction.

~~~ Le secrétaire ayant communiqué au Conseil une lettre qui lui a été adressée par M. le Maire, par laquelle il lui annonce que M. Demeunier, qu'il avait consulté, pensait que la Municipalité ne devait adopter particulièrement aucun costume pour la fête du pacte fédératif;

---

(1) Arrêté de l'Assemblée générale des Électeurs, du 12 juillet 1789, onze heures du soir. (Voir Chassin, *Les élections et les cahiers de Paris en 1789,* t. III, p. 492-493.)

Il a été arrêté que les membres du Conseil assisteraient à la cérémonie en noir, mais sans manteau, sans épée, et en bourse (1).

Il a été également arrêté que MM. les administrateurs seraient convoqués pour cinq heures précises du matin, afin de pouvoir se mettre en marche à cinq heures et demie au plus tard.

~~~ Relativement à la cérémonie qui doit avoir lieu demain à Notre-Dame, sur l'invitation de MM. les Électeurs de 1789 (2);

Il a été arrêté que le Conseil de Ville se réunirait à neuf heures précises, à l'Hôtel-de-Ville, d'où il se rendrait en corps à la cathédrale.

~~~ En conséquence, les ordres seront donnés aux Gardes de la Ville : 1º pour le détachement de 60 hommes, qui doit demain précéder la Municipalité; 2º pour la totalité de la garde d'honneur commandée pour le 14 juillet (3).

~~~ Sur le rapport fait par MM. Tiron et Trudon du travail dont ils avaient été chargés relativement à la perception des revenus des biens domaniaux (4);

Le Conseil a nommé MM. La Saudade, Royer, Filleul et Tiron, à l'effet de se joindre incessamment au Département du domaine, pour conjointement examiner le travail lu et présenté par M. Tiron, et en faire le rapport au Conseil indiqué pour lundi prochain.

Le rapport a été remis à M. La Saudade (5).

~~~ M. le procureur-syndic a requis, et le Conseil a ordonné, la transcription sur ses registres, l'exécution et la publication des lettres-patentes (6) et proclamations ci-après énoncées :

1º Lettres-patentes du roi du 18 juin, sur un décret de l'Assemblée nationale du 13 du même mois, portant abolition des retraits de bourgeoisie, d'habitation et autres (7).

2º Lettres-patentes du 23 juin, sur un décret des 6 et 7 juin, relativement au versement, dans la caisse des revenus des districts, du montant du 1/4 des réserves de bois des communautés (8).

---

(1) Bourse : petit sac de taffetas noir où les hommes renfermaient leurs cheveux rassemblés en forme de queue. (Voir Littré, *Dictionnaire de la langue française*.)
(2) Invitation du 8 juillet, pour un *Te deum*. (Voir ci-dessus, p. 439.)
(3) Arrêtés du 10 juillet. (Voir ci-dessus, p. 454.)
(4) Ajournement du 8 et du 10 juillet. (Voir ci-dessus, p. 440-441 et 456.)
(5) Rapport, le lundi 19 juillet. (Voir ci-dessous, p. 526-527.)
(6) Le registre-copie porte ici, par erreur : *des lettres de change!*
(7) Décret du 13 juin, abolissant différentes espèces de retraits, qui portaient obstacle à la vente des domaines nationaux. (Voir *Archives parlementaires*, t. XVI, p. 206.)
(8) Décret du 6 juin, modifié le 7, prescrivant le versement, dans les caisses des receveurs des districts, du montant des ventes de bois des communautés tant ecclésiastiques que laïques. (Voir *Archives parlementaires*, t. XVI, p. 121 et 132.)

3° Lettres-patentes du 30 juin, sur un décret du 26, interprétatif des décrets précédents concernant les prés soumis à la vaine pâture (1).

4° Proclamation du roi du 4 juillet, sur un décret du 1er de ce mois, relatif aux opérations prescrites par les décrets de la division de Paris (2).

5° Proclamation du 7 juillet, sur un décret du 4, concernant le serment qui doit être prêté le jour du pacte fédératif (3).

6° Enfin, une autre proclamation du 7 juillet, sur un décret du 4, relatif à la vérification des titres des députés des gardes nationales (4).

Le Conseil a ordonné que le 4e et le 5e de ces décrets seraient imprimés et affichés à l'instant.

— Sur l'observation, faite par M. Étienne, qu'il importait de prendre les mesures les plus efficaces pour prévenir les accidents qui pourraient arriver dans les environs du Champ-de-Mars, si on ne visitait exactement les échafauds et si on ne faisait fermer ou combler tous les trous et fossés qu'il peut y avoir dans les lieux qui avoisinent le Champ-de-Mars, ainsi que dans les rues et quais qui y conduisent;

Le Conseil a arrêté que le Département de la police et celui des travaux publics se concerteraient pour veiller, dans cette partie, à tout ce qui peut intéresser la sûreté publique, donner à ce sujet et faire provisoirement exécuter les ordres qu'ils croiront être obligés de donner.

— Le Conseil a reçu la députation de plusieurs districts, qui faisaient demander des éclaircissements relativement aux billets qui leur ont été envoyés pour la cérémonie du pacte fédératif.

M. le président et M. Desmousseaux, l'un des commissaires du pacte fédératif, ont répondu aux questions de MM. les députés de la manière la plus précise et la plus satisfaisante : il leur a été ajouté que ces détails étaient étrangers à la Municipalité et qu'ils ne concernaient que MM. les députés et les commissaires du pacte fédératif (5).

— Le secrétaire a informé le Conseil que, M. le Maire lui ayant

(1) Décret du 26 juin, sur la vaine pâture. (Voir *Archives parlementaires*, t. XVI, p. 472.)

(2) Décret du 1er juillet, ajournant au 25 juillet les opérations préliminaires des élections municipales de Paris. (Voir ci-dessus, p. 369, note 3, et 395, note 3.)

(3) Décret du 4 juillet, arrêtant la formule du serment fédératif. (Voir *Archives parlementaires*, t. XVI, p. 696.)

(4) Décret du 4 juillet, confiant à la commission mixte du Conseil de Ville et des délégués des sections tout le travail relatif à la Fédération, notamment la vérification des pouvoirs des représentants des gardes nationales et des troupes. (Voir ci-dessus, p. *384-385*.)

(5) Cependant, le Conseil de Ville eut à prendre une décision, le lendemain, sur cette affaire des billets réservés. (Voir ci-dessous, p. 489-492.)

écrit samedi dernier (1) une lettre par laquelle il le priait d'annoncer que M. le recteur de l'Université était venu, suivant l'usage, l'inviter ainsi que la Municipalité à assister à la distribution des prix qui devait avoir lieu aujourd'hui, il avait, conformément au vœu émis par le Conseil (2), répondu à M. le Maire que MM. de La Noraye, Minier, Davoust, Cholet, Santerre et Cahier avaient été désignés pour, en cas d'invitation de la part de l'Université, assister avec M. le Maire à la distribution des prix ; qu'il avait en même temps averti MM. les commissaires de l'invitation de l'Université et du désir qu'avait M. le Maire qu'ils voulussent bien se réunir chez lui à l'heure du dîner, pour aller ensuite à l'Université.

Et, au même instant, M. Minier, l'un des commissaires ci-devant nommés, a annoncé que, conformément à l'invitation qu'ils avaient reçue, il s'était, ainsi que ses collègues, rendu chez M. le Maire, qu'ils s'étaient transportés ensemble à l'Université, où ils avaient assisté à la distribution générale des prix.

Les détails dont M. Minier a rendu compte ayant paru au Conseil dignes de fixer son attention, MM. les commissaires ont été priés d'en dresser procès-verbal (3).

⸺ Sur le rapport, fait par M. Étienne, du procès-verbal dressé le jour d'hier en exécution de l'arrêté du 10 de ce mois (4);

Le Conseil a arrêté que la baraque adossée au mur du chantier, occupée par le marchand de vin, et celle occupée par le menuisier, lesdites baraques donnant sur la rue de Poitiers, seront démolies dès demain pour tout délai; que M. Davesnes de Fontanier, propriétaire desdites baraques, et M. Mondragon, propriétaire du chantier, seront tenus de mettre les ouvriers suffisants, à sept heures du matin, pour opérer ladite démolition et faire cesser le danger qui résulte du mauvais état du mur et des baraques; sinon, autorise les officiers des bâtiments de la Ville à faire faire lesdites démolitions aux frais de qui il appartiendra; charge MM. du Département des travaux publics de tenir la main à l'exécution du présent arrêté (5).

⸺ Le Conseil s'est ajourné à demain, six heures après midi.

⸺ Et le président a levé la séance.

Signé : d'Augy, *président*; Dejoly, *secrétaire*.

(1) 10 juillet.
(2) Ce vœu ne figure pas dans les procès-verbaux antérieurs.
(3) Rapport, le 19 juillet. (Voir ci-dessous, p. 528.)
(4) Arrêté du 10 juillet. (Voir ci-dessus, p. 454.)
(5) L'un des propriétaires réclama le 22 juillet. (Voir ci-dessous, p. 546.)

Du Mardi 13 Juillet 1790

— La séance a été ouverte par la demande, faite à M. le président par un membre de l'Assemblée, des instructions qu'il pouvait avoir reçues sur la place que les Représentants de la Commune occuperaient dans la marche des corps de la confédération, le lendemain 14.

M. le président a répondu qu'il ne lui avait été rien communiqué officiellement ; mais que, selon ce qu'il avait recueilli de différents membres de la Municipalité et de différents commissaires des districts pour le pacte fédératif, il n'y avait rien autre chose d'arrêté à cet égard que ce qui avait été rendu public par la proclamation du roi (1).

D'après cette explication, l'Assemblée n'a pas cru devoir se livrer à une discussion qui n'était d'aucune utilité, puisque, quel qu'en fût le résultat, le temps ne permettrait pas de rien faire changer à ce qui a été arrêté à cet égard ; en conséquence, il a été arrêté de passer à l'ordre du jour.

— Un des membres de l'Assemblée (2), ayant obtenu la parole, a lu une lettre insérée dans le *Moniteur* de ce jour, où M. le curé de Saint-André des Arcs, en critiquant la création faite par les Représentants de la Commune d'une place d'aumônier-général de la Garde nationale parisienne, dit que « c'est encore là une de ces places que les Représentants de la Commune ont créées pour y nommer leurs collègues ; qu'il lui faudra des appointements, etc... ». (I, p. 493.)

Le membre de l'Assemblée qui a rapporté cette assertion de M. le curé de Saint-André des Arcs a observé qu'elle est d'autant plus étonnante que M. le curé de Saint-André des Arcs, qui était alors Représentant de la Commune (3), a concouru à la création de la

---

(1) Un extrait de cette *Proclamation du roi*, du 11 juillet, figure au procès-verbal de la séance du 17 juillet. (Voir ci-dessous, p. 511-512.)

(2) GODARD, d'après une lettre de lui, inséré au *Moniteur* (n° du 25 juillet).

(3) DESBOIS DE ROCHEFORT (Éléonor Marie) avait fait partie, dès le 25 juillet 1789, de la première Assemblée des Représentants de la Commune. (Voir Tome I, p. 2.)

place et à la nomination de M. l'abbé de Saint-Martin pour la remplir; qu'il devrait se rappeler qu'il fut arrêté formellement que *les fonctions de cette place seraient à jamais gratuites* (1); qu'il devrait savoir encore que jamais les Représentants de la Commune n'ont créé de place que d'après l'avis de M. le Commandant-général, ou du Comité militaire, ou du Département de la Garde nationale, et qu'ils n'ont jamais nommé à aucune que sur la présentation du Comité militaire ou de M. le Commandant-général; que jamais, enfin, ils n'ont choisi aucun de leurs collègues pour remplir des places, et que M. l'abbé de Saint-Martin est le seul à qui ils se soient permis d'en donner une, sans appointements. Le membre de l'Assemblée qui a fait toutes ces observations a fini par dire qu'il proposait de ne prendre aucun parti sur la lettre de M. le curé de Saint-André des Arcs; qu'il y avait des choses trop claires et trop peu importantes pour être l'objet d'une discussion; mais qu'il avait cru que ces observations étaient nécessaires, et qu'il demandait maintenant qu'on passât à l'ordre du jour.

L'Assemblée, en applaudissant à la justesse des observations, a passé à l'ordre du jour.

~~ Il a été présenté à l'Assemblée, par M. Sellier, graveur, une estampe encadrée représentant le projet de monument de M. Gateaux. (II, p. 494.)

M. Sellier en a fait l'hommage en ces termes :

Messieurs,

L'accueil flatteur que vous avez fait au projet de monument de M. Gateau, représentant une colonne où se trouve la réunion des quatre-vingt-trois départements du royaume, ayant pour base l'autel de la patrie (2), m'a inspiré le dessein d'en faire la gravure. L'Assemblée nationale a bien voulu en accepter la dédicace (3); elle a été aussi présentée au roi, qui a daigné en témoigner sa satisfaction.

J'ai l'honneur, Messieurs, de vous en offrir une épreuve. En obtenant vos suffrages, il ne me restera plus rien à désirer que de pouvoir toujours employer mon burin à des sujets agréables à la nation.

Je suis, etc.

Signé : SELLIER.

M. le président a répondu :

Monsieur (4),

L'Assemblée des Représentahts de la Commune reçoit, avec empressement et reconnaissance, l'hommage patriotique de votre talent. La nouvelle division du royaume, une des premières bases de la constitution, doit être

---

(1) Arrêté du 13 septembre 1789, matin. (Voir Tome I, p. 557-558.)
(2) Séance du 18 mars. (Voir Tome IV, p. 442-443.)
(3) Séance du 9 juillet. (Voir ci-dessous, p. *494*.)
(4) L'édition originale porte ici, par erreur : *Messieurs*.

une des sources de la prospérité de l'empire français; elle est digne, à ce titre, d'être consacrée par un monument. L'artiste qui a pris soin de la confier au burin, en s'honorant par son patriotisme, mérite aussi d'être honoré par les éloges de tous les bons citoyens.

Il a été arrêté qu'il serait délivré à M. Sellier un extrait de cette partie du procès-verbal et de la réponse de M. le président.

~~~~ Le Comité des rapports ayant obtenu la parole;

M. le rapporteur a exposé la demande de M. Santerre, fourbisseur et soldat chasseur du district de Saint-Germain des Prés (1), tendante à proposer la réforme des inspecteurs mouleurs de bois et charbons, dont les fonctions lui paraissent pouvoir être mieux exercées par les officiers de la Garde des ports. Le Comité des rapports a proposé de renvoyer le mémoire du sieur Santerre au bureau des subsistances, qui a eu jusqu'ici la police des ports (2).

Ces conclusions ont été adoptées par l'Assemblée (3).

~~~~ M. le rapporteur a ensuite lu l'extrait de la demande et des titres produits par madame Gaillard pour obtenir la médaille de bonne citoyenne (4). Il résulte des certificats produits par madame Gaillard, attestés par le président et les commissaires du district de l'Oratoire, et par M. Perron, l'un des membres du Comité des recherches, qu'elle a donné des preuves éclatantes de patriotisme et qu'elle en donne de nouvelles tous les jours. Le Comité des rapports a conclu à ce que l'Assemblée accordât à madame Gaillard la récompense accordée aux bonnes et braves citoyennes.

Cette conclusion a été adoptée par l'Assemblée (5).

~~~~ Enfin, M. le rapporteur a présenté la demande de M. Blanpain, tendante à obtenir la restitution de 150 livres pesant de sel, qui lui ont été enlevées, suivant M. Blanpain, sans en dresser procès-verbal (6). Le fait de la saisie sans procès-verbal n'ayant paru ni prouvé ni vraisemblable, attendu que la saisie a été faite en présence de trois commis des Fermes, le Comité des rapports a conclu qu'il n'y avait pas lieu à délibérer.

L'Assemblée a renvoyé M. Blanpain à se pourvoir en justice réglée.

(1) Le même que Mahé-Santerre, marchand fourbisseur, rue de Buci, dont les réclamations ont déjà été signalées, le 9 janvier et le 10 mai. (Voir Tome III, p. 393, et Tome V, p. 298.)
(2) Au *Département*, et non au bureau, *des subsistances*.
(3) Nouvelle pétition de Mahé-Santerre, séance du 10 août. (Voir ci-dessous.)
(4) Demande présentée le 16 avril. (Voir Tome V, p. 26.)
(5) Médaille remise le 31 juillet. (Voir ci-dessous, p. 633.)
(6) La réclamation de Blanpain ou Blampin, présentée le 6 mars, avait été renvoyée le 26 mars au Comité des rapports. (Voir Tome IV, p. 317 et 506.)

— L'heure de lever la séance n'était pas encore arrivée (1).

Mais, comme il a été observé que M. de La Fayette présidait en ce moment le Comité militaire de MM. les députés à la confédération, assemblés dans la salle de la Reine, et que, comme ils y étaient en très grand nombre, ils délibéreraient plus commodément dans la salle de la Commune (2);

M. le président, d'après le vœu unanime, a levé la séance, qui, attendu la fête de demain, a été prorogée à jeudi, six heures du soir.

Signé : BRIERRE, *président.*

Secrétaires : PELLETIER, CASTILLON, DEMARS, BONNEVILLE, LETELLIER.

CONSEIL DE VILLE

— Le mardi 13 juillet 1790, à six heures du soir, le Conseil de Ville convoqué par suite de l'arrêté pris hier, et réuni dans la salle ordinaire de ses séances;

— Il a été fait lecture du procès-verbal du 12 de ce mois.

La rédaction en a été approuvée.

— Plusieurs députés de différentes sections ont été introduits. Le Conseil a spécialement remarqué ceux des Carmélites et de Saint-Jacques de l'Hôpital.

Ils venaient, au nom de leurs sections, réclamer contre la distribution qui se faisait de billets destinés à faciliter, à ceux qui en étaient porteurs, l'entrée de différentes places dans les travées et sur l'amphithéâtre du Champ-de-Mars (3). L'une des sections avait déclaré ces billets nuls et de nul effet. L'autre annonçait des dispositions encore plus affligeantes.

(1) L'heure réglementaire était neuf heures : il fallait un vote spécial pour prolonger la séance.

(2) Le *Procès-verbal de la Confédération des Français*, imp. 96 p. in-4° (Bib. Nat., Lb 39/9117), contient les comptes rendus des réunions tenues à la Maison commune, à partir du 10 juillet, sur l'invitation de l'État-major général de la Garde nationale parisienne, par les représentants des gardes nationales députées par les différents districts du royaume, pour s'occuper de l'exécution des décrets de l'Assemblée nationale et des ordres du roi relatifs au pacte fédératif. Les comptes rendus portent les signatures de LA FAYETTE et de huit commissaires, pris parmi les fédérés. (Voir ci-dessous, p. 519.)

(3) Il avait été déjà question de ces billets à la séance du 12 juillet. (Voir ci-dessus, p. 484.)

Quelques autres députés, porteurs d'ordres verbaux, priaient instamment le Conseil de prendre, dans cette circonstance, un parti qui mit les citoyens à l'abri de toute violence. Ils déclaraient qu'on paraissait résolu, dans la plupart des sections, à ne respecter ni les billets, ni les ordres qui pourraient avoir été donnés à leur occasion. Ils ajoutaient, et plusieurs membres du Conseil ont confirmé, que déjà plusieurs sections avaient fait publier dans leur district que ces billets ne produiraient aucun effet.

Justement alarmé de ces dispositions, mais se croyant, d'un autre côté, lié par le décret de l'Assemblée nationale et par la proclamation du roi, qui laisse à la disposition du Comité des douze, à celle de M. le Maire et de M. le Commandant-général tout ce qu'il peut y avoir de relatif à la Fédération (1), le Conseil s'est d'abord réduit à rappeler à MM. les députés la soumission qu'ils doivent aux lois, et particulièrement à celle qui a trait à la Fédération, dont le secrétaire a fait lecture.

Cependant, sur la motion de ce dernier;

Et malgré l'observation de MM. les députés qu'il n'y avait personne à la Mairie, où ils s'étaient déjà rendus;

Le Conseil a arrêté qu'il serait fait à l'instant une députation à M. le Maire, pour l'informer des réclamations réitérées que les sections lui avaient adressées, et pour le prier de donner les ordres nécessaires pour prévenir les suites des arrêtés qui venaient de lui être communiqués.

MM. Charpin et Lablée ont été chargés de cette mission.

Et le Conseil a décidé qu'il resterait assemblé jusqu'à ce que MM. les députés l'eussent informé du résultat de leur démarche.

Un moment après, MM. les députés sont rentrés dans le Conseil avec le lieutenant de maire et MM. les administrateurs au Département de la police. Ils venaient rendre compte au Conseil des murmures dont les différentes sections l'avaient déjà informé; ils l'ont prié instamment de délibérer sur cet objet et, pour lui prouver combien il était pressant, ils ont déclaré que, si les mesures prises étaient conservées, ils ne répondaient de la sûreté de la capitale ni pour la nuit, ni pour demain.

Pour ne négliger aucun des moyens qui pouvaient asseoir sa décision, le Conseil a demandé un des officiers de l'État-major.

M. Lajard s'est présenté.

---

(1) Art. 1 et 3 du décret du 4 juillet. (Voir ci-dessus, p. 384-385.)

Il a confirmé ce que MM. les administrateurs au Département de la police avaient annoncé. Il a ajouté que ce qu'il y avait de plus affligeant, c'est que les bataillons étaient découragés et que déjà les sections s'étaient fait justice à elles-mêmes, en faisant publier au son du tambour qu'on n'aurait aucun égard aux billets.

Ces rapports uniformes ont déterminé le Conseil à prendre l'arrêté suivant :

« Sur ce qui a été représenté, par les députés des différentes sections, que la distribution des billets pour entrer dans quelques parties du Champ-de-Mars était contraire aux principes de liberté et d'égalité qui doivent distinguer la confédération générale indiquée pour demain, 14 du courant; que cette distribution excitait même des réclamations qu'il était de la sagesse des administrateurs de prendre en grande considération;

« Ouï, sur cet objet important, M. le lieutenant de maire et les administrateurs au Département de la police, qui ont déclaré ne pouvoir répondre de la sûreté publique, si les mesures prises à ce sujet étaient conservées; ensemble un des officiers généraux de l'État-major, qui a confirmé le rapport précédemment énoncé;

« Le Conseil municipal, considérant que la nécessité des circonstances et celle de prendre promptement un parti ne lui permettent pas de se concerter avec MM. les commissaires du pacte fédératif (1);

« A déclaré que les billets, distribués pour entrer dans les travées ou dans l'amphithéâtre du Champ-de-Mars, seraient regardés comme non avenus; en conséquence, que toutes les places, excepté celles désignées dans la proclamation du roi pour les corps civils et militaires, seront indistinctement ouvertes aux citoyens à mesure qu'ils se présenteront.

« Au surplus, attendu les inconvénients qui pourraient résulter de la circulation des voitures, le Conseil arrête que M. le Maire se retirera dès ce soir devers Sa Majesté, pour la supplier de révoquer ou refuser toute permission particulière, en sorte qu'il n'y ait demain dans la capitale d'autres voitures que celles de Sa Majesté et de la famille royale.

« Le Conseil ordonne que le présent arrêté sera à l'instant porté par deux de ses membres tant à M. le Maire qu'aux commissaires du pacte fédératif, et qu'il sera aussi à l'instant envoyé aux sections,

---

(1) Cependant, sans s'occuper de ce qui se passait au Conseil de Ville, le *Comité de confédération* prenait, presque simultanément, une décision semblable. (Voir ci-dessous, p. *499.*)

publié au son de la caisse, imprimé et affiché dans toute la capitale, et spécialement à toutes les entrées du Champ-de-Mars (1).

« Fait et arrêté au Conseil de Ville, le 13 juillet, à neuf heures du soir. »

La disposition relative aux voitures a été déterminée par les mêmes observations qui ont motivé celles relatives aux billets.

Sur la réponse, communiquée au Conseil, de l'imprimeur de la Ville, portant que ses ouvriers s'étaient tous retirés, en sorte qu'il était à peu près impossible de faire imprimer sur-le-champ l'arrêté qui venait d'être pris ;

Il a été arrêté que le secrétaire en ferait faire à l'instant plusieurs expéditions manuscrites, qui seraient affichées sur l'heure aux différentes portes du Champ-de-Mars. (III, p. 493.)

MM. Lablée et Delaporte ont été chargés de se rendre chez M. le Maire.

— Le procureur-syndic a requis, et le Conseil a ordonné, la transcription sur ses registres, la publication et l'affiche de la proclamation du roi du 11 juillet 1790, sur un décret de l'Assemblée nationale du 9 du même mois, relatif à la fédération du 14, au rang qu'y occupera l'Assemblée nationale et à la formule du serment du roi (2).

— Sur l'observation, faite par M. Dejoly, que, l'Assemblée des Représentants de la Commune se proposant de se réunir demain matin à l'Hôtel-de-Ville et de se rendre en corps sur le boulevard, il paraissait convenable de lui donner une escorte jusqu'au lieu du rendez-vous, où elle trouverait la garde qui lui était destinée ;

Le Conseil municipal a arrêté qu'il serait à l'instant donné au colonel des Gardes de la Ville des ordres pour que l'Assemblée des Représentants de la Commune fût escortée demain matin jusqu'au boulevard, en sorte que la portion des Gardes qui l'auront accompagnée se réunit, aux termes de la proclamation du roi et des précédents arrêtés du Conseil, avec les autres Gardes qui accompagneront la Municipalité, au poste qui leur est assigné par l'ordre de la marche pour la confédération ordonnée par le roi.

(1) Il est dit plus loin que cette disposition ne put être exécutée.
(2) Décret du 9 juillet, sur les rangs à observer et le serment à prêter à la fédération. (Voir *Archives parlementaires*, t. XVII, p. 12-17.) Le décret du 4 juillet avait arrêté la formule du serment que devaient prêter les députés des gardes nationales et des troupes de ligne représentées à la fédération. (Voir ci-dessus, p. 484, note 3.) Le décret du 9 juillet s'occupait de la formule qu'auraient à prononcer le président de l'Assemblée nationale et le roi.

Le Conseil charge son secrétaire de notifier à l'instant le présent arrêté à M. Haÿ et d'en faire l'exécution (1).

Fait et arrêté les jour et an que dessus.

Signé : d'Augy, *président ;* Dejoly, *secrétaire.*

* * *

ÉCLAIRCISSEMENTS

(I, p. 486) C'est à l'occasion de la cérémonie religieuse qui devait accompagner la Fédération que Desbois de Rochefort, curé de Saint-André des Arcs, avait adressé au *Moniteur* (n° du 13 juillet) la lettre dont s'occupa l'Assemblée des Représentants dans sa séance du même jour.

Desbois demandait quel serait le ministre de la religion « qui, dans ce moment sublime, interviendrait, pour le bonheur public et au nom de la nation, auprès de Dieu ». Et, après avoir écarté le grand-aumônier, comme « prêtre de cour », comme « officier du roi et non de la nation », il ajoutait :

Est-ce M. l'aumônier-général de la Garde nationale parisienne? Ce n'est que depuis quelques jours que j'entends parler de cet aumônier. Il n'a été nommé ni par les sections, ni par les bataillons. C'est peut-être encore l'une de ces places que les Représentants de la Commune ont créées, pour y nommer un de leurs collègues. C'est encore une de ces places qui n'ont aucune fonction réelle ou utile, auxquelles il faudra des appointements; l'une de ces places qui, en multipliant les ressorts, embarrasseront la machine et feront naître de misérables débats de compétence.

Puis, critiquant l'établissement des aumôniers de bataillons « qui tendait à faire regarder les bataillons comme des corps particuliers et à les isoler de la masse des citoyens », il posait en principe que « l'aumônier de chaque bataillon parisien est le curé de la section, et l'aumônier-général de la Garde nationale de Paris est l'ancien des curés de cette capitale dans l'absence du métropolitain ».

Il terminait ainsi :

Je pense donc que, dans l'absence de M. le métropolitain (2), c'est au plus ancien des curés de Paris, à M. le curé de Sainte-Marguerite (3), au curé du faubourg Saint-Antoine, à faire la cérémonie si bonne, si touchante, si décisive du 14 juillet; et il me permettra de dire que les preuves éclatantes de charité et de patriotisme qu'il a données rendront la présence de ce respectable vieillard précieuse à tous les habitants de cette ville.

Signé : Desbois, *curé de Saint-André des Arcs.*

---

(1) L'exécution de cet arrêté donna lieu, le 15 juillet et les jours suivants, à de vives récriminations de la part de l'Assemblée des Représentants. (Voir ci-dessous, p. 500-504, 507, 510-516 et 532-535.)

(2) L'archevêque de Paris, Leclerc de Juigné, émigré.

(3) Laugier de Beaurecueil (Charles Bernardin), curé depuis 1743. Refusa le serment en 1791.

On sait d'ailleurs que ce fut DE TALLEYRAND-PÉRIGORD, évêque d'Autun et membre de l'Assemblée nationale, qui officia le 14 juillet sur l'autel de la patrie.

(II, p. 487) Quelques jours auparavant, à la séance du 9 juillet, l'Assemblée nationale avait agréé l'hommage que lui avait fait GATTEAUX, graveur des médailles du roi, d'un projet de monument pour consacrer la Révolution (1).

Une lettre accompagnant l'envoi de ce projet montre, d'une part, que cet hommage consistait en une estampe, évidemment la même que celle présentée par SELLIER à l'Assemblée des Représentants, le 13 juillet, et, d'autre part, que cette estampe reproduisait le monument dont le modèle en relief avait été offert par GATTEAUX, le 18 mars, à l'Assemblée des Représentants.

Par cette lettre, adressée au président de l'Assemblée nationale (2), GATTEAUX demandait la permission de dédier à l'Assemblée des représentants de la nation la gravure de son monument, qu'il expliquait ainsi :

A la vue des représentants du royaume, rassemblés pour lui procurer le bonheur par des lois nouvelles, mon imagination m'a donné l'idée d'un monument qui, par son emblème, pût retracer la Révolution étonnante dont vous êtes la colonne inébranlable, Révolution d'une telle importance que la postérité ne pourrait y croire si on ne la consacrait d'une manière imposante et proportionnée à la grandeur de l'objet. J'étais si convaincu de cette vérité quand j'ai imaginé le monument dont le modèle est déposé à la Commune (3) et la gravure sous vos yeux, que, si la facilité de l'exécution se fût montrée d'accord avec mon âme, j'aurais donné à mon projet une hauteur de plus de 300 pieds (4).

L'accueil dont ce projet a été honoré par la Commune et le désir qu'on a témoigné d'en voir la gravure m'ont fait saisir l'offre d'un artiste distingué...

Puisse le projet de ce monument obtenir l'approbation des régénérateurs de l'empire français, et me procurer la permission de vous en dédier la gravure !

D'ailleurs, la « *Description du monument pour consacrer la Révolution*, par GATTEAUX, chez SELLIER, graveur, rue Saint-Jacques, n° 100, » publiée par le *Journal de Paris* (n° du 30 juillet 1790), est tout à fait conforme à celle qu'en donna VERMEIL, président de l'Assemblée des Représentants de la Commune, en remerciant l'auteur, le 18 mars : dans l'une comme dans l'autre, il s'agit d'une colonne majestueuse, d'une hauteur supérieure à celle de tous les monuments de la capitale, formée d'un faisceau de lances dont chacune est censée figurer un département, et posée sur une base massive, en forme d'autel de la patrie, dans laquelle devaient être incrustées des tables d'airain ou de marbre reproduisant les articles de la constitution.

M. TUETEY (*Répertoire général*, t. I, note du n° 1793) paraît avoir confondu le projet de colonne monumentale de GATTEAUX avec la médaille que le même artiste eut à composer, vers la même époque, en commémoration de la Fédération du 14 juillet (5).

---

(1) Voir *Archives parlementaires* (t. XVII, p. 1).
(2) Pièce manusc. (Arch. Nat., C 120, n° 358).
(3) Séance du 18 mars. (Voir Tome IV, p. 442-443.)
(4) A peu près 97 mètres 1/2.
(5) Décision du 3 juillet. (Voir ci-dessus, p. *16-18* et *473*.)

(III, p. 492) Y aurait-il, n'y aurait-il pas de places réservées à des porteurs de billets pour la fête de la Fédération? Le Conseil de Ville, sur la réclamation de quelques districts, finit par se prononcer pour la négative, et telle est la solution qu'admit également le Comité de confédération. Mais la question avait commencé par donner lieu à de chaudes discussions et même à des inquiétudes graves, dont il n'est point sans intérêt de prendre une connaissance au moins rapide.

C'est dans la séance tenue le 7 juillet, à 10 heures du soir, par l'*Assemblée des 114 représentants des sections de Paris, chargés, par leurs commettants et le décret de l'Assemblée nationale du 4 juillet, de s'occuper des dispositions relatives à l'exécution du pacte fédératif, autres que celles qui tiennent à la dépense* (1), que se manifestèrent les premières oppositions. L'Assemblée prit, à cet égard, la décision constatée par son procès-verbal (2), ainsi conçu :

L'Assemblée avait précédemment arrêté que, le 14 juillet, les places de l'amphithéâtre du Champ-de-Mars seraient données par billets; qu'à cet effet, il serait délivré à chacun des 60 anciens districts de la capitale un nombre égal de billets, après avoir prélevé sur l'ensemble des places celles nécessaires pour les étrangers et autres personnes auxquelles on ne peut en refuser.

Il s'est élevé des doutes sur la convenance de ces mesures : quelques personnes ont pensé qu'il serait préférable de ne point donner de billets, ou au moins un petit nombre (18,000); qu'alors la police serait plus facile à faire; enfin, que l'on ne s'exposerait pas, en suivant cette marche, aux plaintes de ceux qui n'auraient point de billets et aux efforts qu'étant réunis ils pourraient faire pour entrer au Champ-de-Mars.

L'Assemblée, convaincue que la question de savoir si l'on donnera ou non des billets est de la plus haute importance, qu'elle intéresse éminemment le salut d'un grand nombre de citoyens, peut-être même celui de la chose publique, n'a pas hésité à tenir une séance générale pour remettre cet objet en délibération.

Après une discussion longue et approfondie;

Elle a arrêté, à la presque unanimité, que sa précédente décision, portant qu'il sera distribué des billets, subsistera jusqu'à nouvel ordre, se réservant de régler les principales dispositions de cette opération, si elle a lieu; que, étant pénétrée de la nécessité de s'investir de l'opinion publique et de réunir, dans cette occasion, au zèle et aux bonnes intentions de ses membres les lumières de l'Assemblée nationale, elle suspend l'exécution de son arrêté jusqu'à ce que des commissaires qu'elle va nommer l'aient rédigé ainsi qu'un exposé des motifs pour et contre qui ont été déduits, et dont lecture sera faite demain matin à l'Assemblée; qu'aussitôt après, les commissaires se rendront au Comité de constitution de l'Assemblée nationale, pour lui soumettre le tout, obtenir son avis, avec l'autorisation de le rendre public, et même, s'il le juge à propos, un décret de l'Assemblée, auquel il n'est pas douteux que tout le monde ne s'empresse de se soumettre, l'Assemblée des 114 représentants des sections de Paris ne croyant

---

(1) Assemblée des 120 députés des districts pour le pacte fédératif, diminuée de 6 membres, désignés pour former, avec les commissaires du Conseil de Ville, le Comité de confédération, en vertu des art. 1 et 2 du décret du 4 juillet. (Voir ci-dessus, p. *384-385*.)

(2) Extrait du procès-verbal des séances des 114 représentants des sections de Paris; pièce manusc. (Arch. Nat., D iv 13, n° 214).

pas devoir prononcer, seule et définitivement, sur une disposition à laquelle la sûreté publique, le plus grand des intérêts, est si intimement liée.

Signé : Charon, président de la Commune de Paris pour la Fédération nationale.
Barnier, secrétaire.

L'*Exposé des motifs pour et contre*, dont la rédaction avait été ordonnée pour le lendemain, 8 juillet (1), est, en effet, d'une impartialité absolue. Les commissaires commencent par dire :

On peut diviser, sous quatre titres, tout ce qu'il paraît essentiel de considérer sur la manière de disposer des places de l'amphithéâtre du Champ-de-Mars, le jour du pacte fédératif.
Ces titres sont :
1° Avantages de l'entrée libre sans billets.
2° Inconvénients de l'entrée libre.
3° Inconvénients de la distribution des billets.
4° Avantages de la distribution des billets.

Il serait oiseux de suivre les rédacteurs de l'*Exposé* dans tous les développements qu'ils donnent à ces diverses rubriques, et qu'on peut d'ailleurs deviner. Cependant, il est curieux de voir ce qu'on redoutait, si l'entrée était libre :

Si le Champ-de-Mars est ouvert à minuit, toutes les places seront prises à quatre heures du matin par ceux qui se résoudront à passer la nuit. Aucune femme, excepté celles qui ne craignent pas le danger d'une foule immense et sans ordre, ne voudra courir le risque d'être étouffée. Les mal intentionnés, ces brigands que l'on sait être en trop grand nombre dans Paris, pourront abonder et se trouver les plus forts, parce que les gens honnêtes et tranquilles ne s'entendront pas pour passer la nuit, et il est évident que ce sera fournir aux premiers un moyen sûr de se rassembler et d'occasionner du désordre... Si l'on n'ouvre les entrées qu'à une heure déterminée, on s'égorgera pour passer; les grilles seront renversées, les fossés franchis; la police deviendra impuissante... De plus, les districts sont informés qu'il y aura des billets distribués; ils l'ont annoncé par des affiches, et les députés (2) ont été autorisés à provoquer cette disposition par les précédentes délibérations et le tirage, fait dans la dernière séance, à l'Hôtel-de-Ville, sur la proposition d'un commissaire des douze et au nom de ce Comité (3), de l'emplacement qui doit être affecté à chaque section. Enfin, le peuple en général a accueilli cette idée de distribution de billets et verrait avec une juste inquiétude que l'on ne prît aucune mesure...

L'*Exposé* apprend ensuite que divers districts (4), plusieurs journaux, des divisions de la Garde nationale sont contre la distribution des billets; de même, M. le Commandant-général, M. de Gouvion, qui connaissent l'esprit de la multitude, croient qu'il y a nécessité à ne point admettre de billets; ils objectent que l'opinion de la multitude n'est pas dans la petite portion

---

(1) Pièce manusc., non datée ni signée (Arch. Nat., D ɪᴠ 13, n° 214).
(2) Il s'agit des députés des districts à l'*Assemblée du pacte fédératif*.
(3) *Comité de confédération*, composé de 12 membres, présidés par le Maire. (Voir ci-dessus, p. *384-385*.)
(4) Notamment les *districts des Récollets* et *des Mathurins*, dans leurs délibérations des 24 et 26 juin. (Voir ci-dessus, p. *460-462*.)

des citoyens qui composent les assemblées ordinaires des districts, et présument qu'on se trompe en croyant que la multitude empêchera par son désordre la cérémonie d'avoir lieu.

Il était d'ailleurs entendu que, si les billets étaient maintenus, ils seraient partagés entre les districts à peu près dans la proportion de leur population connue; que des places seraient désignées pour chaque district, et qu'un service d'ordre, chargé de faire observer cette distribution, serait organisé. Ceux qui n'auraient pas reçu de billets se contenteraient de voir passer le cortège dans Paris. On expliquerait d'ailleurs au public les motifs importants qui auraient déterminé à adopter la distribution des billets.

Les commissaires de l'*Assemblée des 114* devaient aller demander l'avis du Comité de constitution de l'Assemblée nationale (1). La réponse est connue par une *Motion faite en l'Assemblée des députés des 60 sections pour le pacte fédératif*, non datée (2), mais qu'il y a lieu de placer au 9 ou au 10 juillet, et qui commence par exposer clairement les différentes phases de la question, ainsi qu'il suit :

Messieurs,
Vous aviez arrêté, sur le rapport de vos commissaires approuvés par l'Assemblée nationale (3), que le Champ-de-Mars serait divisé en 60 portions égales, nombre pareil à celui des districts de la capitale; vous aviez arrêté qu'il serait fait un calcul exact du nombre des places que contiendra l'immensité de son cirque; vous aviez arrêté que, d'après ce calcul, il serait distribué à chaque section sa part des billets d'entrée que vous aviez votés; et, en conséquence, il a été procédé, dans une de vos assemblées générales, par la voie du sort, au tirage de ces subdivisions, à commencer depuis le n° 1 jusqu'à celui 60.

D'après ces combinaisons sages et les instructions que vous deviez faire mettre sur vos billets d'entrée, chacun devait trouver sa place sans aucun inconvénient.

Vos commissaires, qui vous avaient tracé cette route, ont cru devoir s'en écarter, par des considérations qui leur ont paru sans doute et qui sont effectivement d'un très grand poids. Vous savez, Messieurs, que l'amphithéâtre qu'on va construire ne pourrait contenir le quart des individus qui y ont coopéré : tous les habitants de la capitale ont eu ces jours-ci l'occasion de manifester un dévouement et un patriotisme dont les annales du monde n'ont jamais fourni d'exemple.

Le Comité de constitution de l'Assemblée nationale, auquel vous avez député quatre de vos membres pour lui présenter les avantages et les inconvénients de la distribution des billets, n'a rien voulu statuer à cet égard et vous a répondu que ce point essentiel devait être décidé par M. le Maire et M. le Commandant-général, chargés spécialement de maintenir l'ordre et la tranquillité dans la capitale, le jour qui doit les assurer à jamais à l'universalité de l'empire (4).

M. le Maire et M. le Commandant-général, en suivant les principes de justice qui les ont toujours dirigés, ne sont point d'avis de distribution de billets : tous ont le même droit, tous doivent entrer indifféremment, tant qu'il y aura place. Vous êtes, ainsi qu'eux, convaincus de cette vérité.

Ne serait-il pas possible, Messieurs, de se passer de billets, sans craindre les mouvements que vous aviez sagement prévus si l'on n'en donnait pas?

(1) Arrêté du 7 juillet. (Voir ci-dessus, p. *495*.)
(2) Imp. 8 p. in-8° (Bib. Carnavalet, dossier 12272).
(3) Art. 1ᵉʳ du décret du 4 juillet. (Voir ci-dessus, p. *384-385*.)
(4) Art. 3 du décret du 4 juillet. (Voir ci-dessus, p. *385*.)

Voici maintenant la *Motion* proprement dite :

Je désirerais, Messieurs, que vous fissiez une députation à M. le Maire et à M. le Commandant-général, pour les prier de convoquer les districts, auxquels la plupart de nous ont communiqué votre arrêté qui leur conserve une place plus ou moins bonne selon le numéro que le sort leur avait destiné, à l'effet de leur faire entendre par votre organe que la justice proscrit toute distribution de billets ; que, cependant, pour écarter toute idée de presse et de tumulte, la portion de terrain qui leur était indiquée leur sera réservée sous le même numéro, et que, pour en jouir, ils assembleront, le 14, les individus de toutes les classes qui composent leur arrondissement et qui se sont joints à eux pour les travaux du Champ-de-Mars, dans le lieu ordinaire de l'assemblée de leur bataillon.

Soyez persuadés, Messieurs, que le patriotisme dont vos concitoyens ont déjà donné tant de preuves se montrera plus que jamais dans tout son jour; soyez persuadés que vous verrez les femmes et les enfants, qui ouvriront la marche, monter sans difficulté aux places les plus commodes; soyez persuadés qu'un seul factionnaire à chaque numéro sera suffisant pour montrer aux citoyens la place qu'ils doivent occuper, et que tous se feront un point d'honneur de conserver la place du district voisin; soyez persuadés enfin que ceux qui, par l'événement, se trouveraient sans place resteraient, sans aucun murmure, soit dans le couloir qui se trouvera derrière les banquettes, soit debout devant le premier rang; et certainement, en réservant dans l'enceinte un très vaste emplacement pour l'auguste cérémonie qui se prépare, vous trouverez encore une marge suffisante devant chaque numéro pour faire, si je puis me servir de cette expression, un parterre dans cette immense salle du plus beau de tous les spectacles.

Les sections s'assembleraient à différentes heures, à raison de leur éloignement et de leur numéro de place. A l'heure indiquée, les premiers venus se formeraient en ligne par quatre de front, en observant de faire toujours passer les femmes et les enfants en avant; l'heure du départ étant arrivée, un détachement de huit ou dix volontaires et un tambour de bataillon ouvrirait la marche, et un pareil la fermerait.

Je n'entreprendrai pas, Messieurs, de vous peindre les avantages que l'on peut retirer d'un pareil mode de réunion : ils ont été tous très savamment et très éloquemment discutés, lorsque vous avez arrêté la séparation du Champ-de-Mars en 60 sections ; le plus grand de tous est la certitude d'écarter les malveillants ou de les diviser de manière qu'ils ne puissent donner la moindre inquiétude, et de rassembler dans un même cadre nos femmes, nos enfants, nos parents, nos amis, nos voisins et nos frères.

Le Champ-de-Mars, ainsi partagé, présenterait, à la France assemblée, l'image d'une ruche d'abeilles qui, travaillant toutes pour le bien commun, établissent leur demeure dans la cellule que chacune d'elles a fabriquée.

Cette marche ainsi combinée, parcourant les différents quartiers de la capitale, serait comme un prologue de la fête qui doit faire l'étonnement du monde entier et la félicité du peuple français.

Signé : Savin, capitaine des grenadiers du 1er bataillon de la 5e division, député du pacte fédératif (1).

Le système de l'ingénieux Savin parut sans doute trop compliqué, et, sans savoir au juste ce qu'il en advint, on voit par le procès-verbal du Conseil de Ville qu'on aboutit à la suppression pure et simple des billets.

C'est d'ailleurs ce que confirme une *Proclamation sur l'entrée au Champ-*

---

(1) Député du *district de Sainte-Marguerite*. (Voir Tome V, p. 724.)

de-Mars, du 13 juillet 1790, émanée du *Comité de confédération* (1), dont voici le texte :

Les citoyens sont avertis qu'aux termes de la proclamation du roi (2), on entrera librement *sans billets* dans le Champ-de-Mars. Il n'y aura aucunes places réservées que celles de l'Assemblée nationale, des ambassadeurs, des étrangers invités, des députés des communes de France, des volontaires des gardes nationales, et des femmes de MM. les députés.

On n'arrivera à ces places, situées seulement dans les deux angles attenant à l'École militaire, que par les deux grilles latérales.

Tout le pourtour du Champ-de-Mars, devant contenir plus de *cent cinquante mille* personnes assises, au moins *autant* debout, et les autres entrées sont généralement destinés à tous les citoyens, conformément aux dispositions de la proclamation du roi.

Signé : Bailly, Maire.
Charon, président de la Commune pour le pacte fédératif.
Doudou (3), secrétaire.

L'événement montra d'ailleurs que Bailly et La Fayette n'avaient pas trop compté sur la sagesse de la population parisienne; les mesures ordinaires de police, appliquées par la Garde nationale, suffirent à empêcher tout désordre; du moins, les comptes rendus de la fête n'en signalent-ils aucun. Le *Journal de la Municipalité et des sections* (n° du 15 juillet) put se féliciter, au contraire, d'avoir vu « trois cent mille spectateurs rangés sans confusion sur les glacis et dans les amphithéâtres, point de foule aux entrées, point d'accidents, le plus grand ordre dans les plus petits détails ».

(1) Reproduite dans *Confédération nationale* ou *Récit exact et circonstancié, etc.* (p. 104). Le lecteur remarquera qu'il n'y est point fait allusion à la décision du *Conseil de Ville* du même jour.

(2) La *Proclamation du roi*, du 11 juillet, citée dans le procès-verbal de la séance du 17 juillet (Voir ci-dessous, p. 511) ne s'occupe en rien de l'entrée du public au Champ-de-Mars avec ou sans billets. C'est peut-être simplement parce qu'elle ne disait pas le contraire que le Comité de confédération crut pouvoir dire qu'elle autorisait l'entrée libre.

(3) *Lire :* Doudou de Balencourt, député du *district de Saint-André des Arcs*. (Voir Tome V, p. 725.)

Du Jeudi 15 Juillet 1790

~~~ A l'ouverture de la séance, un de MM. les secrétaires a fait lecture du procès-verbal du 12 de ce mois.

Et la rédaction en a été approuvée.

~~~ Un des ex-présidents de l'Assemblée (1) s'est plaint de la négligence avec laquelle les procès-verbaux étaient imprimés, et a réclamé contre une faute d'impression qui altérait le sens d'un discours par lui prononcé. Au lieu de ces expressions : *mon caractère moral et civique,* l'imprimé porte : *mon caractère moral et physique* (2).

Après quelques observations sur cette réclamation ;

L'Assemblée a arrêté que les commissaires, à qui elle a précédemment confié le soin de veiller à l'impression des procès-verbaux (3), seraient chargés de faire une vérification particulière de tous ceux qui ont été imprimés, et de rédiger un *Errata* qui sera imprimé à la fin de la collection entière (4).

~~~ Un membre, ayant obtenu la parole, a demandé si l'Assemblée était instruite des motifs qui avaient empêché que le détachement des Gardes de la Ville, qui lui avait servi d'escorte jusqu'au boulevard du Temple, l'accompagnât pendant le reste de la marche, et a demandé que l'officier qui commandait le détachement fût entendu à ce sujet.

Cette motion ayant été fortement appuyée ;

M. le président a demandé à rendre compte à l'Assemblée des faits dont il avait connaissance : il a dit qu'immédiatement après qu'elle s'était rendue sur le boulevard et qu'elle avait pris la place au poste qui lui était assigné par l'ordre de marche générale, M. Le Coq, aide-major, commandant du détachement des Gardes de la Ville qui

---

(1) Fauchet.
(2) Séance du 22 mai. (Voir Tome V, p. 514, note 2.)
(3) Commissaires nommés le 9 juillet. (Voir ci-dessus, p. 445.)
(4) Aucun des trois ou quatre exemplaires connus de l'édition originale des *Procès-verbaux de l'Assemblée des Représentants de la Commune* ne contient d'*Errata.*

l'avait accompagnée, était venu lui faire part des ordres qu'il recevait de M. Haÿ, son colonel, de se réunir avec son détachement à celui qui avait servi d'escorte au Conseil de Ville; qu'il avait répondu à M. Le Coq que l'Assemblée avait dû penser que ce détachement l'accompagnerait jusqu'au Champ-de-Mars, et que, dans le moment où le renvoi lui en était demandé, il ne pouvait prendre sur lui d'y consentir sans s'exposer au désaveu de l'Assemblée; qu'il avait ajouté que, si la position où elle se trouvait lui permettait de se former en assemblée délibérante, il ne doutait pas qu'elle ne désapprouvât ce renvoi (1).

Sur la demande de plusieurs membres;

L'Assemblée ayant arrêté que M. Le Coq serait entendu;

Cet officier, qui se trouvait présent, a dit qu'il avait effectivement reçu de M. Haÿ l'ordre de le rejoindre avec le détachement qui lui avait été donné pour servir d'escorte à l'Assemblée, mais qu'il en ignorait les motifs et ne pouvait rien dire de plus.

M. le président, continuant son récit, a dit que M. Le Coq s'était rendu auprès du commandant des Gardes de la Ville pour lui faire part des observations de M. le président; que ce commandant était venu sur-le-champ lui annoncer tout son regret de se voir obligé d'exécuter l'ordre qui lui avait été donné par le Conseil de Ville, en ajoutant qu'il avait cru lui-même devoir faire à ce sujet quelques représentations à M. de Joly, qui lui intimait cet ordre au nom du Conseil de Ville, mais que cet administrateur avait insisté, en se fondant sans doute sur les expressions littérales de la proclamation, dans laquelle il est dit que le Conseil de Ville sera accompagné des Gardes de la Ville, tandis qu'il n'est fait mention d'aucune escorte à l'article qui indique la place que doit occuper l'Assemblée générale des Représentants de la Commune (2). M. le président a ajouté qu'ayant assemblé autour de lui les membres du bureau de l'Assemblée et quelques autres membres qui se trouvaient à portée de lui, pour les consulter sur le parti qu'il convenait de prendre, le résultat de cette conférence avait été que, si les Gardes de la Ville devaient marcher en troupe, en avant du Conseil de Ville et sans lui servir d'escorte, par deux lignes prolongées dans la marche suivant l'usage ordinaire, la réunion de tous les Gardes ne devait pas souffrir de

---

(1) Le *Conseil de Ville* avait arrêté ses dispositions au sujet de l'escorte, dans ses séances des 10, 12 et 13 juillet. (Voir ci-dessus, p. 454, 483 et 492.)

(2) *Proclamation* du 11 juillet, reproduite en partie au procès-verbal de la séance du 17. (Voir ci-dessous, p. 511-512.)

difficulté, mais que, dans le cas contraire, l'Assemblée devait conserver ceux qui l'avaient accompagnée; qu'ayant informé M. Haÿ de cette décision que les circonstances n'avaient pas permis de communiquer à tous les membres de l'Assemblée, ce colonel avait répondu qu'il ne doutait pas que le corps des Gardes de la Ville ne dût se former en troupe pendant la marche, en avant du Conseil de Ville. M. le président a dit qu'en conséquence il avait déclaré qu'il ne pouvait ni s'opposer, ni consentir au rappel des Gardes. Il a terminé son rapport en disant qu'il espérait que l'Assemblée voudrait bien, en considération de la circonstance embarrassante où il s'était trouvé, approuver la conduite que la prudence lui avait dictée.

Après ce récit, de nombreux applaudissements ont témoigné à M. le président la plus vive satisfaction des démarches qu'il avait faites pour le maintien des droits et de la dignité de l'Assemblée, et en même temps de son attention à éviter toute discussion fâcheuse dans un moment consacré à la paix et à la concorde universelle.

Un membre a demandé que M. Haï fût entendu à l'instant.

Et ce colonel, s'étant rendu sur-le-champ dans l'Assemblée, a confirmé, par son rapport, le récit que venait de faire M. le président : il a dit que, le mardi soir, veille du jour destiné pour le pacte fédératif, il avait pris les ordres du Conseil de Ville sur la disposition des Gardes, et que, le Conseil lui en ayant demandé soixante pour lui servir d'escorte, il avait annoncé qu'il en commanderait cent pour accompagner l'Assemblée générale; qu'il avait pensé que cet ordre serait suivi jusqu'au Champ-de-Mars, et que ce n'était qu'après l'arrivée au rendez-vous sur le boulevard que M. de Joly lui avait donné, au nom du Conseil de Ville, l'ordre de rassembler la totalité des Gardes pour les réunir à la tête du Conseil.

L'honorable membre qui avait provoqué les éclaircissements à demander à M. Haï, ayant repris la parole, a observé que ce colonel avait été induit en erreur; que le corps des Gardes de la Ville avait été effectivement rassemblé à la tête du Conseil, mais qu'ensuite il avait été divisé en deux lignes, pour lui servir d'escorte, tandis que l'Assemblée générale des Représentants de la Commune avait été délaissée d'une manière offensante, au point que, sa marche ayant été rompue par la foule, M. le président avait été obligé, pour y rétablir l'ordre, de réclamer le secours du commandant de la compagnie des volontaires des gardes nationales qui la précédait dans la marche.

D'autres membres ont ajouté que, si l'amour de la paix pouvait porter l'Assemblée à passer sous silence une injure qui lui était personnelle, elle ne devait pas moins regarder comme un devoir essentiel envers ses commettants de conserver, au Conseil général de la Commune qui devait lui succéder, l'intégrité des droits qui lui avaient été confiés ; que les décrets de l'Assemblée nationale, qui donnaient au Corps municipal le pas dans les cérémonies publiques (1), ne pouvait être applicable qu'à la nouvelle Municipalité qui serait organisée ; que l'entreprise du Conseil de Ville actuel était d'autant plus répréhensible qu'il n'était que provisoire et formait une partie intégrante de l'Assemblée générale des Représentants provisoires de la Commune (2) ; qu'il importait par conséquent de connaître l'auteur de cette entreprise, quel qu'il fût, et de ne pas laisser périr les droits du Conseil général, avec d'autant plus de raison que plusieurs membres du Conseil de Ville n'avaient pas laissé ignorer qu'ils n'étaient point instruits de cette disposition, ni des raisons qui y avaient donné lieu ; et que, puisque M. Haÿ avait déclaré que l'ordre du rappel des Gardes lui avait été donné par M. de Joly, ils demandaient que cet administrateur fût mandé pour rendre compte à l'Assemblée des motifs qui l'avaient porté à donner cet ordre.

Quelques autres membres ont demandé qu'en consacrant le principe, l'Assemblée, faisant le noble sacrifice de tout ressentiment, se bornât à constater les faits et protestât solennellement contre ce qui s'était passé, pour la conservation des droits du Conseil général qui devait lui succéder.

Après une assez longue discussion ;

M. le président a mis aux voix la priorité des deux motions auxquelles les différentes opinions s'étaient réunies :

La première, de mander ou d'inviter M. de Joly (suivant celle des deux expressions qui serait adoptée par l'Assemblée) à venir lui rendre compte des motifs de l'ordre qu'il avait donné à M. Haÿ de retirer les Gardes qui l'avaient escortée dans sa marche depuis l'Hôtel-de-Ville jusqu'au boulevard du Temple ;

La seconde, de protester seulement contre ce rappel.

La priorité ayant été accordée à la première motion ;

(1) Articles 31 et 32 des décrets généraux, déclarés applicables à la Ville de Paris par le décret du 21 mai 1790. (Voir *Archives parlementaires*, t. XVI, p. 427.)

(2) Les membres du Conseil de Ville faisaient en effet partie de l'Assemblée des Représentants de la Commune ; mais, comme ils ne tenaient leur mandat d'administrateurs que de leurs districts respectifs, le Conseil de Ville était, en droit et en fait, indépendant de l'Assemblée des Représentants.

L'Assemblée a arrêté que M. Joly serait invité à se rendre à l'Assemblée, pour lui faire part des motifs d'après lesquels il avait donné au colonel de la Ville l'ordre de rappeler les Gardes qui avaient servi d'escorte à l'Assemblée jusqu'au lieu du rendez-vous indiqué pour la réunion de tous les corps députés au pacte fédératif.

Et, à l'instant, un de MM. les secrétaires s'étant transporté à la salle du Conseil de Ville, pour faire part de cette invitation à M. de Joly, et ayant rapporté que cet administrateur n'y était pas;

L'Assemblée a décidé que son arrêté lui serait notifié, et que les éclaircissements à lui demander seraient ajournés à la séance de demain (1).

Il a été proposé, par un des membres, un amendement portant que l'Assemblée paraissait faire dépendre la délibération de l'Assemblée du compte qui serait rendu par M. de Joly, et qu'il fallait au contraire qu'elle manifestât sur-le-champ ses intentions.

La question préalable ayant été proposée et appuyée;

L'Assemblée a arrêté qu'il n'y avait lieu, quant à présent, à délibérer sur cet amendement.

— M. Duveyrier ayant demandé à être entendu;

L'Assemblée lui a accordé la parole.

Il a fait lecture d'un mémoire contenant une réclamation, que M. le Commandant-général l'avait chargé d'appuyer de sa recommandation auprès de l'Assemblée, en faveur du sieur Esnault, citoyen des sections du Val de Grâce et de Saint-Jacques du Haut Pas réunies. Ce mémoire rapporte sommairement les services importants rendus par le sieur Esnault. Des services militaires antérieurs, son courage et son intelligence lui avaient mérité la confiance et l'estime générale de ses concitoyens, qui l'avaient choisi pour leur commandant dans les premiers moments de la Révolution. Il a su, par sa prudence et sa fermeté, maintenir le bon ordre dans le faubourg Saint-Marceau. Seul avec ses enfants, il a chassé de nombreuses troupes de brigands qui s'étaient emparés de quatre barrières de Paris, situées dans l'arrondissement de son district, et a rétabli la perception des droits. Dans toutes les occasions difficiles, il s'est montré à l'Hôtel-de-Ville et y a donné des preuves multipliées d'un patriotisme actif et éclairé, sous les yeux de M. le Commandant-général et de M. le major-général, qui en ont constamment rendu les témoignages les plus satisfaisants. Le zèle du sieur Esnault ne

---

(1) La réponse de DE JOLY est insérée au procès-verbal de la séance du lendemain, 16 juillet. (Voir ci-dessous, p. 507.)

s'est pas borné à ces actes de courage et de vigilance; il a encore employé ses facultés à pourvoir, pendant plusieurs jours, à la subsistance de la compagnie des gardes-françaises dite de La Selle, et à celle d'une très grande quantité de soldats émigrants, qui avaient abandonné leurs drapeaux pour venir servir à Paris sous les étendards de la liberté, et dont quelques-uns auraient pu causer des désordres dangereux, s'ils n'avaient été accueillis par des citoyens zélés qui se sont chargés de les nourrir. Le mémoire du sieur Esnault est sous les yeux de l'administration, qui sans doute pourvoira à son remboursement. Cet estimable citoyen mérite d'autant plus d'égards que sa fortune est bornée, qu'il est père de cinq enfants, et que, dans tous les nombreux sacrifices qu'il a faits, il a moins consulté ses facultés que son zèle et son patriotisme. Et cependant, il n'a obtenu aucune des places utiles qui pouvaient l'indemniser : sa position est devenue si gênée qu'il se voit, dans ce moment-ci, hors d'état de payer les loyers d'une maison qu'il occupe et qui appartient au monastère des dames Carmélites de la rue Saint-Jacques; il est poursuivi pour le paiement, et menacé d'être expulsé. Tels sont les motifs qui ont déterminé M. Duveyrier à lui servir d'interprète et à réclamer, en sa faveur, l'appui de l'Assemblée (1).

Différents membres ont appuyé les sollicitations et ont demandé qu'il fût accordé au sieur Esnault toute sauvegarde nécessaire, avec d'autant plus de raison que, les biens des communautés religieuses étant devenus des propriétés nationales, les dames Carmélites n'ont plus le droit d'exiger de lui le paiement de ses loyers.

D'autres ont demandé le renvoi au Comité des rapports, qui serait chargé d'examiner les faits et de vérifier les dispositions des décrets de l'Assemblée nationale.

Enfin, après la discussion de différentes opinions qui se sont élevées à ce sujet;

L'Assemblée, considérant que, malgré tout l'intérêt que lui inspire la position du sieur Esnault, elle ne peut faire aucun acte d'administration, a unanimement arrêté que sa demande serait envoyée au Département de l'administration, en lui recommandant de prendre en considération la situation du sieur Esnault et toutes les mesures nécessaires pour qu'il ne soit pas inquiété, jusqu'à ce qu'il ait été fait droit sur la réclamation du remboursement de ses avances.

~~~ M. l'abbé Fauchet a annoncé à l'Assemblée que l'éloge histo-

---

(1) On n'a trouvé aucun renseignement sur le sieur Esnault.

rique de Benjamin Francklin, dont elle avait bien voulu le charger (1), était prêt, et a demandé qu'elle fixât le jour et le lieu où elle désirait qu'il fût prononcé.

Il a été proposé divers emplacements, dont plusieurs ne paraissaient pas convenables.

Et enfin, l'Assemblée a arrêté que MM. Mulot et Michel, ci-devant nommés commissaires à cet effet (2), se concerteraient avec M. l'abbé Fauchet et indiqueraient l'emplacement qui leur paraîtrait le plus convenable (3).

L'Assemblée a également arrêté qu'après ce préliminaire rempli, elle inviterait l'Assemblée nationale à assister à la prononciation de cet éloge, ne doutant pas que l'auguste sénat, qui a cru devoir un hommage public à l'immortel fondateur de la liberté de l'Amérique, ne s'empresse d'accéder à cette invitation (4).

~~~ L'Assemblée a été levée, et ajournée à demain, cinq heures du soir.

Signé : BRIERRE, *président.*

Secrétaires : PELLETIER, CASTILLON, DEMARS, BONNEVILLE, LE TELLIER.

---

(1) Séance du 11 juin. (Voir ci-dessus, p. 22.)
(2) Même arrêté du 11 juin. (Voir ci-dessus, p. 22.)
(3) Rapport le lendemain, 16 juillet. (Voir ci-dessous, p. 508.)
(4) La députation chargée de porter l'invitation à l'Assemblée nationale rendit compte de sa mission à la séance du 19 juillet. (Voir ci-dessous, p. 520-521 et *528-529.*)

Du Vendredi 16 Juillet 1790

⁓ A l'ouverture de la séance, un de MM. les secrétaires a fait lecture des procès-verbaux des 22 juin et 15 juillet ;

Qui ont été adoptés.

⁓ M. le président a fait lecture d'une lettre de M. de Joly, en date de ce jour, et ainsi conçue :

Monsieur le président,

J'ai reçu, ce matin, l'arrêté pris hier soir, dans l'Assemblée des Représentants de la Commune (1). Comme il ne me concerne qu'en qualité de membre et secrétaire du Conseil de Ville, j'ai pensé qu'il était de mon devoir de lui en référer.

En conséquence, j'en ai envoyé une copie à M. le Maire ; je me suis également empressé de le communiquer à notre président ; et, attendu que le Conseil n'était indiqué que pour lundi 19, j'ai prié M. le Maire de m'autoriser à le convoquer pour demain. J'ai reçu sa réponse, et la convocation sera faite dans la soirée. Demain, je prendrai les ordres du Conseil et je me hâterai de m'y conformer.

J'ai l'honneur d'être, très respectueusement, Monsieur le président, votre très humble et très obéissant serviteur.

Signé : DE JOLY.

Paris, ce 16 juillet 1790.

Cette lettre a donné lieu à plusieurs réclamations.

L'ordre du jour a été demandé et rejeté.

Et, après une longue discussion ;

Il a été pris l'arrêté suivant :

« L'Assemblée, justement étonnée de ce que M. de Joly s'est permis de répondre par une lettre à l'invitation qui lui a été faite de se rendre dans son sein, a arrêté que, sans tirer à conséquence sur ce mode de réponse, sa lettre serait insérée dans le procès-verbal, et qu'il serait invité de se rendre dans l'Assemblée, demain, à huit heures du soir, pour donner les éclaircissements relatifs à l'objet de l'invitation qui lui a été faite, et que le présent arrêté lui sera notifié, dans le jour, par une ordonnance (2). »

---

(1) Séance du 15 juillet. (Voir ci-dessus, p. 500-504.)

(2) La réponse de DE JOLY est insérée au procès-verbal de la séance du lendemain, 17 juillet. (Voir ci-dessous, p. 511.)

~~~ Un membre du Comité des rapports a rendu compte d'un mémoire du sieur Gille, aveugle de l'hôpital des Quinze-Vingts, relativement à quelques réformes à faire dans cet hôpital (1).

L'Assemblée, sur l'avis de ce Comité, a renvoyé le mémoire au Département des hôpitaux, avec invitation d'en rendre compte incessamment.

~~~ M. l'abbé Fauchet, chargé de faire l'éloge civique de Benjamin Francklin, a dit qu'ayant examiné le local de la Halle aux blés (2), il avait jugé qu'il pourrait convenir, et il a demandé qu'il plût à l'Assemblée de le choisir (3).

Mais un membre a observé que, la Halle étant retenue jusqu'à mercredi par plusieurs districts, qui se proposent de donner des fêtes aux députés à la fédération, il ne serait peut-être pas possible de la laisser vuide aussi longtemps, et il a proposé le Vaux-Hall d'été (4).

Sur quoi, l'Assemblée a pris l'arrêté suivant :

« L'Assemblée, regardant la salle du Vaux-Hall d'été comme propre à la cérémonie de la prononciation de l'éloge de Benjamin Francklin, a chargé M. Lépidor, qu'elle a adjoint à ses commissaires nommés pour choisir un local convenable, de demander cette salle aux entrepreneurs du Vaux-Hall (5). »

~~~ La séance a été levée, et ajournée à demain, cinq heures.

Signé : Brierre, *président.*

Secrétaires : Pelletier, Castillon, Demars, Bonneville, Letellier.

(1) L'hospice des Quinze-Vingts, rue de Charenton, était hôpital royal, et ne dépendait en rien de la Municipalité. M. Tuetey a publié, dans *L'Assistance publique à Paris pendant la Révolution* (t. II, p. 2-13), différentes pétitions adressées à l'Assemblée nationale par les aveugles ; le sieur Gille ne figure pas parmi les signataires.

(2) En vertu de l'arrêté de la veille. (Voir ci-dessus, p. 506.)

(3) La *Halle aux blés*, aujourd'hui transformée en Bourse du commerce, avait 120 pieds (environ 39 mètres) de diamètre, avec la même dimension en hauteur.

(4) Le *Wauxhall d'été*, situé près de la rue de Bondy, entre la rue Neuve Saint-Nicolas (aujourd'hui rue du Château d'eau) et la rue des Marais du Temple, était un lieu de réunion et de plaisir; la salle, en forme d'ellipse, mesurait 27 pieds sur 48 (8 m. 775 sur 15 m. 60). Le souvenir en est conservé dans le nom actuel de la cité du Wauxhall (quartier de la Porte Saint-Martin, X° arrondissement).

(5) Un autre emplacement fut choisi le 19 juillet. (Voir ci-dessous, p. 521.)

Du Samedi 17 Juillet 1790

⁓ La séance a été ouverte par la lecture du procès-verbal du 13. La rédaction en a été approuvée.

⁓ Le Comité des rapports a demandé la parole pour rendre compte des réclamations faites, au nom des villes d'Uzerche et de Tulle, contre la démarche faite par l'Assemblée, le 6 mars dernier, auprès des représentants de la nation, à l'effet d'arrêter l'exécution des jugements de la prévôté du Bas-Limousin (1) : il a établi que ces réclamations étaient contraires aux principes de l'humanité et de la Révolution ; que ces deux villes prétextaient des alarmes destituées de tout fondement et contredites par les suites ; que la ville de Brive, inculpée par celles d'Uzerches et de Tulle, s'était pleinement justifiée des imputations hasardées contre elle ; que cette ville avait donné les preuves les plus énergiques de son patriotisme, tandis que ceux qui font mouvoir les municipalités d'Uzerche et de Tulle avaient bien prouvé qu'ils étaient restés en arrière, et n'avaient pas encore adopté les maximes qui conviennent à un peuple libre. En terminant son rapport, le Comité a proposé de déclarer qu'il n'y avait pas lieu à délibérer sur ces réclamations.

Et l'Assemblée a adopté l'arrêté proposé (2).

⁓ Le même Comité a rendu compte à l'Assemblée d'un mémoire de M. Sabot, sergent de la compagnie du centre, bataillon de Popincourt : il a développé ses vues aussi sages que patriotiques sur le parti qu'on pourrait tirer de différentes classes de citoyens, telles que celles des charbonniers, des gens du port et des forts de la Halle, pour le maintien de la tranquillité publique et même pour la défense de la ville, si des tyrannies pareilles à celles dont nous avons été témoins recommençaient (3).

(1) Adresse à l'Assemblée nationale, arrêtée le 5 mars, présentée le 6, au soir. (Voir Tome IV, p. 301-302 et 322, *333-334*.)
(2) La discussion recommença cependant sur le même objet, le 27 juillet. (Voir ci-dessous, p. 583-585.)
(3) Les renseignements font défaut sur le mémoire comme sur l'auteur.

D'après les conclusions de son Comité;

L'Assemblée a arrêté que le mémoire du sieur Sabot serait renvoyé à M. le Commandant-général, pour en faire l'usage que sa prudence lui dictera d'en faire en présentant des renseignements à l'Assemblée législative, lorsqu'elle s'occupera de l'organisation définitive de la Garde nationale parisienne.

— Un de MM. les secrétaires a fait lecture du procès-verbal du 8 juillet.

La rédaction en a été approuvée.

— L'Assemblée a donné acte à M. Minier de sa démission de commissaire de la Bastille (1).

— Il a été remis un arrêté de MM. les commissaires du pacte fédératif, par lequel il est dit que l'Assemblée des Représentants aura des places marquées au Champ-de-Mars pour la fête du 14.

Un des membres ayant annoncé qu'il avait remercié le commissaire qui lui avait remis l'arrêté;

Il a été passé à l'ordre du jour.

— Sur le rapport d'un membre chargé de l'examen et de la vérification des comptes du Comité des subsistances (2);

L'Assemblée a invité MM. les commissaires à lui présenter incessamment un arrêté motivé (3).

— M. Cousin a été pareillement invité à remettre à M. Godard, chargé d'écrire l'histoire des travaux de l'Assemblée (4), le mémoire relatif à la grande question de savoir si la ville de Paris doit être approvisionnée par le commerce ou le gouvernement (5).

— A huit heures, un des membres a rappelé que c'était pour la seconde fois que M. de Joly avait été invité à se rendre dans le sein de l'Assemblée pour rendre compte des ordres qu'il avait donnés, le 14 de ce mois, au colonel des Gardes de la Ville, de retirer ceux de ces Gardes qui avaient accompagné les Représentants jusque sur le boulevard (6).

(1) Il s'agit ici, non du Comité chargé d'établir la liste des *Vainqueurs de la Bastille*, dont MINIER ne faisait point partie, mais du Comité nommé le 16 septembre pour opérer le classement des papiers de la Bastille, et dont MINIER était membre. (Voir Tome I, p. 600.)

(2) Commissaires désignés le 28 avril pour les comptes du Département des subsistances, et confirmés le 10 mai pour les comptes de l'ancien Comité du même nom. (Voir Tome V, p. 177 et 299.)

(3) Séance du 20 juillet. (Voir ci-dessous, p. 530.)

(4) Arrêté du 5 juillet. (Voir ci-dessus, p. 402-403.)

(5) Séance du 23 juillet. (Voir ci-dessous, p. 555-556.)

(6) Arrêtés du 15 et du 16 juillet. (Voir ci-dessus, p. 503-504 et 507.)

M. le président, sur cette demande, se disposait à faire avertir M. de Joly, qui devait se trouver au Conseil de Ville, lorsqu'il a reçu de sa part, sous enveloppe, la pièce dont suit la teneur :

MUNICIPALITÉ DE PARIS
Extraits du registre du Conseil de Ville.

[Suit ici la reproduction textuelle, certifiée par DE JOLY :
1° Des arrêtés du *Conseil de Ville*, en date des 10 juillet, 12 juillet et 13 juillet, relatifs aux ordres donnés aux Gardes de la Ville pour l'escorte du Conseil de Ville et de l'Assemblée des Représentants de la Commune (1);
2° De l'arrêté du *Conseil de Ville*, en date du 17 juillet, relatif à l'invitation adressée à DE JOLY par l'Assemblée des Représentants (2).
Les quatre extraits sont signés : DAUGY, président; DE JOLY, secrétaire.]

Lecture faite de ces différents arrêtés du Conseil de Ville, auxquels ne se trouvaient pas joints les deux imprimés que le dernier arrêté annonçait (3);

Un des membres de l'Assemblée a demandé la permission de lire ces deux pièces, oubliées par M. de Joly dans son envoi, et dont il se trouvait avoir des exemplaires.

Cette demande accordée;

Il a été fait lecture à la tribune, premièrement, de la *Proclamation du roi*, en date du 11 de ce mois (4), ensuite de l'*Ordre de marche pour la confédération*, imprimé sous le titre de *Confédération nationale*, et terminé par ces mots : *La présente disposition a été ordonnée par le roi. Signé* : BAILLY, Maire; LA FAYETTE (5).

Suit la teneur de la proclamation et de l'ordre de la marche, en ce qui concerne la question soumise à la discussion de l'Assemblée :

Extrait de la Proclamation du roi, concernant l'ordre à observer le 14 juillet, jour de la Fédération générale.

Du 11 juillet 1790.

DE PAR LE ROI

Le rendez-vous général sera sur le boulevard du Temple, à six heures du matin : la marche commencera par le boulevard, suivra la rue Saint-Denis, la rue de la Ferronnerie, la rue Saint-Honoré, la rue Royale, la place

(1) Voir ci-dessus, p. 454, 483 et 492.
(2) Voir ci-dessous, p. 516-517.
(3) Imprimés mentionnés ci-dessous, p. 511-512.
(4) *Proclamation du roi, contenant l'ordre à observer le 14 juillet, jour de la Fédération générale*, du 11 juillet 1790, imp. 4 p. in-4° (Bib. Carnavalet, dossier 12272). — Citée par extrait dans le *Journal de la Municipalité et des sections* (n° du 13 juillet 1790).
(5) CONFÉDÉRATION NATIONALE. *Ordre de marche pour la confédération qui aura lieu le 14 juillet, et dispositions dans le Champ-de-Mars*, imp. 4 p. in-4° et 8 p. in-8° (Bib. Nat., Lb 39/3758 A et B). — Reproduit en entier dans le *Journal de la Municipalité et des sections* (n° du 13 juillet).

Louis XV, du côté du pont tournant, où se joindra l'Assemblée nationale; ensuite, le quai jusqu'à Chaillot, le pont, le Champ-de-Mars.

Le cortège marchera dans l'ordre suivant :
Un détachement de cavalerie nationale, ayant sa musique à sa tête;
Un détachement de grenadiers ;
MM. les Électeurs ;
Un détachement de fusiliers ;
MM. de la Commune ;
MM. du Comité militaire ;
Un détachement de chasseurs ;
MM. les présidents de districts ;
MM. de l'Assemblée fédérative ;
La musique de la Ville ;
MM. de la Municipalité, M. le Maire marchant le dernier ;
Un corps de musique.

CONFÉDÉRATION NATIONALE

Ordre de marche pour la Confédération qui aura lieu le 14 juillet, et dispositions dans le Champ-de-Mars.

Toutes les personnes qui doivent composer la marche seront rendues, mercredi 14 juillet, à six heures précises du matin, sur la partie du boulevard depuis la porte Saint-Martin, où sera la tête de la marche, jusqu'à la porte Saint-Antoine, si le cortège tient cette étendue.

Cette marche sera formée dans l'ordre suivant :
Une compagnie de cavalerie, avec un étendard et six trompettes; le chef et le major de la cavalerie marcheront à la tête de ce détachement ;
Une compagnie de grenadiers, ayant la moitié de la musique et des tambours en tête ;
Les Électeurs de la Ville de Paris ;
Une compagnie de volontaires ;
L'Assemblée des Représentants de la Commune ;
Le Comité militaire ;
Une compagnie de chasseurs ;
Les tambours de la Ville ;
MM. les présidents de districts ;
Les députés de la Commune pour le pacte fédératif ;
Les soixante administrateurs de la Municipalité, accompagnés des Gardes de la Ville ;
Corps de musique et de tambours (1).

Après la lecture de ces deux imprimés, la discussion a été ouverte.

Plusieurs personnes ont demandé la parole et l'ont successivement obtenue.

Un des opinants a établi qu'il fallait bien distinguer ce qui avait été ordonné par le roi de ce qui s'était fait par le Conseil de Ville; que, plein de vénération pour les ordres de Sa Majesté, il ne se permettrait pas la moindre réflexion à leur égard. Mais il a fait remarquer, la proclamation à la main : 1° que le roi, ami de la paix, père

---

(1) Venaient, à la suite, le bataillon des Élèves militaires, le détachement des drapeaux de la Garde nationale parisienne, le bataillon des Vétérans, etc.

du peuple, pour prévenir toutes les difficultés qui pourraient apporter quelque trouble le jour de la fédération générale, avait ordonné cette proclamation, qui n'était que le résultat du compte qu'il s'était fait rendre des mesures prises tant par le Maire de Paris que par le Comité de la Municipalité et de l'Assemblée fédérative de ladite ville, pour régler les travaux préparatoires de la cérémonie; 2° que, dans l'ordre de marche qui se lit à la fin de cette proclamation, s'il est spécifié que MM. de la Municipalité, M. le Maire marchant le dernier, se trouveront entre la musique de la Ville et un autre corps de musique, il n'est aucunement fait mention des Gardes de la Ville. Il a de même fait voir que si, dans l'ordre de marche, imprimé sous le titre de *Confédération nationale,* ordre qui est annoncé comme approuvé par le roi, quoiqu'il ait des différences frappantes avec celui qui, sorti de l'imprimerie royale, est placé à la fin même de la proclamation, il est dit que les soixante administrateurs de la Municipalité seront accompagnés des Gardes de la Ville, il n'y est pas spécifié qu'ils seront précédés par l'universalité de ces mêmes Gardes. Et, rapprochant les arrêtés du Conseil de Ville, la proclamation du roi et l'ordre de marche distinct de celui qui suit la proclamation, il a prouvé : 1° qu'un décret de l'Assemblée nationale ayant attribué exclusivement à M. le Maire, à six commissaires de l'Assemblée du pacte fédératif et à six commissaires du Conseil ce qui concernait la fête de la fédération (1), le Conseil n'eût pas dû prendre d'arrêté sur ce qui concernait cette fête; 2° qu'en arrêtant, le 10 de ce mois, que le Conseil de Ville serait précédé, dans sa marche du 14, par l'universalité des Gardes de la Ville (2), non seulement il a excédé ses pouvoirs, mais qu'il n'a pu le faire conformément à la proclamation du roi, qui n'a eu lieu que le 11, et que, quand cette proclamation aurait été antérieure, elle n'aurait pu servir de base à l'arrêté, puisqu'elle ne fait aucune mention des Gardes de la Ville; 3° que le Conseil municipal, dans son arrêté du 13 (3), n'a pu, par cette dernière raison, s'appuyer sur la proclamation du roi pour intimer au colonel des Gardes de la Ville des ordres tendant à ce que ceux de ces Gardes, qu'on regardait comme convenable de laisser aux Représentants de la Commune jusqu'au boulevard, se réunissent aux autres qui avaient accompagné les soixante administrateurs jusqu'au même lieu; 4° que, dans ce même arrêté du 13, le

---

(1) Décret du 4 juillet. (Voir ci-dessus, p. *384-385*.)
(2) Arrêté du 10 juillet. (Voir ci-dessus, p. *454*.)
(3) Arrêté du 13 juillet. (Voir ci-dessus, p. 492.)

Conseil de Ville n'avait pu lui donner pour base de sa décision l'ordre de marche, imprimé sous le titre de *Confédération nationale*, puisqu'il n'est point parlé de l'universalité des Gardes de la Ville. Enfin, le même opinant, conduit par des sentiments d'union et de fraternité, a dit que, quoiqu'il pensât que l'Assemblée eût le droit de mander le Conseil de Ville pour lui faire sentir l'erreur dans laquelle il s'était aveuglément laissé entraîner par des mouvements de vanité, cependant il était d'avis qu'on se contentât d'improuver sa conduite dans les registres de l'Assemblée.

Un second opinant a cru que l'on confondait la proclamation, l'ordre de marche et les arrêtés du Conseil; et, convaincu, quoique membre de ce même Conseil de Ville, que les arrêtés dont il était question étaient conformes aux deux imprimés approuvés par le roi, tout en témoignant son attachement à l'Assemblée des Représentants de la Commune et la peine qu'il ressentait de ne les avoir pas vu traiter, le 14, avec les égards qui leur étaient dus, il a conclu à ce que le Conseil ne fût pas improuvé par un arrêté.

Ces réflexions ont donné lieu à un troisième opinant de rappeler les regards de l'Assemblée sur l'opposition qui régnait entre les arrêtés du Conseil de Ville et l'ordre de marche pour la confédération.

Un quatrième opinant, à tous les raisonnements de ceux qui avaient parlé avant lui, voulut en joindre encore qu'il tira des décrets sur les municipalités définitives; et il prouva que, suivant les décrets, quoique les officiers municipaux dussent avoir le pas sur les notables, les notables ne devaient être séparés par aucun corps intermédiaire, lorsque la totalité du Conseil général était réunie. Il ajouta que ce qu'il venait de dire ne s'appliquait point à l'ordre de marche du 14, qui avait été ordonné par le roi, mais que, comme le 13, au *Te deum* de MM. les Électeurs (1), en vertu d'un arrêté du Conseil de Ville, les officiers municipaux s'étaient isolés des Représentants, leurs collègues, il demandait qu'il fût donné une improbation distincte à cette conduite du Conseil de Ville.

La matière paraissait suffisamment éclaircie. On demandait qu'elle fût mise aux voix;

Lorsqu'un des membres de l'Assemblée, se bornant, relativement à la conduite du Conseil de Ville, à l'improbation qui semblait être le vœu général, fit la motion expresse que M. de Joly, disculpé, quant aux ordres qu'il avait donnés, le 14, au colonel de la Ville, par les arrêtés du Conseil de Ville, fût puni pour ne s'être pas rendu person-

---

(1) Voir ci-dessus, p. 454 et *457-459*.

nellement aux ordres réitérés de l'Assemblée, et il a conclu à ce qu'il fût privé du droit de séance dans l'Assemblée, jusqu'à ce qu'il eût satisfait à ces ordres.

Cette motion fut vivement applaudie.

On observa, cependant, que les termes de l'arrêté à prendre devaient être ceux-ci : que M. de Joly serait privé du droit de séance dans cette Assemblée, jusqu'à ce qu'il y eût rendu compte des motifs qui l'avaient empêché d'y comparaître personnellement.

Un des membres a fait alors observer qu'il était contre le règlement d'accumuler motion sur motion ; et, appliquant ce même règlement à la motion faite concernant la conduite du Conseil de Ville le 13 de ce mois, il a demandé que les différents objets proposés fussent mis aux voix séparément.

Au moment de mettre aux voix ;

Un des membres de l'Assemblée a demandé la permission de rappeler quelques principes qu'il était important de faire servir de motifs aux arrêtés de l'Assemblée.

Et, la parole lui ayant été accordée ;

Il a développé, avec beaucoup de précision, les principes qu'il annonçait : il a fait voir que, si le Conseil de Ville et le Bureau de Ville devaient être distingués dans leurs fonctions, ils ne faisaient qu'un tout, lorsqu'ils étaient réunis avec le Conseil général de la Commune ; que le tout ne devait jamais être divisé dans les cérémonies religieuses ou autres qui exigent la présence de la Municipalité entière, et il a demandé que ce principe reconnu servît de base à l'arrêté qui allait être pris.

On a fermé alors la discussion.

Plusieurs membres ont proposé des arrêtés ; et, dans quelques-uns de ces arrêtés, on a proposé de faire afficher, imprimer séparément et envoyer aux soixante districts l'arrêté qui allait être pris.

Cette dernière demande a été divisée, ainsi que toutes celles qui précédaient.

On a arrêté, comme bases :

1º Que la conduite tenue par le Conseil de Ville, le 14 de ce mois, serait improuvée ;

2º Qu'on improuverait de même la conduite tenue par le Conseil de Ville, le 13 de ce mois, en ce qui concernait la marche isolée au *Te deum* de MM. les Électeurs ;

3º Que M. de Joly serait suspendu de son droit de séance, jusqu'à ce qu'il fût venu rendre compte lui-même des motifs qui l'avaient empêché de se rendre personnellement aux ordres de l'Assemblée.

4° Il a été arrêté que l'affiche n'aurait pas lieu.

5° Il a été sursis à prendre une délibération sur l'impression séparée et l'envoi aux districts, après la lecture de l'arrêté.

Enfin MM. Mulot, Bosquillon, Faureau et Le Moine ont été nommés commissaires pour rédiger cet arrêté (1).

~~~ La séance a été levée à dix heures, et prorogée à lundi 19, cinq heures du soir.

Signé : Brierre, *président.*

Secrétaires : Pelletier, Castillon, Demars, Bonneville, Letellier.

CONSEIL DE VILLE

~~~ Le samedi 17 juillet 1790, à six heures du soir, le Conseil de Ville, convoqué par billets, et réuni d'abord sous la présidence de M. Daugy et, ensuite, sous celle de M. le Maire, en la salle ordinaire, à l'Hôtel-de-Ville;

~~~ Il a été fait lecture du procès-verbal de la dernière séance.

Le Conseil en a approuvé la rédaction.

~~~ Sur la proposition d'un de ses membres;

Le Conseil a arrêté que son secrétaire dresserait un procès-verbal de la cérémonie du 14 juillet, et qu'il en soumettrait la rédaction à la première assemblée. (I, p. 519.)

~~~ M. Dejoly, membre et secrétaire du Conseil, lui ayant donné lecture des deux arrêtés de l'Assemblée des Représentants de la Commune, en date des 15 et 16 de ce mois, par lesquels M. Dejoly a été invité à aller rendre compte des motifs qui l'ont déterminé à faire rappeler les Gardes de la Ville qui avaient accompagné l'Assemblée des Représentants de la Commune dans sa marche de l'Hôtel-de-Ville au boulevard (2);

Le Conseil, considérant que M. Dejoly, son secrétaire, n'a agi qu'en vertu de la proclamation du roi (3), qui a déterminé l'ordre, la

---

(1) Le rapport des commissaires fut présenté à la séance du 20 juillet. (Voir ci-dessous, p. 532-535.)

(2) Arrêtés de l'*Assemblée des Représentants* des 15 et 16 juillet. (Voir ci-dessus, p. 500-504 et 507.)

(3) *Proclamation du roi,* du 11 juillet. (Voir ci-dessus, p. 511-512.)

marche et la composition du cortège de la confédération, et conformément aux arrêtés du Conseil des 10, 12 et 13 de ce mois (1), et que rien ne peut lui être personnellement imputé à ce sujet;

Autorise M. Dejoly à faire tenir à l'Assemblée des Représentants de la Commune expédition des trois arrêtés ci-dessus énoncés, ensemble un exemplaire de la proclamation du roi et de la marche ordonnée par Sa Majesté et signée par M. le Maire et M. de La Fayette (2).

~~~ Sur le compte, rendu par M. Defresne, qu'il avait été retiré, de l'intérieur de la Halle aux blés et farines, la table de marbre contenant une inscription relative à la construction de la coupole, et sur son observation qu'il croyait nécessaire de mettre une nouvelle inscription à ce sujet, avec d'autant plus de raison que l'artiste mériterait, par ses talents et par la beauté et la hardiesse de l'ouvrage, une mention honorable pour lui et avantageuse pour les arts;

Le Conseil a arrêté qu'à la même place où était la table de marbre ci-devant énoncée, il serait gravé une inscription dans les termes qui suivent :

La coupole de ce monument a été construite d'après les dessins et sous la conduite de MM. LEGRAND *et* MOLINOR, *architectes; exécutée par* ROUBO, *menuisier; commencée le 10 septembre 1782 et terminée le 20 septembre 1783.*

~~~ Sur le rapport, fait au Conseil par M. Osselin, l'un de ses commissaires pour l'inventaire de la Chartreuse de Paris (3), que deux des religieux de ce monastère, ayant déclaré qu'ils désiraient se retirer de la maison de leur ordre, avaient fait charger sur une voiture les meubles qui garnissaient leur cellule et qui leur étaient absolument nécessaires; que cette voiture avait été arrêtée dans la cour de la maison, par ordre de M. le commandant du bataillon de Saint-André des Arcs (4); que les deux religieux, dont la liberté se trouve contrariée par cette arrestation, sont dans la salle où se tient le Conseil et attendent sa décision à cet égard;

Le Conseil a arrêté que MM. les officiers de l'État-major général seraient invités de donner à M. le commandant du bataillon de Saint-André des Arcs les ordres nécessaires pour que les voitures,

(1) Arrêtés du Conseil de Ville des 10, 12 et 13 juillet. (Voir ci-dessus, p. 454, 483 et 492.)
(2) Communication faite, le même jour, à l'Assemblée des Représentants. (Voir ci-dessus, p. 511.)
(3) Commissaires désignés le 12 avril. (Voir Tome IV, p. 683 et *693-694*, n° 13.)
(4) CLÉMENT DE SAINTE-PALLAYE (Alexandre).

chargées des effets mobiliers des frères Chartreux qui ont fait leur déclaration, puissent sortir librement et être conduites aux lieux qu'ils ont indiqués.

— M. Vauvilliers, ayant obtenu la parole, a dit :

Messieurs,

Vous savez qu'il doit être donné, demain, une fête sur la rivière (1). J'ai attendu, autant qu'il a été possible, que les ordres nécessaires à la sûreté des citoyens que le spectacle doit attirer en foule sur les rivages, à droite et à gauche, fussent donnés par les personnes chargées spécialement de la fête. Mais, comme l'inspection de la rivière, ports et berges est dans mon Département, j'ai souvent visité les lieux pour me rendre compte à moi-même des mesures les plus nécessaires et les plus sûres; et, n'entendant parler de rien et ne voyant aucun préparatif, j'ai écrit à M. Celerier et je l'ai vu mercredi (14 juillet) à ce sujet; je lui ai présenté mes vues et je l'ai prié de faire tout ce qui était de son Département à cet égard. M. Celerier et le Département des travaux publics s'y sont portés avec beaucoup de zèle ; j'ai trouvé, ce matin, des ouvriers occupés à régler les berges. Mais, quels qu'aient été les ordres donnés par M. Celerier et M. Quin, qui a passé plusieurs heures aujourd'hui même sur les ports, où j'ai été presque toute la journée, je ne sais comment il est arrivé qu'aucun menuisier ni charpentier n'y avait encore paru à six heures du soir; alors, j'ai pensé que rien ne m'excuserait, si je négligeais de pourvoir aujourd'hui à ce qu'il ne serait plus temps de faire demain. J'ai, en conséquence, envoyé chercher M. Guern, charpentier de la Ville (2), pour établir des barrières aux lieux où la hauteur de la berge et les profondeurs de l'eau présentent la crainte d'un grand danger pour les spectateurs. J'ai donné ordre d'enlever toutes les marchandises, matériaux, et généralement tout ce qui nuirait à la commodité et à la sûreté des spectateurs; enfin, j'ai donné aux inspecteurs des ports tous les autres ordres de police et sûreté, et je demande au Conseil de vouloir bien que le rapport que j'ai l'honneur de lui faire en ce moment soit inséré dans son procès-verbal.

Le Conseil a donné acte à M. Vauvilliers de sa déclaration.

Et, conformément à sa demande, il a été arrêté que son dire serait inséré dans le procès-verbal.

Et, attendu que tout ce qui concerne la fête du pacte fédératif est spécialement attribué à M. le Maire et à M. le Commandant-général (3), il a été également arrêté que M. de Vauvilliers en référerait à M. le

(1) Le programme de la fête populaire du dimanche 18 juillet comprenait : 1° à dix heures du matin, au Champ-de-Mars, revue de la Garde nationale parisienne par le Commandant-général ; 2° après la revue, ascension d'un aérostat ; 3° à quatre heures après-midi, joûte sur la rivière et divertissements accessoires ; 4° à neuf heures, girande au Pont-neuf ; 5° à la nuit, illuminations, bal sur les ruines de la Bastille, aux Champs-Élysées et sous la rotonde de la Halle. (Voir *Journal de la Municipalité et des sections*, n° du 15 juillet.) L'ascension de l'aérostat ne put avoir lieu. (Voir ci-dessus, p. 425-428.) Il sera question plus loin de la fête nautique du 18 juillet. (Voir ci-dessous, p. 548.) Il sera dit un mot de la revue. (Voir ci-dessous, p. 563.)

(2) GUERNE (Pierre Abraham), charpentier de la Ville de Paris.

(3) Art. 3 du décret du 4 juillet. (Voir ci-dessus, p. 385.)

[17 Juillet 1790] DE LA COMMUNE DE PARIS 519

Maire, et qu'il voudrait bien se concerter avec lui sur la suite et l'exécution des ordres qu'il a donnés.

~~~ Le Conseil s'est ajourné à lundi 19.

~~~ Et M. le Maire a levé la séance.

Signé : BAILLY; D'AUGY, *président;* DEJOLY, *secrétaire.*

* *
*

ÉCLAIRCISSEMENTS

(I, p. 516) Il n'est point question, dans les procès-verbaux des séances suivantes du *Conseil de Ville*, de la rédaction de ce procès-verbal de la cérémonie du 14 juillet. En fait, il n'existe point de récit officiel de la Fédération, ayant un caractère municipal.

Par contre, l'Assemblée nationale adopta, le 16 juillet, un *Procès-verbal de la cérémonie de la Fédération* (1), dressé par son président (DE BONNAY) et ses secrétaires; le 17 juillet, elle en ordonna l'impression et la distribution à 350 exemplaires pour chaque département (2).

Quant à la publication qui porte le titre de : *Procès-verbal de la Confédération des Français à Paris, le 14 juillet 1790* (3), elle émane, non du Conseil de Ville, mais de l'*Assemblée des gardes nationales fédérées*, formée de représentants des députés des départements à la Fédération, à raison de un par département, et présidée par DE LA FAYETTE. Ce *Procès-verbal,* daté du 24 juillet 1790, porte les signatures de LA FAYETTE et de huit secrétaires.

Enfin, l'utile compilation intitulée : *Confédération nationale* ou *Récit exact et circonstancié de tout ce qui s'est passé à Paris le 14 juillet 1790 à la Fédération, avec le recueil de toutes les pièces officielles et authentiques y relatives et le détail de toutes les circonstances qui ont précédé, accompagné et suivi cette auguste cérémonie* (4), n'est pas signée; mais le choix des documents qu'elle contient indique, à n'en pas douter, qu'elle est l'œuvre de l'*Assemblée des députés des sections de Paris pour le pacte fédératif*, présidée par CHARON, ou, tout au moins, du *Comité de Confédération*, qui, formé avec le concours de six délégués du Conseil de Ville, était comme la commission exécutive de cette Assemblée.

(1) *Extrait du procès-verbal de l'Assemblée nationale*, imp. 7 p. in-8° (Bib. Nat., Le 29/775).
(2) Voir *Archives parlementaires* (t. XVII, p. 84-85, 133 et 174).
(3) Imp. 96 p. in-4°, avec la *Liste des députés à la Fédération par départements et districts* (Bib. Nat., Lb 39/9117), et 32 p. in-4° sans la *Liste* (Bib. Carnavalet, dossier 12272).
(4) Imp. 238 p. in-8° (Bib. Nat., Lb 39/3767).

Du Lundi 19 Juillet 1790

— A l'ouverture de la séance, un de MM. les secrétaires a fait lecture d'une lettre écrite à M. le président, le 18 de ce mois, par M. Huguet (1), membre de cette Assemblée et l'un des commissaires nommés pour l'examen et l'arrangement des papiers trouvés à la Bastille : il s'excuse, sur sa santé et sur d'autres circonstances, de l'impossibilité où il a été de se livrer aux fonctions de cette commission, dont les membres n'ont jamais été régulièrement convoqués.

Cette lettre a donné lieu à quelques observations sur le retard de ce travail.

Mais, un membre ayant rappelé à l'Assemblée que, dans une de ses dernières séances (2), M. Agier, l'un de ses commissaires, avait annoncé qu'il s'occupait actuellement, avec quelques-uns de ses collègues, de la séparation des manuscrits d'avec les papiers imprimés;

L'Assemblée a arrêté qu'il serait écrit à M. Agier, par un de MM. les secrétaires, pour le presser de rendre compte, le plus tôt possible, de l'état de ce travail, afin de pouvoir prendre, avant la séparation, des mesures pour la conservation de ce dépôt précieux.

— Il a été fait lecture d'une autre lettre écrite à l'Assemblée par M. Chevalier, relativement à la perception des droits d'entrée de la capitale.

Cette lettre a été renvoyée aux commissaires chargés de la rédaction d'une adresse, que l'Assemblée a arrêté de présenter à l'Assemblée nationale sur cette matière (3).

— M. l'abbé Fauchet a annoncé que, conformément aux ordres de l'Assemblée (4), la députation, chargée d'inviter l'Assemblée nationale à la prononciation de l'éloge civique de Benjamin Francklin, s'était acquittée, samedi dernier, de cette commission; que l'Assemblée nationale avait accepté cette invitation avec empressement,

---

(1) *Lire :* Huguet de Sémonville. (Voir Tome I, p. 600.)
(2) Séance du 12 juillet. (Voir ci-dessus, p. 480.)
(3) Commissaires désignés le 2 juillet. (Voir ci-dessus, p. 361.)
(4) Arrêté du 15 juillet. (Voir ci-dessus, p. 506.)

avait nommé douze de ses membres pour la représenter à cette cérémonie, et l'avait fixée à mercredi prochain (21 juillet), six heures du soir, jour où elle ne tenait point d'assemblée le soir, afin que ceux de ses membres qui n'étaient point de la députation pussent y assister, si leurs occupations le leur permettaient. (I, p. 528.)

L'Assemblée a arrêté que le Panthéon (1) serait choisi pour cette cérémonie, ou tel autre emplacement plus convenable, de concert entre M. l'abbé Fauchet et les commissaires nommés à cet effet (2); que les commissaires, chargés des dispositions à faire à ce sujet, s'entendraient avec M. le lieutenant de maire au Département des travaux publics, pour préparer l'emplacement qui serait déterminé (3).

M. de Trévilliers a été adjoint aux commissaires précédemment nommés, et M. Girault a été choisi pour remplacer M. Mulot, qui a exposé que les occupations que l'Assemblée lui a confiées ne lui permettaient pas de se livrer aux détails qu'exigent les préparatifs de cette cérémonie.

L'Assemblée a arrêté ensuite qu'elle se rendrait en corps au lieu choisi; que les 300 Représentants qui la composent s'assembleraient à cet effet dans la grande salle de l'Hôtel-de-Ville, en habit de deuil, et que son président donnerait au colonel des Gardes de la Ville les ordres nécessaires pour qu'il fût fourni à l'Assemblée une escorte convenable; que M. le président écrirait à M. le Maire pour le prévenir du jour et de l'heure choisis par l'Assemblée nationale et de l'arrêté pris par l'Assemblée de se réunir à l'Hôtel-de-Ville pour partir en corps; que l'Assemblée inviterait MM. les présidents des districts, les Électeurs, les 120 commissaires nommés pour le pacte fédératif et MM. du Comité militaire à se rendre à l'Hôtel-de-Ville pour partir tous ensemble avec l'Assemblée.

Un membre a demandé que l'Assemblée invitât aussi un certain nombre de députés de différents départements du royaume au pacte fédératif, et que l'on profitât du moment où M. le Commandant-général les présidait actuellement pour l'inviter lui-même et le prier de prévenir MM. les députés.

(1) *Panthéon*, ancien *Wauxhall d'hiver*, transféré de la foire Saint-Germain à l'angle des rues de Chartres et Saint-Thomas, à côté du Château-d'eau, en face le Palais-royal. (Voir Tome IV, p. *190*.) La salle avait 42 pieds de large sur 49 de long (13 m. 65 sur 15 m. 925).

(2) Un local différent avait été désigné le 16 juillet. (Voir ci-dessus, p. 508.)

(3) Le 20 juillet, le *Panthéon* fut à son tour abandonné pour une autre salle. (Voir ci-dessous, p. 532.)

L'Assemblée ayant arrêté d'en inviter deux par chaque département;

MM. Fauchet et Bosquillon ont été nommés pour remplir sur-le-champ cette mission auprès de M. le Commandant-général.

Enfin, l'Assemblée a arrêté que son président marcherait à sa tête; que tous les membres de l'Assemblée, administrateurs ou autres, ainsi que ceux qu'elle avait invités, marcheraient tous sans aucune distinction, et que, si M. le Maire s'y rendait, il prendrait son rang à la tête de l'Assemblée, et que M. le président marcherait à sa droite.

MM. Fauchet et Bosquillon ont rendu compte à l'Assemblée qu'ils s'étaient acquittés de la commission dont ils avaient été chargés; que M. le Commandant-général avait reçu l'invitation de l'Assemblée avec la plus grande satisfaction et avait annoncé qu'il ferait remettre, mercredi matin, à l'ordre, les billets destinés pour MM. les députés au pacte fédératif (1).

— L'Assemblée ayant ensuite passé à l'ordre du jour;

— Il a été fait lecture d'un mémoire du sieur Le Roy, entrepreneur d'un spectacle, rue Saint-Antoine (2).

Le renvoi en a été fait au Comité des rapports (3).

— Un mémoire du sieur Mongez, qui demande des indemnités et à être réintégré dans une place de chef d'atelier dont il a été destitué par le Département des travaux publics, a été pareillement renvoyé au Comité des rapports, avec invitation de prendre tous les renseignements nécessaires pour en rendre compte à l'Assemblée le plus tôt possible (4).

— Il a été procédé ensuite au scrutin pour l'élection d'un président.

L'Assemblée était composée de 48 votants; et, dès le premier tour de scrutin, M. le curé de Chaillot (5), ayant réuni 30 voix, a été proclamé président.

M. Brière, avant de quitter le fauteuil, a prononcé le discours suivant :

Messieurs,

Le terme de vos travaux approche, sans ralentir leur constante activité. Vous avez entrepris une tâche pénible; mais vous l'avez remplie avec cou-

---

(1) L'invitation et l'acceptation sont constatées, à la même date, au procès-verbal de la *Réunion des gardes nationales fédérées*. (Voir ci-dessous, p. *564*.)

(2) La dernière réclamation de Le Roy avait été présentée au *Conseil de Ville*, le 10 juillet. (Voir ci-dessus, p. 456.)

(3) Rapport présenté le 26 juillet. (Voir ci-dessous, p. 578.)

(4) Rapport présenté le 2 août. (Voir ci-dessous, p. 644-645.)

(5) BÉNIÈRE.

rage, et vous pouvez vous honorer d'avoir aplani la route à vos successeurs.

L'estime publique vous prépare la plus glorieuse récompense. Ne redoutez point la calomnie; elle s'attache, dans le silence des ténèbres, aux hommes utiles, mais elle craint la lumière : ses traits impuissants viendront se briser à la vue du compte général et volontaire de vos actions (1); c'est ainsi qu'en appelant la censure, vous éclairerez l'opinion publique et désarmerez la méchanceté. Le langage simple de la vérité reprend tôt ou tard son empire; elle brillera de l'éclat le plus pur sous la plume du jeune orateur que vous avez choisi pour votre interprète. On y distinguera, parmi les traits variés de votre patriotisme, le premier hommage rendu publiquement à la mémoire du célèbre restaurateur de la liberté américaine (2); et les vrais amis de la liberté deviendront les partisans de ceux qui savent si bien l'honorer.

Je ne puis, Messieurs, rappeler de si touchants souvenirs sans me retracer l'immensité de mes obligations envers vous. Votre indulgence m'a habitué à vos bontés; et la double épreuve que j'ai eu le bonheur d'en faire a gravé pour jamais dans mon cœur les sentiments de la plus vive et la plus respectueuse reconnaissance.

En quittant cette place honorable, il m'est doux de la voir passer en des mains plus dignes. Vos suffrages avaient déjà désigné ce respectable pasteur (3) : vous venez de rendre hommage à ses vertus; votre choix est la juste récompense de son ardeur infatigable à concilier les devoirs du citoyen avec les fonctions édifiantes de la vie pastorale.

Après ce discours, qui a reçu de justes applaudissements, l'Assemblée a unanimement arrêté qu'il serait voté des remerciements à M. Brière.

M. le curé de Chaillot, ayant prêté serment, a été installé à la place de président.

Et il a fait ses remerciements à l'Assemblée dans les termes suivants :

Messieurs,

Plus je réfléchis sur la faiblesse de mes ressources pour exercer dignement la place à laquelle vous venez de m'élever, surtout ayant à succéder à un magistrat citoyen qui, dans sa seconde comme dans sa première présidence, vous a offert une éloquence et une sagesse toujours égales, moins je conçois les motifs qui ont pu vous déterminer à me donner cette marque distinguée et bien précieuse pour moi de bienveillance, si ce n'est peut-être une suite de l'estime que vous voulez bien accorder au corps pastoral, dont je suis membre, ou peut-être encore mon affinité spirituelle avec trois honorables collègues qui, en la remplissant, ont déployé des talents qui ont excité votre juste admiration (4). Mais, Messieurs, permettez-moi de vous l'observer : tous les enfants d'une même mère ne se ressemblent pas

(1) Allusion à l'*Exposé des travaux* que préparait GODARD, par ordre de l'Assemblée. (Voir Tome IV, p. 346-348, et ci-dessus, p. 402-403.)

(2) Allusion à l'éloge funèbre de FRANKLIN, arrêté le 11 juin. (Voir ci-dessus, p. 22.)

(3) Il y avait eu ballottage entre BRIERRE DE SURGY et BÉNIÈRE, le 5 juillet. (Voir ci-dessus, p. 406.)

(4) Trois ecclésiastiques avaient, en effet, occupé la présidence : BERTOLIO, FAUCHET et MULOT.

toujours. Au surplus, si, à raison des talents, je ne puis, sans présomption, prétendre à les égaler, j'oserai être leur émule par mon zèle à soutenir les droits et la dignité de cette Assemblée jusque dans ses derniers moments; il me rendra digne de toute votre indulgence, que je réclame avec la plus grande confiance, ainsi que celle du public.

Il a été procédé ensuite au choix d'un secrétaire.

Et M. Baslin, ayant réuni la pluralité des suffrages, a été proclamé et a prêté serment entre les mains de M. le président.

~~~ La séance a été levée, et ajournée à demain, cinq heures du soir.

Signé : Brierre, *président.*

Secrétaires : Pelletier, Castillon, Demars, Bonneville, Letellier.

CONSEIL DE VILLE

~~~ Le lundi 19 juillet 1790, à six heures du soir, le Conseil de Ville, convoqué en la forme ordinaire et réuni dans la salle d'audience de l'Hôtel-de-Ville, sous la présidence de M. Daugy, en l'absence de M. le Maire;

~~~ Il a été fait lecture du procès-verbal de la dernière séance.

Le Conseil en a approuvé la rédaction.

~~~ M. le procureur-syndic a requis, et le Conseil a ordonné, la transcription sur ses registres, la publication et l'exécution des décrets et lettres-patentes ci-après énoncés :

1° Lettres-patentes du 23 juin, sur un décret du 19, portant suppression des titres de prince, de duc, de comte, de marquis et autres titres semblables (1).

2° Lettres-patentes du 27 juin, sur un décret du 26, qui règle provisoirement les cas où les députés à l'Assemblée nationale peuvent être arrêtés (2).

3° Lettres-patentes du 27 juin, sur un décret du 24, concernant l'intitulé des délibérations des corps administratifs (3).

4° Lettres-patentes du 30 juin, sur un décret du 25, concernant l'élection des juges-consuls (4).

(1) Décret du 19 juin, portant abolition des titres nobiliaires. (Voir ci-dessus, p. 244, note 2.)

(2) Décret du 26 juin, rendu à l'occasion de l'arrestation, à Toulouse, du comte de Toulouse-Lautrec, député de la noblesse de la sénéchaussée de Castres. (Voir *Archives parlementaires*, t. XVI, p. 466-467.)

(3) Décret du 24 juin, interdisant aux corps administratifs d'employer, dans l'intitulé de leurs décisions, d'autres termes que celui de *délibérations*. (Voir *Archives parlementaires*, t. XVI, p. 448-449.)

(4) Décret du 25 juin, sur l'élection provisoire des juges-consuls. (Voir *Archives parlementaires*, t. XVI, p. 454.)

[19 Juillet 1790] DE LA COMMUNE DE PARIS 525

5° Enfin, lettres-patentes du 2 juillet, sur un décret du 27 juin, concernant les foires franches (1).

— Sur la proposition du secrétaire ;

Le Conseil a nommé M. La Saudade pour vérifier et lui faire le rapport de différentes pièces qui lui ont été adressées par des particuliers ou renvoyées par l'Assemblée des Représentants de la Commune.

Ces pièces ont été remises à l'instant à M. La Saudade (2).

— Sur la représentation, faite par M. le président, de la réclamation des sieurs Lahausse et Dargent, marchands de vin, relativement aux rafraîchissements par eux fournis, conformément aux ordres du sieur Tavernier, sous-lieutenant à la suite de l'État-major de la Garde nationale et chargé des travaux relatifs à l'artillerie employée à la fête du pacte fédératif du 14 du présent mois, lesquels rafraîchissements montent à la somme de 154 livres ;

Le Conseil a arrêté que le mémoire desdits rafraîchissements sera renvoyé à MM. les commissaires du pacte fédératif, avec recommandation de la part du Conseil.

— Lecture faite d'un mémoire des sieurs Haune, Baron et Bochart, commis aux bureaux des corps et communautés (3) ;

Le Conseil a arrêté que ce mémoire serait remis à M. Tiron, qui est invité à solliciter du gouvernement une augmentation de traitement à raison des services utiles que ces messieurs sont en état de rendre et qu'ils ont rendus depuis vingt années.

Le Conseil a autorisé M. Tiron à accompagner ce mémoire de la recommandation du Conseil de Ville, et, dans le cas où il ne réussirait pas auprès du gouvernement, M. Tiron est invité à employer les sieurs Haune, Baron et Bochart dans les nouveaux bureaux qui vont être formés pour l'administration des biens nationaux (4).

— Sur ce qui a été exposé, par les administrateurs au Département du domaine, que, pressés de donner les ordres pour fournir les fonds et délivrer les matériaux nécessaires pour la construction du corps-de-garde de Sainte-Opportune, dont l'adjudication a été

---

(1) Décret du 27 juin, maintenant l'exemption de droits accordée aux foires franches. (Voir *Archives parlementaires*, t. XVI, p. 509.)
(2) Un rapport fut présenté par DE LA SAUDADE dès le 22 juillet. (Voir ci-dessous, p. 543-544.)
(3) Bureau de liquidation des corporations et jurandes supprimées en 1776. (Voir Tome III, p. *684*.)
(4) L'organisation des bureaux de l'administration des biens nationaux fut arrêtée le 23 juillet. (Voir ci-dessous, p. 558-559.)

faite par sentence du Tribunal municipal du 6 juillet (1), présent mois,..... (2);

Le Conseil, considérant que cette adjudication a été faite au préjudice de ses précédents arrêtés (3), avant d'avoir entendu les commissaires nommés à cet effet, et dans le temps où la section de Saint-Jacques la Boucherie croyait, sur la parole du Conseil donnée à ses députés dans la séance du 26 juin, qu'elle serait entendue contradictoirement avec celle de Sainte-Opportune (4);

Considérant, en outre, qu'indépendamment de la parole donnée, et surtout de la nécessité d'agir avec mesure lorsqu'il s'agit de dépenses majeures, il faut encore plus de circonspection quand il faut prononcer entre des citoyens qui ont des droits égaux à la justice des administrateurs, et singulièrement lorsqu'il est question de dégrader une place qui a été construite à très grands frais, et dont l'existence ne tient pas moins à la salubrité qu'à la commodité de la capitale ;

A arrêté qu'il serait sursis à l'exécution de l'adjudication du corps-de-garde dont il s'agit, jusqu'à ce que, sur le rapport des commissaires précédemment nommés (5) et en présence des députés du district Saint-Jacques de la Boucherie et de Sainte-Opportune, il ait été statué sur les difficultés qui se sont élevées à ce sujet.

En conséquence, le Conseil ordonne qu'à la diligence du procureur de la Commune, auquel le présent arrêté sera remis dans le jour par le secrétaire du Conseil, ledit arrêté sera notifié tant à l'adjudicataire qu'aux administrateurs du Département du domaine ;

Invite, au surplus, ses commissaires à faire incessamment le rapport de cette affaire, et même de se concerter avec les députés des sections (6).

Et, sur la demande de M. Canuel, l'un des commissaires ;
Le Conseil lui a subrogé M. Buob.

— MM. les commissaires, ci-devant nommés pour rendre compte d'un plan d'organisation de l'administration des biens nationaux ecclésiastiques, précédemment présenté au Conseil par le Départe-

---

(1) L'adjudication avait été annoncée pour le 2 juillet, à la séance de l'*Assemblée des Représentants* du 25 juin. (Voir ci-dessus, p. 235.)
(2) La phrase est incomplète dans le registre-copie : on la reproduit textuellement, en indiquant la lacune par des points.
(3) Arrêtés des 3 mai et 19 juin. (Voir Tome V, p. 222, et ci-dessus, p. 165.)
(4) Séance du 26 juin. (Voir ci-dessus, p. 278.)
(5) Commissaires nommés le 3 mai et le 19 juin. (Voir ci-dessus, note 3.)
(6) Rapport présenté le 22 juillet. (Voir ci-dessous, p. 545-546.)

[19 Juillet 1790]   DE LA COMMUNE DE PARIS   527

ment du domaine et rédigé par M. Tiron (1), ont rapporté que ce plan leur avait paru renfermer des bases sages, économiques et propres à procurer une administration régulière et avantageuse à la régie de ces biens; ils ont donné l'indication de la subdivision particulière pour chacun de ces grands bureaux, et ont démontré l'urgente nécessité de monter le plus incessamment les bureaux, à cause du dépérissement dont ces biens sont menacés.

Le Conseil, approuvant le rapport de ses commissaires, a arrêté que le Département du domaine s'empresserait d'organiser l'administration desdits biens en quatre bureaux principaux, sur les bases indiquées par le rapport, laissant à leur prudence toutes les subdivisions des bureaux et les détails qui leur paraîtront plus convenables à la bonne administration desdits biens; et, à cet effet, le Conseil a adjoint au Département du domaine MM. Canuel, Tiron, Minier, Filleul et Royer, comme commissaires du Conseil, pour coopérer, avec MM. les administrateurs du Département et concurremment avec eux, aux fonctions et opérations de cette administration (2).

En conséquence, le Conseil donne pouvoir aux commissaires de procéder ou faire procéder à l'enlèvement des effets mobiliers, titres et papiers des maisons religieuses et autres maisons de gens de mainmorte, en donner décharge à qui il appartiendra, les faire transférer dans les archives et dépôts à ce destinés, et de faire généralement tout ce qui conviendra pour l'exécution des décrets de l'Assemblée nationale, concernant l'administration et la vente des biens nationaux ecclésiastiques dans l'étendue du département de Paris.

— Sur la représentation faite que les commis-greffiers réclamaient une autorisation pour se pourvoir des papiers et autres ustensiles de bureau, nécessaires au service du Conseil;

La fourniture suivante a été ordonnée.

Le sieur Pochard, marchand papetier, fournira, pour le service du Conseil de Ville : vingt-quatre cartons à tenir papier de compte; deux rames de papier de compte; deux rames de papier à la têtière; deux rames de papier à enveloppe grand; une rame de papier à lettre de chacune des trois grandeurs; deux cents de plumes taillées; douze livres de cire d'Espagne rouge; six canifs; six grattoirs; deux cents de pains à cacheter; douze crayons; deux règles; deux paquets de faveur.

(1) Séance du 12 juillet. (Voir ci-dessus, p. 483.)
(2) Un projet d'organisation fut présenté le 22 juillet. (Voir ci-dessous, p. 546.)

~~~ M. Minier a fait lecture du projet de procès-verbal qu'il a dressé, avec MM. ses collègues, de ce qui s'était passé à l'Université, lors de la distribution des prix (1).

Le Conseil a prié MM. les commissaires de rédiger et signer leur travail, et de le remettre ensuite au Conseil pour qu'il soit inséré dans le procès-verbal du jour (2).

~~~ Sur la demande de M. Bourdon ;

Le Conseil a ajourné à sa première séance le rapport que cet administrateur se propose de faire des demandes formées au nom des dames religieuses de La Villette (3).

~~~ Le Conseil a également ajourné à sa première séance le rapport que doit faire M. Filleul de deux affaires : l'une concernant les maîtres de poste des environs de Paris, et l'autre relative à M. Roux-Desormeaux, commissaire de police de la Ville (4).

~~~ M. le président a levé la séance.

Signé : D'AUGY, *président ;* DEJOLY, *secrétaire-greffier.*

*
* *

ÉCLAIRCISSEMENTS

(I, p. 521) Le procès-verbal de l'Assemblée constituante annonce, à la séance du 17 juillet, soir, une « députation de la Municipalité de Paris ». Or, la Municipalité proprement dite n'était pour rien dans la députation, émanée de l'Assemblée des Représentants de la Commune seule.

C'est FAUCHET lui-même qui parla au nom de la députation. Il dit simplement ceci :

Lorsqu'il s'agit de Franklin, la Commune ne craint pas de vous importuner ; elle a pensé entrer dans vos vues en ordonnant une cérémonie funèbre pour célébrer la mémoire de ce grand homme. Il manquerait quelque chose à cette solennité si vous n'y assistiez pas.

La Commune est à vos ordres pour le jour et l'heure qu'il vous plaira d'indiquer.

Le président (marquis DE BONNAY) répondit :

L'Assemblée nationale voit avec intérêt les honneurs rendus à l'homme le plus fameux dans les annales des deux mondes ; elle prendra votre demande en considération.

(1) Décision du 12 juillet, le jour même de la distribution des prix. (Voir ci-dessus, p. 485.)

(2) Ce procès-verbal ne figure pas au registre.

(3) Rapport déjà ajourné le 10 juillet. (Voir ci-dessus, p. 455.) L'ajournement dura jusqu'au 10 août. (Voir ci-dessous.)

(4) Ces deux rapports ne furent présentés que le 4 septembre. (Voir ci-dessous.)

A la fin de la séance, il fut décidé qu'une députation de douze membres assisterait à l'éloge funèbre de Franklin.

La députation, désignée, suivant l'usage, par le président, était ainsi composée : de Riquetti, comte de Mirabeau, député du tiers état de la sénéchaussée d'Aix; Moreau de Saint-Méry, député de la Martinique; duc de La Rochefoucauld, député de la noblesse de la Ville de Paris; Guillotin, député du tiers état de la Ville de Paris; Massieu, député du clergé du bailliage de Senlis; Latyl, député du clergé du diocèse de Nantes (1); comte Dillon, député de la Martinique; Corroller du Moustoir, député du tiers état de la sénéchaussée d'Hennebont; Seignelay-Colbert de Castle-Hill, député du clergé de la sénéchaussée de Rodez; Siéyès, député du tiers état de la Ville de Paris; marquis de Folleville, député de la noblesse du gouvernement de Péronne; marquis d'Ambly, député de la noblesse du bailliage de Reims (2).

(1) Député suppléant, admis à titre définitif le 15 décembre 1789.
(2) Voir *Archives parlementaires* (t. XVII, p. 178-179).

Du Mardi 20 Juillet 1790 [1]

~~~ La séance a été ouverte par la lecture d'un projet d'arrêté, rédigé par un des membres de la commission nommée pour l'examen du compte rendu par le Comité des subsistances (2).

D'après les observations de la part de quelques membres;

Il a été arrêté que M. Brière serait adjoint aux autres commissaires, pour rédiger et présenter un nouveau projet d'arrêté (3).

~~~ M. Cousin, l'un des commissaires nommés dans l'affaire du sieur d'Estanges, chapelain de la Salpêtrière (4), ayant remarqué dans cette maison un grand nombre d'abus, dont les effets sont d'autant plus déplorables qu'ils ajoutent aux malheurs des pauvres qui y sont renfermés, a demandé à faire lecture d'un mémoire dont l'objet est d'y remédier.

Cette demande ayant été agréée;

M. Cousin a exposé les maux d'une manière très frappante : l'insuffisance de la nourriture et sa mauvaise qualité, la malpropreté, suite de la négligence, et la gale, dont les progrès résistent aux remèdes; rien n'a échappé à ses regards.

L'Assemblée avait besoin d'être consolée par l'indication des moyens et des précautions à prendre pour améliorer le sort des misérables; et elle a eu la satisfaction de les entendre présenter d'une manière également simple et persuasive dans le mémoire de M. Cousin (5).

De vifs applaudissements en ont interrompu et suivi la lecture.

Elle a donné lieu à une assez longue discussion;

---

(1) L'édition originale a imprimé, par erreur : *1789.*
(2) Commission nommée le 10 mai. (Voir Tome V, p. 177 et 299.)
(3) Nouveau rapport présenté le 23 juillet. (Voir ci-dessous, p. 554.)
(4) Affaire de Chaix de Saint-Ange, terminée par arrêté du 3 juillet. (Voir ci-dessus, p. 376-377.)
(5) *Mémoire sur l'hôpital de la Salpêtrière, lu dans l'Assemblée générale des Représentants de la Commune, le 20 juillet 1790,* par M. Cousin, professeur au Collège royal, imp. 15 p. in-8°, à la suite d'un autre *Mémoire* du même auteur, du 10 août de la même année (Bib. Nat., Lb 40/1233).

Dans laquelle, plusieurs membres ayant demandé et obtenu la parole, tous s'accordaient à rendre justice à l'auteur du mémoire, mais tous ne s'accordaient pas sur la route la plus courte et la plus sûre à tenir pour arriver au but proposé par M. Cousin.

Les uns étaient d'avis que MM. les administrateurs fussent invités à venir rendre compte à l'Assemblée de leurs travaux pour parvenir à réformer les abus des hôpitaux, bien qu'ils y eussent précédemment soumis leur conduite par des mémoires qui avaient alors obtenu les suffrages de l'Assemblée (1). Mais on demandait que, comme ils avaient eux-mêmes gémi des maux innombrables qui assiègent la Salpêtrière, ils exposassent ce qu'ils avaient fait, depuis, pour y remédier.

D'autres estimaient que, M. de Liancourt, président du Comité de mendicité de l'Assemblée nationale, et plusieurs médecins s'étant transportés dans les hôpitaux pour en connaître le régime et l'améliorer (2), il convenait de renvoyer le mémoire de M. Cousin au Comité de mendicité.

Mais quelques autres honorables membres observaient que cette voie serait trop lente, et demandaient que le mémoire fût renvoyé au Département des hôpitaux, en invitant MM. les administrateurs à s'en occuper très incessamment et à venir exposer à l'Assemblée leurs vues sur le règlement proposé par M. Cousin.

D'autres, enfin, estimaient qu'il convenait de nommer des commissaires pour se livrer, spécialement et d'une manière plus prompte, à ce travail important.

Et cet avis a prévalu.

L'Assemblée a arrêté que trois commissaires seraient nommés, et que M. le procureur-syndic leur serait adjoint, à l'effet de rechercher avec soin, conjointement avec le Département des hôpitaux, toutes les améliorations dont le régime des hôpitaux est susceptible, et de proposer ensuite un projet de règlement, sous le double rapport de l'intérêt général de la maison et de celui des pauvres en particulier.

Les trois commissaires nommés sont MM. Cousin, Michel et Pelletier (3).

(1) *Compte rendu à la Commune par le Département des hôpitaux*, 19 avril et 6 mai 1790. (Voir Tome V, p. 57, 257-258 et *264-268*.)

(2) DE LA ROCHEFOUCAULD, duc de LIANCOURT, président du Comité de mendicité, présenta, le 15 juillet 1790, à l'Assemblée nationale, le *Rapport des visites faites dans divers hôpitaux, hospices et maisons de charité de Paris*, parmi lesquels la Salpêtrière. (Voir *Archives parlementaires*, t. XVII, p. 87 et 125-130.)

(3) On ne trouve pas trace de ce rapport sur le régime général des hôpitaux.

—— Un membre du Comité des rapports a rendu compte de l'avis de MM. les administrateurs du Département des domaines, sur le mémoire du sieur Margat, qui leur avait été renvoyé, par un arrêté du 5 de ce mois (1).

MM. les administrateurs ayant jugé qu'il n'y avait pas lieu à délibérer sur la demande du sieur Margat;

L'Assemblée a confirmé cet arrêté.

—— Sur l'observation d'un membre de l'Assemblée que le local du Panthéon, où il avait été décidé que M. l'abbé Fauchet prononcerait l'éloge civique de M. Benjamin Francklin (2), était absolument trop petit, et que l'emplacement de la nouvelle Halle conviendrait infiniment mieux (3);

M. le lieutenant de maire au Département des travaux publics ayant rendu à l'Assemblée un compte confirmatif de cette observation et des moyens faciles et économiques qu'il avait d'adapter ce nouveau local à la cérémonie dont il était question;

L'Assemblée a arrêté :

1° Que le discours serait prononcé à la nouvelle Halle (4), et qu'on placerait, au Panthéon, quelques Gardes de la Ville pour prévenir de ce changement les personnes qui s'y rendraient sur la foi des billets précédemment distribués;

2° Que M. le président serait autorisé à écrire, au nom de l'Assemblée, à M. le président de l'Assemblée nationale, que l'invitation ne se borne pas aux douze députés nommés (5), mais qu'elle est générale; et qu'à cet effet, il joindra à sa lettre cent billets pour ceux des membres de l'Assemblée nationale qui voudraient assister à la cérémonie, et qu'au surplus, tous ceux qui, au défaut de billets, présenteraient leurs cartes de députés y seront admis.

—— Étant près de neuf heures, M. le président a mis aux voix pour décider si la séance serait prolongée.

L'affirmative ayant été décidée;

—— M. l'abbé Mulot est monté à la tribune et a fait, tant en son nom qu'en celui des autres commissaires, ses collègues, la lecture d'un projet d'arrêté, dont les bases avaient été déterminées dans la

(1) Arrêté du 5 juillet. (Voir ci-dessus, p. 401-402.)
(2) Décision du 19 juillet. (Voir ci-dessus, p. 521.)
(3) Il s'agit de la *Halle-au-blé*, que Fauchet avait proposée le 16 juillet, et qui n'avait été écartée que par des considérations contingentes. (Voir ci-dessus, p. 508.)
(4) Le discours y fut, en effet, prononcé le lendemain. (Voir ci-dessous, p. 536.)
(5) Délégation nommée le 17 juillet. (Voir ci-dessus, p. *528-529*.)

[20 Juillet 1790] DE LA COMMUNE DE PARIS 533

séance du 16 (1). M. l'abbé Mulot a fait d'abord lecture d'un procès-verbal tendant à présenter la série des faits qui, ainsi qu'il est rapporté dans le procès-verbal du 16, ont donné lieu à la discussion préalable à l'arrêté; il n'y a rien omis de tout ce qui doit et peut motiver l'arrêté dont il a lu ensuite le projet.

Cette lecture a amené une discussion;

Dans laquelle on a proposé d'abord quelques changements à la rédaction;

Lesquels ont été adoptés par l'Assemblée.

Et le rédacteur s'y est soumis.

Mais on a discuté ensuite la question de savoir si l'expression formelle d'*improuver* n'était pas trop dure, et s'il n'était pas plus à propos d'y substituer celle de *protester* contre la conduite du Conseil de Ville, laquelle expression tend au même but, mais d'une manière plus douce.

Cet avis a eu quelques partisans.

Mais d'autres membres de l'Assemblée, ayant observé d'abord que la chose en question était déjà jugée, ont insisté sur ce que l'improbation fût et demeurât textuellement exprimée.

La question préalable ayant été proposée et appuyée sur l'avis mitigé;

M. le président l'a mise aux voix.

Et il a été arrêté qu'il n'y avait pas lieu à délibérer.

Enfin, la lecture du projet d'arrêté ayant été reprise plusieurs fois;

Et le rédacteur y ayant fait les changements que l'Assemblée avait cru nécessaires;

Elle a arrêté qu'elle approuve et adopte la rédaction faite et lue par M. l'abbé Mulot.

Quant à la question incidente, qui avait été ajournée après la rédaction du projet d'arrêté, de savoir s'il serait imprimé à part et envoyé aux soixante sections;

Il a été arrêté, à l'unanimité, qu'il n'y aurait ni impression à part, ni envoi aux districts, et que l'arrêté serait simplement, comme tous les autres, inséré et consigné dans le procès-verbal de ce jour.

Suit la teneur de l'arrêté :

« L'Assemblée, considérant qu'un décret de l'Assemblée nationale ayant attribué à M. le Maire et à quelques commissaires désignés tout ce qui concernait la fête de la confédération nationale (2), le

(1) Séance du 17 juillet, non du 16. (Voir ci-dessus, p. 516.)
(2) Décret du 4 juillet. (Voir ci-dessus, p. *384-385*.)

Conseil de Ville ne pouvait prendre aucun arrêté sur l'ordre à observer dans la marche des corps, tant civils que militaires, qui devaient concourir à cette solennité;

« Considérant que les arrêtés pris par le Conseil de Ville les 10, 12 et 13 de ce mois (1), non seulement sont contraires au décret ci-dessus rappelé, mais contrarient encore et la proclamation du roi (2), qui ne fait aucune mention des Gardes de la Ville, proclamation que devance d'ailleurs le premier de ces arrêtés, et l'ordre de marche, publié sous le titre de *Confédération nationale* (3), qui ne parle point de l'universalité des Gardes de la Ville pour servir d'escorte aux soixante administrateurs;

« Considérant, en outre, que son amour pour la paix et pour l'union qui a toujours régné entre ses membres et ceux du Conseil de Ville, qui la porterait à négliger tout ce qui pourrait ne lui être que personnel, ne peut la dispenser de soutenir et de défendre les droits de la Commune de Paris, violés dans la personne de ses Représentants légalement élus;

« A arrêté, pour satisfaire à ses devoirs et malgré la peine qu'elle ressent de cet acte de sévérité, d'improuver la conduite tenue par le Conseil de Ville à l'égard de l'Assemblée générale des Représentants de la Commune, le 14 de ce mois, en faisant retirer la garde qui l'avait accompagnée jusqu'au boulevard, conduite qu'elle regarde comme contraire aux règlements de la Municipalité provisoire, comme n'étant aucunement fondée sur la proclamation du roi et sur l'ordre de marche publié sous le titre de *Confédération nationale*.

« Quant à la conduite du même Conseil de Ville, le 13 de ce mois, à la cérémonie du *Te deum* qu'ont fait chanter MM. les Électeurs;

« L'Assemblée, considérant que, conformément aux règlements de la Municipalité provisoire, il ne doit y avoir aucun intermédiaire entre M. le Maire et le président de l'Assemblée générale, entre les officiers municipaux et les membres de l'Assemblée générale;

« Improuve la conduite tenue le 13 de ce mois par le Conseil de Ville qui, contre les règlements de la Municipalité provisoire, a séparé sa marche de celle de l'Assemblée générale, avec laquelle, dans l'organisation provisoire, il ne fait qu'un seul tout.

« Enfin, relativement à M. de Joly personnellement;

« L'Assemblée, considérant avec peine qu'un de ses membres,

---

(1) Arrêtés du 10, du 12 et du 13 juillet. (Voir ci-dessus, p. 454, 483 et 492.)
(2) *Proclamation* du 11 juillet. (Voir ci-dessus, p. 511-512.)
(3) *Ordre de marche*, du 13 juillet. (Voir ci-dessus, p. 512.)

qu'elle a toujours honoré de sa confiance, qu'elle a vu plus d'une fois maintenir les droits de l'Assemblée, se soit oublié jusqu'à méconnaître les ordres de cette même Assemblée, à laquelle il est comptable de ses actions, lorsqu'elle l'invite à venir lui rendre compte d'ordres extraordinaires qu'il a donnés à des gardes, dépendant également de l'Assemblée générale et du Conseil, dont il est secrétaire;

« Par attachement pour les principes qu'elle doit conserver dans leur intégrité;

« A arrêté que M. de Joly sera suspendu de son droit de séance dans l'Assemblée générale, jusqu'à ce qu'il soit venu lui-même faire connaître les motifs qui, légitimement, auraient pu le dispenser de comparaître suivant ses invitations (1). »

~~~ La séance a été levée à dix heures, et prorogée à demain, cinq heures précises.

Signé : BENIÈRE, curé de Chaillot, *président.*

Secrétaires : CASTILLON, DEMARS, BONNEVILLE, LETELLIER, BALIN.

---

(1) DE JOLY se dispensa de nouvelles explications, et attendit que le *Conseil de Ville* prît sa défense, le 1ᵉʳ août. (Voir ci-dessous, p. 640-641.)

Du Mercredi 21 Juillet 1790

~~~ Conformément à l'arrêté, précédemment pris par l'Assemblée, de se réunir à la Maison commune pour se rendre en corps au lieu où devait être prononcé l'éloge civique de Benjamin Francklin (1), les Représentants de la Commune et plusieurs de MM. les Électeurs, présidents de district, députés à la fédération et autres corps invités se disposaient à partir;

Lorsqu'un des membres de l'Assemblée, ayant demandé la parole, a dit qu'il était à craindre que le défaut d'une garde suffisante, dans le lieu destiné à la cérémonie, n'exposât l'Assemblée à trouver ce lieu occupé, et il a proposé de s'assurer, avant de partir, si tout était convenablement disposé.

M. le président, qui avait eu la précaution d'envoyer un exprès au lieutenant de maire, chargé d'ordonner les préparatifs de la cérémonie, a lu la réponse de cet administrateur.

Après quoi, l'Assemblée délibérant sur les plaintes faites par quelques honorables membres, sur ce qu'il arrivait souvent qu'on ne trouvait point, au bureau de l'État-major, d'officier auquel on pût s'adresser pour obtenir des secours extraordinaires en cas de troubles ou d'accidents;

Il a été arrêté que M. le président instruirait M. le Commandant-général de l'insuffisance des précautions prises pour la tranquillité publique, l'engagerait, au nom de l'Assemblée, à faire un projet de réglement, dont le but serait d'assurer en tout temps la présence d'un officier de l'État-major général à l'Hôtel-de-Ville (2).

~~~ Le commissaire, chargé de la rédaction de l'extrait des travaux de l'Assemblée, ayant demandé à retarder d'un jour la lecture de cet ouvrage (3);

---

(1) Arrêté du 19 juillet. (Voir ci-dessus, p. 521.)
(2) Séance du 23 juillet. (Voir ci-dessous, p. 552 et 553.)
(3) GODARD, substitué à VIGÉE le 5 juillet, avait proposé lui-même la date du 23 juillet. (Voir ci-dessus, p. 403.)

[21 Juillet 1790] DE LA COMMUNE DE PARIS 537

Il a été arrêté que cette lecture ne serait faite que samedi (1).

— M. le président a lu une lettre d'excuse du président de l'Assemblée de MM. les Électeurs, sur ce qu'ils ne pourraient se rendre en corps avec les Représentants de la Commune à la cérémonie de ce jour (2), n'ayant point reçu cette invitation assez tôt pour pouvoir en prévenir ses collègues.

— Ensuite, M. le président a annoncé que l'ordre du jour de demain serait d'entendre le rapport de MM. les commissaires nommés pour l'examen des indemnités réclamées par les propriétaires des fours à plâtre dans l'intérieur de Paris (3) ;

Il a été arrêté que M. Cahier, procureur-syndic adjoint, serait invité à la séance de demain, pour entendre ce rapport (4).

— L'Assemblée est partie à six heures et demie pour aller entendre l'éloge civique de Benjamin Francklin ; elle était précédée de la musique et des officiers des Gardes de la Ville ; les Gardes, sur deux files, bordaient et fermaient la marche.

L'Assemblée étant arrivée ;

M. le président a occupé la seconde place, laissant le fauteuil à sa droite vacant pour M. le Maire.

MM. les secrétaires se sont placés en suite de M. le président, en observant d'en laisser une vacante pour M. le Commandant-général.

En face de M. le Maire et de MM. les président et secrétaires, et à droite de la chaire, il y avait douze fauteuils réservés pour les membres de la députation de l'Assemblée nationale ; le reste de l'emplacement était garni de banquettes couvertes de serge noire (5).

L'Assemblée était réunie dans la partie couverte de la Halle-aux-bleds, dont le pourtour était tendu en noir. Au milieu, et en face de l'orateur, était placé le buste de Francklin, élevé sur un sarcophage couvert de branches de cyprès ; sur le piédestal, on lisait cette inscription connue, mais si juste et si vraie qu'il eût été difficile de lui en substituer une autre, sans laisser désirer celle-ci :

Eripuit cœlo fulmen, sceptrumque tyrannis.

(1) La lecture de l'*Exposé des travaux* commença, en effet, le samedi 24 juillet. (Voir ci-dessous, p. 572.)
(2) L'éloge funèbre de Franklin.
(3) Arrêté du 29 avril, confirmé le 6 juillet. (Voir Tome V, p. 182-183, et ci-dessus, p. 417-419.)
(4) Séance du 22 juillet. (Voir ci-dessous, p. 542-543.)
(5) Le *Journal de la Municipalité et des sections* (n° du 22 juillet) dit qu'en dehors des personnages officiels, l'assistance se composait de trois à quatre mille citoyens.

M. le président a nommé six membres de l'Assemblée pour aller au-devant de MM. les députés de l'Assemblée nationale, et ces six membres se sont joints à MM. les commissaires ordonnateurs de cette cérémonie, pour aller recevoir la députation.

M. le Maire est arrivé quelque temps avant la députation, et s'est présenté à elle avec M. le président de l'Assemblée, avant qu'elle prit séance.

La députation étant assise, M. le Maire est venu se placer à la tête des Représentants de la Commune, dans le fauteuil au-dessus de la place du président de l'Assemblée.

Peu de temps après, M. le Commandant-général est arrivé, et est venu occuper le siège qui lui avait été réservé entre M. le président de la Commune et MM. les secrétaires.

L'orateur, M. l'abbé Fauchet, chargé par l'Assemblée de la Commune de prononcer cet éloge (1), a commencé son discours par ces mots : *Monsieur le Maire et Messieurs*. Et, après en avoir annoncé la division, il a dit que l'éloge de Francklin, comme savant et naturaliste, appartenait aux compagnies savantes qui avaient eu l'honneur de se l'affilier; qu'il s'était borné à peindre et à louer le moraliste et le législateur. La clarté, la simplicité et, en même temps, la noblesse de cet exorde ont obtenu les applaudissements réitérés des auditeurs, et préparé leur attention pour le discours qui l'a suivi (2).

Dans la première partie, la naissance et les premiers pas de Francklin dans la carrière de la vie ont été exposés avec le ton du sentiment, accompagné de réflexions qu'on ne peut plus dire hardies, mais dignes d'être présentées à un peuple libre. Le parallèle ou plutôt le rapprochement de Fléchier et de Francklin, nés tous les deux si supérieurs à ces hommes que l'inanité de leurs titres n'a pu sauver de l'obscurité, a été vivement applaudi. Francklin donnant au peuple anglo-américain une fête qui aurait passé pour magique, dans les temps où la science de la physique était ignorée; Francklin qui, dans une allégorie conforme au style des Écritures, représente Abraham congédiant durement un étranger d'une autre croyance que la sienne, et recevant de Dieu même l'ordre de le rappeler; ce dialogue, qu'on est tenté, dit l'orateur, de chercher dans les saintes Écritures; Francklin conversant avec les enfants, les vieillards, les hommes de tous les états, inspirant à tous la tolérance et leur prêchant l'humanité; Francklin, surtout, environné de ce sexe aimable,

(1) Arrêté du 11 juin. (Voir ci-dessus, p. 22.)
(2) Discours imprimé. (Voir ci-dessous, p. 542, note 1.)

de ces chastes Américaines, que leurs vertus rendent dignes de tout l'amour des héros qui ont combattu pour elles et pour la liberté : tous ces traits, vivement saisis par les auditeurs, ont obtenu des applaudissements universels.

Francklin législateur : c'était le sujet de la seconde partie de l'éloge. Il était impossible de la commencer d'une manière plus heureuse : *Passant, va dire à Sparte que nous sommes morts pour ses saintes lois.* C'est ainsi que l'orateur a préparé la comparaison qu'il a faite de la législation et de la constitution des peuples anciens et modernes. Les Spartiates, a-t-il dit, ont eu, les premiers, le sentiment des droits des peuples; ils avaient sagement posé les limites des différents pouvoirs; mais leur puissance ne pouvait subsister parce qu'elle n'était pas fondée sur l'humanité; les lois et les mœurs d'Athènes et celles de Rome étaient plus vicieuses encore; parmi les nations modernes, la seule nation anglaise passait pour libre, parce que toutes les autres étaient courbées sous le despotisme; mais sa chambre haute et les moyens laissés au monarque d'acheter les voix des représentants du peuple sont des vices inhérents à la constitution de l'Angleterre. Il était réservé aux Anglo-Américains de jouir de la *plénitude de la liberté*, et au génie de Francklin de jeter dans sa patrie les germes de l'indépendance, de les développer, et de lui en faire cueillir les fruits. La situation des peuples de l'Amérique n'a pas permis à Francklin de leur donner une autre constitution que celle d'une République fédérative; l'unité ne pouvait s'y établir, comme elle est établie par la constitution française : aussi les Français sont-ils les premiers des peuples dont les lois puissent être regardées comme celles de la *liberté perfectionnée*. Le tableau des injustices du ministère anglais, celui des événements qui ont préparé cette Révolution mémorable; Francklin à la barre du Parlement d'Angleterre, l'interrogatoire qu'il y subit, la sagesse de ses réponses, une foule de traits énergiques, ont souvent mérité à l'orateur d'être interrompu par les applaudissements du public : tous ont cru voir et entendre Francklin seul, au milieu du sénat anglais, grand comme la liberté; *avant qu'on l'interrogeât, les questions étaient préparées; après qu'il eut parlé, on aurait cru que c'étaient les réponses.*

Francklin retourne en Amérique, convaincu que le parti des ministres l'emportera sur celui de l'opposition; et il prépare son pays à la défense ou plutôt à la conquête de son indépendance. Depuis dix ans, ce grand homme avait tracé les plans, médité les mesures, concerté les moyens les plus propres à soutenir le choc de cette grande Révolution; Francklin institue le Congrès américain, lui fait adopter ses plans, fait donner le commandement des troupes à Waginston (1), et vient en France pour intéresser le cabinet de Versailles à la cause de sa patrie. L'Amérique était dépourvue d'hommes et d'argent; Francklin arrive dans nos ports avec une cargaison de tabac, comme les Hollandais, au moment de leur insurrection, arrivèrent à Bruxelles avec une cargaison de harengs. A la voix de Francklin, l'or, les armes et les vaisseaux de la France volent au secours de l'Amérique. Les combats que les Américains ont livrés pour la liberté, leurs succès et leurs victoires amenaient naturellement l'éloge des généraux français qui y ont eu une part si glorieuse : *Parais, jeune La Fayette!* s'est écrié l'orateur. Il lui a été impossible de continuer : La Fayette était là; et, six mille Français l'entendant nommer, les vifs transports que cet endroit de l'éloge de Francklin a fait éclater doivent avoir réjoui les mânes du grand homme qui avait si bien su apprécier celui dont l'orateur mêlait le nom à son éloge. Le retour de Francklin dans sa patrie, après la conquête de son indépendance, ses travaux comme législateur, les dernières années et les derniers moments de la vie de cet homme excellent, ont été peints avec cette énergie, avec cette éloquence triomphante qui caractérisent le talent de M. l'abbé Fauchet. Sa péroraison noble et touchante était une apostrophe au citoyen, au législateur, dont le buste était devant lui. Et tous les regards se sont tous portés, en ce moment, vers l'image du héros que nous contemplions avec des yeux humides de larmes, mais éblouis de sa gloire.

La députation de l'Assemblée nationale a été reconduite, non par les commissaires nommés pour la recevoir : le peuple, empressé de s'élancer sur le passage des représentants de la nation, a ôté aux Représentants de la Commune de Paris la faculté de s'acquitter de ce devoir; mais quelle escorte plus digne des législateurs que celle du peuple même dont ils assurent la félicité!

L'Assemblée des Représentants de la Commune s'est retirée, avec la double satisfaction d'avoir payé à l'immortel Francklin le juste tribut d'éloges que son génie et ses vertus méritent, et d'avoir dans son sein l'orateur le plus digne de les célébrer (2).

Signé : Benière, curé de Chaillot, *président.*

Secrétaires : Castillon, Demars, Bonneville, Letellier, Balin.

(1) Ainsi orthographié dans le texte original.
(2) Remerciements votés à l'orateur le lendemain. (Voir ci-dessous, p. 541.)

Du Jeudi 22 Juillet 1790

~~ L'Assemblée a été ouverte par la lecture des deux procès-verbaux des précédentes séances.

Ils ont été approuvés, après quelques changements.

~~ M. le président a communiqué à l'Assemblée une lettre et un mémoire de M. Sarot, concernant les annuités pour le remboursement des biens nationaux ;

~~ Ainsi qu'un mémoire de M. Joseph de Fages-Chaulnes, ci-devant baron, ainsi qu'il le dit lui-même, tendant à intéresser la Commune à son élargissement de la prison où il languit depuis quatre ans (1).

L'Assemblée a renvoyé ce mémoire à son Comité des rapports.

~~ Il a ensuite été lu une lettre et un mémoire du sieur Aubert de Saint-Étienne, frère du sieur Aubert, maire de Charonne, dans lesquels il offre ses services, comme « agent pour l'habillement et l'équipement les plus économiques et les plus solides de la garde soldée, et pour la visite fréquente de la poste aux chevaux de Paris ».

L'Assemblée a renvoyé cette lettre et le mémoire au Département de la Garde nationale.

~~ Un des membres de l'Assemblée, ayant demandé et obtenu la parole, a proposé qu'il fût fait, à M. l'abbé Fauchet, des remerciements pour l'éloge de Benjamin Francklin, par lui prononcé sur l'invitation de l'Assemblée, et que ce discours fût imprimé.

Sur la question du nombre d'exemplaires qui en serait tiré aux frais de la Commune, et sur celle de leur distribution, différents avis ont été ouverts.

M. le président ayant mis à l'opinion les diverses motions ;

Il a été arrêté à l'unanimité :

Premièrement, de voter à M. l'abbé Fauchet les plus vifs remerciements pour l'éloquent discours qu'il a prononcé en l'honneur du très honorable Benjamin Francklin (2) ;

(1) Sans renseignements.
(2) Discours du 21 juillet. (Voir ci-dessus, p. 538-540.)

Deuxièmement, que ce discours serait imprimé au nombre de 3,000 exemplaires, dont 500 seraient à la disposition de M. l'abbé Fauchet, et les 2,500 exemplaires restants distribués à l'Assemblée nationale, à celle de la Commune et aux sections de la capitale (1);

Troisièmement, que M. le président serait chargé d'écrire, au nom de l'Assemblée des Représentants de la Commune de Paris, une lettre au congrès de l'Amérique, et qu'il serait envoyé, avec cette lettre, 26 exemplaires de l'éloge de Benjamin Francklin (2).

M. l'abbé Fauchet, ayant demandé la parole, a répondu aux remerciements de l'Assemblée en ces termes :

Messieurs,
Vous comblez envers moi la mesure des grâces; ma reconnaissance est sans bornes. C'est moi qui vous dois les plus vifs remerciements, pour m'avoir donné l'occasion d'exprimer des sentiments conformes à vos principes, qui sont constamment ceux du bien public et de la liberté. C'est cette conformité qui a fait mon succès et qui me vaut encore, à ce moment, tous vos suffrages.

— L'ordre du jour était le rapport de MM. les commissaires pour l'examen des demandes d'indemnité des propriétaires des fours à plâtre et à chaux (3).

M. le rapporteur a exposé les réclamations de l'un d'eux, et a conclu à ce qu'il fût nommé des experts pour fixer les indemnités que les commissaires estimaient lui être dues, et qu'à cet effet la réclamation fût renvoyée à l'administration.

Après une longue discussion;

L'Assemblée a pris l'arrêté suivant :

« L'Assemblée des Représentants de la Commune, interprétant ses arrêtés des 29 avril et 6 juillet derniers (4), fait défenses à tous les propriétaires de fours à plâtre et à chaux construits dans l'intérieur de Paris, de faire cuire dans lesdits fours, à compter du 29 du présent mois; fait également défenses aux commis des barrières de Paris de laisser entrer aucune voiture de plâtre et à chaux, si ce ne sont celles qui seront destinées à être embarquées, lesquelles ne pourront être déchargées que sur les ports à ce destinés.

(1) *Éloge civique de* Benjamin Franklin, *prononcé, le 21 juillet 1790, dans la Rotonde, au nom de la Commune de Paris, par l'abbé* Fauchet, *en présence de MM. les députés de l'Assemblée nationale, de MM. les députés de tous les départements du royaume à la Confédération, de M. le Maire, de M. le Commandant-général, de MM. les Représentants de la Commune, de MM. les présidents des districts et de MM. les Electeurs de Paris,* imp. 37 p. in-8° (Bib. Nat., Lb 40/1231).
(2) Séance du 27 juillet. (Voir ci-dessous, p. 582-583.)
(3) Ajournement du 21 juillet. (Voir ci-dessus, p. 537.)
(4) Voir Tome V, p. 182-183, et ci-dessus, p. 47-48 et 417-419.

« L'Assemblée enjoint au procureur-syndic de suivre l'exécution du présent arrêté, ordonne qu'il sera imprimé (1), affiché et envoyé à toutes les sections de la capitale, pour y tenir la main (2). »

~~~ La séance, qui avait été prolongée, a été indiquée à demain.
Signé : Benière, curé de Chaillot, *président.*

Secrétaires : Castillon, Demars, Bonneville, Letellier, Balin.

CONSEIL DE VILLE

~~~ Le jeudi, 22 juillet 1790, à six heures du soir, le Conseil de Ville, convoqué en la forme ordinaire et réuni d'abord sous la présidence de M. Daugy et, ensuite, sous celle de M. le Maire ;

~~~ Il a été fait lecture du procès-verbal de la dernière séance. La rédaction en a été approuvée.

~~~ M. La Saudade, chargé dans la dernière séance de différentes pièces et affaires adressées au Conseil (3), en a fait le rapport, et le Conseil a statué ainsi qu'il suit :

~~~ 1° Lecture faite d'un mémoire du sieur Brulé, relatif à un projet de canal (4);

Le Conseil a renvoyé ce mémoire au Département des travaux publics.

~~~ 2° Le Conseil a déclaré qu'il n'y avait lieu à délibérer sur un mémoire du sieur Momon, architecte, qui propose un plan de fête pour la fédération (5).

~~~ 3° Le Conseil a ajourné un mémoire du sieur Mérigot, libraire, qui propose d'établir à l'Hôtel-de-Ville une infirmerie économique (6).

~~~ 4° Il sera écrit à la veuve Hubert, à Alençon, une lettre en réponse à celle adressée à la Municipalité, pour lui demander quels sont les registres qu'elle désire voir.

~~~ 5° Le Conseil arrête qu'il n'y a lieu à délibérer sur une demande du sieur Beoty, chanoine régulier, qui témoigne l'intention

---

(1) On n'a pas rencontré d'exemplaire imprimé de cet arrêté.
(2) Cet arrêté fut confirmé le 29 juillet. (Voir ci-dessous, p. 603.)
(3) Séance du 19 juillet. (Voir ci-dessus, p. 525.)
(4) Projet de canal de la Marne à l'Oise, présenté à l'Assemblée nationale le 5 juin. (Voir ci-dessus, p. *64-78.*)
(5) Sans renseignements.
(6) Sans renseignements.

de se retirer à Sainte-Geneviève, en le substituant à un jeune religieux qui consent d'aller desservir la cure dont est pourvu le sieur Beoty (1).

— 6° Le Conseil renvoie au Comité ecclésiastique de l'Assemblée nationale un mémoire du maire de Saint-Parize (2), qui offre d'acquérir des biens nationaux dépendants du prieuré de Montempy (3).

— 7° Le Conseil renvoie au Département des subsistances un mémoire du sieur d'Olonde, inspecteur et contrôleur à la vente des fourrages (4).

— 8° Sur le rapport d'un mémoire présenté par le sieur Joiron, employé au bureau de rédaction depuis les premiers jours de la Révolution, ledit mémoire tendant à obtenir au sieur Joiron la protection de la Municipalité, sa recommandation aux divers Départements et subsidiairement à la Municipalité définitive ;

Le Conseil a arrêté que le sieur Joiron serait expressément recommandé à MM. les administrateurs dans les divers Départements et que, dans le cas où ces messieurs ne pourraient pas employer ledit sieur Joiron, il serait recommandé à la Municipalité définitive, comme ayant mérité de l'administration.

— Sur le compte, rendu par M. le Maire, des motifs qui l'avaient déterminé à ordonner, avant d'avoir consulté la Municipalité, le service qui avait été célébré hier à Notre-Dame, à l'occasion du décès de trois de nos frères d'armes, dont un, du département de l'Indre, était mort de maladie, et les deux autres, du département du Cantal, avaient péri dans la traversée de la rivière, au-dessous du Gros Caillou ; (I, p. 547.)

Le Conseil, déclarant que M. le Maire n'a fait que prévenir le vœu de la Municipalité en donnant à nos frères d'armes cette marque particulière de nos regrets et de notre attachement ; a arrêté, en votant des remerciements à M. le Maire, que les dépenses, qui avaient pu être ordonnées et faites à l'occasion de ce service, seraient allouées comme dépenses communes et payées par le trésorier de la Ville, sur les mémoires qui seront présentés et arrêtés en la forme ordinaire.

A l'instant où le Conseil venait d'ordonner le payement de cette dépense, M. le Maire a annoncé qu'on lui apprenait que l'un des deux fédérés du département du Cantal qui s'étaient noyés au-dessous

(1) Sans renseignements.
(2) *Saint-Parize en Viry*, canton de Dornes, arrondissement de Nevers (Nièvre).
(3) Lire : *Montempuy*. Le prieuré est aujourd'hui en ruines.
(4) Mémoire de DELONDE-DESHAMEAUX, du 15 juin. (Voir ci-dessus, p. 83.) Rapport le 14 août. (Voir ci-dessous.)

du Gros-Caillou, avait été repêché au-dessus de Neuilly et porté aux Capucins de la rue Saint-Honoré (1), où il était déposé.

Cette nouvelle a excité de nouveaux regrets, et le Conseil municipal a arrêté que le convoi de ce fédéré serait fait au nom et aux frais de la Municipalité, qui en ferait les honneurs.

En conséquence, M. le Maire a été prié de donner les ordres nécessaires à ce sujet, d'en prévenir M. le Commandant-général, d'inviter spécialement MM. les députés militaires du département du Cantal, s'ils sont encore à Paris, les autres fédérés qui sont encore dans la capitale, et MM. les commissaires des districts formant l'Assemblée du pacte fédératif (2).

Le Conseil a également arrêté que le convoi serait fait sur la paroisse de l'Hôtel-de-Ville, en l'église de Saint-Jean en Grève.

⸺ Lecture faite d'une adresse à la Municipalité par les députés fédérés du département de l'Oise;

Le Conseil a voté une lettre de remerciements pour MM. les députés et ordonné que cette adresse serait déposée aux archives du Conseil, et transcrite à la suite du présent procès-verbal (3).

⸺ MM. les commissaires, nommés pour rendre compte des difficultés qui s'étaient élevées à l'occasion du corps-de-garde de Sainte-Opportune (4), ont demandé à faire leur rapport.

Le Conseil les a entendus.

Il a également entendu les observations des députés du bataillon de Sainte-Opportune, qui avaient été invités par le secrétaire, au nom du Conseil;

Et celles de M. Desmousseaux, administrateur député du district.

MM. du district de Saint-Jacques l'Hôpital avaient été aussi invités; mais ils ne se sont pas présentés.

Les difficultés proposées dans les précédentes séances ont été remises sous les yeux du Conseil; elles ont toutes été discutées.

Et, après une mûre délibération;

Le Conseil a révoqué le sursis prononcé par son arrêté du 19 de ce mois, et ordonné que l'adjudication faite au Tribunal municipal, par sentence du 6 de ce mois, serait exécutée.

Le Conseil ordonne, au surplus, que le présent arrêté sera notifié

---

(1) Le comité du *district des Capucins Saint-Honoré* avait fait faire des recherches dans la rivière. (Voir ci-dessous, p. 548.)
(2) Arrêté modifié le lendemain, 23 juillet. (Voir ci-dessous, p. 558.)
(3) Voir ci-dessous, p. 546-547.
(4) Séance du 19 juillet. (Voir ci-dessus, p. 525-526.)

dans le jour à M. le procureur-syndic et aux Départements du domaine et des travaux publics, qui donneront, chacun de leur côté, les ordres nécessaires pour que la construction du corps-de-garde ne souffre plus de retard (1).

~~~ Sur la réclamation de M. Étienne (2);

Le Conseil a ajourné à ses premières séances les difficultés qui se présentent au sujet du corps-de-garde de Saint-Louis de la Culture (3), dont il se propose de faire le rapport (4).

~~~ Le Conseil a également ajourné un rapport, que demande à faire M. Étienne (5), des prétentions que M. de Mondragon élève au sujet du terrain dont la Ville a été obligée de s'emparer pour la sûreté publique sur le quai d'Orsay (6).

~~~ Le Conseil a été ajourné à demain, pour entendre spécialement le rapport de MM. les commissaires des biens domaniaux (7) sur l'organisation des bureaux ordonnée par le Conseil (8).

~~~ Suit la copie de l'*Adresse à la Municipalité de Paris, par les députés fédérés du département de l'Oise*, présentée le 22 juillet 1790 :

Messieurs,

Les gardes nationales du département de l'Oise, ayant participé aux procédés fraternels que vous avez eus pour tous nos camarades d'armes des différents départements, viennent vous témoigner leurs regrets de se séparer de vous, et vous assurer de leur sensibilité à l'accueil que vous leur avez fait. Ils n'oublieront jamais que c'est dans les murs de cette maison, qui est la première d'où soit sorti le flambeau de la liberté, qu'ils ont vu se cimenter cette union qui s'est fait sentir comme par sympathie entre toutes les gardes nationales du royaume (9).

Vainement, dans les commencements de la Révolution, s'est-on efforcé de répandre des bruits calomnieux dans les ci-devant provinces, en leur présentant la Ville de Paris comme cherchant à jouer le rôle de l'ancienne Rome et à acquérir une influence et une prééminence tyranniques sur toutes les autres cités. Si la connaissance des vrais sentiments qui ont animé et

---

(1) Nouvelle réclamation le 23 juillet. (Voir ci-dessous, p. 559.)
(2) Lire : DE LA RIVIÈRE (Étienne).
(3) Dont la construction avait été décidée le 24 avril, réclamée encore le 5 mai, enfin adjugée le 1ᵉʳ juin. (Voir Tome V, p. 124-125 et *231-252*.)
(4) Séance du 26 juillet. (Voir ci-dessous, p. 580.)
(5) Voir la note 2, ci-dessus.
(6) Arrêtés des 8, 10 et 12 juillet. (Voir ci-dessus, p. 440, 454 et 485.)
(7) Séance du 19 juillet. (Voir ci-dessus, p. 526-527.)
(8) Séance du 23 juillet. (Voir ci-dessous, p. 558-559.)
(9) Les délégués des départements, inconnus les uns aux autres, ne pouvaient avoir d'autre centre de réunion que l'Hôtel-de-Ville de Paris. « Tous les matins, — dit le *Journal de la Municipalité et des districts* (n° du 10 juillet) — M. le Maire et M. le Commandant-général se rendent en la grande salle de l'Hôtel-de-Ville, pour accueillir MM. les députés et être les interprètes des sentiments d'union et de fraternité qui animent tous les citoyens de Paris. »

animent tous nos frères de la capitale n'avait pas, dès l'instant même, étouffé des suppositions aussi dangereuses que dénuées de fondement, le séjour des gardes nationales parmi eux en aurait bien fait sentir l'invraisemblance et l'injustice.

Mais, Messieurs, la Révolution, qui chaque jour voit diminuer ses ennemis, en avait beaucoup dans l'origine, et les inculpations qu'on fit alors furent leur ouvrage. Elles n'ont pas produit les effets qu'on en attendait, et nous nous faisons un devoir de convenir que, si les Français jouissent de la liberté, ils le doivent en grande partie au patriotisme, au zèle, à l'activité des officiers municipaux de cette ville, qui n'ont eu qu'à seconder les intentions patriotiques de leurs concitoyens : sans ces braves Parisiens, la Bastille serait encore sur pied, et, avec elle, le despotisme. C'est eux qui, par leur courage et leur valeur, ont mis en poudre cet arsenal de l'esclavage et de la servitude, dont les chaines, atteignant à tous les points de l'empire, y ramenaient chaque jour des victimes. C'est eux qui, selon l'expression d'un de nos législateurs savant et patriote, qui siège parmi vous et dont le civisme fera sûrement de cette maison la sienne, c'est eux qui ont *reconquis* leur roi (1), et l'ont arraché à des hommes corrompus, à des sangsues publiques, qui, rampant quand ils demandaient, grandissaient avec morgue et fierté quand ils avaient obtenu, et n'eurent jamais l'âme ouverte qu'à la bassesse, à l'orgueil et à l'ingratitude. C'est eux, ces braves Parisiens, qui, ayant la jouissance filiale de posséder notre bon roi dans leurs murs, le défendront de ses ennemis, s'il pouvait en avoir, et le présenteront (2) toujours libre à l'attachement, au respect et à l'amour des gardes nationales de son royaume et de tous les Français.

Veuillez être, Messieurs, auprès de vos concitoyens, l'interprète des sentiments de fraternité dont nous avions apporté un germe fort étendu, mais dont ils ont achevé le développement par les expressions qu'ils nous ont données de la leur. Dites-leur que le drapeau dont ils nous ont fait présent (3), en devenant entre nos mains un palladium de la liberté et de la constitution, le sera aussi de l'amitié que nous leur vouons à jamais.

Signé : DE MUZERET, major-général des députés fédérés du département de l'Oise; BEVY; MONNIER; JOLY, adjudant; DE MENTHON, capitaine, etc., etc. (Au total, 52 signatures.)

— M. le Maire a levé la séance.

Signé : BAILLY; DAUGY, *président*; DEJOLY, *secrétaire*.

** * *

ÉCLAIRCISSEMENTS

(1, p. 544) Ce n'est pas, comme on le pourrait croire, à la fête nautique du dimanche 18 juillet que se produisit l'accident dont il est ici question.

(1) Le 17 juillet 1789, BAILLY, présentant à Louis XVI les clefs de la Ville, avait dit : « Ce sont les mêmes qui ont été présentées à Henri IV : il avait reconquis son peuple; ici, c'est le peuple qui a reconquis son roi. » (Voir CHASSIN, *Les élections et les cahiers de Paris en 1789*, t. III, p. 572.)

(2) Le texte manuscrit du registre-copie porte ici les mots : *le pressentiment toujours libre*, etc...

(3) Bannière donnée par la Commune de Paris aux fédérés de chaque département. (Voir ci-dessus, p. 469-472.)

Le « divertissement des joutes sur la rivière » fut donné en plein jour, à quatre heures, entre le Pont-neuf et le Pont-royal, avec un plein succès : les joutes furent exécutées avec force et gaieté ; la victoire fut longtemps et vigoureusement disputée (1) ; et les députés à la Fédération, à qui un certain nombre de places avaient été réservées dans le jardin de l'Infante (2), parurent y prendre un vif plaisir.

L'accident eut lieu plus tard, à la chute du jour, entre huit et neuf heures du soir : une vingtaine de personnes, se rendant aux Champs-Élysées pour voir les illuminations, avaient pris le bac qui traversait la Seine du Champ-de-Mars à Chaillot ; près de l'abreuvoir, le batelet chavira, par l'imprudence du batelier ; onze passagers furent sauvés (3), trois furent noyés, dont deux étaient les fils du maire d'Aurillac, Gourlac (de Saint-Étienne), et représentaient à la Fédération la garde nationale de ce district. Il paraît que leur père, comme par un pressentiment du malheur qui allait le frapper, s'était longtemps opposé à leur départ et n'y avait consenti que sur les instances d'un ami qui lui avait promis d'accompagner partout ses enfants et de veiller sur eux (4) ; il était effectivement avec eux dans le batelet, mais lui fut sauvé ; quand, revenu à lui, il s'aperçut que ses deux compagnons avaient disparu, il fut atteint d'un tel désespoir qu'on eut beaucoup de peine à l'empêcher de se jeter de nouveau dans l'eau (5).

Le comité du *district des Capucins Saint-Honoré* prit l'initiative d'organiser des recherches dans la rivière pour retrouver les corps des noyés, non sans réclamer contre les bateliers d'étranges précautions, ainsi que le constate la lettre suivante, adressée par le comité aux administrateurs du Département de police, le 19 juillet (6) :

Nous avons invité inutilement les bateliers sans ouvrage aujourd'hui à faire des recherches dans la rivière, à l'effet de retrouver quelques personnes qui ont péri. Deux seulement s'en sont occupés d'après notre invitation. Et, cependant, les murmures se multiplient et se font entendre un peu haut : on accuse les bateliers d'attendre la nuit afin de dépouiller les cadavres et de les rejeter ensuite à l'eau. La valeur des effets mentionnés dans une déclaration reçue par le comité nous paraît mériter la plus sérieuse considération (7), et nous engage à

---

(1) Voir *Journal de la Municipalité et des sections* (n° du 20 juillet).

(2) Lettre de Bailly au ministre Guignard de Saint-Priest, du 17 juillet ; pièce manusc. (Arch. Nat., F 9/145).

(3) Parmi lesquels Hébrard, avocat à Aurillac, député du bailliage de Saint-Flour à l'Assemblée nationale.

(4) Sans doute de Laparra, capitaine de la garde nationale d'Aurillac, député à la Fédération.

(5) Voir *Journal de la Municipalité et des sections* (n°s du 20 et du 27 juillet) ; *Chronique de Paris* (n°s des 20 et 21 juillet) ; *Procès-verbal des personnes qui ont péri dans la Seine*, inséré dans *Confédération nationale* ou *Récit exact et circonstancié* (p. 160) ; et *Grand malheur arrivé hier au Champ-de-Mars*, imp. 8 p. in-8° (British Museum, 842, 4).

(6) Lettre faisant suite au *Procès-verbal des personnes qui ont péri dans la Seine*. (Voir ci-dessus, note 5.)

(7) De la déclaration à laquelle il est fait allusion, il résultait que deux des victimes de l'accident du 18 n'avaient retrouvé ni leurs montres ni leurs bourses et supposaient avoir été volées par ceux mêmes qui les avaient sauvées.

vous prier de donner des ordres, afin que les bateliers s'occupent pendant le jour de la recherche des personnes qui ont péri hier sur la rivière.

En conséquence de cette invitation, M. MANUEL défendit de faire, la nuit, aucune recherche des cadavres.

Quatre jours après l'accident, les corps des deux frères GOURLAC furent retrouvés sur le territoire de la commune de Passy ; la municipalité de ce lieu réclama aussitôt l'honneur de célébrer leurs obsèques. On trouvera plus loin quelques détails concernant cette cérémonie (1).

On ne lira pas ici sans quelque intérêt les renseignements qui concernent les poursuites judiciaires intentées devant le Tribunal municipal à l'occasion de l'accident du 18 juillet et leur résultat. — Ils sont extraits du *Journal de la Municipalité et des sections* (n°⁸ du 7 août et du 5 octobre).

« Nous avons parlé du batelet qui a chaviré sur la rivière, le 18 juillet, entre le Champ-de-Mars et le bas de Chaillot. Ce fâcheux événement est attribué à la corde du bac et n'a point échappé à la vigilance de M. le procureur-syndic de la Commune.

« Le 22 juillet, il a rendu plainte devant le Tribunal municipal (2) contre les auteurs de cet accident ; le même jour, il a été rendu une ordonnance, portant permission d'informer devant M. DE JOLY, lieutenant de maire du Tribunal.

« Après information, il a été rendu décret de prise de corps contre trois particuliers, conducteurs du bac, d'après lequel MARUE (Laurent Simon), fermier du bac, CLOSE l'aîné et LAMBERT (François), ses garçons, ont été, le 25, constitués prisonniers.

« Le lendemain, le lieutenant de maire leur a fait faire lecture de la procédure ; le 26, il les a interrogés ; les cinq jours suivants, il a continué publiquement, soir et matin, en présence des accusés, l'information qui avait été commencée le 23 ; le 31, CLOSE l'aîné a été élargi, attendu qu'il a été prouvé qu'il n'était pas dans le bac, lors de l'accident. Il y a beaucoup de témoins à entendre dans cette affaire, qui se continue sans interruption.

« On ne peut certainement qu'applaudir au zèle du Tribunal municipal pour punir les auteurs d'une catastrophe qui a répandu le deuil sur un des beaux jours de cette capitale. On sait que, depuis, un accident à peu près semblable est arrivé sur la Seine, près de Charenton. Pour les éviter, nous insisterons sur la construction plus solide de batelets à l'instar de ceux de Rouen (3). »

Deux mois plus tard, voici le dénouement :

« Nous avons rendu compte du zèle avec lequel le Tribunal municipal cherchait à punir les auteurs du fâcheux accident arrivé sur la rivière, près de Chaillot, le dimanche 18 juillet.

(1) *Éclaircissement* II du 23 juillet. (Voir ci-dessous, p. *565-567*.)
(2) On sait que le *Tribunal municipal contentieux*, héritier de l'ancienne corporation des marchands de l'eau, avait dans ses attributions la police de la Seine et rivières y affluant.
(3) Déjà, en annonçant l'événement, le *Journal de la Municipalité* avait signalé la fragilité des batelets, sur lesquels, disait-il, les marins les plus intrépides tremblaient de monter, et demandait qu'on les fît d'une construction plus solide, à l'instar de ceux de Rouen.

« La dame Marie, fermière du passage de Chaillot, a observé que ce triste événement était arrivé par le fait d'un nommé Goret, qui en était seul la cause; qu'aussitôt que son fils en fut instruit, il prit les mesures les plus promptes pour sauver les citoyens tombés dans la rivière; qu'il eut le bonheur d'en retirer onze; que son seul regret était de n'avoir pu éviter ce malheur ou, au moins, de n'avoir pu sauver tous les passagers.

« Une sentence contradictoire du Tribunal municipal, du 17 de ce mois (septembre), décharge les sieurs Marie, Lambert et Goret des accusations contre eux intentées à la requête du procureur-syndic de la Commune, et, pour, par le sieur Goret, être contrevenu aux ordonnances et règlements, en conduisant des passagers d'un bord de la rivière à l'autre, quoiqu'il n'eût pas qualité pour cela, et en se servant d'un bachot non numéroté, le condamne, et par corps, en 30 livres d'amende.

« La même sentence ordonne l'exécution des règlements et ordonnances de police, concernant les bachoteurs, dont il peut être utile de faire connaître les principaux articles.

« Il est très expressément défendu à toutes personnes, autres que les bachoteurs pourvus de commissions et qui auront, à cet effet, prêté serment à l'Hôtel-de-Ville, de s'immiscer au fait du bachotage, soit en descendant, soit en montant, soit en traversant la rivière de Seine.

« Le numéro donné au greffe de l'Hôtel-de-Ville à chacun des bachots doit être inscrit en noir sur un fond de couleur blanche, au moins d'un pied carré, devant et derrière, sur chacun des côtés extérieurs du bachot.

« Les bateliers ne doivent, sous quelque prétexte que ce soit, retenir aucune personne par force, soit au port, soit dans leur bachot. »

Du Vendredi 23 Juillet 1790

~~~ A l'ouverture de la séance, il a été fait lecture du procès-verbal de celle du mercredi 21.

Le rédacteur de ce procès-verbal y ayant inséré l'analyse de l'éloge civique de Francklin;

Un membre a observé que, l'impression du discours ayant été ordonnée et devant être très incessamment livrée au public (1), il croyait qu'il fallait supprimer l'article du procès-verbal contenant cette analyse, profiter de ce que les formes n'étaient pas distribuées pour faire insérer le discours en entier dans le procès-verbal.

Mais un autre opinant a représenté qu'outre l'inconvénient d'une augmentation de frais qui résulterait de cet arrangement, il y en avait un autre plus grand encore, résultant de la différence des caractères employés pour le discours et pour le procès-verbal, et il a conclu à ce qu'il fût seulement annexé un exemplaire imprimé de ce discours à la minute du procès-verbal.

Ce dernier avis ayant été mis à l'opinion;

Il a été arrêté qu'il serait joint à la minute du procès-verbal un exemplaire paraphé du discours de M. l'abbé Fauchet, et qu'il ne serait fait, au procès-verbal, ni suppression ni retranchement.

~~~ Ensuite, il a été lu une lettre du maire de Saintes (2), relativement à la fédération.

Et il a été ordonné qu'elle serait renvoyée à l'Assemblée du pacte fédératif.

~~~ Le sieur Duraffour, principal locataire d'une maison sise rue de la Coutellerie (3), a adressé à l'Assemblée un mémoire dans lequel, après avoir exposé la conduite rigoureuse que tient, à son égard, le propriétaire de ladite maison en exigeant le paiement de la location malgré les non-valeurs qu'il éprouve depuis la Révolution, il supplie l'Assemblée de venir à son secours, en ralentissant les poursuites dont il est la victime.

(1) Arrêté du 22 juillet. (Voir ci-dessus, p. 541-542.)
(2) Chef-lieu d'arrondissement (Charente-Inférieure).
(3) Sans renseignements.

Ce mémoire a été renvoyé au Comité des rapports.

— Lorsque M. le président rendait compte de sa conférence avec M. le Commandant-général, relativement au projet de règlement demandé tant pour la présence journalière à l'Hôtel-de-Ville de quelques-uns de MM. de l'État-major général que pour le complément de la réserve (1);

— M. La Fayette s'est présenté lui-même, à la tête d'une députation de l'Assemblée des fédérés (2), qu'il venait de présider.

Les plus vifs applaudissements ont été une nouvelle preuve de la satisfaction qu'inspire toujours, aux Représentants de la Commune, la présence de M. le Commandant-général au milieu d'eux.

Digne interprète de nos frères d'armes des provinces, M. La Fayette a exprimé, en peu de mots, les sentiments de fraternité dont ils sont pénétrés pour la capitale en général et pour la Commune de Paris en particulier, ainsi que leur reconnaissance de l'accueil qu'ils ont reçu et des fêtes qui leur ont été données, et il a dépeint, avec toutes les grâces de la sensibilité et de la franchise, leur empressement à propager les mêmes sentiments dans l'âme de tous les Français (3).

M. le président a répondu :

Monsieur le Commandant-général et Messieurs,

Nous avons vu luire, dans les transports de la plus vive allégresse, ce jour tant désiré par tous les bons Français ; il nous a offert le spectacle ravissant, et dont l'histoire n'offrit jamais d'exemple, le spectacle de tous les citoyens de la capitale rassemblés, dans ce champ à jamais mémorable, sous les yeux de leur monarque chéri et si digne de l'être, en présence des augustes législateurs de la nation, pour s'unir, par les liens d'une fraternité inviolable et sous la foi du serment, avec tous les habitants de ce vaste empire, si dignement représentés par vous. Cette fraternité s'est aussitôt manifestée par une tendre et réciproque effusion de cœur, que les âmes vraiment sensibles et patriotes peuvent seules apprécier.

A peine commençons-nous à goûter les douceurs de cette délicieuse jouissance, que vous nous annoncez qu'il faut en faire le sacrifice; il nous rendrait inconsolables, si nous n'étions intimement convaincus que la séparation de nos corps n'affaiblira point l'union de nos cœurs et qu'elle deviendra même plus générale et par là plus solide, par le maintien de la constitution, par le soin que prendront de la propager dans le sein de leur famille nos braves frères d'armes, que nous avons trop peu possédés. S'ils croient nous devoir de la reconnaissance pour avoir satisfait nos cœurs,

---

(1) Séance du 21 juillet. (Voir ci-dessus, p. 536.)

(2) Les *fédérés* sont les délégués des gardes nationales des départements à la Fédération.

(3) Le même jour, la même députation de fédérés départementaux se présenta devant le Conseil de Ville, toujours présidée par DE LA FAYETTE. (Voir ci-dessous, p. 557.)

quelle doit être la nôtre de ce qu'ils ont choisi, pour en être l'interprète, un héros citoyen, que la capitale voit et entend avec un plaisir toujours nouveau et une admiration sans bornes!

L'Assemblée vous invite, Messieurs, à prendre parmi elle des places que vous avez déjà tant honorées.

~~~ M. le Commandant-général, étant monté au bureau, a pris la parole sur l'objet dont M. le président entretenait l'Assemblée au moment de l'arrivée de la députation (1). L'exposé qu'il a fait des mesures et des précautions constamment prises relativement à l'État-major général et à la réserve de l'Hôtel-de-Ville, le témoignage qu'il a rendu du courage de la Garde nationale parisienne et de sa patience pour supporter la fatigue d'un service plus pénible que celui des troupes de ligne dans aucune garnison, ont pleinement satisfait l'Assemblée.

M. le président lui a répondu :

Monsieur,
Les éclaircissements bien satisfaisants que vous venez de donner à l'Assemblée sont pour elle une nouvelle conviction que cette maxime : *Envoyez un sage et ne dites rien*, ne peut mieux convenir à personne qu'à vous.

Après la réponse de M. le président, l'Assemblée a voté des remerciements et à M. le Commandant-général et à la Garde nationale.

~~~ M. La Fayette ayant été invité par l'Assemblée à assister à la séance de demain, pour entendre le compte de toutes les opérations de la Commune depuis la retraite de MM. les Électeurs de 1789, qui doit être rendu par M. Godard, un des commissaires chargés de ce travail (2);

Il a répondu qu'il ferait tout ce qui dépendrait de lui pour se rendre à une invitation, d'autant plus flatteuse pour lui qu'elle était plus d'accord avec ses sentiments personnels pour MM. les Représentants de la Commune.

Il s'est ensuite retiré au milieu des acclamations générales.

~~~ Un membre, ayant demandé et obtenu la parole, a proposé d'inviter, par une lettre particulière, M. le Maire à la même séance.

Et il a été arrêté que M. le président écrirait à M. le Maire et l'inviterait de la part de l'Assemblée (3).

~~~ M. le président ayant proposé une députation pour assister

---

(1) Voir ci-dessus, p. 552.
(2) La lecture de l'*Exposé des travaux* de Godard commença, en effet, le lendemain 24. (Voir ci-dessous, p. 572.)
(3) La réponse du Maire n'est pas mentionnée au procès-verbal; mais on peut être convaincu que Bailly persista dans son abstention systématique.

demain, sur les onze heures du matin, à Passy, au convoi de deux jeunes fédérés (MM. Gourlat), péris en passant la rivière (1);

Cette proposition a été adoptée.

Et douze députés ont été nommés à l'effet de témoigner, par leur présence, la part que l'Assemblée prend à cet événement malheureux.

Il a été arrêté que cette députation serait accompagnée d'un officier et de deux Gardes de la Ville à cheval (2).

~~~ M. Brière, qui, par un arrêté du 20 de ce mois, avait été adjoint à MM. les commissaires nommés pour l'examen du compte du Comité des subsistances, en exercice depuis le 9 septembre jusqu'au 9 octobre suivant, à l'effet de présenter à l'Assemblée un autre projet d'arrêté sur ce compte rendu (3), a fait lecture de cette nouvelle rédaction :

« L'Assemblée, après avoir entendu le rapport de ses commissaires chargés d'examiner le compte rendu par le Comité des subsistances, en exercice du 9 septembre au 9 octobre inclusivement;

« Considérant que c'est un compte de gestion et non une comptabilité de deniers qu'il s'agit de vérifier;

« Que la responsabilité assujettit seulement les membres de ce Comité à justifier qu'ils ont ordonné les diverses dépenses sur des pièces suffisantes et pour des causes valables, sauf ensuite à en être compté réellement et en détail par les vrais comptables;

« Que les erreurs qui se sont glissées, en plus ou moins, sur les sommes de quelques mandats, ne doivent point être à la charge des ordonnateurs, soit à cause de la grande difficulté des circonstances, soit parce qu'ils n'ont pu ni voulu en profiter, n'ayant touché aucun denier, mais qu'elles doivent être seulement relevées et constatées pour être reprises ensuite, sur les parties prenantes, par qui il appartiendra;

« Déclare que les registres et bordereaux servant à établir la gestion du Comité des subsistances ont été trouvés parfaitement en règle; que, les mandats étant tous bien motivés et délivrés sur des pièces suffisantes pour opérer la décharge de la responsabilité, les dépenses y mentionnées sont bien ordonnées;

---

(1) Accident du 18 juillet. (Voir ci-dessus, p. *548*.)

(2) La cérémonie eut lieu, en effet, le lendemain, à Passy. (Voir ci-dessous, p. *567*.)

(3) Un projet d'arrêté ayant été lu le 20 juillet, par un des commissaires précédemment nommés, un membre leur avait été adjoint pour présentation d'un nouvel arrêté. (Voir ci-dessus, p. 530.)

« En conséquence, approuve la gestion dudit Comité et le compte par lui rendu ; et arrête qu'il sera fait des remerciements aux membres qui le composent, pour le courage, l'intelligence, l'ordre et le désintéressement qu'ils ont apportés à l'administration de la chose publique, dans les conjonctures les plus périlleuses ;

« Arrête, en outre, qu'à l'égard des erreurs portées sur douze mandats de ce compte, montantes en plus payé à la somme de 1,557 liv. 16 s. 6 den., et en moins à celle de 229 liv. 14 s., il en sera dressé un état qui sera annexé au présent arrêté, et copies, tant dudit état que de l'arrêté, seront remises au Département des subsistances, pour servir, en tant que de besoin, aux commissaires chargés de la vérification de la comptabilité, pour, par eux, lors de la reddition, vérification ou apurement des comptes des deniers relatifs à cette gestion, être poursuivi et répété sur les parties prenantes les sommes payées en plus et être tenu compte aux autres des sommes en moins payées, s'il y a lieu ;

« N'entendant l'Assemblée rien préjuger relativement à l'état des pièces de comptabilité, ni à l'égard des parties prenantes, au profit desquelles il a été délivré des ordres de paiement des sommes dont elles n'auraient pas encore compté. »

[Suit l'*État des erreurs trouvées sur douze mandats du registre-journal du Comité des subsistances*, divisé en six colonnes. Ces détails, portant sur des noms inconnus et des chiffres minimes, ne présentent aucune espèce d'intérêt : on ne croit donc pas nécessaire de les reproduire.]

Ce nouveau projet a été unanimement adopté par l'Assemblée.

— M. Cousin, un des membres de ce Comité, ayant demandé, au nom de ses collègues, de faire lecture d'un mémoire contenant le précis historique de l'administration des subsistances, depuis le 9 septembre jusqu'au 9 octobre 1789 (1) ;

— M. le président ayant consulté le vœu de l'Assemblée pour prolonger la séance ;

Il a été arrêté qu'elle serait prolongée pour ne point interrompre cette lecture.

— Les détails importants et les vues lumineuses qui y sont présentés ont obtenu les suffrages unanimes de l'Assemblée et du public.

Et il a été arrêté de voter des remerciements à MM. du Comité des subsistances, pour leurs bons services envers la chose publique pen-

(1) Sans doute le mémoire dont il est parlé le 17 juillet. (Voir ci-dessus, p. 510.

dant leur administration, et pour le mémoire également utile et intéressant dont ils venaient de faire lecture.

Ils ont été, de plus, invités à le communiquer à M. Godard et aux autres commissaires chargés de la rédaction de l'exposé des travaux de l'Assemblée (1), à l'effet d'y prendre les renseignements nécessaires pour la perfection de ce travail.

～～ La séance a été levée à neuf heures et demie, et indiquée à demain samedi, cinq heures du soir.

Signé : Benière, curé de Chaillot, *président.*

Secrétaires : Castillon, Demars, Bonneville, Le Tellier, Ballin.

CONSEIL DE VILLE

～～ Le 23 juillet 1790, à six heures du soir, le Conseil de Ville, convoqué et réuni en la forme ordinaire, par suite de la délibération prise hier, sous la présidence de M. Daugy, en l'absence de M. le Maire ;

～～ Il a été fait lecture du procès-verbal de la dernière séance.

Le Conseil en a approuvé la rédaction.

～～ Sur la proposition de M. Dejoly ;

Le Conseil l'a autorisé à se retirer devers le Comité ecclésiastique de l'Assemblée nationale, à l'effet de le consulter et de prendre sa décision sur la difficulté que présente la réclamation de la dame Anne Marie Félicité de La Barbeu, ci-devant religieuse à l'abbaye royale de Saint-Antoine, ladite réclamation consignée dans un mémoire tendant à mettre la dame La Barbeu dans le cas de jouir, dès à présent, de l'universalité d'une rente de 1,500 livres, dont elle est propriétaire et qu'elle avait cédée en partie à l'abbaye Saint-Antoine lorsqu'elle avait fait profession dans cette maison.

Il a, de plus, arrêté que M. Dejoly rendrait-compte au Conseil de l'événement et du succès de sa démarche (2).

～～ M. le procureur-syndic a requis, et le Conseil a ordonné, la

---

(1) Arrêtés des 9 mars, 23 juin et 5 juillet. (Voir Tome IV, p. 346-348, et ci-dessus, p. 222 et 402-403.)

(2) A la date du 15 décembre 1790, on trouve une lettre du Comité ecclésiastique aux administrateurs des biens nationaux, renvoyant à la Municipalité définitive l'examen d'une réclamation de madame de La Barbeu, religieuse de l'abbaye de Saint-Antoine, au sujet de sa dot ; pièce manusc. (Arch. Nat., D xix 44, n° 702).

transcription sur ses registres d'une proclamation du roi sur un décret de l'Assemblée nationale, portant que l'économe-général continuera, pendant la présente année, la régie qui lui a été confiée (1).

Le Conseil a ordonné que cette proclamation serait publiée et exécutée suivant sa forme et teneur.

— M. le Commandant-général est venu, à la tête d'une députation des gardes nationales de France envoyées à la Fédération générale qui a eu lieu le 14 juillet courant. Il a, au nom des gardes nationales, remercié la Municipalité de l'accueil fraternel qu'elle avait fait à tous les députés. M. le Commandant-général a ajouté que les sentiments d'estime et d'union qu'on avait dû remarquer entre les Parisiens et leurs frères s'accroîtront encore par le souvenir du pacte mémorable auquel ils avaient tous participé.

M. le président a répondu au nom du Conseil : il s'est exprimé d'une manière également obligeante pour MM. les députés, les Parisiens et MM. les administrateurs ; il a dit que l'union qui régnait entre tous les citoyens de cet empire était un garant assuré du succès de nos efforts et de l'invariable stabilité de la constitution.

MM. les députés ont été reconduits, comme ils avaient été reçus, par une députation composée de six membres du Conseil. (I, p. 560.)

— Un moment après, M. le Commandant-général est rentré dans l'Assemblée : il a rendu compte de bruits que les malveillants se plaisent à répandre pour annoncer des fêtes nouvelles et des illuminations ; il a spécialement dénoncé un placard affiché, portant remise d'une fête patriotique annoncée par le sieur Ruggieri (2), à cause, dit-on dans ce placard, des illuminations ordonnées par la reine, tandis qu'il est de toute fausseté, ainsi qu'il résulte des informations prises par M. le Commandant-général, que la reine ait donné aucun ordre à ce sujet.

Le Conseil, délibérant sur ces faits, a arrêté que tant leur dénonciation que ce qu'il pouvait y avoir de relatif serait renvoyé au Département de police, avec invitation de prendre les mesures les plus efficaces à ce sujet et de faire incessamment une proclamation qui instruise le peuple et prévienne tous les mouvements que voudraient exciter les ennemis du bien public (3).

(1) Décret du 12 juillet 1790. (Voir *Archives parlementaires*, t. XVII, p. 51.) Il s'agit de la régie des biens ecclésiastiques, en attendant l'organisation des administrations de département et de district.
(2) Ruggieri (Petroni), artificier.
(3) Le lendemain, 24 juillet, Bailly envoyait au ministre de Saint-Priest un

Le Conseil a également renvoyé au Département de police à statuer sur la question de savoir s'il y a lieu de mander le sieur Ruggieri, pour s'instruire s'il a connaissance du placard ci-devant énoncé.

—— M. le Maire est venu présider (1) le Conseil.

—— Sur le compte rendu que la municipalité de Passy avait fait des réclamations très vives au sujet du corps du député militaire du département du Cantal qui avait été pêché hier au-dessous de Passy, que les réclamations avaient été soumises ce matin par M. le Maire à l'Assemblée nationale, et que, conformément au projet donné par M. le Maire, qui avait cru pouvoir avancer qu'il ne serait pas désavoué par le Conseil, il avait été décrété que le convoi serait fait à Passy, mais que l'Assemblée nationale ainsi que la Municipalité de Paris y assisteraient par députation;

Le Conseil a arrêté que douze de ses membres seraient députés pour assister au convoi du député militaire dont le corps a été pêché hier.

MM. d'Augy, Canuel, Simonet, Lejeune, Bonvallet, Étienne, Avril, Defresne, Trudon, Champion, Boullemer et Dejoly ont été nommés commissaires.

Le Conseil a arrêté que cette députation serait présidée par M. le Maire, qu'elle ne serait point accompagnée des Gardes de la Ville, et que le secrétaire commanderait trois voitures pour conduire MM. les députés. (II, p. 565.)

—— M. Filleul, l'un des commissaires nommés pour l'administration des biens nationaux (2), a fait, au nom du Comité, le rapport concernant spécialement l'ordre des principaux bureaux qui doivent être établis (3).

Après différentes observations;

Le Conseil a pris l'arrêté suivant:

M. Filleul ayant rendu compte, au nom des commissaires nommés pour l'administration des biens nationaux, d'une délibération prise entre eux pour l'ordre de leur travail, la division de leurs bureaux, le choix déjà fait des principaux employés dans trois des quatre divisions adoptées précédemment;

---

projet de proclamation afin de détromper le public, relativement à de prétendues fêtes qui devaient être données, soit par la Ville aux Champs-Élysées et à la Bastille, soit par la reine aux Tuileries; pièce manusc. (Arch. Nat., F1 c III, Seine, 27).

(1) Le registre manuscrit porte très lisiblement : *est venu prendre le Conseil*.
(2) Arrêté du 19 juillet. (Voir ci-dessus, p. 527.)
(3) Le rapport lu par Filleul, omis ici, figure en entier au procès-verbal de la séance du 29 juillet. (Voir ci-dessous, p. 607-609.)

S'est élevée la question de savoir si les employés devaient être nommés par les commissaires, ou si ce choix n'appartenait pas au Conseil.

La question préalable a été proposée et appuyée.

Et il a été décidé qu'il n'y avait lieu à délibérer.

M. le président a mis aux voix si le Conseil adoptait le projet des commissaires.

Il a été décidé que le travail était adopté, sauf le nombre desdits employés et leurs appointements, dont les commissaires rendraient compte le plus tôt possible, à une des prochaines séances (1);

— Lecture faite d'une lettre écrite par le r. p. Lacombe, gardien du grand couvent des Cordeliers de Paris (2), qui se plaint de l'impossibilité où il est de maintenir dans sa maison l'ordre et la règle qui doivent y être observés, et qui recourt à l'autorité de la Municipalité pour forcer ceux des religieux qui ne remplissent pas exactement les devoirs de leur état à se rendre dans les communautés auxquelles ils sont affiliés, si mieux ils n'aiment jouir de la liberté que leur donnent les décrets de l'Assemblée nationale;

Le Conseil a arrêté que, pour faire droit aux réclamations du r. p. gardien des Cordeliers, MM. de La Blée, de Baignères, Étienne et Lejeune entendront les plaintes du r. p. gardien, ensemble ceux des religieux qui seraient accusés d'avoir méconnu les devoirs de leur état; sont et demeurent autorisés à user du pouvoir du Conseil pour rétablir l'ordre qui doit exister dans une maison religieuse, et, dans le cas où les faits énoncés leur paraîtront exiger d'user de la force publique, pour envoyer quelques-uns des religieux dans leurs maisons d'affiliation; qu'il sera dressé procès-verbal pour être par eux rapporté et par le Conseil statué ce qu'il appartiendra (3).

— MM. Cornette, Chartres et Morlot, députés du district de Saint-Jacques l'Hôpital, se sont présentés et ont été admis.

Ils venaient, au nom de leur section, réclamer contre les arrêtés qui ont été pris relativement au corps-de-garde de Sainte-Opportune (4); ils demandaient qu'il fût sursis à son exécution jusqu'à ce que les moyens du district de Saint-Jacques l'Hôpital aient été vérifiés. (III, p. 567.)

---

(1) Séance du 29 juillet. (Voir ci-dessous, p. 607.)
(2) Lacombe (Claude Agrève), religieux Cordelier.
(3) Le procès-verbal annoncé ne figure pas au compte rendu des séances suivantes.
(4) Le dernier arrêté était du 22 juillet. (Voir ci-dessus, p. 545-546.)

Il leur a été répondu que le Conseil prendrait incessamment leur demande en considération (1).

~~ M. le Maire a levé la séance, après que le Conseil a eu remis la séance à demain samedi, 24 du courant.

Signé : BAILLY ; D'AUGY, *président;* DEJOLY, *secrétaire.*

* *

ÉCLAIRCISSEMENTS

(I, p. 557) Ce n'est point seulement de l'*Assemblée des Représentants de la Commune* et du *Conseil de Ville* que les fédérés des départements éprouvèrent le besoin de prendre congé avant de quitter Paris. Des députations du même genre allèrent de tous côtés porter des adresses à l'Assemblée nationale, au roi, au Maire, au Commandant-général, aux Électeurs de 1789, au Comité de confédération, etc...

Reproduire ces morceaux de littérature uniformément congratulatoire serait tout à fait fastidieux. Il est, au contraire, utile de dire quelques mots de l'organisation qui s'était spontanément formée parmi les représentants des départements, et d'où sortait précisément la délégation qui se présentait partout au nom des gardes nationales fédérées de France. Cette organisation, nous la retrouverons plus tard, en décembre 1790, portant le nom de *Société des gardes nationaux des départements de France*, dite *Club des fédérés :* signalons donc dès maintenant les agissements qui en marquent l'origine.

Quelques habitants de Paris avaient eu, dès l'arrivée des premiers députés pour le pacte fédératif, l'idée de leur offrir à l'Archevêché un centre de réunion, idée qu'ils avaient formulée dans une lettre qu'inséra la *Chronique de Paris* (n° du 7 juillet), ainsi conçue (2) :

Lettre aux auteurs de la Chronique.

Messieurs,

Il a paru à quelques citoyens, qui ont vu avec tant de plaisir qu'on s'empressait de loger chez soi nos députés (3), qu'on pouvait leur procurer encore un lieu d'assemblée où ils pourraient se réunir tous, et ils ont imaginé d'appeler ce lieu le *Club de la confédération*. Ils demandent qu'en conséquence l'Archevêché leur soit ouvert avec ses jardins : cette idée ne peut manquer d'être le vœu de tout Paris. Dans quel endroit, en effet, les députés qui viennent des quatre coins opposés du royaume se verraient-ils, si on oubliait de leur ouvrir un pareil club ? Qu'au moment donc de leur arrivée, le Flamand puisse rencontrer le Provençal ou le Languedocien, comme l'on disait dans l'ancien style. Aujourd'hui, nous

---

(1) Une nouvelle réclamation se produisit à la séance du 26 juillet. (Voir ci-dessous, p. 579-580.)

(2) Reproduite dans *Confédération nationale ou Récit exact et circonstancié, etc...* (p. 45).

(3) Empressement relatif. (Voir ci-dessus, p. *104-117*.)

disons : que le département de l'est puisse connaître ceux qui sont envoyés de l'ouest, le département du nord ceux qui viennent du midi, et qu'ils puissent aller tous, comme partant d'une maison commune, au Champ-de-Mars, y jurer l'alliance nouvelle sur l'autel de la patrie. Si ce n'est pas un petit avantage pour des concitoyens de s'être vus, connus, embrassés, estimés avant une pareille confédération, en serait-ce un moindre pour les Parisiens de savoir où l'on pourra les voir tous ensemble, les serrer dans ses bras, leu parler, et apprendre de leur bouche par quels dangers leurs personnes ont passé depuis un an pour arriver jusque dans cette capitale, où les cœurs ont tant de fois volé vers nous? Ne vous figurez-vous pas, Messieurs, l'empressement de tout le monde pour voir surtout les députés de Montauban et ceux de Nîmes, les entendre, pleurer avec eux peut-être, et détester cette aristocratie religieuse et noble, qui ne connaît le bonheur que dans les abus, qu'une guerre civile n'effraie pas, et qui pilerait comme dans un mortier des millions d'hommes, sans remords et sans pitié, pourvu qu'elle existe (1)?

Signé : Vos frères, citoyens de Paris.

Le *Club de la fédération* n'aboutit pas ; le journal même qui en publiait le projet ajoutait aussitôt :

« Cette demande, qui méritait quelque considération, n'a point été accueillie. »

Au lieu d'un club, les députés des départements pour le pacte fédératif se trouvèrent bientôt avoir formé une espèce d'assemblée représentative et délibérante, presque officielle.

L'avis suivant leur était, en effet, adressé le 7 juillet (2) :

MM. les députés des gardes nationales des différents districts du royaume sont priés de choisir un de leurs frères ou co-députés, qui se rendra, tous les jours, à neuf heures, à l'Hôtel-de-Ville, pour s'y concerter avec l'État-major de la Garde nationale parisienne et y prendre tous les renseignements de détail qui peuvent intéresser les députés au pacte fédératif.

A raison de un député par district, cela faisait une réunion de cinq cent cinquante députés à peu près (3), venus de tous les départements, qui allait ainsi siéger à l'Hôtel-de-Ville de Paris, sous la présidence du Commandant-général parisien.

La première réunion eut lieu, le 10 juillet ; le procès-verbal porte l'intitulé suivant : « Réunion dans la Maison commune des représentants des gardes nationales députées par les différents districts du royaume, sur l'invitation de l'État-major général de la Garde nationale parisienne, pour s'occuper de l'exécution des décrets de l'Assemblée nationale et des ordres du roi relatifs au pacte fédératif. » Il porte les signatures de de La Fayette et de huit secrétaires (4).

(1) Les troubles de Nîmes et de Montauban, auxquels il est fait ici allusion, remontaient au mois de mai 1790; inspirés par le plus violent fanatisme religieux, ces troubles étaient la suite de la fameuse *Délibération des citoyens catholiques de la ville de Nîmes.* (Voir Tome V, p. 690-693.)

(2) Publié par le *Journal de la Municipalité et des sections* (n° du 8 juillet).

(3) Les *districts* de 1790, un peu plus nombreux que les circonscriptions qui les ont remplacés et que nous appelons *arrondissements*, étaient au nombre de 544.

(4) *Procès-verbal de la Confédération des Français*, p. 1. (Voir ci-dessus, p. *519*, note 3.)

A la séance du lendemain, 11 juillet, LA FAYETTE annonce que la députation des gardes fédérées sera reçue le mardi (13 juillet) par l'Assemblée nationale et par le roi. Aussitôt, on décide que deux adresses seront rédigées, l'une pour l'Assemblée nationale, l'autre pour le roi. Puis, DE GOUVION donne lecture d'une lettre, du 10 juillet, signée : DE LA VIGNE et MOREAU DE SAINT-MÉRY, présidents; DE LA POIZE, commissaire; BELLANGER, DE LEUTRE et DE SILLY, secrétaires, par laquelle les Électeurs de 1789 invitent l'Assemblée des gardes fédérées à envoyer une députation au *Te deum* qui doit être célébré le 13 juillet (1).

Le 12, on fait lecture des deux projets d'adresse qui devront être soumis à la ratification de tous les députés des départements; en conséquence, les députés des gardes nationales de tous les districts sont invités, par affiches, à se réunir à l'église Saint-Roch, le 13 juillet, à huit heures du matin, pour examiner les projets d'adresses proposés et nommer les députations chargées de les présenter (2).

A la réunion plénière de Saint-Roch, toujours présidée par LA FAYETTE, assistèrent BAILLY et CHARON, président du Comité fédératif de la Commune, qui prononcèrent chacun une allocution. Puis, le président donna communication à l'Assemblée de la proclamation du roi, du 13 juillet, par laquelle Sa Majesté annonce qu'elle passera en revue les gardes nationales du royaume, dans la journée même, sur la place Louis XV et aux Champs-Élysées (3). Enfin, il fut procédé à la lecture des adresses destinées à l'Assemblée nationale et au roi, qui furent naturellement approuvées, et à la nomination d'une seule députation (4).

L'Assemblée nationale reçut à sa barre la députation des gardes nationales de France à la fin de la séance du matin, c'est-à-dire vers trois heures. LA FAYETTE, chargé de porter la parole, au nom des députés de toutes les gardes nationales de France, lut une *Adresse* dont l'Assemblée nationale ordonna l'impression, ainsi que celle de la réponse du président, DE BONNAY (5). En même temps, sur la proposition du comte DE CASTELLANE, l'Assemblée votait des remerciements aux gardes nationales, pour l'appui

(1) *Te deum* arrêté par décision des Électeurs, du 25 juin. (Voir ci-dessus p. 442 et 457, note 2.)

(2) Avis imp. in-fol., signé : LA FAYETTE (Bib. Nat., Lb 39/11159, et Arch. Nat., C 205, n° 160/71). — Reproduit dans *Confédération nationale* ou *Récit exact et circonstancié, etc...* (p. 94).

(3) *Proclamation du roi*, du 13 juillet. *De par le roi*; imp. 4 p. in-4° (Arch. Nat.; AD1, 101, et Bib. Carnavalet, dossier 12272). — Voir aussi *Lettre de M. GUIGNARD, ministre de Paris, à M. DE LA FAYETTE*, du 13 juillet, rectifiant un passage de la proclamation du roi où La Fayette était désigné comme lieutenant-général et non comme Commandant-général de la Garde nationale parisienne, et invitant les députés à la fédération à ne se présenter au défilé qu'avec des « armes de ceinture »; imp. 2 p. in-8° (Bib. Nat., Lb 39/9109).

(4) *Procès-verbal de la Confédération des Français* (p. 8-11). — Voir aussi *Journal de la Municipalité et des sections* (n° du 13 juillet).

(5) *Adresse à l'Assemblée nationale, prononcée par M. DE LA FAYETTE, au nom et à la tête des députés de toutes les gardes nationales de France*, et *Réponse de M. le président*, imp. 8 p. in-8° (Bib. Nat., Lb 39/3745 et 3746, et Bib. Carnavalet, dossier 12272). — Reproduites dans *Confédération nationale* (p. 96 et 100).

qu'elles avaient prêté à la constitution et au maintien de l'ordre public, et pour le patriotisme qu'elles n'avaient cessé de déployer (1).

En sortant de l'Assemblée nationale, la députation des gardes nationales se rendit près du roi; DE LA FAYETTE lut une nouvelle *Adresse*, à laquelle Louis XVI répondit en termes touchants (2).

A la suite de la réception, eut lieu la revue, ou plutôt le défilé, dont le *Journal de la Municipalité et des sections* (n° du 17 juillet) rend compte ainsi qu'il suit :

« Mardi 13 juillet, au soir, le roi a passé en revue, dans le jardin des Tuileries, MM. les députés pour la Confédération nationale.

« Ils ont paru très sensibles au meilleur accueil qu'ils ont reçu de Sa Majesté. »

Les réunions des délégués recommencèrent à l'Hôtel-de-Ville dès le lendemain de la cérémonie; à la séance du 16, on fit signer par tous les membres présents les *Adresses* à l'Assemblée nationale et au roi; après quoi, un enthousiaste proposa qu'il fût fait une adresse à LA FAYETTE; ce qui fut adopté.

On procéda, pour le héros des deux mondes, comme il avait été procédé pour l'Assemblée nationale et pour le roi, c'est-à-dire qu'une nouvelle assemblée plénière eut lieu, le 17 juillet, à Saint-Roch, sous la présidence du doyen d'âge, réunion dans laquelle fut lue et adoptée l'*Adresse* au Commandant-général parisien, aussitôt présentée au destinataire par une députation (3).

Le dimanche 18, jour de la fête populaire, DE LA FAYETTE passa en revue la Garde nationale parisienne, au Champ-de-Mars, en présence des députés et volontaires des départements, et prononça encore une allocution (4).

Le lendemain, 19, nouvelle revue; mais cette fois, comme le 13 juillet, c'est le roi qui passe en revue les députés de province, troupes de ligne et gardes nationales (5). En voici le compte rendu, d'après le *Journal de la Municipalité et des sections* (n° du 20 juillet) :

« Le roi, désirant jouir encore de la présence de tous MM. les députés à la Fédération, les a passés en revue, lundi 19. On a vu avec plaisir la belle tenue de la cavalerie, dont les députés étaient à pied le 14 juillet. MONSIEUR, ayant l'uniforme de son régiment, était à cheval ainsi que le roi, qui a paru

(1) Voir *Archives parlementaires* (t. XVII, p. 77-78).
(2) *Adresse au roi, prononcée par M.* DE LA FAYETTE, *au nom et à la tête de la députation de toutes les gardes nationales du royaume*, imp. 3 p. in-8° (Bib. Nat., Lb 39/9108), et *Réponse du roi*, imp. 2 p. in-4° (Bib. Nat., Lb 39/3747). — Reproduites dans le *Moniteur* (n° du 19 juillet), dans le *Journal de la Municipalité et des sections* (n°* des 17 et 20 juillet), et dans les *Archives parlementaires* (t. XVII, p. 83).
(3) *Adresse présentée à M* DE LA FAYETTE, *par les gardes nationales de France*, et *Réponse de M.* DE LA FAYETTE, imp. 4 p. in-8° (Bib. Nat., Lb 39/9157). — Reproduites dans le *Journal de la Municipalité et des sections* (n° du 24 juillet).
(4) *Détail de tout ce qui s'est passé ce matin (18 mars 1790) au Champ-de-Mars et discours prononcé par M.* DE LA FAYETTE, imp. 8 p. in-8° (Bib. Nat., Lb 39/9161).
(5) Revue annoncée dès le 17 par une *Proclamation du roi concernant une revue générale des troupes fédérées*, signée : LOUIS, contresignée : GUIGNARD; reproduite dans *Procès-verbal de la Confédération des Français* (p. 23).

extrêmement satisfait. La reine, le dauphin et MADAME étaient dans la même voiture. Les troupes s'étendaient depuis la barrière des Champs-Élysées jusqu'au pont de Neuilly. »

Après la revue, le même jour, réunion où l'on reçoit et où l'on décide d'accepter l'invitation de l'Assemblée des Représentants de la Commune à la cérémonie organisée pour le 21 juillet, en l'honneur de FRANKLIN (1).

Les fêtes terminées, il fallait songer au départ, et d'abord remercier les Parisiens de leur hospitalité. On s'en occupa à la séance des délégués du 20 juillet, où furent lues et approuvées des lettres de félicitations et de gratitude, à l'adresse du Maire de Paris, des Électeurs de 1789 et du Comité fédératif. Ici, on ne juge plus à propos de convoquer des assemblées plénières; l'assemblée des cinq cents délégués agit seule (2).

C'est le 22 juillet que commence la tournée des remerciements. La députation, conduite par DE LA FAYETTE et les huit secrétaires de l'Assemblée, se rend d'abord chez BAILLY et lui remet la lettre, à lui destinée, adoptée dans la séance du 20 juillet. Le Maire de Paris répond (3).

La même députation se rend chez MM. MOREAU DE SAINT-MÉRY et DE LA VIGNE, anciens présidents des Électeurs de 1789, et présente la lettre aux Électeurs, votée aussi le 20 juillet. La *Réponse des Électeurs de Paris* est signée, pour les Électeurs de Paris de 1789 : DE LA VIGNE et MOREAU DE SAINT-MÉRY, présidents; DE LA POIZE, commissaire; BELLANGER, SICARD, DELEUTRE et LIESSE, secrétaires (4).

Enfin, après une courte visite à l'évêque qui avait officié le 14 juillet, DE TALLEYRAND-PÉRIGORD, la députation se présente chez CHARON, président du Comité fédératif, et remet en ses mains la *Lettre à MM. du Comité fédératif de la Commune de Paris*.

Mais CHARON était un personnage à qui une visite privée ne suffisait pas : il lui fallait une visite officielle. On la lui fit. Le 23 juillet, la députation se présenta donc à l'*Assemblée des députés des sections de Paris pour le pacte fédératif*, à la Maison commune, et, là, reçut solennellement la *Réponse de MM. du Comité fédératif de la Commune de Paris*, signée de CHARON, président, et BOUTIBONNE, secrétaire (5).

C'est ce même jour, 23 juillet, que, se trouvant à l'Hôtel-de-Ville, la députation de la réunion des cinq cents délégués des gardes nationales de France se présenta enfin devant l'Assemblée des Représentants de la Commune et devant le Conseil de Ville, et leur adressa ses remerciements tardifs. Mais les assemblées municipales sont traitées avec une négligence si sensible que, dans le *Procès-verbal de la Confédération des Français*,

---

(1) Invitation mentionnée à la séance du 19 juillet. (Voir ci-dessus, p. 522.)
(2) *Procès-verbal de la Confédération des Français* (p. 25).
(3) *Procès-verbal de la Confédération des Français* (p. 28).
(4) *Procès-verbal de la Confédération des Français* (p. 29).
(5) *Procès-verbal de la Confédération des Français* (p. 31). Voir aussi, dans *Confédération générale ou Récit exact et circonstancié*, etc... (p. 170), le *Discours de M.* DE LA FAYETTE, *au nom des gardes nationales du royaume, prononcé en l'Assemblée des 120 députés des sections de Paris, le 23 juillet 1790*, et la *Réponse de M.* CHARON, *président.*

rédigé par le bureau de la réunion de ces délégués, la visite faite à l'Assemblée des Représentants de la Commune et au Conseil de Ville n'est, ni annoncée d'avance, ni même mentionnée après coup. Tandis que le procès-verbal du 20 annonce la démarche qu'on se propose de faire auprès du Maire, des Électeurs de 1789 et du Comité de confédération, il est muet en ce qui concerne l'Assemblée des Représentants et le Conseil de Ville; et même, le 23, après les visites faites à l'Hôtel-de-Ville, le procès-verbal de la réunion des gardes nationales rend compte seulement de la réception par l'Assemblée fédérative, présidée par Charon; il se tait — et ce silence ne peut être que volontaire — sur les démarches de politesse accomplies par la même députation près des deux assemblées municipales.

Il est vrai que les Représentants de la Commune n'avaient paru dans la Fédération qu'à titre de figurants, et que le Conseil de Ville avait été éclipsé par l'*Assemblée des députés des sections* ou par son dérivé, le *Comité de confédération*. Mais, tout de même, l'Assemblée des Représentants, si contestée qu'elle fût, avait bien autant de titres que les anciens Électeurs de 1789 à recevoir les hommages de MM. les représentants des gardes nationales députées par tous les districts du royaume.

(II, p. 558) Aussitôt qu'avait été connu l'accident du 18 juillet qui avait coûté la vie à trois députés de province (1), le Maire Bailly avait pris, ainsi qu'il le déclara au Conseil de Ville le 22 (2), l'initiative de faire célébrer à Notre-Dame un service solennel pour le repos des âmes des victimes.

En même temps, l'Assemblée des gardes fédérées, présidée par de La Fayette, avait, dans sa réunion du 20 juillet, approuvé une motion tendant exactement au même but (3).

Le chapitre de Notre-Dame, immédiatement averti, s'étant associé au vœu de la Municipalité et de l'Assemblée des fédérés par une délibération du 21 juillet, le service avait été célébré le même jour (4).

Le lendemain, quand on retrouva à Passy, sur les bords de la Seine, les corps de deux des noyés, justement ceux des deux frères Gourlac (5), se posa la question de l'inhumation.

Le Conseil de Ville n'hésita pas, comme on l'a vu, à décider, le 22 juillet, que la cérémonie aurait lieu par les soins et aux frais de la Municipalité de Paris (6).

Mais aussitôt, la municipalité de Passy, s'emparant du fait que les cadavres avaient été découverts sur son territoire, revendiqua pour elle-même l'honneur de rendre aux deux députés à la Fédération les derniers devoirs (7).

Avant que le Conseil de Ville parisien, qui siégeait le soir, pût être consulté, Bailly crut devoir aller, dans la journée du 23, informer l'Assemblée nationale

(1) *Éclaircissement* 1 du 22 juillet. (Voir ci-dessus, p. 547-550.)
(2) Séance du 22 juillet. (Voir ci-dessus, p. 544.)
(3) Compte rendu du *Procès-verbal de la confédération des Français* (p. 25).
(4) Pièce manusc. (Arch. Nat., LL 335/42).
(5) Procès-verbal du lieutenant de la maréchaussée à Passy, du 22 juillet; pièce manusc. (Arch. Nat., dossier Y 18777).
(6) Séance du 22 juillet. (Voir ci-dessus, p. 545.)
(7) Lettre du 23 juillet; pièce manusc. (Arch. Nat., C 49, n° 379).

de la difficulté, et lui soumettre la solution qu'il avait l'intention de proposer le soir au Conseil.

Voici le récit de l'incident auquel donna lieu la démarche de BAILLY (1) :

« M. *le président* (TREILHARD) annonce que le Maire de Paris demande à être entendu à la barre pour un objet pressant.

« L'Assemblée décide de lui donner la parole tout de suite et l'invite à monter à la tribune en qualité de membre de l'Assemblée.

« M. BAILLY, *Maire de Paris*. Messieurs, la Municipalité de Paris, jalouse de rendre à MM. les fédérés tous les honneurs qui dépendent d'elle, m'a chargé d'ordonner les obsèques des deux fédérés qui ont péri dans la rivière, dimanche, 18 de ce mois. La municipalité de Passy a revendiqué le droit de rendre les derniers honneurs à ces députés, dont les corps ont été trouvés sur son territoire. Je suis venu soumettre à l'Assemblée cette difficulté élevée entre les deux municipalités. Après avoir rempli la mission dont j'étais chargé, je déclare que, pour lever cette difficulté, je ne doute pas que le Corps municipal de Paris ne se porte avec empressement à Passy, pour assister aux obsèques ordonnées par la municipalité du lieu, rendre les honneurs à nos frères d'armes et donner en même temps un exemple de la fraternité qui doit régner entre toutes les municipalités.

« M. LANJUINAIS. C'est dans les lieux où les corps ont été trouvés que les députés sont censés être morts : c'est là, en suivant tous les principes, que l'inhumation doit se faire.

« M. DE DELAY D'AGIER. M. le Maire de Paris a pénétré nos sentiments d'amour et de fraternité pour nos frères d'armes, et la proposition qu'il fait, d'envoyer une députation aux obsèques de ceux que nous avons eu le malheur de perdre, ne trouvera point ici de contradicteurs.

« M. MARTINEAU. Les corps trouvés à Passy doivent être transportés à Paris. C'est ici que les deux confédérés ont péri, puisqu'ils assistaient à une fête donnée par la Ville de Paris ; ils avaient un domicile de mission à l'Hôtel-de-Ville de Paris. Dans la règle générale, la famille est autorisée à réclamer les corps en payant un droit au curé. Ceux des deux confédérés appartiennent à la Ville de Paris : elle les réclame, ils doivent lui être remis.

« M. BAILLY. La Ville de Paris est jalouse de rendre les derniers honneurs à ses frères d'armes ; je suis chargé d'ordonner leurs obsèques. Mais je ne doute pas que la Municipalité de Paris ne se rende avec empressement à Passy et qu'elle ne s'estime heureuse de donner ce premier exemple de fraternité.

« M. DEVILLAS (2). Je demande que les corps soient transportés à Paris. Ces deux confédérés sont les seuls enfants du maire d'Aurillac, homme respectable, qui mourra peut-être de douleur. Tout notre département est plongé dans le deuil. Il faut que les obsèques se fassent à Paris, afin que la députation entière du département du Cantal puisse s'y rendre.

« M. BAILLY. Comme les honneurs qu'on rendra à nos deux frères d'armes seront les mêmes à Passy qu'à Paris, je demande la priorité pour ma motion.

(1) Voir *Archives parlementaires* (t. XVII, p. 303-304).
(2) C'est le premier député du Cantal qui intervient dans la discussion. DEVILLAS était député du tiers état de la sénéchaussée de Saint-Flour, d'où Aurillac dépendait à titre de sénéchaussée secondaire.

« Cette priorité est accordée.

« L'Assemblée décrète, avec un assentiment général, qu'une députation de douze membres se rendra à Passy pour assister aux obsèques des deux confédérés.

« Il est convenu que tous les députés du département du Cantal s'y rendront également (1). »

On a vu que le Conseil de Ville ratifia, dans sa séance du 23 juillet, soir, l'arrangement que Bailly avait mis en avant devant l'Assemblée nationale, et que, « terminant ce combat de sentiments généreux par une générosité plus grande encore (2) », il décida que la Municipalité de Paris se rendrait à Passy pour donner à cette municipalité un témoignage de ses sentiments fraternels (3).

Les obsèques eurent donc lieu à Passy, le 24 juillet ; y figuraient la députation de l'Assemblée nationale, la Municipalité de Paris, celle de Passy, les députés du Cantal, une députation de la Garde nationale parisienne et une députation des gardes nationales fédérées de province. Un discours du curé termina la cérémonie (4).

(III, p. 559) A l'issue de la séance du Conseil de Ville, au cours de laquelle ses députés avaient été entendus, le *district de Saint-Jacques l'Hôpital* (qui aurait dû déjà porter le nom de *section de Mauconseil*) crut encore devoir prendre une nouvelle délibération, datée du même jour, 23 juillet (5), d'abord pour manifester sa surprise de la décision prise la veille sans sa participation (6), puis pour s'opposer une fois de plus à la construction du corps-de-garde projeté sur la place des Innocents, par les motifs suivants :

Le district déclare qu'il proteste, en son nom personnel et au nom des 58 districts tous intéressés, contre ce qui a été décidé par le Bureau de Ville le jeudi 22 du présent mois, tous les districts ou sections devant être consultés, pour, après l'émission (7) de leur vœu, prendre le parti adopté par la majorité.

Il observe que cette construction, hasardée en ce moment, pourrait devenir inutile, si l'Assemblée nationale, sans rien préjuger, refondait, par l'organisation prochaine de l'armée, les 60 bataillons en 48 attachés à chaque section (8); que ce bâtiment, outre qu'il nuirait à la voie publique, se trouverait trop près du corps-de-garde adossé à la Halle aux draps.

D'après ces motifs, il persiste dans son opposition à la construction, dans ses arrêtés pris à cet égard et dont le Bureau de Ville a pris connaissance (9); il s'oppose enfin à ce que MM. les administrateurs au Département du domaine

---

(1) Les députés de la sénéchaussée de Saint-Flour, qui avait formé le département du Cantal, étaient au nombre de douze : trois du clergé, trois de la noblesse et six du tiers état.
(2) Ainsi s'exprime le *Journal de la Municipalité et des sections* (n° du 27 juillet).
(3) Séance du 23 juillet. (Voir ci-dessus, p. 553-554.)
(4) Récit inséré dans le *Procès-verbal de la confédération des Français* (p. 30).
(5) Pièce manusc. (Arch. de la Seine, D 508).
(6) Arrêté du *Conseil de Ville*, du 22 juillet. (Voir ci-dessus, p. 545-546.)
(7) Le texte original porte : *après les missions*.
(8) La formation de la Garde nationale en sections armées ne fut décrétée qu'en août 1792.
(9) Les arrêtés précédents du district ne sont pas connus.

donnent des ordres pour fournir les fonds et délivrer les matériaux nécessaires pour la construction du corps-de-garde de Sainte-Opportune, regardant comme nulle et non avenue l'adjudication faite par sentence du Tribunal municipal du 6 juillet, jusqu'à ce que les 58 districts aient manifesté leur vœu, *les places publiques et marchés appartenant à la vraie Commune, résidant dans les sections de la capitale, sans la participation et le secours desquelles aucune autorité privée ne peut en disposer* (1).

L'assemblée a nommé, pour porter cet arrêté tant à M. le Maire qu'au Tribunal de police et aux administrateurs du Département du domaine, ses mêmes députés, MM. Cornette, Chartre et Morlot, et a arrêté qu'il serait communiqué dans le plus court délai à toutes les sections.

Pour copie conforme.

Signé : Blanc, secrétaire-greffier.

---

(1) Principe déjà formulé dans la délibération du *district de Saint-Nicolas des Champs,* du 30 mars 1790, sur le même objet. (Voir Tome IV, p. 558.)

Du Samedi 24 Juillet 1790

~~~ A l'ouverture de la séance, il a été fait lecture d'une lettre de M. Claude Mercier, de Compiègne, à laquelle était joint un poème lyrique, en un acte, intitulé : *La Fédération*, dont ce citoyen fait hommage à l'Assemblée (1), en la priant de le faire examiner par son Comité de rapports et, dans le cas où il le jugerait digne de son suffrage, d'en ordonner l'impression au profit des pauvres.

L'Assemblée, conformément au vœu de M. Mercier, a renvoyé l'examen de son poème au Comité de rapports (2).

~~~ Une députation d'Arnac-la-Poste (3) a présenté à l'Assemblée une délibération de la municipalité et de la garde nationale de ce lieu, en date du 8 de ce mois, par laquelle, « pour resserrer les liens de confraternité qui unissaient déjà d'esprit et de cœur tous les citoyens de la commune d'Arnac avec ceux de la première cité de cet empire, elles chargent leurs députés de présenter leurs vœux de fraternité tant à la Municipalité qu'à la Garde nationale parisienne, priant chacun de ces respectables corps de vouloir bien s'affilier leurs frères et camarades dudit bourg et paroisse d'Arnac, et faire sur leurs registres une mention honorable du serment inviolable de l'amitié et de la fraternité les plus réelles qu'ils leur jurent, attendant de leur côté, avec l'impatience et la confiance que leur mérite leur attachement, le moment flatteur où ils pourront de même consigner dans leurs archives la glorieuse acceptation de leurs frères de Paris ».

---

(1) *La Fédération* ou *Offrande à la liberté française*, poème dédié à M. BAILLY et aux 48 sections, imp. 36 p. in-8°, ne se trouve pas à la Bibliothèque nationale. L'auteur, MERCIER (Claude François Xavier), né à Compiègne le 1ᵉʳ août 1763, littérateur, d'abord commis de la marine, puis imprimeur-libraire à Paris, membre du *Lycée des arts* et de plusieurs autres sociétés littéraires, auteur de nombreux ouvrages du genre grivois, mourut à la fin de 1800. — QUÉRARD (*La France littéraire*) donne à *La Fédération* de MERCIER la date manifestement erronée d'août 1792.

(2) Séance du 28 juillet. (Voir ci-dessous, p. 589.)

(3) Canton de Saint-Sulpice-les-Feuilles, arrondissement de Bellac (Haute-Vienne).

Un de MM. les députés a fait à cette occasion le discours suivant :

Messieurs,

La commune d'Arnac-la-Poste nous a députés vers vous, pour vous exprimer ses sentiments de fraternité, d'amour, de reconnaissance et de vénération. Elle nous a également chargés de faire l'éloge de vos vertus patriotiques; mais, cette tâche étant au-dessus de nos forces, nous nous bornerons à l'admiration.

Braves Parisiens! il ne vous suffisait pas de renverser le colosse effrayant du despotisme ministériel, de briser les fers honteux qui pesaient sur tous les Français et de jeter les fondements inébranlables de la liberté : il fallait encore conquérir et enchaîner tous les cœurs.

Jouissez de votre triomphe; il est complet; vous n'avez plus rien à désirer : toutes les nations vous contemplent, vous aiment, vous admirent et se hâtent de marcher sur vos pas.

Déjà, par vous, la France ne voit qu'une société de frères, et bientôt l'univers entier ne connaîtra que des Français heureux.

Les sacrifices généreux que vous avez faits ne sont ignorés que de vous; et les lauriers que vous avez cultivés et cueillis sont posés sur vos têtes par vos frères d'armes de toutes les provinces, qui ont juré, comme vous et avec vous, de vivre et de mourir, s'il le faut, pour le maintien de la constitution, qui doit assurer à jamais le bonheur, la prospérité et la gloire de l'empire français.

Vous avez donné à vos compatriotes un grand exemple, sans doute; ils se sont empressés de le suivre; ils se sont armés dès le commencement de la Révolution; et le succès qu'ils ont obtenu n'est dû qu'à leur courage, à leur fermeté, à leur constance et à leur patriotisme.

A ces titres, ils méritent l'affiliation de leur municipalité et de leur garde nationale à la Municipalité et à la Garde nationale de la capitale; ils la sollicitent par notre organe, et ils osent espérer que vous la leur accorderez.

Nous sommes, avec la plus sincère cordialité, Messieurs, vos frères d'armes et vos plus sincères amis.

Signé : Giraud (1), Plaignand, Demondot.

M. le président a répondu :

Messieurs,

Les affiliations qui, jusqu'à présent, ont été demandées à l'Assemblée des Représentants de la Commune nous ont été l'aurore du plus beau jour; nous en avons joui avec la plus vive allégresse. Votre demande, en nous assurant que les fruits en seront durables, ne peut qu'être favorablement accueillie de l'Assemblée, qui saisira avec empressement cette occasion de rendre hommage au patriotisme que vous avez fait éclater dès les premiers jours de la Révolution, et de répondre aux sentiments de fraternité que vous avez manifestés aux citoyens de cette capitale en favorisant leurs approvisionnements.

Je vais consulter son vœu. Elle vous invite d'assister à sa séance.

M. le président ayant mis aux voix l'affiliation demandée par la municipalité et la garde nationale d'Arnac-la-Poste ;

---

(1) Membre de l'Assemblée des Représentants de la Commune de Paris et député extraordinaire d'Arnac-la-Poste à l'Assemblée nationale et auprès de l'Assemblée des Représentants de la Commune de Paris, pour l'affiliation demandée. (*Note de l'édition originale.*)

[24 Juillet 1790] DE LA COMMUNE DE PARIS 571

Elle a été accordée à l'unanimité.

— L'ordre du jour appelait la lecture du *Compte rendu* par l'Assemblée à ses commettants (1).

Mais, MM. les commissaires, nommés pour examiner le mémoire présenté par MM. les officiers des compagnies du centre de l'armée parisienne (2), ayant annoncé qu'ils étaient prêts à en faire leur rapport et que la députation de MM. les officiers était présente;

Il a été proposé d'ajourner le rapport à mardi, pour entendre le *Compte rendu*.

Mais l'Assemblée, voulant témoigner à ses frères d'armes l'intérêt qu'elle prend à leur sort, a rejeté l'ajournement et arrêté que MM. les commissaires seraient entendus sur-le-champ.

Un d'eux, étant monté à la tribune, a rendu compte de la pétition des compagnies du centre, tendant à connaître leur état de situation vis-à-vis le Département de la Garde nationale, relativement à leur masse, a exposé comment les règlements, qui avaient été faits, à ce sujet, par le Comité militaire, adoptés par les Représentants de la Commune et acceptés par la majorité des districts, étaient restés sans exécution, et a proposé l'arrêté suivant, qu'il a annoncé avoir été adopté unanimement par le Comité militaire et l'État-major de la Garde nationale :

« L'Assemblée générale des Représentants de la Commune, après avoir entendu le rapport de ses commissaires, chargés de l'examen du mémoire qui lui a été présenté par MM. les capitaines des compagnies du centre de la Garde nationale parisienne, renvoie à la Municipalité qui va être, sous peu de jours, organisée, à statuer définitivement sur les réclamations des compagnies soldées, relativement aux deniers de la masse générale destinés aux armement, équipement et habillement du soldat.

« Et néanmoins, attendu que, dans le plan de Municipalité décrété par l'Assemblée nationale, le Département de la Garde nationale parisienne n'est point conservé (3), que ce Département cessera ses fonctions en même temps que toute la Municipalité provisoire, et que le service de la masse ne peut souffrir l'interruption qui ne manquerait pas de naître des délibérations à prendre par les nou-

---

(1) C'est l'*Exposé des travaux* dont la lecture, d'abord fixée au 23 juillet, avait été ajournée au 24, par décision du 21 juillet. (Voir ci-dessus, p. 403 et 536-537.)
(2) Commissaires nommés le 10 juillet. (Voir ci-dessus, p. 449.)
(3) D'après l'art. 18 du titre III du décret du 21 mai 1790, le nombre des Départements de l'administration municipale était réduit à cinq : 1° subsistances; 2° police; 3° domaine et finances; 4° établissements publics; 5° travaux publics.

veaux officiers municipaux, délibérations d'autant plus longues que rien n'est indiqué, à cet égard, dans le plan de Municipalité, et que, d'ailleurs, dans les premiers moments de l'installation des officiers municipaux, le cérémonial absorbera encore du temps ;

« L'Assemblée, attentive au bien-être des compagnies, autorise M. le Commandant-général à faire faire, dès à présent, les élections et autres préparatifs nécessaires pour l'organisation du Comité d'administration des compagnies soldées, conformément aux art. 30 et suivants du titre VI (1) du règlement militaire, adopté précédemment par l'Assemblée générale des Représentants de la Commune et accepté par la majorité des districts pour la composition de l'infanterie nationale parisienne (2), en sorte que l'administration militaire puisse succéder immédiatement au Département de la Garde nationale parisienne, notamment dans la gestion des deniers de masse, d'après les principes du règlement militaire.

« Et sera le présent arrêté communiqué au Département de la Garde nationale parisienne, afin qu'il puisse, de son côté, se préparer à mettre le Comité d'administration militaire en possession des magasins et effets qui s'y trouveront, ainsi que des marchés et échantillons pour les provisions et fournitures ultérieures, au moment de la cessation des fonctions de la Municipalité provisoire. »

L'Assemblée, après avoir entendu la lecture de ce projet d'arrêté, en a renvoyé la discussion à lundi et arrêté que copie en serait envoyée à MM. du Département de la Garde nationale, avec invitation de se rendre, lundi, à l'Assemblée, pour être entendus sur ce projet d'arrêté (3).

— M. Godard, un des commissaires nommés pour rédiger le compte rendu par l'Assemblée à ses commettants, en a commencé la lecture (4) ;

Qui a été prolongée au-delà de neuf heures.

La suite a été ajournée à la huitaine (5).

(1) Le texte original porte : *titre V*. Mais c'est au titre VI qu'il faut réellement se reporter.
(2) *Règlement pour la formation, organisation, solde, police et administration de l'infanterie nationale parisienne*, tit. VI : *Des revues du commissaire général, de la comptabilité et de l'administration*, en 47 articles, imp. 100 p. in-4° (Bib. Carnavalet, n° 7287).
(3) Le lundi 26 juillet, la discussion fut ajournée au 30. (Voir ci-dessous, p. 576.)
(4) Ce compte rendu, exactement intitulé : *Exposé des travaux de l'Assemblée générale des Représentants de la Commune de Paris depuis le 25 juillet 1789 jusqu'en octobre 1790*, fut définitivement adopté le 4 octobre. (Voir ci-dessous.)
(5) La lecture fut reprise le 30 juillet. (Voir ci-dessous, p. 624 et 625.)

— M. le président a fait lecture d'une lettre de M. Gallet, l'aîné, par laquelle il prie l'Assemblée de l'autoriser à faire compulser les registres et autres papiers qui sont dans les différents bureaux du Département des subsistances, à l'effet d'y prendre les notes et instructions qu'il croira convenables à sa réclamation et propres à établir les erreurs et omissions qu'il prétend exister dans le compte qui a été fait entre lui et le Département (1).

Cette lettre a été renvoyée au Comité des rapports (2).

— L'Assemblée ayant été indiquée à lundi, cinq heures; M. le président a levé la séance.

Signé : BENIÈRE, curé de Chaillot, *président*.

Secrétaires : CASTILLON, DEMARS, BONNEVILLE, LETELLIER, BALLIN.

CONSEIL DE VILLE

— Le samedi 24 juillet 1790, à six heures du soir, le Conseil de Ville, convoqué en la forme ordinaire, réuni et présidé par M. d'Augy, en l'absence de M. le Maire;

— Il a été fait lecture du procès-verbal de la dernière séance.

La rédaction en a été approuvée.

— M. Dejoly ayant déclaré que, conformément aux arrêtés pris par le Conseil (3), il avait fait enluminer 58 cartes du plan de Paris dans sa nouvelle division, qu'il en avait fait le prix et qu'il les avait distribuées à chacun de MM. les administrateurs;

Le Conseil a arrêté que la somme de 600 livres, montant des 58 plans, sera payée au sieur Dezauches, géographe du roi, qui les a fournis; ordonne, en conséquence, que les arrêtés pris par le Conseil, ainsi que le mémoire du sieur Dezauches et la déclaration du secrétaire que les plans lui ont été fournis, seront remis au Département du domaine, qui en ordonnera le paiement.

Sur la demande du secrétaire;

Le Conseil l'a autorisé à acheter également chez le sieur Dezauches quatre autres plans : l'un pour le greffe, l'autre pour le parquet, le troisième pour la caisse, et le quatrième pour les bureaux des biens

---

(1) Une demande analogue du même GALLET, présentée le 15 mai, avait été repoussée le 31 mai. (Voir Tome V, p. 397 et 607.)

(2) Séances du 29 et du 31 juillet. (Voir ci-dessous, p. 604-605 et 630-631.)

(3) Arrêté du 8 juillet. (Voir ci-dessus, p. 440.)

nationaux, lesquels seront payés sur le même pied, au même prix et de la même manière que les 58 précédemment fournis.

—— Lecture faite d'une lettre de M. de Gouvion, major-général de la Garde nationale parisienne, par laquelle il expose qu'il convient de laisser aux ci-devant gardes-françaises incorporés dans la Garde nationale, et qui se retirent aux termes du règlement (1), la faculté d'emporter leur uniforme, attendu que ces hommes ont bien servi la chose publique pendant la Révolution et que, s'ils arrivaient dans leur pays sans leur uniforme national, ils auraient l'air d'avoir été chassés;

Le Conseil, après avoir entendu le Département de la Garde nationale;

A arrêté que, lors de la retraite des soldats ci-devant gardes-françaises incorporés dans la Garde nationale, il leur sera donné, des magasins, un ancien habit d'uniforme, en y mettant le leur, à moins qu'il ne soit dans la fin de la seconde année, auquel cas le soldat qui se retirera conservera celui dont il se trouvera vêtu.

—— Sur le rapport de M. Étienne (2), conseiller-administrateur au Département des travaux publics, portant qu'un particulier demande alignement pour une maison qu'il entend construire sur la grande route de Montreuil, à la distance de cinquante et une toises (3) de l'enceinte des murs de Paris;

Le Conseil a fait introduire le sieur Savarin, propriétaire du terrain sur lequel il entend construire.

Le sieur Savarin a déclaré qu'il s'est présenté, pour obtenir l'alignement qu'il demande, à M. Dehauteclerc, commissaire du conseil du roi (4); que M. Dehauteclerc l'a renvoyé au ministre de Paris, et ce ministre à la Municipalité.

La matière mise en délibération;

Le Conseil a arrêté que le sieur Savarin est renvoyé à la municipalité du lieu sur l'étendue de laquelle est situé le terrain, pour se pourvoir de l'alignement par lui demandé et être fait droit sur sa réclamation.

—— M. Champion, du Département des établissements publics, a dit que, jusqu'à l'époque de la Révolution, l'Opéra avait perçu

---

(1) Il s'agit des gardes-françaises enrôlés pour une année dans les compagnies du centre.
(2) Lire : DE LA RIVIÈRE (Étienne).
(3) Tout près de 100 mètres.
(4) HÉBERT DE HAUTECLAIR (Nicolas Jacques Augustin), subdélégué-général de l'Intendance de Paris.

annuellement 150,000 livres, à titre de rétribution convenue pour concession de privilège aux autres spectacles (1); que, depuis la Révolution, les spectacles se refusaient à cette rétribution, dont le montant est important plus que jamais pour l'Opéra, qui est aujourd'hui à la charge de la Ville (2); qu'il existe une décision du Comité de constitution, qui porte que les spectacles de Paris continueront d'exister sous le régime des lois existantes jusqu'à ce qu'il en ait été fait d'autres; qu'il ne paraît donc plus y avoir de difficulté à percevoir la rétribution; que cependant il pourra être juste, attendu les circonstances qui ont été défavorables aux spectacles de Paris, de leur faire des diminutions, s'ils insistent pour en avoir, et qu'en conséquence, il serait peut-être utile que le Conseil, en enjoignant aux administrateurs chargés de l'administration de l'Opéra d'exiger la rétribution due par les spectacles, les autorisât à faire quelques remises sur ladite rétribution, s'il y avait lieu.

Cette affaire, attendu l'heure avancée, a été mise à l'ordre du jour pour le premier Conseil (3).

— Sur la demande de plusieurs administrateurs;
Le Conseil s'est ajourné à lundi.
— Et M. le président a levé la séance.
Signé : D'AUGY; DEJOLY, *secrétaire*.

---

(1) D'après l'*Adresse du Conseil de Ville aux 60 sections*, du 12 avril, la redevance due à l'Opéra par les autres théâtres s'élevait à 190,000 livres. (Voir Tome IV, p. *698*, § 2° des charges et § 7° des avantages.)
(2) Arrêté du Conseil de Ville, du 10 avril. (Voir Tome IV, p. 663-664.)
(3) La discussion ne fut reprise que le 31 août (Voir ci-dessous.)

Du Lundi 26 Juillet 1790

~~~ A l'ouverture de la séance, il a été fait lecture des procès-verbaux des séances des 22 et 23.

Ils ont été adoptés, après quelques changements.

~~~ Sur ce qui a été représenté, par un honorable membre, que la distribution des exemplaires du discours de M. l'abbé Fauchet (1) ne se faisait pas exactement dans les vues de l'Assemblée (2);

Il a été arrêté que MM les secrétaires veilleraient à ce qu'il en fût délivré à MM. les Électeurs de 1789, à l'État-major général et au Comité militaire.

~~~ MM. les administrateurs du Département de la Garde nationale avaient été invités, par un arrêté, à se rendre aujourd'hui à l'Assemblée, pour être entendus sur l'objet du mémoire de MM. les capitaines des compagnies du centre (3). Mais ils ont observé, dans une lettre adressée à M. le président, que, tous les administrateurs de la Ville étant chargés d'ouvrir les assemblées primaires dans les différentes sections de la capitale et employés à cette mission les premiers jours de cette semaine (4), et par conséquent enlevés à leurs occupations ordinaires, le Département était dans l'impossibilité de se rendre à l'invitation de l'Assemblée générale. En conséquence, ils demandaient que l'affaire des compagnies du centre fût remise à un autre jour.

L'Assemblée, frappée de la justesse de ces observations, a arrêté l'ajournement à vendredi prochain, pour discuter cette affaire avant toute autre (5).

~~~ Les entrepreneurs de la manufacture d'armes de Saint-Étienne

---

(1) *Éloge civique de Benjamin Franklin*, prononcé le 21 juillet. (Voir ci-dessus, p. 537-540.)

(2) La distribution avait été réglée par arrêté du 22 juillet. (Voir ci-dessus, p. 542.)

(3) Arrêté du 24 juillet. (Voir ci-dessus, p. 572.)

(4) Les sections étaient convoquées pour le 25 juillet et les jours suivants pour les élections de la Municipalité définitive.

(5) Séance du vendredi 30 juillet. (Voir ci-dessous, p. 623-624.)

en Forez ont présenté à l'Assemblée un mémoire dont il a été fait lecture : ils se plaignaient de ce qu'ayant exactement fourni, à la Municipalité de Paris, 3,000 fusils et 1,000 pistolets demandés par le Département de la Garde nationale et remis à M. l'abbé Lefebvre, garde-général de l'artillerie de la Ville, suivant son certificat qui constate le bon état et la remise, ils n'avaient pu obtenir, de MM. du Département de la Garde nationale, l'ordonnance de paiement, montant à 85,212 liv. 12 sols; que ceux-ci, sans rien statuer sur leur demande, les avaient constamment renvoyés au Département du domaine, lequel, à son tour, leur avait dit de s'adresser à l'administration générale. Ils ajoutaient que, fatigués d'une infinité de démarches infructueuses, ils recouraient à l'autorité de MM. les Représentants de la Commune pour obtenir, à cet égard, bonne et prompte justice.

L'Assemblée ;

Après une courte discussion, où plusieurs avis ont été ouverts :

L'un, pour le renvoi du mémoire au Département du domaine, avec invitation d'en rendre compte à l'Assemblée, le plus tôt possible ;

L'autre, pour le renvoi au seul Département de la Garde nationale ;

Le troisième au Comité des rapports, pour s'entendre avec l'un et l'autre Département et présenter à l'Assemblée, dans le plus court délai, le résultat de son travail sur cet objet ;

A renvoyé le mémoire au Comité des rapports (1).

— Quatre commissaires, MM. Cousin, Demachy, Quinquet et Lavoisier, avaient été nommés pour faire l'examen et le rapport d'un procédé annoncé par le sieur Chappui, à l'effet de garantir les fusils de la rouille (2). Cette découverte, sur la connaissance qui en avait été donnée à l'Assemblée par un de MM. les administrateurs au Département de la Garde nationale, avait paru assez importante pour être prise en considération ; aussi MM. les commissaires s'en sont-ils occupés avec la plus grande attention et ont rédigé leur rapport, dont il a été fait lecture : il résulte de cet examen qu'après des épreuves réitérées, la substance chimique employée par le sieur Chappui ne produit point l'effet attendu, et qu'en conséquence, l'auteur n'a point atteint son but. MM. les commissaires ayant conclu qu'il n'y avait point lieu à délibérer sur l'offre que fait le sieur Chappui de son bronze blanc ;

Cette conclusion a été adoptée par l'arrêté de l'Assemblée ;

---

(1) Séance du 31 juillet. (Voir ci-dessous, p. 633-635.)
(2) Arrêté du 8 juillet. (Voir ci-dessus, p. 433.)

Qui, en outre, a renvoyé le mémoire et le rapport au Département de la Garde nationale.

— Une lettre, concernant le sieur Le Moyne, soldat volontaire dans le bataillon de l'Observatoire, a été renvoyée au Comité des rapports (1).

— Un membre de ce Comité ayant rendu compte de la nouvelle demande du sieur Le Roy, à l'effet d'ouvrir, rue Saint-Antoine, le spectacle auquel le Conseil de Ville s'était opposé (2);

L'Assemblée, frappée des considérations que son Comité des rapports lui a mises sous les yeux;

Après avoir entendu divers avis, qui, tous, s'accordaient au fond et ne différaient que par des amendements;

Qui ont été écartés par la question préalable;

A pris, conformément au projet du Comité qu'elle adopte purement et simplement, l'arrêté suivant :

« L'Assemblée, considérant qu'il n'y a point de loi qui détermine et fixe irrévocablement le nombre des spectacles dans la capitale; que des principes ou des usages, quelqu'anciens qu'ils soient, ne peuvent être invoqués lorsqu'ils sont contraires à de nouvelles lois; qu'aux termes de la constitution, l'exercice des droits naturels de chaque homme n'a de bornes que celles qui assurent aux autres hommes un libre usage des mêmes droits, et que tout ce qui n'est pas défendu par la loi ne peut être empêché; enfin, qu'il est libre à toute personne de former, quant à présent, telle entreprise publique que ce soit, pourvu qu'elle se conforme aux règles qui sont prescrites pour le maintien du bon ordre, de la sûreté, de la tranquillité et de la décence publiques;

« Attendu que l'arrêté du Conseil administratif de la Ville, du 10 juillet dernier, est contraire à ces principes et à la constitution;

« Sans avoir égard audit arrêté;

« Autorise le sieur Le Roy, provisoirement, jusqu'à ce que la Municipalité définitive ait prononcé, à ouvrir un spectacle dans la salle déjà préparée pour ce, rue Saint-Antoine, et à y représenter toutes les pièces qui l'ont déjà été publiquement ou qui seront vues et approuvées par le Département de la police, en se conformant, par ledit sieur Le Roy, à tous les règlements faits et à faire pour la police des spectacles. »

(1) Rapport, le 4 août. (Voir ci-dessous, p. 656-658.)
(2) Le Roy avait réclamé, le 19 juillet, contre l'arrêté du *Conseil de Ville* du 10 juillet. (Voir ci-dessus, p. 456 et 522.)

—— Un honorable membre, animé de l'amour du bien général et particulier, a fait une motion tendante à prévenir les accidents qu'occasionnent journellement, en compromettant la vie des citoyens, les embarras et obstructions formés aux arcades de la porte Saint-Bernard (1), par l'affluence des voitures et charrois de toute espèce qui y circulent sans cesse : il a demandé qu'il fût ouvert un passage pour les gens de pied, au côté droit de ladite porte, lequel passage, sans nuire ni aux décoration et symétrie de la porte, ni à la solidité de l'édifice, serait pris sur un terrain qui l'avoisine, dit *le grand chantier*, appartenant à la Ville.

Un autre membre ayant, à cette occasion, demandé aussi qu'on achevât la démolition d'une maison sise au coin de la rue de la Bûcherie et de celle des Grands-degrés (2), à l'effet d'élargir la voie publique ;

Sur ces deux motions, l'Assemblée a arrêté qu'elles seraient communiquées au Département des travaux publics, avec invitation de s'en occuper très promptement, d'en apprécier l'utilité et la nécessité ; de prendre les mesures que lui dictera sa sagesse pour en déterminer l'exécution, et de rendre compte à l'Assemblée des vues de MM. les administrateurs, relativement à l'un et à l'autre objet.

—— L'Assemblée ayant été ajournée à demain ;

M. le président a levé la séance.

Signé : Benière, curé de Chaillot, *président.*

Secrétaires : Castillon, Demars, Bonneville, Letellier, Balin.

CONSEIL DE VILLE

—— Le lundi, 26 juillet 1790, à sept heures du soir, le Conseil de Ville, convoqué en la forme ordinaire, et réuni, en l'absence de M. le Maire, sous la présidence de M. d'Augy ;

—— Il a été fait lecture du procès-verbal de la dernière séance.

Le Conseil en a approuvé la rédaction.

—— Le Conseil a donné acte à M. le procureur-syndic de la pré-

---

(1) La *porte Saint-Bernard* était située sur le quai de la Tournelle, à l'extrémité de la rue qui porte encore le nom de rue des Fossés Saint-Bernard (quartier Saint-Victor, V° arrondissement).

(2) Ces deux rues existent encore sous le même nom, la première dans le quartier de la Sorbonne, la seconde dans le quartier Saint-Victor (V° arrondissement).

sentation de deux délibérations : l'une de la section des Lombards (1), en date du 24 juillet présent mois, l'autre, en date du même jour, du district de Saint-Jacques de la Boucherie (2), toutes les deux contenant opposition à la construction du corps-de-garde Sainte-Opportune sur la place des Innocents (3).

Et, au surplus, le Conseil a remis au premier jour à délibérer sur le fond (4).

— Sur le rapport, fait au Conseil par M. Étienne, des difficultés qui s'élèvent relativement à la construction du corps-de-garde de la place Birague (5);

Il a été arrêté que, samedi prochain, l'affaire serait remise sous les yeux du Conseil et néanmoins que, dans cet intervalle, les pièces nécessaires à la décision seraient remises à M. le rapporteur (6).

— Le Conseil renvoie au Département des travaux publics une lettre de madame Barrois-Baudry, qui demande un emplacement dans lequel elle propose d'entretenir deux cents ouvriers, hommes, femmes et enfants (7).

— Sur les observations, faites par M. le procureur-syndic, que, dans les chaleurs actuelles, il était urgent de veiller plus que jamais à ce que les rues, ponts et places publiques fussent balayés; que le Pont-au-change surtout était l'égout de toutes sortes d'ordures; que les voitures, que les habitants du voisinage rangent le soir sur le bord du trottoir qui est garni de pierres, facilitaient toutes sortes de désordres et singulièrement le dépôt des ordures; qu'il priait le Conseil de prendre cette mesure en considération;

Le Conseil a arrêté que MM. du Département de la police et de celui des travaux publics se concerteraient pour donner des ordres, afin que les places publiques, et notamment le Pont-au-change, soient tenues dans une propreté convenable;

Autorise, en conséquence, ledit Département, ou celui de MM. les administrateurs chargé par eux de cet objet, de faire retirer les charrettes ou autres objets déposés sur ledit pont, excepté cependant les pierres autorisées sur le pont;

---

(1) Ancien *district de Saint-Nicolas des Champs.*
(2) Depuis le décret du 22 juin, *section du Marché des Innocents.*
(3) Ordonnée, en dernier lieu, par l'arrêté du 22 juillet. (Voir ci-dessus, p. 545-546.)
(4) Séance du 28 juillet. (Voir ci-dessous, p. 591-593.)
(5) Rapport ajourné le 22 juillet. (Voir ci-dessus, p. 546.)
(6) L'affaire revint en discussion, le samedi 31 juillet. (Voir ci-dessous, p. 636.)
(7) Offre faite, le 10 juillet, à l'Assemblée des Représentants de la Commune. (Voir ci-dessus, p. 451.)

Arrête que l'administrateur chargé de cette mission pourra requérir de M. le Commandant-général les ordres nécessaires pour multiplier les patrouilles, ou encore poser des sentinelles sur les deux côtés du pont et se faire assister, autant que de besoin, des forces nécessaires pour faire exécuter le présent arrêté;

Invite notamment M. Étienne de La Rivière de se charger et de tenir la main à l'exécution du présent arrêté.

— L'importance des opérations auxquelles les sections procèdent (1) dans le moment actuel et celle des opérations qui doivent suivre sans interruption, jusqu'après l'organisation de la nouvelle Municipalité (2), exigeant de la part de l'administration municipale tous les soins (3) et toute l'attention que la Commune doit attendre d'eux et de leur zèle;

Le Conseil municipal a arrêté que, demain et les jours suivants, jusques et compris le 3 du mois prochain, il y aurait assemblée; que, néanmoins, la séance ne commencerait qu'à sept heures du soir, à moins de cas et d'objets extraordinaires, pour lesquels il y aurait une convocation expresse.

Le Conseil ordonne que MM. les administrateurs seront tous informés de cette délibération, et que le secrétaire adressera une lettre particulière à M. le Maire pour l'en prévenir.

— M. le président a levé la séance à onze heures du soir.

Signé : D'AUGY, *président;* DEJOLY, *secrétaire.*

---

(1) Le texte du registre-copie porte : *des opérations auxquelles les opérations précèdent,* etc...

(2) Il s'agit des opérations électorales, commencées le 25 juillet. (Voir ci-dessus, p. 576, note 4.)

(3) Le texte du registre-copie porte : *tous les jours...*

Du Mardi 27 Juillet 1790

⎯⎯ Un de MM. les secrétaires a lu, à l'ouverture de la séance, le procès-verbal de celle du 26 de ce mois.

L'Assemblée en a approuvé la rédaction.

⎯⎯ M. le président a fait part de l'envoi qui lui avait été fait, pour l'Assemblée, d'un imprimé ayant pour titre : *Sur les dispositions politiques et morales qu'il faut nous presser d'avoir; Adresse aux assemblées électorales de France,* par M. Rossi, notable-adjoint de Paris (1).

Sur la demande de plusieurs membres;

Le renvoi en a été fait au Comité des rapports, avec invitation d'en rendre compte, le plus tôt possible, à l'Assemblée (2).

⎯⎯ Il a été fait lecture de deux autres adresses à la Commune de Paris :

L'une, des officiers municipaux de La Cépède (3), district de Tonneins (4);

Et l'autre, de la municipalité de Compiègne (5).

Comme elles étaient absolument relatives à l'acte authentique du 14 juillet, qui a réuni toutes les gardes nationales du royaume, l'Assemblée en a ordonné le renvoi aux députés nommés pour le pacte fédératif.

⎯⎯ M. le président a donné communication du projet de lettre que l'Assemblée l'avait chargé d'écrire au Congrès américain, en lui adressant l'éloge civique de Benjamin Franklin, prononcé dans la Rotonde de cette ville, le 21 de ce mois, par M. l'abbé Fauchet (6).

---

(1) DE ROSSY (Augustin Joseph Louis Philippe), âgé de 40 ans, rue Bourg-l'Abbé, n° 5, notable-adjoint du *district des Capucins du Marais*. Le *Moniteur* (n° du 27 septembre 1790) rend compte de cette brochure, que l'auteur adressa encore, le 19 septembre 1791, à l'Assemblée électorale de Paris. (Voir CHARAVAY, *Assemblée électorale de Paris, 1791-1792*, p. 250.) Elle contenait des conseils sur le choix des fonctionnaires électifs.

(2) Rapport, le 3 août. (Voir ci-dessous, p. 651-652.)

(3) *Lacépède*, canton de Prayssas, arrondissement d'Agen (Lot-et-Garonne).

(4) Chef-lieu de canton, arrondissement de Marmande (Lot-et-Garonne).

(5) Chef-lieu d'arrondissement (Oise).

(6) Arrêté du 22 juillet. (Voir ci-dessus, p. 542.)

Sur quelques observations;

L'Assemblée a arrêté qu'avant d'expédier cette lettre, M. le président serait invité à se concerter pour la rédaction avec l'auteur de l'éloge.

~~~~ Un membre, ayant demandé la parole, a rappelé à l'Assemblée que le Comité des rapports avait, dans une des précédentes séances, rendu compte des réclamations présentées à l'Assemblée, sous le nom des villes d'Uzerches et de Tulle, contre les démarches par elle faites le 6 de mars dernier auprès de l'Assemblée nationale, qui avait décrété le même jour un sursis à l'exécution des jugements prévôtaux; que le Comité avait proposé d'arrêter qu'il n'y avait lieu à délibérer sur ces réclamations, ce qui avait été adopté (1); que, cependant, il avait demandé que cette affaire fût ajournée à l'une des séances suivantes, attendu qu'il se proposait de présenter quelques observations et quelques demandes relatives au même objet. L'opinant a ensuite fait un tableau succinct du différend existant, au Comité des rapports de l'Assemblée nationale, entre la commune de Brives et les municipalités des villes de Tulle et d'Uzerches; il a développé la conduite noble, humaine et généreuse que l'ancien comité, la garde nationale de la commune de Brives ont manifestée depuis la Révolution; il a fait sentir que cette commune ne s'était attiré des ennemis que par son zèle à propager les bons principes et par son dévouement au soutien de la constitution; il a exposé quelques-uns des principaux vices des procédures criminelles, instruites par la juridiction prévôtale contre les paysans du Bas-Limousin, au sujet des troubles de cette province; il a déclaré que, depuis le sursis du 6 mars dernier, les juges de la prévôté s'étaient permis d'aggraver le sort des prisonniers et de les charger de fers, notamment le sieur Durieux, qu'il a dit être évidemment une victime de la Révolution et l'objet principal de la haine de tous les ennemis de la constitution; il a ajouté que les habitants de la paroisse d'Alassat lui avaient fait parvenir une adresse contenant divers griefs contre leurs oppresseurs, avec invitation de la présenter à cette Assemblée; que, les faits contenus dans cette adresse n'étant pas de nature à pouvoir être jugés par la Commune, il croyait devoir proposer d'en faire le renvoi au Comité des rapports de l'Assemblée nationale. En conséquence, il a demandé : 1° que, sur les réclamations des villes de Tulle et d'Uzerches, il fût déclaré n'y avoir lieu à délibérer;

---

(1) Arrêté du 17 juillet. (Voir ci-dessus, p. 509.)

2° que, sur l'adresse des habitants de la paroisse d'Alassat, l'Assemblée statuàt le renvoi au Comité des rapports de l'Assemblée nationale, avec recommandation; 3° que, sur les faits relatifs à la conduite de l'ancien comité, de la garde nationale et de la commune de Brives, ainsi que sur les vexations exercées contre les prisonniers détenus à Tulle et notamment contre le sieur Durieux, l'Assemblée nommât des commissaires qui seraient chargés de se transporter au Comité des rapports de l'Assemblée nationale, pour le prier de faire rendre la justice la plus éclatante au zèle, au patriotisme et à la bonne conduite de l'ancien comité, de la garde nationale et de la commune de Brives, et de faire cesser les vexations exercées contre lesdits prisonniers.

Plusieurs membres ont parlé pour et contre cette proposition.

Ceux qui opinaient pour l'écarter par la question préalable se fondaient principalement sur ce que, en différentes circonstances, l'Assemblée n'avait peut-être pas été tout à fait exempte du reproche de s'être immiscée dans des objets qui lui étaient étrangers; que, les municipalités du royaume étant, d'après les principes de la constitution, absolument égales en droits et en pouvoirs, celle de Paris ne pouvait ni prendre connaissance d'une affaire qui concernait une autre municipalité, ni faire auprès de l'Assemblée nationale aucune démarche officielle à ce sujet.

Cette objection a été vivement réfutée par un membre de l'Assemblée, qui lui a rappelé que, dans le principe même des troubles qui se sont élevés à l'occasion de l'instruction du prévôt de la ville de Tulle contre les citoyens accusés, elle n'avait pas hésité à interposer ses bons offices auprès de l'Assemblée nationale en leur faveur; que son zèle avait été couronné du succès le plus complet, puisqu'elle avait obtenu la suspension de l'exécution de tous jugements prévôtaux; que les circonstances étaient aujourd'hui les mêmes; que le prévôt de Tulle semblait vouloir faire porter aux prisonniers la peine de l'inaction où le réduisait le décret de l'Assemblée nationale; et il a conclu à ce qu'il fût nommé des commissaires qui seraient chargés de présenter une adresse à l'effet d'obtenir les soulagements que l'humanité réclame en faveur des accusés détenus dans les prisons, puisqu'elles ne doivent être regardées que comme des lieux de dépôt, jusqu'à ce que les prisonniers soient absous ou convaincus.

Un honorable membre a observé que l'esprit de justice, qui caractérisait les décisions de l'Assemblée, semblait exiger qu'elle ne manifestât son vœu en faveur des réclamants qu'après avoir entendu les deux parties, et a conclu, en conséquence, à ce qu'il fût sursis à l'adresse proposée, jusqu'à ce que l'Assemblée fût suffisamment instruite.

Enfin, la matière ayant été discutée;

La division des différentes questions qui se présentaient a été demandée.

Et, ayant été successivement mises aux voix;

L'Assemblée a arrêté :

1° Qu'il n'y avait pas lieu à délibérer sur les réclamations présentées au nom des municipalités de Tulle et d'Uzerche, conformément à l'arrêté du 17 de ce mois;

2° Que la demande relative aux prisonniers qui se plaignent des vexations exercées contre eux par le prévôt de Tulle, ainsi que l'adresse des habitants de la paroisse d'Alassat, seraient renvoyées au Comité des rapports de l'Assemblée nationale;

3° Et que ce renvoi serait appuyé de la recommandation de l'Assemblée, qui prierait le Comité de prendre en considération les objets soumis à sa discussion (1).

— M. le président a annoncé que MM. les commissaires nommés dans les sections pour le pacte fédératif avaient envoyé à l'Assemblée un nombre de médailles frappées à l'occasion de cette auguste cérémonie (2) suffisant pour en distribuer une à chacun des Représentants de la Commune, et qu'ils avaient chargé M. de Trévilliers de cette distribution.

— Un membre a demandé la parole pour proposer que les commissaires, que l'Assemblée avait chargés de former l'état de toutes les différentes municipalités et gardes nationales du royaume qui avaient obtenu l'affiliation avec la Commune et la Garde nationale de cette capitale (3), fussent invités à rendre compte du travail dont ils avaient dû s'occuper.

Un des commissaires a dit que le Comité avait déjà commencé à rassembler quelques renseignements à ce sujet, mais que, n'ayant pu obtenir la communication des procès-verbaux de l'Assemblée qui constatent ces affiliations, il s'était trouvé forcé de suspendre son travail.

(1) L'Assemblée nationale passa à l'ordre du jour, le 26 août, sur les pétitions formées par les villes de Tulle et d'Uzerche contre l'application du décret du 6 mars. (Voir Tome IV, p. *335-340*.)
(2) Médaille gravée par Gatteaux. (Voir ci-dessus, p. *16-18* et *473*.)
(3) La formation de ce Comité n'est pas mentionnée dans les procès-verbaux antérieurs.

Mais un honorable membre a observé que, depuis que toutes les gardes nationales du royaume étaient liées par le serment prononcé lors du pacte fédératif, cette réunion formait une affiliation générale, et qu'ainsi il devenait inutile de s'occuper du travail particulier dont le Comité avait été chargé.

Cette observation ayant paru sans réplique, l'Assemblée a passé à l'ordre du jour (1).

— Un membre, ayant demandé la parole, a dit que, les décrets de l'Assemblée nationale ayant laissé aux évêques le choix de leurs vicaires (2), il n'avait pas été pourvu à ce qu'avant d'être admis à l'exercice de leurs fonctions ils fussent tenus de justifier de leur qualité de citoyens actifs, disposition qu'il croyait indispensablement nécessaire pour les vicaires nommés par les évêques, mais qu'il croyait même devoir être étendue à tous les ecclésiastiques qui auraient des fonctions publiques à remplir. Il a ajouté que l'espèce d'inquiétude qu'il était naturel de prendre à ce sujet était d'autant plus fondée qu'en général très peu d'ecclésiastiques s'étaient présentés dans les sections de cette capitale pour prêter le serment civique et se faire reconnaître comme citoyens actifs; qu'en vain on objecterait la difficulté qui empêche la plupart d'entre eux de représenter les quittances de paiement des impositions directes; que cette formalité peut être aisément remplie ou suppléée; que les quittances des décimes auxquels la plupart étaient assujettis tiennent lieu des quittances des impositions directes que payaient les autres citoyens; que, pour les chapitres et autres corps ou congrégations, où ces décimes se payaient en commun, il suffit que chaque individu présente un certificat justifiant qu'il en faisait partie, en y joignant un extrait de la quittance générale (3).

Cette motion intéressante a éprouvé peu de contradictions.

Et, ayant été mise aux voix;

(1) Les affiliations civiles et militaires constatées dans les procès-verbaux de l'Assemblée des Représentants ont été relevées à la *Table* du Tome I (au mot *Garde nationale parisienne*, § 8), et dans les *Introductions* des volumes suivants. (Voir Tome II, p. xviii-xix, Tome III, p. viii-ix, Tome IV, p. xxxvi-xxxvii, et Tome V, p. xxii-xxiii.)

(2) Aux termes de l'art. 2 du titre II du décret du 12 juillet 1790 sur la constitution civile du clergé, article voté le 14 juin, l'évêque avait la liberté de choisir les vicaires de son église cathédrale parmi tous les membres du clergé de son diocèse, à condition qu'ils eussent exercé des fonctions ecclésiastiques au moins pendant dix ans. (Voir *Archives parlementaires*, t. XVI, p. 219, et t. XVII, p. 58.)

(3) Questions ainsi réglées par l'art. 7 des *Décisions du Comité de constitution*. du 23 juillet. (Voir ci-dessus, p. *319-320*.)

Il a été arrêté que, l'intérêt public et celui de la religion se réunissant pour que les preuves du civisme des ministres du culte ne laissassent aucun doute, l'Assemblée émettrait son vœu auprès du Comité de constitution de l'Assemblée nationale, et solliciterait un décret portant que les vicaires nommés par les évêques, et généralement tous les ecclésiastiques qui seraient chargés du culte public, ne pourraient être admis à en exercer les fonctions sans avoir rempli toutes les formes prescrites pour être reconnus citoyens actifs (1).

— La séance a été levée à neuf heures, et ajournée à demain, cinq heures du soir.

Signé : BENIÈRE, curé de Chaillot, *président*.

Secrétaires : CASTILLON, DEMARS, BONNEVILLE, LETELLIER, BALIN.

CONSEIL DE VILLE

— Le mardi 27 juillet 1790, à six heures du soir, le Conseil de Ville réuni et convoqué en la forme ordinaire, sous la présidence de M. d'Augy, en l'absence de M. le Maire ;

— Il a été fait lecture du procès-verbal de la dernière séance. Le Conseil en a approuvé la rédaction.

— M. le procureur-syndic a notifié au Conseil une lettre qu'il vient de recevoir de la part des administrateurs au Département du domaine, par laquelle, en renvoyant les pièces relatives à l'adjudication..., jusqu'à ce que le Conseil de Ville ait prononcé sur la nécessité de la construction (2).

Le Conseil a arrêté qu'il en serait délibéré (3).

— Il a été rendu compte d'un jugement intervenu ce matin au Tribunal municipal, à l'occasion du Pont-rouge (4). M. le président a exposé que ce jugement devait donner lieu à des délibérations infiniment importantes, et qu'il était essentiel d'accélérer le parti que le Conseil prendrait à cet égard.

---

(1) Aucune pièce constatant que cette démarche ait été faite n'a été conservée.
(2) La phrase est incomplète dans le registre-copie ; on la reproduit textuellement, en indiquant la lacune par des points. Il s'agit, sans doute, de la construction du corps-de-garde du *district de Sainte-Opportune*, dont l'adjudication avait été annoncée le 19 juillet. (Voir ci-dessus, p. 525-526.)
(3) Même séance. (Voir ci-dessous, p. 588.)
(4) Ce jugement n'a pas été conservé.

Sur le réquisitoire du procureur-syndic;

L'affaire a été ajournée à demain, à l'ouverture de la séance (1).

— Trois députations, l'une du district de Saint-Jacques de la Boucherie (2), l'autre du district de Saint-Jacques de l'Hôpital (3), et la troisième de la section des Lombards (4), ont été annoncées et introduites.

Elles venaient toutes les trois réclamer contre l'arrêté du Conseil de Ville qui ordonne qu'il sera passé outre à la construction du corps-de-garde du bataillon de Sainte-Opportune sur la place des Innocents (5).

Les délibérations, dont MM. les députés ont fait lecture, ont donné lieu à différentes observations qui ont été proposées par ces messieurs, et ensuite discutées et combattues ou appuyées par plusieurs de MM. les administrateurs.

— M. le Maire est arrivé et a pris la présidence.

— Et la discussion, qui avait été continuée en sa présence, a été continuée à demain (6).

M. le Maire a annoncé cette remise à MM. les députés.

— Et la séance a été levée.

Signé : Bailly, d'Augy, *présidents;* de Joly, *secrétaire.*

(1) L'affaire du Pont-rouge ne reparaît que dans le compte rendu de la séance du 9 août. (Voir ci-dessous.)
(2) Depuis le décret du 22 juin, *section du Marché des Innocents.*
(3) Depuis le décret du 22 juin, *section de Mauconseil.*
(4) Ancien *district de Saint-Nicolas des Champs.*
(5) Arrêté du 22 juillet. (Voir ci-dessus, p. 545-546.)
(6) Séance du 28 juillet. (Voir ci-dessous, p. 591-593.)

Du Mercredi 28 Juillet 1790

~~~ Il a été fait lecture, à l'ouverture de la séance, des procès-verbaux de celles des 24 et 27 de ce mois.

Et leur rédaction a été approuvée.

~~~ Le Comité des rapports a rendu compte du poème lyrique de *La Fédération,* dédié à M. Bailly, Maire de la Ville de Paris, et aux soixante districts, par M. Claude François Xavier Mercier, de Compiègne (1). Un ardent patriotisme, un noble enthousiasme de la liberté ont inspiré ce jeune poète, a dit M. le rapporteur ; il a fait ensuite une courte analyse de l'ouvrage, dont il a cité des tirades très heureuses : « Cette composition ingénieuse — a-t-il ajouté — mérite les plus grands éloges : l'auteur y peint avec énergie tous les sentiments dont nous sommes pénétrés ; et, en y traçant avec fidélité le tableau de la fête à jamais mémorable à laquelle nous avons eu le bonheur de participer, il transmet à nos neveux nos sentiments et leur prépare la jouissance des délicieux mouvements que nous avons éprouvés. » Cependant, le Comité des rapports a été d'avis que, cet ouvrage n'ayant pas été ordonné par la Commune, ni représenté dans une fête publique, il n'était pas possible que l'impression en fût faite à ses frais, suivant le vœu de l'auteur, malgré l'abandon qu'il faisait aux pauvres du produit de la vente.

Il a été arrêté que l'Assemblée acceptait l'hommage que M. Mercier a fait de son ouvrage à la Commune de Paris ; qu'il en serait fait mention dans le procès-verbal, et qu'il serait écrit à M. Mercier, par l'un des secrétaires, une lettre à laquelle serait jointe expédition de la partie du procès-verbal qui le concerne (2).

~~~ Un honorable membre, ayant obtenu la parole, a dit que, quelques membres de l'Assemblée ayant accepté des places à appointements dépendantes de l'administration, il croyait devoir lui en faire part, pour qu'elle délibérât.

Cette question ayant été mise en délibération ;

(1) Renvoi du 24 juillet. (Voir ci-dessus, p. 569.)
(2) Réponse de Mercier, séance du 14 août. (Voir ci-dessous.)

Plusieurs membres ont pensé que ceux qui avaient accepté de pareilles places devaient être invités à les quitter, pour reprendre leurs fonctions de Représentants; à défaut de quoi, il devait être fait, aux sections de la capitale, dénonciation de l'anticipation faite par les administrateurs actuels sur les droits de la Municipalité et du Conseil général futurs de la Commune, en conférant, dès à présent, des places que les décrets de l'Assemblée nationale avaient réservées à leur disposition.

D'autres membres ont pensé qu'il n'y avait lieu à délibérer;

Quelques-uns, que la question devait être renvoyée au Comité de constitution de l'Assemblée nationale.

Plusieurs ont été d'avis que les membres qui avaient accepté de pareilles places devaient être tenus d'opter entre ces places et celle de Représentant de la Commune.

Après une longue délibération;

L'Assemblée a arrêté que toute place avec appointement, dans les bureaux de l'administration municipale, était incompatible avec celle de Représentant de la Commune.

Sur les amendements, tendant :

L'un, à fixer un temps pour l'option;

L'autre, à solliciter un décret de l'Assemblée nationale confirmatif du principe de l'incompatibilité (1) que l'Assemblée des Représentants venait d'arrêter;

Il a été décidé que l'époque de l'option était fixée à samedi (2).

Et la demande d'un décret de l'Assemblée nationale a été ajournée.

~~~ Un des membres de l'Assemblée, ayant demandé la parole sur l'affaire dans laquelle M. Guignard, ministre du roi (3), se trouve impliqué, a fait une motion tendante, d'une part, à ce que M. le procureur-syndic fût invité à venir faire part à l'Assemblée des mesures qui avaient été prises pour la vindicte publique; et, de l'autre, à ce qu'il fût député vers le roi, au nom de la Ville de Paris, pour le supplier de suspendre les effets de sa confiance dans le ministre inculpé, jusqu'à ce qu'il fût parfaitement lavé de l'inculpation (4).

---

(1) Le texte de l'édition originale porte : *principe de l'incompétence*. C'est une faute manifeste.

(2) 31 juillet. — Les intéressés firent connaître leur réponse dès le lendemain, 29 juillet. (Voir ci-dessous, p. 602.)

(3) Guignard, comte de Saint-Priest, ministre de la maison du roi et de Paris, impliqué dans l'évasion du sieur Bonne-Savardin. (Voir ci-dessous, p. *595-601*.)

(4) Le *Moniteur* (n° du 13 août) blâme « l'excursion insolite de quelques-uns des membres de l'Assemblée, le 1er de ce mois (août), pour demander le *renvoi des*

Ces motions mises en délibération ;

Plusieurs avis ont été ouverts :

Le premier, de s'en rapporter à l'Assemblée nationale ;

Le second, de faire inviter le Comité de recherches de la Ville et son procureur-syndic à venir demain rendre compte de cette affaire.

L'Assemblée a arrêté que MM. les Représentants de la Commune de Paris composant son Comité de recherches et M. le procureur-syndic seraient invités à venir demain jeudi, 29 du présent, lui rendre compte des faits dont ils ont connaissance, relativement à l'évasion du sieur Bonne-Savardin des prisons de l'Abbaye, le 13 de ce mois (1). (I, p. 593.)

~~~ La séance, qui avait été continuée, a été levée à neuf heures et demie, et ajournée à demain.

Signé : BÉNIÈRE, curé de Chaillot, *président.*

Secrétaires : CASTILLON, DEMARS, BONNEVILLE, LETELLIER, BALIN.

CONSEIL DE VILLE

~~~ Le mercredi 28 juillet 1790, à six heures du soir, le Conseil de Ville convoqué, réuni aux termes de la délibération du 26 du présent mois, et présidé par M. d'Augy, en l'absence de M. le Maire ;

~~~ Il a été fait lecture du procès-verbal de la dernière séance. La rédaction en a été approuvée.

~~~ Le secrétaire a remis sur le bureau et il a été fait lecture de l'expédition d'un procès-verbal fait aujourd'hui au greffe de l'Hôtel-de-Ville par le sieur Duplan, adjudicataire du corps-de-garde de Sainte-Opportune sur la place des Innocents, par lequel il expose qu'en creusant sur la place pour les fondations de ce corps-de-garde, il avait trouvé des ossements de morts, ce qui l'avait déterminé à suspendre son travail, et même à faire combler une partie des tran-

---

ministres ». Comme la date indiquée est certainement erronée, puisqu'il n'y eut pas de séance le 1er août, qui était un dimanche, et comme, d'autre part, aucune autre motion de ce genre n'est signalée dans les séances qui précèdent ou suivent le 1er août, il y a lieu de croire que l'information du *Moniteur* s'applique à la séance du 28 juillet ; le procès-verbal aurait alors adouci sensiblement le sens de la proposition.

(1) Le Comité des recherches se présenta, en effet, le lendemain, 29 juillet. (Voir ci-dessous, p. 603-604.)

chées et à référer du tout au Conseil de Ville, afin qu'il statue ce que sa prudence lui suggérera.

Cette déclaration ayant un rapport immédiat avec la réclamation que les districts de Saint-Jacques de la Boucherie, de Saint-Jacques de l'Hôpital et la section de Saint-Nicolas des Champs (1) ont apportée hier contre l'arrêté qui ordonne la construction d'un corps-de-garde sur la place des Innocents (2), le Conseil a repris la délibération sur ces deux objets.

Les mêmes députés, qui s'étaient présentés hier, ont été introduits.

Ils ont réitéré les motifs d'opposition qu'ils avaient exposés dans la précédente séance.

Les délibérations prises, en différentes époques, par les districts opposés à la construction du corps-de-garde des Innocents ont été relues par l'un de MM. les députés. Elles ont ensuite été déposées sur le bureau.

MM. les députés se sont retirés.

Et le Conseil a pris l'arrêté suivant :

Sur le rapport des réclamations qui se sont élevées de la part de plusieurs districts contre la construction projetée d'un corps-de-garde sur la place des Innocents pour le service du bataillon de Sainte-Opportune ;

Lecture faite : 1° des délibérations prises par les districts et sections de Saint-Nicolas des Champs, de Saint-Nicolas du Chardonnet, de la Jussienne, de Bondy, des Mathurins, de Saint-Eustache, de Saint-Philippe du Roule, de Saint-Jacques l'Hôpital, des Filles-Dieu, des   (3), et du Val de Grâce ; 2° de la déclaration faite ce jour-d'hui au greffe de l'Hôtel-de Ville par le sieur Duplan, adjudicataire de la construction du corps-de-garde de Sainte-Opportune (4), de laquelle il résulte qu'en fouillant pour faire les fondations du corps-de-garde dont il s'agit, les ouvriers ont trouvé des ossements de morts, ce qui l'a déterminé à suspendre son travail et même à faire recouvrir de terre les ossements apparents ;

Après avoir entendu, dans ses précédentes séances et dans celle de ce jour, les députés qui se sont présentés ;

Considérant que le respect dû à la religion ne permet ni de trou-

(1) Ancien *district de Saint-Nicolas des Champs*, devenu *section des Lombards*.
(2) Séance du 27 juillet. (Voir ci-dessus, p. 588.)
(3) Un nom est en blanc dans le registre-copie.
(4) Duplan (Armand), maître maçon, avait été déclaré adjudicataire au rabais de la construction du corps-de-garde du Marché des Innocents, pour le prix de 5,250 livres, le 6 juillet ; pièce manusc. (Arch. Nat., H 2030).

[28 Juillet 1790] DE LA COMMUNE DE PARIS 593

bler les cendres des morts, ni de profaner les lieux où elles reposent;

Le Conseil municipal a arrêté que le procureur-syndic fera incessamment les démarches nécessaires pour constater les faits articulés par le sieur Duplan, pour, sur le procès-verbal qu'il en dressera conjointement avec M. Osselin, administrateur chargé du casernement, et sur leur rapport; être par le Conseil ordonné ce qu'il appartiendra;

En conséquence, ordonne qu'il sera sursis à la continuation des travaux commencés par le sieur Duplan, et que le présent arrêté sera remis dans le jour au procureur-syndic, et notifié par le procureur-syndic tant au sieur Duplan qu'au Département chargé de donner les ordres relatifs à cette construction (1).

~~~ Sur la réclamation du sieur Chatigny, commis depuis plus de dix mois au bureau de rédaction de l'Assemblée des Représentants de la Commune;

Le Conseil, instruit du zèle, de l'assiduité, avec lesquels le sieur Chatigny a rempli son devoir, a arrêté qu'il serait recommandé à MM. les lieutenants de maire et administrateurs dans les divers Départements, et que, dans le cas où il ne pourrait pas y être placé, il serait recommandé à la Municipalité définitive.

En conséquence, le secrétaire a été autorisé à lui délivrer une expédition du présent arrêté.

~~~ Avant de lever la séance, M. le président a fait rappeler les députés qui étaient venus réclamer contre le corps-de-garde du Marché des Innocents (2).

Le secrétaire leur a fait lecture de l'arrêté pris à ce sujet (3).

Le même arrêté a été à l'instant communiqué au sieur Duplan, adjudicataire de ce corps-de-garde.

~~~ Et M. le président a levé la séance.

Signé : D'AUGY, *président;* DEJOLY, *secrétaire.*

* *
*

ÉCLAIRCISSEMENTS

(1, p. 591) Bien que dénoncée par le Comité municipal des recherches, la conspiration MAILLEBOIS=BONNE-SAVARDIN appartient à l'histoire générale de

---

(1) L'inexécution de l'arrêté est signalée au cours de la séance du lendemain, 29 juillet. (Voir ci-dessous, p. 606.)
(2) Au début de la séance. (Voir ci-dessus, p. 592.)
(3) Arrêté du même jour. (Voir ci-dessus, p. 592-593.)

Tome VI. 38

la Révolution beaucoup plus qu'à l'histoire de la Commune de Paris. Cependant, puisque nous rencontrons dans les procès-verbaux de l'Assemblée des Représentants de la Commune une courte mention de cette affaire, il convient de ne pas la laisser passer sans signaler au moins les documents d'origine municipale qui la concernent, et sans montrer comment elle devint, plus tard, pour la Commune de Paris, l'occasion d'une retentissante manifestation politique.

Dans le courant du mois de mars 1790, le Comité des recherches de la Municipalité parisienne avait reçu des révélations de deux individus, MASSOT DE GRANDMAISON (Thomas Jean), et LENOIR-DUCLOS (Marin), le premier secrétaire, le second valet de chambre. Il en ressortait que leur maître commun, DESMARETS, comte DE MAILLEBOIS, lieutenant-général (1), avait préparé un plan de contre-révolution, d'accord avec les émigrés et avec l'appui de l'étranger, et qu'il avait pour agent principal, dans ses communications avec le comte D'ARTOIS, réfugié à Turin, le sieur DE BONNE, dit SAVARDIN, officier de cavalerie (2).

Dès le 31 mars, GARRAN DE COULON, président du Comité des recherches, avait eu une conférence avec le roi, en présence de BAILLY et de DE LA FAYETTE, au sujet du plan de M. DE MAILLEBOIS, communiqué à Turin (3).

DE BONNE, qui avait été interrogé dès le mois de décembre précédent (4), était surveillé. C'est cependant par hasard qu'au cours d'un de ses voyages à l'étranger, il fut arrêté, le 1er mai, par la municipalité de Pont-de-Beauvoisin (5), au moment où il passait en Savoie. Quant à DE MAILLEBOIS, il avait pris la fuite à la première alerte et s'était retiré en Hollande.

Le 13 mai, le Comité des recherches municipal écrit à celui de l'Assemblée nationale que BONNE-SAVARDIN sera écroué à l'Abbaye, le soir même (6), et, le 20, les journaux annoncent son arrivée (7). En même temps, le Comité

---

(1) DESMARETS (Yves Marie), comte DE MAILLEBOIS, né en 1715, par conséquent âgé de 75 ans en 1790, était le petit-fils d'un contrôleur des finances du même nom, et l'arrière-petit-fils de Colbert. Après avoir fait la guerre en Italie et en Allemagne, il s'était attaché au service de la Hollande. Il rêvait, paraît-il, d'être ministre de la guerre en France et jalousait le maréchal de Broglie, qui avait été choisi par Louis XVI pour diriger le blocus de Paris en juillet 1789.

(2) DE BONNE (Bertrand), dit SAVARDIN, né en 1746, aux Échelles, en Savoie, dans les États sardes (aujourd'hui, chef-lieu de canton, arrondissement de Chambéry, Savoie), était, croit-on, d'origine italienne; sa famille se rattachait à la célèbre maison de Bona. Venu en France à l'âge de 18 ans, il servit d'abord dans la gendarmerie, à Lyon, puis entra dans la légion que Maillebois créait en Hollande. En dernier lieu, il était aide-de-camp du maréchal de Broglie, à Metz, ce qui ne l'empêcha pas de conserver ses relations avec Maillebois. (Voir *Mémoire de Bertrand de Bonne-Savardin*, imp. 8 p. in-8°, Bib. Nat., Lb 39/8747, et non Lb 39/3874, comme l'indique par erreur M. TOURNEUX dans sa *Bibliographie*, t. I, n° 1232.)

(3) Voir *Moniteur* (n° du 4 avril).
(4) Voir *Rapport* de GARRAN DE COULON.
(5) Chef-lieu de canton, arrondissement de La-Tour-du-Pin (Isère).
(6) Pièce manusc. (Arch. Nat., D xxix b 44, n° 417).
(7) Voir *Patriote français* (n° du 20 mai), et *Journal général de la cour et de la ville* (n° du 21 mai).

des recherches municipal était mis en possession des papiers saisis sur l'inculpé à Pont-de-Beauvoisin, que la municipalité de cette ville avait envoyés au Comité des recherches de l'Assemblée nationale et que celui-ci, à son tour, transmettait à Garran de Coulon et à ses collègues (1).

Dans ces papiers, on trouva le récit d'une conversation que Bonne avait eue, au mois de décembre 1789, avec un individu désigné sous le nom de Farcy, et qu'on fut amené à supposer être un des ministres du roi, Guignard (François Emmanuel), comte de Saint-Priest. Interrogé sur ce point, Bonne s'abstint de nier ou de confirmer quoi que ce soit.

Rapprochée de différents indices, cette conversation parut une preuve suffisante, et, le 9 juillet, à la suite d'un *Rapport fait au Comité des recherches de la Municipalité de Paris*, par Garran (Jean Philippe), *l'un de ses membres* (2), il prenait un arrêté aux termes duquel il accusait de Maillebois et Bonne-Savardin d'avoir ourdi un projet tendant à attirer en France les armées étrangères pour renverser l'ordre public établi par la constitution, et de Saint-Priest d'avoir connu ces projets, de les avoir favorablement accueillis et d'avoir constamment manifesté sa haine et son mépris pour l'Assemblée nationale et les lois. En conséquence, le Comité concluait ainsi (3) :

> Le Comité, après en avoir plusieurs fois conféré avec les membres du Comité des recherches de l'Assemblée nationale, estime que M. le procureur-syndic de la Municipalité de Paris doit, en vertu des pouvoirs qui lui ont été donnés, dénoncer les crimes ci-dessus mentionnés, circonstances et dépendances; dénoncer aussi, comme prévenus desdits crimes, M. Desmarets-Maillebois, lieutenant-général des armées françaises et chevalier de l'ordre du Saint-Esprit; M. Bonne-Savardin, officier de cavalerie et chevalier de Saint-Louis; M. Guignard de Saint-Priest, ministre et secrétaire d'État; leurs fauteurs, complices et adhérents.
>
> Fait au Comité, le 9 juillet 1790.
>
> *Signé :* Agier, Perron, Oudart, J. Ph. Garran, J. P. Brissot.

Le lendemain, 10 juillet, dénonciation était faite par le procureur-syndic de la Commune, Boullemer de La Martinière, entre les mains du procureur du roi au Châtelet, et la procédure commençait (4).

Nous retrouverons bientôt Maillebois et Bonne, et nous aurons à dire ce qu'il advint d'eux (5). Pour le moment, on nous permettra de nous occuper

---

(1) Inventaire et récépissé, pièces manusc. (Arch. Nat., D xxix b 44, n° 417).

(2) Imp. 52 + 152 p. in-8° (Bib. Nat., Lb 40/114). — Reproduit dans les *Archives parlementaires* (t. XVII, p. 510-551) et dans le *Journal de la Municipalité et des sections* (n° des 22, 27, 29 et 31 juillet).

(3) L'arrêté du 9 juillet, non précédé du rapport, se trouve dans le *Patriote français* (n° du 16 juillet), dans la *Chronique de Paris* (n° du 17 juillet) et dans le *Moniteur* (n° du 6 août).

(4) Des pièces qui constituaient le dossier de cette procédure, il ne reste que l'inventaire dressé par le greffier (Arch. Nat., Y 10569), reproduit par M. Tuetey (*Répertoire général*, t. I, chap. 1, § 10, S, p. 157-159).

(5) Voir ci-dessous, p. *609-620*, *Éclaircissement* 1 du 29 juillet.

spécialement de Guignard de Saint-Priest, lequel, en sa qualité de ministre de l'intérieur, intéressait particulièrement la Commune.

La dénonciation était du 10 juillet ; le 13, au matin, le président de l'Assemblée nationale (de Bonnay) recevait et lisait à ses collègues une lettre que lui adressait de Saint-Priest, et dans laquelle il affirmait à l'Assemblée et à la nation entière n'avoir jamais eu aucun rapport de confiance avec MM. de Maillebois et de Bonne, quoique les connaissant depuis longtemps l'un et l'autre : « Je ne puis supporter patiemment — écrivait-il — que le mot de crime puisse accompagner mon nom et atteindre mon exacte probité (1). »

Quelques jours après, il complétait sa protestation par un mémoire justificatif, qu'il adressait, le 5 août, matin, au président de l'Assemblée nationale (2), et qu'il faisait paraître sous le titre de : *Mémoire à consulter et consultation pour M.* Guignard Saint-Priest, *ministre et secrétaire d'État ;* le *Mémoire à consulter* signé : Guignard ; la *Consultation* délibérée, le 31 juillet, par trois conseils, de Sèze, Laget-Bardelin et Ferrey (3).

Mais, avant que la lettre et le mémoire du ministre inculpé fussent parvenus à leur adresse, l'Assemblée nationale avait eu à s'occuper incidemment de la dénonciation dirigée contre lui : dans le but de montrer le danger d'un décret rendu, le 31 juillet, soir, ordonnant des poursuites pour crime de lèse-nation contre tous auteurs, imprimeurs et colporteurs d'écrits excitant le peuple à l'insurrection contre les lois, à l'effusion du sang et au renversement de la constitution (4), Dubois de Crancé avait demandé à dénoncer des libelles dont il connaissait les auteurs ; et, le 2 août, soir, il signala, comme un libelle particulièrement digne de l'attention de l'Assemblée, parce qu'il avait semé, disait-il, de grandes terreurs dans le royaume, le *Rapport* du Comité des recherches et son arrêté du 9 juillet. Ironiquement, il feignait de prendre le travail du Comité pour une horrible et ténébreuse production, pour le résultat d'une trame ourdie par les ennemis du bien public, et il demandait que le Comité des recherches de la Ville fût mandé le lendemain à la barre pour y reconnaître ou désavouer l'écrit publié en son nom, et que, dans le cas où le *Rapport* serait reconnu véritable

---

(1) Voir *Archives parlementaires* (t. XVII, p. 67-68), et pièce manusc. originale (Arch. Nat., C 43, n° 382). — La lettre du 13 juillet, imp. à part, sous ce titre : *Lettre de M.* Guignard, *ministre et secrétaire d'État, à M. le président de l'Assemblée nationale,* 3 p. in-4° (Bib. Nat., Lb 39/3742), est reproduite par le *Journal de Paris* (n° du 14 juillet), le *Journal général de la cour et de la ville* (n° du 15 juillet), le *Patriote français* (n° du 16 juillet) et le *Journal de la Municipalité et des sections* (n° du 22 juillet).

(2) Voir *Archives parlementaires* (t. XVII, p. 620).

(3) Imp. 40 p. in-4° (Bib. Nat., Lb 39/3858), reproduit en entier par les *Archives parlementaires* (t. XVII, p. 551-556), et résumé avec extraits par le *Journal de la Municipalité et des sections* (n° du 21 août). — M. Tourneux (*Bibliographie*, t. I, n° 1224) déclare n'avoir pu retrouver ce *Mémoire,* qui est porté au catalogue imprimé de la Bibliothèque nationale.

(4) Décret voté sur une dénonciation de Malouet, visant une brochure dont nous aurons prochainement l'occasion de parler, intitulée : *C'en est fait de nous.* (Voir ci-dessous, p. *611,* note 2.)

par ses prétendus auteurs, l'Assemblée décrétât que son président se retirerait par-devers le roi, pour lui remettre un exemplaire du *Rapport* fait contre Guignard de Saint-Priest, et le prévenir que l'Assemblée ne pouvait plus avoir de relation avec un ministre aussi grièvement inculpé du crime de haute trahison. Démeunier répondit un peu lourdement que la dénonciation était parfaitement réelle; que, si le ministre était coupable, il devait porter la tête sur l'échafaud ; mais qu'il fallait, pour suivre la marche constitutionnelle, entendre d'abord le Comité des recherches de l'Assemblée nationale. Mais l'Assemblée ne paraissait pas prendre tant que cela au sérieux l'accusation portée contre le ministre de l'intérieur; elle passa simplement à l'ordre du jour, après toutefois que Gaultier de Biauzat eut constaté que le Châtelet en était encore à faire les premières poursuites sur la dénonciation dont il avait été saisi (1). A quoi, le procureur du roi au Châtelet, de Flandre de Brunville, se considérant comme personnellement inculpé, répondit par une lettre au président de l'Assemblée nationale, datée du 4 août (2), dans laquelle il rendait compte de l'état de la procédure : depuis plus de quinze jours, il avait rendu plainte contre toutes les personnes dénommées en la dénonciation du Comité des recherches, et l'information ordonnée sur cette plainte était commencée depuis dix jours (3). Il fut donné lecture de cette lettre à la séance du 5 août, matin (4).

Mais il nous faut revenir au *Mémoire à consulter* de Guignard de Saint-Priest, non point, bien entendu, pour examiner ses moyens de défense, mais parce que nous y trouverons la trace de certaines délibérations de districts ou de section le concernant. Trois extraits nous intéressent spécialement à cet égard.

1° Après avoir rappelé ses services et protesté de son dévouement à la Révolution qui avait rapproché le roi du peuple, Guignard ajoutait :

Cependant, il n'est que trop vrai que je suis devenu depuis quelques mois l'objet d'une persécution à laquelle il m'était aussi impossible de m'attendre qu'il me l'est de pénétrer les motifs qui l'ont excitée.

Cette persécution a commencé au mois de septembre dernier.

On se rappelle qu'à cette époque je fus dénoncé au district de Saint-Philippe du Roule, auprès duquel on avait cherché à rendre mes opinions suspectes. Je me présentai à mon district; je demandai à y être entendu; je n'eus pas de peine à m'y justifier, et il m'est permis de publier aujourd'hui que j'y reçus les marques d'estime les plus honorables et les plus touchantes.

Le témoignage de confiance auquel le ministre fait ici allusion lui fut, en effet, décerné, le 7 octobre 1789, par une délibération du *district de Saint-Philippe du Roule* (5), dont l'affichage fut ordonné.

(1) Voir *Archives parlementaires* (t. XVII, p. 507-509).
(2) Pièce manusc. (Arch. Nat., C 43, n° 396).
(3) Le *Courrier de Paris dans les 83 départements* (n° du 6 août) dit que « cette lettre est presque aussi pathétique que les motions de M. Malouet ».
(4) Voir *Archives parlementaires* (t. XVII, p. 615-616).
(5) Imp. in-fol. — M. Maurice Tourneux a vu ce document et l'a catalogué dans sa *Bibliographie* (t. II, n° 7764). Malheureusement, la cote qu'il indique (Bib. Nat., manusc. reg. 2697, fol. 58) est inexacte. Le reg. 2697 ne contient

2° Le *Mémoire à consulter* continuait en ces termes :

Ce premier échec ne déconcerta pas ceux qui en voulaient à ma place ou à ma personne.

Bientôt après, et au mois d'octobre, c'est devant l'Assemblée nationale elle même que je fus traduit pour une prétendue réponse, offensante pour elle, qu'on supposait que j'avais faite à des femmes du peuple de Paris alors à Versailles.

Je n'eus encore besoin, dans cette occasion, que d'éclaircir les faits pour faire tomber cette inculpation. J'eus l'honneur d'écrire sur-le-champ au président de l'Assemblée nationale ; j'offris de prouver que la réponse qu'on me prêtait n'était pas celle que j'avais faite ; je protestai de mon dévouement pour l'Assemblée nationale et pour ses décrets sanctionnés par le roi. Sur ma lettre, la dénonciation fut renvoyée au Comité des rapports, et elle a paru si dénuée de fondements à ce Comité qu'il n'a pas cru devoir y donner de suite.

C'est le 10 octobre 1789, à la séance du matin, que Mirabeau l'aîné avait formellement dénoncé devant l'Assemblée nationale le ministre Guignard de Saint-Priest, comme ayant dit, le 5 octobre, aux femmes de Paris venues à Versailles : « A présent que vous avez douze cents rois, allez leur demander du pain! », et il avait réclamé une information sur ces paroles (1). Le même jour, Guignard avait répondu par une *Lettre du comte de Saint-Priest au président du Comité des recherches à l'Assemblée nationale,* par laquelle il niait absolument avoir tenu le propos qu'on lui attribuait (2). Le président (Fréteau de Saint-Just) ayant annoncé, le 12 octobre, matin, que cette *Lettre* avait été remise en effet sur le bureau et portée au Comité, Mirabeau prit ses plus grands airs pour affirmer qu'il ne manquerait pas d'édifier l'Assemblée, dans une des prochaines séances, sur une dénonciation à laquelle il prétendait et entendait donner toute la suite possible (3).

La vérité est que Mirabeau n'insista pas, n'essaya point d'édifier l'Assemblée, ne donna aucune suite à son accusation, et que le Comité des recherches de l'Assemblée nationale en fit autant (4).

3° Enfin, le *Mémoire à consulter* signalait une troisième dénonciation, ainsi qu'il suit :

A l'affaire de Versailles a succédé ensuite celle de Marseille.

J'ai été dénoncé de nouveau à l'Assemblée nationale et j'ai établi, dans ma défense, que non seulement, dans les mesures que j'avais prises pour Marseille, d'après les ordres qui m'avaient été donnés par le roi, je n'avais pas enfreint les décrets rendus par cette Assemblée, mais que je m'étais, au contraire, conformé littéralement aux dispositions qui y étaient prescrites. Cette défense a paru, sans doute, satisfaisante au Comité des rapports où cette dénonciation particulière a été également renvoyée, puisque ce Comité n'en a fait depuis aucune mention.

aucune pièce se rapportant au district de Saint-Philippe du Roule. De longues recherches pour découvrir le registre véritable sont restées vaines. On se borne donc à signaler l'existence de l'affiche en question, en attendant qu'un hasard heureux la fasse découvrir de nouveau.

(1) Voir *Archives parlementaires* (t. IX, p. 398).
(2) Voir *Archives parlementaires* (t. IX, p. 407-408).
(3) Voir *Archives parlementaires* (t. IX, p 408-409).
(4) Ce qui, d'ailleurs, n'empêcha pas Garran de Coulon de reprendre la même accusation à son compte dans la *Réponse au Mémoire à consulter,* dont il sera question plus loin. (Voir ci-dessous, p. 600.)

A ne consulter que les comptes rendus de l'Assemblée nationale, la dénonciation dont il est question devrait se placer à la date du 29 mai 1790, matin, jour où, des députés extraordinaires de la municipalité de Marseille, admis à la barre, ayant reproché au ministre d'avoir pris des mesures différentes de celles ordonnées par le décret de l'Assemblée (1), l'affaire fut renvoyée au Comité des rapports (2); et la défense de GUIGNARD serait la lettre adressée le 2 juin, matin, au président de l'Assemblée nationale, pour repousser ces inculpations (3).

Mais une délibération du *district des Cordeliers*, du 27 avril 1790 (4), nous apprend l'existence d'une dénonciation antérieure, émanée déjà de la commune de Marseille et dirigée contre le même GUIGNARD DE SAINT-PRIEST, sous forme d'*Adresse à l'Assemblée nationale*. Voici les passages intéressants de la délibération par laquelle le *district des Cordeliers* adhère à la dénonciation de Marseille :

L'Assemblée du district extraordinairement convoquée, M. le président a lu l'*Adresse* imprimée de la commune de Marseille à l'Assemblée nationale, portant dénonciation de la conduite des sieurs SAINT-PRIEST et DE LA TOUR DU PIN, ministres, dont un exemplaire a été envoyé par la poste au district.

Et, lecture faite de cette dénonciation remarquable en tous sens ;

L'Assemblée, réfléchissant avec douleur sur le passé, avec effroi sur l'avenir, combinant les abus de pouvoir avec les manœuvres ministérielles qui ont lieu au bord de la Méditerranée et dans tout le royaume, s'est convaincue qu'il est temps d'apprendre à ces dieux de Versailles qu'à Paris ils ne sont que des hommes, comptables à la nation et à la loi.

En conséquence, l'Assemblée a arrêté :

1° D'adhérer formellement, complètement, dans tous ses points, à l'*Adresse* de la commune de Marseille, qui en sera remerciée par son président, au nom du district;

2° De supplier très instamment l'Assemblée nationale de se déterminer à mander sans délai à la barre les ministres qui y sont inculpés, pour rendre raison de leur conduite, et, s'il y a lieu, pour consacrer enfin par une pratique effective le grand principe, le principe sacré de la responsabilité, principe qui doit être le gage de la stabilité de la Révolution, mais qui ne sera jamais qu'une flatteuse et vaine illusion, si la théorie n'en est au plus tôt réalisée;

3° Que le district, ajoutant d'après ses propres délibérations à l'*Adresse* de la commune de Marseille, et profitant de cette occasion de transmettre à l'Assemblée nationale un vœu qui doit être celui de tous les bons Français et qui n'est pas étranger assurément à la responsabilité ministérielle, ferait auprès des représentants de la nation les plus vives instances pour que le ministre des finances (5) soit enfin contraint de laisser pénétrer la lumière dans les derniers retranchements de ce dédale, dont il cache le fond avec tant d'opiniâtreté;

---

(1) Décret du 12 mai, sur les troubles du 30 avril et des jours suivants, à Marseille, approuvant les mesures prises par le roi. (Voir *Archives parlementaires*, t. XV, p. 495-499.) On reprochait au ministre d'avoir communiqué le décret à la municipalité de Marseille.

(2) Voir *Archives parlementaires* (t. XV, p. 721-724).

(3) Voir *Archives parlementaires* (t. XVI, p. 47-48).

(4) Imp. 11 p. in-8° (Bib. Nat., Lb 40/259). Ce curieux arrêté n'a point été publié par M. ROBINET, dans *Danton, homme d'État*.

(5) C'était encore NECKER.

4° Que la présente *Adresse* sera envoyée à l'Assemblée nationale, et ensuite imprimée pour être remise aux 59 districts, avec invitation d'y accéder, et qu'il en sera pareillement expédié un exemplaire à la commune de Marseille.

Signé : Danton, président.
Paré, vice-président.
Fabre (d'Églantine), Laval-L'Écuyer,
Pierre J. Duplain, Laforgue, secré-
taires.

Le curieux de l'affaire, c'est que non seulement l'*Adresse* de la commune de Marseille, antérieure au 27 avril 1790, est inconnue (1), mais encore qu'on ne s'explique pas du tout ce qui a pu y donner lieu. On voit, en effet, que la dernière discussion relative aux troubles de Marseille dont il soit fait mention avant le 27 avril, s'était terminée le 27 mars 1790 par la lecture d'une lettre de Guignard de Saint-Priest aux députés de Marseille, annonçant que le roi avait ordonné l'arrestation du colonel et décerné de justes éloges à la sagesse de la milice nationale de Marseille ainsi qu'à la prudence et à la fermeté de sa municipalité ; le ministre ajoutait qu'il attendait des ordres pour témoigner à la municipalité la satisfaction de Sa Majesté (2). Pourquoi donc la commune de Marseille éprouvait-elle le besoin de flétrir et de dénoncer le ministre, au moment même où celui-ci, rendant hommage à la prudence et à la fermeté de la municipalité, se préparait à lui adresser les félicitations du roi ?

Ce qui est certain, et c'est là surtout ce qui nous intéresse, c'est que le district des Cordeliers, dès le mois d'avril 1790, ouvrait aux districts parisiens la voie de ces dénonciations anti-ministérielles, sous le coup desquelles Guignard de Saint-Priest ne devait pas tarder à succomber.

Le *Mémoire à consulter* n'avait point, en effet, trouvé grâce devant le Comité des recherches municipal, qui y répondit, vers la fin de septembre (3), par un nouveau rapport intitulé : *Réponse au « Mémoire à consulter et consultation pour M. Guignard de Saint-Priest, ministre et secrétaire d'État aux départements de l'intérieur du royaume », lue au Comité de recherches de la Municipalité de Paris, par* Garran (Jean Philippe), *l'un de ses membres* (4). Comme on pouvait s'y attendre, le Comité maintenait toutes les appréciations et imputations formulées dans l'arrêté du 9 juillet. Quant aux trois accusations antérieures dont Saint-Priest prétendait être sorti à son honneur (5), Garran faisait observer, assez faiblement, du reste : sur la première, celle

(1) Ni l'*Adresse* imprimée de la commune de Marseille, ni la délibération du district des Cordeliers qui s'y rattache ne sont mentionnées dans les procès-verbaux de l'Assemblée constituante.

(2) Voir *Archives parlementaires* (t. XII, p. 366-379).

(3) La *Réponse* de Garran au *Mémoire à consulter* est mentionnée dans le *Patriote français* (n° du 25 septembre 1790 et analysée quelques jours plus tard (n° du 29 septembre). Le *Journal de la Municipalité et des sections* (n° du 5 octobre) annonce que « M. Garran de Coulon vient de répondre au *Mémoire justificatif* de M. de Saint-Priest... »

(4) Imp. 70 p. in-8°, sans date (Bib. Nat. Lb 40/116). Publiée dans les *Archives parlementaires* (t. XVII, p. 561-572).

(5) Extraits du *Mémoire à consulter*. (Voir ci-dessus. p. 597-599.)

du *district de Saint-Philippe du Roule*, que c'était la seule où le ministre eût obtenu sa justification, mais qu'il ne donnait pas de détails suffisants ; sur la seconde, l'affaire du 5 octobre, que, si le Comité des rapports de l'Assemblée nationale l'avait laissée de côté, c'est que probablement il n'avait pas eu le temps de la suivre ; enfin, sur la troisième, l'affaire de Marseille, que la dénonciation existait toujours et que le ministre accusé ne faisait aucune démarche pour obtenir qu'on y statuât (1).

C'est peu de temps après la publication de la *Réponse* de GARRAN DE COULON que, sur l'initiative prise par la *section de Mauconseil*, le 22 octobre, les sections de Paris constituèrent, le 5 novembre 1790, une *Assemblée des commissaires de la Commune de Paris*, chargés de demander le renvoi des ministres. Cette Assemblée, présidée par SERGENT, avec DANTON et OSSELIN, secrétaires, apporta, le 10 novembre, à la séance du soir, une *Adresse à l'Assemblée nationale*, dont DANTON donna lecture, et qui contenait dénonciation contre MM. CHAMPION DE CICÉ, ministre de la justice, DE LA TOUR DU PIN-GOUVERNET, comte DE PAULIN, ministre de la guerre, et GUIGNARD, comte DE SAINT-PRIEST, ministre de l'intérieur, demandant, en conséquence, qu'ils fussent destitués de leurs fonctions comme indignes de la confiance publique, et traduits devant une Haute-Cour nationale (2).

Contre GUIGNARD DE SAINT-PRIEST, notamment, l'*Adresse* du 10 novembre invoquait, entre autres griefs, sa complicité dans la conspiration MAILLEBOIS : « Il est convaincu, — disaient les commissaires de la Commune de Paris — aux yeux de ceux qui ont attentivement lu l'interrogatoire et le journal du sieur BONNE-SAVARDIN, d'avoir été l'âme des projets de contre-révolution du sieur DE MAILLEBOIS. »

L'Assemblée, dans sa séance du lendemain, 11 novembre, passa à l'ordre du jour sur l'*Adresse* de la Commune de Paris. Mais le coup était porté : deux des ministres dénoncés durent se retirer immédiatement, dans le courant de ce même mois de novembre ; quant à GUIGNARD DE SAINT-PRIEST, qui résista le plus longtemps, il donna sa démission le 24 décembre, et quitta aussitôt Paris. Après avoir passé trois mois en province, il émigra d'abord en Angleterre, puis en Suède ; il ne revint en France qu'en 1814, pour devenir pair de France de la Restauration.

(1) *Réponse lue au Comité des recherches*, par GARRAN, § IV.
(2) La suite de la publication des *Actes de la Commune de Paris* fournira naturellement l'occasion de revenir, avec les détails convenables, sur les origines, les termes et les conséquences de l'importante *Adresse de la Commune de Paris* du 10 novembre ; il n'en est fait mention ici que pour montrer le lien étroit qui la rattache aux dénonciations du Comité des recherches de la Municipalité provisoire.

Du Jeudi 29 Juillet 1790

— A l'ouverture de la séance, il a été fait lecture, par un de MM. les secrétaires, du procès-verbal du jour d'hier.

La rédaction en a été adoptée.

— M. le président a fait lecture d'une lettre de MM. Ravault et Vigée, membres de l'Assemblée, conçue en ces termes :

Paris, le 29 juillet 1790.

Monsieur le président,

Nous apprenons que l'Assemblée, instruite du choix dont nous avons été honorés pour remplir des places dans les bureaux de féodalité et de liquidation faisant partie de l'administration des biens nationaux ecclésiastiques du département de Paris (1), a pensé qu'il y avait incompatibilité entre les fonctions de Représentant de la Commune et celles qui nous ont été accordées (2). Nous ne devions peut-être pas présumer que ce qui avait été un motif de confiance pour nous devînt un titre d'exclusion; car, aucun des membres de l'Assemblée n'ayant quitté son emploi pour accepter la place de Représentant de la Commune, comment se ferait-il qu'au moment des élections nouvelles et au terme de sa carrière, un Représentant de la Commune fût obligé de se condamner à l'inaction, parce qu'il aurait rempli ses devoirs avec assiduité, zèle et dévouement?

Nous respectons la décision de l'Assemblée, Monsieur le président; nous ne prétendons point appeler de son jugement. Mais, puisqu'elle nous a laissé l'option entre le droit d'être utiles à la chose publique et celui de hâter, de quelques jours, notre retraite, nous vous supplions, Monsieur le président, de vouloir bien faire agréer notre démission à l'Assemblée, en lui présentant l'hommage de notre confiance en sa justice.

Nous sommes, avec respect, Monsieur le président, vos très humbles et très obéissants serviteurs.

Signé : Ravault, Vigée.

Il a été arrêté que cette lettre serait insérée dans le procès-verbal.

— M. Cahier, procureur-syndic adjoint, a dénoncé à l'Assemblée la signification faite, cejourd'hui, à M. le procureur-syndic, à la requête du sieur Bobi, chaufournier, d'un arrêt du Parlement rendu en vacations, le 27 de ce mois, lequel reçoit ledit sieur Bobi appelant de l'arrêté pris par l'Assemblée, le 22 de ce mois, portant interdiction générale et définitive des fours à plâtre et à chaux, dans l'inté-

---

(1) Arrêté du *Conseil de Ville* du 23 juillet, inséré dans le procès-verbal du 29. (Voir ci-dessous, p. 608.)

(2) Arrêté du *Conseil de Ville* du 28 juillet. (Voir ci-dessus, p. 589-590.)

rieur de la ville (1), lui permet d'intimer sur l'appel qui bon lui semblera, indique audience sur le provisoire au 4 août, toutes choses jusqu'à ce demeurant en état (2). M. le procureur-syndic adjoint a observé que le Parlement avait excédé ses pouvoirs, en recevant l'appel d'un arrêté de l'Assemblée et en faisant défenses de l'exécuter, puisque les décrets de l'Assemblée nationale lui interdisaient la connaissance des matières d'administration (3); en conséquence, il a demandé que l'Assemblée lui donnât acte de la lecture par lui faite de l'arrêt du Parlement dont il s'agit, et prît, dans sa sagesse, les mesures qu'elle jugerait convenables pour assurer l'exécution de ses précédents arrêtés.

Un honorable membre a dit qu'il était persuadé que cet arrêt avait été surpris au Parlement, et que le président de la chambre ne manquerait pas de faire rapporter la grosse, s'il était prévenu de cette surprise; il a conclu à ce que M. le président de l'Assemblée fût chargé de l'en prévenir par une lettre.

M. le procureur-syndic adjoint a répondu qu'il n'était pas de la dignité de l'Assemblée d'avertir le Parlement de ses erreurs, et qu'il se chargeait d'en instruire M. le procureur-général.

D'après cette observation, il a été pris l'arrêté suivant :

« L'Assemblée donne acte au procureur-syndic de la lecture par lui faite de la copie d'un arrêt du Parlement, rendu en vacations, le 27 de ce mois, au profit du sieur Bobi, chaufournier, de la signification qui lui en a été faite, cejourd'hui, à la requête dudit sieur Bobi; et, au surplus, lui enjoint de tenir la main à l'exécution de ses précédents arrêtés, portant interdiction générale et définitive des fours à plâtre et à chaux dans l'intérieur de la ville (4). »

—— MM. du Comité des recherches sont venus dans l'Assemblée, en conséquence de l'invitation qui leur en avait été précédemment faite (5).

(1) Arrêté du 22 juillet. (Voir ci-dessus, p. 542-543.)
(2) Arrêt du Parlement du 27 juillet 1790, admettant l'appel interjeté par Boby (Charles), entrepreneur de la manufacture à chaux établie près de la barrière de la Gare, sur l'arrêté de l'Assemblée des Représentants de la Commune du 22 juillet; pièce manusc. (Arch. Nat., X 1 b/4356).
(3) L'Assemblée nationale avait adopté, le 5 juillet, l'art. 13 du titre I*er* (qui devint plus tard le titre II) du projet de décret sur l'organisation judiciaire, aux termes duquel, les fonctions judiciaires étant distinctes et toujours séparées des fonctions administratives, il était interdit aux juges, à peine de forfaiture, de troubler, de quelque manière que ce fût, les opérations des corps administratifs. (Voir *Archives parlementaires*, t. XVI, p. 704.)
(4) Pourvoi formé contre l'arrêt du Parlement, le 1er octobre. (Voir ci-dessous.)
(5) Par l'arrêté du 28 juillet. (Voir ci-dessus, p. 591.)

Un d'eux, étant monté à la tribune, a rendu compte de la manière dont le chevalier de Bonne-Savardin avait été tiré des prisons de l'Abbaye Saint-Germain, le 13 de ce mois, à neuf heures du soir, par deux particuliers revêtus de l'uniforme de la Garde nationale parisienne, l'un portant épaulettes de capitaine, et l'autre celles d'aide-de-camp de M. le Commandant-général, au moyen d'un faux ordre du Comité des recherches, écrit sur un papier qui avait contenu un autre ordre de ce Comité, et qu'on avait gratté, en laissant subsister les signatures. L'honorable membre a ajouté que ce Comité avait chargé M. le procureur-syndic de dénoncer à la justice le crime commis par ces deux particuliers, en enlevant un conspirateur à l'autorité de la loi, en se présentant, à cet effet, comme officiers de la Garde nationale parisienne, et en falsifiant un ordre du Comité des recherches (1). L'honorable membre a dit, en outre, que le Comité avait pris les précautions nécessaires pour empêcher un pareil malheur, et qu'il avait informé M. le procureur-syndic de la conduite du concierge des prisons de l'Abbaye Saint-Germain (2) et de la mauvaise administration desdites prisons, afin qu'il prît, à cet égard, telles conclusions qu'il appartiendrait.

L'Assemblée a voté des remerciements à MM. du Comité des recherches.

Mais un honorable membre a observé que le compte rendu par le Comité ne remplissait pas entièrement l'intention que l'Assemblée avait eue en l'invitant; que cette intention avait encore pour but de connaître quels moyens le Comité avait employés pour faire rechercher le chevalier de Bonne-Savardin et le reprendre, si cela était possible.

La discussion, sur cet objet, a été terminée par l'arrivée d'un de MM. les aides-majors-généraux, qui a annoncé à l'Assemblée que le chevalier de Bonne-Savardin venait d'être arrêté à Châlons-sur-Marne, avec M. Eggs, député à la fédération, et M. l'abbé de Barmont, membre de l'Assemblée nationale, dans la voiture duquel il était.

Cette nouvelle a été, à l'instant, confirmée par M. Garan, membre du Comité des recherches, qui a fait lecture d'une lettre qu'il venait de recevoir à ce sujet. (I, p. 609.)

~~~ Le sieur Gallet, l'aîné, est venu demander la décision de

---

(1) Arrêtés du *Comité des recherches* des 15 et 28 juillet. (Voir ci-dessous, p. *609-611.*) .

(2) DE Lécuze, concierge de l'Abbaye. Sa femme fut impliquée dans les poursuites. (Voir ci-dessous, p. *618*.)

l'Assemblée sur le mémoire qu'il avait présenté, le 24 de ce mois, tendant à être autorisé à compulser les registres et papiers du Département des subsistances, pour y prendre les renseignements nécessaires à l'apurement définitif du compte qui a été fait entre lui et le Comité (1).

L'Assemblée était bien d'avis qu'aux termes des décrets de l'Assemblée nationale, on ne pouvait refuser au sieur Gallet la communication qu'il demandait.

Mais un honorable membre a observé que, le mémoire du sieur Gallet ayant été envoyé au Comité des rapports, il fallait attendre qu'il en rendît compte; que d'ailleurs ce serait faire injure au Département des subsistances de lui enjoindre de donner une communication qu'il n'avait peut-être pas refusée, sans savoir s'il l'avait refusée et, dans ce cas, quels auraient pu être les motifs de son refus; en conséquence, il a demandé que le Département fût entendu sur cet objet, avec le Comité des rapports, avant que l'Assemblée prît une décision.

Un membre du Comité des rapports a observé, à l'appui de cette motion, qu'il avait envoyé le mémoire du sieur Gallet à M. Vauvilliers, avec invitation d'y répondre le plus tôt possible.

En conséquence, il a été pris l'arrêté suivant :

« L'Assemblée invite MM. du Département des subsistances à lui rendre réponse sur la demande du sieur Gallet, l'aîné, dont la communication lui a été faite par le Comité des rapports (2). »

~~~ La séance a été indiquée à demain, et levée à l'heure ordinaire.

Signé : BENIÈRE, curé de Chaillot, *président*.

Secrétaires : CASTILLON, DE MARS, BONNEVILLE, LETELLIER, BALIN.

CONSEIL DE VILLE

~~~ Le jeudi 29 juillet 1790, à six heures du soir, le Conseil de Ville, convoqué en la forme ordinaire, réuni et présidé par M. d'Augy, en l'absence de M. le Maire;

~~~ Il a été fait lecture du procès-verbal de la dernière séance.

---

(1) Séance du 24 juillet. (Voir ci-dessus, p. 573.)
(2) Décision, séance du 31 juillet. (Voir ci-dessous, p. 630-631.)

Le Conseil en a approuvé la rédaction.

— Sur la dénonciation faite au Conseil, par des députés de la section des Lombards et de celle de Saint-Jacques l'Hôpital, que, nonobstant l'arrêté pris hier et notifié au sieur Duplan, adjudicataire du corps-de-garde projeté sur la place des Innocents (1), le sieur Duplan continuait les ouvrages commencés;

Il a été arrêté que le sieur Duplan serait mandé à l'instant.

Ce qui a été fait aussitôt.

— M. le procureur-syndic a instruit le Conseil que le sieur Duplan, qui avait été mandé en vertu de l'arrêté pris au commencement de la séance, refusait de se conformer aux ordres du Conseil, et qu'il avait déclaré qu'il ne se rendrait pas à l'Hôtel-de-Ville.

La résistance du sieur Duplan a donné lieu à l'arrêté suivant :

Sur le compte, rendu par M. le procureur-syndic, d'après le rapport du Garde de la Ville, du refus que fait le sieur Duplan de se conformer aux ordres du Conseil et de se rendre à l'instant à l'Hôtel-de-Ville ;

Le Conseil a ordonné que, dès ce soir, l'arrêté pris hier à l'occasion du corps-de-garde des Innocents, ainsi que le présent arrêté, seraient portés par deux Gardes de la Ville au sieur Duplan, qui en donnerait un reçu, et que, dans le cas où le sieur Duplan refuserait de donner ce reçu ou qu'au mépris de ces arrêtés il continuerait demain son travail, les deux arrêtés lui seraient notifiés, à la requête de M. le procureur-syndic, par nos huissiers de la Ville ; chargeant au surplus M. le procureur-syndic de former contre le sieur Duplan telles demandes qu'il appartiendra pour le rendre garant des événements, et, en outre, de notifier le présent arrêté au Département des travaux publics (2).

— Lecture faite d'une lettre du Département du domaine, en date du 27 de ce mois, par laquelle il annonce des oppositions à la construction du corps-de-garde projeté sur la place Maubert, et dont l'adjudication doit être faite demain au Tribunal municipal (3);

Le Conseil, considérant qu'il ne peut prendre un parti dans cette affaire, sans avoir entendu (4) le Département du domaine et sans connaître les motifs que les réclamants peuvent alléguer;

---

(1) Arrêté du 28 juillet. (Voir ci-dessus, p. 591-592.)
(2) Séance du 31 juillet. (Voir ci-dessous, p 637.)
(3) Arrêtés de l'*Assemblée des Représentants*, du 28 juin et du 8 juillet. (Voir ci-dessus, p. 312 et 433-434.)
(4) Le texte du registre-copie porte ici : *sans avoir attendu*.

A arrêté qu'il serait sursis pendant huitaine à l'adjudication du corps-de-garde de la place Maubert; en conséquence, que le présent arrêté serait notifié dans ce jour à M. le procureur-syndic, et de même au Département des travaux publics (1).

— Sur le compte, rendu par le secrétaire, que, dans le procès-verbal de la séance du 23 juillet, présent mois, il avait été omis, à la suite du rapport fait par M. Filleul, au nom de MM. les commissaires des biens nationaux, et de l'arrêté qui fut pris en conséquence, de transcrire et même de faire mention du dépôt qui devait être fait aux archives du travail dont M. Filleul avait fait lecture et que le Conseil avait adopté (2), en sorte que, d'un côté, la pièce qui servait de base à l'arrêté manquait entièrement à sa justification et que, d'un autre côté, les personnes désignées dans le travail du Comité ne pouvaient pas obtenir les expéditions qu'elles réclamaient pour constater leur titre et justifier de leur qualité;

Le Conseil, après en avoir délibéré, a ordonné que l'omission annoncée par le secrétaire serait rectifiée; que le travail du Comité, lu par M. Filleul, et qui vient d'être à l'instant remis sur le bureau, serait transcrit sur le procès-verbal de ce jour; que la pièce originale serait déposée aux archives du Conseil, après avoir été visée par M. le Maire, M. le président et le secrétaire; que mention du présent arrêté serait faite à l'instant en marge de celui du 23 juillet (3), et que le secrétaire délivrerait, à chacun des employés présentés par le Comité et adoptés par le Conseil, extrait des procès-verbaux contenant leur nomination. (II, p. 620.)

Suit la copie littérale du travail, lu au nom du Comité, remis sur le bureau et déposé aux archives du Conseil :

Municipalité de Paris

Comité d'administration des biens nationaux ecclésiastiques du district de Paris.

L'an 1790, le 21 du mois de juillet, en exécution de la délibération du Conseil de Ville du 19 du même mois, qui a chargé le Département du domaine, avec adjonction de MM. Canuel, Minier, Filleul, Royer et Tiron, administrateurs municipaux, de l'organisation de l'administration des biens nationaux ecclésiastiques du district de Paris, tous les membres composant le Département du domaine et les cinq commissaires y réunis s'étant ce-jourd'hui assemblés ;

Il a été d'abord arrêté qu'ils se constitueraient en Comité, sous le titre de *Comité d'administration des biens nationaux ecclésiastiques.*

---

(1) Séance du 2 août. (Voir ci-dessous, p. 647.)
(2) Rapport et arrêté du 23 juillet. (Voir ci-dessus, p. 558-559.)
(3) Le registre-copie, à la date du 23 juillet, ne porte pas cette mention.

Le Comité, ainsi constitué, a arrêté préalablement la transcription, sur le registre de ses délibérations, de l'arrêté du Conseil de Ville qui l'a institué, et du plan d'organisation approuvé par ledit arrêté pour devenir la base principale des fonctions et des opérations qui lui sont confiées.

Suit ledit plan et l'arrêté du Conseil de Ville (1).

Ensuite, le Comité, considérant la nécessité, pour le succès et l'activité de ses opérations, de mettre les différents administrateurs à même de prendre l'avis de tous leurs collègues sur les questions majeures et d'en faire le rapport au Comité, a arrêté que ledit Comité aurait, le jeudi de chaque semaine, une séance fixe, sauf les séances extraordinaires que la surcharge du premier moment et la multitude des affaires pourraient occasionner.

Le Comité s'est ensuite occupé de la distribution des fonctions entre les dix membres qui le composent, et la répartition a été convenue et arrêtée ainsi qu'il suit :

Bureau d'agence. — MM. La Noraye (2), Pitra.
Bureau de comptabilité. — MM. Trudon et Santerre.
Bureau de féodalité. — MM. Canuel, Minier et Royer.
Bureau de liquidation. — MM. Tiron, Filleul et Avril.

Tous lesquels administrateurs ont respectivement accepté lesdites fonctions et sont demeurés chargés d'organiser les bureaux qui leur sont confiés.

Le Comité, s'occupant ensuite du traitement qu'il convenait d'assigner aux chefs, sous-chefs et employés des différents bureaux, a cru devoir observer la sage économie dont l'Assemblée nationale donne et prescrit journellement l'exemple, en faisant cesser la profusion qui existait dans les grandes administrations.

Le Comité a arrêté, d'après ces principes, que les traitements des chefs de bureaux seraient de 4,000 livres, celui des sous-chefs, de 2,600 livres, et celui des employés et commis, depuis 1,000 livres jusqu'à 1,800 livres.

Le Comité, d'après les principes de délicatesse qui l'animent, s'est prescrit de n'admettre aux places de chefs et sous-chefs des bureaux que des sujets qui, par leurs talents, les services à la chose publique, ceux dans l'administration dont il s'agit et autres considérations de justice, méritent la reconnaissance et la confiance de la Municipalité. En conséquence, c'est après le plus mûr examen de chacun des sujets proposés et de tous les rapports de capacité, probité et exactitude, propres à mériter les suffrages publics, que le Comité a déterminé, sous l'approbation de M. le Maire et du Conseil, les nominations suivantes :

Bureau d'agence. — M. Balduc, chef; MM. Pattu, Racle et d'Outrelaine, sous-chefs.

Bureau de comptabilité. — M. Dumouchel, chef; MM. Heudelet et Avisse, sous-chefs des deux divisions du bureau.

Bureau de féodalité. — MM. Lalouette, Girard de Bury et Ravaut (3), tous trois chefs des trois divisions.

Bureau de liquidation. — M. Vigée (4), chef; MM. Faron, Roque et Burel, sous-chefs.

Receveurs des revenus nationaux, avec cautionnement de 25,000 livres en biens fonds. — M. Trumeau, ci-devant receveur des décimes; M. Tiron,

---

(1) Plan lu à la séance du 12 juillet et approuvé par arrêté du 19 juillet. (Voir ci-dessus, p. 483 et 526-527.)

(2) *Lire :* Le Couteulx de La Noraye.

(3) Représentant de la Commune. (Voir ci-dessus, p. 602.)

(4) Représentant de la Commune. (Voir ci-dessus, p. 602.)

receveur pour la Ville du droit de logement des gens de guerre; M. Berthon, chargé depuis la Révolution d'une comptabilité avec la Ville (1).

Le Comité a assigné, à chacun de ces trois receveurs, 6,500 livres, tous frais de commis et de bureau compris, de manière à ramener leur traitement personnel à celui fixé pour les chefs. Le Comité arrête qu'ils fourniront chaque semaine un bordereau de leur recette, dont ils verseront le montant à la caisse de la Ville. Quant aux commis secondaires à employer dans chacun des 4 bureaux, le Comité, sur les listes, présentées par le Département du domaine, des sujets qui ont été employés aux opérations préliminaires des déclarations et des dépouillements des inventaires, laisse à MM. les administrateurs de chacun des 4 bureaux à choisir, pour chacune des subdivisions, ceux qui leur paraîtront, par leurs talents et leurs services, être les plus propres aux fonctions auxquelles ils seraient appelés.

Le Comité a arrêté de présenter demain au Conseil la présente délibération, pour obtenir son approbation sur les choix ci-dessus indiqués, et qu'une expédition des présentes sera portée par MM. de La Noraye et Tiron, membres du Comité, à M. le Maire, pour lui participer les opérations.

Signé : Minier, Canuel, Royer, Filleul, Tiron et Trudon.

~~~ Le Conseil a arrêté que MM. les administrateurs seraient convoqués pour demain et après-demain, à six heures du soir.

~~~ Sur la demande de M. Davous ;

Le Conseil a mis à l'ordre du jour une demande relative aux difficultés qui s'élèvent au sujet du mobilier des dames religieuses.

~~~ M. le président a levé la séance.

Signé : d'Augy, *président ;* Dejoly, *secrétaire.*

*
* *

ÉCLAIRCISSEMENTS

(I, p. 604) L'évasion du conspirateur de Bonne, dit Savardin, écroué à la prison de l'Abbaye dans la soirée du 18 mai (2), fut annoncée au public par un avis du Comité municipal des recherches, du 15 juillet (3), ainsi conçu :

Le Comité, après avoir entendu le rapport du concierge de la prison de l'Abbaye Saint-Germain des Prés (4), qui lui a appris que M. Bonne-Savardin est sorti le jour du 13 juillet, à neuf heures et demie du soir, de cette prison, sur un faux ordre du Comité, représenté par deux particuliers qui se sont dits aides-

---

(1) Ancien quartier-maître de la Basoche; avait demandé une gratification, le 4 mai. (Voir Tome IV, p. 295-296, et Tome V, p. 233.)

(2) Voir ci-dessus, p. 594.

(3) Imp. 8 p. in-8°, sous ce titre : *Dénonciation faite par le Comité des recherches de l'évasion des prisons de l'Abbaye de Saint-Germain des Prés du chevalier* Bonne-Savardin, *complice du général comte* de Maillebois *et du ministre* (Bib. Nat., Lb 39/9153).

(4) Il s'appelait de Lécuze (Claude).

Tome VI.

de-camp de M. DE LA FAYETTE, prévient qu'il en a, ce matin, référé à MM. du Comité des recherches de l'Assemblée nationale, qui ont pris sur-le-champ les mesures convenables pour faire arrêter de nouveau M. BONNE-SAVARDIN, d'après le signalement ci-joint que ce Comité leur envoie.

Fait au Comité, ce 15 juillet 1790.

Signé : J. P. BRISSOT, PERRON, OUDARD, AGIER, J. PH. GARRAN.

De son côté, le Comité des recherches de l'Assemblée nationale adressait au Maire de Paris, le même jour, la lettre suivante (1) :

Nous avons l'honneur, Monsieur, de vous donner l'avis que M. DE BONNE SAVARDIN s'est échappé des prisons de l'Abbaye, avant-hier au soir. L'importance de cette évasion nous détermine à vous prier de vouloir bien faire insérer dans tous les papiers publics le signalement de M. DE BONNE, dénoncé au Châtelet de Paris d'après les pièces dont il s'est trouvé saisi.

Nous croyons qu'il est de l'intérêt public de prendre toutes les précautions nécessaires pour que ce particulier soit arrêté aux lieux où il pourrait se réfugier.

Signé : VOIDEL (Charles), vice-président du Comité. PAYEN-BOISNEUF, secrétaire.

Après enquête, le Comité municipal des recherches publia, à la date du 28 juillet, un nouvel arrêté (2), qui résumait, ainsi qu'il suit, les circonstances de l'évasion :

Le Comité est informé que, le 13 juillet, à neuf heures et un quart du soir, deux particuliers, revêtus de l'uniforme de la Garde nationale parisienne, l'un portant, à ce qu'on assure, épaulettes d'aide-de-camp de M. le Commandant-général et une épée dont le fourreau était blanc, l'autre portant épaulettes de capitaine, se présentèrent au concierge des prisons de l'Abbaye Saint-Germain des Prés, se dirent chargés, par le Comité de recherches de la Municipalité, de transférer sur-le-champ M. le chevalier DE BONNE à l'Hôtel-de-Ville, et remirent en même temps une feuille in-4°, qui a pour tête d'ordre imprimée, comme tous les arrêtés du Comité : MUNICIPALITÉ DE PARIS, COMITÉ DE RECHERCHES, avec les armes de la Ville. On voit, par cette pièce, qu'après ces mots : COMITÉ DE RECHERCHES, quatre lignes et la moitié d'une cinquième avaient été écrites par l'un des membres du Comité, suivant l'usage ; que trois d'entre eux avaient signé, et qu'ils avaient apposé le cachet aux armes de la Ville ; que ces lignes ont été grattées avec beaucoup de soin, et cependant avec assez de force pour que le papier ait été percé à jour en quatre endroits différents ; que le falsificateur a laissé subsister les signatures des membres du Comité et le cachet aux armes de la Ville ; qu'à la place de l'arrêté que portait cette feuille, il a écrit, à main posée, d'une encre qui diffère de celle des trois signatures, et avec une plume taillée très fine, sans doute afin qu'elle fournît peu d'encre à la fois, un faux ordre conçu dans les termes qui suivent :

Le concierge des prisons de l'Abbaye remettra à l'officier porteur du présent M. le che-

---

(1) Publiée par le *Moniteur* (n° du 16 juillet). — Dans le *Rapport* de VOIDEL, du 23 août, il est dit que le Comité fit insérer, le 16 juillet, dans les papiers publics le signalement du sieur Bonne-Savardin, « avec réquisition, à toutes les municipalités, gardes nationales et troupes de ligne du royaume, de l'arrêter ». (Voir ci-dessous, p. *616*, note 3.)

(2) Imp. 4 p. in-8° (Bib. Nat., Lb 40/119).—Reproduit par le *Journal de la Municipalité et des sections* (n° du 31 juillet), par le *Patriote français* (n° du 1er août) et par le *Courrier de Paris dans les 83 départements* (n° du 5 août).

valier DE BONNE, pour être conduit à la Ville et réintégré ensuite dans ladite prison. L'on se saisira du nécessaire, qu'on apportera sans que le prisonnier en puisse rien distraire.

Fait au Comité, le 13 juillet 1790.

Le Comité est informé, de plus, que le concierge, après avoir reçu le faux ordre que l'on vient de lire, remit aux deux particuliers M. BONNE-SAVARDIN, avec son nécessaire; que ceux-ci affectèrent de le traiter durement; qu'ils le fouillèrent; que l'un d'eux le saisit par la poche de sa lévite, comme s'il eût pu ou qu'il eût voulu leur échapper, et qu'ils le conduisirent ainsi dans une voiture de place qui les attendait à la porte des prisons (1).

Les témoins (concierge, guichetiers, etc...), mis en présence de tous les aides-de-camp de M. le Commandant-général, ont déclaré qu'aucun d'eux n'est celui qui s'est présenté porteur du faux ordre, en qualité d'aide-de-camp.

Tels sont les nouveaux crimes que le Comité doit déférer à la justice. Ils sont de trois sortes: complicité d'évasion, supposition de personnes, et usage de faux.

En conséquence, le Comité estime que M. le procureur-syndic de la Commune de Paris doit, en vertu des pouvoirs qui lui ont été donnés, dénoncer les crimes ci-dessus mentionnés, circonstances et dépendances, par addition à la dénonciation qu'il a faite le 10 de ce mois; qu'il doit dénoncer aussi les auteurs desdits crimes et leurs complices.

Le Comité a arrêté de plus que M. le procureur-syndic sera informé de la conduite du concierge des prisons de l'Abbaye Saint-Germain des Prés et de la mauvaise administration desdites prisons, afin qu'il prenne, à cet égard, telles conclusions qu'il appartiendra.

Fait au Comité, le 28 juillet 1790.

Signé : AGIER, PERRON, OUDART, J. PH. GARRAN, J. P. BRISSOT.

Naturellement, la facilité avec laquelle s'était opérée la fuite d'un prisonnier d'État de cette importance avait soulevé bien des commentaires, éveillé bien des soupçons.

Tandis que le *Courrier de Paris dans les 83 départements* (n°⁵ du 22 et du 29 juillet) accusait le Comité autrichien des Tuileries, MARAT dénonçait... qui? le Comité municipal des recherches lui-même, le Maire et le Commandant-général. C'est dans une *Adresse à tous les citoyens*, imprimée à la suite d'un pamphlet intitulé : *C'en est fait de nous!* paru le 27 juillet (2), que MARAT (3) s'exprimait ainsi :

---

(1) Ce que ne dit pas le Comité des recherches, mais ce qui est constaté par le *Rapport* de VOIDEL, du 23 août, c'est que c'est le concierge même de la prison, qui, ne voyant pas rentrer son prisonnier, échappé depuis vingt-quatre heures, vint, le 14 juillet, vers neuf heures du soir, avertir le Comité des recherches qui ne se doutait de rien.

(2) Imp. 8. in-4°, dont 3 pour l'*Adresse* (Bib. Nat., L b 39/4987), reproduit en entier dans l'*Histoire parlementaire de la Révolution*, par BUCHEZ et ROUX (t. VI, p. 441-446). La date est donnée par l'*Ami du peuple* (n° du 3 août). — Dénoncée à l'Assemblée nationale par MALOUET, le 31 juillet, soir, un décret du même jour, maintenu le 2 août, soir, ordonna que cette brochure serait l'objet de poursuites pour crime de lèse-nation. (Voir *Archives parlementaires*, t. XVII, p. 450-451 et 509-510.)

(3) MARAT a désavoué la brochure *C'en est fait de nous!* après la poursuite, quoiqu'elle fût signée de lui. Mais il en a justifié, dans son journal, le contenu, qui porte tout à fait sa griffe. D'ailleurs, dans l'exemplaire de *l'Ami du peuple*

« Citoyens, les ennemis sont à nos portes; les ministres leur ont fait ouvrir nos barrières... Le Comité municipal des recherches, vendu à la cour, a refusé de saisir le fil de ces complots infernaux; le chef de votre Municipalité et le chef de votre milice, instruits de tout ce qui se passe, au lieu de s'assurer des ministres comme il était de leur devoir, ont fait échapper des prisons le traître Bonne-Savardin pour enlever les pièces de conviction de la perfidie du ministère et peut-être de leur propre perfidie... »

Juste au moment où le rédacteur de *l'Ami du peuple* émettait ces jugements empreints de la prudence et de la clairvoyance habituelles à ce maniaque, BONNE-SAVARDIN était arrêté, avec ses deux complices, à Châlons-sur-Marne. O surprise! ces deux complices étaient, l'un, un représentant du peuple, un député à l'Assemblée nationale, l'autre, un fédéré, un député de la garde nationale à la Fédération.

Voici comment les fugitifs avaient été repris (1) :

« Mardi 27 juillet, vers les sept heures du soir, un inconnu (2) vint avertir M. de La Fayette qu'à Paris, Vieille rue du Temple, n° 15, dans la maison de M. PERROTIN, ci-devant abbé DE BARMOND, député à l'Assemblée nationale (3), était depuis peu de jours un particulier qu'on cachait à tout le monde; qu'il l'avait cependant aperçu à travers des jalousies, et qu'il le soupçonnait d'être M. BONNE, lequel se disposait à partir avec M. l'abbé. M. le Commandant-général donne ordre à M. JULIEN (4), son aide-de-camp, de se transporter auprès de cette maison, de veiller au départ de ce particulier, et de le faire arrêter à la barrière, au cas qu'il en fût temps, sinon partout où il le rencontrerait. Le même jour, vers les neuf heures du soir, le même inconnu retourne informer le général que ce particulier, vers les six heures, s'était glissé furtivement dans la voiture de M. PERROTIN, et venait de partir avec lui et une autre personne (5); que le cocher de la maison lui

---

provenant de MARAT lui-même, la feuille intitulée *C'en est fait de nous!* est intercalée entre les numéros du 26 et du 27 juillet 1790. (Voir TOURNEUX, t. II, n° 11373.)

(1) D'après le *Procès-verbal authentique de l'arrestation de* M. DE BONNE-SAVARDIN, à *Châlons-sur-Marne, le 28 juillet,* signé du maire, CHORET, et de huit officiers municipaux, imp. 15 p. in-8° (Bib. Carnavalet, n° 8328), résumé dans le *Journal de la Municipalité et des sections* (n° du 21 août). Voir aussi *Grande arrestation du fameux conspirateur connu sous le nom du chevalier* BONNE-SAVARDIN, imp. 8 p. in-8° (Bib. Carnavalet, n° 8328), qui attribue à LA FAYETTE tout le mérite de la capture.

(2) Le *Rapport* de VOIDEL, du 23 août, donne le nom de cet inconnu : GUICHARD, soldat volontaire au 8e bataillon de la 2e division ou *bataillon des Jacobins Saint-Dominique.* Ce garde national tenait ses renseignements d'un voisin, dont les soupçons avaient été éveillés par les propos d'un domestique de PERROTIN.

(3) PERROTIN (Charles François), dit DE BARMOND, abbé, conseiller au Parlement, député du clergé de la Ville de Paris.

(4) *Lire :* JULLIEN (Denis Michel).

(5) On sut bientôt que ce troisième personnage était un fédéré, nommé EGGS (François Henri), habitant d'Obereohnheim, district de Benfeld, arrondissement de Schlestadt (Bas-Rhin). Il était venu à Paris comme député à la Fédération, avait logé chez l'abbé D'EYMAR, vicaire-général du diocèse de Strasbourg et député du clergé des districts de Haguenau et Wissembourg, qui, étant l'ami de sa famille,

avait assuré les avoir conduits à Bondy (1), d'où ils avaient pris la poste. Aussitôt, M. JULIEN monte en cabriolet avec M. DE MESTRE, capitaine de la cavalerie nationale parisienne, prend la poste et, à celle d'Étoges (2), route de Châlons-sur-Marne, joint la voiture. Alors, M. JULIEN précède à franc-étrier, pendant que M. DE MESTRE suit, en cas de retour ou de fausse route. M. JULIEN, arrivé à Châlons, ne trouve point chez lui le maire, mais recommande au maître de poste de ne point donner de chevaux. Bientôt, les voyageurs arrivent, vont se plaindre à la municipalité qui, alors informée par M. JULIEN, les fait arrêter par un détachement de la garde nationale et conduire à l'Hôtel-de-Ville. »

A la fin de la séance du soir du 29 juillet, le président (TREILHARD) put donc annoncer à l'Assemblée nationale l'arrestation de BONNE-SAVARDIN et de ses compagnons ; il donna en même temps lecture d'une lettre de l'abbé PERROTIN, qui demandait à être appelé devant l'Assemblée pour y expliquer, « avec le courage de l'innocence », les motifs de générosité qui l'avaient fait agir : sans connaître aucunement M. DE BONNE, sans avoir même jamais entendu parler de lui, sans être pour rien dans son évasion, il avait été touché de son sort et lui avait donné asile, au risque de se compromettre. Quant au nommé EGGS, il était simplement venu demander une place dans la voiture pour retourner chez lui, et, comme il était recommandé par l'abbé D'EYMAR, on la lui avait donnée sans lui dire quel était le troisième voyageur. Après un bref échange d'observations, sur la motion de BARNAVE, un décret était voté, aux termes duquel le sieur abbé PERROTIN, dit DE BARMOND, député à l'Assemblée nationale, et les sieurs EGGS et BONNE-SAVARDIN, devaient être conduits à Paris séparément, et par les gardes nationales, pour être, les sieurs EGGS et BONNE-SAVARDIN, déposés séparément dans les prisons de Paris, et le sieur PERROTIN, dit DE BARMOND, gardé dans sa maison, jusqu'à ce que, après l'avoir entendu, il eût été statué à son égard par l'Assemblée nationale. En même temps, le président était chargé de témoigner aux gardes nationales de Châlons-sur-Marne, au Commandant-général de la Garde parisienne et aux sieurs JULIEN et DE MESTRE, la satisfaction de l'Assemblée sur les preuves de zèle et de patriotisme qu'ils avaient respectivement données (3).

Conformément aux intentions de l'Assemblée nationale, on prit, pour ramener les prisonniers à Paris, les plus sévères précautions, signalées par le *Journal de la Municipalité et des sections* (n° du 21 août), qui décrit ainsi le voyage (4) :

---

lui avait procuré la connaissance de M. PERROTIN et l'agrément de retourner à Strasbourg avec lui, sans bourse délier. Eggs avait été désigné d'abord dans les journaux comme député de Strasbourg à la Fédération ; mais les gardes nationaux de cette ville protestèrent, le 1er août, dans une lettre qu'inséra le *Journal de Paris* (n° du 3 août). Il est, en effet, inscrit sur la *Liste* officielle des députés à la Fédération comme représentant le district de Benfeld (Bas-Rhin).

(1) Canton de Noisy-le-Sec, arrondissement de Saint-Denis (Seine).
(2) Commune de Montmort, chef-lieu de canton de l'arrond^t d'Épernay (Marne).
(3) Voir *Archives parlementaires* (t. XVII, p. 414-415).
(4) Voir aussi les écrits suivants : *Arrivée de* BONNE-SAVARDIN, *de l'abbé* DE BARMOND *et* ALAIZE (pour EGGS) *à l'Abbaye, aujourd'hui 17 août 1790, à six heures*

« De Châlons à La Ferté (1), ils ont été successivement accompagnés par la garde nationale de Châlons et de Château-Thierry (2), et par un détachement de la cavalerie parisienne qui, compris les officiers, était de 54 hommes. Le 15, à dix heures et demie du matin, ils sont entrés dans La Ferté, où les attendait un détachement d'infanterie parisienne de 195 hommes. A huit heures du soir, les prisonniers et leur escorte sont arrivés à Meaux. Le lendemain, ils ont continué leur route jusqu'à Claye (3), où, à peine arrivés, M. Jullien, aide-de-camp de M. de La Fayette, a apporté l'ordre de partir à neuf heures du soir. Un autre détachement de cavalerie parisienne de 26 hommes les a rejoints à Bondy; enfin, le mardi 17 de ce mois, à cinq heures et demie du matin, ils sont entrés dans Paris par la barrière de l'hôpital Saint-Louis. Après avoir déposé sous sûre et bonne garde M. Perrotin dans sa maison, MM. de Bonne et Eggs ont été constitués prisonniers à l'Abbaye.

« Depuis leur arrestation, aucun des prisonniers n'a pu ni s'apercevoir, ni se parler : ils étaient dans des voitures séparées. MM. Eggs et Perrotin avaient chacun près d'eux un aide-de-camp de la Garde de Paris, et un officier d'une autre garde nationale; M. Bonne avait, de plus, M. Plainville, adjudant-général de la Garde nationale de Paris : ces officiers couchaient dans la même chambre que leurs prisonniers, qui étaient dans des appartements séparés.

« Dans toutes les villes où ils ont passé, sur la route, on a battu l'estrade au-devant d'eux. »

Deux cents fantassins, quatre-vingts cavaliers pour escorter trois voitures : c'était beaucoup. Mais Bailly avait demandé au Commandant-général des forces respectables (4), et peut-être n'eut-il point tort : le *Courrier de Paris dans les 83 départements* (n° du 18 août) affirme que le projet avait été formé d'ameuter le peuple et de faire pendre Bonne-Savardin pour l'empêcher de parler.

Une fois Bonne-Savardin en sûreté, l'Assemblée nationale avait à régler le cas de l'abbé Perrotin, l'un de ses membres.

En arrivant à Paris, celui-ci s'était empressé d'écrire au président une lettre par laquelle il demandait à être entendu le lendemain (5). Le président (Dupont, de Nemours) donna connaissance de cette lettre au cours de la séance du matin, le même jour, et il fut décidé que Perrotin serait reçu le lendemain 18, à deux heures. Mais serait-il entendu à la tribune, comme un député, ou à la barre, comme un accusé ? Regnaud (de Saint-Jean d'Angély) et Mirabeau firent remarquer que le décret du 29 juillet tranchait la

---

du matin, imp. 6 p. in-8° (Bib. Nat , Lb 39/3933); *Arrivée de MM.* de Bonne-Savardin *et l'abbé* de Barmond, imp. 4 p. in-8° (Bib. Nat., Lb 39/9294), et le récit fait par Bonne-Savardin lui-même, dans les *Révolutions de Paris* (n° du 21 au 28 août).

(1) La Ferté-sous-Jouarre, chef-lieu de canton, arrondissement de Meaux (Seine-et-Marne).

(2) Chef-lieu d'arrondissement (Aisne).

(3) Chef-lieu de canton, arrondissement de Meaux (Seine-et-Marne).

(4) Pièce manusc. (Bib. Nat., manusc. reg. 11697, fol. 77).

(5) Reproduite par le *Courrier de Paris dans les 83 départements* (n° du 18 août).

question, en ordonnant que ce député serait amené sous bonne et sûre garde; on avait donc suspendu sa liberté, et par là même son caractère de député. Malgré l'opposition de la droite et l'avis contraire du Comité même des recherches, l'Assemblée décida, aux applaudissements des tribunes, que Perrotin, dit de Barmond, paraîtrait à la barre (1).

Le député suspendu, amené par des huissiers, comparut donc à la barre, le 18 août, à l'heure dite, et le président, après lui avoir fait connaître les décrets du 29 juillet et du 17 août, le concernant, lui donna la parole. Dans un discours assez étendu (2), l'abbé Perrotin, maintenant son récit du 29 juillet (3), affirma avoir vu Bonne-Savardin pour la première fois, le 16 juillet, lorsqu'il était venu lui demander asile, trois jours après s'être évadé; qu'il l'avait d'abord mené dans la campagne, hors barrières, puis ramené à Paris; qu'il l'avait accueilli par pitié; qu'après beaucoup d'hésitation, il avait attendu, pour prendre une détermination, la décision du Châtelet, du 26 juillet, qui ordonnait simplement l'information, sans aucune mesure préventive contre l'accusé; qu'alors, il avait résolu de le conduire dans telle ville de France qu'il indiquerait, mais non hors du royaume. Il termina en demandant sa liberté provisoire, donnant sa parole d'honneur de ne pas s'éloigner de Paris. Après qu'on l'eut fait retirer dans une salle voisine, toujours gardé, l'Assemblée délibéra; la discussion fut longue et animée; Duport rendit hommage à l'intégrité de son collègue au Parlement et soutint que Perrotin ne pouvait être poursuivi, ni comme complice de l'évasion, puisqu'il ne l'avait pas connue, ni comme complice du projet de contre-révolution, puisqu'il n'avait aucune liaison avec le conspirateur avant la découverte de la conspiration. Mais Barnave n'eut pas de peine à démontrer que le discours de Perrotin ne changeait rien à la situation, qui restait la même que le 29 juillet, et que, par conséquent, il fallait attendre le rapport du Comité des recherches. Telle fut, en effet, la décision de l'Assemblée, qui décréta que le Comité des recherches ferait, à la séance du 23 août, le rapport sur les pièces concernant Perrotin, et que celui-ci resterait en état d'arrestation, conformément au décret du 29 juillet, jusqu'à nouvel ordre. Ramené à la barre pour recevoir communication du décret, Perrotin fut ensuite remis par les huissiers aux mains des officiers de la Garde nationale qui l'avaient amené (4).

Et Eggs? Qu'en avait-on fait? On l'avait oublié, bien que Perrotin eût plaidé pour lui et demandé sa mise en liberté.

Le 20 août, Eggs s'adressa directement à l'Assemblée nationale, élevant, disait-il, du fond d'une prison, la voix plaintive de l'innocent; il insistait pour être mis en liberté, au moins provisoirement, puisqu'il était certain qu'il était victime d'une de ces erreurs dont les hommes ne peuvent se garantir.

L'Assemblée renvoya la réclamation au Comité des recherches, pour en

---

(1) Voir *Archives parlementaires* (t. XVIII, p. 118-119).
(2) Imp. à part, 15 p. in-8°, en deux éditions (Bib. Nat., Le 29/859 et 860). Publié par le *Journal de Paris* (n° du 20 août).
(3) Lettre lue le 29 juillet. (Voir ci-dessus, p. *613*.)
(4) Voir *Archives parlementaires* (t. XVIII, p. 146-150).

être fait rapport le 23, en même temps que de l'affaire Perrotin, et y être statué par le même décret (1).

A la séance du 23 août, le Comité des rapports, par l'organe de Voidel (2), apporta le rapport promis (3). Reprenant le récit des faits depuis la dénonciation du 9 juillet et l'évasion du 13, ce rapport ne révélait guère qu'une circonstance intéressante : après avoir été recueilli par l'abbé Perrotin, le voyant inquiet, Bonne-Savardin s'était rendu chez un autre membre de l'Assemblée nationale, le marquis de Foucauld-Lardimalie, et y avait reçu l'hospitalité pendant quelques jours. Quant à Eggs, il était certain qu'on l'avait pris, en passant, rue Culture Sainte-Catherine, chez l'abbé d'Eymar, et qu'il ne savait rien de l'aventure à laquelle il se trouvait mêlé. D'ailleurs, aucun indice sur les deux particuliers qui avaient fait évader Bonne-Savardin ; ce n'étaient ni Perrotin, ni Eggs. Mais qui ? Bonne prétendait ne pas le savoir, en tous cas, ne voulait pas le dire, et on n'avait sur eux d'autre renseignement que des signalements contradictoires. Pour conclure, Voidel exposait que, d'après l'avis du Comité, Perrotin n'était point suspect de complicité dans la conspiration, mais qu'il avait certainement protégé de tout son pouvoir la fuite d'un homme dénoncé comme prévenu d'un crime de lèse-nation, et que, de la part d'un magistrat et d'un représentant de la nation, c'était non seulement une imprudence et une faute, mais un véritable délit. En conséquence, le Comité proposait de maintenir Perrotin en état d'arrestation jusqu'au résultat de l'information ouverte sur les auteurs et complices de l'évasion de Bonne-Savardin, et de remettre au contraire promptement en liberté le sieur Eggs, victime de la fatalité des circonstances. En finissant, Voidel donna connaissance à l'Assemblée d'une lettre écrite par Jullien, l'aide de-camp de de La Fayette, au président du Comité des recherches, en réponse à certains reproches que Perrotin avait formulés contre lui dans son discours (4). Les conclusions du Comité furent vivement contestées : de Foucauld-Lardimalie commença par se vanter de son intervention comme d'une bonne action, en invoquant l'amitié qu'il avait pour l'abbé Perrotin, et aussi les devoirs de l'hospitalité : « J'ai cru, dit-il, que, si les Comités des recherches ne savent pas bien fermer leurs prisons illégales, l'humanité et la justice doivent en profiter. » Après lui, Robespierre réclama l'organisation d'un tribunal national, autre que le Châtelet, pour le jugement des crimes de lèse-nation (5) ; puis, l'abbé Maury développa, au milieu des murmures, cette thèse originale que, l'évasion étant pour le détenu un droit naturel, c'était aussi pour tout citoyen un droit naturel de favoriser l'évasion d'un détenu. Dubois de Crancé proposa

(1) Voir *Archives parlementaires* (t. XVIII, p. 178-179).
(2) Voidel (Jean Georges Charles), député du tiers état de Sarreguemines.
(3) *Rapport fait à l'Assemblée nationale, au nom de son Comité des recherches' de l'affaire de M. l'abbé* Perrotin, *dit* de Barmond, *et de M.* Eggs, *par Charles* Voidel, *membre de ce Comité*, imp. 23 p. in-8° (Bib. Nat., Le 29/867). — Résumé dans le *Courrier de Paris dans les 83 départements* (n° du 24 août), et dans *l'Ami du peuple* (n° du 25 août).
(4) Lettre de Jullien, datée du 22 août, imp. à part, 7 p. in-8° (Bib. Nat., Lb 39/3949). Reproduite dans les *Archives parlementaires* (t. XVIII, p. 232-233).
(5) Motion reproduite par lui en octobre 1790. (Voir Tome V, p. *163-164*).

de mettre Perrotin en liberté provisoire, à charge de se présenter quand il en serait requis. Mais, combattue par Pétion, par Barnave, par Mirabeau, cette motion transactionnelle ne fut point accueillie, et l'Assemblée nationale finit par voter la formule présentée par Barnave, aux termes de laquelle elle déclarait y avoir lieu à accusation contre l'abbé Perrotin, dit de Barmond, relativement à l'évasion et à la fuite de Bonne-Savardin (1).

De nouveau, il n'était point question de Eggs dans le décret. Le pauvre homme tenait si peu de place dans le débat que, le moment du vote venu, on ne pensait plus à lui. Regnaud (de Saint-Jean d'Angély) eut beau faire remarquer, dès le lendemain 24 août, séance du matin, que l'Assemblée avait oublié de prononcer sur son élargissement, proposé par le Comité des rapports, l'ordre du jour fut prononcé (2).

Eggs réclama, comme on pense, et fit fort bien : le 26 août, il adressa au Comité des recherches une nouvelle requête à fin d'être mis en liberté (3), requête que Malouet appuya, dans la séance du même jour, matin, demandant ou son élargissement ou son renvoi par un décret devant le Châtelet. On répondit encore que, l'affaire étant du ressort de la justice, l'Assemblée nationale n'avait point à s'en occuper, et l'on passa de nouveau à l'ordre du jour (4).

Mais il fut plus heureux quelques jours plus tard, lorsqu'il renouvela sa requête, le 4 septembre, matin, par une lettre dont le président (de Jessé) donna connaissance à l'Assemblée, et qui fut appuyée, ce jour-là, par Regnaud (de Saint-Jean d'Angély). Sur une observation de d'André, on le renvoya enfin à se pourvoir devant le Châtelet (5).

Le Châtelet, sur le vu du décret et d'une nouvelle requête, et après les conclusions conformes du procureur du roi, ordonna sa mise en liberté, le 10 septembre (6).

Il ne tarda pas, d'ailleurs, à en faire autant pour Perrotin, que rien au fond n'accusait.

Le 8 septembre, Perrotin faisait parvenir au président de l'Assemblée nationale une lettre pressante, où il faisait remarquer combien était singulière la situation qui lui était faite par le décret du 23 août : il était détenu pour qu'il fût permis à chacun de l'accuser, et il était maintenu en état d'arrestation parce qu'aucun accusateur ne s'était présenté depuis quinze jours; il était donc réduit, pour faire cesser cette détention provisoire, à souhaiter d'être accusé légalement; alors, du moins, il pourrait se défendre et entrevoir le moment de sa délivrance (7). Un membre du Comité des recherches se contenta de dire que les pièces étaient transmises au Châtelet, que dès lors c'était au procureur du roi à agir. Et l'Assemblée passa à l'ordre du jour (8).

(1) Voir *Archives parlementaires* (t. XVIII, p. 228-238).
(2) Voir *Archives parlementaires* (t. XVIII, p. 246).
(3) Pièce manusc. (Arch. Nat., D xxix b 11, n° 124).
(4) Voir *Archives parlementaires* (t. XVIII, p. 290).
(5) Voir *Archives parlementaires* (t. XVIII, p. 557).
(6) Voir l'inventaire reproduit par M. Tuetey. (Voir ci-dessus, p. *595*, note 4.)
(7) Pièce manusc., datée du 8 septembre (Arch. Nat., C44, n° 404).
(8) Voir *Archives parlementaires* (t. XVIII, p. 656-657).

Deux semaines plus tard, le 26 septembre, nouvelle réclamation : PERROTIN se plaignait qu'au moment où, les pièces étant examinées et les témoins entendus, l'information allait être close, le Comité des recherches avait annoncé qu'il avait de nouveaux témoins à faire entendre et de nouvelles pièces à produire; mais il n'avait point fait entendre les uns ni produit les autres; jusqu'à quand va-t-on le retenir prisonnier chez lui, avec trois officiers couchant dans sa chambre (1)? Le Comité des recherches ayant répondu imperturbablement que les pièces avaient été envoyées la veille, l'Assemblée se hâta de prononcer vivement l'ordre du jour (2).

Enfin, le 8 octobre, le Châtelet rendait un jugement, aux termes duquel l'abbé PERROTIN, dit DE BARMOND, membre de l'Assemblée nationale, était simplement assigné pour être ouï; en conséquence, il était mis en liberté (3).

Restaient les accusés principaux, DESMARETS DE MAILLEBOIS et DE BONNE, dit SAVARDIN, accusés de conspiration; contre ceux-là, le Châtelet, par le même jugement du 8 octobre, décernait des décrets de prise de corps, en même temps qu'il décrétait d'ajournement personnel le sieur DE JENTY, capitaine au régiment de Bourbon-dragons, et la femme DE LÉCUZE, dénoncés par le Comité des recherches comme les principaux agents de l'évasion de BONNE-SAVARDIN (4).

Mais, comme DE MAILLEBOIS était toujours en fuite et que les deux comparses qu'on faisait semblant de poursuivre n'étaient certainement pas les auteurs principaux de l'évasion dont ils n'avaient pu être tout au plus que les instruments, *l'Ami du peuple* (n° du 12 octobre) s'indignait contre la partialité du tribunal, qui, disait-il, blanchissait tout le monde, pour faire payer les pots cassés à SAVARDIN.

Le fait est qu'on n'entendit plus parler des complices de l'évasion, sans doute relâchés bientôt, et que BONNE-SAVARDIN restait seul pour répondre à la justice.

Le 13 octobre 1790, à huit heures et demie du soir, il était transféré de la prison de l'Abbaye à celle du Châtelet, accompagné, dit l'*Orateur du peuple* (t. II, n° 64), par un concours immense de peuple, criant : *A la lanterne !*

Mais, le 25 du même mois, l'Assemblée nationale mettait fin à la compétence du Châtelet pour le jugement des crimes de lèse-nation (5), et, faute d'un tribunal organisé pour remplacer celui-ci, les accusés restaient sans juges.

Au bout de quatre mois, la Haute-Cour nationale dont la constitution prévoyait l'établissement n'étant point encore créée, BONNE-SAVARDIN s'adressa, le 22 février 1791, matin, à l'Assemblée nationale : il demandait simplement à être jugé (6). Sur les instances de REGNAUD (de Saint-Jean d'Angély), de

---

(1) Pièce manuscr., datée du 25 septembre (Arch. Nat., C 44, n° 412).

(2) Voir *Archives parlementaires* (t. XIX, p. 247).

(3) Voir l'inventaire reproduit par M. TUETEY (t. II, p. 158), et la note du même auteur (t. II, n° 1419).

(4) Réquisition du Comité des recherches, du 16 septembre; pièce manuscr. (Arch. Nat., D xxix b 32, n° 332).

(5) Décret du 25 octobre 1790. (Voir Tome V, p. *163-164*.)

(6) Pièce manuscr., datée du 21 février (Arch. Nat., D iv 49, n° 1420).

d'André, de Bouche, l'Assemblée décida que le rapport du Comité de constitution sur l'établissement d'un tribunal provisoire pour le jugement des crimes de lèse-nation serait fait quatre jours après, le 26 février (1).

Ajourné encore le 26 février et le 2 mars (2), le rapport fut définitivement présenté le 5 mars 1791 : sur le rapport de Démeunier, au nom du Comité de constitution, un tribunal provisoire, formé de quinze juges, était institué à Orléans, avec obligation de se réunir le 25 mars, pour prononcer sur les crimes de lèse-nation et sur toutes les affaires criminelles dans lesquelles l'Assemblée déclarerait qu'il y a lieu à accusation (3).

Quelques jours plus tard, le 9 mars, sur la motion de d'André, l'Assemblée décrétait que tous les prisonniers accusés du crime de lèse-nation seraient transférés des prisons de l'Abbaye à celles d'Orléans, pour y être jugés par le tribunal provisoire établi dans cette ville (4).

Bonne-Savardin, étant détenu au Châtelet, ne rentrait pas dans la catégorie prévue, et il resta à languir dans la vieille prison parisienne, attendant des juges. Le décret constitutionnel du 10 mai 1791, qui venait d'instituer la Haute-Cour nationale, exigeait, pour que la Haute-Cour fût saisie, un décret d'accusation du Corps législatif spécial à chaque affaire (5), et cette disposition, considérée comme une garantie pour les accusés, fut aussitôt appliquée au Tribunal provisoire. Or, il n'y avait pas de décret de ce genre concernant Bonne-Savardin.

Aussi, lorsque le tribunal faisant fonctions de Haute-Cour nationale vint rendre compte de ses opérations à l'Assemblée nationale, à la séance du 5 juillet 1791, soir, il dut constater qu'en se constituant, le 25 mars, il n'avait trouvé ni prisons, ni accusés, ni procès. Au bout de six semaines d'inaction, cinq accusés sans importance lui étaient arrivés (6). Et c'était tout : pas un mot de Bonne-Savardin.

Le 22 juillet, on voit celui-ci implorer de nouveau l'Assemblée nationale, pour qu'elle veuille bien prendre en considération sa captivité de quinze mois et prononcer sur son sort (7).

Saisi sans doute de cette réclamation, le Comité des rapports daigne enfin s'en occuper : le 10 août, il écrit en même temps au Comité des recherches de la Commune, pour demander un exemplaire du rapport imprimé de Garran, et au ministre de la justice, pour demander communication des pièces de la procédure (8).

Quelques jours après, le 20 août 1791, sur le rapport de Vieillard, au nom

(1) Voir *Archives parlementaires* (t. XXIII, p. 397).
(2) Voir *Archives parlementaires* (t. XXIII, p. 523 et 624-625).
(3) Voir *Archives parlementaires* (t. XXIII, p. 677-679). Après l'institution, par le décret du 10 mai 1791, de la Haute-Cour nationale, qui ne devait fonctionner qu'après la mise en activité de la constitution, le Tribunal provisoire d'Orléans prit le titre de *Haute-Cour nationale provisoire*.
(4) Voir *Archives parlementaires* (t. XXIII, p. 752-754).
(5) Voir *Archives parlementaires* (t. XXV, p. 714).
(6) Voir *Archives parlementaires* (t. XXVII, p. 753-754).
(7) Pièce manusc. (Arch. Nat., D xxix 10, n° 94). — Cette pétition n'est point mentionnée à cette date dans les procès-verbaux de l'Assemblée nationale.
(8) Pièces manusc. (Arch. Nat., D xxix b 31, n° 325, et BB 3/19).

du Comité des rapports, l'Assemblée nationale mettait fin à ces ajournements inexcusables, en décrétant qu'il y avait lieu à accusation contre les sieurs BONNE-SAVARDIN, DE MAILLEBOIS et leurs complices; qu'en conséquence, la procédure instruite au tribunal du ci-devant Châtelet de Paris serait incessamment envoyée au tribunal de la Haute-Cour nationale à Orléans, pour y être l'information continuée et le procès jugé définitivement; qu'à cet effet, le sieur BONNE-SAVARDIN serait, dans le plus bref délai, transféré dans la prison d'Orléans (1).

Mais il était écrit que BONNE-SAVARDIN ne serait pas jugé.

Le prisonnier et les pièces le concernant étaient à peine arrivés à Orléans qu'on s'apercevait que l'instruction avait été mal faite. Le 5 septembre, le président du tribunal provisoire, CHENAISIE, annonce au ministre de la justice que la procédure instruite contre BONNE-SAVARDIN doit être annulée : « Ma compagnie — écrit ce magistrat, de retour à Orléans après un voyage, — ma compagnie avait examiné l'affaire de M. Bonne-Savardin; elle a eu la complaisance de me communiquer ses idées sur cette procédure. Examen fait scrupuleusement, nous n'avons pu nous dispenser de la déclarer nulle : *elle est, dans le vrai, pleine de nullités depuis le commencement jusqu'à la fin*. M. Bonne-Savardin a été sincèrement affligé... (2) »

Allait-il donc falloir tout recommencer? Et BONNE-SAVARDIN, en prison depuis le mois de mai de l'année précédente (sauf une interruption), allait-il être condamné à subir une nouvelle détention préventive de seize mois? On comprend qu'il ait pu être inquiet et affligé.

Heureusement, les choses s'arrangèrent d'autre façon : quelques jours plus tard, le 14 septembre 1791, intervenait la loi d'amnistie, votée à la suite de l'acceptation de l'acte constitutionnel par le roi; toutes procédures instruites sur des faits relatifs à la Révolution, quel qu'en pût être l'objet, étaient irrévocablement abolies (3). Et, le 20 septembre, c'était le tribunal d'Orléans lui-même, devenu inutile, qui se trouvait supprimé (4).

DE BONNE, dit SAVARDIN, dut certainement être mis en liberté à la suite du décret d'amnistie. On ignore ce qu'il est devenu.

Quant à DESMARETS DE MAILLEBOIS, définitivement émigré, il demeura en Hollande, où l'on sait qu'il mourut, le 14 décembre 1791, à Maëstricht (5).

(II, p. 607) Le *Journal de la Municipalité et des sections* (n° du 10 août) donne, sur l'organisation des bureaux de l'*Administration des biens nationaux*, des renseignements curieux, qui font comprendre l'importance et la complication des opérations qui incombaient, de ce chef, aux administrateurs municipaux (6). Les voici :

« La Municipalité provisoire de Paris vient d'établir le plus bel ordre pour les opérations qui lui sont confiées, relativement à l'achat et aux reventes

---

(1) Voir *Archives parlementaires* (t. XXIX, p. 598).
(2) Pièce manusc. originale (Arch. du ministère de la justice, dossier de l'affaire de la fuite du roi à Varennes).
(3) Voir *Archives parlementaires* (t. XXX, p. 626 et 632).
(4) Voir *Archives parlementaires* (t. XXXI, p. 92).
(5) Voir *Moniteur* (n° du 24 décembre 1791).
(6 Le *Moniteur* (n° du 13 août) les résume en quelques lignes.

des domaines nationaux; elle a choisi dix de ses membres pour être à la tête des quatre bureaux qu'elle vient de former pour cet objet.

« *Bureau d'agence générale*, à l'Hôtel-de-Ville. — Ce bureau est le point central d'adresses de toute l'administration : il est chargé de toute la correspondance, du renvoi et de la distribution des affaires dans les différents bureaux; il a le dépôt, par ordre de maisons religieuses, des grosses, des baux et actes exécutoires opérant perception des revenus ordinaires et courants. Il satisfera au contentieux réglementaire et de pure administration de la recette et de la dépense, c'est-à-dire que, s'il y a quelques réclamations des locataires et débiteurs, le bureau, par voie d'administration, réglera, s'il y a lieu, jusqu'à demande juridique; et alors, il remettra les pièces à M. le procureur de la Commune.

« *Bureau de comptabilité*, à l'Hôtel-de-Ville. — Ce bureau est chargé exclusivement de la rentrée des fonds et de l'emploi des revenus fixes ou casuels, du service de la caisse, de la comptabilité avec la Caisse de l'extraordinaire, de la confection des états généraux de toute nature, des revenus des maisons religieuses, du paiement des pensions des religieux, de l'acquit de toutes les dépenses vérifiées dans les différents bureaux. Il aura l'inspection des contrôleurs et receveurs qu'il serait dans le cas de commettre aux vérification et poursuite des revenus, à mesure de leur échéance, et généralement toute la recette et dépense, sur l'apurement des bureaux qui devront préalablement en connaître.

« *Bureau de féodalité*, au Saint-Esprit. — La partie féodale des biens nationaux est un article essentiel de leur produit dans le district de Paris. Ce bureau est chargé de mettre tous les titres en ordre, d'abord par chaque maison religieuse, ensuite par fiefs dépendants de chacune; il recevra les déprix pour les droits de mutation, dans les cas de ventes d'immeubles dans les mouvances des religieux; et il aura la direction des reventes, l'indication des immeubles, l'énonciation des charges, les clauses des enchères, la réception des soumissions des citoyens, et généralement tout ce qui sera relatif à la partie féodale des biens nationaux du district de Paris, au contentieux de la féodalité, à la liquidation de tous les droits seigneuriaux actifs et passifs, et aux opérations préliminaires et accessoires des ventes. C'est dans ce bureau que doivent être faits les déprix de droits de lods et ventes, les offres pour les rachats et les soumissions pour les reventes. Il est établi dans la maison du Saint-Esprit, à côté de l'Hôtel-de-Ville : il sera ouvert, tous les jours, excepté les dimanches et fêtes, depuis dix heures du matin jusqu'à deux, et depuis cinq jusqu'à huit heures du soir.

« *Bureau de liquidation*, au Saint-Esprit. — Ce bureau est chargé de l'exécution du décret de l'Assemblée nationale qui ordonne la production, par tous les créanciers, rentiers et fournisseurs des maisons de religieux, de leurs titres et mémoires : il fera les états de l'arriéré tant en actif qu'en passif, le sommier des recouvrements et des dettes de chaque maison, par dépouillement des inventaires; il aura les décomptes d'emploi des fonds laissés aux maisons religieuses, lors des inventaires; la vérification des fonds par eux perçus depuis, comparativement aux recouvrements annoncés dans les inventaires, et la compensation de ladite recette et dépense avec les termes de pensions échus au 1er juillet dernier, conformément aux taux résultant des grades et des âges. Il aura la direction et poursuite, sur les diligences du procureur de la Commune, des ventes du mobilier des maisons supprimées; la surveillance de la garde et conservation desdits effets; les affiches et procès-verbaux indicatifs des ventes, la surveillance de la rentrée de leur produit, sans perception directe qui appartiendra au bureau de recette, et généralement tout ce qui sera relatif aux liquidation et apurement de l'actif et passif des maisons religieuses, jusqu'au moment de l'entrée en jouissance de la nation. »

De plus, le même *Journal* (n° du 17 août) publie, sous la rubrique : Hôtel-de-Ville, un avis ainsi conçu :

« Conformément à la délibération du Conseil de Ville, du 23 juillet dernier, MM. Taumeau, rue Saint-Sauveur, L. Tiron, passage des Petits Pères de la place des Victoires, et Berthon, rue des Francs-Bourgeois, place Saint-Michel, sont établis *receveurs des biens nationaux* ecclésiastiques du département de Paris. En conséquence, tous locataires, fermiers, rentiers et débiteurs desdits biens peuvent se présenter chez eux, pour payer sur les quittances desdits receveurs, lesquelles seront reçues comme valables.

« MM. les receveurs feront connaître les noms des maisons religieuses dont la recette leur est confiée. »

Sous la même rubrique : Hôtel-de-Ville, le même *Journal* (n° du 21 août) reproduit la note suivante :

« Tous les créanciers des maisons religieuses d'hommes de la ville et du département de Paris, sont invités à apporter leurs titres de créance au bureau de liquidation, établi au Saint-Esprit, près l'Hôtel-de-Ville. Le bureau est ouvert depuis dix heures jusqu'à une heure, et depuis cinq heures jusqu'à sept heures du soir. »

Enfin, on trouve, toujours dans le *Journal de la Municipalité et des sections* (n° du 31 août), sous ce titre : Hôtel-de-Ville. *Administration des biens nationaux ecclésiastiques du département de Paris, Bureau de liquidation,* un avis ainsi formulé :

« Tous débiteurs, fermiers et locataires des maisons religieuses d'hommes qui n'auraient pas rempli, en exécution des décrets de l'Assemblée nationale, l'obligation, qui leur a été annoncée par des lettres-circulaires, de faire vérifier leurs baux et dernières quittances par les préposés nommés à cet effet par la Municipalité de Paris, sont instamment priés de se présenter dans le plus bref délai au bureau de liquidation, établi au Saint-Esprit, place de l'Hôtel-de Ville, pour faire procéder à cette opération indispensable.

« Ils sont prévenus que cette formalité ne peut les dispenser de payer ès mains des receveurs des biens nationaux du département, et sur leurs avertissements, les loyers échus jusqu'à ce jour, dont il leur sera, par lesdits receveurs, donné des quittances acompte, pour être converties, après entière vérification et liquidation, en quittances définitives. »

Du Vendredi 30 Juillet 1790

~~~ A l'ouverture de la séance, un de MM. les secrétaires a fait lecture du procès-verbal du 7.

La rédaction en a été approuvée.

~~~ Le Comité des rapports a rendu compte d'un mémoire de M. Saint-Évrond.

Il a été renvoyé au Comité de secours de l'Assemblée nationale (1).

~~~ Le Département de la Garde nationale parisienne a exposé, par l'organe d'un de ses membres, qu'ayant pris communication d'un projet d'arrêté qui lui a été adressé, le 25 juillet, présent mois (2), par lequel il a été proposé à l'Assemblée de prononcer :

[Suit ici le résumé du projet d'arrêté inséré au procès-verbal de la séance du 24 juillet (3).]

Le Département ayant considéré qu'il lui est impossible de discuter, en connaissance de cause, le projet d'arrêté sur lequel l'Assemblée a ordonné que le Département serait entendu, sans avoir eu communication du mémoire que MM. les capitaines des compagnies du centre ont présenté à l'Assemblée (4), et sur lequel MM. les commissaires ont établi le projet d'arrêté dont il s'agit, le Département a arrêté que M. Osselin, l'un de ses membres, se rendra demain (5) à l'Assemblée générale de MM. les Représentants de la Commune pour demander, au nom du Département, la communication du mémoire de MM. les capitaines des compagnies du centre, afin de mettre le Département en état d'être entendu sur cette affaire, à laquelle il

---

(1) Cependant, l'Assemblée des Représentants revint sur cette affaire, le 20 août. (Voir ci-dessous.)

(2) C'est le 24, non le 25, que le projet d'arrêté avait été présenté; et la discussion en avait été fixée au 30, par décision du 26. (Voir ci-dessus, p. 571-572 et 576.)

(3) Séance du 24 juillet. (Voir ci-dessus, p. 571-572.)

(4) Séance du 10 juillet. (Voir ci-dessus, p. 448-449.)

(5) C'est-à-dire *aujourd'hui*, 30 juillet. Le rédacteur du *Procès-verbal*, pour abréger son travail, a évidemment copié telle quelle la décision prise la veille par le Département de la Garde nationale.

met toute l'importance qu'elle mérite; et, dès à présent, le Département charge M. Osselin d'assurer l'Assemblée qu'elle peut être sans inquiétude sur les dispositions, où sont les administrateurs du Département, de mettre immédiatement leurs successeurs définitifs et légalement constitués dans la position la plus facile pour la continuation de leurs opérations.

L'Assemblée a arrêté que le mémoire de MM. les capitaines serait communiqué à MM. du Département de la Garde nationale parisienne, et que l'affaire serait rapportée lundi, sans délai (1).

~~~ M. d'Hervilly a demandé la parole pour répondre à une inculpation qui lui avait été faite par le rapport de MM. les commissaires nommés pour l'examen des comptes rendus par le Comité des subsistances (2).

L'Assemblée, après avoir entendu contradictoirement M. d'Hervilly et MM. les commissaires;

A arrêté qu'ils se concerteraient avec M. Devouges pour vérifier les faits et lui en rendre compte dans sa prochaine séance (3).

~~~ Ensuite, M. Godard a continué son rapport des opérations générales de l'Assemblée (4).

~~~ M. le Commandant-général est venu annoncer à l'Assemblée la reconnaissance respectueuse des gardes nationales parisiennes soldées pour le zèle qu'elle avait mis à précipiter le rapport de leur affaire (5). Il a ensuite offert de se trouver, dès le lendemain, à une conférence qui pourrait avoir lieu entre MM. les commissaires et MM. les administrateurs, dont il espérait que le travail serait facile et prompt, vu les dispositions favorables de l'Assemblée pour messieurs des compagnies du centre.

L'Assemblée, voulant donner une nouvelle preuve de son empressement à rendre justice à messieurs des compagnies du centre et seconder les efforts de M. le Commandant-général pour reconnaître leurs services;

---

(1) La solution intervint plus tôt, grâce à l'intervention de LA FAYETTE, même séance. (Voir ci-dessous, p. 624-625.)

(2) Il avait été fait deux rapports sur les comptes du Comité des subsistances : le nom de D'HERVILLY ne se trouve mentionné ni le 20, ni le 23 juillet. (Voir ci-dessus, p. 530 et 554.)

(3) Une explication mit tout le monde d'accord, le lendemain 31 juillet. (Voir ci-dessous, p. 631.)

(4) La lecture de l'*Exposé des travaux* avait commencé le 24 juillet. (Voir ci-dessus, p. 572.)

(5) L'Assemblée avait refusé d'ajourner l'affaire des compagnies soldées, le 24 juillet. (Voir ci-dessus, p. 571.)

A arrêté que, si MM. les commissaires étaient prêts, elle rendrait, dans la prochaine séance, une décision définitive (1).

~~~ M. Godard a repris son rapport (2) jusqu'à la fin de la séance;

~~~ Qui a été levée à dix heures, et remise à demain, heure accoutumée.

Signé : Benière, curé de Chaillot, *président.*

Secrétaires : Demars, Bonneville, Letellier, Ballin, Desprez.

CONSEIL DE VILLE

~~~ Le vendredi 30 juillet 1790, à six heures du soir, le Conseil de Ville, convoqué en la forme ordinaire et réuni sous la présidence de M. d'Augy, en l'absence de M. le Maire;

~~~ Il a été fait lecture du procès-verbal de la dernière séance.

Le Conseil en a approuvé la rédaction.

~~~ Dix citoyens, députés par cent cinquante citoyens de la section des Enfants Rouges, réunis dans l'église de ce nom, ont été annoncés et introduits.

Ils venaient rendre compte des faits qui se sont passés dans leur section (3), et ont déposé sur le bureau un procès-verbal dont la teneur suit :

L'an 1790, le 30 juillet, entre midi et une heure, plus de cent citoyens de la section des Enfants Rouges, dont la majeure partie de l'ancien district des Enfants Rouges et quelques-uns des ci-devant districts des Capucins et des Blancs Manteaux, se sont assemblés dans l'église des Enfants Rouges, dénommée pour chef-lieu par lettres patentes du roi, du 27 juin 1790, et, n'y ayant trouvé ni président ni greffier élus, ont appris que l'assemblée se tenait dans l'église des Capucins, et que, dans l'étendue de cet ancien district, on avait annoncé, au son de la caisse : *Assemblée de la section, à dix heures;* qu'un citoyen du ci-devant district des Enfants Rouges ayant demandé : *De quelle section?* on lui avait répondu, après avoir hésité : *De la section du Marais;* que ce même citoyen avait dit au tambour qu'il n'existait pas de section de ce nom; que le tambour lui dit que c'était *celle des Capucins;* que le même citoyen lui observa qu'il n'en existait pas

---

(1) La décision, d'abord fixée au lundi 2 août, fut, en effet, prise le lendemain, 31 juillet. (Voir ci-dessus, p. 624, et ci-dessous, p. 631-633.)

(2) La lecture, reprise dans cette même séance, avait été interrompue. (Voir ci-dessus, p. 624.)

(3) La même difficulté avait été signalée déjà à la séance du 26 juin. (Voir ci-dessus, p. 277.)

davantage; enfin, que ce même tambour avait dit qu'*on lui avait ordonné de dire ainsi*.

D'après ce rapport et l'assurance acquise que le président et le secrétaire-greffier de la section des Enfants Rouges étaient, avec quelques citoyens, assemblés dans l'église des Capucins, en vertu d'un arrêté illégal pris hier à la fin d'une assemblée, tenue au chef-lieu, dont la majeure partie des membres s'étaient retirés ;

Et attendu :

1° Que, l'assemblée dans laquelle on avait fait déclarer le transport du chef-lieu dans l'église des Capucins n'ayant point été convoquée *ad hoc* et les motifs de l'assemblée étant pour un tout autre objet, cet arrêté doit être regardé comme nul et de nul effet ;

2° Que, la Municipalité ayant dénommé l'église des Enfants Rouges chef-lieu de la section, il n'appartenait qu'à elle, d'après le vœu unanime de la section convoquée *ad hoc*, de changer de lieu ;

3° Que, le décret de l'Assemblée nationale ayant donné à la section la dénomination de *section des Enfants Rouges*, c'est manquer au respect qui est dû aux décrets des représentants de la nation que de se permettre de changer, pour quelque raison que ce soit, la teneur de ses décrets, à plus forte raison quand il n'y a ni utilité, ni nécessité ;

4° Que ce changement illégal et inopiné, rendant les citoyens de la section incertains du lieu où ils doivent s'assembler, retarde, par le défaut de concours, les délibérations urgentes et provisoires proposées par la Commune ;

Ont déclaré et déclarent unanimement qu'ils s'opposent et sont opposants à toute assemblée qui ne se tiendra pas au chef-lieu indiqué par la Municipalité, d'après le décret de l'Assemblée nationale, et à toute autre dénomination que celle de section des Enfants Rouges, décrétée par l'Assemblée nationale, ainsi qu'à tout ce qui a été arrêté, proposé, ou qui pourrait l'être, depuis le moment de la levée de l'assemblée du chef-lieu jusqu'à son retour ;

Ont arrêté, en outre, que la présente déclaration et protestation sera portée au Comité de constitution, à M. le Maire, à la Municipalité, et adressée tant au président de la section qu'aux comités subsistant des trois ci-devant districts ;

Et, à cet effet, ont nommé pour porter à l'instant au Comité de constitution : MM. Néau, Gantois et Pajeaud de Lissy; à M. le Maire : MM. Néau, Gantois et Pajeaud de Lissy; à la Municipalité : MM. Marc, Guiard, Couturier, Lesueur, Gillard, Buard, Mantion, Olivier et Carbonneau, lesquels seront autorisés à demander une solution et à suivre l'affaire, s'il en est nécessaire, à l'Assemblée nationale, pour obtenir toute décision provisoire ou définitive à ce nécessaire ;

Ont arrêté, en outre, que la présente minute sera déposée aux archives des Enfants Rouges, et que M. Michault, du ci-devant district des Capucins, M. Duparc, de celui des Blancs Manteaux, et M. Charles, de celui des Enfants Rouges, sont autorisés à en délivrer les expéditions nécessaires.

Fait et arrêté, lesdits jour et an que dessus.

Signé : Guinguerlot, Blanchard, Pajeaud de Lissy, etc... (en tout, cent rente-deux signatures).

Plusieurs membres du Conseil se sont expliqués sur cette réclamation.

Divers arrêtés ont été proposés.

Le Conseil allait prononcer sur celui qu'il devait préférer, lorsque M. le Maire a proposé de se transporter lui-même tant dans l'église des Capucins du Marais que celle des Enfants Rouges, de voir, de parler aux deux parties de la section, et d'employer sa médiation pour ramener les esprits et terminer, s'il est possible, une discussion qui pourrait avoir les suites les plus affligeantes et peut-être même retarder les opérations dont la section doit exclusivement s'occuper.

Le Conseil a accepté, avec la plus vive reconnaissance, l'offre de M. le Maire.

MM. les députés (1) y ont unanimement applaudi.

Et M. le Maire a quitté le Conseil pour se rendre dans les deux assemblées où l'appellent son zèle et son amour pour le bien public.

Au surplus, le Conseil a sursis à prononcer sur les demandes de MM. les députés, jusqu'au moment où il serait instruit du succès des démarches de M. le Maire (2).

— M le Commandant-général est venu au Conseil.

— Il a assisté aux délibérations qui ont été prises à l'occasion de la liberté illimitée de la presse, ou plutôt de l'audace avec laquelle des écrivains soudoyés s'élèvent journellement contre l'Assemblée nationale, contre le roi et contre tous les corps administratifs (3).

Après une mûre délibération ;

Le Conseil a arrêté que M. le Commandant-général voudrait bien se concerter demain avec M. le Maire, pour mettre à l'ordre une invitation à la Garde nationale afin de faire cesser un désordre qui se trouve porté au dernier excès et qui pourrait occasionner les plus fâcheux inconvénients. (I, p. 627.)

— M. le président a levé la séance.

Signé : D'AUGY, *président ;* DE JOLY, *secrétaire.*

* * *

ÉCLAIRCISSEMENTS

(I, p. 627) L'embarras qu'éprouvait le Conseil de Ville pour réfréner les abus de la presse s'explique facilement par l'absence de toute réglementation légale. Comment surveiller et punir légalement la publication de ces

---

(1) Les dix députés de la section. (Voir ci-dessus, p. 625.)
(2) Séance du 31 juillet. (Voir ci-dessous, p. 636.)
(3) Question examinée dans les séances du 28 juin et du 2 juillet. (Voir ci-dessus p. 315 et 368-369.)

innombrables journaux, brochures, pamphlets, caricatures, placards, imprimés de toute sorte, diffamatoires, orduriers ou séditieux, qui pullulaient dans les rues de Paris, alors qu'il n'y avait point de loi réprimant les délits commis par la voie de l'impression? On en était réduit à les poursuivre arbitrairement, tantôt comme contraventions de police (1), ce qui paraissait faible, tantôt comme crimes de lèse-nation (2), ce qui était excessif.

Le seul texte législatif sur la presse était encore l'art. 11 de la Déclaration des droits de l'homme et du citoyen, aux termes duquel tout citoyen pouvait « parler, écrire, imprimer librement, sauf à répondre de l'abus de cette liberté dans les cas déterminés par la loi » (3).

C'était justement cette loi prévue comme devant organiser la responsabilité des abus de la liberté de la presse qui faisait défaut, et que le Conseil de Ville avait eu, un moment, l'idée de réclamer à l'Assemblée nationale (4).

L'Assemblée y pensait, cependant, de temps à autre; mais elle n'avait point, sur cette matière complexe et délicate, d'idées bien nettes, et ne se pressait pas d'en aborder la discussion. Elle avait bien décrété, le 12 janvier 1790, que le Comité de constitution serait chargé de présenter incessamment un projet de règlement sur la liberté de la presse (5). Mais, lorsque ce projet, précédé d'un rapport de Siéyès, lui avait été présenté par le Comité de constitution, le 20 janvier 1790, elle s'était bornée à en décréter l'impression (6).

Le *district des Cordeliers* n'avait donc point tort de prétendre, dans sa délibération du 19 juin 1790, que toute répression était illégale, puisque l'Assemblée nationale n'avait pas cru, dans sa sagesse, que le moment fût encore venu de déterminer les bornes de la liberté de la presse (7).

L'œuvre même du profond Siéyès parut avoir été oubliée; car, lorsque Dupont (de Nemours) vint demander, le 3 août, matin, que les Comités réunis de constitution et de jurisprudence criminelle fissent un rapport sur les délits commis par la voie de l'impression, nul ne rappela l'existence du projet du 20 janvier, et il fut décidé que le projet demandé serait présenté le 7 août (8).

De même, lorsque Regnaud (de Saint-Jean d'Angély) demanda, le 19 août, soir, que les Comités de constitution et de jurisprudence criminelle, qui n'avaient point donné satisfaction au décret du 3 août, missent plus de

---

(1) La notice sur le *Tribunal municipal de police* a signalé quelques jugements de ce genre. (Voir Tome V, p. *338-340*.)

(2) Par exemple, l'écrit intitulé : *C'en est fait de nous!* (Voir ci-dessus, p. *611*, note 2.)

(3) Article voté le 24 août 1789, et confirmé, avec l'ensemble de la Déclaration, le 2 octobre. (Voir *Archives parlementaires*, t. VIII, p. 482-483, et t. IX, p. 236-237.) Il figure, dans les mêmes termes, dans la Déclaration qui précède la constitution définitive du 3 septembre 1791.

(4) Séances du 28 juin et du 2 juillet. (Voir ci-dessus, p. 315 et 368-369.)

(5) Voir *Archives parlementaires* (t. XI, p. 172).

(6) Projet en 3 titres et 44 articles. (Voir *Archives parlementaires*, t. XI, p. 259-264.)

(7) Voir ci-dessus, p. *355-356*.

(8) Voir *Archives parlementaires* (t. XVII, p. 580).

hâte à s'acquitter de la tâche qui leur était confiée, on se contenta de fixer au 22 août le terme du délai accordé aux Comités pour la présentation du projet (1).

Mais, le 22 août, ce fut vainement que d'André réclama l'exécution de la résolution du 19 et la présentation promise du rapport sur la liberté de la presse. Le Chapelier expliqua que les Comités de constitution et de législation avaient pensé que la loi sur les excès de la presse devait être précédée de la loi sur l'établissement du jury. Et, sur cet argument douteux, l'Assemblée passa à l'ordre du jour (2).

La question ne revint qu'au moment de la revision de l'acte constitutionnel : le 23 août 1791, furent décrétés deux articles additionnels concernant la répression des délits commis par la voie de la presse, qui devinrent les art. 17 et 18 du titre V : *Du pouvoir judiciaire*, dans la constitution adoptée le 2 septembre suivant. Mais ces articles étaient des articles de principe, déclarant : le premier, que les seuls délits punissables, en dehors des délits privés, étaient ceux de provocation volontaire à la désobéissance aux lois ou, d'une façon générale, à quelqu'une des actions déclarées crimes ou délits par la loi ; le second, que la presse n'était responsable que devant le jury (3).

Restait à organiser cette responsabilité, en précisant les pénalités. En fait, le projet de décret sur les délits commis par la voie de l'impression ne fut présenté par Duport, au nom des Comités de constitution et de législation criminelle, qu'à la veille de la séparation de l'Assemblée nationale, le 29 septembre 1791. Il était trop tard pour en entamer la discussion ; on la renvoya donc, et forcément, à la législature suivante (4), qui ne trouva pas non plus le temps de s'en occuper.

(1) Voir *Archives parlementaires* (t. XVIII, p. 168).
(2) Voir *Archives parlementaires* (t. XVIII, p. 212-213).
(3) Voir *Archives parlementaires* (t. XXIX, p. 659).
(4) Projet en 2 titres, de 7 et 15 articles. (Voir *Archives parlementaires*, t. XXXI, p. 614-616.)

Du Samedi 31 Juillet 1790

~~~~ A l'ouverture de la séance, M. le président a fait lecture d'une lettre de MM. les administrateurs du Département des subsistances, en date de ce jour, par laquelle ils observent que le Département ne peut déférer à l'invitation, à lui faite par l'Assemblée, de rendre réponse sur la demande du sieur Gallet, communiquée par le Comité des rapports (1), attendu que, depuis le renvoi à lui fait, dans les premiers jours du mois de mai dernier, d'un mémoire du sieur Gallet (2), sur lequel ledit Département a répondu, le 22 du même mois (3), nul Comité de l'Assemblée ne lui a communiqué aucune autre demande du sieur Gallet.

Cette lecture a fait reprendre la discussion sur la communication, demandée par le sieur Gallet, des pièces qui sont nécessaires à l'établissement du compte qu'il doit rendre des achats de grains dont il a été chargé par le Comité des subsistances.

On a observé qu'à la vérité le Département avait ci-devant répondu que la plupart de ces pièces n'étaient pas en sa possession ; qu'ayant été produites ci-devant au procès qui avait été intenté au sieur Gallet, elles devaient se trouver au greffe criminel du Châtelet, où elles avaient été déposées (4) ; mais qu'il existait au Département des registres, dont la communication ne pouvait être refusée à ce fournisseur, à l'effet d'y recueillir les documents relatifs à sa comptabilité.

Un membre de l'Assemblée a demandé, en conséquence, qu'il fût pris un arrêté qui ordonnât cette communication.

La motion, ayant été appuyée, a donné lieu à quelques débats.

La discussion a été fermée.

Et l'Assemblée a arrêté que le sieur Gallet serait autorisé, sans

---

(1) Arrêté du 29 juillet. (Voir ci-dessus, p. 604-605.)
(2) Séance du 15 mai. (Voir Tome V, p. 397.)
(3) Réponse communiquée le 31 mai. (Voir Tome V, p. 607.)
(4) Procès intenté en octobre 1789. (Voir Tome I, p. *540*, et Tome II, p. 398 et *402-403*.)

[31 Juillet 1790] DE LA COMMUNE DE PARIS 631

déplacement, à prendre, au Département des subsistances, communication de tous registres et autres pièces qui pourraient lui donner des renseignements sur sa comptabilité, et que le Département serait invité à lui donner cette communication (1).

~~~ Un mémoire du sieur David, citoyen de cette ville et caporal de la Garde nationale, relatif au refus, qui lui a été fait par les administrateurs du Mont-de-piété, de recevoir un billet de la Caisse d'escompte en paiement du dégagement des effets par lui déposés à cet établissement (2), a été renvoyé au Comité des rapports (3).

~~~ La discussion a été ouverte, de nouveau, sur la réclamation faite, dans la séance d'hier, par M. d'Hervilly, l'un des Représentants de la Commune et administrateur, contre quelques expressions du rapport fait par MM. les commissaires chargés de l'examen du compte du Comité (4) des subsistances, qui était en activité lors des opérations de M. d'Hervilly (5).

Il a été observé, par un des membres de ce Comité (6), que M. d'Hervilly avait rendu compte de sa gestion, aussitôt qu'elle avait été terminée, et notamment de l'emploi par lui fait de la somme de 20,000 livres qu'il avait touchée, lors de son voyage à Provins; qu'il se rappelait très bien que, chargé par le Comité de la vérification des comptes, les pièces de la comptabilité de M. d'Hervilly lui avaient été présentées; qu'elles avaient été trouvées parfaitement en règle; qu'elles avaient été rassemblées et déposées au Comité, et qu'elles devaient exister dans les bureaux du Département actuel des subsistances.

Cette explication ayant paru satisfaisante, l'Assemblée a unanimement donné acte à M. d'Hervilly de la déclaration faite par M. de Vouges, et a arrêté qu'il lui en serait délivré une expédition pour lui servir et valoir ce que de raison.

~~~ Un des commissaires, nommés pour l'examen de la pétition présentée par MM. les capitaines des compagnies du centre de la Garde nationale de cette ville (7), a rendu compte qu'en conséquence

(1) Gallet dut réclamer à plusieurs reprises l'exécution de cet arrêté, notamment le 14 et le 23 août. (Voir ci-dessous.)
(2) Réclamation semblable du *district des Blancs Manteaux*, du 9 février, et arrêté de l'Assemblée, du 12 février. (Voir Tome IV, p. 47-48 et 78-79.)
(3) Rapport, le 3 août. (Voir ci-dessous, p. 651.)
(4) Les mots *du Comité* manquent dans le texte de l'édition originale. Il est indispensable de les rétablir.
(5) Séance du 30 juillet. (Voir ci-dessus, p. 624.)
(6) Devouges, nommé plus loin.
(7) Commissaires nommés le 10 juillet. (Voir ci-dessus, p. 449.)

de l'ajournement arrêté en la séance précédente (1), lesdits commissaires s'étaient réunis avec MM. les administrateurs du Département de la Garde nationale, en présence de M. le Commandant-général, de MM. les officiers de l'État-major général, de M. le quartier-maître général et de MM. les capitaines députés; et qu'après avoir conféré sur la demande dont il s'agissait, ils étaient convenus de présenter à l'Assemblée un projet d'arrêté qui paraissait propre à concilier tous les intérêts.

Un de MM. les administrateurs a fait lecture de ce projet d'arrêté, dont la teneur suit :

« L'Assemblée, après avoir entendu le rapport de ses commissaires et les administrateurs du Département de la Garde nationale, d'après la conférence qui a eu lieu entre eux et M. le Commandant-général, les officiers de l'État-major général, le quartier-maître général présent, sur les demandes de MM. les capitaines des compagnies du centre des six divisions, touchant la distribution d'une somme convenable sur la masse générale ;

« A arrêté, provisoirement et jusqu'à l'organisation définitive de la Garde nationale, par considération pour le service extraordinaire des soldats du centre et pour leur donner, de la part de la Commune, une marque de satisfaction pour les bons témoignages que M. le Commandant-général a rendus de leur conduite :

« 1° Que, sur la masse générale qui est attribuée pour toutes les fournitures d'armement, équipement, habillement, grande et petite monture, de recrutement et engagement, distraction sera faite de 42 livres, par an et par homme, pour tous les objets de petite monture, qui consistent en chemises, cols, bas, souliers, guêtres, boucles, cocardes, et généralement tout ce qui est compris sous la dénomination de *petite monture,* et ce, à partir du 1er janvier 1790, laquelle somme, ainsi distraite, formera la petite masse et sera payée aux capitaines de chaque compagnie, suivant l'usage, par le quartier-maître général, qui est autorisé, savoir 21 livres pour les six mois échus au 1er juillet présent mois, et les 21 livres restantes par moitié de trois mois en trois mois, de laquelle masse les capitaines feront le décompte à chacun de leurs soldats, dans la forme qui sera réglée par M. le Commandant-général ;

« 2° Que ceux même des soldats du centre qui ont été engagés depuis le 8 janvier dernier, seront admis au décompte des six premiers mois ;

---

(1) Séance du 30 juillet. (Voir ci-dessus, p. 624-625.)

« 3° Et, attendu que les marchés faits par le Département de la Garde nationale ne peuvent être que d'un très grand secours pour les besoins réels du moment, les fournitures qui résultent desdits marchés seront employées jusqu'à leur accomplissement, à l'effet de quoi l'état desdits marchés sera remis au quartier-maître général par le Département de la Garde nationale. »

Ce projet d'arrêté, n'ayant donné lieu à aucune réclamation, a été mis aux voix;

Et adopté unanimement par l'Assemblée (1).

~~~ La femme Gaillard, à qui l'Assemblée avait précédemment décerné une médaille de bonne citoyenne (2), et qui n'avait pu la recevoir alors pour cause de maladie, s'étant présentée;

M. le président lui a adressé le discours suivant :

> Brave citoyenne,
> Le privilège spécial des actions vertueuses étant de porter avec soi leur récompense la plus flatteuse, la plus précieuse, la douce satisfaction attachée au sens intime du bien qu'on a fait, cette délicieuse jouissance a dû diminuer l'amertume du délai que les circonstances ont apporté à la délivrance de celle que l'Assemblée des Représentants de la Commune, dans la vue de contribuer à la régénération des mœurs par l'émulation de la vertu, a cru devoir décerner au patriotisme qui vous a portée à diminuer, par tous vos efforts, l'horreur de ces jours de trouble que l'histoire voudrait pouvoir effacer de ses fastes. Recevez-la, brave citoyenne, avec le même plaisir que j'ai à vous la présenter. Oui, ce beau jour ne s'effacera jamais de ma mémoire; il sera toujours le plus cher à mon cœur et m'anime d'une nouvelle reconnaissance envers mes collègues, qui, en me plaçant à leur tête, m'ont procuré la glorieuse prérogative de couronner la vertu et, par là, de remplir une des strictes obligations de mon état, en concourant à étendre son empire. Vous ne l'oublierez pas non plus, brave citoyenne, ce jour si glorieux; vous ferez de cette médaille votre plus précieux ornement; elle vous animera d'un civisme sans cesse renaissant; elle deviendra, pour vos semblables qui la contempleront, un aiguillon pour imiter vos travaux patriotiques et se rendre dignes, par une fidélité inviolable à la nation, à la loi et au roi, de la liberté que nous avons conquise et qu'affermit, chaque jour, le courage intrépide de nos braves frères d'armes.

Après ce discours, M. le président a remis à ladite femme Gaillard la médaille qui lui était destinée, au milieu des applaudissements de l'Assemblée et du public.

~~~ Le Comité des rapports a rendu compte de la demande formée par les entrepreneurs de la manufacture d'armes de guerre de Saint-Étienne-en-Forez, à fin de paiement de la somme de 85,212 livres 12 sols à eux due, pour le prix de 3,000 fusils qu'ils ont fournis pour l'armement de la Garde nationale parisienne, savoir 84,000 liv. pour

---

(1) L'impression de cet arrêté fut ordonnée le 5 août. (Voir ci-dessous, p. 661.)
(2) Arrêté du 13 juillet. (Voir ci-dessus, p. 488.)

le prix desdites armes, fixé par le Département de la guerre à raison de 28 livres l'une, et 1,212 liv. 12 sols pour frais accessoires (1). Ces entrepreneurs ont exposé que, conformément aux ordres qui leur avaient été donnés, ils avaient fait la fourniture de ces armes, à l'époque du 1er janvier; qu'elles n'étaient, à la vérité, arrivées à Paris que le 21 du présent mois de juillet, suivant le certificat de réception de M. l'abbé Lefebvre, garde-général de l'artillerie de l'Hôtel-de-Ville, en date dudit jour; mais que, l'expédition en ayant été différée (2) par la municipalité de Lyon (3), par des considérations qui ne sont point personnelles aux entrepreneurs, ce retard ne doit leur porter aucun préjudice : ils demandaient, en conséquence, qu'outre le prix principal de leur fourniture, il leur fût tenu compte des intérêts, à raison de 1/2 0/0 par mois, à compter du 1er janvier dernier. Le Comité des rapports a conclu à ce qu'avant de faire droit sur cette demande, le Département de la Garde nationale fût consulté.

M. Osselin, l'un des membres de ce Département, se trouvant présent à l'Assemblée, a déclaré qu'il n'avait rien à opposer aux réclamations faites par les entrepreneurs, et a demandé qu'il fût permis à l'un d'eux, qui était présent, de les développer.

L'Assemblée y ayant consenti;

Cet entrepreneur, après avoir sommairement rappelé les faits détaillés au mémoire dont le Comité des rapports venait de rendre compte, a observé que la compagnie, chargée de la fourniture des armes de la manufacture de Saint-Étienne, ne devait pas être considérée sous le même point de vue que des entrepreneurs ordinaires; que les membres qui la composaient étaient des régisseurs faisant fonds; que, par leur traité avec le Département de la guerre, ils étaient tenus de délivrer annuellement une certaine quantité de fusils, à des termes convenus; que la fourniture qu'ils avaient faite pour la Ville de Paris était un excédant, pour lequel ils avaient été obligés d'employer des moyens et de faire des avances extraordinaires; et que, puisque le retard de l'expédition différée par la municipalité de Lyon ne pouvait leur être imputé, les intérêts d'usage dans ce commerce devaient leur être alloués en sus, et jusqu'au paiement du prix principal qu'ils réclament avec instance; et que

(1) Demande renvoyée au Comité des rapports, le 26 juillet. (Voir ci-dessus, p. 576-577.)
(2) Le texte de l'édition originale porte ici : *déférée*. Erreur évidente.
(3) Ces armes, retenues à Lyon, avaient été plusieurs fois réclamées; le maire de Lyon avait enfin fait savoir, le 19 juin, qu'il ne s'opposait pas au transport. (Voir Tome V, p. 658, 667-668, 671-672, et ci-dessus, p. 163.)

les intérêts devaient être regardés comme une indemnité légitime, non seulement du retard de la rentrée de leurs fonds, mais encore des frais de voyage qu'ils ont été obligés de faire à Lyon et à Paris, pour obtenir la justice qui leur est due.

Plusieurs membres ayant parlé pour appuyer ou pour combattre cette prétention ;

L'Assemblée a arrêté que la demande des entrepreneurs de la manufacture d'armes de Saint-Étienne serait renvoyée au Conseil de Ville, qui prononcerait tant sur le remboursement du prix principal que sur le paiement des intérêts demandés (1).

~~~ M. Bonneville, l'un des secrétaires, a fait lecture d'un mémoire par lequel quatre particuliers, détenus dans les prisons de Rouen depuis un an, protestent de leur innocence et demandent les bons offices de l'Assemblée auprès du Comité des rapports de l'Assemblée nationale, saisi de leur affaire (2).

L'Assemblée a arrêté que le mémoire serait renvoyé au Comité des rapports de l'Assemblée nationale, avec prière de le prendre en considération (3).

~~~ M. le président ayant rappelé à l'Assemblée qu'elle devait procéder, aujourd'hui, à la nomination de son successeur (4) ;

Il a été procédé au ballottage entre M. Vincendon et M. l'abbé Fauchet, qui avaient réuni le plus de voix.

Et, par le résultat de ce troisième scrutin, M. Vincendon, ayant obtenu la majorité, a été proclamé président.

Comme il était absent de l'Assemblée, il a été sursis à son installation, jusqu'à la prochaine séance (5).

~~~ Et celle de ce jour a été ajournée à lundi prochain, 2 août, cinq heures du soir.

Signé : Bénière, curé de Saint-Pierre de Chaillot, *président*.

Secrétaires : Castillon, Demars, Bonneville, Letellier, Ballin.

---

(1) Le *Conseil* s'occupa de cette affaire les 5 et 27 août. (Voir ci-dessous, p. 663.)

(2) Les procès-verbaux de l'Assemblée constituante signalent, à la date du 28 juillet 1789, une « requête de trois bourgeois de Rouen (dont on ne donne pas les noms) qui prétendent avoir été illégalement arrêtés et conduits dans les prisons, où ils sont encore détenus ». (Voir *Archives parlementaires*, t. VIII, p. 292.) Il y a tout lieu de croire que ce sont les mêmes, puisqu'ils se plaignent, un an après, d'être détenus depuis un an.

(3) On ne trouve plus trace de cette affaire.

(4) Bénière avait été élu président le 19 juillet. (Voir ci-dessus, p. 522.)

(5) Séance du 2 août. (Voir ci-dessous, p. 643.)

CONSEIL DE VILLE

— Le samedi 31 juillet 1790, à six heures du soir, le Conseil de Ville, convoqué en la forme ordinaire et réuni sous la présidence de M. d'Augy, en l'absence de M. le Maire ;

— Il a été fait lecture du procès-verbal de la dernière séance.

La rédaction a donné lieu à différentes observations ;

D'après lesquelles, le procès-verbal a été adopté tel qu'il est.

— M. le président ayant annoncé que les questions relatives à la construction du corps-de-garde de la place de Birague avaient été ajournées à cette séance (1);

MM. les députés du bataillon de Saint-Louis de la Culture et les citoyens opposants à cette construction ont été introduits.

Leurs observations respectives ont été entendues.

Et, après qu'il en a été délibéré ;

Le Conseil a arrêté que, demain, M. Quin, chargé de l'administration des fontaines, et M. Étienne de La Rivière, chargé de l'administration des corps-de-garde, se transporteraient sur la place de Birague ; qu'ils entendraient les membres du bataillon ainsi que les particuliers réclamants, constateraient l'état des tuyaux qui passent sous le terrain où le corps-de-garde doit être construit, la possibilité de les conserver et de les couvrir par une voûte que l'on propose de construire ; qu'ils appelleraient même à cet effet le fontainier de la Ville, et qu'ils dresseraient du tout un procès-verbal qui serait remis et rapporté au Conseil, pour être ordonné ce qu'il appartiendra (2).

— M. le Maire est venu présider l'Assemblée.

— Le Conseil a arrêté qu'il ne serait point frappé encore de médaille concernant l'établissement de la mairie de Paris (3).

— Les commandants de bataillon des Enfants Rouges et des Capucins du Marais, députés par la section des Enfants Rouges, sont venus annoncer que les difficultés qui s'étaient élevées entre les citoyens (4) venaient d'être heureusement terminées, et qu'ils s'étaient empressés d'en faire part à la Municipalité. (I, p. 637.)

Le Conseil a appris cette réunion avec la plus grande satisfaction, et M. le Maire l'a témoigné à MM. les députés.

---

(1) Ajournement du 26 juillet. (Voir ci-dessus, p. 580.)
(2) Séance du 1ᵉʳ août. (Voir ci dessous, p. 641-642.)
(3) Contrairement à l'arrêté du Conseil, du 8 juillet. (Voir ci-dessus, p. 437.) La médaille fut distribuée le 10 août. (Voir ci-dessous, p. 695.)
(4) Séance du 30 juillet. (Voir ci-dessus, p. 625-627.)

~~~ Sur le compte, rendu par M. Étienne (1) et M. Quin, administrateurs au Département des travaux publics, qu'il était arrivé, dans les carrières à plâtre de Belleville, un accident à la suite duquel plusieurs personnes avaient péri ;

Le Conseil municipal, considérant que l'inspection et la sûreté des carrières exigent toute l'attention et la sollicitude des administrateurs municipaux, autorise le Département des travaux publics à se faire représenter, par l'administration des carrières et ses employés, toutes les pièces relatives aux travaux desdites carrières, tels que plans, devis, marchés, conventions, etc.; à entendre contradictoirement le sieur Guillaumot, inspecteur-général des carrières, et les autres employés, avec le sieur Taillieur (2) et les ouvriers ; à faire, dans le plus court délai, une visite générale de toutes les carrières tant à pierres qu'à plâtre, en présence des parties; à dresser procès-verbal du tout, et faire son rapport au Conseil ;

Arrête que, tant pour la visite que pour le procès-verbal, le Département des travaux publics pourra choisir tel homme de l'art qu'il jugera convenable.

Le Conseil charge le procureur-syndic de veiller à l'exécution du présent arrêté et, à cet effet, de se joindre et de se concerter avec le Département des travaux publics.

~~~ Le secrétaire a présenté, et le Conseil a renvoyé au procureur-syndic de la Commune, l'expédition d'un procès-verbal de la section des Lombards, en date du 30 juillet, relatif au corps-de-garde que l'adjudicataire du corps-de-garde de Sainte-Opportune sur la place des Innocents continue à faire bâtir, malgré les arrêtés du Conseil (3).

~~~ M. le Maire a levé la séance.

Signé : D'AUGY, *président;* DEJOLY, *secrétaire.*

* * *

ÉCLAIRCISSEMENTS

(I, p. 636) La querelle qui agitait depuis un mois (4) les deux fractions de la *section des Enfants Rouges* se termina par une transaction, dont les bases sont indiquées par un procès-verbal de l'assemblée générale de la section,

---

(1) *Lire :* DE LA RIVIÈRE (Étienne).
(2) *Lire :* LE TAILLEUR, sous-ingénieur. (Voir ci-dessus, p. 274.)
(3) Arrêté du 29 juillet. (Voir ci-dessus, p. 606.)
(4) Séance du *Conseil de Ville* du 26 juin. (Voir ci-dessus, p. 277-278).

séante aux Capucins du Marais, le 31 juillet (1), duquel il résulte que deux assemblées des citoyens de la section siégeaient simultanément, ce jour-là, l'une aux Capucins du Marais, l'autre aux Enfants Rouges; qu'elles se tenaient en communication par des députés; que la seconde fit dire à la première qu'au moment où celle-ci (celle des Capucins du Marais) s'engagerait à ne jamais demander le changement du nom de la section, la première (celle des Enfants Rouges), de son côté, se transporterait sur-le-champ en l'église des Capucins pour y tenir la séance de la section entière; que ces propositions, discutées et mises aux voix, furent acceptées à l'unanimité par l'assemblée des Capucins du Marais.

On voit que le litige portait en même temps sur le nom et sur le siège de la section.

D'après le décret du 22 juin, c'était l'église des Enfants Rouges qui devait être le lieu d'assemblée des citoyens actifs de la section formée de tout l'ancien district des Capucins du Marais et de la plus grande partie du district des Enfants Rouges (2), de sorte que c'était cette fraction favorisée qui imposait à la nouvelle section à la fois son siège et son nom, tandis que la fraction provenant de l'ancien district des Capucins du Marais, complètement sacrifiée, perdait tout ensemble son nom et son centre de réunion.

Très mécontents, les habitants du district des Capucins commencèrent par s'assembler de leur propre autorité là où ils en avaient l'habitude, à l'église des Capucins du Marais, et de là, envoyèrent à l'Assemblée nationale une délibération demandant le changement du nom de la section : à leur tour, ils voulaient tout avoir, entendant que la nouvelle section fût la continuation augmentée de leur ancien district.

Heureusement, des négociations furent entamées qui aboutirent à l'accommodement du 31 juillet : la fraction des Enfants Rouges se contenta de donner son nom à l'ensemble du groupement et renonça à rester le siège officiel de la section; de son côté, la fraction des Capucins du Marais, satisfaite de conserver chez elle le lieu des réunions de toute la section, n'insista plus sur la question du nom.

Le président de la section informa le Comité de constitution de cette solution pacifique par une lettre, datée du lendemain, 1er août (3), dont voici un extrait :

Messieurs,

En qualité de président de la section des Enfants Rouges, j'ai l'honneur de vous adresser l'arrêté pris hier (31 juillet) unanimement dans l'assemblée de la section, par lequel des bons citoyens, des frères, qu'un moment d'égarement avait divisés, se sont réunis pour coopérer ensemble au bien public...

J'ai, en conséquence, l'honneur de vous prier de vouloir bien regarder comme non avenue la demande contenue dans l'arrêté de la section qui vous a été remis par les commissaires de la section vendredi dernier (30 juillet), ayant pour

(1) Pièce manusc., signée : DE COURTYE, secrétaire-greffier (Arch. Nat., D iv 49, n° 1424).

(2) Le reste de l'ancien district des Enfants Rouges était englobé par la section du Temple.

(3) Pièce manusc. (Arch. Nat., D iv 49, n° 1424).

objet le changement de son nom (1), et dont vous aviez promis de faire le rapport lundi prochain (2 août) à l'Assemblée nationale pour avoir sa décision; et, même, pour qu'il n'en reste aucune trace, je vous supplie de me le renvoyer ainsi que les observations qui y avaient été jointes, ces objets étant, dans cette heureuse circonstance, devenus inutiles.

Je suis, avec respect, etc...

Signé : ANDELLE, président.

Grâce au contrat signé le 31 juillet, la paix régna dans la section, dont les assemblées continuèrent à avoir lieu, en dépit du décret du 22 juin, mais avec la tolérance du Comité de constitution, dans l'église des Capucins du Marais (2), jusqu'après le 10 août 1792 : à cette époque, et par une opération inverse de celle qu'on vient de voir se réaliser, la section prit le nom de *section du Marais*, tandis que le siège des assemblées était transféré à l'église des Enfants Rouges.

(1) Cet arrêté n'est pas connu. C'était peut-être une répétition de la délibération du 16 juin, proposant le nom de *section du Marais*. (Voir ci-dessus, p. 277, note 5.)

(2) Le fait est attesté notamment par l'*Almanach général du département de Paris pour l'année 1791*, plus exact que l'*Almanach royal* de 1791, qui continue à indiquer, comme siège des réunions des assemblées de la section, l'église des Enfants Rouges.

Du Dimanche 1ᵉʳ Août 1790

CONSEIL DE VILLE

Séance du matin.

— Le dimanche, 1ᵉʳ août 1790, à six heures du matin, le Conseil de Ville, convoqué, réuni en la forme ordinaire et présidé par M. d'Augy, en l'absence de M. le Maire ;

— Il a été fait lecture du procès-verbal de la séance d'hier.
Le Conseil en a approuvé la rédaction.

— Lecture faite d'une lettre adressée à la Municipalité par le maire de Villemomble (1) ;

Le Conseil a arrêté que le secrétaire lui répondrait que, l'objet sur lequel le Conseil était consulté étant hors de sa compétence, il croyait que la municipalité de Villemomble devait s'adresser au Comité de constitution de l'Assemblée nationale (2).

— Le Conseil de Ville, témoin du patriotisme, du zèle, de l'intelligence et de l'activité dont M. Dejoly n'a cessé de donner des preuves éclatantes depuis le premier instant de la Révolution, tant en qualité de secrétaire de la Commune qu'en qualité de secrétaire du Conseil de Ville (3), se plaît à rappeler les témoignages publics de reconnaissance que l'Assemblée des Représentants de la Commune a pensé devoir donner à ses services (4) ; il croit devoir, en

---

(1) Canton de Noisy-le-Sec, arrondissement de Saint-Denis (Seine).

(2) Les procès-verbaux de l'Assemblée nationale ne contiennent rien concernant la commune de Villemomble.

(3) DE JOLY avait été secrétaire de la *première Assemblée des Représentants de la Commune*, depuis le 27 juillet jusqu'à la fin, 18 septembre, sans interruption, et de la *seconde Assemblée des Représentants*, depuis le 19 septembre jusqu'au 8 octobre, date de la formation du Conseil de Ville. Ce jour-là, il avait été élu par acclamation secrétaire du *Conseil de Ville*, et, réélu régulièrement le 13 novembre, il n'avait cessé de remplir ces fonctions. De même, c'était lui qui tenait la plume au *Bureau de Ville*. (Voir Tome I, p. 24-25, 168 et 330 ; Tome II, p. 3, 83, 219, 354 et 620.)

(4) Notamment, dans l'arrêté du 4 octobre 1789. (Voir Tome II, p. 157-158.)

outre, consigner dans ses registres les témoignages particuliers de son estime pour un collègue qui a sacrifié sa tranquillité, ses nuits et ses affaires personnelles pour l'expédition des affaires du Conseil de Ville et la tenue de ses registres; il aime à déclarer que nul autre de ses membres, peut-être, n'aurait pu apporter plus d'intelligence et d'assiduité à l'exercice des fonctions pénibles et délicates qui lui ont été confiées; et la Municipalité croit acquitter faiblement la dette de sa reconnaissance en arrêtant, à l'unanimité, que M. Dejoly recevra en plein Conseil les justes remerciements qui sont dus au dévouement avec lequel il s'est livré sans relâche aux travaux les plus fatigants et les plus multipliés, et qu'expédition du présent arrêté lui sera délivrée et signée par M. le président (1).

~~~ La séance ayant été prolongée jusqu'à trois heures, le Conseil l'a suspendue pour la reprendre à cinq heures précises.

Séance du soir.

~~~ Et le même jour, 1ᵉʳ août 1790, à cinq heures du soir, le Conseil de Ville, présidé par M. le Maire, a repris le cours de ses délibérations.

~~~ L'affaire du corps-de-garde de Saint-Louis de la Culture a été l'un des premiers objets dont le Conseil s'est occupé (2).

Elle a été terminée par l'arrêté suivant :

Le Conseil, après avoir entendu, dans deux de ses précédentes séances, M. Froment par M. Saintin, qui a parlé en son nom et en sa présence, M. Fieu et M. Le Dreux, dans leurs réclamations respectives au sujet de l'emplacement du corps-de-garde qui se fait sur la place de Birague, pour le bataillon de Saint-Louis de la Culture; après avoir pareillement entendu, dans sa séance de ce jour, le rapport des commissaires qu'elle avait nommés par son arrêté d'hier pour examiner le local; enfin, après avoir entendu M. le commandant de bataillon et MM. les députés du bataillon de Saint-Louis de la Culture;

A arrêté que, nonobstant l'opposition formée par le sieur Froment, dont il fait mainlevée, le corps-de-garde du bataillon de Saint-Louis

---

(1) Par ce témoignage de satisfaction, le *Conseil de Ville* entendait évidemment répondre à l'arrêté de l'*Assemblée des Représentants,* du 20 juillet, qui blâmait DE JOLY. (Voir ci-dessus, p. 534-535.)

(2) Ajournement du 31 juillet. (Voir ci-dessus, p. 636.)

de la Culture sera construit sur les fondations déjà préparées, et qui ont été établies conformément à ce qui avait été ordonné à l'époque de l'adjudication du corps-de-garde; qu'au surplus, ladite adjudication sera exécutée en sa forme et teneur (1).

Le Conseil reçoit avec sensibilité l'offre volontaire qui lui avait déjà été faite, et qui vient de lui être réitérée par MM. Fieu et Le Dreux, d'une somme de 1,000 livres, pour subvenir aux frais que pourra occasionner le déplacement de six tuyaux sortant de la fontaine de Birague pour porter de l'eau en divers endroits, et arrête que ladite somme de 1,000 livres sera versée entre les mains du trésorier de la Ville.

Et, sur les instances déjà faites et présentement réitérées par MM. les députés du bataillon de Saint-Louis de la Culture, le Conseil autorise ce bataillon à faire prolonger son corps-de-garde, soit de 36 pieds de long au lieu de 30, à la charge néanmoins par MM. du bataillon de Saint-Louis de la Culture, ainsi qu'ils l'offrent et le promettent par MM. leurs députés, de payer l'augmentation de dépense que cet accroissement de construction pourra occasionner, et de prendre avec l'adjudicataire des arrangements tels que le trésor de la Commune ne supporte rien au-delà du prix de l'adjudication.

Le Conseil ordonne que, par M. le procureur-syndic, son présent arrêté sera demain envoyé à MM. du bataillon de Saint-Louis de la Culture, en la personne de leur commandant, et notifié à l'adjudicataire du corps-de-garde et au Département des travaux publics (2).

Sur la demande de MM. les officiers de l'État-major général, et en l'absence de MM. les administrateurs au Département du domaine;

Le Conseil municipal charge l'État-major général de donner les ordres pour la fourniture de l'étape nécessaire au détachement de la Garde nationale qui doit partir demain pour Châlons-sur-Marne (3), conformément à ce qui s'est observé lors de l'envoi du dernier détachement, et, en outre, d'ordonner le fournissement d'un chariot et les accessoires nécessaires.

Signé : BAILLY; DAUGY, *président;* DEJOLY, *secrétaire.*

---

(1) L'adjudication avait eu lieu le 1er juin. (Voir Tome V, p. 252.)
(2) Cet arrêté termina l'affaire, qui remontait au 23 avril. (Voir Tome V, p. 119-120.)
(3) Il s'agit du détachement destiné à escorter DE BONNE, dit SAVARDIN, EGGS et PERROTIN, dit DE BARMOND, tous trois arrêtés le 28 juillet à Châlons-sur-Marne, et ramenés à Paris en vertu du décret du 29 juillet. (Voir ci-dessus, p. *613-614.*)

Du Lundi 2 Août 1790

∼ A l'ouverture de la séance, M. Vincendon, qui ne s'était pas trouvé présent à celle du 31 du mois dernier, dans laquelle, d'après le résultat du scrutin, il avait été nommé président (1), a prêté serment entre les mains de M. Michel, l'un de ses prédécesseurs dans cette place (2), M. le curé de Chaillot (3), ex-président, n'étant pas encore arrivé à l'Assemblée.

M. Vincendon, ayant pris le fauteuil, a prononcé le discours suivant :

Messieurs,
Lorsque vous m'avez appelé à la place que je vais remplir, vous avez compté sur mon zèle, et votre attente ne sera pas trompée. En acceptant l'honneur d'être associé d'une manière si flatteuse à la gloire que vous avez acquise, moi qui ai contribué si faiblement à former ce dépôt de notre commune fortune, j'ai compté sur vos bontés, dont ma nomination suppose la promesse. C'est à l'indulgente confraternité à protéger son propre ouvrage.
La présidence du digne collègue qui m'a précédé me montre la route qu'il faut suivre pour arriver au succès. Si je ne puis espérer de l'atteindre, j'aurai du moins à m'applaudir du choix de mon modèle.
Je ne sais, Messieurs, quels travaux vous sont réservés sur la fin de votre carrière; mais le passé répond que les événements vous trouveront prêts à marquer par des actes de sagesse et de courage les derniers instants de votre existence. Vous laisserez d'honorables souvenirs et de grands exemples pour le temps où vous ne serez plus. On se rappellera surtout que vos séances sont devenues une école fameuse de morale, de politique et de patriotisme qui a fortifié et répandu le véritable esprit public, germe fécond de la liberté et le plus ferme appui de la constitution.

Ce discours a reçu les applaudissements que méritaient les sentiments de dévouement au bien public et les principes de patriotisme, développés par M. le président.

∼ On allait passer à l'ordre du jour;
∼ Quand M. le curé de Chaillot (4) est monté au bureau.

---

(1) Séance du 31 juillet. (Voir ci-dessus, p. 635.)
(2) Michel avait occupé la présidence du 22 mai au 7 juin. (Voir Tome V, p. 513 et 683.)
(3) Bénière.
(4) Bénière, président sortant.

Et, après avoir fait à l'Assemblée ses excuses d'être arrivé un peu tard, il a prononcé le discours suivant :

> Au moment que vous avez daigné me placer à votre tête, j'ai redouté ce fardeau ; convaincu de mon insuffisance, elle m'a porté à réclamer vivement votre indulgence ; vous me l'avez prodiguée ; elle m'a soutenu et m'anime de la plus vive reconnaissance, qui ne sera pas moins durable que ma juste admiration pour votre constance à servir la chose publique, avec un zèle qui, comme il n'arrive que trop souvent, bien loin d'être refroidi par le moment de votre dissolution, semble augmenter d'ardeur. Vous ne me blâmerez pas sans doute d'attribuer en partie ce dernier et bien louable effort au tableau fidèle et discret de vos importants travaux (1), tableau bien propre à vous porter à ne pas dégénérer, et tout à la fois à fermer la bouche de vos détracteurs, victimes d'une basse envie, que l'évidence de votre utilité forcera bientôt à vous rendre justice et, j'ose l'augurer, à vous regretter.
>
> Le citoyen que vous avez choisi pour être mon successeur et qui a, dès le commencement de la Révolution, déployé dans la même carrière un zèle égal à ses talents, semble m'être un sûr garant de cet augure.

L'Assemblée a ordonné que ce discours serait inséré dans le procès-verbal, et a voté des remerciements à M. l'ex-président.

— Il a été fait lecture d'une lettre du sieur Maillard, soldat-citoyen et maître perruquier : il demande une indemnité sur ce que, la boutique qu'il tenait à bail s'étant trouvée adossée à la caserne du bataillon de Saint-Nicolas des Champs et étant devenue nécessaire pour l'établissement d'un corps-de-garde, il a été obligé de déménager et de sacrifier toutes les dépenses qu'il avait faites sur les lieux pour sa commodité et les arrangements relatifs à son état ; il ajoute que ce déplacement lui a fait perdre beaucoup de pratiques, et réclame la justice de MM. les Représentants de la Commune.

L'Assemblée a renvoyé cette lettre au Comité des rapports, pour se concerter sur cet objet avec MM. les administrateurs du Département de la Garde nationale (2).

— Il a été pareillement renvoyé au même Comité une lettre de la dame veuve Lebel, relativement à une loterie de tableaux (3).

— Un membre de ce Comité a pris la parole sur l'affaire du sieur Mongé, ci-devant chef d'atelier dans les travaux publics, à qui MM. les administrateurs de ce Département ont ôté sa place. Le sieur Mongé, privé de son état, a présenté à l'Assemblée un mémoire en

---

(1) Allusion à l'*Exposé des travaux*, dont Godard avait commencé la lecture, les 24 et 30 juillet. (Voir ci-dessus, p. 572 et 624-625).

(2) Ledit Maillard obtint, le 2 mai 1791, une indemnité de 600 livres, à lui allouée par le *Bureau municipal*; pièce manusc. (Arch. nat., F 13/782).

(3) Discussion, 9 août. (Voir ci-dessous).

réclamation (1), et M. Plaisant a déduit par écrit les torts du sieur Mongé et les griefs de l'administration contre lui.

Le sieur Mongé, ayant obtenu la parole, est monté à la tribune, et, après avoir exposé ses sujets de plainte contre M. Plaisant, il a demandé la communication de douze pièces proposées contre lui, ensemble la récapitulation des torts qu'il l'accuse d'avoir faits à la chose publique, afin de pouvoir se justifier.

Le Comité des rapports, n'ayant pas voulu décider de donner cette communication dans la forme demandée par le sieur Mongé sans prendre sur cela les ordres de l'Assemblée, a déclaré qu'il s'en rapportait à sa prudence et exécuterait ce qui lui serait prescrit.

Cette affaire ayant donné lieu à une discussion, plusieurs avis ont été ouverts.

Tous cependant se sont accordés à conclure que le sieur Mongé, assisté d'un conseil, s'il le jugeait à propos, serait autorisé à prendre, au Département des travaux publics, communication et copie sans déplacer de toutes les pièces qui peuvent l'intéresser.

Quelques-uns ayant proposé de plus que M. Plaisant fût invité à se rendre à l'Assemblée, pour être entendu contradictoirement avec le sieur Mongé ;

L'Assemblée a arrêté purement et simplement la communication et la copie des pièces, sans admettre cet amendement (2).

— Sur la motion d'un honorable membre, tendante à ce qu'il fût envoyé à Saint-Cloud une députation pour s'informer de la santé du roi et en rendre compte à l'Assemblée; (I, p. 648.)

Il a été arrêté, à l'unanimité, que quatre commissaires seraient députés vers Sa Majesté, et MM. le curé de Chaillot (3), ex-président, Paulmier, Saint-Amand et Houssemaine ont été nommés et ont accepté (4).

— Un membre du Comité des rapports a rendu compte de l'affaire du sieur Dubail, boulanger à la Courtille, qui demande au sieur Crépu de La Crépulière, capitaine de la compagnie des chasseurs de son nom (5), le paiement d'une somme de 410 livres en définitif, et

(1) Réclamation présentée le 19 juillet. (Voir ci-dessus, p. 522.)
(2) Nouvelle réclamation rapportée le 1ᵉʳ septembre. (Voir ci-dessous.)
(3) Bénière.
(4) Compte rendu des commissaires, 3 août. (Voir ci-dessous, p. 652.)
(5) Crépu de la Crépulière avait été nommé, le 18 novembre 1789, capitaine de la 7ᵉ compagnie des chasseurs nationaux, affectée au service de la police des Halles, casernée barrière du Temple. (Voir Tome II, p. 658.) Il est dénommé, dans l'*Almanach militaire de la Garde nationale parisienne* : Crépu de la Crépi-

pour solde de compte de la fourniture de pain qu'il a faite à cette compagnie pendant les mois de décembre et de janvier derniers.

L'Assemblée, sur les conclusions de son Comité, a arrêté que le sieur Dubail serait autorisé à se pourvoir directement contre les sieurs Crépu, capitaine, Noël, Huart et Duclos, officiers (1), lesquels, ayant reçu en leurs noms le prêt de la troupe pendant son séjour à la Courtille et en ayant signé l'état communiqué par MM. de l'État-major général, sont responsables de l'emploi des fonds destinés à l'entretien et nourriture de leurs soldats, à moins qu'ils ne justifient avoir payé, à d'autres boulangers que le sieur Dubail, le prix de la fourniture de pain réclamée par celui-ci aux époques susdites; et sera, ledit sieur Dubail, tenu de donner un mémoire détaillé et de ses fournitures et des acomptes qu'il a reçus.

— Le temps n'ayant pas permis, dans la séance du 31 juillet, de procéder à la nomination d'un secrétaire, laquelle était à l'ordre du jour, M. le président en a rappelé le souvenir à l'Assemblée;

Qui s'en est occupée sur-le-champ.

Et, la majorité des voix s'étant réunie pour M. Desprez (2), il a été proclamé secrétaire.

Il était absent, et, en conséquence, la prestation de son serment a été remise à la première Assemblée (3).

— La séance a été levée à neuf heures, et remise à demain, cinq heures du soir.

Signé : Vincendon, *président.*

Secrétaires : Castillon, Demars, Bonneville, Letellier, Ballin.

CONSEIL DE VILLE

— Le lundi 2 août 1790, à cinq heures du soir, le Conseil de Ville, convoqué, réuni en exécution des précédents arrêtés, et présidé d'abord par M. d'Augy et, ensuite, par M. le Maire;

lière, et, dans les *Étrennes aux Parisiens patriotes ou Almanach militaire national de Paris :* Crépu de la Crépinière.

(1) Les deux *Almanachs* ci-dessus cités indiquent Huard (Noël) comme sergent-major, et Duclos comme caporal. Il faut donc rectifier le texte, et *au lieu de :* Noël, Huard et Duclos, officiers, *lire :* Huard (Noël) et Duclos, sous-officiers.

(2) *Lire :* Desprez de La Rezière.

(3) Séance du 3 août. (Voir ci-dessous, p. 651.)

— Il a été fait lecture du procès-verbal des deux séances d'hier, 1er août.

Le Conseil en a approuvé la rédaction.

— Sur la proposition faite par le procureur-syndic ;

Le Conseil a chargé MM. Davous et Royer d'examiner s'il y a lieu à indemnité et quelle indemnité peut être due à M. Poncet de La Grave, à raison de l'établissement du corps-de-garde de Saint-Étienne du Mont, sur la place Maubert (1); adjoint M. le procureur-syndic à ses deux commissaires, et ordonne qu'ils rendront compte incessamment de leur travail (2).

— M. Lablée, un des membres du Conseil, a dit à l'Assemblée qu'il circulait dans le public et qu'il avait été envoyé et lu dans les districts de la capitale un ouvrage anonyme ayant pour titre : *Notes sur les administrateurs de la Municipalité provisoire* (3); que cet écrit, sans style et sans idées, mais offrant beaucoup d'assertions aussi fausses que calomnieuses, avait pour objet de frapper le plus grand nombre des administrateurs de la défaveur publique; qu'il lui semblait nécessaire, pour prévenir ou détruire l'influence de ce libelle, que l'auteur en fût recherché.

Le Conseil de Ville, délibérant sur cette déclaration, a estimé que, de pareils ouvrages, fruit de la malignité et de l'ignorance, étant naturellement voués au mépris des honnêtes gens, les *Notes sur les administrateurs* ne devaient pas fixer un instant son attention.

— M. le Maire a informé le Conseil qu'il était allé hier à Saint-Cloud pour s'informer, au nom de la Ville de Paris, de l'état actuel de Sa Majesté (4) : le roi a reçu M. le Maire; Sa Majesté lui a témoigné sa sensibilité et l'intérêt qu'elle prenait aux élections (5). M. le Maire a rassuré MM. les commissaires et le Conseil sur la santé du roi, qui ne présente plus rien d'inquiétant (6).

---

(1) L'Assemblée des Représentants s'était occupée de cette indemnité dans ses séances des 14, 21, 28, 31 mai et 14 juin. (Voir Tome V, p. 358-359, 500-501, 587, 606-607, et ci-dessus, p. *63-64*.)

(2) Séance du 31 août. (Voir ci-dessous.)

(3) *Notes sur les administrateurs de l'organisation de la Municipalité provisoire* imp. 18 p. in-4º, 1790 (Bib. de la Chambre des députés, BF 33 a, Ville de Paris, t. II, pièce 23).

(4) Le même jour, l'Assemblée des Représentants décidait d'envoyer une députation à Saint-Cloud pour prendre des nouvelles de la santé du roi. (Voir ci-dessus, p. 645.)

(5) Les élections municipales commençaient ce jour-là même, par le vote de 48 sections pour le choix d'un maire. (Voir ci-dessous, p. 653, note 4.)

(6) Le *bulletin* officiel est reproduit plus loin. (Voir ci-dessous, p. *649*.)

~~~ Lecture faite du présent procès-verbal ;

L'Assemblée en a approuvé la rédaction.

Signé : BAILLY ; D'AUGY, *président ;* DEJOLY, *secrétaire.*

* *

ÉCLAIRCISSEMENTS

(I, p. 645) On peut suivre, au jour le jour, la marche de la santé du roi dans les bulletins envoyés tous les jours par le premier gentilhomme de la chambre au Maire de Paris, et transmis par celui-ci au président de l'Assemblée nationale (1).

La série commence le 1er août. Ce jour-là, un secrétaire donna lecture à l'Assemblée nationale de la lettre suivante :

Monsieur le président,

J'ai l'honneur de vous envoyer copie de la lettre que M. D'AUMONT, premier gentilhomme de la chambre du roi, vient de m'adresser. Je vous serai obligé d'avoir la bonté d'en faire part à l'Assemblée nationale.

Je suis, avec respect, etc...

Signé : BAILLY.

La lettre de M. D'AUMONT (2) était ainsi conçue :

Saint-Cloud, le 1er août 1790.

J'ai l'honneur de vous envoyer, Monsieur, un bulletin de l'état du roi. Il paraît intéressant que le public soit journellement informé de sa santé, dans le cas où elle ne lui permettrait pas d'aller à Paris jeudi (5 août), comme c'est son projet. Sa Majesté désire que vous donniez vos ordres pour faire imprimer ce bulletin dans les papiers publics.

Quoique, au commencement du voyage de Saint-Cloud, il ait été décidé que Leurs Majestés n'y recevraient que les personnes attachées à leur maison, la reine, pensant que beaucoup de députés et autres hommes désireraient savoir plus en détail des nouvelles du roi, a décidé hier qu'à commencer de demain, elle recevrait du monde depuis six heures jusqu'à sept heures. J'ai cru devoir vous en prévenir, afin que vous puissiez en prévenir MM. les députés et autres personnes dans le cas de profiter de cette facilité de savoir plus particulièrement des nouvelles du roi.

J'ai l'honneur d'être, etc...

Signé : Alexandre D'AUMONT, ci-devant duc DE VILLEQUIER.

Quant au premier *Bulletin*, il était rédigé dans les termes suivants :

Depuis quelques jours, le roi est incommodé d'une fluxion occasionnée par une douleur de la dent incisive supérieure. Sa Majesté a le visage gonflé ; il s'est

---

(1) Pièces manusc. (Arch. Nat., C 43, n° 396).

(2) D'AUMONT (Louis Alexandre Céleste), duc DE VILLEQUIER, lieutenant-général, député de la noblesse de la sénéchaussée du Boulonais à l'Assemblée nationale, démissionnaire pour cause de santé le 15 décembre 1789.

joint quelque mouvement de fièvre et un peu de chaleur d'entrailles. Ces symptômes continuent aujourd'hui ; la fièvre nous paraît plus modérée, et le dentiste juge qu'il y a un peu de fluxion autour de la gencive.

A Saint-Cloud, le 1er août 1790.

Signé : Le Monnier, Vicq d'Azyr.

A la suite de cette communication, un député de Moulins, Lucas, avait fait la motion que l'Assemblée envoyât le soir même une députation de six de ses membres à Saint-Cloud, pour apporter, à l'ouverture de la séance du lendemain, des nouvelles de la santé du roi. La motion ayant été adoptée par acclamation, le président (d'André) avait désigné immédiatement pour cette mission les six membres demandés, parmi lesquels naturellement Lucas (1).

Le lendemain, 2 août, en effet, à la séance du matin, d'Ambly, un des membres de la députation, rapporta que la députation avait pu voir un moment le roi, qui avait dit : « Vous voyez mon état. Vous direz à l'Assemblée nationale que je la remercie de son intention. » Il avait la lèvre supérieure enflée jusqu'au nez, mais sans fièvre ; il avait parlé aux députés très honnêtement (2).

Au cours de la même séance, il était donné lecture du *Bulletin* suivant (3) :

L'abcès formé à la gencive s'est dégorgé hier au soir, et il s'en est suivi le dégonflement du visage ; il reste encore sous la lèvre quelques duretés qui vont se dégorger insensiblement. L'ardeur des entrailles est aussi diminuée ; cependant, la bile coule encore difficilement. On continue l'usage du petit lait et des autres remèdes, jusqu'à ce qu'il soit temps d'employer un purgatif.

A Saint-Cloud, le 2 août 1790.

Signé : Le Monnier, Vicq d'Azyr, La Servolle.

Voici le *Bulletin* du 3 août, lu à la séance du matin (4) :

La fluxion du roi se dissipe à vue d'œil : il est sorti ce matin un peu de matière louable du fond de l'abcès ; il subsiste encore un boutelet qui se dissipera bientôt. Le roi a eu hier, vers le milieu du jour, un saignement de nez assez fort. L'état des entrailles est aussi meilleur ; le petit lait a opéré avec succès, et nous en continuons l'usage. S. M. prendra incessamment une première médecine.

A Saint-Cloud, le 3 août 1790.

Signé : Le Monnier, Vicq d'Azyr, La Servolle.

Enfin, le 4 août, presque à l'ouverture de la séance, le président en personne (d'André) fit connaître à ses collègues le dernier *Bulletin* suivant, que l'Assemblée accueillit par de joyeux applaudissements :

Le roi s'étant très bien trouvé hier toute la journée et ayant très bien passé la nuit, Sa Majesté a pris ce matin une première médecine. Il n'y aura plus de bulletin.

Signé : Le Monnier, Vicq d'Azyr, La Servolle.

---

(1) Voir *Archives parlementaires* (t. XVII, p. 486-487).
(2) Voir *Archives parlementaires* (t. XVII, p. 499).
(3) Voir *Archives parlementaires* (t. XVII, p. 503).
(4) Voir *Archives parlementaires* (t. XVII, p. 582).

Telles étaient les graves communications qu'enregistrait gravement l'Assemblée nationale dans ses procès-verbaux et que l'Assemblée des Représentants de la Commune reçut aussi régulièrement, du 2 au 4 août (1). Il est vrai que la députation municipale envoyée près du roi fut en retard de vingt-quatre heures sur celle de l'Assemblée nationale; mais cela tient à ce que celle-ci, siégeant le dimanche, avait été avertie dès le 1er août, tandis que l'Assemblée des Représentants de la Commune ne connut l'intéressante nouvelle que le lendemain, lundi 2 août (2).

(1) Séances des 2, 3 et 4 août. (Voir ci-dessus, p. 647, et ci-dessous, p. 652 et 656.)
(2) Voir ci-dessus, p. *649* et 645.

Du Mardi 3 Août 1790

~~~ M. Desprez, qui ne s'était pas trouvé présent la veille, au moment où il avait été nommé secrétaire (1), a prêté, dans les mains de M. le président, le serment accoutumé.

~~~ MM. les secrétaires ont fait lecture des procès-verbaux des séances du 29 juillet et du 2 août.

La rédaction de l'un et l'autre a été approuvée par l'Assemblée.

~~~ Le sieur Noël Hua, sergent-major de la compagnie des chasseurs de Crépû, qui s'était entendu nommer dans l'arrêté pris, le 2 août, relativement à la réclamation du sieur Dubail, boulanger (2), a demandé la permission de faire quelques observations.

Ce qui lui a été accordé.

Plusieurs membres de l'Assemblée ayant ensuite parlé sur ce qu'avait dit M. Hua;

Il a été arrêté qu'on passerait à l'ordre du jour.

~~~ MM. du Comité des rapports ont rendu compte d'une plainte adressée à l'Assemblée par le sieur David, caporal de la Garde nationale, sur le refus, qui lui a été fait au Mont-de-Piété, d'un billet de Caisse d'escompte qu'il offrait pour argent (3).

L'Assemblée, adoptant l'avis du Comité, a renvoyé la plainte au Département des établissements publics (4).

~~~ Le même Comité a mis sous les yeux de l'Assemblée l'hommage que le sieur de Rossy, notable-adjoint, lui avait offert d'un ouvrage intitulé : *Sur les dispositions politiques et morales qu'il faut nous presser d'avoir* (5).

Les vues sages, les bons principes qu'il renferme, les sentiments

(1) Séance du 2 août. (Voir ci-dessus, p. 646.)
(2) Le 2 août, il avait été question, non du sieur Hua (Noël), sergent-major, mais des sieurs Noel et Huart, officiers. Il convient de lire exactement : Huard (Noël), sergent-major. (Voir ci-dessus, p. 646, note 1.)
(3) Réclamation présentée le 31 juillet. (Voir ci-dessus, p. 631.)
(4) Séances des 7 et 24 septembre. (Voir ci-dessous.)
(5) Ouvrage présenté le 27 juillet. (Voir ci-dessus, p. 582.)

patriotiques qu'il annonce, ont déterminé le Comité à proposer qu'il fût écrit à l'auteur pour lui témoigner la satisfaction de l'Assemblée.

Cet avis a été adopté.

Et M. le président a été chargé d'écrire à M. de Rossy.

— Un mémoire présenté par le sieur Roussel de Villette, par lequel il demande à être employé dans les compagnies de chasseurs (1);

Un autre, présenté par le sieur Guigard, sous-officier invalide, ci-devant employé aux barrières, qui se plaint d'avoir été réformé et demande à être replacé;

Ont été renvoyés au Comité des rapports (2).

— Un des membres de la députation envoyée à Saint-Cloud, pour s'informer directement de l'état où se trouvait le roi (3), a rendu compte de cette mission : l'état de Sa Majesté l'ayant permis, les députés furent introduits dans son appartement; elle leur a montré une véritable satisfaction des sentiments dont la Commune de Paris lui donnait un nouveau témoignage, et a paru avoir un vrai plaisir à les assurer elle-même de son rétablissement. L'Assemblée, qui désirait avoir de la santé du roi les nouvelles les plus directes et qui avait craint que Sa Majesté ne pût recevoir ses députés, les avait chargés de se présenter chez la reine (4); ils y furent aussi introduits, et la reine leur montra la plus vive sensibilité à la démarche de l'Assemblée et aux sentiments qu'elle manifestait.

L'Assemblée a témoigné toute la joie que lui causait ce récit, et a fait ses remerciements à ses députés.

— Un des honorables membres a demandé la parole pour entretenir l'Assemblée des services qu'a rendus constamment et que rend encore à la chose publique un citoyen qui, depuis l'instant de la Révolution, semble lui avoir consacré toute son existence.

Honoré du choix de ses concitoyens et nommé Électeur, M. l'abbé Le Fèvre fut appelé, par ce titre et plus encore par son patriotisme, à l'Hôtel-de-Ville, le 13 juillet 1789. Il s'y rendit à cette époque pour y mourir ou ne pas quitter tant qu'il pourrait y être utile : placé au poste sur lequel devaient se former les plus terribles orages,

---

(1) La même demande de Roussel de Villette avait été renvoyée à l'État-major, le 7 juillet. (Voir ci-dessus, p. 430.)

(2) Discussion sur le mémoire Roussel de Villette, le 4 août, et sur le mémoire Guigard, le 5 août. (Voir ci-dessous, p. 639 et 662.)

(3) Commissaires nommés le 2 août. (Voir ci-dessus, p. 645.)

(4) La reine avait fait annoncer qu'elle recevrait les personnes désireuses d'avoir des nouvelles de la santé du roi. (Voir ci-dessus, p. 648.)

chargé de l'emploi le plus périlleux, la garde et la distribution des poudres et des armes, rien n'a pu le lui faire abandonner; exposé aux plus graves dangers, il les a bravés; livré à la mort, le 6 octobre, par les excès d'un peuple égaré (1), rendu à la vie par ce même peuple, qui frémit toujours le premier des crimes qu'on lui fait commettre (2), il ne lui a fallu que le temps de reprendre ses forces pour reprendre ses fonctions, et la Commune l'a vu, pendant toute cette journée, au nombre de ceux qui se dévouèrent à sa défense et à sa conservation. Elle l'a vu aussi, les premiers jours de la Révolution, homme sensible et bienfaisant autant que citoyen zélé et courageux, nourrir de ses deniers des hommes affamés qui, en lui demandant des armes, lui demandaient aussi du pain. Les Électeurs, témoins d'une partie de ces faits, se sont plu à les consacrer dans leur procès-verbal (3); les autres sont connus de l'Assemblée.

« Je demande, — a dit l'honorable membre qui lui a retracé la conduite patriotique et courageuse de M. l'abbé Le Fèvre — je demande qu'il en soit fait une mention honorable dans les procès-verbaux de l'Assemblée. »

Plusieurs voix se sont élevées pour appuyer la motion.

Et, mise à l'opinion, elle a été adoptée.

⁓⁓ Il a été fait à l'Assemblée la proposition d'envoyer à M. Bailly une députation pour le féliciter sur sa nomination à la place de maire (4).

Quelques membres ayant parlé sur cette proposition;

Elle a été mise aux voix et approuvée.

Le nombre de députés a été fixé à six.

Et MM. Bertolio, Tannevaux (5), Le Tellier, Renouard, Vallery et Santeul ont été nommés (6).

⁓⁓ Une motion a été présentée, tendante à faire réduire les droits qui se paient aux barrières et à faire quelques changements dans le régime de leur perception. (I, p. 654.)

(1) Séance du 5 octobre 1789. (Voir Tome II, p. 166, note 2.)
(2) L'édition originale dit, par erreur : *des crimes qu'on lui fait connaître.*
(3) Notamment, procès-verbal du 16 juillet 1789, reproduit par M. Chassin, dans *Les élections et les cahiers de Paris en 1789* (t. III, p. 563 et 572).
(4) Le scrutin pour l'élection du maire avait eu lieu le 2 août, et le recensement venait d'ê.re terminé : Bailly, Maire provisoire depuis le 15 juillet, était réélu à titre définitif, pour une période de deux années, par 12,550 voix sur 14,010 votants et près de 80,000 citoyens actifs ayant droit de voter. (Voir l'ouvrage sur *L'organisation municipale de Paris au début de la Révolution.*)
(5) *Lire :* Tanevot d'Herbault.
(6) Compte rendu des commissaires, 4 août. (Voir ci-dessous, p. 658.)

Il a été observé que l'Assemblée avait nommé des commissaires pour examiner une délibération prise dans une section de la capitale, connue alors sous le nom de district de Saint-Étienne du Mont, dont l'objet était le même (1), et qu'il convenait de leur renvoyer cette motion pour qu'ils en rendissent compte à l'Assemblée.

Ce qu'elle a arrêté, en ajournant ce rapport à samedi (2).

— La séance a été continuée à demain mercredi, 4 août.

Signé : Vincendon, *président.*

Secrétaires : Demars, Bonneville, Letellier, Ballin, Desprez.

***

ÉCLAIRCISSEMENTS

(I, p. 653) Il est bien probable que c'est à la motion signalée dans le procès-verbal du 3 août comme tendant à « faire quelques changements dans le régime de la perception des droits » que se rapportent les détails suivants, donnés par Peuchet, dans le *Moniteur* (n° du 13 août), sous la rubrique *Assemblée des Représentants de la Commune*, sans indication de date :

« Nous devons à nos lecteurs de leur faire connaître l'ingénieuse idée de M. Godard d'écrire aux municipalités des provinces, pour les engager à favoriser de tous les moyens possibles la perception si lente des impositions et des droits, indispensables au soutien de la chose publique. »

Suit un extrait de la motion elle-même, ainsi conçu :

Vous le savez : c'est à la perception exacte des impôts, c'est à une soumission générale à la loi qu'est attaché le sort de la constitution. Que les impôts ne soient point payés, que la loi soit méconnue, ces deux liens principaux de tout ordre social n'existant plus, l'édifice, élevé avec tant de gloire, mais avec tant de peine, s'écroulera de toutes parts. Nous n'aurons plus que les regrets d'une Révolution qui aura fait beaucoup de malheureux, et qui ne nous offrira plus aucuns moyens ou que des moyens éloignés d'arriver au port.

Vous êtes affiliés, Messieurs, par des actes authentiques et solennels, à la plupart des communes du royaume. Vous l'êtes de cœur et d'affection à toutes ensemble. Je vous propose donc de faire une lettre à toutes les municipalités du royaume, pour leur représenter la nécessité de payer exactement et promptement les impôts; pour mettre sous leurs yeux les maux incalculables qui résulteraient de l'inexactitude ou du retard des contribuables; pour leur peindre avec énergie que c'est une soumission expresse à la loi qui nous fera trouver le bonheur dans la constitution que nous avons désirée; pour leur dire qu'il faut

---

(1) Commissaires nommés le 2 juillet. (Voir ci-dessus, p. 361.)

(2) Le rapport concluant à une Adresse à l'Assemblée nationale fut, en effet, présenté le samedi 7 août. (Voir ci-dessous, p. 669-670.)

enfin, pour maintenir la liberté, des moyens différents de ceux qui ont servi à la conquérir.

Voici maintenant l'appréciation de PAUCHET :

« Mais, quelque estimable que soit la pensée de M. GODARD, une preuve du sens droit de l'Assemblée, c'est de n'avoir point adopté le parti qu'elle indique. Ces moyens de prière sont déplacés quand la loi parle et que les serments en exigent l'exécution. S'il était possible que les peuples s'oubliassent à ce point de refuser ce que la justice a droit d'exiger d'eux, c'est au chef suprême de l'administration à se concerter sur les moyens de rappeler à l'ordre de la justice ceux qui voudraient en méconnaître les maximes, à calculer ce qu'on peut attendre du patriotisme et ce qu'on peut craindre de l'insubordination ou de la cupidité. Lorsque l'Assemblée nationale a décrété un devoir, c'est à l'activité du prince à y soumettre, par les voies de sa puissance, de sa clémence et de sa justice, tous ceux qui voudraient s'y soustraire. La multiplicité des interventions particulières ne pourrait qu'affaiblir les droits de la souveraineté, rendre difficile le maintien de l'ordre et créer des pouvoirs excentriques à ceux qui n'existent que par l'autorité de la loi. »

Du Mercredi 4 Août 1790

⸺ La séance a été ouverte par la lecture du bulletin du roi (1).

L'annonce qu'il n'y avait plus de bulletin étant la preuve la plus sûre que le roi touchait à son parfait rétablissement, l'Assemblée et le public en ont témoigné leur joie par les plus vives acclamations.

⸺ Un de MM. les secrétaires a fait lecture d'un extrait des registres de la paroisse de Bagnolet, département de Paris, district de Saint-Denys (2), contenant l'acte de la formation de la milice volontaire dudit lieu, de l'engagement pour trois années et du serment que cette milice a prêté entre les mains de la municipalité. A la suite de cet acte, signé du sieur Pannier, secrétaire-greffier de ladite municipalité, il est écrit :

M. le commandant et les officiers de l'état-major du district de la paroisse de Bagnolet supplient MM. de la Commune de Paris de vouloir bien les affilier à leur département et les mettre sous leur protection.

Signé : Maurice, maire de la paroisse de Bagnolet.
Maurice, commandant.

Cet acte a été présenté à la Commune par M. le commandant et plusieurs autres volontaires de la milice de Bagnolet.

M. le président ayant mis à l'opinion l'acceptation de cette demande;

L'Assemblée l'a accueillie avec acclamation et à l'unanimité.

M. le président a exprimé à MM. les députés ce que déjà l'Assemblée leur avait manifesté, et les a invités à assister à la séance.

⸺ D'après le renvoi qui avait été fait au Comité des rapports de la demande de M. Micault, citoyen de Sèvres, près Paris, tendante à ce que le sabre qu'il a déposé entre les mains du concierge de l'Hôtel-de-Ville fût délivré par l'Assemblée générale des Représentants de la Commune de Paris à M. Le Moine, grenadier volontaire du bataillon de l'Observatoire, pour récompense de son patriotisme

---

(1) Publié dans un *Éclaircissement* précédent. (Voir ci-dessus, p. *649*.)
(2) Aujourd'hui canton de Pantin, arrondissement de Saint-Denis (Seine).

et de son courage depuis l'époque de la Révolution, et notamment de l'acte mémorable de valeur et d'humanité, par lequel il a sauvé de la fureur populaire M. Denier, garde du roi, compagnie écossaise, dans la journée du 6 octobre dernier (1);

Le Comité de rapports, d'après les informations qu'il a prises et les preuves qui lui ont été administrées tant par M. Micault que par M. Isabey, peintre (2), fusilier du bataillon de Saint-Étienne du Mont, qui a été témoin du courage héroïque du brave Le Moine; vu le certificat de plusieurs gardes-du-corps, sur le fait de la vie sauvée à leur camarade par M. Le Moine; vu le certificat délivré audit sieur Le Moine par le comité des districts réunis du Val de Grâce et de Saint-Jacques du Haut Pas; vu la cartouche de congé absolu, délivrée audit sieur Le Moine, en sa qualité de dragon du régiment de la légion royale; et nombre d'autres pièces et certificats, qui tous tendent à démontrer que ledit sieur Le Moine est non seulement un bon soldat, mais un bon patriote et un bon citoyen;

Enfin, sur l'observation, faite par M. Le Moine, que, sans le concours du courage et des forces de son brave commandant et compagnon d'armes, M. Horré, capitaine de la 1re compagnie de la 1re division et 1er bataillon des grenadiers des districts du Val de Grâce et de Saint-Jacques du Haut Pas réunis (3), il lui eût été impossible de pouvoir seul sauver la vie à M. Denier, et que, si le certificat, signé des gardes-du-corps, ne fait pas mention de M. Horré, c'est qu'il a été impossible au malheureux blessé de le désigner, pour quoi ledit sieur Le Moine déclare que M. Horré a droit à la même récompense que lui;

Le Comité de rapports, ayant trouvé les faits exposés en faveur de M. Le Moine suffisamment prouvés, et ne trouvant en faveur de M. Horré que la seule assertion du sieur Le Moine, a conclu à ce que le sabre, déposé par M. Micault, fût délivré à M. le Moine par et au nom de la Commune; et que, sur la garde du sabre, fussent gravés ces mots: *Donné à M. Le Moine par la Commune de Paris, pour avoir sauvé la vie à un citoyen.*

A l'égard de M. Horré, le Comité a conclu à ce qu'il fût fait dans le procès-verbal de l'Assemblée une mention honorable de M. Horré et

---

(1) Le procès-verbal du 26 juillet, sans nommer Micault, mentionne une lettre relative à Le Moine. (Voir ci-dessus, p. 578.)

(2) Isabey (Jean-Baptiste), dessinateur et peintre, élève de David, avait alors 23 ans.

(3) Le *bataillon de Saint-Jacques du Haut Pas* était le 1er de la 1re division.

du concours que M. Le Moine assure avoir reçu de lui, pour l'aider à sauver la vie d'un citoyen.

Ces conclusions ont été adoptées par l'Assemblée, à l'unanimité (1).

— En l'absence de M. l'abbé Bertolio, qui avait porté la parole, au nom de l'Assemblée des Représentants de la Commune de Paris, à la tête de la députation que l'Assemblée a faite de six de ses membres pour féliciter M. Bailly de sa confirmation dans la place de maire (2), M. Tannevaux a rendu compte à l'Assemblée de l'accueil que M. le Maire a fait à cette députation, et de la sensibilité qu'il a témoignée pour l'attention de l'Assemblée.

— M. Mulot, ayant exposé à l'Assemblée que les nouvelles fonctions qui venaient de lui être confiées par les citoyens de sa section (3) ne lui permettaient pas de suivre le travail de la collection des procès-verbaux de l'Assemblée dont l'impression n'est pas faite encore (4), a demandé à l'Assemblée qu'elle voulût bien nommer à sa place un de MM. les secrétaires, composant le bureau à l'époque des procès-verbaux qu'il reste à recueillir.

L'Assemblée a chargé MM. Pelletier (5) et Ménessier (6) de concourir avec M. Bertolio pour compléter cette collection.

Et, sur les objections qui ont été faites du retard que quelques-uns de MM. les anciens secrétaires apportaient à ce travail, par le défaut de remise de quelques procès-verbaux dont la rédaction leur a été confiée (7);

L'Assemblée a autorisé ses commissaires à rassembler MM. les secrétaires, et leur a enjoint de lui dénoncer ceux qui ne satisferaient pas aux demandes qui leur seraient faites.

— Un des membres de l'Assemblée a demandé à faire la lecture d'un mémoire, tendant à ce qu'il fût établi une contribution par forme de prêt, pour 3, 6 et 9 années, du double de l'imposition des

---

(1) Remise du sabre à Le Moine, le 7 août. (Voir ci-dessous, p. 674.) En ce qui concerne Horré, une réclamation se produisit le 14 août. (Voir ci-dessous.)

(2) Députation désignée le 3 août. (Voir ci-dessus, p. 653.)

(3) Mulot venait d'être choisi comme président de la nouvelle *section du Jardin des Plantes.*

(4) Mulot avait été désigné avec Bertolio, le 9 juillet, pour surveiller l'impression des procès-verbaux. (Voir ci-dessus, p. 445.)

(5) Pelletier, secrétaire du 10 mai au 19 juillet. (Voir Tome V, p. 501, et ci-dessus, p. 324.)

(6) Mennessier, secrétaire du 28 avril au 5 juillet. (Voir Tome V, p. 179, et ci-dessus, p. 407.)

(7) La négligence des anciens secrétaires avait déjà été signalée par Mulot, le 8 juillet. (Voir ci-dessus, p. 434.)

capitations et vingtièmes, payée par les riches citoyens de Paris, applicable à l'acquittement des dettes des districts, et à la subsistance des ouvriers en leur procurant du travail. L'auteur demandait des commissaires pour l'examen de son mémoire, lorsqu'il serait achevé.

L'Assemblée a invité l'auteur à mettre à fin son ouvrage; après quoi, l'Assemblée délibérera sur la nomination des commissaires qu'il demande (1).

~~~ L'un de MM. les administrateurs du Département de la Garde nationale a fait rapport d'une affaire concernant M. Poupart, capitaine d'une compagnie de chasseurs soldés (2), et a fait lecture du procès-verbal qu'il a dressé dans la caserne de ladite compagnie, duquel procès-verbal résulte la justification de M. Poupard, le déni ou le désaveu des soldats de la compagnie, dont la signature avait été mendiée ou surprise.

L'Assemblée a renvoyé cette affaire à l'État-major général (3).

~~~ Le Comité de rapports a mis de nouveau sous les yeux de l'Assemblée la réclamation de M. Roussel de Villette qui demande à être dédommagé, par une place dans la Garde nationale, du sacrifice qu'il a fait de celle de lieutenant d'une compagnie du centre, à laquelle il avait été nommé par son district (4).

L'Assemblée a nommé MM. l'abbé Fauchet et Bosquillon, pour hâter auprès de M. le Commandant-général l'effet de la demande de M. Roussel de Villette (5).

~~~ L'Assemblée a été levée à neuf heures, et ajournée à demain, cinq heures.

Signé : VINCENDON, *président.*

Secrétaires : DEMARS, BONNEVILLE, LETELLIER, BALLIN, DESPREZ.

---

(1) Il ne paraît pas que ce projet ait été présenté à nouveau devant l'Assemblée des Représentants de la Commune.

(2) Lire, d'après l'*Almanach militaire de la Garde nationale parisienne*, et les *Étrennes aux Parisiens patriotes* ou *Almanach militaire national de Paris :* COUPART, capitaine de la compagnie de chasseurs soldés attachée à la 6e division, casernée rue du faubourg du Roule.

(3) Il n'est point rendu compte ultérieurement de cette affaire, sur laquelle on reste sans renseignements.

(4) Mémoire présenté, pour la deuxième ou troisième fois, le 3 août. (Voir ci-dessus, p. 652.)

(5) Compte rendu des commissaires, 6 août. (Voir ci-dessous, p. 666.)

CONSEIL DE VILLE

~~~ Le mercredi 4 août 1790, à neuf heures du matin, le Conseil de Ville, convoqué et réuni en exécution de l'arrêté pris hier;

~~~ Sur la demande des officiers de l'État-major général;

Le Conseil a ordonné l'impression du réglement concernant les canonniers (1).

~~~ L'Assemblée a approuvé la lecture du présent procès-verbal.

Signé : D'AUGY, *président;* DE JOLY, *secrétaire.*

---

(1) *Réglement provisoire, concernant les canonniers attachés aux compagnies de grenadiers,* du 21 juin 1790, imp. 6 p. in-4° (Bib. Carnavalet, dossier 10073), réglement adopté précédemment par le Conseil de Ville. (Voir ci-dessus, p. 193-195.)

Du Jeudi 5 Août 1790

⁓⁓ A l'ouverture de la séance, un membre de l'Assemblée a fait lecture d'un mémoire de M. Dangremont (1), contenant un compte détaillé des services importants que ce zélé patriote a rendus à la chose publique, depuis les premiers jours de la Révolution jusqu'à présent : sans avoir reçu de mission pour agir, M. Dangremont a agi très utilement pour le bien général, et s'est trouvé, par une suite de la confiance de ses concitoyens, investi de fonctions publiques très intéressantes. D'après la proposition de l'honorable membre, qui a lu le mémoire ;

L'Assemblée a arrêté qu'il serait nommé quatre commissaires pour examiner le travail auquel M. Dangremont s'est livré, et en rendre compte.

Les commissaires nommés sont MM. Thuriot, Tannevaux, Bertolio et Santeul (2).

⁓⁓ Sur la demande d'un autre membre de l'Assemblée ;

Elle a ordonné l'impression et l'affiche de l'arrêté pris le 31 juillet dernier, dans l'affaire des compagnies du centre (3).

⁓⁓ M. Armet, commandant du bataillon du district de Saint-Séverin, ayant écrit au Département de la Garde nationale pour réclamer un fusil qui s'est trouvé de moins dans le compte de ce bataillon, lors de la distribution d'armes faite le 22 de juillet, et sa lettre ayant été communiquée à l'Assemblée ;

M. Osselin, un des administrateurs de ce Département, a obtenu la parole et a dit que les cinquante fusils, destinés au bataillon de Saint-Séverin, ayant été distribués à la hâte et pendant la nuit, il y a tout lieu de croire que la méprise, dont M. le commandant se plaint, est réelle, et qu'il n'aura été délivré aux sieurs Magenet et des

---

(1) COLLENOT D'ANGREMONT, chef du bureau militaire à l'Hôtel-de-Ville. (Voir Tome III, p. 426, note 4.)

(2) Rapport présenté le 17 août. (Voir ci-dessous.)

(3) Arrêté du 31 juillet. (Voir ci-dessus, p. 632-633.) Imp. in-fol. (Bib. Carnavalet, dossier d'affiches non numéroté).

Normands, officiers dans ce bataillon (1), que quarante-neuf fusils au lieu de cinquante. Ainsi, il est convenu que la réclamation était juste ; mais il a observé qu'il n'avait pas cru devoir délivrer le fusil qui en est l'objet, sans y être autorisé par l'Assemblée.

Les motifs de M. Armet, dans la lettre qu'il a écrite, étant de solliciter cette autorisation, l'Assemblée, après avoir entendu sa demande et les observations de M. Osselin, a arrêté que le Département serait autorisé à délivrer, au bataillon de Saint-Séverin, le cinquantième fusil qui lui manque, et que mention serait faite, dans le procès-verbal, des motifs exposés par M. l'administrateur.

~~~ Un membre du Comité des rapports a rendu compte d'un mémoire du sieur Guigard, officier invalide, domicilié au Gros Caillou, lequel se plaint d'avoir été révoqué de la place d'employé aux barrières qu'il a longtemps occupée, et qu'il n'a perdue, dit-il, que pour une faute très légère : il demande que MM. les Représentants de la Commune viennent à son secours et lui fassent obtenir justice (2).

Deux avis ont été ouverts :

1° De renvoyer la demande du sieur Guigard, à titre d'ancien militaire, au Comité des pensions de l'Assemblée nationale ;

2° De n'envisager le requérant que sous le point de vue sous lequel il se présente lui-même, et de le recommander aux fermiers-généraux, ses supérieurs, en s'adressant à M. Delestre, directeur-général des fermes (3).

L'Assemblée, en adoptant ce dernier avis, a arrêté que M. le président serait autorisé à écrire à M. Delestre, pour l'intéresser, au nom de l'Assemblée, en faveur du sieur Guigard (4).

~~~ La séance a été levée à neuf heures, et remise à demain.

Signé : VINCENDON, *président*.

Secrétaires : DEMARS, BONNEVILLE, LETELLIER, BALLIN, DESPREZ.

(1) L'*Almanach militaire de la Garde nationale parisienne* désigne, pour la 1re compagnie du 5e bataillon de la 2e division ou *bataillon de Saint-Séverin* : NAGUENET, lieutenant, rue aux Fèves, et LE NORMAND, sergent-major, cul-de-sac Saint-Martin. Dans les *Étrennes aux Parisiens patriotes* ou *Almanach militaire national de Paris*, les mêmes personnages portent les noms suivants : MAGNET, lieutenant, rue aux Fèves, et DENORMAND, sergent-major, rue Saint-Éloi. La rue aux Fèves et la rue Saint-Éloi, d'où se détachait le cul-de-sac Saint-Martial (et non Saint-Martin), se trouvaient dans la Cité, entre le Palais de justice et Notre-Dame.

(2) Mémoire présenté le 3 août. (Voir ci-dessus, p. 652.)

(3) DE LAÎTRE (Jean François Marie), un des directeurs des Fermes, directeur-général des entrées de Paris, à l'hôtel Bretonvilliers.

(4) Réponse communiquée le 14 août. (Voir ci-dessous.)

CONSEIL DE VILLE

~~~ Le jeudi, 5 août 1790, à six heures du soir, le Conseil de Ville, convoqué et réuni sous la présidence de M. d'Augy, en l'absence de M. le Maire ;

~~~ Il a été fait lecture du procès-verbal de la dernière séance. Le Conseil a applaudi à sa rédaction.

~~~ Sur le rapport d'un de MM. les administrateurs au Département du domaine ;

Le Conseil municipal a autorisé le Département à payer la somme de 965 livres 10 sols, montant des dépenses qui restent à solder par le corps de la Basoche (1).

~~~ Le Conseil a ajourné au premier jour le rapport que doivent faire les Départements de la police et des travaux publics, au sujet du sieur Noël, inspecteur de police (2), que les deux Départements assurent avoir bien mérité de l'administration (3).

~~~ Le Conseil a renvoyé aux Départements réunis du domaine et de la Garde nationale un mémoire, présenté à l'Assemblée des Représentants de la Commune par les entrepreneurs de la manufacture d'armes de guerre de Saint-Étienne-en-Forez et renvoyé au Conseil de Ville par un arrêté de cette Assemblée, du 13 juillet dernier (4).

Le Conseil a, de plus, chargé les deux Départements de prendre tous les renseignements qui peuvent motiver une décision, de se concerter et d'en rendre incessamment compte par écrit au Conseil, qui statuera ainsi qu'il appartiendra (5).

L'arrêté a été remis à M. Osselin, administrateur au Département de la Garde nationale.

~~~ Le Conseil a ajourné à demain un rapport que doit faire

---

(1) A la suite du décret du 12 juin, le corps de la Basoche avait été obligé de se dissoudre, le 16 juin. (Voir ci-dessus, p. 91-92, *102-104*, 123-125, 128-129, *133-136*.)

(2) Une pièce, datée du 19 janvier 1791, signale Noël, inspecteur de police, comme détaché au Mont-de-piété. (Voir Tuetey, *Répertoire général de l'histoire de Paris pendant la Révolution*, t. III, n° 558.)

(3) Séances du 4 et du 8 octobre. (Voir ci-dessous.)

(4) Arrêté du 31 juillet, non du *13*. (Voir ci-dessus, p. 633-635.)

(5) Rapport, le 27 août. (Voir ci-dessous.)

M. Étienne (1), au sujet d'une ouverture qu'il s'agit de pratiquer dans l'hôtel de l'ancien Conseil (2), pour le service du *Spectacle de Monsieur* (3).

~~~ Le Conseil a ajourné également à sa première séance la réclamation faite, au nom du roi, de plusieurs petits modèles de canons et autres objets mobiliers qui sont dans la maison de feu M. Mazurier, garde-général de l'artillerie, à l'Arsenal (4).

~~~ Sur l'observation, faite par M. Davous, l'un des membres du Conseil, que, depuis les services de la plus haute importance que la ville du Havre a rendus à la capitale, l'année dernière et dans un temps où Paris éprouvait les plus grandes inquiétudes sur les approvisionnements et où la ville du Havre partageait elle-même ses alarmes, et, sans consulter ses propres besoins, a protégé nos convois et en a assuré l'arrivée dans la capitale en les escortant jusqu'à des postes fort éloignés, la Municipalité de Paris, entraînée par la multitude des affaires multipliées qui se sont succédé les unes aux autres avec rapidité, n'a pas encore donné à la ville du Havre les témoignages de sa sensibilité et de sa reconnaissance de cette conduite généreuse (5);

Le Conseil de Ville, empressé de réparer un tort qui a toujours été fort éloigné de ses sentiments et de ses intentions, a unanimement arrêté de consigner dans le registre de ses délibérations l'expression de sa vive reconnaissance envers ses frères du Havre, de leur conduite généreuse et désintéressée dans les moments critiques où l'une et l'autre municipalités se sont trouvées et où celle du Havre, oubliant ses propres besoins, ne s'est occupée que de ceux de la capitale, et de charger M. Davous d'exprimer à ladite municipalité du Havre les sentiments du Conseil de Ville; ordonne, de plus, qu'expédition de la présente délibération sera délivrée à M. Davous, avec invitation de la faire parvenir le plus tôt possible à MM. les officiers municipaux de la ville du Havre (6).

(1) *Lire* : DE LA RIVIÈRE (Étienne).
(2) L'hôtel dit de l'ancien Grand-Conseil était situé rue des Filles Saint-Thomas.
(3) Après maintes difficultés, les entrepreneurs du *Théâtre de Monsieur* avaient obtenu du Conseil de Ville, le 15 avril, un arrêté les autorisant à construire le théâtre rue Feydeau, avec entrée sur la rue des Filles Saint-Thomas. (Voir Tome V, p. 9-10.) — Le rapport vint à la séance du 9 août. (Voir ci-dessous.)
(4) Séance du 20 août. (Voir ci-dessous.)
(5) Les services rendus à l'approvisionnement de Paris par la ville du Havre et ses volontaires sont constatés dans les procès-verbaux des séances du 21 août et du 10 octobre. (Voir Tome I, p. 301-302, et Tome II, p. 249-250.)
(6) Remerciements de la municipalité du Havre, le 20 août. (Voir ci-dessous.)

[5 Août 1790]   DE LA COMMUNE DE PARIS.   665

~~~ Sur la demande des commis-greffiers;

Le Conseil autorise le secrétaire à donner ordre au sieur Bailly, peintre de la Ville, de faire mettre deux couches de trempe seulement sur la façade des armoires qui sont dans le bureau en face de l'antichambre de la salle des Gouverneurs, lequel bureau doit servir de chambre de conseil et d'assemblée pour les membres du Tribunal municipal (1).

~~~ Le procureur-syndic a présenté, et le Conseil a ordonné la transcription sur ses registres des lettres-patentes, proclamations et arrêt du Conseil qui suivent :

1° Une proclamation du roi du 17 juin 1790, sur un décret de l'Assemblée nationale du 9 du même mois, portant que toutes les anciennes ordonnances sur la nature et les formes du service, notamment sur la police des spectacles, doivent être exécutées provisoirement (2).

2° Un arrêt du Conseil du 11 juillet 1790, qui casse les délibérations prises par les municipalités de Marsaugy, Termany, Angely et Buisson, concernant le payement des droits de champart, terrage et autres.

3° Une proclamation du roi, portant que les directoires des districts fixeront la somme à attribuer aux députés à la fédération dans les districts où elle n'a pas été réglée (3).

4° Les lettres-patentes du roi du 23 juillet 1790, sur un décret de l'Assemblée nationale qui abolit le retrait lignager, le retrait de mi-denier, les droits d'écart et autres de pareille nature (4).

5° La proclamation du roi du 23 juillet 1790, portant que les bannières données par la Ville de Paris aux 83 départements seront placées dans le lieu où le Conseil d'administration de chaque département tiendra ses séances (5).

6° Enfin, une proclamation du roi du 30 juillet 1790, sur un décret du 29 du même mois, portant que le sieur abbé Perrotin, dit de Barmond, le sieur Eggs, le sieur Bonne-Savardin et le sieur Trouard, dit de Riolles, seront conduits à Paris (6).

Le Conseil ordonne que les décrets, proclamations et lettres-patentes seront publiés, exécutés suivant leurs forme et teneur, comme aussi que les lettres-patentes concernant le retrait lignager seront incessamment imprimées et affichées dans toute la capitale.

~~~ M. le président a levé la séance.

Signé : D'AUGY, président; DEJOLY, secrétaire.

(1) Arrêté répété le 31 août. (Voir ci dessous.)
(2) Décret du 9 juin, rendu à l'occasion d'une contestation survenue à Brest entre le corps de la marine et les régiments d'infanterie, statuant que toutes les anciennes ordonnances de police et militaires, sur la nature et les formes du service, et notamment sur la police des spectacles, doivent être exécutées provisoirement. (Voir Archives parlementaires, t. XVI, p. 153.)
(3) Décret du 17 juillet, matin. (Voir Archives parlementaires, t. XVII, p. 164.)
(4) Décret du 19 juillet, matin. (Voir Archives parlementaires, t. XVII, p. 190.)
(5) Décret du 19 juillet, matin. (Voir ci-dessus, p. 472.)
(6) Décret du 29 juillet, soir. (Voir ci-dessus, p. 613.)

Du Vendredi 6 Août 1790

— La séance a été ouverte par la lecture qu'un de MM. les secrétaires a faite du procès-verbal de la séance du 3 de ce mois;

Dont la rédaction a été approuvée.

Un autre de MM. les secrétaires a lu le procès-verbal de la séance du 4 de ce mois.

Et la rédaction en a été pareillement adoptée, sans réclamation.

— M. l'abbé Fauchet a rendu compte de la mission dont l'Assemblée l'avait chargé, conjointement avec M. Bosquillon, auprès de M. le Commandant-général, en faveur du sieur Roussel de Villette, qui sollicite une place d'officier dans la troupe soldée, comme un dédommagement de celle de lieutenant d'une des compagnies du centre, à laquelle il avait été nommé par son district et dont il a été forcé de faire le sacrifice (1).

M. le Commandant-général a prié les honorables membres de faire part à l'Assemblée de tout l'empressement qu'il mettrait à déférer à une recommandation qui devenait un ordre pour lui, et a promis de saisir la première occasion qui se présenterait pour faire placer utilement le sieur Roussel de Villette dans la Garde nationale.

— Un de MM. les secrétaires a fait lecture d'une lettre écrite à M. le président, en date du 5 de ce mois, par le sieur Palloy, entrepreneur de la démolition de la Bastille. Ce citoyen zélé, qui, à la journée mémorable du 14 juillet 1789, a donné les preuves les plus éclatantes de courage et de patriotisme, annonce qu'il a fait exécuter le modèle de la Bastille, avec la première pierre provenant de la démolition de cette forteresse; il invite les Représentants de la Commune à aller voir cet ouvrage chez lui, et envoie à cet effet, à M. le président, un nombre suffisant de billets pour leur être distribués (2).

---

(1) Arrêté du 4 août. (Voir ci-dessus, p. 659.)

(2) Le même Palloy se présenta le 2 septembre, soir, devant l'Assemblée nationale pour lui faire hommage d'une représentation de la Bastille, exécutée dans une des pierres de la démolition; il annonça qu'il se proposait d'en envoyer aux 83 départements et aux sections de la capitale. Le président (de Jessé), en le remerciant de son offrande, le félicita de « l'idée ingénieuse et sensible » qui la recommandait. (Voir *Archives parlementaires*, t. XVIII, p. 511-512.)

L'Assemblée, après avoir témoigné sa satisfaction, a arrêté unanimement que son président écrirait à M. Palloy pour le remercier de cette invitation, et qu'il en serait fait mention dans le procès-verbal.

— L'Assemblée ayant ensuite passé à l'ordre du jour;

— M. Godard a continué la lecture de l'exposé qu'il était chargé de rédiger pour rendre compte aux sections de cette capitale de toutes les opérations de l'Assemblée, depuis son établissement jusqu'au moment présent (1).

Ce travail, écrit avec une noble simplicité qui réunit l'exactitude et la précision, a été entendu avec tout l'intérêt qu'il mérite, et paraissait entraîner tous les suffrages.

Cependant, sur la demande expresse de M. Godard lui-même;

L'Assemblée a arrêté qu'il serait nommé dix commissaires, qu'elle a chargés de revoir avec lui cet exposé, d'y faire les changements, additions et retranchements dont ils le jugeraient susceptible, et de le faire ensuite imprimer aux frais de la Commune, pour être envoyé à toutes les sections.

M. le président a proposé pour commissaires MM. Vermeil, Fauchet, Bertolio, Charpentier, Quatremère, Guillot, Chanlaire, Ménessier, Pelletier et Ballin;

Qui ont été agréés et ont tous accepté.

Il a été encore arrêté que MM. Moreau de Saint-Merry et de Blois, ci-devant membres de cette Assemblée, seraient invités à joindre leurs lumières à celles des commissaires.

Ils étaient présents et ont annoncé qu'ils acceptaient avec empressement cette mission, comme un témoignage aussi flatteur qu'honorable du souvenir que l'Assemblée voulait bien conserver de leur attachement pour elle.

M. Godard a été invité à continuer son travail jusqu'à l'époque de la dissolution de l'Assemblée, afin de compléter la collection de tous les événements dont il n'est pas moins glorieux pour elle qu'intéressant pour la capitale de consacrer la mémoire (2).

— La séance a été levée, et ajournée à demain, cinq heures du soir.

Signé : VINCENDON, *président.*

Secrétaires : DEMARS, BONNEVILLE, LETELLIER, BALIN, DESPREZ.

---

(1) Lecture commencée le 24 juillet et continuée le 30. (Voir ci-dessus, p. 572 et 624-625.)

(2) Rapport des commissaires, 4 octobre. (Voir ci-dessous.)

CONSEIL DE VILLE

—

~~~ Le vendredi 6 août 1790, à dix heures du soir, M. le Maire étant arrivé à l'Hôtel-de-Ville, le Conseil municipal a repris ses délibérations.

~~~ Il a d'abord entendu le compte que M. le Maire lui a rendu de la santé du roi (1) : S. M. a fait dire qu'elle était sensible à l'attention de la Commune. M. le Maire était allé à Saint-Cloud pour lui porter les vœux et les hommages respectueux de toute la capitale (2).

~~~ Le Conseil s'est ensuite occupé de l'objet pour lequel il était réuni.

Il s'agissait, ainsi que M. le Maire l'a annoncé, d'un projet convenu entre les membres du Comité des finances (3) de l'Assemblée nationale et le Département du domaine de la Municipalité, pour remédier à la disette du numéraire : ce projet consiste à favoriser, du nom et du crédit de la Municipalité, l'établissement d'une Caisse, où se ferait l'échange des billets de la Caisse d'escompte et des assignats de 200 livres, savoir : 50 livres en argent et 150 en billets de 25, sans intérêts, payables à vue, en reportant à la Caisse la même valeur qu'on en aurait reçue; cet établissement devait être dirigé par la Municipalité, et le bénéfice, s'il y en avait, appliqué à des objets d'utilité publique.

Après une mûre discussion, le Conseil s'est convaincu que les inconvénients d'un pareil projet l'emporteront sur les avantages qui pourraient en résulter.

Et il a été décidé;

Après que la question préalable a été réclamée et appuyée;

Qu'il n'y avait lieu à délibérer (4).

~~~ M. le Maire a levé la séance à onze heures précises.

Signé : Bailly, d'Augy, *présidents;* Dejoly, *secrétaire.*

---

(1) Bailly avait déjà entretenu le Conseil de la maladie du roi, le 2 août. (Voir ci-dessus, p. 647.)

(2) La guérison du roi était annoncée depuis le 4 août. (Voir ci-dessus, p. 656.)

(3) Le texte du registre-copie dit par erreur : *du Conseil des finances.*

(4) L'institution de ces petits billets d'échange, reprise par des particuliers, sous la surveillance de la Municipalité, fonctionna quelques mois plus tard, sous le nom de *Caisse patriotique.* Elle réussit d'ailleurs assez mal.

Du Samedi 7 Août 1790

~~~ Un de MM. les secrétaires a fait lecture du procès-verbal de la séance du jeudi 5 août.

La rédaction en a été approuvée.

~~~ Un autre a aussi fait lecture du procès-verbal de la séance du 7 juillet, en annonçant à l'Assemblée que la rédaction en avait été retardée parce qu'il avait attendu longtemps une pièce qui lui était nécessaire.

Quelques observations ont été faites sur la rédaction de ce procès-verbal.

Et il a été réformé en conséquence.

~~~ M. Bosquillon, l'un des membres de l'Assemblée et commandant de la garde nationale de Conflans (1), a demandé l'affiliation de cette garde à celle de Paris. « Le patriotisme de la garde nationale de Conflans, a-t-il dit, et son attachement pour la capitale, lui donnent un droit particulier à ce nouveau lien avec la Ville de Paris. »

L'Assemblée a accueilli avec empressement cette demande.

Et M. le président, après avoir prononcé le vœu de l'Assemblée, a dit :

Je crois, Messieurs, que je serai un interprète fidèle de vos sentiments, lorsque j'ajouterai, à l'arrêté que vous venez de prendre, que l'Assemblée apprécie, dans l'affiliation qui lui est demandée, l'avantage d'attacher à la Ville de Paris, par de nouveaux liens, le commandant de la garde nationale de Conflans, qui, soit dans cette place, soit dans le sein de l'Assemblée, a donné des preuves multipliées de talents en divers genres, unis à l'amour du bien public.

L'Assemblée a témoigné qu'elle approuvait le discours de son président.

~~~ L'ordre du jour était la lecture d'une *Adresse* au corps légis-

---

(1) On peut hésiter entre *Conflans-l'Archevêque,* aujourd'hui dépendance de la commune de Charenton-le-Pont, chef-lieu de canton de l'arrondissement de Sceaux (Seine), et *Conflans Sainte-Honorine,* chef-lieu de canton, arrondissement de Versailles (Seine-et-Oise). Je crois qu'il s'agit du premier.

latif, pour lui demander que, lorsqu'il s'occuperait de l'organisation de l'impôt, il réduisît les droits qui se paient aux barrières de la capitale, et pour demander aussi que le gouvernement fût chargé des frais de l'illumination et de l'enlèvement des boues dans la ville de Paris, ses habitants ayant été soumis au rachat de ces charges, par des taxes connues sous le nom de *boues et lanternes* (1).

L'un de MM. les commissaires, chargés de la rédaction de cette adresse, en a fait lecture.

Quelques réflexions ont été proposées par différents membres de l'Assemblée;

Auxquelles ont répondu MM. les commissaires rédacteurs.

Et l'*Adresse* a été adoptée ainsi qu'il suit :

Monsieur le président et Messieurs,

Les Représentants de la Commune de Paris viennent avec confiance vous exposer que la capitale est surchargée d'impôts indirects, et que son état actuel paraît ne pas permettre que cette masse énorme continue à se percevoir, de la même manière, sur ses habitants.

Vous le savez, Messieurs : la capitale était arrivée à un degré de splendeur qui surpassait ce que l'histoire nous rapporte des villes les plus renommées; les richesses s'étaient naturellement concentrées dans son enceinte; et tout avait concouru à la porter à ce haut degré d'élévation où vous l'avez vue.

Au moment où la France n'avait reconnu d'autre souverain que son monarque, Paris, la capitale, séjour habituel de ses rois, a dû prendre et a pris successivement un degré d'accroissement considérable. Le souverain, seul dispensateur des grâces et des emplois, a naturellement dû être environné des grands du royaume, des courtisans et de ceux qui pouvaient prétendre à ses faveurs; collateur des principaux bénéfices, ceux qui aspiraient à les obtenir ont dû chercher à s'approcher de la cour et à se faire connaître. Les intendants des provinces, et toutes les classes tenantes à la haute finance habitaient la capitale; de grands tribunaux y ont été créés d'une manière sédentaire. Tous ces établissements formaient autant de canaux qui amenaient, des provinces dans la capitale, des sommes considérables. Il était difficile que, dans cet état de richesses, les sciences et les arts ne fissent pas des progrès : appelés par François Ier et encouragés par ses successeurs, ils ont été portés dans cette capitale à un grand point de perfection; et, si l'esprit de fiscalité ne les eût point arrêtés dans leur cours, ils auraient mis à une contribution plus marquée tous les États de l'Europe.

Cet état va changer par rapport à la capitale.

Restaurateurs de la liberté française, véritables pères de la patrie, vous avez établi dans toutes les parties du royaume cette heureuse égalité qui répandra un bonheur plus général sur tous les citoyens; vous avez supprimé les abus et régénéré la France. Les grands, il n'y en a plus; tous les citoyens sont égaux; le clergé, il est rétabli dans sa première institution; les intendants des provinces, ils sont anéantis; la sagesse des départements

(1) La rédaction de cette *Adresse* avait été décidée dès le 2 juillet, à la suite de la communication d'une délibération du *district de Saint-Étienne du Mont*; le rapport avait été fixé au 7 août, par décision du 3 du même mois. (Voir ci-dessus, p. 361 et 654.)

remplacera le despotisme qui faisait la base de leur administration, et toutes les compagnies de finance vont disparaître. La nation ne peut trop vous manifester la reconnaissance qu'elle vous doit; jamais conquérant n'a remporté autant de victoires dans un espace de temps aussi court. La seule différence, c'est que celles de ces guerriers étaient des fléaux pour l'humanité ; les vôtres, au contraire, sont pour sa conservation et son bonheur. La Commune de Paris voit avec transport et satisfaction vos trophées ; elle vous l'a témoigné autant de fois que vous lui avez permis de se faire entendre, et elle se félicite aujourd'hui de pouvoir vous renouveler, par l'organe de ses Représentants, les sentiments de reconnaissance et d'admiration dont elle est pénétrée.

Il ne faut cependant pas se le dissimuler, Messieurs : par la nouvelle organisation, la capitale perd la plus grande partie des richesses qui abondaient dans son sein ; elle se trouve, en ce moment, au niveau de toutes les autres villes du royaume ; elle sera, de plus, surchargée de l'entretien de sa Garde nationale soldée, qui lui occasionnera une dépense d'environ 6 millions par an ; elle paraît même avoir moins de ressources que les villes maritimes. Son état actuel est inquiétant ; une grande partie de ses ressources est tarie ; les belles lettres et les arts, l'industrie et le commerce formeront à l'avenir ses principales espérances ; les amateurs seront plus rares, et les profits plus bornés.

Il faut cependant que l'homme trouve dans son travail une subsistance assurée : réduire et modérer les impôts indirects qui se perçoivent, ce sera un moyen de diminuer le prix des denrées, d'encourager le commerce, de ranimer l'industrie, de rappeler les étrangers, toujours jaloux de visiter ou de se fixer dans une des plus belles villes du monde ; ce sera encore un moyen de donner de la faveur aux biens ecclésiastiques qui sont dans son enceinte, et de conserver les droits et intérêts de la nation.

Voilà, Messieurs, les premiers motifs qui doivent vous faire prendre en considération l'adresse que nous avons l'honneur de vous présenter. Il y en a d'autres, qui sont plus particuliers, mais qui ne sont pas moins frappants.

Les impôts indirects, qui se perçoivent sur toutes les denrées et marchandises qui entrent dans la capitale, sont excessifs : les uns ont été usurpés ; d'autres ont été créés pour un temps ; enfin, d'autres ont été ajoutés ; et tous se sont perpétués ; ils sont actuellement si innombrables que la mémoire la mieux organisée ne permettrait pas au financier le plus exercé d'en détailler la vingtième partie. Nous ne chercherons donc pas, Messieurs, à vous retracer, d'une manière sombre et fatigante, cette nomenclature infinie d'impôts, que l'esprit fiscal a su imaginer ; nous nous contenterons de vous exposer, d'une manière rapide, quelques-uns de ceux qui sont faits pour fixer votre attention, en vous assurant que, sur toutes les denrées, ils sont portés à un taux immodéré.

Par exemple, un muid (1) de vin, qui arrive par eau, paye environ 66 livres d'entrée, non compris les frais de voiture et les droits de route. Nous voyons que cette somme exorbitante est composée : 1° d'anciens octrois que la Ville avait créés pour ses besoins ; 2° d'un droit de ceinture de la reine, qui se payait, dans l'origine, pour frayer à l'entretien de sa maison ; 3° d'un droit de canal, qui n'aurait dû subsister qu'autant qu'a duré sa construction ; 4° d'un droit de bâtardeau, qui part de la même source ; 5° d'anciens droits auxquels la Ville s'était imposée pour le soutien de ses pauvres et de ses hôpitaux ; 6° d'un droit de barrage, créé pour frayer aux dépenses du pavé de la capitale, droit qui ne doit plus se payer au trésor public, puis-

---

(1) L'ancien *muid* de Paris valait 268 litres.

que, par le nouveau plan de la Municipalité, la Ville est chargée de l'entretien de son pavé ; 7° d'un droit de rivière, qui n'est qu'un droit de péage, supprimé par vos décrets ; 8° d'un droit appelé *Parisis*, qui n'est qu'une addition du quart, en sus de ceux que nous venons de détailler ; 9° d'un impôt particulier mis sur les boissons, pour tenir lieu de l'imposition directe que les habitants de Paris auraient dû payer pour leurs maisons de campagne, droit qui se trouve naturellement supprimé, puisque les habitants sont maintenant assujettis à la taille personnelle ; 10° de plusieurs droits qui n'avaient été mis que pour un temps, mais qui se sont perpétués ; 11° enfin, des 4 sols pour livre, puis des 10 sols pour livre, etc., etc.

Il faut convenir que, dans la masse totale des 66 livres, la Ville perçoit, pour son compte et pour celui des hôpitaux, une somme d'environ 14 livres ; mais l'abus a été porté si loin que même on percevait, au profit du trésor public, les 10 sols pour livre de cette portion.

Ce que nous venons, Messieurs, de vous détailler sur le vin, s'applique, avec plus de force, à l'eau-de-vie, dont les droits excessifs sont de 165 liv. 10 sols 6 den., pour un muid d'eau-de-vie simple, et de 270 liv. 10 sols, pour un muid d'eau-de-vie double.

Il y a, néanmoins, cette différence qu'il est possible, au moyen de l'aréomètre, de distinguer les degrés de l'eau-de-vie, ce qui ne peut pas se faire à l'égard du vin ; et l'avidité fiscale a porté, à cet égard, les choses à un tel point d'iniquité qu'un muid de vin de Brie paie les mêmes droits qu'un muid de vin de Beaune.

Ne pensez pas, Messieurs, que les boissons soient les seules denrées qui paient d'une manière exorbitante : toutes sans distinction sont surchargées ; les toiles, les mousselines, les épiceries, les viandes, les pierres, les plâtres, les bois, tout est grevé ; vous apprendrez, sans doute, avec surprise, qu'un cent de planches de sapin, que le marchand de Paris achète 56 ou 60 livres, paie 46 liv. 10 sols de droits d'entrée, et que les autres bois, appelés *quarrés*, paient dans une proportion aussi forte.

Qu'est-il arrivé, Messieurs, de cette surcharge ? Chose essentielle à remarquer : le produit n'a pas pris d'accroissement pour le trésor public. La contrebande s'est faite d'une manière inquiétante. Tant que l'impôt est modéré, le peuple le paie sans réclamation ; s'élève-t-il, on cherche à s'y soustraire ; devient-il exorbitant, alors la fraude se montre à découvert. Toutes les ressources de l'imagination sont mises en mouvement pour ne pas payer ; et, si l'on vous rapportait quelques exemples des inventions qui ont été pratiquées pour éviter le passage des barrières, vous seriez étonnés des moyens imaginés pour les exécuter.

La position de la capitale est telle, aujourd'hui, qu'une multitude de particuliers commettent la fraude à découvert : ils s'attroupent, ils s'arment, ils en imposent aux commis. La Municipalité a établi des compagnies de chasseurs pour les soutenir (1). Mais, pour le malheur de l'humanité, il s'engage, presque toutes les nuits, des combats entre les fraudeurs, d'une part, les commis et les chasseurs, de l'autre ; souvent, il y a des blessés de part et d'autre ; il est même arrivé que quelques-uns d'eux, en perdant la vie, ont été les victimes ou de leur devoir ou de leur cupidité. Et, néanmoins, la fraude ne s'arrête pas ; l'excès est poussé si loin qu'il y a, dans la capitale et dans ses environs, des compagnies d'assurance qui, moyennant une rétribution proportionnée à la valeur des droits, se chargent de rendre les marchandises franches et exemptes au détriment du trésor public.

(1) Les huit compagnies de *chasseurs nationaux parisiens* ou *chasseurs des barres*. (Voir Tome I, p. 616-617, et Tome II, p. 476, 657-658.)

Il résulte, Messieurs, de cette surcharge, une autre espèce d'inconvénient qui n'intéresse pas moins le bon ordre : c'est que le négociant qui fait son état avec franchise et loyauté n'a pas les ressources de celui qui fait la contrebande. Il est impossible d'établir entre eux une concurrence : celui qui a éludé les droits donnera à meilleur marché et vendra davantage ; l'honnête homme reste dans l'indigence, tandis que celui qui a été moins délicat acquiert l'opulence.

Il est de l'équité des législateurs de réparer des abus qui troublent aussi fortement la société. Nous ne craignons pas de dire qu'en retranchant les droits déjà supprimés par vos décrets ou mal à propos continués, la capitale éprouverait une diminution de plus de moitié de ses impôts indirects. Sans doute, Messieurs, en établissant une égalité entre tous les citoyens, entre tous les départements, en distribuant ainsi tous les avantages, vous suivrez le même mode pour les charges. Vous vous déterminerez d'autant plus facilement à suivre ces principes par rapport à la capitale qu'il vous a été démontré que ses ressources étaient considérablement diminuées, que son commerce était languissant, son industrie paralysée et le peuple dans le besoin.

Si cependant, contre votre désir, les circonstances du moment ne vous permettaient pas de statuer sur la totalité de nos demandes, la Commune de Paris espère de votre justice que vous vous porterez volontiers à supprimer, lorsque vous décréterez le nouveau mode d'imposition, les droits qui se perçoivent sur le beurre, sur les œufs, et en général sur les denrées de première nécessité, lesquels donnent un faible produit et pèsent sur la classe la plus indigente ; elle espère aussi que vous modérerez, au moins à la moitié, les impôts indirects que le fisc est accoutumé à percevoir sur les autres denrées. Il nous semble que le trésor public ne souffrirait pas de cette réduction : et, en effet, si la capitale a le bonheur de reprendre sa splendeur, les denrées étant à meilleur compte, la consommation sera plus considérable ; l'appât du bénéfice n'étant plus le même, la fraude disparaîtra insensiblement ; par une suite naturelle, le trésor regagnera d'un côté ce que de l'autre il paraîtrait perdre, et le peuple sera soulagé.

Il nous reste, Messieurs, une respectueuse remontrance à vous faire : par le nouveau plan de Municipalité, les habitants de Paris se trouvent chargés de subvenir aux frais de l'illumination et de ceux nécessaires pour conserver la propreté des rues. Mais les propriétaires des maisons avaient racheté et payé au trésor public cet impôt, qui forme un capital de plus de 15 à 20 millions ; à ce moyen, les frais connus sous la dénomination de *boues et lanternes* étaient à la charge du trésor. Il ne serait point juste de les faire supporter aujourd'hui aux habitants ; on ne pourrait raisonnablement les en grever qu'en restituant à la Ville les sommes qu'ils ont payées ; et, jusqu'à ce remboursement, il paraît de toute justice de laisser ces dépenses au nombre de celles qui se prennent sur le trésor public (1).

Nous venons, Messieurs, vous exposer avec franchise l'objet de nos réclamations. Nous ne cherchons point à faire valoir les sacrifices que la capitale a faits pour la Révolution : elle s'en honore ; elle n'en sollicite point la récompense. Nous venons vous montrer notre position et réclamer votre justice ; nous y avons été engagés par la vigilance du district de Saint-Étienne du Mont, qui, dans tous les temps, a donné des preuves de sagesse et de patriotisme ; nous y avons été engagés par notre propre conscience, qui nous impose le devoir de veiller aux intérêts de la capitale. L'esprit d'équité, qui a toujours dirigé les travaux de votre auguste Assemblée,

(1) Le Département des impositions avait déjà signalé la question de l'impôt des *boues et lanternes* dans son *Compte* du 25 février. (Voir Tome IV, p. 213-214.)

nous fait espérer que vous voudrez bien prendre notre adresse en considération. Nous pouvons vous assurer, au nom de la Commune, d'une entière résignation au décret que votre sagesse dictera.

Il a été arrêté qu'elle serait présentée par dix membres de l'Assemblée, auxquels seraient invités à se joindre le citoyen auteur d'une motion, faite dans la section de Paris connue alors sous le nom de district de Saint-Étienne du Mont, qui a provoqué l'adresse (1), et les deux commissaires nommés par ce district pour communiquer cette motion à l'Assemblée.

L'Assemblée a nommé, pour former cette députation, MM. Carmentran, Ballin, du Rouzeau, Chappon, Tannevaux, Michel, Bosquillon, Thuriot, La Boulaye et Poullenot (2).

M. le président a annoncé que M. Le Moine, grenadier volontaire du bataillon de l'Observatoire, qui, dans la journée du 6 octobre, avait sauvé la vie à un garde-du-corps de la compagnie écossaise, était présent, et qu'il allait lui remettre le sabre qui avait été présenté à l'Assemblée par M. Micault, citoyen de Sèvres.

Un de MM. les secrétaires a lu l'arrêté pris à ce sujet (3).

Ensuite, M. le président, adressant la parole à M. Le Moine, qui était monté au bureau, a dit :

Vous avez exposé votre vie pour défendre celle d'un homme qui n'avait d'autre titre auprès de vous que sa qualité d'homme, d'autres droits à vos secours que le danger qui le menaçait : le bien que vous avez fait ne peut trouver de véritable récompense que dans votre cœur.

Mais il était du devoir de l'Assemblée de consacrer, par un acte solennel, le souvenir d'une action si glorieuse. Elle devait à l'intérêt public d'étendre l'influence d'un grand exemple; elle se devait à elle-même de s'honorer par un hommage éclatant à la vertu; elle devait, enfin, à la cité qu'elle représente d'acquitter les engagements que lui impose, envers vous, une juste reconnaissance.

Sous la verge du despotisme, qui dégrade l'espèce humaine en se jouant audacieusement de la vie et de l'honneur des hommes, la perte d'un esclave serait comptée pour peu de chose; mais, sous l'empire de la liberté, qui rend à l'homme ses droits et sa dignité, le meurtre d'un citoyen est une calamité publique, et celui qui s'est dévoué généreusement pour l'empêcher mérite d'être placé au rang des bienfaiteurs de la patrie et de l'humanité entière. C'est à ce titre que l'Assemblée dépose entre vos mains cette arme, qui sera pour vous un gage de son estime, et pour elle un motif de confiance.

Et, à l'instant, M. le président a remis à M. Le Moine le sabre qui lui était destiné.

Après les applaudissements qu'avaient excités la présence de ce

---

(1) L'auteur de la motion s'appelait ANCELIN. (Voir ci-dessus, p. *369-373*.)

(2) Avant de recevoir la députation, le président de l'Assemblée nationale demanda, le 9 août, que l'*Adresse* lui fût communiquée. (Voir ci-dessous, p. 682.)

(3) Arrêté du 4 août. (Voir ci-dessus, p. 656-658.)

citoyen généreux et le tableau que M. le président avait présenté de son action courageuse, M. Le Moine a exprimé, en ces termes simples et énergiques, les sentiments dont il était pénétré :

> Messieurs,
> Je vous remercie de la récompense que vous venez de m'accorder. J'ai servi l'État dix ans dans les dragons; j'ai servi la patrie depuis la Révolution; et je serai toujours prêt à verser pour elle jusqu'à la dernière goutte de mon sang.

L'Assemblée a ordonné l'impression du discours de M. le président et de la réponse de M. Le Moine.

~~~ Un honorable membre a fait une motion relative à la barrière placée sur le boulevard du Temple, derrière la maison du sieur Charrier, paulmier (1), et au fossé ou saut-de-loup établi derrière le jardin de l'hôtel Montmorenci, sur le boulevard Montmartre (2). Il a représenté que, sur le boulevard du Temple, la barrière renfermait la contre-allée dans toute sa largeur, et que, sur le boulevard Montmartre, le fossé la réduisait à une largeur de deux pieds, ce qui était très insuffisant pour ce passage très fréquenté et voisin de la Comédie Italienne (3); il a informé l'Assemblée des murmures et des propos violents dont il avait été témoin la veille à l'occasion de ce fossé, et qu'il avait été assez heureux pour apaiser les esprits en as-

---

(1) L'édition originale porte ici CHARRIER PAULMIER, comme s'il s'agissait d'un nom propre double. Plus loin, on dit CHARRIER tout court. D'après le sens du texte, il est probable qu'il s'agit d'un *paulmier*, ou maître de jeu de paume, nommé CHARRIER.

(2) Les anciens plans de Paris, tels que celui de J.-B. JAILLOT (1775), et le *Dictionnaire historique de la ville de Paris et de ses environs*, par HURTAUT et MAGNY, donnent le nom d'*hôtel de Montmorency* à une demeure située à l'angle de la rue de la Chaussée d'Antin et du boulevard de la Madeleine, là où s'élève actuellement le théâtre du Vaudeville; par contre, ils désignent sous le nom d'*hôtel de Luxembourg* un hôtel ayant sa façade rue Saint-Marc, avec des jardins donnant sur le boulevard Montmartre, et dont le théâtre des Variétés et le passage des Panoramas avec ses dépendances occupent aujourd'hui l'emplacement. Par contre, le *Guide des amateurs et des étrangers voyageurs à Paris*, de THIÉRY (t. I, p. 146 et 448), décrit les deux hôtels en leur donnant à tous deux le même nom d'*hôtel de Montmorenci*, et en ajoutant, pour le second : « Il appartient aujourd'hui à M. le duc DE MONTMORENCI. » Enfin, LEFEUVE, dans *Les anciennes maisons de Paris* (t. II, p. 319), place l'*hôtel de Montmorency* à l'angle du boulevard Montmartre et de la rue Vivienne, et parle d'un kiosque que M. DE MONTMORENCY-LUXEMBOURG avait fait construire dans le jardin.

Les détails que contient notre texte s'appliquent manifestement à l'ancien *hôtel de Luxembourg*, bâti en 1704, devenu plus tard *hôtel de Montmorency*. D'ailleurs, en regardant attentivement, on voit très bien, sur le plan de JAILLOT, le tracé du saut-de-loup « derrière le jardin », qui empiète, en effet, fortement sur le boulevard Montmartre.

(3) *Théâtre Italien*, place Favart, actuellement l'*Opéra-Comique* en cours de reconstruction. (Voir Tome III, p. *136-137*.)

surant qu'on pouvait s'en rapporter au zèle de la Commune pour l'intérêt général, et en observant que le nom de Montmorenci promettait tous les sacrifices que pourrait exiger le bien public (1). Il a demandé que l'Assemblée invitât le procureur de la Commune : 1° à prévenir le sieur Charrier qu'il eût à enlever sa barrière, dépaver la partie de la contre-allée du boulevard qu'elle renferme, en laissant subsister seulement un passage, s'il lui est nécessaire; enfin, à faire remplacer, cet hiver, les arbres qui ont été arrachés; 2° à faire part, à M. Montmorenci, des réclamations du public, en l'engageant, s'il a des titres de propriété du terrain sur lequel est établi le fossé, à en justifier, afin, s'il y a lieu, de convenir d'une indemnité pour cet abandon nécessaire à l'utilité publique.

Plusieurs membres ont parlé sur cette motion et ont demandé qu'elle fût étendue à tous les empiètements qui existent sur les boulevards anciens et nouveaux.

On a cependant demandé qu'on s'occupât, particulièrement et sans aucun délai, des deux objets énoncés dans la motion.

Il a été observé que cette partie de l'administration appartenait au Département des travaux publics, et que c'était ce Département qui devait être chargé d'exécuter l'arrêté que prendrait l'Assemblée, mais qu'on pouvait inviter le procureur de la Commune à se joindre au Département.

La question ayant été posée et mise aux voix, d'après les diverses demandes et observations faites par différents membres;

L'Assemblée a arrêté que les administrateurs du Département des travaux publics, chargés de la voirie, prendraient des renseignements sur tous les empiètements qui pourraient avoir été faits sur les boulevards anciens et nouveaux, notamment, et pour en rendre compte à l'Assemblée jeudi prochain (2), sur ceux qui existent dans la partie du boulevard (3) Montmartre qui répond au jardin de l'hôtel Montmorenci, et dans la partie du boulevard (3) du Temple qui répond à la maison du sieur Charrier; chargeant le procureur de la Commune de suivre l'exécution de son arrêté, et l'invitant

---

(1) Ces mots semblent désigner comme propriétaire de l'hôtel en question le comte, puis duc de Montmorency-Laval (Mathieu-Jean-Félicité), député de la noblesse du bailliage de Montfort-l'Amaury, alors classé parmi les grands seigneurs patriotes et libéraux. Un autre de Montmorency (Anne-Charles-Sigismond), duc de Luxembourg, député de la noblesse de la sénéchaussée de Poitiers, avait donné sa démission, puis émigré, dès août 1789.

(2) 12 août.

(3) Le texte original dit ici deux fois, par erreur : *faubourg*, au lieu de *boulevard*.

à se trouver à la séance dans laquelle le compte sera rendu (1).

— Il a été présenté une nouvelle motion sur la conversion en monnaie et l'emploi le plus avantageux de la matière métallique des cloches devenues inutiles.

Conformément à ses précédentes délibérations sur des motions semblables (2), l'Assemblée a arrêté que celle-ci serait renvoyée au Comité des finances de l'Assemblée nationale. (I, p. 679.)

— Un des membres de l'Assemblée a représenté que plusieurs menuisiers ont travaillé pour les casernes des compagnies du centre, avant l'organisation du Département de la Garde nationale; qu'ils avaient demandé leur paiement à ce Département, sans pouvoir l'obtenir, et qu'ils se présentaient à l'Assemblée pour réclamer sa justice.

Un des administrateurs de ce Département a demandé que le mémoire et la réclamation fussent renvoyés devant les membres de l'Assemblée qui, avant l'organisation du Département, avaient formé le Comité de casernement (3).

Un des membres de ce Comité a répondu que sa mission était expirée depuis longtemps, et que, d'ailleurs, la vérification des mémoires dont on demandait le paiement avait été ordonnée par le Département : il en a conclu que c'était au Département à décider sur le paiement de ces mémoires.

Un des menuisiers réclamants a été entendu.

Un autre membre de l'Assemblée a proposé le renvoi au Conseil municipal.

Cet avis a été combattu comme pouvant entraîner trop de longueurs, lorsqu'il s'agissait du paiement d'ouvrages déjà anciens.

On a proposé de nommer des commissaires, qui se concerteraient avec les Départements de la Garde nationale, des travaux publics et du domaine, pour donner aux réclamants la plus prompte satisfaction, et rendraient compte à l'Assemblée, le plus promptement possible, du résultat de leurs conférences.

Cet avis ayant été appuyé par plusieurs membres;

Il a été mis aux voix et adopté.

L'Assemblée ayant fixé à quatre le nombre des commissaires;

---

(1) Le rapport du *Département des travaux publics* n'est pas mentionné.
(2) Il n'a été fait, dans les procès-verbaux des précédentes séances, aucune mention de motions et encore moins de délibérations relatives à la fonte des cloches.
(3) Institué par la première Assemblée des Représentants de la Commune, le 13 août 1789. (Voir Tome I, p. 202.)

MM. Letellier, Cholet, Hermand, Cousin ont été nommés, et ont accepté (1).

~~~ La séance a été levée, et continuée à lundi, 9 août.

Signé : Vincendon, *président.*

Secrétaires : Demars, Bonneville, Letellier, Ballin, Desprez.

CONSEIL DE VILLE

—

~~~ Le samedi 7 août 1790, à neuf heures précises du matin, le Conseil de Ville convoqué et réuni dans la grande salle de l'Hôtel-de-Ville ;

~~~ Sur l'observation d'un des membres de l'Assemblée ;

Le Conseil a ordonné qu'il serait fait mention dans le procès-verbal de ce jour du désir que MM. les commissaires, députés par les sections pour le recensement des scrutins (2), avaient témoigné de recevoir de la Municipalité une des médailles frappées à l'occasion du pacte fédératif (3), et de l'empressement avec lequel M. le Maire et la Municipalité s'étaient rendus à leur vœu en faisant distribuer à chacun de MM. les commissaires les médailles qu'ils avaient paru désirer.

En conséquence, le Conseil autorise son secrétaire à délivrer à chacun de MM. les commissaires un extrait du présent procès-verbal, en y énonçant le nom de celui à qui il est destiné (4).

~~~ M. le président a levé la séance.

Signé : Bailly ; d'Augy, *président ;* Dejoly, *secrétaire.*

---

(1) Le rapport des commissaires sur la réclamation des menuisiers ayant travaillé dans les casernes n'est pas signalé dans les procès-verbaux ultérieurs.

(2) Depuis le 3 août, la principale occupation du Conseil de Ville consistait à dépouiller les scrutins qui se succédaient régulièrement dans les sections, de deux jours en deux jours, pour l'élection du Maire, du procureur de la Commune, de ses deux substituts, etc... Dans ce travail fastidieux, le Conseil de Ville était assisté, comme le voulait le décret du 21 mai sur le plan de Municipalité de Paris, par 48 commissaires, délégués par les 48 sections. C'est de ces commissaires qu'il est question ici.

(3) Médaille commémorative du 14 juillet 1790. (Voir ci-dessus, p. *16-18* et *473*.)

(4) Les noms des commissaires figurent dans les procès-verbaux des séances du Conseil de Ville consacrées au recensement des votes, lesquels seront reproduits, comme le lecteur en a été déjà averti, dans l'ouvrage sur l'*Organisation municipale de Paris au début de la Révolution*. (Voir ci-dessus, p. 276.)

ÉCLAIRCISSEMENTS

(I, p. 677) La motion dont il s'agit, relative à la fonte des cloches et à leur conversion en monnaie, avait été probablement inspirée par un récent décret de l'Assemblée nationale ayant le même objet.

Le 11 juin 1790, Le Coutrulx de Canteleu, au nom du Comité des finances, avait présenté un rapport sur différentes propositions faites à l'Assemblée pour l'acquisition et la fonte des cloches des couvents supprimés. Tout en reconnaissant que la suppression des couvents et des communautés religieuses rendait inutiles les nombreuses cloches de ces maisons et permettait à la nation d'en tirer parti, notamment pour la frappe de la monnaie de cuivre, le Comité, hésitant entre les propositions de différents fondeurs, proposait l'ajournement de toute décision, afin de permettre aux métallurgistes de faire des essais en vue d'une adjudication ultérieure. Un décret conforme, dont voici le texte, fut immédiatement adopté (1) :

L'Assemblée nationale, après avoir entendu le rapport du Comité des finances sur les propositions qui lui ont été faites, par divers particuliers, pour la fonte ou l'acquisition des cloches des couvents et communautés religieuses qui sont supprimés, ajourne à deux mois toute décision à prendre sur ces propositions; et, pour leur donner la publicité convenable, elle ordonne l'impression du rapport de son Comité des finances; elle invite les artistes, métallurgistes et fondeurs de faire des essais sur la matière des cloches, afin d'acquérir des connaissances plus positives et d'établir une plus grande concurrence, lorsque l'on jugera à propos de faire faire l'adjudication définitive des cloches des communautés supprimées et de celles qui deviendront inutiles.

Toutefois, l'utilisation réelle des cloches à la fonte des monnaies ne commença que beaucoup plus tard.

Une première discussion, soulevée par Rewbell, le 28 août, n'aboutit, le 11 septembre, qu'à la création d'un Comité spécial des monnaies (2).

Des types de monnaies, frappées, disait-on, avec le métal des cloches, ayant été présentés à plusieurs reprises à l'Assemblée nationale (3), un

---

(1) Voir *Archives parlementaires* (t. XVI, p. 168-170).
(2) Voir *Archives parlementaires* (t. XVIII, p. 387, 398, 405-409 et 693).
(3) Notamment le 18 septembre et le 3 octobre 1790. (Voir *Archives parlementaires*, t. XIX, p. 63 et 424.) — Un mémoire du sieur Gauthier (Joseph), métallurgiste, rue Basfroi, adressé à l'Assemblée nationale le 22 septembre 1790 (pièce manusc., Arch. Nat., D vi 6, n° 49), fut imprimé plus tard, 18 juin 1791, par ordre de la *section de Popincourt* (imp. 18 p. in-4°, Bib. Nat., Lb 40/3094), qui fit même envoyer à toutes les sections une circulaire pour les inviter à assister par délégation aux expériences (pièce manusc., Arch. de la Seine, D 644). — A peu près de la même époque est une délibération de la *section de la Bibliothèque*, du 3 mai 1791, sur la prompte fabrication de la monnaie de billon provenant de la fonte des cloches (imp. 8 p. in-8°, Bib. Nat., Lb 40/405).

décret, en date du 1er mai 1791, adjoignit au Comité des monnaies deux membres du Comité des finances et quatre membres de l'Académie des sciences, pour suivre les expériences annoncées sur la possibilité de rendre le métal des cloches malléable et propre à la fabrication de la monnaie (1).

Un rapport présenté le 20 juin fit connaître à l'Assemblée le résultat et la conclusion des expériences : d'après l'opinion des commissaires, le métal provenant des cloches fondues se prêtait mal à la transformation directe en monnaie; mais on pouvait, dans des conditions de pureté et de bon marché satisfaisantes, séparer de ce métal composé le cuivre qui y était contenu et arriver ainsi à l'utiliser. MILET DE MUREAU (2) soutint un avis opposé dans un discours très étudié et qui fit impression; à titre d'essai, il proposa de faire fondre et couler en monnaie les cloches des églises supprimées dans le département de Paris. L'Assemblée, n'osant rien décider, se borna à ordonner l'impression du discours, l'ajournement de la discussion et le renvoi des diverses propositions au Comité des monnaies pour en rendre compte dans trois jours (3).

Le trouble jeté dans les délibérations par la fuite du roi (21 juin) empêcha le Comité des monnaies d'être prêt à l'heure dite, et, sur l'insistance de MILET DE MUREAU, l'Assemblée décréta, le 24 juin, qu'il serait incessamment fabriqué de la menue monnaie en sols et demi-sols, coulée avec le métal des cloches étant à la disposition de la nation; le Comité des monnaies était chargé de présenter le lendemain les moyens d'exécution (4). Le lendemain, le Comité des monnaies ayant apporté la rédaction demandée, il fut enfin décrété que les cloches des églises supprimées dans le département de Paris seraient fondues et coulées en pièces d'un sol et d'un demi-sol (5).

Mais, dès le 18 juillet, on était obligé de reconnaître qu'il n'y avait pas lieu d'insister sur l'exécution du décret tel qu'il avait été voté : la monnaie coulée, cassante, facile à imiter, devait être abandonnée. On se résigna donc à suspendre le décret du 25 juin, en ordonnant de continuer les expériences de dépuration du métal des cloches (6).

Cependant, le besoin de petite monnaie était si pressant qu'on ne pouvait tarder à remettre à l'ordre du jour la fonte des cloches. Le cuivre manquait; à toute force, il fallait aviser. Le 2 août, MERLIN (de Douai) ayant demandé que le ministre des contributions publiques fît incessamment exécuter le décret sur le coulage des cloches du département de Paris, l'Assemblée renvoya la proposition au Comité des monnaies, avec invitation d'en faire le rapport dès le lendemain (7).

C'est, en effet, le 3 août 1791 que fut rendu le décret définitif. Le Comité

---

(1) Voir *Archives parlementaires* (t. XXV, p. 485).

(2) DESTOUFF DE MILET DE MUREAU, capitaine du génie, député suppléant de la noblesse de la sénéchaussée de Toulon, admis à siéger en remplacement d'un député démissionnaire, le 14 avril 1790.

(3) Voir *Archives parlementaires* (t. XXVII, p. 345-351).

(4) Voir *Archives parlementaires* (t. XXVII, p. 484).

(5) Voir *Archives parlementaires* (t. XXVII, p. 524).

(6) Voir *Archives parlementaires* (t. XXVIII, p. 397-398, 407-408 et 433-434).

(7) Voir *Archives parlementaires* (t. XXIX, p. 120-122).

des monnaies annonça que les expériences avaient enfin fait découvrir le moyen de corriger tous les défauts reprochés au métal des cloches en l'alliant par proportions égales au cuivre pur : en conséquence, il fut décrété que la fabrication des pièces de deux sols, d'un sol et d'un demi-sol, avec le métal des cloches mélangé de cuivre, commencerait sans délai dans tous les hôtels des monnaies du royaume, et que, dans ce but, les directoires des départements tiendraient à la disposition du ministre compétent les cloches de toutes les églises supprimées (1).

(1) Voir *Archives parlementaires* (t. XXIX, p. 135-136).

Du Lundi 9 Août 1790

— A l'ouverture de la séance, un de MM. les secrétaires a fait lecture du procès-verbal du 6 de ce mois.

La rédaction en a été approuvée.

— M. le président a rendu compte d'une lettre par lui écrite à M. le président de l'Assemblée nationale, pour demander le jour où la députation, chargée de présenter l'*Adresse* relative aux impositions indirectes (1), pourrait se présenter. M. le président a également fait part de la réponse qu'il en avait reçue, et de la demande de communication de cette adresse avant d'indiquer le jour pour la recevoir.

Il a été observé que, cette demande de M. le président de l'Assemblée nationale étant fondée sur un usage constant, il convenait de ne pas s'en écarter (2).

En conséquence, il a été arrêté qu'en écrivant de nouveau, demain matin, M. le président enverrait une copie de l'*Adresse* elle-même et réitérerait la demande d'une audience (3).

— Un membre de l'Assemblée, ayant obtenu la parole, a dit que, le 17 mars dernier, un soldat de la Garde nationale avait saisi chez M. Collard une médaille, qui avait été remise à M. Lajard, sur promesse de la rendre ou d'en faire payer la valeur; que, depuis longtemps, M. Collard réclamait l'exécution de cette promesse; que cette affaire, qui tient à beaucoup d'autres du même genre, ayant

---

(1) Députation nommée le 7 août. (Voir ci-dessus, p. 674.)

(2) Si l'usage de la communication préalable — usage dont jusqu'ici il n'avait été fait aucune mention à l'occasion des nombreuses adresses déjà présentées par l'Assemblée des Représentants à l'Assemblée nationale — était si constant qu'on l'affirme, pourquoi ne s'y était-on pas conformé à l'avance, en envoyant le texte de l'adresse au moment même où l'on demandait jour pour la réception?

(3) La copie de l'adresse fut renvoyée le lendemain par le président de l'Assemblée nationale, en même temps qu'il fixait l'heure de la réception. (Voir ci-dessous, p. 691.)

été portée à l'Assemblée, elle avait nommé MM. Michel et Fauchet pour rédiger un projet de règlement sur l'aliénation des médailles (1). L'honorable membre a demandé que MM. les commissaires fussent invités à terminer, le plus promptement possible, le travail dont ils sont chargés, afin de donner satisfaction aux personnes qui réclament les médailles qui leur ont été saisies. (I, p. 689.)

L'Assemblée, conformément à cette motion, a arrêté d'inviter MM. Michel et Fauchet à rendre incessamment le compte de leur travail (2).

~~~ Il a été ensuite fait lecture d'une lettre adressée à MM. les Représentants de la Commune de Paris par les soldats citoyens de l'armée confédérée à Blois. Dans cette lettre, les gardes nationales du département de Loir-et-Cher (3) et celles des départements voisins, réunies en congrès patriotique, prient l'Assemblée d'agréer l'hommage de leur pacte fédératif et demandent à la Commune de Paris le titre de frères et d'amis (4).

L'Assemblée a arrêté que M. le président serait autorisé à répondre à MM. les confédérés de Blois et à les assurer, au nom de l'Assemblée, de la réciprocité des sentiments consignés dans leur lettre, dont il serait fait mention dans le procès-verbal.

~~~ Un membre du Comité des rapports a rendu compte de plusieurs affaires :

~~~ D'après lequel, l'Assemblée a ajourné d'abord à samedi prochain la distribution des rubans, à titre de récompense distinctive, pour la garde nationale de Belleville et autres citoyens de Paris (5).

~~~ Par rapport à l'adresse particulière du sieur J. B. Chevillard, actuellement lieutenant de grenadiers de la garde de Belleville, et aux certificats tant du commandant et du major que d'un grand nombre des officiers de cette garde nationale ;

L'Assemblée, instruite que, le 14 juillet 1789, le sieur Chevillard a eu le courage d'exposer sa vie pour se saisir d'une mèche à l'esprit-

---

(1) Aucune trace d'une décision de ce genre ne se trouve dans les procès-verbaux antérieurs.
(2) Aucun rapport de ce genre n'est mentionné dans la suite des procès-verbaux.
(3) Le texte original porte : *département du Loir et du Cher*.
(4) Les procès-verbaux de l'Assemblée nationale ne mentionnent pas la Fédération de Blois ; ils signalent seulement, à la date du 10 mai, soir, l'adhésion de la ville de Blois au pacte fédératif des gardes nationales de Poitiers, 11 avril. (Voir *Archives parlementaires*, t. XV, p. 457-458.)
(5) La distribution de ces rubans honorifiques eut lieu, en effet, le samedi 14 août. (Voir ci-dessous, p. 705.)

de-vin qui venait d'être jetée sur une voiture chargée de barils de poudre; en donnant les plus justes applaudissements à cet acte de patriotisme et de bravoure, a arrêté, conformément aux conclusions de son Comité des rapports, qu'il sera consigné dans le procès-verbal du jour, et que, pour marque de la reconnaissance de la Commune de Paris envers le sieur Chevillard, il lui sera délivré une expédition du présent arrêté.

— Dans l'affaire du sieur Ceiras, créancier depuis 1782 du sieur Mayet, lieutenant d'une compagnie de chasseurs soldés (1), pour loyer d'appartement (2), à raison de laquelle créance le sieur Ceyras a obtenu dans cette même année, au Châtelet de Paris, une sentence de condamnation contre son débiteur et a fait différentes poursuites qui, étant demeurées sans effet, ont mis ledit sieur Ceyras dans le cas de s'adresser à MM. les Représentants de la Commune pour être autorisé à faire saisir et arrêter entre les mains du quartier-maitre les appointements échus et à échoir dudit sieur Mayer;

L'Assemblée a arrêté que le sieur Ceyras serait renvoyé à se pourvoir par les voies de droit (3).

— Sur la demande de la dame veuve Le Bel contre le sieur Dubois, limonadier du Palais-royal, dépositaire de cinq tableaux mis en loterie par ladite dame Le Bel (4), et dont elle a prétendu qu'il y en avait un de volé dans la boutique du sieur Dubois, à l'effet que, dans le cas où le tableau volé échérait à l'un des billets vendus, elle ne fût point tenue à remplir un objet qu'il lui est impossible de produire;

L'Assemblée a arrêté que le mémoire et la demande de la dame Le Bel seraient renvoyés au Département de la police.

— Un membre de l'Assemblée, ayant demandé et obtenu la parole, a fait une motion qui tendait à voter, à M. Cahier de Gerville, procureur-syndic adjoint, assistant à la séance, et qui venait d'être

---

(1) Les procès-verbaux impriment indifféremment MAYER, MAYET ou MAGET. D'après l'*Almanach militaire de la Garde nationale parisienne*, comme d'après les *Étrennes aux Parisiens patriotes* ou *Almanach militaire national de Paris*, le lieutenant de la compagnie de chasseurs soldés attachée à la 6ᵉ division, casernée rue du Faubourg du Roule, s'appelait le chevalier MAYER, rue et porte Saint-Honoré.

(2) Il résulte d'une lettre adressée par BAILLY à DE LA FAYETTE, le 1ᵉʳ septembre 1790, en lui transmettant le mémoire du créancier, que CEYRAS était employé au secrétariat de la *section de Bondy*, et que le montant de la créance s'élevait à 400 livres; pièce manusc. (Arch. Nat., AF* II 48, n° 167).

(3) Nouvelle demande présentée le 16 août. (Voir ci-dessous, p. 732.)

(4) Réclamation présentée le 2 août. (Voir ci-dessus, p. 644.)

nommé substitut du procureur de la Commune par les suffrages réunis des sections de la capitale (1), des remerciements pour ses bons services, et à le féliciter sur sa nomination.

L'honorable membre, en exprimant son vœu particulier, a eu la satisfaction d'être l'interprète du vœu général de l'Assemblée.

La réponse modeste de M. Cahier et le ton de sensibilité qui l'a accompagnée n'ont point provoqué l'arrêté qui était dans tous les cœurs, mais lui ont imprimé un caractère digne tout à la fois et de l'Assemblée qui l'a pris et du citoyen estimable à tous égards qui en est l'objet.

Il a donc été arrêté, à l'unanimité, que M. Cahier serait remercié de ses services et félicité sur sa nomination.

~~~ La séance a été levée, et remise à demain, cinq heures précises.

Signé : Vincendon, *président.*

Secrétaires : Demars, Bonneville, Letellier, Ballin, Desprez.

CONSEIL DE VILLE

~~~ Le lundi 9 août 1790, à six heures du soir, le Conseil de Ville convoqué en la forme ordinaire et présidé par M. d'Augy, en l'absence de M. le Maire ;

~~~ Il a été fait lecture du procès-verbal du 5 août et de celui dressé le lendemain 6.

Le Conseil en a approuvé la rédaction.

~~~ Sur le compte rendu au Conseil que M. Tiron, retenu pour présider au transport des Capucins de la rue Saint-Honoré aux Capucins du Marais (2), ne pouvait pas se rendre à l'Hôtel-de-Ville ;

---

(1) Le vote pour l'élection des deux substituts du procureur de la Commune eut lieu le 6 août et fut dépouillé le 7 : un seul fut élu, Cahier de Gerville, par 2,961 voix sur 6,191 votants. (Voir l'ouvrage sur l'*Organisation municipale de Paris au début de la Révolution.*)

(2) Un décret du 30 juillet autorisait la Municipalité à faire évacuer le couvent des Capucins de la rue Saint-Honoré pour l'affecter aux services de l'Assemblée nationale. (Voir ci-dessus, p. 131-132, 164 et 171-172.) En conséquence de ce décret, sollicité d'ailleurs par les Capucins eux-mêmes, la translation s'opéra les 9 et 16 août 1790, ainsi qu'il résulte du procès-verbal dressé par Tiron, Santerre et Filleul, commissaires de la Municipalité ; pièce manusc. (Arch. Nat., S 3705).

Le Conseil a arrêté qu'il serait spécialement écrit à M. Tiron pour le prier d'assister à la prochaine séance.

⎯ Le Conseil, étant informé que M. Le Couteulx de La Noraye était dangereusement malade, a arrêté qu'un de ses membres voudrait bien se transporter chez M. de La Noraye, pour lui témoigner l'intérêt que le Conseil prend à sa maladie, savoir et informer MM. les administrateurs de l'état actuel de sa santé.

Le Conseil a accepté l'offre que lui a faite M. Plaisant de se charger de cette mission.

⎯ Sur le rapport d'un mémoire présenté par le sieur Bonneau, le troisième dans l'ordre des commis employés au bureau de rédaction de l'Assemblée des Représentants de la Commune, tendant à obtenir soit une place dans les nouveaux bureaux qui se forment pour l'administration des biens nationaux (1), soit, dans le cas où il ne pourrait pas être placé, une recommandation auprès de la Municipalité définitive;

Le Conseil municipal a invité MM. les commissaires chargés de l'administration des biens nationaux à recevoir, s'il est possible, le sieur Bonneau dans un des bureaux de comptabilité, et, dans le cas où il n'y aurait point de place, le Conseil recommande expressément le sieur Bonneau à la Municipalité définitive.

⎯ Sur la demande, faite par la demoiselle Lhomme, dite sœur de Jésus, ci-devant religieuse au couvent du Précieux Sang à Paris, d'être autorisée à réclamer à son couvent, d'où elle est sortie, son vestiaire composé de linge et habillement qui étaient à son usage, et en outre son lit;

Le Conseil, délibérant, a autorisé la demoiselle Lhomme, sœur de Jésus, à se faire délivrer les objets de sa demande; ordonne, en conséquence, que lesdits effets composant son vestiaire, ainsi que son lit, lui seront remis à sa première réquisition par madame la supérieure.

Le Conseil arrête en outre que M. Davous, l'un de ses membres, voudra bien tenir la main à l'exécution du présent arrêté (2).

⎯ Sur le rapport fait par M. Étienne de La Rivière, adminis-

---

(1) Arrêté du 23 juillet. (Voir ci-dessus, p. 607-609.)

(2) Il résulte de plusieurs pièces, cataloguées par M. Tuetey (*Répertoire général*, t. III, nos 3333, 3353 et 4054), que la demoiselle Lhomme (Catherine Madeleine), religieuse Bernardine du Précieux Sang, était âgée de 70 ans et infirme : dès le 1er septembre 1790, les administrateurs des biens nationaux sollicitèrent pour elle, à raison de son grand âge et de son état de détresse, un secours qui lui fut accordé par le Comité ecclésiastique, le 6 décembre suivant.

trateur au Département des travaux publics, que la dame Langlois, propriétaire d'une maison dite l'hôtel du grand Conseil, rue des Filles Saint-Thomas, a demandé au Bureau des finances (1) la permission de faire élargir une baie de porte pour faciliter les issues du *Spectacle de Monsieur* (2); que le Bureau des finances a ordonné que le pavillon, au bas duquel est la porte qu'on voulait élargir, serait retranché de 18 pouces; que la dame Langlois a remis au Département un mémoire dans lequel elle annonce que le pavillon dont il s'agit est dans le meilleur état, qu'elle n'est pas dans le cas de le construire, que la baie de la porte à élargir ne donne lieu à aucuns travaux en fondations et que le service du spectacle nécessite une issue qui aurait dû rendre sa demande favorable; que M. l'administrateur s'est transporté sur le local avec les officiers des bâtiments de la Ville, et qu'il résulte de leur rapport que, la dame Langlois ne s'étant déterminée au changement qu'elle a projeté que pour faciliter davantage la circulation autour du *Théâtre de Monsieur*, il n'y avait pas lieu de prononcer le retranchement du pavillon; que, pour faciliter davantage la circulation autour de ce spectacle, il serait convenable d'obliger le propriétaire de pratiquer un passage semblable dans le pavillon opposé sur la rue des Filles Saint-Thomas;

Le Conseil autorise la dame Langlois à élargir la baie de la porte du pavillon à droite, sur la rue des Filles Saint-Thomas, à la charge d'ouvrir également un passage sous le pavillon à gauche, sans cependant qu'en vertu de la présente permission la dame Langlois puisse faire aucune reconstruction sur la face de la rue, ni toucher aux jambes étrières; et sera, au surplus, tenue la dame Langlois de se conformer aux lois et règlements concernant la voirie.

— Le Conseil de Ville;

Après avoir entendu M. Balle, adjudicataire de la démolition du Pont-rouge (3);

Accepte la proposition de consentir la résiliation de son adjudication sous la condition qu'il lui sera remboursé : 1° une somme de 2,000 livres, qu'il a versée dans la caisse de la Ville en exécution de ladite adjudication, et les intérêts de ladite somme à compter du jour du paiement qu'il en a fait; 2° une somme de 3,000 livres,

---

(1) Les attributions du *Bureau des finances* ont été expliquées. (Voir Tome IV, p. *446*.)
(2) Ajournement du 5 août. (Voir ci-dessus, p. 663-664.)
(3) Adjudication du 22 décembre 1789. (Voir Tome III, p. *156-157*.)

pour le remplir de l'indemnité qui lui avait été promise par les sieurs Belon et Bugnon (1), au moment de la cession qu'il leur a faite de son marché; 3° une somme de 420 livres, pour le remplir des dépenses qu'il a été obligé de faire pour la garde du pont depuis l'adjudication.

En conséquence, le Conseil arrête que l'adjudication faite au sieur Balle sera considérée comme non avenue; que la somme de 2,000 livres, versée par le sieur Balle dans la caisse de la Ville, lui sera remboursée sans délai; et, avant de statuer définitivement sur le *quantum* des indemnités réclamées par le sieur Balle, le Conseil ordonne que le Département des travaux publics sera consulté, pour, sur son rapport qu'il est invité à faire sans délai, être, à cet égard, ordonné ce que de raison.

Et a, le sieur Balle, appelé au Conseil, accepté les conditions proposées, et consenti à ce qu'il fût à présent procédé aux réparations à faire au Pont-rouge pour le conserver, aux termes de l'avis de l'Académie d'architecture (2); et a, le sieur Balle, signé sur une feuille qui demeurera déposée aux archives (3).

— M. le procureur-syndic a requis, et le Conseil a ordonné, la transcription sur ses registres, l'exécution, l'impression et l'affiche d'une proclamation du roi du 1er août 1790, sur un décret de l'Assemblée nationale du 24 juillet, qui attribue à la Municipalité de Paris les fonctions de département et district dans toute l'étendue du département, pour tout ce qui est relatif aux domaines nationaux (4).

— Sur la demande du secrétaire;

Le Conseil l'a autorisé à clore le présent registre en   pages (5), et à transcrire désormais les procès-verbaux sur un autre registre qu'il est autorisé à commander, et qui sera le second des délibérations du Conseil (6).

---

(1) Dénommés BELLON et BUGNIAU, architectes, dans le procès-verbal du *Bureau de Ville*, du 2 mars 1790. (Voir Tome IV, p. 264.)

(2) A la suite d'un rapport de l'Académie d'architecture, du 1er avril, et d'un rapport du Département des travaux publics, du 4 mai, le Bureau de Ville avait décidé, le 1er juin, que le Pont-rouge serait non démoli, mais réparé. (Voir Tome V, p. 234 et 645-646.)

(3) Cette affaire reviendra à la séance du 14 août. (Voir ci-dessous, p. 711-712.)

(4) Décret du 24 juillet, complétant celui du 8 juin. (Voir Tome V, p. *636-637*.)

(5) Le nombre de pages est en blanc dans le registre-copie.

(6) Les registres-copies qui appartiennent à la Bibliothèque nationale ne sont pas divisés de la même façon que les registres originaux, aujourd'hui disparus : le premier registre-copie (n° 11698) contient le commencement de la séance du 1er août, dont la fin se trouve dans le second (n° 11699).

⁓⁓ Le présent procès-verbal a été lu.

La rédaction en a été approuvée.

⁓⁓ Et M. le président a levé la séance à onze heures du soir.

Signé : D'AUGY, *président ;* DEJOLY, *secrétaire.*

* *
*

ÉCLAIRCISSEMENTS

(1, p. 693) Il est vraisemblable que le COLLARD dont il est ici question est le même qu'un sieur COLLARD, ex-lieutenant de la 4° compagnie du *bataillon de Saint-Germain l'Auxerrois*, qui eut des démêlés bruyants avec ses supérieurs et avec sa propre compagnie.

On trouve le nom du lieutenant COLLARD prononcé à propos de l'affaire du capitaine FÉRAL, en juin 1790 (1). Les *Révolutions de Paris* (n° du 26 juin au 3 juillet), critiquant la composition de l'état-major de la garde nationale parisienne, disaient :

« Savez-vous, citoyens, quel est ce D'ARBELAY que M. DE LA FAYETTE a placé dans un des premiers postes de l'armée?...

« Si vous voulez le connaître, lisez un écrit publié sous le titre de : *Réponse à l'adresse de M. Collard* (2) : vous y verrez ce D'ARBELAY convaincu, par son propre témoignage, de n'être qu'un agent d'intrigues contre les officiers volontaires. Vous le verrez assister comme témoin à un duel entre le sieur COLLARD et le sieur BAZENCOURT, officier-major soldé, et chercher à intimider, à troubler l'officier volontaire (3).

« Il faut savoir encore que ces officiers (de l'état-major) surprirent au bataillon de Saint-Germain l'Auxerrois un arrêté qui, sans entendre le sieur COLLARD, le destituait de ses fonctions comme lieutenant et l'excluait du service de la Garde nationale (4). Il faut savoir que ce n'est qu'au bout de deux mois et par les plus vives sollicitations que le sieur COLLARD a obtenu une assemblée du bataillon pour être entendu et où il a fait rétracter le prétendu arrêté qui l'inculpait (5).

« Il est évident qu'on voulait faire subir au sieur FÉRAL ce qu'avait déjà essuyé le sieur COLLARD, ou plutôt ces manœuvres ne peuvent avoir d'autre

(1) Voir ci-dessus, p. *282-298.*

(2) COLLARD avait publié un mémoire justificatif, intitulé : *Adresse au bataillon de Saint-Germain l'Auxerrois*, 1790, sans autre date, imp. 8 p. in-8° (Bib. Nat., Lu 27/4568), lequel avait motivé la *Réponse à l'adresse de M. Collard au bataillon de Saint-Germain l'Auxerrois*, signée : D'ARBLAY, major de la 2° division, datée du 26 mai 1790, imp. 13 p. in-8° (Bib. Nat. Lu 27/4569).

(3) L'incident qui avait failli amener ce duel est raconté par les *Révolutions de Paris* (n° du 24 avril au 1ᵉʳ mai) sous ce titre : *Provocation d'un officier citoyen par un officier de l'état-major.*

(4) Arrêté du bataillon, du 19 avril.

(5) Arrêté du bataillon, du 30 juin.

TOME VI. 44

but que d'exclure de la Garde nationale tous les officiers volontaires qui ont des lumières, de la fermeté, du civisme..... »

Ce qui fait croire qu'il y a identité entre le lieutenant Collard et l'individu dont s'occupe notre procès-verbal, c'est que celui-ci réclame une médaille retenue par de Lajard, premier aide-major général de la Garde nationale parisienne. Or, un *Arrêté de la 1re compagnie des volontaires du bataillon de Saint-Germain l'Auxerrois* nous apprend que le Conseil de surveillance militaire qui eut à s'occuper du cas du lieutenant Collard, en avril, eut précisément pour rapporteur l'aide-major général de Lajard.

A la suite de l'arrêté de réintégration du 30 juin, Collard fut néanmoins obligé de donner sa démission.

La 1re compagnie du bataillon avait protesté contre l'arrêté du 30 juin, rendu, paraît-il, après une discussion où « l'intéressé avait produit des moyens de défense dans une affaire étrangère aux faits d'insubordination dont il était publiquement convaincu (1) », et par une assemblée pleine d'étrangers au bataillon et à la section. En conséquence, dans son *Arrêté* imprimé du 8 juillet (2), la compagnie déclarait qu'elle persistait à ne plus reconnaître Collard pour faire partie de la Garde nationale parisienne, sans cependant vouloir l'inculper en rien comme citoyen.

D'autre part, le 12 juillet, par une *Délibération de la 4e compagnie des volontaires du bataillon du Louvre* (3), signée : Devillas (Louis), capitaine, et Morlet, sergent-major, la compagnie même dont Collard avait fait partie (4) avait accepté purement et simplement sa démission des fonctions de lieutenant, sans retenir aucun des arrêtés pris précédemment contre lui.

---

(1) Il avait notamment quitté sa compagnie, le 5 octobre 1789, pour aller se mettre à la tête des femmes marchant sur Versailles.

(2) Imp. 4 p. in-4°, signé : Nau-Deville, secrétaire (Bib. Nat., Lb 39/9091).

(3) Imp. 1 p. in-8° (Bib. Nat., Lb 39/9096). — Par suite d'une faute d'impression, M. Tourneux (*Bibliographie*, t. II, n° 7560) donne à ce document une cote inexacte (Lb 40/9096).

(4) Le *bataillon du Louvre* est le même que le *bataillon de Saint-Germain l'Auxerrois*, la *section du Louvre* correspondant à l'ancien *district de Saint-Germain l'Auxerrois*.

Du Mardi 10 Août 1790

~~~ A l'ouverture de la séance, M. le président a lu à l'Assemblée la réponse de M. d'André, président de l'Assemblée nationale, qui, en *lui renvoyant l'Adresse qui lui avait été communiquée* (1), le prévenait que la députation des Représentants de la Commune de Paris, chargée de présenter cette adresse, serait admise le soir même (2).

~~~ Lecture faite du procès-verbal de la séance d'hier ;
La rédaction en a été approuvée.

~~~ Un des secrétaires a fait lecture d'un placet du sieur Louis Favrel, l'un des citoyens qui ont contribué à la prise de la Bastille (3).

Ce placet a été renvoyé à MM. les commissaires formant le Comité pour l'examen des titres et demandes des citoyens qui se sont signalés à la prise de ce fort (4).

~~~ M. Massot, qui a été plusieurs fois mandé par le Comité des recherches de la Municipalité de Paris, relativement à l'affaire du sieur Bonne-Savardin, et dont la conduite a été présentée d'une manière avantageuse dans le rapport de ce Comité (5), s'étant adressé à M. le Maire pour obtenir de l'emploi et n'en ayant point obtenu, a représenté à l'Assemblée qu'il avait constamment refusé le remboursement de ses frais de voyage et de séjour à Paris ; qu'il ne demandait point ce remboursement ; mais qu'il espérait de la justice de l'Assemblée l'expectative d'un emploi utile.

Le mémoire de M. Massot a été renvoyé au Comité des rapports.

---

(1) Ces mots, soulignés dans l'édition originale, indiquent que, si l'Assemblée s'était facilement prêtée à la communication préalable de son *Adresse* (Voir ci-dessus, p. 682), le renvoi qui lui en était fait lui paraissait surprenant.

(2) Compte rendu des commissaires, 14 août. (Voir ci-dessous, p. 705-708.)

(3) On sait que, depuis une décision du 28 juin, le titre de *Vainqueur de la Bastille* était remplacé par cette périphrase. (Voir ci-dessus, p. 304.)

(4) Communément appelé *Comité de la Bastille*, institué le 10 août 1789. (Voir Tome I, p. 159-160.)

(5) Massot de Grandmaison, secrétaire de Desmarets de Maillebois, fut l'un des révélateurs de la conspiration Maillebois = Bonne-Savardin = Guignard de Saint-Priest. (Voir ci-dessus, p. *594*.)

— Un des membres de l'Assemblée a exposé la plainte de M. Piel, menuisier, qui, s'étant présenté au trésor de la Ville pour toucher les 170 liv. 5 s., montant de son mémoire réglé et ordonnancé, et n'ayant point voulu rendre 29 liv. 15 s. sur un billet de caisse de 200 liv., a éprouvé le refus de son paiement, jusqu'à ce qu'il rapportât l'appoint en argent.

Ce refus étant contraire aux arrêtés de l'Assemblée (1), l'exécution en a été réclamée.

Et l'Assemblée a ordonné qu'en exécution desdits arrêtés, M. Piel serait payé en argent, et a nommé M. Duguet, l'un de ses membres, pour intimer cet ordre et en suivre l'exécution.

— Un honorable membre a fait part à l'Assemblée des plaintes et murmures dont il avait été témoin dans le faubourg qu'il habite, relativement au défaut de poids du pain qui se débite journellement chez les boulangers, et à l'exiguïté des mesures dans lesquelles se débitent le vin, la bière et autres liqueurs; il a conclu à ce que le Département de la police fût invité à veiller à ce que les boulangers ne vendent point le pain au-dessous du poids, que les détaillants de vin, bière et autres liqueurs ne vendent pour bouteilles que celles qui contiendront quatre demi-septiers (2), et que tous les poids des marchands détaillants soient étalonnés à seize onces la livre (3). Il a demandé que l'arrêté de l'Assemblée fût imprimé et affiché.

L'Assemblée a renvoyé cette demande au Département de la police, avec invitation de veiller à l'exécution des réglements.

— Il a été présenté une demande de M. Mahé-Santerre, qui, après avoir servi dans la marine, a pris l'état de fourbisseur à Paris, et dont la boutique a été pillée le 12 juillet 1789, avec péril pour sa vie : il demandait à la Commune, pour dédommagement de la perte absolue de ses marchandises, une place d'officier avec appointements dans la Garde nationale, ou une place de surnuméraire en attendant qu'il en vînt à vaquer. L'Assemblée avait chargé, dès le 19 janvier dernier, MM. les lieutenant de maire et administrateurs du Département de la Garde nationale de communiquer cette demande à M. le Commandant-général (4); et le général avait répondu que, si l'Assemblée

(1) Arrêté du 18 février et *Adresse à l'Assemblée nationale* du 6 mars. (Voir Tome IV, p. 145 et *288*.)

(2) Le *demi septier*, qui n'était pas du tout la moitié du *septier* ou *setier*, valait 26 centil.; quatre demi-septiers représentaient donc un litre ou un peu plus.

(3) L'*once* devait être normalement la 16e partie de la livre; l'once pesant 31 gr. 25, la livre représentait exactement 500 grammes.

(4) Arrêtés du 9 (et non du *19*) janvier et du 10 mai. (Voir Tome III, p. 393, et

prenait un arrêté favorable à M. Mahé-Santerre, il le placerait selon le vœu de l'Assemblée.

L'Assemblée, connaissant les titres et certificats de M. Mahé-Santerre par la communication qui lui en a été précédemment donnée par son Comité des rapports, et prenant en considération la perte considérable qu'il a éprouvée et les attestations et recommandations du comité général du district de l'Abbaye de Saint-Germain des Prés, a arrêté que M. le Commandant-général serait invité à placer le sieur Mahé-Santerre à la suite de l'État-major de la cavalerie et de la Garde des ports (1), si cela est possible, ou à lui donner telle autre expectative convenable en attendant qu'il vaque une place en pied. L'Assemblée a de plus chargé l'un de ses secrétaires de suivre l'objet de sa recommandation (2).

— M. Cousin, professeur au Collège royal et membre de l'Assemblée, a lu un mémoire intéressant sur la nécessité et les moyens d'employer les artistes de la capitale, afin de maintenir et perfectionner les talents et l'industrie (3).

Et, sur la demande de l'auteur ;

MM. Le Tellier, Maurice, Quinquet et Le Prince ont été nommés pour concerter avec lui les additions convenables et les moyens d'assurer la prompte exécution de cet utile projet, avec invitation d'en faire leur rapport à l'Assemblée le plus promptement possible (4).

— Il a été fait lecture à l'Assemblée des observations de M. Chadelas, quartier-maître général de la Garde nationale, sur l'arrêté de la Commune, du 31 du mois dernier (5), concernant le décompte qu'elle lui a prescrit de faire à la troupe. Le quartier-maître trésorier-général observe à l'Assemblée qu'il y a d'autres troupes que celle du centre pour lesquelles il reçoit aussi du trésor royal la masse générale destinée à l'entretien général du corps, telles que les compagnies

---

Tome V, p. 298.) Une autre pétition du même Mahé-Santerre est également mentionnée au procès-verbal du 13 juillet. (Voir ci-dessus, p. 488.)

(1) L'édition originale dit : l'*État-major de la cavalerie de la garde des ports*, comme si la garde des ports avait une cavalerie pourvue d'un État-major distinct. Il faut lire évidemment : l'*état-major de la cavalerie* ET *de la garde des ports*, puisque l'escadron de *cavalerie* de la Garde nationale (600 h.) et le bataillon de la *Garde des ports, quais et îles* (600 h.), tous deux formés de l'ancien corps connu sous le nom de *Guet et Garde de Paris*, avaient le même commandant (de Rulhière) et le même état-major. (Voir Tome I, p. *248*, et Tome II, p. *285-286*.)

(2) Compte rendu le 28 août. (Voir ci-dessous.)

(3) L'impression du *Mémoire* fut ordonnée le 14 août. (Voir ci-dessous, p. 708.)

(4) Rapport présenté le 14 août. (Voir ci-dessous, p. 708.)

(5) Arrêté du 31 juillet, art. 1er. (Voir ci-dessus, p. 632.)

de grenadiers et de chasseurs, les 150 Volontaires de la Bastille, les 210 hommes d'artillerie et les tambours des compagnies non soldées ; il demande que l'Assemblée arrête qu'elle a entendu comprendre, dans son arrêté du 31 juillet dernier, la troupe de la Garde nationale pour laquelle le trésor royal paye la masse générale au quartier-maître général du corps.

L'Assemblée a renvoyé cette demande aux commissaires précédemment nommés (1), lesquels se concerteront avec l'État-major général et le Département de la Garde nationale parisienne.

— Sur la proposition faite à l'Assemblée de nommer une députation pour féliciter M. Boullemer sur sa continuation dans la place de procureur-syndic de la Commune (2) ;

L'Assemblée, accueillant à l'unanimité cette proposition, a nommé MM. Ménessier, Pelletier, Demars et Trudon, pour manifester, en son nom, à M. Boullemer, la satisfaction qu'elle éprouve de la justice qui lui a été rendue par ses concitoyens.

— La séance a été levée, et remise à demain mercredi, cinq heures du soir.

Signé : VINCENDON, *président.*

Secrétaires : DEMARS, BONNEVILLE, LETELLIER, BALLIN, DESPREZ.

CONSEIL DE VILLE

— Le mardi 10 août, à neuf heures du soir, le Conseil a repris ses délibérations.

— Sur l'observation, faite par M. le Maire, qu'il avait plusieurs objets importants et pressés à soumettre à la décision de MM. les administrateurs ;

Le Conseil s'est ajourné à jeudi, 12 du courant, dix heures précises du matin.

— En applaudissant au choix que la Commune vient de faire de M. Duport du Tertre pour second substitut-adjoint du procureur de la Commune (3), un des membres a pensé qu'il était de la justice du

---

(1) Commissaires nommés le 10 juillet. (Voir ci-dessus, p. 449.)

(2) BOULLEMER DE LA MARTINIÈRE avait été élu procureur de la Commune, le 4 août, par 3,452 suffrages sur 6,920 votants. (Voir l'ouvrage sur l'*Organisation municipale de Paris au début de la Révolution.*)

(3) Au deuxième tour de scrutin pour l'élection des substituts du procureur,

Conseil de fixer son attention sur la position particulière de M. Mitouflet de Beauvois, qui, après avoir rempli cette place avec zèle, courage et distinction depuis plus de neuf mois (1), n'y était pas appelé par la majorité des suffrages. Il a proposé de députer un de MM. les administrateurs, avec mission expresse de témoigner à M. Mitouflet tout le regret que lui inspire sa position, et, en outre, de prendre un arrêté dans lequel le Conseil consignerait cette démarche et les motifs qui la lui auraient inspirée.

La motion ayant été unanimement appuyée et adoptée;

Le Conseil a arrêté que le secrétaire se transporterait demain, mercredi, auprès de M. Mitouflet de Beauvois, et qu'il lui témoignerait, de la part du Conseil, les regrets qu'il a éprouvés en le voyant écarté, dans la Municipalité définitive, du poste qu'il avait occupé pendant la durée de l'administration provisoire.

Au surplus, le Conseil, étant parfaitement instruit et pénétré des services que M. Mitouflet a rendus à la chose publique, du zèle, du courage et de l'exactitude avec lesquels il a rempli ses fonctions depuis sa nomination, a arrêté qu'il en serait fait une mention honorable dans ses registres et qu'expédition lui serait délivrée comme un témoignage de la reconnaissance, de l'estime et de l'affection de la Municipalité (2).

~~~ M. le Maire a remis au secrétaire, qui a été chargé de la distribuer à MM. les administrateurs, la médaille frappée à l'occasion de l'établissement de la mairie (3).

~~~ M. le Maire a levé la séance.

Signé : BAILLY; D'AUGY, *président;* DEJOLY, *secrétaire.*

---

qui eut lieu le 9 août et fut recensé le 10, DUPORT-DUTERTRE avait été élu par 2,332 voix sur 6,084 suffrages exprimés, contre 945 voix données à MITOUFLET DE BEAUVOIS. (Voir l'*Organisation municipale de Paris au début de la Révolution.*)

(1) MITOUFLET DE BEAUVOIS avait été nommé deuxième substitut du procureur-syndic de la Commune par l'Assemblée des Représentants, le 15 octobre 1789. (Voir Tome II, p. 304.)

(2) Compte-rendu du secrétaire, 12 août. (Voir ci-dessous, p. 697-698.)

(3) Médaille décrite p. IV du Tome I, et reproduite au titre du même Tome. Un arrêté du *Conseil de Ville* du 8 juillet avait décidé que cette médaille serait frappée incessamment; un autre, du 31 juillet, en avait ajourné l'exécution. (Voir ci-dessus, p. 437 et 636.)

Du Mercredi 11 Août 1790

— Le nombre de membres de l'Assemblée ne s'étant pas trouvé suffisant pour délibérer, aux termes du règlement (1), parce que la plupart des Représentants s'étaient rendus dans leurs sections (2);

M. le président ayant attendu jusqu'à huit heures;

La séance a été levée.

Signé : VINCENDON, président.
Secrétaire : DEMARS.

(1) Aux termes du *Règlement* du 2 novembre 1789, le nombre des membres présents exigé pour la validité des délibérations était de quarante. (Voir Tome II, p. 521.)

(2) Ce jour-là commençaient, dans les 48 sections nouvelles, les élections qui devaient aboutir à la formation de la liste des notables, proposés, à raison de 3 par section, à l'acceptation des 47 autres sections, pour former le futur Conseil général de la Commune : les Représentants de la Commune étaient occupés à défendre leur candidature aux fonctions de notables, et c'est pourquoi ils manquaient en si grand nombre. La liste complète des élus ne put d'ailleurs être dressée que le 4 septembre. (Voir l'ouvrage sur l'*Organisation municipale de Paris au début de la Révolution.*)

Du Jeudi 12 Août 1790

~~~ Les mêmes motifs, qui avaient empêché hier les membres de l'Assemblée de se réunir en nombre suffisant (1), subsistant encore, il n'a été rien proposé à la discussion.

~~~ Cependant, sur la demande d'un des soldats citoyens de la Garde nationale qui se trouvait au corps-de-garde de la réserve (2), et qui s'est plaint de l'embarras où mettait journellement la Garde le défaut de lieux d'aisance ;

M. le président, d'après le vœu des assistants, a écrit sur-le-champ au Département des travaux publics, pour l'inviter à prendre en considération cette juste demande.

~~~ Après quoi, la séance a été levée.

Signé : VINCENDON, *président.*

Secrétaire : DEMARS.

CONSEIL DE VILLE

~~~ Le jeudi 12 août 1790, à onze heures du matin, le Conseil de Ville réuni en la forme ordinaire, après avoir été convoqué au désir de l'arrêté du 10 de ce mois, et présidé par M. le Maire ;

~~~ Il a été fait lecture du procès-verbal de la dernière séance. La rédaction en a été unanimement approuvée.

~~~ Le secrétaire a informé le Conseil que, conformément à l'arrêté du 10 de ce mois (3), il s'était rendu chez M. Mitouflet de Beau-

---

(1) Continuation des élections. (Voir ci-dessus, p. 696, note 2.)
(2) Une partie de l'hôpital du Saint-Esprit, contigu à l'Hôtel-de-Ville, avait été affectée, par arrêtés du Bureau de Ville des 9 et 19 janvier, confirmés le 5 février par l'Assemblée des Représentants de la Commune, à un corps-de-garde pour trois cents hommes formant une réserve de force armée disponible en cas de besoin. (Voir Tome III, p. 403-404, 484-485 et 704-705.)
(3) Arrêté du 10 août. (Voir ci-dessus, p. 695.)

vois, qu'il lui avait exprimé les sentiments de la Municipalité, et qu'il avait reçu de sa part les témoignages de reconnaissance et de sensibilité qu'il s'empressait de répéter à MM. les administrateurs (1).

— Sur la proposition de M. le Maire (2);

Et après une mûre discussion;

Le Conseil a arrêté qu'il assisterait en corps, dimanche prochain, à la procession du vœu de Louis XIII.

Le Conseil a, en outre, arrêté que l'Assemblée nationale et les cours souveraines de la capitale (3) seraient invitées à assister à cette procession.

M. le Maire a été prié d'écrire à M. le président de l'Assemblée nationale et aux trois cours qui sont dans l'usage d'assister à cette cérémonie. M. le Maire sera seul chargé de donner les ordres nécessaires pour les Gardes de la Ville et les autres détails de la cérémonie. (I, p. 700.)

— Sur l'observation, faite par M. le Maire, que la Municipalité avait toujours été dans l'usage d'assister à une procession que les confrères de l'Archiconfrérie royale de Saint-Roch et Saint-Sébastien, établie au couvent des rr. pp. Carmes de la place Maubert, font tous les ans le jour de la fête de saint Louis, en mémoire de la guérison du roi Louis XIV, à la suite d'une maladie très grave que le monarque avait eue à Dunkerque et à Calais;

Le Conseil, étant encore informé que cette procession se rend à la chapelle des Thuilleries;

A arrêté qu'il s'en rapportait entièrement aux soins et à la prudence de M. le Maire de prendre tous les renseignements et d'ordonner ce qu'il croirait le plus convenable (4).

— Conformément à la proposition faite par M. le Maire;

Le Conseil a unanimement arrêté que, le jour de la fête de saint Louis (5), la Municipalité irait en députation complimenter le roi.

La députation sera composée de douze membres (6).

— Le Conseil de Ville, instruit qu'il a été porté à l'Assemblée nationale, par l'Assemblée générale des Représentants provisoires

---

(1) Mitouflet de Beauvois vint lui-même remercier le Conseil de Ville de sa manifestation sympathique, le 27 août. (Voir ci-dessous.)
(2) Et l'invitation du Chapitre de Notre-Dame. (Voir ci-dessous, p. *701*.)
(3) C'est-à-dire le Parlement, la Chambre des comptes et la Cour des aides.
(4) Des commissaires furent désignés le 20 août, à l'effet d'assister à cette procession. (Voir ci-dessous.)
(5) 25 août.
(6) Les commissaires furent nommés le 20 août. (Voir ci-dessous.)

de la Commune, une adresse tendante à obtenir la diminution des impôts indirects (1);

Considérant que cette adresse, présentée au nom de la Commune, peut faire naître une erreur et des reproches qui rejailliraient sur des citoyens qui n'en ont eu aucune connaissance; qu'elle a été présentée sans mission légale; qu'elle n'a été précédée d'aucune des précautions que la loi demande; qu'elle n'était appuyée sur la délibération ni sur le vœu de tous ceux qui composent la Commune; que le Conseil de Ville lui-même, occupé des fonctions municipales et particulièrement de celles que lui impose la loi pour le recensement des scrutins et des détails qu'entraîne l'élection des membres de la Municipalité, n'a été appelé ni consulté sur cette pétition; qu'on n'a pu (2), par conséquent, présenter au nom de la Ville de Paris une demande qui n'a été soumise à aucune délibération générale;

Considérant que cette demande porte tous les caractères de l'irrégularité;

Déclare qu'on ne peut la regarder comme le vœu général des citoyens de la Ville de Paris, et qu'il n'a pris, directement ni indirectement, aucune part à cette pétition ni à la demande qui l'a suivie;

Ordonne que le présent arrêté sera imprimé (3), que M. le Maire sera chargé d'en faire passer un exemplaire à M. le président de l'Assemblée nationale (4), et qu'il sera envoyé incessamment aux 48 sections (5).

— Le procureur de la Commune a requis, et le Conseil a ordonné, la transcription sur ses registres des lettres-patentes, proclamations et décrets qui suivent:

1° Proclamation du roi du 7 juillet 1790, sur les décrets de l'Assemblée nationale des 26 juin et 3 juillet 1790, concernant l'armée navale (6).

---

(1) Adresse du 10 août, adoptée le 7. (Voir ci-dessus, p. 670-674.)
(2) Le texte du registre-copie porte, par erreur: *qu'on a pu...*
(3) Manusc. original signé (Arch. Nat., C 44 n° 398); imp. 2 p. in-4° (Bib. Carnavalet, dossier 10073). — Publié par le *Courrier de Paris dans les 83 départements* (n° du 14 août).
(4) Le jour même, à sa séance du soir, l'Assemblée nationale reçut communication de l'arrêté du Conseil de Ville, accompagné d'une lettre du Maire, disant que cet arrêté était destiné à faire connaître les véritables sentiments de la Municipalité de Paris sur une démarche à laquelle elle n'avait pas participé. (Voir *Archives parlementaires*, t. XVIII, p. 6-7.)
(5) Un certain nombre de sections se prononcèrent dans le même sens que le Conseil de Ville. (Voir ci-dessous, p. 719 et suiv., l'*Éclaircissement* II du 14 août.)
(6) Décret sur les principes constitutionnels de la marine, en 15 articles, adopté le 26 juin. Art. 14 du même décret, renvoyé aux Comités le 27 juin et modifié le 3 juillet. (Voir *Archives parlementaires*, t. XVI, p. 468-470, 506-507 et 676.)

2° Autre du 18 juillet 1790, sur le décret du 4 dudit mois, qui a pour but de faire cesser les difficultés qui s'opposaient à la circulation des poudres et autres munitions, tirées soit des arsenaux, soit des fabriques et magasins de la régie des poudres (1).

3° Autre du 18 juillet 1790, sur le décret du 10 dudit mois, qui regarde les biens des religionnaires fugitifs (2).

4° Autre du 23 juillet 1790, sur le décret du 19 dudit mois, qui règle l'uniforme des gardes nationales (3).

5° Autre dudit jour 23 juillet 1790, sur le décret du 18 juillet audit an, concernant le paiement d'arrérages des rentes et pensions sur le clergé et la perception de ce qui reste dû des impositions ecclésiastiques des années 1789 et précédentes (4).

6° Lettres-patentes du roi du 25 juillet 1790, sur le décret du 19 juillet audit an, qui ordonne la continuation de la levée et perception de toutes contributions publiques, à moins que l'extinction et la suppression n'en aient été expressément prononcées, et notamment des droits perçus sur les ventes de poisson dans plusieurs villes du royaume (5).

7° Autres lettres-patentes du 25 juillet audit an, sur le décret du 22 dudit mois, portant que tous les délits de chasse commis dans les lieux réservés pour les plaisirs du roi doivent être poursuivis par-devant les juges ordinaires (6).

~~~ Le Conseil s'est ajourné à samedi 14.

~~~ Et M. le président a levé la séance.

Signé: BAILLY; DAUGY, *président;* DESJOLY *(sic), secrétaire.*

* * *

ÉCLAIRCISSEMENTS

(I, p. 698) En exécution de l'arrêté du *Conseil de Ville* du 12 août, le Maire de Paris adressa au président de l'Assemblée nationale l'invitation suivante (7), datée du lendemain 13 août :

Monsieur le président,
Un usage établi constamment dans tout le royaume, un usage consacré par

---

(1) Décret du 4 juillet sur la circulation des poudres et munitions. (Voir *Archives parlementaires,* t. XVI, p. 694.)

(2) Décret du 10 juillet, ordonnant restitution des biens confisqués aux ayants droits des non-catholiques fugitifs. (Voir *Archives parlementaires,* t. XVII, p. 35.)

(3) Décret du 19 juillet, matin, sur l'uniforme que doivent porter toutes les gardes nationales du royaume. (Voir *Archives parlementaires,* t. XVII, p. 190-191.)

(4) Décret du 18 juillet, sur l'administration du ci-devant clergé et sur les paiements à effectuer par ses receveurs généraux et particuliers. (Voir *Archives parlementaires,* t. XVII, p. 186-187.)

(5) Décret du 19 juillet, matin, sur le paiement des droits perçus sur la vente des poissons. (Voir *Archives parlementaires,* t. XVII, p. 189-190.)

(6) Décret du 22 juillet, matin, interprétant l'art. 16 du décret du 28 avril, sur la chasse. (Voir *Archives parlementaires,* t. XVII, p. 263.)

(7) Pièce manusc. (Arch. Nat., C 44, n° 398).

le *vœu* même *de Louis XIII*, est de faire, le 15 d'août, une procession solennelle, à laquelle les premiers magistrats avaient coutume d'assister. La Municipalité de Paris, sur l'invitation du chapitre de l'église métropolitaine, a arrêté de se rendre dimanche prochain (15 août) à Notre-Dame, pour se trouver ensuite à la procession.

Sans se permettre de pressentir les intentions de l'Assemblée nationale sur la question de savoir si elle jugerait à propos d'y assister soit par elle-même, soit par députation, la Municipalité a pensé, Monsieur le président, qu'il était de son devoir de vous en prévenir : elle m'a chargé de vous en faire part, et je m'acquitte avec empressement de cette obligation.

Je suis, avec respect, etc...

Signé : BAILLY.

Le président de l'Assemblée nationale (D'ANDRÉ) donna lecture de cette lettre à la séance du 14 août, matin, sans que l'Assemblée jugeât à propos de rien décider (1). En fait, l'Assemblée nationale siégea le dimanche 15 août, comme d'habitude, et n'envoya à Notre-Dame aucune députation.

Il se passa donc, pour la procession du 15 août, le contraire de ce qui s'était passé pour la procession de la Fête-Dieu (3 juin), à laquelle l'Assemblée nationale avait voulu assister en corps, tandis que le Conseil de Ville déclarait qu'il n'y avait lieu à délibérer (2).

Quant au *vœu de Louis XIII*, il était formulé en ces termes dans les lettres-patentes du 10 février 1638 :

A ces causes, nous avons déclaré et déclarons que, prenant la très sainte et très glorieuse Vierge pour protectrice spéciale de notre royaume, nous lui consacrons particulièrement notre personne, notre État, notre couronne et nos sujets, la suppliant de nous vouloir inspirer une sainte conduite et défendre avec tant de soin ce royaume contre l'effort de tous ses ennemis que, soit qu'il souffre le fléau de la guerre ou jouisse de la douceur de la paix que nous demandons à Dieu de tout notre cœur, il ne nous sorte point des voies de la grâce qui conduisent à celles de la gloire.

Et, afin que la postérité ne puisse manquer à suivre nos volontés en ce sujet,... nous admonestons le sieur archevêque de Paris et néanmoins lui enjoignons que, tous les ans, le jour et fête de l'Assomption, il fasse faire commémoration de notre présente déclaration à la grand'messe qui se dira en son église cathédrale, et qu'après les vêpres dudit jour il soit fait une procession en ladite église, à laquelle assisteront toutes les compagnies souveraines et le Corps de Ville, avec pareille cérémonie que celle qui s'observe aux processions générales les plus solennelles, ce que nous voulons aussi être fait en toutes les églises, tant paroissiales que celles des monastères de ladite ville et faubourgs, et en toutes les villes, bourgs et villages dudit diocèse de Paris; exhortons pareillement tous les archevêques et évêques de notre royaume et néanmoins leur enjoignons de faire célébrer la même solennité en leurs églises épiscopales et autres églises de leurs diocèses.

Car tel est notre bon plaisir.

C'était principalement en vue de remercier la Providence d'avoir rétabli la paix dans le ménage royal et d'avoir permis que la reine devînt enceinte, que, sous la douce inspiration d'une demoiselle d'honneur d'Anne d'Au-

---

(1) Voir *Archives parlementaires* (t. XVIII, p. 68).
(2) Séance du 31 mai. (Voir Tome V, p. 615 et 667.)

triche, le sombre Louis XIII avait eu l'idée naïve de mettre sa personne et son royaume sous la protection spéciale de la Vierge mère. Un historien de son règne (1) dit, en propres termes : « Ce qu'on a, deux siècles durant, appelé le *vœu de Louis XIII* est évidemment l'œuvre de Louise MOTIER DE LA FAYETTE. »

Et le Conseil municipal de Paris révolutionnaire était encore si peu émancipé des servitudes monarchiques et religieuses qu'il se croyait lié par cette pieuse fantaisie d'un époux satisfait!

L'Assemblée des Représentants de la Commune décida, deux jours plus tard, qu'elle n'assisterait point à la procession, mais sans blâmer autrement le Conseil de Ville (2).

(1) *Histoire de France sous Louis XIII*, par BAZIN, 1840 (t. II, p. 452-455).
(2) Séance du 14 août. (Voir ci-dessous, p. 710.)

Du Vendredi 13 Août 1790

~~~ L'Assemblée s'est encore trouvée en nombre insuffisant pour délibérer (1).

Et MM. les secrétaires ont été chargés d'écrire à tous les membres de l'Assemblée, pour les inviter à faire tous leurs efforts pour que leur assistance aux assemblées de leurs sections respectives ne les empêchât pas de se réunir le soir à l'Hôtel-de-Ville.

~~~ Après quoi, la séance a été levée.

Signé : Vincendon, *président.*

    Secrétaires : Demars, Bonneville, Letellier, Ballin,
      Desprez.

---

(1) Continuation des élections. (Voir ci-dessus, p. 696, note 2.)

Du Samedi 14 Août 1790

~~~ Les assemblées des sections pour les nominations des membres de la Municipalité définitive avaient empêché que l'Assemblée générale de la Commune tint séance les 11, 12 et 13 de ce mois (1); mais, s'étant aujourd'hui trouvée composée d'un nombre de membres beaucoup plus considérable que celui qui est fixé par le règlement (2), M. le président a ouvert la séance par la lecture d'une lettre de M. Marchais, qui le prie de faire accepter sa démission à l'Assemblée;

Qui a décidé de passer à l'ordre du jour.

~~~ M. le président a observé que, l'Assemblée n'ayant pu vaquer pendant les trois jours précédents aux affaires courantes, elles s'étaient accumulées, et qu'il lui paraissait nécessaire de les expédier.

~~~ En conséquence, il a été lu une lettre de M. Saret, sergent de la compagnie de Ruelle, en faveur de M. Horré (3).

L'Assemblée ayant déjà prononcé sur ce qui concerne M. Horré (4), elle a jugé à propos de passer à l'ordre du jour.

~~~ Il a été également lu une lettre de M. Petit, sous-officier invalide, qui réclame le plan d'un monument, consacré à la liberté, sur les ruines de la Bastille.

L'Assemblée a arrêté que la lettre de M. Petit serait renvoyée à M. Célérier, qui serait invité à remettre à M. Petit le plan qu'il réclame (5).

---

(1) Voir ci-dessus, p. 696, 697 et 703.

(2) C'est-à-dire plus de quarante. (Voir ci-dessus, p. 696, note 1.) « La séance du samedi 14 s'est trouvée très complète », dit le *Journal de la Municipalité et des sections* (n° du 17 août).

(3) Horré, capitaine, signalé comme ayant aidé à sauver un garde-du-corps, le 5 octobre 1789. (Voir ci-dessus, p. 657.)

(4) Arrêté du 4 août. (Voir ci-dessus, p. 656-658.)

(5) Dans sa séance du 12 août, soir, l'Assemblée nationale reçut communication d'une adresse du sieur Petit, bas-officier invalide, présentant le projet et le plan d'un monument consacré à la liberté française, à la gloire du roi et à l'honneur

~~~ Il a été lu une lettre de M. Delattre, relative à une demande du sieur Guigard, ci-devant employé aux entrées de Paris (1).

L'ordre du jour a été demandé.

Et on y a passé, après quelques explications (2).

~~~ Un mémoire de M. Minière (3) et une lettre de M. Galet l'aîné (4) ont été renvoyés au Comité des rapports (5).

~~~ Les députés de la garde nationale de Belleville s'étant présentés pour recevoir les rubans qui leur ont été accordés par l'Assemblée (6);

Il a été arrêté que les rubans, accordés par les arrêtés des 11 et 28 mai, tant aux citoyens qui y sont dénommés qu'aux officiers et volontaires de la garde nationale de Belleville dont l'état est annexé à l'acte du 11 mai, leur seraient délivrés par l'un des membres de l'Assemblée :

Ce qui a été fait.

~~~ Il a été lu une lettre de M. Mercier, de Compiègne, accompagnée de l'envoi d'un certain nombre d'exemplaires de son poème sur *La Fédération* (7).

Un des secrétaires a été chargé de lui écrire, pour lui faire les remerciements de l'Assemblée.

~~~ L'empressement de l'Assemblée pour s'occuper de l'ordre du jour avait une cause bien légitime : sa députation avait à lui rendre compte de ce qui s'était passé à l'Assemblée nationale, relativement à l'adresse qui lui avait été présentée le 10 de ce mois (8).

Déjà, les papiers publics, et particulièrement le *Journal de Paris* (9), en avaient fait les relations les plus offensantes pour les Représen-

---

des grands hommes qui se sont distingués depuis la Révolution. L'Assemblée renvoya le plan aux archives, et ordonna qu'il en serait fait mention au procès-verbal. (Voir *Archives parlementaires*, t. XVIII, p. 1.)

(1) Séance du 5 août. (Voir ci-dessus, p. 662.)
(2) Nouvelle demande du même pétitionnaire, le 2 octobre. (Voir ci-dessous.)
(3) Sans renseignements.
(4) Une précédente réclamation du sieur GALLET, présentée le 24 juillet, avait été accueillie le 31. (Voir ci-dessus, p. 573 et 630-631.)
(5) Décision sur l'affaire GALLET, le 23 août. (Voir ci-dessous.)
(6) Des rubans avaient été décernés aux citoyens qui avaient protégé le trésor de la Ville, le 5 octobre, par arrêtés du 11 et du 28 mai, et du 7 juillet. Un arrêté du 9 août en avait fixé la distribution au 14. (Voir Tome V, p. 303-305 et 579, et ci-dessus, p. 430 et 683.)
(7) Un rapport avait été fait, le 28 juillet, sur ce poème, présenté le 24. (Voir ci-dessus, p. 569 et 589.)
(8) *Adresse* votée le 7 août et insérée dans le procès-verbal du même jour. (Voir ci-dessus, p. 670-674.)
(9) N° du 12 août. (Voir ci-dessous, p. 718.)

tants de la Commune. En effet, un des membres de l'Assemblée nationale, un des députés de Paris (1), non seulement avait repoussé la juste pétition faite au nom de la Commune, mais il avait outrageusement traité la députation de ses Représentants, attaqué la légalité de leur mission, la légalité même de l'Assemblée dont ils sont membres, les avait qualifiés de prétendus Représentants, et s'était laissé aller jusqu'à dire qu'il n'y avait que de mauvais citoyens qui eussent pu faire et présenter cette insolente adresse; il avait commenté cette adresse, l'avait ridiculisée, y avait opposé les raisonnements les moins concluants, nié plusieurs des faits incontestables qu'elle contient; enfin, il avait osé avancer que ses auteurs ne l'avaient présentée, au moment des élections, que pour capter les suffrages du peuple. L'Assemblée nationale, trompée par cet exposé *calomnieux*, n'ayant pu d'ailleurs entendre et saisir l'ensemble et les détails de l'adresse, à cause du bruit qui se faisait dans la salle, au lieu de la renvoyer à ses Comités des rapports, des finances ou des impositions, comme il y avait lieu de l'attendre, avait arrêté de passer à l'ordre du jour, sans la recevoir, et M. le président avait levé la séance. De plus, la députation avait été insultée et menacée par quelques individus, au sortir de l'Assemblée nationale. (I, p. 712.)

Ces faits, successivement développés par plusieurs membres, avaient profondément et douloureusement affecté l'Assemblée.

Cette même adresse avait été communiquée au président de l'Assemblée nationale, et sa lettre en fait foi (2).

Un de ses membres a présenté un imprimé qui se débitait dans le secrétariat : c'était un extrait des registres du Conseil de Ville, signé de M. Bailly, Maire, et de M. de Jolly, secrétaire du Conseil de Ville, contenant un arrêté par lequel le Conseil se défend, comme d'une injure, d'avoir eu aucune part aux délibérations et aux démarches relatives à cette adresse, délibérations et démarches qu'il qualifie d'illégales et qu'il dénonce comme telles à l'Assemblée nationale et aux quarante-huit sections de la capitale (3).

Il a paru nécessaire de désabuser l'Assemblée nationale et les sec-

---

(1) Il s'agit de Camus, ancien avocat au Parlement, député du tiers état de la Ville de Paris. (Voir ci-dessous, p. *716-717.*)

(2) Le président de l'Assemblée nationale, d'André, avait demandé communication de l'*Adresse*, avant d'indiquer le jour où la députation serait reçue; en fixant le jour de la réception, il avait ensuite renvoyé le texte qui lui avait été transmis. (Voir ci-dessus, p. 682 et 691.)

(3) Arrêté du *Conseil de Ville* du 12 août. (Voir ci-dessus, p. 698-699.)

tions. Alors, plusieurs membres ont lu différents projets d'adresse qu'ils avaient rapidement tracés (1).

L'Assemblée a fini par arrêter, à l'unanimité, que huit commissaires seraient chargés de rédiger un projet de lettre ou d'adresse à l'Assemblée nationale, en prenant pour bases ce qui avait été lu et dit dans le cours de la séance.

L'Assemblée a, en outre, arrêté qu'il serait écrit à tous ses membres, pour les inviter à se trouver à la séance de lundi (2).

La députation ayant rendu compte du peu de succès de sa démarche;

Pour répondre dignement aux objections qui ont été faites à l'Assemblée nationale, l'Assemblée générale des Représentants de la Commune de Paris a arrêté que son adresse serait imprimée (3), conjointement avec celle de Saint-Étienne du Mont (4), à l'effet de donner à connaître la pureté de ses intentions; qu'aussi, pour prouver la légalité de la députation, les lettres de M. le président de l'Assemblée nationale, qui constatent, de la manière la plus évidente, la légalité d'une députation mise à l'ordre du jour, seraient également imprimées (5);

A de plus arrêté, d'après de mûres délibérations relativement à un arrêté illégal du Conseil de Ville (6), qu'il serait regardé comme non avenu, vu qu'il a été pris, sans connaissance de cause, par les membres constitués provisoirement pour former le Conseil de Ville, sans

---

(1) Le *Journal de la Municipalité et des sections* (n° du 17 août) résume la discussion ainsi qu'il suit :

« On a observé qu'il était bien surprenant que le Conseil de Ville ait déclaré n'y avoir aucune part, pendant que plusieurs de ses membres avaient assisté aux discussions relatives; que c'était à tort qu'il avait été avancé que le président de l'Assemblée nationale n'était pas instruit du contenu de cette pétition, puisque, suivant l'usage, elle lui avait été envoyée, en lui demandant le jour auquel la députation pourrait être admise. On s'est aussi beaucoup plaint de la vivacité avec laquelle M. Le Camus (pour Camus) avait imposé silence à l'orateur des Représentants de la Commune de Paris, et de la véhémence de son discours. »

(2) Le projet d'*Adresse* fut discuté dans la séance du lundi, 16 août. (Voir ci-dessous, p. 734-737.)

(3) *Adresse des Représentants de la Commune de Paris à MM. de l'Assemblée nationale*, imp. 16 p. in-8° (Bib. Nat., Lb 40/123). — Reproduite dans les *Archives parlementaires* (t. XVII, p. 709-711). Le *Journal de la Municipalité et des sections* (n° du 2 septembre) en publie un long extrait.

(4) Délibération du *district de Saint-Étienne du Mont*, du 25 juin. (Voir ci-dessus, p. 369-373.)

(5) On ne connaît pas le texte imprimé de ces lettres, mentionnées aux séances des 9 et 10 août. (Voir ci-dessus, p. 682 et 691.)

(6) Arrêté du 12 août, dont il est parlé plus haut. (Voir ci-dessus, p. 706, note 3.)

cesser d'être attachés, avec voix délibérative, au Conseil général.

Pour mieux prouver encore la pureté de ses intentions, l'Assemblée, après avoir entendu la lecture de plusieurs projets d'adresse, tous également dignes de la sollicitude et du civisme de leurs auteurs, a nommé huit commissaires pour rédiger une lettre ou une adresse explicative de la pétition du 10 du courant (1), arrêtant que cette adresse ou lettre serait également imprimée (2), et que toutes ces pièces en original seraient envoyées à M. le président de l'Assemblée nationale, par trois députés nommés à cet effet, avec expresse recommandation de solliciter respectueusement la justice que réclament ceux qui n'ont cessé de mériter l'estime de l'Assemblée nationale et de leurs concitoyens. (II, p. 719.)

~~~ M. le président a rendu compte du rapport des commissaires nommés pour donner leur avis et proposer un projet d'arrêté relatif au mémoire lu par M. Cousin dans l'une des précédentes séances (3), sur les moyens d'occuper utilement les ouvriers des arts. L'avis des commissaires a été que le mémoire de M. Cousin fût imprimé tel qu'il a été composé (4), et distribué aux sections de la capitale.

M. le président ayant mis l'avis des commissaires à l'opinion ;

Il a été adopté à l'unanimité (5).

~~~ Le président ayant rappelé à l'Assemblée que le temps de sa présidence était expiré (6) et l'ayant priée de procéder à l'élection d'un nouveau président ;

L'Assemblée s'en est occupée.

---

(1) Cette nouvelle *Adresse* explicative fut discutée le 16, le 17 et le 18 août, adoptée enfin le 19 août. (Voir ci-dessous, p. 734-737.) On remarquera que les noms des huit commissaires manquent.

(2) Le texte original porte : *serait légalement imprimée*. C'est évidemment une faute d'impression.

(3) Séance du 10 août. (Voir ci-dessus, p. 693.)

(4) C'est-à-dire sans les additions auxquelles on avait d'abord pensé.

(5) *Mémoire sur les moyens de donner du travail aux ouvriers et aux artistes de la capitale, lu, dans l'Assemblée générale des Représentants de la Commune, le 10 août 1790, par M.* Cousin, *professeur au Collège royal*, imp. 16 p. in-8° (Bib. Nat., Lb40/1233). A la suite du *Mémoire*, figure l'arrêté du 14 août, reproduit en ces termes :

« L'Assemblée, sur le rapport de ses commissaires, a arrêté que le *Mémoire* de M. Cousin, l'un de ses membres, relatif aux établissements à former en faveur des ouvriers des arts et métiers dans la capitale, serait imprimé et envoyé aux 48 sections. »

Le même document contient aussi le *Mémoire sur l'hôpital de la Salpêtrière*, lu à la séance du 20 juillet. (Voir ci-dessus, p. 530, texte et note 5.)

(6) Vincendon avait été élu le 31 juillet et installé le 2 août. (Voir ci-dessus, p. 635 et 643.)

Et le résultat des scrutins a été que M. l'abbé Fauchet était nommé à la majorité de sept voix au-dessus de la moitié du nombre des votants (1).

M. Vincendon, ex-président, a prononcé le discours suivant :

Messieurs,

La dernière parole que j'aurai l'honneur de vous adresser, comme président, sera l'expression des sentiments de ma reconnaissance pour les bontés que vous m'avez accordées. J'y joindrai des félicitations bien sincères sur le choix que vous avez fait de mon successeur, qui nous a déjà donné des preuves de talents et de courage. Je sens combien un pareil objet de comparaison sera désavantageux pour moi ; mais il n'est pas permis à un membre de cette Assemblée d'oublier que tout intérêt personnel doit disparaitre devant l'intérêt public.

M. l'abbé Fauchet, ayant pris place, a dit :

Messieurs,

L'instant où, pour prix de nos longs et utiles travaux, nous recueillons l'ingratitude et l'injustice (2) est le plus beau moment de notre existence. Il rappellera sur nous les regards de la nation et les souvenirs de la postérité.

J'accepte, avec une reconnaissance plus vive encore que les premières fois, la présidence (3) dont vous me jugez digne dans une telle conjoncture. J'aurai pour modèle la sagesse de mon prédécesseur, et pour mobile le courage de l'Assemblée. Ce courage, Messieurs, doit confondre les ingrats, comme nos services ont confondu les ennemis de la liberté. Nous avons encore une grande leçon à donner à nos concitoyens : celle de n'attendre le prix du patriotisme que de la conscience, et, quand la patrie paraît se dispenser d'être juste, de s'animer encore plus à la servir.

Voilà ce qu'apprendront de nous nos successeurs ; et, quoi qu'ils fassent, nous aurons encore par-dessus eux de plus grands périls bravés et un désintéressement absolu, dont il n'y aura plus d'exemple. Personne que nous, dans la Révolution, n'aura droit de dire : « Nous avons consacré, pendant « la première année de la liberté française, nos veilles, nos travaux, notre « fortune pour la chose publique ; nous avons exposé notre existence les « jours et les nuits dans les grandes crises des insurrections ; nous n'avons « cessé d'être utiles ; et, pour prix, nous avons reçu des injures. » Cette gloire, Messieurs, est la plus pure qui fût jamais : elle est immortelle.

(1) Le *Journal de la Municipalité et des sections* (n° du 17 août) annonce l'élection en ces termes :

« A la fin de la séance, M. l'abbé Fauchet a été nommé une troisième fois à la présidence de cette Assemblée, que M. Vincent (pour Vincendon) venait de remplir d'une manière fort distinguée.

« Les discours d'usage ont été fort applaudis. »

(2) Allusion aux délibérations par lesquelles les districts désavouaient, en termes énergiques, l'*Adresse* de l'Assemblée sur les impôts indirects. (Voir ci-dessous, p. 719-731.) Peut-être aussi Fauchet voulait-il parler des élections au Conseil général de la Commune, qui se faisaient au même moment, et où très peu de Représentants de la Commune réussirent à se faire réélire.

(3) Fauchet avait été président du 27 février au 15 mars et du 10 au 22 mai. (Voir Tome IV, p. 232 et 419-420, Tome V, p. 301 et 513.)

~~~ Un officier de la Garde de la Ville ayant demandé à l'Assemblée si elle assisterait demain à la procession (1);

L'Assemblée a arrêté qu'elle n'y assisterait point, mais sans préjudice des droits du Conseil général de la Commune (2).

~~~ La séance a été levée, et remise à lundi, heure ordinaire.

Signé : VINCENDON, *président.*

Secrétaires : DEMARS, BONNEVILLE, LETELLIER, BALLIN, DESPREZ.

CONSEIL DE VILLE

~~~ Le 14 août 1790, samedi, à six heures du soir, le Conseil municipal convoqué, réuni en la forme ordinaire et présidé par M. d'Augy, en l'absence de M. le Maire;

~~~ Il a été fait lecture du procès-verbal de la dernière séance.

Le Conseil en a approuvé la rédaction.

~~~ Le procureur de la Commune a requis, et le Conseil a ordonné, la transcription sur les registres des lettres-patentes, proclamations et décrets qui suivent :

1° Lettres-patentes du roi du 25 juillet 1790, sur les décrets de l'Assemblée nationale des 25, 26, 29 juin et 9 juillet audit an, concernant l'aliénation de tous les domaines nationaux (3).

2° Autres dudit jour 25 juillet, en réformation de celles du 17 mai précédent sur le décret du 14, relatif à l'aliénation aux municipalités de 400 millions de domaines nationaux (4).

3° Autres du 26 dudit mois de juillet, sur le décret du 16 du même mois, relatif à l'aliénation aux municipalités de 400 millions de domaines nationaux (5).

---

(1) Procession du *Vœu de Louis XIII*, à laquelle le *Conseil de Ville* avait décidé d'assister, par arrêté du 12 août. (Voir ci-dessus, p. 698 et *700-702.*) On remarquera que l'Assemblée des Représentants n'est point officiellement invitée.

(2) Autrement dit, on réservait pour l'avenir, aux futurs élus de la Commune, le droit de faire ce qui leur plairait. C'était assez inutile.

(3) Décret du 29 juin, sur la vente des domaines nationaux aux particuliers, et décret du 9 juillet, sur le serment des experts pour l'estimation des mêmes domaines nationaux. (Voir *Archives parlementaires,* t. XVI, p. 565 et 571-572, et t. XVII, p. 2.)

(4) L'art. 14 du décret du 29 juin déclarait annexés à ce même décret un certain nombre d'articles du décret du 14 mai, sur la vente de 400 millions de domaines nationaux, « avec le changement des seules expressions nécessaires pour les adapter aux dispositions » du décret du 29 juin; d'où nécessité de modifier le texte des lettres-patentes qui avaient promulgué le décret du 14 mai.

(5) Décret du 16 juillet, autorisant la vente aux municipalités de ceux des domaines nationaux pour lesquels il a été fait des soumissions. (Voir *Archives parlementaires,* t. XVII, p. 133-134.)

4° Proclamation du roi du 30 juillet audit an, sur le décret du 29 dudit mois, concernant l'arrestation des sieurs Bonne-Savardin, abbé Perrotin dit Barmond, et Eggs (1).

5° Autre du 3 août audit an, sur le décret du 31 juillet, qui réunit à la municipalité de la Chapelle la partie du faubourg Saint-Denis connue sous le nom de faubourg de Gloire (2).

6° Lettres-patentes du roi du 5 août audit an, sur le décret du 30 juillet, qui autorise la Municipalité de Paris à faire évacuer le couvent des Capucins de la rue Saint-Honoré, pour être employé aux divers usages relatifs au service de l'Assemblée nationale (3).

7° Proclamation du roi du 1er août audit an, sur le décret du 24 juillet, qui autorise la Municipalité de Paris à remplir provisoirement les fonctions du directoire du district par rapport aux biens ecclésiastiques (4).

8° Autre du 8 août, sur deux décrets des 6 et 7 août audit an, relatifs au rétablissement de la discipline dans les corps de troupes réglées (5).

— Sur le compte, rendu par M. Bureau, conseiller-administrateur (6), d'un mémoire présenté par le sieur Dolonde, inspecteur et contrôleur des fourrages de la Ville de Paris (7), tant en son nom qu'en celui de ses confrères, relativement aux difficultés qu'ils éprouvent relativement au paiement des sommes qui leur sont dues et qui, jusqu'à présent, ont été payées au trésor public, à raison des fonctions relatives à la vente des foins, qu'ils n'ont cessé de remplir;

Le Conseil a arrêté que M. Dufresne, directeur du trésor public, serait invité à donner le visa nécessaire pour le paiement des sommes dues au sieur Dolonde et à ses confrères, et, en cas de refus de sa part, qu'il serait prié de vouloir bien en faire connaître les motifs (8).

— Sur le rapport fait par M. Quin, administrateur au Département des travaux publics, relativement aux réclamations présen-

---

(1) Décret du 29 juillet. (Voir ci-dessus, p. *613*.)

(2) Décret du 31 juillet, matin, déclarant réunie à la municipalité de la Chapelle Saint-Denis (canton de Clichy, district de Saint-Denis, département de Paris) la partie du faubourg Saint-Denis connue sous le nom de faubourg de Gloire et qui se trouve hors des murs de Paris. (Voir *Archives parlementaires*, t. XVII, p. 444.)

(3) Décret du 30 juillet. (Voir ci-dessus, p. *171-172*.)

(4) Décret du 24 juillet. (Voir Tome V, p. *636-637*.)

(5) Décret du 6 août, matin, sur les troubles qui règnent dans plusieurs corps de l'armée, et décret du 7 août, sur les actes d'insubordination du régiment de Royal-Champagne, à Hesdin. (Voir *Archives parlementaires*, t. XVII, p. 641-643 et 650.)

(6) Bureau du Colombier, administrateur au Département des subsistances.

(7) Mémoire de Dolonde-Deshameaux, présenté à l'*Assemblée des Représentants*, le 15 juin, et renvoyé au Département des subsistances, le 22 juillet. (Voir ci-dessus, p. 83 et 544.)

(8) On n'entendit plus parler de cette affaire.

tées par le sieur Balle, adjudicataire de la démolition du Pont-rouge (1);

Le Conseil a arrêté que la somme de 3,000 livres, stipulée pour indemnité à raison de la résiliation de son adjudication, lui serait payée.

En conséquence, les administrateurs au Département du domaine ont été autorisés à délivrer les ordonnances nécessaires.

A l'égard des répétitions particulières, formées par le sieur Balle;

Le Conseil a arrêté qu'il fournirait à M. Quin un mémoire détaillé, dont il serait tenu compte au premier Conseil (2).

— Le Conseil s'est ajourné à vendredi, 20 du courant.

— Et la séance a été levée.

Signé : D'AUGY, *président;* DEJOLY, *secrétaire.*

* * *

ÉCLAIRCISSEMENTS

(I, p. 706) Contrairement à ce qui se passait d'habitude en semblable occurrence, la députation de l'Assemblée des Représentants, chargée de remettre l'*Adresse* votée le 7 août, avait reçu de l'Assemblée nationale, le 10 août, soir, un fort mauvais accueil : au lieu des compliments accoutumés, elle n'avait obtenu pour réponse qu'une remontrance sévère et avait dû se retirer sans avoir même été admise aux honneurs de la séance.

Mais, avant de raconter cette scène pénible, il convient d'expliquer d'où venaient, à ce moment, à l'égard de la pétition municipale, les dispositions hostiles de l'Assemblée nationale.

Sept mois auparavant, l'abolition des droits d'entrée avait fait l'objet d'une motion, et cette motion avait eu pour auteur un fougueux adversaire de la Révolution, l'abbé MAURY en personne.

C'est à la séance du 18 janvier 1790 que, à l'occasion de la discussion sur l'institution d'un Comité d'impositions, l'abbé MAURY avait prononcé ces paroles : « Depuis huit mois, nous sommes assemblés; depuis huit mois, nous désirons régénérer le royaume, et nous nous sommes à peine occupés des finances. Le mot *peuple* est souvent prononcé dans nos discours; il est temps qu'il soit pour quelque chose dans nos décrets. Celui de Paris est bien digne de pitié; il ne vit que de ses capitaux ou de son commerce : or, ses capitaux sont sans produit, puisque les rentes sur l'Hôtel-de-Ville sont suspendues; et son commerce est nul, parce que les gens riches ou s'éloignent, ou resserrent leurs richesses. C'est du bonheur du peuple qu'il faut

---

(1) Séances du *Conseil de Ville* des 27 juillet et 9 août. (Voir ci-dessus, p. 587 et 687-688.)

(2) Séance du *Conseil de Ville* du 4 septembre. (Voir ci-dessous.)

surtout nous occuper. Les classes privilégiées ont déjà fait de grands sacrifices ; ce n'est pas assez. *Je demande qu'on abolisse,* DÈS CE MOMENT, *tous les droits qui se perçoivent aux barrières sur les consommations communes.* Je ne propose pas de faire ce qui est arrivé si souvent, c'est-à-dire de détruire sans remplacer ; je propose, au contraire, de remplacer sur-le-champ la perception abolie par un impôt sur le luxe. Personne ne voudra prendre la défense du luxe, qui doit enfin devenir utile au patriotisme, après n'avoir servi qu'à la dépravation des mœurs. » Contrairement à ce qu'il avait promis, l'abbé ne faisait guère, lui aussi, que « détruire sans remplacer » : si rien n'était plus précis que la proposition d'abolir *immédiatement* les droits perçus aux barrières sur les consommations, rien, en revanche, n'était plus vague que l'idée d'un impôt non défini sur le luxe. Aussi, la motion de MAURY avait-elle jeté l'Assemblée dans un trouble extrême. REGNAUD (de Saint-Jean d'Angély), BLIN, le vicomte DE NOAILLES, BARNAVE, Charles DE LAMETH avaient accablé l'orateur royaliste de leurs objurgations, lui reprochant d'exciter le peuple par des espérances exagérées, de vouloir ruiner Paris et détruire son commerce, d'égarer les esprits par de dangereuses illusions. Voyant la manœuvre percée à jour, MAURY s'était excusé, disant qu'on avait probablement mal saisi ses paroles : on avait pris pour une proposition ferme le simple vœu énoncé par lui que les commissaires à nommer s'occupassent de la suppression des impôts portant sur les comestibles communs. Finalement, il avait retiré sa motion (1).

Ce n'était pas tout. Tout récemment, au mois de juillet, la veille même de la Fédération, le 13 juillet, matin, l'Assemblée nationale avait appris, par un rapport de CHABROUD, que des désordres s'étaient produits à Lyon, le 8 juillet : on avait persuadé au peuple qu'il dépendait des officiers municipaux de supprimer les droits d'aide et d'entrée perçus aux barrières, et le peuple s'était jeté sur les barrières qui avaient failli être forcées, malgré la résistance de la municipalité. Aussitôt, un décret avait été rendu pour faire savoir au peuple que la perception des impôts anciens devait être maintenue jusqu'à ce qu'un régime nouveau eût été établi, et pour inviter le roi à assurer la perception des droits d'aide et d'octroi à Lyon (2). Mais ce décret avait été impuissant à ramener le calme. Un nouveau rapport de CHABROUD, présenté le 17 juillet, matin, donnait sur les troubles de Lyon les détails suivants : « Le peuple, excité par des insinuations secrètes et des déclamations incendiaires, avait, dans ses sections respectives, fait des pétitions pour demander la suppression des entrées. La municipalité, ayant proposé de convoquer la commune afin de temporiser, s'adressa à l'Assemblée nationale, qui, le 13, ordonna le maintien des droits. Pendant ce temps, le peuple se forma en une assemblée que la municipalité fut contrainte à autoriser : des commissaires furent nommés et choisis parmi les auteurs des troubles ; ils déclarèrent qu'il était utile de faire cesser toute perception aux entrées de la ville. Le peuple alors se porta aux barrières et chassa les commis. Il n'y a pas eu de pillage, mais des denrées en très grande quantité sont entrées sans payer de droits. Les commissaires présentèrent leur délibéra-

---

(1) Voir *Archives parlementaires* (t. XI, p. 230-232).
(2) Voir *Archives parlementaires* (t. XVII, p. 69).

tion aux officiers municipaux et les invitèrent à faire cesser la perception des droits et à rendre une ordonnance pour faire jouir les citoyens d'une diminution d'impôts. La municipalité et le conseil de la commune, menacés de la fureur du peuple, n'ont pu résister. » En conséquence, le Comité des rapports présentait un projet de décret formulé ainsi qu'il suit :

L'Assemblée nationale, considérant que la chose publique serait en danger si les insurrections contre l'impôt étaient tolérées, décrète :

Art. 1er. — Les procès-verbaux contenant nomination et délibération des prétendus commissaires des 32 sections de la ville de Lyon, des 9 et 10 de ce mois, sont nuls et non avenus. L'Assemblée renvoie ces pièces à son Comité des recherches, chargé de procéder selon la rigueur des lois contre les auteurs des troubles, notamment contre les président et secrétaires de l'assemblée des prétendus commissaires.

Art. 2. — Le décret du 13 juillet sera exécuté dans sa forme et teneur : les barrières de Lyon seront incessamment rétablies et les commis remis en possession de leurs fonctions; la perception sera protégée efficacement par la force armée...

Après une courte discussion engagée sur le point de savoir si la municipalité et la garde nationale avaient opposé la résistance nécessaire, discussion au cours de laquelle Mayet (1) et Périsse du Luc (2) avaient affirmé qu'en résistant on aurait fait répandre inutilement le sang des citoyens, le projet de décret avait été adopté sans changement (3).

Les dernières nouvelles reçues de Lyon, communiquées à l'Assemblée par un des députés de la ville, Millanois (4), le 30 juillet, n'étaient encore qu'à moitié rassurantes : il résultait d'un procès-verbal transmis par la municipalité que les décrets des 13 et 17 juillet n'avaient point reçu leur exécution; que, le 26 juillet, à l'occasion de la démission du commandant de la garde nationale, qui excitait les regrets des ouvriers, ceux-ci avaient voulu forcer l'arsenal, attaqué un corps-de-garde, enlevé des armes; des coups de feu avaient tué un homme et blessé quelques autres; le régiment avait dû être requis; deux canons et deux obusiers avaient été placés devant l'Hôtel commun; le drapeau rouge, même, avait été placé à la fenêtre, sans cependant que la loi martiale eût été proclamée, la menace ayant suffi pour arrêter les émeutiers; des patrouilles avaient assuré l'ordre et arrêté les principaux perturbateurs. L'Assemblée avait décrété l'envoi de ces pièces nouvelles au Comité des recherches, et chargé son président de témoigner sa satisfaction à la municipalité et à la garde nationale de Lyon (5).

Tels étaient les précédents, au moment où se présentait la députation des Représentants de la Commune de Paris : une manœuvre réactionnaire dans l'Assemblée, des désordres graves dans la seconde ville de France (6), ces pré-

(1) Député du clergé de la sénéchaussée de Lyon.
(2) Député du tiers-état de la sénéchaussée de Lyon.
(3) Voir *Archives parlementaires* (t. XVII, p. 165-166).
(4) Député du tiers-état de la sénéchaussée de Lyon.
(5) Voir *Archives parlementaires* (t. XVII, p. 436-437).
(6) C'est seulement deux semaines plus tard, le 24 août, soir, que Périsse du Luc put annoncer à l'Assemblée que le calme était complètement rétabli à Lyon, les barrières rétablies sans opposition et la perception des droits remise en activité. (Voir *Archives parlementaires*, t. XVIII, p. 257-258.)

cédents n'étaient point faits pour préparer un accueil favorable aux imprudents qui venaient soulever de nouveau le dangereux problème de l'abolition des octrois. Ce problème, l'Assemblée constituante était décidée à le résoudre, comme elle le résolut, en effet, quelques mois plus tard (en février 1791); encore fallait-il lui laisser le temps de l'examiner. En attendant, si le sang avait coulé à Lyon, si les barrières y avaient été ouvertes et la perception suspendue, malgré la résistance de la municipalité, que ne pouvait-on craindre à Paris, quand l'initiative venait d'une Assemblée officielle, investie d'un mandat à peu près régulier, qui prenait le titre d'Assemblée des Représentants de la Commune? Le peuple n'allait-il pas se croire autorisé, par l'exemple même de ses mandataires, à refuser de payer des droits qu'ils proclamaient excessifs et injustes? N'allait-il pas essayer de réaliser par la violence ce que ses mandataires venaient, pacifiquement mais inopportunément, demander aux représentants de la nation (1)?

Aussi, à peine l'orateur de la députation, le médecin CHAPPON, a-t-il prononcé les premiers mots de l'*Adresse* : « La capitale est surchargée d'impôts... », que les interruptions éclatent. REGNAUD (de Saint-Jean d'Angély) demande de qui les personnes qui sont à la barre tiennent leur mission; pourquoi le Maire de Paris ne paraît-il pas à leur tête? En vain MIRABEAU, intervenant, répond qu'il ne voit pas pourquoi il faut que la Commune de Paris ait toujours son Maire à sa tête (2). REGNAUD insista : « Des citoyens ne sont pas la Commune; ils n'apportent pas le vœu de la Commune, à moins qu'il n'y ait une délibération qui les autorise. » Le malheureux CHAPPON se débat du mieux qu'il peut : « Nous avons la majorité des sections, — réplique-t-il — et, quand nous ne l'aurions pas, est-ce que tout citoyen n'a pas le droit de présenter des pétitions? » Tout citoyen pouvait présenter une pétition, c'est certain (3); mais la question n'était pas là. Il s'agissait de savoir si CHAPPON et ses collègues avaient, dans la circonstance, le droit de parler au nom de la Commune de Paris. En affirmant qu'ils avaient « la majorité des sections », CHAPPON voulait sans doute dire que l'Assemblée dont il était le délégué représentait la majorité des sections, ce qui était à peine exact (4); car, pour l'*Adresse* du 10 août en particulier, elle n'avait certainement pas reçu l'adhésion de la majorité des sections (5).

(1) Ces craintes étaient partagées et peut-être propagées par BAILLY, qui, le 11 août, écrivait au Commandant-général de la Garde nationale pour lui recommander d'assurer par des forces suffisantes la perception des droits d'entrée aux barrières, menacée par le peuple à la suite de la démarche faite la veille par les Représentants de la Commune; pièce manusc. (Arch. Nat., AF II 48, n° 167.

(2) MIRABEAU oubliait l'art. 16 du titre III du décret du 21 mai sur la Municipalité de Paris, ainsi conçu : « Le Maire sera à la tête de toutes les députations. » Or, BAILLY venait justement d'être élu Maire à titre définitif par l'ensemble des sections, et on ne lui avait même pas demandé de présider la députation.

(3) Art. 62 du décret du 14 décembre 1789, sur la constitution des municipalités, et art. 69 du titre Ier du décret du 21 mai 1790, sur la Municipalité de Paris. (Voir *Archives parlementaires*, t. X, p. 567, et t. XVI, p. 421.)

(4) Délibérations des districts de mai 1790. (Voir Tome V, p. *635-636*.)

(5) Dans une autre *Adresse*, du 19 août, il est dit que l'*Adresse* du 10 août avait été approuvée par six districts, y compris celui de Saint-Étienne du Mont. (Voir ci-dessous, p. 751) Il y a loin de ce chiffre minime à la majorité,

Mais Barnave, sans entrer dans ces détails qu'il ne connaît sans doute pas, pose tout de même la vraie question : « Pourquoi les personnes qui sont à la barre se disent-elles Représentants des habitants de Paris? » Et comme Chappon, abasourdi sous cette avalanche, ne répond plus, Briois de Beaumetz soulève un autre grief : « D'après l'usage constant de cette Assemblée, aucun discours ne doit être lu à la barre qu'il n'ait été auparavant communiqué au président. Comment se fait-il que l'usage n'ait pas été suivi pour celui-ci? » Treilhard, ex-président, qui préside la séance du soir, croit pouvoir déclarer que le discours ne lui a point été communiqué : il ignorait que la communication avait été faite au président titulaire, d'André, qui en avait même accusé réception (1). Enfin, la tempête se calme, et Chappon peut continuer et achever sa lecture, non sans que la gauche murmure de temps à autre (2). Quand il a fini, et sans que le président adresse à la députation les paroles de courtoisie habituelles, c'est Camus, député du tiers état de la Ville de Paris, ancien avocat au Parlement, qui monte à la tribune et qui prononce le discours ou plutôt le réquisitoire suivant :

L'Assemblée a dû être surprise de la pétition qu'elle vient d'entendre. La Commune de Paris n'en a point été instruite (3). Samedi dernier (7 août), les députés de Paris, réunis à M. le Maire et à plusieurs membres de la Commune, ont passé la nuit à délibérer (4), et nous n'avons point été instruits des demandes qu'on vient de vous faire (5). J'ose le dire : cette démarche ne tend qu'à égarer le peuple. Non seulement il n'est pas chargé de plus d'impôts qu'auparavant, mais vous allez être convaincus qu'il en supportait dont il n'est plus chargé. On

---

(1) Séances des 9 et 10 août. (Voir ci-dessus, p. 682 et 691.)

(2) Le texte de l'*Adresse* lue le 10 août, soir, figure au procès-verbal de la séance du 7. (Voir ci-dessus, p. 670-674.)

(3) Par ces mots : *la Commune de Paris*, Camus voulait-il parler des sections formant la Commune, ou de la Municipalité chargée de l'administrer? Les deux sens peuvent se soutenir. Pourtant, je crois qu'il faut comprendre : *la Municipalité de Paris*.

(4) Quelle circonstance grave avait pu motiver cette conférence nocturne et solennelle de toute la députation de Paris avec le Maire? Les journaux ne signalent, à cette date, aucun incident qui soit de nature à inspirer des inquiétudes. Mais une lettre adressée par Bailly à de Lajard, datée du 7 août (lettre publiée par M. Tuetey, dans *L'Assistance publique à Paris pendant la Révolution*, t. II, p. 140), nous apprend que, ce jour-là même, dans la matinée, les ouvriers de la manufacture de glaces du faubourg Saint-Antoine et les ouvriers des ateliers publics devaient se réunir pour se rendre à l'Hôtel-de-Ville et y demander la diminution du prix du pain : le Maire avisait d'urgence l'aide-major général de la Garde nationale, afin que d'avance il pût « faire des dispositions capables de prévenir toute espèce d'insurrection ». C'est probablement de cette situation que Bailly, toujours facilement alarmé, avait éprouvé le besoin d'entretenir ses collègues les députés de Paris. Mais, les procès-verbaux de l'Assemblée des Représentants de la Commune et du Conseil de Ville ne mentionnant aucune démarche relative au prix du pain, on peut tenir pour certain qu'il ne se produisit, le 7 août, rien qui ressemblât à « l'espèce d'insurrection » que redoutait le Maire.

(5) Cela n'avait rien d'étonnant, les administrateurs de la Municipalité, avec qui les députés de Paris avaient conféré, se tenant le plus qu'ils pouvaient à l'écart des délibérations de l'Assemblée des Représentants de la Commune.

vous a parlé d'entrées sur le beurre, les œufs, etc... Il semble qu'on ait choisi cette circonstance pour reproduire une motion déjà écartée (1). On dit que Paris est surchargé d'entrées, et on a la maladresse de dire ensuite qu'on fraude tous les droits : si on les fraude, on n'en est donc pas surchargé (2). Tandis qu'on envoie à Lyon des troupes pour maintenir les barrières (3), il est bien étonnant qu'on veuille les détruire à Paris. On dit que la Ville est chargée de la Garde nationale : le fait est faux, et j'ai vu l'état de cette dépense payé par le trésor public (4). Il y a des précautions à prendre pour que le peuple de Paris ne paie pas trop. Il n'y a que de mauvais citoyens qui puissent rapprocher des époques si distinctes et entre lesquelles on ne peut établir de comparaison. On a dit que Paris avait racheté deux fois les droits sur les boues et lanternes : je suis propriétaire, je les ai rachetés comme les autres, mais je ne dois pas pour cela m'exempter de les payer, parce que jamais le remboursement n'en a été fait que sur le pied du capital de l'emploi actuel. Aurait-on donc eu l'idée de flatter le peuple, en lui présentant des idées chimériques? Les membres de la Commune qui vous présentent cette pétition ont fui, pour délibérer, la présence du Maire, élu à la majorité de 12,000 voix, des députés et des sections (5). Paris n'a point tout perdu à la Révolution : il était privé du séjour de son roi, et il le possède. Que dirai-je du bonheur d'avoir dans son sein les représentants de la nation? On est, à la vérité, privé de quelques gens frivoles qui venaient fréquenter les spectacles : d'autres viennent admirer la sagesse de vos décrets. Cette fête, dont l'histoire ne nous fournit pas d'exemple, qui a amené tant de milliers d'hommes dans la capitale, n'a-t-elle donc pas versé d'argent dans le commerce? Je déclare, au nom des députés de Paris et de tous les Parisiens qui m'entendent, que la pétition indécente qu'on vous propose n'est pas le vœu de la capitale. Pleine de confiance dans votre sagesse, elle sera toujours soumise à vos décrets; les esprits ne seront point séduits par la pétition de quelques citoyens isolés, qui viennent de reproduire une motion faite, je le dirai, par M. l'abbé Maury.

Et Camus s'arrête sur ce trait acéré, salué, à la fin, par les plus vifs applaudissements de l'Assemblée, qui l'avaient déjà plusieurs fois interrompu au cours de sa harangue. La députation des Représentants de la Commune se retire alors, au milieu des murmures, obligée de subir en silence l'humiliation qui lui est infligée (6).

On a vu, au cours de la séance du 14 août, qu'un des comptes rendus des journaux qui avaient été les plus désagréables à l'Assemblée des Repré-

---

(1) Allusion à la motion de Maury, du 18 janvier. (Voir ci-dessus, p. 711-713.)

(2) Le raisonnement n'est pas digne de Camus : les fraudeurs sont évidemment malvenus à se plaindre; mais ce sont les honnêtes gens, ceux qui paient, qui sont surchargés.

(3) Allusion aux troubles de Lyon et aux décrets du 13 et du 17 juillet. (Voir ci-dessus, p. *713-714*.)

(4) Camus confond le passé et le présent : il est vrai que le trésor public avait payé, à partir de juillet 89, les dépenses de la Garde nationale de Paris; mais il est non moins vrai que le décret du 21 mai 90 les mettait à la charge de la Commune.

(5) Le seul reproche sérieux était celui de n'avoir point consulté les sections; car, pour le Maire, c'était lui qui, depuis longtemps, refusait d'assister aux séances de l'Assemblée des Représentants; et, quant aux députés, il n'y avait pour l'Assemblée de l'Hôtel-de-Ville nulle obligation de leur demander leur avis.

(6) Voir *Archives parlementaires* (t. XVII, p. 709-712), reproduisant le compte rendu du *Moniteur* (n° du 12 août).

sentants était celui du *Journal de Paris* (n° du 12 août 1790). Il était ainsi rédigé :

« Une députation, dite de la Commune de Paris, s'est avancée à la barre pour faire entendre une pétition, et toutes les attentions se sont dirigées vers elle (1).

« A peine ces prétendus députés ont commencé leur discours, il s'est élevé des doutes sur la légitimité de leur mission : on leur a demandé qui ils étaient, au nom de qui ils parlaient. M. REGNAULT (de Saint-Jean d'Angély) observait qu'ils n'étaient point la Municipalité de Paris, qu'ils n'avaient point le Maire à leur tête.

« Ils ont répondu qu'ils avaient été chargés de la mission qu'ils remplissaient par la majorité des districts (2).

« Cela même leur a été contesté.

« Cependant, comme ils avaient déjà commencé à parler, comme ils paraissaient tenir, par quelques rapports, à la Commune de Paris, on a commencé de les entendre. L'indignation et l'étonnement ont été extrêmes lorsqu'on les a entendus déclamer contre plusieurs des droits perçus aux entrées de Paris et, sous les fausses couleurs d'un intérêt fort tendre pour les besoins du peuple, solliciter l'abolition de plusieurs de ces droits dans un moment où l'empire a peine à lever les deniers qui lui sont indispensables.

« M. CAMUS s'est chargé d'être l'organe de cette indignation de l'Assemblée nationale : il a répondu aux prétendus députés de la Commune qu'il n'était pas vrai que, dans la proportion de sa population et de sa richesse, Paris fût plus chargé que le reste de la France.

« De terribles soupçons s'élevaient dans une partie de la salle sur le but des discours que venaient de tenir ces hommes, qui se donnaient pour les députés de cette Ville de Paris qui s'est à jamais honorée par l'intrépidité de son zèle pour la liberté. La fermentation, qui était extrême, se serait sans doute prolongée fort avant dans la nuit : M. le président a eu la sagesse de l'étouffer en levant la séance. »

D'autres journaux, le *Journal des débats et décrets*, le *Point du jour*, la *Chronique de Paris*, manifestèrent leur désapprobation en ne disant pas un mot de la démarche des Représentants de la Commune. Les *Révolutions de Paris* (n° du 21 au 28 août) se contentèrent de la signaler en ces termes :

« Une soi-disant députation de la Commune de Paris est venue demander l'allègement des impôts indirects de Paris.

« M. CAMUS a réfuté cette pétition présentée, il y a quatre mois, par l'abbé MAURY. »

Le *Journal de la Municipalité et des sections* (n° du 14 août) défendit timidement la pétition, en rappelant que l'initiative en était due au district

---

(1) Quelle était la cause de cette attention particulière? Ne serait-ce pas que BAILLY, qui pouvait être informé, par quelques membres du Conseil de Ville, de ce qui avait été décidé à l'Assemblée des Représentants de la Commune, aurait averti ses collègues de l'Assemblée nationale et dénoncé d'avance l'*Adresse* qui allait leur être lue?

(2) L'affirmation, en ces termes, était fausse. (Voir ci-dessus, p. 715, note 5.)

de Saint-Étienne du Mont, et que, au moment de la rédaction des Cahiers, en avril et mai 1789, différents vœux avaient été émis en faveur de la réforme des impôts.

Ce n'était vraiment pas une raison, pour la Commune de Paris, de se donner l'air d'être à la remorque de l'abbé Maury.

(II, p. 708) « Désabuser les sections! » En arrêtant, dans ce but, le 14 août, la rédaction d'une nouvelle adresse, l'Assemblée des Représentants pouvait prévoir qu'elle aurait fort à faire pour y réussir, car elles paraissaient terriblement abusées, les sections. Quatre jours à peine s'étaient écoulés depuis la présentation de l'*Adresse* à l'Assemblée nationale, et déjà une douzaine de sections, le quart de la Commune, avaient formulé les plus sévères appréciations sur la démarche inconsidérée du 10 août.

Il est important de noter ici les témoignages de ce nouveau conflit entre l'Assemblée des Représentants de la Commune et les districts, désormais appelés les sections : ils expliquent les préoccupations de l'Assemblée dans les séances suivantes, jusqu'à la rédaction définitive de la seconde *Adresse*, celle du 19 août (1).

Nous allons donc les parcourir, par ordre de date.

Remarquons d'abord que, si aucune section n'avait protesté aussitôt après le vote de la première *Adresse*, le 7 août, et avant qu'elle fût portée à l'Assemblée nationale, c'est qu'on avait simplement ignoré l'existence d'une telle *Adresse*. A cette époque, les journaux quotidiens ne s'occupaient plus de l'Assemblée des Représentants de la Commune, condamnée à disparaître à bref délai, puisque les sections étaient précisément en train de nommer ses successeurs; quant aux procès-verbaux imprimés, ils paraissaient longtemps après les séances. Le *Journal de la Municipalité et des sections* était le seul qui parlât quelquefois de ce qui se passait à l'Assemblée de l'Hôtel-de-Ville; mais il ne paraissait pas tous les jours, et le premier numéro publié depuis la séance du 7, celui qui portait la date du 10, ne contenait point de compte rendu.

Ce n'est donc que par la séance de l'Assemblée nationale du 10 août, soir, qu'on sut dans Paris qu'une députation de l'Assemblée des Représentants s'y était présentée et comment elle y avait été reçue; et on le sut d'abord par les spectateurs de la séance : car les journaux, et seulement quelques-uns, n'en parlèrent que le 12 août. Mais, à ce moment encore, le texte même de la fameuse *Adresse* n'était pas connu, puisqu'il ne fut imprimé qu'en vertu de la décision prise le 14 août, répétée le 16 et le 18, et ne parut guère avant la fin du mois (2). On ne connaissait donc, en réalité, que le discours de Camus, et c'est sous l'impression de ce discours que furent prises les délibérations dont nous avons à parler.

L'impression était si vive que cinq sections, pas moins, éprouvèrent le besoin de manifester leur indignation dès le 11 août, dans leurs réunions

(1) Séances des 16, 17, 18 et 19 août. (Voir ci-dessous, p. 734-737, 741, 743-744 et 745-753.)

(2) Le *Journal de la Municipalité et des sections* n'en publie des extraits que le 2 septembre.

du soir, avant qu'aucun journal eût pu encore raconter ce qui s'était passé, et simplement d'après les récits des auditeurs. A chacune de ces cinq sections, délibérant séparément et à la même heure, revient le mérite de l'initiative : les autres ne firent que suivre, les jours suivants. Ces cinq sections sont celles des *Lombards*, du *Luxembourg*, de la *Place Louis XIV*, des *Postes* et des *Tuileries*.

La *section des Lombards* (ancien *district Saint-Nicolas des Champs*, puis *du Sépulcre*) s'exprimait ainsi qu'il suit (1) :

L'assemblée, instruite que, le 10 du présent mois, quelques membres de la Commune provisoire de cette ville, se disant députés par elle auprès de l'Assemblée nationale, lui ont présenté une *Adresse* ou *Pétition* tendante à la diminution des droits d'entrée, au nom de toutes les sections de la capitale, sans cependant en avoir reçu aucune mission;

A unanimement déclaré qu'elle désavoue et improuve cette démarche, comme contraire à son vœu et même dangereuse dans les circonstances; qu'elle est disposée à supporter avec un entier dévouement l'impôt tel qu'il existe, jusqu'à ce que l'Assemblée nationale en ait autrement ordonné;

A arrêté, en outre, que copie du présent sera envoyée à l'Assemblée nationale et aux 47 autres sections, avec invitation d'y adhérer.

Signé : BLANDIN, président.
DESMAREST, secrétaire.

Le texte de la *section du Luxembourg* (formée de l'ancien *district des Carmes déchaussés*, plus la moitié de l'ancien *district des Prémontrés de la Croix-Rouge* et une fraction de l'ancien *district des Cordeliers*) s'inspire encore plus directement du discours de CAMUS. Il est ainsi conçu (2) :

Sur le compte, rendu à l'assemblée générale par deux citoyens de la section, d'une pétition, faite hier au soir à l'Assemblée nationale par une députation des soi-disant Représentants de la Commune, tendant à faire supprimer les droits d'entrée sur les comestibles, et du désaveu de cette pétition fait, au nom de la Commune, par M. CAMUS, un des députés;

L'assemblée a unanimement déclaré :

Qu'elle n'a jamais émis aucun vœu, que même elle n'a jamais été consultée sur l'objet de la pétition dont il s'agit; que, par conséquent, cette pétition ne peut pas être le vœu de la Commune, parce que le vœu de la Commune ne peut être formé sur un objet sur lequel toutes les sections n'ont pas été consultées;

Qu'elle connaît trop bien le patriotisme de tous les citoyens de Paris pour oser croire qu'aucune des sections ait autorisé les soi-disant Représentants à faire une pareille pétition; mais que, en supposant une autorisation de quelques districts, elle ne suffirait pas pour justifier la démarche des soi-disant Représentants, qui ne pouvaient agir et parler que d'après le vœu exprimé par la majorité des districts ou sections;

Que cette pétition ne peut avoir été inspirée que par les ennemis de la Révolution, par ceux qui ont fait une motion semblable, il y a quelques mois, à

---

(1) Pièce manusc. (Arch. Nat., C 44, n° 398). — Cette délibération est signalée par le *Journal de la Municipalité et des sections* (n° du 12 août) et mentionnée dans les procès-verbaux de l'Assemblée nationale du 16 août, matin, et du 21 août, soir. (Voir *Archives parlementaires*, t. XVIII, p. 88 et 204.)

(2) Inséré dans le procès-verbal de la séance de l'Assemblée nationale du 12 août, soir. (Voir *Archives parlementaires*, t. XVIII, p. 1-2.)

l'Assemblée nationale (1), et qu'elle n'a pu avoir d'autre objet que d'exciter dans la capitale les mêmes troubles qui ont agité, dans les derniers temps, la ville de Lyon (2) et quelques autres cantons du royaume ; de tarir la source des revenus publics et de nécessiter une banqueroute que les contre-révolutionnaires prédisent avec tant de complaisance, banqueroute impossible, vu la supériorité notoire des ressources actuelles ou prochaines que la nation a dans ses mains ;

Que le même peuple, qui a eu le courage de conquérir sa liberté et de supporter pendant un an la disette du pain et du numéraire, saura souffrir encore tout le temps qu'il faudra pour établir cette liberté sur des bases à jamais inébranlables ;

Que ce peuple sait que toutes les calamités qu'il éprouve depuis un an sont inséparables d'une grande Révolution, et qu'il ne peut espérer que de l'achèvement de la constitution soit la diminution des impôts, soit l'abondance et la facilité des moyens de subsistance.

En conséquence, l'assemblée générale de la section a unanimement arrêté que MM. Ceyrat, son président, Lohier, Convers, L'Ablée (3), Lallemant, Cyrand et Polverel, qu'elle a députés à cet effet, se retireront, dans la journée de demain, devers le président de l'Assemblée nationale et devers le Comité des rapports, pour demander que l'Assemblée veuille bien entendre le désaveu formel qu'ils font de la pétition des soi-disant Représentants de la Commune, au nom de tous les citoyens de la présente section.

MM. les députés sont chargés, en outre, d'offrir à M. Camus l'hommage public de la reconnaissance de la section, pour avoir exprimé avec tant d'énergie les vœux et les sentiments patriotiques du peuple de Paris.

Signé : Ceyrat, président.
Lallemant, secrétaire d'office.
P. Convers, député.

Les arrêtés de la *section de la Place Louis XIV* (ancien *district des Petits Pères*) et de la *section des Postes* (ancien *district de Saint-Eustache*), dans le même sens, sont du même jour, 11 août ; mais le texte n'en a pas été conservé (4).

Enfin, la cinquième, la *section des Tuileries* (ancien *district des Feuillants*, celui qui avait envoyé Bailly à l'*Assemblée des Electeurs*, en avril 89), avait adopté la formule ci-dessous (5) :

L'assemblée tenue pour l'élection des notables ayant été levée (6), les citoyens,

(1) Motion de Maury, du 18 janvier 1790. (Voir ci-dessus, p. 712-713.)
(2) Allusion aux troubles de Lyon, en juillet 1790. (Voir ci-dessus, p. 713-714.)
(3) Il ne faut pas trop s'étonner de voir Lablée, Représentant de la Commune, protester contre l'*Adresse* votée par ses collègues : Lablée était aussi membre du Conseil de Ville, et le Conseil de Ville était en désaccord avec l'Assemblée des Représentants. (Voir ci-dessus, p. 698-699.)
(4) Les deux délibérations de la *section de la Place Louis XIV* et de la *section des Postes* sont signalées par le *Journal de la Municipalité et des sections* (n° du 12 août). De plus, la délibération de la *section de la Place Louis XIV* est mentionnée, sans date, dans le procès-verbal de l'Assemblée nationale du 13 août. (Voir *Archives parlementaires*, t. XVIII, p. 38.)
(5) Pièce manusc. (Arch. Nat., C 44, n° 398). — Cette délibération est signalée par le *Journal de la Municipalité et des sections* (n° du 12 août), et mentionnée dans le procès-verbal de l'Assemblée nationale du 13 août. (Voir *Archives parlementaires*, t. XVIII, p. 38.)
(6) Les sections étaient convoquées, ce soir-là, pour élire chacune trois mem-

rassemblés au nombre de plus de 100, ont requis M. le président d'accorder une assemblée à l'effet de délibérer sur un objet important (1).

M. le président ayant à l'instant convoqué l'assemblée;

Un membre a déposé qu'hier soir une députation de quelques-uns des Représentants provisoires de la Commune s'est présentée à l'Assemblée nationale, à l'effet de demander la diminution des impositions indirectes qui sont perçues aux barrières de Paris.

L'assemblée, considérant qu'une demande qui intéresse aussi essentiellement la Commune de Paris ne pouvait être portée à l'Assemblée nationale sans une autorisation expresse de la Commune, a unanimement témoigné qu'elle improuve et désavoue la démarche faite le jour d'hier à l'Assemblée nationale par les Représentants provisoires de la Commune, comme tendante à donner de fausses idées du patriotisme des citoyens de Paris et de leur respect pour les décrets de l'Assemblée nationale;

En conséquence, a arrêté que les citoyens de la Ville de Paris seront invités à se réunir dans leurs sections respectives pour demander à M. le Maire la convocation de la Commune de Paris dans ses 48 sections (2), à l'effet de délibérer qu'il sera, au nom de la Ville de Paris, présenté à l'Assemblée nationale une adresse, par laquelle la Commune exprimera sa soumission aux impôts que l'Assemblée a cru nécessaire de continuer par provision comme à ceux que, dans sa sagesse, elle jugera à propos de décréter par la suite.

Et sera la présente délibération à l'instant portée à M. le Maire, qui voudra bien, sur cet objet, convoquer les assemblées des sections de la Commune aussitôt que 8 d'entre elles l'en auront requis, et à cet effet ont été nommés dix commissaires.

Signé : BERTHÉMY, secrétaire.

En somme, la section des Tuileries proposait de recourir, avec les formes nouvellement réglementées par le décret du 21 mai, au procédé ordinaire, classique pour ainsi dire, maintes fois employé par les districts, d'une *Adresse* rédigée par des commissaires spéciaux. Mais les sections n'étaient point habituées encore au nouveau mécanisme; elles-mêmes étaient à peine organisées, mal préparées par conséquent à une démarche collective; elles continuèrent donc, négligeant l'initiative prise par la section des Tuileries (3), à procéder par arrêtés séparés.

Des nombreuses délibérations prises dans la journée du 12 août, la plus importante assurément est celle de la *section de Bondy* (4). L'ancien *district*

---

bres destinés à devenir, après acceptation des 47 autres sections, membres du Conseil général de la Commune sous le nom de *notables*.

(1) Aux termes de l'art. 1er, § 2, du titre IV du décret du 21 mai 1790 sur la Municipalité de Paris, le président était tenu de convoquer la section lorsque 50 citoyens se réunissaient pour demander cette convocation.

(2) Aux termes de l'art. 1er, § 1er, du titre IV du décret du 21 mai 1790 sur la Municipalité de Paris, l'assemblée des 48 sections devait être convoquée par le Corps municipal, lorsque le vœu de 8 sections, exprimé dans chacune d'elles par 100 citoyens actifs au moins, sur la convocation régulière du président, se réunissait pour demander cette convocation.

(3) Quatre ou cinq sections à peine apportèrent leur adhésion à la section des Tuileries.

(4) Imp. 4 p. in-4° (Arch. Nat., C 44, n° 398, et Bib. Nat., Lb 40/408). — Cette délibération est mentionnée dans les procès-verbaux de l'Assemblée nationale, le

des Récollets s'était toujours montré très hostile à l'Assemblée des Représentants de la Commune (1), et la section qui le remplaçait suivait naturellement ses traditions : aussi, profita-t-elle avec empressement de l'occasion qui lui était offerte d'accuser publiquement l'Assemblée usurpatrice. La *section de Bondy* s'exprimait ainsi :

La section, réunie en assemblée ordinaire, a appris avec la plus vive indignation que les mandataires provisoires viennent de compromettre de nouveau la Commune de Paris par l'adresse qu'ils ont présentée, en son nom, à l'Assemblée nationale, à l'effet d'obtenir la diminution des impôts et octrois.

La section désavoue hautement les mandataires : elle sent qu'un État ne peut subsister sans des impôts; que la détérioration de l'impôt est une des principales causes de l'embarras actuel des finances, dont le bon ou le mauvais état aura toujours une grande influence sur la Révolution; que ce n'est donc pas le moment de demander des diminutions; qu'au surplus, ce serait déjà beaucoup que, dans l'état d'épuisement où l'Assemblée nationale trouve le trésor public, d'après les dépenses extraordinaires qu'a occasionnées la Révolution, l'on n'eût pas vu l'impôt s'accroître; que cependant l'Assemblée nationale a été plus loin; qu'elle a soulagé les peuples de plusieurs impôts très onéreux; que, d'un autre côté, elle diminue les charges de l'État.

La section est persuadée que les sentiments qu'elle vient de manifester sont ceux de la Commune entière, et, pour en convaincre l'Assemblée nationale, la section jettera un coup d'œil rapide sur les prétendus pouvoirs des Représentants de la Commune.

La Commune, forcée de se créer une Municipalité provisoire et soupirant après une Municipalité définitive, réunit à l'Hôtel-de-Ville trois cents citoyens : soixante d'entre eux ont été chargés de l'administration et ont formé la Municipalité provisoire; les autres, au nombre de deux cent quarante, devaient rédiger un plan de Municipalité. Quelquefois, les districts les ont pris pour arbitres dans les différends qu'ils avaient entre eux; quelquefois, ils les ont chargés de commissions particulières.

L'ambition a bientôt égaré ces deux cent quarante mandataires : ils se sont imposé le titre fastueux de Représentants de la Commune; ils ont oublié leur mission, se sont faits ce qu'ils ont voulu et ont fini par se croire ce qu'ils s'étaient faits.

La Commune a d'abord toléré leurs écarts avec assez de patience. Mais, quand elle a vu que plusieurs mois s'étaient écoulés sans qu'ils se fussent occupés du plan de Municipalité, seul objet de leur mission; qu'ils tenaient des assemblées continuelles où, imitant ridiculement l'Assemblée nationale, ils traitaient toutes les matières, agitaient les questions qui ne regardaient que les représentants de la nation, entravaient l'administration, se faisaient un plaisir barbare de vexer et d'humilier M. le Maire, traitaient avec mépris leurs commettants, se livraient à des dépenses d'impression énormes et s'arrogeaient une autorité sans bornes; les murmures ont éclaté de toutes parts.

Enfin, leur plan de Municipalité a paru et a été rejeté presque par tous les districts. Alors, on leur a signifié que leur mission était finie et qu'ils eussent à revenir dans leurs districts respectifs. Ils s'y sont refusés. Ils ont argumenté de pouvoirs qui n'existent pas et qu'ils n'ont jamais pu produire. Ils se sont rejetés

---

21 août, soir, et le 26 août, soir. (Voir *Archives parlementaires*, t. XVIII, p. 204 et 294.)

(1) Il avait enjoint à ses élus de ne plus siéger à l'Hôtel-de-Ville, et ses élus avaient obéi. (Voir Tome IV, p. 720.)

sur les décrets qui maintiennent les municipalités provisoires, sans prendre garde que, puisque leurs pouvoirs ne les rendaient pas officiers municipaux, ces décrets ne s'appliquaient pas à eux. Enfin, ne pouvant plus résister à l'orage, ils ont offert une démission insidieuse, sur laquelle la plupart des districts n'ont pas daigné délibérer (1), parce que la plupart des districts les regardaient déjà comme sans mission et avaient, depuis longtemps, protesté contre tout ce qui émanerait de leurs assemblées illégales.

Voilà les hommes qui, sans caractère, se donnant toujours avec impudence pour les Représentants d'une Commune qu'ils n'ont jamais représentée, ont couronné leurs excès par la démarche scandaleuse que désavoue la section de Bondy.

Sans doute qu'environnés de la haine et de l'indignation universelles, sûrs que leurs concitoyens ne les honoreraient pas, dans les nouvelles élections, d'une confiance dont ils avaient abusé, ils ont voulu effacer ce caractère de réprobation par une basse flatterie envers le peuple. Si ce peuple eût été moins généreux et moins sage, peut-être que des troubles eussent été la suite de leur députation séditieuse. Mais ce peuple patriote leur déclare qu'il déteste et improuve leur conduite, qu'il ne les connaît pas, et qu'il se croirait déshonoré s'il choisissait de pareils appuis.

Cependant, parce qu'il importe de ne pas laisser de semblables écarts impunis, la section supplie l'Assemblée nationale de mander à la barre les mandataires provisoires, de leur notifier le désaveu de leurs concitoyens et de leur exprimer son mécontentement.

Signé : Locré, président.
Libert, secrétaire-général.

A côté de ce virulent réquisitoire, les autres arrêtés paraissent nécessairement bien pâles. Il faut cependant y jeter un coup d'œil.

Par son arrêté du 12 août (2), la *section des Enfants Rouges* (formée de l'ancien *district des Capucins du Marais*, plus une partie de celui des *Enfants Rouges* et une partie de celui des *Blancs Manteaux*) déclare brièvement adhérer à l'opinion déjà connue de la section des Tuileries :

Lecture faite d'un arrêté pris dans la section des Tuileries, le 11 août présent mois (3);

Il a été arrêté que la section adhère purement et simplement à l'arrêté de la section des Tuileries susdaté; et, en conséquence, qu'elle improuve la démarche faite le 10 du présent mois à l'Assemblée nationale par les Représentants provisoires de la Commune, comme tendante à égarer le patriotisme du peuple de Paris.

Signé : Andelle, président.
de Courtye, secrétaire.

La *section des Invalides* (formée de la moitié de l'ancien *district des Théatins* et d'une partie de celui des *Jacobins Saint-Dominique*) dit aussi, très simplement (4) :

L'assemblée générale, instruite, que les Représentants de la Commune, se

---

(1) C'était le cas du *district des Récollets*, mais non celui de la plupart des districts. (Voir Tome V, p. *460*.)

(2) Pièce manusc. (Arch. Nat., C 44, n° 398). — Cette délibération est mentionnée dans le procès-verbal de l'Assemblée nationale du 15 août. (Voir *Archives parlementaires*, t. XVIII, p. 82.)

(3) Voir ci-dessus, p. *721-722*.

(4) Pièce manusc. (Arch. Nat., C 44, n° 398). — Cette délibération est mentionnée

disant autorisés par plusieurs sections, ont présenté à l'Assemblée nationale une pétition pour obtenir la diminution des impôts indirects de la Ville de Paris ;

L'assemblée déclare qu'elle est fort éloignée d'avoir remis aucun vœu pour cette pétition ; qu'elle la désapprouve comme très dangereuse dans les circonstances actuelles, et qu'elle renouvelle à l'Assemblée nationale les assurances de sa soumission à tous ses décrets relatifs au paiement des impôts établis, de quelque nature qu'ils soient, jusqu'à ce qu'elle en ait autrement ordonné.

Signé : Lépidor (Mathieu), président.
Giraud, secrétaire.

La *section du Ponceau* (ancien *district de la Trinité*) formule durement sa décision (1) :

La discussion ayant été ouverte sur une motion faite par un honorable membre, relativement à ce qui s'était passé, le 10 du courant, à la séance du soir de l'Assemblée nationale, au sujet d'une députation faite par partie de MM. les prétendus Représentants de la Commune ;

Il a été arrêté, à l'unanimité, que la section, fidèle à son serment, bien loin de se refuser au paiement des impôts indirects dont l'Assemblée nationale a pensé que la perception était encore indispensable, déclare qu'elle emploiera tout ce qui sera en son pouvoir pour exécuter et faire exécuter les décrets de l'auguste Assemblée ; qu'elle désapprouve, désavoue et proteste contre toute pétition faite en son nom, qui n'aurait pas pour base le respect le plus inviolable pour les décrets de l'Assemblée nationale, et notamment contre celle faite le 10 de ce mois par quelques particuliers sans mission, qui ont eu la témérité de se présenter à l'Assemblée nationale pour faire une pétition dont M. Camus a bien voulu démontrer l'absurdité, en rendant hommage aux vrais sentiments des Parisiens, ce pourquoi la section le prie d'agréer ses plus sincères remerciements.

Signé : Levacher, président.
Romand, secrétaire.

La *section du Roi de Sicile* (formée de l'ancien *district du Petit Saint-Antoine*, plus une partie de celui des *Blancs Manteaux*) se rallie à l'opinion déjà exprimée par quelques sections (2) :

Sur la lecture faite de l'arrêté de la section des Tuileries, du 11 août présent mois, lequel invite les citoyens à demander à M. le Maire la convocation de la Commune de Paris dans les 48 sections, à l'effet de délibérer qu'il sera, au nom de la Commune de Paris, présenté à l'Assemblée nationale une adresse par laquelle la Commune de Paris exprimera sa soumission aux impôts que l'Assemblée nationale a cru nécessaire de continuer par provision et aux impôts que, dans sa sagesse, elle jugera à propos de décréter par la suite, et qu'à cet effet M. le Maire serait invité à convoquer les assemblées des 48 sections de la Commune lorsque 8 d'entre elles l'en auraient requis ;

L'assemblée générale de la section a arrêté, à l'unanimité, d'adhérer à l'arrêté

---

dans les procès-verbaux de l'Assemblée nationale, le 17 août, soir, et le 21 août, soir. (Voir *Archives parlementaires*, t. XVIII, p. 125 et 204.)

(1) Imp. 2 p. in-4° (Arch. Nat., AD xvi, n° 69). — Cette délibération est mentionnée dans le procès-verbal de l'Assemblée nationale du 21 août, soir. (Voir *Archives parlementaires*, t. XVIII, p. 203.)

(2) Pièce manusc. (Arch. Nat., C 44, n° 398, et Archives de la Seine, D 1023). — Cette délibération est mentionnée dans les procès-verbaux de l'Assemblée nationale, le 21 août, soir, et le 28 août, matin. (Voir *Archives parlementaires*, t. XVIII, p. 204 et 380.)

dont il s'agit, et qu'expédition de la présente délibération serait envoyée tant à M. le Maire qu'à la section des Tuileries, et remise à M. Gérard, son commissaire (1), à l'effet d'en faire part à l'Assemblée des députés et commissaires à l'Archevêché pour la vente des biens nationaux, lesquels seraient invités à en donner connaissance à leurs sections respectives.

Signé : Billaudel, président.
Pointard, Lemoine, secrétaires.

Quelques jours après, la même *section du Roi de Sicile* réitéra ses protestations de dévouement et de fidélité dans une *Adresse à l'Assemblée nationale* (2), que Bailly transmit au président, le 26 août.

La *section du Temple* (ancien *district des Pères de Nazareth*) paraît aussi adhérer au système de l'adresse collective de la Commune, dans l'arrêté suivant (3) :

M. le président ayant levé la séance convoquée pour les élections, 100 citoyens actifs au moins le requirent de convoquer et former à l'instant une assemblée extraordinaire pour délibérer sur l'arrêté apporté par la section des Tuileries.

La séance étant ouverte, on fit lecture dudit arrêté, et, après une légère discussion, l'Assemblée a arrêté qu'elle adhérait purement et simplement audit arrêté.

Signé : de Saint-Ville, secrétaire.

Enfin, c'est encore le 12 août que la *section de la Fontaine Montmorency* (ancien *district de Saint-Magloire*) délibéra sur l'affaire de la pétition du 10; mais le texte de son arrêté n'a pas été conservé (4).

Telles étaient donc les délibérations des sections que l'Assemblée des Représentants de la Commune connaissait ou pouvait connaître, lorsqu'elle pensa, le 14 août, qu'il y avait lieu pour elle de rédiger une Adresse explicative.

Quelques autres, du même genre, ne furent prises que les jours suivants : pour n'avoir pas besoin de revenir sur ce sujet, on les signalera ici.

La *section de la Bibliothèque* (ancien *district des Filles Saint-Thomas*), réunie le 14 août, au nombre de 248 citoyens présents (5), improuve et désavoue la pétition illégale des soi-disant Représentants de la Commune, et adhère dans tout son contenu à l'arrêté de la section des Tuileries (du 11 août), et autres rédigés dans le même esprit. En conséquence :

L'assemblée décide que sera la présente délibération portée à M. le Maire, qui

---

(1) Commissaire du *district du Petit Saint-Antoine* pour l'acquisition des biens ecclésiastiques. (Voir Tome IV, p. *581.*)
(2) Imp. 3 p. in-4° (Bib. Nat., Lb 40/2105).
(3) Pièce manusc. (Arch. Nat., C 44, n° 398).— Cette délibération est mentionnée dans le procès-verbal de l'Assemblée nationale, le 21 août, soir. (Voir *Archives parlementaires*, t. XVIII, p. 204.)
(4) Cette délibération est mentionnée, sans date, dans le procès-verbal de l'Assemblée nationale, le 13 août. (Voir *Archives parlementaires*, t. XVIII, p. 38.) La date du 12 août est fournie par la citation qui en est faite dans un arrêté de la *section de la Place Vendôme*, du 17 août. (Voir ci-dessous, p. 729.)
(5) Pièce manusc. (Arch. Nat., C 44, n° 398).— Cette délibération est mentionnée dans le procès-verbal de l'Assemblée nationale du 21 août, soir. (Voir *Archives parlementaires*, t. XVIII, p. 204.)

sera prié de convoquer les 48 sections de la Commune aussitôt que 8 d'entre elles l'en auront requis, et à cet effet ont été nommés trois commissaires.

Signé : DE MILLY, président.
DE KERALIO, commissaire.
JOIGNY, secrétaire.

Le même jour, la *section de la Halle au blé* (ancien *district de Saint-Honoré*) adoptait le vigoureux arrêté qui suit (1) :

L'assemblée prenant en considération la dénonciation faite dans l'assemblée du 11 de ce mois, par un de ses ci-devant mandataires pour la rédaction du plan de Municipalité (2) ;

Déclarant qu'elle a appris avec autant d'étonnement que d'indignation que quelques-uns des ci-devant mandataires s'étaient présentés, le 10 de ce mois, à l'Assemblée nationale, au nom de la Commune de Paris, pour lui tracer un tableau effrayant de la situation actuelle de cette ville, rendre odieux une partie des impôts et en demander l'abolition ; que tout se réunissait pour leur interdire une démarche aussi dangereuse par son objet que par les circonstances dans lesquelles elle a été faite ; qu'ils n'y ont été autorisés d'aucune manière ; qu'ils n'auraient jamais eu une pareille autorisation de citoyens qui se sont si généreusement sacrifiés pour le salut de leur patrie ; qu'ils ne pouvaient se permettre dans aucun temps une pareille démarche ; que, surtout, ils ne le devaient pas dans un temps où éclatent de toutes parts des scènes affligeantes qui sont les affreux effets d'une fermentation excitée par les partisans du despotisme ; que ce qui vient de se passer dans la ville de Lyon (3), où la demande de l'abolition des impôts a été le signal d'une insurrection et de l'incendie des barrières, aurait dû leur faire sentir le danger de la renouveler dans Paris ; que déclamer contre les impôts, c'est armer le peuple contre eux et l'encourager à briser les canaux destinés à faire parvenir dans le trésor public les moyens de maintenir la constitution ; que c'est ainsi qu'en le flattant, on l'égare ; que les flatteurs du peuple sont plus vils et plus dangereux que ceux des despotes ; qu'il n'y a pas de milieu, et qu'il faut ou que tous les Français paient leurs impôts, ou qu'ils reprennent leurs fers, parce que la cessation du paiement des contributions nécessaires pour l'entretien de la force publique amènerait infailliblement la destruction de cette force, qui est la sauvegarde de la liberté, et une anarchie universelle, au milieu de laquelle s'élèverait le despotisme triomphant et environné de toutes les fureurs de la vengeance ; qu'en exagérant la misère du peuple et en lui supposant un découragement qui n'existe pas, on relève les espérances des ennemis du bien public et on les enivre d'une joie propre à les engager à tout tenter, mais que les bons citoyens ne peuvent trop s'empresser de déjouer des manœuvres aussi criminelles ;

En conséquence, l'assemblée désavoue solennellement la pétition faite à l'Assemblée nationale, le 10 de ce mois, au nom de la Commune de Paris, par des particuliers sans pouvoirs, et, sans dissimuler que les citoyens ont fait de grandes pertes, déclare que leur courage les surpasse et qu'ils en font avec plaisir le sacrifice sur l'autel de la liberté.

La section invite l'universalité des autres sections à faire le même désaveu.

Signé : BLIGNY, secrétaire-greffier.

---

(1) Pièce manusc. (Arch. Nat., C 44, n° 398).—Cette délibération est mentionnée dans le procès-verbal de l'Assemblée nationale, le 21 août, soir. (Voir *Archives parlementaires*, t. XVIII, p. 204.)

(2) Ce sont les Représentants de la Commune qui sont ainsi qualifiés.

(3) Allusion aux troubles de Lyon, en juillet 1790. (Voir ci-dessus, p. 713-714.)

Voici maintenant l'arrêté de la *section de l'Arsenal* (ancien *district de Saint-Louis de la Culture*), du 16 août (1) :

L'assemblée générale n'a pu voir qu'avec un sensible déplaisir une très petite portion de citoyens, se disant Représentants provisoires de la Commune, interrompre sans mission les travaux bien précieux de l'Assemblée nationale, pour lui demander la diminution des impôts indirects dans cette capitale; et elle a pensé qu'il était de son devoir de désavouer cette démarche plus qu'inconséquente.

C'est pourquoi elle a déclaré à l'unanimité qu'elle improuvait formellement la conduite desdits Représentants provisoires et réitérait son respect et sa soumission entière pour tous les décrets rendus par cet auguste aréopage, sanctionnés par le roi.

L'assemblée prie M. le Maire de présenter l'expression de ses sentiments aux très dignes représentants de la nation; et, pour témoigner sa satisfaction à M. Camus, elle a arrêté qu'une copie de la présente délibération lui serait adressée, en même temps qu'une expédition serait présentée à M. le Maire par son président.

Signé : Franchet, président.
Virvaux, secrétaire.

S'inspirant de la formule de la section du Ponceau, la *section des Champs-Élysées* (ancien *district des Capucins Saint-Honoré*) prend l'arrêté suivant (2) :

Sur la pétition présentée le 10 courant par les mandataires provisoires se disant Représentants de la Commune;

Il a été arrêté à l'unanimité que l'assemblée désapprouve, désavoue et proteste contre toute pétition qui n'aurait pas pour base le respect le plus inviolable pour les décrets de l'Assemblée nationale, et notamment contre celle faite le 10 de ce mois par les mandataires provisoires, dont l'assemblée a déjà déclaré ne point reconnaître les pouvoirs (3), et à qui elle n'a donné d'autre mission que celle qu'ils ont remplie en présentant un plan pour la Municipalité de Paris qui n'a point été adopté.

Arrêté aussi que copie de la présente délibération sera envoyée à M. le Maire et à M. Camus.

Signé : Lamaignère, secrétaire.

Pour la *section de la place Vendôme* (ancien *district des Jacobins Saint-Honoré*), c'est le comité de la section qui statue en ces termes, le 17 août (4) :

Lecture faite par le président d'un arrêté de l'assemblée générale de la section du Ponceau, du 12 de ce mois (5), le comité s'est fait représenter l'arrêté de la

---

(1) Pièce manusc. (Arch. Nat., C 128, n° 435). — Cette délibération n'est pas mentionnée dans les procès-verbaux de l'Assemblée nationale.

(2) Pièce manusc. (Arch. Nat., C 44, n° 398). — Cette délibération est mentionnée dans le procès-verbal de l'Assemblée nationale, le 21 août, soir. (Voir *Archives parlementaires*, t. XVIII, p. 204.)

(3) Arrêté du *district des Capucins Saint-Honoré*, du 20 mai. (Voir Tome V, p. 463.)

(4) Pièce manusc. (Arch. Nat., C 44, n° 398). — Cette délibération est mentionnée dans le procès-verbal de l'Assemblée nationale, le 28 août, matin. (Voir *Archives parlementaires*, t. XVIII, p. 380.)

(5) Voir ci-dessus, p. 725.

[14 Août 1790] DE LA COMMUNE DE PARIS 729

section des Tuileries, du 11 de ce mois (1), celui de la section de la Fontaine Montmorency, du 12 (2), l'adresse de la section du Roi de Sicile à l'Assemblée nationale (3) et l'arrêté du Conseil de Ville du même jour, 12 de ce mois (4), ces actes portant tous également désaveu de la pétition faite à l'Assemblée nationale le 10 de ce mois.

Le comité a pensé qu'il pouvait, au nom de tous les citoyens de la section, exprimer l'improbation formelle qu'elle donne à la pétition faite à l'Assemblée nationale par des particuliers sans mission de la Commune.

En conséquence, le comité a unanimement adhéré à l'arrêté du Conseil de Ville du 12 de ce mois, aux arrêtés de la section des Tuileries, de la Fontaine Montmorency et du Ponceau, ainsi qu'à l'adresse de la section du Roi de Sicile, et à tous autres qui tendent à l'improbation de ladite pétition du 10 de ce mois, sur la diminution des impôts indirects.

Signé : GARNIER, secrétaire.

Le dernier document daté est une décision du comité de l'ancien *district de Saint-Marcel* (formant partie de la *section des Gobelins*), du 19 août, engageant l'Assemblée des Représentants à retirer sa pétition du 10 : le procès-verbal de l'Assemblée en fera mention plus loin (5).

On connaît, en outre, deux délibérations non datées, qu'il convient de joindre aux précédentes (6).

La *section de l'Ile* (partie de l'ancien *district de Saint-Louis en l'Ile*) s'était prononcée en ces termes (7) :

La section, délibérant sur l'adresse présentée à l'Assemblée nationale par quelques-uns des Représentants provisoires de la Commune, a considéré cette pétition comme aussi dangereuse dans ses conséquences qu'elle est irrégulière dans son principe.

En conséquence, en adhérant unanimement à l'improbation donnée à cette démarche inconsidérée par plusieurs sections de la capitale, la section déclare s'en rapporter aux vues bienfaisantes de MM. les représentants de la nation, qui pèseront dans leur sagesse les besoins de la capitale et ses véritables intérêts.

Signé : DUTRAMBLAY, aîné, président.
PAREY, vice-président.
PAILLETTE, secrétaire.

(1) Voir ci-dessus, p. *721-722*, et les adhésions signalées p. *724, 725-726* et *726*.
(2) Voir ci-dessus, p. *726*, note 4.
(3) Voir ci-dessus, p. *726*.
(4) Voir ci-dessus, p. 698-699.
(5) Séance du 20 août. (Voir ci-dessous.)
(6) M. TUETEY signale encore, dans son *Répertoire général* (t. II, n° 336), une délibération de la *section de Henri IV*. Mais on l'a vainement cherchée dans les deux dossiers indiqués et aux Archives de la Seine : il a été impossible de la retrouver. Elle n'est pas mentionnée non plus dans les procès-verbaux de l'Assemblée nationale. Il est possible que la mention du *Répertoire général* soit le résultat d'une erreur.
(7) Imp. 2 p. in-8° (Arch. Nat., C 44, n° 398), document qui n'est catalogué ni par M. TUETEY, parce qu'il est imprimé, ni par M. TOURNEUX, parce qu'il se trouve dans un dossier des Archives. — Cette délibération est mentionnée dans le procès-verbal de l'Assemblée nationale, le 21 août, soir. (Voir *Archives parlementaires*, t. XVIII, p. 204.)

La délibération de la *section de la Rue Poissonnière* (ancien *district de Saint-Lazare*) est ainsi conçue (1) :

La section, légalement convoquée, justement indignée de la témérité avec laquelle les soi-disant Représentants provisoires de la Commune ont osé demander à l'Assemblée nationale la diminution de quelques impôts indirects, comme droits d'entrée et autres, et se rendre ainsi les interprètes d'un vœu que la Commune n'a jamais formé; considérant qu'il est de son devoir de désavouer une pétition qui ne peut avoir été suggérée que par des malintentionnés; a condamné unanimement la démarche des Représentants provisoires de la Commune.

Pleine de confiance en la justice et la sagesse des représentants de la nation, elle a arrêté qu'elle abandonnerait à M. le Maire le soin d'exprimer ses sentiments à l'auguste Assemblée, et qu'une députation serait nommée pour aller faire des remerciements à M. Camus de l'empressement énergique avec lequel il avait si bien rempli ses intentions.

Signé : de Vaudichon, président.
Abbé Jumel, secrétaire.

Au total, vingt sections au moins, sur quarante-huit, désavouèrent hautement l'initiative qu'avait cru devoir prendre l'Assemblée des Représentants de la Commune, peut-être dans le but de restaurer *in extremis* sa popularité compromise (2). Et cette manifestation dut lui être d'autant plus sensible que, parmi ces vingt sections, plusieurs étaient d'anciens districts qui, jusque-là, ne lui avaient point retiré leur confiance : au moment de la démission collective offerte par l'Assemblée, en mai 1790, les districts de *Saint-Nicolas des Champs* ou du *Sépulcre*, des *Feuillants*, de *Saint-Magloire*, de la *Trinité*, du *Petit Saint-Antoine*, de *Saint-Louis de la Culture*, de *Saint-Marcel*, avaient paru plutôt favorables à la continuation des fonctions de leurs mandataires à l'Hôtel-de-Ville (3); et voici que maintenant les huit sections correspondantes des *Lombards*, des *Tuileries*, de la *Fontaine Montmorency*, du *Ponceau*, du *Roi de Sicile*, de l'*Arsenal*, des *Gobelins* et de l'*Ile* les traitaient, comme les autres, de prétendus Représentants, de soi-disant Représentants, de particuliers sans mission, etc... Le discrédit de l'Assemblée provisoire était si complet qu'elle ne trouva même pas de défenseurs : elle invoqua, en effet, quelques jours plus tard, l'approbation que cinq sections (qu'elle se garde de nommer) auraient donnée à l'objet de sa pétition (4); mais, au moment où les désaveux pleuvaient sur elle de toutes parts, où on lui reprochait d'avoir commis une usurpation, de s'être présentée au nom de la Commune sans y être autorisée, et d'avoir cherché à flatter imprudemment le désir légitime de la population de voir diminuer ses charges,

---

(1) Pièce manusc. (Arch. Nat., C 44, n° 398). Cette copie manuscrite porte, après les mots : *Certifié conforme*, la date du 19 août 1790. Mais, comme la délibération dont il s'agit est mentionnée dans le procès-verbal de l'Assemblée nationale dès le 17 août, matin (Voir *Archives parlementaires*, t. XVIII, p. 115), il est certain que cette date est celle de la copie délivrée, et non celle de la délibération elle-même.

(2) On peut remarquer que l'*Adresse* avait été votée le 7 août et présentée le 10, alors que les sections étaient convoquées pour le 11, en vue de l'élection des membres du Conseil général de la Commune.

(3) Voir Tome V, p. *635*.

(4) Adresse du 19 août. (Voir ci-dessous, p. 751.)

aucune section n'éleva la voix pour elle, pas même celles de *Sainte-Geneviève* et du *Jardin des Plantes*, entre lesquelles se partageait l'ancien *district de Saint-Étienne du Mont* dont elle n'avait fait que suivre l'impulsion ; aucune n'osa dire aux Représentants provisoires : « Vous avez bien agi. »

Aussi Bailly triomphait-il de la déconvenue de ses adversaires, de ceux qui l'avaient si sottement mis en cause dans l'affaire du cautionnement (1). Réélu Maire à titre définitif, sans concurrent, il se donnait le plaisir de transmettre lui-même à l'Assemblée nationale, au fur à mesure qu'il les recevait, les arrêtés du Conseil de Ville et des sections hostiles à l'Assemblée des Représentants ; à quatre reprises différentes, on voit l'élu des sections de Paris signaler ainsi à l'attention de l'Assemblée nationale les démentis infligés par les sections aux élus des anciens districts (2).

Bien que les journaux ne rapportent, à la suite de la démarche de l'Assemblée des Représentants de la Commune contre les droits d'octroi, aucun acte de violence qui rappelle, même de loin, les incidents de Lyon, le *Tribunal municipal de police*, partageant peut-être à cet égard les craintes manifestées par Bailly, dès le 11 août (3), crut devoir prendre certaines précautions contre les troubles qui auraient pu se produire : il rendit donc, vers la fin d'août, sur le réquisitoire de Mitouflet de Beauvois, procureur-syndic adjoint de la Commune, une ordonnance contre la fraude, les attroupements et les désordres populaires, à l'occasion des droits d'entrée, dont le *Moniteur* (n° du 30 août) publie le dispositif ainsi conçu :

Le Tribunal, faisant droit sur les conclusions du procureur-syndic adjoint de la Commune, fait défenses à toutes personnes de former des attroupements, et notamment de s'opposer par des violences, menaces ou autres voies de fait, à la perception des droits d'entrée ; ordonne que ceux qui seront arrêtés dans lesdits attroupements et ceux qui auraient la témérité de les provoquer par des propos séditieux seront livrés à la justice ordinaire, pour leur procès leur être fait et parfait suivant la rigueur des ordonnances, comme perturbateurs du repos public.

Mais il n'apparaît pas que le Tribunal ait eu à appliquer ces dispositions menaçantes : mis en garde contre les provocations des fauteurs de troubles par les sages avertissements émanés des sections délibérantes (4), le peuple de Paris évita toute démonstration tapageuse, et attendit patiemment que l'Assemblée nationale prononçât d'elle-même la suppression absolue des droits d'entrée et d'octroi, en février 1791.

(1) Voir Tome V, p. *444-447* et *460-498*.
(2) Séances des 13 août, 17 août, matin, 21 août, soir ; et 28 août, matin. (Voir *Archives parlementaires*, t. XVIII, p. 38, 115, 204 et 380.)
(3) Voir ci-dessus, p. *715*, note 1.
(4) Notamment dans les délibérations de la *section du Luxembourg*, de la *section de Bondy* et de la *section de la Halle au blé*. (Voir ci-dessus, p. 721, 724 et 727.)

Du Lundi 16 Août 1790

~~~ M. Michel, l'un des anciens présidents de l'Assemblée, a ouvert la séance, en l'absence de M. l'abbé Fauchet, président actuel (1).

~~~ Deux mémoires ont été présentés à l'Assemblée :

L'un par le sieur de Ceyras, qui demande qu'elle l'autorise à faire saisir, jusqu'au paiement de sa créance, les appointements du sieur Mayer, lieutenant d'une compagnie de chasseurs (2);

L'autre par le sieur Delaunay, sur les dangers de l'agiotage et la nécessité d'avoir des assignats de 25 livres (3).

Ces deux mémoires ont été renvoyés au Comité des rapports (4).

~~~ Un des commissaires chargés du travail ordonné dans la séance du samedi précédent, pour être adressé à l'Assemblée nationale, relativement à l'adresse qui lui avait été présentée mardi 10 du présent mois (5), a demandé la parole. Il a proposé à l'Assemblée d'entendre le rapport, par elle ordonné depuis plusieurs mois, d'un mémoire présenté par le sieur Torrent, que les circonstances avaient fait différer jusqu'à ce jour (6) : il observait que le mémoire du sieur Torrent et le rapport des commissaires contenaient des faits et des réflexions relatifs à l'objet de l'adresse présentée le 10, et au travail dont la lecture était à l'ordre du jour.

L'Assemblée a ordonné la lecture du rapport.

Le sieur Torrent, dans son mémoire, annonçait des faits de fraude et de malversation dans la perception des droits et dans le compte

---

(1) Fauchet avait été réélu le 14 août : il ne vint occuper le fauteuil que le 17. (Voir ci-dessus, p. 708-709, et ci-dessous, p. 741.)
(2) Mémoire déjà présenté le 9 août. (Voir ci-dessus, p. 684.)
(3) Mémoire présenté de nouveau le 24 août. (Voir ci-dessous.)
(4) Rapports, le 6 septembre. (Voir ci-dessous.)
(5) Commissaires nommés le 14 août. (Voir ci-dessus, p. 707-708.)
(6) Mémoire présenté le 3 mars ; les commissaires nommés le même jour avaient commencé leur rapport le 16 avril. (Voir Tome IV, p. 271-272 et 282; et Tome V, p. 27.)

qui en était rendu à la Municipalité pour la portion qui lui en appartenait; il proposait un nouveau régime de perception et en présentait les détails; il proposait une augmentation dans le corps des chasseurs, le reculement des barrières, l'isolement des murs de clôture de la ville de Paris. Dans le rapport, les commissaires ont combattu les allégations de fraude et de malversation contenues au mémoire; ils ont discuté les projets présentés par le sieur Torrent; ils se sont ensuite livrés à quelques réflexions sur les droits perçus aux barrières, sur les avantages certains et importants qu'on pourrait attendre d'une réduction (1) de ces droits, et ils ont proposé à l'Assemblée : 1° de déclarer que les faits de fraude et de malversation allégués étaient destitués de fondement; 2° de déclarer qu'il n'y avait lieu à délibérer sur les projets du sieur Torrent sur le régime de perception des droits, ni sur l'augmentation des chasseurs; 3° de renvoyer à la Municipalité définitive les questions relatives au reculement des barrières et à l'isolement des murs; 4° d'inviter les citoyens qui la composeront de prendre en grande considération les moyens et la possibilité d'obtenir une diminution des droits qui se perçoivent aux entrées de la capitale.

Plusieurs membres de l'Assemblée ont demandé l'ajournement et le renvoi à la Municipalité définitive.

Un autre membre a demandé qu'en divisant l'arrêté proposé par les commissaires, on en renvoyât la première partie à la Municipalité prochaine; et, sur la seconde partie, il a proposé la question préalable.

L'ajournement sur le tout a été réclamé.

Les avis se sont partagés entre l'ajournement pur et simple ou indéfini, et l'ajournement à jour fixe, au jeudi suivant (2).

On a demandé la division de la question en ces termes : ajournera-t-on indéfiniment? ou ajournera-t-on à jour fixe, à jeudi?

La question ainsi divisée, M. le président l'a mise aux voix.

Et l'Assemblée a arrêté d'abord l'ajournement.

Consultée une seconde fois;

Elle a arrêté l'ajournement indéfini.

Un des commissaires rapporteur a proposé quelques réflexions nouvelles.

On a réclamé l'ordre du jour.

Et l'Assemblée a arrêté de passer à l'ordre du jour.

(1) Le texte original porte : *d'une rédaction de ces droits.*
(2) Jeudi 19 août.

~~~ C'était la lecture du travail des commissaires nommés, dans la séance de samedi, pour rédiger un projet d'adresse ou de lettre à l'Assemblée nationale, relativement à l'*Adresse* ou pétition qui lui avait été présentée le mardi 10 août (1).

Plusieurs membres ont demandé une nouvelle lecture de cette adresse : ils ont observé qu'un grand nombre de membres n'en avaient pas connaissance, et que, s'il n'en était pas fait lecture, ils seraient dans l'impuissance d'opiner sur le nouveau travail qui y était relatif et qui était l'objet de la délibération (2).

Cette demande ;

Après avoir été combattue ;

A été mise aux voix.

Il a été arrêté que l'*Adresse*, présentée le mardi 10 août à l'Assemblée nationale, serait lue (3).

Cette lecture faite ;

Un des membres a demandé qu'on passât immédiatement à la lecture du travail de MM. les commissaires.

Un d'eux a lu ce travail qui était en forme d'adresse.

Une discussion très étendue s'est ouverte. Un très grand nombre de membres ont obtenu la parole.

On a examiné quelle marche devait tenir l'Assemblée ; ce que lui prescrivaient les grands intérêts qui lui ont été confiés et les devoirs qu'imposaient à ses membres leurs qualités et fonctions ; enfin, dans quelle forme on solliciterait la justice de l'Assemblée nationale sur l'adresse présentée.

Dans cette affaire délicate et importante, les membres de l'Assemblée, affectés tous des mêmes sentiments, furent très divisés dans leurs opinions.

Les uns, s'abandonnant à l'impulsion de leur zèle et aux mouvements d'une louable et juste sensibilité, n'étaient frappés que de la nécessité de faire cesser une erreur qui pouvait nuire aux intérêts de la capitale, une erreur injurieuse pour l'Assemblée, de faire cesser aussi toutes les calomnies et toutes les démarches inconsidérées et injustes dont elle était la cause ou le prétexte.

Aux yeux des autres, tout acte public et éclatant était entouré de grands inconvénients ; dans leur opinion, l'intérêt le plus pressant

---

(1) Commissaires désignés le 14 août. (Voir ci-dessus, p. 707-708.)
(2) Si les membres de l'Assemblée eux-mêmes ne connaissaient pas le texte de leur adresse, comment le public l'aurait-il connu? (Voir ci-dessus, p. *719*.)
(3) Le texte en est inséré dans le procès-verbal du 7 août. (Voir ci-dessus, p. 670-674.)

de la capitale demandait qu'on se bornât à des actes qui n'attirassent pas l'attention du public; et, quant aux intérêts de l'Assemblée, ils réclamaient la résolution, dès longtemps prise dans son sein et toujours fidèlement suivie, de faire tous les sacrifices personnels que demanderait le bien public. Pleins de confiance dans la pureté des intentions de l'Assemblée et la sagesse de sa conduite, ils se résignaient à attendre du temps et de la vérité la justice, lente peut-être, mais certaine, qu'ils amènent infailliblement.

Des différents avis qui furent ouverts, les uns tendaient à ce qu'il fût présenté une *Adresse*, et que le projet d'adresse qui avait été lu à l'Assemblée fût seulement revu et modifié de nouveau. Plusieurs membres indiquaient les changements qu'ils regardaient comme les plus importants.

D'autres avis s'opposaient à la forme d'une adresse, et voulaient qu'on se bornât:

Les uns, à un arrêté et à une lettre au président de l'Assemblée nationale;

Les autres, à remettre seulement la première adresse ou un mémoire à ses Comités des finances et des impositions.

Quelques membres demandaient qu'il fût sursis à toute délibération, jusqu'à ce qu'on se fût assuré du nombre des districts qui avaient adhéré à la pétition de celui de Saint-Étienne du Mont (1).

Quelques-uns même voulaient qu'ils fussent consultés sur toutes démarches ultérieures (2).

Quant à l'impression des différentes pièces, les opinions étaient également partagées.

Les uns la demandaient, et sans délai.

D'autres, sans la rejeter, proposaient de la retarder.

La discussion ayant été très prolongée;

Il a été demandé qu'elle fût terminée.

L'Assemblée a été consultée.

Et il a été arrêté que la discussion était fermée.

Les avis les plus appuyés et réclamés par le plus grand nombre ont été remis sous les yeux de l'Assemblée.

Et, consultée sur celui auquel serait accordée la priorité;

L'avis suivant l'a obtenue:

---

(1) L'adresse du 19 août signale l'adhésion de cinq districts non dénommés. (Voir ci-dessous, p. 751.)

(2) Il eût mieux valu consulter les districts avant la première adresse, celle qui donnait lieu à tant de contestations.

Nommer de nouveaux commissaires, qui se joindront aux premiers, pour revoir le projet d'adresse par eux présenté à l'Assemblée ;

Charger M. le président d'adresser à M. le président de l'Assemblée nationale : 1° la pétition du district de Saint-Étienne du Mont, qui a provoqué l'adresse présentée le 9 août (1); 2° cette adresse; 3° la nouvelle adresse qui sera adoptée par l'Assemblée ;

Lui demander que cette nouvelle adresse soit lue à l'Assemblée nationale, et le renvoi de ces trois pièces au Comité des impositions ;

Les faire imprimer, et en envoyer un exemplaire à chacun des membres de l'Assemblée nationale et plusieurs à chaque section.

La division de ces questions a été demandée et ordonnée.

Il s'est élevé des difficultés sur l'ordre dans lequel elles seraient mises à l'opinion.

Et il a été arrêté, quant aux premières, que l'ordre, dans lequel elles viennent d'être présentées, serait suivi.

Au moment où la première de ces questions a été mise aux voix;

Un des membres a demandé à parler sur la position de cette question : il a observé que les termes dans lesquels elle était conçue supposaient que l'Assemblée avait adopté la forme d'une adresse, et que cependant l'Assemblée, dans la séance du samedi, avait remis à décider la forme qu'elle adopterait, celle d'une adresse, ou d'une lettre, ou d'un arrêté.

Cette observation a été combattue et soutenue.

On a demandé la lecture du procès-verbal.

Elle a été faite, et elle a constaté que l'Assemblée avait laissé dans l'indécision si elle adopterait la forme d'une adresse ou celle d'une lettre (2).

On a demandé qu'il fût présenté une adresse.

Cette demande mise aux voix ;

Une première épreuve a paru douteuse.

Il en a été fait une seconde.

La majorité des opinions était en faveur de la demande qu'il fût présenté une adresse, et il a été arrêté qu'il serait présenté une adresse.

~~~ M. le président a prévenu l'Assemblée qu'il était neuf heures.

Elle a arrêté de prolonger la séance.

---

(1) C'est le 10 août que l'adresse avait été présentée. (Voir ci-dessus, p. 705.)
(2) L'alternative est répétée deux fois dans l'arrêté du 14 août. (Voir ci-dessus, p. 707 et 708.)

— M. le président a mis aux voix toutes les questions ci-dessus rapportées.

Et il a été arrêté :

Qu'il serait nommé de nouveaux commissaires, lesquels se réuniraient aux premiers, pour revoir le projet d'adresse par eux présenté et y faire les changements indiqués par les réflexions des différents membres de l'Assemblée;

Que ces commissaires seraient au nombre de quatre;

Que la pétition du district de Saint-Étienne du Mont et l'adresse présentée le 10 août à l'Assemblée nationale seraient imprimées (1).

Ensuite, il a été demandé qu'il fût arrêté en même temps que la deuxième adresse, que les commissaires étaient chargés de revoir et de présenter à l'Assemblée, serait imprimée, quand elle aurait été approuvée et adoptée par l'Assemblée (2).

Quelques membres ayant parlé sur cette motion;

Les uns, pour demander qu'elle fût ajournée;

Les autres, pour l'appuyer;

Elle a été mise aux voix;

Et adoptée.

L'Assemblée a arrêté ensuite :

Que son président adresserait à M. le président de l'Assemblée nationale la pétition du district de Saint-Étienne du Mont, l'adresse présentée le 10 août à l'Assemblée nationale, et la nouvelle adresse, en le priant de faire donner lecture de cette dernière adresse à l'Assemblée nationale, et de renvoyer le tout au Comité des impositions;

Qu'il serait envoyé à chacun des membres de l'Assemblée nationale un exemplaire des pièces dont l'impression a été ci-devant arrêtée, et plusieurs à chaque section de la capitale.

L'Assemblée a nommé pour commissaires, en conséquence et pour l'exécution de son arrêté, MM. Michel, Tannevos, Tréviliers, Faureau (3).

— Un des membres de l'Assemblée a présenté une motion, dont le but est de réunir tous les ans, le 4 février, les citoyens qui ont formé, jusqu'à ce jour, l'Assemblée des Représentants de la Commune, pour célébrer, par des actes de religion et de bienfaisance, ce

---

(1) Ceci avait déjà été décidé le 14 août. (Voir ci-dessus, p. 707.)

(2) Séances des 17, 18 et 19 août. (Voir ci-dessous, p. 741, 743-744 et 745-753.)

(3) On connaît ainsi les noms des quatre commissaires adjoints, mais les noms des huit commissaires nommés le 14 août ne figurent dans aucun procès-verbal. (Voir ci-dessus, p. 708, note 1.)

Tome VI.

jour à jamais mémorable dans les fastes de l'empire français, à jamais glorieux pour le monarque, objet de son amour, le jour unique peut-être dans l'histoire des rois (1). Il a proposé l'arrêté suivant, qui a été adopté :

« L'Assemblée a arrêté que, tous les ans, à compter du 4 février prochain, les Représentants provisoires de la Commune de Paris se réuniraient à la salle de l'Archevêché, pour se rendre, sans appareil, dans la première église de cette capitale, à l'effet d'offrir de solennelles actions de grâce à l'Éternel, verser quelques aumônes dans le sein des pauvres, et célébrer le bonheur que nous donnera la constitution.

« Elle a arrêté que les citoyens honorés jusqu'à ce jour du titre de Représentants de la Commune, qui ne sont pas membres de l'Assemblée, seront invités à cette réunion. »

L'Assemblée a adopté cette demande.

Il a été en outre arrêté que la motion serait imprimée (2).

Sur l'observation d'un membre de l'Assemblée ;

Appuyée par un très grand nombre ;

Il a été arrêté que cette impression se ferait aux frais des membres de l'Assemblée (3).

La séance a été levée à onze heures, et continuée à demain, mardi 17.

Signé : Vincendon et Michel, *présidents.*

Secrétaires : Demars, Bonneville, Letellier, Balin, Desprez.

---

(1) Anniversaire de l'adhésion donnée par le roi, le 4 février 1790, aux décrets constitutionnels. (Voir Tome III, p. 692-694.)

(2) Cet imprimé est inconnu, aussi bien que le nom de l'auteur de la motion.

(3) L'arrêté du 16 août marque l'origine de la *Société fraternelle des anciens Représentants de la Commune de Paris,* que nous aurons occasion de retrouver plus tard.

Du Mardi 17 Août 1790 [1]

A l'ouverture de la séance, M. l'abbé Bertolio, l'un des commissaires nommés pour l'examen du mémoire présenté par M. Collenot d'Angremont (2), a rendu compte du travail auquel ses collègues et lui se sont livrés sur cet objet. Après avoir exposé et mis dans tout leur jour les services importants de ce citoyen, aussi zélé que désintéressé, il a proposé l'arrêté suivant :

« L'Assemblée, après avoir entendu le compte rendu par ses commissaires sur le mémoire expositif de M. Collenot d'Angremont, chef du bureau militaire établi à l'Hôtel-de-Ville, et la lecture des certificats de tous les membres de l'État-major général, ainsi que des capitaines de toutes les compagnies du centre de la Garde nationale parisienne, du Département de l'administration des domaines et du Comité militaire;

« Considérant que, depuis le 14 juillet 1789, M. d'Angremont n'a cessé, comme chef du bureau militaire, de donner des preuves d'un patriotisme aussi actif qu'éclairé ; que c'est à ses soins vigilants qu'on doit le rétablissement d'une partie de l'ordre public, par le renvoi, à leurs corps respectifs ou dans le lieu de leur naissance, des soldats qui avaient abandonné leurs drapeaux pour se rendre à Paris, postérieurement à la lettre écrite par le roi à M. La Fayette, le 1ᵉʳ septembre 1789 (3);

« Que c'est également à ses soins et à ses lumières qu'on doit l'ordre et la police qui ont empêché différents déserteurs de se reproduire dans les compagnies du centre, dont ils avaient été expulsés ;

« Considérant que les services de M. d'Angremont, purement

---

(1) L'édition originale porte, par erreur, la date du *17 août 1789*.
(2) Mémoire présenté et commissaires nommés le 5 août. (Voir ci-dessus, p. 661.)
(3) La lettre du 1ᵉʳ septembre n'est pas connue : on a cité déjà, sur les soldats émigrants, une lettre du roi du 21 juillet, et une lettre du ministre de la guerre, du 13 novembre. (Voir Tome I, p. *223-224*, et Tome II, p. *566*.)

gratuits, ont encore le mérite particulier d'avoir économisé des sommes considérables, tant sur les habits qu'il délivre aux soldats congédiés que sur la paye qu'on leur accorde pour leur route jusqu'au lieu de leur destination;

« Que, jusqu'à présent, le patriotisme modeste de M. d'Angremont a été satisfait, en rendant des services auxquels il n'a donné aucun éclat;

« A arrêté qu'elle s'empresse de rendre à M. d'Angremont le tribut de reconnaissance dû à tous les bons citoyens qui, comme lui, ont consacré leur zèle, leurs lumières et leur temps à la chose publique; l'invite à continuer, jusqu'à l'organisation de la Municipalité, ses travaux et ses services au bureau militaire dont il est le chef, et le recommande, de la manière la plus expresse, au Corps municipal définitif, pour la place de commissaire avec rang de capitaine, à la suite de l'État-major général, créée par le règlement du 9 janvier de la présente année, pour la police militaire des recrues et des soldats en semestre à Paris (1), place à laquelle il n'a pas encore été nommé (2), et dont il fait les fonctions;

« Arrête, en outre, qu'extrait en forme du présent sera remis à M. d'Angremont, pour lui servir auprès de qui il appartiendra. »

Cet arrêté a été adopté à l'unanimité (3).

---- Il a été fait lecture d'une lettre écrite au nom du directoire du département de Seine-et-Oise, relativement au canal du sieur Brulé (4), sur le projet duquel ce directoire attend, pour prendre un parti, qu'il ait consulté les districts des lieux par lesquels il doit passer.

Après avoir entendu les observations de quelques honorables membres;

---

(1) *Règlement de police militaire,* adopté provisoirement le 9 janvier et définitivement le 29 janvier. (Voir Tome III, p. 389-390, 629-630, *634-635* et 717, *Addition* à la p. 390.)

(2) Des deux places créées par le *Règlement de police militaire,* celle de commissaire ayant rang de capitaine, à la suite de l'état-major, et celle de lieutenant, la seconde seule avait été attribuée par arrêté du *Bureau de Ville,* du 11 février. (Voir Tome IV, p. 67.)

(3) Ce beau certificat n'empêcha pas COLLENOT D'ANGREMONT (que le *Moniteur* appelle dans la circonstance CONNOT D'ANGLEMONT) d'être condamné à mort par le tribunal criminel institué le 17 août 1792 pour juger les crimes et délits relatifs à la journée du 10 août. L'ancien chef du bureau militaire de l'Hôtel-de-Ville, convaincu d'embauchage pour le compte du roi, fut l'objet de la première condamnation prononcée par ce tribunal, le 20 août 1792.

(4) Canal de la Marne à l'Oise et de Paris à Dieppe, étudié par BRULLÉE. (Voir ci-dessus, p. *64-78.*)

L'Assemblée a arrêté que cette lettre serait renvoyée au Département des travaux publics.

~~~ Elle a pris le même parti sur la demande du sieur Renaud, citoyen de la section de l'Hôtel-de-Ville, tendante à obtenir une place de chef dans les ateliers de charité (1).

Cette demande, qui est appuyée d'un certificat très avantageux au sieur Renaud de la part de M. le président et de MM. les vice-présidents et commissaires de la section, a été renvoyée au même Département.

~~~ Passant ensuite à la partie principale de l'ordre du jour, l'Assemblée a entendu, conformément à l'arrêté du 16, la lecture du projet d'adresse (2).

Comme l'objet de cette adresse est de la plus haute importance, il a donné lieu à une longue discussion, pour laquelle la séance a été prolongée au-delà de neuf heures.

Le plus grand nombre des honorables membres qui ont pris la parole, en adoptant le fond du travail dont les bases avaient été prises la veille, s'est accordé à demander une nouvelle rédaction, pour adoucir quelques expressions et faire même quelques retranchements.

En conséquence, il a été arrêté que les commissaires déjà nommés modifieraient l'adresse, d'après les différentes réflexions des divers membres, en la bornant à développer la pureté des motifs de l'Assemblée en présentant sa première adresse, et de manière à détruire les inculpations qu'on s'est permises contre elle (3).

~~~ La séance a été levée, et remise à demain mercredi, cinq heures du soir.

Signé : Fauchet, *président.*

Secrétaires : Demars, Bonneville, Letellier, Ballin, Desprez.

---

(1) Sans renseignements.
(2) Projet longuement discuté à la séance du 16 août. (Voir ci-dessus, p. 734-737.)
(3) Une nouvelle rédaction fut présentée le lendemain, 18 août. (Voir ci-dessous, p. 743-744.)

Du Mercredi 18 Août 1790

~~~ A l'ouverture de la séance, un de MM. les secrétaires a fait la lecture du procès-verbal du 17 de ce mois.

D'après les observations de plusieurs membres;

Il a été arrêté qu'il serait fait une nouvelle rédaction, et que les détails beaucoup trop étendus des discussions qui avaient occupé la séance seraient resserrés (1).

~~~ Les commissaires, chargés de l'examen du compte présenté à l'Assemblée par le lieutenant de maire au Département des impositions (2), ont rendu compte de leur travail : ils ont assuré qu'il eût été difficile, dans le désordre de l'anarchie, d'employer des moyens plus sages et mieux combinés pour la perception des impositions, et que ce Département justifiait pleinement la confiance que l'Assemblée s'était toujours empressée d'accorder tant aux membres qui le composent qu'à son chef en particulier; ils ont ajouté que, pour remplir les intentions de l'Assemblée, ils avaient cru devoir porter leur attention sur les vues générales présentées par ce Département, notamment sur une répartition plus exacte de l'imposition connue sous le nom de logement des gens de guerre, et sur la revendication à faire du capital du rachat des boues et lanternes, effectué en 1741, 1747 et 1781, ou d'une remise sur les impositions qui puisse compenser cette dépense absolument communale et municipale (3).

Les commissaires, en terminant leur rapport, ont proposé l'arrêté ci-après;

Qui a été unanimement adopté :

« L'Assemblée générale des Représentants de la Commune, après

---

(1) Nouvelle lecture, 20 août. (Voir ci-dessous, p. 759.)
(2) Commissaires nommés le 25 février, à la suite de la lecture du *Compte*, faite le même jour par Tiron, lieutenant de maire, après deux ajournements du 3 et du 13 février. (Voir Tome III, p. 676-677; Tome IV, p. 106 et 207-208.)
(3) *Compte du Département des impositions*, 2ᵉ et 4ᵉ partie. (Voir Tome IV, p. 212-213 et 214.)

avoir entendu le rapport de ses commissaires sur le compte de gestion du Département des impositions, a arrêté qu'il sera fait mention dans son procès-verbal des sentiments de reconnaissance que lui ont inspirés les services de ce Département et le compte que lui a rendu M. Tiron, lieutenant de maire.

« Sur les demandes de ce Département relatives au rachat des boues et lanternes et aux nouvelles charges communales et municipales, l'Assemblée a déclaré qu'elle s'en référait à la prudence de l'Assemblée nationale, à qui elle a présenté sa pétition à cet égard (1).

« L'Assemblée a renvoyé le surplus à la Municipalité définitive. »

— Après cet arrêté, la discussion a été ouverte sur la rédaction de l'adresse proposée à l'Assemblée dans ses deux précédentes séances (2).

L'un des commissaires qui avaient été chargés de revoir et modifier cette adresse (3), en a fait lecture.

Un membre de l'Assemblée, en rendant justice au ton sage et modéré que le rédacteur avait employé, a observé cependant que c'était un travail nouveau, manquant absolument de l'énergie qui convient à des hommes libres et qui caractérisait particulièrement la première rédaction soumise à l'Assemblée.

On demandait, en conséquence, une nouvelle lecture de la première adresse, et que, pour éviter tous délais ultérieurs, elle fût définitivement arrêtée sans désemparer ;

Lorsqu'un membre a annoncé à l'Assemblée qu'il était instruit que M. l'abbé Bertolio, dont elle connaissait le zèle et les talents, s'était occupé d'un projet d'adresse, dans lequel il avait fait usage de toutes les observations que la discussion avait fait naître, et qui réunirait probablement la modération et l'énergie que l'Assemblée désirait.

M. l'abbé Bertolio en a fait lecture sur-le-champ. Quoiqu'il s'excusât sur la précipitation qui ne lui avait pas permis d'y mettre la dernière main ;

L'Assemblée s'est empressée d'adopter la partie qu'elle avait entendue.

Et, sur l'observation, par lui faite, qu'il se proposait de terminer son travail par la réponse à quelques objections faites contre la

---

(1) Pétition votée le 7 août. (Voir ci-dessus, p. 673.)
(2) Séances des 14, 16 et 17 août. (Voir ci-dessus, p. 705-708, 734-737 et 741.)
(3) Un des quatre commissaires nommés le 16 août. (Voir ci-dessus, p. 737.)

première pétition adressée à l'Assemblée nationale, ce qui exigeait nécessairement quelque délai, il s'est rendu au vœu de l'Assemblée, qui l'a invité à lui présenter demain cette adresse entièrement rédigée (1).

Un honorable membre a demandé que, conformément à l'arrêté pris dans la précédente séance (2), il fût procédé à l'impression de la pétition, présentée le 10 de ce mois à l'Assemblée nationale; il a observé qu'il était d'autant plus intéressant de n'y apporter aucun retard que plusieurs sections de la capitale délibéraient sur des extraits tronqués ou infidèles qui leur en avaient été produits (3), et que l'impression avouée par l'Assemblée pouvait seule mettre les sections à portée d'apprécier ses intentions en connaissance de cause.

L'Assemblée ayant adopté cette réflexion, l'ordre pour l'impression a été donné sur-le-champ (4).

La séance a été levée, et ajournée à demain, cinq heures du soir.

Signé : FAUCHET, *président.*

Secrétaires : DEMARS, BONNEVILLE, LETELLIER, BALIN, DESPREZ.

(1) Nouvelle lecture, 19 août. (Voir ci-dessous, p. 745-753.)
(2) Arrêté du 14 août, répété le 16. (Voir ci-dessus, p. 707 et 737.)
(3) A cette date, *seize* sections avaient déjà désavoué et condamné l'*Adresse* du 10 août. (Voir ci-dessus, p. 719-728.)
(4) L'impression dut demander encore quelques jours, car l'*Adresse* du 10 août ne fut publiée qu'à la fin du mois. (Voir ci-dessus, p. 719, note 2.)

Du Jeudi 19 Août 1790

⟶ L'un de MM. les secrétaires a fait lecture des procès-verbaux de la séance du 10 et de celle du 14 août.

La rédaction du premier a été approuvée.

Sur le second, il a été fait plusieurs observations : on y rendait compte du rapport fait à l'Assemblée par la députation qui avait, le 10 août, présenté à l'Assemblée nationale l'*Adresse* concernant les impôts directs payés par les habitants de la capitale.

Il a été demandé que les membres de cette députation, mieux instruits des faits puisqu'ils en avaient été témoins et qu'ils y avaient même eu part, se réunissent à MM. les secrétaires pour la rédaction de cette partie du procès-verbal.

Cet avis, mis aux voix, a été adopté.

⟶ Il a été fait lecture, par un de MM. les secrétaires, d'un mémoire présenté à l'Assemblée par les sieurs Panier et Picot, qui demandent une récompense pécuniaire.

Ce mémoire a été renvoyé au Comité des rapports (1).

⟶ La lecture du projet d'adresse, dont le commencement avait obtenu, la veille, l'approbation si marquée de l'Assemblée (2), était l'ordre du jour.

Cette adresse a été lue (3).

Et l'Assemblée a témoigné qu'elle remplissait toutes ses vues, tant par le ton noble et modéré dont elle est écrite, que par le tableau qu'elle présente de ses droits, de ses devoirs, de sa conduite et de celle qui a été tenue à son égard.

Quelques membres cependant ont demandé la parole, et il a paru que leur principale intention était de donner à l'adresse et à M. Bertolio, son auteur, les éloges qu'ils méritaient. La plupart des obser-

---

(1) Rapport, 21 août. (Voir ci-dessous.)
(2) Rédaction de Bertolio. (Voir ci-dessus, p. 743.)
(3) Le *Journal de la Municipalité et des sections* (n° du 26 août) publie les principaux passages, notés par lui, de l'*Adresse* rédigée par Bertolio, et à laquelle furent apportés divers changements. (Voir ci-dessous, p. 746, note 3.)

vations qui ont été faites ne portaient que sur quelques expressions, dont on désirait le changement.

Une seule a paru importante : elle avait pour objet les lettres de M. le président de l'Assemblée nationale, par lesquelles, avant d'accorder audience à la députation qui a présenté la première *Adresse*, il demandait à en connaître l'objet et, en suite de l'envoi qui lui fut fait de cette adresse et après avoir consulté l'Assemblée nationale, il indiquait la séance dans laquelle elle avait décrété de recevoir la députation (1). L'honorable membre a demandé que ces lettres fussent énoncées dans le corps de l'*Adresse*, ou qu'elles le fussent dans une note.

Cette proposition a été appuyée ;

Et adoptée par l'Assemblée.

Le rédacteur de l'*Adresse*, craignant de la prolonger, a proposé de joindre ces lettres elles-mêmes à l'Adresse.

Et l'Assemblée s'en est rapportée à sa sagesse, laissant à sa disposition de les employer de la manière qui lui paraîtrait préférable (2).

Elle s'en est pareillement rapportée à sa prudence et à ses lumières, ainsi qu'à celles des commissaires qui seraient nommés pour porter l'*Adresse*, sur les changements d'expressions indiqués par différents membres (3).

M. le président ayant ensuite pris le vœu de l'Assemblée ;

Elle a unanimement adopté le projet d'adresse :

Monsieur le président et Messieurs,

Une chaîne non interrompue de faits, qui se sont journellement succédé depuis plus d'une année, atteste hautement notre civisme. Nous le dirons, parce que c'est une vérité : sacrifices de notre temps, de nos veilles, de notre fortune, dangers même pour notre vie, rien n'a pu nous arrêter, rien n'a pu balancer notre indestructible attachement pour la Révolution.

L'estime de nos concitoyens est la seule récompense de tant de travaux et de tant de périls ; et on veut nous la ravir (4).

(1) Lettres mentionnées le 9 et le 10 août. (Voir ci-dessus, p. 682 et 691.)

(2) Ces lettres, dont l'impression avait déjà été décidée le 14 août, ne sont ni intercalées dans la nouvelle *Adresse*, ni imprimées à part. (Voir ci-dessus, p. 707, note 5.)

(3) Quelques-unes des modifications apportées au texte primitif sont signalées plus bas. (Voir ci-dessous, p. 746, note 4, 747, note 1, 751, note 3, et 752, note 1.)

(4) Dans la rédaction primitive, publiée par le *Journal de la Municipalité et des sections* (n° du 26 août), ce paragraphe était remplacé par les suivants :

« Quelle récompense attendions-nous de tant de travaux et de tant de périls? Le témoignage de notre conscience et l'estime de nos concitoyens. Le témoignage de notre conscience ne dépend de personne ; on ne peut pas plus nous l'arracher qu'on ne peut anéantir les faits sur lesquels il repose. L'estime de nos concitoyens, on veut nous la ravir ; et, par la bizarrerie la plus singulière, on prend

Nous avons eu, Messieurs, le 10 de ce mois, l'honneur de vous présenter une *Pétition*. Malgré la pureté de nos intentions, dont il est impossible de douter, des hommes, qui n'ont ni lu, ni entendu cette pétition, l'ont dénaturée pour avoir le prétexte de nous déchirer dans leurs écrits (1); quelques sections, qui n'en ont pas eu plus de connaissance, nous désavouent, avec des expressions injurieuses (2); le Conseil de Ville, qui n'est pas mieux instruit, à moins que ses membres n'aient délibéré avec nous, selon leur droit et leur usage, prend un arrêté, dans lequel il affecte une supériorité et invoque des principes inconnus jusqu'à ce jour (3). Pour donner plus de poids à ces désaveux et à cet arrêté, on vous les fait présenter par le chef de la Municipalité (4). Tout semble se réunir pour tenter de nous imprimer la tache odieuse d'ennemis du bien public. Pourrions-nous garder le silence dans une position où notre honneur est intimement lié avec les plus grands intérêts de la Commune de Paris?

Qu'avons-nous voulu faire, et qu'avons-nous fait?

Il ne s'agit, dans notre pétition, que des impositions indirectes, c'est-à-dire des droits d'entrée sur les consommations de la capitale. Nous n'en avons point demandé la suppression, comme on nous l'a faussement imputé. Nous n'avons pas demandé qu'ils fussent même modérés dans le système actuel des finances publiques. Toutes nos vues ont porté sur l'organisation future de l'imposition; et c'est uniquement pour elle que nous avons présenté à l'Assemblée nationale des faits et des principes que nous osons dire ne pouvoir être méconnus par aucun patriote éclairé.

Sans doute il serait dangereux de proposer, dans la crise actuelle, une diminution des droits d'entrée, qui pût produire l'effet d'appauvrir le trésor public. Il ne faut qu'aimer la Révolution pour se garantir d'une pareille erreur.

Mais, en même temps, il existe des faits certains, des principes incontestables, qui doivent influer sur la nouvelle organisation des impositions indirectes de la capitale. Les présenter à l'Assemblée nationale, c'est le droit de tout citoyen, et c'était le devoir des Représentants de la Commune.

Il se fait, à Paris, une contrebande immense : les choses sont portées à un tel point que des compagnies d'assurance, pour un prix très inférieur aux droits d'entrée, font parvenir en fraude, soit dans les magasins des

---

pour prétexte une pétition qui seule aurait dû nous la mériter, si nous ne l'avions pas déjà justement acquise.

« Nous avons trop surveillé les abus, opposé trop de résistance aux usurpations des pouvoirs partiels et individuels, pour n'avoir pas des ennemis empressés à empoisonner nos démarches, à noircir nos intentions, à calomnier nos vues et à falsifier jusqu'à nos propres paroles. »

(1) Dans la rédaction primitive, ce paragraphe commençait ainsi qu'il suit :
« Nous avons eu, Messieurs, le 10 de ce mois, l'honneur de vous présenter une *Pétition*. Notre respect pour tout ce qui appartient à l'Assemblée nationale ne nous permet pas de qualifier les observations auxquelles elle a donné lieu de la part d'un de ses honorables membres. Mais ces observations ont été le signal d'un déchaînement qui déshonorerait à jamais la liberté, si nous pouvions en être les victimes. Des hommes, qui n'ont ni entendu, ni lu notre pétition, nous déchirent dans leurs écrits; quelques sections, » etc...

(2) Arrêtés de vingt sections. (Voir ci-dessus, p. *719-731*.)
(3) Arrêté du *Conseil de Ville*, du 12 août. (Voir ci-dessus, p. 698-699.)
(4) Lettres de Bailly des 12, 13 et 17 août. (Voir ci-dessus, p. 699, note 4, et *731*, note 2.)

marchands, soit dans les maisons des particuliers, les denrées qui sont assujetties à la plus forte taxe. Il n'est pas nécessaire d'entrer dans le détail des inconvénients et même des crimes qu'entraîne la contrebande, pour prouver qu'elle diminue notablement la recette du trésor public. Des négociants instruits assurent que, sans la contrebande, la perception doublerait.

Depuis que l'esprit fiscal a imaginé des droits sur les consommations et sur les matières premières de l'industrie, l'expérience prouve qu'il est physiquement impossible d'empêcher la fraude sur les objets soumis à une forte imposition. Qu'on environne nos villes des plus hautes murailles, qu'on occupe à leur garde d'innombrables armées : le fraudeur franchira les murailles, éludera les sentinelles; et, malgré les efforts de la surveillance la plus intéressée et la plus active, on comptera toujours un grand nombre de contrebandiers, tant qu'il existera un grand intérêt à faire la contrebande.

Un second inconvénient des impositions indirectes excessives sur les consommations, c'est de priver le citoyen indigent de l'usage des denrées et des choses qui sont le plus nécessaires, et de forcer le citoyen aisé à n'en user que très économiquement. L'imposition indirecte trop forte met donc obstacle à la consommation, et porte sa fâcheuse influence jusque sur le premier propriétaire des denrées.

Mais qu'on modère, sur les denrées de première nécessité, les droits d'entrée dans les villes : on anéantira la contrebande, on doublera la consommation, on enrichira le trésor public, et, en l'enrichissant, on répandra un bienfait inappréciable sur les nombreuses classes des citoyens indigents et peu aisés; on imitera l'Angleterre, qui a augmenté ses revenus en diminuant les droits d'entrée sur les thés.

Voilà le principal objet, le point de vue capital de notre pétition; voilà ce que nous avons supplié l'Assemblée nationale de prendre en considération, dans le nouvel ordre de choses qu'elle va établir pour les impositions.

Quel est celui d'entre nous qui ignore que le revenu foncier de la Ville de Paris n'est que de 100,000 livres, et qu'elle retire environ 4,400,000 livres des octrois ou droits d'entrée? Or, comment a-t-on pu supposer que nous ayons voulu anéantir les revenus de la Commune, en demandant la suppression des impositions indirectes? Comment est-il possible qu'une imputation aussi absurde ait pu être accréditée pendant un seul instant?

Obtenir, au moins, les mêmes produits; anéantir la contrebande; doubler la consommation, au grand avantage de tous les citoyens : voilà, en trois mots, l'objet de notre pétition.

Mais, dit-on, nous sommes entrés dans de trop grands détails; nous avons parlé du rachat des boues et lanternes, de la solde des compagnies du centre de la Garde nationale parisienne, etc.

Nous sommes entrés dans des détails, cela est vrai. Mais peut-on traiter sans quelques détails de si grands intérêts? Tout ce que nous avons soumis, en cette partie accessoire de notre pétition, à la sagesse de l'Assemblée nationale nous avait été présenté et a été imprimé dans les *Comptes rendus* par nos *Départements des impositions* et *du Domaine* (1). Nous

---

(1) *Compte du Département des impositions*, du 25 février 1790, et *Rapport* sur ce *Compte*, du 18 août. (Voir Tome IV, p. 207-208 et *210-214*, et ci-dessus, p. 742.) Premier *Compte du Département du domaine*, du 30 septembre 1789; deuxième *Compte* du même Département, du 1er février 1790, et *Rapport* sur ces deux *Comptes*, du 18 juin. (Voir Tome II, p. 125 et *127-129*, Tome III, p. 660-661 et *664-670*, et ci-dessus, p. 150-153 et *153-157*.) Un troisième *Compte du Département du domaine* avait été publié vers le commencement d'août. (I, p. 754.)

avions donc recueilli, à cet égard, les lumières de l'administration et, par conséquent, d'une partie notable de ce Conseil de Ville, qui prétend se faire aujourd'hui un mérite de n'avoir point concouru à notre pétition, et une gloire de la désavouer.

On est allé jusqu'à contester la légalité de notre Assemblée. Qu'on brûle donc les mandats des 60 sections qui nous ont investis des pouvoirs que nous exerçons depuis plus d'une année (1)! Qu'on déchire donc du nouveau code les décrets qui ont confirmé notre existence (2), qui l'ont perpétuée jusqu'à l'entière organisation de la Municipalité définitive (3), et qui nous commettent pour recevoir son serment (4)! Qu'on dise donc à l'Assemblée nationale qu'elle n'aurait pas dû accorder, sur nos pétitions, la loi provisoire sur la procédure criminelle (5), l'établissement d'un tribunal pour connaître des crimes de lèse-nation (6), la loi martiale (7), la suspension de l'exécution des jugements prévôtaux (8), et tant d'autres décrets d'une importance majeure! Qu'on lui dise donc qu'elle n'aurait pas dû assister, d'après notre invitation, à ces augustes cérémonies, où nous avons appelé la religion pour fortifier, de plus en plus, les liens que le civisme avait déjà formés entre tous les citoyens de Paris (9)! Qu'on lui dise donc qu'elle ne devait ni reconnaître ni accueillir ce Comité de recherches, la terreur des ennemis de la patrie, qui nous doit son existence, qui est notre ouvrage et notre gloire, qui n'est qu'une émanation de notre Assemblée, et qui se fait un devoir de nous rendre compte de ses opérations, dont tous les membres votent et délibèrent, tous les jours, avec nous, comme ils correspondent habituellement avec le Comité des recherches de l'Assemblée nationale (10)!

(1) La moitié de ces mandats avaient été révoqués. (Voir Tome V, p. *617-636*.)

(2) Il n'existe point de décret contenant expressément et spécialement la confirmation de l'existence de l'Assemblée des Représentants provisoires de la Commune. Mais il est hors de doute que plusieurs décrets impliquent cette confirmation, notamment ceux du 2 septembre, du 29 octobre, du 23 novembre 1789, etc. (Voir Tome I, p. *456;* Tome II, p. *473;* Tome III, p. 35; etc...)

(3) Décret du 2 décembre 1789, et art. 1er du titre Ier du décret du 21 mai 1790. (Voir Tome IV, p. 270, note 5, et Tome V, p. 452, note 4.)

(4) Aux termes de l'art. 20 du titre V du décret du 21 mai 1790, le Corps municipal nouveau devait prêter serment « devant la Commune ». Un décret spécial fut rendu, à ce sujet, le 7 octobre 1790, matin. (Voir ci-dessous.)

(5) Pétitions de l'Assemblée des Représentants du 10 septembre 1789, soir, et du 2 octobre 1789, soir. Décret voté le 9 octobre. (Voir Tome I, p. 511, *516-517*.)

(6) Pétition du 1er août 1789. Décrets investissant le Châtelet, votés le 14 et le 21 octobre. (Voir Tome I, p. 61-62, 464, *73;* Tome II, p. 365 et *412-413*.)

(7) Pétition du 21 octobre 1789. Décret voté le même jour. (Voir Tome II, p. 363, 364 et *377-379*.)

(8) Pétition du 6 mars 1790, soir. Décret voté le même jour. (Voir Tome IV, p. 302, 322 et *333-334*.)

(9) Invitation au *Te deum* du serment civique, du 9 février 1790, soir, et acceptation. (Voir Tome IV, p. 9, 18-19 et *115-119*.) Invitation à la cérémonie funèbre en l'honneur de Franklin, du 17 juillet, et acceptation. (Voir ci-dessus, p. *528*.)

(10) Le Comité des recherches de la Commune était officiellement « reconnu » par l'Assemblée nationale, de par l'art. 3 du décret du 21 octobre 1789. (Voir Tome II, p. 365-367.) Il avait été « accueilli », reçu par l'Assemblée nationale le 10 août 1790. (Voir Tome V, p. *158-161*.) Enfin, il correspondait habituellement avec le Comité de recherches de l'Assemblée nationale. Cela est constaté dans l'arrêté du 9 juillet, dénonçant Desmarets de Maillebois, de Bonne, dit Savardin

On nous accuse ensuite d'avoir excédé nos pouvoirs : ce qui est avouer que nous en avons, et par conséquent que nous existons légalement.

Nous aurions dû rapporter l'adhésion des sections, et nous ne l'avons pas fait.

Nos pouvoirs ne sont point illimités, nous en convenons. Il est des objets sur lesquels, dans l'état provisoire où nous sommes, nous ne pouvons rien sans l'adhésion de nos commettants. Mais il en est d'autres sur lesquels nous pouvons tout, sans eux ; autrement nous ne serions plus une Assemblée de Représentants.

S'agit-il de faire contracter un grand engagement à la Ville de Paris, de statuer sur une proposition importante sur laquelle les opinions soient divisées, alors nos pouvoirs sont limités. Nous nous sommes toujours fait un devoir de le reconnaître : nous ne citerons ici que nos arrêtés sur le département de Paris (1), sur l'état civil des Juifs (2), et sur la fédération de la Bretagne et de l'Anjou (3), que nous avons envoyés aux soixante districts, avant de les présenter à l'Assemblée nationale.

Mais, s'agit-il d'un bien évident, d'une chose qui n'engage en rien la Commune, et sur laquelle il ne peut y avoir diversité d'opinions, alors nous pouvons, nous devons agir par nous-mêmes. C'est ainsi que nous avons obtenu plusieurs décrets importants, sans aucune réclamation des sections, qui n'avaient pas été consultées. C'est ainsi que le seul Bureau de Ville a obtenu le règlement provisoire de police (4):

Appliquons ces principes à notre dernière pétition. Elle ne tend point à faire contracter aucun engagement à la Commune de Paris ; elle n'est point

---

et GUIGNARD DE SAINT-PRIEST. (Voir ci-dessus, p. 595.) Cela est constaté encore, et on ne peut plus énergiquement, par l'intitulé même d'un rapport émané du Comité des recherches municipal : *Rapport dans l'affaire de MM.* D'HOZIER *et* PETIT-JEAN *ou Projet de contre-révolution par les somnambulistes, lu au Comité de recherches de l'Assemblée nationale et de la Municipalité de Paris, le 29 juillet 1790, par* J. P. BRISSOT, *l'un des membres de ce dernier Comité*, imp. 48 p. in-8° (Bib. Nat., Lb 40/120), reproduit dans les *Archives parlementaires* (t. XVII, p. 415-429). Il s'agissait de deux illuminés : D'HOZIER (Ambroise), âgé de 25 ans, président de la Chambre des comptes de Rouen, et PETITJEAN (Pierre Georges), âgé de 35 ans, ancien receveur général des droits et domaines en Corse. Ce rapport suscita une réponse : *Réflexions sur l'ouvrage intitulé :* Projet de contre-révolution, etc..., *par Stanislas* DE CLERMONT-TONNERRE, août 1790, imp. 22 p. in-8° (Bib. Nat., Lb 39/3857), à laquelle il fut répondu par une lettre de J. P. BRISSOT, *membre du Comité des recherches de la Municipalité, à Stanislas* CLERMONT (*ci-devant* CLERMONT-TONNERRE), *membre de l'Assemblée nationale, sur la diatribe de ce dernier contre les Comités des recherches et sur l'apologie des illuminés*, 28 août 1790, imp. 52 p. in-8° (Bib. Nat., Lb 39/3974). Le caractère plutôt folâtre de ce prétendu « projet de contre-révolution » n'enlève rien de son importance (au contraire) au fait signalé par le titre du *Rapport*, à savoir que BRISSOT avait lu, en même temps, son travail aux deux Comités de recherches, et qu'il avait parlé au nom des deux Comités réunis, vivant de pair à compagnon.

(1) Convocation des districts, 14 décembre 1789. (Voir Tome III, p. 188 et *193*.)
(2) Arrêté du 30 janvier 1790. (Voir Tome III, p. 639.)
(3) Arrêté du 22 mars 1790. (Voir Tome IV, p. 484.)
(4) Décret du 5 novembre 1789, portant règlement provisoire de police pour la Ville de Paris, voté à la suite d'une démarche faite, le 3 novembre, par le Maire à la tête du *Conseil de Ville*, non du *Bureau de Ville*. (Voir Tome II, p. 480, *483-484* et *579-582*.)

susceptible de diversité d'opinions. Est-il un citoyen qui ne désire voir cesser la contrebande; voir la classe indigente infiniment soulagée; voir la consommation doublée, et le trésor national et municipal faire, au moins, la même quotité de recette? Quand nous avons présenté ce vœu à l'Assemblée nationale, pour le prendre en considération dans l'organisation prochaine des impositions indirectes, nous avons donc certainement présenté le vœu de toute la Commune; nous n'avons donc point excédé nos pouvoirs.

Cependant il est bon qu'on sache que notre zèle a été excité par une délibération formelle du district de Saint-Étienne du Mont, imprimée et envoyée à tous les districts (1), et que cinq d'entre eux y ont adhéré (2) : nous n'avons pas dû prendre le silence des autres pour une réclamation.

On nous a encore objecté que le Maire n'était pas à la tête de notre députation. Nous répondrons que souvent M. Bailly a présidé nos députations; que souvent elles ont été reçues et accueillies sans lui; que toujours nous avons désiré qu'il en fût le chef; et, sans nous permettre de plus amples détails, nous ajouterons que l'absence, ou forcée ou volontaire, d'un maire ne peut frapper de nullité et de paralysie l'administration ou l'assemblée générale des représentants d'une commune.

Enfin, on nous reproche d'avoir choisi, pour présenter notre pétition, un moment peu favorable, même dangereux.

Nous remarquerons, d'abord, que ce reproche suppose que nous avons raison au fond, et que nous n'avons péché que dans la forme. Nous remarquerons ensuite que le reproche est contradictoire en lui-même: car, si nous ne nous sommes pas trompés sur le fond, c'est que notre demande ne porte point sur la suppression des impositions indirectes; c'est qu'elle n'a pour but que de faire adopter, pour la nouvelle organisation de la contribution nationale, un mode plus facile à supporter et au moins aussi productif. Où peut être alors le danger de présenter une pétition soumise et respectueuse, qui renferme de pareilles vues? Voit-on dans cette pétition le plus léger rapport avec le refus criminel de payer les impositions actuellement existantes?

Notre démarche n'a point été précipitée: deux mois s'étaient déjà écoulés depuis que le district de Saint-Étienne du Mont avait pris et envoyé sa délibération; nous ne pouvions la différer (3). Nous savions que le Comité des impositions touchait au terme de son travail; que bientôt ce travail si désiré allait être présenté, discuté, décrété (4); fallait-il attendre que cette opération fût entièrement consommée, pour fixer l'attention de l'Assemblée nationale sur des objets aussi intéressants pour la Ville de Paris?

Vous connaissez actuellement, Messieurs, les principes, les vues, le grand objet de notre pétition. Nous vous l'avons présentée avec d'autant plus de confiance qu'elle ne peut altérer la soumission de la Ville de Paris à tous vos décrets, ni son inébranlable résolution de continuer de marcher, de sacrifices en sacrifices, au terme heureux de la constitution. Nous savons encore que, si notre patriotisme pouvait nous laisser tomber dans une erreur, la pureté de nos intentions la rendrait excusable, comme votre profonde

---

(1) Délibération du 25 juin. (Voir ci-dessus, p. *369-373*.)
(2) Ces cinq adhésions sont inconnues.
(3) Dans la rédaction primitive, la phrase se terminait par ces mots : « Nous ne pouvions différer davantage. »
(4) Le rapport sur la contribution foncière fut présenté à l'Assemblée nationale le 11 septembre, et le rapport sur la contribution personnelle, le 19 octobre 1790. (Voir *Archives parlementaires*, t. XVIII, p. 696, et t. XIX, p. 692.)

sagesse la dissiperait bientôt. Nous n'avons donc mérité, sous aucun rapport, l'insupportable qualification de *mauvais citoyens*, qu'on s'acharne à nous prodiguer depuis trois semaines (1).

Nous, de mauvais citoyens! Ah! Messieurs, c'est de vous-mêmes que nous avons reçu, cent fois, les témoignages honorables de notre civisme (2). Nous n'avons pas tout à coup changé de sentiments et de conduite; nous n'en changerons jamais. L'Assemblée générale des Représentants de la Commune de Paris a donc toujours les mêmes droits à votre estime et à votre confiance.

M. le rédacteur de l'adresse a aussi fait lecture d'un projet d'arrêté sur la présentation de cette adresse.

Un des honorables membres a proposé, par amendement, qu'il y fût ajouté que M. le président de l'Assemblée nationale serait prié de faire faire le renvoi au Comité des impositions de la pétition du 10 août.

Cet avis a été soutenu et combattu.

La question préalable a été demandée.

Elle a été mise aux voix.

La première épreuve étant douteuse ;

Il a été reconnu, par la seconde, que le vœu de la majorité était de délibérer.

L'amendement mis aux voix ;

Il a été adopté.

Et il a été pris l'arrêté suivant :

« L'Assemblée, après avoir entendu la lecture de la rédaction de la nouvelle *Adresse* à l'Assemblée nationale, proposée dans ses précédentes séances (3), l'a adoptée à l'unanimité, et elle a arrêté qu'elle serait portée à M. le président de l'Assemblée nationale par trois commissaires, qui seront spécialement chargés de le prier d'en faire donner lecture à l'Assemblée nationale, soit par un de MM. les secré-

---

(1) Dans la rédaction primitive, cet alinéa était beaucoup plus court :
« Vous connaissez actuellement, Messieurs, les principes, les vues, le grand objet de notre pétition. Jugez si elle a mérité que, de cette tribune où la patrie prononce ses oracles, elle fût frappée de cet anathème, dont tout Paris a retenti :
« Elle est capable de couvrir de ridicule et de honte ses auteurs, et de mauvais
« citoyens peuvent seuls en former de semblables. »
La phrase citée par le rédacteur ne se trouve pas textuellement dans le discours de Camus, auquel il est fait allusion ; mais la qualification de « mauvais citoyens » s'y trouve bien. (Voir ci-dessus, p. 717.)

(2) *Cent fois* est mis là par hyperbole. Ce qui est exact, c'est que les présidents de l'Assemblée nationale, recevant les délégués de l'Assemblée des Représentants de la Commune, avaient l'habitude d'adresser à ceux-ci des paroles courtoises, où l'éloge du patriotisme de Paris et de ses administrateurs provisoires trouvait naturellement place.

(3) Séances des 14, 16, 17 et 18 août. (Voir ci-dessus, p. 705, 734, 741 et 743.)

[19 Août 1790] DE LA COMMUNE DE PARIS 753

taires, soit par la voie de son Comité de rapports; que la pétition présentée le 10 de ce mois, ainsi que la délibération du district de Saint-Étienne du Mont et les *Comptes* rendus par les Départements du domaine et des impositions de la Ville de Paris, seraient joints à la nouvelle *Adresse*, et que M. le président de l'Assemblée nationale serait en outre prié de passer au Comité des impositions la pétition du 10 août.

« Et, pour l'exécution du présent arrêté, l'Assemblée a nommé M. Lablée, administrateur, et MM. Cousin et Bertolio, tous trois membres de l'Assemblée générale des Représentants de la Commune. » (II, p. 756.)

— Un honorable membre, M. Godard, chargé par l'Assemblée de faire un tableau général de tous les travaux des Représentants de la Commune, depuis que les Électeurs ont remis en leurs mains la chose publique (1), a observé que la liste des citoyens honorés du titre de Représentant, laquelle doit se trouver à la fin de son travail, serait incomplète, si les membres, nommés depuis que la dernière liste des Représentants avait été imprimée (2), ne prenaient la peine de donner leurs noms, et il les a invités à les faire inscrire au bureau de rédaction; il a même engagé tous les honorables membres, qui pourraient donner quelques renseignements à cet égard, à vouloir bien le faire.

— M. Godard, encore occupé des intérêts de l'Assemblée, lui a représenté que, parmi les commissaires nommés pour compléter la collection des procès-verbaux et en suivre l'impression (3), plusieurs ne peuvent s'en occuper. Le zèle et les lumières de M. Ballin, l'un des secrétaires de l'Assemblée, ont porté M. Godard à proposer de l'adjoindre aux commissaires déjà nommés.

La modestie de M. Ballin ne lui ayant pas permis de s'entendre nommer sans réclamer;

Plusieurs membres ont joint leurs vœux à la proposition de M. Godard, en y ajoutant des instances;

Auxquelles M. Ballin s'est rendu.

Et l'Assemblée, ayant été consultée, l'a nommé, pour, avec les

---

(1) Arrêté du 9 mars. (Voir Tome IV, p. 346-348.) L'*Exposé des travaux* avait été lu dans les séances des 24 et 30 juillet, et 6 août. (Voir ci-dessus, p. 572, 624-625 et 667.)

(2) *Liste* imprimée en exécution de l'arrêté du 2 novembre 1789. (Voir Tome II, p. 497, 519 et 522-526.)

(3) Commissaires nommés le 9 juillet et le 4 août. (Voir ci-dessus, p. 445 et 658.)

Tome VI. 48

autres commissaires, concourir à la collection et impression des procès-verbaux.

— Cet instant où M. Godard donnait de nouvelles preuves du zèle dont il est animé pour tout ce qui intéresse l'Assemblée, de celui qu'il a apporté dans toutes les parties du travail long et difficile qu'elle a confié à ses talents, et de son attachement pour elle, a été saisi par l'un de ses membres, pour demander que l'Assemblée témoignât à M. Godard toute la satisfaction qu'elle avait eue de ce travail et la reconnaissance qui lui en était due : il a demandé qu'il en fût fait mention dans le procès-verbal.

L'Assemblée, dans chacune des séances où elle avait entendu M. Godard (1), lui avait déjà exprimé ses sentiments de la manière la plus énergique ; elle s'est plue à en réitérer le témoignage et à en consigner de nouveau le souvenir dans ses procès-verbaux. La proposition faite à ce sujet a été accueillie avec empressement par tous les membres de l'Assemblée.

— La séance a été levée, et continuée à vendredi, 20 août, heure ordinaire.

Signé : Fauchet, *président.*

Secrétaires : Demars, Bonneville, Letellier, Ballin, Desprez.

* * *

ÉCLAIRCISSEMENTS

(I, p. 748, note 1) Le troisième et dernier compte du Département du domaine n'est pas signalé dans les comptes rendus de l'Assemblée des Représentants de la Commune : il parut cependant vers la fin de juillet ou le commencement d'août, ainsi que le constate le *Journal de la Municipalité et des sections* (n° du 7 août), qui en fait précéder le résumé de la note suivante :

« Le Département du domaine, empressé de faire connaître aux citoyens la situation des finances de la Ville, vient de faire imprimer le compte général des recettes et dépenses jusqu'au 30 avril inclusivement. »

Le même *Journal* constate d'ailleurs qu'à cette date « ce compte n'avait point encore été rapporté à l'Assemblée de MM. les Représentants de la Commune ».

(1) Séances des 24 et 30 juillet, et 6 août. (Voir ci-dessus, p. 572, 624-525 et 667.)

Le *Compte général des opérations faites à l'Hôtel-de-Ville, tant en recettes qu'en dépenses, depuis le 22 janvier 1790 jusqu'au 30 avril inclusivement*, rendu par le Département du domaine (1), est signé : LE COULTEUX, lieutenant de maire; PITRA, TRUDON, AVRIL, SANTERRE, conseillers-administrateurs.

Comme on l'a fait pour les comptes précédents, on reproduit ici les chiffres principaux de ce *Compte général*, document utile pour l'histoire des finances parisiennes.

Les recettes et les dépenses sont divisées en six chapitres correspondants.

RECETTES

1° *Dérivant du domaine de la Ville* . . . . 1.892.440 liv.
D'après la vigilance des compagnies de chasseurs aux barrières, les droits d'entrée ont beaucoup augmenté :
Du 13 juillet au 11 octobre 1789 . . . . . . 612.000 liv.
Du 12 octobre 1789 au 21 janvier 1790 . . . 870.000 »
Du 22 janvier au 30 avril 1790 . . . . . . 932.000 »
2° *Objets dont la Ville est chargée pour le roi* . . . . . . 874.500 »
Dont 100.000 pour la construction du pont Louis XVI.
3° *A cause de la Révolution* . . . . 18.300 »
Dont 6.500 pour vente des matériaux de la Bastille.
4° *A cause des subsistances* . . . . 5.119.371 »
Dont 5.109.000 fournies par le trésor royal.
5° *A cause de la Garde nationale* . . . . 283.357 »
6° *Opération des biens ecclésiastiques* . . . . Mémoire.

Total . . . . . . 8.187.969 liv.

DÉPENSES

1° *Domaine de la Ville* . . . . 824.153 liv.
2° *Objets dont la Ville est chargée pour le roi* . . . . . . 1.104.463 »
3° *A cause de la Révolution* . . . . 417.067 »
Dont 138.000 pour la démolition de la Bastille.
4° *Subsistances* . . . . 4.752.730 »
Dont 556.653 pour primes aux boulangers; 268.840 pour frais d'exploitation, etc...
5° *Garde nationale* . . . . 468.212 »
6° *Opération des biens ecclésiastiques* . . . . 5.299 »

Total . . . . . . 7.571.927 liv.
D'où un *excédant de recettes* de . . . . 616.042 »

De la récapitulation générale des comptes de juillet 1789 à avril 1790, résulte la balance suivante :

RÉCAPITULATION

RECETTES . . . . . 19.048.473 liv.
DÉPENSES . . . . . 18.432.430 »

Excédant de recettes . . 616.043 liv. restant en caisse.

---

(1) Imp. 12 p. in-4° (Bib. Nat., Lb 40/1220). — Ce document ne figure pas au t. II de la *Bibliographie* de M. TOURNEUX.

Pour les détails, il est indispensable de se reporter aux chiffres et explications fournis, dans le *Compte général* lui-même, par les administrateurs du Département du domaine.

(II, p. 753) L'Adresse votée le 19 août fut-elle, comme d'habitude, présentée en séance à l'Assemblée nationale ou, tout au moins, pour s'en tenir aux termes étroits de l'arrêté du 19, « portée à M. le président de l'Assemblée nationale, qui serait prié d'en faire donner lecture à l'Assemblée nationale, soit par un de MM. les secrétaires, soit par la voie de son Comité de rapports »?

Rien n'est moins certain.

Le document a pourtant été imprimé sous ce titre : *Adresse présentée à l'Assemblée nationale par l'Assemblée générale des Représentants de la Commune de Paris* (1).

Mais tout ce qu'on peut conclure de cet intitulé, c'est qu'en faisant imprimer son *Adresse*, l'Assemblée des Représentants avait l'intention de la présenter ou de la faire présenter à l'Assemblée nationale, ce que l'arrêté du 19 août suffit à constater. Nous savons, d'ailleurs, par des incidents qui se produisirent au cours des séances des 26 et 30 août, qu'à ces dates, l'*Adresse* en question n'était pas encore imprimée, puisqu'on prenait des mesures pour en hâter l'impression (2).

Il est d'ailleurs constant que ni le procès-verbal de l'Assemblée nationale (3), ni même celui de l'Assemblée des Représentants de la Commune ne mentionnent, à une date quelconque, la remise de l'*Adresse* du 19 août.

Pour le procès-verbal de l'Assemblée nationale, ce pourrait être un oubli,

---

(1) Imp. 16 p. in-8° (Bib. nat., Lb 40/122), reproduit dans les *Archives parlementaires* (t. XVIII, p. 165-168). — M. Tourneux (*Bibliographie*, t. II, n° 5769) donne à ce document la date erronée du *12* août, au lieu du 19, ce qui l'amène à considérer l'arrêté du Conseil de Ville, du 12 août (n° 5770), comme un désaveu de cette pétition (n° 5769), alors que le désaveu s'applique à l'Adresse qu'il catalogue sans date (n° 5771), et qui est celle du 10 août. Ces documents auraient dû être classés dans l'ordre inverse : 1° Adresse du 10 août (n° 5771) ; 2° Arrêté du Conseil de Ville, du 12 août (n° 5770) ; 3° Adresse du 19 août (n° 5769).

(2) Séances du 26 et du 30 août. (Voir ci-dessous.)

(3) Le texte de l'*Adresse* du 19 août, ainsi que celui de l'arrêté de même date sur sa présentation, ont été insérés par les auteurs des *Archives parlementaires* dans le compte rendu même de la séance de l'Assemblée nationale, du 19 août, soir, avec cette note : « Ce document n'a pas été inséré au *Moniteur*. » MM. Mavidal et Laurent auraient bien dû suivre dans la circonstance l'exemple du *Moniteur*, et s'abstenir de faire figurer dans leur compte rendu un document qu'il leur était tout au plus permis d'y ajouter en annexe. Ils ne vont pas d'ailleurs jusqu'à dire que lecture en ait été donnée au cours de la séance. Mais, trouvant un document imprimé, portant la date du 19 août et destiné à l'Assemblée nationale, ils l'ont ajouté de leur chef au compte rendu de la séance, alors que ni le *Procès-verbal* officiel de la Constituante, ni aucun des journaux les mieux informés, tels que le *Journal des débats et décrets*, le *Point du jour*, le *Journal de Paris*, la *Chronique de Paris*, etc., ne font seulement mention d'un tel incident. Il convient donc certainement de tenir pour non avenue la publication due à la malencontreuse initiative des éditeurs des *Archives parlementaires*.

une omission; on pourrait admettre encore que l'*Adresse* aurait été remise, sans solennité aucune et hors séance, entre les mains du président de l'Assemblée nationale, qui, alors, aurait négligé d'en faire donner lecture en séance.

Mais le silence du procès-verbal de l'Assemblée des Représentants de la Commune s'explique malaisément. D'ordinaire, les députations chargées de faire parvenir des adresses à l'Assemblée nationale rendent compte de leur mission, et le procès-verbal mentionne plus ou moins longuement ce compte rendu. Ici, rien de pareil, et ce n'est certes pas par indifférence : il est visible, au contraire, que l'Assemblée des Représentants de la Commune attachait une extrême importance à l'Adresse du 19 août, qui devait la disculper aux yeux de l'Assemblée nationale; cette importance éclate tant dans le soin apporté à la rédaction de l'Adresse, qu'on discute durant cinq séances (1), que par les plaintes qui se font entendre au sujet de l'impression en retard. On tenait donc beaucoup à ce qu'elle parvint à destination, et, si les commissaires désignés avaient réussi à se faire recevoir, soit par l'Assemblée nationale, soit seulement par son président, on peut être sûr qu'ils n'auraient pas manqué d'en informer leurs collègues.

Le *Journal de la Municipalité et des sections* (n° du 26 août) reconnaît d'ailleurs que l'*Adresse* du 19 août n'a pas encore été lue, le 26, à l'Assemblée nationale, « sans doute — ajoute-t-il — par rapport à la multitude et à l'importance des affaires ».

Il est également hors de doute que, le 6 septembre, la situation n'avait pas changé : car nous verrons, ce jour-là, l'Assemblée des Représentants de la Commune nommer de nouveaux commissaires, qui sont adjoints à ceux du 19 août pour solliciter du président de l'Assemblée nationale l'admission à la barre d'une députation de la Commune, « lors de la lecture de l'adresse » (2).

Ces derniers mots semblent indiquer que la fameuse Adresse avait bien été remise, hors séance, par les trois commissaires du 19 août, au président de l'Assemblée nationale, mais que celui-ci s'était abstenu d'en donner connaissance officiellement à l'Assemblée. On décida donc, le 6 septembre,

---

(1) Il ne fallut pas moins de deux commissions et de quatre lectures pour arriver à l'élaboration d'un texte satisfaisant. Le 14 août, après une discussion générale, une première commission de huit membres est nommée pour rédiger un projet de lettre ou d'adresse explicative à l'Assemblée nationale. (Voir ci-dessus, p. 707-708.) Le 16 août, lecture du travail de la commission : quatre nouveaux commissaires sont adjoints aux premiers pour reviser le texte proposé. (Voir ci-dessus, p. 737.) Le 17, lecture d'un nouveau projet, trouvé trop énergique : les commissaires sont invités à opérer quelques retranchements et à adoucir leurs expressions. (Voir ci-dessus, p. 741.) Le 18, lecture du second projet modifié, qui apparaît comme dénué de l'énergie qui convient à des hommes libres; on pensait déjà revenir à la rédaction précédente, lorsqu'on apprend que BERTOLIO a préparé un texte qui unit la modération à l'énergie : on l'invite à en donner lecture, et on l'adopte, quoiqu'inachevé. (Voir ci-dessus, p. 743.) Enfin, le 19, dernière audition; le projet d'adresse est enfin adopté, avec quelques changements d'expressions. (Voir ci-dessus, p. 745-746.)

(2) Séance du 6 septembre. (Voir ci-dessous.)

une nouvelle démarche près de lui, pour obtenir et la lecture publique et l'admission d'une députation. Tout porte à croire que les commissaires du 6 septembre ne furent pas plus heureux que ceux du 19 août, et que, influencé par le désaveu du Conseil de Ville, du 12 août, par les protestations répétées des sections, peut-être aussi par l'intervention de BAILLY, réélu maire par le suffrage direct des électeurs parisiens et de plus en plus hostile aux Représentants de la Commune qui achevaient leur existence provisoire, le président de l'Assemblée nationale (1) mit simplement dans sa poche la communication qu'il avait reçue.

L'Assemblée des Représentants dut se contenter de faire distribuer aux sections l'*Adresse* qu'elle avait rédigée pour sa défense : après le 6 septembre, on ne voit pas qu'elle ait de nouveau tenté de parvenir jusqu'à l'Assemblée nationale.

(1) Dans la période du 19 août au 6 septembre, il y eut deux présidents : DUPONT (de Nemours) et DE JESSÉ.

Du Vendredi 20 Août 1790

~~~ La séance a été ouverte par la lecture du procès-verbal du 17 de ce mois ;

Dont la rédaction a été approuvée (1).

~~~ Une députation de l'assemblée générale du comité de Saint-Marcel (2) a fait lecture d'une délibération de ce comité, du 19 de ce mois, par laquelle trois de ses membres ont été chargés de se retirer à l'Hôtel-de-Ville, vers les Représentants de la Commune, à l'effet de les prier, au nom de la paix et de la fidélité qu'ils doivent à leurs devoirs : 1° toutes choses cessantes, de députer à l'Assemblée nationale, à l'effet de retirer leur adresse ou pétition (3); 2° de notifier aux districts le succès qu'ils auront obtenu de cette démarche; 3° de leur envoyer en même temps copie de leur adresse, pour être pesée dans leur sagesse et par eux déterminer, en grande connaissance de cause, s'ils doivent ou non y adhérer, soit en tout, soit en partie; 4° les prier enfin, et surtout dans ces moments d'élection nouvelle, de suspendre leurs assemblées en ce qu'elles auraient pour objet l'administration de la Municipalité, qui ne leur est pas confiée, ou quelques intérêts généraux, dont la stipulation ne peut ni ne doit être mise au jour que du consentement des districts, en qui résident les pouvoirs comme constituants; 5° enfin, les assurer au surplus qu'ils recevront toujours avec zèle tous les projets de pétition qu'ils leur adresseront pour le bien général, quand même ils s'éloigneraient des vrais moyens, pourvu qu'ils n'y donnent aucune publicité prématurée (4).

---

(1) Observations sur ce procès-verbal, le 18 août. (Voir ci-dessus, p. 742.)

(2) A ce moment, l'ancien *district de Saint-Marcel* faisait partie de la *section des Gobelins*; le comité de la nouvelle section n'étant probablement pas encore ormé, l'ancien comité de district conservait ses fonctions.

(3) Toujours l'*Adresse* sur les impôts indirects, du 10 août. (Voir ci-dessus, p. 670-674, 712-719 et. 729.)

(4) L'abus des pronoms rend ce dernier paragraphe tellement obscur qu'il a besoin d'une traduction. Il doit être lu ainsi :

« 5° Enfin, les assurer (*les Représentants de la Commune*) au surplus qu'ils (*les*

M. le président a répondu à la députation :

Messieurs,

L'Assemblée des Représentants de la Commune de Paris n'a fait que remplir un devoir indispensable dans la pétition qu'elle a présentée à l'Assemblée nationale ; et il n'y a eu d'indiscrétion que dans ceux qui l'ont démentie sans la connaître. C'est d'après les fausses idées qui ont été répandues que le comité de Saint-Marcel a cru devoir nous donner des avis qui seraient contraires au bien public et peu conformes à la sagesse des citoyens qui le composent, si la droiture de leurs intentions ne les justifiait. Nous ferons parvenir, Messieurs, à votre section, ainsi qu'à toutes les autres, les preuves démonstratives de l'utilité, de la convenance et de la nécessité de la pétition (1).

L'Assemblée, Messieurs, vous propose d'assister à sa séance.

~~~ M. Letellier, membre et secrétaire de l'Assemblée, a fait la motion suivante, qu'il a accompagnée d'un projet de pétition et d'un projet d'arrêté :

Messieurs,

Dans un moment où votre civisme et votre patriotisme sont attaqués, il doit vous être permis de vous environner des preuves que vous n'avez cessé d'en donner ; et si, dans une telle circonstance, vous trouvez ces preuves consignées dans les actes mêmes de l'Assemblée nationale, elles ne pourront être révoquées en doute.

Eh bien, Messieurs, dans l'un des actes de la législature, dans un rapport de l'un de ses Comités, imprimé sous le titre de *Plan des travaux du Comité d'agriculture et de commerce*, présenté à l'Assemblée nationale le 8 *mai* 1790 (2), je lis ce qui suit :

« Une demande patriotique des Représentants de la Commune de Paris
« et l'importance de l'objet qui y était joint ont mis en avant quelques
« moments plus tôt et soumis à l'Assemblée nationale le rapport du Comité
« sur le dessèchement des marais du royaume (3). Quinze cent mille arpents
« de terres précieuses à conquérir sur les eaux, des milliers d'hommes à
« conserver en dépurant l'air d'exhalaisons malsaines, l'empire des mois-
« sons à étendre, des armées d'ouvriers à employer, ont fait détacher du
« code rural le rapport d'un objet qui en était la première partie. L'As-
« semblée a déjà décrété le premier article de ce rapport (4) ; et bientôt elle

districts) recevront toujours avec zèle tous les projets de pétition qu'ils (*les Représentants de la Commune*) leur adresseront (*aux districts*) pour le bien général, quand même ils (*les projets de pétition*) s'éloigneraient des vrais moyens, pourvu qu'ils (*les Représentants de la Commune*) n'y donnent (*aux projets de pétition*) aucune publicité prématurée. »

(1) Ces preuves démonstratives devaient, dans la pensée de l'orateur, résulter de la seconde *Adresse* du 19 août. (Voir ci-dessus, p. 746-752.)

(2) Présenté par HEURTAUT DE LAMERVILLE, vice-président du Comité. (Voir *Archives parlementaires*, t. XV, p. 435-437.)

(3) Rapport de HEURTAUT DE LAMERVILLE, du 7 février 1790, sur le dessèchement des marais, où il fait allusion, en termes élogieux, à une démarche de l'Assemblée des Représentants du 22 décembre 1789. (Voir Tome III, p. *210-211*.)

(4) Le projet de décret sur le dessèchement des marais avait été présenté par HEURTAUT DE LAMERVILLE le 23 mars 1790, et appuyé d'un nouveau rapport le

« terminera, sans doute, la discussion définitive du projet de loi sur ces
« grandes améliorations, que la nation pouvait seule ordonner et réa-
« liser (1). »

Vous voyez, Messieurs, le vœu que le Comité d'agriculture et de commerce a formé.

L'Assemblée, dit ce Comité, *a déjà décrété le premier article de ce rapport ; et bientôt, sans doute, elle terminera la discussion définitive du projet de loi sur ces grandes améliorations, que la nation pouvait seule ordonner et réaliser.*

Autorisés par ce vœu, mus par votre patriotisme, et pour faire jouir la patrie, le plus promptement qu'il sera possible, d'un bienfait que les législateurs eux-mêmes reconnaissent que vous avez provoqué les premiers, commandés d'ailleurs par les circonstances, qui vous ordonnent impérieusement d'employer tout ce qui est en votre pouvoir pour écarter de la capitale les dangereux essaims d'ouvriers sans ouvrage que l'État et vous nourrissez dispendieusement et, j'oserai dire, inutilement et indiscrètement, tandis que les campagnes manquent de bras qu'une foule de travaux utiles ne cessent de réclamer, je propose, Messieurs, à l'Assemblée des Représentants de la Commune d'adresser à M. le président de l'Assemblée nationale la pétition suivante :

Projet de pétition.

Messieurs,

L'Assemblée des Représentants de la Commune a exposé à l'Assemblée nationale, dès le mois de décembre 1789, la détresse d'une multitude d'ouvriers sans ouvrage, les dangers qui peuvent résulter de la grande réunion d'un grand nombre d'hommes que le besoin et l'oisiveté semblent livrer aux insinuations, à la corruption, aux perfides desseins des ennemis de la Révolution ; l'Assemblée des Représentants de la Commune supplia l'Assemblée nationale de faire ouvrir des travaux dans divers cantons du royaume ; elle lui remit l'ouvrage d'un citoyen éclairé *Sur la nécessité et les moyens d'occuper les gros ouvriers* (2). Le Comité d'agriculture et de commerce, auquel cette pétition a été renvoyée, s'en est occupé ; il a présenté plusieurs fois son travail à l'Assemblée nationale sur cet important objet ; le premier article en a été décrété, mais il ne suffit pas pour déterminer les capitalistes à embrasser les spéculations que les desséchements, les défrichements, les replantations de bois, les canaux de navigation et d'irrigation leur offriraient, si les lois à cet égard étaient complètes.

Les circonstances imposent à l'Assemblée des Représentants de la Commune de Paris le devoir de supplier très instamment l'Assemblée nationale de donner suite à ses décrets sur cette matière, comme un des plus prompts et des plus sûrs moyens d'écarter les dangers qui nous environnent et qui nous pressent de la manière la plus menaçante. La belle saison s'écoule ; l'automne est le temps le plus favorable aux desséchements ; si l'hiver arrive avant que ces travaux publics puissent être commencés, tous les maux qu'il amène fondront à la fois sur nous. Ce n'est qu'en redoublant de diligence et

---

22 avril. La discussion, commencée le 1ᵉʳ mai, interrompue le même jour après le vote de l'art. 1ᵉʳ, ne reprit que le 24 août. (Voir *Archives parlementaires*, t. XII, p. 312 ; t. XV, p. 258-263 et 357-358 ; t. XVIII, p. 258.)

(1) Le décret sur le desséchement des marais ne fut voté que le 24 décembre 1790. (Voir *Archives parlementaires*, t. XXI, p. 656-659.)

(2) Ouvrage de Boncerf, présenté à l'Assemblée des Représentants de la Commune le 4 décembre. (Voir Tome III, p. 117 et 120.)

d'efforts que nous pouvons les prévenir et marcher à des succès certains. La Ville de Paris se croirait coupable, si elle continuait à retenir dans son sein, aussi dispendieusement qu'inutilement pour l'État et pour elle, tant d'hommes faciles à égarer, à séduire et à corrompre, tandis que les campagnes demandent des bras, tandis qu'une foule de travaux utiles pourraient être ouverts et faire circuler des capitaux, qui n'attendent que des emplois sûrs et avantageux pour se répandre dans les mains du peuple.

Au nom de la patrie, au nom de la sûreté publique, nous vous conjurons, Messieurs, d'employer les moyens que nous avons eu le bonheur de vous présenter, que vous avez adoptés, qu'il ne tient qu'à vous de réaliser à l'instant, et qui sont en effet les seuls efficaces pour soulager promptement les malheureux, en les occupant d'une manière utile pour eux et pour la nation entière.

Par là, Messieurs, vous enrichirez, vous embellirez, vous peuplerez le royaume; vous y répartirez la population d'une manière plus égale; vous y attirerez l'or même des étrangers; vous les fixerez; vous les naturaliserez; vous salubrifierez l'air des vastes cantons de la France, que vous régénérez par la sagesse de vos lois.

Projet d'arrêté.

L'Assemblée des Représentants de la Commune;

Prenant dans la plus grande considération les réflexions qui lui ont été présentées pour supplier l'Assemblée nationale de donner suite à ses décrets sur les encouragements à ouvrir pour les desséchements de marais et autres travaux propres à employer un grand nombre de bras qui réclament de l'ouvrage:

A arrêté que la pétition, dont le projet lui a été lu, serait portée à M. le président de l'Assemblée nationale par quatre commissaires, qui suivraient avec la plus grande activité l'effet de cette instante demande.

Elle a, en outre, arrêté que sa pétition et son arrêté seraient imprimés, distribués à tous les membres de l'Assemblée nationale et aux sections de la capitale.

Deux opinions se sont élevées :

L'une, pour l'ajournement de la motion;

L'autre, pour l'envoi de la pétition au Comité d'agriculture et de commerce et à celui de l'extinction de la mendicité.

L'auteur de la motion ayant adopté le second avis;

La proposition de l'ajournement a été retirée.

Et l'Assemblée a arrêté que M. le président écrirait aux Comités d'agriculture et de mendicité de l'Assemblée nationale, pour accompagner l'envoi qu'il leur ferait de la pétition proposée par M. Letellier.

Suit la lettre de M. le président :

Messieurs,

Le peu de temps qui reste à s'écouler jusqu'à l'automne, saison la plus favorable pour l'ouverture des travaux de desséchement, ne nous permet plus de différer nos instances auprès de l'Assemblée nationale pour que ses lois à ce sujet soient rendues complètes.

Sur le rapport de son Comité d'agriculture et de commerce (1), l'Assemblée a décrété que chaque directoire de département *s'occupera de faire dessécher les marais, les lacs et les terres inondées de son territoire; qu'il indiquera le meilleur plan, et emploiera les moyens d'exécution les plus avantageux aux communautés* (2).

Mais, quand tous les départements seraient formés, quand ils auraient arrêté un plan et concerté les moyens d'exécution les plus avantageux à chaque localité, à peine ces travaux pourraient-ils commencer cette année, si les départements n'étaient pas aidés par l'administration générale et par les capitaux des citoyens riches. Cependant, plus les nouvelles lois répressives des anciens abus se multiplient, plus s'augmente le nombre des ennemis de la constitution. La stagnation de l'industrie et celle du commerce sont les suites nécessaires de la Révolution (3), et ces effets ne cesseront qu'avec la cause qui les produit, je veux dire : l'inquiétude des riches.

Le temps seul peut réparer la trop grande inégalité des fortunes; le temps seul peut éteindre les ressentiments et vaincre les préjugés.

Cependant, le nombre d'ouvriers sans ouvrage est si prodigieux dans les villes, et dans Paris surtout, que le danger de leur réunion est le premier des maux dont la prudence nous ordonne de nous garantir. Or, quel moyen plus prompt et plus sûr de le faire que celui d'offrir aux hommes sans propriétés la terre qui est sous les eaux, à la charge de la dessécher et de rembourser, avec ses nouveaux produits, les avances qui leur seront faites pour la mettre en valeur?

Le seul moyen peut-être de sauver les riches des dangers qui les menacent, c'est de préparer un ordre de choses qui leur permette d'employer sûrement et avantageusement leurs capitaux en occupant les bras des pauvres; par là se formerait un traité réciproque entre les uns et les autres pour leur mutuel avantage.

Mais ce traité ne peut se faire, tant que les lois relatives aux desséchements et défrichements ne seront point complètes. On objecte que, s'il se présentait des capitalistes, l'Assemblée nationale décréterait leurs demandes, si elles lui paraissaient raisonnables. S'est-il présenté des capitalistes pour acquérir des biens domaniaux, avant que les lois à ce sujet fussent complètes? Non. Mais, aussitôt que ces lois ont été sanctionnées, les soumissions sont venues en foule. Il en serait de même des défrichements et desséchements, et, comme ceux-ci emploieraient à l'instant le surcroît de la population des villes, le bienfait serait plus sensible pour les dernières classes du peuple.

La Commune de Paris a un si grand intérêt à voir cet ordre de choses s'établir, que l'Assemblée de ses Représentants met au rang de ses premiers devoirs de réitérer ses instances auprès de l'Assemblée nationale à ce sujet : c'est pourquoi elle a arrêté que la pétition ci-jointe serait envoyée au Comité d'agriculture et de commerce de l'Assemblée nationale et à son Comité pour l'extinction de la mendicité (4).

Ce n'est point à des citoyens aussi éclairés que ceux qui composent le

---

(1) Dans la même lettre, envoyée au Comité d'agriculture et de commerce, il y a : « Sur votre rapport, Messieurs. » (*Note de l'édition originale.*)

(2) Art. 1ᵉʳ, voté le 1ᵉʳ mai 1790. (Voir ci-dessus, p. 760, note 3.)

(3) Le texte original porte : *La stagnation de l'industrie et du commerce sont les suites nécessaires...* On a ajouté le mot : *celle*, pour rendre la phrase correcte.

(4) Les réponses des deux Comités sont insérées dans les procès-verbaux des 24 et 28 août. (Voir ci-dessous.)

Comité pour l'extinction de la mendicité qu'il est nécessaire de développer l'influence que de grands travaux ouverts dans plusieurs cantons de la France auraient sur le sort des pauvres (1).

Permettez, Messieurs, que le président de l'Assemblée des Représentants de la Commune, chargé de vous écrire en son nom pour vous recommander instamment sa pétition, se félicite de cette occasion de vous témoigner toute son estime et tout son respect.

J'ai l'honneur d'être, Messieurs,...

Signé : Fauchet, *président*.

~~~ L'Assemblée, après avoir entendu son Comité des rapports sur la demande du sieur Saint-Evroud (2) et sur celle de la dame Guyot (3);

A arrêté, par rapport au sieur de Saint-Evroud, que l'administration du domaine serait invitée à lui accorder un secours de 150 livres, et que M. le président écrirait à M. Anson, député à l'Assemblée nationale et membre du Comité des finances, pour le prier de hâter le remplacement (4) dudit sieur de Saint-Evroud dans les bureaux de ce Comité.

Quant à la demande de la dame Guyot, il a été arrêté qu'elle serait renvoyée, avec les pièces à l'appui, au Département de l'administration.

~~~ La séance a été levée, et l'Assemblée ajournée à demain.

Signé : Fauchet, *président*.

Secrétaires : Demars, Bonneville, Letellier, Ballin, Desprez.

CONSEIL DE VILLE

~~~ Le vendredi 20 août 1790, à six heures du soir, le Conseil de Ville convoqué, réuni en la forme ordinaire, et présidé d'abord par M. Daugy et, ensuite, par M. le Maire;

---

(1) Dans la même lettre au Comité d'agriculture et du commerce, il y a : « Ce n'est point à des citoyens aussi éclairés que ceux qui composent le Comité d'agriculture et de commerce qu'il est nécessaire de développer tout ce que la France obtiendrait des nouvelles productions du sol et de l'industrie, et combien changerait à son avantage la balance du commerce, si toutes les terres stériles du royaume étaient mises en valeur. » (*Note de l'édition originale*.)

(2) Demande renvoyée au Comité le 30 juillet. (Voir ci-dessus, p. 623.)

(3) Demande renvoyée au Comité le 15 juin. (Voir ci-dessus, p. 84.)

(4) Il faut lire, sans doute : *replacement*.

— Il a été fait lecture du procès-verbal de la dernière séance. La rédaction en a été approuvée.

— M. Davous a remis et le secrétaire a fait lecture d'une lettre et d'un procès-verbal de la municipalité du Havre, par lesquels, en témoignant à la Municipalité de Paris son attachement et sa reconnaissance pour les marques d'estime et d'affection consignées dans l'arrêté du Conseil du 5 de ce mois (1), cette municipalité réitère l'expression des sentiments dont elle a donné si souvent les preuves les plus efficaces.

— Sur la demande qui a été faite;

Le Conseil a autorisé MM. Dejoly, Simonet (2) et Buob, administrateurs, chargés de procéder à l'inventaire de la maison des dames Récollettes de la rue du Bacq (3), de faire délivrer à la dame Millet, sœur de Saint-Joseph (4), religieuse de cette maison, transférée depuis quelques années dans une autre maison que la sienne, le linge dont elle avait besoin, savoir : 2 paires de draps, 8 serviettes, 12 mouchoirs, 6 chemises, 4 taies d'oreiller, au moyen de laquelle livraison la maison des dames Récollettes demeurera déchargée de ces objets.

— Le Conseil;

Sur le récit qui lui a été fait, par M. le Maire, de la conduite ferme et courageuse qu'a tenue la cavalerie nationale, le 18 de ce mois, pour sauver un particulier prévenu de vol, aux jours duquel la multitude égarée voulait attenter, et particulièrement du zèle, du courage et de l'intelligence avec lesquels, au risque de sa vie, le nommé Aubri, cavalier surnuméraire de la compagnie de M. Duménil, est parvenu à soustraire ce particulier à la fureur du peuple, et du dévouement avec lequel il a été aidé dans cette circonstance par le nommé Amiot, son camarade, aussi surnuméraire dans la cavalerie nationale, compagnie de L'Assure;

A arrêté que ces deux cavaliers seront mandés au jour qui leur sera indiqué (5), pour y recevoir les justes éloges qui sont dus à leur courage et, en témoignage de satisfaction, chacun un sabre des mains de M. le Maire, et, en outre, le sieur Aubri, une somme de 200 livres, et le sieur Amiot, une somme de 150 livres, pour les dédommager en partie des petits frais qu'ils ont été forcés de faire pour leur service.

(1) Séance du 5 août. (Voir ci-dessus, p. 664.)
(2) *Lire* : SIMONET DE MAISONNEUVE.
(3) Arrêté du 26 mai. (Voir Tome V, p. 542 et p. 565, n° 38.)
(4) Sans renseignements.
(5) La réception eut lieu le 3 septembre. (Voir ci-dessous.)

Le Conseil a, de plus, arrêté qu'il serait écrit, en son nom, une lettre honorable au corps de la cavalerie nationale, qui, depuis son établissement (1), n'a cessé de donner chaque jour des preuves de son zèle et de sa bravoure, et adressé, aussi en son nom, des remerciements au détachement qui, par sa bonne conduite, a sauvé le particulier dont les jours étaient menacés, épargné un crime au peuple égaré et maintenu le respect dû à la loi. (I, p. 770.)

~~~ Lecture faite d'une lettre (2) adressée à M. le Maire par M. Le Seigneur, commissaire au Châtelet, en date du 6 de ce mois, par laquelle M. Le Seigneur rend compte du zèle et du courage avec lequel le nommé Sergent, jardinier, s'est porté dans un puisard où étaient tombés les nommés Laurette, blanchisseur, et Maziot, cocher des places (3), et des efforts infructueux qu'il avait faits pour sauver ces deux particuliers, au péril même de sa vie qui avait couru les plus grands dangers;

Le Conseil a unanimement arrêté qu'il serait écrit au nommé Sergent, pour qu'il se rendît au Conseil, à l'effet de recevoir les justes éloges qu'il a mérités et, en outre, une des médailles d'argent frappées en faveur des citoyens qui auraient exposé leur vie en cherchant à sauver celle de quelques particuliers qui seraient en danger (4).

~~~ Sur le compte, rendu par M. le Maire, d'un mémoire présenté par M. Hulin, capitaine de la compagnie des volontaires de la Bastille, par lequel M. Hulin forme différentes réclamations relatives à la compagnie et à l'indemnité qu'il croit lui être due;

Le Conseil a arrêté que le mémoire serait remis à l'instant au Département de la Garde nationale, pour l'examiner, prendre les renseignements nécessaires et en faire le rapport par écrit au premier Conseil, qui, à cet effet, est indiqué à lundi, 23 du courant (5).

(1) Arrêtés du 16 août 1789, matin. et du 20 septembre 1789, matin. (Voir Tome I, p 238-240, et Tome II, p. 13.) Les capitaines, parmi lesquels DE LASSUSSE ou DELASSUZE et DU MESNIL ou DUMÉNIL, avaient été nommés le 9 octobre, soir, et le 2 novembre, matin. (Voir Tome II, p. 235 et 502.) L'*Almanach militaire de la Garde nationale parisienne* et les *Étrennes aux Parisiens patriotes* ou *Almanach militaire national de Paris* donnent DUMESNIL comme capitaine de la 8e compagnie de cavalerie. D'après le premier de ces recueils, DE LASSUZE était capitaine de la 4e compagnie, tandis que, selon le second, c'était le capitaine de la 2e compagnie qui s'appelait LASSUS.

(2) Le mot *lettre* manque dans le registre-copie.

(3) Il faut lire, sans doute : *cocher des voitures de place*.

(4) La réception eut lieu le 3 septembre. (Voir ci-dessous.)

(5) Le rapport sur l'affaire des *Volontaires de la Bastille* fut présenté, en effet, le 23 août. (Voir ci-dessous.)

— Sur la proposition faite par M. Celerier;

Le Département des travaux publics a été autorisé à rédiger une pétition à l'Assemblée nationale, pour obtenir un décret à l'effet de maintenir le bon ordre dans les ateliers publics.

Le Conseil arrête au surplus qu'il en entendra la lecture à sa première séance (1).

— Sur le rapport, fait par M. Quint, administrateur au Département des travaux publics, des difficultés qui s'étaient élevées relativement aux pierres et autres matériaux qui obstruent le pont Notre-Dame et le Pont-au-change (2);

Le Conseil, considérant que, s'il est urgent de déplacer ces matériaux et de les transporter dans un lieu plus commode, il est encore du devoir de la Municipalité de le faire au moins de frais possible, et surtout de respecter les propriétés publiques et privées;

A arrêté que M. Quint et M. Lejeune se transporteraient, d'ici au premier Conseil, sur le local de la nouvelle église de Saint-Barthélemi (3), pour vérifier s'il pourrait recevoir et contenir tous les matériaux. MM. les commissaires ont été spécialement chargés de voir, à ce sujet, M. le curé de Saint-Barthélemy.

Et, sur ce que plusieurs de MM. les administrateurs ont parlé de la construction du quai, et spécialement du mur donnant sur la rivière;

MM. les commissaires ont été invités à faire également leur rapport à la première séance (4).

Cette discussion a donné lieu à la motion tendante à changer le nom qui paraît avoir été destiné à ce quai, et de l'appeler quai de la Constitution ou quai National ou quai de la Municipalité, au lieu de quai de Breteuil (5).

La motion a été ajournée au moment où MM. les commissaires précédemment nommés feraient leur rapport.

— Sur la demande de M. Osselin, administrateur au Département de la Garde nationale;

Le Conseil a arrêté que cinq petits modèles de canons, qui se sont

(1) Rapport, 23 août. (Voir ci-dessous.)
(2) Difficultés signalées dans les séances du 26 mai et du 26 juillet. (Voir Tome V, p. 537, et ci-dessus, p. 580-581.)
(3) L'église Saint-Barthélemy faisait face au Palais de justice, sur l'emplacement actuel du Tribunal de commerce.
(4) Ce rapport ne se trouve pas dans les procès-verbaux ultérieurs; mais il est question de la construction du quai à la séance du 21 septembre. (Voir ci-dessous.)
(5) Il s'agit du quai actuel de la Cité.

trouvés chez M. Masurier, décédé à l'Arsenal, seraient rendus au roi, qui les a fait réclamer (1).

— Le Conseil, étant informé par le Département de la Garde nationale que le sieur Viotte, commis dans ce Département, s'en était absenté depuis plusieurs mois et retenait chez lui les feuilles et mémoires relatifs aux travaux dont il avait été chargé, ce qui arrêtait toutes les opérations du Département et le mettait hors d'état de faire la moindre disposition ;

A arrêté qu'il serait, par le secrétaire, écrit au sieur Viotte de se rendre à la séance du Conseil indiquée pour lundi, et d'y apporter toutes les pièces qu'il peut avoir à sa disposition (2).

— M. le Maire ayant rappelé au Conseil les deux arrêtés du 12 du courant, relatifs à la fête du roi et à la procession qui doit avoir lieu le jour de saint Louis (3) ;

Il a été procédé, ainsi qu'il suit, à la nomination de MM. les commissaires :

MM. de La Martinière (4), Daugy, Osselin, Le Fèvre de Gineau ont été nommés pour assister à la procession de l'archiconfrérie de Saint-Sébastien ;

MM. Daugy, de La Martinière, Minier, Canuel, Defresne, Dejoly, Brousse, Célerier, de Saint-Martin, Mitouflet, Duport du Tertre, Osselin, Pitra, Le Fèvre de Gineau et Lablée ont été nommés pour aller, avec M. le Maire, présenter à Sa Majesté les vœux et les hommages de la Ville de Paris (5).

— Le Conseil a ordonné qu'il lui serait rendu compte, à sa première séance, d'une délibération de la section des Champs-Élisées, en date du 20 de ce mois, relativement au changement projeté par cette section tant pour le lieu de ses assemblées que pour celui de son comité (6).

(1) Réclamation mentionnée le 5 août. (Voir ci-dessus, p. 664.)
(2) Un nouvel arrêté, concernant le sieur Viotte, fut pris le lundi, 23 août. (Voir ci-dessous.)
(3) Arrêtés du 12 août. (Voir ci-dessus. p. 698.)
(4) Lire : Boullemer de La Martinière.
(5) En exécution des décisions du Conseil de Ville, Bailly écrivit au ministre de la maison du roi, Guignard de Saint-Priest, pour lui demander l'heure à laquelle le roi voudrait bien recevoir, le jour de la saint Louis, les hommages de la Municipalité; pièce manusc. (Arch. Nat., F 1 c III, Seine, 27). On s'occupa, le 23 août, des dispositions à prendre pour cette députation. (Voir ci-dessous.)
(6) On ne connaît pas la délibération de la *section des Champs-Élysées*, mentionnée ci-dessus, dont il n'est plus question dans les séances ultérieures. Il est d'ailleurs assez difficile de déterminer exactement le siège des assemblées générales de cette section et celui de son comité. Ainsi, d'après le décret du 22 juin

[20 Août 1790] DE LA COMMUNE DE PARIS 769

— Le Conseil;

Sur la demande des sieurs Ladouai, Payen et Forest, tous annonceurs des tirages qui se font à l'Hôtel-de-Ville (1);

A ordonné qu'ils seraient payés, par le trésorier de la Ville, de la gratification de 24 livres qu'ils ont toujours été dans l'usage de recevoir.

— Le procureur de la Commune requiert, et le Conseil a ordonné, la transcription sur ses registres :

1° De lettres-patentes du roi du 7 août courant, sur un décret de l'Assemblée nationale du 20 juillet dernier, portant suppression des droits d'habitation, de protection, de tolérance et de redevances semblables sur les juifs (2).

2° D'un arrêt du Conseil d'État du roi, du 7 août, qui nomme le sieur Toussaint Auguste Pitel, pour signer, aux lieu et place du sieur Laurent Blanco, en qualité de tireur, les assignats de 200 livres.

3° D'une proclamation du roi du 8 août courant, sur un décret de l'Assemblée nationale, relatif aux créances arriérées et aux fonctions de son Comité de liquidation (3).

4° Enfin, d'une proclamation du roi du 14 août, sur un décret du 7 du même mois, qui ordonne que, jusqu'à l'entière formation de la municipalité et du département de la Ville de Paris, il sera sursis à son égard à l'exécution du décret du 12 juin, relatif à l'inscription (4) pour le service de la Garde nationale (5).

Le Conseil ordonne que ces lettres-patentes, décrets et proclamations seront publiés, affichés et exécutés selon leur forme et teneur.

— Le Conseil s'est ajourné à lundi, 23 du courant.

— Et la séance a été levée.

Signé : BAILLY; D'AUGY, *président;* DE JOLY, *secrétaire*.

1790, enregistré au Conseil de Ville le 27 juin, les assemblées devaient se tenir dans l'église Saint-Philippe du Roule; pour la même époque, certains documents indiquent la chapelle de Saint-Nicolas du Roule, au n° 193 actuel de la rue du faubourg Saint-Honoré, angle de la rue de Balzac. En 1791, l'*Almanach royal* donne encore l'église de Saint-Philippe du Roule; tandis que l'*Almanach général du département de Paris*, généralement très exact, indique, pour les assemblées générales, l'église des Capucins de la rue Saint-Honoré, et, pour le comité, l'hôtel de Fronsac, aux Champs-Élysées, près la rue de Marigny. Enfin, en 1792, c'est la chapelle Saint-Nicolas du Roule qui reparaît pour les assemblées de la section, tandis que le siège du comité est transporté place Louis XV, au coin des Champs-Élysées, du côté de la rivière.

(1) Il s'agit des tirages de loteries.
(2) Décret du 20 juillet, abolissant une redevance annuelle de 20,000 liv., levée sur les juifs du pays Messin. (Voir *Archives parlementaires*, t. XVII, p. 214-219.)
(3) Décret du 17 juillet, sur la limite des fonctions et des attributions du Comité de liquidation. (Voir *Archives parlementaires*, t. XVII, p. 172-174.)
(4) Le registre-copie porte : *inspection*.
(5) Décret du 7 août, relatif aux élections municipales des sections de Paris. Voir *Archives parlementaires*, t. XVII, p. 650.)

ÉCLAIRCISSEMENTS

(I, p. 766) La petite émeute du 18 août, dont le Conseil de Ville s'occupa dans sa séance du 20, avait été précédée de quelques mouvements dans le genre de ceux qui s'étaient produits les 24 et 25 mai (1), quoique moins graves.

Le *Journal de la Municipalité et des sections* (n° du 19 août) les raconte ainsi qu'il suit :

« Jamais les vols n'ont été plus fréquents ; jamais les coupables en tous genres n'ont été si multipliés ; et, cependant, jamais on n'a moins vu le crime subir une prompte et juste punition. Dans le temps où l'on réforme tous les abus, les lois ne devraient-elles point exercer tout leur empire?

« Vendredi 13 (août), des voleurs ont été arrêtés dans le quartier Saint-Jacques, menés chez le commissaire, à la place Maubert ; le peuple, les voyant conduire au Châtelet, voulait en faire justice.

« Tandis qu'on apaisait cette rumeur, un autre voleur a été pris, rue Mazarine, forçant une porte ; le peuple indigné se préparait à renouveler les scènes barbares des pendaisons : déjà, on s'en était emparé ; la Garde nationale, au péril de sa vie, l'arrache à cette fureur atroce ; elle est attaquée, poursuivie, frappée à coups de pierre ; trois gardes nationaux et un officier ont été blessés. »

Le Département de police adressa alors à la population, à la date du 16 août, une *Proclamation* contre les attroupements (2), dont le même *Journal* publie les extraits suivants :

C'est cette même Garde nationale qui a fait, avec tant de zèle, le service public depuis plus d'un an. La tranquillité qui commence à régner dans la capitale est son ouvrage ; elle s'est chargée, sous nos ordres, d'en répondre aux bons citoyens ; il est nécessaire qu'elle soit respectée ; il convient qu'elle ne soit point attaquée par le peuple même qu'elle doit protéger. La défense est de droit naturel, et non seulement la Garde est autorisée à défendre sa vie menacée, mais, par son institution et pour l'exécution de la loi, elle est obligée de repousser la force par la force et de maintenir, par cette force même, la sûreté des personnes et des postes qui lui sont confiés.

Nous conjurons les bons citoyens de considérer combien la paix et la sûreté sont nécessaires dans cette capitale, où la misère a été et est encore si grande, dans cette ville, que tant de riches ont abandonnée. Nous souhaitons que la paix les y rappelle. On a assez égaré le peuple de Paris par des suggestions différentes : on le tourmente par des inquiétudes renouvelées, et l'on cherche à le perdre en

---

(1) Voir Tome V, p. 345-352.
(2) Cette proclamation, qui n'a point été conservée autrement, ne porte pas de signatures ; mais elle figure dans le *Journal de la Municipalité et des sections*, sous la rubrique : « Département de police ».

paraissant s'occuper de son bonheur. Pour nous, dont tous les soins sont pour le pauvre qui souffre, pour le peuple qui vit de son travail, lorsque nous le défendons contre les ennemis publics qui cherchent à l'agiter pour produire des désordres, nous demandons d'être aidés par tous les honnêtes habitants de cette capitale. Nous les prions de se souvenir que, dans une nation libre, tout citoyen est soldat pour maintenir l'exécution de la loi et assurer la tranquillité publique.

Nous conjurons les bons citoyens de favoriser toujours le zèle, le courage et la fermeté de la Garde nationale, au lieu de la troubler dans ses nobles fonctions, et surtout de ne point se mêler, par curiosité ou autrement, aux attroupements formés par des brigands et des gens malintentionnés pour la chose publique : il ne faut pas que les honnêtes gens partagent leurs risques; il faut que ces brigands soient seuls, afin que la force n'ait qu'eux à repousser et puisse plus facilement les atteindre.

Mais, dès le surlendemain, se produisit l'incident auquel furent mêlés les deux cavaliers de la Garde nationale dont le Conseil de Ville voulut récompenser la conduite. C'est encore le *Journal de la Municipalité et des sections* (n° du 19 août) qui le rapporte en ces termes (1) :

« Malgré cette sage proclamation, un particulier accusé de vol, le 18, aux barrières Saint-Antoine, on veut encore le pendre. Un homme armé d'un coutelas s'avance pour l'enlever à la garde. M. AUBRI, cavalier, lui abat le poignet et porte, pour ainsi dire, le voleur à l'Hôtel-de-Ville, d'où bientôt, sous la plus forte escorte, il est conduit au Châtelet.

« On a admiré la fermeté et la belle évolution de la Garde nationale (2), qui, au milieu d'un peuple immense, forma une vaste enceinte dans la place de Grève et arrêta un particulier, qui criait : *A la lanterne !* »

On a vu que le Conseil de Ville, sur la proposition du Maire, accorda aux deux cavaliers une gratification pécuniaire et un sabre d'honneur. Là ne se bornèrent pas les témoignages de satisfaction qui leur furent décernés.

Le *Journal de la Municipalité et des sections* (n° du 19 août) annonce que, dès le lendemain 19, M. le Maire avait écrit au sieur AUBRI une lettre de félicitation sur sa conduite courageuse, dont il lui promettait récompense.

Dans le numéro suivant (n° du 21 août), il ajoute les détails suivants :

« D'après le compte qui a été rendu à M. le Commandant-général du courage que le détachement de cavalerie, commandé par M. BARBIER (3), avait développé au faubourg Saint-Antoine, le mercredi 18 de ce mois, et surtout de la bravoure et de la générosité des sieurs AUBRY et AMIOT, admis tous les deux comme surnuméraires dans la cavalerie nationale, M. DE LA FAYETTE a réglé que le sieur AUBRY obtiendrait la première, et le sieur AMIOT la seconde place vacante.

---

(1) Ce récit est utilement complété par les détails qui se trouvent dans une délibération de la *section de Notre-Dame*, du 19 août. (Voir ci-dessous. p. 772.)

(2) La *Cavalerie de la Garde nationale*, corps soldé, avait succédé à l'ancienne *Garde de Paris* ou *Guet à cheval*. (Voir Tome I, p. 248, et Tome II, p. 285-286.)

(3) BARBIER était sous-lieutenant de la cavalerie de la Garde nationale, dans une compagnie que l'*Almanach militaire de la Garde nationale parisienne* indique comme la 2ᵉ, et qui serait la 4ᵉ d'après les *Étrennes aux Parisiens patriotes* ou *Almanach militaire national de Paris*.

« MM. les officiers de cavalerie, se disputant l'honneur de récompenser le patriotisme de ces braves militaires, ont arrêté de prélever sur leurs appointements, à compter du 1er de ce mois, l'argent nécessaire pour former la paye du sieur Aubry, jusqu'au moment où il cessera d'être surnuméraire. »

La *section de Notre-Dame* (1), vivement émue de la résistance qu'avait rencontrée, en cette circonstance, la garde civique dans l'exercice de ses fonctions de police, avait pris, le 19 août, la délibération suivante (2), où l'on trouvera quelques détails nouveaux sur l'affaire du 18 :

Un citoyen de l'assemblée a fait le récit : 1° de ce qui s'est passé hier au faubourg Saint-Antoine contre la Garde nationale à cheval, en l'assaillant à coups de pierre et en menaçant de mettre des charrettes à travers les rues pour faciliter cette attaque, enlever et pendre un homme livré à la Garde par la maréchaussée, comme accusé d'avoir fait un vol; 2° des blessures reçues par ladite Garde; 3° des propos tenus par plusieurs personnes pour faire échapper les voleurs arrêtés; 4° de la peine que la Garde à cheval a eu d'amener l'homme arrêté en le prenant et même en le suspendant par les mains qu'il lui a tendues, et en le conduisant au galop à l'Hôtel-de-Ville; 5° des risques que la Garde nationale à pied a courus sur le quai Pelletier, en conduisant ledit homme au Châtelet, par les mouvements du peuple qui disait : *Il faut mettre tous ces Bleus* (3) *à la lanterne*, et a tellement harcelé la Garde qu'elle a été obligée de mettre la baïonnette au bout du fusil et de faire face contre le peuple; 6° de la nécessité de pourvoir à la sûreté publique contre les ennemis de la Révolution, et à éviter que la Garde soit obligée d'employer la force contre la force.

Le même citoyen a fait la motion tendante à ce que l'Assemblée nationale soit suppliée de nommer sur-le-champ un tribunal pour instruire à charge et à décharge et juger, en dernier ressort et dans le plus bref délai, les gens accusés, pris et arrêtés dans les rues de la ville et des faubourgs de Paris, pour les délits qui seront dits y avoir été commis, et que l'arrêté soit envoyé à toutes les sections, avec invitation de délibérer sur le même objet.

L'assemblée a adopté à l'unanimité cette motion.

Signé : Oudet, président.
Teisson, secrétaire.

Sans s'occuper spécialement de l'incident du 18 août, la *section de l'Arsenal* (4) s'inquiétait aussi des troubles trop facilement renaissants dont Paris était le théâtre, et prenait à cet égard, le même jour que la section de Notre-Dame, 19 août, la délibération suivante (5), qui aboutissait à une conclusion à peu près identique :

L'assemblée convoquée légalement et la séance ouverte, l'un des honorables membres d'icelle a demandé la parole et, l'ayant obtenue, a dit :

« Messieurs,

« Depuis l'heureux instant où nous avons conquis notre liberté par notre cou-

---

(1) Formée de l'ancien *district de Notre-Dame* et, en plus, de la partie insulaire du *district de Saint-Séverin*.
(2) Imp. 2 p. in-8° (Bib. Nat., Lb 40/2002). — Communiquée à l'*Assemblée des Représentants de la Commune*, le 27 août. (Voir ci-dessous.)
(3) On appelait ainsi les gardes nationaux, à cause de la couleur de leur uniforme.
(4) Ancien *district de Saint-Louis de la Culture*.
(5) Pièce manusc. (Arch. de la Seine, D 775).

rage et notre intrépidité, nous devions nous flatter de jouir des avantages d'une acquisition aussi inappréciable ; chaque citoyen devait se croire à l'abri de toutes craintes et n'avoir plus à redouter la malveillance de ces lâches qui n'ont pas la force de soutenir les convulsions inévitables d'une régénération véritable et qui voudraient forcer le peuple français à reprendre le joug de l'esclavage.

« Heureux dans le sein de nos familles, à l'ombre des sages décrets de nos augustes législateurs, devions-nous redouter ces ennemis du bien public et de notre constitution? Dans leur jalouse rage, ils se tourmentent eux-mêmes pour nous tourmenter, et ils cherchent partout les moyens de troubler cette paix et cette union sans lesquelles les empires ne peuvent subsister.

« Séductions, écrits, discours incendiaires, ils mettent tout en usage pour jeter partout la confusion et le trouble. Que dis-je? ils vont jusqu'à remuer à prix d'argent une partie de la nation, à animer une foule de brigands à exercer leur scélératesse pour inquiéter le peuple, l'alarmer sur ses propriétés, les autres à répandre des propos incendiaires et à exciter ce même peuple à se venger lui-même sous prétexte que les coupables sont assurés de leur impunité : c'est ainsi que, d'un côté, ils le tiennent toujours dans une espèce d'insurrection, et que, de l'autre, ils cherchent à l'accoutumer insensiblement au mépris des lois en le soulevant contre les braves citoyens qui en ont juré le maintien aux dépens même de leur sang.

« De là, ces soulèvements, ces attroupements, ces cris de tumulte et d'effroi, ces menaces violentes contre les ministres de la loi, contre la loi elle-même.

« En effet, se passe-t-il un jour sans que nos citoyens armés pour le maintien de l'ordre ne soient insultés, menacés, assaillis, repoussés et maltraités par une multitude aveugle, qui, sans apercevoir le piège qu'on lui tend, n'écoute plus que les conseils de la fureur et qui, dans son trouble, ne reconnaît plus ses concitoyens, ses défenseurs et ses frères?

« Avouons-le, Messieurs, il faut un courage héroïque, une constance à toute épreuve pour soutenir continuellement les dégoûts, les alarmes, les veilles et les dangers auxquels se trouve exposée journellement la Garde nationale. Nos cruels ennemis tentent par toutes sortes de voies de désunir les vrais citoyens, de les armer les uns contre les autres et de les faire s'entr'égorger. Hommes atroces, vos efforts seront vains : vous ne jouirez pas d'un triomphe si affreux!

« Cependant, citoyens, il est nécessaire de prévenir des malheurs. Une insouciance blâmable, je dis plus : criminelle, serait l'avant-coureur des plus grands malheurs. Prévenons-les, il en est temps ; et, pour cela, je demande :

« 1° Que toutes les sections soient invitées à se réunir le plus promptement possible pour former une adresse à l'Assemblée nationale et lui demander une loi, prise dans sa sagesse, afin de rappeler la paix et la tranquillité, d'étouffer ce germe odieux d'espérance qui reste aux ennemis de la constitution, et d'établir un tribunal sévère qui punisse ces criminels audacieux qui se font un jeu des prisons et qui n'en sortent que pour retourner au brigandage (1);

« 2° Que cette adresse soit remise entre les mains du chef de la Municipalité, et qu'il soit prié d'en solliciter le succès auprès de l'auguste sénat. »

La matière mise en délibération, il a été unanimement arrêté :

1° Que cette motion sera adoptée dans son entier et envoyée par députation aux 47 autres sections, pour les engager à se réunir afin de faire une adresse à l'Assemblée nationale pour la supplier d'aviser en sa sagesse aux moyens les plus prompts et les plus efficaces de faire cesser tant de maux et d'en prévenir de plus grands en punissant les coupables, seul moyen de rétablir la paix et la tranquillité dans la capitale ;

---

(1) On se plaignait depuis longtemps que les voleurs étaient relâchés aussitôt arrêtés. (Voir Tome V, p. 545-546 et 574-576.)

2° Que cette adresse sera portée à M. le Maire, qui sera instamment prié d'en poursuivre le succès auprès de l'Assemblée nationale.

Et, sur-le-champ, M. le président a été nommé chef de la députation qu'il formera à son choix, et les autres citoyens ont été engagés à se diviser les sections pour leur faire part de cet arrêté, en priant leurs frères des autres sections d'accélérer leur opinion à ce sujet et d'en faire part dans le plus court délai à la section de l'Arsenal.

Signé : Franchet, président.
Virvaux, secrétaire.

Mais l'ensemble des sections ne partageait point, sans doute, les alarmes des citoyens de Notre-Dame et de l'Arsenal : aucune adresse, réclamant des mesures d'ordre, ne fut présentée à l'Assemblée nationale au nom de la Commune, et il ne paraît même pas qu'aucune section ait répondu à l'invitation de délibérer sur cet objet.

FIN DU TOME SIXIÈME

MUTATIONS DANS LE PERSONNEL

DES

REPRÉSENTANTS DE LA COMMUNE

SURVENUES DU 9 JUIN AU 20 AOUT 1790,
CONCERNANT QUATRE DISTRICTS

CAPUCINS DU MARAIS

Le 17 juin 1790, est annoncée la démission de Benoit, non remplacé.

CARMÉLITES

Le 29 juillet 1790, est annoncée la démission de Ravaut, non remplacé.

SAINT-LOUIS EN L'ILE

Le 14 août 1790, est annoncée la démission de Marchais de Migneaux, non remplacé.

SAINT-MAGLOIRE

Le 29 juillet 1790, est annoncée la démission de Vigée, non remplacé.

CORRECTIONS ET ADDITIONS

TOME V

P. 26. — A la fin de la ligne 3, ajouter un renvoi (5), et mettre en note :

(5) Rapport le 13 juillet, et remise de la médaille le 31 juillet. Le nom est alors écrit : GAILLARD. (Voir Tome VI, p. 488 et 633.)

P. 27. — Note (2). Rectifier la note, ainsi qu'il suit :

(2) La lecture du rapport n'eut lieu que le 16 août. (Voir Tome VI, p. 732-733.)

P. 131. — Note (4). A la fin de la dernière ligne, au lieu de : *108*, lire : *109*.

P. 164. — Ligne 12. Après ces mots : *le 26 février*, intercaler ceux-ci : *le 2 mars*.

P. 177. — Ligne 13. Après le nom de LE PRINCE, ajouter un renvoi (10), et mettre en note :

(10) Remplacé par DE SAINT-AMAND, le 14 septembre. (Voir Tome VII, p. 152.)

— Note (4). Ajouter :

Cependant, un rapport partiel fut présenté le 29 septembre. (Voir Tome VII.)

P. 189. — Ligne 2. Après la date *décembre 1791*, ajouter un renvoi (4), et mettre en note :

(4) Du moins, ces six numéros ont seuls été conservés. Mais il est certain que le premier numéro parut en 1790, très probablement le jour même de la Fédération, le 14 juillet. En effet, le 30 janvier 1791, MIRABEAU, alors président, annonça à l'Assemblée nationale que « MM. de la *Société nationale des Neuf Sœurs*, ci-devant présidée par M. RANGEARD, membre de cette Assemblée (*a*), et depuis quelque temps par M. JUSSIEU, de l'Académie des sciences (*b*), faisaient hommage à l'Assemblée nationale des six premiers recueils périodiques de leurs ouvrages, lus dans des séances publiques ». Il ajoutait que, parmi ces ouvrages, il en était plusieurs relatifs à la Révolution présente, et que les membres qui composaient cette Société se faisaient un devoir d'y manifester leur attachement à la constitution nouvelle de l'empire et aux sages décrets qui l'établissent. (Voir *Archives parlementaires*, t. XXII, p. 581.) Ces six recueils périodiques, offerts en janvier 1791, étaient, sans nul doute, les six premiers numéros mensuels du *Tribut*, correspondant vraisemblablement aux six derniers mois de l'année 1790, ce qui fixe au mois de juillet 1790 la publication du premier numéro.

(*a*) RANGEARD (Jacques), archiprêtre, curé d'Andard, l'un des 30 de l'Académie des sciences et belles-lettres d'Angers, député du clergé de la sénéchaussée d'Anjou.

(*b*) DE JUSSIEU (Antoine Laurent), de l'Académie des sciences, lieutenant de maire du Département des hôpitaux, élu le 10 février 1791 membre du Conseil général du département de Paris.

P. 217. — Note (1). Ajouter :

Le *Courrier de Paris dans les provinces et des provinces à Paris* écrit ces noms : BARREAU, BARIVE et MONY.

P. 233. — Ligne 30. Ajouter un renvoi (4), et mettre en note :

(4) BERTHON fut nommé receveur des revenus nationaux, le 29 juillet. (Voir Tome VI, p. 609.)

P. 298. — A la fin de la ligne 7. Ajouter un renvoi (2), et mettre en note :

(2) Séance du 9 janvier. (Voir Tome III, p. 393.)

P. 305. — Note (2). Rectifier la note, ainsi qu'il suit :

(2) La remise du ruban n'est mentionnée qu'à la séance du 14 août. (Voir Tome VI, p. 705.)

P. 340. — Note (6). Ajouter :

Signalé dans le *Journal de la Municipalité et des sections* (n° du 4 septembre).

P. 345. — Note (1). Ajouter :

Résumé dans le *Journal de la Municipalité et des sections* (n° du 4 septembre).

— Note (5). Ajouter :

Signalé dans le *Journal de la Municipalité et des sections* (n° du 4 septembre).

P. 346. — Note (1). Ajouter :

Signalé dans le *Journal de la Municipalité et des sections* (n° du 4 septembre).

P. 399. — Note (4). Ajouter :

L'Assemblée législative reçut communication, le 30 mars 1792, d'une *Opinion de M. Reboul-Senebier*, sur la proposition de vendre les bois nationaux. (Voir *Archives parlementaires*, t. XI, p. 751-755).

P. 460. — Ligne 18. Après les mots : *des Récollets*, ajouter un renvoi (4), et mettre en note :

(4) Il n'y eut pas de délibération du *district des Récollets*. Un arrêté de la *section de Bondy*, ancien *district des Récollets*, du 12 août 1790, le dit clairement. (Voir Tome VI, p. 722-724.)

P. 498. — Note (1). Après le premier paragraphe, ajouter :

Lettre au Comité de constitution, par M. de Bourge, Représentant de la Commune de Paris, du 19 mai 1790, imp. 45 p. in-8° (Bib. Nat., Ld 184/49).

P. 537. — A la fin de la ligne 14, ajouter un renvoi (3), et mettre en note :

(3) Séance du 20 août. (Voir Tome VI, p. 767.)

P. 559. — A la fin de l'*Éclaircissement* IV, ajouter ce paragraphe :

Voici la description de ce jeton, telle que la donne Lenormant (1) : pièce octogone, de 32 mm. de diamètre. Sur une face, le portrait de La Fayette, avec cette légende : *Marquis de La Fayette, maréchal de camp, Commandant-général de la Garde nationale parisienne*. Sur l'autre, les armes de la Ville de Paris, surmontées d'une grenade ; de chaque côté, deux drapeaux en trophée et une branche d'olivier ; au-dessus, sur une banderole : *Vivre libre ou mourir* ; puis, cette inscription : *Compagnie des grenadiers volontaires du 3ᵉ bataillon, VIᵉ division* ; en bas, *1789*.

(1) *Trésor de numismatique*, p. 20 et planche XVII, n° 4.

— Note (1). Ajouter :

et *Courrier de Paris dans les provinces et des provinces à Paris* (n° du 2 juin).

P. 579. — A la fin de la dernière ligne du texte, ajouter un renvoi (3), et mettre en note :

(3) Arrêté du 7 juillet. (Voir Tome VI, p. 430.)

P. 657. — Note (3). Au lieu de : *Roger*, lire : *Royer*.

TOME VI

P. 17. — A la fin de la ligne 27, ajouter un renvoi (3), et mettre en note :

(3) Mêmes détails sur la médaille dans la *Description de la fête du pacte fédératif*, imp. 8 p. in-8° (Bib. Nat., Lb 39/3756).

P. 67. — Note (1). Ajouter :

L'arrêté du *district de Saint-Gervais* serait du 30 janvier, d'après une brochure annoncée par le *Moniteur* (n° du 29 octobre) en ces termes : « *Observations présentées à M. le Maire de Paris*, au nom de Dessuile, sur l'adoption faite, le 30 janvier 1790, par l'assemblée générale du district de Saint-Gervais, des divers projets de canaux de M. Brullée. Paris, chez Royer, libraire, quai des Augustins. » Cette brochure ne figure pas dans les collections de la Bibliothèque nationale.

P. 81. — A la fin de la ligne 10, ajouter un renvoi (3), et mettre en note :

(3) Rapport, le 26 août. (Voir Tome VII, p. 31-32.)

P. 83. — A la fin de la ligne 29, ajouter un renvoi (5), et mettre en note :

(5) Séances du *Conseil de Ville*, du 22 juillet et du 14 août. (Voir ci-dessous, p 544 et 711.)

P. 84. — A la fin de la dernière ligne du texte, ajouter un renvoi (6), et mettre en note :

(6) Séance du 20 août. (Voir ci-dessous, p. 764.)

P. 132. — Note (5), ligne 2. Après les mots : *ou La fête de la liberté*, ajouter : par Ronsin.

P. 133. — A la fin de la ligne 28, ajouter un renvoi (3), et mettre en note :

(3) La *Chronique de Paris* (n° du 20 juillet 1790) dit de cette pièce, avec beaucoup de bienveillance : « Nous croyons que cette tragédie pourrait produire de l'effet, mais nous doutons que l'appareil maçonnique que l'auteur y déploie puisse être jamais tragique et théâtral. »

P. 148. — Ligne 14. A la suite des mots : *à ce sujet*, ajouter un renvoi (3), et mettre en note :

(3) Lettre publiée par M. Tuetey, dans *L'Assistance publique à Paris pendant la Révolution* (t. I, p. 291-292).

P. 173. — A la fin du dernier alinéa, commençant par ces mots : *On trouve, en effet, dans le Cahier particulier de la Ville de Paris*, … fermer les guillemets, et ajouter ce qui suit :

Et l'art. 16 de la VIe partie du *Cahier du tiers état* est encore plus net, quand il dit : « Que tous privilèges pour les voitures publiques soient supprimés, et que les carrosses de remise et de place ne soient plus assujettis à aucune rétribution (4). »

(4) Voir Chassin, *Les élections et les cahiers de Paris en 1789* (t. III, p. 361).

P. 224. — A la fin de la ligne 19, ajouter un renvoi (5), et mettre en note :

(5) L'Assemblée s'occupa de nouveau de cette affaire le 30 août. (Voir Tome VII p. 50.)

P. 373. — A la fin du dernier alinéa de l'*Éclaircissement*, ajouter ce qui suit :

L'adresse du 19 août à l'Assemblée nationale dit cependant que cinq districts avaient adhéré (3).

(3) Voir ci-dessous, p. 751.

P. 430. — A la fin de la ligne 23, ajouter un renvoi (5), et mettre en note :

(5) Séances des 9 et 14 août. (Voir ci-dessous, p. 683 et 705.)

P. 437. — Note (2). Ajouter ce qui suit :

L'ordre de frapper la médaille relative à l'établissement de la mairie de Paris fut révoqué le 31 juillet. (Voir ci-dessous, p. 636.)

P. 445. — A la fin de la ligne 31, ajouter un renvoi (5), et mettre en note :

(5) Adresse présentée le 1er mars. (Voir Tome IV, p. 249.)

P. 519. — Note (4). Ajouter ce qui suit :

Annoncé par le *Moniteur* (n° du 24 septembre).

P. 544. — Note (4). Au lieu de : *DELONDE*, lire : *DOLONDE*.

P. 546. — Note (6). Ajouter ce qui suit :

Rapport présenté le 21 septembre. (Voir Tome VII.)

P. 579. — A la fin de la ligne 20, ajouter un renvoi (3), et mettre en note :

(3) La démolition de la maison de la rue de la Bûcherie est annoncée au *Conseil de Ville*, le 13 septembre. (Voir Tome VII, p. 144.)

P. 668. — Note (4). Ajouter ce qui suit :

Quelques sections se prononcèrent, dans le courant d'août et de septembre, pour la création de *Caisses patriotiques d'échange*. (Voir Tome VII, p. 81-82.)

P. 722. — Note (3). Ajouter ce qui suit :

Notamment les *sections des Enfants-rouges, du Roi de Sicile, du Temple, de la Bibliothèque*, et peut-être *de la Place Vendôme*. (Voir ci-dessous, p. 724-729.)

— Note (4). Après les mots : *21 août, soir*, supprimer le mot : *et*. Après les mots : *26 août, soir*, ajouter : *et le 27 août, matin*. Entre les chiffres *204* et *294*, remplacer le mot : *et*, par une virgule. Après le chiffre *294*, ajouter : *et 303*.

P. 738. — Note (3), lignes 2 et 3. Au lieu de : *que nous aurons occasion de retrouver plus tard*, lire : *qui se constituera définitivement le 8 octobre*. (Voir ci-dessous.)

TABLE

DES JOURNAUX ET OUVRAGES CITÉS

I. — JOURNAUX

Actes des Apôtres, publié par J. PELTIER, paraissant depuis novembre 1789. = P. *281*.

Ami des citoyens ou *Journal pour chacune des classes du peuple*, dirigé par DE BRIÈRE, rédigé par FRÉRON (Stanislas), d'avril à septembre 1790. = P. *356*, texte et notes 2 et 4.

Ami du peuple ou *Publiciste parisien*, rédigé par J. P. MARAT, paraissant depuis le 16 septembre 1789. = P. *255; 282; 283; 291*, note 4 ; *295; 297*, note 1 ; *311; 315; 320; 321*, texte et note 5 ; *322*, texte et note 6 ; *323*, texte et note 3 ; *356*, note 3 ; *611*, notes 2 et 3 ; *612; 616*, note 3.

Ami du roi, des Français, de l'ordre et surtout de la vérité, rédigé par CRAPART, ROYOU et MONTJOIE, paraissant depuis le 1er juin 1790. = P. *200; 201*.

Annales de l'éducation du sexe ou *Journal des demoiselles*, par madame BOCHET-MOURET, publié pendant deux mois, vers avril-mai 1790. = P. 22.

Assemblée nationale, Commune de Paris et corps administratifs du royaume (suite de *Versailles et Paris* ou *Rapport des séances de l'Assemblée nationale et des Communes de Paris*), publié par l'éditeur CUCHET, rédigé par PERLET, de février à novembre 1790. = Observations sur un article de ce journal : p. 46, texte et notes 2 et 3.— Réponse du journal : p. 46, note 4.

Bouche de fer, rédigé par C. FAUCHET et N. DE BONNEVILLE, publié à partir de janvier 1790. = P. *133*.

Chronique de Paris, fondée le 24 août 1789, par A. L. MILLIN et J. F. NOEL. = P. *107; 108; 133; 174*, note 1 ; *257*, note 1 ; *288; 316*, note 3 ; *347; 412; 413; 414*, note 1 ; *461; 548*, note 5 ; *560; 561; 595*, note 3 ; *718; 756*, note 3 ; *779* (addition à la p. 133).

Courrier de Paris dans les provinces et des provinces à Paris, par A. J. GORSAS, paraissant depuis le 20 octobre 1789, publié, depuis le 3 août 1790, sous le titre de *Courrier de Paris dans les 83 départements*. = P. *66; 108*, note 1 ; *220; 221; 254; 283; 284; 285*, texte et notes 1 et 2 ; *287*, note 3 ; *351*, note 3 ; *597*, note 3 ; *610*, note 2 ; *611; 614*, note 5 ; *616*, note 3 ; *699*, note 3 ; *777* (addition à la p. 217 du Tome V) ; *778* (addition à la p. 559 du Tome V).

Gazette de Paris, rédigée par DU ROZOY, paraissant depuis le 1er octobre 1789. = P. *281*.

Gazette nationale. = Voir *Moniteur universel*.

Journal de la Municipalité et des districts de Paris, publié par F. L. BAYARD, depuis octobre 1789, puis, à partir du 22 juin 1790 (promulgation du décret du 21 mai sur l'organisation municipale de Paris), *Journal de la Municipalité, des districts et des sections de Paris*. = P. 3, note 1 ; 7, note 1 ; *18; 28; 40*; 44, note 1 ; 67, note 1 ; *70; 73*; 83, note 2 ; *105; 108*, note 1 ; *109*, note 1 ; *111*, note 1 ; *113; 116; 117; 119; 122*, note 2 ; *123*, note 3 ; *128*, note 2 ; *129*, note 1 ; *138*, note 1 ; *142*, note 1 ; 144, note 4 ; *145*, note 1 ; *149*, note 2 ; *151*, note 2 ; *153*, note 1 ; *182*, note 1 ; *189*, note 2 ; *198; 200; 201; 201-205; 207; 209; 210; 218; 219; 220; 221; 223*, note 7 ; *224*, notes 1, 2, 3 et 4 ; *225*, notes 1, 2 et 3 ; *233*, notes 3, 4 et 5 ; *234*, notes 1 et 4 ; *235*, note 1 ; *236*, note 3 ; *244*, note 1 ; *261; 284*, note 3 ; *283*, note 1 ; *285*, note 2 ; *316; 330*, note 5 ; *353; 354*, note 3 ; *369*, note 4 ; *381*, note 2 ; *382; 411; 412; 414*, note 1 ; *415*, note 2 ; *425; 426; 442*, texte et note 5 ; *459; 462*, note 1 ; *465*, notes 1 et 2 ; *466*, texte et note 3 ; *467*, notes 2 et 3 ; *468*, note 1 ; *469*, texte et note 1 ; *473; 476*, note 2 ; *478*, notes 1 et 2 ; *511*, note 5 ; *518*, note 1 ; *537*, note 5 ; *546*, note 9 ; *548*; notes 1 et 5 ; *549*, texte et note 5 ; *561*, note 2 ; *562*, note 4 ; *563*, notes 2 et 3 ; *567*, note 2 ; *595*, note 2 ; *596*, notes 1 et 3 ; *600*, note 3 ; *610*, note 2 ; *612*, note 1 ; *620-622; 704*, note 2 ; *707*, notes 1 et 3 ; *709*, note 1 ; *718; 719*, texte et note 2 ; *720*, note 1 ; *721*, notes 4 et 5 ; *745*, note 3 ; *746*, note 4 ; *751; 770*, texte et note 2 ; *771; 778* (addition aux p. 340, 345 et 346 du Tome V).

TABLE DES JOURNAUX ET OUVRAGES CITÉS

Journal de Paris, paraissant depuis 1777. = P. *17*; *75*; *107*, *348*; *494*; *596*, note 1; *612*, note 5; *615*, note 2; *705*; *718*; *756*, note 3.

Journal des débats et des décrets, compte rendu des séances de l'Assemblée nationale, fondé en août 1789 par l'imprimeur BAUDOUIN. = P. *252*, notes 1 et 2; *387*, note 4 et 5; *718*; *756*, note 3.

Journal des demoiselles. = Voir *Annales de l'éducation du sexe*.

Journal général de France, paraissant depuis 1785, rédigé par L. A. BONAFOUS. = P. *300*, note 1; *356*, texte et note 1.

Journal général de la cour et de la ville, publié depuis décembre 1789 par J. L. GAUTIER DE SYONNET. = P. *7*, note 1; *318*; *594*, note 7; *596*, note 1.

Journal pour chacune des classes du peuple. = Voir *Ami des citoyens*.

Moniteur universel ou *Gazette nationale*, fondé en novembre 1789 par l'éditeur PANCKOUCKE. = P. *3*, note 1; *66*; *72*, note 1; *108*; *113*; *116*; *132*, note 2; *133*; *177*, note 4; *178*, note 3; *205*; *252*, note 1; *254*, note 5; *283*, note 1; *298*, note 2; *325*, note 1; *339*, note 1; *345*, note 2; *346*, notes 3, 6 et 7; *318*, texte et note 1; *349*, texte et note 6; *353*, note 1; *363*; *436*, note 4; *442*, note 2; *444*, note 2; *457*, notes 3 et 4; *458*, note 2; *459*, notes 1 et 2; *462*, note 1; *465*, note 2; *466*, note 3; *467*, note 3; *468*, note 1; *474*, note 3; *486*, note 2; *493*; *519*, note 4; *582*, note 1; *590*, note 4; *594*, note 3; *595*, note 3; *610*, note 1; *620*, notes 5 et 6; *717*, note 6; *731*; *756*, note 3: *779* (addition à la p. 67); *780* (addition à la p. 519).

Orateur du peuple, rédigé par FRÉRON (Stanislas), édité par ENFANTIN (Marcel), paraissant depuis mai 1790. = P. *281*; *285*, note 3; *286*, note 1; *297*, note 1; *338*; *350*; *351*, note 4; *352*; *353*, notes 1 et 2; *354*; *355*; *356*; *357*.

Patriote français, rédigé par J. P. BRISSOT (de Ouarville), paraissant depuis le 28 juillet 1789. = P. *594*, note 7; *595*, note 3; *596*, note 1; *610*, note 2.

Point du jour, compte rendu des séances de l'Assemblée nationale, publié par B. BARÈRE DE VIEUZAC, depuis juin 1789. = P. *718*; *756*, note 3.

Publiciste parisien. = Voir *Ami du peuple*.

Révolutions de France et de Brabant, rédigé par C. DESMOULINS, paraissant depuis novembre 1789. = P. *254*, texte et note 1; *317*; *323*, texte et note 2; *352*, textes et notes 3 et 5; *355*, note 2.

Révolutions de Paris, rédigé par E. LOUSTALLOT, paraissant depuis juillet 1789. = P. *253*, texte et note 8; *254*; *283*; *285*, note 3; *286*, note 1; *288*; *297*, note 1; *317*; *332*; *339*, note 1; *613*, note 4; *689*, note 3; *718*.

Tribut de la Société nationale des Neuf-Sœurs, recueil de mémoires lus dans les séances de cette Société, ayant paru de juillet 1790 à décembre 1791. = P. *777* (addition à la p. 189 du Tome V).

II. — ALMANACHS, GUIDES, DICTIONNAIRES, ETC.

Almanach général du département de Paris, année 1791. = P. *336*, note 1; *639*, note 2; *768*, note 6.

Almanach militaire de la Garde nationale parisienne, 1790. = P. *645*, note 5; *659*, note 2; *662*, note 1; *684*, note 1; *766*, note 1; *771*, note 3.

Almanach militaire national de Paris ou *Étrennes aux Parisiens patriotes*, par BRETELLE et ALLETZ, 1790. = P. *645*, note 5; *659*, note 2; *662*, note 1; *684*, note 1; *766*, note 1; *771*, note 3.

Almanach royal, 1791. = P. *639*, note 2; *768*, note 6.

Dictionnaire historique de la Ville de Paris et de ses environs, par HURTAUT et MAGNY, 1787. = P. *84*, note 2; *299*, note 2; *301*, note 3; *388*, note 3; *675*, note 2.

Étrennes aux Parisiens patriotes. = Voir *Almanach militaire national de Paris*.

Guide des amateurs et des étrangers voyageurs à Paris, par THIÉRY, 1787. = P. *299*, note 2; *301*, note 3; *312*, note 1; *314*; *315*; *388*, note 3; *675*, note 2.

III. — MÉMOIRES, RECUEILS ET OUVRAGES CONTEMPORAINS.

AUDE, *Le Journaliste des ombres* ou *Momus aux Champs-Élysées*, pièce-héroï-nationale, 1790. = P. *132*, texte et note 3.

BAILLY et DUVEYRIER, *Procès-verbal des séances et délibérations de l'Assemblée générale des Électeurs de Paris*, 1789. = P. *411*, note 6; *413*, notes 2 et 3.

BERTOLIO, *Ultimatum à M. l'évêque de Nancy*, brochure, 1790. = P. *444*, texte et note 2.

DE BONNEVILLE, *L'année MDCCLXXXIX* ou *Les tribuns du peuple*, tragédie, 1790. = P. *123*; *132-133*.

TABLE DES JOURNAUX ET OUVRAGES CITÉS

DE BONNEVILLE, *Le tribun du peuple* (Recueil de lettres de quelques Électeurs réunis à l'Archevêché), brochure, 1789. = P. 133.

DE CHÉNIER (Louis), *Idées pour un cahier du tiers état de la Ville de Paris*, brochure, 1789. = P. 359, texte et note 3.

DE CHÉNIER (Louis Sauveur), *Plan général et détaillé pour la formation, entière organisation, solde, police et administration d'un corps d'artillerie nationale parisienne*, 1790. = P. 359.

COUSIN, *Mémoire sur les moyens de donner du travail aux ouvriers et aux artistes de la capitale*, 1790. = P. 693; 708, note 5.

DELACROIX, *Le Spectateur français* ou *Le nouveau Socrate moderne*, revue, 1790-1791. = P. 316, texte et notes 5 et 7.

DÉSAUGIERS, *La prise de la Bastille*, hiérodrame. — P. 158, texte et notes 4 et 5; 159.

DUSAULX, *Mémoires sur le 14 juillet*, 1790. = P. 248; 251.

DUSAULX, *De l'insurrection parisienne et de la prise de la Bastille*, discours historique, 1790. = P. 436, texte et note 4.

FAUCHET, *Discours aux Vainqueurs de la Bastille, à leur assemblée générale tenue le 25 juin 1790.* = P. 218, texte et note 6.

FAUCHET, *Éloge civique de Benjamin Franklin*, prononcé le 21 juillet 1790. = P. 538-540; 542, note 1; 576.

FAUCHET et DE BONNEVILLE, *Cercle social* (Recueil de lettres), 1790. = P. 133.

FRÉRON, *Adresse aux amis de la liberté*, brochure, 1790 = P. 356, texte et note 4.

JAILLOT, *Plan de Paris*, 1775. = P. 675, note 2.

LABLÉE, *Mémoires d'un homme de lettres*, 1825. = P. 121, texte et note 2.

DE LAFARE, *Quelle doit être l'influence de l'Assemblée nationale sur les matières ecclésiastiques et religieuses?* brochure, 1790. = P. 444, note 2.

DE LAMETH (Alexandre), *Examen d'un écrit intitulé : « Discours et réplique du comte de Mirabeau »*, 1790. = P. 339, texte et note 1.

LE GRAND, *Le masque de fer* ou *Les princes jumeaux*, tragédie, 1790. = P. 215; 220, texte et note 2.

MARAT, *C'en est fait de nous*, pamphlet, 1790. = P. 611, texte et notes 2 et 3; 628, note 2.

MERCIER, *La Fédération* ou *Offrande à la liberté française*, poème, 1790. = P. 569, texte et note 1; 589; 705.

OSSELIN, *Principes essentiels d'un plan d'artillerie pour la Ville de Paris*, 1790. = P. 358, note 1.

PONCE, *Les fastes de la Révolution française*, suite d'estampes, 1791. = P. 315, note 2.

DE ROSSY, *Sur les dispositions politiques et morales qu'il nous faut presser d'avoir*, Adresse aux assemblées électorales de France, 1790. = P. 582, texte et note 1; 651-652.

IV. — OUVRAGES MODERNES

AMIABLE (Louis), *Les Origines maçonniques du Musée de Paris et du Lycée*, dans *La Révolution française* (Revue). = P. 311; 314, note 2.

AULARD, *La Société des Jacobins*. = P. 254, notes 2 et 3; 255, note 1; 286, note 1.

BAZIN, *Histoire de France sous Louis XIII*. = P. 702, texte et note 1.

BERTHELOT, *Notice sur les publications et sur les origines de la Société philomatique*, dans le *Journal des savants*. = P. 388, note 5.

BLANC (Louis), *Histoire de la Révolution française*. = P. 282, note 3.

BONNEMÈRE (Eugène), *Études historiques saumuroises*. = P. 119, note 1.

BUCHEZ et ROUX, *Histoire parlementaire de la Révolution française*. = P. 282, note 3; 611, note 2.

CAMPARDON (Émile), *Les spectacles de la foire*. = P. 51, note 1.

CHARAVAY (Étienne), *Assemblée électorale de Paris*, années 1790-1791. = P. 76, note 2; 310, note 5; 582, note 1.

CHASSIN (Charles Louis), *Les élections et les cahiers de Paris en 1789*. = P. 29, note 3; 173, notes 1 et 3; 335, notes 2 et 3; 359, note 4; 406, note 3; 482, note 1; 547, note 1; 653, note 3; 779 (addition à la p. 173).

DEJOB (Charles), *De l'établissement connu sous le nom de Lycée et d'Athénée*, dans la *Revue internationale de l'enseignement*. = P. 310, texte et notes 6 et 7; 311, note 2.

DU CAMP (Maxime), *Paris, ses organes, sa vie, ses fonctions*. = P. 173, note 1.

FÉTIS (F. J.), *Biographie universelle des musiciens*. = P. 158, note 5.

FOURNEL (Victor), *Les hommes du 14 juillet, gardes-françaises et vainqueurs de la Bastille* = P. 238, note 3; 239, note 5.

GAUTIER (Hippolyte), *L'an 1789.* = P. *346*, note 2.
GIRARD, *Recherches sur les eaux publiques de Paris.* = P. 77, note 5.
GUILLAUME (J.), *Procès-verbaux du Comité d'instruction publique de la Convention.* = P. *350*, note 1.
HENNIN, *Histoire numismatique de la Révolution française.* = P. *16*, texte et note 5.
LAURENT. = Voir MAVIDAL.
LEFEUVE, *Les anciennes maisons de Paris.* = P. 675, note 2..
LENORMANT, *Trésor de numismatique.* = P. 16, texte et note 6; 778 (addition à la p. 559 du Tome V).
LITTRÉ, *Dictionnaire de la langue française.* = P. 483, note 1.
MAVIDAL et LAURENT, *Archives parlementaires.* = P. 39, note 1; 51, note 8; 70, note 2; *71*, note 3; *75*, notes 1, 2 et 4; *77*, note 3; *98*, note 3; *102*, note 3; *104*, note 2; *112*, note 1; *120*, note 3; *121*, note 1; *131*, note 6; *135*, note 2; *137*, note 2; *141*, note 2; *142*, note 2; *152*, note 4; *164*, note 3; *171*, note 5; *177*, note 2; *179*, notes 4 et 6; *189*, note 1; *191*, notes 1 et 2; *227*, note 2; *239*, notes 2 et 3; *244*, note 2; *244*, note 2; *252*, note 3; *253*, note 2; *257*, notes 2 et 3; *258*, notes 1, 2, 5 et 6; *259*, notes 1 et 2; *275*, note 4; *276*, notes 3 et 4; *280*, note 2; *283*, note 3; *298*, note 4; *299*, note 1; *300*, notes 3, 4 et 5; *319*, note 1; *324*, note 2; *333*, note 1; *331*, note 2; *335*, note 1; *337*, note 4; *340*, note 4; *346*, note 4, *349*, note 7; *355*, note 2 (a); *368*; *372*, note 2; *384*, note 2; *385*, notes 1 et 5; *386*, notes 1; 2, 3, 6 et 7; *389*, note 4; *391*, note 3; *392*, note 1; *393*, note 4; *394*, note 1; *401*, note 3; *422*, note 2; *439*, note 1; *442*, note 5; *443*, notes 1, 2 et 5; *468*, note 2; *471*, notes 3, 5 et 7; *472*, notes 1 et 2, *477*, note 2; *478*, notes 1 et 2; *483*, notes 7 et 8; *484*, note 1; 492, note 2; *494*, note 1; 503, note 1; 519, note 2; 524, notes 2, 3 et 4; 525, note 1; 529, note 2; 531, note 2; 557, note 1; 563, notes 1 et 2; 566, note 1; 586, note 2; 595, note 2; 596, notes 1, 2 et 3; 597, notes 1 et 4; 598, notes 1, 2 et 3; 599, notes 1, 2 et 3; 600, notes 2 et 4; 603, note 3; 611, note 2; 613, note 3; 615, notes 1 et 4; 616, notes 1 et 4; 617, notes 1, 2, 4, 5 et 8; 618, note 2; 619, notes 1, 2, 3, 4, 5 et 6; 620, notes 1, 3 et 4; 628, notes 3, 5, 6 et 8; 629, notes 1, 2, 3 et 4; 635, note 2; 649, notes 1, 2, 3 et 4; 665, notes 2, 3 et 4; 666, note 2; 679, notes 1 et 2; 680, notes 1, 3, 4, 5, 6 et 7; 681, note 1; 683, note 4; 699, notes 4 et 6; 700, notes 1, 2, 3, 4, 5 et 6; 701, note 1; 704, note 5; 710, notes 3 et 5; 711, notes 2 et 5; 713, notes 1 et 2; 714, notes 3, 5 et 6; 717, note 6; 720, notes 1 et 2; 721, notes 4 et 5; 722, note 4; 724, notes 2 et 4; 725, notes 1 et 2; 726, notes 3, 4 et 5; 727, note 1; 728, note 4; 729, note 7; 730, note 1; 731, note 2; 749, note 10; 751, note 4; 756, notes 1 et 3; 760, notes 2 et 4; 761, note 1; 769, notes 2, 3 et 5; 777 (addition à la p. 189 du Tome V); 778 (addition à la p. 399 du Tome V).
MILLIN, *Histoire métallique de la Révolution française.* = P. 16, texte et note 7.
MONIN (H.), *L'état de Paris en 1789.* = P. *180*, note 1.
QUÉRARD, *La France littéraire.* = P. 569, note 1.
ROBINET, *Danton, homme d'État.* = P. 599, note 4.
ROBINET, Document faisant partie de sa bibliothèque. = P. *316*, note 3.
ROBIQUET (Paul), *Le personnel municipal de Paris pendant la Révolution.* = P. *98*, note 2; 100, note 1; 101, note 4.
TOURNEUX (Maurice), *Bibliographie de l'histoire de Paris pendant la Révolution française.* = P. *103*, note 1; *113*, note 1; *153*, note 1; *244*, note 1; *282*, note 5; *283*, note 1; *289*, note 3; *318*, note 4; *355*, note 1; *356*, note 4; *357*, note 2; *427*, note 1; *458*, note 5; *475*, note 5; *594*, note 2; *596*, note 3; *597*, note 5; *690*, note 3; *729*, note 7; *755*, note 1; *756*, note 1.
TOURNEUX, Article sur de Chénier (Louis), dans l'*Encyclopédie générale.* = P. *359*, note 5.
TUETEY (Alexandre), *Répertoire général des sources manuscrites de l'histoire de Paris pendant la Révolution française.* = P. *9*, notes 5 et 6; *26*, texte et note 3; *65*, note 1; *75*, note 3; *93*, note 1; *144*, note 1; *171*, note 1; *176*, note 5; *247*, note 1; *291*, note 5; *318*, note 4; *426*, note 3; *494*; *595*, note 4; *618*, note 3; *663*, note 2; *686*, note 2; *729*, notes 6 et 7.
TUETEY (Alexandre), *L'assistance publique à Paris pendant la Révolution.* = P. 65, note 2; *120*, note 2; *281*, note 1; 377, note 1; *389*, note 6; *390*, notes 1, 3, 4, 5 et 6; *391*, notes 1 et 2; *392*, note 2; *393*, note 5; 451, note 1; 508, note 1; 716, note 4; 779 (addition à la p. 148).
WELSCHINGER (Henri), *Le théâtre de la Révolution.* — P. 133, note 1; 220.

TABLE GÉNÉRALE DES MATIÈRES

                                                                                              Pages

INTRODUCTION. I

9 Juin 1790.

ASSEMBLÉE DES REPRÉSENTANTS DE LA COMMUNE. Séance. 1
                            Éclaircissement :
I. — Poursuite intentée contre les auteurs inconnus d'un pamphlet.   9

10 Juin 1790.

CONSEIL DE VILLE. 11
                            Éclaircissements :
I. — Sur la médaille commémorative de la Fédération 16
II. — Discours du président de l'*Assemblée des députés des sections pour le pacte fédératif*, Charon, au Conseil de Ville. . . . 18

11 Juin 1790.

ASSEMBLÉE DES REPRÉSENTANTS DE LA COMMUNE. Séance. 20
CONSEIL DE VILLE. 23
                            Éclaircissement :
I. — Projet de *Confédération des dames*. 26

12 Juin 1790.

ASSEMBLÉE DES REPRÉSENTANTS DE LA COMMUNE. Séance. 29
CONSEIL DE VILLE. 34
                            Éclaircissement :
I. — Le Maire veut passer la Garde nationale en revue. 40

13 Juin 1790.

CONSEIL DE VILLE. Séance du matin. 42
    —   Séance du soir. 44
                                                          50

14 Juin 1790.

	Pages.
ASSEMBLÉE DES REPRÉSENTANTS DE LA COMMUNE. Séance.	46
CONSEIL DE VILLE.	54

Éclaircissements :

I. — Discours de Brissot contre l'intervention des districts dans l'administration en général et dans la vente des biens ecclésiastiques en particulier. 59
II. — Sur la construction d'un corps-de-garde, place Maubert. . . 63
III. — L'ingénieur Brullée et le projet de canal de la Marne à l'Oise et de Paris à Dieppe. L'*Assemblée des députés des sections pour le canal de Paris* et l'*Adresse de la Commune de Paris à l'Assemblée nationale*. Décret de concession. 64

15 Juin 1790.

ASSEMBLÉE DES REPRÉSENTANTS DE LA COMMUNE. Séance. 79
CONSEIL DE VILLE. 86

Éclaircissement :

I. — Délibération du district des Carmélites en faveur d'un garde national blessé. 89

16 Juin 1790.

ASSEMBLÉE DES REPRÉSENTANTS DE LA COMMUNE. Séance. 91
CONSEIL DE VILLE. 96

Éclaircissements :

I. — Dissolution de la *Basoche* militaire. 102
II. — Les fédérés des départements seront-ils logés chez les bourgeois? Arrêté à ce sujet : les districts consultés ; l'administration embarrassée. 104
III. — Pierre de la Bastille offerte à la ville de Saumur par Bonnemère (Aubin), vainqueur de la Bastille. 117
IV. — Le dispensaire du chirurgien Dumont de Valdajou. 119
V. — Extrait des *Mémoires de Lablée*. 121

17 Juin 1790.

ASSEMBLÉE DES REPRÉSENTANTS DE LA COMMUNE. Séance. 122
CONSEIL DE VILLE. 131

Éclaircissements :

I. — *L'année 1789* ou *Les tribuns du peuple*, tragédie, par de Bonneville. 132
II. — La fin de la *Basoche* militaire : ses drapeaux à Notre-Dame. . 133
III. — Présentation à l'Assemblée nationale de l'*Adresse de la Municipalité de Paris* sur la vente des biens ecclésiastiques, à laquelle il est répondu par l'*Adresse des députés des soixante sections de Paris*. L'Assemblée nationale donne raison aux députés des districts contre le Conseil de Ville. 133

TABLE GÉNÉRALE DES MATIÈRES

Pages.

18 Juin 1790.

Assemblée des Représentants de la Commune. Séance. 144

Éclaircissement :

I. — Rapport sur le compte du Département du domaine de la Ville. 153

19 Juin 1790.

Assemblée des Représentants de la Commune. Séance. 158
Conseil de Ville. 163

Éclaircissements :

I. — Délibération du district de Notre-Dame sur les drapeaux des gardes-françaises. 170
II. — Décret sur l'occupation du couvent des Capucins de la rue Saint-Honoré. 171
III. — Le privilège des voitures de place. Règlements de police : tarif des courses. Requête des loueurs et mémoire des cochers. Résiliation du privilège. 179

21 Juin 1790.

Assemblée des Représentants de la Commune. Séance. 181
Conseil de Ville. 190

Éclaircissements :

I. — Discussion sur le corps-de-garde de la place des Innocents. . 198
II. — Les drapeaux de l'*Arquebuse* de Montmartre à Notre-Dame. . 199
III. — L'affaire de Chaix de Saint-Ange, prêtre de la Salpêtrière (*suite*). 200
IV. — Réclamation sur le mode d'élection des députés de la Garde nationale à la Fédération. 202
V. — L'*Assemblée des députés des sections pour le pacte fédératif* et les préparatifs de la Fédération. 203

22 Juin 1790.

Assemblée des Représentants de la Commune. Séance. 211
Bureau de Ville. 216

Éclaircissements :

I. — Prime temporaire accordée pour l'approvisionnement des marchés de bestiaux de Sceaux et de Poissy 218
II. — Sur l'interdiction d'un spectacle. 219
III. — *Le masque de fer* ou *Les princes jumeaux*, tragédie, par Le Grand. 220
IV. — Ordonnance de police sur les bains en rivière. 220

23 Juin 1790.

Assemblée des Représentants de la Commune. Séance. 222
Conseil de Ville. 226

25 Juin 1790.

ASSEMBLÉE DES REPRÉSENTANTS DE LA COMMUNE. Séance. 230

Éclaircissements :

I. — Grandeur et décadence des Vainqueurs de la Bastille : les protestations des anciens gardes-françaises et des districts les obligent à renoncer au bénéfice du décret du 19 juin. . . . 238
II. — Décision du Comité de constitution relative aux compagnies d'Arquebuse. 260

26 Juin 1790.

ASSEMBLÉE DES REPRÉSENTANTS DE LA COMMUNE. Séance. 262
CONSEIL DE VILLE 276

Éclaircissements :

I. — Délibération du district de Saint-Laurent, pour le rappel des émigrés. 279
II. — Délibération des districts réunis du Val de Grâce et de Saint-Jacques du Haut Pas, sur l'assistance à domicile des pauvres malades. 280
III. — L'affaire Féral et le voyage du roi à Saint-Cloud. . . . 282
IV. — Décret du 20 juin, sur l'enlèvement des statues de provinces conquises ornant le monument de Louis XIV. 298

27 Juin 1790.

CONSEIL DE VILLE. Séance du matin. 302
— Séance du soir 302

28 Juin 1790.

ASSEMBLÉE DES REPRÉSENTANTS DE LA COMMUNE. Séance 304
CONSEIL DE VILLE. 314

Éclaircissements :

I. — Sur les droits de citoyen actif reconnus aux gardes nationaux. 316
II. — Sur les droits de citoyen actif reconnus aux religieux. . . 319
III. — Articles de *L'Ami du peuple* dénoncés. 320

29 Juin 1790.

CONSEIL DE VILLE. 324

30 Juin 1790.

ASSEMBLÉE DES REPRÉSENTANTS DE LA COMMUNE. Séance. 327
CONSEIL DE VILLE. 331

Éclaircissements :

I. — Prorogation des déménagements du terme de juillet 1790. . . 332
II. — Annexion à Paris d'une partie de Montmartre. *Mémoire à l'Assemblée nationale pour la municipalité de Montmartre, près Paris*. Les habitants de Montmartre tous laboureurs . . . 333

TABLE GÉNÉRALE DES MATIÈRES

Pages.

1er Juillet 1790.

ASSEMBLÉE DES REPRÉSENTANTS DE LA COMMUNE. Séance. 337

Éclaircissements :

I. — Décision du Comité de constitution relative aux Invalides. . . . 340
II. — Le *Musée de Paris*, fondé par Court de Gibelin, et le *Musée français*, fondé par Pilatre de Rozier. Le *Lycée* et ses transformations. 340
III. — Poursuite contre *l'Orateur du peuple*. Délibération du district des Cordeliers pour la liberté de la presse. 350
IV. — Plan d'un corps d'artillerie, par Louis de Chénier. 357

2 Juillet 1790.

ASSEMBLÉE DES REPRÉSENTANTS DE LA COMMUNE. Séance. 361
CONSEIL DE VILLE. 367

Éclaircissement :

I. — Délibération du district de Saint-Étienne du Mont contre les impôts indirects : la Commune doit s'imposer elle-même . . . 369

3 Juillet 1790.

ASSEMBLÉE DES REPRÉSENTANTS DE LA COMMUNE. Séance. 374
CONSEIL DE VILLE. 379

Éclaircissements :

I. — Les dépenses de la Fédération à la charge de l'État 382
II. — La *Société polymathique*. 388
III. — L'affaire de Chaix de Saint-Ange, prêtre de la Salpêtrière (*suite et fin*) 389

4 Juillet 1790.

CONSEIL DE VILLE. 395

5 Juillet 1790.

ASSEMBLÉE DES REPRÉSENTANTS DE LA COMMUNE. Séance. 401

Éclaircissements :

I. — *Adresse au roi* en faveur de l'abbé Masse, évincé par l'abbé Sicard de la direction de l'établissement des sourds et muets. 408
II. — Les travaux du Champ de Mars pour la Fédération : tout le monde pioche. *Ça ira!* 411

6 Juillet 1790.

ASSEMBLÉE DES REPRÉSENTANTS DE LA COMMUNE. Séance. 416
BUREAU DE VILLE. (Dernière séance.). 422

Éclaircissement :

I. — L'aérostat du 14 juillet : explosion. 425

7 Juillet 1790.

ASSEMBLÉE DES REPRÉSENTANTS DE LA COMMUNE. Séance. 429

8 Juillet 1790.

ASSEMBLÉE DES REPRÉSENTANTS DE LA COMMUNE. Séance. 432
CONSEIL DE VILLE. 437

Éclaircissement :

I. — Les Électeurs de 1789 invitent l'Assemblée nationale au *Te deum* commémoratif de la prise de la Bastille. 441

9 Juillet 1790.

ASSEMBLÉE DES REPRÉSENTANTS DE LA COMMUNE. Séance. 444

10 Juillet 1790.

ASSEMBLÉE DES REPRÉSENTANTS DE LA COMMUNE. Séance. 447
CONSEIL DE VILLE. 453

Éclaircissements :

I — La cérémonie du *Te deum* commémoratif de la prise de la Bastille 457
II. — L'*Assemblée des députés des sections pour le pacte fédératif* et les préparatifs de la Fédération : direction générale; choix de l'emplacement; répartition des travaux; mesures de police; emblèmes commémoratifs (bannières, oriflammes, médailles, certificats); quête pour les pauvres; organisation de la fête populaire; projet de monument au Champ-de-Mars; archives de la Fédération. 459
III. — Délibérations du district des Cordeliers, du 1er et du 2 juillet. . 478
IV. — Les ménageries éloignées du Champ-de-Mars. 479

12 Juillet 1790.

ASSEMBLÉE DES REPRÉSENTANTS DE LA COMMUNE. Séance. 480
CONSEIL DE VILLE. 482

13 Juillet 1790.

ASSEMBLÉE DES REPRÉSENTANTS DE LA COMMUNE. Séance. 486
CONSEIL DE VILLE. 489

Éclaircissements :

I. — Réclamation d'un curé sur la messe de la Fédération. . . . 493
II. — Sur un monument commémoratif de la Révolution. 494
II. — La question des billets réservés à la Fédération. Entrée libre . 495

15 Juillet 1790.

ASSEMBLÉE DES REPRÉSENTANTS DE LA COMMUNE. Séance. 500

TABLE GÉNÉRALE DES MATIÈRES 791

Pages.

16 Juillet 1790.

Assemblée des Représentants de la Commune. Séance. 507

17 Juillet 1790.

Assemblée des Représentants de la Commune. Séance. 509
Conseil de Ville. 516
Éclaircissement :
I. — Sur le Procès-verbal de la Confédération. 519

19 Juillet 1790.

Assemblée des Représentants de la Commune. Séance. 520
Conseil de Ville. 524
Éclaircissement :
I. — Invitation de l'Assemblée nationale à l'éloge de Franklin . . . 528

20 Juillet 1790.

Assemblée des Représentants de la Commune. Séance. 530

21 Juillet 1790.

Assemblée des Représentants de la Commune. Séance. 536

22 Juillet 1790.

Assemblée des Représentants de la Commune. Séance. 541
Conseil de Ville. 543
Éclaircissement :
I. — Accident sur la Seine le 18 juillet, jour de la fête populaire . . 547

23 Juillet 1790.

Assemblée des Représentants de la Commune. Séance. 551
Conseil de Ville. 556
Éclaircissements :
I. — Réunions des délégués départementaux à la Fédération, tenues à l'Hôtel-de-Ville. 560
II. — Obsèques des victimes de l'accident du 18 juillet. 565
III. — Opposition du district de Saint-Jacques l'Hôpital à la construction d'un corps-de-garde 567

24 Juillet 1790.

Assemblée des Représentants de la Commune. Séance. 569
Conseil de Ville. 573

26 Juillet 1790.

Assemblée des Représentants de la Commune. Séance. 576
Conseil de Ville. 579

27 Juillet 1790.

	Pages.
ASSEMBLÉE DES REPRÉSENTANTS DE LA COMMUNE. Séance.	582
CONSEIL DE VILLE.	587

28 Juillet 1790.

ASSEMBLÉE DES REPRÉSENTANTS DE LA COMMUNE. Séance.	589
CONSEIL DE VILLE.	591

Éclaircissement:

I. — Conspiration Maillebois-Bonne-Savardin. *Rapport du Comité des recherches de la Municipalité.* Un ministre dénoncé. . . . 593

29 Juillet 1790.

ASSEMBLÉE DES REPRÉSENTANTS DE LA COMMUNE. Séance.	602
CONSEIL DE VILLE.	605

Éclaircissements :

I. — Évasion et reprise du conspirateur Bonne-Savardin ; un député complice. Le tribunal provisoire d'Orléans 609
II. — Organisation de l'administration des biens nationaux dans le département de Paris 620

30 Juillet 1790.

ASSEMBLÉE DES REPRÉSENTANTS DE LA COMMUNE. Séance.	623
CONSEIL DE VILLE.	625

Éclaircissement :

I. — Projets de loi sur la liberté de la presse 627

31 Juillet 1790.

ASSEMBLÉE DES REPRÉSENTANTS DE LA COMMUNE. Séance .	630
CONSEIL DE VILLE.	636

Éclaircissement :

I. — **Conflit intérieur dans la section des Enfants Rouges. Transaction.** 637

1er Août 1790.

CONSEIL DE VILLE. Séance du matin.	640
— Séance du soir.	641

2 Août 1790.

ASSEMBLÉE DES REPRÉSENTANTS DE LA COMMUNE. Séance.	643
CONSEIL DE VILLE.	646

Éclaircissement :

I. — Les bulletins de la santé du roi. 648

3 Août 1790.

ASSEMBLÉE DES REPRÉSENTANTS DE LA COMMUNE. Séance.	651

Éclaircissement :

I. — Motion de Godard sur la perception des impôts. 654

4 Août 1790.

Assemblée des Représentants de la Commune. Séance. 656
Conseil de Ville. 660

5 Août 1790.

Assemblée des Représentants de la Commune. Séance. 661
Conseil de Ville. 663

6 Août 1790.

Assemblée des Représentants de la Commune. Séance. 666
Conseil de Ville. 668

7 Août 1790.

Assemblée des Représentants de la Commune. Séance. 669
Conseil de Ville. 678

Éclaircissement :

I. — Les décrets sur la conversion des cloches en monnaie. 679

9 Août 1790.

Assemblée des Représentants de la Commune. Séance. 682
Conseil de Ville. 685

Éclaircissement :

I. — Les aventures du lieutenant Collard. 689

10 Août 1790.

Assemblée des Représentants de la Commune. Séance. 691
Conseil de Ville. 694

11 Août 1790.

Assemblée des Représentants de la Commune. Séance. 696

12 Août 1790.

Assemblée des Représentants de la Commune. Séance. 697
Conseil de Ville. 697

Éclaircissement :

I. — Sur le vœu de Louis XIII et la procession du 15 août 700

13 Août 1790.

Assemblée des Représentants de la Commune. Séance. 703

14 Août 1790.

Assemblée des Représentants de la Commune. Séance. 704
Conseil de Ville. 710

Éclaircissements :

I. — Motion de Maury sur l'abolition des octrois. Troubles à Lyon. Présentation de l'*Adresse* de l'Assemblée des Représentants de la Commune de Paris, le 10 août : discours de Camus. . 712

II. — Protestations des sections contre l'*Adresse* du 10 août : l'Assemblée des Représentants n'a pas le droit de parler au nom de la Commune 719

16 Août 1790.

Assemblée des Représentants de la Commune. Séance. 732

17 Août 1790.

Assemblée des Représentants de la Commune. Séance. 739

18 Août 1790.

Assemblée des Représentants de la Commune. Séance. 742

19 Août 1790.

Assemblée des Représentants de la Commune. Séance. 743

Éclaircissements :

I. — Troisième compte rendu du Département du domaine. . . . 754
II. — L'*Adresse* du 19 août, explicative de celle du 10 août, ne parvient pas à l'Assemblée nationale 756

20 Août 1790.

Assemblée des Représentants de la Commune. Séance. 759
Conseil de Ville 764

Éclaircissement :

I. — L'émeute du 18 août. 770

Mutations dans le personnel des Représentants de la Commune . . . 775
Corrections et additions. 777
Table des Journaux et Ouvrages cités. 781
Table générale des Matières. 785

FIN DE LA TABLE GÉNÉRALE

PARIS. — IMPRIMÉ PAR CHARLES NOBLET

13, rue Cujas.

www.ingramcontent.com/pod-product-compliance
Lightning Source LLC
Chambersburg PA
CBHW061723300426
44115CB00009B/1085